유도은
S+감정평가실무

유도은 편저

2차 | 기본서 제12판

8년 연속
★ 전 체 ★
수 석
합 격 자 배 출

박문각 감정평가사

이 책으로 공부하는 모든 수험생의 감정평가사 최종합격을 진심으로 기원합니다.

《S+감정평가실무》는 감정평가실무 기본서로서 감정평가실무를 최초로 접근하는 수험생에게 가장 적합한 교재입니다.
저자가 본 교재를 출간하는 궁극적인 목적은 감정평가실무 과목을 처음 시작하는 수험생들에게 감정평가실무에 흥미를 느끼게 하고 단권화된 기본서를 제공하여 학습에 도움을 주고자 함에 있습니다.
따라서 본 교재는 기존의 실무 기본서의 방대한 분량을 가장 효율적으로 이해할 수 있도록 구성하였고, 저자가 그동안의 강의에서 많은 수험생들이 요구하는 사항을 최대한 반영하여 이해를 돕고자 하였습니다.

감정평가실무 과목은 다른 어떤 자격시험에도 없는 고유한 형태의 시험입니다.
사실 감정평가이론이나 감정평가 및 보상법규 과목은 다른 자격시험이나 공무원 공채시험에 유사한 유형의 시험이 있습니다. 하지만 감정평가실무 과목의 경우 과목의 내용은 물론이고 그 출제유형부터가 매우 독특합니다. 감정평가실무를 "감정평가사 시험의 꽃"이라고 부르는 이유입니다.
또한 최근 감정평가사 제2차 시험은 감정평가실무 과목의 과락률이 최대 70~80%의 수준을 보이는 등 난이도가 높은 편이기 때문에 수험생들은 감정평가실무 과목에 대한 철저한 준비가 필요하다고 할 수 있겠습니다.

이런 감정평가실무 과목을 효율적으로 학습하는 데에는 몇 가지 팁이 있습니다.

하나, 감정평가실무 과목은 절대 암기과목이 아니라 "이해 위주의 과목"입니다. 처음 공부를 시작할 때 단순한 암기를 위주로 공부하는 수험생들이 있는데, 이해가 뒷받침되지 않는 암기는 의미가 없습니다. 시험에는 절대 암기한 그대로 나오지 않기 때문입니다.

둘, 역설적인 이야기로 들릴지 모르지만 "숫자감각"은 중요하지만 절대적이지는 않습니다. 숫자감각이라는 것은 수학을 잘하는 것과는 다르며, 사칙연산이면 충분합니다.

셋, 감정평가실무는 충분한 문제풀이가 매우 중요합니다. 특히 감정평가실무 기본서에서 여러 기본예제, 퀴즈, 3방식 연습, 종합문제, 기출문제 등 다양한 문제를 접하고 스스로 해결해 나가는 능력을 배양해야 하겠습니다. 매 강의가 종료되면 해당 진도에 따른 연습문제를 반드시 풀어보시기 바랍니다.

《S+감정평가실무 기본서》 제12판에서는 「감정평가 및 감정평가사에 관한 법률」, 「부동산 가격공시에 관한 법률」, 「공익사업을 위한 토지 등의 취득 및 보상에 관한 법률」, 「감정평가에 관한 규칙」 등 감정평가와 관련된 법령의 개정을 모두 반영하였습니다. 또한 수험생들의 편의를 위하여 「감정평가 실무기준」과 최대한 그 편제를 유사하게 하여 법전과의 상호적인 학습도 가능하도록 구성하였습니다. 그리고 각 실무이론에 대하여 적재적소에 배치된 기본예제는 독자들의 이해도를 높일 수 있을 것이라 생각합니다.

일부 기본예제는 문제해설 및 풀이영상을 첨부하여 놓았으며 도움이 되기를 바랍니다.

저자는 본 교재를 통해 감정평가사 수험생들과 같이 호흡하고자 합니다. 많은 수험생들이 수험과정 중 어려운 점을 겪을 시 언제든지 본 교재 표지에 기재된 "감정평가사 합격카페"를 통하여 저자에게 문의할 수 있기를 바랍니다. 또한 소소한 오탈자나 출간 이후 개정되는 사항들에 대해서는 "감정평가사 합격카페"를 통하여 수험생들에게 최대한 빨리 제공할 것을 약속드립니다.

본 교재의 출간을 위하여 저자의 까다로운 부탁에도 최선을 다해주신 박문각출판 관계자 분들께 고마움을 전합니다.
다시 한 번 본 교재를 통해 공부하는 수험생들의 감정평가사 최종합격 및 감정평가사로서의 무궁한 발전을 진심으로 기원합니다.

연구실에서
감정평가사 유도은

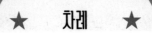 차례

CONTENTS | PREFACE |

PART 03 감정평가방법의 적용 및 의사결정

차례

CONTENTS | PREFACE |

차시	진행내용	기본서 진도
1	오리엔테이션: 교재의 특징 및 선택, 펜·계산기 선택 등 기타 공부방법론 − 감정평가의 개관(윤리, 관련법령, 부동산가격형성 등) − 감정평가실무의 기초(감정평가, 실무의 기본사항) − 화폐의 시간가치(Time Value of Money)	PART 01 감정평가 기초
2	− 화폐의 시간가치(Time Value of Money) − 화폐의 시간가치 연습 − 감정평가 3방식의 개관	
3	− 공시지가기준방법, 거래사례비교법	PART 02 감정평가 3방식
4	− 거래사례비교법, 원가법	
5	− 원가법 − 기타 평가방법: 노선가식평가, 통계적 방법 등	
6	− 수익환원법: 순수익의 산정 − 수익환원법: 환원 및 할인모델	
7	− 수익환원법: 환원 및 할인모델 − 수익환원법: 수익환원법에서의 개별평가논리(잔여환원법)	
8	− 구분소유권의 감정평가	
9	− 임대료의 평가: 임대사례비교법, 적산법, 수익분석법, 임대차평가	
10	− 유형별 평가(1): 토지, 건물의 유형별 감정평가, 기계기구의 감정평가, 공장재단 및 광업재단의 감정평가, 산림(입목)의 감정평가 등	PART 03 평가방법 적용과 의사결정
11	− 유형별 평가(2): 무형자산, 유가증권의 감정평가, 기업가치의 감정평가	
12	− 유형별 평가(3): 의제부동산 및 동산의 감정평가, 구분지상권의 감정평가, 권리금의 감정평가, 소음 등으로 인한 대상물건의 가치하락분에 대한 감정평가	
13	− 부동산투자의 타당성 분석: 투자의사결정의 개관 및 방법, 투자위험분석, 매후환대차의 타당성 분석	
14	− 부동산감정평가와 최고최선의 이용분석	
15	− 목적별 평가(1): 담보평가, 경매평가, 소송평가, 국·공유재산의 감정평가	
16	− 목적별 평가(2): 도시정비사업 감정평가, 택지비 감정평가	

PART

01

감정평가실무의
개관 및 기초

감정평가실무의 개관

제1절 감정평가의 개요

01 감정평가의 개념 등

1. 감정평가의 개념

감정평가란 토지 등의 경제적 가치를 판정하여 그 결과를 가액(價額)으로 표시하는 것을 말한다.[1]

2. 감정평가업 및 감정평가법인등 [2]

① 감정평가업이란 타인의 의뢰에 따라 일정한 보수를 받고 토지 등의 감정평가를 업(業)으로 행하는 것을 말한다.

② 감정평가법인등이란 제21조에 따라 사무소를 개설한 감정평가사와 제29조에 따라 인가를 받은 감정평가법인을 말한다.

3. 감정평가 대상물건

① "토지 등"이란 토지 및 그 정착물, 동산, 그 밖에 대통령령으로 정하는 재산과 이들에 관한 소유권 외의 권리를 말한다.[3]

② 「감정평가 및 감정평가사에 관한 법률」(이하 "법"이라 한다) 제2조 제1호에서 "대통령령으로 정하는 재산"이란 다음 각 호의 재산을 말한다.[4]

　㉠ 저작권·산업재산권·어업권·양식업권·광업권 및 그 밖의 물권에 준하는 권리

　㉡ 「공장 및 광업재단 저당법」에 따른 공장재단과 광업재단

　㉢ 「입목에 관한 법률」에 따른 입목

　㉣ 자동차·건설기계·선박·항공기 등 관계 법령에 따라 등기하거나 등록하는 재산

　㉤ 유가증권

---

1) 감정평가 및 감정평가사에 관한 법률 제2조(정의)
2) 감정평가사에 대한 이미지를 향상하고 위상을 제고할 수 있도록 감정평가법인등을 지칭하고 있는 감정평가업자 용어를 정비하였음(감정평가 및 감정평가사에 관한 법률 일부개정, 시행 2020.7.8.).
3) 감정평가 및 감정평가사에 관한 법률 제2조(정의)
4) 감정평가 및 감정평가사에 관한 법률 시행령 제2조(기타 재산)

02 감정평가업무의 범위

1. 감정평가 및 감정평가사에 관한 법률에 의한 업무범위

감정평가법인등은 다음 각 호의 업무를 행한다.

> **감정평가 및 감정평가사에 관한 법률 제10조**(감정평가법인등의 업무)
>
> 감정평가법인등은 다음 각 호의 업무를 행한다.
> 1. 「부동산 가격공시에 관한 법률」에 따라 감정평가법인등이 수행하는 업무
> 2. 「부동산 가격공시에 관한 법률」 제8조 제2호에 따른 목적을 위한 토지 등의 감정평가
> 3. 「자산재평가법」에 따른 토지 등의 감정평가
> 4. 법원에 계속 중인 소송 또는 경매를 위한 토지 등의 감정평가
> 5. 금융기관·보험회사·신탁회사 등 타인의 의뢰에 따른 토지 등의 감정평가
> 6. 감정평가와 관련된 상담 및 자문
> 7. 토지 등의 이용 및 개발 등에 대한 조언이나 정보 등의 제공
> 8. 다른 법령에 따라 감정평가법인등이 할 수 있는 토지 등의 감정평가
> 9. 제1호부터 제8호까지의 업무에 부수되는 업무

2. 감정평가목적의 구분 [5]

1차분류	2차분류	내용
담보	은행담보	시중은행, 지방은행, 특수은행, 외국은행, 기타 은행이 의뢰하는 담보평가
	보험회사담보	생명보험, 손해보험, 해상화재보험회사 등 보험회사가 의뢰하는 담보평가
	제2금융담보	공공기관 제출 목적의 담보평가
	법인담보	일반법인 제출 목적의 담보평가
공정가액평가		기업회계기준의 수정에 따른 기업체 유형자산의 재평가
관리		국가·지방자치단체가 대부료 산정 및 기타 재산의 관리(처분, 매수, 교환은 제외)를 위한 평가
처분	국공유처분	「국유재산법」 또는 「공유재산 및 물품 관리법」에 의한 국·공유재산의 처분평가
	공기업처분	공기업 소유재산의 매각·처분을 위하여 의뢰하는 평가
	공동주택 용지처분	택지개발사업시행자가 택지개발촉진법령에 따라 조성된 공동주택용지의 처분을 위하여 의뢰하는 평가
	금융기관처분	금융기관이 위탁재산, 비업무용 부동산의 처분 등을 목적으로 의뢰하는 평가
매수		국가·지방자치단체 및 공공기관이 재산의 매수를 위하여 의뢰하는 평가
교환		국·공유재산과 공유재산 또는 사유재산과의 교환을 위한 평가
자산재평가		「자산재평가법」 등에 의한 평가

---

[5] 한국부동산원 감정평가세부기준 [별표 17] 참조

조세		국세청이 조세의 부과, 징수 및 국세체납처분 등을 위하여 의뢰하는 압류재산의 평가
경매		법원이 임의경매 혹은 강제경매를 목적으로 의뢰하는 평가
보상	협의보상	손실보상을 위하여 사업시행자가 처음으로 의뢰하는 보상감정평가
	재개발관련 협의보상	「도시 및 주거환경정비법」에 의한 자산의 보상감정평가
	재결보상	협의보상이 이루어지지 않아 지방토지수용위원회 또는 중앙토지수용위원회 등이 의뢰하는 수용재결, 중앙토지수용위원회가 의뢰하는 이의재결을 위한 보상감정평가(재개발관련 재결보상 제외)
	재개발관련 재결보상	재개발 및 재건축 등과 관련된 재결보상
	환매	「공익사업을 위한 토지 등의 취득 및 보상에 관한 법률」 제91조에 의한 환매목적의 감정평가
임대차		임대차 목적으로 가격 또는 임대료 산정을 위한 평가
공공기관업무용		인·허가수속, 법인전환 등을 위하여 공공기관에 제출하는 감정평가
법인업무용		법인업무용으로 필요한 감정평가
일반거래	일반거래(매매 등)	개인 간의 재산 거래를 위한 가격참고용으로 의뢰하는 평가
	일반임대차	개인 간의 임대차목적으로 의뢰하는 평가
	일반담보	개인 간의 담보 목적으로 의뢰하는 평가
압류재산 매각		한국자산관리공사가 압류재산의 공매를 목적으로 의뢰하는 평가
도시정비 평가	재개발관리처분	재개발사업의 관리처분계획 수립을 위한 종전자산 및 종후자산의 감정평가
	재개발 기타	재개발사업과 관련된 감정평가 중 관리처분계획수립목적 이외의 평가
	재건축관리처분	재건축사업 관리처분계획수립을 위한 종전자산 및 종후자산의 감정평가
	재건축 기타	재건축사업과 관련된 감정평가 중 관리처분계획수립 목적 이외의 평가
부담금	개발부담금	「개발이익환수에 관한 법률」 제10조에 의한 개발이익 환수를 위한 평가
	기반시설부담금	「기반시설부담금에 관한 법률」 및 동법 시행령에 의한 기반시설부담금의 평가
	기타 부담금	개발부담금, 기반시설부담금 외의 기타 부담금의 평가
표준지공시지가		「부동산 가격공시에 관한 법률」 제3조의 목적을 위한 표준지공시지가의 평가 및 결정·공시된 표준지공시지가의 이의신청에 대한 평가
개별공시지가		개별공시지가 열람 이전의 검증(산정지가검증), 열람 후 의견제출된 지가에 대한 검증(의견제출지가검증), 결정·공시 후 이의신청된 지가에 대한 검증(이의신청지가검증)
지가변동률		지가변동률의 조사를 위하여 의뢰하는 표본지의 조사 및 평가
표준주택가격		「부동산 가격공시에 관한 법률」 제16조의 목적을 위한 표준주택의 조사·평가 및 결정·공시된 표준주택가격의 이의신청에 대한 평가
개별주택가격		개별주택가격 열람 이전의 검증(산정가격검증), 개별주택가격 열람 후 의견제출된 주택가격에 대한 검증(의견제출가격검증), 개별주택가격 결정·공시 후 이의신청된 주택가격에 대한 검증(이의신청가격검증)
쟁송		법원이 소송 등의 수행을 위하여 의뢰하는 평가

이외에도 부동산과 관련된 의사결정에 참고하기 위한 자문 등을 위한 부동산 컨설팅, 타인의 감정평가서를 관련법령 등에 따라 적정하게 평가되었는지 검토하는 업무인 평가검토 등이 감정평가 업무에 포함된다고 볼 수 있다.

03 감정평가사의 윤리 [6]

> **감정평가 및 감정평가사에 관한 법률 제25조**(성실의무 등)
>
> ① 감정평가법인등(감정평가법인 또는 감정평가사사무소의 소속 감정평가사를 포함한다. 이하 이 조에서 같다) 은 제10조에 따른 업무를 하는 경우 품위를 유지하여야 하고, 신의와 성실로써 공정하게 하여야 하며, 고의 또는 중대한 과실로 업무를 잘못하여서는 아니 된다.
> ② 감정평가법인등은 자기 또는 친족 소유, 그 밖에 불공정하게 제10조에 따른 업무를 수행할 우려가 있다고 인정되는 토지등에 대해서는 그 업무를 수행하여서는 아니 된다.
> ③ 감정평가법인등은 토지등의 매매업을 직접 하여서는 아니 된다.
> ④ 감정평가법인등이나 그 사무직원은 제23조에 따른 수수료와 실비 외에는 어떠한 명목으로도 그 업무와 관련된 대가를 받아서는 아니 되며, 감정평가 수주의 대가로 금품 또는 재산상의 이익을 제공하거나 제공하기로 약속하여서는 아니 된다.
> ⑤ 감정평가사, 감정평가사가 아닌 사원 또는 이사 및 사무직원은 둘 이상의 감정평가법인(같은 법인의 주·분사무소를 포함한다) 또는 감정평가사사무소에 소속될 수 없으며, 소속된 감정평가법인 이외의 다른 감정평가법인의 주식을 소유할 수 없다.
> ⑥ 감정평가법인등이나 사무직원은 제28조의2에서 정하는 유도 또는 요구에 따라서는 아니 된다.

감정평가법인등은 감정평가제도의 공공성과 사회성을 충분히 이해하고, 전문인으로서 부여된 책임과 역할을 인식하여 행동을 스스로 규율하여야 한다.

현행 「감정평가법」 제25조(성실의무 등)에서도 행위규범을 규정하고 있으나, 사회적으로 전문직업인에 대해 고도의 윤리성 및 구체적인 윤리규정을 필요로 하고 있었던 점 등을 반영하여 「실무기준」에서 윤리규정을 별도의 장으로 새롭게 구성하고 세분화·구체화한 것이다.[7]

1. 윤리의 중요성

(1) 감정평가의 사회성·공공성

감정평가 결과는 개인과 국가의 재산과 직접적으로 관련이 되며, 나아가 개인의 행복과 사회복지에 영향을 미친다. 따라서 감정평가법인등은 가치판정의 전문인으로서 자신의 행위결과가 사회적·경제적으로 미치는 영향을 인식하고 그에 따라 양심적으로 업무를 수행하여야 하므로 감정평가법인등에게는 높은 윤리성이 요구된다.

---

6) 감정평가실무기준, 국토교통부, 국토교통부 고시 제2016-600호(이하 실무기준) 200 감정평가법인등의 윤리
7) 감정평가실무기준 해설서, 한국감정평가사협회·한국부동산원, 2014.2.(이하 실무기준 해설서)

(2) **전문자격사로서의 소양**

감정평가사에게는 전문자격사로서의 윤리적 성찰과 사회적 책임감을 기본적으로 갖추어야 한다.

(3) **외부환경의 변화**

감정평가서비스가 고도화 · 전문화될수록 감정평가법인등에게는 더 높은 수준의 지식 · 경험 · 판단력이 요구되며, 전문가로서 지닌 능력을 올바르게 활용하는 자세가 중요하다.

2. 기본윤리

(1) **품위유지**

감정평가법인등은 감정평가업무를 수행할 때 전문인으로서 사회에서 요구하는 신뢰에 부응하여 품위 있게 행동하여야 한다.

(2) **신의성실**

① **부당한 감정평가의 금지**

감정평가법인등은 신의를 좇아 성실히 업무를 수행하여야 하고, 고의나 중대한 과실로 부당한 감정평가를 해서는 아니 된다.

② **자기계발**

감정평가법인등은 전문인으로서 사회적 요구에 부응하고 감정평가에 관한 전문지식과 윤리성을 함양하기 위해 지속적으로 노력하여야 한다.

③ **자격증 등의 부당한 사용의 금지**

감정평가법인등은 자격증 · 등록증이나 인가증을 타인에게 양도 · 대여하거나 이를 부당하게 행사해서는 아니 된다.

(3) **청렴**

① 감정평가법인등은 법 제23조의 규정에 따른 수수료와 실비 외에는 어떠한 명목으로도 그 업무와 관련된 대가를 받아서는 아니 된다.

② 감정평가법인등은 감정평가 의뢰의 대가로 금품 · 향응, 보수의 부당한 할인, 그 밖의 이익을 제공하거나 제공하기로 약속하여서는 아니 된다.

(4) **보수기준 준수**

감정평가법인등은 법 제23조 제2항에 따른 수수료의 요율 및 실비에 관한 기준을 준수해야 한다.

3. 업무윤리

(1) 의뢰인에 대한 설명 등

① 감정평가법인등은 감정평가 의뢰를 수임하기 전에 감정평가 목적·감정평가조건·기준시점 및 대상물건 등에 대하여 의뢰인의 의견을 충분히 듣고 의뢰인에게 다음 각 호의 사항을 설명하여야 한다.
　㉠ 대상물건에 대한 감정평가업무 수행의 개요
　㉡ 감정평가 수수료와 실비, 그 밖에 의뢰인에게 부담이 될 내용

② 감정평가법인등은 대상물건에 대한 조사과정에서 의뢰인이 제시한 사항과 다른 내용이 발견된 경우에는 의뢰인에게 이를 설명하고 적절한 조치를 취하여야 한다.

③ 감정평가법인등이 감정평가서를 발급할 때나 발급이 이루어진 후, 의뢰인의 요청이 있는 경우에는 다음 각 호의 사항을 의뢰인에게 설명하여야 한다.
　㉠ 감정평가액의 산출 과정 및 산출 근거
　㉡ 감정평가 수수료와 실비, 그 밖에 발생한 비용의 산출 근거
　㉢ 감정평가 결과에 대한 이의제기 절차 및 방법
　㉣ 그 밖에 의뢰인이 감정평가 결과에 관해 질의하는 사항

(2) 불공정한 감정평가 회피

① 감정평가법인등은 객관적으로 보아 불공정한 감정평가를 할 우려가 있다고 인정되는 대상물건에 대해서는 감정평가를 해서는 아니 된다.

② 불공정한 감정평가의 내용에는 다음 각 호의 사항이 포함된다.
　㉠ 대상물건이 담당 감정평가사 또는 친족의 소유이거나 그 밖에 불공정한 감정평가를 할 우려가 있는 경우
　㉡ 이해관계 등의 이유로 자기가 감정평가하는 것이 타당하지 않다고 인정되는 경우

(3) 비밀준수 등 타인의 권리보호

감정평가법인등은 감정평가업무를 수행하면서 알게 된 비밀을 정당한 이유 없이 누설하여서는 아니 된다.

제2절 감정평가와 관련된 법령 등

01 개관

감정평가사는 감정평가 시 적용되는 법령 및 규칙을 명확하게 인식하고 감정평가해야 한다. 법령 및 규칙이 상호 배치되는 경우 우선적으로 적용되는 법령 및 규칙을 인지하고 있어야 한다. 일반적으로 평가목적에 따라 적용되는 법령 및 규칙의 구조가 서로 차이가 있는 바, 이하 각 평가목적별 적용되는 법령 및 규칙을 검토한다.

02 일반거래목적(시가참고용)의 감정평가 시

	법령 및 지침	근거법령	법규성
	감정평가 및 감정평가사에 관한 법률	–	○
→	감정평가에 관한 규칙(감칙)	감정평가법 제3조[8]	○
→	감정평가실무기준	감칙 제28조	×[9]
→	감정평가실무기준 해설서	–	×

각 감정평가목적별 아래의 지침이 적용될 수 있다.

구분	적용되는 법령 및 지침
금융기관의 담보취득을 위한 감정평가 시	• 담보평가지침[10](폐지) • 감정평가실무매뉴얼(담보평가편)
국공유재산 관련 감정평가 시	• 국유재산법 • 공유재산 및 물품 관리법
도시정비 감정평가 시	• 도시 및 주거환경정비법 • 공익사업을 위한 토지 등의 취득 및 보상에 관한 법률 • 재개발·재건축사업 등에 관한 평가지침

---

8) 감정평가 및 감정평가사에 관한 법률 제3조(기준)
   ③ 감정평가의 공정성과 합리성을 보장하기 위하여 감정평가법인등(소속 감정평가사를 포함한다)이 준수하여야 할 원칙과 기준은 국토교통부령으로 정한다.

9) 대법원은 "감정평가에 관한 규칙"에 따른 「감정평가실무기준」(2013.10.22, 국토교통부 고시 제2013-620호)은 감정평가의 구체적 기준을 정함으로써 감정평가법인등이 감정평가를 수행할 때 이 기준을 준수하도록 권장하여 감정평가의 공정성과 신뢰성을 제고하는 것을 목적으로 하는 것이고, 한국감정평가업협회가 제정한 '토지보상평가지침'은 단지 한국감정평가업협회가 내부적으로 기준을 정한 것에 불과하여 어느 것도 일반 국민이나 법원을 기속하는 것이 아니라고 판시한 바 있다(대판 2014.6.12, 2013두4620).

10) 각 목적별 감정평가에 있어서 한국감정평가사협회는 감정평가매뉴얼을 제정하는 과정이며, "감정평가실무매뉴얼(담보평가편)"이 공고(2015년 7월)되면서 종전의 "담보평가지침"은 폐지되었다.

공동주택 분양가격 산정관련 감정평가 시	• 주택법 • 공동주택 분양가격의 산정 등에 관한 규칙 • 공동주택 분양가격 산정을 위한 택지평가지침

03 표준지공시지가 등 공시업무 관련 감정평가 시

부동산 가격공시에 관한 법령, 감정평가 및 감정평가사에 관한 법령, 감정평가에 관한 규칙, 감정평가
실무기준이 우선적으로 적용되며, 아래의 지침이 추가로 적용될 수 있다.

① 감정평가실무기준 해설서
② 표준지의 선정 및 관리지침
③ 표준지공시지가 조사 · 평가기준
④ 표준주택의 선정 및 관리지침
⑤ 표준주택가격 조사 · 산정기준
⑥ 개별공시지가의 검증업무 처리지침
⑦ 개별주택가격의 검증업무 처리지침
⑧ 지가변동률 조사 · 평가에 관한 규정

04 공익사업을 위한 보상목적의 감정평가 시

공익사업을 위한 토지 등의 취득 및 보상에 관한 법령, 부동산 가격공시에 관한 법령, 감정평가 및
감정평가사에 관한 법령, 감정평가에 관한 규칙, 감정평가실무기준이 우선적으로 적용되며, 아래의
지침이 추가로 적용될 수 있다.

① 감정평가실무기준 해설서
② 토지보상평가지침
③ 광업권보상평가지침
④ 감정평가실무매뉴얼(어업권 등 보상평가편)[11]
⑤ 수산업법 시행령 [별표 10] 어업보상에 대한 손실액의 산출방법 · 산출기준 및 손실액산출기관 등
⑥ 영업손실보상평가지침
⑦ 분묘에 대한 보상액 산정지침
⑧ 송전선로부지 등 보상평가지침

---

11) 각 목적별 감정평가에 있어서 한국감정평가사협회는 감정평가매뉴얼을 제정하는 과정이며, "감정평가실무매뉴얼(어업권 등
보상평가편)"이 공고(2016년 6월)되면서 종전의 "어업권 등 보상평가지침"은 폐지되었다(기획팀-1605호, 2016.4.27.).

05 그 밖의 감정평가 시 적용 법령

우선적으로 적용되지 않은 법령이라도 감정평가에 관한 판단 시 준용될 수 있으며, 각 감정평가목적에 따라 감정평가 시 적용할 법령 및 지침에 명확하게 규정되지 않은 부분은 판례(判例), 국토교통부의 유권해석 자료 등을 참작하여 판단할 수 있다. 최종적으로는 일반감정평가이론에 따라 판단해야 할 것이다.

주요 법령 약칭(출처 : 법제처)
- 공익사업을 위한 토지 등의 취득 및 보상에 관한 법률 : 토지보상법
- 부동산 가격공시에 관한 법률 : 부동산공시법
- 감정평가 및 감정평가사에 관한 법률 : 감정평가법
- 개발이익 환수에 관한 법률 : 개발이익환수법
- 개발제한구역의 지정 및 관리에 관한 특별조치법 : 개발제한구역법
- 국토의 계획 및 이용에 관한 법률 : 국토계획법
- 도시 및 주거환경정비법 : 도시정비법
- 도시공원 및 녹지 등에 관한 법률 : 공원녹지법
- 산업입지 및 개발에 관한 법률 : 산업입지법
- 집합건물의 소유 및 관리에 관한 법률 : 집합건물법
- 하천편입토지 보상 등에 관한 특별조치법 : 하천편입토지보상법
- 공유재산 및 물품 관리법 : 공유재산법
- 송·변전설비 주변지역의 보상 및 지원에 관한 법률 : 송전설비주변법

제3절 감정평가의 기본적 사항 확정

01 감정평가의 기본적 사항의 확정

1. 감정평가 의뢰와 수임 [12]

(1) 감정평가 수임계약의 성립

① 감정평가법인등은 의뢰인으로부터 업무 수행에 관한 구체적 사항과 보수에 관한 사항 등이 기재된 감정평가 의뢰서(전자문서를 포함한다. 이하 "의뢰서"라 한다)를 제출받아야 한다.

② 감정평가법인등이 감정평가 수임계약의 기본적인 사항의 일부나 전부가 누락된 경우에는 의뢰인에게 이를 보정할 것을 요구하여야 한다.

③ 제1항에도 불구하고 감정평가법인등과 의뢰인이 수임계약서나 업무협약서 등(이하 "계약서"라 한다)을 작성하는 경우에는 그 계약서를 의뢰서로 본다. 이 경우 계약서의 작성에 관해서는 제2항을 준용한다.

(2) 수임제한 이유

감정평가법인등은 다음 각 호의 어느 하나에 해당하는 경우에는 그 업무를 수임해서는 아니 된다. 이 경우 수임할 수 없는 이유를 의뢰인에게 지체 없이 알려야 한다.

> 1. 이해관계 등으로 인하여 불공정한 감정평가에 해당하는 경우
> 2. 감정평가의 적정성을 검증하기 위한 목적의 감정평가(쟁송, 토지수용위원회의 재결 등을 위한 감정평가)로서 당초 감정평가를 수행한 감정평가법인등이 다시 의뢰받은 경우
> 3. 감정평가 의뢰의 내용이 감정평가관계법규나 이 기준에 위배되는 경우
> 4. 위법·부당한 목적으로 감정평가를 의뢰하는 것이 명백한 경우
> 5. 대상물건에 대한 조사가 불가능하거나 극히 곤란한 경우
> 6. 의뢰받은 감정평가 수행에 필요한 인력과 전문성을 보유하지 못한 경우

(3) 감정평가 수임계약의 기본적 사항

감정평가 수임계약에는 업무 범위를 확정하고 분쟁을 예방하기 위하여 의뢰인, 대상물건, 감정평가목적, 기준시점, 감정평가조건, 기준가치, 관련 전문가에 대한 자문 또는 용역(이하 "자문 등"이라 한다)에 관한 사항, 감정평가 수수료 및 실비의 청구와 지급에 관한 사항을 포함해야 한다.

---

12) 실무기준 300.1~300.3

2. 감정평가 시 기본적 사항의 확정

> **감정평가에 관한 규칙 제9조**(기본적 사항의 확정)
>
> ① 감정평가법인등은 감정평가를 의뢰받았을 때에는 의뢰인과 협의하여 다음 각 호의 사항을 확정해야 한다.
>
>   1. 의뢰인
>   2. 대상물건
>   3. 감정평가 목적
>   4. 기준시점
>   5. 감정평가조건
>   6. 기준가치
>   7. 관련 전문가에 대한 자문 또는 용역(이하 "자문 등"이라 한다)에 관한 사항
>   8. 수수료 및 실비에 관한 사항
>
> ② 기준시점은 대상물건의 가격조사를 완료한 날짜로 한다. 다만, 기준시점을 미리 정하였을 때에는 그 날짜에 가격조사가 가능한 경우에만 기준시점으로 할 수 있다.
>
> ③ 감정평가법인등은 필요한 경우 관련 전문가에 대한 자문 등을 거쳐 감정평가할 수 있다.

(1) **정의**

① **기준가치**

"기준가치"란 감정평가의 기준이 되는 가치를 말한다.[13]

② **시장가치**

"시장가치"란 감정평가의 대상이 되는 토지 등(이하 "대상물건"이라 한다)이 통상적인 시장에서 충분한 기간 동안 거래를 위하여 공개된 후 그 대상물건의 내용에 정통한 당사자 사이에 신중하고 자발적인 거래가 있을 경우 성립될 가능성이 가장 높다고 인정되는 대상물건의 가액(價額)을 말한다.[14]

(2) **시장가치기준 원칙**

> **감정평가에 관한 규칙 제5조**(시장가치기준 원칙)
>
> ① 대상물건에 대한 감정평가액은 시장가치를 기준으로 결정한다.
>
> ② 감정평가법인등은 제1항에도 불구하고 다음 각 호의 어느 하나에 해당하는 경우에는 대상물건의 감정평가액을 시장가치 외의 가치를 기준으로 결정할 수 있다.
>
>   1. 법령에 다른 규정이 있는 경우
>   2. 감정평가 의뢰인(이하 "의뢰인"이라 한다)이 요청하는 경우
>   3. 감정평가의 목적이나 대상물건의 특성에 비추어 사회통념상 필요하다고 인정되는 경우

---

13) 감정평가에 관한 규칙 제2조
14) 감정평가에 관한 규칙 제2조

③ 감정평가법인등은 제2항에 따라 시장가치 외의 가치를 기준으로 감정평가할 때에는 다음 각 호의 사항을 검토해야 한다. 다만, 제2항 제1호의 경우에는 그렇지 않다.

　1. 해당 시장가치 외의 가치의 성격과 특징

　2. 시장가치 외의 가치를 기준으로 하는 감정평가의 합리성 및 적법성

④ 감정평가법인등은 시장가치 외의 가치를 기준으로 하는 감정평가의 합리성 및 적법성이 결여(缺如)되었다고 판단할 때에는 의뢰를 거부하거나 수임(受任)을 철회할 수 있다.

(3) 현황기준 원칙

감정평가에 관한 규칙 제6조(현황기준 원칙)

① 감정평가는 기준시점에서의 대상물건의 이용상황(불법적이거나 일시적인 이용은 제외한다) 및 공법상 제한을 받는 상태를 기준으로 한다.

② 감정평가법인등은 제1항에도 불구하고 다음 각 호의 어느 하나에 해당하는 경우에는 기준시점의 가치형성요인 등을 실제와 다르게 가정하거나 특수한 경우로 한정하는 조건(이하 "감정평가조건"이라 한다)을 붙여 감정평가할 수 있다.

　1. 법령에 다른 규정이 있는 경우

　2. 의뢰인이 요청하는 경우

　3. 감정평가의 목적이나 대상물건의 특성에 비추어 사회통념상 필요하다고 인정되는 경우

③ 감정평가법인등은 제2항에 따라 감정평가조건을 붙일 때에는 감정평가조건의 합리성, 적법성 및 실현가능성을 검토해야 한다. 다만, 제2항 제1호의 경우에는 그러치 않다.

④ 감정평가법인등은 감정평가조건의 합리성, 적법성이 결여되거나 사실상 실현 불가능하다고 판단할 때에는 의뢰를 거부하거나 수임을 철회할 수 있다.

감정평가는 기준시점 당시 대상물건의 이용상황과 공법상 제한상태를 기준으로 감정평가한다는 원칙을 규정하고 있다. 즉, 현황기준 원칙은 대상물건의 상태·구조·이용방법, 제한물권의 부착과 환경·점유 등의 현황대로 평가하는 것이다.

(4) 개별물건기준 원칙

감정평가에 관한 규칙 제7조(개별물건기준 원칙 등)

① 감정평가는 대상물건마다 개별로 하여야 한다.

② 둘 이상의 대상물건이 일체로 거래되거나 대상물건 상호 간에 용도상 불가분의 관계가 있는 경우에는 일괄하여 감정평가할 수 있다.

③ 하나의 대상물건이라도 가치를 달리하는 부분은 이를 구분하여 감정평가할 수 있다.

④ 일체로 이용되고 있는 대상물건의 일부분에 대하여 감정평가하여야 할 특수한 목적이나 합리적인 이유가 있는 경우에는 그 부분에 대하여 감정평가할 수 있다.

① **개별 감정평가 원칙**

감정평가는 대상물건을 각각 독립된 개별 물건으로 취급하고 이에 대한 경제적 가치를 평가하는 것을 원칙으로 한다. 우리나라는 토지와 건물을 각각의 부동산으로 보는 법과 제도로 인하여 실제 관행상으로는 일체로 거래됨에도 토지와 건물을 별개의 부동산으로 감정평가하는 것을 기본원칙으로 하고 있다.

② **개별 감정평가 원칙의 예외 등**

　㉠ **일괄평가** : 평가는 대상물건마다 개별로 행하여야 한다. 다만, 2개 이상의 대상물건이 일체로 거래되거나 대상물건 상호 간에 용도상 불가분의 관계가 있는 경우에는 일괄하여 평가할 수 있다. 일괄감정평가의 대표적인 예로는 ⅰ) 둘 이상의 획지 또는 필지를 일단지로 평가할 필요가 있는 경우, ⅱ) 대지와 지상물이 일체로 거래되는 경우, ⅲ) 용도상 불가분의 관계에 있는 아파트, 다세대 연립주택, 아파트형공장, 주거용 오피스텔 등의 평가를 행하는 경우, ⅳ) 임지와 입목을 일체로 하는 임야, ⅴ) 토지·건물의 복합부동산 등이 있다. 이 경우 평가 의뢰인의 필요에 따라[15] 일괄감정평가된 감정평가액을 합리적인 기준에 따라 토지가액 및 건물가액으로 구분하여 표시할 수 있다.

　㉡ **구분평가** : 구분감정평가는 1개의 물건이라도 가치를 달리하여 서로 다르게 가치가 형성되는 경우에는 이를 구분하여 감정평가하는 것을 말한다. 가치를 서로 달리하는 부분을 구별하는 점에서 부분감정평가와 차이가 있고, 가치를 달리 하더라도 면적 등이 과소하여 그 영향이 미미한 경우에는 주된 가치를 기준으로 감정평가해야 한다. 한 필지의 토지라도 용도지역, 이용상황 등이 서로 달라 가치를 달리하는 경우에는 구분감정평가를 할 수 있다.

　㉢ **부분평가** : 부분감정평가는 본래 대상물건의 일부만을 감정평가하는 것을 말한다. 부분감정평가를 하지 않는 것이 원칙이지만, 특수한 목적 또는 합리적인 이유가 있어 부분감정평가의 필요성이 인정되는 경우 대상물건의 일부만을 감정평가할 수 있다. 예를 들면, 토지의 보상감정평가 시 1개 필지의 일부만이 편입되어 그 편입부분만을 평가하는 경우나 토지·건물 일체로 구성된 복합부동산 그 상태에서 토지만의 가액을 구하는 경우가 이에 해당한다.

3. 기준시점

> **감정평가에 관한 규칙 제9조**(기본적 사항의 확정)
>
> ② 기준시점은 대상물건의 가격조사를 완료한 날짜로 한다. 다만, 기준시점을 미리 정하였을 때에는 그 날짜에 가격조사가 가능한 경우에만 기준시점으로 할 수 있다.

---

15) 금융기관 또는 법원 등에서 토지 및 건물로 구분하여 감정평가액을 제시하도록 요구하는 경우나 과세 목적상 토지, 건물의 구분 가액이 필요한 경우 등을 말한다.

(1) **기준시점은 대상물건의 가격조사를 완료한 날짜로 한다.**

'가격조사를 완료한 날짜'라 함은 감정평가의 구체적인 공부조사와 실지조사 및 시장조사 등이 완료된 날짜를 말하며, 여기서의 "가격"이란 실거래가격, 비용 및 임대료 등 대상물건의 가치를 판단하는 데 필요한 시장에서 획득할 수 있는 자료를 말한다. 결국 기준시점은 감정평가를 하기 위해 필요한 모든 자료수집이 완료되고 이에 대한 분석이 행해진 시점을 말한다.

(2) **제1항에도 불구하고 기준시점을 미리 정하였을 때에는 그 날짜에 가격조사가 가능한 경우에만 그 날짜를 기준시점으로 할 수 있다.**

통상적인 감정평가는 가격조사를 완료한 날짜가 기준시점이 되나, 의뢰인이 기준시점을 미리 정하여 그 날짜를 기준으로 감정평가하도록 요청하는 경우가 있다.

소송에서와 같이 소급평가가 필요한 경우나 보상감정평가와 같이 장래시점을 기준으로 감정평가가 이루어져야 하는 경우가 그러한 예이다.

(3) **제2항에 따라 기준시점을 정한 경우에는 감정평가서에 그 이유를 기재하여야 한다.**

02 감정평가의 조건 등

1. 감정평가의 조건

(1) **감정평가조건의 부가**

감정평가법인등은 기준시점의 가치형성요인 등을 실제와 다르게 가정하거나 특수한 경우로 한정하는 조건(이하 "감정평가조건"이라 한다)을 붙여 감정평기할 수 있다.

(2) **감정평가조건의 부가요건**

① **감정평가관계법규에 감정평가조건의 부가에 관한 규정이 있는 경우**

「토지보상법」이나 개별법 등의 규정에 따라 감정평가를 하여야 하는 경우가 이에 해당한다. 따라서 해당 법률에 의해 감정평가를 행하는 경우에는 그 법률에서 정하고 있는 방법으로 감정평가를 해야 한다. 예를 들면, 「토지보상법」 제70조에서 개발이익배제 등을 목적으로 규정하고 있는 공시지가 선정의 방법에 따라 감정평가를 해야 하는 경우는 개발이익 배제를 조건으로 하는 감정평가인 것이다.

② **의뢰인이 감정평가조건의 부가를 요청하는 경우**

의뢰인이 감정평가조건을 제시하고, 제시된 조건의 실현을 가정하여 감정평가할 것을 요청한 경우가 이에 해당한다. 예를 들어 도시계획의 실시 여부, 택지조성 및 수면매립의 전제, 불법점유의 해제, 환경의 개량, 건물의 증·개축을 상정하는 것과 같은 불확실한 상황에 대한 의뢰인의 요구를 검토하고, 합당한 감정평가조건이라면 해당 감정평가조건을 고려한 가치로 감정평가해야 한다.

③ **감정평가의 목적이나 대상물건의 특성에 비추어 사회통념상 당연히 감정평가조건의 부가가 필요하다고 인정되는 경우**

감정평가의 목적이나 대상물건의 특성에 따라 당연히 감정평가조건이 부가되는 경우를 말한다. 감정평가액 도출을 위하여 불확실한 상황에 대한 판단이 필요한 경우 이에 대한 판단을 감정평가조건으로 부가하는 것이다. 이러한 상황판단은 감정평가목적에 따라 달라지기도 한다. 예를 들면, 감정평가목적과 관련하여 국·공유지 처분 평가의 경우에는 지목 및 이용상황이 구거 또는 도로부지인 토지를 인접 토지소유자 등에게 매각할 때, 현실적인 이용상황 등이 아닌 용도폐지를 전제로 하여 감정평가하는 경우가 이에 해당된다.

⑶ **감정평가조건의 검토사항**

감정평가조건을 붙일 때에는 감정평가조건의 합리성, 적법성 및 실현가능성을 검토해야 한다. 다만, 제2항 제1호(감정평가관계법규에 감정평가조건의 부가에 관한 규정이 있는 경우)의 경우에는 그러하지 아니하다. 즉, 예외적으로 부가되는 감정평가조건의 경우에도 사회적 타당성이 요청되며, 이들을 검토한 결과 감정평가조건 자체가 타당하다고 인정되어도 현실적인 자료 수집 등이 곤란한 경우 받아들이기 어려운 조건으로 봐야 할 것이다.

감정평가조건은 합리성과 적법성을 갖추어야 하며, 공법, 사법을 불문하고 법률상 내용에 위배되지 않고 아울러 사회통념상 합리성을 갖추었는지를 확인해야 한다. 또한 사회적·경제적·물리적 관점에서 실현가능성이 검토되어야 하며, 실제 현실성이 희박한 경우는 감정평가조건으로 부가하기 어려울 것이다. 국토교통부 유권해석에서도 용도지역의 변경을 전제로 한 조건부 감정평가가 가능한지와 관련해서 조건의 합리성, 합법성 및 실현가능성 등을 검토하여 결정할 수 있는 사항으로 보고 있으므로 감정평가조건에 대한 사항을 면밀히 검토해야 할 것이다.

⑷ **감정평가조건의 표시**

감정평가조건이 부가된 감정평가를 할 때에는 다음 각 호의 사항을 감정평가서에 적어야 한다.
① 감정평가조건의 내용
② 감정평가조건을 부가한 이유
③ 감정평가조건의 합리성, 적법성 및 실현가능성의 검토사항
④ 해당 감정평가가 감정평가조건을 전제로 할 때에만 성립될 수 있다는 사실

2. 관련 전문가의 활용

① 감정평가를 수행할 때 필요한 경우에는 관련 전문가의 자문 등을 거쳐 감정평가할 수 있다.
② 감정평가법인등이 관련 전문가에게 자문 등을 하려는 경우에는 필요성, 비용 및 기간 등에 관해 의뢰인에게 설명하고 동의를 얻어야 한다.
③ 감정평가법인등은 자문 등의 결과가 감정평가절차, 감정평가방법 등과 일관성이 있고 합리적인지를 충실히 검토해야 한다. 이 경우 자문 등의 결과가 적절하지 않다고 판단될 경우에는 해당 자문 등의 결과를 감정평가에 고려하지 않거나, 수정하여 적용할 수 있다.

④ 제3항에 따라 자문 등의 결과를 감정평가에 고려하지 않거나 수정하여 적용한 경우에는 그 이유를 감정평가서에 적어야 한다.

3. 감정평가 수임계약의 철회 등

① 감정평가법인등은 감정평가 수임계약이 성립하였으나 감정평가서가 발송되기 전에 수임제한 이유에 해당하는 것을 알게 된 경우에는 수임계약을 철회하여야 한다.

② 감정평가법인등은 의뢰서에 기재된 대상물건의 내용과 대상물건에 대한 실지조사 결과가 상호 동일성이 인정되지 아니한 경우에는 의뢰인에게 감정평가 수임계약의 기본적 사항을 보정할 것을 요구하고, 의뢰인이 보정하지 아니한 경우에는 수임계약을 철회할 수 있다.

③ 감정평가법인등은 감정평가조건의 합리성, 적법성이 결여(缺如)되거나 실현이 사실상 불가능하다고 판단할 때에는 의뢰를 거부하거나 수임(受任)을 철회할 수 있다.

제4절 | 부동산가격의 형성과정

01 부동산가격의 형성요인

1. 부동산가격의 발생요인

(1) 효용

재화의 사용 수익을 통하여 인간의 필요와 욕망을 만족시킬 수 있는 능력을 말한다.

(2) 상대적 희소성

존재량이 욕구에 비해 한정되어 있고, 용도 간에 있어 상대적으로 희소함을 말한다.

(3) 유효수요

특정재화의 구입욕망과 그에 따른 구매력이 더하여진 것을 말한다.

2. 부동산가격의 형성요인

"가치형성요인"이란 대상물건의 경제적 가치에 영향을 미치는 일반요인, 지역요인 및 개별요인 등을 말한다.[16]

---

16) 감정평가에 관한 규칙 제2조

02 지역분석 및 개별분석

1. 지역분석

① 광역적, 추상적인 일반 요인이 지역의 자연적 조건과 결합하여 지역 범위로 축소되어 지역 내 부동산의 상태 및 가격수준에 영향을 주는 요인을 말한다.

② 주택지대, 상업지대, 공업지대, 농경지대, 임야지대, 택지후보지와 같은 이용상황별로 분석될 수 있다.

③ 지역분석을 통하여 표준적 사용과 가격수준이 형성된다.

부동산의 지역성에 의한 일반적 요인의 지역지향성으로 일반적 요인이 지역적 차원으로 축소되고, 자연적 조건과 결합하여 형성된 지역요인은 지역특성을 나타내게 되고, 이 결과 표준적 사용과 가격수준이 형성된다.

④ 인근지역별로 분석이 된다.

2. 개별분석

① 부동산의 개별적 특성을 반영하는 가격을 개별화, 구체화시키는 요인으로, 해당 토지가 속하는 지역의 표준적 사용을 전제로 하는 토지의 가격수준과 비교하여 개별적 차이를 발생케 하는 요인을 말한다.

② 법률적, 행정적, 경제적, 물리적 요인으로 분석되어질 수 있다.

③ 개별분석을 통하여 구체적 가격이 결정된다.

부동산의 표준적 사용과 가격수준은 개개 부동산의 개별적 요인과 결합하여 최유효이용을 결정하게 되고, 이에 의해 가격수준은 개별화, 구체화되어 구체적 가격을 형성하게 된다.

3. 인근지역, 유사지역 및 동일수급권

① 인근지역이란 감정평가의 대상이 된 부동산(이하 "대상 부동산"이라 한다)이 속한 지역으로서 부동산의 이용이 동질적이고 가치형성요인 중 지역요인을 공유하는 지역을 말한다.[17]

② 유사지역이란 대상 부동산이 속하지 아니하는 지역으로서 인근지역과 유사한 특성을 갖는 지역을 말한다. 동일수급권(同一需給圈)이란 일반적으로 대상 부동산과 대체・경쟁관계가 성립하고 가치형성에 서로 영향을 미치는 관계에 있는 다른 부동산이 존재하는 권역을 말하며, 인근지역과 유사지역을 포함한다.[18]

---

17) 감정평가에 관한 규칙 제2조
18) 감정평가에 관한 규칙 제2조

감정평가실무의 기초

제1절 감정평가실무의 기초 및 감정평가 절차

01 감정평가실무의 기초사항

1. 도량형

(1) 길이

① meter법

km	m	cm
1,000m	100cm	1/100m

② 척관법

리	정	장	간	자척	치
36정	36장 ≒ 109.08m	10자 ≒ 3.03m	6자 ≒ 1.818m	10치 ≒ 0.303m	3.03cm

(2) 면적

① meter법

km^2	ha	a	m^2	cm^2
100ha ≒ 1,000,000m^2	100a ≒ 10,000m^2	100m^2	10,000cm^2	1/10,000m^2

② 척관법

구분	임야 단위				토지 단위			meter법
	정	단	무	보	평	홉	작	m^2
정	1	10	100	3,000	3,000	30,000	300,000	
단		1	10	300	300	3,000	30,000	
무			1	30	30	300	3,000	
보(평)				1	1	10	100	400/121
홉						1	10	
작							1	

>> 1평 ≒ 3.3058m^2, 1m^2 = 0.3025평

기본예제

01 감정평가사 甲씨는 등기사항전부증명서상 아래와 같은 사항을 확인하였다. 해당 건물의 면적을 m^2로 표시하시오.

【표 제 부】(건물의 표시)				
표시번호	접수	소재지번 및 건물번호	건물내역	등기원인 및 기타사항
1	1979년 5월 2일	서울특별시 ○구 ○동 100	연와조 기와지붕 1층 주택 45평	

예시답안

45평 ÷ 0.3025 (= ×400/121) ≒ 148.76m^2

02 토지대장상 아래 토지의 면적을 평으로 환산하시오.

지목	면적(m^2)	사유
(08) 대	*1093.3*	(52) 1991년 8월 9일 구획정리 완료

예시답안

1,093.3 × 0.3025 (= ×121/400) ≒ 330.72평

---

2. 지수와 로그함수

(1) 지수

$$a^x \times a^y = a^{x+y} \ / \ a^{1/n} = \sqrt[n]{a}$$

(2) 로그

$$\log a \times b = \log a + \log b \ / \ \log a^n = n \times \log a$$

3. 지목, 이용상황, 주변환경

(1) 공부상 지목

"지목"이라 함은 「공간정보의 구축 및 관리 등에 관한 법률」에 근거하여 토지의 주된 용도에 따라 토지의 종류를 구분하여 지적공부에 등록한 것을 말한다.[1]

번호	지목/약어		번호	지목/약어		번호	지목/약어		번호	지목/약어	
1	전	전	8	대	대	15	철도용지	철	22	공원	공
2	답	답	9	공장용지	장	16	제방	제	23	체육용지	체
3	과수원	과	10	학교용지	학	17	하천	천	24	유원지	원

---

1) 「공간정보의 구축 및 관리 등에 관한 법률」 제2조 제24호

4	목장용지	목	11	주차장	차	18	구거	구	25	종교용지	종
5	임야	임	12	주유소용지	주	19	유지	유	26	사적지	사
6	광천지	광	13	창고용지	창	20	양어장	양	27	묘지	묘
7	염전	염	14	도로	도	21	수도용지	수	28	잡종지	잡

(2) 실제이용상황[2]

구분	기재방법	범위
주거용		
단독주택 용지	단독	단독주택, 다중주택, 다가구주택 등
연립주택 용지	연립	주택으로 쓰는 1개 동의 바닥면적(2개 이상의 동을 지하주차장으로 연결하는 경우에는 각각의 동으로 봄)의 합계가 660㎡를 초과하고, 층수가 4개층 이하인 공동주택용지
다세대주택 용지	다세대	동당 바닥면적 합계가 660㎡ 이하인 4층 이하의 공동주택용지
아파트 용지	아파트	주택으로 쓰이는 층수가 5개 층 이상인 공동주택용지
주거용 나지	주거나지	주변의 토지이용상황이 주택지대로서 그 토지에 건축물이 없거나 일시적으로 타용도로 이용되고 있으나, 가까운 장래에 주택용지로 이용·개발될 가능성이 높은 토지 例 전, 답, 조경수목재배지, 벽돌공장 등
주거용 기타	주거기타	주변의 토지이용상황이 주택지대로서 관공서, 교육시설(학교, 공공도서관, 전시관 등), 종교시설 또는 창고 등으로 이용되고 있는 토지
상업·업무용		
상업용지	상업용	상가나 시장, 서비스업 등의 영업을 목적으로 하고 있는 건물부지
업무용지	업무용	은행, 사무실 등 업무용으로 이용하고 있는 건물부지
상업·업무용 나지	상업나지	주변의 토지이용상황이 상업·업무지대로서 그 토지에 건축물이 없거나 일시적으로 타용도로 이용되고 있으나, 가까운 장래에 상업용 또는 업무용으로 이용·개발될 가능성이 높은 토지 例 전, 답, 조경수목재배지, 야적장 등
상업·업무용 기타	상업기타	주변의 토지이용상황이 상업·업무지대로서 관공서, 교육시설(학교·공공도서관·전시관 등), 종교시설 또는 주거용건물, 주상용건물, 창고 등으로 이용되고 있는 토지
주·상복합용		
주·상 복합용지	주상용	단일 건물이 주거용과 상업용으로 이용되고 주·부용도의 구분이 용이하지 않은 건물부지
주·상 복합용 나지	주상나지	주변의 토지이용상황이 주택 및 상가혼용지대로서 그 토지에 건축물이 없거나 일시적으로 타용도로 이용되고 있으나, 가까운 장래에 주상복합용으로 이용·개발될 가능성이 높은 토지 例 전, 답, 조경수목재배지, 야적장 등

---

2) 표준지공시지가 조사평가업무요령, 국토교통부, 2025년

주·상 복합용 기타	주상기타	주변의 토지이용상황이 주택 및 상가혼용지대로서 관공서, 교육시설(학교, 공공도서관, 전시관 등), 종교시설 또는 주거용 건물, 창고 등으로 이용되고 있는 토지
공업용		
공업용지	공업용	제조업에 이용되고 있는 토지
공업용 나지	공업나지	주변의 토지이용상황이 공업지대로서 그 토지에 건축물이 없거나 일시적으로 타용도로 이용되고 있으나, 가까운 장래에 공업용으로 이용·개발될 가능성이 높은 토지 예 전, 답, 조경수목재배지, 야적장 등
공업용 기타	공업기타	주변의 토지이용상황이 공업지대로서 관공서, 교육시설(학교, 공공도서관, 전시관 등), 종교시설 또는 창고 등으로 이용되고 있는 토지
태양광발전소 부지	태양광	「신에너지 및 재생에너지 개발·이용·보급 촉진법」등에 따른 태양광설비를 설치하여 발전사업 허가를 받은 토지로서, 태양전지로 구성된 모듈과 주변장치 등으로 구성된 일체의 토지 》 공장 등 건물 위에 태양광발전설비를 설치한 경우는 조사 대상에서 제외한다.
전		
전	전	물을 상시적으로 이용하지 아니하고 곡물·원예작물(과수류를 제외한다)·약초·뽕나무·닥나무·묘목·관상수 등의 식물을 주로 재배하는 토지와 식용을 목적으로 죽순을 재배하는 토지
과수원	과수원	사과·배·밤·호도·귤나무 등 과수류를 집단적으로 재배하는 토지와 이에 접속된 저장고 등 부속시설물 부지
전 기타	전기타	주변의 토지이용상황이 "전"으로서 관공서, 교육시설(학교, 공공도서관, 전시관 등), 종교시설 등으로 이용되고 있는 토지
농업용 창고	전창고	주변의 토지이용상황이 "전"으로서 농업·축산업·수산업용 창고 등으로 이용되고 있는 토지
축사	전축사	주변의 토지이용상황이 "전"으로서 돈사·계사·우사 등으로 이용되고 있는 토지
답		
답	답	물을 상시적으로 직접 이용하여 벼·연·미나리·왕골 등의 식물을 주로 재배하는 토지
답 기타	답기타	주변의 토지이용상황이 "답"으로서 관공서, 교육시설(학교, 공공도서관, 전시관 등), 종교시설 등으로 이용되고 있는 토지
농업용 창고	답창고	주변의 토지이용상황이 "답"으로서 농업·축산업·수산업용 창고 등으로 이용되고 있는 토지
축사	답축사	주변의 토지이용상황이 "답"으로서 돈사·계사·우사 등으로 이용되고 있는 토지
임야		
조림	조림	계획조림지로 조성된 임야
자연림	자연림	자연상태의 임야

토지임야(토림)	토지임야	주변의 토지이용상황으로 보아 순수임야와 구분되며, 주로 경작지 또는 도시(마을)주변에 위치해 있는 구릉지와 같은 임야
목장용지	목장용지	축산업 및 낙농업을 하기 위하여 초지를 조성한 토지, 「축산법」에 의한 가축을 사육하는 축사 등의 부지와 그 부속시설물의 부지. 다만, 주거용 건축물의 부지는 "주거용"으로 한다.
임야 기타	임야기타	주변의 토지이용상황이 임야로서 관공서, 교육시설(학교, 공공도서관, 전시관 등), 종교시설 또는 창고 등으로 이용되고 있는 토지
특수토지	-	광천지, 광업용지, 염전, 양어장, 양식장, 유원지, 공원묘지, 골프장, 스키장, 경마장, 승마장, 여객자동차터미널, 콘도미니엄, 공항, 고속도로 휴게소, 발전소, 물류터미널, 특수토지 기타
공공공지 등*	-	
도로 등	도로 등	도로(사도 포함), 철도, 녹지, 수도, 공동구
하천 등	하천 등	하천 및 부속토지, 제방, 구거, 유지(댐, 저수지, 소류지, 호수, 연못 등)
공원 등	공원 등	공원(묘지공원 및 도시자연공원을 제외한 도시공원), 사적지
운동장 등	운동장 등	운동장, 체육시설, 광장
주차장 등	주차장 등	주차장, 자동차정류장
위험시설	위험시설	위험시설(변전시설, 송전탑, 유류저장 및 송유설비 등) ≫ 일반주유소(가스충전소를 포함한다)는 제외한다.
유해 및 혐오시설	유해·혐오시설	화장장, 공동묘지(「도시공원 및 녹지 등에 관한 법률」상의 공설묘지공원 포함), 납골시설, 쓰레기처리장, 폐기물처리시설, 도축장 등

＊ (도시)계획시설로 고시된 토지로서 사업이 착공 내지 완료된 경우나 영리목적이 아닌 공공성격이 강한 토지

토지의 용도별 분류

일반적으로 토지를 용도별로 택지, 농지, 임지, 예정지(후보지)와 이행지 등으로 분류하고 있으며, 이에 대한 내용은 다음과 같다.

1. **택지(宅地)**

   주택, 점포, 공장 기타 여러 가지 건물 및 구축물의 부지로 쓰이고 있거나 쓰일 것이 사회적·경제적·행정적으로 합리적이라고 인정되는 토지를 말한다. 택지는 그 용도에 따라 주거용지, 상업·업무용지, 공업용지 등으로 구분된다.

2. **농지(農地)**

   농지라 함은 법적 지목 여하에 불구하고 실제의 토지현황이 농경지 또는 다년생식물 재배지로 이용되는 토지와 그 개량시설의 부지를 말하며, 농경지라 함은 농작물을 경작하는 토지를 말한다.

3. **임지(林地)**

   임지란 입목 등이 집단적으로 생육되고 있는 토지이다.

4. 예정지(후보지)와 이행지

예정지(후보지)라 함은 인근지역의 주위환경 등의 사정으로 보아 현재의 용도에서 장래 택지 등 다른 용도로의 전환이 객관적으로 예상되는 토지로서 상기 용도별 분류에 따른 유형 간의 변화가 일어나고 있는 토지를 말한다. 예를 들어 농지나 임지가 택지로 전환되는 경우에는 택지예정지, 농지 이외의 종류가 농지로 전환되고 있는 경우는 농지예정지라 할 수 있다. 이행지란 대분류 내의 세분된 종류에서 다른 세분된 종류로 바뀌는 토지를 말하며, 택지 내에서 주택지가 상업지로, 농지 내에서 답이 전으로 바뀌는 것을 이행지의 예로 들 수 있다.

(3) 주변환경 [3]

용도지대		세부 주위환경
상가지대		기존 상가지대, 일반 상가지대, 중심 상가지대, 번화한 상가지대, 고밀도 상가지대, 도심 상가지대, 후면 상가지대, 역주변 상가지대, 노선 상가지대, 성숙 중인 상가지대, 미성숙 상가지대, 정비된 상가지대, 시장주변 상가지대, 주택 및 상가혼용지대, 시장지대, 아파트단지주변 상가지대, 국도변 상가지대, 지방도변 상가지대, 해안 상가지대
주택지대	도시지역	기존 주택지대, 신흥 주택지대, 일반 주택지대, 고급 주택지대, 성숙 중인 주택지대, 미성숙 주택지대, 정비된 주택지대, 연립 주택지대, 공동 주택지대, 전원 주택지대, 고속국도주변 주택지대, 한옥지대, 아파트지대, 신·구옥 혼성지대, 주택재개발 예정지대, 도심재개발 예정지대, 미개발지대, 개발예정지대
	농어촌지역	읍소재지내 주택지대, 면소재지내 주택지대, 읍소재지내 농촌지대, 면소재지내 농촌지대, 근교 농촌지대, 국도주변 농촌지대, 지방도변 농촌지대, 순수 농촌지대, 산간 농촌지대, 해안 농촌지대, 농어촌지대, 해안 어촌지대, 농촌 취락지대, 산간 취락지대, 해안 취락지대, 취락구조 개선마을, 해안 주택지대, 관광단지
공장지대		산업단지, 기존 공장지대, 농공단지, 시가지주변 공장지대, 소규모 공장지대
업무지대		도심 업무지대, 일반 업무지대, 상가 및 업무지대, 공장 및 업무지대
농경지대	자연농경지대	순수 농경지대, 산간 농경지대, 국도주변 농경지대, 지방도주변 농경지대, 마을주변 농경지대, 근교 농경지대, 시가지주변 농경지대, 읍소재지내 농경지대, 면소재지 농경지대, 해안 농경지대
	경지정리지대	순수 경지정리지대, 국도주변 경지정리지대, 지방도주변 경지정리지대, 마을주변 경지정리지대, 근교 경지정리지대, 시가지주변 경지정리지대, 읍소재지내 경지정리지대, 면소재지내 경지정리지대, 해안 경지정리지대
임야지대	야산지대	마을주변 야산지대, 순수 야산지대, 국도주변 야산지대, 지방도주변 야산지대, 해안 야산지대, 시가지주변 야산지대
	산림지대	마을주변 산림지대, 순수 산림지대, 국도주변 산림지대, 지방도주변 산림지대, 해안 산림지대, 공원 산림지대, 시가지주변 산림지대

---

[3] 표준지공시지가 조사평가업무요령, 국토교통부, 2018년

목장지대	순수 목장지대, 해안 목장지대, 산간 목장지대
유원지지대	산간 유원지대, 계곡 유원지대, 도시 유원지대, 관광 유원지대
온천지대	온천지대, 온천 휴양지대, 온천 관광지대
기타	기타

4. 도로, 형상, 지세

(1) 도로

감정평가상 도로는 차도와 인도의 너비를 기준으로 판단하며, 현황도로 및 공사 중인 도로를 포함한다. 감정평가상 도로는 도로가 접해있는 토지가치에 직접적인 효용의 증감에 영향을 주는 만큼의 도로를 의미하기 때문에 차도와 인도를 도로로서 판단하여 실제로 각지의 판단 등 구체적인 도로의 판단에 있어서는 대상토지 가치에 직접적인 효용 증가에 영향을 주는지를 판단해야 한다.

① 감정평가에서의 도로의 개념

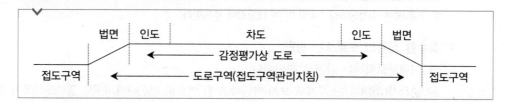

② 도로의 유형(도로조건의 판단)

구분	기재방법	내용
광대로한면	광대한면	폭 25m 이상의 도로에 한면이 접하고 있는 토지
광대로-광대로 광대로-중로 광대로-소로	광대소각	광대로에 한면이 접하고 소로(폭 8m 이상 12m 미만) 이상의 도로에 한면 이상 접하고 있는 토지
광대로-세로(가)	광대세각	광대로에 한면이 접하면서 자동차 통행이 가능한 세로(가)에 한면 이상 접하고 있는 토지
중로한면	중로한면	폭 12m 이상 25m 미만 도로에 한면이 접하고 있는 토지
중로-중로 중로-소로 중로-세로(가)	중로각지	중로에 한면이 접하면서 중로, 소로, 자동차 통행이 가능한 세로(가)에 한면 이상 접하고 있는 토지
소로한면	소로한면	폭 8m 이상 12m 미만의 도로에 한면이 접하고 있는 토지
소로-소로 소로-세로(가)	소로각지	소로에 한면이 접하면서 소로, 자동차 통행이 가능한 세로(가)에 한면 이상 접하고 있는 토지
세로한면(가)	세로(가)	자동차 통행이 가능한 폭 8m 미만의 도로에 한면이 접하고 있는 토지
세로(가)-세로(가)	세각(가)	자동차 통행이 가능한 세로에 두면 이상이 접하고 있는 토지
세로한면(불)	세로(불)	자동차 통행이 불가능하나 이륜자동차의 통행이 가능한 세로에 한면이 접하고 있는 토지

| 세로(불)-세로(불) | 세각(불) | 자동차 통행이 불가능하나 이륜자동차의 통행이 가능한 세로에 두면 이상 접하고 있는 토지 |
| 맹지 | 맹지 | 이륜자동차의 통행이 불가능한 도로에 접한 토지와 도로에 접하지 아니한 토지 |

≫ 각지(角地)

2개 이상의 가로각(街路角)에 해당하는 부분에 접하는 획지(劃地)를 말한다. 접면하는 각의 수에 따라 2면 각지 · 3면각지 · 4면각지 등으로 불린다.

⁝ 도시 · 군계획시설의 결정 · 구조 및 설치에 관한 규칙상 세부 분류

구분	1류	2류	3류
광로	폭 70m 이상	50m 이상 70m 미만	40m 이상 50m 미만
대로	35m 이상 40m 미만	30m 이상 35m 미만	25m 이상 30m 미만
중로	20m 이상 25m 미만	15m 이상 20m 미만	12m 이상 15m 미만
소로	10m 이상 12m 미만	8m 이상 10m 미만	폭 8m 미만

≫ 소로3류는 감정평가상 "세로(가)"에 해당함에 주의한다.

③ **특수한 상황의 도로조건 판단**

㉠ 이면가로획지는 각지로 판단한다.

㉡ 준각지(準角地)는 각지로 보지 아니하고 한 면으로 판단한다. 다만, 접면도로폭이 승용차가 원활하게 교차할 수 있는 정도인 경우에는 각지로 판단한다.

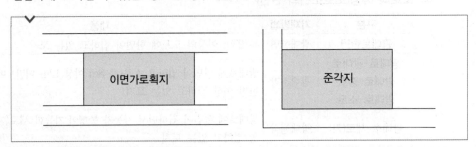

㉢ 동일노선의 도로폭이 일정하지 않는 경우에는 그 도로의 많은 부분을 차지하는 도로폭을 기준으로 판단한다.

㉣ 소로에 한 면이 접하면서 세로(불)에 접하는 토지는 소로한면으로 판단한다.

㉤ 세로(불)의 경우, 현실적으로 자동차(리어카, 경운기 제외)가 통행할 수 있는지 여부를 판단해야 한다[인위적으로 막아놓은 세로는 세로(불)에 속함].

㉥ 세로한면(가)에 한 면이 접하면서 세로한면(불)에 접하는 토지는 세로한면(가)로 조사한다.

㉦ 계단도로는 통상적인 도로에 비해 그 기능이 저하됨을 감안하여 해당 도로보다 한 단계 낮은 도로로 조사한다. 즉, 세로인 계단도로는 세로(불)로, 소로인 계단도로는 세로로 판단한다.

>
>
> 간선도로란 대중교통수단이 통행하는 지방도, 국도(자동차 전용도로, 고속도로 제외)를 말한다.

④ **막다른 도로**[4]

지형적 조건으로 차량통행을 위한 도로의 설치가 곤란하다고 인정하여 시·군·구청장이 그 위치를 지정·공고하는 구간 안의 너비 3미터 이상인 도로(단, 길이가 10미터 미만인 막다른 도로인 경우에는 너비 2미터 이상)

막다른 도로의 길이	10m 미만	10~35m	35m 이상
도로의 너비	2m	3m	6m(도시지역 아닌 읍·면: 4m)

막다른 도로에서의 도로조건 판단[5]

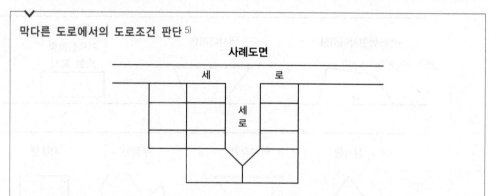

사례도면

- 막다른 도로는 통상적인 도로에 비해 양쪽 방향의 교차통행에 제한을 받게 된다.
- 위 사례의 경우에 막다른 도로의 도로폭이 "세로"에 해당하더라도 도로폭이 4m 이하라면 통상적으로 차량이 진입하여 U턴하는 것이 곤란하게 되므로 통상적인 도로에 비해 기능이 저하되며, 따라서 "세로"보다 한 단계 낮은 "세로(불)"로 구분하게 된다.

(2) **형상**

도로에 접한 경우에는 주된 도로의 방향을 기준으로, 도로에 접하지 않은 경우에는 인접도로 방향을 기준으로 판단한다.

구분	내용
정방형	정사각형 모양의 토지로서 양변의 길이 비율이 1:1.1 내외인 토지
가로장방형	장방형의 토지로 넓은 면이 도로에 접하거나 도로를 향하고 있는 토지
세로장방형	장방형의 토지로 좁은 면이 도로에 접하거나 도로를 향하고 있는 토지
사다리형	사다리형(변형사다리형 포함) 모양의 토지
부정형	불규칙한 형상의 토지 또는 삼각형 모양의 토지 중 최소외접직사각형 기준 1/3 이상의 면적손실이 발생한 토지

---

4) 건축법 시행령 제3조의3
5) 표준지공시지가 조사평가업무요령, 국토교통부 외, 2017년

자루형	출입구가 자루처럼 좁게 생겼거나 역삼각형이 토지(역사다리형을 포함)로 꼭지점 부분이 도로에 접하거나 도로를 향하고 있는 토지

» 구체적으로 형상의 판단이 어려운 경우 인근의 토지의 형상에 따른 가치형성요인 및 대상토지의 개별적인 특징을 종합적으로 고려하여 판단해야 한다.

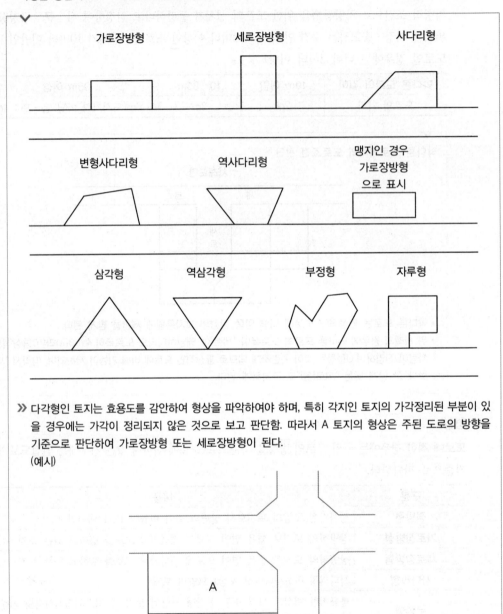

» 다각형인 토지는 효용도를 감안하여 형상을 파악하여야 하며, 특히 각지인 토지의 가각정리된 부분이 있을 경우에는 가각이 정리되지 않은 것으로 보고 판단함. 따라서 A 토지의 형상은 주된 도로의 방향을 기준으로 판단하여 가로장방형 또는 세로장방형이 된다.

(예시)

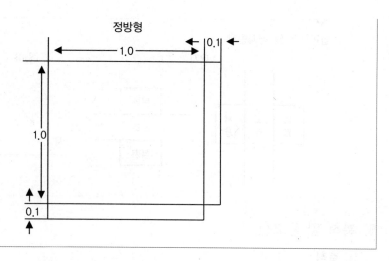

정방형

사다리형과 부정형의 구분

- 유효면적비율을 참고할 수 있으며, 유효면적비율이란 해당 필지에서 최소외접직사각형을 씌운 후 전체면적(최소외접직사각형 면적) 대비 해당 필지의 면적비율을 의미한다.
- 최소외접직사각형 : 아래 그림을 예로 들면 외곽 선을 말하며, 형상의 각 꼭지점을 직사각형으로 잇는 형태를 말한다.
- 유효면적비율이 70% 이상이면 사다리형으로, 미만이면 부정형으로 판단할 수 있으며, 주변 토지 형상 및 가격 균형성 등을 고려하여 결정할 수 있다.

(3) **지세**

구분	내용
저지	간선도로 또는 주위의 지형지세보다 현저히 낮은 지대의 토지
평지	간선도로 또는 주위의 지형지세와 높이가 비슷하거나 경사도가 미미한 토지
완경사	간선도로 또는 주위의 지형지세보다 높고 경사도가 15° 이하인 지대의 토지
급경사	간선도로 또는 주위의 지형지세보다 높고 경사도가 15°를 초과하는 토지
고지	간선도로 또는 주위의 지형지세보다 현저히 높은 지대의 토지

》 대상토지의 지형 및 지세(고저)를 주위의 지형지세를 기준으로 판단한다. 지형지세(고저)는 간선도로를 기준으로 판단하되, 주변토지들의 지형지세를 고려하여 조사하고 특히 비교표준지와 인근토지들의 지형지세(고저)구분이 상호 일치되도록 일관성 있게 조사해야 한다.

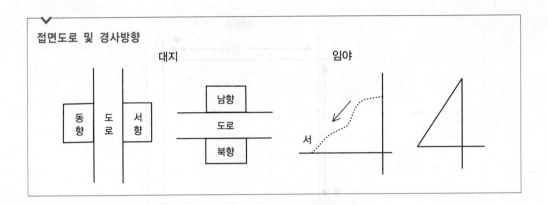

5. 축척 및 등고선

(1) 축척

도면상의 길이와 실제거리와의 비율(1 : n)

[eg1] 1/25,000 도면상의 1cm : 실제의 25,000cm

[eg2] 1/25,000 도면상의 10cm × 10cm = 100cm²

: 실제의 (10cm × 25,000) × (10cm × 25,000) = 2,500m × 2,500m = 6.25km²(6,250,000m²)

(2) 등고선

동일한 고도(평균 해수면으로부터의 높이)의 점을 연결한 가상선

① 종류

종류	내용
계곡선	매 다섯 번째 등고선마다 있는 굵은 실선(1/50,000의 경우 100m 간격)
주곡선	계곡선과 계곡선 사이에 있는 4개의 실선(1/50,000의 경우 20m 간격)
간곡선	주곡선 간격이 너무 넓은 경우, 그 중간의 점선(1/50,000의 경우 10m 간격)

② 성질

　㉠ 폐쇄곡선 : 지도상에 나타난 등고선을 따라 가면 다시 원점으로 돌아오게 된다는 성질. 다만 간곡선 등은 반드시 합치하지 않을 수도 있다.

　㉡ 등고선의 결합과 교차 : 지형이 돌출되거나 절벽이 아니면 서로 합치지 않고 교차하지도 않는다.

　㉢ 급경사와 완경사 : 등고선의 간격이 좁으면 경사가 급하고, 등고선의 간격이 넓으면 경사가 완만하다.

　㉣ 능선과 계곡 : 능선은 정상에서 볼 때 ∩자형, 계곡은 ∪자형이 된다.

6. 공법상 제한(국토의 계획 및 이용에 관한 법률)

(1) 개요

「국토의 계획 및 이용에 관한 법률」(이하 "국토계획법")은 용도지역, 용도지구, 용도구역을 규정하고 있으며, 감정평가와 관련, 국토계획법상의 용도지역·지구·구역 등과 함께 부동산의 가치를 결정하는 데 있어서 가장 기본적인 법률이다.

(2) 국토계획법상 용도지역, 용도지구, 용도구역

① 용도지역

토지의 이용 및 건축물의 용도, 건폐율(「건축법」제55조의 건폐율), 용적률(「건축법」제56조의 용적률), 높이 등을 제한함으로써 토지를 경제적·효율적으로 이용하고 공공복리의 증진을 도모하기 위하여 서로 중복되지 아니하게 도시관리계획으로 결정하는 지역[6]이다. 토지의 유형을 결정하는 데 큰 역할을 한다.

⁑ 용도지역의 지정 및 지정목적[7]

구분	용도지역		지정목적	건폐율 (%)	용적률 (%)
도시 지역	주거 지역	전용주거지역	양호한 주거환경을 보호하기 위하여 필요한 지역	–	–
		제1종 전용주거지역	단독주택 중심의 양호한 주거환경을 보호하기 위하여 필요한 지역	50	50~100
		제2종 전용주거지역	공동주택 중심의 양호한 주거환경을 보호하기 위하여 필요한 지역	50	50~150
		일반주거지역	편리한 주거환경을 조성하기 위하여 필요한 지역	–	–
		제1종 일반주기지역	저층주택을 중심으로 편리한 주거환경을 조성하기 위하여 필요한 지역	60	100~200
		제2종 일반주거지역	중층주택을 중심으로 편리한 주거환경을 조성하기 위하여 필요한 지역	60	100~250
		제3종 일반주거지역	중고층주택을 중심으로 편리한 주거환경을 조성하기 위하여 필요한 지역	50	100~300
		준주거지역	주거기능을 위주로 이를 지원하는 일부 상업·업무기능을 보완하기 위하여 필요한 지역	70	200~500
도시 지역	상업 지역	중심상업지역	도심·부도심의 업무 및 상업기능의 확충을 위하여 필요한 지역	90	200~1,500
		일반상업지역	일반적인 상업 및 업무기능을 담당하게 하기 위하여 필요한 지역	80	200~1,300
		근린상업지역	근린지역에서의 일용품 및 서비스의 공급을 위하여 필요한 지역	70	200~900
		유통상업지역	도시 내 및 지역 간 유통기능의 증진을 위하여 필요한 지역	80	200~1,100

---

6) 국토계획법 제2조(정의)

공업지역	전용공업지역	주로 중화학공업·공해성 공업 등을 수용하기 위하여 필요한 지역	70	150~300
	일반공업지역	환경을 저해하지 아니하는 공업의 배치를 위하여 필요한 지역	70	150~350
	준공업지역	경공업 그 밖의 공업을 수용하되, 주거·상업·업무기능의 보완이 필요한 지역	70	150~400
녹지지역	보전녹지지역	도시의 자연환경·경관·산림 및 녹지공간을 보전할 필요가 있는 지역	20	50~80
	생산녹지지역	주로 농업적 생산을 위하여 개발을 유보할 필요가 있는 지역	20	50~100
	자연녹지지역	도시의 녹지공간의 확보, 도시 확산의 방지, 장래 도시용지의 공급 등을 위하여 보전할 필요가 있는 지역으로서 불가피한 경우에 한하여 제한적인 개발이 허용되는 지역	20	50~100
비도시지역	관리지역	보전관리지역	자연환경보호, 산림보호, 수질오염 방지, 녹지공간 확보 및 생태계 보전 등을 위하여 보전이 필요하나, 주변 용도지역과의 관계 등을 고려할 때 자연환경보전지역으로 지정하여 관리하기가 곤란한 지역	20	50~80
		생산관리지역	농업·임업·어업생산 등을 위하여 관리가 필요하나, 주변 용도지역과의 관계 등을 고려할 때 농림지역으로 지정하여 관리하기가 곤란한 지역	20	50~80
		계획관리지역	도시지역으로의 편입이 예상되는 지역이나 자연환경을 고려하여 제한적인 이용·개발을 하려는 지역으로서 계획적·체계적인 관리가 필요한 지역	40	50~100
	농림지역		도시지역에 속하지 아니하는 농지법에 의한 농업진흥지역 또는 산지관리법에 의한 보전임지 등으로서 농림업의 진흥과 산림의 보전을 위하여 필요한 지역	20	50~80
	자연환경보전지역		자연환경·수자원·해안·생태계·상수원 및 국가유산의 보전과 수산자원의 보호·육성 등을 위하여 필요한 지역	20	50~80

---

7) 국토계획법 제37조(용도지구의 지정)

② 용도지구

토지의 이용 및 건축물의 용도·건폐율·용적률·높이 등에 대한 용도지역의 제한을 강화하거나 완화하여 적용함으로써 용도지역의 기능을 증진시키고 미관·경관·안전 등을 도모하기 위하여 도시관리계획으로 결정하는 지역[8]이다. 최유효이용방법 결정에 큰 역할을 한다.

용도지구의 지정 및 지정목적[9]

구분	용도지구	용도지구의 지정목적
경관지구	자연경관지구, 시가지경관지구, 특화경관지구 등	경관의 보전, 관리 및 형성을 위하여 필요한 지구
고도지구	고도지구	쾌적한 환경 조성 및 토지의 효율적 이용을 위하여 건축물 높이의 최저한도 또는 최고한도를 규제할 필요가 있는 지구
방화지구	방화지구	화재의 위험을 예방하기 위하여 필요한 지구
방재지구	방재지구	풍수해, 산사태, 지반의 붕괴, 그 밖의 재해를 예방하기 위하여 필요한 지구
보호지구	역사문화환경보호지구, 중요 시설물(항만, 공항, 공용시설, 교정군사)보호지구, 생태계보호지구	국가유산, 중요 시설물(항만, 공항 등 대통령령으로 정하는 시설물을 말한다) 및 문화적·생태적으로 보존가치가 큰 지역의 보호와 보존을 위하여 필요한 지구
취락지구	자연취락지구, 집단취락지구	녹지지역·관리지역·농림지역·자연환경보전지역·개발제한구역 또는 도시자연공원구역의 취락을 정비하기 위한 지구
개발진흥지구	주거개발진흥지구, 산업유통개발진흥지구, 관광휴양개발진흥지구, 복합개발진흥지구, 특정개발진흥지구	주거기능·상업기능·공업기능·유통물류기능·관광기능·휴양기능 등을 집중적으로 개발·정비할 필요가 있는 지구
특정용도제한지구	특정용도제한지구	주거 및 교육 환경 보호나 청소년 보호 등의 목적으로 오염물질 배출시설, 청소년 유해시설 등 특정시설의 입지를 제한할 필요가 있는 지구
복합용도지구	복합용도지구	지역의 토지이용 상황, 개발 수요 및 주변 여건 등을 고려하여 효율적이고 복합적인 토지이용을 도모하기 위하여 특정시설의 입지를 완화할 필요가 있는 지구
그 밖에 대통령령으로 정하는 지구		

---

8) 국토계획법 제2조(정의)
9) 국토계획법 제37조(용도지구의 지정)

③ 용도구역

토지의 이용 및 건축물의 용도·건폐율·용적률·높이 등에 대한 용도지역 및 용도지구의 제한을 강화하거나 완화하여 따로 정함으로써 시가지의 무질서한 확산방지, 계획적이고 단계적인 토지이용의 도모, 토지이용의 종합적 조정·관리 등을 위하여 도시관리계획으로 결정하는 지역[10]이다.

용도구역	지정목적	관련 법률
개발제한구역[11]	도시의 무질서한 확산을 방지하고 도시주변의 자연환경을 보전하여 도시민의 건전한 생활환경을 확보하기 위하여 도시의 개발을 제한할 필요가 있거나 국방부장관의 요청이 있어 보안상 도시의 개발을 제한할 필요가 있다고 인정되는 지역	개발제한구역의 지정 및 관리에 관한 특별법
도시자연공원구역[12]	도시의 자연환경 및 경관을 보호하고 도시민에게 건전한 여가·휴식공간을 제공하기 위하여 도시지역 안에서 식생(植生)이 양호한 산지(山地)의 개발을 제한할 필요가 있다고 인정되는 지역	도시공원 및 녹지 등에 관한 법률
시가화조정구역	도시지역과 그 주변지역의 무질서한 시가화를 방지하고 계획적·단계적인 개발을 도모하기 위하여 대통령령으로 정하는 기간 동안 시가화를 유보할 필요가 있다고 인정되는 지역	국토의 계획 및 이용에 관한 법률
수산자원보호구역	수산자원을 보호·육성하기 위하여 필요한 공유수면이나 그에 인접한 토지	수산자원관리법

》 **개발제한구역의 지정** : 개발제한구역은 다른 용도지역이 중복되어 지정되며, 실무에서는 개발제한구역의 경우 개발제한구역만 기재하고 중복되는 용도지역은 별도로 기재한다.

(3) 용도지역 등에서의 행위제한 [13]

「국토의 계획 및 이용에 관한 법률」 제76조(용도지역 및 용도지구에서의 건축물의 건축 제한 등), 제77조(용도지역의 건폐율), 제78조(용도지역에서의 용적률), 제79조(용도지역 미지정 또는 미세분 지역에서의 행위 제한 등), 제80조(개발제한구역에서의 행위 제한 등), 제80조의2(도시자연공원구역에서의 행위 제한 등), 제80조의3(입지규제최소구역에서의 행위 제한), 제81조(시가화조정구역에서의 행위 제한 등), 제82조(기존 건축물에 대한 특례), 제83조(도시지역에서의 다른 법률의 적용 배제), 제83조의2(입지규제최소구역에서의 다른 법률의 적용 특례), 제84조(둘 이상의 용도지역·용도지구·용도구역에 걸치는 대지에 대한 적용 기준)

---

10) 국토계획법 제2조(정의)
11) 국토계획법 제38조(개발제한구역의 지정)
12) 국토계획법 제38조의2(도시자연공원구역의 지정)
13) 국토계획법 제6장 용도지역·용도지구 및 용도구역에서의 행위 제한

(4) 기반시설 및 도시 · 군계획시설

국토계획법 제2조(정의)

이 법에서 사용하는 용어의 뜻은 다음과 같다.

6. "기반시설"이란 다음 각 목의 시설로서 대통령령으로 정하는 시설을 말한다.
　가. 도로 · 철도 · 항만 · 공항 · 주차장 등 교통시설
　나. 광장 · 공원 · 녹지 등 공간시설
　다. 유통업무설비, 수도 · 전기 · 가스공급설비, 방송 · 통신시설, 공동구 등 유통 · 공급시설
　라. 학교 · 공공청사 · 문화시설 및 공공필요성이 인정되는 체육시설 등 공공 · 문화체육시설
　마. 하천 · 유수지(遊水池) · 방화설비 등 방재시설
　바. 화장시설 등 보건위생시설
　사. 하수도 · 폐기물처리 및 재활용시설, 빗물저장 및 이용시설 등 환경기초시설
7. "도시 · 군계획시설"이란 기반시설 중 도시 · 군관리계획으로 결정된 시설을 말한다.

---

7. 공법상 제한 – 건축법

(1) 건축물의 개념 및 면적

① 건축물

토지에 정착하는 공작물 중 지붕과 기둥 또는 벽이 있는 것과 이에 부수되는 시설물, 지하 또는 고가의 시설물에 설치하는 사무소 · 공연장 · 점포 · 차고 · 창고 등을 말한다.[14]

② 면적

㉠ 건축면적: 건폐율 산정 시 적용되는 면적으로, 건축물의 수평투영면적으로 산정. 지상부분의 건축물의 대지점유부분으로, 차양 · 처마 등은 길이 1m까지는 면적에서 제외

㉡ 바닥면적: 건축물의 각 층 또는 그 일부로서 벽 · 기둥 기타 이와 유사한 구획의 중심선으로 둘러싸인 부분의 수평투영면적

　ⓐ 층고 1.5m 이하의 다락 제외

　ⓑ 승강기탑, 계단탑, 장식탑 등: 규모와 관계없이 제외(다만, 높이, 층수 등의 산정 시에는 규모에 따라 산입 여부 결정)

　ⓒ 물탱크, 정화조 등으로서 옥상, 옥외 또는 지하에 설치하는 것: 제외

　ⓓ 공동주택의 지상층 기계실, 놀이터, 조경시설 등: 제외

　ⓔ 필로티부분으로 ⅰ) 공중의 통행에 전용되는 경우, ⅱ) 차량의 통 · 주차에 전용되는 경우, ⅲ) 공동주택의 경우: 제외

③ 연면적

하나의 건축물의 각 층의 바닥면적의 합계. 다만, 용적률 산정 시에는 지하층 및 지상층의 주차용으로 사용되는 면적 제외

---

14) 건축법 제2조(정의) 제2호

(2) 건축법상 "대지"와 지적법상 "대"

① 건축법상 "대지"

「공간정보의 구축 및 관리 등에 관한 법률」상의 "대"를 포함, 다른 지목이라 할지라도 토지형 질변경 등의 절차를 거쳐 "대지"로서 인정받을 수 있는 토지를 말한다.

② 공간정보의 구축 및 관리 등에 관한 법률상 "대"

영구적 건축물 중 주거·사무실·점포와 박물관·극장·미술관 등 문화시설과 이에 접속된 정원 및 부속시설물의 부지/ 국계법 등 관계법령에 의한 택지조성공사가 준공된 토지를 말한다.

(3) 대지면적 산정방법

토지대장에 등재된 토지면적(현황면적)과 달리, 건축법상의 대지조건에 충족되어 대지면적 산정 기준에 의거한 건축가능면적으로서, 건폐율, 용적률 등의 기준면적이 된다.

① 원칙

대지의 수평투영면적으로 한다.

② 대지 안에 건축선이 정하여진 경우

⊙ 전면도로가 소요폭 이상인 경우 : 토지면적과 일치, 건축허가상 일부 제외될 수 있음(⑩ 법면 등).

⊙ 전면도로가 소요폭 미달인 경우

ⓐ 도로 양측이 대지인 경우 : 미달 분의 1/2씩 건축선 후퇴

ⓑ 한 면이 하천·철도·경사지 등에 면한 경우 : 미달 분만큼 건축선 후퇴

건축법 제2조(정의)

11. 도로란 보행과 자동차 통행이 가능한 너비 4미터 이상의 도로(지형적으로 자동차 통행이 불가능한 경우와 막다른 도로의 경우에는 대통령령으로 정하는 구조와 너비의 도로)로서 다음 각 목의 어느 하나에 해당하는 도로나 그 예정도로를 말한다.

　가. 「국토의 계획 및 이용에 관한 법률」, 「도로법」, 「사도법」, 그 밖의 관계법령에 따라 신설 또는 변경에 관한 고시가 된 도로

　나. 건축허가 또는 신고 시에 특별시장·광역시장·특별자치시장·도지사·특별자치도지사(이하 "시·도지사"라 한다) 또는 시장·군수·구청장(자치구의 구청장을 말한다)이 위치를 지정하여 공고한 도로

동법 제46조(건축선의 지정)

① 도로와 접한 부분에 건축물을 건축할 수 있는 선[이하 "건축선(建築線)"이라 한다]은 대지와 도로의 경계선으로 한다. 다만, 제2조 제1항 제11호에 따른 소요 너비(4미터)에 못 미치는 너비의 도로인 경우에는 그 중심선으로부터 그 소요 너비의 2분의 1의 수평거리만큼 물러 난 선을 건축선으로 하되, 그 도로의 반대쪽에 경사지, 하천, 철도, 선로부지, 그 밖에 이와 유사한 것이 있는 경우에는 그 경사지 등이 있는 쪽의 도로경계선에서 소요 너비에 해당하는 수평거리의 선을 건축선으로 하며, 도로의 모퉁이에서는 대통령령으로 정하는 선을 건축선으로 한다.

---

② 특별자치시장·특별자치도지사 또는 시장·군수·구청장은 시가지 안에서 건축물의 위치나 환경을 정비하기 위하여 필요하다고 인정하면 제1항에도 불구하고 대통령령으로 정하는 범위에서 건축선을 따로 지정할 수 있다.

③ 특별자치시장·특별자치도지사 또는 시장·군수·구청장은 제2항에 따라 건축선을 지정하면 지체 없이 이를 고시하여야 한다.

③ **건축한계선, 건축지정선 관련 대지면적 산출 시 유의사항**

건축한계선(도로폭 미달)의 경우에는 대지면적 산정 시 고려하여야 하나, 건축지정선(통상 도로와 무관)의 경우에는 대지면적 산정 시 고려할 필요가 없다.

기본예제

다음 토지 (1), (2)의 대지면적을 산정하시오.

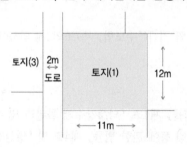
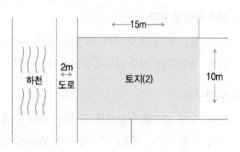

예시답안

1. 토지 (1)

$11 \times 12 - (1 \times 12) = 120\text{m}^2$

2. 토지 (2)

$15 \times 10 - (2 \times 10) = 130\text{m}^2$

④ **도로모퉁이 건축선 제한**

8미터 미만인 도로의 모퉁이에 위치한 대지의 도로모퉁이 부분의 건축선은 그 대지에 접한 도로경계선의 교차점으로부터 도로경계선에 따라 다음의 표에 따른 거리를 각각 후퇴한 두 점을 연결한 선으로 한다.

도로의 교차각	해당 도로의 너비		교차되는 도로의 너비
	6m 이상 8m 미만	4m 이상 6m 미만	
90° 미만	4m	3m	6m 이상 8m 미만
	3m	2m	4m 이상 6m 미만
90° 이상 120° 미만	3m	2m	6m 이상 8m 미만
	2m	2m	4m 이상 6m 미만

8. 기타 공법상 제한

(1) 공원구역

「자연공원법」 제4조에 의하여 자연공원으로 지정된 구역(공원자연보존지구, 공원자연환경지구, 공원문화유산지구, 공원마을지구)

(2) 접도구역

고속접도구역(「도로법」 제11조에 의한 고속국토 및 제48조에 의한 자동차전용도로에 지정된 접도구역), 일반접도구역(「도로법」 제12조, 제15조 및 고속접도구역 외 지정된 접도구역)

(3) 하천구역

「하천법」 제10조에 의거 지정·고시된 구역(「소하천정비법」 제3조에 의하여 지정된 소하천구역을 포함함), 홍수관리구역(「하천법」 제12조에 의하여 지정된 구역)

(4) 상수원보호구역

「수도법」 제7조에 의하여 지정된 구역, 상수원보호구역 기타(「수도법」 제7조의2에 의하여 공장설립이 제한되는 상수원보호구역 외의 구역)

(5) 수변구역

「한강수계 상수원수질개선 및 주민지원 등에 관한 법률」 제4조, 「낙동강수계 물관리 및 주민지원 등에 관한 법률」 제4조, 「금강수계 물관리 및 주민지원 등에 관한 법률」 제4조 및 「영산강·섬진강수계 물관리 및 주민지원 등에 관한 법률」 제4조에 의거 지정·고시된 구역

(6) 특별대책지역

「환경정책기본법」 제38조에 의하여 지정된 구역

(7) 문화유산보호구역

「문화유산법」 제27조, 제13조 및 「고도 육성 및 보존에 관한 특별법」 제10조에 의하여 지정된 구역

(8) 군사기지 및 군사시설보호구역, 비행안정구역

「군사시설 및 군사시설보호법」 제3조 내지 제6조에 의한 군사기지 및 군사시설 보호구역, 비행안전구역(예비항공작전기지는 제외)으로 설정된 구역

❖ 군사기지 및 군사시설보호법에 의한 세분

구분		실적용례(토지이용계획확인서)
1	군사기지 및 군사시설 보호구역	• 통제보호구역 • 제한보호구역
2	비행안전구역	• 전술항공작전기지(1구역~2구역) • 지원항공작전기지(1구역~2구역) • 헬기전용작전기지(1구역~2구역)

⑼ **전원개발사업구역**

「전원개발촉진법」 제5조에 의하여 지정·고시된 구역(「전원개발촉진법」 제11조에 의한 전원개발 사업예정구역을 포함함)

⑽ **농공단지**

「산업입지 및 개발에 관한 법률」 제8조에 의하여 지정된 구역(「산업입지 및 개발에 관한 법률」 제2조 제1호에 따른 농어촌 지역에 지정된 일반산업단지 또는 도시첨단산업단지를 포함함)

⑾ **토지거래허가구역**

「부동산 거래신고 등에 관한 법률」 제10조에 의하여 지정된 구역

⑿ **교육환경보호구역**

「교육환경 보호에 관한 법률」 제8조 제1항에 의해 지정된 구역

⒀ **친수구역**

「친수구역 활용에 관한 특별법」 제8조에 의하여 지정된 구역

⒁ **공항소음대책지역**

「공항소음 방지 및 소음대책지역 지원에 관한 법률」 제5조 제1항에 의해 지정된 소음대책지역 중 제1종 지역

⒂ **비오톱**

각 지방자치단체가 조례에 의하여 "비오톱"으로 지정한 구역으로서 토지이용계획확인서에 등재된 구역

02 감정평가의 절차

> **감정평가에 관한 규칙 제8조**(감정평가의 절차)
>
> 감정평가법인등은 다음 각 호의 순서에 따라 감정평가를 해야 한다. 다만, 합리적이고 능률적인 감정평가를 위하여 필요할 때에는 순서를 조정할 수 있다.
> 1. 기본적 사항의 확정
> 2. 처리계획 수립
> 3. 대상물건 확인
> 4. 자료수집 및 정리
> 5. 자료검토 및 가치형성요인의 분석
> 6. 감정평가방법의 선정 및 적용
> 7. 감정평가액의 결정 및 표시

1. 기본적 사항의 확정

(1) 대상 부동산의 확정

물적관계, 법적관계 등의 기본적 조건과 사실관계에 기인한 부가조건을 확정하는 단계이다. 기본적 사항의 확정은 감정평가의 기초가 되는 제반 사항을 결정하는 것으로서 확실한 자료 및 실지조사 결과에 기초하며, 의뢰인의 합법적이고 객관적인 요구에 따라 이행하여야 한다. 또한 대상물건에 대한 자료와 의뢰인이 제시한 감정평가의 내용에 관련된 사항이므로 구체적이고 명확하게 확인해야 한다.

(2) 기준시점의 확정

① 원칙

> **감정평가에 관한 규칙 제9조**(기본적 사항의 확정)
>
> ② 기준시점은 대상물건의 가격조사를 완료한 날짜로 한다. 다만, 기준시점을 미리 정하였을 때에는 그 날짜에 가격조사가 가능한 경우에만 기준시점으로 할 수 있다.
>
> **공익사업을 위한 토지 등의 취득 및 보상에 관한 법률 제67조**(보상액의 가격시점 등)
>
> ① 보상액의 산정은 협의에 의한 경우에는 협의 성립 당시의 가격을, 재결에 의한 경우에는 수용 또는 사용의 재결 당시의 가격을 기준으로 한다.
>
> **토지보상평가지침 제10조의2**(가격시점의 결정)
>
> 평가의뢰자가 가격시점을 정하여 의뢰한 경우는 그 날짜를 가격시점으로 함이 원칙이며, 정하지 않거나 가격시점을 "평가일"로 기재하여 의뢰한 경우 예외적으로 가격조사를 완료한 날을 가격시점으로 한다.

② 기한부평가, 소급평가

의뢰인이 과거나 미래시점으로 기준시점을 의뢰한 경우로서 가격조사 가능 시 수행할 수 있다.

(3) 가격의 종류 확정(기준가치)

① 시장가치기준 원칙

시장가치는 대상물건이 통상적인 시장에서 충분한 기간 동안 공개된 후, 대상물건의 내용에 정통한 당사자 사이에 신중하고 자발적인 거래가 있을 경우 성립될 가능성이 가장 높다고 인정되는 대상물건의 가액을 말한다.

> **감정평가에 관한 규칙 제5조**(시장가치기준 원칙)
>
> ① 대상물건에 대한 감정평가액은 시장가치를 기준으로 결정한다.
> ② 감정평가법인등은 제1항에도 불구하고 다음 각 호의 어느 하나에 해당하는 경우에는 대상물건의 감정평가액을 시장가치 외의 가치를 기준으로 결정할 수 있다.
>   1. 법령에 다른 규정이 있는 경우
>   2. 감정평가 의뢰인(이하 "의뢰인"이라 한다)이 요청하는 경우

3. 감정평가의 목적이나 대상물건의 특성에 비추어 사회통념상 필요하다고 인정되는 경우
③ 감정평가법인등은 제2항에 따라 시장가치 외의 가치를 기준으로 감정평가할 때에는 다음 각 호의
  사항을 검토해야 한다. 다만, 제2항 제1호의 경우에는 그렇지 않다.
1. 해당 시장가치 외의 가치의 성격과 특징
2. 시장가치 외의 가치를 기준으로 하는 감정평가의 합리성 및 적법성
④ 감정평가법인등은 시장가치 외의 가치를 기준으로 하는 감정평가의 합리성 및 적법성이 결여(缺如)
  되었다고 판단할 때에는 의뢰를 거부하거나 수임(受任)을 철회할 수 있다.

② 시장가치 외 가치

대상물건의 성격, 감정평가조건의 특수성, 감정평가 목적 등으로 시장가치 외의 가치를 기준
으로 채택할 수 있다. 시장가치 외의 가치를 기준으로 감정평가할 때에는 가치의 성격과 특징
뿐만 아니라 사회적으로도 합리성이 충족되어야 하고, 아울러 감정평가관계법규에도 위배되지
않아야 한다(시장가치 외 가치의 예로서 공정가치는 시장에서 시장성과 교환거래를 전제로
하나, 특수 당사자 간의 한정된 시장에서 형성되는 가치라는 특징을 갖는다. 그리고 투자가치의
경우 시장성은 있으나 통상 교환거래를 전제하지 않는다는 특징이 있으며, 특수가치의 경우
통상 시장성이 없는 것으로 현재의 용도와 이용상태를 전제로 경제적 가치를 판단하는 특징이
있다).

(4) 현황평가원칙 – 평가조건 여부 검토

① 현황평가원칙

현황의 변화는 감정평가액은 물론 감정평가방법의 적용에도 영향을 미칠 수 있다. 이 감정평
가실무기준에서는 '현황'을 대상물건의 이용상황과 공법상 제한상태 등을 포괄하는 의미로 보고
있다.

감정평가에 관한 규칙 제6조(현황기준 원칙)

① 감정평가는 기준시점에서의 대상물건의 이용상황(불법적이거나 일시적인 이용은 제외한다) 및 공법
  상 제한을 받는 상태를 기준으로 한다.
② 감정평가법인등은 제1항에도 불구하고 다음 각 호의 어느 하나에 해당하는 경우에는 기준시점의
  가치형성요인 등을 실제와 다르게 가정하거나 특수한 경우로 한정하는 조건(이하 "감정평가조건"이
  라 한다)을 붙여 감정평가할 수 있다.
1. 법령에 다른 규정이 있는 경우
2. 의뢰인이 요청하는 경우
3. 감정평가의 목적이나 대상물건의 특성에 비추어 사회통념상 필요하다고 인정되는 경우
③ 감정평가법인등은 제2항에 따라 감정평가조건을 붙일 때에는 감정평가조건의 합리성, 적법성 및 실
  현가능성을 검토해야 한다. 다만, 제2항 제1호의 경우에는 그렇지 않다.
④ 감정평가법인등은 감정평가조건의 합리성, 적법성이 결여되거나 사실상 실현 불가능하다고 판단할
  때에는 의뢰를 거부하거나 수임을 철회할 수 있다.

---

② **조건부평가 가능**

조건부평가 시 조건의 합리성·적법성, 실현가능성을 고려한 후 평가할 수 있다.

> **Check Point!**
>
> ◉ **감정평가조건의 예시**(감정평가서 기재요령, 공장용지 조성완료 조건)
> 본 감정평가에서는 「감정평가에 관한 규칙」 제6조 제2항에 근거하여 의뢰인이 제시한 사업계획서 및 공장설립승인조건에 따른 공장용지가 완성된 상태를 조건으로 평가하였으며, 이러한 조건에 대한 검토내역은 아래와 같습니다.
>
> **1. 합리성**
> 본건 및 인근의 표준적인 이용상황이 농경지에서 공장용지로 전환되고 있어 최유효이용의 관점에서 해당 토지를 공장용지로 평가하는 것에 대한 합리성이 인정되는 것으로 판단됩니다.
>
> **2. 적법성**
> 현재 ○○시청으로부터 공장설립에 대한 승인을 득한 상태이며, 이에 따라 산지전용 등이 이루어지고 있는 점으로 보았을 때 제시된 조건은 적법성을 충족하는 것으로 판단됩니다.
>
> **3. 실현가능성**
> 본건은 현재 토지조성공사가 진행되고 있는 점, 향후 공사에 있어 물리적인 어려움이 크지 않을 것으로 예상되어 제시된 조건의 실현가능성은 충족하는 것으로 판단됩니다.
> 지상건물은 현재 이용이 중단되었고 내부시설 중 일부는 철거되어 있는 상태로서 철거가 물리적으로 가능하며 건축물의 멸실은 실현가능성을 충족하는 것으로 판단됩니다.
>
> **4. 종합판단**
> 전반적으로 합리성, 적법성, 실현가능성을 충족하여 제시된 조건을 수용하여 감정평가하되, 향후 예상치 못한 설계변경, 시장상황 변경 등이 있을 경우 가액의 변동이 있을 수 있습니다.

(5) **개별물건 평가원칙**

① **개별 감정평가 원칙**

우리나라는 토지와 건물을 각각의 부동산으로 보는 법과 제도로 인하여 실제 관행상으로는 일체로 거래됨에도 토지와 건물을 별개의 부동산으로 감정평가하는 것을 기본원칙으로 하고 있다.

② **개별 감정평가 원칙의 예외 등**

ㄱ **일괄감정평가**: 둘 이상의 대상물건이 일체로 거래되거나 대상물건 상호 간에 용도상 불가분의 관계가 있는 경우에는 둘 이상의 대상물건에 대하여 하나의 감정평가액을 산정하는 일괄감정평가를 할 수 있다.

ㄴ **구분감정평가**: 하나의 대상물건이라도 가치를 달리하는 부분이 있는 경우에는 각각의 감정평가액을 별도로 산정하는 구분감정평가를 할 수 있다.

ㄷ **부분감정평가**: 일체로 이용되고 있는 대상물건의 일부분에 대하여 감정평가하여야 할 특수한 목적이나 합리적인 이유가 있는 경우에는 부분감정평가를 할 수 있다.

2. 처리계획의 수립

대상물건의 확인에서 감정평가액의 결정 및 표시에 이르기까지 일련의 작업과정에 대한 계획을 수립하여야 한다. 사전조사, 실지조사, 가격조사, 감정평가서 기재사항조사 등에 대한 계획을 수립한다.

3. 대상물건의 확인

> **감정평가에 관한 규칙 제10조**(대상물건의 확인)
>
> ① 감정평가법인등이 감정평가를 할 때에는 실지조사를 하여 대상물건을 확인해야 한다.
> ② 감정평가법인등은 제1항에도 불구하고 다음 각 호의 어느 하나에 해당하는 경우로서 실지조사를 하지 않고도 객관적이고 신뢰할 수 있는 자료를 충분히 확보할 수 있는 경우에는 실지조사를 하지 않을 수 있다.
>   1. 천재지변, 전시·사변, 법령에 따른 제한 및 물리적인 접근 곤란 등으로 실지조사가 불가능하거나 매우 곤란한 경우
>   2. 유가증권 등 대상물건의 특성상 실지조사가 불가능하거나 불필요한 경우

대상물건을 감정평가할 때에는 실지조사를 하기 전에 사전조사를 통해 필요한 사항을 조사해야 하며, 물적사항(대상물건의 공부와의 부합 여부 등을 점검하는 것으로, 물건의 존재 여부, 동일성 여부에 대한 확인과 대상물건이 존재하는 경우 개별적인 상황을 각각 확인하는 과정) 및 권리관계(대상물건에 대한 소유권 및 기타 소유권 이외의 권리의 존부와 그 내용을 조사·확인하는 과정)를 확인해야 한다.

(1) 사전조사

사전조사는 실지조사 전에 감정평가 관련 구비서류의 완비 여부 등을 확인하고, 대상물건의 공부 등을 통해 토지 등의 물리적 조건, 권리상태, 위치, 면적 및 공법상의 제한내용과 그 제한정도 등을 조사하는 절차이다.

(2) 실지조사

실지조사는 대상물건이 있는 곳에서 대상물건의 현황 등을 직접 확인하는 절차이다.

> **Check Point!**
>
> ❯ 사실관계는 지적공부를 기준, 권리관계는 등기사항전부증명서를 기준한다.
>
> ❯ 확정과 확인의 관계
> 부동산 평가에 있어서 평가의 신뢰와 능률을 확보하고 책임소재를 분명히 하는 것이 필요하다.
>
> 1. 확정
>   대상 부동산의 물적, 법적관계 및 의뢰목적에 부응하는 사실적 제 관계를 확정하는 것으로, 기본조건에 대한 확정(종류, 수량, 평가범위, 권리관계 등)과 부가적 조건의 확정(현황평가, 조건부평가 등)이 있다.
>
> 2. 확인
>   확정에서 정하여진 대상물건의 물리적, 권리관계가 실질적으로 부합하는가에 대한 확인으로서, 물적사항에 대한 확인(지목, 면적, 소재, 구조 등), 권리태양에 대한 확인(등기부권리와 현실이용에 따른 권리)이 있다.

4. 자료의 수집 및 정리

대상물건의 물적사항·권리관계·이용상황에 대한 분석 및 감정평가액 산정을 위해 필요한 확인자료·요인자료·사례자료 등을 수집하고 정리하는 절차이다.

(1) 자료 종류(공부자료 포함)

① 확인자료

대상물건의 확인 및 권리관계의 확인에 필요한 자료로서 토지(임야)대장, 지적도(임야도), 건축물관리대장/등기사항전부증명서/토지이용계획확인서 등(하단 참조)이 있다.

② 요인자료

대상물건의 가치형성에 영향을 주는 자연적·사회적·경제적·행정적 제 요인의 분석에 필요한 일반자료와 대상물건이 속해 있는 지역의 분석에 필요한 지역자료 및 대상물건의 개별요인 분석에 필요한 개별자료로 구분된다.

③ 사례자료

매매사례, 임대차사례, 건설사례, 수익사례 등과 같이 감정평가 3방식의 적용에 필요한 자료이다.

(2) 자료의 정리

자료정리는 확인자료의 경우 물적인 것과 법적인 것으로 나누어 정리한다. 그리고 요인자료의 경우 일반자료, 지역자료 및 개별자료별로 체계적으로 정리하고, 사례자료는 감정평가방법에 적절하게 활용될 수 있도록 구분하여 정리한다.

5. 자료의 검토 및 가격형성요인 분석

(1) 일반요인

일반요인은 대상물건이 속한 전체 사회에서 대상물건의 이용과 가격수준 형성에 전반적으로 영향을 미치는 일반적인 요인이다.

(2) 지역요인

지역요인은 대상물건이 속한 지역의 가격수준 형성에 영향을 미치는 자연적·사회적·경제적·행정적 요인이다.

(3) 개별요인

개별요인은 대상물건의 구체적 가치에 영향을 미치는 대상물건의 고유한 개별적 요인이다.

6. 감정평가방법의 선정 및 적용

> **감정평가에 관한 규칙 제12조**(감정평가방법의 적용 및 시산가액 조정)
>
> ① 감정평가법인등은 제14조부터 제26조까지의 규정에서 대상물건별로 정한 감정평가방법(이하 "주된 방법"이라 한다)을 적용하여 감정평가해야 한다. 다만, 주된 방법을 적용하는 것이 곤란하거나 부적절한 경우에는 다른 감정평가방법을 적용할 수 있다.
>
> ② 감정평가법인등은 대상물건의 감정평가액을 결정하기 위하여 제1항에 따라 어느 하나의 감정평가방법을 적용하여 산정(算定)한 가액[이하 "시산가액(試算價額)"이라 한다]을 제11조 각 호의 감정평가방식 중 다른 감정평가방식에 속하는 하나 이상의 감정평가방법(이 경우 공시지가기준법과 그 밖의 비교방식에 속한 감정평가방법은 서로 다른 감정평가방식에 속한 것으로 본다)으로 산출한 시산가액과 비교하여 합리성을 검토해야 한다. 다만, 대상물건의 특성 등으로 인하여 다른 감정평가방법을 적용하는 것이 곤란하거나 불필요한 경우에는 그렇지 않다.
>
> ③ 감정평가법인등은 제2항에 따른 검토 결과 제1항에 따라 산출한 시산가액의 합리성이 없다고 판단되는 경우에는 주된 방법 및 다른 감정평가방법으로 산출한 시산가액을 조정하여 감정평가액을 결정할 수 있다.

(1) 적정한 방법의 적용

감정평가방법은 「감정평가에 관한 규칙」에서 물건별로 감정평가방법을 정하고 있으므로, 기본적으로는 「감정평가에 관한 규칙」에서 정한 방법을 따르면 될 것이다. 그러나 주된 방법을 적용하는 것이 곤란하거나 부적절한 경우에는 감정평가방식의 특징을 충분히 파악한 후, 대상물건의 성격, 감정평가 목적, 감정평가조건 등을 고려하여 각 물건별로 적용할 감정평가방법이 적절한지, 정확성이 있는지 그리고 자료를 시장에서 구할 수 있는지 등의 현실적 상황을 고려하여 가장 적정한 방법을 적용해야 한다.

(2) 합리성 검토

주된 방식으로 구한 시산가액을 다른 감정평가방식에 속하는 하나 이상의 감정평가방법으로 산정한 시산가액과 비교하여 합리성을 검토하도록 하고 있다.

합리성을 검토한 결과 합리성이 인정되는 경우에는 주된 방식으로 구한 시산가액으로 최종적인 감정평가액을 결정하면 된다. 그러나 대상물건의 특성 등으로 인하여 다른 감정평가방법을 적용하는 것이 곤란하거나 불필요한 경우에는 합리성을 검토하는 절차를 생략할 수 있다.

(3) 시산가액 조정

① 시산가액 조정의 이유

부동산시장은 본질적으로 불완전한 특성을 지니고 있으며, 시대적 상황은 언제든지 변할 수 있기 때문에 가장 적정한 감정평가방법이라 판단하고 산정한 시산가액이라도 합리성이 없을 수 있다. 또한 감정평가방식은 저마다의 특징과 유용성, 한계 등을 지니고 있고, 상관, 조정의 원리에 따라 상관성을 가지고 있으므로, 다양한 방법을 적용하여 조정함으로써 보다 정확하고 객관적인 감정평가액을 도출할 수 있다.

② **시산가액 조정방법**

시산가액을 조정할 때에는 시산가액의 산술평균으로 단순하게 적용해서는 안 된다. 감정평가 목적, 대상물건의 특성, 수집한 자료의 신뢰성, 시장상황 등을 판단의 기준으로 삼아야 한다. 대상물건의 특성이나 시장상황을 기초로 하여 감정평가 목적에 부합하는 감정평가방법은 어떤 것인지, 수집한 자료 중 어떠한 것이 더 높은 신뢰성이 있는지 등을 검토해야 한다. 감정평가 법인등은 시산가액의 조정과정에서 감정평가액의 객관성과 신뢰성을 높이기 위해서 가능한 한 다양한 방법을 적용함으로써 논리적 근거를 제시할 수 있도록 해야 한다.

시산가액의 조정의 판단기준에 따라 각 시산가액에 대한 평가과정의 검토가 이루어진 후 최종적인 감정평가액을 도출하는 절차가 필요하다. 최종적으로 감정평가액을 도출하는 방법은 정량적인 방법, 정성적인 방법 등 다양한 방법이 존재하나, 「실무기준」에서는 정량적인 방법 중 각 시산가액에 적절한 가중치를 부여하는 방법을 채택하고 있다. 그러나 가중치의 결정은 전문 가적인 판단과 경험, 지식 등이 중요하게 작용하므로 정성적인 방법 또한 중요한 고려사항이 된다.

③ **시산가액 조정 과정** [15]

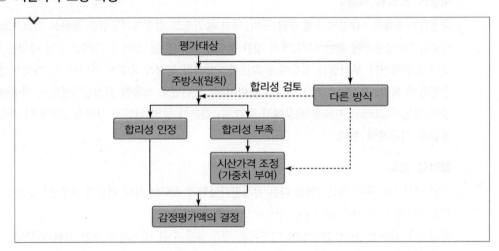

7. 감정평가액의 결정 및 표시

시산가액 조정 과정에서 도출된 감정평가액을 감정평가서에 표시하는 과정이다.

감정평가액의 표시는 반드시 하나의 수치가 대상물건의 가액을 정확하게 반영한다고 볼 수는 없기 때문에 업무의 성격 또는 의뢰인의 요구 등 합리적이라고 인정되는 경우에는 구간추정치를 감정평가 액으로 표시할 수 있다.

---

15) 감정평가실무기준 해설서(Ⅰ) 총론편, 한국감정평가사협회 등, 2014.02, p.190

8. 감정평가의 절차 요약 [16)]

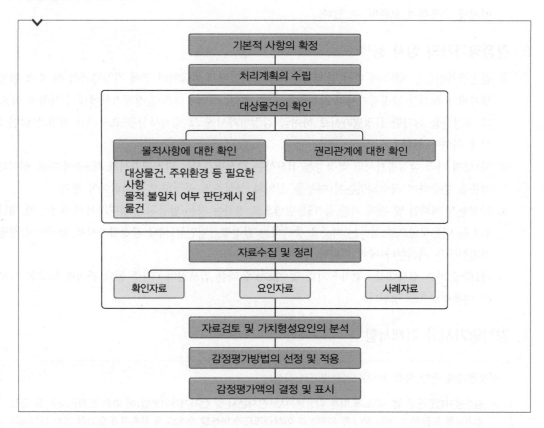

03 감정평가서의 작성·심사 및 기재사항

1. 감정평가서[17)]

① 감정평가법인등은 감정평가를 의뢰받은 때에는 지체 없이 감정평가를 실시한 후 국토교통부령으로 정하는 바에 따라 감정평가 의뢰인에게 감정평가서(「전자문서 및 전자거래기본법」 제2조에 따른 전자문서로 된 감정평가서를 포함한다)를 발급하여야 한다.

② 감정평가서에는 감정평가법인등의 사무소 또는 법인의 명칭을 적고, 감정평가를 한 감정평가사가 그 자격을 표시한 후 서명과 날인을 하여야 한다. 이 경우 감정평가법인의 경우에는 그 대표사원 또는 대표이사도 서명이나 날인을 하여야 한다.

③ 감정평가법인등은 감정평가서의 원본과 그 관련 서류를 국토교통부령으로 정하는 기간 이상 보존하여야 하며, 해산하거나 폐업하는 경우에도 대통령령으로 정하는 바에 따라 보존하여야 한다.

---

16) 감정평가실무매뉴얼(담보평가편), 2015.07, 한국감정평가사협회
17) 감정평가 및 감정평가사에 관한 법률 제6조(감정평가서)

이 경우 감정평가법인등은 감정평가서의 원본과 그 관련 서류를 이동식 저장장치 등 전자적 기록 매체에 수록하여 보존할 수 있다.

2. 감정평가서의 심사 등[18)

① 감정평가법인은 제6조에 따라 감정평가서를 의뢰인에게 발급하기 전에 감정평가를 한 소속 감정 평가사가 작성한 감정평가서의 적정성을 같은 법인 소속의 다른 감정평가사에게 심사하게 하고, 그 적정성을 심사한 감정평가사로 하여금 감정평가서에 그 심사사실을 표시하고 서명과 날인을 하게 하여야 한다.

② 제1항에 따라 감정평가서의 적정성을 심사하는 감정평가사는 감정평가서가 제3조에 따른 원칙과 기준을 준수하여 작성되었는지 여부를 신의와 성실로써 공정하게 심사하여야 한다.

③ 감정평가 의뢰인 및 관계 기관 등 대통령령으로 정하는 자는 발급된 감정평가서의 적정성에 대한 검토를 대통령령으로 정하는 기준을 충족하는 감정평가법인등(해당 감정평가서를 발급한 감정평 가법인등은 제외한다)에게 의뢰할 수 있다.

④ 제1항에 따른 심사대상·절차·기준 및 제3항에 따른 검토절차·기준 등에 관하여 필요한 사항 은 대통령령으로 정한다.

3. 감정평가서의 기재사항

> **감정평가에 관한 규칙 제13조**(감정평가서 작성)
>
> ① 감정평가법인등은 법 제6조에 따른 감정평가서(「전자문서 및 전자거래기본법」에 따른 전자문서로 된 감정 평가서를 포함한다. 이하 같다)를 의뢰인과 이해관계자가 이해할 수 있도록 명확하고 일관성 있게 작성해야 한다.
> ② 감정평가서에는 다음 각 호의 사항이 포함돼야 한다.
>   1. 감정평가법인등의 명칭
>   2. 의뢰인의 성명 또는 명칭
>   3. 대상물건(소재지, 종류, 수량, 그 밖에 필요한 사항)
>   4. 대상물건 목록의 표시근거
>   5. 감정평가 목적
>   6. 기준시점, 조사기간 및 감정평가서 작성일
>   7. 실지조사를 하지 않은 경우에는 그 이유
>   8. 시장가치 외의 가치를 기준으로 감정평가한 경우에는 제5조 제3항 각 호의 사항. 다만, 같은 조 제2항 제1호의 경우에는 해당 법령을 적는 것으로 갈음할 수 있다.
>   9. 감정평가조건을 붙인 경우에는 그 이유 및 제6조 제3항의 검토사항. 다만, 같은 조 제2항 제1호의 경우에 는 해당 법령을 적는 것으로 갈음할 수 있다.
>   10. 감정평가액
>   11. 감정평가액의 산출근거 및 결정 의견

---

18) 감정평가 및 감정평가사에 관한 법률 제7조(감정평가서의 심사 등)

12. 전문가의 자문등을 거쳐 감정평가한 경우 그 자문 등의 내용

13. 그 밖에 이 규칙이나 다른 법령에 따른 기재사항

③ 제2항 제11호의 내용에는 다음 각 호의 사항을 포함해야 한다. 다만, 부득이한 경우에는 그 이유를 적고 일부를 포함하지 아니할 수 있다.

1. 적용한 감정평가방법 및 시산가액 조정 등 감정평가액 결정 과정(제12조 제1항 단서 또는 제2항 단서에 해당하는 경우 그 이유를 포함한다)

1의2. 거래사례비교법으로 감정평가한 경우 비교거래사례의 선정 내용, 사정보정한 경우 그 내용 및 가치형성요인을 비교한 경우 그 내용

2. 공시지가기준법으로 토지를 감정평가한 경우 비교표준지의 선정 내용, 비교표준지와 대상토지를 비교한 내용 및 제14조 제2항 제5호에 따라 그 밖의 요인을 보정한 경우 그 내용

3. 재조달원가 산정 및 감가수정 등의 내용

4. 적산법이나 수익환원법으로 감정평가한 경우 기대이율 또는 환원율(할인율)의 산출근거

5. 제7조 제2항부터 제4항까지의 규정에 따라 일괄감정평가, 구분감정평가 또는 부분감정평가를 한 경우 그 이유

6. 감정평가액 결정에 참고한 자료가 있는 경우 그 자료의 명칭, 출처와 내용

7. 대상물건 중 일부를 감정평가에서 제외한 경우 그 이유

④ 감정평가법인등은 법 제6조에 따라 감정평가서를 발급하는 경우 그 표지에 감정평가서라는 제목을 명확하게 적어야 한다.

⑤ 감정평가법인등은 감정평가서를 작성하는 경우 법 제33조 제1항에 따른 한국감정평가사협회가 정하는 감정평가서 표준 서식을 사용할 수 있다.

감정평가에 관한 규칙 제13조의2(전자문서로 된 감정평가서의 발급 등)

① 감정평가법인등이 법 제6조 제1항에 따라 전자문서로 된 감정평가서를 발급하는 경우 같은 조 제2항에 따른 감정평가사의 서명과 날인은 「전자서명법」에 따른 전자서명의 방법으로 해야 한다.

② 감정평가법인등은 전자문서로 된 감정평가서의 위조·변조·훼손 등을 방지하기 위하여 감정평가 정보에 대한 접근 권한자 지정, 방화벽의 설치·운영 등의 조치를 해야 한다.

③ 감정평가법인등은 의뢰인이나 이해관계자가 전자문서로 된 감정평가서의 진본성(眞本性)에 대한 확인을 요청한 경우에는 이를 확인해 줘야 한다.

④ 제2항 및 제3항에 따른 전자문서로 된 감정평가서의 위조·변조·훼손 등의 방지조치와 진본성 확인에 필요한 세부사항은 국토교통부장관이 정하여 고시한다.

04 감정평가서 표준서식 작성 업무처리 요령[19)

1. 기본사항

- 해당 서식은 감정평가서 작성 시 참고할 수 있는 표준서식으로 감정평가서의 사용용도 및 의뢰인의 요청, 감정평가사의 필요 및 판단 등에 따라 수정·보완하여 작성할 수 있음.
- 해당 서식은 감정평가서 작성 시에만 적용되며, 컨설팅보고서 등 감정평가서가 아닌 경우에는 적용되지 아니함.
- 감정평가서 작성 시 사용되는 용어는 관계법령에서 정하고 있는 경우를 제외하고는 「감정평가 및 감정평가사에 관한 법률」 및 「감정평가에 관한 규칙」, 「감정평가 실무기준」에 따라 통일하여 기재하여야 함.

2. 감정평가 목적별 작성사항

- 감정평가서는 법령에서 정한 서식이 있거나 의뢰인이 별도로 요청하는 경우를 제외하고는 [별지서식]에 따르는 것을 원칙으로 하며, 의뢰인의 요구가 있는 사항에 대하여 추가 반영 가능함. 다만, 이러한 경우에도 「감정평가에 관한 규칙」 제13조 제2항 및 제3항에 따른 필수적 기재사항을 포함하여야 함.
- 법원 소송 감정평가의 경우 법원과 협의된 서식 또는 해당 소송의 내용에 적합한 서식에 따르되, 「감정평가에 관한 규칙」에서 규정한 내용을 모두 기재함.
- 담보 목적 감정평가의 경우 의뢰인의 요구사항 및 감정평가 목적 등을 고려하여 추가사항(채무자 등)을 별도로 기재할 수 있음.
- 법원 경매 감정평가 및 그 밖의 목적에 따른 감정평가의 경우 [별지 1]서식을 따름.
- 보상 감정평가의 경우 [별지 2]서식을 따름.

---

19) 「감정평가에 관한 규칙」별지서식 폐지에 따른 협회 표준서식 제공 알림, 한국감정평가사협회, 감정평가기준센터 2022-00233 (2022.02.09. 시행)

[별지 서식]

1. **표지**

감 정 평 가 서

APPRAISAL REPORT

건 명:

의 뢰 인:

감정평가서 번호:

이 감정평가서는 감정평가 의뢰목적 외의 목적에 사용하거나 타인(의뢰인 또는 제출처가 아닌 자)이 사용할 수 없을 뿐 아니라 복사, 개작(改作), 전재(全載)할 수 없으며 이로 인한 결과에 대하여 감정평가법인등은 책임을 지지 않습니다.

감정평가법인등의 명칭

2.1 ( )감정평가표(감정평가법인용)

(제2쪽)

본인은 감정평가에 관한 법규를 준수하고 감정평가이론에 따라 성실하고 공정하게 이 감정평가서를 작성하였기에 서명날인합니다.

감 정 평 가 사   (인)

㈜ ○○감정평가법인
대 표 이 사   (인)

감정평가액					
의 뢰 인			감정평가 목적		
제 출 처			기준가치		
소 유 자 (대상업체명)			감정평가조건		
목록표시 근거			기준시점	조사기간	작성일
(기타 참고사항)[20]					

감정평가내용	공부(公簿)(의뢰)		사정		감정평가액	
	종류	면적 또는 수량	종류	면적 또는 수량	단가	금액(원)
	합계					

심사확인	본인은 이 감정평가서에 제시된 자료를 기준으로 성실하고 공정하게 심사한 결과 이 감정평가 내용이 타당하다고 인정하므로 이에 서명날인합니다. 심사자 : 감정평가사 (인)

---

20) 담보 감정평가의 경우 참고사항란에 채무자를 기재한다.

2.2 (　　)감정평가표(감정평가사사무소용)

본인은 감정평가에 관한 법규를 준수하고 감정평가이론에 따라 성실하고 공정하게 이 감정평가서를 작성하였기에 서명날인합니다.

감 정 평 가 사　　　　　　　　　　　　　　　　(인)

감정평가액					
의 뢰 인		감정평가 목적			
제 출 처		기준가치			
소 유 자 (대상업체명)		감정평가조건			
목록표시 근거		기준시점	조사기간		작성일
(기타 참고사항)					

감정평가내용	공부(公簿)(의뢰)		사정		감정평가액	
	종류	면적 또는 수량	종류	면적 또는 수량	단가	금액(원)
	합계					

심사확인	본인은 이 감정평가서에 제시된 자료를 기준으로 성실하고 공정하게 심사한 결과 이 감정평가 내용이 타당하다고 인정하므로 이에 서명날인합니다. 　　　　　심사자 : 감정평가사　　　　　　　　　　(인)

3. 감정평가액의 산출근거 및 결정의견 (제3쪽)

가. 대상물건 개요
- 대상물건의 형상, 이용상황, 공법상 제한사항 등

나. 감정평가 개요
- 감정평가 목적
- 감정평가 기준 및 근거
- 감정평가 기준시점
- 기준가치 및 감정평가조건
- 실지조사 여부 등

다. 감정평가액 산출근거
- (1) 감정평가방법의 적용
- (2) 감정평가액 산출과정
- (3) 그 밖의 사항

라. 감정평가액 결정 의견

4. (　　)감정평가 명세표

4.1 부동산

(제4쪽)

일련번호	소재지	지번	지목 또는 용도	용도지역 및 구조	면적(m²)		감정평가액		비고
					공부	사정	단가 (원/m²)	금액 (원)	

4.2 기계기구(공작물)

(제4쪽)

일련번호	명칭(종류) 구조, 규격, 형식, 용량	제작자 제작번호 제작(취득)일자 수입신고일자	수량		감정평가액(원)		비고
			의뢰	사정	단가	금액	

4.3 의제부동산

(1) 자동차, 건설기계 등

(제4쪽)

일련번호	차명 (차종)	등록번호	차체	연식/형식	적재량(정원)	차대번호	제작자	감정평가액 (원)	비고
			기관	출력	연료/기통수	원동기형식	제작일자		

4.3 의제부동산

(2) 선박

(제4쪽)

선박명칭				선박번호			선적항	
구분	적재용량 및 수량	감정평가액(원)			산출근거			
		단가	금액					
선체	G/T							
기관	HP							
의장품	점							
합계								

선박의 내용								
선체	종류		선형			주요치수		
	용도		총톤수		G/T	길이		M
	등급		순톤수		N/T	너비		M
	선질		적화톤수		DWT	길이		M
	선창		조선소			비고		
	객실		건조년월일					
	승무원실							
	조선지		진수년월일					
기관	종류		기통수		CYL	제작소		
	실마력	HP	회전수		RPM			
	공칭마력	HP	기통경			제조일자 및 번호		
	형식		행정		m/m			
	속력	Knots	보조기계 및 기관의 종류와 수량			비고		
	추진기의 종류 및 수량							

4.3 의제부동산

(2-1) 선박의장품

(제5쪽)

일련 번호	명칭(종류) 구조, 규격, 형식, 용량	제작자 제작번호 제작(취득)일자	수량	감정평가액(원)		비고
				단가	금액	

4.4 권리 등

(제4쪽)

일련 번호	명칭	종류	수량	감정평가액(원)		비고
				단가	금액	

4.5 동산

(제4쪽)

일련 번호	명칭(종류) 구조, 규격, 형식, 용량	제작자 제작일자	수량		감정평가액(원)		비고
			의뢰	사정	단가	금액	

※ 구체적 작성방법

1. 표지

가. 건명

1) 담보목적의 감정평가는 "○○○(채무자명) 담보물"이라 적는다.

2) 법원의뢰 감정평가는 "○○○(소유자명) 소유물건"이라 적고, 괄호를 사용하여 사건번호를 아래쪽에 적는다.

> **예**
> 홍길동 소유물건
> (2020타경1111)

3) 그 외의 경우에는 대상물건의 대표소재지를 적고, 그 끝부분에 「감정평가 실무기준」에서 규정한 물건의 종류를 기준으로 적는다. 다만, 「감정평가 실무기준」에서 물건의 종류를 규정하고 있지 않은 경우 법령상의 명칭 또는 통상적인 물건의 명칭을 기재하며, 재단 또는 사업체인 경우에는 재단 또는 사업체의 명칭을 적을 수 있다. 또한, 물건의 종류가 둘 이상인 경우 "○○(대표물건명) 등"이라 적을 수 있다.

4) 자동차, 동산과 같이 이동이 가능한 물건이나 권리에 대한 감정평가와 같이 특정 소재지를 적는 것이 곤란하거나 불합리한 경우에는 이를 생략하고 물건의 종류 또는 업체의 명칭을 적을 수 있다.

나. 의뢰인: 감정평가의뢰서상의 의뢰인을 적는다.

다. 감정평가서 번호: 접수번호를 적는다.

라. 감정평가법인등의 명칭: 감정평가사사무소 또는 감정평가법인의 명칭을 적고 대표전화번호, 팩스번호 등을 적는다.

2. 감정평가표

가. ( ) 감정평가표: 괄호 안에는 「감정평가 실무기준」에서 규정한 물건의 종류를 기준으로 적는다. 다만, 「감정평가 실무기준」에서 물건의 종류를 규정하고 있지 않은 경우 법령상의 명칭 또는 통상적인 물건의 명칭을 기재한다.

나. 감정평가사: 감정평가에 참여한 감정평가사가 그 자격을 표시한 후 서명과 날인을 한다. 「전자문서 및 전자거래기본법」 제2조에 따른 전자문서로 된 감정평가서를 작성하는 경우 서명과 날인은 「전자서명법」에 따른 전자서명으로 대신할 수 있다.

다. 감정평가법인: 감정평가법인의 명칭(법인의 분사무소의 경우 분사무소 명칭)을 적고, 그 대표사원 또는 대표이사(법인의 분사무소는 상법상 대리인도 가능)가 서명이나 날인을 한다. 감정평가사사무소인 경우에는 생략하되, 합동사무소로서 대표 감정평가사를 두고 있는 경우 이를 준용하여 서명과 날인을 한다.

라. 감정평가액: 감정평가액은 한글로 적고, 괄호 안에 아라비아 숫자를 함께 적는다.

마. 의뢰인: 감정평가의뢰서상의 의뢰인을 적는다.

바. 감정평가 목적: 감정평가서의 사용목적을 적는다. 아래 표[21]를 참고하여 기재하되 이는 대표적인 목적을 기재한 것이므로 아래 표에 제시되지 않은 목적의 경우에는 해당 감정평가의 사용목적에 맞게 별도로 기재한다.

대분류	감정평가 목적		내용
국·공유 재산 감정평가	매수		국·공유재산의 매입 또는 매수를 위한 감정평가
	처분	(매각) (교환) (양여) (신탁) (현물출자)	「국유재산법」 및 「공유재산 및 물품 관리법」에 따라 국·공유재산을 처분(매각 또는 교환, 양여, 신탁, 현물출자)하기 위한 감정평가
	대부료 또는 사용료		국·공유재산의 대부료 또는 사용료 산정을 위한 감정평가
담보 감정평가	담보		채권기관에서 채권설정을 위해 의뢰하는 평가
	동산담보		「동산채권 등의 담보에 관한 법률」에 의한 기계기구, 재고자산, 농축수산물 등에 대한 담보 목적의 감정평가
법원 감정평가	경매		경매 목적으로 법원에서 의뢰하는 감정평가
	소송		소송 목적으로 수행하는 감정평가
도시정비 관련 감정평가	관리처분계획수립 (종전자산)		「도시 및 주거환경정비법」 및 같은 법이 준용되는 사업의 관리처분계획 수립을 위한 종전자산평가
	관리처분계획수립 (종후자산)		「도시 및 주거환경정비법」 및 같은 법이 준용되는 사업의 관리처분계획 수립을 위한 종후자산평가
	무상귀속(신설)		「도시 및 주거환경정비법」에 따른 정비기반시설 관련 감정평가
	무상양도 (용도폐지)		
기업 관련 감정평가	유형자산재평가		「자산재평가법」 또는 「주식회사 등의 외부감사에 관한 법률」에 따른 K-IFRS 등에 의한 자산재평가
일반거래 목적 감정평가	일반거래 (세무서제출용 또는 관할 지자체 제출용)		국세, 지방세 산정 부과 및 이의신청 관련 등을 위한 감정평가(상속세, 증여세, 부가세 등)
	일반거래 (시가참고용)		시가참고가액 산정 목적의 감정평가
	임대료		임대료 산정을 위한 감정평가

---

21) ( )감정평가표에 기재하는 감정평가 목적은 감정평가 사용목적에 따라 기재하는 것으로 해당 표는 협회 업무실적보고를 위한 평가목적별 분류체계와는 상이함에 유의한다.

그 밖의 감정평가	공매	공매 목적으로 한국자산관리공사 등에서 의뢰하는 감정평가
	임대주택 분양전환	「공공주택 특별법」 및 「민간임대주택에 관한 특별법」에 따른 임대주택 분양전환가액 산정을 위한 감정평가
	개발부담금	「개발이익 환수에 관한 법률」에 따라 개발부담금 산정 및 부과를 목적으 로 개시시점 또는 종료시점 지가를 산정하기 위한 감정평가
	택지비(공공)	「택지개발촉진법」 등에 따른 공공택지비 산정을 위한 감정평가
	택지비(민간)	「주택법」에 따라 분양가상한제 적용주택의 분양가격 산정을 위한 택지의 감정평가

사. 제출처 : 감정평가서의 구체적인 사용처(담보감정평가인 경우는 채권기관명, 소송감정평가 또는
경매감정평가인 경우는 법원명 등)를 적는다.

아. 기준가치 : 시장가치를 기준으로 감정평가한 경우 "시장가치"라고 적고, 시장가치 외의 가치로
감정평가한 경우에는 해당 가치의 명칭이 있는 경우 그 명칭을 적고, 명칭이 없는 경우에는 "시
장가치 외의 가치"라고 적는다.

자. 소유자(대상업체명) : 해당 물건의 소유자명 또는 업체명을 적는다.

차. 감정평가조건 : 감정평가조건이 있는 경우 "감정평가액의 산출근거 및 결정의견"을 참조할 것을
적고, 감정평가조건이 없는 경우 횡선(-)을 긋는다.

카. 목록표시 근거 : 감정평가명세표의 목록표시 근거 자료명을 적는다.

타. 기준시점 : 대상물건의 가격조사를 완료한 날짜를 적는다. 다만, 소급감정평가 등 기준시점이 미리
정해져 있을 때에는 그 날짜를 적는다.

파. 조사기간 : 가격조사 착수일부터 완료일까지의 기간을 적는다.

하. 작성일 : 감정평가서 작성 완료일을 적는다.

거. (기타 참고사항) : 감정평가의뢰인이 요청한 사항 또는 해당 서식에서 정한 사항 외에 필요한 사
항을 기재한다(**예** 담보 목적의 감정평가 시 채무자명). 기재 시 "(기타 참고사항)"은 삭제한 뒤 필
요한 제목을 기재하고, 우측 공란에는 관련 내용을 적는다. 만일 별도의 요청사항 또는 삽입사항
이 없는 경우 해당란은 삭제한다.

　예 담보 목적 감정평가의 경우

목록표시 근거	등기사항전부증명서	기준시점	조사기간	작성일
채무자	홍길동	2026.1.20.	2026.1.18.~20.	2026.1.20.

너. 감정평가내용 : 감정평가명세표상의 감정평가 내용을 종류로 분류하여 합산해서 적되, 다음 요령에 따른다.

1) **토지** : 종류란에 "토지"라 적고, 면적란에 공부 또는 사정 총면적을 적는다. 다만, 사정면적은 제곱미터(㎡)로 적는다(이하 같다).

2) **건물** : 종류란에 "건물"이라 적고, 면적란에 공부 또는 사정 총면적을 적는다. 다만, 미등기건물 또는 제시외 건물은 종류란에 "미등기건물(또는 제시외 건물)"이라 적고, 면적란에 사정 총면적을 적는다. 사정면적은 제곱미터(㎡)로 적는다.

3) **구분소유부동산** : 종류란에 "구분건물"이라 적고, 수량란에 주거용의 경우 "○세대", 비주거용의 경우 "○개"라 적는다.

4) **그 밖의 물건** : 기계기구, 의제부동산, 권리, 동산, 임대료 등은 종류란에 해당 종류명칭을 적고, 수량란에 "○개" 또는 "○식"이라 적는다.

5) **단가** : 유효숫자 둘째자리까지 표시함을 원칙으로 하되, 제곱미터(㎡)당 가격이 100,000원 이상인 경우에는 유효숫자 셋째자리까지 표시할 수 있다. 다만, 의뢰인으로부터 다른 요청이 있거나 적정한 감정평가가액 산정을 위하여 필요하다고 인정하는 경우에는 유효숫자를 늘릴 수 있다. 적용 단가가 산출되지 않은 경우와 대상물건이 멸실 또는 소재불명인 경우 등에는 횡선(-)을 긋는다.

6) 기계기구 및 공작물 등 단가를 적는 것이 불합리한 종류는 단가란에 횡선(-)을 긋는다.

더. 심사확인

1) 감정평가법인의 경우에는 같은 법인 소속의 다른 감정평가사가 감정평가서의 적정성을 심사하고, 심사자는 그 심사사실을 표시하고 서명과 날인을 한다.

2) 감정평가사사무소의 경우에는 다른 감정평가사가 감정평가서의 적정성을 심사할 수 있고, 심사자는 그 심사사실을 표시하고 서명과 날인을 하되, 심사를 생략한 경우 해당란을 삭제하여 사용한다.

3. 감정평가액의 산출근거 및 결정 의견

가. 대상물건의 개요

1) 대상물건의 형상, 이용상황 또는 용도, 공법상 제한사항 및 감정평가 시 고려할 필요가 있는 주변 상황 등을 적는다.

2) 사업체에 대한 감정평가의 경우 대상업체의 명칭 및 업종명, 규모, 연혁, 재무 및 손익현황 등을 적는다.

3) 공부와 실제가 상이한 경우 및 그 내용, 대상물건이 멸실 또는 소재불명이거나 대상 물건을 감정평가에서 제외하는 경우 및 그 내용 등을 적는다.

나. 감정평가 개요

1) 감정평가의 목적을 적는다.

2) 감정평가 기준 및 근거가 되는 관계법령 또는 관련 규정을 적는다.

3) 대상물건의 감정평가 기준시점과 해당 시점을 결정한 이유를 적는다.

4) 실지조사를 실시한 기간과 내용을 적고, 실지조사를 하지 않은 경우에는 그 이유를 적는다.

5) 시장가치를 기준으로 감정평가액을 결정한 경우 기준가치를 "시장가치"라고 적고, 시장가치 외의 가치를 기준으로 감정평가액을 결정한 경우 해당 시장가치 외의 가치의 명칭, 성격과 특징, 시장가치 외의 가치로 감정평가를 하는 이유를 적는다.

6) 「감정평가에 관한 규칙」 제6조 제2항 제2호 및 제3호에 따라 의뢰인이 요청하는 경우 및 감정평가의 목적이나 대상물건의 특성에 비추어 사회통념상 필요하다고 인정되어 감정평가조건을 붙인 경우 그 이유와 감정평가조건의 합리성, 적법성 및 실현가능성에 대한 검토사항을 적는다.

7) 전문가의 자문 등을 거쳐 감정평가한 경우 자문 등을 했다는 내용 등을 적는다.

8) 그 밖에 「감정평가에 관한 규칙」이나 다른 법령에 따른 기재사항 및 추가로 필요한 사항을 적는다.

다. 감정평가액 산출근거

1) 감정평가방법의 적용

① 대상물건의 감정평가를 위해 적용한 감정평가방법의 관련 규정을 적는다.

② 대상물건을 감정평가하는 주된 방법의 내용과 채택이유를 기재하고, 주된 방법을 적용하는 것이 곤란하거나 부적절하여 다른 방법을 적용한 경우 그 이유와 내용을 적는다.

③ 감정평가 시 하나의 대상물건에 대하여 하나의 감정평가액을 산출하는 것을 원칙으로 하되, 예외적으로 일괄감정평가, 구분감정평가 또는 부분감정평가를 하는 경우에는 그 이유와 내용을 적는다.

2) 감정평가액 산출과정

① 대상물건을 감정평가하는 주된 방법으로 감정평가액을 산출하는 과정을 적는다. 「감정평가에 관한 규칙」 제13조 제3항에서 열거한 사항 외에도 감정평가액 결정에 영향을 미치는 중요한 내용은 모두 적는다.

② 대상물건을 감정평가하는 주된 방법 이외에 다른 방법으로 감정평가액을 산출하는 과정을 적는다.

③ 시산가액을 조정하는 방법 및 산출과정을 기재하고, 대상물건의 특성 등으로 인하여 다른 감정평가방법에 의한 시산가액으로 합리성 검토를 할 수 없는 경우 그 이유와 내용을 적는다.

④ 구분건물의 시점수정은 다음의 지수를 참고하여 산정하되 백분율로서 소수점 이하 셋째 자리까지 표시하고 넷째 자리 이하는 반올림하여 적는다.

3) 그 밖의 사항

① 감정평가액 산출내역에 포함되지 않았으나 산출과정에 참고한 각종 부동산통계지표, 부동산 시황자료 및 그 밖에 대상물건의 감정평가에 미치는 사항 등을 적는다.

② 「감정평가에 관한 규칙」 제13조 제3항에서 열거한 사항 외에 감정평가액 결정에 영향을 미치는 중요한 내용을 적는다.

라. 감정평가액 결정 의견: 감정평가액 산출과정에 대한 종합적인 의견과 최종 감정평가액의 결정에 관한 감정평가사의 의견을 적는다.

4. 감정평가 명세표

가. ( )감정평가 명세표: 괄호에는 토지와 건물, 구분건물, 기계기구 및 공작물 등으로 구분하여 작성한다. 물건의 종류에 따라 양식을 구분하여 작성하되, 해당 감정평가대상에 적합한 양식이 없는 경우 유사 양식을 수정·보완하여 적용할 수 있다.

나. 일련번호: 토지는 1, 2, 3, … 등으로 표시하고, 등기된 건물은 가, 나, 다, … 등으로 표시하며, 미등기건물은 ㄱ, ㄴ, ㄷ, … 등으로 표시하되, 건물을 감정평가에서 제외하였을 경우에는 괄호를 사용하여 해당 번호를 표시한다. 기계기구 및 공작물, 의제부동산, 권리, 동산 등의 경우 1, 2, 3, … 등으로 표시한다.

다. 부동산 감정평가명세표는 다음 요령에 따라 적는다.

1) **소재지**: 공부(의뢰목록) 내용대로 적는다. 다만, 행정구역이 변경되었음에도 공부에 정리되지 않았을 경우에는 변경된 행정구역 소재지를 적을 수 있다.

2) **지번**: 공부(의뢰목록) 내용대로 적되, 구분건물의 경우에는 다음 요령에 따른다.

① 공부 내용대로 적되, 건물의 명칭과 동수가 표시되어 있는 경우에는 이를 함께 적는다.

② 건물등기사항증명서상 1동의 건물의 표제부(이하 "공통표제부"라 한다)에서 "대지권의 목적인 토지의 표시"란에 기록할 토지가 10필지 이상인 경우에는 "(대표필지의 지번) 외 ○○필지"라고 적고, 그 밖의 필지 지번은 적지 않을 수 있다.

3) **지목 및 용도, 용도지역 및 구조**: 공부(의뢰물건) 내용대로 적되, 구분건물의 경우에는 다음 요령에 따른다.

① 건물등기사항증명서의 공통표제부 내용을 적은 다음 전유부분 표제부 내용을 적는다. 다만, 아파트의 경우에는 공통표제부의 내용 중 각 층별 표시 및 부속 건축물의 용도, 구조, 층별 표시는 적지 않을 수 있다.

② 1동의 건물 중 구분소유권의 목적이 되는 여러 개의 물건을 감정평가하는 경우에는 최초의 구분건물에만 공통표제부의 지목, 용도 및 구조를 적고, 그 밖의 구분건물에 대하여는 적지 않을 수 있다.

③ 건물등기사항증명서상 공통표제부에서 "대지권의 목적인 토지의 표시"란에 적을 토지가 10필지 이상인 경우에는 "(대표필지의 지목) 외"라 적고, 그 밖의 필지의 지목에 대하여는 적지 않을 수 있다.

4) **면적**(공부면적 및 사정면적)

① 공부란에는 공부(의뢰목록) 내용대로 적고, 사정란에는 사정 면적을 제곱미터(㎡)로 적는다. 이 경우 면적은 아라비아 숫자로 표시한다.

② 면적사정 시 사정단위는 축척이 500분의 1 또는 600분의 1인 지역과 경계점좌표등록부 시행지역의 토지는 소수점 이하 첫째자리까지 사정하고, 이외 지역의 토지는 1㎡까지 사정한다. 건물의 경우 소수점 이하 첫째자리까지 사정한다.

③ 멸실 또는 소재불명의 경우 면적의 사정란에 횡선(-)을 긋는다. 일괄감정평가하는 경우 사정면적에 일괄계산된 면적을 기재하고, 구분감정평가하는 경우 사정면적에 구분한 면적을 기재한다.

라. 부동산 외 감정평가명세표는 다음 요령에 따라 적는다.

1) 기계기구(공작물) 및 동산의 경우 공부(의뢰목록, 수입신고필증 등) 내용대로 적되, 현장조사 시 대상물건의 명판·사양과 관련된 표식에서 확인된 사항으로 의뢰인 또는 관계자의 확인이 있는 경우 이를 기재할 수 있다.

2) 의제부동산의 경우 공부 또는 자동차(건설기계)등록원부에 표기되어 있는 내용대로 적는다. 선박의 경우 물건의 특수성을 고려하여 별도의 서식을 적용한다.

3) 권리의 경우 명칭에는 사업체 등의 명칭을 기재하고, 종류에는 권리의 종류(어업권, 광업권, 영업권 등)을 적는다.

마. 단가 및 금액: 다음 요령에 따라 적는다.

1) **단가**: 감정평가 시 적용할 단가를 산출한 경우 그 적용 단가를 적는다. 적용 단가는 유효숫자 둘째자리까지 표시함을 원칙으로 하되, 제곱미터(㎡)당 가격이 100,000원 이상인 경우에는 유효숫자 셋째자리까지 표시할 수 있다. 다만, 의뢰인으로부터 다른 요청이 있거나 적정한 감정평가가액 산정을 위하여 필요하다고 인정하는 경우에는 유효숫자를 늘릴 수 있다. 적용 단가가 산출되지 않은 경우와 대상물건이 멸실 또는 소재불명인 경우 등에는 횡선(-)을 긋는다.

2) **금액**: 감정평가에서 제외한 경우는 "감정평가 외"라 적고, 대상물건이 멸실 또는 소재불명인 경우 등에는 횡선(-)을 긋는다.

바. 비고: 다음 사항이 있는 경우 그 내용을 적는다.

1) 공부내용과 실제가 다른 경우 그 내용

2) 도시·군계획시설에 저촉되는 경우 그 내용

3) 환지(換地) 및 환권(換權)에 관한 사항

4) 구분감정평가한 경우 구분기호 또는 구분별 현황

5) 일괄감정평가한 경우 그 이유

6) 부분감정평가한 경우 부분기호 또는 부분별 현황

7) 일단지로 감정평가한 경우 일단지 기호 또는 일단지 현황

8) 적산가격으로 감정평가한 경우 감가수정 내용. 다만, 부합물(附合物) 또는 종물(從物)로서 그 가치가 미미한 것은 생략할 수 있다.

9) 멸실 또는 소재불명, 감정평가 제외 여부 및 그 이유

10) 그 밖의 참고사항

05 부동산 감정평가와 공부(公簿)서류

1. 개설

부동산의 공적장부의 종류는 부동산의 유형별로 구분하여 이해하는 것이 좋다. 부동산은 다양한 유형으로 이루어져 있지만 공적 장부의 열람을 위해서는 두 가지 유형으로 구분하여 이해하면 편리할 것이다. 첫째는 일반적인 토지와 그 지상의 건물(일반건축물)로 구성된 유형의 부동산이며, 둘째는 「집합건물의 관리 및 이용에 관한 법률」에 의한 집합건물이 그것이다.

2. 토지, 건물로 구성된 부동산의 경우

(1) 등기사항전부증명서 – 토지, 건물

등기사항전부증명서는 소유권, 지상권, 지역권, 전세권, 저당권 등의 권리관계에 대하여 기록하는 공적 서류를 말하며, 이를 통하여 권리사항 등을 확인할 수 있다.

부동산의 표시	권리관계
부동산에 관한 현황 (소재, 지번, 지목, 면적, 구조 등)	각종 권리(소유권, 지상권, 지역권, 전세권, 저당권, 권리질권, 임차권, 환매권)의 설정, 보존, 이전, 변경, 처분의 제한, 소멸 등

» 기타 매매현황(매매목록), 공동담보목록 등도 확인 가능하다.

(2) 일반건축물관리대장

건물의 소재·번호·종류·구조·면적, 소유자의 주소·성명 등을 등록하여 건물의 상황을 명확하게 하는 장부이다. 건축물관리대장에 등록된 부동산에 관한 상황은 등기부에 기재되는 부동산의 표시 및 등기명의인 표시의 기초가 된다. 따라서 건물의 상황에 변동이 생긴 때에는 먼저 건축물관리대장을 변경한 뒤에 등기변경을 신청해야 한다. 등기부에 기재한 부동산의 표시가 건축물관리대장과 부합하지 않는 경우에는 그 부동산 소유명의인은 먼저 부동산 표시의 변경등기를 하지 않으면 그 부동산에 관한 다른 등기를 신청할 수 없다.

(3) 지적(임야)도

지적도(임야도)란 토지의 소재, 지번(地番), 지목(地目), 면적, 경계 등을 나타내기 위하여 만든 평면 지도를 말한다. 이를 통해 감정평가 시 토지의 위치, 지번, 토지의 형상, 방위, 접면도로의 폭 등을 확인할 수 있다.

(4) 토지(임야)대장

토지대장(임야대장)은 토지의 소재, 지번, 지목, 면적 등 토지의 사실관계를 확정할 수 있는 사항이 기재된 공적 서류를 말하며, 이를 통하여 토지의 물적사항 등을 확인할 수 있다.

(5) 토지이용계획확인서

토지이용계획확인서란 지구, 구역, 권역, 단지, 도시, 군계획시설 등 명칭에 관계없이 개발행위를 제한하거나 토지이용과 관련된 인가 · 허가 등을 받도록 하는 등 토지의 이용 및 보전에 관한 제한과 관련한 지정 내용 등을 확인하는 공적 서류를 말한다. 토지이용계획확인서에서는 「국토계획법」상 용도지역, 용도지구, 용도구역 등 도시 · 군관리계획의 수립 및 해당 여부, 「군사시설보호법」상 군사시설보호구역 등의 해당 여부, 「하천법」상 하천구역, 하천예정지의 해당 여부 등의 다양한 사항을 확인할 수 있다.

3. 집합건물인 부동산의 경우

(1) 등기사항전부증명서 - 집합건물

일반적으로 「집합건물의 소유 및 관리에 관한 법률」의 적용대상인 건물을 말한다. 집합건물은 동 법률의 적용대상인 1동의 건물 중 구조상 구분된 수 개의 부분이 독립한 건물로서 사용될 수 있는 건물을 말한다. 오피스, 아파트형공장, 오피스텔, 아파트, 연립주택, 다세대주택 등 다양하다. 집합건물에 대해서는 집합건물의 1개 호수별로 별도의 등기사항전부증명서를 발급받을 수 있다.

(2) 집합건축물관리대장 - 전유부, 표제부

집합건물의 건축물관리대장은 일반건축물관리대장과 그 효력은 같지만 형식이 다르다. 집합건축물관리대장의 경우 1동 전체의 이용상황 등 물적현황을 표시하는 집합건축물관리대장(표제부)이 있으며, 해당 전유부분의 이용상황 등 물적현황을 표시하는 집합건축물관리대장(전유부)이 있다.

(3) 지적도 및 임야도

토지, 건물의 경우와 동일하다.

(4) 토지대장

토지, 건물의 경우와 동일하다.

(5) 토지이용계획확인서

토지, 건물의 경우와 동일하다.

4. 각종 공부서류의 양식

(1) 등기사항전부증명서(토지/건물, 집합건물)

등기사항전부증명서(말소사항 포함)
- 토지 -

고유번호 1103-1996-060633

[토지] 서울특별시 중구 남산동1가 16-6

【 표 제 부 】 (토지의 표시)

표시번호	접 수	소 재 지 번	지 목	면 적	등기원인 및 기타사항
~~1~~ (전 3)	~~1984년5월28일~~	~~서울특별시 중구 남산동1가 16-6~~	~~대~~	~~623.9㎡~~	
					부동산등기법 제177조의 6 제1항의 규정에 의하여 2003년 03월 06일 전산이기
2	2005년7월15일	서울특별시 중구 남산동1가 16-6	대	499.6㎡	분할로 인하여 대 124.3㎡를 서울특별시 중구 남산동1가 16-35에 이기

【 갑 구 】 (소유권에 관한 사항)

순위번호	등 기 목 적	접 수	등 기 원 인	권리자 및 기타사항
1 (전 12)	소유권이전	1982년4월29일 제16782호	1982년1월12일 매매	~~공유자~~ ~~지분 2분의 1~~ ~~부산시 부산진구~~ ~~지분 2분의 1~~ ~~미합중국 캘리포니아주~~
2 (전 14)	1번소유권일부말소	1982년11월11일 제48179호	1982년9월26일 서울민사지방법원의확정판결	소유자 ~~미합중국 캘리포니아주~~ 공유자 의2분지1지분 말소
				부동산등기법 제177조의 6 제1항의 규정에 의하여 1번 내지 2번 등기를 2003년 03월 06일 전산이기

열람일시 : 20XX년12월24일 17시20분38초

1/5

[토지] 서울특별시 중구 남산동1가 16-6

순위번호	등 기 목 적	접 수	등 기 원 인	권리자 및 기타사항
2-1	2번등기명의인표시변경	2005년11월22일 제64592호	2003년4월2일 전거	~~의 주소 서울 중구~~
2-2	2번등기명의인표시변경	2006년10월13일 제57631호	2006년4월21일 전거	의 주소 서울 중구
~~3~~	~~가압류~~	~~2007년9월14일 제55092호~~	~~2007년9월14일 서울중앙지방법원의 가압류결정(2007카단6127)~~	~~청구금액 금1,063,445,205 원 채권자 미합중국 캘리포니아주~~
4	3번가압류등기말소	2008년10월7일 제61037호	2008년10월1일 해제	

【 을 구 】			(소유권 이외의 권리에 관한 사항)	
순위번호	등 기 목 적	접 수	등 기 원 인	권리자 및 기타사항
~~1~~ (전 24)	~~근저당권설정~~	~~1999년12월17일 제64621호~~	~~1999년12월17일 설정계약~~	~~채권최고액 금마법회금오십어만불 채무자 주식회사 미합중국 캘리포니아주 90058~~ ~~근저당권자 주식회사 110111-0023393 서울 중구 남대문로2가 111-1 (회현동지점)~~ ~~공동담보 동소 16-6 토지건물 및 동소 16-31 토지~~
2 (전 25)	1번근저당권말소	2002년12월5일 제76291호	2002년12월5일 해지	
				부동산등기법 제177조의 6 제1항의 규정에 의하여 1번 내지 2번 등기를 2003년 03월 06일 전산이기
~~3~~	~~근저당권설정~~	~~2005년11월22일 제64593호~~	~~2005년11월22일 설정계약~~	~~채권최고액 금960,000,000원 채무자 서울 중구 근저당권자 110135-0000903 서울 중구~~

열람일시 : 20XX년12월24일 17시20분38초

등기사항전부증명서(말소사항 포함)
- 건물 -

고유번호 1103-2006-008614

[건물] 서울특별시 중구 남산동1가 16-6 그랜드필드

【 표 제 부 】 (건물의 표시)				
표시번호	접 수	소재지번 및 건물번호	건 물 내 역	등기원인 및 기타사항
1	2006년9월29일	서울특별시 중구 남산동1가 16-6 그랜드필드	철근콘크리트구조 (철근)콘크리트지붕 5층 제1종근린생활시설 1층 262.26㎡ 2층 262.26㎡ 3층 262.26㎡ 4층 257.5㎡ 5층 254.8㎡ 지하1층 315.48㎡ 지하2층 365.7㎡ 지하3층 398.1㎡ 옥탑 27.14㎡	

【 갑 구 】 (소유권에 관한 사항)				
순위번호	등 기 목 적	접 수	등 기 원 인	권리자 및 기타사항
1	소유권보존	2006년9월29일 제55662호		소유자 460318-******* 미합중국 캘리포니아주
1-1	1번등기명의인표시 경정	2006년10월13일 제57633호	2006년9월29일 신청착오	외 주소 서울 중구
1-2	1번등기명의인표시 변경		2011년10월31일 도로명주소	의 주소 서울특별시 중구 2013년8월2일 부기
2	가압류	2007년9월14일 제55092호	2007년9월14일 서울중앙지방법 원의 가압류결정(200 7카단6127)	청구금액 금1,063,445,205 원 채권자 미합중국 캘리포니아주

열람일시 : 20XX년12월24일 17시20분38초

[건물] 서울특별시 중구 남산동1가 16-6 그랜드필드

순위번호	등 기 목 적	접 수	등 기 원 인	권리자 및 기타사항
3	2번가압류등기말소	2008년10월7일 제61037호	2008년10월1일 해제	

【 을 　 구 】 　 (소유권 이외의 권리에 관한 사항)				
순위번호	등 기 목 적	접 수	등 기 원 인	권리자 및 기타사항
1	근저당권설정	2006년10월13일 제57634호	2006년10월13일 추가설정계약	채권최고액 금960,000,000원 채무자 　　　서울 중구 근저당권자　　　　　　110135-0000903 　　　서울 중구 공동담보 토지 서울특별시 중구 　　　16-6의 담보물에 추가
2	전세권설정	2006년11월13일 제64433호	2006년11월9일 설정계약	전세금 금100,000,000원 범 위 업무용 건물 1층 262.26㎡ 전부 존속기간 2001년 11월 9일부터 2008년 4월 　　　30일까지 반환기 2008년 4월 30일 전세권자　　　　주식회사 110111-0220395 　　　서울 송파구 도면편철장제2책200호
2-1	2번전세권이전	2008년9월30일 제60214호	2008년9월30일 양도계약	전세권자　　　　화재해상보험주식회사 　　　110111-0016728 　　　서울특별시 종로구
3	근저당권설정	2006년11월27일 제67477호	2006년11월7일 설정계약	채권최고액 금240,000,000원 채무자 　　　서울 중구 근저당권자　　　　화재해상보험주식회사 　　　110111-0016728 　　　서울 종로구 도림동 60 공동담보 토지 서울특별시 중구
4	3번근저당권설정등 기말소	2007년4월17일 제22767호	2007년4월17일 해지	
5	근저당권설정	2007년5월29일	2007년4월24일	채권최고액 금130,000,000원

열람일시 : 20XX년12월24일 17시20분38초

등기사항전부증명서(말소사항 포함)
- 집합건물 -

고유번호 1102-2011-001879

[집합건물] 서울특별시 서초구 방배동 451-6 제3층 제301호

【 표 제 부 】 (1동의 건물의 표시)

표시번호	접 수	소재지번,건물명칭 및 번호	건 물 내 역	등기원인 및 기타사항
1	2011년9월9일	서울특별시 서초구 방배동 451-6	철근콘크리트구조 (철근)콘크리트지붕 5층 제2종 근린생활시설 지1층 166.6㎡ 1층 143.33㎡ 2층 147.52㎡ 3층 126.44㎡ 4층 94.74㎡ 5층 63.09㎡ 옥탑1층 14.75㎡ (연면적제외)	도면 제2011-232호

(대지권의 목적인 토지의 표시)

표시번호	소 재 지 번	지 목	면 적	등기원인 및 기타사항
1	1. 서울특별시 서초구 방배동 451-6	대	270.4㎡	2011년9월9일

【 표 제 부 】 (전유부분의 건물의 표시)

표시번호	접 수	건물번호	건물내역	등기원인 및 기타사항
1	2011년9월9일	제3층 제301호	철근콘크리트구조 16.85㎡	도면 제2011-232호

(대지권의 표시)

표시번호	대지권종류	대지권비율	등기원인 및 기타사항
1	1 소유권대지권	270.4분의 8.1495	2011년8월31일 대지권 2011년9월9일

열람일시 : 20XX년12월24일 17시20분38초

1/2

[집합건물] 서울특별시 서초구 방배동 451-6 제3층 제301호

표시번호	대지권종류	대지권비율	등기원인 및 기타사항
2			별도등기 있음 1토지(을구 9번 근저당권설정등기) 2011년9월9일

【 갑 　 구 】	(소유권에 관한 사항)			
순위번호	등 기 목 적	접 수	등 기 원 인	권리자 및 기타사항
1	소유권보존	2011년9월9일 제47075호		공유자 지분 2분의 1 　　571111-******* 서울특별시 서초구 지분 2분의 1 　　640118-******* 서울특별시 서초구

【 을 　 구 】	(소유권 이외의 권리에 관한 사항)			
순위번호	등 기 목 적	접 수	등 기 원 인	권리자 및 기타사항
1	근저당권설정	2011년9월9일 제47076호	2011년9월9일 추가설정계약	채권최고액 금2,522,000,000원 채무자 　서울특별시 서초구 근저당권자 주식회사　　　　110111-0012809 　서울특별시 중구 공동담보목록 제2011-314호

-- 이 하 여 백 --

관할등기소 서울중앙지방법원 등기국

＊ 실선으로 그어진 부분은 말소사항을 표시함.　　　　　　＊ 기록사항 없는 갑구, 을구는 '기록사항 없음' 으로 표시함.
＊ 증명서는 컬러 또는 흑백으로 출력 가능함.
＊ 본 등기사항증명서는 열람용이므로 출력하신 등기사항증명서는 법적인 효력이 없습니다.

열람일시 : 20XX년12월24일 17시20분38초

2/2

(2) 일반건축물대장

■ 건축물대장의 기재 및 관리 등에 관한 규칙 [별지 제1호서식] <개정 2015.7.7.>
문서확인번호 1475-7336-1589-8200

일반건축물대장(갑)

장번호 :   1 - 1

| 고유번호 | 1147010300-1-(005 | 민원24접수번호 | 40018700 | 명칭 | 3동 | 특이사항 | |

| 대지위치 | 서울특별시 양천구 신월동 | 지번 | 170㎡ | 도로명주소 | 서울특별시 양천구 |

※대지면적	2,464.6㎡	연면적	170㎡	※지역 일반주거지역	※지구 4종미관지구 외 1	※구역
건축면적	762.71㎡	용적률산정용 연면적	122㎡	주구조 철근콘크리트라멘조,철근콘크리트	주용도 근린생활시설	층수 지하 1층/지상 1층
※건폐율	30.95%	용적률	62.92%	높이 7.6m	지붕 평스라브,철근흰크리트	부속건축물
조경면적	㎡	공개 공지 또는 공개 공간의 면적	㎡	건축선 후퇴면적 ㎡	건축선 후퇴거리	m
지하수위	G.L m	기초형식		설계지내력(지내력기초인 경우) t/㎡	구조설계 해석법	

건 축 물 현 황 / 소 유 자 현 황

구분	층별	구조	용도	면적(㎡)	성명(명칭) 주민(법인)등록번호 (부동산등기용등록번호)	주소	소유권 지분	변동일 변동원인
주3	지층	철근콘크리트라멘조	대피소	48	1******	서울시	19/48	2004.09.09 소유권이전
주3	1층	철근콘크리트라멘조	수리점	84				
주3	1층	철근콘크리트구조	수리점	38	1******	서울시	3/48	2004.09.09 소유권이전
		- 이하여백 -						

이 등(초)본은 건축물대장의 원본내용과 틀림없음을 증명합니다.

발급일자 :   년 10월 06일
담당자 : 부동산정보과
전 화 : 02 -   - 3483

서울특별시 양천구청장

※ 표시 항목은 총괄표제부가 있는 경우에만 기재하지 않습니다.
※ 이 장은 전체 3페이지 중에 1페이지 입니다.

◆ 본 증명서는 인터넷으로 발급되었으며, 민원24(minwon.go.kr)의 인터넷발급문서진위확인 메뉴를 통해 위·변조 여부를 확인할 수 있습니다. (발급일로부터 90일까지)
또한 문서하단의 바코드로도 진위확인(스캐너용 문서확인프로그램 설치)을 하실 수 있습니다.

문서확인번호 1475-7336-1589-8200

장번호 :   2 - 1

| 고유번호 | 1147010300-1-01990005 | 민원24접수번호 | 20161006 - 40018700 |

구분	성명 또는 명칭	면허(등록)번호						허가일 1994.05.25
건축주	! 외 2인	407-1******	※주차장				※승강기	착공일 1994.05.28
설계자	#종합건축사 유춘협		구분	옥내 옥외 인근 면제			승용 대 비상용 대 ※오수정화시설	사용승인일 1994.11.21
공사감리자	#종합건축사 유춘협		자주식	대 ㎡	대 ㎡	대 ㎡	형식 콘크리트각청	관련 주소
공사시공자 (현장관리인)	이래종합건설(주) 백이현		기계식	대 ㎡	대 ㎡	대 ㎡	용량 30인용	지번

건축물 에너지소비정보 및 그 밖의 인증정보

건축물 에너지효율등급 인증	에너지성능지표(EPI) 점수	녹색건축 인증	지능형건축물 인증	
등급	점	등급	등급	도로명
에너지절감률 %	인증점수 점	인증점수		
유효기간 : . .	유효기간 : . .		점	

변 동 사 항

변동일	변동내용 및 원인	변동일	변동내용 및 원인	그 밖의 기재사항
1998.01.26	건축58550-65호에 의거 1층 용도변경	2005.05.16	건축과-5595(2005.5.4)호에 의거 지상1층 제2종근린생활시설(수리점)38.00㎡증축	지구: 공항및고도2보위지구
2004.11.19	건축과-15927(2004.11.18)호에 의거 지상1층 수리점 160㎡를 84㎡로 (지상1층76㎡ 철거)부분철거	2011.10.04	건축물대장 기초자료 정비에 의거 (표제부(용적율 산정용 연면적:'0' -> '122')) 직권변경	
2005.05.07	2005년도 건축물대장 정비사업에 의거 관련지번 '199-10'이(가) 직권삭제		- 이하여백 -	

※ 표시 항목은 총괄표제부가 있는 경우에는 기재하지 아니합니다.
※ 이 장은 전체 3페이지 중에 3페이지 입니다.

◆ 본 증명서는 인터넷으로 발급되었으며, 민원24(minwon.go.kr)의 인터넷발급문서진위확인 메뉴를 통해 위·변조 여부를 확인할 수 있습니다. (발급일로부터 90일까지)
또한 문서하단의 바코드로도 진위확인(스캐너용 문서확인프로그램 설치)을 하실 수 있습니다.

■건축물대장의 기재 및 관리 등에 관한 규칙 [별지 제7호서식] <개정 2015.7.7>
문서확인번호 1475-7346-8039-0125

건축물대장 총괄표제부(갑)

장번호 : 1 - 1

고유번호	1147010300-1- 005	민원24 접수번호	- 40026345

대지위치	서울특별시 양천구 신월동	지번	-5	건축물 명칭		특이사항	
÷대지면적	연면적 1,813.38㎡	지역		지구		구역	
건축면적 1,766.41㎡	용적률산정용연면적 1,512.78㎡	건축물 수	3	주용도		제2종근린생활시설	
부건폐율 %	용적률 %	층 호수	세대/호/가구	총 주차 대 수		부속건축물	동 ㎡
조경면적 ㎡	공개 공지 또는 공개 공간의 면적 ㎡	건축선 후퇴면적 ㎡		건축선 후퇴거리			m
지하수위 G.L m	기초형식	설계지내력(지내력기초인 경우) t/㎡		구조설계 해석법			

건 축 물 현 황

구분	명칭	도로명주소	건축물 주구조	건축물 지붕	층수	용도	연면적(㎡)	변동일	변동원인
주1	1동		철근콘크리트조	스라브	1/4	근린생활시설	1,084.56	1987.01.12	증축
주2	2동		철근콘크리트라멘조	평스라브	1/2	위락물지장 및 처리시설, 자동차관련시설	558.82	1994.11.21	증축
주3	3동		철근콘크리트라멘조,철근콘크리트	평스라브,철근콘크리트	1/1	근린생활시설	170	1998.01.26	용도변경
						- 이하여백 -			

이 등(초)본은 건축물 대장의 원본내용과 틀림없음을 증명합니다.

서울특별시 양천구청장

담당자 : 부동산정보과
전 화 : 02 - 3483

발급일자 : 10월 06일

※ 이 장은 전체 2페이지 중에 1페이지 입니다.

(3) 집합건물건축물대장(표제부 및 전유부)

문서확인번호 1576-0580-4861-8727

집합건축물대장(표제부, 갑)

(2쪽 중 제1쪽)

■ 건축물대장의 기재 및 관리 등에 관한 규칙 [별지 제3호서식] <개정 2018. 12. 4.>

고유번호	4117310400-3-05550045	정부24접수번호	20191211-53066034	명칭	호계 데시앙플렉스	호수/가구수/세대수	300호/0가구/0세대
대지위치	경기도 안양시 동안구 호계동	지번	555-45	도로명주소		경기도 안양시 동안구 엘에스로 122	
※대지면적 6,715.2㎡	연면적 41,036.21㎡	※지역 준공업지역 외 1	※지구	※구역 지구단위계획구역			
건축면적 4,020.35㎡	용적률 산정용 연면적 23,482.71㎡	주구조 철근콘크리트구조	주용도 공장(지식산업센터),지원시설(근린생활시설),공장(창고)	층수 지하 2층/지상 10층			
※건폐율 59.87%	※용적률 349.69%	높이 47.64m	지붕 (철근)콘크리트	부속건축물 동 ㎡			
※조경면적 1,318.18㎡	※공개 공지/공간 면적 ㎡	※건축선 후퇴면적 1,113.25㎡	※건축선 후퇴거리 10m				

구분	층별	구조	용도	면적(㎡)	구분	층별	구조	용도	면적(㎡)
주1	지2층	철근콘크리트구조	주차장	3,937.13	주1	지1층	철근콘크리트구조	공장(지식산업센터)	423.16
주1	지2층	철근콘크리트구조	계단실,ELEV,기계실,전기실	882.09	주1	1층	철근콘크리트구조	주차장	1,604.66
주1	지2층	철근콘크리트구조	공장(창고)	859.7	주1	1층	철근콘크리트구조	공장(지원시설-근린생활시설)	1,543.47
주1	지1층	철근콘크리트구조	주차장	3,802.08	주1	1층	철근콘크리트구조	계단실,ELEV,복도,화장실 등	501.87
주1	지1층	철근콘크리트구조	공장(지원시설-근린생활시설)	807.52	주1	2층	철근콘크리트구조	주차장	1,542.53
주1	지1층	철근콘크리트구조	계단실,ELEV,화장실,관리실 등	614.69	주1	2층	철근콘크리트구조	공장(지원시설-근린생활시설)	1,343.08

이 등(초)본은 건축물대장의 원본내용과 틀림없음을 증명합니다.

발급일: 20○년 12월 11일

안양시 동안구청장

담당자: 민원봉사과
전 화: 031 - 8045 - 4245

※ 표시 항목은 총괄표제부가 있는 경우에는 적지 않을 수 있습니다.

◆ 본 증명서는 인터넷으로 발급되었으며, 정부24(gov.kr)의 인터넷발급문서진위확인 메뉴를 통해 위·변조 여부를 확인할 수 있습니다. (발급일로부터 90일까지)

297㎜×210㎜[백상지(80g/㎡)]

문서확인번호 1576-0580-4861-8727

(2쪽 중 제2쪽)

고유번호	4117310400-3-05550045	정부24접수번호	20191211-53066034	명칭	호계 데시앙플렉스	호수/가구수/세대수	300호/0가구/0세대
대지위치	경기도 안양시 동안구 호계동	지번	555-45	도로명주소		경기도 안양시 동안구 엘에스로 122	

구분	성명 또는 명칭	면허(등록)번호	※주차장				승강기		허가일 2017.11.05
건축주	(주)하나자산신탁	110111-1******	구분	옥내	옥외	인근	면제	승용 4대	비상용 2대	착공일 2018.01.02
설계자	(주)한원포럼건축사사무소 송파구-건축사사무소-864		자주식	280대 13,966.34㎡	대 ㎡	대 ㎡		※하수처리시설		사용승인일 2019.10.30
공사감리자	왕정한외1 (주)건축사사무소 아라그룹 송파구-건축사사무소-987		기계식	대 ㎡	대 ㎡	대 ㎡		형식 하수종말처리장연결		관련 주소
공사시공자 (현장관리인)	이재규 (주)태영건설 경기도-토목건축공사업-874							용량 인용		지번

※제로에너지건축물 인증		※건축물 에너지효율등급 인증		※에너지성능지표 (EPI) 점수	※녹색건축 인증		※지능형건축물 인증	
등급		등급		점	등급		등급	
에너지자립률	%	1차에너지 소요량 (또는 에너지절감률)	kWh/㎡(%)	※에너지소비총량	인증점수	점	인증점수	점
유효기간: . . . ~ . . .		유효기간: . . . ~ . . .		kWh/㎡	유효기간: . . . ~ . . .		유효기간: . . . ~ . . .	도로명

내진설계 적용 여부 적용	내진능력 VII-0.239g	특수구조 건축물	특수구조 건축물 유형			
지하수위 G.L -1.5m	기초형식	지내력기초	설계지내력(지내력기초인 경우) 30t/㎡	구조설계 해석법 동적해석법		

변동사항				
변동일	변동내용 및 원인	변동일	변동내용 및 원인	그 밖의 기재사항
2019.10.30 2019.11.01	구 건축과-19418(2019.10.30)호에 의거 신규작성(신축) 구 민원봉사과-18704(2019.11.01)호에 의거 토지합병으로 관련지번[호계동 555-46,593-9]삭제 [호계동 555-45 외 2필지 → 호계동 555-45] - 이하여백 -			지역: 도시지역 - 이하여백 -

※ 표시 항목은 총괄표제부가 있는 경우에는 적지 않을 수 있습니다.

◆ 본 증명서는 인터넷으로 발급되었으며, 정부24(gov.kr)의 인터넷발급문서진위확인 메뉴를 통해 위·변조 여부를 확인할 수 있습니다. (발급일로부터 90일까지)

문서확인번호 1576-0580-4861-8727

집합건축물대장(표제부, 을) 건축물현황

(1쪽 중 제1쪽)

| 고유번호 | 4117310400-3-05550045 | | 정부24접수번호 | 20191211-53066034 | | 명칭 | 호계 데시앙플렉스 | | 호수/가구수/세대수 | 300호/0가구/0세대 |
| 대지위치 | 경기도 안양시 동안구 호계동 | | 지번 | 555-45 | | 도로명주소 | 경기도 안양시 동안구 엘에스로 122 | | | |

| 건 축 물 현 황 | | | | | 건 축 물 현 황 | | | | |
구분	층별	구조	용도	면적(㎡)	구분	층별	구조	용도	면적(㎡)
주1	2층	철근콘크리트구조	계단실,ELEV,복도,화장실 등	450.08	주1	8층	철근콘크리트구조	공장(지식산업센터)	1,959.66
주1	2층	철근콘크리트구조	공장(지식산업센터)	355.22	주1	8층	철근콘크리트구조	계단실,ELEV,복도,화장실 등	477.3
주1	3층	철근콘크리트구조	공장(지식산업센터)	1,662.96	주1	9층	철근콘크리트구조	공장(지식산업센터)	1,959.66
주1	3층	철근콘크리트구조	주차장	1,539.97	주1	9층	철근콘크리트구조	계단실,ELEV,복도,화장실 등	477.3
주1	3층	철근콘크리트구조	계단실,ELEV,복도,화장실 등	452.11	주1	10층	철근콘크리트구조	공장(지식산업센터)	1,959.66
주1	4층	철근콘크리트구조	공장(지식산업센터)	1,662.96	주1	10층	철근콘크리트구조	계단실,ELEV,복도,화장실 등	477.3
주1	4층	철근콘크리트구조	주차장	1,539.97	주1	옥탑1층	철근콘크리트구조	계단실,원룸(연면적제외)	210.8
주1	4층	철근콘크리트구조	계단실,ELEV,복도,화장실 등	452.11			- 이하여백 -		
주1	5층	철근콘크리트구조	공장(지식산업센터)	2,113.28					
주1	5층	철근콘크리트구조	계단실,ELEV,복도,화장실 등	469.66					
주1	6층	철근콘크리트구조	공장(지식산업센터)	2,113.28					
주1	6층	철근콘크리트구조	계단실,ELEV,복도,화장실 등	476.66					
주1	7층	철근콘크리트구조	공장(지식산업센터)	2,098.43					
주1	7층	철근콘크리트구조	계단실,ELEV,복도,화장실 등	476.66					

297㎜×210㎜[백상지(80g/㎡)]

◆ 본 증명서는 인터넷으로 발급되었으며, 정부24(gov.kr)의 인터넷발급문서진위확인 메뉴를 통해 위·변조 여부를 확인할 수 있습니다. (발급일로부터 90일까지)

문서확인번호 1576-0580-7148-6240

집합건축물대장(전유부, 갑)

(2쪽 중 제1쪽)

| 고유번호 | 4117310400-3-05550045 | | 정부24접수번호 | 20191211-53067238 | | 명칭 | 호계 데시앙플렉스 | 호명칭 | 213 |
| 대지위치 | 경기도 안양시 동안구 호계동 | | 지번 | 555-45 | | 도로명주소 | 경기도 안양시 동안구 엘에스로 122 | | |

| 전 유 부 분 | | | | | 소 유 자 현 황 | | | |
구분	층별	※ 구조	용도	면적(㎡)	성명(명칭) 주민(법인)등록번호 (부동산등기용등록번호)	주소	소유권 지분	변동일자 변동원인
주	2층	철근콘크리트구조	공장(지원시설-근린생활시설)	127.1	주식회사하나자산신탁 110111-1******	서울특별시 강남구 테헤란로 127, 15층(역삼동,하나금융그룹강남사옥)	1/1	2019.11.06 소유권보존
		- 이하여백 -						

| 공 용 부 분 | | | | | | | | |
구분	층별	구조	용도	면적(㎡)		- 이하여백 -		
주	각층	철근콘크리트구조	계단실,ELEV,복도,화장실 등	33.41		※ 이 건축물대장은 현소유자만 표시한 것입니다.		
주	지2	철근콘크리트구조	기계실,전기실,발전기실,펌프실	4.41				
주	지2-4층	철근콘크리트구조	주차장	85.09				
		- 이하여백 -						

이 등(초)본은 건축물대장의 원본내용과 틀림없음을 증명합니다.

발급일: 20 년 12월 11일

담당자: 민원봉사과
전 화: 031 - 8045 - 4245

안양시 동안구청장

※ 경계벽이 없는 구분점포의 경우에는 전유부분 구조란에 경계벽이 없음을 기재합니다.   297㎜×210㎜[백상지(80g/㎡)]

◆ 본 증명서는 인터넷으로 발급되었으며, 정부24(gov.kr)의 인터넷발급문서진위확인 메뉴를 통해 위·변조 여부를 확인할 수 있습니다. (발급일로부터 90일까지)

문서확인번호 1576-0580-7148-6240

고유번호	4117310400-3-05550045	정부24접수번호	20191211-53067238	명칭	호계 대시앙플렉스	호명칭	(2쪽 중 제2쪽)
							213

대지위치	경기도 안양시 동안구 호계동	지번	555-45	도로명주소	경기도 안양시 동안구 엘에스로 122

공용부분 / 공동주택(아파트) 가격(단위:원)

구분	층별	구조	용도	면적(㎡)	기준일	공동주택(아파트) 가격

• 「부동산 가격공시 및 감정평가에 관한 법률」 제17조에 따른 공동주택가격만 표시됩니다.

변동사항

변동일	변동내용 및 원인	변동일	변동내용 및 원인	그 밖의 기재사항
2019.10.30	시 건축과-19418(2019.10.30)호에 의거 신규작성(신축) - 이하여백 -			

297㎜×210㎜[백상지(80g/㎡)]

◆ 본 증명서는 인터넷으로 발급되었으며, 정부24(gov.kr)의 인터넷발급문서진위확인 메뉴를 통해 위·변조 여부를 확인할 수 있습니다. (발급일로부터 90일까지)

(4) 지적도, 임야도 등본

지적도 등본

발급번호	G2012091888152228002		처리시각	20시 18분 06초	작성자	민원24
토지소재	인천광역시 남동구 　 동		지 번	1475	축 척	등록:1/500 출력:1/500

1471-1대

1474-3대

1173-21대

1409-33도

1173-20대　1173-19대

1409-36도

1333-2도

1409-2도

1174대

1470-2대

1174-2대

1174-1대

1475대

1174-10대

1174-9대

1174-11대

1335도

1410도

1335-4도

지적도등본에 의하여 작성한 등본입니다.
이 도면등본으로는 지적측량에 사용할 수 없습니다.
20××년 09월 18일
인천광역시　남동구

◆본 증명서는 인터넷으로 발급되었으며, 민원24(minwon.go.kr)의 인터넷발급문서진위확인 메뉴를 통해 위·변조 여부를 확인할 수 있습니다.

(5) 토지대장, 임야대장

고유번호	2820010100 - 11475 - 0000			토지 대장		도면번호	166	발급번호	20120918-0160-0001
토지소재	인천광역시 남동구 　　　동					장번호	3-1	처리시각	20시 17분 57초
지 번	1475		축 척 수치			비 고		작성자	인터넷민원

토지표시				소유자		
지 목	면적(㎡)	사 유		변동일자	주소	등록번호
				변동원인	성명 또는 명칭	
(08) 대	*1093.3*	(52)1990년08월09일 구획정리 완료		1990년 06월 28일	서울강남구논현동71-2	
				(08)환지	한국토지개발공사	114271-0*****
(08) 대	*1053.3*	(60)1990년01월01일 인천직할시에서 행정구역명칭변경		1990년 07월 31일	서울강남구논현동71-2	
				(09)촉탁등기	한국토지개발공사	114271-0*****
		--- 이하 여백 ---		1990년 12월 31일	서울 강남구 삼성동 164	
				(04)주소변경	한국토지개발공사	114271-0*****
				1990년 12월 31일	남구 주안동 1592-4	
				(03)소유권이전	주식회사대한상호신용금고	120111-0*****

등급 수정 년 월 일	1990. 08. 09. 설정	1990. 01. 01. 수정	1990. 01. 01. 수정	1990. 01. 01. 수정	1990. 01. 01. 수정		
토지 등급 (기준수확량등급)	235	238	241	245	246		용도지역 등
개별공시지가기준일	2000년 01월 01일	2000년 01월 01일	2010년 01월 01일	2010년 01월 01일	2010년 01월 01일		
개별공시지가(원/㎡)	6600000	6450000	6430000	6480000	6800000		

| 수 수 료 |
| 전자결제 |
| 민 원 |

토지대장에 의하여 작성한 등본입니다.

20××년 09월 18일

인천광역시 남동구청장

◆본 증명서는 인터넷으로 발급되었으며, 민원24(minwon.go.kr)의 인터넷발급문서진위확인 메뉴를 통해 위·변조 여부를 확인할 수 있습니다. (발급일로부터 90일까지) 또한 문서하단의 바코드로도 진위확인(스캐너용 문서확인프로그램 설치)을 하실 수 있습니다.

(6) 토지이용계획확인서

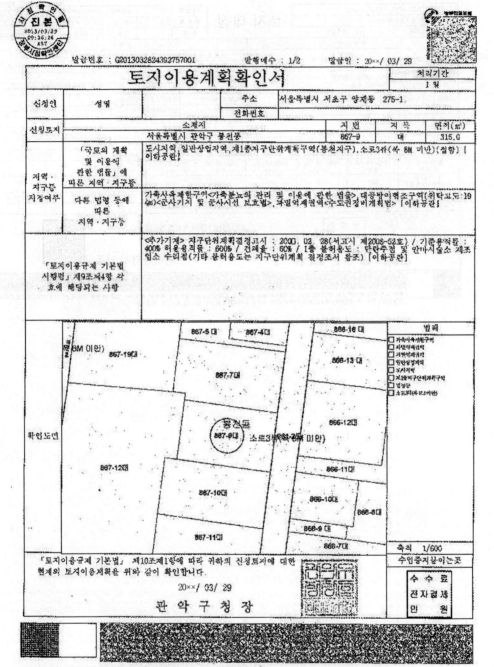

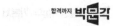
PART 01

> **참고**
>
> ## 부동산 공부의 인터넷 열람방법
>
> | 구분 | 열람하는 방법 | 웹사이트 주소 |
> |---|---|---|
> | 등기사항전부증명서 | 대법원 인터넷 등기소 | http://www.iros.go.kr |
> | 건축물관리대장 | 정부민원포털 정부24 | www.gov.kr |
> | 지적도(임야도) | 정부민원포털 정부24 | www.gov.kr |
> | 토지대장(임야대장) | 정부민원포털 정부24 | www.gov.kr |
> | 토지이용계획확인서 | 정부민원포털 정부24
토지이용규제정보시스템 | www.gov.kr
www.eum.go.kr |

기 본예제

주어진 자료와 도면을 참고하여 해당 건축물의 ① 대지면적, ② 건축면적, ③ 연면적, ④ 건폐율(%), ⑤ 용적률(%)을 산출하시오(단, 건폐율·용적률은 소수점 이하 둘째자리 %까지 산출하되, 이하는 반올림할 것).

자료 1 일반건축물대장

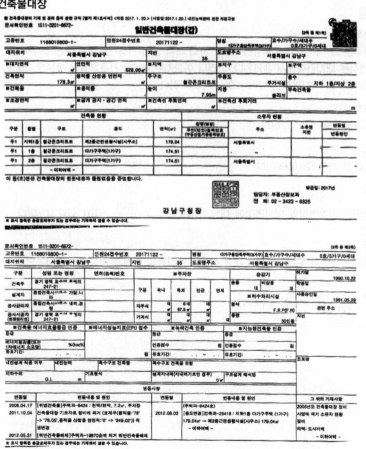

자료 2 배치도

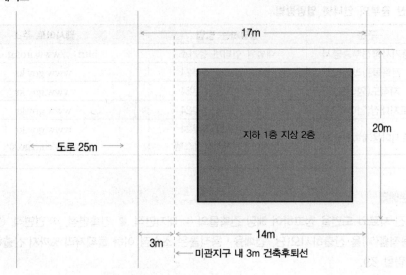

예시답안

1. 대지면적

대지면적은 그 대지의 수평투영면적으로 하되 대지 안에 건축선이 정하여진 경우에는 그 건축선과 도로 사이의 면적은 대지면적에서 제외된다. 그러나 미관지구 내 3m 건축후퇴선 부분은 대지면적에 산입토록 규정하고 있으므로, 대지면적은 17m × 20m = 340m²이다.

2. 건축면적

건축물대장 기준 178.3m²이다.

3. 연면적

건축물대장 기준 528.06m²이다.

4. 건폐율

건폐율이란 건축면적의 대지면적에 대한 비율이므로 $\therefore \dfrac{178.3}{340} \times 100 ≒ 52.44\%$이다.

5. 용적률

용적률이란 연면적의 대지면적에 대한 비율로 지하층의 면적과 지상층의 주차용으로 사용되는 면적은 제외된다.

$$\therefore \frac{174.51 + 174.51}{340} \times 100 ≒ 102.65\%$$

제2절 감정평가 3방식의 개관

01 감정평가 3방식의 개관 등

> **감정평가에 관한 규칙 제11조**(감정평가방식)
>
> 감정평가법인등은 다음 각 호의 감정평가방식에 따라 감정평가를 한다.
> 1. 원가방식: 원가법 및 적산법 등 비용성의 원리에 기초한 감정평가방식
> 2. 비교방식: 거래사례비교법, 임대사례비교법 등 시장성의 원리에 기초한 감정평가방식 및 공시지가기준법
> 3. 수익방식: 수익환원법 및 수익분석법 등 수익성의 원리에 기초한 감정평가방식

일반적으로 사람이 물건의 가치를 판정할 때는 ⅰ) 재화에 얼마만큼의 비용이 투입되었나? ⅱ) 그것이 어느 정도 가격으로 시장에서 거래되고 있나? ⅲ) 그것을 이용함으로써 어느 정도 수익(편익)을 얻을 수 있는가? 하는 세 가지를 고려하는 것이 통상적이다. 이것을 가치의 3면성이라 한다.

토지 등의 경우도 이와 마찬가지로 비용성에 착안하여 가치를 구하고자 하는 원가방식, 시장성에 착안하여 가치를 구하고자 하는 비교방식, 수익성에 착안하여 가치를 구하고자 하는 수익방식의 3방식으로 정립되어 있다. 또한 부동산의 경제가치는 교환의 대가인 협의의 가치로서 표시되는 경우와 용익의 대가인 임대료로 표시되는 경우가 있으며, 임대료를 구하는 방식도 이러한 사고방식이 기본이 된다.

감정평가는 평가대상이 속하는 시장의 특성을 파악, 분석하고 그로부터 합리적이라 인정되는 부분을 추출함으로써 감정평가의 주체가 합리적인 시장을 대신하여 부동산의 시장가치를 나타내는 가액을 표시하는 업무로 가치의 3면성을 충분히 참작해야 한다.

1. 감정평가 3방식

감정평가의 3방식이란 대상물건의 가치를 측정한 경우 전통적으로 사용되고 있는 비용성에 기초한 원가방식, 시장성에 기초한 비교방식, 수익성에 기초한 수익방식을 말한다.

(1) 원가방식

원가방식은 대상물건이 '어느 정도의 비용이 투입되어야 만들 수 있는가'라는 비용성에 근거하며, 공급 측면에서 비용과 가치의 상호관계를 파악하여 대상물건의 가치를 산정하는 방식이다.

(2) 비교방식

비교방식은 대상물건이 '어느 정도 가격으로 시장에서 거래되고 있는가'라는 시장성에 근거하며, 시장에서 거래되는 가격과 가치의 상호관계를 파악하여 대상물건의 가치를 산정하는 방식이다.

(3) 수익방식

수익방식은 '대상물건을 이용함으로써 어느 정도 수익(편익)을 얻을 수 있는가'라는 수익성에 근거하며, 투자 측면에서 수익과 가치의 상호관계를 파악하여 대상물건의 가치를 산정하는 방식이다.

3방식 6방법	가액(소유권, 원본)	임대료(사용권, 과실)
공시지가기준법 (비교방식)	(공시지가기준가액) ※ 토지평가에 한함.	–
시장성 (비교방식, 시장접근법)	거래사례비교법 (비준가액)	임대사례비교법 (비준임대료)
원가성 (원가방식, 비용접근법)	원가법 (적산가액)	적산법 (적산임대료)
수익성 (수익방식, 소득접근법)	수익환원법 (수익가액)	수익분석법 (수익임대료)

2. 가격 감정평가의 3방식

(1) 공시지가기준법[22]

> **감정평가에 관한 규칙 제2조**(정의)
>
> 9. "공시지가기준법"이란 「감정평가 및 감정평가사에 관한 법률」(이하 "법"이라 한다) 제3조 제1항 본문에 따라 감정평가의 대상이 된 토지(이하 "대상토지"라 한다)와 가치형성요인이 같거나 비슷하여 유사한 이용가치를 지닌다고 인정되는 표준지(이하 "비교표준지"라 한다)의 공시지가를 기준으로 대상토지의 현황에 맞게 시점수정, 지역요인 및 개별요인 비교, 그 밖의 요인의 보정(補正)을 거쳐 대상토지의 가액을 산정하는 감정평가방법을 말한다.

(2) 거래사례비교법(비준가액)

> **감정평가에 관한 규칙 제2조**(정의)
>
> 7. "거래사례비교법"이란 대상물건과 가치형성요인이 같거나 비슷한 물건의 거래사례와 비교하여 대상물건의 현황에 맞게 사정보정(事情補正), 시점수정, 가치형성요인 비교 등의 과정을 거쳐 대상물건의 가액을 산정하는 감정평가방법을 말한다.

① 접근의 논리

어떤 재화의 가격을 구하는 데는 일반적으로 최근에 그 재화와 동일 · 유사한 물건이 시장에서 어느 정도로 거래되고 있는가?(시장성)

---

22) 감정평가 및 감정평가사에 관한 법률(2016.9.1. 시행) 제3조(기준)
① 감정평가법인등이 토지를 감정평가하는 경우에는 그 토지와 이용가치가 비슷하다고 인정되는 「부동산 가격공시에 관한 법률」에 따른 표준지공시지가를 기준으로 하여야 한다. 다만, 적정한 실거래가가 있는 경우에는 이를 기준으로 할 수 있다.

② **중요한 부분**

⊙ 사례의 수집 : 거래사례비교법으로 감정평가할 때에는 거래사례를 수집하여 적정성 여부를 검토한 후 다음의 요건을 모두 갖춘 하나 또는 둘 이상의 적절한 사례를 선택하여야 한다.

ⓐ 거래사정이 정상이라고 인정되는 사례나 정상적인 것으로 보정이 가능한 사례

ⓑ 기준시점으로 시점수정이 가능한 사례

ⓒ 대상물건과 위치적 유사성이나 물적 유사성이 있어 지역요인·개별요인 등 가치형성요인의 비교가 가능한 사례

감정평가에 관한 규칙 제2조(정의)

12의2. "적정한 실거래가"란 「부동산 거래신고 등에 관한 법률」에 따라 신고된 실제 거래가격(이하 "거래가격"이라 한다)으로서 거래 시점이 도시지역(「국토의 계획 및 이용에 관한 법률」제36조 제1항 제1호에 따른 도시지역을 말한다)은 3년 이내, 그 밖의 지역은 5년 이내인 거래가격 중에서 감정평가법인등이 인근지역의 지가수준 등을 고려하여 감정평가의 기준으로 적용하기에 적정하다고 판단하는 거래가격을 말한다.

13. "인근지역"이란 감정평가의 대상이 된 부동산(이하 "대상 부동산"이라 한다)이 속한 지역으로서 부동산의 이용이 동질적이고 가치형성요인 중 지역요인을 공유하는 지역을 말한다.

14. "유사지역"이란 대상 부동산이 속하지 아니하는 지역으로서 인근지역과 유사한 특성을 갖는 지역을 말한다.

15. "동일수급권(同一需給圈)"이란 대상 부동산과 대체·경쟁관계가 성립하고 가치 형성에 서로 영향을 미치는 관계에 있는 다른 부동산이 존재하는 권역(圈域)을 말하며, 인근지역과 유사지역을 포함한다.

ⓛ 사정보정 : 거래사례에 특수한 사정이나 개별적 동기가 반영되어 있거나 거래 당사자가 시장에 정통하지 않은 등 수집된 거래사례의 가격이 적절하지 못한 경우에는 사정보정을 통해 그러한 사정이 없었을 경우의 적절한 가격수준으로 정상화하여야 한다.

ⓒ 시점수정 : 거래사례의 거래시점과 대상물건의 기준시점이 불일치하여 가격수준의 변동이 있을 경우에는 거래사례의 가격을 기준시점의 가격수준으로 시점수정하여야 한다. 시점수정은 사례물건의 가격 변동률로 한다. 다만, 사례물건의 가격 변동률을 구할 수 없거나 사례물건의 가격 변동률로 시점수정하는 것이 적절하지 않은 경우에는 지가변동률·건축비지수·임대료지수·생산자물가지수·주택가격동향지수 등을 고려하여 가격 변동률을 구할 수 있다.

ⓔ 가치형성요인의 비교 : 거래사례와 대상물건 간에 종별·유형별 특성에 따라 지역요인이나 개별요인 등 가치형성요인에 차이가 있는 경우에는 이를 각각 비교하여 대상물건의 가치를 개별화·구체화하여야 한다.

(3) 원가법(적산가액)

> **감정평가에 관한 규칙 제2조**(정의)
>
> 5. "원가법"이란 대상물건의 재조달원가에 감가수정(減價修正)을 하여 대상물건의 가액을 산정하는 감정평가방법을 말한다.
> 12. "감가수정"이란 대상물건에 대한 재조달원가를 감액하여야 할 요인이 있는 경우에 물리적 감가, 기능적 감가 또는 경제적 감가 등을 고려하여 그에 해당하는 금액을 재조달원가에서 공제하여 기준시점에 있어서의 대상물건의 가액을 적정화하는 작업을 말한다.

① **접근의 논리**

그 재화를 현재 재조달하는 데는 어느 정도의 비용이 들겠는가?(비용성)

② **중요한 부분**

㉠ 재조달원가 : 재조달원가란 대상물건을 기준시점에 재생산하거나 재취득하는 데 필요한 적정원가의 총액을 말한다. 재조달원가는 대상물건을 일반적인 방법으로 생산하거나 취득하는 데 드는 비용으로 하되, 제세공과금 등과 같은 일반적인 부대비용을 포함한다.

㉡ 감가수정 : 감가수정은 대상물건에 대한 재조달원가를 감액하여야 할 요인이 있는 경우에 다음 각 호의 가치 하락요인 등(이하 "감가요인"이라 한다)을 고려하여 그에 해당하는 금액을 재조달원가에서 공제하여 기준시점에 대상물건의 가액을 적정화하는 작업을 말한다. 감가수정을 할 때에는 경제적 내용연수를 기준으로 한 정액법, 정률법 또는 상환기금법 중에서 대상물건에 가장 적합한 방법을 적용하여야 한다. 이에 따른 감가수정이 적절하지 아니한 경우에는 물리적·기능적·경제적 감가요인을 고려하여 관찰감가 등으로 조정하거나 다른 방법에 따라 감가수정할 수 있다.

ⓐ 물리적 감가요인 : 대상물건의 물리적 상태 변화에 따른 감가요인

ⓑ 기능적 감가요인 : 대상물건의 기능적 효용 변화에 따른 감가요인

ⓒ 경제적 감가요인 : 인근지역의 경제적 상태, 주위환경, 시장상황 등 대상물건의 가치에 영향을 미치는 경제적 요소들의 변화에 따른 감가요인

(4) 수익환원법(수익가액)

> **감정평가에 관한 규칙 제2조**(정의)
>
> 10. "수익환원법(收益還元法)"이란 대상물건이 장래 산출할 것으로 기대되는 순수익이나 미래의 현금흐름을 환원하거나 할인하여 대상물건의 가액을 산정하는 감정평가방법을 말한다.

① **접근의 논리**

그 재화를 이용하면 얼마의 수익 또는 편익(쾌적성이나 생산성)을 얻을 수 있는가?(수익성)

② **중요한 부분**

   ⑦ **환원·할인방법의 적용** : 직접환원법은 단일기간의 순수익을 적절한 환원율로 환원하여 대상물건의 가액을 산정하는 방법을 말한다. 할인현금흐름분석법은 대상물건의 보유기간에 발생하는 복수기간의 순수익(이하 "현금흐름"이라 한다)과 보유기간 말의 복귀가액에 적절한 할인율을 적용하여 현재가치로 할인한 후 더하여 대상물건의 가액을 산정하는 방법을 말한다.

    수익환원법으로 감정평가할 때에는 직접환원법이나 할인현금흐름분석법 중에서 감정평가 목적이나 대상물건에 적절한 방법을 선택하여 적용한다. 다만, 부동산의 증권화와 관련한 감정평가 등 매기의 순수익을 예상해야 하는 경우에는 할인현금흐름분석법을 원칙으로 하고 직접환원법으로 합리성을 검토한다.

   ⓒ **순수익 등의 산정** : 순수익이란 대상물건에 귀속하는 적절한 수익으로서 유효총수익에서 운영경비를 공제하여 산정한다. 유효총수익은 다음 보증금(전세금) 운용수익, 연간임대료, 연간 관리비수입, 기타수입을 합한 가능총수익에 공실손실상당액 및 손실충당금(종전의 대손충당금)을 공제하여 산정한다. 운영경비에는 용역인건비·직영인건비, 수도광열비, 수선유지비, 세금·공과금, 보험료, 대체충당금, 광고선전비 등 그 밖의 경비를 포함한다.

    할인현금흐름분석법의 적용에 따른 복귀가액은 보유기간 경과 후 초년도의 순수익을 추정하여 최종환원율로 환원한 후 매도비용을 공제하여 산정한다.

   ⓒ **환원율과 할인율의 산정** : 직접환원법에서 사용할 환원율은 시장추출법으로 구하는 것을 원칙으로 한다. 다만, 시장추출법의 적용이 적절하지 않은 때에는 요소구성법, 투자결합법, 유효총수익승수에 의한 결정방법, 시장에서 발표된 환원율 등을 검토하여 조정할 수 있다. 할인현금흐름분석법에서 사용할 할인율은 투자자조사법(지분할인율), 투자결합법(종합할인율), 시장에서 발표된 할인율 등을 고려하여 대상물건의 위험이 적절히 반영되도록 결정하되 추정된 현금흐름에 맞는 할인율을 적용한다. 복귀가액 산정을 위한 최종환원율은 환원율에 장기위험프리미엄·성장률·소비자물가상승률 등을 고려하여 결정한다.

3. 임대료 감정평가의 3방식

   ⑴ **임대사례비교법**(비준임대료)

> **감정평가에 관한 규칙 제2조**(정의)
>
> 8. "임대사례비교법"이란 대상물건과 가치형성요인이 같거나 비슷한 물건의 임대사례와 비교하여 대상물건의 현황에 맞게 사정보정, 시점수정, 가치형성요인 비교 등의 과정을 거쳐 대상물건의 임대료를 산정하는 감정평가방법을 말한다.

① **임대사례의 수집 및 선택**

임대사례비교법으로 감정평가할 때에는 임대사례를 수집하여 적정성 여부를 검토한 후 다음의 요건을 모두 갖춘 하나 또는 둘 이상의 적절한 임대사례를 선택하여야 한다.

㉠ 임대차 등의 계약내용이 같거나 비슷한 사례

㉡ 임대차 사정이 정상이라고 인정되는 사례나 정상적인 것으로 보정이 가능한 사례

㉢ 기준시점으로 시점수정이 가능한 사례

㉣ 대상물건과 위치적 유사성이나 물적 유사성이 있어 지역요인 · 개별요인 등 가치형성요인의 비교가 가능한 사례

② **사정보정**

임대사례에 특수한 사정이나 개별적 동기가 반영되어 있거나 임대차 당사자가 시장에 정통하지 않은 등 수집된 임대사례의 임대료가 적절하지 못한 경우에는 사정보정을 통해 그러한 사정이 없었을 경우의 적절한 임대료 수준으로 정상화하여야 한다.

③ **시점수정**

임대사례의 임대시점과 대상물건의 기준시점이 불일치하여 임대료 수준의 변동이 있을 경우에는 임대사례의 임대료를 기준시점의 임대료 수준으로 시점수정하여야 한다. 시점수정은 사례물건의 임대료 변동률로 한다. 다만, 사례물건의 임대료 변동률을 구할 수 없거나 사례물건의 임대료 변동률로 시점수정하는 것이 적절하지 않은 경우에는 사례물건의 가격 변동률 · 임대료지수 · 생산자물가지수 등을 고려하여 임대료 변동률을 구할 수 있다.

④ **가치형성요인의 비교**

임대사례와 대상물건 간에 종별 · 유형별 특성에 따라 지역요인이나 개별요인 등 임대료의 형성에 영향을 미치는 여러 요인에 차이가 있는 경우에는 이를 각각 비교하여 대상물건의 임대료를 개별화 · 구체화하여야 한다.

(2) **적산법**(적산임대료)

> **감정평가에 관한 규칙 제2조**(정의)
>
> 6. "적산법(積算法)"이란 대상물건의 기초가액에 기대이율을 곱하여 산정된 기대수익에 대상물건을 계속하여 임대하는 데에 필요한 경비를 더하여 대상물건의 임대료[(賃貸料), 사용료를 포함한다]를 산정하는 감정평가방법을 말한다.

① **기초가액**

기초가액이란 적산법을 적용하여 적산임대료를 구하는 데 기초가 되는 대상물건의 원본가치를 말한다. 기초가액은 비교방식이나 원가방식으로 산정한다.

② **기대이율**

기대이율이란 임대차에 제공되는 대상물건을 취득하는 데에 투입된 자본에 대하여 기대되는 임대수익의 비율을 말한다.

③ **필요제경비**

필요제경비란 임차인이 사용·수익할 수 있도록 임대인이 대상물건을 적절하게 유지·관리하는데에 필요한 비용을 말한다. 필요제경비에는 감가상각비, 유지관리비, 조세공과금, 손해보험료, 대손준비금, 공실손실상당액, 정상운영자금이자 등이 포함된다.

(3) **수익분석법**(수익임대료)

> **감정평가에 관한 규칙 제2조**(정의)
>
> 11. "수익분석법"이란 일반기업 경영에 의하여 산출된 총수익을 분석하여 대상물건이 일정한 기간에 산출할 것으로 기대되는 순수익에 대상물건을 계속하여 임대하는 데에 필요한 경비를 더하여 대상물건의 임대료를 산정하는 감정평가방법을 말한다.

① **순수익**

순수익은 대상물건의 총수익에서 그 수익을 발생시키는 데 드는 경비(매출원가, 판매비 및 일반관리비, 정상운전자금이자, 그 밖에 생산요소귀속 수익 등을 포함한다)를 공제하여 산정한 금액을 말한다.

② **필요제경비**

필요제경비에는 대상물건에 귀속될 감가상각비, 유지관리비, 조세공과금, 손해보험료, 대손준비금 등이 포함된다.

4. 3방식의 상호관계 및 중요성

(1) **3방식의 병용**

비교방식의 경우에는 이미 거래된 거래가격은 과거의 값일 뿐만 아니라, 가격 또는 가치의 일반적인 정의인 "장래이익의 현재가치"에 대한 반영이 되지 못한다는 점에서, 원가방식은 이미 투입된 원가가 물론 공급자의 가격으로서 부동산의 가격에 영향을 미치는 것은 사실이나, 가격결정에 절대적일 수 없으며 이 또한 비교방식과 마찬가지로 이미 과거의 가격이라는 점에서 문제가 있다는 비판이 있다. 그리고 수익방식의 경우에는 장래이익의 현재가치라는 가격의 기본정의에는 부합하나, 미래의 불확실한 수익을 추정하는 문제와 이를 현재가치로 환원하는 과정에 있어 현실적으로 많은 어려움이 따르며 오류가능성 또한 다분하다는 점과 관련해 비판이 있다. 결국, 3가지 접근방식을 모두 활용하며, 병용하는 것이 타당하다.

(2) **시산가액 조정**

시산가액(비준가액, 적산가액, 수익가액) 사이에 차이가 있는 경우에는 이들을 통일적이고 일관적이도록 상호 관련시켜 조화 있는 상태로 조정하는 것을 말한다.

(3) 시산가액 조정의 근거

감정평가에 관한 규칙 제12조는 둘 이상의 감정평가방법(주방식 + 부방식)을 적용하여 산정한 시산가액을 비교하여 합리성을 검토하도록 규정하고 있다.

> **감정평가에 관한 규칙 제12조**(감정평가방법의 적용 및 시산가액 조정)
>
> ① 감정평가법인등은 제14조부터 제26조까지의 규정에서 대상물건별로 정한 감정평가방법(이하 "주된 방법"이라 한다)을 적용하여 감정평가해야 한다. 다만, 주된 방법을 적용하는 것이 곤란하거나 부적절한 경우에는 다른 감정평가방법을 적용할 수 있다.
> ② 감정평가법인등은 대상물건의 감정평가액을 결정하기 위하여 제1항에 따라 어느 하나의 감정평가방법을 적용하여 산정(算定)한 가액[이하 "시산가액(試算價額)"이라 한다]을 제11조 각 호의 감정평가방식 중 다른 감정평가방식에 속하는 하나 이상의 감정평가방법(이 경우 공시지가기준법과 그 밖의 비교방식에 속한 감정평가방법은 서로 다른 감정평가방식에 속한 것으로 본다)으로 산출한 시산가액과 비교하여 합리성을 검토해야 한다. 다만, 대상물건의 특성 등으로 인하여 다른 감정평가방법을 적용하는 것이 곤란하거나 불필요한 경우에는 그렇지 않다.
> ③ 감정평가법인등은 제2항에 따른 검토 결과 제1항에 따라 산출한 시산가액의 합리성이 없다고 판단되는 경우에는 주된 방법 및 다른 감정평가방법으로 산출한 시산가액을 조정하여 감정평가액을 결정할 수 있다.

02 감정평가 3방식과 최유효이용의 개념

1. 최유효이용의 개념 등

(1) 최유효이용의 개념

객관적으로 보아 양식과 통상의 이용능력을 가진 사람이 대상토지를 합리적이고, 합법적인 최고 최선의 방법으로 이용하는 것으로 부동산의 유용성이 최고도로 발휘되는 사용방법을 말한다.

(2) 시장가치의 개념

"시장가치"란 감정평가의 대상이 되는 토지 등(이하 "대상물건"이라 한다)이 통상적인 시장에서 충분한 기간 동안 거래를 위하여 공개된 후 그 대상물건의 내용에 정통한 당사자 사이에 신중하고 자발적인 거래가 있을 경우 성립될 가능성이 가장 높다고 인정되는 대상물건의 가액(價額)을 말한다.

(3) 최유효이용하에서 형성되는 시장가치의 평가

시장가치의 형성은 최유효이용하에서 성립하므로, 시장가치의 평가를 위한 자료의 수집 및 활용에 있어서 최유효이용의 가정을 검토해야 한다.

2. 감정평가 3방식과 최유효이용의 관계

시장가치를 평가함에 있어서는 객관적인 가치의 판단인바, 최유효이용의 원칙하에서 감정평가해야 할 것이다. 그리고 3방식을 적용함에 있어 최유효이용의 원칙에 근거하여 자료를 수집 및 적용하고 평가방식을 적용해야 할 것이다.

제3절 화폐의 시간가치(TVM · Time Value of Money)

계산기 기본세팅(계산기 기종 : CASIO 9860 Series) ▶ ▶ ▶

세팅영상

1. 기본 키 설명

(1) Function 키 : 메뉴의 선택이나 저장된 기능을 활용하게 된다.

(2) Shift 키 : 각 키들의 왼쪽상단의 노란 기능을 활용할 수 있게 활성화시킨다.

(3) Alpha 키 : 각 키들의 오른쪽 상단의 빨간 기능을 활용할 수 있게 활성화시킨다.

(4) Menu 키 : 메뉴로 돌아갈 수 있게 한다(Set up과 함께 사용할 수 있다).

(5) Exit 키 : 기능을 종료하는 기능이다.

(6) 괄호 "(", ")" 기능 : 사칙연산에서의 괄호 역할을 한다.

(7) DEL 키 : 숫자를 지우는 역할을 한다(Ins 키와 함께 사용하면 숫자 등을 삽입할 수 있는 기능이 있다).

(8) AC/on : 화면을 클리어하거나 계산기를 키는 역할을 한다(OFF와 함께 사용할 수 있다).

(9) → 키 : 저장기능이다.

2. 초기 Setting

(1) 초기 Setting — Run 모드

　① shift + set-up을 누른다.

　　㉠ Input mode : Linear를 추천(Math 모드도 가능하다.)

　　㉡ Mode : Comp

　　㉢ Angle : Deg

　　㉣ Display : Fix 5(지가변동률의 표시와 일치시키기 위함이다.)

　② 사칙연산

(2) 초기 Setting — Contrast : Color와 Contrast를 알맞게 조절한다.

3. 기타 기능별 설명

각 파트의 세부내용을 참조하기 바란다.

01 화폐의 시간가치 관련 수식

1. 일시불의 내가계수(복리종가율, FVF · Future Value of lump sum Factor)

할인율이 r일 때, 현재 P인 금액의 n년(기간) 말 미래가치 F는 얼마인가를 평가하는 계수로 일시불의 현가계수의 역수이다.

$$일시불의 \ 내가계수(R_1) = (1 + r)^n$$

기 본예제

할인율이 연 8%일 때 현재의 1,000원은 5년 후 얼마인가?

예시답안

$1,000 \times 1.08^5 ≒ 1,469.33$원

2. 일시불의 현가계수(복리현가율, PVF · Present Value of lump sum Factor)

할인율이 r일 때, n년(기간) 말 미래가치가 F인 금액의 현재가치 P는 얼마인가를 평가하는 계수로 일시불의 내가계수의 역수이다.

$$일시불의 \ 현가계수(R_2) = \frac{1}{(1 + r)^n}$$

기 본예제

당신은 지금부터 10년 후 500만원의 보험금을 받기로 예정되어 있다. 이 보험금을 지금 즉시 받는다면 얼마이겠는가? 또한 현재의 10,000원은 5년 전 얼마와 같은가? (다만, 시장에서의 일반적인 할인율은 연 11%이다.)

예시답안

1. $5,000,000 \times \dfrac{1}{1.11^{10}} ≒ 1,760,922$원

2. $10,000 \times \dfrac{1}{1.11^5} ≒ 5,935$원

3. 연금[23]의 내가계수(복리연금종가율, FVAF · Future Value of Annuity Factor)

할인율이 r일 때, 매년(기간) 말 일정액의 연금 a를 n년(기간) 동안 불입 시 n년(기간) 말의 적립누계금액 F는 얼마인가를 평가하는 계수로, 일시불의 내가계수를 누적한 수치이다.

$$연금의~내가계수[24]~(R_3) = \frac{(1+r)^n - 1}{r}$$

기 본예제

당신이 소유한 부동산으로부터 매년 말 2,000,000원의 임대소득을 올리고 있다. 이를 매년 저축할 경우 7년 후 총 예금액은 얼마인가? 또한 매년 초에 2,000,000원의 임대소득을 저축할 경우 7년 후 총 예금액은 얼마인가? (단, 시장이자율은 10%이다.)

예시답안

1. $2,000,000 \times \dfrac{1.1^7 - 1}{0.1} ≒ 18,974,000$원

2. $2,000,000 \times 1.1 \times \dfrac{1.1^7 - 1}{0.1} ≒ 20,872,000$원

4. 연금의 현가계수(복리연금현가율, PVAF · Present Value of Annuity Factor)

할인율이 r일 때, 매년(기간) 말 연금 a를 n년(기간) 동안 불입 시 현재가치 P가 얼마인지를 평가하는 계수로, 일시불의 현재가치를 누계한 수치이다(연금의 내가계수 × 일시불의 현가계수).

$$연금의~현가계수[25]~(R_4) = \frac{(1+r)^n - 1}{r \times (1+r)^n} = \frac{1}{r + \dfrac{r}{(1+r)^n - 1}} = \frac{(1+r)^n - 1}{r} \times \frac{1}{(1+r)^n}$$

---

23) 연금(Annuity)이란 일반적으로 기간 말에 반복적으로 발생하는 경우를 의미한다.

24) 매기간 초 불입 시 연금의 내가계수$(R_3{}')$ → n기간의 연금의 내가계수$\times(1+r)$

$= \dfrac{(1+r)^n - 1}{r} \times (1+r) = \dfrac{(1+r)^{n+1} - (1+r)}{r} = \dfrac{(1+r)^{n+1} - 1 - r}{r}$　$\therefore \dfrac{(1+r)^{n+1} - 1}{r} - 1$

25) 매기간 초 불입 시 연금의 현가계수$(R_4{}')$ → n기간의 연금의 현가계수$\times(1+r)$

$\therefore \dfrac{(1+r)^n - 1}{r \times (1+r)^n} \times (1+r) = \dfrac{(1+r)^n - 1}{r \times (1+r)^{n-1}}$

기 본예제

당신은 C회사에 근무하는 중견사원으로 매년 연말에 향후 5년 동안 성과급으로 8,000,000원씩 받기로 계약을 하였다. 향후 5년간 성과급의 현재가치는 얼마인가? 또한 만약 매년 연초에 미리 받기로 하였다면 5년간 성과급의 현재가치는 얼마인가? (단, 시장이자율은 10%이다.)

예시답안

1. $8,000,000 \times \dfrac{1.1^5 - 1}{0.1 \times 1.1^5} \fallingdotseq 30,326,000$원

2. $8,000,000 \times 1.1 \times \dfrac{1.1^5 - 1}{0.1 \times 1.1^5} \fallingdotseq 33,359,000$원

5. 감채기금계수(상환기금률, SFF · Sinking Fund Factor)

할인율이 r일 때, n년(기간) 말 적립누계금액 F를 적립하기 위해 n년(기간) 동안 매기간 말에 불입해야 하는 일정액의 연금 a를 평가하는 계수로, 연금의 내가계수의 역수이다.

$$감채기금계수^{26)}(R_5) = \frac{r}{(1 + r)^n - 1}$$

기 본예제

당신은 10년 후 세계여행을 하기로 가족과 약속을 했다. 10년 후 세계여행을 가기 위해서는 10년 동안 매년 말 일정액씩 저축하여 10,000,000원을 저축하여야 하는데, 매년 말 저축하여야 할 일정액은 얼마인가? 또한 기초에 저축한다면 얼마인가? (단, 시장이자율은 8%이다.)

예시답안

1. $10,000,000 \times \dfrac{0.08}{1.08^{10} - 1} \fallingdotseq 690,000$원

2. $10,000,000 \times \dfrac{1}{1.08} \times \dfrac{0.08}{1.08^{10} - 1} \fallingdotseq 639,000$원

6. 저당상수(연부상환율, MC · Mortgage Constant)

할인율이 r일 때, 현재 P인 금액을 n기간 동안 원리균등하게 상환할 경우 매년(기간) 말 불입해야 하는 일정액의 연금 a를 평가하는 계수로, 연금의 현가계수의 역수이다.

---

26) 매기간 초 불입 시 감채기금계수(R_5') → n기간의 감채기금계수 $\times \dfrac{1}{1+r}$

∴ $\dfrac{r}{(1+r)^n - 1} \times \dfrac{1}{1+r} \fallingdotseq \dfrac{r}{(1+r)^{n+1} - 1 - r}$

$$저당상수^{27)}(R_6) = \frac{r \times (1+r)^n}{(1+r)^n - 1}$$

$$MC = r + SFF$$

기본예제

당신은 새 아파트를 구입하기 위해 아파트가격의 40%를 HK은행에서 대출받기로 약정하였다. 다음 조건으로 대출을 받아 매년 갚아야 할 원금과 이자의 합계액은 얼마인가?

자료 > 조건

1. 아파트가격 3억원
2. 대출약정(이자율 9%, 20년간 매년 말 원금이자 균등상환조건)

예시답안

$$300,000,000 \times 0.4 \times \frac{0.09 \times 1.09^{20}}{1.09^{20} - 1} ≒ 13,146,000원$$

7. 영구적인 현금의 현가계수

연금이 무한히 지급되는 경우 그 무한히 계속적으로 발생하는 연금의 현재가치의 합을 구하는 계수가 영구연금의 현가계수이다.

$$영구연금의\ 현가계수(R_7) = a \times \frac{1}{r} = \frac{a}{r}$$

8. 정률성장연금의 현가계수

영구연금에 있어서도 미래 각 시점의 현금흐름이 시작기간(년) a에서 g%씩 무한히 정률적으로 성장하는 경우가 있는데 이를 정률성장영구연금(Constant Growth Annuity)이라 하고 정률성장영구연금의 현재가치 합을 구하는 계수를 정률성장영구연금의 현가계수라 한다.

$$정률성장영구연금의\ 현가계수(R_7) = a \times \frac{1}{r-g} = \frac{a}{r-g}$$

---

27) 매기간 초 불입 시 저당상수$(R_6{}')$ → n기간의 저당상수 $\times \dfrac{1}{(1+r)}$

$$\therefore \frac{r \times (1+r)^n}{(1+r)^n - 1} \times \frac{1}{(1+r)}$$

9. 기간이 연 2회 이상 되는 경우 화폐가치계수

연간 m회 복리로 발생하는 미래가치나 현재가치의 경우 1회 이자율은 $\frac{r}{m}$이 되고 이자의 지급기간, 즉 총기간은 n × m이 된다. 이를 화폐가치계수에 적용하면 다음과 같이 적용하여야 한다. 물론 이것은 연금의 내가계수, 연금의 현가계수, 감채기금계수 및 저당상수 등에 있어서도 마찬가지로 적용된다.

① 일시불의 내가계수 $= a \times (1+r/m)^{n \times m}$

② 일시불의 현가계수 $= \dfrac{a}{(1+r/m)^{n \times m}}$

기 본예제

당신은 현재 1억원을 저축하면 연간 10% 이자율로 연간 1회 지급하는 금융상품, 연간 9% 이자율로 연간 2회 지급하는 금융상품, 연간 8% 이자율로 연간 4회 지급하는 금융상품, 연간 7% 이자율로 연간 12회 지급하는 금융상품 중 어느 것이 좋은지 고민 중이다. 각각의 경우에 있어 5년 후 미래가치 합을 구하고 어느 금융상품을 선택하는 것이 타당한지 설명하시오.

예시답안

1. 연 10%, 연 1회 지급
$100,000,000 \times (1+0.1)^5 ≒ 161,051,000$원

2. 연 9%, 연 2회 지급
$100,000,000 \times (1+0.09/2)^{5 \times 2} ≒ 155,297,000$원

3. 연 8%, 연 4회 지급
$100,000,000 \times (1+0.08/4)^{5 \times 4} ≒ 148,595,000$원

4. 연 7%, 연 12회 지급
$100,000,000 \times (1+0.07/12)^{5 \times 12} ≒ 141,763,000$원

따라서 연 10%로 연 1회씩 지급하는 금융상품을 선택하는 것이 타당하다.

02 원리금 균등상환구조에 대한 이해

1. 원리금 균등상환구조

자금의 원금과 이자를 융자기간 동안 매 기간 같은 금액으로 나누어 갚아가는 방식이다. 이자는 변동이자율 혹은 고정이자율을 선택할 수 있다. 초기에는 원금이 많이 남아 있으므로 이자를 많이 지급해야 하나 상환할수록 대출원금이 줄어들게 되므로 이자도 점차 줄어든다. 따라서 후기로 갈수록 이자부담은 적어지나 원금상환 비중은 커지는 결과가 된다. 한국주택금융공사에서 시행하는 모기지론의 상환방식도 이 방식을 채택하고 있다. 주택구입 시 장기 저리로 대출받는 경우 대개 이 방식이 많이 쓰인다.

고정이자율은 대출 시 약정한 이자율을 상환만기까지 유지하는 방식이고 변동이자율은 금리변동에 따라 이자율을 조정하는 방식이다. 고정이자율을 택한 경우 상환기간 중에 이자율이 하락하면 차입자는 조기에 상환하고 새로 융자받으려 할 것이므로, 대출기관은 이러한 위험을 방지하기 위해 보통 조기상환 시의 벌금(Prepayment Penalty)조항을 계약서에 명시한다.

기 본예제

융자금액이 1억원, 융자기간이 20년일 때 매년의 원리금 분할상환금액은 얼마인가? (단, 이자율은 연 12%이다.)

예시답안

$$100,000,000 \times \frac{0.12 \times 1.12^{20}}{1.12^{20} - 1} = 13,388,000원$$

2. 상환비율과 잔금비율

(1) 상환비율

상환비율이란 원리금 균등상환조건에서 일정시점에서의 저당대부금액에 대한 원금의 상환비율을 의미한다.

$$상환비율 = \frac{(1 + r)^n - 1}{(1 + r)^N - 1} = \frac{MC_{(r, N)} - r}{MC_{(r, n)} - r}$$

(2) 잔금비율

잔금비율이란 일정시점에서 저당대부금액에 대한 저당잔금의 비율을 의미한다.

$$잔금비율 = 1 - \frac{(1 + r)^n - 1}{(1 + r)^N - 1}$$

> **기 본예제**
>
> 당신은 10년 전 명목상 2억원이었던 부동산을 현금으로 30%를 지급하고 나머지는 25년 매년 원리금
> 균등상환조건의 저당대출로 매입하여 현재 보유 중에 있다. 현재까지 갚은 상환금액과 앞으로 갚아야
> 할 저당잔금을 구하시오(다만, 저당이자율은 10%이다).
>
> **예시답안**
>
> **1. 상환금액**
>
> $200{,}000{,}000 \times (1 - 0.3) \times \dfrac{(1+0.1)^{10} - 1}{(1+0.1)^{25} - 1} \fallingdotseq 22{,}687{,}000$원
>
> **2. 저당잔금**
>
> $200{,}000{,}000 \times (1 - 0.3) \times \left\{ 1 - \dfrac{(1+0.1)^{10} - 1}{(1+0.1)^{25} - 1} \right\} \fallingdotseq 117{,}313{,}000$원

03 화폐의 시간가치 관련 이슈

1. 할인율에 대한 결정

할인율은 할인하고자 하는 현금흐름의 위험과 직접적인 연관이 있다. 할인하고자 하는 현금흐름의
위험(변동성)이 크다면 높은 할인율로, 반대로 할인하고자 하는 현금흐름의 위험(변동성)이 작다면
낮은 할인율로 할인하는 것이 타당하다.

2. 인플레이션 문제

인플레이션이란 일반적으로 물가가 지속적으로 상승하거나 화폐가치가 지속적으로 하락하는 현상을
의미한다. 감정평가 시 미래의 현금흐름은 모두 인플레이션을 반영한 현금흐름으로 계산된다(명목
현금흐름). 따라서 미래의 현금흐름을 다시 실질현금흐름으로 수정하지 않아도 되며, 할인율 역시 명
목할인율을 사용하면 된다.

3. 단리 및 복리

단리란 이자를 계산할 때 원금에 대해서만 일정한 시기에 약정한 이자율을 적용하여 계산하는 금리
계산방법이고, 복리란 일정기간의 기말마다 이자를 원금에 더한 합계액을 다음 기간의 원금으로 하여
이자를 계산하는 방법이다.

04 화폐의 시간가치 연습

기 본예제

01 다음 물음에 답하시오(단, 시장이자율은 10%이며, 기준시점은 현재이다).

1-1. 기준시점 현재부터 매년 말에 1,000,000원씩 10년간 적립할 경우 10년 후 적립총액은 얼마인가?

1-2. 10년 후에 100,000,000원의 적금을 타기 위해서는 매년 말 얼마를 저축하여야 하는가?

1-3. 은행으로부터 100,000,000원의 대부를 받고 10년간 원금과 이자를 균등상환할 경우 매년 말에 상환해야 할 금액은 얼마인가?

1-4. 매년 초 1,000,000원씩 10년간 저축할 경우 10년 후 저축총액은 얼마인가?

1-5. 10년 후 100,000,000원을 모으기 위해서 매년 초에 저축해야 할 금액은 얼마인가?

1-6. 은행에서 100,000,000원의 대부를 받고 10년간 원금과 이자를 균등상환할 경우 매년 초에 상환해야 할 금액은 얼마인가?

예시답안

1. $1,000,000 \times \dfrac{1.1^{10}-1}{0.1} \fallingdotseq 15,937,000$원

2. $100,000,000 \times \dfrac{0.1}{1.1^{10}-1} \fallingdotseq 6,275,000$원

3. $100,000,000 \times \dfrac{0.1 \times 1.1^{10}}{1.1^{10}-1} \fallingdotseq 16,275,000$원

4. $1,000,000 \times 1.1 \times \dfrac{1.1^{10}-1}{0.1} \fallingdotseq 17,531,000$원

5. $100,000,000 \times \dfrac{1}{1.1} \times \dfrac{0.1}{1.1^{10}-1} \fallingdotseq 5,704,000$원

6. $100,000,000 \times \dfrac{1}{1.1} \times \dfrac{0.1 \times 1.1^{10}}{1.1^{10}-1} \fallingdotseq 14,795,000$원

풀이영상

02 A부동산에 대한 매수인인 B씨는 아래와 같이 매입자금을 납부할 계획이다. 매매대금 납부에 대한 현금등가를 산정하시오(할인율 : 5.0%).

- 매매대금 : 1,000,000,000원
- 현금지급액 : 200,000,000원(계약시점 즉시 지급한다.)
- 차입금액 800,000,000원은 이자율 4.0%로 차입하며 만기는 10년이다. 상환방법은 연원리금 균등상환조건이며, B씨는 차입 5년 후에 잔금을 일시에 상환할 예정이다.

풀이영상

예시답안

1. 현금지급액 : 200,000,000

2. 원리금에 대한 현재가치 : $800,000,000 \times \dfrac{0.04 \times 1.04^{10}}{1.04^{10}-1} \times \dfrac{1.05^5-1}{0.05 \times 1.05^5} \fallingdotseq 427,028,000$원

3. 상환금액에 대한 현재가치 : $800,000,000 \times (1 - \dfrac{1.04^5-1}{1.04^{10}-1}) \times \dfrac{1}{1.05^5} \fallingdotseq 344,043,000$원

4. 현금등가 : 971,071,000원

03 건축주 A씨는 시공업자 B씨에게 건물을 신축하면서 아래와 같은 도급계약을 체결하였다. 해당 도급계약금액을 아래의 일정에 따라 지급한다고 가정할 때 지급하는 비용에 대한 현재가치를 평가하시오(단, 미지급 도급비용에 대한 이자는 고려하지 않도록 한다).

> • 총 도급공사금액 : 3,000,000,000원
> • 계약시점 지급금액 : 총 공사비의 10%
> • 계약금 지급 이후 4개월에 한번씩 도급금액의 20%씩 총 3회 납부하며, 최종 잔금은 계약시점 1년 후에 나머지 금액을 지급하도록 한다.
> • 할인율은 월 0.4%를 적용한다.

예시답안

현금흐름의 현가

$300,000,000 + \dfrac{600,000,000}{1.004^4} + \dfrac{600,000,000}{1.004^8} + \dfrac{600,000,000 + 900,000,000}{1.004^{12}} \fallingdotseq 2,901,474,000$원

04 柳 씨는 다음과 같은 현금수지를 보이고 있는 상업용 부동산을 매수하고자 한다. 만약 요구수익률이 12%라면, 당신이 대상 부동산에 부여하는 투자가치는 얼마인가? (6년 후 대상 부동산의 잔재가치는 "0"이라고 가정한다.)

자료 ▶ **현금수지**

• 1차년도 : 2,500만원
• 3차년도 : 4,000만원
• 5차년도 : 6,300만원

• 2차년도 : 3,200만원
• 4차년도 : 5,000만원
• 6차년도 : 3,000만원

예시답안

$\dfrac{2,500}{1.12} + \dfrac{3,200}{1.12^2} + \dfrac{4,000}{1.12^3} + \dfrac{5,000}{1.12^4} + \dfrac{6,300}{1.12^5} + \dfrac{3,000}{1.12^6} \fallingdotseq 15,903$만원

05 A씨는 15억원 상당의 부동산을 매입하면서 10억의 대출을 받았다. 이자율은 연 3.6%(월 0.3%)이며 만기는 10년이고 월원리금균등상환조건으로 받았다. 한편, 2년 후 4억의 현금유동성이 생겨 이를 대출금 상환에 사용하는 것으로 예상하고 있다.

5-1. 1~2년 사이에 납부해야 할 월간 원리금 상환액은 얼마인가?

5-2. 2년 후 남은 잔금은 얼마인가?

5-3. 2~10년 사이 납부해야 할 월간 원리금 상환액은 얼마인가?

5-4. 총 납부해야 할 원리금의 총액은 얼마인가?

풀이영상

◁예시답안▷

1. $1{,}000{,}000{,}000 \times \dfrac{0.003 \times 1.003^{120}}{1.003^{120} - 1} \fallingdotseq 9{,}935{,}000$원

2. $1{,}000{,}000{,}000 \times \left[1 - \dfrac{1.003^{24} - 1}{1.003^{120} - 1} \right] \fallingdotseq 827{,}677{,}000$원

3. $(827{,}677{,}000 - 400{,}000{,}000) \times \dfrac{0.003 \times 1.003^{96}}{1.003^{96} - 1} \fallingdotseq 5{,}134{,}000$원

4. $9{,}935{,}000 \times 24$개월$+ 400{,}000{,}000 + 5{,}134{,}000 \times 96$개월$= 1{,}131{,}304{,}000$원

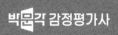박문각 감정평가사

PART

02

부동산
감정평가의 3방식

토지 및 건물의 감정평가(비교방식, 원가방식)

제1절　토지의 감정평가(공시지가기준법)

01　토지의 감정평가

1. 감정평가 및 감정평가사에 관한 법률 제3조

> **감정평가 및 감정평가사에 관한 법률 제3조(기준)**
>
> ① 감정평가법인등이 토지를 감정평가하는 경우에는 그 토지와 이용가치가 비슷하다고 인정되는 「부동산 가격 공시에 관한 법률」에 따른 표준지공시지가를 기준으로 하여야 한다. 다만, 적정한 실거래가[1]가 있는 경우에는 이를 기준으로 할 수 있다.
>
> ② 제1항에도 불구하고 감정평가법인등이 「주식회사 등의 외부감사에 관한 법률」에 따른 재무제표 작성 등 기업의 재무제표 작성에 필요한 감정평가와 담보권의 설정·경매 등 대통령령으로 정하는 감정평가를 할 때에는 해당 토지의 임대료, 조성비용 등을 고려하여 감정평가를 할 수 있다.[2]
>
> ③ 감정평가의 공정성과 합리성을 보장하기 위하여 감정평가법인등(소속 감정평가사를 포함한다. 이하 이 조에서 같다)이 준수하여야 할 원칙과 기준은 국토교통부령으로 정한다.
>
> ④ 국토교통부장관은 감정평가법인등이 감정평가를 할 때 필요한 세부적인 기준(이하 "실무기준"이라 한다)의 제정 등에 관한 업무를 수행하기 위하여 대통령령으로 정하는 바에 따라 전문성을 갖춘 민간법인 또는 단체(이하 "기준제정기관"이라 한다)를 지정할 수 있다.
>
> ⑤ 국토교통부장관은 필요하다고 인정되는 경우 제40조에 따른 감정평가관리·징계위원회의 심의를 거쳐 기준제정기관에 실무기준의 내용을 변경하도록 요구할 수 있다. 이 경우 기준제정기관은 정당한 사유가 없으면 이에 따라야 한다.
>
> ⑥ 국가는 기준제정기관의 설립 및 운영에 필요한 비용의 일부 또는 전부를 지원할 수 있다.

---

1) 감정평가에 관한 규칙 제2조(정의) 제12의2호
　"적정한 실거래가"란 「부동산 거래신고 등에 관한 법률」에 따라 신고된 실제 거래가격(이하 "거래가격"이라 한다)으로서 거래 시점이 도시지역(「국토의 계획 및 이용에 관한 법률」 제36조 제1항 제1호에 따른 도시지역을 말한다)은 3년 이내, 그 밖의 지역은 5년 이내인 거래가격 중에서 감정평가법인등이 인근지역의 지가수준 등을 고려하여 감정평가의 기준으로 적용하기에 적정하다고 판단하는 거래가격을 말한다.

2) 적정한 감정평가액의 산정을 위해 다양한 감정평가방법의 적용을 통하여 적극적인 시산가액의 조정을 권장하고 있는 「감정평가에 관한 규칙」 및 「실무기준」의 취지 등을 종합적으로 고려해 본다면, 「감정평가법」 제3조 제2항 단서규정에 해당하지 않는 토지의 감정평가의 경우에도 공시지가기준법에 의한 감정평가가 크게 부적정할 경우 공시지가기준법 외의 감정평가방법을 적용하는 것이 가능할 것이다.

2. 감정평가에 관한 규칙 제14조

> **감정평가에 관한 규칙 제14조**(토지의 감정평가)
>
> ① 감정평가법인등은 법 제3조 제1항 본문에 따라 토지를 감정평가할 때에는 공시지가기준법을 적용해야 한다.
> ② 감정평가법인등은 공시지가기준법에 따라 토지를 감정평가할 때에 다음 각 호의 순서에 따라야 한다.
> 　1. 비교표준지 선정 : 인근지역에 있는 표준지 중에서 대상토지와 용도지역·이용상황·주변환경 등이 같거나 비슷한 표준지를 선정할 것. 다만, 인근지역에 적절한 표준지가 없는 경우에는 인근지역과 유사한 지역적 특성을 갖는 동일수급권 안의 유사지역에 있는 표준지를 선정할 수 있다.
> 　2. 시점수정 :「부동산 거래신고 등에 관한 법률」제19조에 따라 국토교통부장관이 조사·발표하는 비교표준지가 있는 시·군·구의 같은 용도지역 지가변동률을 적용할 것. 다만, 다음 각 목의 경우에는 그러하지 아니하다.
> 　　가. 같은 용도지역의 지가변동률을 적용하는 것이 불가능하거나 적절하지 아니하다고 판단되는 경우에는 공법상 제한이 같거나 비슷한 용도지역의 지가변동률, 이용상황별 지가변동률 또는 해당 시·군·구의 평균지가변동률을 적용할 것
> 　　나. 지가변동률을 적용하는 것이 불가능하거나 적절하지 아니한 경우에는 「한국은행법」제86조에 따라 한국은행이 조사·발표하는 생산자물가지수에 따라 산정된 생산자물가상승률을 적용할 것
> 　3. 지역요인 비교
> 　4. 개별요인 비교
> 　5. 그 밖의 요인 보정 : 대상토지의 인근지역 또는 동일수급권 내 유사지역의 가치형성요인이 유사한 정상적인 거래사례 또는 평가사례 등을 고려할 것
> ③ 감정평가법인등은 법 제3조 제1항 단서에 따라 적정한 실거래가를 기준으로 토지를 감정평가할 때에는 거래사례비교법을 적용해야 한다.
> ④ 감정평가법인등은 법 제3조 제2항에 따라 토지를 감정평가할 때에는 제1항부터 제3항까지의 규정을 적용하되, 해당 토지의 임대료, 조성비용 등을 고려하여 감정평가할 수 있다.

3. 감정평가실무기준

> **감정평가실무기준 1.5 토지의 감정평가방법**
>
> **1.5.1 감정평가방법**
> ① 법 제3조 제1항 본문에 따라 토지를 감정평가할 때에는 공시지가기준법을 적용하여야 한다.
> ② 법 제3조 제1항 단서에 따라 적정한 실거래가를 기준으로 감정평가할 때에는 거래사례비교법을 적용하여야 한다.
> ③ 법 제3조 제2항에 따라 다음 각 호의 어느 하나에 해당하는 경우에는 제1항 및 제2항을 적용하되, 해당 토지의 임대료, 조성비용 등을 고려하여 감정평가할 수 있다.
> 　1. 「주식회사 등의 외부감사에 관한 법률」에 따른 재무제표 작성에 필요한 토지의 감정평가
> 　2. 「자산재평가법」에 따른 토지의 감정평가
> 　3. 법원에 계속 중인 소송(보상과 관련된 감정평가를 제외한다)이나 경매를 위한 토지의 감정평가
> 　4. 담보권의 설정 등을 위한 금융기관·보험회사·신탁회사 등 타인의 의뢰에 따른 토지의 감정평가

02 표준지공시지가의 개요

1. 표준지공시지가 가격의 성격

적정가격기준	"해당 토지에 대하여 통상적인 시장에서 정상적인 거래가 이루어지는 경우 성립될 가능성이 가장 높다고 인정되는 가격(적정가격)"으로 결정하되, 시장에서 형성되는 가격자료를 충분히 조사하여 표준지의 객관적인 시장가치이다.
실제용도기준	공부상의 지목에 불구하고 공시기준일 현재의 이용상황을 기준으로 평가하되, 일시적인 이용상황은 반영되어 있지 않다.
나지상정기준	토지에 건물 기타의 정착물이 있거나 지상권 등 토지의 사용·수익을 제한하는 사법상의 권리가 설정되어 있는 경우에는 그 정착물 등이 없는 토지의 나지 상태를 기준한다.
공법상 제한상태 반영	일반적 계획제한사항뿐만 아니라 개별적인 계획제한사항이 있는 경우에도 공법상 제한을 받는 상태가 반영되어 있다.
개발이익 반영	개발이익은 반영하여 평가되어 있다. 다만, 공시기준일 현재 현실화·구체화되지 아니하였다고 인정되는 경우는 그러하지 아니한다.
일단지기준	용도상 불가분 관계에 있는 토지는 일단지를 기준으로 평가되어 있다.

2. 표준지공시지가의 열람

일련번호	소재지 지번	지목	지리적 위치	이용상황	용도지역
4○○○○○- 2○○○○	K면 M리 122-10	대	D마을 내	단독주택	보전관리

주위환경	도로교통 등	형상 및 지세	공시지가 (원/m²)	용도지구	기타제한	계획시설 (저촉률)
농촌취락지대	세로(가)	부정형 완경사	66,000	수변경관지구	군사보호구역	도로 (20)

03 공시지가기준법

1. 산식(비교사항)

> 표준지공시지가(원/m²) × 시점수정 × 지역요인비교 × 개별요인비교 × 그 밖의 요인비교
> ≒ 시산가액(원/m²)

2. 적용공시지가의 선택

적용공시지가란 표준지공시지가 중에서 대상토지의 감정평가를 위하여 비교의 기준으로 선택된 연도별 공시지가를 의미한다.

적용공시지가는 기준시점에 공시되어 있는 표준지공시지가 중에서 기준시점에 가장 가까운 시점의 것을 선택한다. 다만, 감정평가시점이 공시지가 공고일 이후이고 기준시점이 공시기준일과 공시지가 공고일 사이인 경우에는 기준시점 해당 연도의 공시지가를 기준으로 한다.

일반적으로 기준시점과 감정평가시점은 근접해 있으며, 표준지공시지가의 공고일은 통상적으로 매년 1월~2월이다. 만약, 기준시점과 감정평가시점이 해당 연도 초일부터 공시지가 공고일 사이에 있을 경우에는 원칙에 따라 기준시점에 공시되어 있는 표준지공시지가 중에서 기준시점에 가장 가까운 시점의 공시지가는 전년도 공시지가가 된다. 그러나 기준시점은 해당 연도 초일부터 공고일 사이에 있더라도 감정평가시점이 해당 연도 공시지가 공고일 이후인 경우에는 해당 연도의 공시지가를 감정평가에 적용할 수 있게 되므로, 가장 최근에 공시된 공시지가를 적용하도록 하기 위한 것이다.

3. 비교표준지의 선정기준[3]

비교표준지 선정의 일반적인 기준은 "대상토지와 유사한 이용가치", 즉 가치형성요인의 유사성에 중점을 둔다. 비교표준지는 아래의 선정기준을 충족하는 표준지 중에서 대상토지의 가치형성요인 등이 유사하여 감정평가에 가장 적합한 표준지공시지가 하나 또는 둘 이상을 선정함을 원칙으로 한다. 아래와 같은 선정기준은 토지의 가치에 영향을 미치는 정도에 따른 것이므로 내용의 순서에 따라 선정한다. 즉, 용도지역 등 공법상 제한사항이 같거나 비슷한 표준지를 선정하되, 이러한 표준지가 여러 개 있을 경우에는 그중에서 이용상황이 가장 유사한 표준지를 선정하고, 이러한 두 가지 요건을 충족하는 표준지가 여러 개인 경우에는 그중에서 다시 주변환경 등이 가장 유사한 표준지를 선정하며, 이러한 세 가지 요인을 충족하는 표준지가 여러 개 있는 경우에는 지리적 근접성이 가장 우수한 표준지를 선정한다.

(1) 「국토의 계획 및 이용에 관한 법률」상의 용도지역 · 지구 · 구역 등(이하 "용도지역 등"이라 한다) 공법상 제한사항이 같거나 비슷할 것

비교표준지는 원칙적으로 용도지역 등 공법상 제한사항이 같거나 비슷한 것을 선정한다. 이는 용도지역 등의 공법상 제한이 토지가격에 가장 큰 영향을 미치기 때문이다. 대법원은 "해당 토지와 같은 용도지역의 표준지가 있으면 다른 특별한 사정이 없는 한 용도지역이 같은 토지를 해당 토지에 적용할 표준지로 선정함이 상당하고, 가사 그 표준지와 해당 토지의 이용상황이나 주변환경 등에 다소 상이한 점이 있다 하더라도 이러한 점은 지역요인이나 개별요인의 분석 등 품등비교에서 참작하면 된다."라고 판결하고 있다(대판 2000.12.8, 99두9957).

---

3) 감정평가에 관한 규칙 제14조

⑵ **실제이용상황이 같거나 비슷할 것**

토지가치의 형성에 용도지역 등 다음으로 영향을 미치는 것이 이용상황이므로, 이용상황이 같거나 비슷한 표준지를 선정한다. 이용상황은 공부상의 지목이 아니라 현실적인 이용상황을 기준으로 판단한다. 대법원은 "해당 토지와 유사한 이용가치를 지닌다고 인정되는 표준지라 함은 공부상 지목과는 관계없이 현실적 이용상황이 같거나 유사한 표준지를 의미한다."라고 하여 공부상 지목이 아닌 현실이용상황 기준을 제시하고 있다(대판 1993.5.25, 92누15215).

⑶ **주변환경 등이 같거나 비슷할 것**

토지의 감정평가에서 주변환경 등과 같은 요인의 격차율을 산정하는 것이 대단히 어렵다. 따라서 감정평가의 정확도를 높이기 위해서는 주변환경 등의 비교가 필요하지 않은 표준지를 우선적으로 선정한다.

⑷ **인근지역에 위치하여 지리적으로 가능한 한 가까이 있을 것**

인근지역은 대상토지가 속하는 지역으로 주거·상업·공업 등 어떤 특정의 용도에 제공되는 것을 중심으로 지역적 통합을 이루고 있으므로, 대상토지의 가치형성에 직접적인 영향을 미친다. 또한 동일한 인근지역 내에서는 지리적으로 근접할수록 가치형성의 동일성이 강하다. 따라서 인근지역에 소재하며 지리적으로 근접한 표준지를 선정한다.

인근지역에 선정기준을 충족하는 표준지가 없는 경우에는 인근지역과 유사한 지역적 특성을 갖는 동일수급권 안의 유사지역에 위치하고 위 선정기준의 ⑴부터 ⑶까지의 해당하는 내용인 용도지역·지구·구역 등 공법상 제한사항, 이용상황, 주변환경 등이 같거나 비슷하여 가장 적절하다고 인정되는 표준지를 비교표준지로 선정할 수 있다. 이 경우도 용도지역 등 공법상 제한사항이 같거나 비슷한 표준지를 선정함에 유의하여야 한다.

기 본예제

아래 각 토지의 비교표준지를 선정하시오.

자료 1 ▶ 평가대상 토지

구분	소재지	지목	용도지역	실제이용상황	도로교통	형상/지세
1	A시 B구 C동 10	대	2종일주	상업용	광대한면	정방형 평지
2	A시 B구 C동 20	대	2종일주	단독주택	세로(가)	가장형 평지
3	A시 B구 D동 30	전	계획관리	전	세로(가)	부정형 완경사
4	A시 B구 D동 40	전	보전관리	전	세로(가)	부정형 완경사

※ A시 B구 C동과 A시 B구 D동은 인근지역이 아니며, 동일수급권 내 유사지역이다.

자료 2 표준지공시지가 목록

기호	소재지	이용상황	용도지역	도로교통	형상/지세	공시지가(원/m²)	기타제한
A	C동 100	상업용	2종일주	세로(가)	가장형/평지	2,000,000	-
B	C동 200	상업용	2종일주	광대한면	가장형/평지	3,600,000	-
C	C동 300	단독주택	2종일주	세로(가)	가장형/평지	1,250,000	-
D	D동 400	단독주택	3종일주	세로(가)	가장형/평지	1,650,000	-
E	D동 500	전	계획관리	세로(가)	부정형/평지	500,000	-
F	D동 600	답	보전관리	세로(불)	부정형/평지	350,000	-
G	D동 700	전	농림	맹지	부정형/평지	160,000	-

예시답안

1. 본건 # 1

2종일반주거, 상업용으로서 본건과 가치형성요인이 유사한 표준지 B를 선정한다.

2. 본건 # 2

2종일반주거, 주거용으로서 인근지역에 위치한 표준지 C를 선정한다.

3. 본건 # 3

계획관리, 전으로서 유사한 표준지 E를 선정한다.

4. 본건 # 4

보전관리, 전과 유사한 이용상황으로서 표준지 F를 선정한다.

4. 시점수정, 지역요인 및 개별요인 비교

1) 시점수정

⑴ **개념**

사례(공시지가)의 거래시점(공시시점)과 대상물건의 기준시점이 시간적으로 불일치하여 가격수준의 변동이 있는 경우 사례물건의 가격을 기준시점의 가치 수준으로 수정하는 작업을 말한다.

⑵ **지가변동률의 적용**

① **원칙**

시점수정은 「부동산 거래신고 등에 관한 법률」 제19조에 따라 국토교통부장관이 월별로 조사·발표한 지가변동률로서 비교표준지가 있는 시·군·구의 같은 용도지역의 지가변동률을 적용한다.

② **비교표준지와 같은 용도지역의 지가변동률이 조사·발표되지 아니한 경우**

공법상 제한이 비슷한 용도지역의 지가변동률, 이용상황별 지가변동률이나 해당 시·군·구의 평균지가변동률을 적용할 수 있다.

③ **비교표준지가 도시지역의 개발제한구역 안에 있는 경우 또는 도시지역 안에서 용도지역이 미지정된 경우**

녹지지역의 지가변동률을 적용한다. 다만, 녹지지역의 지가변동률이 조사·발표되지 아니한 경우에는 비교표준지와 비슷한 이용상황의 지가변동률이나 해당 시·군·구의 평균지가변동률을 적용할 수 있다(용도지역이 없는 경우: 자연환경보전지역 지가변동률 적용).

④ **용도지역이 세분화되지 아니하거나 지정되지 아니한 지역의 지가변동률 적용방법**

세분화된 관리지역별로 지가변동률은 발표되고 있으나, 대상토지가 관리지역이 세분화되지 않은 경우나 도시지역, 관리지역, 농림지역 또는 자연환경보전지역으로 용도가 지정되지 아니한 경우 등은 「감정평가에 관한 규칙」 제14조 제2항 제2호에 따라 관리지역의 지가변동률을 적용하는 것이 불가능하거나 적절하지 아니하다고 판단되는 경우로 보아 공법상 제한이 같거나 비슷한 용도지역의 지가변동률, 이용상황별 지가변동률 또는 해당 시·군·구의 평균지가변동률을 적용한다.

　㉠ 해당 토지의 용도지역은 세분화(계획관리, 생산관리, 보전관리)되었으나 지가변동률은 세부용도지역으로 미고시된 경우: 관리지역 지가변동률 적용

　㉡ 해당 토지의 용도지역은 미세분화(관리지역)되었으나 지가변동률은 세부용도지역으로 고시된 경우: 보전관리, 시·군·구 평균, 이용상황별 지가변동률 적용

(3) 시점수정 시 유의사항

① **양편넣기**

양편넣기는 공시지가의 초일과 기준시점을 모두 시점수정에 편입시키는 것을 의미하며, 「민법」상 기간산정방법인 초일불산입과 달리 시점수정 시 초일을 산입하는 이유는 공시지가의 공시기준일(매년 1월 1일) 오전 0시(또는 전년도 12월 31일 24시)로부터 기산하기 때문이다.

② 지가변동률의 산정은 기준시점 직전 월까지의 지가변동률 누계에 기준시점 해당 월의 경과일수(해당 월의 첫날과 기준시점일을 포함한다) 상당의 지가변동률을 곱하는 방법으로 구하되, 백분율로서 소수점 이하 셋째 자리까지 표시하고 넷째 자리 이하는 반올림한다.

③ **비교표준지가 속한 지역의 지가변동률 적용**

비교표준지와 평가대상의 시·군·구가 서로 다른 경우에는 비교표준지가 속한 시·군·구의 용도지역별 지가변동률을 적용한다.

④ 지가변동률의 경우에는 자치구, 비자치구의 지가변동률을 불문하고 적용하도록 한다.

⑤ **일괄추정방식 및 그 예외**

조사·발표된 월별 지가변동률 중 기준시점에 가장 가까운 월의 지가변동률을 기준으로 하되, 월 단위로 구분하지 아니하고 일괄로 추정한다. 다만, 지가변동 추이로 보아 조사·발표된 월별 지가변동률 중 기준시점에 가장 가까운 월의 지가변동률로 추정하는 것이 적절하지 않다고 인정되는 경우에는 조사·발표된 최근 3개월의 지가변동률을 기준으로 추정하거나 조사·발표되지 아니한 월의 지가변동 추이를 분석·검토한 후 지가변동률을 따로 추정할 수 있다.

⑥ **공시기준일, 거래시점 등과 기준시점이 동일한 경우의 시점수정 방법**

공시기준일, 거래시점 등과 기준시점이 동일한 경우 하루치 지가변동률을 계산할 것을 권장한다.

⑷ **생산자물가상승률의 적용**

① 다음 각 호의 어느 하나에 해당하는 경우에는 지가변동률을 적용하는 대신 「한국은행법」 제86조에 따라 한국은행이 조사 · 발표하는 생산자물가지수에 따라 산정된 생산자물가상승률을 적용하여 시점수정할 수 있다.

㉠ 조성비용 등을 기준으로 평가하는 경우 : 조성비용 등을 기준으로 감정평가하는 경우에는 비용성의 원리에 따라 토지를 생산하는 자가 조성비용을 투입한 것으로서 지가변동률을 적용하는 것보다 생산자물가상승률을 적용하는 것이 보다 적정한 시점수정의 방법이 될 수 있다.

㉡ 그 밖에 특별한 이유가 있다고 인정되는 경우

② **생산자물가상승률 적용방법**

직전 월의 지수를 참조한다. 다만, 해당 월의 지수가 발표된 상태이며, 기준시점이 해당 월의 15일 이후인 경우에는(15일 포함) 해당 월의 지수를 참조한다.

Check Point!

▶ 보합세(保合勢)란?

시장 시세가 변동하지 않거나 변동의 폭이 극히 적은 범위에 그치는 시세를 말한다. 감정평가 시 보합세라는 표현이 있으면 시간에 따른 가격변동이 미미하여 별도로 시점수정을 할 필요가 없는 것으로 판단하면 된다.

▶ 지수와 변동률

1. 지수(Index Number) 및 지수법

⑴ **개념**

어떤 현상에 대한 수준의 추이를 살피기 위해 수량의 변동을 기준시점의 값(100)에 대한 상대값으로 나타낸 값을 말하고 거래시점과 기준시점 간의 지수를 비교하여 그 가치변동을 반영하는 방법을 통상 지수법이라고 한다.

⑵ **대표적인 지수**

① 생산자물가지수(PPI · Producers Price Index) : 국내생산자가 국내시장에 공급하는 상품 및 서비스의 가격변동을 측정하는 통계로서 경기동향 판단지료, GDP디플레이터(종합물가지수) 등으로 이용된다. 생산자물가지수의 기본분류는 상품과 서비스의 2개 부문으로 이루어져 있으며 대분류는 농림수산물품, 광산품, 공산품, 전력 · 가스 · 수도, 서비스 5개 부문으로 구성되어 있다. 한국은행 경제통계시스템 (http://ecos.bok.or.kr) 서비스에 부동산이 포함되어 있고 부동산은 주거서비스, 비주거용건물임대, 부동산관련서비스로 구성되어 있다.

② 건설공사비지수(Construction Cost Index) : 건설공사비지수란 건설공사에 투입되는 재료, 노무, 장비 등의 자원 등의 직접공사비를 대상으로 한국은행의 산업연관표와 생산자물가지수, 대한건설협회의 공사부문 시중노임 자료 등을 이용하여 작성된 가공통계로 건설공사 직접공사비의 가격변동을 측정하는 지수이다(https://www.kict.re.kr/)(통계법 제18조, 동법시행령 제25조, 제18조(통계작성의 승인) 등에 의한 일반통계 승인번호 제39701호).

2. 변동률 및 변동률법

(1) 개념

어떤 현상에 대한 수준의 추이를 살피기 위해 수량의 변동을 백분율로 나타낸 것이고 이러한 변동률을 적용하여 가치변동을 반영하는 방법을 일반적으로 변동률법이라 한다.

(2) 대표적인 변동률

지가변동률

기본예제

01 다음 자료를 기초로 하여 시점수정치를 산정하시오(공시기준일이 2026년 1월 1일이고 기준시점이 2026년 9월 4일인 자연녹지지역 내 전의 시점수정치).

> 자료

(단위 : %)

기간	상업지역	주거지역	공업지역	녹지지역	대(상업용)	전
2025년 12월	0.520	0.110	2.005	−1.008	1.100	0.511
2025년 누계	1.250	0.250	1.107	0.850	0.987	0.301
2026년 7월	0.140	0.300	1.150	0.700	1.006	0.870
2026년 7월 누계	0.200	−0.100	0.501	3.004	0.503	0.751

≫ 8월분 지가변동률은 미고시되었음.

> 예시답안

$1.03004 \times (1 + 0.00700 \times 35/31) ≒ 1.03818$

02 공시기준일이 2026년 1월 1일이고 기준시점이 2026년 9월 4일인 경우 아래 생산자물가지수를 기준으로 시점수정치를 산정하시오.

기간	생산자물가지수	기간	생산자물가지수
2025년 12월	121.1	2026년 6월	123.6
2026년 4월	123.1	2026년 7월	123.8
2026년 5월	123.4	2026년 8월	미고시

> 예시답안

2026년 7월지수 ÷ 2025년 12월지수 = $123.8 ÷ 121.1 ≒ 1.02230$

03 기준시점이 2026년 4월 20일이며, 거래시점이 2025년 8월 3일인 경우 아래의 건축비지수를 기준으로 주택부분과 비주택부분의 건축비 변동률을 각각 추정하시오.

건축비지수	주택	비주택
2025년 7월	124.3	128.6
2025년 8월	136.4	143.5
2026년 4월	128.2	133.4

예시답안

1. 주택부문

$\frac{128.2}{124.3} \fallingdotseq 1.03138$

2. 비주택부문

$\frac{133.4}{128.6} \fallingdotseq 1.03733$

04 기준시점이 2026년 3월 20일이며, 거래시점이 2025년 6월 3일인 경우 아래의 건축비지수를 기준으로 월할계산방식에 의하여 시점수정치를 산정하시오.[4]

시점	건축비지수	시점	건축비지수
2025년 5월 1일	110.2	2026년 1월 1일	120.9
2025년 6월 1일	111.9	2026년 2월 1일	121.6
2025년 7월 1일	112.6	2026년 3월 1일	미고시

예시답안

$\frac{121.6 + (121.6 - 120.9) \times 2}{111.9} \fallingdotseq 1.09920$

---

4) 매월 초일을 기준으로 고시되는 지수의 경우의 월할계산방식의 연습을 위한 문제이다.

2) 지역요인, 개별요인

(1) 지역요인

① 지역요인비교는 비교표준지가 있는 지역의 표준적인 획지의 최유효이용과 대상토지가 있는 지역의 표준적인 획지의 최유효이용을 판정·비교하여 산정한 격차율을 적용하되, 비교표준지가 있는 지역과 대상토지가 있는 지역 모두 기준시점을 기준으로 한다.

② 인근지역의 표준지공시지가를 선정하면 지역요인은 대등하다.

③ 동일수급권 내 유사지역의 표준지공시지가 선정 시 지역요인비교가 필요하다.

④ **지역요인 비교방법** [5]

$$지역요인 비교치 = \frac{대상토지가 속한 지역의 표준적 이용획지 기준가격(기준시점)}{비교표준지가 속한 지역의 표준적 이용획지 기준가격(기준시점)}$$

기 본예제

유사지역에 소재한 비교표준지가 속한 지역의 표준적인 획지의 가액이 공시기준일 당시 300,000 원/m²이고 기준시점 현재 320,000원/m²이다. 본건이 속한 지역의 표준적인 획지의 가액이 기준시점 당시 336,000원/m²인 경우 지역요인 비교치를 산정하시오.

예시답안

336,000 ÷ 320,000 ≒ 1.050

(2) 개별요인

개별요인 비교는 비교표준지의 최유효이용과 대상토지의 최유효이용을 판정·비교하여 산정한 격차율을 적용하되, 비교표준지의 개별요인은 공시기준일을 기준으로 하고 대상토지의 개별요인은 기준시점을 기준으로 한다.

$$개별요인 비교치 = \frac{대상토지 개별요인(기준시점)}{비교표준지 개별요인(공시기준일)}$$

---

5) 감정평가실무기준에서는 지역요인비교와 관련하여 사례(비교표준지) 및 본건 모두 기준시점을 기준으로 하도록 되어 있고, 토지 보상평가지침에는 사례(비교표준지)는 거래시점(공시기준일), 본건은 기준시점(기준시점)으로 하도록 하고 있어 괴리가 있다. 이에 대하여 토지보상평가지침과 같이 공시기준일을 기준으로 비교해야 한다는 견해가 있으나, 만약 표준지의 공시기준일을 기준으로 하여 지역요인을 비교한다면, 과거시점의 지역요인을 파악하여야 한다. 이는 현실적으로 곤란할 수 있으며, 인근지역 간에도 지역요인 비교가 이루어져야 하는 모순이 발생할 수 있는 점 등을 고려하여 기준시점을 기준으로 비교하는 것이다.

기본예제

비교표준지는 공시기준일 당시 사다리형이었으며, 기준시점에는 합병되어 정방형이다. 본건은 정방형일 때 획지조건에 대한 비교치를 산정하시오. 사다리형에 대한 개별요인 평점은 100, 정방형에 대한 평점은 103이다.

예시답안

$103 \div 100 \fallingdotseq 1.03$

(3) 요인비교방법

① 종합적비교법

종합적비교법은 비교표준지의 지역요인과 개별요인에 대한 분석을 거쳐, 대상토지의 그것과 종합적으로 비교하여 얻은 비율을 비교표준지의 공시지가에 곱하여 최종 평가액에 도달하는 방법을 말한다. 이 방법은 간편하다는 장점이 있는 반면에 평가자의 주관에 따라 가액의 차이가 크게 발생할 수 있는 단점이 있으며, 실무적으로 사용되지 않는다.

② 평점법

평점법은 비교표준지와 대상토지에 대하여 가로조건, 접근조건, 환경조건, 획지조건, 행정적조건 등 몇 가지 비교항목을 설정하고, 각 비교항목을 상호비교하여 얻은 비율을 비교표준지의 공시지가에 곱하여 시산가액에 도달하는 방법으로 격차율에 의한 비교법이라고도 한다.

① 세항목단위 격차율 결정	격차율표의 적정한 항목단위 격차율 적용

② 조건단위 격차율 산정	조건별 세항목 격차율의 합(총화식)

③ 개별요인 격차율 산정	가로조건 × 접근조건 × 환경조건 × 획지조건 × 행정적조건 × 기타조건

⊙ **상승식**: 사례의 각 조건을 1로 보고 대상물건의 각 조건별 격차율을 판정하여 각 조건별 격차율을 서로 곱(승)하여 비교치를 결정하는 방법을 말한다.

ⓒ **총화식**: 사례의 각 조건을 1로 보고 대상물건의 격차율을 서로 합한 값을 사례의 각 조건별 격차율을 합한 값으로 나누어 비교치로 결정하는 방법을 말한다.

ⓒ 조건별로는 상승식을 적용하며, 항목별로는 총화식을 적용한다.

ⓔ 실무적으로는 "조건"별 격차율을 대부분의 감정평가서에 기재하되, 비교항목은 나열을 하며, 요인치에 대한 근거를 비고란에 기재하는 방식을 사용한다.

∴ 조건별 비교요인치 산출 후 개별요인 결정(감정평가 시 주로 사용하는 양식)

개별요인		비교 표준지	대상 토지	격차율	비고
조건	항목				
가로 조건	가로의 폭, 포장	보통	대등	1.00	본건은 가로의 폭 등에서 표준지와 대등함.
	계통 및 연속성, 구조 등의 상태				
접근 조건	교통시설, 상가와의 접근성	보통	열세	0.99	본건은 인근상가와의 거리 및 편의성 등에서 표준지보다 열세함.
	공공 및 편익시설과의 접근성				
환경 조건	공급 및 처리시설의 상태, 위험 및 혐오시설 등	보통	보통	1.00	본건은 인근환경 등에서 표준지와 대등함.
	인근환경				
	자연환경, 일조 등				
획지 조건	면적, 접면너비, 깊이, 형상 등	보통	열세	0.95	본건은 접면도로 상태 등에 있어서 표준지보다 열세함.
	방위, 고저, 접면도로 상태 등				
행정 조건	행정상의 조장 및 규제정도	동일	동일	1.00	본건은 행정상의 규제 정도에서 표준지와 동일함.
기타 조건	장래의 동향, 기타	보통	보통	1.00	본건과 표준지는 장래의 동향이나 기타 측면에서 대등함.
누계				0.941	

∴ 항목별 평점을 사용하는 경우의 양식

개별요인		비교 표준지 평점	대상 토지 평점	비고
조건	항목			
접근조건	교통시설과의 접근성	100	105	5% 우세
	상가와의 접근성	100	103	3% 우세
	공공 및 편익시설과의 접근성	100	103	3% 우세
환경조건	일조 등	100	100	대등
	자연환경	100	95	5% 열세
	인근환경	100	97	3% 열세
	공공시설 및 처리시설의 상태	100	105	5% 우세
	위험 및 혐오시설 등	100	103	3% 우세

≫ 개별요인요인치: $(1 + 0.05 + 0.03 + 0.03) \times (1 - 0.05 - 0.03 + 0.05 + 0.03) = 1.110$

③ 비준표 보는 방법

형상(상업 · 주상)	정방형	가장형	세장형	사다리	부정형	자루형	→ 본건의 특성
정방형	1.00	1.01	0.99	0.96	0.93	0.82	
가장형	0.99	1.00	0.98	0.95	0.92	0.81	
세장형	1.01	1.02	1.00	0.97	0.94	0.83	
사다리	1.04	1.05	1.03	1.00	0.97	0.85	
부정형	1.08	1.09	1.06	1.03	1.00	0.88	
자루형	1.22	1.23	1.21	1.17	1.13	1.00	

» **부정형**: 삼각형 포함

» **자루형**: 역삼각형 포함

↓

사례(비교표준지)의 특성

[**예시**] 본건의 형상이 세장형이고 사례의 형상이 부정형인 경우의 요인비교치는 1.06이다.

기 본예제

공시지가 기준법에 의한 감정평가 시 아래 토지에 대한 개별요인 비교치를 산출하시오.

자료 1 본건과 비교표준지 현황

본건 : 중로각지, 가장형, 평지

비교표준지 : 소로한면, 사다리형, 평지

자료 2 요인비교자료

1. 중로는 소로에 비하여 5% 우세하다.
2. 각지는 한면에 비하여 3% 우세하다.
3. 가장형은 사다리형에 비하여 3% 우세하다.
4. 본건은 비교표준지에 비하여 접근조건에서 5% 열세하며, 환경조건에서 3% 열세하다.
5. 개별요인비교치는 절사하여 소수점 3자리까지 표시한다.

1. 제시된 요인 모두를 상승식으로 비교하시오.

2. 제시된 요인의 개별요인을 세부 조건별로 비교하시오.

예시답안

Ⅰ. (물음 1)

　　1.05(도로) × 0.95(접근) × 0.97(환경) × 1.03(각지) × 1.03(형상) ≒ 1.026

Ⅱ. (물음 2)

　　1.05(가로, 도로의 폭) × 0.95(접근) × 0.97(환경) × 1.06(획지)* × 1.00(행정) × 1.00(기타) ≒ 1.025

　　* 1 + 0.03(각지) + 0.03(형상)

⑷ **구체적인 비교항목**(이용상황에 따른 지역요인 및 개별요인 비교요인) [6]

① **상업지대의 지역요인 및 개별요인**

지역요인			개별요인		
조건	항목	세항목	조건	항목	세항목
가로 조건	가로의 폭, 구조 등의 상태	폭	가로 조건	가로의 폭, 구조 등의 상태	폭
		포장			포장
		보도			보도
		계통 및 연속성			계통 및 연속성
	가구(block)의 상태	가구의 정연성			
		가구시설의 상태			
접근 조건	교통수단 및 공공시설과의 접근성	인근교통시설의 편의성	접근 조건	상업지역중심 및 교통시설과의 편의성	상업지역중심과의 접근성
		인근교통시설의 이용 승객수			
		주차시설의 정비			
		교통규제의 정도 (일방통행, 주정차 금지 등)			인근교통시설과의 거리 및 편의성
		관공서 등 공공시설과의 접근성			
환경 조건	상업 및 업무시설의 배치상태	백화점, 대형상가의 수와 연면적	환경 조건	고객의 유동성과의 적합성	고객의 유동성과의 적합성
		전국규모의 상가 및 사무소의 수와 연면적		인근환경	인근토지의 이용상황
		관람집회시설의 상태			인근토지의 이용상황과의 적합성
		부적합한 시설의 상태 (공장, 창고, 주택 등)		자연환경	지반, 지질 등

---

6) 토지보상평가지침 별표 1~별표 7

조건	항목	세항목	조건	항목	세항목
	경쟁의 정도 및 경영자의 능력	기타 고객유인시설 등	획지 조건	면적, 접면너비, 너비, 깊이, 형상 등	면적
		배후지의 인구			접면너비
		배후지의 범위			깊이
		고객의 구매력 등			부정형지
		상가의 전문화와 집단화			삼각지
		고층화 이용정도			자루형 획지
	번화성 정도	고객의 통행량		방위, 고저 등	방위
		상가의 연립성			고저
		영업시간의 장단			경사지
		범죄의 발생정도		접면도로 상태	각지
	자연환경	지반, 지질 등			2면획지
					3면획지
행정적 조건	행정상의 규제정도	용도지역, 지구, 구역 등	행정적 조건	행정상의 규제정도	용도지역, 지구, 구역 등
		용적제한			용적제한
		고도제한			고도제한
		기타규제			기타규제 (입체이용제한 등)
기타 조건	기타	장래의 동향	기타 조건	기타	장래의 동향
		기타			기타

② **주택지대의 지역요인 및 개별요인**

지역요인			개별요인		
조건	항목	세항목	조건	항목	세항목
가로 조건	가로의 폭, 구조 등의 상태	폭	가로 조건	가로의 폭, 구조 등의 상태	폭
		포장			포장
		보도			보도
		계통 및 연속성			계통 및 연속성
접근 조건	도심과의 거리 및 교통시설의 상태	인근교통시설의 편익성	접근 조건	교통시설과의 접근성	인근대중교통시설과의 거리 및 편의성
		인근교통시설의 도시중심 접근성		상가와의 접근성	인근상가와의 거리 및 편의성

[좌측 표]

대분류	중분류	소분류
	상가의 배치상태	인근상가의 편익성
	상가의 배치상태	인근상가의 품격
	공공 및 편익시설의 배치상태	관공서 등 공공시설과의 접근성
환경조건	기상조건	일조, 습도, 온도, 통풍 등
환경조건	자연환경	조망, 경관, 지반, 지질 등
환경조건	사회환경	거주자의 직업, 연령 등
환경조건	사회환경	학군 등
환경조건	획지의 상태	획지의 표준적인 면적
환경조건	획지의 상태	획지의 정연성
환경조건	획지의 상태	건물의 소밀도
환경조건	획지의 상태	주변의 이용상태
환경조건	공급 및 처리시설의 상태	상수도
환경조건	공급 및 처리시설의 상태	하수도
환경조건	공급 및 처리시설의 상태	도시가스 등
환경조건	위험 및 혐오시설	변전소, 가스탱크, 오수처리장 등의 유무
환경조건	위험 및 혐오시설	특별고압선 등의 통과 여부
환경조건	재해발생의 위험성	홍수, 사태, 절벽붕괴 등
환경조건	공해발생의 정도	소음, 진동, 대기오염 등
행정적 조건	행정상의 규제정도	용도지역, 지구, 구역
행정적 조건	행정상의 규제정도	기타규제
기타 조건	기타	장래의 동향
기타 조건	기타	기타

[우측 표]

대분류	중분류	소분류
	공공 및 편익시설과의 접근성	유치원, 초등학교, 공원, 병원, 관공서 등과의 거리 및 편익성
환경 조건	일조 등	일조, 통풍 등
환경 조건	자연환경	조망, 경관, 지반, 지질 등
환경 조건	인근환경	인근토지의 이용상황
환경 조건	인근환경	인근토지의 이용상황과의 적합성
환경 조건	공급 및 처리시설의 상태	상수도
환경 조건	공급 및 처리시설의 상태	하수도
환경 조건	공급 및 처리시설의 상태	도시가스 등
환경 조건	위험 및 혐오시설 등	변전소, 가스탱크, 오수처리장 등의 유무
환경 조건	위험 및 혐오시설 등	특별고압선 등과의 거리
획지 조건	면적, 접면너비, 깊이, 형상 등	면적
획지 조건	면적, 접면너비, 깊이, 형상 등	접면너비
획지 조건	면적, 접면너비, 깊이, 형상 등	깊이
획지 조건	면적, 접면너비, 깊이, 형상 등	부정형지
획지 조건	면적, 접면너비, 깊이, 형상 등	삼각지
획지 조건	면적, 접면너비, 깊이, 형상 등	자루형획지
획지 조건	방위, 고저 등	방위
획지 조건	방위, 고저 등	고저
획지 조건	방위, 고저 등	경사지
획지 조건	접면도로 상태	각지
획지 조건	접면도로 상태	2면획지
획지 조건	접면도로 상태	3면획지
행정적 조건	행정상의 규제정도	용도지역, 지구, 구역
행정적 조건	행정상의 규제정도	기타규제 (입체이용제한 등)
기타 조건	기타	장래의 동향
기타 조건	기타	기타

③ 공업지대의 지역요인 및 개별요인

지역요인			개별요인		
조건	항목	세항목	조건	항목	세항목
가로조건	가로의 폭, 구조 등의 상태	폭	가로조건	가로의 폭, 구조 등의 상태	폭
		포장			포장
		계통 및 연속성			계통 및 연속성
접근조건	판매 및 원료구입 시장과의 위치관계	도심과의 접근성	접근조건	교통시설과의 거리	인근교통시설과의 거리 및 편의성
		항만, 공항, 철도, 고속도로, 산업도로 등과의 접근성			철도전용인입선
	노동력확보의 난이	인근교통시설과의 접근성			전용부두
	관련산업과의 관계	관련산업 및 협력업체 간의 위치관계			
환경조건	공급 및 처리시설의 상태	동력자원	환경조건	공급 및 처리시설의 상태	동력자원
		공업용수			공업용수
		공장배수			공장배수
	공해발생의 위험성	수질, 대기오염 등		자연환경	지반, 지질 등
			획지조건	면적, 형상 등	면적
	자연환경	지반, 지질 등			형상
					고저
행정적조건	행정상의 조장 및 규제정도	조장의 정도	행정적조건	행정상의 조장 및 규제정도	조장의 정도
		규제의 정도			규제의 정도
		기타규제			기타규제
기타조건	기타	공장진출의 동향	기타조건	기타	장래의 동향
		장래의 동향			기타
		기타			

④ **농경지대(전지대)의 지역요인 및 개별요인**

지역요인			개별요인		
조건	항목	세항목	조건	항목	세항목
접근 조건	교통의 편부	취락과의 접근성	접근 조건	교통의 편부	취락과의 접근성
		출하집적지와의 접근성			농로의 상태
		농로의 상태			
자연 조건	기상조건	일조, 습도, 온도, 통풍, 강우량 등	자연 조건	일조 등	일조, 통풍 등
	지세	경사의 방향		토양, 토질	토양, 토질의 양부
		경사도		관개, 배수	관개의 양부
	토양, 토질	토양, 토질의 양부			
	관개, 배수	관개의 양부			배수의 양부
		배수의 양부			
	재해의 위험성	수해의 위험성	획지 조건	면적, 경사 등	면적
					경사도
					경사의 방향
		기타 재해의 위험성		경작의 편부	형상부정 및 장애물에 의한 장애의 정도
행정적 조건	행정상의 조장 및 규제정도	보조금, 융자금 등 조장의 정도	행정적 조건	행정상의 조장 및 규제정도	보조금, 융자금 등 조장의 정도
		규제의 정도			규제의 정도
기타 조건	기타	장래의 동향	기타 조건	기타	장래의 동향
		기타			기타

⑤ **농경지대(답지대)의 지역요인 및 개별요인**

지역요인			개별요인		
조건	항목	세항목	조건	항목	세항목
접근 조건	교통의 편부	취락과의 접근성	접근 조건	교통의 편부	취락과의 접근성
		출하집적지와의 접근성			농로의 상태
		농로의 상태			
자연 조건	기상조건	일조, 습도, 온도, 통풍, 강우량 등	자연 조건	일조 등	일조, 통풍 등
	지세	경사의 방향		토양, 토질	토양, 토질의 양부
		경사도		관개, 배수	관개의 양부
	토양, 토질	토양, 토질의 양부			배수의 양부
	관개, 배수	관개의 양부		재해의 위험성	수해의 위험성
		배수의 양부			기타 재해의 위험성
	재해의 위험성	수해의 위험성	획지 조건	면적, 경사 등	면적
					경사
		기타 재해의 위험성		경작의 편부	형상부정 및 장애물에 의한 장애의 정도
행정적 조건	행정상의 조장 및 규제정도	보조금, 융자금 등 조장의 정도	행정적 조건	행정상의 조장 및 규제정도	보조금, 융자금 등 조장의 정도
		규제의 정도			규제의 정도
기타 조건	기타	장래의 동향	기타 조건	기타	장래의 동향
		기타			기타

⑥ 임야지대의 지역요인 및 개별요인

지역요인			개별요인		
조건	항목	세항목	조건	항목	세항목
접근 조건	교통의 편부 등	인근역과의 접근성	접근 조건	교통의 편부 등	인근역과의 접근성
		인근취락과의 접근성			인근취락과의 접근성
		임도의 배치, 폭, 구조 등			임도의 배치, 폭, 구조 등
		인근시장과의 접근성			반출지점까지의 거리
					반출지점에서 시장까지의 거리
자연 조건	기상조건	일조, 기온, 강우량, 안개, 적설량 등	자연 조건	일조 등	일조, 통풍 등
	지세 등	표고		지세, 방위 등	표고
		경사도			방위
		경사의 굴곡			경사
					경사면의 위치
	토양, 토질	토양, 토질의 양부			경사의 굴곡
				토양, 토질	토양, 토질의 양부
행정적 조건	행정상의 조장 및 규제정도	행정상의 조장의 정도	행정적 조건	행정상의 조장 및 규제정도	조장의 정도
		국·도립공원, 보안림 사방지 지정 등의 규제			국·도립공원, 보안림 사방지 지정 등의 규제
		기타규제			기타규제
기타 조건	기타	장래의 동향	기타 조건	기타	장래의 동향
		기타			기타

⑦ 택지후보지지대의 지역요인 및 개별요인

지역요인			개별요인		
조건	항목	세항목	조건	항목	세항목
접근조건	도심과의 거리 및 교통시설의 상태	인근교통시설과의 접근성	접근조건	교통시설과의 접근성	인근상가와의 거리 및 편의성
		인근교통시설의 성격			인근교통시설과의 거리 및 편의성
		인근교통시설의 도시중심 접근성		공공 및 편의시설과의 접근성	유치원, 초등학교, 공원, 병원, 관공서 등과의 거리 및 편의성
	상가의 배치상태	인근시장과의 접근성			
		인근상가의 품격			
	공공 및 편익시설의 배치상태	유치원, 초등학교, 공원, 병원, 관공서 등		주변가로의 상태	주변간선도로와의 거리 및 가로의 종류 등
	주변가로의 상태	주변간선도로와의 접근성 및 가로의 종류 등			
환경조건	기상조건	일조, 습도, 온도, 통풍 등	환경조건	일조 등	일조, 통풍 등
	자연환경	조망, 경관, 지반, 지질 등		자연환경	조망, 경관, 지반, 지질 등
	공급 및 처리시설의 상태	상하수도, 가스, 전기 등 설치의 난이		공급 및 처리시설의 상태	상하수도, 가스, 전기 등 설치의 난이
	인근환경	주변기존지역의 성격 및 규모		위험 및 혐오시설	변전소, 가스탱크, 오수처리장 등의 유무
	시가화 정도	시가화 진행의 정도			특별고압선 등과의 거리
	도시의 규모 및 성격 등	도시의 인구, 재정, 사회, 복지, 문화, 교육시설 등	획지조건	면적, 형상 등	면적
	위험 및 혐오시설	변전소, 가스탱크, 오수처리장 등의 유무			형상
		특별고압선 등의 통과유무			접면도로상태
	재해발생의 위험성	홍수, 사태, 절벽붕괴 등		방위, 고저 등	방위
	공해발생의 정도	소음, 진동, 대기오염 등			경사
					고저

택지 조성 조건	택지조성의 난이 및 유용성	택지조성의 난이 및 필요정도	택지 조성 조건	택지조성의 난이 및 유용성	택지조성의 난이도 및 필요정도
		택지로서의 유효 이용도			택지로서의 유효 이용도
행정적 조건	행정상의 조장 및 규제정도	조장의 정도	행정적 조건	행정상의 조장 및 규제정도	조장의 정도
		용도지역, 지구, 구역 등			용도지역, 지구, 구역 등
		기타규제			기타규제
기타 조건	기타	장래의 동향	기타 조건	기타	장래의 동향
		기타			기타

❖ 각 이용상황별 지역·개별요인 비교 시 유의사항 [7]

상업지대	• 동일상권 내에서 접면도로의 폭이 맹지나 세로(불)인 토지를 소로 및 중로 이상인 토지와의 비교는 자제한다. • 상업중심, 교통시설과의 거리 및 편의성은 직선거리 및 접근 편의성, 대상 시설이 주는 영향의 정도를 종합 고려하여 격차를 산정한다. • 유사상권 외의 지역(⑩ 후면지와 전면지) 비교는 자제한다. • 위험 및 혐오시설은 시설의 성격 및 직선거리 영향의 정도를 종합 고려한다.
주택지대	• 가로조건에서 맹지와 소로 이상 비교를 자제한다. • 공공 및 편익시설과의 접근성은 직선거리 및 편의성 공공시설의 영향의 정도를 종합 고려한다. • 조망 경관이 특히 우세하여 별도 보정이 필요한 경우 그 이유(⑩ 바다 조망 등)를 기재한다. • 지역의 위도, 기상조건 등에 따라 일조, 통풍 등에 대한 가치척도가 다르므로, 지역의 실정에 따라 격차율의 한도 내에서 적절히 수정하여 적용하여야 한다.
공업지대	• 특수 설비(⑩ 전용부두, 전용선로)의 효용성이 높아 격차율표 이상 보정이 필요한 경우 보정 내역을 기재한다. • 공업기반시설이 완비되어 비용절감효과 등이 기대된다면 적절하게 지역의 실정에 따라 격차율의 한도 내에서 수정하여 적용하여야 한다.
농경지대	• 현재 농경지로 이용 중이나 향후 주변 환경의 변화가능성, 개발 및 전용가능성 등이 상당 부분 가시화되어 지가에 반영하기 위해 별도 보정이 필요한 경우 보정 내역 및 상세 내용을 기재한다. • 수해 및 기타 재해의 위험성은 3년간 평균 재해 및 수해율을 기준하여 전국 평균치를 기준으로 적절하게 보정한다.

---

7) 감정평가실무기준 해설서(Ⅰ) 총론편, 한국감정평가사협회 등, 2014.02, pp.254~256

임야지대	• 가치형성요인이 유사한 비교표준지를 선정해야 하나, 인근에 유사한 토지가 없어 부득이 개별요인 격차가 상이한 토지와 비교하여 접근조건(인근 취락 및 교통시설과의 접근성), 자연조건(경사도 및 고저) 등에서 격차율표 이상의 차이가 발생한 경우 보정내용을 상세하게 기재한다. • 임야지대이나 향후 주변 환경의 변화가능성, 개발 및 전용가능성 등이 상당한 부분 가시화되어 지가에 반영이 필요하여 별도 보정을 하는 경우 보정 내역 및 그 상세내용을 기재한다. • 지역의 위도, 기상조건 등에 따라 일조, 통풍 등에 대한 가치척도가 다르므로, 지역의 실정에 따라 적절히 수정하여 적용하여야 하며, 이 경우 세부 수정 내역을 기재한다.

5. 그 밖의 요인 보정

1) 개념

그 밖의 요인이란 시점수정, 지역요인 및 개별요인의 비교 외에 대상토지의 가치에 영향을 미치는 요인이다. 공시지가기준법에 의한 감정평가액이 시점수정, 개별요인 및 지역요인 비교를 거쳤음에도 불구하고 기준가치에 도달하지 못하는 경우가 발생할 수 있다. 그 밖의 요인의 보정은 일반적으로 이러한 격차를 보완하기 위하여 실무적으로 행하는 절차이다.

2) 적용근거

(1) 감정평가에 관한 규칙 제14조

감정평가에 관한 규칙 제14조에서는 토지에 대한 감정평가방법을 규정하면서 "그 밖의 요인 보정"의 형태로 요인보정을 할 수 있는 근거 및 구체적인 방법을 마련하고 있다.

> **감정평가에 관한 규칙 제14조**(토지의 감정평가)
>
> ② 감정평가법인등은 공시지가기준법에 따라 토지를 감정평가할 때에 다음 각 호의 순서에 따라야 한다.
> 5. 그 밖의 요인 보정 : 대상토지의 인근지역 또는 동일수급권 내 유사지역의 가치형성요인이 유사한 정상적인 거래사례 또는 평가사례 등을 고려할 것

(2) 감정평가실무기준

감정평가실무기준에서는 시점수정, 지역요인 및 개별요인의 비교 외에 대상토지의 가치에 영향을 미치는 사항이 있는 경우에는 그 밖의 요인 보정을 할 수 있는 근거를 마련하고 있다. 다만, 그 밖의 요인 보정을 한 경우에는 그 근거를 감정평가서(감정평가액의 산출근거)에 구체적이고 명확하게 기재하여야 하도록 하고 있다.

(3) 대법원 판례

대법원 판례 2003다38207 판결(2004.5.14. 선고)에서는 수용대상토지의 보상액 산정에 있어서 인근 유사토지의 정상거래가격을 참작할 수 있는 경우와 정상거래가격의 의미 및 인근 유사토지의 정상거래사례가 있고 그것이 보상액 평가에 영향을 미친다는 점에 대한 판결에 대하여 수용대상토지의 정당한 보상액을 산정함에 있어서 인근 유사토지의 거래사례나 보상선례를 반드시 참작하여야 하는 것은 아니며, 다만 인근 유사토지의 정상거래사례가 있고 그 거래가격이 정상적인 것으로서 적정한 보상액 평가에 영향을 미칠 수 있는 것임이 입증된 경우에는 이를 참작할 수 있다고 할 것이고, 한편 인근 유사토지의 정상거래가격이라고 하기 위해서는 대상토지의 인근에 있는 지목·등급·지적·형태·이용상황·법령상의 제한 등 자연적·사회적 조건이 수용대상토지와 동일하거나 유사한 토지에 관하여 통상의 거래에서 성립된 가격으로서 개발이익이 포함되지 아니하고 투기적인 거래에서 형성된 것이 아닌 가격이어야 하고, 그와 같은 인근 유사토지의 정상거래사례 또는 보상선례가 있고 그 가격이 정상적인 것으로서 적정한 보상액 평가에 영향을 미친다고 인정되는 경우에 한하여 기타요인을 인정할 수 있는 것으로 판시하였다.

(4) 국토교통부 유권해석

국토교통부 유권해석에서는 관련 규칙 등에 의하여 적정한 가격수준으로 기타요인을 보정할 수 있다는 취지의 유권해석을 하였다.

3) 구체적인 방법

(1) 그 밖의 요인 보정 시 참작할 수 있는 자료 등

그 밖의 요인을 보정하는 경우에는 대상토지의 인근지역 또는 동일수급권 안의 유사지역의 정상적인 거래사례나 평가사례 등을 참작할 수 있다. 거래사례 등은 다음 각 호의 선정기준을 모두 충족하는 사례 중에서 대상토지의 감정평가에 가장 적절하다고 인정되는 사례를 선정한다. 다만, 제1호, 제2호 및 제5호는 거래사례를 선정하는 경우에 적용하고, 제3호는 평가사례를 선정하는 경우에 적용한다.

1. 「부동산 거래신고 등에 관한 법률」에 따라 신고된 실제 거래가격일 것
2. 거래사정이 정상적이라고 인정되는 사례나 정상적인 것으로 보정이 가능한 사례일 것
3. 감정평가 목적, 감정평가조건 또는 기준가치 등이 해당 감정평가와 유사한 사례일 것
4. 기준시점으로부터 도시지역(「국토의 계획 및 이용에 관한 법률」 제36조 제1항 제1호에 따른 도시지역을 말한다)은 3년 이내, 그 밖의 지역은 5년 이내에 거래 또는 감정평가된 사례일 것. 다만, 특별한 사유가 있는 경우에는 그 기간을 초과할 수 있다(그 기간을 초과하는 경우에는 그 근거를 감정평가서에 기재하여야 한다).
5. 토지 및 그 지상건물이 일체로 거래된 경우에는 배분법의 적용이 합리적으로 가능한 사례일 것
6. 비교표준지의 선정기준에 적합할 것

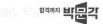

PART 02

(2) **구체적인 격차율의 산정방법**

① **대상토지기준 산정방식**

$$\frac{\text{(사례기준 대상토지 평가) 사례가격} \times \text{시점수정} \times \text{지역요인} \times \text{개별요인}}{\text{(공시지가기준 대상토지 평가) 공시지가} \times \text{시점수정} \times \text{지역요인} \times \text{개별요인}} ≒ \text{격차율(산출치)}$$

② **표준지기준 산정방식**

$$\frac{\text{(사례기준 표준지 평가) 사례가격} \times \text{시점수정} \times \text{지역요인} \times \text{개별요인}}{\text{(표준지공시지가 시점수정) 공시지가} \times \text{시점수정}} ≒ \text{격차율(산출치)}$$

③ 실무에서는 ①의 방식을 사용할 경우 평가선례를 기준으로 하여 평가액을 산출한 것으로 오인될 수 있어 대부분 ②번 방법을 기준으로 산정하고 있다.[8][9]

(3) **그 밖의 요인비교치 결정**

상기의 그 밖의 요인비교치 산출치를 바탕으로 적의조정하여 그 밖의 요인비교치를 결정한다.

(4) **그 밖의 요인보정부분 결정부분 목차(감정평가서 기재 시)**

1. 그 밖의 요인보정의 필요성
2. 그 밖의 요인보정치 산정
   (1) 인근 평가선례 및 거래사례
   (2) 비교선례의 선정
   (3) 비교선례와의 비교(시점수정, 지역요인, 개별요인)
   (4) 격차율 산정
   (5) 인근의 지가수준(용도지역, 토지용도, 가격수준 별)
   (6) 최근 경매낙찰가율(용도별, 소재지별, 낙찰가율, 낙찰건수 표시)
3. 그 밖의 요인보정치 결정

---

8) 인근 지역 보상선례를 기준으로 한 해당 토지가격을 표준지공시지가를 기준으로 한 해당 토지가격으로 나누는 방법의 산식을 사용하여 기타요인 보정률을 결정한 다음, 다시 그 기타요인 보정률을 표준지공시지가를 기준으로 한 해당 토지가격에 곱하여 평가가격을 산출한 사실이 인정되는바, 비록 위와 같은 산출방식이 감정평가업계의 관행에 따른 것이고 이에 따른 감정결과가 대부분의 사건에서 문제없이 증거로 사용되어 왔다고 하더라도 이는 결과적으로 보상선례가를 기준으로 해당 토지를 감정평가한 것과 다르지 않아 표준지의 공시지가를 기준으로 해당 토지를 감정평가하도록 정한 관련법령에 위반되어 위법하다(서울고법 2015.12.10, 2014나2021821 판결 中 일부 발췌).

9) 이 사건 감정평가서는 인근 지역 보상선례를 기준으로 한 해당 토지가격을 표준지공시지가를 기준으로 한 해당 토지가격으로 나누는 방법의 산식을 사용하여 보상대상토지에 대한 평가대상 항목 중 "기타요인 보정치"를 결정한 다음, 다시 그 기타요인 보정치를 표준지공시지가를 기준으로 한 해당 토지가격에 곱하여 평가가격을 산출한 사실이 인정되는바, 이는 결과적으로 보상선례가를 기준으로 해당 토지를 감정평가한 것으로서 표준지의 공시지가를 기준으로 해당 토지를 감정평가하도록 정한 관련법령에 위반되어 위법(창원지방법원 2007.10.25, 2005구합3064 판결【토지수용이의재결처분취소】中 일부 발췌)

(5) 그 밖의 요인비교치 산출근거 기록의 중요성

> **감정평가실무기준 1.5.2.5 그 밖의 요인 보정**
> ① 시점수정, 지역요인 및 개별요인의 비교 외에 대상토지의 가치에 영향을 미치는 사항이 있는 경우에는 그 밖의 요인 보정을 할 수 있다.
> ② 그 밖의 요인 보정을 한 경우에는 그 근거를 감정평가서(감정평가액의 산출근거)에 구체적이고 명확하게 기재하여야 한다.

기 본예제

공시지가 기준법 적용 시 감정평가에 적용할 수 있는 그 밖의 요인 비교치를 산정하시오.
단, 선정된 비교표준지, 평가선례는 적정하다.

자료 1 본건 및 가격자료의 현황

구분	시점	가액	개별요인평점
본건	2026.09.01.	–	100
비교표준지	2026.01.01.	3,000,000	110
평가선례	2025.01.01.	4,500,000	95

자료 2 시점수정치(단위 : %)

2025.01.01.~2026.09.01.	2026.01.01.~2026.09.01.
5.675	1.752

자료 3

격차율은 절사하여 소수점 3자리까지 표시하며, 요인치는 절사하여 소수점 2자리까지 표시한다.

예시답안

1. 격차율 산정

$$\frac{4,500,000 \times 1.05675 \times 1.000 \times 110/95}{3,000,000 \times 1.01752} \fallingdotseq 1.803$$

2. 결정 : 상기 격차율을 고려하여 1.80으로 결정한다.

> **판례**
>
> 대판 2013.6.27, 2013두2587[토지수용재결취소등]
>
> **【판시사항】**
>
> 토지수용·사용에 따른 보상액 평가를 위한 감정평가서의 산정요인 기재 방법 및 보상선례를 보상액 산정요인으로 반영하여 평가하면서 보상선례와 평가대상토지의 개별요인을 비교하여 평가한 내용 등 산정요인을 명시하지 않은 감정평가서를 기초로 보상액을 산정하는 것이 적법한지 여부(소극)
>
> **【판결요지】**
>
> 토지의 수용·사용에 따른 보상액을 평가할 때에는 관계법령에서 들고 있는 모든 산정요인을 구체적·종합적으로 참작하여 그 요인들을 모두 반영하여야 하고, 이를 위한 감정평가서에는 모든 산정요인의 세세한 부분까지 일일이 설시하거나 그 요인들이 평가에 미치는 영향을 수치적으로 나타내지는 않더라도 그 요인들을 특정·명시함과 아울러 각 요인별 참작 내용과 정도를 객관적으로 납득할 수 있을 정도로 설명을 기재하여야 한다. 이는 보상선례를 참작하는 것이 상당하다고 보아 이를 보상액 산정 요인으로 반영하여 평가하는 경우에도 마찬가지라 할 것이므로, 감정평가서에는 보상선례토지와 평가대상인 토지의 개별요인을 비교하여 평가한 내용 등 산정요인을 구체적으로 밝혀 기재하여야 한다. 따라서 보상선례를 참작하면서도 위와 같은 사항을 명시하지 않은 감정평가서를 기초로 보상액을 산정하는 것은 위법하다고 보아야 한다.

6. 유의사항

(1) 각종 요인보정치의 유효숫자

시점수정치는 소수점 이하 5째 자리까지 표시(백분율 기준시 소수점 3째 자리)하며, 지역·개별요인비교치는 소수점 이하 3째 자리까지 표시(백분율 기준시 소수점 1째 자리)한다. 그 밖의 요인비교치는 소수점 이하 2째 자리까지 표시(백분율 기준시 첫째 자리)한다.

(2) 토지단가의 결정

토지의 단위면적당 가액(이하 '토지단가'라 한다)은 산정된 제곱미터(㎡)당 가액이 100,000원 미만인 경우에는 유효숫자 둘째 자리까지 표시하고, 100,000원 이상인 경우에는 유효숫자 셋째 자리까지 표시하는 것을 원칙으로 하되 반올림한다. 다만, 의뢰인으로부터 다른 요청이 있는 경우 또는 가액의 구분이 필요한 경우에는 달리 적용할 수 있다.

기 본예제

다음 토지에 대한 감정평가를 공시지가 기준법에 의하여 하시오(기준시점 : 2026년 8월 1일).

자료 1 대상 부동산

1. 소재지: A시 B동 50번지
2. 지목·면적: 대(나지), 320㎡
3. 용도지역: 일반상업지역
4. 상업용 건물 부지로 이용하는 것이 적정하며, 소로한면에 접하고 세장형, 평지임.

풀이영상

자료 2 표준지공시지가 자료(공시기준일 : 2026.1.1.)

기호	소재지	지목	이용상황	용도지역	도로교통	형상지세	공시지가
1	A시 B동 100번지	대	주상복합	2종일주	소로한면	세장/평지	1,800,000
2	A시 B동 200번지	대	상업용	일반상업	중로각지	가장/평지	2,900,000
3	A시 B동 300번지	대	단독주택	일반상업	소로각지	가장/완경사	2,500,000
4	A시 C동 150번지	대	상업기타	2종일주	세로(가)	사다리/평지	1,000,000

》》 같은 동 간에는 인근지역이며, C동은 B동의 동일수급권 내 유사지역이다.

자료 3 지가변동률(A시 상업지역)(%)

2024년 12월 누계	2025년 12월 누계	2026년 6월 누계	2026년 6월 당월	2026년 7월 당월
3.467	2.072	1.191	0.056	미고시

자료 4 개별요인 평점

1. 중로한면(100), 소로한면(90), 세로(가)(80), 세로(불)(70), 맹지(60)
2. 각지는 한면에 비하여 5% 우세하다.
3. 가장형(100), 정방형(98), 세장형(96), 사다리(94), 부정형(90)
4. 평지(100), 완경사(95)

자료 5 평가선례

기호	평가목적	기준시점	소재지	지목	이용상황	용도지역	도로교통	형상지세	평가액 (원/m²)
1	일반거래	2024.1.1.	A시 B동 400번지	대	상업기타	일반상업	소로각지	부정/평지	4,800,000

》》 그 밖의 요인 산정 시 "비교표준지 기준방식"을 이용할 것

예시답안

Ⅰ. 평가개요

본건은 토지에 대한 감정평가로서 2026년 8월 1일을 기준시점으로 감정평가한다.

Ⅱ. 공시지가 기준법에 의한 토지 감정평가액

1. 비교표준지 선정

일반상업지역, 상업용으로서 본건과 유사한 표준지 2를 선정한다.

2. 시점수정치(2026.1.1.~2026.8.1.)

$1.01191 \times (1 + 0.00056 \times 32/30) \fallingdotseq 1.01251$

3. 지역요인 비교치

인근지역으로서 대등하다(1.000).

4. 개별요인 비교치

$90/100 \times 100/105 \times 96/100 \times 100/100 \fallingdotseq 0.823$

5. 그 밖의 요인 비교치

(1) 평가선례 적부 : 일반상업지역의 상업용으로서 적절함.

(2) 격차율 결정 : $\dfrac{4,800,000 \times 1.06932^* \times 1.000 \times 1.235^{**}}{2,900,000 \times 1.01251}$ ≒ 2.158

  * 시점(2024.1.1.~2026.8.1. 상업)

  $1.03467 \times 1.02072 \times 1.01191 \times (1 + 0.00056 \times 32/30)$ ≒ 1.06932

  ** 개별요인 비교치(비교표준지 2 / 평가선례) : 100/90 × 100/100 × 100/90 × 100/100 ≒ 1.235

(3) 그 밖의 요인 비교치 결정 : 상기의 격차율을 고려하여 2.15로 결정

6. 공시지가기준법에 의한 시산가액

  $2,900,000 \times 1.01251 \times 1.000 \times 0.823 \times 2.15$ ≒ 5,200,000원/m²(× 320 = 1,664,000,000원)

제2절 **토지의 감정평가**(거래사례비교법)

01 **거래사례비교법의 개요**

거래사례비교법은 합리적인 경제인이라면 시장에서 수요·공급의 상호작용에 의하여 결정되는 가격을 기준으로 행동할 것이므로, 시장에서 어느 정도의 가격으로 거래되는가 하는 시장성 및 대체·경쟁관계에 있는 다른 부동산의 가격과 상호작용에 의하여 가치가 결정된다는 대체의 원칙에 근거를 두고 있다. 이러한 비교방식에 의한 가치는 균형가치의 성격을 가지지만, 부동산 특성상 수요측면이 강하다.

사례가격 × 사정보정 × 시점수정 × 지역요인비교 × 개별요인비교 × 면적 ≒ 비준가액		
사례지역에서의	대상지역에서의	대상의
사례의 기준시점 시장가치	사례의 시장가치	시장가치

거래사례비교법 적용 시 감정평가법인등은 수요·공급의 원칙, 대체의 원칙, 균형의 원칙, 예측 및 변동의 원칙 등을 지침으로 그 지역의 시장조건을 고려하여 일관성 있게 적용하여야 한다. 거래사례의 시간적·장소적·물적 동일성 또는 유사성이 구비되지 않으면 거래사례비교법을 적용하는 데 많은 애로사항이 있으므로, 이 방법을 채택하는 경우 거래사례에 대한 거래일자, 거래경위, 거래조건 등을 충분히 검토하고, 객관성이 결여된 특수조건 등에는 적합한 수정을 가하여 적정한 비준가액을 산정하여야 한다. 이는 부동산이 일반상품과 달리 공개된 시장에서의 대량매매에 의한 가격형성이 이루어지지 않고, 부동산의 개별성에 의해 실거래가격이 거래당사자의 주관성이 합치되는 지점에서 거래가 이루어지기 때문이다.

02 거래사례의 선정

1. 거래사례가격의 개념

(1) 거래사례가격

사정이 개입된 거래시점의 사례지역에서의 사례가격으로서 매수자와 매도자 의견의 합치된 결과이다.

(2) 사례의 종류

나지상태의 토지 및 건부지가 있으며, 건부지를 거래사례로 선택하는 경우 평가대상이 토지이기 때문에 건부지(복합부동산) 거래가격에서 토지의 가격을 추출해야 한다(배분법, 구체적인 방법은 후술).

(3) 사례의 출처

거래사례는 등기사항전부증명서의 소유권 이전 사항(갑구) 및 매매내역을 통해 확인하거나 국토교통부 부동산 실거래가 조회시스템을 통하여 확인할 수 있다.

2. 거래사례의 선택방법

감정평가실무기준 610.1.5.3 거래사례비교법의 적용

1.5.3.1 거래사례의 선정

① 거래사례는 다음 각 호의 선정기준을 모두 충족하는 거래가격 중에서 대상토지의 감정평가에 가장 적절하다고 인정되는 거래가격을 선정한다. 다만, 한 필지의 토지가 둘 이상의 용도로 이용되고 있거나 적절한 감정평가액의 산정을 위하여 필요하다고 인정되는 경우에는 둘 이상의 거래사례를 선정할 수 있다.

1. 「부동산 거래신고 등에 관한 법률」에 따라 신고된 실제 거래가격일 것
2. 거래사정이 정상이라고 인정되는 사례나 정상적인 것으로 보정이 가능한 사례일 것
3. 기준시점으로부터 도시지역(「국토의 계획 및 이용에 관한 법률」 제36조 제1항 제1호에 따른 도시지역을 말한다)은 3년 이내, 그 밖의 지역은 5년 이내에 거래된 사례일 것. 다만, 특별한 사유가 있는 경우에는 그 기간을 초과할 수 있다.
4. 토지 및 그 지상건물이 일체로 거래된 경우에는 배분법의 적용이 합리적으로 가능한 사례일 것
5. [610-1.5.2.1]에 따른 비교표준지의 선정기준에 적합할 것

② 제1항 제3호 단서의 경우에는 그 이유를 감정평가서에 기재하여야 한다.

---

(1) 대상물건과 위치적 유사성이나 물적 유사성이 있어 가치형성요인의 비교가 가능한 사례(위치적·물적 유사성)

대상물건의 위치적 유사성은 인근지역 또는 동일수급권 내의 유사지역에서 거래되는 사례를 수집하여야 한다는 것으로, 지역분석에 의하여 지역격차를 계량화하여 지역적인 격차를 반영할 수 있다. 대상물건의 물적 유사성은 토지의 경우 지목, 면적, 획지형태, 이용상황 등이 유사한 것을 의미하며,

건물의 경우 구조, 용재, 내용연수, 용도, 연면적, 물리적 및 기능적 상태 등이 유사하여 비교가능한 사례를 수집하여야 한다는 것을 의미한다.

≫ 문제 풀이 시 인근지역의 판단이 중요한데, 문제에서 제시된 자료에 따라 평점이 주어지지 않거나 비교가 불가능한 경우 인근지역이 아닌 것으로 판단하면 된다.

⑵ **기준시점으로 시점수정이 가능한 사례**

기준시점으로 시점수정이 가능한 사례는 거래시점이 분명하여야 하며, 기준시점으로부터 거래시점까지의 가격변동이 있다면 그 차이를 보정할 수 있는 것을 말한다.

> **Check Point!**
>
> ● 거래사례 선택 시 시적격차의 한계
>
> **감정평가에 관한 규칙 제2조(정의)**
>
> 12의2. "적정한 실거래가"란 「부동산 거래신고 등에 관한 법률」에 따라 신고된 실제 거래가격(이하 "거래가격"이라 한다)으로서 거래 시점이 도시지역(「국토의 계획 및 이용에 관한 법률」 제36조 제1항 제1호에 따른 도시지역을 말한다)은 3년 이내, 그 밖의 지역은 5년 이내인 거래가격 중에서 감정평가법인등이 인근지역의 지가수준 등을 고려하여 감정평가의 기준으로 적용하기에 적정하다고 판단하는 거래가격을 말한다.

⑶ **거래사정이 정상이라고 인정되는 사례나 정상적인 것으로 보정이 가능한 사례**

거래사정이 정상이라고 인정되는 사례나 정상적인 것으로 보정이 가능한 사례는 사정보정의 가능성이 크다는 것을 의미한다. 사정보정의 가능성이란 거래 당시 사정의 개입으로 시장가치와 괴리될 경우, 그것으로 인한 차이를 계량화할 수 있는 것을 말한다. 거래사례의 사정개입 여부는 중개거래와 직거래를 구분하지는 않으며, 실질적으로 사정이 개입되어 있는지 여부를 검토하여야 한다.

⑷ **합리적인 배분법의 사용 가능성**

토지 감정평가 시 거래사례 선택에 있어서 복합부동산(토지, 건물)의 거래사례를 선택하여야 한다면 합리적인 기준에 따라 거래사례의 건물의 가치를 배분할 수 있는 사례를 선택해야 한다(배분법의 적용).

> **Check Point!**
>
> ● 최유효사용하의 토지와 건물가치
>
> 최유효이용이란 객관적으로 보아 양식과 통상의 이용능력을 가진 사람이 대상토지를 합리적이고, 합법적인 최고최선의 방법으로 이용하는 것으로, 부동산의 유용성이 최고도로 발휘되는 사용방법이다.
> 실무적으로 최유효이용하의 복합부동산의 경우 토지와 건물가치의 합계가 전체 부동산의 가치와 동일하게 나오게 되는 논리를 가지고 있다(토지 + 건물 = 전체 부동산가격). 최유효이용에 미달하는 경우 배분법 적용이 제한될 수 있다.

> ● 본건의 거래사례를 활용할 수 있는지 여부
>
> 감정평가에 관한 규칙 제2조에 의하면 거래사례비교법이란 대상물건과 가치형성요인이 같거나 비슷한 물건의 거래사례와 비교하여 대상물건의 현황에 맞게 사정보정(事情補正), 시점수정, 가치형성요인 비교 등의 과정을 거쳐 대상물건의 가액을 산정하는 감정평가방법을 말한다고 규정되어 있다. 또 토지보상법 시행규칙 제2조 제6호에 의하면 "거래사례비교법"이라 함은 대상물건과 동일성 또는 유사성이 있는 다른 물건의 거래사례와 비교(거래된 사정 및 시기 등에 따른 적정한 보완을 하여 비교하는 것을 말한다)하여 대상물건에 대한 가격시점 현재의 가격을 구하는 방법을 말한다고 정의하고 있다. 따라서 해당 물건의 거래사례는 거래사례비교법의 거래사례로는 적정하지 못하다고 판단된다. 하지만 감정평가 시 해당 물건의 거래가격이 있으면 이에 대한 사항을 감정평가서에 반드시 적시해야 할 것이다.

기본예제

아래 토지의 거래사례비교법 적용시 선택가능한 가장 적절한 거래사례를 선정하시오.
- 본건 및 거래사례의 개요

구분	용도지역	이용상황	기준시점/ 거래시점	평가대상/ 거래대상	총금액
본건	2종일주	단독주택	2026.09.01.	토지, 건물	-
거래사례 1	2종일주	단독주택	2024.01.01.	토지, 건물	400,000,000
	정상적인 거래사례임.				
거래사례 2	2종일주	상업용	2026.01.01.	토지, 건물	700,000,000
	정상적인 거래사례임.				
거래사례 3	2종일주	단독주택	2026.01.01.	토지, 건물	500,000,000
	정상적인 거래사례임.				
거래사례 4	2종일주	단독주택	2026.01.01.	토지, 건물	400,000,000
	건축이 중단된 건물이 거래되어 건물가액의 추정이 어렵다.				
거래사례 5	3종일주	단독주택	2026.01.01.	토지, 건물	500,000,000
	정상적인 거래사례임.				

예시답안

제2종일반주거지역, 단독주택으로서 거래시점이 최근이며, 사정개입되지 않은 거래사례 3을 선정한다(#1 : 거래시점, #2 : 이용상황, #4 : 배분법 적용 불가 등, #5 : 용도지역).

03 사정보정 및 배분법의 적용

1. 사정보정

1) 개념

거래사례에 특수한 사정이나 개별적 동기가 반영되어 있거나 거래 당사자가 시장에 정통하지 않은 등 수집된 거래사례의 가격이 적절하지 못한 경우에는 사정보정을 통해 그러한 사정이 없었을 경우의 적절한 가격수준으로 정상화하는 과정이다.

사정보정의 필요성 유무 및 정도의 판단은 다수 거래사례 등을 종합적으로 비교·대조한 후 검토되어야 하며, 사정보정이 필요하다고 판단한 경우 거래된 시장의 객관적 가격수준을 고려하여 적정하게 보정하여야 한다. 사정보정의 작업은 일정한 법칙이나 기준이 없으나, 거래사례가격에 미친 영향 정도를 분석해서 사정보정치를 산정하여 거래사례를 정상화하는 과정을 거쳐야 한다. 한편 비전형적인 거래상황에 의한 사정보정이 불가능한 거래사례는 제외하는 것이 원칙이다.

2) 사정보정률과 사정보정치

사정보정률이란 시장가치대비 사정 개입률을 의미하며 사정보정치란 시장가치로 보정하기 위한 수치를 의미한다.

> ⓐ 정상거래가격 100, 사정개입된 거래가격 110인 경우 사정보정률은 10% 고가매입을 의미하며, 사정보정치는 100/110을 의미한다.

3) 각종 사정개입의 처리

⑴ 건물의 철거, 세금의 부과 등 거래의 사정개입의 처리

① 철거비

> • 매수자 부담조건 : 매매가격 + (철거비 − 잔재가격)(사정의 개입정도)
>   = 적정토지 거래가격
> • 매도자 부담조건 : 매매가격 = 적정토지 거래가격

㉠ 철거비 및 잔재가격은 실제투입비용을 의미하는 것이 아니라 매매 당시 매도인과 매수인의 예상치를 의미한다.

㉡ 비교하고자 하는 사례가 사례의 정상적인 거래조건을 가정한 상태에서의 거래가격이기 때문이며, 실질적인 매수자의 경제적 부담액을 판단하고자 하는 것이기 때문에 상기와 같은 철거조건의 고려가 반영되어야 하는 것이다.

② 양도소득세 등 거래관련 세금

> 매수자 부담 시 : 시장가치 − 양도소득세(사정의 개입정도) = 매매가격
> 정상거래가격 = 매매가격 + 양도소득세(사정의 개입정도)

기 본예제

노후화된 건물을 포함한 복합부동산 등의 거래사례를 기준으로 평가부동산의 토지가격을 산정하려고 한다. 아래와 같은 조건으로 거래 시 사정보정 후 토지의 거래가격을 산정하시오.

자료 1 ▶ 거래사례자료

1. 거래가격 : 150,000,000원
2. 건물 : 연면적 100m²(내용연수가 만료된 노후화된 건물로서 철거가 타당하다고 인정됨.)
3. 철거 시 철거비용은 40,000원/m²이 소요되며 잔재가격은 200,000원 정도임(계약체결 시 예상가격). 실제 철거비용은 30,000원/m²이 소요되었음.

자료 2 ▶ 조건

1. 합리적이고 시장사정에 정통한 매수자가 철거를 전제로 하여 거래가격을 결정한 경우
2. 철거비는 매도자가 부담한다는 조건하에 거래가 이루어진 경우
3. 매수자가 철거를 전제로 거래가격을 지불하였으나 실제 철거비용은 50,000원/m²이 소요된 경우
4. 매수자가 상기거래로 인한 매도자의 양도소득세 10,000,000원을 부담하기로 하였고, 철거 또한 매수자가 행하는 것을 전제로 거래가격을 지불한 경우

예시답안

1. 개요

각 조건에 따라 거래사례에 적용할 토지가격을 산정함.

2. 조건 1

$150,000,000 + (100 \times 40,000 - 200,000) = 153,800,000$원

3. 조건 2

사례가격 = 거래가격 = 150,000,000원

4. 조건 3

$150,000,000 + (100 \times 40,000 - 200,000) = 153,800,000$원

5. 조건 4

$150,000,000 + 10,000,000 + (100 \times 40,000 - 200,000) = 163,800,000$원

---

(2) 증분가치 배분(병합토지)

① 합필가치의 개념 및 합필가치 배분의 개념

합필가치란 두 필지 이상의 토지가 병합되면서 발생하는 추가적인 이익이다. 두 필지 이상의 토지를 합병할 조건으로 거래된 거래가격에는 기여도(합필가치)가 고려되어 있으므로 이를 적절히 보정하여 합필가치를 배제하여 보정해야 한다.

② 병합을 위한 토지의 거래

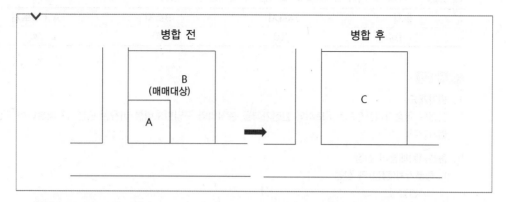

③ 기여도 배분방법 및 산정

배분방법	배분방법의 근거	B토지의 기여도 산정
면적비	병합 전 획지의 양적요인인 면적비율에 의거 배분	$\dfrac{\text{B토지의 면적}}{\text{A토지의 면적 + B토지의 면적}}$
단가비	병합 전 획지의 질적요인인 단가비에 의해 배분	$\dfrac{\text{B토지의 단가}}{\text{A토지의 단가 + B토지의 단가}}$
병합 전 총액비	병합 전 획지의 총액(지분)에 따라 배분	$\dfrac{\text{B토지의 총액}}{\text{A토지의 총액 + B토지의 총액}}$
지불가능 한도액비	병합 전의 획지가 서로 상대획지를 산다고 하여도 손해가 없는 매입한도액을 각 토지의 가액비로 배분	$\dfrac{\text{B토지 총액 + 증분가치}}{(\text{A토지 총액 + 증분가치}) + (\text{B토지 총액 + 증분가치})}$ $\dfrac{\text{병합 후 총액 − A토지 총액}}{(\text{병합 후 총액 − B토지 총액}) + (\text{병합 후 총액 − A토지 총액})}$

기본예제

柳평가사는 의뢰인 A토지 소유자인 朴 씨로부터 다음과 같은 토지에 대한 평가를 의뢰받았다. 朴 씨는 金 씨 소유인 B토지를 구입하여 상업용 건물을 신축하고자 한다. 다음 자료를 이용하여 획지B의 한정가격(평점)을 총액비와 구입한도액비를 이용하여 평가하고, B토지를 100,000,000원에 구입한 경우 정상거래가격을 산정하시오.

자료 1 지적상황

도로(폭 30m)
A지 100m²
B지 300m² (매매대상)
도로(폭 5m)

풀이영상

자료 2 朴 씨와 金 씨가 합리적으로 합의한 각 획지별 단가(평점)

획지	A토지	B토지	A + B토지
단가비	100	70	98

예시답안

I. 평가개요

본건은 한정가격산정으로 B토지의 한정가격을 총액비와 구입한도비를 이용한 증분가치배분비를 평균하여 평가한다.

II. 증분가치배분비 산정

1. 증분가치(평점)의 산정

(1) 병합 전

① A획지 : $100 \times 100 = 10,000$

② B획지 : $300 \times 70 = 21,000$

(2) 병합 후 : C획지 : $(100 + 300) \times 98 = 39,200$

(3) 증분가치(평점) : $39,200 - (10,000 + 21,000) = 8,200$

2. 증분가치(평점) 배분비

(1) 총액비 : $\dfrac{21,000}{10,000 + 21,000} \times 100\% \fallingdotseq 67.7\%$

(2) 구입한도액비 : $\dfrac{39,200 - 10,000}{(39,200 - 10,000) + (39,200 - 21,000)} \times 100\% \fallingdotseq 61.6\%$

(3) 배분비 : $\dfrac{67.7\% + 61.6\%}{2} \fallingdotseq 64.7\%$

III. 한정가격(B획지)(평점) 산정

$21,000 + 8,200 \times 0.647 \fallingdotseq 26,300$

IV. B토지의 정상거래가격

1. 사정보정치

$21,000 \div 26,300 \fallingdotseq 0.80$

2. B토지 정상거래가격

$100,000,000 \times 0.80 \div 300m^2 \fallingdotseq 267,000원/m^2$

(3) 금융조건의 보정

시장의 일반적인 금융조건과 다르게 유리하거나 불리한 금융조건을 전제로 거래된 경우 거래가액이 정상적인 거래가격과 괴리될 수 있으므로 이를 보정해 주어야 한다.

> **임차보증금 인수 시 처리방법**
> 부동산 거래관행상 임차보증금을 인수하는 경우 매매가액에서 임차보증금을 차감한 차액을 현금으로 지급하고 임차인에 대한 임차보증금 반환의무는 매수인이 지는 경우가 일반적이다(임대차관계를 매수인이 승계한다). 따라서 승계하는 임차보증금의 지연납입에 따른 현금등가를 처리할 수 있을 것이다.

기 본예제

柳 씨는 시가 1,000,000,000원의 아파트를 매수하면서 설정된 임차보증금 600,000,000원을 매도인으로부터 승계하였다. 임대차만료일까지 2년이 남은 것을 가정하고 매입에 따른 현금등가를 산정하시오(다만, 할인율은 연 6.0%이다).

예시답안

현금등가

$(1,000,000,000 - 600,000,000) + 600,000,000 \times 1/1.06^2 ≒ 934,000,000원$

(4) 기타 사정보정방법

당사자 간에 특별한 사정으로 정상적인 거래가격보다 높거나 낮게 거래된 정황이 포착되는 경우 이를 보정하여 활용하도록 한다.

기 본예제

01 대지면적 800m²의 나지를 860,000,000원에 구입하였으나 이것은 인근의 유사규모의 표준획지보다 고가로 매매된 것으로 파악되었으며 표준획지의 시장가치는 1,000,000원/m²으로 조사되었다. 이 경우의 사정보정치는 얼마인가?

예시답안

1. 사정보정률

$\left(\dfrac{매매가격 - 시장가치}{시장가치} \right)$

$\dfrac{860,000,000/800 - 1,000,000}{1,000,000} ≒ 0.075\,(\therefore 7.5\%)$

2. 사정보정치

$\dfrac{100}{100 + 7.5} ≒ 0.930$

02 면적이 500m²인 토지를 25,000,000원에 구입하였으나 이는 인근 표준인 획지보다 고가로 매입한 것으로 파악되었다. 표준적인 획지의 적정가격이 40,000원/m²으로 조사되었을 경우 사정보정치는 얼마인가?

예시답안

1. 사정보정률

$\dfrac{25,000,000/500 - 40,000}{40,000} \times 100 = 25\%$

2. 사정보정치

$\dfrac{100}{100 + 25} = 0.80$

2. 배분법의 적용

1) 공제방식, 비율방식

배분법 사용 시 거래시점의 사례 건물의 가격 또는 토지건물가격구성비를 적용한다.

(1) 공제방식

> 비준가액 = [사례복합부동산의 거래가격 − 사례건물가격] × 사정보정 × 시점수정 × 개별요인

사례건물가격은 거래시점 당시의 건물의 가격으로서 거래시점 당시의 재조달원가 및 거래시점 당시의 잔가율을 기준해야 한다. 실무적으로 많이 사용된다.

(2) 비율방식

> 비준가액 = [사례복합부동산의 거래가격 × 토지가격 구성비율] × 사정보정 × 시점수정 × 개별요인

토지가격구성비율은 거래시점 당시의 토지가격구성비율을 활용해야 한다. 토지가격구성비율은 "1 − 건물가격구성비율"과 동일하다.

2) 배분법을 적용하기 곤란한 사례는 배제함이 원칙이다.

기본예제

01 아래 거래사례에 대한 토지의 배분가액(원/m²)을 산정하시오(기준시점 : 2026.06.21.).

≫ 배분단가는 반올림하여 원 단위까지 표시한다.

구분	면적(m²)		거래시점	거래금액	건물의 대한 사항
	토지	건물			
실거래사례	195	231	2025.06.02.	400,000,000	재조달원가 : 800,000원/m² 내용연수 : 40 사용승인일 : 2007.05.06.

예시답안

$$\frac{(400,000,000 - 800,000 \times 22/40 \times 231)}{195} = 1,530,051원/m^2$$

02 토지·건물가격이 90,000,000원인 주택이 있다. 거래시점사례의 토지·건물의 가격구성비율이 2 : 1이고 기준시점의 대상물건의 토지·건물가격구성비율이 3 : 1일 경우 사례토지의 가격은 얼마인가?

예시답안

비율방식

$$90,000,000원 \times \frac{2(토지가격\ 구성비율)}{3(토지·건물전체가격\ 구성비율)} = 60,000,000원$$

04 사례의 비준

1. 시점수정

(1) 거래시점의 기준일

계약시점을 의미한다(실질적인 매수자, 매도자 사이의 계약에 대한 합의가 이루어진 시점을 기준한다. 이는 계약 당시의 시점의 가격형성요인에 의하여 거래가격이 형성되어 있기 때문이다). 이와 관련하여 「실무기준」 등 관련 규정에서는 별도로 거래시점에 대하여 정의하고 있지 않다. 참고로 「부동산 거래신고에 관한 법률 시행령」에서는 부동산거래의 신고 시 계약일, 중도금 지급일 및 잔금지급일을 신고하도록 규정하고 있다.

(2) 시점수정 방법

사례물건의 가격변동률로 한다. 토지의 감정평가 시에는 표준지공시지가기준법과 동일한 방법이다.

2. 지역요인 및 개별요인 비교

표준지공시지가기준법과 동일한 방법이다.

3. 그 밖의 요인 비교

거래사례비교법에서는 별도의 그 밖의 요인비교를 하지 않는다.

05 평가액의 결정(비준가액)

1. 시산가액의 유효숫자

10만원 미만은 유효숫자 두 자리, 10만원 이상은 유효숫자 세 자리를 기준으로 하나, 이는 강행규정은 아니며, 의뢰인이 제시한 유효숫자가 있으면 그에 따르도록 한다.

2. 기타사항(제시된 조건이 있으면 최우선적으로 적용)

(1) 시점수정

소수점 5째 자리까지 표시(백분율 기준시 소수점 3째 자리)

(2) 지역, 개별요인

소수점 3째 자리까지 표시(제시된 자료별로 별도 적용 가능)

기 본예제

01 당신은 C시 H구 K동에 소재하는 나대지 100m²에 대한 감정평가를 의뢰받았다. 다음 자료를 근거로 하여 거래사례비교법에 의한 비준가액을 구하시오(기준시점은 2026년 8월 20일이다).

자료 1 ▶ 사례자료

1. 거래사례는 지목이 대이고 면적은 200m²이다. 지상에는 조적조 슬래브지붕 단층의 경제적 내용연수가 지난 건물이 소재하며 건물면적은 50m²이다.

2. 거래사례는 2025.6.1.에 3억원에 구입하여 주택신축을 목적으로 철거가 전제되어 거래된 것이다. 거래시점에 계약금 5천만원, 2025.10.1.에 중도금 1억원, 그리고 2026.2.1.에 잔금을 지불키로 하였다.

3. 철거예상비용은 m²당 20,000원, 예상폐재가치는 200,000원이었으나, 실제로는 철거비가 800,000원, 폐재가치가 300,000원 발생하였다(매수자 부담).

자료 2 ▶ 기타자료

1. 거래사례를 조사한 결과 급거래로 인해 10% 고가로 매입된 것으로 조사되었다.

2. 거래사례는 대상물건과 인근지역에 소재하고 개별요인평점은 본건이 110, 거래사례가 90인 것으로 판단된다.

3. 지가변동률(C시 H구)
   (1) 2025.6.1.~2025.12.31. : 3.116%
   (2) 2026.6월 : 누계 1.093%, 당월 0.093%

4. 할인율은 연 12%이다(월 1%).

5. 토지단가(원/m²)는 반올림하여 유효숫자 3자리까지 표시한다.

예시답안

Ⅰ. 평가개요

사례를 보정하여 비준가액을 산정한다.

Ⅱ. 토지가격산정

1. 현금등가 및 사정보정

$$\left(50,000,000 + 100,000,000 \times \frac{1}{1.01^4} + 150,000,000 \times \frac{1}{1.01^8}\right) \times \frac{100}{110} + 20,000 \times 50 - 200,000$$

$$\fallingdotseq 259,545,925원(1,297,730원/m^2)$$

2. 시점수정 (2025.6.1.~2026.8.20.)

$1.03116 \times 1.01093 \times (1 + 0.00093 \times 51/30) \fallingdotseq 1.04408$

3. 지역요인

인근지역이므로 동일하다. ∴ 1.000

4. 개별요인

$\frac{110}{90} \fallingdotseq 1.222$

5. 토지가격산정

$1,297,730 \times 1.000 \times 1.04408 \times 1.000 \times 1.222 \fallingdotseq 1,660,000원/m^2(\times 100 = 166,000,000원)$

02 아래 토지를 거래사례비교법으로 평가하시오(기준시점은 2026년 1월 11일이다).

자료 1 본건의 현황

소재지	면적(m²)	지목	용도지역
서울특별시 K구 D동 890-31	374.5	대(근린생활시설)	일반상업지역

» 본건은 세로장방형 토지로서 지반은 대체로 평탄하며, 북측 도로는 인도 및 차도를 기준으로 폭 4m 정도로서 아스팔트 포장도로이다. 현재 일방통행길로 이용되고 있다.

자료 2 거래사례자료

1. 거래사례 목록

일련 번호	소재지	용도지역 이용상황	도로조건 형상	토지면적(m²) 건물면적(m²)	거래가액 (천원)	매매 시점	건물사용 승인일
가	D동 889-51	일반상업 상업용	세로(가) 부정형	388.0 2,041.75	11,000,000	2025.1.1.	2017.1.31.
나	D동 890	일반상업 업무용	광대로한면 가장형	903.7 5,744.2	30,471,000	2025.1.1.	2013.12.1.

2. 거래사례 건물에 대한 조사사항

가	기준시점 현재 건물의 m²당 건축비는 1,200,000원(철근콘크리트조) 수준이다.
나	기준시점 현재 건물의 m²당 건축비는 1,000,000원(철근콘크리트조) 수준이다.

» 철근콘크리트조의 경제적 내용연수는 50년이며, 잔가율은 0%를 가정한다.

자료 3 시점수정자료

1. 지가변동률

기간	용도지역별 K구 상업지역(%)	비고
2025.1.1. ~ 2025.11.30.	2.116	2025년 1월 ~11월 지가변동률
2025.11.1. ~ 2025.11.30.	0.186	2025년 11월 지가변동률

2. 생산자물가지수

구분	2023.12.	2024.12.	2025.1.	2025.10.	2025.11.
지수	104.91	105.78	105.99	106.07	106.21

자료 4 개별요인

1. 중로한면(100), 소로한면(90), 세로(가)(80)
2. 가로장방형(100), 세로장방형(95), 부정형(90), 자루형(85)

예시답안

1. 거래사례 선택

일반상업, 상업용으로서 주변환경 유사한 거래사례 "가" 선정

2. 매매사례 토지 배분단가

(11,000,000,000 − 1,200,000 × 0.99595[*] × 43/50 × 2,041.75) ÷ 388 ≒ @22,941,876

[*] 2025.1.1. / 2026.1.11., 생산자물가지수 : 2024.12. / 2025.11. = 105.78/106.21

3. 시점수정치(2025.1.1.~2026.1.11. K구, 상업지역)

$1.02116 \times (1 + 0.00186 \times 42/30) \fallingdotseq 1.02382$

4. 개별요인 비교치

$80/80 \times 95/90 \fallingdotseq 1.056$

5. 비준가액

$22,941,876 \times 1.000(\text{사정}) \times 1.02382 \times 1.000(\text{지역}) \times 1.056 \fallingdotseq @\ 24,800,000(\times 374.5 = 9,287,600,000\text{원})$

03 감정평가사 甲 씨는 서울특별시 S구 B동에 소재하는 아래 부동산에 대한 시가참조 목적의 감정평가를 의뢰받고 다음의 자료를 수집하였다. 감정평가 관련 법령에 의하여 시장가치를 평가하시오.

자료 1 ▶ 대상 부동산의 현황

1. 소재지 : 서울특별시 S구 B동 55-8, 대, 100m²
2. 토지현황 : 제2종일반주거지역, 세장형, 평지, 상업용
3. 해당 토지는 남서측으로 노폭 약 6m의 포장도로에 접하고 있음.
4. 개별공시지가(원/m²) : 6,091,000원/m²(2026년 1월)

풀이영상

자료 2

감정평가사 甲 씨는 2026년 10월 25일에 현장조사를 완료하였음.

자료 3 ▶ 인근지역의 비교표준지 공시지가(공시기준일 : 2026.1.1.)

기호	소재지	면적 (m²)	지목	이용 상황	용도 지역	도로 교통	형상 및 지세	공시지가 (원/m²)
A	B동 54-□□	313.7	대	상업용	2종일주	소로한면	세장형 평지	6,480,000
B	B동 56-□□	258.7	대	주상기타	2종일주	소로한면	부정형 평지	5,180,000

자료 4 ▶ 지가변동률

기간	서울특별시 S구 주거지역	서울특별시 S구 평균	서울특별시 평균
2025.1.1.~2025.12.31.	2.502	4.220	3.044
2026.1.1.~2026.8.31.	3.141	3.972	2.094
2026.6.1.~2026.6.30.	0.251	0.131	0.099
2026.7.1.~2026.7.31.	0.260	0.132	0.127
2026.8.1.~2026.8.31.	0.101	0.335	0.058

≫ 2026년 9월 이후 지가변동률은 발표되지 않았다.

자료 5 개별요인평점

구분	가로조건	접근조건	환경조건	획지조건	행정적 조건	기타조건
본건	1.00	1.00	1.00	1.00	1.00	1.00
표준지 A	1.05	1.05	1.03	0.98	1.00	1.00
표준지 B	1.05	0.98	0.98	0.95	1.00	1.00
평가선례	0.95	0.97	0.95	0.98	1.00	1.00
거래사례	1.02	1.01	1.03	0.98	1.00	1.00

자료 6 인근지역의 평가선례

기호	소재지	지목	면적	용도지역 이용상황	사례단가 (원/m²)	기준시점	평가목적
1	B동 58-4	대	378.6	2종일주 상업기타	11,950,000	2025.1.1.	시가참조

자료 7 인근지역의 거래사례

기호	소재지	지목	면적(m²)		거래가액 (천원)	거래일자
		용도지역	토지	건물		
#1	B동 54-11	대	330.0	1,100.0	5,600,000	2026.6.1.
		2종일주				

≫ 거래사례에는 사정이 개입되어 있지 않다.

자료 8 사례 건물의 현황

1. 재조달원가 : 800,000원/m²(상업용)
2. 사용승인일 : 2004.10.19.
3. 내용연수 : 50년
4. 최종잔가율 : 0%

예시답안

Ⅰ. 평가개요

본건은 토지에 대한 일반거래목적의 평가로 기준시점은 현장조사 완료일인 2026년 10월 25일이다.

Ⅱ. 공시지가기준법

　　1. 비교표준지 선정

　　　　제2종일반주거지역의 상업용으로서 본건과 비교가능성이 있는 표준지 A를 선정한다.

　　2. 시점수정치(2026.1.1.~2026.10.25. 서울특별시 S구 주거지역)

　　　　$1.03141 \times (1 + 0.00101 \times 55/31) ≒ 1.03326$

　　3. 지역요인 비교치

　　　　인근지역으로서 대등함(1.000).

　　4. 개별요인 비교치

　　　　$1.00/1.05 \times 1.00/1.05 \times 1.00/1.03 \times 1.00/0.98 \times 1.00/1.00 \times 1.00/1.00 ≒ 0.899$

5. 그 밖의 요인 비교치

(1) 평가선례 선택 : 제시된 평가선례는 2종일반주거지역의 상업용으로서 비교표준지와 유사성이 있음.

(2) 격차율 분석(비교표준지 기준)

① 시점수정치(2025.1.1.~2026.10.25. 서울특별시 S구 주거지역)

$1.02502 \times 1.03141 \times (1 + 0.00101 \times 55/31) \fallingdotseq 1.05911$

② 개별요인 비교치(표준지 A/평가선례)

$1.05/0.95 \times 1.05/0.97 \times 1.03/0.95 \times 0.98/0.98 \times 1.00/1.00 \times 1.00/1.00 \fallingdotseq 1.297$

(3) 격차율 : $\dfrac{11,950,000 \times 1.05911 \times 1.000 \times 1.297}{6,480,000 \times 1.03326} \fallingdotseq 2.451$

(4) 그 밖의 요인 비교치 결정 : 상기의 격차율을 고려하여 그 밖의 요인으로서 145% 증액보정한다 (2.45).

6. 공시지가 기준가액

$6,480,000 \times 1.03326 \times 1.000 \times 0.899 \times 2.45 \fallingdotseq 14,700,000$원/㎡

III. 거래사례비교법

1. 거래사례 선택

제시된 거래사례는 2종일반주거지역의 상업용으로서 본건과 유사성이 있음.

2. 거래사례 토지의 거래가격(배분법)

(1) 사례건물가격 : $800,000 \times 29/50 = 464,000$원/㎡($\times 1,100 = 510,400,000$원)

(2) 토지거래가격 : $5,600,000,000 - 510,400,000 = 5,089,600,000$원($15,423,030$원/㎡)

3. 시점수정치(2026.6.1.~2026.10.25. 서울특별시 S구 주거지역)

$1.00251 \times 1.00260 \times 1.00101 \times (1+0.00101 \times 55/31) \fallingdotseq 1.00793$

4. 지역요인 비교치

인근지역에 소재하여 대등함(1.000).

5. 개별요인 비교치

$1.00/1.02 \times 1.00/1.01 \times 1.00/1.03 \times 1.00/0.98 \times 1.00/1.00 \times 1.00/1.00 \fallingdotseq 0.962$

6. 비준가액

$15,423,030 \times 1.000 \times 1.00793 \times 1.000 \times 0.962 \fallingdotseq 15,000,000$원/㎡

IV. 토지의 감정평가액

「감정평가에 관한 규칙」 제14조에 의하여 공시지가기준법에 의하며, 다른 평가방법에 의하여 그 합리성이 인정된다. 14,700,000원/㎡($\times 100 = 1,470,000,000$원)

제3절 건물의 감정평가(원가방식)

01 건물의 감정평가방식 및 용어 등

> **감정평가에 관한 규칙 제15조**(건물의 감정평가)
>
> ① 감정평가법인등은 건물을 감정평가할 때에 원가법을 적용해야 한다.
> ② 삭제 <2016.8.31.>

> **감정평가실무기준 610 토지 및 그 정착물**
>
> 2. 건물의 감정평가
>
>   2.1 정의
>
>   건물이란 토지에 정착하는 공작물 중 지붕과 기둥 또는 벽이 있는 것과 이에 부수되는 시설물, 지하 또는 고가(高架)의 공작물에 설치하는 사무소, 공연장, 점포, 차고, 창고, 그 밖에 「건축법」 시행령으로 정하는 것을 말한다.
>
>   2.4 건물의 감정평가방법
>
>   ① 건물을 감정평가할 때에는 원가법을 적용하여야 한다. 이 경우 [400-4]를 따른다.
>
>   ② 원가법으로 감정평가할 때 건물의 재조달원가는 직접법이나 간접법으로 산정하되, 직접법으로 구하는 경우에는 대상건물의 건축비를 기준으로 하고, 간접법으로 구하는 경우에는 건물신축단가표와 비교하거나 비슷한 건물의 신축원가 사례를 조사한 후 사정보정 및 시점수정 등을 하여 대상 건물의 재조달원가를 산정할 수 있다.
>
>   ③ 거래사례비교법으로 감정평가할 때에는 적절한 건물의 거래사례를 선정하여 사정보정, 시점수정, 개별요인비교를 하여 비준가액을 산정한다. 다만, 적절한 건물만의 거래사례가 없는 경우에는 토지와 건물을 일체로 한 거래사례를 선정하여 토지가액을 빼는 공제방식이나 토지와 건물의 가액구성비율을 적용하는 비율방식 등을 적용하여 건물가액을 배분할 수 있다.
>
>   ④ 수익환원법으로 감정평가할 때에는 전체 순수익 중에서 공제방식이나 비율방식 등으로 건물귀속순수익을 산정한 후 이를 건물의 환원율로 환원하여 건물의 수익가액을 산정한다.
>
>   ⑤ 건물의 일반적인 효용을 위한 전기설비, 냉·난방설비, 승강기설비, 소화전설비 등 부대설비는 건물에 포함하여 감정평가한다. 다만, 특수한 목적의 경우에는 구분하여 감정평가할 수 있다.

1. 건축물 관련 용어

  ① **연면적**: 각 층 바닥면적의 합계

  ② **대지면적**: 대지의 수평투영면적

  ③ **건축면적**: 건축물의 중심선으로 둘러싸인 부분의 수평투영면적

    》 건폐율(건축면적 ÷ 대지면적), 용적률(연면적 ÷ 대지면적)

2. 건축선

  건축한계선, 건축지정선(건축법 제46조)

3. 건축물 감정평가 시 면적

① 건물의 면적사정은 건축물대장상의 면적을 기준으로 하되, 다음의 경우에는 실제면적을 기준으로 할 수 있다.

㉠ 현장조사 결과 실제면적과 건축물대장상 면적이 현저하게 차이가 나는 경우

㉡ 의뢰인이 실제면적을 제시하여 그 면적을 기준으로 감정평가할 것을 요청한 경우

② 실제면적과 건축물대장상의 면적이 현저하게 차이가 나는 경우에는 의뢰인에게 그 사실을 알려야 하며, 의뢰인이 요청한 면적을 기준으로 감정평가할 수 있다.

③ 실제면적은 바닥면적으로 하되 「건축법」 시행령 제119조 제1항 제3호에 따라 건축물의 각 층 또는 그 일부로서 벽, 기둥, 그 밖에 이와 비슷한 구획의 중심선으로 둘러싸인 부분의 수평투영면적을 실측에 의하여 산정한다.

02 원가법에 의한 건물의 평가

1. 기본산식

적산가액 = 재조달원가 − 감가수정액(감가누계액)

2. 재조달원가

재조달원가란 현존하는 물건을 기준시점에 있어서 원시적으로 재생산 또는 재취득하는 것을 상정하는 경우에 필요한 적정한 원가총액(재생산원가, 재취득원가)을 말하며, 실제로 건설된 방법에 불구하고 일반적인 도급방식에 의하여 소요되는 표준적인 건설비와 도급인이 별도로 지불한 건설기간 중의 통상부대비용(소요자금이자, 감독비, 제세금 등)을 합산한 금액으로 한다(도급기준). 재생산원가(생산개념에 입각)는 건축물과 같이 생산(건축)이 가능한 경우에 적용되는 반면, 재취득원가(취득개념에 입각)의 경우는 도입기계 등과 현실적으로 직접 생산이 불가능한 경우에 구매하여 취득하는 경우에 적용될 수 있다. 재생산원가는 복제원가(Reproduction Cost)와 대체원가(Replacement Cost)로 구분될 수 있다.

1) 산정기준

감정평가를 할 때에는 해당 물건의 생산이나 취득에 실제로 들어간 원가가 아니라 일반적인 방법으로 생산하거나 취득한 생산비 또는 취득비를 기준으로 한다. 이는 실제 들어간 생산비나 취득비는 소유자 등이 주관적으로 부여하는 가치나 협상력에 따른 차이가 반영될 수 있기 때문에 일반적인 도급방식에 의해 생산 또는 취득된 원가로 산정하는 것이 원칙이다. 그리고 제세공과금 등 일반적인 부대비용 또한 재조달원가의 구성항목이 된다.

> 재조달원가 = 표준적 건설비(원자재비용, 노동에 대한 비용, 하청회사의 간접비 및 이윤 포함)
> + 도급인의 통상적인 부대비용(행정비용, 수수료 등) + 개발이윤(정상적인 이윤)

재조달원가	표준적인 건설비	공사비	직접비
			간접비
		수급인의 적정이윤	
	도급인이 직접 부담하는 통상의 부대비용	건설자금이자, 설계감리비	
		허가비용, 세금 및 공과금 등, 등기수속비 등	
		기타 도급인 부담비용	
	개발이윤	정상적인 이윤	

(1) 표준적인 건설비

개량물의 건축에 사용되는 노동과 원자재에 대한 지출경비뿐만 아니라 하청회사의 간접비용과 이윤도 포함되는데, 이것들은 하청업자와의 계약액에 이미 포함되어 있기 때문이다.

(2) 통상의 부대비용

노동과 원자재 이외의 항목에 대한 지출경비로 행정비용, 수수료, 세금, 마케팅비용 등 일반적으로 표준적인 건설비의 일정비율로 표시된다. 종류에는 일반간접비용, 관리간접비용, 비품에 대한 감가상각비 등이 있다.

(3) 개발이윤

개발이윤은 생산의 4요소인 경영의 대가에 포함시켜야 한다. 왜냐하면 시장위험으로 인한 손실발생 시에도 타 방식과 일치를 위해 이를 포함시켜야 하기 때문이다. 개발이윤(Entrepreneurial Profit)[10]은 완성된 부동산의 가치에서 개발비용을 뺀 차액을 말하는데, 매도할 경우에는 판매이윤의 형태로, 임대할 경우에는 정상적 임대수익 외에 소유자에게 귀속되는 추가적 투자수익의 형태로, 직접 사용할 경우에는 기업에 대한 사용가치의 형태로 나타난다.

2) 재조달원가(재생산원가)의 종류

(1) 복제원가(재생산비용, Reproduction Cost)

복제원가는 대상물건과 같은 모양, 구조, 노동의 질, 원자재를 가지고 있는 복제품(Replica)을 기준시점 현재 만드는 데 소요되는 원가이다.

---

10) 개발업자의 수수료(Developer's Fee)는 개발업자가 대상개발사업에 부담하는 전반적 관리 및 위험에 대한 보수로서, 개발업자의 시간, 노력, 경험 등에 대한 급료와 동일한 성격을 갖는 간접비용이다.

(2) **대치원가**(대체비용, Replacement Cost)

대체원가는 대상물건과 같은 효용을 가진 물건을 기준시점 현재 만드는 데 소요되는 원가이다. 즉, 대체원가란 대상물건과 같은 효용을 가지고 있는 물건을 현재의 원자재, 기준, 배치계획, 디자인에 따라 현재 제작할 때 소요되는 원가를 말한다.

일반적으로 대체원가는 복제원가보다 적게 들며, 기존 구조물이 대상물건의 가치에 기여하는 정도를 보다 잘 반영한다는 특징이 있다. 왜냐하면 대체구조물(Replacement Structure)의 구성요소들은 복제구조물(Reproduction Structure)의 그것들과 달리, 현재 시장에서 거래가 되고 있어 상대적으로 저렴하고 용이하게 구득할 수 있기 때문이다.

3) 산정방법

(1) **직접법 및 간접법 적용**

원가법으로 감정평가할 때 건물의 재조달원가는 직접법이나 간접법으로 산정하되, 직접법으로 구하는 경우에는 대상건물의 건축비를 기준으로 하고, 간접법으로 구하는 경우에는 건물신축단가표와 비교하거나 비슷한 건물의 신축원가 사례를 조사한 후 사정보정 및 시점수정 등을 하여 대상건물의 재조달원가를 산정할 수 있다.

Check Point!

❶ 직접법 및 간접법의 장단점

비용자료의 출처를 기준으로 직접법과 간접법으로 구분된다.

구분	직접법	간접법
장점	평가대상 물건의 개별적인 상황을 가장 잘 반영한다.	다수의 사례를 통하여 산정되므로 객관적이다.
단점	사정이 개입될 수 있으며 이에 대한 보정 시 주관이 개입될 수 있다.	본건의 평가 시 개별요인 비교를 요하며 이 과정에서 주관이 개입될 수 있다.

(2) **직접법**

실제 투하된 건축비를 기준하는 방법으로서 신축건물이나 특수한 공법을 이용한 건물의 경우에 유용하게 적용된다. 일반적으로 건축물의 도급계약서나 기타 계약서 및 적산표를 활용하며, 건물과 관련 없는 비용의 공제나 사정의 개입에 유의해야 한다. 건물과 관련이 없는 비용으로서 토지에 화체되는 비용(도로공사비, 옹벽공사비 등)과 건물과 무관한 항목(대문, 담장, 보도블럭, 토목공사비, 사업추진비, 조경공사비, 마당공사비 등)이 있다.

PART 02

참고

공사원가계산서 예시

공사명 :

비목		구분	금액	구성비
순공사 원가	재료비	직접재료비	2,000,000,000	
	노무비	직접노무비	1,000,000,000	
		간접노무비	50,000,000	직접노무비 × 5%
		소계	1,050,000,000	
	경비	기계경비	200,000,000	
		산재보험료	40,500,000	직접노무비 × 4.05%
		고용보험료	9,200,000	직접노무비 × 0.92%
		건강보험료	17,000,000	직접노무비 × 1.7%
		연금보험료	24,900,000	직접노무비 × 2.49%
		안전관리비	60,800,000	(재료비＋직접노무비) × 1.86%＋5,000,000
		기타경비	90,000,000	(재료비＋직접노무비) × 3.0%
		소계	442,400,000	
계			3,492,400,000	
일반관리비			104,772,000	순공사비의 3.0%
이윤			52,828,000	순공사비의 3.0% 이하
공사비 계			3,650,000,000	

기본예제

다음 건물(숙박시설, 800m^2)에 대하여 직접법에 의한 재조달원가를 산정하시오.

자료 1 도급비용 등

1. 설계감리비 : 20,000,000원
2. 공사비(도급계약금액 : 부가세 제외 1,300,000,000원)
   (1) 공사비 : 1,000,000,000원
   (2) 간접비 : 300,000,000원
   (3) 기타 : 공사비 중 120,000,000원은 사업추진비 및 판촉비 성격으로 지출되었다.
3. 기타경비 : 제비용의 10%

예시답안

재조달원가 결정

$[20,000,000 + (1,000,000,000 - 120,000,000) + 300,000,000 \times 88/100^*] \times 1.1 = 1,280,400,000$원(m^{2}당 1,600,500원)

* 건물과 관련 없는 공사비의 배분

Check Point!

❯ 건물의 원가산정방식 유형

방법	내용
총량조사법 (총가격적산법)	총량조사법이란 대상 부동산에 대한 건설비, 노무비, 부대비용 등을 산정하여 재조달원가를 구하는 방법으로, 원가요소별로 재료비, 노무비, 경비 등을 집계하여 산정
구성단위법 (부분별 단가적용법)	건물을 벽, 바닥, 지붕 등과 같은 몇 개의 중요한 구성부분으로 나누고, 각 구성부분별로 측정단위에다 단가를 곱하여 비용을 추계하는 방법
단위비교법	평방미터나 입방미터와 같은 총량적 단위를 기준으로 비용을 산출하는 방법(예를 들어 평당 건설비용이 얼마니까 총비용은 '얼마가 된다'라는 식으로 추계하는 것)
비용지수법 (변동률적용법)	대상 부동산의 최초의 건물비용을 알 수 있을 때 사용되는 방법으로, 신뢰성 있는 기관으로부터 발표된 건물비용에 관한 지수를 사용하여 재생산비용을 추계하는 방법

(3) 간접법

① 개념

간접법이란 건물신축단가표를 참고하거나 유사건물의 신축사례를 조사하여 여기에 시점수정, 개별요인 보정 등을 행하여 대상의 재조달원가를 산출하는 방법이다.

② 구체적인 방법

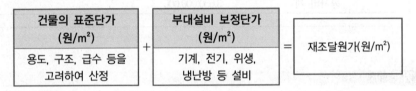

ㄱ 건물의 표준단가 : 정부고시 표준품셈과 실적공사비 등을 적용하여 산정한 순수 건축공사비에 제경비(간접노무비, 산재보험료, 안전관리비, 기타경비, 일반관리비, 이윤 등), 설계 및 감리비 및 전기 기본설비비(전등, 전열공사비) 등이 포함된 금액이다.

ㄴ 부대설비 보정단가 : 건물 표준단가에 포함되지 않은 전기, 위생, 냉난방, E/V 설비 등 부대설비에 대한 설치비용이다.

Check Point!

❯ 한국부동산원 신축단가표 적용 예시(표준단가결정 시 참고)

분류번호	용도	구조	급수	표준단가	내용연수
7-2-5-1	호텔	철근콘크리트조 슬래브지붕	1	1,750,000	50 (45~55)
			2	1,650,000	
			3	1,550,000	
			4	1,283,000	

2-1-7-1	점포 및 상가	철근콘크리트조 슬래브지붕	1	1,100,000	50 (45~55)
			2	950,000	
			3	700,000	

상기 표준단가를 적의조정하여 적용하며, 여기에 부대설비를 보정하여 활용한다.

③ m²당 공사비 적산표(표준단가 1,204,000m²인 경우)

구분	주요공사내역	공사비	구성비	재료비 : 노무비
01. 가설공사	공통가설, 일반가설	92,732	7.70	22:78
02. 기초 및 토공사	터파기, 잡석다짐, 레미콘	35,488	2.94	10:90
03. 철근콘크리트공사	레미콘, 철근가공조립	227,833	18.92	59:41
04. 조적공사	시멘트벽돌쌓기, 치장벽돌쌓기	88,303	7.33	25:75
05. 방수공사	아스팔트방수, 액체방수/보호모르타르, 고름모르타르	75,171	6.24	21:79
06. 미장공사	현장테라조, 시멘트모르타르미장	167,726	13.93	13:87
07. 타일공사	자기질타일, 세라믹타일	11,894	0.98	30:70
08. 목공사	출입문틀설치	3,361	0.27	24:76
09. 창호공사	목재플러쉬문, 철재문, 알루미늄창호(아날로그), 도어금속물	41,591	3.45	40:60
10. 유리공사	투명유리, 투명복층유리	8,262	0.68	32:68
11. 도장공사	조합페인트, 수성페인트	23,801	1.97	25:75
12. 지붕 및 홈통공사	강관선홈통, 루프드레인	2,023	0.16	25:75
13. 수장공사	스티로폼단열재, 아스칼텍스, 비닐타일	18,092	1.50	54:46
14. 금속공사	경량철골천정틀, 철제커텐박스, 와이어메쉬, 알루미늄시트	43,415	3.60	22:78
15. 운반공사	철근, 시멘트, 모래, 자갈, 잡석	5,845	0.48	42:58
16. 고자재 대금공제	고철근	-472	-0.03	100:0
계		845,065		32:68
제경비	간접노무비, 산재보험료, 안전관리비, 경비, 일반관리비, 이윤, 건강보험료, 환경보존비	262,935	21.84	
건축공사비 합계		1,108,000		
설계비		18,000	1.50	
감리비		12,000	1.00	
전기기본설비비		66,000	5.48	
합계		1,204,000	100%	

④ **신축단가표 적용 시 유의사항**

　㉠ 신축단가표의 신축단가는 순수 건축공사비에 제경비(간접노무비, 산재보험료, 안전관리비, 기타경비, 일반관리비, 이윤 등), 설계감리비 및 전기기본설비비(전등, 전열공사비) 등이 포함된 금액이며, 이외의 부대설비는 별도로 보정해야 한다.

　㉡ 건물의 등급에 따라 1급~5급까지 차등 적용할 수 있다.

　㉢ 일반주택, 고급주택, 통나무주택, 스틸하우스의 표준단가에는 부가가치세가 포함되어 있고, 기타용도의 건물은 부가가치세가 포함되어 있지 않다.

　㉣ 공장의 경우 '층고'는 1개층의 층고를 말한다.

　㉤ 2층 이상의 건물로서 구조, 용도 및 사용자재 등이 상이하여 층별로 가격형성요인을 달리 하는 경우에는 층별로 구분하여 표준단가를 적용할 수 있다.

　㉥ 일반적인 차이가 있을 수 있는 항목은 아래와 같다.

　　ⓐ **면적 및 규모** : 규모, 면적에 따라 건축비 차이가 있다. 큰 건물이 작은 건물에 비하여 규모의 경제에 따라 단가별 건축비가 낮아질 수 있다(동일 사용자재, 구조인 경우).

　　ⓑ **스팬(Span)** : 스팬이 큰 건축물의 건축비가 높다. 큰 스팬은 필요한 부재도 커지고 수 반되는 기초공사비도 늘어나기 때문이다.

　　ⓒ **층고** : 층고가 높을수록 건축비가 높아진다. 예컨대 단순히 공장건물의 경우 7m 건물이 3.5m 건물의 2배가 아니고 기둥의 구조, 단면적이 더 커지게 되고 강재의 사용량도 늘 어나게 되며, 기초공사비도 많이 소요되어 비용이 더 들어가게 된다.

　　ⓓ **크레인의 설치유무** : 공장 및 창고 등은 동일면적, 구조, 자재의 건물이라도 크레인의 설치유무에 따라 건축비 차이가 있다. 크레인 설치를 위하여 그 하중에 적합하도록 기둥, 보, 기초 등에 대한 보강공사가 필요하게 되며, 크레인 설치된 건물의 건축비가 더 높다.

　　ⓔ **층수** : 연면적이 같더라도 층수가 많아지면 기초공사비, 가설공사비 및 구조체 공사비 등 시공비가 많이 들어 건축비가 많이 든다.

　㉦ 부대설비는 품질, 규격, 제작회사에 따라 가격차이가 있으므로 철저하게 조사해야 하며, 대형건물의 경우 리스설비가 있을 수도 있으므로 유의해야 한다.

　㉧ 건물의 효용을 다하기 위한 전기설비, 냉난방설비, 승강기, 소화전설비 등 기타 건물에 부 착된 설비는 건물과 별도로 구분하지 않고 건물에 포함하여 평가한다. 특수한 목적의 경우 에는 별도로 평가할 수 있다.

(4) 건물의 시점수정[11]

① **건물 시점수정에 사용하는 지수**

건물의 시점수정에 사용하는 지수는 통상 생산자물가지수를 주로 사용하나, 한국건설기술연구 원이 월별로 작성하여 제공하는 통계인 건설공사비지수를 활용할 수 있다. 건설공사비지수는 주거용건물과 비주거용건물로 구분하여 발표되는 바, 평가대상건물의 유형에 따라 적용한다.

---

11) 물건별 시점수정방법 권고사항 알림, 한국감정평가사협회, 2024.02.16.

② **산정방법 및 적용예시**

생산자물가지수의 산정방법은 앞에서 서술한 바와 같으며, 건설공사비 지수의 적용은 월할계산 방식에 의한다. 이는 거래시점 또는 기준시점이 속하는 월의 건설공사비 지수로 비교하며, 해당 월의 지수가 발표되지 않은 경우에는 전월, 전월 미발표인 경우에는 전전월 지수를 비교한다. 확정 지수 이전에 잠정치 지수가 발표된 경우에는 잠정치임을 표시하여 활용이 가능하다.

>> 건설공사비 지수는 확정지수 발표 이전에 예정치, 잠정치를 순차 발표함.

③ **건설공사비지수에 의한 시점수정치 계산 예시**

❖ 적용 예시

대상 및 사례 건물은 모두 주거용 건물 사례 건물의 거래시점 : 2025.05.10. 대상 건물의 기준시점 : 2025.12.14.	2025.05월 건설공사비 지수(주거용) : 150.54 2025.10월 건설공사비 지수(주거용) : 152.71 * 2025.10월 이후 건설공사비 지수는 미발표

$$2025.05.10. \sim 2025.12.14. = \frac{\text{대상기준시점}}{\text{사례거래시점}} = \frac{152.71}{150.54} ≒ 1.01441$$

4) 참고사항

(1) 실무에서는 대부분 간접법에 따라 재조달원가를 산정하며, 신축 건물의 경우 실제공사원가(직접법)를 참작한다.

(2) 본건의 용도, 구조, 공법, 설비 등의 특수성이 있는 경우에는 직접법에 의한 가액을 기준으로 할 수 있다.

Check Point!

▶ **건물의 주체부분과 부대부분**

주체시설	골조(장기)	내력벽, 기둥, 보, 지붕틀
	마감재(단기)	도장, 타일 등
부대시설	단기	전기, 전화, 가스, 급수, 배수, 환기, 승강기, 위생, 냉난방, 소화, 자동제어설비 등

>> 건물의 일반적인 효용을 위한 전기설비, 냉·난방설비, 승강기설비, 소화전설비 등 부대설비는 건물에 포함하여 감정평가한다. 다만, 특수한 목적의 경우에는 구분하여 감정평가할 수 있다.

기 본예제

다음 건물의 재조달원가를 산정하시오.

자료 1 ▶ 대상건물자료

1. 사용승인시점은 2022년 7월 1일이고 기준시점은 2026년 8월 1일임.
2. 철근콘크리트조 슬래브지붕 5층 업무용빌딩(건물의 급수는 3급이 적정함)으로 연면적은 5,000㎡임.
3. 건축 당시 계약 자료에 의하면 도급 시 과당경쟁으로 표준공사대비 10% 저가인 750,000원/㎡에 입찰된 것으로 조사되었음.

자료 2 ▶ 생산자물가지수(총지수)

시점	지수	비고
2022년 6월	95.10	-
2022년 7월	95.49	-
2024년 3월	98.42	-
2024년 4월	98.67	-
2026년 6월	112.10	2026년 7월 미고시

자료 3 ▶ 건축물의 신축단가표 및 부대설비보정

1. 건축물의 신축단가표(2024.4.1. 기준)

일련번호	용도	급수	재조달원가(원/㎡)
1-2-3-4	업무시설	2	950,000
1-2-3-4	업무시설	3	870,000

2. 부대설비 보정단가(2024.4.1. 기준) : ㎡당 250,000원
3. 평가대상 건물은 신축단가표의 재조달원가 및 부대시설에 비하여 5% 우세하다.

┛예시답안

Ⅰ. 평가개요

직접법과 간접법으로 산정하여 재조달원가를 결정함(기준시점 : 2026년 8월 1일).

Ⅱ. 직접법

1. 건축 시 건축비

$$750,000 \times \frac{100}{100-10} ≒ 833,000원/㎡$$

2. 재조달원가

$$833,000 \times 1.17876^* ≒ 982,000원/㎡$$

$$* 생산자물가지수 : \frac{2026.6}{2022.6} = \frac{112.10}{95.1}$$

Ⅲ. 간접법(신축단가표 기준)

1. 신축건축표 기준 재조달원가

$$870,000(3급) + 250,000 = 1,120,000원/㎡$$

2. 기준시점 현재의 본건의 재조달원가

$1,120,000 \times 1.05$(개별요인보정) $\times 1.13900^*$ ≒ $1,340,000$원/m²

* 생산자물가지수 보정 : $\dfrac{2026.6}{2024.3} = \dfrac{112.10}{98.42}$

Ⅳ. 재조달원가결정

직접법에 의한 재조달원가는 건축시점 당시 사정이 개입되었으며 시적인 격차도 큰바, 객관적인 신축단가표를 기준으로 한 평가액인 1,340,000원/m²로 결정한다.

($1,340,000$원/m² $\times 5,000$m² $= 6,700,000,000$원)

3. 감가수정

1) 감가수정의 개념 등

감가수정이란 대상물건에 대한 재조달원가를 감액하여야 할 요인이 있는 경우에 물리적 감가, 기능적 감가 또는 경제적 감가 등을 고려하여 그에 해당하는 금액을 재조달원가에서 공제하여 기준시점에 있어서의 대상물건의 가액을 적정화하는 작업을 말한다. 감가수정도 감가수정 자료의 출처가 대상물건인지, 대상과 같거나 유사한 물건에서 비롯된 것인지에 따라 직접법과 간접법으로 구분할 수 있다.

자료출처	구체적인 감가수정 방법		
직접법	내용연수법		정액법
			정률법
			상환기금법
↔	관찰감가법		
간접법	다른 방법		분해법
			시장추출법
			임대료손실환원법

2) 내용연수법

내용연수법은 실무상 적용이 간편하고 객관적이라는 장점을 가진다. 반면에 개별성이 있는 부동산의 실제 감가액과 괴리될 수 있다는 단점을 가지기도 한다. 따라서 여러 가지 방법을 이용한 내용연수의 조정에 의해 기능적 감가를 어느 정도 반영할 수 있는 방법이 적용되기도 하지만, 여전히 경제적 요인에 의한 감가는 반영하기가 어렵다고 할 것이다.

⑴ 정액법

대상물건의 감가총액을 단순히 경제적 내용연수로 평분하여 매년의 감가액으로 하는 방법으로, 감가수정액이 경과연수에 정비례하여 증가하므로 직선법이라고도 하는데, 건물이나 구축물 평가에 유용한 방법이다. 경제적 내용연수란 부동산의 유용성(효용성)이 지속되어 경제적 수익의 발생이 예상되는 사용가능한 기간을 말하며, 물리적으로 존속가능할 것으로 예측되는 기간인 물리적 내용연수, 세법상 규정된 세법상 내용연수와 다를 수 있다.

$$\bullet \text{ 매년의 감가액}(D): \quad D = \frac{C-S}{N} = \frac{C(1-R)}{N} \quad (R=0 \text{일 때에는 } D = \frac{C}{N})$$

$$\bullet \text{ 감가누계액}(Dn): \quad Dn = C\left\{(1-R)\frac{n}{N}\right\} \quad (R=0 \text{일 때에는 } Dn = C \cdot \frac{n}{N})$$

$$\bullet \text{ 적산가액}(Vn): \quad Vn = C\left\{1-(1-R)\frac{N-n'}{N}\right\} \quad (R=0 \text{일 때에는 } Vn = C\left\{1-\frac{N-n'}{N}\right\}$$
$$= C \times \frac{n'}{N})$$

C: 재조달원가 S: 잔존가치 R: 잔가율 N: 내용연수 n: 경과연수 n': 잔존내용연수

≫ 감가수정 시에는 "만년감가"를 기준으로 한다. 만년감가란 경과시점이 1년 모두 경과해야 1년이 경과한 것으로 인정하는 것을 말한다.

기 본예제

아래 건물을 원가법에 의하여 감정평가하시오. 가격조사 완료일은 2026년 6월 3일이다.

자료 1 건축물관리대장 사항

건축물 현황			
층별	구조	용도	면적(m²)
지층	철근콘크리트조	근린생활시설	200
1층	철근콘크리트조	근린생활시설	150
2층	철근콘크리트조	단독주택	150

허가일	2016.11.07.
착공일	2016.11.15.
사용승인일	2017.08.09.

자료 2 건축물의 신축단가

1. 신축단가표

	철골조		철근콘크리트조	
	근린생활시설	단독주택	근린생활시설	단독주택
표준단가(원/m²)	550,000	750,000	800,000	1,000,000

≫ 건물의 가격은 보합세인 것으로 본다.

2. 부대설비 보정단가(원/m²)

구분	기계 및 전기설비	위생설비	냉난방설비
보정단가	60,000	40,000	150,000
지층	○	○	×
1층	○	○	×
2층	○	○	○

3. 지하부분은 지상부분 재조달원가의 80%를 적용한다.

자료 3 경제적 내용연수(최종잔가는 없음)

철골조	철근콘크리트조
40	50

예시답안

I. 평가개요

「감정평가에 관한 규칙」 제15조에 의하여 원가법에 의하여 건물을 평가한다.

II. 재조달원가

1. **근린생활시설**: $800,000 + 60,000 + 40,000 = 900,000$원/m²

2. **단독주택부분**: $1,000,000 + 60,000 + 40,000 + 150,000 = 1,250,000$원/m²

3. **지층 근린생활시설**: $900,000 \times 0.8 = 720,000$원/m²

III. 적산가액

1. **근린생활시설**: $900,000 \times \dfrac{42}{50} = 756,000$원/m²$(\times 150 = 113,400,000$원$)$

2. **단독주택부분**: $1,250,000 \times \dfrac{42}{50} = 1,050,000$원/m²$(\times 150 = 157,500,000$원$)$

3. **지층 근린생활시설**: $720,000 \times \dfrac{42}{50} = 604,800$원/m²$(\times 200 = 120,960,000$원$)$

4. **소계**: 391,860,000원

---

(2) **정률법**

자산의 가지가 매년 일정한 비율로 감가된다는 가정하에 매년 말 잔존가치에 일정한 감가율을 곱하여 매년의 감가액을 구하는 방법이다. 이 방법은 감가액이 첫 해에 가장 크고 해가 갈수록 감가액이 점차 줄어드는 것으로, 기계·기구 등 동산, 수익용·임대용 부동산평가에 주로 활용된다.

① **최종잔가율 및 경제적 내용연수가 주어진 경우**

> - 감가율(Dn): $Dn = 1 - (S/C)^{n/N}$
> - 잔가율(D_i): $D_i = (S/C)^{n/N}$
> - 적산가액(Vn): $Vn = C \times (S/C)^{n/N}$
>
> | | | |
> |---|---|---|
> | C: 재조달원가 | S: 잔존가치 | N: 내용연수 |
> | n: 경과연수 | r: 전년대비 잔가율 | |

② **매년감가율이 주어진 경우**

> • 감가누계액(Dn) : $Dn = C\{1-(1-K)^n\}, \; Dn = C\{1-r^n\}$
>
> • 적산가액(Vn) : $Vn = C - Dn = C - C \times \{1-(1-K)^n\} = C(1-K)^n = Cr^n$
>
> C: 재조달원가 $\qquad$ S: 잔존가치 $\qquad$ N: 내용연수
>
> n: 경과연수 $\qquad$ r: 전년대비 잔가율 $\qquad$ K: 매년 감가율

기 본예제

기준시점 현재 재조달원가가 1억원인 사출기가 있다. 이 기계는 내용연수가 15년으로 판단되며 최종잔가율이 10%이다. 대상사출기를 사용한 지 5년이 경과했다면 이 기계의 기준시점 현재가격은 얼마인가? (다만, 감가수정은 정률법으로 하되, 경과연수 산정은 만년감가에 의한다.)

예시답안

1. 개요

정률법을 활용하여 사출기의 적산가액을 산정함.

2. 잔가율

$0.1^{(5/15)} ≒ 0.464$

3. 적산가액

$100,000,000 \times 0.464 ≒ 46,400,000$원

(3) 상환기금법

대상물건의 내용연수 만료 시에 기준시점에서의 상태와 동일한 가치를 갖는 물건을 재취득하기 위하여 매년의 감가액을 외부에 축적(투자)하고, 그에 따른 복리의 이자도 발생한다는 것을 전제로 내용연수 만료 시에 감가누계액 및 그에 따른 복리이자상당액의 합계액이 감가 총액과 같아지도록 매년 일정액을 감가하는 방법을 말한다.

> • 매년감가액 $= C \times (1-R) \times \dfrac{i}{(1+i)^N - 1}$
>
> • 적산가액 $= P_n = C \times \left[1 - n \times (1-R) \times \dfrac{i}{(1+i)^N - 1} \right]$
>
> ≫ 적산가액은 아래와 같이 산출하는 것이 적절할 것이다(기간이자 반영 시).
>
> $$D_n = C \times (1-R) \times \dfrac{i}{(1+i)^N - 1} \times \dfrac{(1+i)^n - 1}{i}$$
>
> D : 매년의 감가액 $\qquad$ D_n : 감가누계액 $\qquad$ P_n : 적산가액
>
> C : 재조달원가 $\qquad$ S : 내용연수 만료 시 잔존가격 $\qquad$ R : 최종잔가율
>
> N : 경제적 내용연수 $\qquad$ n : 경과연수 $\qquad$ i : 축적이율(안전율)

(4) 내용연수의 조정

신축 후 추가투자, 보수관리, 리모델링 등과 같은 건물의 변동사항(감가의 개별성)을 반영하기 위해 감정평가사가 객관적으로 판단하여 내용연수를 조정하는 것이다.

① 유효연수법

유효연수법이란 대상 부동산에 대한 증·개축을 고려한 유효연수를 기준으로 하여 감가수정을 하는 방법이다.

㉠ 수정경과연수 = 유효연수(전내용연수 − 장래보존연수)

 ≫ 실제경과연수에서 건물의 관리상태에 따라 건물의 내용연수를 +/−로 보정하는 것을 말한다.

㉡ 감가율(노후율) $= \dfrac{\text{유효경과연수}}{\text{전내용연수}}$

㉢ 잔존가치율(잔가율) $= \dfrac{\text{전내용연수} − \text{유효경과연수}}{\text{전내용연수}}$

② 미래수명법

미래수명법은 잔존 경제적 수명(장래보존연수)을 보다 더 정확하게 알 수 있을 때, 잔존 경제적 수명에 건물의 경과연수를 더하여 전체수명(전내용연수)을 조정하는 방법이다.

㉠ 수정내용연수 = 실제경과연수 + 장래보존연수

㉡ 감가율(노후율) $= \dfrac{\text{실제경과연수}}{\text{실제경과연수} + \text{장래보존연수}} = \dfrac{n}{n + n'}$

㉢ 잔존가치율(잔가율) $= \dfrac{\text{장래보존연수}}{\text{실제경과연수} + \text{장래보존연수}} = \dfrac{n'}{n + n'}$

③ 증축의 경우 조정 및 조정방법 [12]

증축부분은 기존부분의 경제적 내용연수가 다하면 설사 증축부분의 내용연수가 더 남아 있다 하더라도, 증축부분은 기존부분과 운명을 같이 하는 것이기 때문에 기존부분과 경제적 잔존내용연수가 일치하도록 증축부분의 총 내용연수를 조정하여야 하는데, 그 조정방법은 일반적으로 다음과 같다.

㉠ 증축부분의 전내용연수 = 기존부분의 잔존내용연수 + 증축부분의 경과연수

㉡ 증축부분의 감가누계액

$$= \text{재조달원가(C)} \times \dfrac{\text{증축부분의 경과연수}}{\text{기존부분의 잔존내용연수} + \text{증축부분의 경과연수}}$$

---

12) 부대시설의 경우 내용연수 조정이 필요한가에 대하여 논란이 있다. 부대시설부분의 잔존내용연수가 기존 부분의 잔존내용연수 범위 내라면 그 기간 동안은 부대시설부분이 유지될 수 있을 것이므로, 부대시설부분의 잔존내용연수가 기존부분의 잔존내용연수보다 클 경우에만 내용연수 조정을 하는 것이 타당할 것으로 생각된다. 그러나 감가수정을 물리적 측면에서 바라볼 경우에는 이상의 이론이 타당할 수 있으나, 기능적 측면까지 고려한다면 부대시설부분에 대한 내용연수 조정도 필요하다는 반론이 있다.

ⓒ 증축부분의 적산가액

$$= 재조달원가(C) \times \frac{기존부분의\ 잔존내용연수}{기존부분의\ 잔존내용연수\ +\ 증축부분의\ 경과연수}$$

기 본예제

다음 건물의 이용상황별로 조정된 내용연수, 잔존내용연수 및 경과연수를 산정한 후, 각 이용상황별로 잔존가치율을 산정하시오.

자료 1 ▶ 대상건물

1. 구조 : 일반철골조 판넬지붕 2층 건물
2. 이용상황 : 1층을 2016년 7월 1일에 신축한 후, 2022년 4월 1일에 2층을 증축하였음.
3. 기준시점 : 2026년 10월 1일
4. 건물의 구성 : 1층은 공장으로 2층은 사무실로 이용 중임.

자료 2 ▶ 기타자료

1. 이용상황별 내용연수 : 공장(30년), 사무실(35년)
2. 감가수정자료 : 정액법, 만년감가

예시답안

Ⅰ. **평가개요**

본건 건물은 증축건물인바, 내용연수를 조정하여야 함(기준시점 : 2026년 10월 1일).

Ⅱ. **1층 공장부분**

1. **내용연수** : 30년

2. **경과연수(만년감가)** : 10년

3. **잔존내용연수** : 20년

4. **잔존가치율** : 20/30 ≒ 0.667

Ⅲ. **2층 사무실부분**

1. **내용연수 조정** : 1층부분의 잔존내용연수에 2층부분의 경과연수를 더하여 내용연수를 결정함.
   ∴ 20년 + 4년 = 24년

2. **경과연수** : 4년

3. **잔존내용연수** : 20년

4. **잔존가치율** : 20/24 ≒ 0.833

3) 관찰감가법

감정평가 주체가 대상물건의 전체 또는 구성부분을 면밀히 관찰하여 물리적·기능적·경제적 감가요인을 분석하여 감가액을 직접 구하는 방법이다. 즉, 감가의 기준을 직접적으로 경과연수에 두지 않고, 대상건물의 전체 또는 구성부분별로 물리적·기능적·경제적 감가요인에 의한 감가액을 직접 관찰함으로써 감가액을 구하는 방법이다.

관찰감가법은 내용연수나 감가율 등 산식을 사용함이 없이 대상물건의 각 구성부분 또는 전체에 대하여 그 실태를 조사하여 감가요인과 감가액을 직접 구하는 방법으로, 경제적 내용연수를 기준으로 구한 감가누계액이 대상물건의 적정한 감가액이 되지 아니하는 경우에는 관찰감가법을 적절히 활용하여 경과연수 또는 장래 보존연수 등을 조정·적용함으로써 감가누계액이 적정한 것이 되도록 하는 것이다.

이 방법은 감정평가사의 폭넓은 경험과 지식에 크게 의존한다. 관찰감가법은 충분한 시장증거가 지지된다면 유용한 감가수정방법이 될 수 있으나, 평가주체의 주관개입의 소지가 다분하여 타방법과 병용하는 것이 일반적이다.

4) 분해법(Breakdown Depreciation Method)

(1) 개념

분해법이란 대상 부동산에 대한 감가요인을 물리적·기능적·경제적 요인으로 세분한 후 각 감가요인별로 경제적 타당성을 기초로 회복가능, 회복불능으로 항목화하여 이에 대한 감가수정액을 각각 별도로 측정하고, 이것을 전부 합산하여 감가수정추계치를 산출하는 방법을 말한다.

(2) 치유가능 여부의 판단기준

치유가능항목과 치유불능항목의 판단기준은 물리적·기능적·경제적 판단으로서 ⅰ) 치유비용 이상의 가치증진이 있는 경우, ⅱ) 그 항목에 경제적 타당성이 없더라도 다른 항목의 가치하락을 그 이상으로 방지할 수 있는 경우 치유가능하다고 본다.

(3) 감가수정의 유형

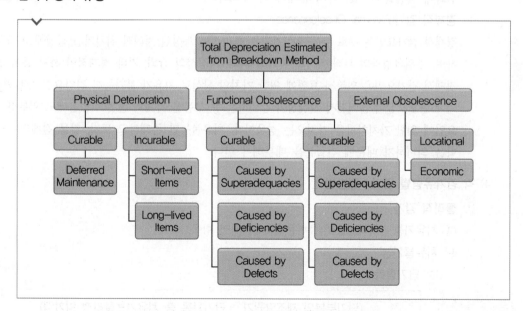

① **물리적 감가**(Physical Deterioration)

물리적 감가요인은 시간의 경과, 사용으로 인한 마모 또는 파손, 재해 등 우발적 사고로 인한 손상, 기타 물리적인 하자 등이 있다. 물리적으로 결함이 있는 부분에 대해 즉각적 교체 또는 보수가 필요한가의 여부, 보수가 필요하다면 소요되는 보수비용, 보수 후의 경제적 유용성이나 잔존 및 내용 연수 등에 대한 검토가 이루어져야 한다. 파손부분을 즉각적으로 교체하거나 보수할 필요가 없는 경우일지라도 부동산의 경제적 내용연수가 만료되기까지 교체의 필요성 여부, 치유 및 교체에 수반되는 비용 등에 대한 검토가 이루어져야 한다.

② **기능적 감가**(Functional Obsolescence)

기능적 감가요인은 부동산 사용자의 관리나 건설 당시의 설계와 같은 인위적인 요소가 많이 작용하는 것으로 형식의 구식화, 설비의 부족, 설계의 불량, 능률의 저하, 기타 기능적인 하자 등이 있다. 대상 부동산의 기능적 하자가 치유 가능한지 여부에 따라 기술적·경제적인 측면에서 검토해야 한다. 일반적으로 현대 건축기술의 발달로 인하여 기술적 측면은 그다지 중요하지 않으나, 대신 그 치유에 소요되는 비용과 회복 또는 증대되는 가치를 상호·비교하는 경제적 타당성을 주된 검토대상으로 한다. 즉, 기능적 하자의 치유에는 반드시 경제적으로 타당성이 있어야 한다.

인근지역의 변화 등 환경변화에 순응할 수 있는가의 여부, 즉 현재 및 장래의 기능적 적합성에 대한 검토가 필요하다. 만약 기능적 하자의 치유가 기준시점에서 경제적으로 가능하다 하더라도 부동산의 경제적 위치의 가변성을 전제로 생각할 때, 그러한 하자의 치유가 앞으로 인근지역의 변화에 적합할 수 있느냐의 문제가 더 중요하다.

③ **경제적 감가**(External Obsolescence)

경제적 감가요인은 주로 부동산이 가지는 물리적인 특성인 지리적 위치의 고정성에 의해 발생하며, 주위환경과의 부적합, 인근지역의 쇠퇴, 시장성의 감퇴, 기타 경제적인 하자 등이 있다. 경제적 감가요인은 외부적 요인에 의한 가치의 상실로 치유가 불가능한 감가요인으로 인근지역에 혐오시설이 들어서서 시장성이 감퇴하는 등 부동산 자체의 잘못이 없음에도 외부적 경제 요인에 의한 가치하락을 가져오는 경우이다. 치유불능만 존재하고 토지, 건물 전체의 가치하락을 의미하기 때문에 건물분을 배분해야 한다.

⑷ **각 감가유형별 감가수정방법**

① **물리적 감가**

㉠ 치유가능 : 회복비용(치유비용법)(수리지연 항목)

㉡ 치유불가능

ⓐ 단기항목

> (단기부분의 재조달원가 − 단기항목 중 치유가능물리적 감가액)
> × 감가상각률(경과연수/(단기)경제적 내용연수)

ⓑ 장기항목

> (장기부분의 재조달원가 − 장기항목 중 치유가능물리적 감가액)
> × 감가상각률(경과연수/(장기)경제적 내용연수)

　　　ⓒ 손상 또는 반달리즘 : 별도 제시된 경우 물리적 감가로 본다.
② **기능적 감가**
　㉠ 경제적 타당성 검토
　　ⓐ 단기부분의 치유 여부인 경우

> • 증가된 순수익 × 복리연금현가(잔존연수, 시장이자율)
> 　vs 치유비용(or 신규설치비용 − 폐재가치)
> • 감소된 운영경비 × 복리연금현가(잔존연수, 시장이자율)
> 　vs 치유비용(or 신규설치비용 − 폐재가치)

　　ⓑ 장기부분의 치유 여부인 경우

> • 증가된 순수익 / 건물환원이율 vs 치유비용(or 신규설치비용 − 폐재가치)
> • 감소된 유효조소득 × 유효조소득승수 vs 치유비용(or 신규설치비용 − 폐재가치)

　　⚙ 분해법 적용 시 치유타당성 분석

손실(증가)되는 현금흐름	감가가 있는 부분	현금등가	비고
총수익	주체	× 조소득승수	문제에서 별도의 조건이 있는 경우 그에 따른다.
	부대	× PVAF	
순수익 (= 총수익 × (1 − 경비비율))	주체	÷ 건물환원이율	
	부대	× PVAF	

　　》 상기의 현금흐름과 치유비용(폐재가치 있는 경우 공제된)과 비교하여 치유타당성을 검토한다.
　㉡ 기능적 감가수정액 결정
　　ⓐ 치유가능 시 기능적 감가상각
　　　• 새로운 부가물 설치의 결핍(부족)으로 인한 치유가능 기능적 감가상각 : 대상 부동산과 유사한 다른 부동산이 가지고 있는 어떤 부가물을 대상 부동산은 가지고 있지 않기 때문에 발생하는 감가상각으로 치유하였을 경우에 치유비용보다 가치의 증가가 큰 경우가 여기에 해당된다. 이때의 감가상각액은 초과비용(= 치유비용 − 평가시점 당시 신축 시 설치비용[13])으로 측정한다.

---

13) 치유비용에 신규시설에 대한 구입・설치비용이 포함되어 있으면 감가수정액 산정 시 항상 "기준시점의 신축 시 설치비용"이 공제된다.

- 기존 설치물 대체나 현대화의 결핍으로 인한 치유가능 기능적 감가상각 : 현재 평가대상 부동산에 설치되어 있기는 하지만 그것이 유사한 다른 부동산과 비교할 때 기준에 못 미치거나 결함이 있어 설비의 대체를 요하는 경우가 여기에 해당한다. 이때의 감가상각액은 치유에 드는 초과비용(= 치유비용 - 신축 시 설치비용)과 현존 설비의 잔존가치를 합하여 측정한다.
- 경제적으로 치유 가능한 과잉에 의한 치유가능 기능적 감가상각 : 과잉이란 평가대상 부동산에 있는 어떤 항목이 유사한 다른 부동산에 비해서 초과설치되었지만 그 초과된 부분이 대상 부동산의 가치를 증가시키지 못하는 경우를 의미하며, 과잉을 제거할 경우 폐재가치와 부동산의 가치증가의 합이 제거비용보다 클 때 치유가능한 과잉에 의한 치유가능 기능적 감가상각에 해당하게 된다.

> - 과잉부분만을 제거할 수 있는 경우 : 치유비용 + 과잉부분의 가격
> - 과잉부분만을 제거할 수 없는 경우(과잉부분과 적정부분 일부를 제거하고 신규 설비를 설치해야 하는 경우) :
>   치유비용 + 과잉부분 및 일부 적정 부분의 가격 - 신축 시 설치비용

ⓑ 치유불능 시 기능적 감가상각

- 결핍(부조화)으로 인한 치유불능 기능적 감가상각 : 대상 부동산과 유사한 다른 부동산이 가지고 있는 어떤 부가물을 대상 부동산은 가지고 있지 않기 때문에 발생하는 감가상각으로 치유하였을 경우에 증가되는 가치보다 치유비용이 큰 경우가 여기에 해당되며 이때의 감가상각액은 해당 항목이 애초에 존재하지 않으므로 가치손실분(= 결핍된 부가물설치 시 가치증가분 - 신축 시 설치비용)만으로 측정한다. 그러나 대체를 요하는 기존시설물이 치유불능인 경우에는 현존 물건의 잔존가치(= 대체를 요하는 기존시설물 재조달원가 - 대체를 요하는 기존시설물 물리적 감가액)와 가치손실분(= 결핍된 부가물설치 시 가치증가분 - 신축 시 설치비용)으로 감가상각액을 측정한다.
- 과잉으로 인한 치유불능 기능적 감가상각 : 평가대상 부동산에 있는 어떤 항목이 유사한 다른 부동산에 비해서 초과설치되었지만 초과된 부분이 대상 부동산의 가치를 증가시키지 못하는 경우로 과잉을 제거할 경우 제거비용이 폐재가치와 부동산의 가치증가의 합보다 큰 경우가 여기에 해당한다. 이 경우에는 과잉부분의 가격과 과잉부분으로 인한 추가비용환원액이 감가상각액이 된다.

> **대치원가로 재조달원가 산정 시 기능적 감가추계과정** : 대치원가로 재조달원가를 산정 시 과잉인 경우 과잉인 부분은 애초에 재조달원가로 추계되지 않기 때문에 과잉부분의 기능적 감가상각 추계 시 과잉부분의 가격을 감가수정액으로 산입할 필요가 없다.

ⓒ 기능적 감가상각 요약(재생산원가로 재조달원가 산정 시)

항목	치유가능 기능적 감가				치유불능 기능적 감가		
	결핍(부족)	대체	과대		과소	부조화	과대
			전체	초과			
기존항목 재조달원가	×	○	○	○	×	○	○
− 발생감가	×	○	○	○	×	○	○
+ 치유비용(가치손실액)	○	○	○	○	○	○	○
− 신축 시 설치비용(기준시점)	○	○	○	×	○	○	×

③ **경제적 감가**(외부적 감가)

　ㄱ 경제적 감가상각이 무한한 경우

　　ⓐ **방법 1**: 소득손실분 / 종합환원율 × 건물가격구성비

　　ⓑ **방법 2**: 건물귀속수익 / 건물환원이율

　　　》 **순수익 구성비가 주어졌을 때**: 순수익손실 × 건물순수익구성비 × 1/건물환원이율
　　　가격 구성비가 주어졌을 때: 순수익손실 × 1/종합환원이율 × 건물가격구성비

　ㄴ 경제적 감가상각이 유한한 경우: 소득손실분 × 복리연금현가 × 건물가격구성비

　　》 경제적 감가로 인한 시장가치 대비 토지가격 하락분이 제시된 경우는 토지건물가격구성비를 적용하는 것보다 토지가격하락분을 직접 차감함이 타당하다.

　　》 경제적 감가상각은 토지와 건물 전체에 대하여 발생하므로 토지와 건물을 개별평가하는 경우 토지가격에도 고려하여야 한다(예를 들어 토지평가 시 지역, 개별요인비교 시 환경조건이 고려되었다면 토지가격에 경제적 감가가 이미 반영된 것으로 볼 수 있을 것이다).

④ **감가누계액**

> 감가누계액 = 물리적 감가액 + 기능적 감가액 + 경제적 감가액

5) 시장추출법(Market Extraction Method)

(1) 개념

시장참여자의 거래에 기초하여 감가를 구하는 방법으로서 이 방법은 거래사례의 유용성과 신뢰성에 영향을 많이 받는다. 시장추출법은 대상 부동산의 감가수정을 시장에서 수집한 유사 부동산의 거래사례자료를 적용하여 구하는 방법이다. 기본적으로 토지에는 발생감가가 없고, 정착물에만 감가수정액이 발생하다는 전제하에 복합부동산의 감가수정액은 토지가격과 최유효이용상태의 재조달원가를 합한 가격에 미달하는 금액으로 계산한다.

(2) 추계절차

> 거래사례 선정 → 사례건물의 거래가격 추출(배분법) → 사례건물의 연간감가상각률 추계 → 본건 건물에 적용

(3) 연간감가상각률 추계

거래사례는 본건과 유사한 거래사례를 선정해야 한다.

$$연간감가상각률 = \frac{사례거래시점 당시 재조달원가 - 사례건물거래가격}{사례의 거래시점 당시 재조달원가} \div 사례건물 거래시점 당시 경과연수$$

(4) 감가수정액

$$감가수정액 = 재조달원가 \times 연간감가상각률 \times 본건 경과연수$$

참고

거래사례를 통한 건물의 경제적 내용연수 추정

1. 개요

건물의 경제적 내용연수는 일반적으로 건물의 구조나 용도 등에 따라 결정된다. 그러나 거래사례를 통하여 주변에서의 건물의 가치변화율을 참고하여 건물의 내용연수를 추정할 수 있는 방법도 있다. 구체적으로는 아래의 산식에 의한다.

2. 경제적 내용연수 추정

거래사례를 통한 건물의 경제적 내용연수를 추정하는 경우에는 복합부동산(토지, 건물)의 거래사례를 이용한다. 거래사례의 거래금액은 아래와 같이 토지와 건물의 거래가액이다.

– 거래사례의 거래금액 = 거래사례의 거래 당시의 토지가격 + 거래사례의 거래 당시의 건물가격

이 중 거래사례의 거래 당시의 토지가격을 차감하면 거래사례의 건물가격이 산출될 것이다.

– 거래사례 거래 당시의 건물가격 = 거래사례의 거래금액 – 거래사례의 거래 당시의 토지가격

한편, 거래사례의 건물가격은 거래사례의 재조달원가와 거래시점 당시의 잔가율을 고려한 값으로 결정되어진다.

– 거래사례의 거래 당시의 건물가격

$$= 거래 당시의 재조달원가 \times \frac{거래사례 건물의 내용연수(N) - 거래사례 건물의 거래 당시 경과 연수}{거래사례 건물의 내용연수(N)}$$

따라서 상기의 산식을 통해 거래사례 건물의 경제적 내용연수를 추정하는 방법은 아래와 같다.

– 거래사례 건물의 내용연수(N) = 1 ÷ 거래사례 건물의 연간 감가율

– 거래사례 건물의 연간 감가율 = [(거래사례 건물의 재조달원가 – 거래사례 건물의 거래가격) ÷ 거래사례 건물의 재조달원가] ÷ 거래사례 건물의 거래 당시 경과연수

기 본예제

01 아래 건물의 감가수정액을 구하시오(기준시점 : 2026.06.15.).

≫ 연간감가율을 산정하되, 백분율 기준으로 반올림하여 소수점 첫째자리까지 산정한다.

02 아래 거래사례를 통하여 경제적 내용연수를 판단하시오.

≫ 경제적 내용연수는 절사하여 산정한다.

- 재조달원가 : 500,000,000원
- 사용승인일 : 2015.07.05.
- 거래사례 정보

거래가액	토지면적(m²) 건물면적(m²)	토지가액	사례 건물의 재조달원가	건물의 사용승인일	거래시점
950,000,000	500 1,200	m²당 800,000원	(기준시점) @900,000 (거래시점) @850,000	2007.05.01.	2026.01.01.

예시답안

Ⅰ. (물음 1) 건물의 감가상각액

1. 사례 건물의 거래가격 : 950,000,000 − 800,000 × 500 = 550,000,000원
2. 사례 건물의 거래시점의 재조달원가 : 850,000 × 1,200 = 1,020,000,000원
3. 연간감가율(거래당시 18년이 경과한 건물임)

$$(1 - \frac{550,000,000}{1,020,000,000}) \div 18 ≒ 2.6\%$$

4. 본건 건물의 감가상각액(10년 경과함) : 500,000,000 × 0.026 × 10 = 130,000,000원

Ⅱ. (물음 2) 경제적 내용연수 추정

$$\frac{1}{0.026} ≒ 38.4년(38년으로 결정한다.)$$

기본예제

다음 물음에 답하시오.
1. 평가대상 건물의 기준시점 현재의 재조달원가를 구하시오.
2. 분해법에 의한 발생감가상각액을 산정하시오.
3. 평가대상 건물의 감정평가액을 구하시오.

풀이영상

자료 1 ▶ 개요

1. 건물의 소재지: S시 K구 A동 100
2. 구조: 철근콘크리트조 슬래브지붕, 지하 1층 지상 3층
3. 용도: 숙박시설
4. 기준시점: 2026년 6월 1일
5. 사용승인일: 2022년 6월 1일
6. 완공일: 2022년 4월 1일

자료 2 ▶ 대상건물의 건축비 내역 등(2022.6.1.)

구분	직접공사비		간접공사비
	주체부분	부대부분	
건축비	280,000,000	90,000,000	직접공사비의 30%
경제적 내용연수	50	15	–

» 본건 건물의 건축비는 해당 건물에 대한 표준적인 건축비이다.

자료 3 ▶ 대상건물의 관한 사항

1. 대상건물은 내·외부 도장상태가 일부 불량하여 재도장이 요구되고 있으며, 그 비용은 900,000원이 소요된다. 또한 지붕누수 보수에 850,000원이 소요된다(수리해야 할 비용은 모두 부대부분임).

2. 대상건물은 공기조화설비(공기조화비는 단기항목이다)를 갖추지 못하고 있음에 따라 연간 500,000원의 임대료손실이 나타난다. 현재 공기조화설비를 갖추는 데는 1,500,000원이 소요되며, 건물준공 시 이러한 설비를 갖추는 데는 1,300,000원이 소요된다.

3. 대상건물의 전기설비(전기설비는 단기항목임) 중 일부는 110V이나 주위 건물들의 일반적 설비규모는 220V이다. 이러한 규격차이로 인하여 연간 600,000원의 운영경비의 추가지출이 나타나고 있다. 기존 구식설비의 기준시점 현재 적정한 재조달원가는 2,000,000원이며, 220V로의 전환비용은 2,200,000원이 소요된다. 현재기준으로 준공 당시 220V로 시공했다면, 2,050,000원이 소요되었을 것이다. 현 전기설비의 장래내용연수는 11년이고, 신규설비의 전 내용연수도 기존설비와 동일하다.

4. 대상건물은 유류보일러설비(유류보일러 설비는 단기항목임)를 갖추고 있으나, 최근 인근지역에 도시가스 설비가 갖추어짐에 따라 인근 도시가스보일러가 갖추어진 건물에 비하여 연간 450,000원의 영업경비 손실을 입고 있다. 기존 보일러의 재조달원가는 1,100,000원이고, 이러한 도시가스보일러로의 시설교체비용은 2,000,000원이다. 기준시점 현재 대상 유류보일러의 폐재가치는 500,000원으로 판단되며 만약 준공 당시에 도시가스로 시공했다면 1,200,000원이 든다. 현 보일러는 장래 내용연수는 11년이고 신규설비의 전 내용연수는 기존과 동일하다(모든 비용은 기준시점기준임).

5. 대상건물은 승강기가 없는 관계로 연간 2,500,000원의 조소득 손실을 보이고 있으나, 대상건물은 현재 구조적으로 승강기를 추가할 수 없다. 그러나 현재시점에서 신축 시 승강기를 설치한다면 5,000,000원의 비용이 소요된다.

6. 대상 건물의 옥탑에는 종전에 사용하던 물탱크실 및 물탱크설비가 있다. 이를 창고 등으로 활용하면 연간 150,000원의 순수익이 증가할 것으로 판단되나, 전환비용이 과다하게 소요되어 치유불능에 해당한다. 해당 물탱크실 등의 현재 재조달원가는 15,500,000원이다.

7. 본건 건물이 속하는 가로의 인접거리에는 신축된 지 28년이 지난 창고가 있다. 이 창고는 관리소홀로 인하여 매우 노후화되어 본건 부동산에 불리한 영향을 주고 있으며(이러한 불리한 영향은 영구적으로 지속될 것으로 판단된다), 이로 인하여 본건 부동산의 순영업소득수준은 이러한 영향으로부터 완전히 독립적인 동 유형의 다른 부동산에 비해 연 160,000원 정도 낮게 형성되고 있다. 한편, 토지의 순수익구성비율은 60%이다.

자료 4 ▶ 기타자료

1. 분리환원이율

   토지환원이율 : 6.0%, 건물의 상각전 환원이율 : 10.5%

2. 시장의 전형적인 조소득승수(PGIM) : 7.5

3. 시장할인율 : 12%

4. 경제적 타당성 분석 시, 건물의 환원이율, 조소득승수 또는 할인방식에 의한 타당성을 검토하되, 환원이율의 적용 시는 직접법을 적용한다.

자료 5 ▶ 건축비 변동 등

건축시점부터 현재시점까지의 연간 건축비상승률은 3%로 이러한 변동추세는 건축비 구성의 개별항목에도 대체적으로 균일하게 적용되는 것으로 조사되었다.

예시답안

I. 평가개요

본건은 S시 K구 A동에 소재하는 건물에 대한 일반거래목적의 감정평가로서 감정평가에 관한 규칙에 따라 원가법으로 평가하되, 기준시점은 2026년 6월 1일이다.

II. (물음 1) 재조달원가(직접법)

1. **주체부분의 재조달원가**

   $280,000,000 \times 1.30 \times 1.03^4 ≒ 409,685,000$원

2. **부대부분의 재조달원가**

   $90,000,000 \times 1.30 \times 1.03^4 ≒ 131,685,000$원

3. **재조달원가**

   $409,685,000 + 131,685,000 = 541,370,000$원

III. (물음 2) 감가수정

1. **물리적 감가**

   (1) 치유가능 : $900,000 + 850,000 = 1,750,000$원

   (2) 치유불능

   ① 주체부분 : $409,685,000 \times 4/50 = 32,775,000$원

   ② 부대부분 : $(131,685,000 - 1,750,000) \times 4/15 = 34,649,000$원

   (3) 물리적 감가 : $1,750,000 + 32,775,000 + 34,649,000 = 69,174,000$원

2. **기능적 감가**

   (1) 공기조화설비

   ① 치유타당성 : $500,000 \times \dfrac{1.12^{15} - 1}{0.12 \times 1.12^{15}} - 1,500,000 > 0$ (치유가능)

   ② 감가수정액 : $1,500,000 - 1,300,000 = 200,000$원

   (2) 전기설비

   ① 치유타당성 : $600,000 \times \dfrac{1.12^{11} - 1}{0.12 \times 1.12^{11}} - 2,200,000 > 0$ (치유가능)

② 감가수정액: $2,200,000 + 2,000,000 \times 11/15 - 2,050,000 ≒ 1,617,000원$

(3) 유류보일러

① 치유타당성: $450,000 \times \dfrac{1.12^{11}-1}{0.12 \times 1.12^{11}} - (2,000,000 - 500,000) > 0\,(치유가능)$

② 감가수정액: $(2,000,000 - 500,000) + 1,100,000 \times 11/15 - 1,200,000 ≒ 1,107,000원$

(4) 승강기(치유불능): $2,500,000 \times 7.5 - 5,000,000 = 13,750,000원$

(5) 물탱크실(치유불능): $(150,000 ÷ 0.105) + 15,500,000 \times 46/50 ≒ 15,689,000원$

(6) 기능적 감가: $200,000 + 1,617,000 + 1,107,000 + 13,750,000 + 15,689,000 = 32,363,000원$

3. 경제적 감가: $(160,000 \times 0.4) ÷ 0.105 ≒ 610,000원$

4. 감가수정액: 물리적 감가액 + 기능적 감가액 + 경제적 감가액 = 102,147,000원

IV. (물음 3) 건물의 감정평가액 결정

$541,370,000 - 102,147,000 = 439,223,000원$

---

6) 임대료손실 환원법

감가요인으로 감소된 순수익을 자본환원하여 감가액을 추출하는 방법으로 시장추출법과 마찬가지로 시장자료의 신뢰성이 높아야 감가상각의 신뢰도가 높아진다. 대상과 사례의 단위당 임대료의 차이를 자본환원(직접환원법, 조소득승수법)하여 산정한다.

$$임대료손실환원법에 의한 감가수정액 = \frac{감가요인으로\ 인한\ 순수익의\ 감소분}{순수익\ 감소분에\ 대한\ 환원율}$$

기 본예제

K평가사는 (주)K에서 의뢰된 건물의 가격을 평가하고 있다. 대상건물과 유사성이 많은 인근 사례를 수집하여 임대료손실환원법으로 산정하고자 한다.

자료 1 대상건물자료

1. 위치: 서울 서초구 P동 1번지
2. 구조: 철근콘크리트조 슬래브지붕 2층 건물
3. 이용상황 및 면적: 상업용, 500m²
4. 건축시점: 2021년 8월 1일

자료 2 인근 건물자료

1. 위치: 서울 서초구 P동 2번지
2. 구조: 철근콘크리트조 슬래브지붕 2층 건물
3. 이용상황 및 면적: 상업용, 600m²
4. 수익자료: 최근 1년의 전체 순수익 45,000,000원
5. 건축시점: 2016년 8월 1일

자료 3 **기타자료**

1. 인근에 소재하는 최근에 신축건물의 경우 평당 300,000원의 순수익이 발생하는 것으로 조사됨.
2. 기준시점 : 2026년 8월 1일
3. 건물의 특징은 매년 일정하게 감가가 발생하며, 순수익 또한 매년 일정하게 감소하는 것으로 조사됨.
4. 신축건물의 재조달원가 : 1,000,000원/m²
5. 감가된 부분에 적용되는 환원이율 : 5%

예시답안

Ⅰ. **평가개요**

　　본건은 건물평가로 임대료손실환원법을 활용하여 감가액을 산정하며 2026년 8월 1일을 기준한 가격을 산정한다.

Ⅱ. **매년의 임대료손실 산정**

　　1. 신축건물 순수익

　　　300,000 × 121/400 ≒ 90,750원/m²

　　2. 감가상각된 사례의 순수익

　　　45,000,000 ÷ 600 ≒ 75,000원/m²

　　3. 매년의 임대료손실

　　　$(90,750 - 75,000) ÷ 10^* ≒ 1,575$원/m²

　　　* 임대료의 손실(90,750 − 75,000)이 10년간 누적되어온 손실이므로 연간 임대료손실을 구하기 위함이다.

Ⅲ. **매년의 감가액 산정**

　　$\dfrac{1,575}{0.05} ≒ 31,500$원/m²

Ⅳ. **건물가격 산정**

　　1. 재조달원가

　　　1,000,000원 × 500m² = 500,000,000원

　　2. 감가누계액

　　　31,500원 × 5년 × 500m² ≒ 78,750,000원

　　3. 건물가격

　　　500,000,000원 − 78,750,000원 ≒ 421,250,000원

토지 및 건물의 다른 방식의 감정평가

01 원가법에 따른 토지의 평가

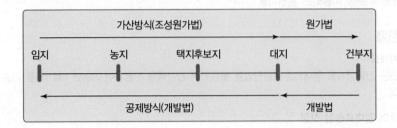

1. 조성원가법(가산방식)

- 조성택지 준공시점의 감정평가액(원/m²)
  (소지가액 + 조성공사비 + 공공공익시설부담금 + 판매비 및 일반관리비 + 농지조성비 등
  + 개발업자의 적정이윤) ÷ 유효택지면적(m²)
- 대상토지의 가액 = 조성택지 준공시점의 감정평가액 × 시점수정(지가변동률)(성숙도 수정)

1) 준공시점 기준 토지가격 [14)

(1) 소지가격

소지매입비용(소지매입비용이 적절하지 않은 경우에는 소지 상태의 감정평가액) × 시점수정(투하자본수익률, 지가변동률 활용)을 기준한다. 소지가액을 결정하기 위해서는 소지의 매입에 따른 부대비용을 정확히 파악하고, 소지의 취득가액을 결정할 때, 어느 시점을 기준으로 해야 하는가를 정확히 파악해야 한다.

(2) 조성비용 등

조성공사비, 개발업자 적정이윤 등(농지보전부담금, 개발부담금 고려)을 고려하되 비용의 투하시점에 따라 준공시점으로 미래가치한다. 한편, 조성공사비는 개발업자(도급인)가 건설업자(수급인)에게 지불할 표준적인 건설비를 말한다. 표준적인 공사비는 직접공사비(재료비, 노무비, 경비)에 일반관리비, 수급인의 적정이윤을 가산한 금액으로 한다. 통상의 조성공사비를 직접 구할 수 없거나 불합리한 경우에는 인근지역 및 동일수급권 내 유사지역의 조성공사비를 비교·수정하여 결정할 수 있다.

---

14) 감정평가실무기준 해설서(Ⅰ) 총론편, 한국감정평가사협회 등, 2014.02, p.312

공공공익시설부담금은 도로, 상·하수도시설 등의 간접시설에 대한 공사비를 의미한다. 공공공익
시설부담금에는 조성택지의 효용증가와 관계있는 것과, 관계없는 것이 있다. 그중에서 조성원가에
포함되어야 할 것은 조성택지의 효용증가와 관계가 있는 것이다. 그러나 공공공익시설부담금이
과중한 경우가 있으며, 때로는 효용증가와 직접 관계가 없는 것이 포함되어 있는 경우도 많다.
판매비는 조성택지의 분양에 따른 광고선전비 기타 판매에 소요된 비용을 말하고, 일반관리비는
기업의 유지를 위한 관리업무부분에서 발생하는 제비용을 말한다.

개발업자의 적정이윤은 개발기간 동안의 투하자본에 대한 자본비용에 기업의 경영위험 및 재무위
험을 고려하여 결정한다.

유효택지율이란 총사업면적에 대한 분양가능면적의 비율을 의미한다. 분양가능면적이란 총사업
면적에서 공원용지, 도로용지 및 하천 등의 공공시설용지를 공제한 주거용지, 상업용지, 학교용지,
인접생활용지 및 행정업무용지 등을 의미한다.

≫ 건축공사비에 포함되는 조성비용은 토지가치와 무관하기 때문에 조성비용에 포함하지 않는다.

2) 기준시점 기준 토지가격

준공시점기준 토지가격 × 성숙도 수정(지가변동률 사용)

≫ **성숙도** : 토지의 용도가 변화하는 과정에서 사회적, 경제적, 행정적 관점에서 판단하여 객관적 조건이 어느 정도
갖춰졌는지를 판단하는 것으로서 택지개발을 위한 객관적 조건이 갖추어질 때까지의 대기기간의 위험성을 고려
하기 위해 택지예정지 평가 등의 경우 성숙도 수정이 필요하다.

2. 개발법(Development Method)

1) 개념 및 적용

대상토지를 개발했을 경우 예상되는 총 매매(분양)가격의 현재가치에서 개발비용의 현재가치를 공제한
값을 토지가치로 하는 방법으로서, 현금흐름할인분석법의 절차를 이용하여 개발대상 토지의 가액을
산정한다.

법적·물리적·경제적으로 분할 가능한 최적의 획지수를 분석한 후, 분할된 획지의 시장가치와 개발에
소요되는 제비용을 계산하여 개발에서 분양이 완료될 때까지의 매기간의 현금수지를 예측하고, 이를
현재가치로 할인해서 개발대상토지의 가액을 산정한다.

대상토지의 가액 = 분양판매총액의 현가 − 조성공사비 등 각종 비용의 현가

2) 세부내용

(1) 분양수입 현가

대상토지를 개발했을 경우의 예상되는 총 예정 부동산의 가치에 대해서 시장에 판매되는 시점
등을 고려한 흡수율 분석을 진행하여 예상 현금흐름을 예상하고 이를 현재가치하여 산정한다.

(2) 개발비용 현가

대상 부동산을 개발함에 소요되는 비용을 기준하되, 개발단계별로 비용의 투하비율에 따라 현재가치화한다.

(3) 유의사항

① 예정 부동산은 개발 후에 공급되므로 공급시점에서의 부동산가치를 산정하는 것이 원칙이며, 예정 부동산을 기준으로 인근의 거래사례나 수익사례를 기준으로 산정한다.
② 할인율은 해당 부동산 개발의 위험을 반영한 할인율을 기준해야 한다.
③ 상정된 건축계획이 최유효이용의 관점에서 합당한지 판단해야 한다.

3. 공제방식

택지화된 후의 나지로 상정한 가액에서 조성공사비, 발주자의 통상적인 부대비용 등을 공제하여 구한 금액을 해당 택지후보지의 성숙도에 따라 적정하게 수정하여 택지후보지의 소지가액을 구한다.

> 대상토지의 가액 = {총분양가격 − (조성공사비 + 공공시설부담금 + 판매관리비 + 개발부담금 + 업자이윤)} × 택지성숙도 보정

기본예제

01 다음 조성토지의 가격을 2026.8.13.을 기준시점으로 하여 산정하시오.

> **자료 ▶ 조성토지**
> 1. 소재지 : A시 B동 대, 400m²
> 2. 조성전 토지 매입가격 : 1,000,000원/m²(2024년 9월 1일 매입)
> 3. 조성공사비 : 300,000,000원
> 4. 공사비 지급시기 : 2025.1.1. / 2025.7.1. / 2025.12.31.로서 3회 균등지불
> 5. 공사계획 : 2025.1.1. 착공하여 2025.12.31. 완공예정
> 6. 수급인의 이윤은 조성공사비의 10%임(공사비와 동일한 방식으로 지급).
> 7. 투하자본수익률 : 연 12%
> 8. 지가변동률 : 2026년 7월 누계 + 1.200%, 당월 + 0.200%
> 9. 소지는 매입시점부터 원가로 봄.

> **예시답안**

> **Ⅰ. 평가개요**
> 본건은 조성택지의 평가로서, 공사완료 시점의 토지가격을 구한 후 기준시점까지는 성숙도 수정을 가하여 적산가액을 산정한다(기준시점 : 2026.8.13.).

> **Ⅱ. 조성완료 시 토지가격(2025.12.31.)**
> **1. 소지가격**
> $1,000,000 \times 400 \times (1 + 0.01)^{16} ≒ 469,031,000$

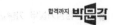

2. 공사비 및 수급인의 이윤

$300,000,000 \times 1.1 \times \dfrac{1}{3} \times (1.01^{12} + 1.01^{6} + 1) ≒ 350,718,000$

» 수급인의 이윤도 공사비와 동일한 방식으로 지불된 것으로 본다.

3. 조성완료 시 토지가격

819,749,000(2,049,373원/m²)

Ⅲ. 기준시점 토지가격

$2,049,373 \times 1.01285^{*} ≒ 2,080,000$원/m²$(\times 400 = 832,000,000$원$)$

* 시점수정(성숙도수정), 2026.1.1.~8.13.(지가변동률) : $1.01200 \times (1 + 0.002 \times 13/31)$

02 柳 씨는 다세대주택의 건축용지로 사용하기 위해 구입한 토지의 가격을 알아보기 위해 K평가 사에게 평가를 의뢰하였다. 이에 따라 K평가사는 다음 자료의 건축설계안을 기준으로 토지가 격을 적산가액(개발법)으로 산정하고자 한다.

자료 1 건축예정주택
철근콘크리트조 4층, 토지면적 800m², 건축연면적 2,400m²

자료 2 분양예정면적
전용면적 m²당 330,000원(단, 전용면적은 건축연면적의 80%로 함)

자료 3 필요경비 등
1. 건축공사비 : 136,000원/m²(다만, 공사부담금, 일조보상 등은 발생하지 않는 것으로 확인되었으며, 공사 비지불은 공사착공 시, 공사중간 시, 공사준공 시에 각각 1/3씩 지불하는 것으로 함)
2. 판매관리비는 총분양가격의 1%(공사준공 시 발생)
3. 정상이윤은 총분양가의 10%(공사준공 시 발생)
4. 공사기간은 1년(준공 즉시 분양완료되는 것으로 함)
5. 금리는 연 9%(할인율도 9%로 함)

예시답안

Ⅰ. 평가개요
본건은 토지가격 산정으로 개발법으로 평가한다.

Ⅱ. 분양가액현가
$330,000 \times 2,400 \times 0.8 \times 1/1.09 ≒ 581,284,000$

Ⅲ. 총공사비현가

1. 공사비

$136,000 \times 2,400 \times 1/3 \times \{1 + 1/(1 + 0.09/12)^{6} + 1/(1 + 0.09/12)^{12}\} ≒ 312,299,000$

2. 판매관리비 및 이윤

$581,284,000 \times 0.11 ≒ 63,941,000$

3. 계

376,240,000

Ⅳ. 토지가격 산정
$581,284,000 - 376,240,000 ≒ 205,044,000(256,000$원/m²$)$

02 거래사례비교법에 따른 건물의 평가

1. 개념 및 산식

거래사례비교법으로 감정평가할 때에는 적절한 건물의 거래사례를 선정하여 사정보정, 시점수정, 개별요인비교를 하여 비준가액을 산정한다. 예를 들어, 국·공유지에 건물이 소재하는 경우 일반적인 건물에 비하여 높거나 낮게 거래가격이 형성된다. 이 경우 거래가격, 감정평가선례 등을 고려하여 거래사례비교법으로 감정평가할 수 있다.

> 건물비준가액 = 건물사례가격 × 사정보정 × 시점수정 × 개별요인비교(잔가율비교 별도) × 면적비교

2. 사례선택 및 사정보정

구조 및 용도가 같거나 유사한 사례를 선정한다. 대체적으로 위치적 유사성을 고려할 필요는 없다. 다만, 적절한 건물만의 거래사례가 없는 경우에는 토지와 건물을 일체로 한 거래사례를 선정하여 토지가액을 빼는 공제방식이나 토지와 건물의 가액구성비율을 적용하는 비율방식 등을 적용하여 건물가액을 배분할 수 있다.

3. 지역요인 보정 및 시점수정

건물을 거래사례비교법으로 평가하는 경우 지역요인 비교는 특수한 경우를 제외하고 하지 않는다. 시점수정 시에는 건축비지수(또는 생산자물가지수)를 활용하며 월할계산한다.

4. 잔가율 비교

본건의 기준시점 당시의 잔가율을 거래사례의 거래시점 당시의 잔가율로 나누어 산정한다.

> - 잔가율 = 주체비율 × $\dfrac{주체잔존내용연수}{주체전내용연수}$ + 부대설비비율 × $\dfrac{부대시설잔존내용연수}{부대설비전내용연수}$
>
> - 잔가율비교치 = $\dfrac{대상건물잔가율(기준시점)}{사례건물잔가율(거래시점)}$

» 건물의 가격평가 시에는 잔가율이 중요한 개념으로서 일반적으로 개별요인이 제시되면 잔가율이 포함되지 않은 것으로 보아 별도로 잔가율을 계산하지만, 임대료평가 시에는 잔가율이 개별요인에 포함된 것으로 보는 경향이 있다.

» 잔가율이 개별요인에 포함되는 경우는 별도로 비교할 필요 없다.

5. 면적비교

연면적을 기준한다(수량요소가 개별요인에 포함되어 있으면 별도로 비교할 필요는 없다).

기본예제

다음 건물을 거래사례비교법에 의하여 감정평가하시오.

≫ 기준시점 : 2026년 9월 1일

구분	구조	용도	연면적(㎡)	사용승인일	건물평점 (잔가율제외)
본건	철골조	창고시설	1,000	2010.07.01.	100
거래사례	철골조	창고시설	1,100	2014.07.01.	105

- 거래금액 : 550,000,000원(건물만의 거래임)
- 거래시점 : 2025.09.01.
- 건물의 내용연수 : 45년(최종잔가율 0%)
- 생산자물가지수

구분	2025년 8월	2026년 8월
지수	114.77	119.27

예시답안

1. 사례의 적부 : 용도, 구조 등이 유사한 건물만의 거래사례로서 적정하다(550,000,000 ÷ 1,100 = @500,000).
2. 시점수정치(생산자물가지수) : 2026년 8월 ÷ 2025년 8월 = 119.27 ÷ 114.77 ≒ 1.03921

3. 개별요인 비교치

$$\frac{100}{105} \times \frac{29/45}{34/45} ≒ 0.812$$

4. 비준가액

500,000 × 1.000(사정) × 1.03921 × 0.812 ≒ @422,000(×1,000 = 422,000,000원)

제5절 토지 및 건물의 일괄평가 및 기타 감정평가방법

01 토지 및 건물(복합부동산)의 일괄감정평가

1. 개요

감정평가에 관한 규칙 제7조에서는 개별물건평가원칙을 규정하고 있다. 단, 둘 이상의 물건이 일체로 거래되거나 대상물건 상호 간에 용도상 불가분의 관계가 있는 경우에는 일괄하여 감정평가할 수 있도록 규정하고 있다. 집합건물에 대해서는 별도의 규정(일괄평가)이 있기 때문에 아래 내용은 토지, 건물 (복합부동산)에 대한 일괄평가이다.

감정평가실무기준에서는 복합부동산의 감정평가방법에 대하여 개별평가를 원칙으로 하면서도 일체로 거래되는 경우에는 일괄하여 감정평가할 수 있도록 규정하고 있다. 일괄로 감정평가하는 경우에는 거래사례비교법을 적용해야 하며, 합리적인 배분기준에 따라 토지가액과 건물가액을 구분하여 표시할 수 있도록 규정하고 있다.

> **감정평가에 관한 규칙 제16조**(토지와 건물의 일괄감정평가)
>
> 감정평가법인등은 「집합건물의 소유 및 관리에 관한 법률」에 따른 구분소유권의 대상이 되는 건물부분과 그 대지사용권을 일괄하여 감정평가하는 경우 등 제7조 제2항에 따라 토지와 건물을 일괄하여 감정평가할 때에는 거래사례비교법을 적용해야 한다. 이 경우 감정평가액은 합리적인 기준에 따라 토지가액과 건물가액으로 구분하여 표시할 수 있다.

2. 토지, 건물을 일체로 평가하는 유형

토지, 건물을 일체로 평가하는 경우는 업무시설(대형 오피스) 및 숙박시설, 상업시설 등 건물의 단위 면적(원/m²)당 시장가치 수준이 존재하는 경우에 활용된다. 대형 수익성 부동산의 경우 토지, 건물을 일체로 감정평가해야 하는 경우가 많다.

3. 구체적인 평가방법 등

1) 거래사례비교법

 ⑴ **일체요인비교치를 사용하는 방법**

  ① **산식**

> 거래가격(건물 단위면적당 거래가격) × 사정보정 × 일체시점수정 × 지역요인
> × 개별요인(토지, 건물요인 및 일체품등비교)
> = 본건 단위면적(건물)당 비준가액(× 수량(본건 연면적) = 총액)

② **거래사례의 선택**

복합부동산의 이용상황 등이 유사한 사례를 선정해야 한다. 특히 본건과 대체가능성이 있는
이용상황의 복합부동산 거래사례를 선택해야 한다.

③ **거래가격(건물 단위면적당 거래가격)**

복합부동산을 일괄로 평가하는 경우는 건물의 단위면적당 거래가격에 대한 시가수준이 존재
하는 경우이다. 따라서 거래사례의 단위건물면적당 거래가격을 추출한다.

⑩ 거래금액 700억원, 토지면적 3,000m², 건물의 연면적 35,000m²인 경우 단위 건물 연면적당 거
래가격은 다음과 같다. 70,000,000,000원 ÷ 35,000m² = 2,000,000원/m²

④ **일체시점수정**

복합부동산의 일괄 거래사례비교법의 시점수정에 있어서는 한국부동산원에서 조사 및 발표하
는 상업용부동산의 자본수익률(매장용, 업무용)을 활용하거나 생산자물가지수(부동산지수) 등
해당 복합부동산의 가치변동에 적절한 시점수정치를 사용한다.

⑤ **지역요인비교**

인근지역이 아닌 동일수급권 내 유사지역에서 거래사례를 선택한 경우 가격수준에 따른 지역
요인 비교가 필요하다.

⑥ **개별요인비교**

외부요인(토지요인), 내부요인(건물요인) 및 개별적 요인으로 구분되며, 복합부동산의 가치형
성요인에 영향을 줄 수 있는 요인을 비교한다.

⑦ **문제풀이 시의 목차구성**

> 1. 거래사례 선택
> 2. 시점수정치
> 3. 가치형성요인비교치
>   해당 물건의 가치형성요인 별 수정사항을 비교
> 4. 일체 비준가액
>   사례 거래가격(원/m²) × 사정보정 × 시점수정 × 가치형성요인비교치 ≒ 일체 비준가액(원/m²)
>
>   (× 본건면적 = 일체 비준가액)

(2) **가격구성비(토지, 건물)를 이용하는 방법**

① **토지와 건물의 시점수정, 지역요인, 개별요인을 별도로 비교하는 방법**

> 거래가격(원/m²) × 사정보정 × $\begin{bmatrix} 토지가격구성비율 \times 토지시점수정 \times 지역요인 \times 토지개별요인 \\ 건물가격구성비율 \times 건물시점수정 \times 건물개별요인 \end{bmatrix}$ × 일체품등비교

② 토지와 건물의 지역요인, 개별요인을 별도로 비교하는 방법

$$
거래가격(원/m^2) \times 사정보정 \times 일체시점수정 \times \begin{bmatrix} 토지가격구성비율 \times 지역요인 \times 토지개별요인 \\ 건물가격구성비율 \times 건물개별요인 \end{bmatrix} \times 일체품등비교
$$

≫ 가격구성비율은 거래시점을 기준으로 산정한다.

③ **문제풀이 시의 목차구성**

1. 거래사례 선택
2. 시점수정치
3. 토지, 건물의 가격구성비 산출
4. 가치형성요인비교치
    (1) 토지요인비교
    (2) 건물요인비교
5. 일체 비준가액
    사례 거래가격(원/m²) × 사정보정 × 시점수정 × (토지가격구성비 × 토지요인비교 + 건물가격구성비
    × 건물요인비교) × 일체품등비교 ≒ 일체 비준가액(원/m²)(× 본건면적 = 일체 비준가액)

(3) 복합부동산의 일괄거래사례비교법의 실무

토지, 건물의 일체 감정평가에 있어서는 "일체요인비교치를 사용하는 방법"을 실무적으로는 더 많이 활용하나, 수험목적상 각 방법을 모두 이해할 필요가 있다.

2) 수익환원법

부동산에서 창출되는 수익을 기준으로 환원이나 할인하여 가격을 결정하는 방법으로서 자세한 방법은 후술하도록 한다.

3) 원가법

토지는 공시지가기준법 등의 평가방법에 따라 평가하고 건물은 원가법으로 평가한 금액을 합산하여 결정한다.

4) 토지, 건물의 가격배분

우리나라에서는 토지와 건물을 별개의 부동산으로 보고 각각 공부에 등재되고 있다. 이에 따라 복합 부동산을 일괄하여 감정평가한 가액을 토지 및 건물의 가격으로 합리적으로 구분하여야 하는 경우가 발생할 수 있다.

이러한 경우에는 거래사례비교법에 의한 비준가액 등의 감정평가액을 합리적인 배분기준을 적용하여 토지가액과 건물가액으로 표시할 수 있다. 배분기준은 해당 지역의 거래관행 및 특성을 고려하여 합 리적인 배분비율을 적용하거나, 토지 또는 건물만의 가액을 합리적으로 구할 수 있는 경우에는 이를 구하여 공제하는 방법을 적용할 수 있을 것이다.

4. 유형별 일괄평가 시 3방식의 적용(개별평가 및 일체평가)

(1) 오피스빌딩(업무시설)의 감정평가

평가방법	평가기준	주요 검토사항
개별평가 (원가방식)	토지가격 + 건물가격	–
일괄평가 (거래사례비교법)	유사건물의 거래단가(건물 단위면적당 거래가격) × 시점수정(오피스 매매가격 변동률, 생산자물가상승률) × 지역요인 × 개별요인(토지 및 건물요인)	권역별 매매사례 및 거래동향 검토
일괄평가 (수익환원법)	직접환원법 / 할인현금수지분석법	• 임대시장 및 공실률 • 거래사례들의 시장자본환원율(Cap Rate 분석) • 본건 임대차내역의 적정성 검토(장기 임대차, 책임임대차, Rent Free 조건부 계약)

❀ 오피스빌딩 등급의 분류기준

PRIME	A	B	C
상위 10% 권역 내 최고수준의 랜드마크 빌딩	20% 권역 평균을 상회하는 우수한 빌딩	30% 권역 내에서 인지도를 보유한 빌딩	40% 평균 이하의 인지도 낮은 빌딩

구분	PRIME	A	B	C
건축연면적	50,000m² 이상	33,000 - 50,000m²	16,500 - 33,000m²	16,500m² 이하
월임대료(m²당)	24,000원 이상	21,000~23,999원	18,000~20,999원	17,999원 이하
지하철까지 거리	인접	도보 5분 이내	도보 10분 이내	도보 10분 이상
접도수	4개 이상	3개	2개	1개
건물연수	5년 이하	6~10년	11~15년	16년 이상

(2) 숙박시설(호텔 및 리조트)의 감정평가

평가방법	평가기준	주요 검토사항
개별평가 (원가방식)	토지가격 + 건물가격	–
일괄평가 (거래사례비교법)	유사건물의 거래단가(건물 단위면적(객실)당 거래가격) × 시점수정(숙박시설 매매가격 변동률, 생산자물가상승률) × 지역요인 × 개별요인(토지 및 건물요인)	• 유사 숙박시설의 매매사례 및 거래동향 검토 • 관광객 동향 검토

일괄평가 (수익환원법)	직접환원법 / 할인현금수지분석법	• 마스터리스 등 부가조건 검토 • 동일 유사호텔의 ADR(평균객실단가) 및 OCC (객실점유율) 검토 • 부대시설 수입 여부 등 검토

숙박시설의 주요 성과측정지표 및 예상매출액 추정예시

1. OCC(Occupancy)(객실점유율)

$$= \frac{\text{판매된 객실수}}{\text{판매가능객실수(객실수} \times \text{연간일수)}} \times 100(\%)$$

2. ADR(Average Daily Rate)(평균객실판매단가)

$$= \frac{\text{객실수입액}}{\text{판매된 객실수(판매가능객실수} \times \text{OCC)}} \times 100(\%)$$

= (객실 한 개 호수를 1일 판매할 때의 평균판매단가)

---

§ 숙박시설의 총수입 산정예시

구분		내용
객실매출	객실수	400개
	판매가능객실수(객실수 × 365일)	146,000객실
	OCC	75%
	ADR	190,000원
	객실매출	20,805,000,000원
부대시설매출		25,999,680,000원
총수입		46,804,680,000원

(3) 물류창고

평가방법	평가기준	주요 검토사항
개별평가 (원가방식)	토지가격 + 건물가격	-
일괄평가 (거래사례비교법)	유사건물의 거래단가(건물 단위면적당 거래가격) × 시점수정(창고 등 매매가격 변동률, 생산자물가상승률) × 지역요인 × 개별요인(토지 및 건물요인)	• 물류창고의 수요와 공급분석 • 물류창고의 내부설비(냉동, 냉장, 상온창고별 가격 차이 존재) • 접근성(고속도로 IC와의 거리) • 입지별 차이
일괄평가 (수익환원법)	직접환원법 / 할인현금수지분석법	• 단위면적당 임대료수준 분석 • 냉동, 냉장, 상온창고별 임대료 차이 존재 • 관리비의 부담주체에 따른 분석

(4) **대형판매시설**(백화점, 마트 등)

평가방법	평가기준	주요 검토사항
개별평가 (원가방식)	토지가격 + 건물가격	–
일괄평가 (거래사례비교법)	유사건물의 거래단가(건물 단위면적당 거래가격) × 시점수정(판매시설 매매가격 변동률, 생산자물가상승률) × 지역요인 × 개별요인(토지 및 건물요인)	• 소매업의 수요 및 공급현황 • 유사 시설의 현황
일괄평가 (수익환원법)	직접환원법 / 할인현금수지분석법	• 장기임대차 여부 • 매출액 연동 임대료(본건 매출액 분석, 유사 부동산의 단위면적당 매출액 분석) 분석

기 본예제

01 감정평가사 A 씨는 甲 씨가 매수예정에 있는 S시 A동에 소재하는 부동산에 대한 시가참조목적의 감정평가를 의뢰받았다. 아래의 자료를 활용하여 매입예정부동산의 감정평가액을 결정하시오.

자료 1 매입예정부동산

구분	토지면적(m²)	건물연면적(m²)	사용승인일	기준시점
대상 부동산 A	1,500	6,000	2023.06.30.	2026.6.30.

자료 2 인근지역의 거래사례부동산

구분	토지면적 (m²)	건물연면적 (m²)	사용승인일	거래금액	거래시점	토지 : 건물 가격구성비
거래사례 1	1,400	5,900	2020.7.30.	59억	2026.01.01.	6 : 4
거래사례 2	1,500	2,500	2003.5.30.	40억	2026.01.01.	8 : 2

자료 3 시점수정자료

1. 지가변동률(2026년 5월): 당월 0.262%, 2026년 5월 누계치 2.374%(2026년 6월분 미고시)
2. 생산자물가지수: 2025년 12월 119.21, 2026년 5월 121.74(2026년 6월분 미고시)

자료 4 개별요인 평점

구분	본건	거래사례 1	거래사례 2
토지	100	95	110
건물	100	110	60

자료 5

비교단위는 건물의 단위면적당 가격을 기준하되, 최종 감정평가액은 반올림하여 백만원 단위까지 표시한다.

⌐**예시답안**

Ⅰ. 평가개요

본건은 甲 씨의 매입예정부동산에 대한 감정평가로서 2026년 6월 30일을 기준시점으로 한다.

Ⅱ. 거래사례 선택

본건 부동산과 건물의 내용연수, 면적 및 개별요인이 유사한 거래사례 1을 선택한다(m²당 1,000,000원).

Ⅲ. 시점수정치(2026.01.01.~2026.06.30.)

1. 토지 시점수정치(지가변동률)

$1.02374 \times (1+0.00262\times30/31) ≒ 1.02634$

2. 건물 시점수정치(생산자물가지수)

2026년 5월 / 2025년 12월 = 121.74 / 119.21 ≒ 1.02122

3. 시점수정치 결정

$0.6 \times 1.02634 + 0.4 \times 1.02122 ≒ 1.02429$

Ⅳ. 가치형성요인 비교치

$0.6 \times 100/95 + 0.4 \times 100/110 ≒ 0.995$

Ⅴ. 평가액 결정

$1,000,000 \times 1.000(사정) \times 1.02429 \times 0.995 ≒ 1,020,000원/m²(\times6,000 = 6,120,000,000원)$

---

02 SLA감정평가사무소 소장인 유평가사는 서울특별시 영등포구 여의도동에 소재하는 업무시설에 대한 감정평가를 의뢰받고 아래와 같은 자료를 수집하였다. 본 평가물건의 시장에서의 거래관행을 반영한 평가방법을 적용하여 감정평가를 진행하도록 하시오.

자료 1 ▶ **평가개요**

1. 소재지: 서울특별시 영등포구 여의도동 25-1
2. 대지현황: 대, 3,624.1m², 일반상업지역
3. 연면적: 철골철근콘크리트조, 업무시설, 46,116.5m²
4. 사용승인일: 2020년 3월 6일

풀이영상

자료 2 ▶ **인근지역의 적정한 거래사례**

구분	거래사례 1	거래사례 2
대지위치	여의도동 22-1	여의도동 23-1
대지면적(m²)	3,711.6	4,625
건물면적(m²)	47,612	53,162
거래시점	2025.4.6.	2025.12.1.
거래가격	1,800억원	2,200억원
도로조건	광대로각지	소로각지
지하철역과의 거리(m)	270	520
전용률(%)	60	62
신축연도	2017.2.5.	2022.6.30.

자료 3 ▶ 자본수익률(오피스)

구분	2025년 2분기	2025년 3분기	2025년 4분기	2026년 1분기	2026년 2분기
단위(%)	0.58	0.47	0.49	0.63	미고시

자료 4 ▶ 본건 및 거래사례의 평점

구분	거래사례 1	거래사례 2	본건
입지성	105	95	100
건물의 연식 및 관리상태	105	120	100

자료 5 ▶ 기타자료

1. 기준시점은 2026년 6월 30일이다.
2. 본 평가는 일반거래목적의 평가이다.
3. 둘 이상의 거래사례 선택이 가능하며, 최종 감정평가액은 시산가액(단가)의 평균치를 기준한다.
4. 본건과 같은 건물은 거래 시 건물의 면적당 가격으로 토지를 포함하여 가격이 형성되고 거래되는 것으로 판단된다.

예시답안

I. 평가개요

1. 본건은 서울특별시 영등포구 여의도동에 소재하는 업무시설에 대한 일반거래목적의 감정평가로서 2026년 6월 30일을 기준시점으로 평가한다.

2. 감정평가에 관한 규칙상 토지, 건물의 개별평가가 원칙이나 본 물건의 경우 토지, 건물 일체의 가격수준이 존재하는바, 일괄평가한다.

3. 제시된 거래사례는 본건과 위치적, 물적 유사성이 있으며 적정한 거래사례로 판단되는바, 모두 선정한다.

4. 최종 감정평가액(총액)은 억원 단위까지 표시한다.

II. 거래사례 1 기준 비준가액

1. 사례의 거래가격

180,000,000,000 ÷ 47,612(사례건물의 연면적) ≒ 3,780,000원/m²

2. 사례 1 기준 비준가액

3,780,000 × 1.000(사정) × 1.02806* × 1.000(지역) × (100/105 × 100/105) ≒ 3,520,000원/m²

* 2025.4.6.~2026.6.30. 자본수익률

$(1 + 0.0058 \times 86/91) \times 1.0047 \times 1.0049 \times 1.0063 \times (1 + 0.0063 \times 91/90)$

III. 거래사례 2 기준 비준가액

1. 사례의 거래가격

220,000,000,000 ÷ 53,162(사례 건물의 연면적) ≒ 4,140,000원/m²

2. 사례 2 기준 비준가액

4,140,000 × 1.000(사정) × 1.01438* × 1.000(지역) × (100/95 × 100/120) ≒ 3,680,000원/m²

* 2025.12.1.~2026.6.30. 자본수익률: $(1 + 0.0049 \times 31/92) \times 1.0063 \times (1 + 0.0063 \times 91/90)$

IV. 감정평가액 결정

상기와 같이 시산된바, 각 시산가액의 합리성이 인정되는 것으로 판단되며, 각 시산가액을 모두 고려하여 3,600,000원/m²으로 결정한다(3,600,000원/m² × 46,116.5 ≒ 166,000,000,000원).

02 기타평가방법 – 회귀분석, 노선가식평가 등

1. 회귀분석법(Regression Analysis)

(1) 적용절차

① **변수의 결정**: 독립변수와 종속변수에 어떤 데이터를 넣을지 선택한다.

② **사례의 선택**: 제시된 사례 중 적정하지 못한 사례가 있으면 배제한다.

③ **회귀식 추정**(결정계수 표시)

④ **적용**

(2) 장단점

통계적 방법으로서 객관적이고 대량평가에 유용하다. 그러나 통계적인 가정에 따른 단점이 있다 (정규분포가정 등).

(3) 단순선형회귀분석

① **산식**

$$y = a + bx$$

y: 종속변수   x: 독립변수   a: 회귀상수   b: 회귀계수

② **회귀상수의 결정**

$$a = \bar{y} - b\bar{x} \ \text{또는} \ a = \frac{\Sigma y \cdot \Sigma x^2 - \Sigma x \cdot \Sigma xy}{n\Sigma x^2 - (\Sigma x)^2}$$

a: 회귀상수   b: 회귀계수 $\bar{y}$: y(종속변수)의 평균값
$\bar{x}$: x(독립변수)의 평균값   n: 표본의 수

③ **회귀계수의 결정**

$$b = \frac{n\Sigma xy - \Sigma x \cdot \Sigma y}{n \cdot \Sigma x^2 - (\Sigma x)^2} = \frac{\Sigma(x-\bar{x})(y-\bar{y})}{\Sigma(x-\bar{x})^2}$$

④ **결정계수**

$$결정계수(R^2) = \frac{회귀모형에 \ 의해 \ 설명되는 \ 변량(SSR)}{총변량(SST = SSR + SSE)}$$

$$= \frac{\Sigma(y'-\bar{y})^2}{\Sigma(y-\bar{y})^2} = \frac{\Sigma(y'-\bar{y})^2}{\Sigma(y'-\bar{y})^2 + \Sigma(y-y')^2}$$

y': 회귀모형으로 산정된 종속변수의 값

PART 02

(4) 다중회귀분석

$$y = a + b_1x_1 + b_2x_2 + \cdots + b_nx_n + \varepsilon$$

y : 종속변수(토지 또는 부동산가격)　　　　x : 독립변수　　　　a : 회귀상수

b : 회귀계수　　　　　　　　　　　　　　　ε : 오차

(5) 유의사항

① 독립변수가 종속변수에 영향을 주는 중요한 요소인지 판단해야 한다.

② 자료가 일정 수 이상이고 독립적이라면 회귀분석의 활용을 검토해 볼 수 있다.

③ 결정계수를 통해서 유의성을 점검해야 한다(R^2).

》 소급평가 시 기준시점 이후의 자료를 통해 회귀분석을 사용하면 안 된다.

기본예제

郭평가사는 수습평가사인 金평가사에게 건물평가를 위하여 다음과 같이 건물거래사례를 수집·정리하도록 하였다. 회귀분석법을 이용하여 대상건물에 적용할 수 있는 m²당 재조달원가와 경제적 내용연수, 연간 감가상각률을 구하라. 제시된 자료는 모두 최근의 적정한 거래사례이다.

자료 1 거래사례자료

거래사례	m²당 건물(거래)가격	경과연수
1	214,300	20
2	442,900	4
3	314,300	13
4	205,700	15
5	471,400	2
6	371,400	9
7	428,600	5
8	342,800	11
9	171,400	23
10	257,100	17

자료 2 기타자료

1. 감가수정방법 : 정액법
2. 잔가율 : 0
3. 대상건물면적 : 300m²
4. 대상건물경과연수 : 7년

풀이영상

예시답안

Ⅰ. 평가개요

본건은 회귀분석법을 활용한 m²당 재조달원가, 경제적 내용연수, 연간 감가상각률 산정으로 단순회귀분석법의 산식은 다음과 같다.

II. 회귀모형의 결정

1. 사례의 선정
거래사례 모두 적정한 거래사례로 선정하도록 한다.

2. 변수의 설정(y = ax + b)
(1) 독립변수 : 건물의 경과연수

(2) 종속변수 : m²당 건물의 가격

3. 회귀모형 결정
$y = 500,000 - 14,287x$ ($R^2 = 95\%$ 이상으로서 유의하다.)

III. m²당 재조달원가(x = 0)
$y = 500,000 - 14,287x$

$y = 500,000 - (14,287 \times 0)$ ∴ y(재조달원가) = 500,000원/m²

IV. 경제적 내용연수(y=0)
$y = 500,000 - 14,287x$

$0 = 500,000 - 14,287x$ $x = \dfrac{500,000}{14,287} ≒ 34.997 (∴ 35년)$

V. 연간 감가상각률
$\dfrac{1}{35} ≒ 0.0286 (∴ 2.86\%)$

VI. 건물가격

1. 재조달원가
$500,000 \times 300 ≒ 150,000,000$원

2. 건물가격
$150,000,000 \times (1 - 0.0286 \times 7) ≒ 119,970,000$원

Check Point!

● 계산기의 활용방법(단순회귀분석) ▶ ▶ ▶

풀이영상

1. Regression - Stats menu에서 F2(Calc, Calculation) → F3(REG) 기능
   ① 최소자승법(Ordinary Least Square Method, OLS)에 따라서 계산하게 된다.
   ② Regression은 기본적으로 2개의 변량(Independent Variable, Dependent Variable)
   이 필요하다(Mutiple Regression은 3개 이상이 필요하며 수험목적상으로는 이론적으로
   만 이해하면 됨).

2. Linear Regression 기능 : F3(REG) → F1(X)
   실행하면 Linear Regression의 결과치가 산출된다.

> y = ax + b
> • a(회귀계수, Coefficient of Regression)
> • b(회귀상수, Regression Constant)
> • R^2(결정계수, Coefficient of Determination)
> • MSE(Mean Squared Error of Estimate), SSE(Sum of Squared Error) 역시 회귀식의 유의성을 판단
> 하는 자료로 활용된다.

2. 노선가식평가법

(1) 개요

노선가란 가로에 연접한 표준획지의 단가를 말하는 것으로 노선가식평가법이란 접근성이 유사한 가로별로 노선가를 설정하고 이에 깊이 가격체감률 및 토지형상 등의 획지조건에 따른 각종 보정률을 적용하여 개별획지의 가격을 구하는 방법이다.

(2) 노선가식평가의 장단점

① **장점**: 평가자의 주관이 개입될 여지가 적으며, 대량평가에 적합하다.

② **단점**: 각 토지의 개별성을 정확하게 반영하기 어렵다.

(3) 평가방법

① 일면이 가로와 접한 획지

> 획지가격 = {노선가 × 정면가로깊이 가격체감률(안기장 가격체감률)} × 획지면적

② 여러 개의 가로와 접한 획지 [15]

㉠ 일반적인 각지의 노선가

> 일반적인 각지가격 = (기본단가 + 가산단가) × 획지면적

≫ 기본단가 = 정면노선가 × 정면가로깊이 가격체감률
≫ 가산단가 = 측면노선가 × 측면깊이 가격체감률 × 측면가로 영향가산율

㉡ 이면가로에 접한 획지의 노선가

> 이면가로에 접한 획지가격 = (기본단가 + 가산단가) × 획지면적

≫ 기본단가 = 정면노선가 × 정면가로깊이 가격체감률
≫ 가산단가 = 이면노선가 × 이면가로깊이 가격체감률 × 이면가로 영향가산율

㉢ 삼각획지의 경우

> 획지가격 = {정면노선가 × 정면가로깊이 가격체감률 × 삼각획지보정률} × 획지면적

≫ 삼각획지보정률은 각도보정률과 면적보정률 중에서 큰 쪽 하나만을 선택한다.

---

15) 정면노선가는 도로의 너비와 관계없이 노선가가 최고인 것을 의미하고 획지가 좌·우 또는 이면노선에 접한 경우에는 동일한 방법으로 가산단가를 산정하여 반영한다.

㉣ 역삼각지의 경우

$$획지가격 = \{정면노선가 \times 정면가로깊이 \ 가격체감률 \times 삼각획지보정률^{16)}$$
$$\times \ 접면너비협소보정률\} \times 획지면적$$

기본예제

01 黃평가사는 다음과 같이 사각형의 토지를 평가하고자 노선가를 조사하였다. 다음 자료를 참고하여 100번지의 토지가격을 평가하시오.

자료 1 대상토지의 인근상황

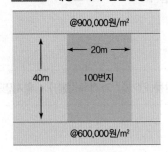

@900,000원/m²

40m | 20m | 100번지

@600,000원/m²

자료 2 기타자료

1. 20m의 깊이가격체감률 : 0.95
2. 40m의 깊이가격체감률 : 0.85
3. 이면가로 영향가산율 : 0.10

예시답안

I. 평가개요

본건은 각지의 토지평가로 노선가를 활용하여 평가하되, 주노선은 노선가가 높은 @900,000원/m²을 기준한다.

II. 대상토지평가액

1. 기본단가

$900,000 \times 0.85 = 765,000원/m^2$

2. 가산단가

$600,000 \times 0.85 \times 0.10 = 51,000원/m^2$

3. 대상토지단가

$765,000 + 51,000 = 816,000원/m^2$

4. 대상토지평가액

$816,000 \times (20 \times 40) = 652,800,000원$

02 감정평가사인 당신은 李 씨로부터 주거지대 내 삼각지의 획지가격평가를 의뢰받았다. 대상토지가격을 평가하시오.

---

16) 역삼각지의 경우는 최소각을 삼각지와는 달리 대각으로 보아 각도보정률을 결정한다. 즉, 각도보정률과 면적보정률 비교 시 각도보정률은 대각만을 활용한다.

자료 1 대상토지의 지적상황

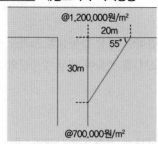

자료 2 기타자료

1. 깊이 30m의 깊이 가격체감률 : 0.95
2. 깊이 20m의 깊이 가격체감률 : 1.0
3. 주거지대 내 토지의 측면가로 영향가산율 : 0.10

자료 3 각도 및 면적보정률

1. 각도보정률

최소각	10° 미만	10° 이상 15° 미만	15° 이상 20° 미만	20° 이상 30° 미만	30° 이상 45° 미만	45° 이상 70° 미만
저각	0.8	0.85	0.89	0.92	0.95	0.97
대각	0.75	0.81	0.86	0.90	0.93	0.95

2. 면적보정률

면적(m²) / 최소각	100m² 미만	100~ 130 미만	130~ 170 미만	170~ 300 미만	300~ 1,000 미만	1,000~ 3,000 미만	3,000 이상
30° 미만	0.75	0.75	0.80	0.85	0.90	0.95	0.98
30° 이상	0.80	0.85	0.85	0.90	0.95	0.98	0.98

⌐예시답안

Ⅰ. 평가개요

본건은 삼각지의 노선가산정으로 기본단가와 가산단가를 산정하여 삼각지의 획지단가를 산정한다.

Ⅱ. 평가액 산정

1. 기본단가

$1,200,000 \times 0.95 \times 0.95 \fallingdotseq 1,083,000$원/m²
깊   삼[*]

[*] 삼각지보정률 : 최소각이 대각인 35° 각도보정률(0.93)과 30° 이상 면적($20 \times 30/2 = 300$m²)보정률(0.95) 중 큰 면적보정률을 기준한다.

2. 가산단가

$700,000 \times 1.0 \times 0.95 \times 0.10 \fallingdotseq 67,000$원/m²
깊   삼[*]   측

[*] 삼각지보정률 : 최소각이 저각인 35° 각도보정률(0.95)과 30° 이상 면적($20 \times 30/2 = 300$m²)보정률(0.95)이 동일하므로 0.95를 기준한다.

3. 획지단가

$1,083,000 + 67,000 \fallingdotseq 1,150,000$원/m²

4. 대상토지평가액

$1,150,000 \times 300 \fallingdotseq 345,000,000$원

3. 총임료승수법(GRM), 총수익승수법(GIM)[17]

(1) 개념

대상 부동산의 총임료에 총임료(조임료)승수(GRM)를 곱하여 대상 부동산의 가격을 산정하는 방법을 GRM법이라 하고 총수익에 총수익(조소득)승수(GIM)를 곱하여 대상 부동산의 가격을 산출하는 방법을 GIM법이라 한다.

(2) 방법

① GRM, GIM 추출(GRM = 거래가격/사례의 GR, GIM = 거래가격/사례의 GI)
② 대상 부동산의 Gross Income, Gross Rent에 적용한다.

(3) 장단점

간단하여 적용하기 쉽다는 장점이 있지만, 총임료, 총수익 이외의 가격형성요인(공실률, 부동산 유형, 수익의 질, 영업경비 등)을 반영하지 못하는 단점이 있다.

기 본예제

아래 단지형 연립주택에 대해서 조소득승수법에 의한 평가액을 구하시오.

자료 1 대상 부동산의 개요
총 10개호로서 각 호별 월 50만원에 공실 없이 임대 중임(2룸구조).

자료 2 인근 부동산의 매매사례
사례 1 : 총 10개호의 연립주택으로서 2룸구조이며, 보증금 없이 모두 월 45만원에 임대되어 있으며, 10.8억원에 매매되었다.
사례 2 : 총 10개호의 연립주택으로서 3룸구조이며, 보증금 없이 모두 월 55만원에 임대되어 있으며, 13억원에 매매되었다.

예시답안

Ⅰ. 조소득승수 산정
  1. 사례의 선택 : 본건과 주택유형이 유사한 사례 1을 선정한다.
  2. 조소득승수 : $\dfrac{1,080,000,000}{450,000 \times 10 \times 12} = 20$

Ⅱ. 평가액 결정
  $(500,000 \times 10 \times 12) \times 20 = 1,200,000,000$원

---

17) 해당 평가방법은 수익환원법으로 분류될 수도 있다.

4. 대쌍비교법

대쌍비교법이란 특정의 비교요소를 가지고 있는 부동산과 그렇지 않은 부동산을 비교분석하여, 해당 요소에 의한 수정량을 분리하여 측정하는 방법이다.

기 본예제

다음 공동주택 거래사례를 통해 발코니 확장이 가치에 미치는 영향을 설명하시오.

자료 1

1. 거래사례 A : 1,000,000,000원
2. 거래사례 B : 1,030,000,000원

자료 2

1. A는 발코니 미확장되었으며 B는 발코니가 확장되었음.
2. 각 사례는 최근 거래사례이며 층, 위치, 타입, 관리상태 등 제반 요인은 유사함.

예시답안

발코니 확장은 3%의 가치상승요인이다.
(1,030,000,000 ÷ 1,000,000,000 = 1.03)

토지 및 건물의 감정평가(수익방식)

01 수익환원법의 개념 등

1. 수익환원법의 개념

수익환원법이란 대상물건이 장래 산출할 것으로 기대되는 순수익이나 미래의 현금흐름을 환원하거나 할인하여 대상물건의 가액을 산정하는 감정평가방법을 말한다.[1]

수익가액이란 수익환원법에 따라 산정된 가액을 말한다.

2. 직접환원법, 할인현금수지분석법 및 적용

직접환원법은 단일기간의 순수익을 적절한 환원율로 환원하여 대상물건의 가액을 산정하는 방법을 말한다.

할인현금흐름분석법은 대상물건의 보유기간에 발생하는 복수기간의 순수익(이하 "현금흐름"이라 한다)과 보유기간 말의 복귀가액에 적절한 할인율을 적용하여 현재가치로 할인한 후 더하여 대상물건의 가액을 산정하는 방법을 말한다.

수익환원법으로 감정평가할 때에는 직접환원법이나 할인현금흐름분석법 중에서 감정평가 목적이나 대상물건에 적절한 방법을 선택하여 적용한다. 다만, 부동산의 증권화와 관련한 감정평가 등 매기의 순수익을 예상해야 하는 경우에는 할인현금흐름분석법을 원칙으로 하고 직접환원법으로 합리성을 검토한다.

02 수익환원법의 구조

순수익의 산정
- 직접법/간접법
- 총수익/총비용

수익가액의 산정 – 할인현금수지분석법(DCF)
- NOI 할인모델
- BTCF 할인모델
- ATCF 할인모델

수익가액의 산정 – 직접환원법(P = NOI/R)
- 순수익의 안정화
- 환원이율의 결정

수익환원법에서의 개별평가(토지, 건물)논리
- 자본회수
- 잔여환원법

---

1) 감정평가에 관한 규칙 제2조

제1절   수익환원법(순수익의 산정)

01   순수익(직접법에 따른 순수익 산정) [2]

순수익이란 대상물건에 귀속하는 적절한 수익으로서 유효총수익에서 운영경비를 공제하여 산정한다. 감정평가에서는 부동산의 시장가치를 구하는 것이 목적이고 시장가치는 최유효이용을 기준으로 하여 형성되므로, 순수익 또는 현금흐름도 최유효이용의 요건을 충족해야 한다. 즉, 수익가액의 기초가 되는 순수익은 대상 부동산에서 창출되는 현재의 순수익을 기준으로 하는 것이 아니고 장래에 발생될 순수익을 기초로 하기 때문에 산정 시에는 단순히 과거의 순수익이나 수익사례를 그대로 적용하여서는 안 된다.

1. 산식

순수익 = 유효총수익 − 운영경비(필요제경비)

① 일반적으로 1년 단위로 산정된다.
② 부동산의 종별, 유형에 따라 총수익, 총지출에 포함되는 항목이 다르다.

순수익, 세전현금흐름, 세후현금흐름의 계산과정

보증금(전세금) 운용수익
+ 연간 임대료
+ 연간 관리비 수입
+ 주차수입, 광고수입, 그 밖에 대상물건의 운용에 따른 주된 수입
─────────────
가능총수익(PGI · Potential Gross Income)
− 공실손실상당액(Loss and Vacancy)
− 손실충당금(Loss)
─────────────
유효총수익(EGI · Effective Gross Income)
− 운영경비(OE · Operating Expenses)
─────────────
순수익(NOI · Net Operating Income)
− 저당지불액(DS · Debt Service)
─────────────
세전현금흐름(BTCF · Before Tax Cash Flow)
− 영업소득세 등(Operation Tax)
─────────────
세후현금흐름(ATCF · After Tax Cash Flow)

---

[2] 감정평가실무기준 해설서(Ⅰ) 총론편, 한국감정평가사협회 등, 2014.02, pp.168~174

2. 유효총수익

유효총수익은 가능총수익에서 공실손실상당액 및 손실충당금을 공제하여 산정한다. 유효총수익은 해당 부동산의 과거 또는 현재의 유효총수익을 파악하고, 비정상적이고 일시적으로 발생한 유효총수익에 대하여 정상적이고 지속가능한 상황을 가정한 조정이 필요하다. 대상 부동산의 현재 이용상태에 대한 분석을 통해 현행 유효총수익 수준의 적절성 여부를 판단하고, 비정상적인 임대차계약에 의한 유효총 수익의 증감 여부 역시 조사하여야 한다.

1) 구성항목

⑴ 연간 임대료 및 연간 관리비 수입

매년, 매월 임차인이 임대인에게 지불하는 성격의 임대료로서 월차임 및 관리비가 해당된다. 임차인이 실비를 부담하는 것이 통상적인 상업용부동산의 경우에는 관리비를 거의 수취하지 않으며, 일부 업무용 부동산과 오피스텔 등 임차인이 실비를 부담하지 않는 경우 관리비 수입이 커진다.

⑵ 보증금(전세금) 운용수익(예금적 성격)

가능총수익을 구성하는 항목 중 하나로 임대료의 연체·미지불을 대비하기 위해 임차인이 임대인에게 입주 시에 일시불로 지불하는 보증금이 있다. 이때 보증금은 전세계약의 경우 전세보증금을 의미하며, 보증부 월세의 경우 보증금을 의미한다.

이러한 보증금을 가능총수익으로 처리하는 방법은 보증금에 보증금운용이율을 적용하여 보증금 운용수익을 산정한 후 이를 가능총수익에 가산하는 것이다.

⑶ 권리금상각액 및 미상각액운용익(선불적 성격)

지불임대료를 일시에 지불한 경우(권리금) 이를 기간에 안분하여 인식하는 개념이다.

⑷ 주차수입, 광고수입, 그 밖에 대상물건의 운용에 따른 주된 수입

임대공간 이외에서 발생하는 수입으로서 대표적으로 주차장수입, 자판기수입 등이 있다. 그 외에 발생하는 수입으로는 광고수입 및 송신탑 임대수입, 공중전화, 자동판매기 장소임대료, 행사장 대여임대료 등이 있다.

⑸ 공실손실상당액 및 손실충당금

공실손실상당액은 공실로 인하여 발생하는 손실분을 계상하는 것이다. 공실은 임차자들의 정상적인 전출입이나 대상 부동산과 대체·경쟁 부동산의 수급변화로부터 발생한다. 기준시점 현재 공실이 전혀 없어 점유율이 100%라고 하더라도, 최소한의 공실률은 계상하여야 한다. 왜냐하면 현재 부동산의 점유율이 100%라고 하는 것은 지역사회에 어느 정도 충분한 수요가 있다는 것을 나타내는 것으로, 장래에 대상 부동산과 대체·경쟁이 될 수 있는 부동산의 공급을 예측할 수 있다. 이러한 대체·경쟁 부동산은 대상 부동산보다 신축건물이므로 시설, 디자인, 설계 등의 측면에서 우수할 것이고, 이에 따라 임차인의 이동을 예상할 수 있는 것이다.

손실충당금은 임차인이 임대차기간 중 임대료를 지급하지 아니할 경우를 대비하여 통상적으로 일정액으로 계상되며, 미국의 경우 기업회계에서는 이를 운영경비에 포함하나, 부동산회계에서는 가능총수익에 대한 정상적인 공제로 처리한다.

2) 구체적 산정

(1) 보증금 운용익

① 보증금 × 보증금운용이율

② 보증금운용이율의 적용과 관련하여 보증금은 임대차기간 만료 시 임차인에게 반환하여야 할 반환채무이므로 적극적인 운용이 곤란하기 때문에 국·공채수익률이나 정기예금이자율을 적용해야 한다는 견해와 요구수익률, 환원율 등을 적용해야 한다는 견해가 있다.[3] 따라서 수익환원법 적용 시 보증금운용이율은 투자의 수익률, 전환율, 금리 등을 종합적으로 고려하여 결정해야 한다.

(2) 연간 임대료 수입

① 매월임대료 × 12개월

② **임대료를 매월 초 수령하는 경우**: 매월임대료 × (1 + 월운용이율) × 12개월

(3) 연간 관리비 수입

① 매월관리비 × 12개월

② 임대인이 관리비 명목으로 일정금액을 수령하는 경우는 총수입에 포함하고, 임차인이 실제 소요되는 관리비를 실비로 정산하는 경우는 총수입에 포함하지 않는다.

③ **공익비**(부동산의 공용부분에서 발생히는 요금) **처리**

공익비를 임대인이 관리비 명목으로 수취한다면 관리비 성격으로서 지불임대료에 포함될 것이다.

Check Point!

> ● 공익비 처리에 관한 개념 이해
>
> 공익비는 공용부분에서 발생하는 비용으로서 부동산의 운영에 따른 정상적인 비용에 포함하여 평가하여야 한다. 다만, 공익비는 임차인이 직접 부담하는 경우가 있거나 임대인이 수익을 추계함에 있어서 공익비 부분을 애초에 수익에서 공제하는 경우가 있다. 이런 경우에는 비용에서 뺀 후 계산하여야 할 것이다. 공익비의 성격과 임대료 및 관리비 지급행태만 정확하게 이해하면 혼동하지 않을 수 있는 부분이다.

---

3) 보증금의 또 다른 운영 측면은 부동산의 투자재원 중 대출금의 상환금으로 활용할 수 있다는 것이고, 이 경우 여신금리를 운용이율로 활용할 수 있을 것이다.

⑷ **권리금(선불적 일시금)상각액 및 미상각액 운용액**

① 권리금 × MC(저당상수)

② MC에 적용되는 할인율은 보증금운용이율보다는 위험을 더 반영할 수 있다.

3) 부동산의 총수익

부동산의 총수익은 최유효이용으로 대상 부동산을 이용할 경우에 임대자가 임차자로부터 수취할 수 있는 경제적인 이익의 총합을 의미한다.

기본예제

다음 제시된 부동산의 순수익을 산정하시오.

자료 1 본건 부동산의 현황

1. 소재지: 충청남도 아산시 배방읍 갈매리 4-1, 창고용지
2. 건물: 위 지상 철골조 창고, 13,000㎡ 2개동(창고 1동, 창고 2동)
3. 이용상황: 물류창고

자료 2 본 물류창고의 임대차계약서 현황

1. 창고 1동

구분	내용
임대차 물건	창고 1동
임차인	A
보증금	㎡당 20,000원(20,000 × 13,000㎡ = 260,000,000원)
월임대료	㎡당 10,000원(10,000 × 13,000㎡ = 130,000,000원)
관리비	임차인이 실비정산한다.
임대차기간	최근으로부터 3년

2. 창고 2동

구분	내용
임대차 물건	창고 2동
임차인	B
보증금	㎡당 18,000원(18,000 × 13,000㎡ = 234,000,000원)
월임대료	㎡당 9,000원(9,000 × 13,000㎡ = 117,000,000원)
관리비	임차인이 실비정산한다.
임대차기간	최근으로부터 3년

자료 3 공실률 및 영업경비비율

인근 유사용도의 표준적인 공실률은 5%이며, 영업경비비율은 유효총소득 대비 20%이다.

자료 4 보증금 운용이율

보증금 운용이율은 연 3.0%이다.

Ⅰ. 평가개요

본건은 물류창고에 대한 순수익의 산정과 관련된 건으로서 현시점을 기준으로 한다.

Ⅱ. 가능총수익(PGI)

1. 창고 1동

$260,000,000 \times 0.03 + 130,000,000 \times 12월 = 1,567,800,000원$

2. 창고 2동

$234,000,000 \times 0.03 + 117,000,000 \times 12월 = 1,411,020,000원$

3. 가능총수익

$1,567,800,000 + 1,411,020,000 = 2,978,820,000원$

Ⅲ. 순수익

1. 유효총수익

$2,978,820,000 \times (1 - 0.05) = 2,829,879,000원$

2. 순수익

$2,829,879,000 \times (1 - 0.2) = 2,263,903,200원$

3. 운영경비

1) 구성항목

(1) 용역인건비 · 직영인건비 · 수도광열비

용역인건비는 건물의 유지관리를 위하여 소요되는 인건비를 말한다. 청소를 위해 소요되는 비용이 이에 속하는데, 청소비에는 직영으로 하는 경우와 외부에 외주로 처리하는 경우가 있다. 직영으로 하는 경우에는 직영인건비, 외주인 경우에는 외부용역비, 쓰레기수거비, 소모품비 등이 해당된다. 수도광열비는 건물의 공용부분에 관련되는 비용을 말한다. 수도광열비는 전기료, 수도료, 연료비 등의 공익비로서 이론상 임차인이 부담하여 경비에 계상되지 않는 항목이나, 우리나라의 일부 부동산의 경우 이를 임대인이 임차인으로부터 징수하여 납부하고 있다. 특히 전기료는 공용면적분과 임대면적분으로 나눌 수 있는데, 공용면적분은 복도조명, 승강기 등에 부과되는 경비이며, 임대면적분은 임대공간 안에서 소비되는 경비이다.

(2) 수선유지비

① 일반관리비

일반관리비는 건물을 관리하기 위해 통상적으로 소요되는 관리비용을 말한다. 예를 들면, 소모품비, 비품의 감가상각액 등이 해당된다.

② 시설유지비

내외벽, 천장, 바닥 등의 보수와 부품대체비, 엘리베이터, 에스컬레이터 등 보수비 등이 해당된다. 관리비는 대상 부동산의 종류, 위치, 질 등에 따라 많은 차이를 보이고 있다. 또한 전체 가능총수익의 규모가 클수록 그 비율은 낮고, 작을수록 비율은 높아진다.

(3) 세금 · 공과금

부동산에 대하여 부과되는 재산세, 공동시설세, 재산세 도시지역분 등의 세금항목과 도로점용료, 과밀부담금, 교통유발부담금 등 공과금 등이 해당된다. 부동산임대소득에 대해 부과되는 세금(부동산임대소득세, 법인세 등), 부동산 취득 관련 세금(취득세, 등록세, 상속세, 증여세, 면허세 등) 및 부동산 양도 관련 세금(양도소득세, 특별부가세 등)은 제세공과금에 포함되지 않는다.

⦂ 부동산 보유단계에 따른 세금 [4]

구분	국세	지방세제	
		지방세	관련 부가세
취득 시	• 인지세(계약서 작성 시) • 상속세(상속받은 경우) • 증여세(증여받은 경우)	취득세	• 농어촌특별세(국세) • 지방교육세
보유 시	• 종합부동산세(일정기준금액 초과 시) • 농어촌특별세(종합부동산세 관련 부가세)	재산세	• 지방교육세 • 지역자원시설세
처분 시	• 양도소득세	지방소득세(소득분)	–

(4) 손해보험료

보험료는 임대부동산에 대한 화재 및 손해보험료를 말한다. 이러한 보험료는 계약조건에 따라 소멸성과 비소멸성이 있으나, 대상 부동산을 임대차하기 위해서 필요한 경비를 운영경비에 계상하기 때문에 소멸성만이 이에 해당된다. 그러나 만기일에 원금을 회수하는 비소멸성 보험일 경우에도 연간불입액 중 회수금을 현가화하여 그 차액(소멸성)만큼만을 경비로 계상해야 한다.

구분	손해보험료 귀속비용 산정방식
보험료를 기초에 일시불로 납입 시	전액 소멸성인 경우: 보험료 × MC(시장이자율)
	계약만료 시 일정액이 환급되는 경우: 보험료 × MC(시장이자율) − 환급액 × SFF(시장이자율)
	약관금리(보험이자율)에 의해 산정된 금액으로 환급되는 경우: 보험료 × MC(시장이자율) − 기초 환급원금 × 종가(보험이자율) × SFF(시장이자율)
보험료를 매기 말에 일정액씩 납입 시	전액 소멸성인 경우: 보험료
	계약만료 시 일정액이 환급되는 경우: 보험료 − 환급액 × SFF(시장이자율)
	약관금리(보험이자율)에 의해 산정된 금액으로 환급되는 경우: 보험료− 보험료 × 연금종가(보험이자율) × SFF(시장이자율)

---

4) 감정평가강의 제7판, 이홍규 외, p.141

기본예제

다음 자료를 기초로 필요제경비로 계상할 연간 보험료를 각각 산정하시오.

자료 1 공통사항

1. 보험계약기간: 5년
2. 할인율: 12%/연

자료 2 각 조건

1. 화재보험료가 총액 5,000,000원이며 전액 소멸성일 경우
2. 화재보험료가 연간 2,000,000원이고 전액 소멸성일 경우
3. 화재보험료가 총액 5,000,000원이며 만기 시에 연 6%의 이자를 가산해서 환급될 경우
4. 연간 보험료가 2,000,000원이며 만기 시에 연간 6%의 이자를 가산해서 환급될 경우
5. 연간 보험료가 2,000,000원이며 만기 시 3,000,000원을 환급할 경우
6. 보험료 총액이 5,000,000원이며 만기 시 1,000,000원을 환급할 경우

예시답안

1. $5,000,000 \times MC(12\%,\ 5) = 5,000,000 \times \dfrac{1.12^5 \times 0.12}{1.12^5 - 1} ≒ 1,387,000$원

2. $2,000,000$원

3. $5,000,000 \times \dfrac{1.12^5 \times 0.12}{1.12^5 - 1} - 5,000,000 \times 1.06^5 \times \dfrac{0.12}{1.12^5 - 1} ≒ 334,000$원

4. $2,000,000 - 2,000,000 \times \dfrac{1.06^5 - 1}{0.06} \times \dfrac{0.12}{1.12^5 - 1} ≒ 225,000$원

5. $2,000,000 - 3,000,000 \times \dfrac{0.12}{1.12^5 - 1} ≒ 1,528,000$원

6. $5,000,000 \times \dfrac{0.12 \times 1.12^5}{1.12^5 - 1} - 1,000,000 \times \dfrac{0.12}{1.12^5 - 1} ≒ 1,230,000$원

(5) 대체충당금

대체충당금은 본체보다 내용연수가 짧고 정기적으로 교체되어야 할 구성부분의 교체를 위하여 매기 적립해야 할 경비를 말한다. 주거용인 경우에는 냉장고, 세탁기, 가스레인지, 가구 등과 같은 가사 용품 등이 대체충당금 설정품목에 해당된다.

그러나 우리나라의 관행은 부동산의 보유기간 중 실제로 대체충당금에 해당하는 지출이 이루어진 경우에 이를 자본적 지출로 취급하여, 내용연수 동안 그 경비를 안분하여 건물부분의 감가상각비와 함께 취급하고 있다. 따라서 여기서 말하는 대체충당금은 대상 부동산의 효용이나 가치를 단순히 유지시키기 위한 수익적 지출로서 취급되는 것만을 의미한다. 그러므로 대상 부동산의 효용이나 가치를 증진시키는 경비는 자본적 지출로서 운영경비에 포함되는 것이 아니라 감가상각비 항목에 포함되어야 할 것이다.

만약 임대아파트 내부에 10년마다 교체되어야 할 가구의 재조달원가가 200만원이라고 하면 가구의 연간 경비는 한 대당 20만원이며, 총 임대아파트수가 50가구이면 연간 대체충당금은 1,000만원을 설정하여야 한다.

(6) 광고선전비 등 그 밖의 경비

광고선전비는 대상 부동산의 임대상황을 개선시키기 위한 광고선전 활동에 소요되는 비용을 말하는 것으로, 이러한 활동도 임대를 위해 활동의 범위 안에 포함시킬 수 있으므로 운영경비에 포함시켜야 한다. 그 밖에 임대부동산의 운영과 유지를 위해 소요되는 비용이 있다면 운영경비에 포함시켜야 한다. 이러한 예의 하나로 정상운전자금이자를 들 수 있다. 정상운전자금이자란 임대영업을 영위하기 위한 정상적인 운전자금에 대한 이자로, 임대수입의 수금일과 제 경비의 지출일이 불일치하게 됨에 따라 일정액의 운전자금이 필요하게 되는데, 예를 들어 조세공과의 일시납입, 종업원에 대한 일시 상여금 지급 등이 이에 해당한다. 미국의 경우 이러한 정상운전자금이자상당액을 운영경비에 명시적으로 포함하고 있지 않지만, 정상운전자금이 필요한 경우 그에 대한 이자는 당연히 운영경비로 계상하여야 할 것이다.

2) 그 밖의 운영경비 관련 사항

(1) 감가상각비를 포함하지 않는 이유

감가상각비는 고정경비이지만, 수익방식을 적용할 경우에는 실제 경비의 지출이 아니기 때문에 운영경비에 포함시키면 안 된다. 이는 시간의 경과에 따라 감가상각의 정도가 심한 부동산의 경우에는 총수익이 감소하게 되는데, 이에 감가상각비를 운영경비에 포함시켜 다시 총수익에서 공제하게 되면 이중계산이 되기 때문이다. 수익방식에서는 감가상각비의 처리를 총수익에서 공제하는 방법보다는 자본회수율을 감안한 환원율로 처리하는 것이 일반적인 방법이다.

수익방식에서의 감가상각비는 미래에 대한 감가상각(Future Depreciation)이지만 순수익 산정 시의 감가상각은 발생 감가상각(Accrued Depreciation)이기 때문이다(Future Depreciation과 Accrued Depreciation의 차이점).

(2) 관리비

매기 임차인이 임대인에게 지불하는 임대료의 성격으로서의 '관리비'가 있고, 임대인이 임대차를 유지하기 위해 소요되는 비용으로서의 '관리비'가 있다. 양자는 같은 용어를 사용하지만 그 의미는 다르다. 전자는 총수익의 성격에 포함되어야 하나 후자는 경비에 포함되어야 할 것이다.

(3) 고정경비와 가변경비

부동산의 점유율에 연동하여 발생하는 경비를 가변경비(변동경비)라고 하며, 점유율과 관계없이 일정하게 발생하는 경비를 고정경비라고 한다.

(4) 대체충당금

매기 설정하는 금액에 대해서는 정상적인 비용으로 인식하는 경우도 있으나, 세금의 문제에 있어서 성격상 자본적 지출로 분류되어 공제 항목이 아니므로 경비에 포함되어 있을 경우 별도로 가산하여 세금을 부과한다.

3) 그 밖의 유의사항

총지출도 총수익과 마찬가지로 대상 부동산이 최유효이용으로 이용되고 있을 경우의 비용을 구해야 하기 때문에 소유자의 개별적인 사정으로 인한 비용의 과다산출은 배제하여 판단해야 한다.

또한 임대차계약의 내용 및 대상물건의 종류에 따라 수익환원법 적용 시 포함하여야 할 운영경비 항목의 세부적인 내용은 달라질 수 있다는 점에 유의하여야 한다. 예를 들면, 수도광열비는 주거용 부동산의 경우에는 임대인의 경비에 해당하지 않으나, 일부 상업용 건물이나 월임대차(Monthly Lease) 또는 연임대차 형식으로 운영되지 않는 호텔, 모텔과 같은 일임대차(Daily Lease)의 경우에는 임대인의 경비로 처리되는 경우가 있다.

기 본예제

다음과 같은 임대조건을 갖고 있는 부동산의 연간 순수익을 산정하시오.

자료 ▶ 조건

1. 임대기간 : 3년
2. 임대내역

구분	현재의 임대차내역		표준적인 임대차내역	
	보증금	월임대료	보증금	월임대료
지하 1층	10,000,000	1,000,000	20,000,000	2,000,000
지상 1층	50,000,000	5,000,000	50,000,000	5,000,000
지상 2층	30,000,000	3,000,000	30,000,000	3,000,000
지상 3층	공실		25,000,000	2,500,000
지상 4층	공실		25,000,000	2,500,000
소계	90,000,000	9,000,000	150,000,000	15,000,000

≫ 각 층별로 관리비는 매월 500,000원을 수취한다.

3. 필요제경비
   (1) 대손준비비 및 공실손실상당액 : 총수익의 5%(해당 건물의 공실률 : 40%)
   (2) 각 층별 관리비 수입 중 80%는 실비로 소요된다.
4. 보증금 운용이율은 시장이자율과 같은 연 3%이다.

예시답안

1. 유효총수익

(1) 보증금 운용이익 : 150,000,000 × 0.03 = 4,500,000원

(2) 임대료 및 관리비 수입 : (15,000,000 + 500,000 × 5) × 12개월 = 210,000,000원

⑶ 가능총수익 : 214,500,000원

⑷ 유효총수익 : 214,500,000 × 0.95 = 203,775,000원

2. 운영경비(총비용, 필요제경비)

500,000 × 5 × 12 × (1 − 0.05) × 80% = 22,800,000원

3. 순수익

203,775,000 − 22,800,000 = 180,975,000원

---

02 순수익(간접법에 따른 순수익 산정)

1. 총수익을 비준하는 방법

1) 총수익의 비준

> 사례의 총수익(단위면적당 임대료) × 사정보정 × 시점수정(임대료지수 등) × 지역요인
> × 개별요인(임대료 형성요인, 토지 및 건물) = 대상의 단위면적당 임대료(× 면적 = 총액)

≫ 단위면적당 총수익에 있어서 단위면적은 임대면적(전유면적 + 공용면적)이 사용될 수도 있고, 전유면적이 사용될 수도 있다.

≫ 최근 1년은 현시점 계약된 상황을 의미하며, 지난 1년은 1년 이전에 계약된 것을 의미한다.

기 본예제

다음 제시된 본건의 총수익을 산정하시오,

자료

1. 본건 : A동 100번지 A아파트 상가동 제101호(전유면적 : 50m², 임대면적 : 100m²)
2. 임대사례 : A동 100번지 A아파트 상가동 제102호(전유면적 : 60m², 임대면적 : 120m²)
3. 임대사례의 임대료 : 보증금 30,000,000원, 월차임 1,200,000원(최근 임대차계약)
4. 보증금운용이율 3.0%
5. 위치별효용비에서 본건이 임대사례보다 5% 우세하다.

예시답안

1. 사례의 총수익

(30,000,000 × 0.03 + 1,200,000 × 12) ÷ 60 = 255,000원/전유m²

2. 본건의 총수익

255,000 × 1.000(사정) × 1.000(시점) × 1.050(임대료형성요인) = 267,750원/전유m²(× 50 = 13,387,500원)

---

2) 경비비율의 적용

(1) 본건의 경비를 적용하는 방법(직접법)

본건에서 실제 발생한 경비를 적용하여 순수익을 산정할 수 있다.

(2) 유사한 부동산의 경비비율을 적용하는 방법(간접법)

본건과 유사한 부동산의 총수익 또는 관리비수익 대비 경비비율을 적용할 수 있다.

⚬ 20XX. 1/4분기 매장용 빌딩 유효조소득 구성비율

구분	유효조소득(EGI)	임대수입	기타수입	영업경비
서울/소계	100.0%	79.9%	0.9%	19.2%

기 본예제

다음 제시된 대상부동산 A, B의 순수익을 산정하시오(다만, 표준적 공실률은 5.0%, 보증금운용이율은 3.0%이다).

자료 1 대상부동산 A(근린생활시설)
1. 보증금 50,000,000원
2. 월임대료 2,000,000원
3. 관리비는 임차인 실비정산
4. 운영경비는 유효총수입의 10%

자료 2 대상부동산 B(업무시설)
1. 보증금 50,000,000원
2. 월임대료 2,000,000원
3. 월관리비 800,000원
4. 운영경비는 관리비수입 대비 70%

예시답안

1. 대상부동산 A
$(50,000,000 \times 0.03 + 2,000,000 \times 12) \times (1 - 0.05) \times (1 - 0.1) = 21,802,500$원

2. 대상부동산 B
$(50,000,000 \times 0.03 + 2,000,000 \times 12 + 800,000 \times 12) \times (1 - 0.05) - 800,000 \times 12 \times (1 - 0.05) \times 0.7$
$= 26,961,000$원

2. 순수익을 비준하는 방법

사례의 순수익(단위면적당 순수익) × 사정보정 × [(토지순수익구성비율 × 토지시점수정 × 토지지역요인비교 × 토지개별요인비교) + (건물순수익구성비율 × 건물시점수정 × 건물개별요인(잔가율 포함))] × 품등비교 = 대상의 순수익

03 순수익의 안정화 및 조정(환원이율의 조정)

1. 안정화의 목적

수익환원법에서 순수익의 환원방법 중 직접환원을 하기 위해서는 매기의 순수익이 아닌 안정화된 순수익이 필요하기 때문에 이를 안정화해야 한다.

2. 순영업소득의 안정화

1) K계수

순영업소득이 매년 일정비율씩 (1기부터) 증감하는 형태에 적용한다.

$$K = \frac{1 - \left(\frac{1+g}{1+y}\right)^t}{(y-g) \times \frac{(1+y)^t - 1}{y \times (1+y)^t}}$$

y = 할인율   g = 상승률   t = 상승기간

(1) 순영업소득의 조정

조정후 순영업소득 = 조정전 순영업소득 × K계수

(2) 환원이율의 조정

$$\text{조정후 환원이율(R)} = \frac{\text{조정전 환원이율(r)}}{\text{K계수}}$$

📌 J계수는 0기 NOI를, K계수는 1기 NOI를 기준으로 함에 주의한다.

> **참고**
>
> 정률(g%) 상승하는 현금흐름 t회를 할인율(y%)로 할인한다면 아래의 산식을 활용할 수 있다.
>
> $$K계수 \times PVAF = \frac{1 - \left(\frac{1+g}{1+y}\right)^t}{y - g}$$

2) J계수

순영업소득이 감채기금 형식으로 매기간마다 누적적으로 증감

$$J = SFF \times \left(\frac{t}{1-(1+y)^{-t}} - \frac{1}{y} \right) = SFF \times \left(\frac{t \times (1+y)^t}{(1+y)^t - 1} - \frac{1}{y} \right)$$

$$= \frac{y}{(1+y)^t - 1} \times \left(\frac{t \times (1+y)^t}{(1+y)^t - 1} - \frac{1}{y} \right)$$

(1) 순영업소득의 조정

$$조정후 \ 순영업소득 = 조정전 \ 순영업소득 \times (1 + \triangle^* \times J계수)$$

* 보유기간 동안 순영업소득의 변화율

(2) 환원이율의 조정

$$조정후 \ 환원이율(R) = \frac{조정전 \ 환원이율(r)}{(1 + \triangle \times J계수)}$$

기 본예제

01 다음 부동산의 수익가치는?

> **자료** 부동산
>
> 1. 조정전 환원이율: 11.75%
> 2. 순영업소득: 첫해는 10,000,000원이지만, 매년 5%씩 5년 동안 상승한다.
> 3. 할인율: 연 14%

예시답안

1. 조정전 환원이율 산정

11.75%

2. 조정후 환원이율 산정

(1) K계수 $= \dfrac{1 - \left(\dfrac{1+g}{1+y} \right)^t}{(y-g) \times PVAF^*_{y,\,t}} \ \fallingdotseq \ \dfrac{1 - (1.05/1.14)^5}{(0.14 - 0.05) \times 3.433} \ \fallingdotseq \ 1.0912$

* $PVAF = \dfrac{1.14^5 - 1}{0.14 \times 1.14^5} \ \fallingdotseq \ 3.433$

(2) 조정후 환원이율: $0.1175 \div 1.0912 \fallingdotseq 0.1077$

3. 부동산 수익가치

$10,000,000 \div 0.1077 \fallingdotseq 92,850,000$원

02 다음 부동산의 수익가치는?

> 자료

1. 부동산의 수익가치는 보유기간 중의 순영업소득의 현재가치합과 기간 말의 복귀가치의 현재가치의 합으로 구성됨.
2. 할인율: 14%
3. 전형적인 보유기간: 5년
4. 5년 후 대상 부동산의 가치: 100,000,000원
5. 순영업소득: 첫해는 10,000,000원이지만, 매년 5%씩 상승함.

> 예시답안

1. 보유기간 중 순영업소득의 현재가치합

$$10,000,000 \times \frac{1-(1.05/1.14)^{5\,*}}{(0.14-0.05)} \fallingdotseq 37,460,000원$$

* K계수 × PVAF

2. 기간 말 복귀가치의 현재가치

$$100,000,000 \times \frac{1}{1.14^5} \fallingdotseq 51,937,000원$$

3. 부동산 수익가치

37,460,000 + 51,937,000 ≒ 89,397,000원

03 다음과 같은 임대자료를 가지고 있는 부동산의 수익가액을 산정하시오.

> 자료 · 수익자료

1. 기준시점 직전 해의 순영업소득은 20,000,000원이며, 5년 후의 순영업소득은 30,000,000원으로 예측됨.
2. 다만, 순영업소득은 감채기금 형식으로 증가하리라 예상됨.
3. 조정전 환원이율은 0.1175로 가정함.
4. 대상 부동산의 전형적인 지분수익률: 14%

> 예시답안

1. 조정전 환원이율

0.1175

2. 조정후 환원이율

(1) J계수: $\dfrac{0.14}{1.14^5-1} \times \left(\dfrac{5}{1-1.14^{-5}} - \dfrac{1}{0.14}\right) \fallingdotseq 0.4932$

(2) 조정후 환원이율: $\dfrac{0.1175}{(1+0.5 \times 0.4932)} \fallingdotseq 0.09426$

>> $\triangle = \dfrac{30,000,000-20,000,000}{20,000,000} \fallingdotseq 0.5$

3. 부동산 수익가치

20,000,000 ÷ 0.09426 ≒ 212,179,000원

제2절 수익환원법(환원이율의 결정)

01 직접환원법 및 자본환원이율

감정평가 실무기준에 의하면 직접환원법은 단일기간의 순수익을 환원율로 환원하여 대상물건의 가액을 산정하는 방법을 말한다고 정의되어 있으며, 직접환원법에서 사용할 환원율은 시장추출법으로 구하는 것을 원칙으로 하나, 시장추출법의 적용이 적절하지 않은 때에는 요소구성법, 투자결합법, 유효총수익승수에 의한 결정방법, 시장에서 발표된 환원율 등을 고려하여 적절한 방법으로 구할 수 있도록 규정되어 있다.

02 산정방법

1) 시장추출법(Market Extraction Method)

시장추출법은 시장으로부터 직접 환원율을 추출하는 방법으로서 대상 부동산과 유사한 최근의 거래사례로부터 환원율을 찾아내는 방법이다. 시장에서 환원율을 추출하는 경우 사례 부동산의 선정 시 위치나 지역이 유사해야 하며, 내용연수 및 상태나 질 등 물적인 유사성이 있어야 할 것이다.

⑴ **직접시장비교법**

대상과 물적 위치적 유사성이 뛰어난 사례의 환원이율을 추출해야 한다.

> 시장추출률 = 사례 부동산의 순영업소득(거래시점) / 사례 부동산의 거래가격

⑵ **투자시장질적(평점)비교법**

시장추출률을 일정한 항목에 의하여 비교하여 대상의 환원이율을 구하는 방법(직접시장비교법 + 비교절차)이다.

> **환원이율의 비교방법**
>
> 사례 부동산의 환원이율(종합환원이율) $\times$ $\dfrac{\text{사례 부동산의 평점합계}}{\text{대상 부동산의 평점합계}}$ (역수로 비교한다)
>
> ≫ 평점이 높을수록 해당 부동산의 수익의 질(안정성)이 우수하다는 것을 의미하므로 환원이율은 낮아져야 한다.

기본예제

시장추출법에 의해 대상물건에 적용할 환원이율을 결정하시오.

자료 1 대상 부동산과 유사한 사례 부동산의 내역(단위 : 천원)

구분	사례 1	사례 2	사례 3
상각전 순수익	230,000	219,000	160,000
총수익	322,000	309,000	233,000
거래가격	2,100,000	2,000,000	1,500,000

자료 2 대상 및 사례 부동산의 투자성 요인구성비와 상대적 백분율

투자성 판단요인	요인구성비	요인별 상대적 백분율			
		사례 1	사례 2	사례 3	대상물건
예상수익성	20%	100	95	80	90
환가성	20%	85	90	100	95
관리비지출	15%	80	80	100	90
가격안정성	20%	90	80	100	100
증가성	25%	100	100	90	90
계	100%				

자료 3

산출된 추출률을 기준으로 산술평균하여 최종결정치를 구한다.

예시답안

I. 처리방침

직접시장비교법, 투자시장질적평점비교법에 의한 각각의 환원이율을 구한다.

II. 직접시장비교법에 의한 환원이율

사례 1	사례 2	사례 3	평균
$\frac{230,000}{2,100,000} ≒ 0.1095$	$\frac{219,000}{2,000,000} ≒ 0.1095$	$\frac{160,000}{1,500,000} ≒ 0.1067$	0.1086

III. 투자시장질적비교법에 의한 환원이율

투자성 판단요인	요인구성비	투자성평점			
		사례 1	사례 2	사례 3	대상물건
계	100%	92	90	93.5	93

1. 사례 1

$0.1095 \times 92/93 ≒ 0.1083$

2. 사례 2

$0.1095 \times 90/93 ≒ 0.1060$

3. 사례 3

$0.1067 \times 93.5/93 ≒ 0.1073$

4. 평균

$$\frac{0.1083 + 0.1060 + 0.1073}{3} = 0.1072$$

---

(3) 조소득승수법

부동산 평가방법으로서의 조소득승수법의 산식을 활용하여 시장의 표준적인 환원이율을 유효총수익승수(Gross Income Multiplier)를 활용하여 추출하는 방법이다. 여기서 유효총수익승수는 시장의 거래사례를 유효총수익으로 나눈 값으로, 거래사례가 활발하게 이루어지고 수익의 내역을 정확하게 파악할 수 있는 경우에 유용한 방법이다.

$$
\begin{aligned}
\text{환원율} &= \frac{1 - \text{운영경비율}}{\text{유효총수익승수}} = \frac{1 - \text{운영경비율}}{\text{거래사례가격/유효총수익}} = \frac{\text{유효총수익}(1 - \text{운영경비율})}{\text{거래사례가격}} \\
&= \frac{\text{순수익}}{\text{거래사례가격}}
\end{aligned}
$$

Check Point!

❯ **GRM**(Gross Rent Mutiplier)**과 GIM**(Gross Income Mutiplier)**의 차이**
조소득승수(GIM)라는 용어는 조소득 중에 임대소득 외의 소득도 포함되어 있을 때 사용하고, 조소득의 전부가 임대소득일 때에는 조임대료승수(GRM)라는 용어를 사용한다.

기본예제

대상 부동산에 적용할 자본환원이율을 구하고자 한다. 다음 자료를 근거하여 사례를 기준으로 조소득승수를 산정하고 대상의 영업경비비율을 기준하여 자본환원이율을 산정하시오(산출된 추출률을 기준으로 산술평균하여 최종결정치를 구한다).

매매사례	가능조소득	유효조소득	영업경비	거래가격
1	15,000,000	가능조소득의 95%	가능조소득의 20%	120,000,000
2	20,000,000	가능조소득의 97%	가능조소득의 25%	165,000,000
대상	-	가능조소득의 95%	가능조소득의 20%	-

예시답안

I. 평가개요

조소득승수를 산정하고 조소득승수법으로 자본환원이율을 산정한다.

II. (유효)조소득승수(EGIM) 산정

1. 사례 1

$$\frac{120,000,000}{15,000,000 \times (1 - 0.05)} ≒ 8.42$$

   2. 사례 2

$$\frac{165,000,000}{20,000,000 \times (1-0.03)} \fallingdotseq 8.51$$

   3. 조소득승수 결정

$$\frac{8.42 + 8.51}{2} \fallingdotseq 8.47$$

III. 자본환원이율 산정

   1. 대상의 영업경비비율(OER)산정

$$\frac{0.2}{1-0.05} \fallingdotseq 0.211$$

   2. 자본환원이율 $(R = \dfrac{1-OER}{(E)GIM})$

$$\frac{1-0.211}{8.47} \fallingdotseq 0.093$$

---

(4) **회귀분석법**(Regression Method)

원리는 시장추출법과 동일하다. 순영업소득을 종속변수(y), 시장가격을 독립변수(x)로 해서 산정하면 회귀계수(b)가 자본환원율이 된다.

> **예** $y = 0.082x + 25,000,000 (R^2 = 98\%)$
>
> x : 부동산의 가격　　　y : 부동산의 순수익　　　환원이율 : 0.082

2) 요소구성법(조성법, Built-up Method)

(1) **개념**

요소구성법이란 무위험율을 바탕으로 대상 부동산에 관한 위험을 여러 가지 구성요소로 분해하고, 개별적인 위험에 따라 위험할증률을 더해감으로써 환원율을 구하는 방법이다.

(2) **무위험률**

무위험률로는 일반적으로 은행의 정기예금이자율, 3년 · 5년 만기 국채수익률 등을 사용할 수 있다.

(3) **위험률**

다양한 위험요소를 고려한 위험할증률은 시장에서의 표준적인 것을 적용하되, 대상물건의 지역적, 개별적 상태를 고려하여 결정해야 할 것이다. 위험할증률은 위험성, 비유동성, 관리의 난이성, 자금의 안정성 등을 참작한 것이라고 할 수 있다.

≫ 구 「감정평가에 관한 규칙」상의 원칙적인 환원이율 산정방법이었다.

> 환원이율 = 무위험률 + 위험할증률

은행 정기예금이자율이 3%이고 대상 부동산의 추가위험이 다음과 같을 때 조성법에 의한 종합환원이율을 산정하시오.

구분	위험성	비유동성	관리의 난이성	자금의 불안정성
가산율(%)	1	2	1.5	2

예시답안

$0.03 + (0.01 + 0.02 + 0.015 + 0.02) ≒ 0.095$

3) 투자결합법

(1) 물리적 투자결합법

부동산을 물리적인 측면에서 바라보고 토지와 건물의 구성비로 결합시켜 환원이율을 산정하는 방법이다. 단, 시장의 사례에서 대상 부동산에 적용하기 위한 환원이율을 산정하기 위해서는 사례의 수익 및 토지 및 건물의 가격구성비 등 결합상태가 인근지역의 일반적인 행태를 띄고 있는 사례를 선택하여야 할 것이다.

$$R = \frac{P_L}{P} \times R_L + \frac{P_B}{P} \times R_B$$

P : 부동산가치 P_L : 토지가치
P_B : 건물가치 R_L : 토지환원이율(자본수익률)
R_B : 건물환원이율(건물상각후 환원이율 + 건물회수율)

다음 자료를 이용하여 투자결합법으로 종합환원이율을 산정하시오.

자료

1. 토지가격 : 100,000,000원
2. 건물가격 : 150,000,000원
3. 토지의 환원이율 : 10%
4. 건물의 상각후 환원이율 : 12%
5. 건물의 내용연수 : 45

예시답안

$$\frac{100,000,000}{100,000,000 + 150,000,000} \times 0.1 + \frac{150,000,000}{100,000,000 + 150,000,000} \times (0.12 + \frac{1}{45}) ≒ 0.125$$

(2) 금융적 투자결합법

부동산을 금융적인 측면에서 바라보고 부동산의 소유구조를 지분과 저당으로 나누어 이를 지분 및 저당비율별로 가중평균하여 환원이율을 구하는 방법이다. 단, 물리적 투자결합법과 마찬가지로 시장의 사례에서 대상 부동산에 적용하기 위한 환원이율을 산정하기 위해서는 사례의 수익과 사례의 지분, 저당비율을 일반적인 경우를 선택하여야 할 것이다.

① Ross에 의한 방법

$$R = E/V \times R_E + L/V \times i$$

E/V : 지분비율	R_E : 지분배당률
L/V : 저당비율	i : 저당이자율

기본예제

거래가격의 30%를 연리 10%, 20년간 은행에서 대부하여 부동산을 매입한 사례를 수집하였다. 인근 비교부동산으로부터 도출된 시장의 전형적인 지분환원이율이 8%라 할 때, Ross에 의한 종합환원이율을 산정하시오.

예시답안

$0.7 \times 0.08 + 0.3 \times 0.10 ≒ 0.086$

② Kazdin에 의한 방법

$$R = E/V \times R_E + L/V \times MC$$

E/V : 지분비율	R_E : 지분배당률
L/V : 저당비율	MC : 저당상수

기본예제

거래가격의 60%를 연리 13%, 10년간 매월 균등상환하는 조건으로 은행에서 차입하였다. 비교부동산으로부터 도출된 시장의 전형적인 지분환원이율이 10%라 할 때, Kazdin법에 의한 종합환원이율을 산정하시오.

예시답안

$0.4 \times 0.1 + 0.6 \times \dfrac{0.13/12 \times (1+0.13/12)^{120}}{(1+0.13/12)^{120} - 1} \times 12개월 ≒ 0.1475$

(3) **양자의 적용**

물리적 투자결합법의 경우에는 우리나라와 같이 토지와 건물을 별개의 부동산으로 보는 것이 일반적인 경우에 그 산정상의 타당성 및 시장참여자의 행태를 반영하는 방법으로서 인정되며, 금융적 투자결합법의 경우 장기의 저당대부가 일반화되고 금융구조가 안정적이어서 금융 측면에서 시장참여자의 행태를 반영하는 것이 타당할 경우 유용하다.

4) Ellwood법(저당지분환원법)

(1) **개념**

부동산의 소유행태가 ⅰ) 단기적이고, ⅱ) 일반적으로 금융을 고려하여 부동산의 가치를 형성한다는 시장참여자의 행태를 기본으로 하여 이에 따른 환원이율을 추출한 방법이다.

(2) **산식**

$$R = y - L/V \times (y + p \cdot SFF_{(y\%,\ n)} - MC_{(i,\ N)}) \pm \triangle \times SFF_{(y\%,\ n)}$$

y : 지분수익률
n : 전형적인 보유기간
$\triangle$: 부동산가치증감률
i : 이자율

C : 저당계수($= y + p \cdot SFF_{(y\%,\ n)} - MC_{(i,\ N)}$)
N : 저당기간
P : 상환비율

* 상환비율(1 - 잔금비율) $P = \dfrac{(1+i)^n - 1}{(1+i)^N - 1} = \dfrac{MC_{i.\ N} - i}{MC_{i.\ n} - i}$

(3) **각 요소의 성질**

① **지분수익률**

시장가치평가 시 유사부동산으로부터 추출한 전형적이고 예견적인 수익률(Typical & Prospective Yield Rate)을 적용한다.

② **LTV(Loan to Value)**

대상 부동산과 유사한 부동산을 매입함에 따른 일반적으로 차입가능한 저당비율을 말한다.

③ **SFF**

부동산 보유기간 중 누적적으로 발생하는 요인을 연(年)으로 안분하기 위한 개념이다.

④ **$\triangle$**

전형적인 보유기간 동안의 부동산가치의 증감, 부동산가치 증가예상 시 (−), 부동산가치 감소예상 시 (+)를 적용한다.

> Ellwood 공식변형
>
> **1. 저당대부가 없는 부동산의 환원이율**
>
> $R = y \pm \triangle \times SFF_{(y\%, \, n)}$
>
> **2. 매기 이자만 지급하고 기간 말에 원금 일시 상환하는 부동산의 환원이율**
>
> $R = y - L/V \times (y - r) \pm \triangle \times SFF_{(y\%, \, n)}$
>
> **3. Ellwood 공식에 의한 분리환원이율 산정**
>
> (1) 토지환원이율: $R = y - L/V \times (y + p \cdot SFF_{(y\%, \, n)} - MC_{(i, \, N)}) \pm \triangle(토지가격변동분) \times SFF_{(y\%, \, n)}$
>
> (2) 건물환원이율: $R = y - L/V \times (y + p \cdot SFF_{(y\%, \, n)} - MC_{(i, \, N)}) \pm \triangle(건물가격변동분) \times SFF_{(y\%, \, n)}$

기 본예제

다음에 제시된 자료를 근거하여 Ellwood법에 의한 종합환원이율을 산정하시오.

풀이영상

자료 1 이자율

1. 자기자본수익률: 12%
2. 저당의 대출이율: 10%

자료 2 대부조건

1. 대부비율: 65%
2. 대부기간: 25년
3. 상환조건: 매년 원리금 균등상환

자료 3 기타자료

1. 예상보유기간: 5년
2. 투자대상 부동산 가격변동: 보유기간 동안 매년 부동산가치가 2% 상승
3. 기타: 계산 시 소수점 다섯째 자리 이하는 반올림할 것

예시답안

1. 산식

$R = y - L/V \times C^* \pm \Delta \times SFF_{(y\%, \, t)}$

$* \ C = y + P \times SFF_{(y\%, \, t)} - MC$

2. 저당상수(MC)

$\dfrac{0.1 \times 1.1^{25}}{1.1^{25} - 1} \fallingdotseq 0.1102$

3. SFF

$\dfrac{0.12}{1.12^5 - 1} \fallingdotseq 0.1574$

4. 상환비율(P)

$\dfrac{1.1^5 - 1}{1.1^{25} - 1} \fallingdotseq 0.0621$

5. 자산가치변화율

$1.02^5 - 1 ≒ 0.1041$

6. 환원이율산정

$0.12 - 0.65 × (0.12 + 0.0621 × 0.1574 - 0.1102) - 0.1041 × 0.1574 ≒ 0.0909$

5) 부채감당법(Gettel 법)

(1) 개념

부동산을 소유함에 있어서 시장투자자들이 부동산의 가치를 저당투자자(대출기관)의 입장에서 형성하는 부분이 크다고 생각하고 이를 기준으로 하여 환원이율을 추출한 산정방법

(2) 산식

- $R_0 = DCR × (L/V) × MC$
- $DCR = NOI ÷ DS(Debt\ Service)$

(3) DCR의 성질

저당투자자 입장에서 판단하는 대상 부동산의 자금상환능력으로서 저당투자자 중심의 방법으로서 사내환원이율(In-House Capitalization Rate)이라고도 한다.

> **기 본예제**
>
> 거래가격의 60%를 연리 15%, 10년간 매년 원리금 균등상환의 조건으로 대출하고자 할 경우에, 은행 입장에서의 한원이율을 산정하시오(DCR = 1.2).
>
> **예시답안**
>
> $1.2 × 0.6 × \dfrac{0.15 × 1.15^{10}}{1.15^{10} - 1} ≒ 0.1435$

6) 시장에서 발표된 환원율

감정평가를 수행할 때 환원율을 직접 산정하지 않고 시장에서 발표된 환원율이 있는 경우 이를 활용할 수 있다. 시장에서 발표된 환원율은 대상이 되는 부동산 및 기간 등이 통일되어 있지 않은 경우가 많다. 따라서 환원율의 발표 주체, 적용 대상, 적용 기간 등에 대한 면밀한 검토가 선행되어야 한다. 또한 시장에서 발표된 환원율은 대부분 과거시점으로부터 작성시점까지의 자료에 기반한 것으로, 장래 기대편익의 현재가치를 산정하는 감정평가에 적용하기 위해서는 세심한 주의를 기울여야 한다. 지역적인 격차가 발생하는 경우에는 적절한 보정이 이루어져야 하며, 현실적인 상황을 반영할 수 있도록

금융자산 등 대체·경쟁관계에 있는 자산들과의 비교도 필요하다. 그리고 시장에서 발표된 환원율은 일반적인 시장의 표준적인 수준을 나타내는 경우가 많으므로, 대상물건의 개별성을 반영할 수 있도록 추가적인 조정이 요구된다.

> **참고**
>
> 시장에서 발표되는 환원율 예시
>
>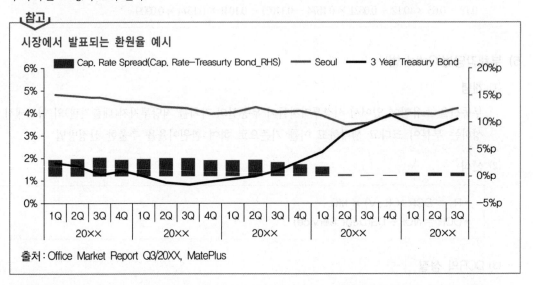
>
> 출처 : Office Market Report Q3/20XX, MatePlus

기 본예제

아래 수익률 중 적정한 수익률을 기준으로 하여 직접환원방식의 수익환원법 적용 시 적정한 환원이율을 산정하시오.

구분	20××년 1분기	20××년 2분기	20××년 3분기	20××년 4분기
소득수익률	1.51%	1.41%	0.79%	1.39%
자본수익률	0.32%	0.34%	0.35%	0.31%
투자수익률	1.83%	1.75%	1.14%	1.70%

환원이율은 백분율 기준 소수점 2자리 이하는 절사하여 표시한다.

예시답안

• 환원이율에 적정한 벤치마크는 소득수익률로서 연간 소득수익률을 기준한다.

• 연간 소득수익률
  $1.0151 \times 1.0141 \times 1.0079 \times 1.0139 ≒ 1.0519$

• 환원이율 결정 : $1.0519 - 1 ≒ 5.1\%$

03 환원이율 결정방법

직접환원법에서 사용할 환원율은 시장추출법으로 구하는 것을 원칙으로 한다. 다만, 시장추출법의 적용이 적절하지 않은 때에는 요소구성법, 투자결합법, 유효총수익승수에 의한 결정방법, 시장에서 발표된 환원율 등을 고려하여 적절한 방법으로 구할 수 있다.

> **Check Point!**
>
> ● 소득모델과 재산모델
>
> 1. 소득모델(Income Model)
>   소득흐름의 현재가치를 구하고, 별도로 복귀가격 또는 처분정리비의 현가를 가산하거나 차감하여 부동산 가치를 구하는 방법이다.
>   소득모델에서는 대상 부동산의 가격상승이나 하락을 고려하지 않는다. 소득모델에서는 대상 부동산 투자자본을 보유기간 중에 전액 회수하는 것으로 하고 보유기간 말의 복귀액에 대하여 별도로 현재가치를 구하여 소득흐름의 현재가치에 합산하여 대상 부동산의 가치를 추정한다.
>
> 2. 재산모델(Property Model)
>   재산모델에서는 대상 부동산의 가치상승 혹은 하락을 소득흐름과 함께 고려하여 자본환원이율을 산정하고 이렇게 구한 자본환원이율을 이용하여 부동산평가의 일반적인 산식인 "부동산가치 = 순영업소득 ÷ 자본환원이율"에 의하여 대상 부동산의 가치를 산정한다.

제3절 수익환원법(할인현금흐름분석법)

01 할인현금흐름분석법 및 직접환원법

감정평가 실무기준에 의하면 할인현금흐름분석법은 대상물건의 보유기간에 발생하는 복수기간의 순수익(이하 "현금흐름"이라 한다)과 보유기간 말의 복귀가액에 적절한 할인율을 적용하여 현재가치로 할인한 후 더하여 대상 물건의 가액을 산정하는 방법으로 규정되어 있다.

또한 수익환원법에 의하여 감정평가할 때에는 직접환원법이나 할인현금흐름분석법 중 감정평가 목적이나 대상물건에 적절한 방법을 선택하여 적용하여야 하도록 규정되어 있다. 다만, 부동산의 증권화와 관련한 감정평가 등 매기의 순수익을 예상하여야 하는 경우에는 할인현금흐름분석법을 원칙으로 하고 직접환원법으로 합리성을 검토하도록 규정하고 있다.

1. 직접환원법

한 해의 안정화된 소득을 환원이율로 환원시키는 방법으로 전통적인 직접(소득)환원법을 의미하며, 잔여환원법에서 이 방법을 사용한다(내용연수 무한, 순수익 영속, 자본회수 불필요, 환원율 불변을 가정한다).

$$V = \frac{a}{R}$$

a : 안정화된 소득　　　　R : 환원이율

2. DCF법(할인현금흐름분석법)

할인현금흐름분석법(DCF법ㆍDiscounted Cash Flow Method)은 미래의 현금흐름과 보유기간 말의 복귀가액에 적절한 할인율을 적용하여 현재가치로 할인한 후 대상물건의 수익가액을 산정하는 방법이다. 할인현금흐름분석법은 직접환원법이 가정하고 있는 여러 가지 사항들이 현실에 부합하지 않는다는 점을 지적하면서 발전해 왔다. 할인현금흐름분석법에서 사용하는 미래의 현금흐름은 순수익, 세전현금흐름 및 세후현금흐름으로 나눌 수 있다.

순수익, 세전현금흐름, 세후현금흐름의 계산과정

　　보증금(전세금) 운용수익
+ 연간 임대료
+ 연간 관리비 수입
+ 주차수입, 광고수입, 그 밖에 대상물건의 운용에 따른 주된 수입
───────────────────────────────────
　　가능총수익(PGIㆍPotential Gross Income)
− 공실손실상당액(Loss and Vacancy)
− 손실충당금(Loss)
───────────────────────────────────
　　유효총수익(EGIㆍEffective Gross Income)
− 운영경비(OEㆍOperating Expenses)
───────────────────────────────────
　　순수익(NOIㆍNet Operating Income)　　　　　　　　− NOI 할인모델
− 저당지불액(DSㆍDebt Service)
───────────────────────────────────
　　세전현금흐름(BTCFㆍBefore Tax Cash Flow)　　　　− BTCF 할인모델
− 영업소득세 등(Operation Tax)
───────────────────────────────────
　　세후현금흐름(ATCFㆍAfter Tax Cash Flow)　　　　　− ATCF 할인모델

---

02 할인현금수지분석법

1. NOI 할인모델

가장 보편적으로 사용하는 할인현금수지분석모델로서 부동산의 가정된 보유기간 중의 순영업소득의 합과 기말복귀가치 현재가치의 합으로 수익가액을 평가한다.

1) 산식

$$V = \frac{NOI_1}{(1+r)} + \frac{NOI_2}{(1+r)^2} + \cdots + \frac{NOI_n}{(1+r)^n} + \frac{V_n}{(1+r)^n}$$

V : 부동산가치   NOI : 순영업소득
r : 할인율 V_n: 보유기간말복귀가치

2) 각 구성요소(순영업소득 및 적용률)의 결정

⑴ 순영업소득 및 순영업소득 상승률(Escalation Rate)

상기의 순영업소득 산정방법에 따르며, 순영업소득의 상승률은 임대료 변동률로서 물가상승률 등에 따른다.

⑵ 할인율(Discount Rate) [5]

① 할인율의 적용

감정평가실무기준에서는 할인율의 결정에 있어서 투자자조사법(지분할인율), 투자결합법(종합할인율), 시장에서 발표된 할인율 등을 고려하여 내상물건의 위험이 적절히 반영되도록 결정하되 추정된 현금흐름에 맞는 할인율을 적용하도록 규정하고 있다. NOI 할인모델에서는 NOI와 같은 현금흐름의 성격에 부합하는 종합할인율을 적용하는 것이 타당할 것이다.

② 투자자조사법(지분할인율)

투자자조사법은 시장에 참가하고 있는 투자자 또는 잠재적 투자자를 대상으로 하여 할인율을 추정하는 방법을 말한다.

③ 투자결합법(종합할인율)

투자결합법은 대상 부동산에 대한 투자자본과 그것의 구성비율을 결합하여 할인율을 구하는 방법으로서, 물리적 투자결합법과 금융적 투자결합법으로 나뉜다. 물리적 투자결합법은 토지와 건물의 구성비율에 각각 토지할인율과 건물할인율을 곱하고, 이들을 합산하여 할인율을 구한다.

$$할인율 = \frac{토지가치}{토지가치 + 건물가치} \times 토지할인율 + \frac{건물가치}{토지가치 + 건물가치} \times 건물할인율$$

---

5) 감정평가실무기준 해설서(Ⅰ) 총론편, 한국감정평가사협회 등, 2014.02, pp.180~181

금융적 투자결합법은 저당투자자의 요구수익률과 지분투자자의 요구수익률이 서로 다르다는 점에 착안한 것으로, 할인율은 저당비율에 저당할인율을 곱하고, 지분비율에 지분할인율을 곱한 후 이들을 합하여 구한다.

$$할인율 = \frac{저당액}{저당액 + 지분액} \times 저당할인율 + \frac{지분액}{저당액 + 지분액} \times 지분할인율$$

④ **시장에서 발표된 할인율**

할인율을 직접 산정하지 않고 시장에서 발표된 할인율이 있는 경우 이를 활용할 수 있다. 시장에서 발표된 할인율은 대상이 되는 부동산 및 기간 등이 통일되어 있지 않은 경우가 많으므로, 발표 주체, 적용 대상, 적용 기간 등에 주의해야 한다.

또한 시장에서 발표된 할인율은 대부분 과거의 자료에 기반하여 산정되기 때문에 장래 기대편익의 현재가치를 산정하는 감정평가에 적용하기 위해서는 세심한 주의를 기울여야 한다. 지역적인 격차가 발생하는 경우에는 적절한 보정이 이루어져야 하며, 현실적인 상황을 반영할 수 있도록 금융자산 등 대체·경쟁관계에 있는 자산들과의 비교도 필요하다. 그리고 시장에서 발표된 할인율은 일반적인 시장의 표준적인 수준을 나타내는 경우가 많으므로, 대상물건의 개별성을 반영할 수 있도록 추가적인 조정이 요구된다.

기본예제

아래 수익률 중 적정한 수익률을 기준으로 하여 할인현금수지분석법(DCF) 방식 적용 시 적정한 할인율을 산정하시오.

구분	20××년 1분기	20××년 2분기	20××년 3분기	20××년 4분기
소득수익률	1.51%	1.41%	0.79%	1.39%
자본수익률	0.32%	0.34%	0.35%	0.31%
투자수익률	1.83%	1.75%	1.14%	1.70%

할인율은 백분율 기준 소수점 2자리 이하는 절사하여 표시한다.

예시답안

• 할인율에 적정한 벤치마크는 투자수익률로서 연간 투자수익률을 기준한다.

• 연간 투자수익률
$1.0183 \times 1.0175 \times 1.0114 \times 1.0170 \fallingdotseq 1.0657$

• 할인율 결정 : $1.0657 - 1 \fallingdotseq 6.5\%$

(3) 기말복귀가액

복귀가액은 대상물건의 보유기간 말 재매도가치(Resale Value)에서 매도비용 등을 차감하여 산정하게 되는데, 이는 보유기간 말 대상 부동산의 매도를 통해 매도자가 얻게 되는 순매도액이다.

① **내부추계법**

기간 말이나 기간 말 다음 해의 순영업소득을 적절한 자본환원율(기출환원이율, Going-out Cap-italization Rate)로 환원하여 재매도가치를 추계하는 방법이다. 복귀가액 산정을 위한 최종환원율은 환원율에 장기위험프리미엄·성장률·소비자물가상승률 등을 고려하여 결정한다. 내부추계법에서 최종환원율은 보유기간 중의 순수익에 적용되는 통상적인 환원율에 비해 높게 형성되는 경우가 많다.

② **외부추계법**

외부추계법은 가치와 여러 변수의 관계, 과거의 가치성장률 등을 고려하여 보유기간 말의 복귀가액을 산정하는 방법이다. 여기서 과거의 성장추세로부터 복귀가액을 산정할 경우에는 성장률과 인플레이션의 관계 등에 유의해야 한다.

③ **적용**

상기의 방법으로 추계된 재매도가치에 매도비용(중개수수료, 감정평가비용 등)을 공제하여 기말복귀가액을 결정하며, 내부추계법에 의하여 산정하는 것이 원칙이다.

기본예제

아래 부동산에 대하여 보유기간(5년을 가정함) 이후의 매각가격을 내부추계법과 외부추계법으로 각각 결정하시오.

> • 매입가격 : 1,000,000,000원
> (토지 : 600,000,000원, 건물 : 400,000,000원(신축, 내용연수 : 50년))
> • 1차년도 순수익 : 50,000,000원
> • 임대료상승률 : 연 3.0%를 가정한다.
> • 기출환원이율은 기입환원이율 대비 0.5%p를 가산하여 결정한다.
> • 토지가격변동률은 연간 5.0%씩 상승하며, 건물가격은 감가수정을 반영한다.
> • 기말매각가액은 반올림하여 백만원단위까지 표시한다.

예시답안

1. 내부추계법에 의한 기말매각가액

6차년도 순수익 : $50,000,000 \times 1.03^5 ≒ 58,000,000$원

기출환원이율 : $\dfrac{50,000,000}{1,000,000,000} + 0.005 = 5.5\%$

기말매각가액 : $\dfrac{58,000,000}{0.055} ≒ 1,055,000,000$원

2. 외부추계법에 의한 기말매각가액

보유기간 말 토지가치 : $600,000,000 \times 1.05^5 ≒ 766,000,000$원

보유기간 말 건물가치 : $400,000,000 \times \dfrac{45}{50} = 360,000,000$원

기말매각가액 = $766,000,000 + 360,000,000 = 1,126,000,000$원

⑷ 주요 적용률의 결정에 참작되는 내용 정리

구분	참작되는 내용
보증금운용이율	CD수익률, 국고채이자율(3년), 회사채수익률(3년, AA−), 정기예금이자율 등 주요시장금리지표를 반영함.
할인율	순수익률에 위험프리미엄(부동산운영위험, 비동성 등)을 고려하고 시중금리 고려
재매도환원율 (기출환원율)	재매도 시 적용되는 환원이율로서 현재 환원이율 수준에 위험프리미엄 등을 고려하여 결정
시장임대료상승률	계약서, 생산자물가지수 등
공실률	• 분기별 오피스, 매장용 빌딩 임대료조사 및 투자수익률 추계 결과보고서 • 현재 본건의 공실률 참작
운영경비	• 분기별 오피스, 매장용 빌딩 임대료조사 및 투자수익률 추계 결과보고서 • 본 건물의 경비내역서 • 인근 부동산의 경비비율 분석

⑸ NOI-DCF 현금흐름분석

가정 : 5년 보유, 종합할인율 5%, 재매도환원율 10% 가정, 임대료상승률 약 3%

구분	1차년도	2차년도	3차년도	4차년도	5차년도	6차년도
순수익	100	103	106	109	112	115
기말복귀가치	−	−	−	−	1,150	−
현금흐름	100	103	106	109	1,262	−
현가(5%)	95.2	93.4	91.6	89.7	988.8	−
현가합	1,357.7					

2. BTCF 할인모델

대상 부동산에 대한 연간 지분수익과 저당대부의 원리금상환으로 인한 지분형성분 그리고 보유기간 말의 복귀가치를 고려한 환원이율을 통하여 부동산의 가치를 추계하는 방법으로 부동산의 가치를 지분가치와 저당가치의 합으로 본다.

1) 산식

$$V = \underbrace{\frac{BTCF_1}{(1+y)} + \frac{BTCF_2}{(1+y)^2} + \cdots + \frac{BTCF_n}{(1+y)^n} + \frac{V_n - L_n}{(1+y)^n}}_{\text{지분가치(E)}} + \underbrace{L}_{\text{저당가치}}$$

V : 부동산가치   BTCF : 세전현금수지   y : 세전지분수익률
V_n : 보유기간 말 복귀가치 L_n : 보유기간 말 저당잔금   L : 저당대부액

2) 각 구성요소의 결정

(1) BTCF 결정

순영업소득에서 저당서비스액을 차감하여 결정한다(NOI-DS).

(2) 할인율(Discount Rate)

감정평가실무기준에서는 할인율의 결정에 있어서 투자자조사법(지분할인율), 투자결합법(종합할인율), 시장에서 발표된 할인율 등을 고려하여 대상물건의 위험이 적절히 반영되도록 결정하되 추정된 현금흐름에 맞는 할인율을 적용하도록 규정하고 있다. BTCF의 성격이 자기지분에 대한 현금흐름임을 고려하여 지분할인율을 사용하는 것이 타당할 것이다.

(3) 지분 기말복귀가치(Equity Resale Value)

NOI 할인모델의 기말복귀가치 산정 시와 동일하며, 보유기간 말 저당잔금을 공제하여 결정한다.

(4) BTCF-DCF 현금흐름분석

가정: 5년 보유, 세전지분할인율 7%, 재매도환원율 10% 가정, 임대료상승률 약 3%, 대출금액 500, 대출이자율 4%, 이자지급 후 만기원금 일시납 조건

구분	1차년도	2차년도	3차년도	4차년도	5차년도	6차년도
순수익	100	103	106	109	112	115
이자비용	20	20	20	20	20	
기말복귀가치	-	-	-	-	1,150	-
원금상환액					500	
현금흐름	80	83	86	89	742	
현가(7%)	74.8	72.5	70.2	67.9	529	
현가합	814.4					
부동산가치	814.4 + 500 = 1,314.4					-

3. ATCF 할인모델

1) 산식

$$V = \frac{ATCF_1}{(1+y)} + \frac{ATCF_2}{(1+y)^2} + \cdots + \frac{ATCF_n}{(1+y)^n} + \underbrace{\frac{V_n - L_n - tax}{(1+y)^n}}_{} + L$$

$$\underbrace{\qquad\qquad\qquad\qquad\qquad}_{\text{지분가치(E)}} \qquad \text{저당가치}$$

V : 부동산가치　　　　　ATCF : 세후현금수지　　　　y : 세후지분수익률

V_n : 보유기간말복귀가치　　　L_n : 보유기간말저당잔금　　　L : 저당대부액

tax : 자본이득세

2) 각 구성요소의 결정

(1) 매기 ATCF

① 세전현금흐름(BTCF)에서 영업소득세를 차감하여 결정한다.

② **영업소득세 산정방법** : 부동산 임대소득에 부과되는 세금으로는 소득세 또는 법인세가 있다. 부동산 임대소득에 대하여는 이자소득, 배당소득, 사업소득, 근로소득, 기타소득과 함께 종합소득으로 과세된다. 따라서 한계세율에 따라 특정 부동산에 대한 부동산 임대소득세가 달라지는 점이 있다.

방법 1	방법 2
순영업소득(NOI) − 이자지급분* − 감가상각비***	세전현금수지(BTCF) + 원금상환분** − 감가상각비
과세표준	
세율 = 영업소득세(유효법인세)	

» 계산편의상 방법 2를 많이 활용한다.

* 이자지급분 = 직전연도 저당잔금 × 이자율
** 원금상환분 = 직전연도 저당잔금 − 해당 연도 저당잔금
　1기의 원금상환분은 "DS − 대출원금 × 이자율"이며, 이후에 저당이자율로 복리상승한다.
*** 감가상각비 : 세금공제 대상이다.

(2) 할인율

할인율의 결정방법은 NOI 및 BTCF에서의 할인율 결정방법과 유사하다. 하지만 ATCF는 세후현금흐름이기 때문에 이에 대응하는 할인율을 사용해야 한다. 따라서 세후지분할인율을 사용함이 타당하다.

(3) 세율

해당 부동산을 보유함에 따른 통상적인 세율을 적용함이 타당하다. 법정세율보다는 유효세율을 활용해야 할 것이다.

(4) 기말 세후 복귀가치

```
세후지분복귀액의 산정
　재매도가치*
− 매도경비
─────────────
　순매도액
− 미상환 저당잔금**
─────────────
　세전지분복귀액
− 자본이득세(또는 양도소득세)*** 등
─────────────
　세후지분복귀액
```

* 재매도가치 : NOI 할인모델과 동일하다.
** 미상환 저당잔금 = 저당대부액 × 잔금비율
*** 자본이득세

> 자본이득세의 산정

	순매도액(net sales proceeds)
−	장부가치(net book value)
	매도이득(gain on sale)
−	초과감가상각액(excess depreciation)
	자본이득
−	세제상 공제액
	과세대상 자본이득
×	세율
	자본이득세

(5) ATCF-DCF 현금흐름분석

가정 : 5년 보유, 세후지분할인율 6%, 재매도환원율 10% 가정, 임대료상승률 약 3%, 대출금액 500, 대출이자율 4%, 이자지급 후 만기원금 일시납 조건, 영업소득세율 20%, 자본이득세율 25%, 초기장부가액 1,000(장부가액 중 500이 건물이며 건물의 내용연수는 50년 가정)

구분	1차년도	2차년도	3차년도	4차년도	5차년도	6차년도
순수익	100	103	106	109	112	115
이자비용	20	20	20	20	20	
BTCF	80	83	86	89	92	
영업소득세	14	14.6	15.2	15.8	16.4	
감가상각비	10	10	10	10	10	
원금상환분	−	−	−	−	−	
ATCF	66	68.4	70.8	73.2	75.6	
기말복귀가치	−	−	−	−	1,150	−
원금상환액					500	
자본이득세					50	
세후기말복귀가치					600	
세후현금흐름	66	68.4	70.8	73.2	675.6	−
현가(6%)	62.3	60.9	59.4	58.0	504.8	−
현가합			745.4			
부동산가치			745.4 + 500 = 1,245.4			−

풀이영상

기 본예제

01 다음 부동산의 감정평가액을 수익환원법에 의하여 평가하시오.

자료 1 ▶ 부동산의 개요

1. 소재지 : 서울특별시 마포구 상암동 600
2. 토지이용계획 등 : 대지, 2,088.4m², 일반상업지역, 중심지미관지구, 건축선지정
3. 건물의 현황 : 철골철근콘크리트조 슬래브지붕, 연면적(임대면적 총합) 33,000m²,
   2002.10.5. 준공
4. 이용상황 : 업무시설

자료 2 ▶ 기준임대료

1. 보증금 : 150,000원/m²
2. 월임대료 : 15,000원/m²
3. 월관리비 : 6,000원/m²

자료 3 ▶ 각종 적용률

1. 연임대료(보증금 및 관리비 포함) 상승률 : 3.0%
2. 보증금운용이율 : 3.0%
3. 공실 및 손실률 : 5.0%
4. 운영경비율(유효 관리비수입대비) : 70.0%
5. 기출환원이율 : 8.0%
6. 할인율 : 7.0%
7. 재매도 시 경비비율 : 2.0%
8. 보유기간 : 5년

자료 4 ▶

최종 감정평가액 결정 후 건물의 단위면적(m²)당 가액을 표시할 것

예시답안

Ⅰ. **평가개요**

본건은 서울시 마포구 상암동에 소재하는 업무시설에 대한 시가참조목적의 감정평가로서 수익환원법에 의하여 감정평가한다.

Ⅱ. **순수익**

1. **유효총수익**
   (1) 가능총수익 : $(150,000 \times 0.03 + 15,000 \times 12 + 6,000 \times 12) \times 33,000 = 8,464,500,000$원
   (2) 유효총수익 : $8,464,500,000 \times (1 - 0.05) = 8,041,275,000$원

2. **운영경비**
   $6,000 \times 12월 \times (1 - 0.05) \times 0.7 \times 33,000m² = 1,580,040,000$원

3. **순수익**
   $8,041,275,000 - 1,580,040,000 = 6,461,235,000$원

III. 수익가액

1. 매기 순수익(단위 : 천원)

1기	2기	3기	4기	5기
6,461,235	6,655,072	6,854,724	7,060,366	7,272,177
		현가합(7.0%) : 28,018,113천원		

2. 기말복귀가치

$(7,272,177,000 \times 1.03) \div 0.08 \times (1 - 0.02) = 91,756,692,000$원

3. 수익가액

$28,018,113,000 + 91,756,692,000/1.07^5 = 93,439,366,000$원(m²당 2,831,000원)

---

02 N 씨는 5년 후 매각을 전제로 다음 수익용 부동산을 구입하고자 한다. 이에 따라 (주)D감정평가법인의 L평가사에게 수익환원법을 이용하여 시장가치를 산정해 달라고 평가를 의뢰하였다. L평가사는 N 씨의 의뢰에 따라 다음의 소득흐름을 가진 부동산을 할인현금수지분석법으로 평가하려고 한다. 다음에 제시된 제 자료를 이용하여 시장가치를 산정하시오.

자료 1 대상 부동산의 매수가격

1. 토지 : 100,000,000원
2. 건물 : 150,000,000원

자료 2 소득 및 경비에 관한 사항

1. 첫해의 예상가능조소득 : 40,000,000원이지만, 매년 5%씩 상승할 것으로 예상됨.
2. 공실 및 불량부채상당액 : 가능조소득의 5%
3. 영업경비 : 유효조소득의 30%

자료 3 저당대부에 관한 사항

1. 저당대부비율 60%(매수금액 대비)
2. 저당이자율 13%
3. 기간 20년(매년 저당원리금 균등상환)

자료 4 세율 등 기타 사항

1. 영업소득세율 : 25%
2. 자본이득세율 : 30%
3. 투자에 따른 기대수익률 : 14%
4. 대상건물의 잔존 경제적 내용연수 : 40년(감가상각은 직선법 활용)
5. 예상보유기간 : 5년
6. 기출환원이율(Going-out Capitalization Rate) : 10.0%(매도경비는 없는 것으로 봄)

예시답안

I. 평가개요

본건은 수익성 부동산 평가로 DCF법에 의거 시장가치를 산정한다.

II. 현금흐름의 분석

1. 1기의 NOI

$40,000,000 \times (1 - 0.05) \times (1 - 0.3) ≒ 26,600,000$원

2. 부채서비스액

$$250,000,000 \times 0.6 \times \frac{0.13 \times 1.13^{20}}{1.13^{20} - 1} = 21,353,000원$$

3. 매년 감가상각비

$$150,000,000 \times 1/40 = 3,750,000원$$

4. 원금상환분

$$21,353,000 - 250,000,000 \times 0.6 \times 0.13 = 1,853,000원 \text{ (매기 저당이자율로 복리상승한다.)}$$

Ⅲ. 매기 ATCF(단위 : 천원)

구분	1	2	3	4	5
NOI	26,600	27,930	29,327	30,793	32,332
DS	21,353		좌동		
BTCF	5,247	6,577	7,974	9,440	10,979
TAX	838	1,230	1,648	2,091	2,563
ATCF	4,409	5,347	6,326	7,349	8,416

》 Tax = (BTCF − 감가상각비 + 원금상환분) × 0.25

Ⅳ. 지분복귀가치

1. 매도가치

$$(32,332,000 \times 1.05) \div 0.10 = 339,486,000$$

2. 저당잔금

$$150,000,000 \times (1 - \frac{1.13^5 - 1}{1.13^{20} - 1}) = 137,992,000$$

3. 자본이득세

$$\{339,486,000 - (250,000,000 - 3,750,000 \times 5)\} \times 0.3 = 32,471,000$$

4. 지분복귀가치

$$339,486,000 - (137,992,000 + 32,471,000) = 169,023,000$$

Ⅴ. 시장가치

1. 지분가치산정(단위 : 천)

$$\frac{4409}{1.14} + \frac{5347}{1.14^2} + \frac{6326}{1.14^3} + \frac{7349}{1.14^4} + \frac{(8416 + 169,023)}{1.14^5} = 108,760천원$$

2. 시장가치

$$108,760,000 + 150,000,000(저당) = 258,760,000원$$
(매수금액인 250,000,000원보다 시장가치가 다소 높은 것으로 판단된다.)

┌ 참고 ┐

감정평가 시 기준이 되는 현금흐름은 순수익을 기준으로 할인하는 모델이다. 세후현금흐름에 의거하여 수익가액을 산정하는 것이 이상적인 방법이나, 우리나라의 「소득세법」 체계하에서는 소득세가 그 부동산의 소득창출능력뿐만 아니라 투자자의 한계세율에 따라 달라진다는 점 때문에 세후현금흐름을 이용하여 수익가액을 산정하는 것은 현실적으로 어렵다.

03 소득률(직접환원법)과 수익률(DCF)의 관계

1. 소득률과 수익률의 개념 및 종류

1) 소득률(Income Rate)

(1) 개념 및 성격

소득률이란 한 해의 소득이나 여러 해의 안정적 평균소득을 대상물건의 가격과 비교한 비율로 단기에 적용되는 수익률(Rate of Return)이다. 소득률은 이론적으로 자본수익률(상각후환원이율)과 자본회수율(가격변동분)의 합으로 구성되므로 이들의 구분이 명확해지고, 부동산가격 대비 1년 또는 여러 해의 평균소득비율이므로 소득 및 경비의 안정화 과정을 거친 이율로서 안정적인 이율이 된다.

(2) 종류

종합환원율(순영업소득/부동산가격), 지분환원율(지분수익/지분투자액), 저당환원율(저당지불액/저당투자액) 등이 있다.

2) 수익률(Yield Rate)

(1) 개념 및 성격

수익률이란 개별적인 소득의 흐름의 현재가치를 구하기 위해서 일련의 개별적인 소득에 적용되는 비율로 복기에 적용되는 비율이다. 이는 현재시점에서의 투하자본과 미래수익의 현재가치를 같게 만드는 수익률인 내부수익률(IRR)의 성격을 가지며, 투자자본의 회수를 위한 자본회수율이 포함되어 있지 않거나 명시적으로 드러나지 않는다.

(2) 종류

이자율, 할인율, 내부수익률, 지분수익률, 저당수익률, 종합수익률 등이 있다.

2. 차입조건이 고려된 소득률 및 수익률

부동산 매입 시 차입조건을 고려하면 아래와 같다.

구분	매각차익이 포함되지 않은 수익률(소득률)	매각차익이 포함된 수익률(수익률)
차입전	Cap Rate(환원이율)	Unlevered IRR(내부수익률)
차입후	R_E(지분환원율)	Levered IRR(지분수익률)

기 본예제

아래의 부동산을 100,000에 매입할 투자자는 해당 자산의 현금흐름을 아래와 같이 예상하고 있다. 차입 시 매입금액의 60%를 차입할 수 있으며, 연간 이자율은 3.0%이며, 보유기간 중 원금상환 없이 매각 시 원금을 일시에 상환하는 것을 가정한다. 아래의 현금흐름은 예상대로 발생된다고 가정한다. 아래 부동산에 대하여 ① Cap Rate(환원율), ② R_E(지분환원율), ③ 내부수익률(Unlevered IRR), ④ 지분수익률(Levered IRR)을 각각 산정(백분율 기준 소수점 1자리까지 반올림하여 결정)하시오.

자료 현금흐름
- 1차연도의 순수익 : 5,000
- 매년 순수익의 증가분 : 연 4.0%의 상승
- 보유기간 : 5년
- 보유기간 후 매각금액 : 110,000

예시답안

현금흐름	1차연도	2차연도	3차연도	4차연도	5차연도
매년 현금흐름	5,000	5,200	5,408	5,624	5,849
기말매각가액	–	–	–	–	110,000
현금흐름	5,000	5,200	5,408	5,624	115,849
이자 및 원금상환	1,800	1,800	1,800	1,800	61,800
차입후 현금흐름	3,200	3,400	3,608	3,824	54,049

환원율(Cap rate) : 5,000 ÷ 100,000 = 5.0%
지분환원율(R_E) : 3,200 ÷ 40,000(지분투자금액) = 8.0%

내부수익률(IRR) 및 지분수익률(Levered IRR)

수익률	0기	1기	2기	3기	4기	5기	결정
IRR	-100,000	5,000	5,200	5,408	5,624	115,849	7.1%
Levered IRR	-40,000	3,200	3,400	3,608	3,824	54,049	12.8%

제4절 **수익환원법**(개별평가의 논리 – 자본회수 및 잔여환원법)

01 개요

(1) 자본환원이율의 조정

부동산은 일반 예금이나 주식과 달리 시간이 지나면 감가상각이 발생하여 일정기간(내용연수) 후엔 자본의 회수가 어려워진다. 따라서 이러한 감가상각분을 순수익에 포함하여 미리 회수하여야 하는데 이를 자본의 회수라 한다. 다만 토지와 같이 감가상각이 되지 않는 부동산은 자본회수를 필요로 하지 않는다. 자본회수의 처리는 소득을 조정하거나 자본환원이율을 조정하는 두 가지 방법이 가능한데, 오늘날에는 자본환원이율을 조정하는 방법을 주로 활용하고 있다.

(2) 상각전 순수익/상각후 순수익, 상각전 환원이율/상각후 환원이율

상각전 순수익은 총비용에 감가상각비를 포함하지 않은 일반적인 방법의 순수익 산정방법을 의미하며, 상각후 순수익은 총비용에 감가상각비를 포함한 방법으로서 상각전 순수익보다 낮은 수치가 산출된다. 상각전 환원이율은 상각전 순수익과 부동산의 가격과의 비율이며, 상각후 환원이율은 상각후 순수익과 부동산의 가격과의 비율이다.

> • 상각전 순수익 ÷ 상각전 환원이율 = 수익가액
> • 상각후 순수익 ÷ 상각후 환원이율 = 수익가액

≫ 상각전 환원이율 = 상각후 환원이율 + 자본회수율

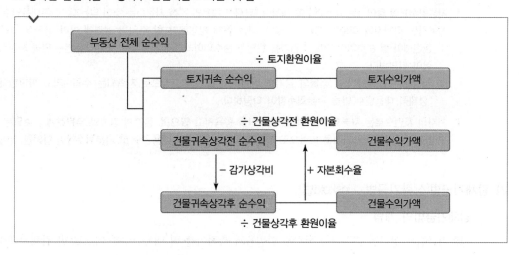

02 자본회수유형

1) 직선법

(1) 직선법의 개념

직선법은 상각전 순수익을 상각후 환원율에 상각률을 가산한 상각전 환원율로 환원하여 수익가액을 구하는 방법이다. 직선법은 순수익과 상각자산의 가치가 동일한 비율로 일정액씩 감소하고 투자자는 내용연수 말까지 자산을 보유하며, 회수자본은 재투자하지 않는다는 것을 전제한다. 따라서 직선법은 건물·구축물 등과 같이 수익을 발생시키는 물건이 상각자산이며, 내용연수가 유한하여 투하자본 회수가 고려되어야 하는 경우에 적용한다.

(2) 적용대상

매년의 NOI가 감소할 것으로 예상되는 부동산, 이미 경쟁력이 쇠퇴하고 있는 부동산, 수요에 비해 공급이 포화상태인 부동산에 적합하다.

(3) 자본환원이율

$$자본환원율(R) = r + \frac{1}{n}$$

$$r = 자본수익률 \qquad \frac{1}{n} = 자본회수율 \qquad n = (경제적)내용연수$$

>> 자본수익률이라는 용어는 비상각자산에 대한 수익률의 의미로서 상각후 환원이율과 동의어로 쓰인다.

Check Point!

1. 자본회수율에 들어가는 내용연수에 대하여 "경제적 내용연수"를 사용하는 것이 맞는지, "잔존내용연수"를 사용하는 것인지에 의문이 생길 수 있다. 이는 현재 환원해야 할 수익의 성격에 따라 결정될 것이다.
   (1) 환원해야 할 순수익이 건물의 감가를 반영한 순수익이라고 판단한다면 "잔존내용연수"만큼 자본회수함이 타당하다.
   (2) 환원해야 할 순수익이 건물의 감가를 반영하지 않고 영구적으로 지속되는 수익이라고 판단한다면 "경제적 내용연수"만큼 자본회수함이 타당하다.
2. 저자의 사견으로는 자본회수가 직접환원방식을 활용하고 있으며, 물건의 감가와 무관하게 순수익은 영구적으로 동일하다는 가정을 바탕으로 하고 있으므로 "경제적 내용연수"로 자본회수함이 타당할 것이다.

2) 감채기금법(상환기금법, Hoskold법)

(1) 감채기금법의 개념

상환기금법은 상각전 순수익을 상각후 환원율과 축적이율 및 내용연수를 기초로 한 감채기금계수를 더한 상각전 환원율로 환원하여 수익가액을 구하는 방법이다. 상환기금법은 자본회수분을 안전하게 회수할 수 있는 곳에 재투자하는 것을 가정하여 해당 자산에 대한 상각후 환원율보다 낮은 축적이율에 의해 이자가 발생하는 것을 전제한다. 이러한 상환기금법은 내용연수 만료 시 재투자로서 대상 부동산의 수익을 연장시킬 수 없는 광산, 산림 등의 소모성 자산이나 건물을 고정임대료로 장기임대차에 공여하고 있을 경우에 유용하다.

(2) 적용대상

건물을 경제적 수명이 이르기까지 고정임대료로 장기 임대차하는 경우에 적합하다.

 광산, 산림 등

(3) **자본환원이율**

$$자본환원율(R) = r + \frac{i}{(1+i)^n - 1}$$

자본수익률   자본회수율

r: 자본수익률   i: 안전이율(축적이율)   n: 대상 부동산의 경제적 잔존내용연수

3) 평준연금환원법(연금법, Inwood법)

(1) **연금법의 개념**

연금법은 상각전 순수익을 상각후 환원율과 상각후 환원율 및 내용연수를 기초로 한 감채기금계수를 더한 상각전 환원율로 환원하여 수익가액을 구하는 방법이다. 연금법은 매년의 상각액을 해당 사업이나 유사사업에 재투자한다는 가정에 따라 상각후 환원율과 동일한 이율에 의해 이자가 발생한다는 것을 전제로 하고 있다.

연금법은 매년의 순수익의 흐름이 일정하거나 상대적으로 안정적일 것으로 예측되는 물건의 평가에 적용하는 것이 합리적이다. 임대용 부동산 중 장기임대차에 제공되고 있는 부동산이나 어업권 등이 연금법으로 평가하는 대표적인 예이다.

(2) **적용대상**

① 매기 NOI가 안정적이거나 일정할 것으로 예상되는 부동산(인플레이션이나 영업경비 상승률에 대한 임대료 가산조항이 있어야 일정할 수 있다.)

② 소득흐름이 연금성격을 가지는 장기임대차에 제공되는 경우

(3) **자본환원이율**

$$자본환원율(R) = r + \frac{r}{(1+r)^n - 1}$$

자본수익률   자본회수율

r: 해당 사업의 수익률   n: 대상 부동산의 경제적 잔존내용연수

4) 적용 시 유의사항

자본회수방법 적용 시 해당 부동산의 성격과 소득의 흐름을 면밀히 분석하여 각 가정에 가장 잘 부합하는 방법을 선택·적용하여야 할 것이다. 또한 3가지 방법 중에서 가장 보수적으로 자본회수하는 방법은 직선법이다.

> **Check Point!**
>
> 1. 자본회수의 처리는 소득을 조정하거나 자본환원율을 조정한다. 직선법, 감채기금환원법, 평준연금환원법은 자본환원율을 조정하므로 순수익 산정 시 감가상각비가 지출항목이 아니다(상각전 순수익을 산정해야 한다).
> 2. 과거에 대한 감가상각(Accrued Depreciation, 발생감가상각) vs 미래에 대한 감가상각(Future Depreciation, 자본회수)
>   과거에 대한 감가상각은 기 발생한 감가상각의 추계와 관련된 부분으로서 비교방식 및 원가방식에서 잔가율을 비교하거나 감가수정액을 추계하는 과정을 의미하며, 미래에 대한 감가상각은 아직 발생하지 않은 비용이나 향후를 위하여 적립 혹은 투자하는 금액과 관련된 부분으로서 수익환원법에서 자본회수가 이에 포함된다.

기 본예제

상각전 순이익 15,000,000원을 발생하고 있는 임대용 부동산이 있다. 이 부동산에 대한 가격을 직선법, 연금법, 상환기금법에 의해 각각 구하고 각각의 가격을 비교하시오(다만, 경제적 내용연수는 10년, 상각후 환원이율은 20%, 축적이율은 10%이다).

예시답안

Ⅰ. 직선법

1. 개요

   직선법이란 수익환원하는 방법의 하나로서 상각전 순이익을 상각후 환원이율에 상각률을 가산한 환원이율로 환원하여 수익가액을 구하는 방법을 말한다.

2. 산식

   $$p = \frac{a}{r + \frac{1}{n}}$$

3. 산정

   $$\frac{15,000,000}{0.2 + 1/10} = 50,000,000원$$

Ⅱ. 연금법(Inwood 방식)

1. 개요

   대상 부동산이 토지와 건물, 그 밖의 상각자산과의 결합으로 구성되어 있는 경우 상각전 순이익에 상각후 종합환원이율과 축적이율 및 잔존내용연수를 기초로 한 복리연금현가율을 곱하여 수익가액을 구하는 방법이다.

2. 산식

   $$P = \frac{a}{r + \frac{r}{(1+r)^n - 1}}$$

3. 산정

   $$15,000,000 \div \left(0.2 + \frac{0.2}{1.2^{10} - 1} \right) \fallingdotseq 62,887,000원$$

Ⅲ. 상환기금법(Hoskold 방식)

1. 개요

   대상물건이 토지와 건물, 그 밖의 상각자산과의 결합으로 구성되어 있는 경우 상각전 순이익에 상각후 종합환원이율과 축적이율 및 잔존내용연수를 기초로 한 수익현가율을 곱하여 수익가액을 구하는 방법이다.

2. 산식

$$P = a \times \dfrac{1}{r + \dfrac{i}{(1+i)^n - 1}}$$

3. 산정

$$15,000,000 \div \left(0.2 + \dfrac{0.1}{1.1^{10} - 1}\right) ≒ 57,089,000원$$

Ⅳ. 각 방법 비교

상기와 같이 환원이율이 축적이율보다 높은 경우 수익가액은 연금법에 의한 가격 62,887,000원이 제일 높고, 다음에 상환기금법에 의한 가격 57,692,000원이며, 직선법에 의한 가격 50,000,000원이 제일 낮게 나타난다. 이것은 연금법이나 상환기금법은 투자한다는 가정인 데 반해 직선법은 투자를 가정하지 않기 때문이다.

03 잔여환원법

1) 잔여환원법의 개요

잔여환원법은 부동산에서 발생하는 순수익을 토지와 건물로 분리하고 여기에 각각의 환원율을 적용하는 토지·건물잔여법과 토지·건물잔여법이 가지고 있는 결함을 시정한 부동산잔여법이 있다.[6] 토지·건물잔여법은 복합부동산의 총수익에서 토지 내지 건물에 귀속되는 순수익을 공제하고 잔여 부분의 순수익을 환원하여 가액을 구하는 방법이다. 이러한 잔여환원법은 부동산가치는 시간이 경과함에 따라 언제나 감소한다는 것과 대상 부동산을 경제적 수명까지 보유한다는 가정을 전제로 한다.

2) 토지잔여법

토지잔여법은 복합부동산의 순수익에서 건물에 귀속되는 순수익을 공제한 후 도출된 토지에 귀속되는 순수익을 토지환원율로 환원하여 토지의 가액을 구하는 방법이다.

(1) 적용대상

토지잔여법은 건축비용을 정확히 추계할 수 있는 신규건물, 감가상각이 거의 없는 물건, 토지가치를 독립적으로 추계할 수 없는 부동산, 건물이 최유효이용상태에 있는 부동산, 건물가치가 토지가치에 비해 상대적으로 적은 부동산인 주차장, 자동차 운전교습장, 작은 건물이 있는 공장부지에 적용이 가능하다.[7]

≫ 토지의 가치를 평가함에 있어서 주관의 최소한의 개입을 통해 평가의 정확성을 높이기 위하여 상기의 대상 적용 시 타당성이 제고될 수 있음을 의미함.

---

6) 물리적 구성부분이 아닌 금융적 사고에서 접근하는 지분잔여법과 저당잔여법의 적용도 가능하다.

7) 대상토지에 대한 최고최선의 이용에 해당하는 어떤 가상적인 건물을 상정하고, 이것으로부터 대상 부동산의 건축비용을 추계하고 토지잔여법을 적용하여 가치추계치를 산출하는 가설적 평가(Hypothetical Appraisal)의 경우 토지잔여법이 활용되기도 한다.

(2) 유의사항

공지의 매매사례가 없어서 비준하려 사용할 때에도 신규 최유효이용 건물을 가정하고 추계해야 한다.

(3) 산식

$$\frac{(\text{순영업소득} - \text{건물가치} \times \text{건물환원이율})}{\text{토지환원이율}} + \text{건물가치} = \text{부동산가치}$$

3) 건물잔여법

건물잔여법은 복합부동산의 순수익에서 토지에 귀속되는 순수익을 공제한 후 도출된 건물에 귀속되는 순수익을 건물환원율로 환원하여 건물의 가액을 구하는 방법이다.

(1) 적용대상

건물잔여법은 감가의 정도가 심한 부동산, 토지가치를 정확히 추계할 수 있는 부동산, 상대적으로 토지가치 비율이 낮게 차지하는 부동산, 추가투자의 적정성 판단이 요구되는 경우에 적용할 수 있다.

>> 건물의 가치를 평가함에 있어서 주관의 최소한의 개입을 통해 평가의 정확성을 높이기 위하여 상기의 대상 적용 시 타당성이 제고될 수 있음을 의미한다.

(2) 유의사항

비최고최선의 이용인 부동산에도 적용가능하다.

(3) 산식

$$\frac{(\text{순영업소득} - \text{토지가치} \times \text{토지환원이율})}{\text{건물환원이율}} + \text{토지가치} = \text{부동산가치}$$

>> 토지잔여법 및 건물잔여법은 ⅰ) 추계하고자 하는 대상의 상대적 가치가 크고, ⅱ) 추계하지 않는 대상의 가치 추계가 상대적으로 용이한 부동산에 각각 유용하게 적용될 수 있다.

4) 부동산잔여법

(1) 부동산잔여법의 기본가정

부동산잔여법은 토지·건물잔여법이 수익과 환원율을 분리하여 적용한다는 단점을 극복하기 위하여 개량된 방법이다. 부동산잔여법에서는 수익은 토지·건물이 복합적으로 작용하여 창출하는 것으로 보고 부동산의 가액을 구한다. 부동산잔여법은 수익이 건물의 경제적 잔존내용연수 동안 전체 부동산으로부터 나오는 것으로 간주하고 기간 말 건물가치는 없다고 보며, 토지가치는 일정하다고 전제한다. 이러한 전제하에 부동산잔여법에서는 부동산의 전체 순수익을 잔존내용연수 동안 현가화하고, 여기에 기간 말 토지가치를 현재가치로 현가하여 더한 값으로 대상 부동산의 가액을 결정한다.

(2) **적용대상**

부동산잔여법은 토지가치의 추계가 상대적으로 용이한 부동산, 토지가치 비율이 높은 부동산, 적용할 순수익이 연금 성격을 강하게 가지는 부동산에 적용 가능하다.

(3) **산식**

$$순영업소득 \times \frac{(1+r)^n - 1}{r \times (1+r)^n} + \frac{기간말복귀가치}{(1+r)^n} = 부동산가치$$

≫ 부동산잔여법의 경우에는 가정이 많이 들어가는 평가방법으로써 이 평가방법의 적용으로서도 정확한 가치를 반영할 수 있는 적용대상이 상기와 같이 한정된다.

(4) **부동산잔여법의 출현배경**

잔여법은 수익환원법임에도 불구하고 토지와 건물의 수익을 분리하는 절차가 있어 "수익의 일체성"을 주장하는 사람들로부터 비현실적이라는 비판을 많이 받았다. 이에 토지, 건물의 수익을 분리하지 않고 사용하기 위하여 부동산잔여법이라는 평가방법이 등장하게 된 것이다.

● **자본회수율 처리에 대한 FAQ**

Q 잔여환원법 활용 시 상각후 순수익을 추계한 후 상각후 환원이율을 적용하는 것이 맞는지, 상각전 순수익을 추계한 후 회수율을 고려하여 상각전 환원이율을 적용하는 것이 맞는지에 대한 질문

A 감가상각비는 현실적으로 발생되지 않는 현금흐름이다. 따라서 감가상각비에 대한 가정이 없음에도 불구하고 감가상각비를 추계하는 것은 현실적이지 않다. 따라서 상각전 순수익을 추계하고 회수율을 고려하여 상각전 환원이율을 고려하는 것이 타당하다.
문제에서 자본회수방법에 대한 가정이 있다면 역시 상각전 순수익을 구하여 환원이율을 제시된 회수방법(직선법, Hoskold법, Inwood법)에 따라 상각후 환원이율을 상각전 환원이율로 변경하면 된다. 단, 문제에서 감가상각비를 별도로 계산하도록 하는 경우에는 감가상각비를 계산하여 상각후 순수익을 사용하는 것이 타당하다.

(5) **지분잔여법, 저당잔여법**

일반적으로 잔여법이 토지, 건물의 물리적으로 보는 방법임에도 불구하고 이를 지분과 저당의 소유형태에 대한 귀속소득을 구하여 각각의 가치를 판정하는 방법이다.

① **지분잔여법** : $(NOI - L \times MC) / R_E + L = 부동산가치$

신규부동산에 대한 소유권가치, 특수저당이 결부된 지분권가치추계에 유용

② **저당잔여법** : $(NOI - E \times R_E) / MC + E = 부동산가치$

유용한 지분액수는 알려져 있지만, 저당대부액이나 저당가치는 알려져 있지 않을 경우

≫ 광의적인 개념으로 본다면 저당지분법의 환원논리와도 유사하다.

≫ 최유효에 미달되는 복합부동산에서 창출되는 수익을 통해 잔여법이나 직접환원법을 할 때에는 유의해야 한다. 수익 자체를 DCF를 통해 현가하면 감가가 반영된 상태의 가치 추계가 가능하다(단, "현상태를 반영한 종합환원이율"이 있으면 최유효에 미달되는 복합부동산에서 창출되는 수익의 직접환원이 가능하다).

기본예제

01 연간 상각전 임대수익 50,000,000원을 발생하는 복합부동산이 있다. 다음 자료를 이용하여 토지의 순수익과 토지의 수익가액을 평가하시오.

> **자료 1** 대상 부동산 자료
> 1. 대상 부동산의 건물은 2년 전에 신축한 건물로서 건축비는 100,000,000원으로 일반적이고 표준적인 건축비이다.
> 2. 건축비 상승률은 연간 10%이다.

> **자료 2** 기타자료
> 1. 건물의 상각전 환원이율은 20%이다.
> 2. 토지의 환원이율은 12%이다.
> 3. 감가수정은 정액법, 내용연수는 50년이며, 건물 내용연수 만료 시 잔가율은 10%이다.

> **예시답안**

Ⅰ. 평가개요

본건은 토지에 대한 순수익과 수익가액평가로 토지잔여법으로 산정한다.

Ⅱ. 토지귀속순수익

1. 건물가격

$100,000,000 \times 1.1^2 \times (1 - 0.9 \times 2/50) ≒ 116,644,000$

2. 건물귀속순수익

$116,644,000 \times 0.2 = 23,329,000$

3. 토지귀속순수익

$50,000,000 - 23,329,000 ≒ 26,671,000$

Ⅲ. 토지의 수익가액

$26,671,000 \div 0.12 ≒ 222,258,000$원

02 연간 상각전 임대순수익이 50,000,000원인 복합부동산이 있다. 다음 자료를 활용하여 건물의 순수익과 건물의 수익가액을 산정하시오(단, 토지가격은 200,000,000원, 토지환원이율은 12%, 건물의 상각후 환원이율은 20%, 건물의 장래보존연수는 40년이다).

> **예시답안**

Ⅰ. 평가개요

본건은 건물의 순수익과 수익가액산정으로 건물잔여법을 활용하여 산정한다.

Ⅱ. 건물귀속순수익

1. 토지귀속순수익

$200,000,000 \times 0.12 = 24,000,000$

2. 건물귀속순수익(상각전)

$$50,000,000 - 24,000,000 = 26,000,000$$

Ⅲ. 건물의 수익가액

$$\frac{26,000,000}{0.2 + 1/40} ≒ 115,556,000원$$

03 감정평가사인 L 씨는 다음과 같은 부동산을 부동산잔여법으로 평가하고자 한다. 제 자료를 참고하여 부동산잔여법에 의하여 부동산의 가치를 산정하시오.

> **자료 1** 대상 부동산자료
> 1. 대상 부동산은 35년 전에 신축한 조적조 슬래브지붕 단층 상가이다.
> 2. 토지면적은 120m²이고 건물면적은 70m²이다.
> 3. 조적조의 경우 일반적으로 내용연수가 45년이다.

> **자료 2** 수익자료
> 1. 본건 상가는 임대면적이 건물면적의 80%이고 상가를 임대할 경우 인근의 전형적인 임대료는 연 50만원/m²이다.
> 2. 영업경비는 임대료의 30%이다(공실·대손 포함).
> 3. 본건 토지의 기준시점 현재 적정가격은 1,200,000원/m²이다.
> 4. 내용연수 말 건물의 가치는 없다.
> 5. 부동산의 가치산정에 적용할 할인율은 12%이다.

> **예시답안**

Ⅰ. 평가개요

본건은 상가에 대한 수익가액 산정으로 부동산잔여법으로 평가한다.

Ⅱ. 평가액 산정

1. 순영업소득

$$500,000 \times 70 \times 0.8 \times (1 - 0.3) = 19,600,000$$

2. 잔존내용연수

$$45 - 35 = 10년$$

3. 부동산가치

$$19,600,000 \times \frac{1.12^{10} - 1}{0.12 \times 1.12^{10}} + \frac{1,200,000 \times 120}{1.12^{10}}^* ≒ 157,109,000원$$

* 부동산잔여법에서는 현 시점의 가액대로 재매각한다는 가정을 한다.

구분소유권(구분건물)의 감정평가

제1절 구분소유권의 개념 및 근거

01 구분소유건물의 개념 및 성립요건

구분소유 부동산은 「집합건물의 소유 및 관리에 관한 법률」에서 규정하고 있으므로, 감정평가의 대상이 되는 구분소유 부동산은 동법의 개념을 인용하고 있다.

(1) 구분소유권

구분소유권이란 1동의 건물에 구조상 구분되는 2개 이상의 부분이 있어서 그것들이 독립하여 주거·점포·사무실 등으로 사용되는 경우에 그 부분을 각각 다른 사람의 소유로 사용할 수 있을 때 이러한 전용부분에 대한 권리를 말한다.

(2) 집합건물

집합건물이란 일정 대지 위에 공용부분을 매개로 전용부분들이 결합되어 한 동을 이루는 건물형태를 말하며, 이러한 집합건물은 주거용, 비주거용 및 혼합형으로 구분할 수 있다. 주거용으로는 공동주택, 비주거용으로는 상가, 업무용건물, 혼합형으로는 주상복합아파트, 오피스텔 등이 있다.

(3) 구분소유 부동산

구분소유 부동산은 구조상·이용상 독립성이 있어야 한다. 그러나 오픈상가는 이용상의 독립성은 있으나, 구조상 독립성은 없는 경우가 대부분이다. 따라서 감정평가 목적에 따라 달라지며, 특히 담보평가의 경우에는 감정평가 대상이 되지 않는 경우가 있다. 「집합건물의 소유 및 관리에 관한 법률」에서의 규정에 부합하는지, 경계를 명확하게 알아볼 수 있는 표지가 바닥에 견고하게 설치되어 있는지 등에 대하여 검토해야 한다.

> **판례**
>
> 대결 2010.1.14, 2009마1449
> 1동의 건물의 일부분이 구분소유권의 객체가 될 수 있으려면 그 부분이 이용상은 물론 구조상으로도 다른 부분과 구분되는 독립성이 있어야 하고, 그 이용 상황 내지 이용 형태에 따라 구조상의 독립성 판단의 엄격성에 차이가 있을 수 있으나, 구조상의 독립성은 주로 소유권의 목적이 되는 객체에 대한 물적 지배의 범위를 명확히 할 필요성 때문에 요구된다고 할 것이므로, 구조상의 구분에 의하여 구분소유권의 객체 범위를 확정할 수 없는 경우에는 구조상의 독립성이 있다고 할 수 없다.

02 전유부분, 공용부분, 대지사용권 등

(1) 전유부분(전유면적)

전유부분이란 구분소유권의 목적인 건물부분으로서 건물의 구분소유자가 사용수익권을 전유적으로 행사하는 부분으로서 구분소유권의 목적인 건물부분을 말한다.

(2) 공용부분(공용면적)

공용부분이란 전유부분 외의 건물부분, 전유부분에 속하지 아니하는 건물의 부속물로서 구분소유자가 공동으로 지배·용익하는 부분으로 전유부분을 제외한 모든 부분이다.

(3) 대지사용권

구분건물의 경우에 구분소유자가 토지상에 전유부분을 소유하기 위하여 그 토지에 대하여 어떠한 권리를 가져야 한다. 대지사용권이란 구분소유자가 전유부분을 소유하기 위하여 건물의 대지에 대하여 가지는 권리이다.

03 집합건물 소유 및 관리에 관한 법률(약칭 : 집합건물법)

(1) 전유부분과 공용부분에 대한 지분의 일체성(집합건물법 제13조)

① 공용부분에 대한 공유자의 지분은 그가 가지는 전유부분의 처분에 따른다.

② 공유자는 그가 가지는 전유부분과 분리하여 공용부분에 대한 지분을 처분할 수 없다.

③ 공용부분에 관한 물권의 득실변경(得失變更)은 등기가 필요하지 아니하다.

(2) 전유부분과 대지사용권의 일체성(집합건물법 제20조)

① 구분소유자의 대지사용권은 그가 가지는 전유부분의 처분에 따른다.

② 구분소유자는 그가 가지는 전유부분과 분리하여 대지사용권을 처분할 수 없다. 다만, 규약으로써 달리 정한 경우에는 그러하지 아니하다.

③ 제2항 본문의 분리처분금지는 그 취지를 등기하지 아니하면 선의(善意)로 물권을 취득한 제3자에게 대항하지 못한다.

제2절 구분소유권의 평가방법

01 관련규정

건물(전유부분과 공유부분)과 대지사용권을 일체로 한 거래사례비교법을 적용하여야 한다.

> **감정평가에 관한 규칙 제16조**(토지와 건물의 일괄감정평가)
>
> 감정평가법인등은 「집합건물의 소유 및 관리에 관한 법률」에 따른 구분소유권의 대상이 되는 건물부분과 그 대지사용권을 일괄하여 감정평가하는 경우 등 제7조 제2항에 따라 토지와 건물을 일괄하여 감정평가할 때에는 거래사례비교법을 적용해야 한다. 이 경우 감정평가액은 합리적인 기준에 따라 토지가액과 건물가액으로 구분하여 표시할 수 있다.

참고

구분소유건물의 감정평가 명세표 양식

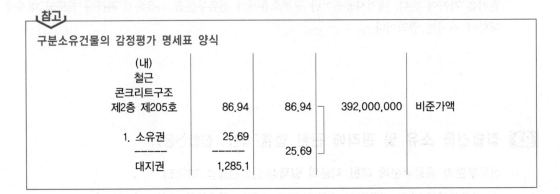

(내) 철근 콘크리트구조 제2층 제205호	86.94	86.94	392,000,000	비준가액
1. 소유권	25.69	25.69		
대지권	1,285.1			

02 거래사례비교법

(1) 산식

> 비준가액(원/m²) = 사례가격(원/m²) × 사정보정 × 시점수정 × 지역요인비교
> × {외부적 요인(토지개별요인) × 건물개별요인(잔가율)
> × 개별적 요인(층별 × 위치별 효용비)}

(2) 거래사례의 선정

대상과 이용상황이 유사하고 비교가능성이 있는 사례를 선택한다. 토지의 감정평가와는 다르게 용도지역, 지구 등이 상이하더라도 집합건물의 측면에서 대체가능성이 있다면 사례로 선택할 수 있다. 또한, 주거용, 비주거용(상업용·업무용 등)의 가치형성요인이 다르며 거래사례의 선택기준도 다르다.

(3) 용도별 거래사례 선택 시 주안점

구분	거래사례 선택 시 주안점
주거용 집합건물	주택의 유형(아파트, 다세대주택), 건물의 연식, 주택의 형태(전유면적크기 등), 단지의 유사성 등
상업용 집합건물	층, 위치의 유사성, 건물의 연식, 전유면적의 크기 등
업무용 집합건물	단지의 유사성, 사무실 레이아웃의 유사성 등

» 가치형성요인이 유사한 동일단지 내 사례를 선정하는 경우가 많다.

기 본예제

아래 부동산의 감정평가에 적절한 거래사례를 선택하시오.

자료 1 부동산 A

1. 본건 A

소재지	층/호수	용도	면적(m²)			신축연도
			전유	공용	합계	
○○동 17-1	제1층 제101호	근린생활시설	102.1	72.8	174.9	2016.4.30.

2. 거래사례 목록

기호	소재지	층/호수	용도	면적(m²)			신축연도	거래가격
				전유	공용	합계	거래시점	(원/전유m²)
1	○○동 17-1	제1층 제104호	근린생활 시설	136	97	233	2016.4.30. / 2026.9.18.	1,160,000,000원 (8,529,411원/m²)
2	○○동 155-2	제4층 제412호	근린생활 시설	60.76	65.21	125.97	2015.12.2. / 2026.8.6.	295,000,000원 (4,855,168원/m²)

자료 2 부동산 B

1. 본건 B

소재지	층/호수	용도	면적(m²)			신축연도
			전유	공용	합계	
△△동 100-1	제4층 제401호	다세대주택	40	20	60	2012.6.5.

2. 거래사례 목록

기호	소재지	층/호수	용도	면적(m²)			신축연도	거래가격
				전유	공용	합계	거래시점	(원/전유m²)
1	△△동 98-1	제4층 제402호	다세대 주택	20	10	30	2025.6.30. / 2026.3.20.	140,000,000원 (7,000,000원/m²)
2	△△동 103-1	제2층 제202호	다세대 주택	45	25	70	2014.6.30. / 2026.1.1.	190,000,000원 (4,222,222원/m²)

예시답안

1. 부동산 A

본건과 같은 건물 내 거래사례로서 층이 동일한 사례 1을 선택한다.

2. 부동산 B

본건과 신축연도, 주택유형(면적)이 유사한 사례 2를 선택한다.

(4) **시점수정**

① 구분소유권의 가격변동을 반영할 수 있는 지수를 활용한다. 아파트 실거래가지수, 생산자물가지수, 주택가격지수(국토교통부), 주택매매지수(국민은행), 지가변동률 등이 활용될 수 있다.

② **한국감정평가사협회 권장지수**

종류	권장지수	보조지수
주거용 (아파트, 연립, 다세대)	(한국부동산원 전국주택가격동향조사) 유형별 매매가격지수	- (KB 주택가격동향조사) 유형별 매매가격지수 - (한국부동산원) 공동주택 실거래가격지수
오피스텔[1]	(한국부동산원 오피스텔가격동향조사) 매매가격지수	(KB 오피스텔통계) 매매가격지수
	오피스텔 통계 미발표지역의 경우 주거용오피스텔은 주거용권장지수를, 비주거용오피스텔은 비주거용권장지수를 준용	
비주거용 (구분상가, 업무시설, 지식산업센터, 특수부동산[2])	(한국부동산원 상업용 부동산임대동향조사) 상권별 자본수익률(오피스/중대형상가/소규모상가/집합상가)	-

》 상기 지수는 물건별 유형을 고려한 권장지수로서 대상 물건의 특성, 입지, 지역환경 등에 따라 필요에 따라 판단되는 경우 협회 권장 지수와 달리 적용 가능하다.

③ **주거용인 경우**

㉠ 원칙 : 주택유형(아파트, 연립다세대, 단독주택)에 따른 지역별·월별 매매가격지수 활용

㉡ 매매가격지수 열람

지역			202X.1.	202X.2.	202X.3.	202X.4.	202X.5.
서울			98.4	98.6	98.9	99.8	100.1
	강북지역		97.9	97.9	98.1	98.8	98.9
		도심권	100.1	100.5	100.9	101.5	101.9
		종로구	96.8	97.8	98.8	99.0	99.6
		중구	98.7	99.1	99.9	100.9	101.1
		용산구	102.9	103.7	105.1	105.6	106.7

---

1) 건축물대장 등 공부서류에 오피스텔(업무시설)로 기재된 구분건물로서 주거용, 비주거용을 모두 포함한다.
2) 숙박시설 등을 말한다.

© 산정방법

- 2021년 7월 이전인 경우 : 주거용 구분건물의 시점수정치는 거래시점과 기준시점의 각 직전 달의 주택가격지수를 비교하여 산정한다. 다만, 기준시점이 매월 15일이 포함된 주의 월요일 이후이고, 감정평가시점 당시에 기준시점이 속하는 달의 주택가격지수가 조사, 발표된 경우에는 기준시점이 속한 달의 지수로 비교한다.
- 2021년 7월 이후인 경우 : 주거용 건물의 시점수정치는 거래시점과 기준시점의 각 직전 달의 주택가격지수를 비교하여 산정한다.
- 적용예시

적용시점	거래시점		기준시점	
	2021.5.20.		2021.8.20.	
종로구 아파트매매가격지수	2021.4.	2021.5.	2021.6.	2021.7.
	99.5	99.7	100	100.4
시점수정치 계산	시점수정치 $= \dfrac{\text{기준점아파트매매가격지수}(21.7)^{**}}{\text{거래시점아파트매매가격지수}(21.5)^{*}} = \dfrac{100.4}{99.7} = 1.00702$ *거래시점(2021.5.20.)은 통계작성 변경 이전으로 15일이 포함된 주의 월요일 이후 시점이므로 해당 월인 2021.5월 지수 적용 **기준시점(2021.8.20.)은 통계작성 변경 이후로서 직전 달 지수가 발표되었으므로 2021.7월 지수 적용				

- 세분화 지역별(서울/강북지역/도심권/용산구) 매매가격지수를 우선 적용함.

② 오피스텔 시점수정 시 참고자료

- 한국부동산원에서 2018년부터 오피스텔 가격동향조사를 실시하여 통계자료를 발표하고 있으므로, 오피스텔은 한국부동산원 R-one 통계정보시스템을 활용한다.
- 다만, 오피스텔 가격동향조사에서 규모별로 지수를 제공하고 있으나, 표본 수의 한계로 인하여 규모별이 아닌 지역별 매매가격 지수를 활용하며, 서울의 경우에는 권역별(도심권, 동남권, 동북권, 서남권, 서북권) 지수를 활용한다.

구분		해당지역
서울 생활 권역	도심권	종로구, 중구, 용산구
	동남권	서초구, 강남구, 송파구, 강동구
	동북권	강북구, 도봉구, 노원구, 성북구, 중랑구, 동대문구, 성동구, 광진구
	서남권	강서구, 양천구, 영등포구, 구로구, 금천구, 동작구, 관악구
	서북권	은평구, 서대문구, 마포구

- 현재, 오피스텔 가격동향조사 통계자료가 제공되고 있는 지역(서울, 인천, 경기, 부산, 대구, 광주, 대전, 울산, 세종 통합) 외의 지역은 물건의 실질에 따라 주거용 오피스텔은 주거용 시점수정 방법을 활용하고, 비주거용 오피스텔은 비주거용 시점수정 방법을 활용한다.

기 본예제

다음에 제시된 거래사례의 시점수정치를 산정하시오.

자료 1 ▶ 아파트의 거래사례

1. 거래사례 : 서울특별시 용산구 00동 00아파트 106동 1706호
2. 거래금액 : 1,200,000,000원
3. 거래시점 : 2026.2.5.
4. 기준시점 : 2026.8.18.

자료 2 ▶ 아파트 매매가격지수

1. 2026.1. 용산구 아파트매매가격지수 : 94.3
2. 2026.2. 용산구 아파트매매가격지수 : 93.9
3. 2026.7. 용산구 아파트매매가격지수 : 93.1
4. 2026.8. 용산구 아파트매매가격지수 : 93.2

예시답안

직전 달의 아파트매매가격지수를 기준한다.

2026년 7월 지수 ÷ 2026년 1월 지수

∴ 시점수정치 : 93.1/94.3 ≒ 0.98727

④ **비주거용**

ㄱ 원칙 : 지역별 · 분기별 자본수익률 활용

ㄴ 자본수익률 열람

지역			202X년 3분기		202X년 2분기		202X년 1분기	
구분			소규모 상가	집합 상가	소규모 상가	집합 상가	소규모 상가	집합 상가
시도	광역상권	하위상권						
서울			0.19	0.25	0.17	0.19	0.18	0.18
	도심		0.25	0.27	0.20	0.22	0.21	0.20
		동대문	0.19	0.12	0.14	0.10	0.16	0.14
		서울역	0.34	0.30	0.30	0.25	0.32	0.25
		종로	0.35	0.31	0.29	0.26	0.30	0.23

ㄷ 산정방법 : 지가변동률 계산방식과 동일(일할 계산, 감정평가 시 조사 · 발표되지 아니한 분기의 자본수익률은 직전분기의 자본수익률을 기준으로 추정함)

ㄹ 자본수익률의 구체적 적용방법

ⓐ 지가변동률 계산방식과 동일(일할계산, 감정평가 시 조사 · 발표되지 아니한 분기의 자본수익률은 직전분기의 자본수익률을 기준으로 추정함)하다.

ⓑ **자본수익률 적용 원칙** : 물건 유형별 하위상권의 자본수익률 적용을 원칙으로 하고, 하위상권 확인이 불가하거나 하위상권의 자본수익률이 발표되지 않는 지역은 시도별 자본수익률을 활용한다. 종전에는 시도별 자본수익률을 원칙으로 하고 하위상권의 자본수익률을 예외로 규정하였으나, 하위상권의 특정이 가능한 경우는 하위상권의 자본

수익률 적용을 원칙으로 하기 위하여 개정되었다(R-one 통계정보시스템에서는 "통계
지도보기"를 통해 소재지 검색 및 하위상권 해당 여부를 확인할 수 있도록 제공하고
있다).

ⓒ 구표본과 신표본을 함께 적용해야 하는 경우의 시점수정 : 2010년 3/4분기, 2013년
1/4분기에 각각 조사지역 및 조사표본수 확대가 이루어진바, 지역선택에 있어 일관성을
유지해야 한다(⑩ 충남지역의 경우 신표본에서는 발표되고 있으나 구표본에서는 미발표된
바, 신표본 · 구표본 모두 전체 자본수익률을 적용한다).

ⓓ 미발표지역의 시점수정 : 유사지역의 자본수익률을 원칙으로 하되, 이 방법이 사실상
불가능하거나 적절하지 아니하다고 판단되는 경우에는 전체 자본수익률을 적용한다
(⑩ 세종시의 경우 충남지역 자본수익률 적용, 구표본 적용 시 충남지역(미발표)은 전체 자
본수익률 적용).

ⓔ 아파트형 공장 등의 경우 시점수정 : 상업용 부동산 임대동향조사는 오피스빌딩과 매
장용 빌딩에 한정되는바, 그 밖의 비주거용 부동산의 시점수정은 둘 중 보다 유사한
것을 선택 적용하되, 그 사유를 감정평가서에 기재한다.

ⓕ 상업용 부동산의 건물유형 세분화에 따른 시점수정방법 변경 : 2013년도까지 전국 상
업용 부동산에 대한 자본수익률을 오피스와 매장용으로 구분하여 발표하였으나, 2014년
4Q부터 매장용을 매장용(일반)과 매장용(집합)으로 구분하여 발표[3]하고 있으며, 2015년
1Q부터는 매장용(일반)을 중대형 매장용과 소규모 매장용[4]으로 세분화하여 발표하고
있다.

ⓖ 상업용 부동산 조사대상 건물분류

구분	적용대상
자본수익률(오피스)	업무시설 등(토지/건물의 유형)
자본수익률 [매장용(일반, 중대형)]	• 토지/건물의 유형으로서 근린생활시설, 점포, 판매시설 등의 경우 • 3층 이상의 일반상가의 경우
자본수익률 [매장용(일반, 소규모)]	• 토지/건물의 유형으로서 근린생활시설, 점포, 판매시설 등의 경우 • 2층 이하의 일반상가(소규모 매장상가)의 경우
자본수익률 [매장용(집합)]	집합건물의 유형으로서 근린생활시설, 점포, 판매시설, 업무시설 등의 경우

3) 자료는 2014년 1Q부터 소급하여 발표
4) 2015년 1Q부터 매장용 2층 이하 일반상가(이하 소규모 매장용 상가)에 대한 임대시장 동향을 조사하여 신규 발표

기 본예제

다음에 제시된 거래사례의 시점수정치를 산정하시오(윤년의 처리는 고려하지 말 것).

자료 1 **매장용 집합건물의 거래사례**
1. 거래사례 : 서울특별시 용산구 00동 00아파트 제상가동 총 2층 중 제1층 제106호
2. 건물유형 : 매장용(집합)
3. 거래금액 : 1,200,000,000원
4. 거래시점 : 2023.10.5.
5. 기준시점 : 2026.5.5.

자료 2 **자본수익률(%)**
1. 2023.4Q(2023.10.1.~2023.12.31.) : 0.04
2. 2024.1Q : 0.27
3. 2024.2Q : 0.29
4. 2024.3Q : −0.09
5. 2024.4Q : 0.30
6. 2025.1Q : 0.02
7. 2025.2Q : 0.06
8. 2025.3Q : 0.17
9. 2025.4Q : 0.27
10. 2026.1Q : 0.68

예시답안

지가변동률 계산방식과 동일(일할 계산, 감정평가 시 조사·발표되지 아니한 분기의 자본수익률은 직전 분기의 자본수익률을 기준으로 추정함)

∴ 시점수정치(2023.10.5.~2026.5.5.)

$(1 + 0.0004 \times 88/92) \times 1.0027 \times 1.0029 \times (1 - 0.0009) \times 1.0030 \times 1.0002 \times 1.0006 \times 1.0017$
$\times 1.0027 \times 1.0068 \times (1 + 0.0068 \times 35/90) ≒ 1.02294$

(5) 지역요인비교

인근지역의 경우에는 대등하며, 유사지역의 경우에는 지역요인 비교를 필요로 한다.

(6) 가치형성요인 비교

① 주거용

요인구분	세부항목(주거용)
단지외부요인	대중교통의 편의성, 교육시설 등의 배치, 도심지 및 상업, 업무시설과의 접근성, 차량 이용의 편리성, 공공시설 및 편익시설과의 배치, 자연환경(조망, 풍치, 경관 등) 등
단지내부요인	시공업체의 브랜드, 단지 내 총세대수 및 최고층수, 건물의 구조 및 마감상태, 경과연수에 따른 노후도, 단지 내 면적구성(대형, 중형, 소형), 단지 내 통로구조(복도식/계단식) 등
호별요인	층별 효용, 향별 효용, 위치별 효용(동별 및 라인별), 전유부분의 면적 및 대지사용권의 크기, 내부 평면방식(베이), 간선도로 및 철도 등에 의한 소음 등
기타요인	기타 가치에 영향을 미치는 요인

② **상업용**

요인구분	세부항목(상업용)
단지외부요인	고객 유동성과의 적합성, 도심지 및 상업·업무시설과의 접근성, 대중교통의 편의성(지하철, 버스정류장), 배후지의 크기, 상가의 성숙도, 차량이용의 편의성(가로의 폭, 구조 등) 등
단지내부요인	단지 내 주차의 편리성, 건물 전체의 공실률, 건물 관리상태 및 각종 설비의 유무, 건물 전체의 임대료 수준 및 임대비율, 건물의 구조 및 마감상태, 건물의 규모 및 최고층수 등
호별요인	층별 효용, 위치별 효용(동별 및 라인별), 주출입구와의 거리, 에스컬레이터 및 엘리베이터와의 거리, 향별 효용, 전유부분의 면적 및 대지권의 크기 등
기타요인	기타 가치에 영향을 미치는 요인

③ **업무용**

요인구분	세부항목(업무용)
단지외부요인	도심지 및 상업·업무시설과의 접근성, 대중교통의 편의성, 차량이용의 편리성, 생산자 서비스 종사자 밀도, 공공시설 및 편익시설 등의 배치, 공급 및 처리시설의 상태 등
단지내부요인	• 건물의 상태 및 각종설비의 유무, 경과연수에 따른 노후도 • 단지 내 주차의 편리성 정도, 건물의 구조 및 마감상태, 건물의 규모 및 최고층수, 건물 전체의 임대료 수준 및 임대비율 등
호별요인	층별 효용, 위치별 효용(동별 및 라인별), 향별 효용, 전유부분의 면적 및 대지권의 크기, 내부 평면방식, 주출입구와의 거리 등
기타요인	기타 가치에 영향을 미치는 요인

④ **공업용**

요인구분	세부항목(공업용)
단지외부요인	외부진출입의 용이성, 차량이용의 편리성(가로의 폭, 구조 등), 동력자원 및 노동력 확보의 용이성, 대중교통의 편의성, 도심지 및 상업, 업무시설과의 접근성, 공급 및 처리시설의 상태 등
단지내부요인	건물의 관리상태 및 각종 설비의 유무, 입주업체의 용도 및 지원시설의 규모, 단지 내 화물용 및 승객용 승강기의 편리성, 단지 내 주차의 편리성 유무, 건물의 구조 및 마감상태, 경과연수에 따른 노후도 등
호별요인	층별 효용, 위치별 효용(동별 및 라인별), 전유부분의 면적 및 대지권의 크기, 내부 평면방식, 전유면적의 비율, 향별 효용 등
기타요인	기타 가치에 영향을 미치는 요인

≫ **예외적인 경우**: 토지·건물 일체 품등비교의 적용이 적정하지 않다고 판단되는 경우 토지·건물 비교형태의 거래사례비교법을 적용할 수 있다.

$$\text{사례 전체 가격} \times \left[\frac{\text{사례 토지가격}}{\text{사례 전체가격}} \times \frac{\text{토지 요인 비교치}}{} \times \frac{\text{본건 토지면적}}{\text{사례 토지면적}} + \frac{\text{사례 건물가격}}{\text{사례 전체가격}} \times \frac{\text{건물 요인 비교치}}{} \times \frac{\text{본건 건물면적}}{\text{사례 건물면적}} \right]$$

이 경우 개발사업구역 내 노후한 공동주택 등 대지지분의 크기가 주요 가치형성요인인 경우에는 이를 반영하기 위한 적정한 세부비교항목을 적용할 수 있다.

⑤ 동일단지 내의 거래사례를 선정한 경우에는 단지외부요인 및 단지내부요인은 대등하다.

(7) 면적비교

구분소유권의 면적비교는 전유면적당 단가를 산정하는 것을 원칙으로 한다(원/전유m²). 단, 시장 관행상 분양(임대)면적당 단가를 기준으로 거래가격수준이 형성되는 경우도 있으므로 면적비교 시 유의해야 한다.

기 본예제

아래 구분소유건물에 대한 감정평가액을 결정하시오. 가격조사 완료일은 2026년 6월 3일이다.

자료 1 건축물관리대장 사항

대지위치	S동 100	명칭	A빌	호명칭	301
전유부분					
층별	구조		용도		면적(m²)
3층	철근콘크리트조		다세대주택		45
공용부분					
–	철근콘크리트조		주차장, 기계실		35
	철근콘크리트조		엘리베이터실		10

※ 해당 건물의 사용승인일: 2009.05.06.

자료 2 거래사례 현황

연번	소재지	건물명	호명칭	전유면적(m²)	용도	사용승인일	거래금액	거래시점
1	S동 100	A빌	302	50	다세대주택	2009.05.06.	150,000,000	2024.07.08.
2	S동 200	B빌	301	45	다세대주택	1995.04.09.	90,000,000	2025.04.19.

자료 3 가치형성요인 비교 관련

1. 다세대주택 매매가격지수

2024년 6월	2024년 7월	2026년 4월	2026년 5월	2026년 6월
97.8	97.9	102.3	102.4	미고시

2. 해당 건물 내 1호라인은 남향으로서 동향인 2호라인에 비하여 5% 우세하다.

예시답안

Ⅰ. 평가개요

「감정평가에 관한 규칙」 제16조에 의하여 거래사례비교법에 의하여 구분소유건물을 평가한다.

Ⅱ. 거래사례의 선택

본건과 같은 다세대주택으로서 같은 건물로서 가치형성요인과 유사한 거래사례 1을 선택함.
(150,000,000 ÷ 50 = 3,000,000원/m²)

Ⅲ. 시점수정(다세대주택 매매가격지수)

2026년 5월 지수 ÷ 2024년 6월 지수 = 102.4 ÷ 97.8 ≒ 1.04703

IV. 가치형성요인 비교치

동일단지로서 단지외부 및 단지내부요인은 대등함.

1.00(외부) × 1.00(내부) × 1.05(호별) × 1.00(기타) = 1.050

V. 비준가액

$3,000,000 × 1.000(사정) × 1.04703 × 1.050 ≒ 3,298,145원/m^2(×45 = 148,000,000원)$

03 원가법

(1) 원가법에 의한 구분소유건물의 감정평가

구분건물을 개별호수로서 감정평가하는 경우에는 거래관행상 원가법을 거의 적용하지 않는다. 다만 1동 전체를 평가하는 경우에는 1동 전체 구분건물의 평가액합계와 토지, 건물의 감정평가액 합계를 비교하여 그 합리성을 검토한다. 아래는 개별호수로서 구분건물을 감정평가하는 경우의 산정방법이다.

(2) 구분건물을 원가법으로 감정평가하는 방법(개별호수)

① 일반적인 방법

> 원가법에 의한 구분건물의 감정평가액 = (토지 감정평가액 + 건물 감정평가액) × 층별효용비율 × 위치별효용비율

② 지가배분율에 의한 방법

지가배분율이란 토지 전체 가액 중 해당 구분건물에 귀속하는 가치의 비율을 의미한다.

> 원가법에 의한 구분건물의 감정평가액 = (토지 감정평가액(총액) × 지가배분율) + (건물감정평가액(원/m²) × 면적(전유면적+공용면적))

③ 층·호별 효용비가 대등한 경우 간편적인 방법

> 원가법에 의한 구분건물의 감정평가액 = 토지 감정평가액(원/m²) × 대지권면적(m²) + (건물감정평가액(원/m²) × 면적(전유면적+공용면적))

04 수익환원법

구분소유건물의 순영업소득을 산정하여 이를 할인이나 환원하여 수익가액을 산출한다.

> • 수익환원법에 의한 감정평가액 = 대상물건(구분소유 부동산)의 순수익 ÷ 종합환원율
> • 수익환원법에 의한 감정평가액 = 대상물건(구분소유 부동산)의 보유기간 중 순수익 현가
>   + 기간 말 복귀가치의 현가

제3절 | 층별, 위치별 효용비와 지가배분율

01 | 개념

구분소유부동산을 감정평가할 때에는 층별·위치별 효용요인을 반영하여야 한다. 일반적으로 건물의 효용성은 층별로 상이하다. 주거용 건물은 쾌적성, 상업용 건물은 수익성, 사무실빌딩의 경우는 능률 면에서 층별로 차이가 있는데 이러한 차이는 당연히 층별가격과 임대료에 반영된다. 층별 효용비율이란 건물의 층별로 파악되는 효용의 비율이라 할 수 있다. 또한 동일층 내에서 점하는 전유부분의 위치에 따른 차이가 있을 때 각 전유부분의 효용비율을 부분별(위치별) 효용비율이라고 한다.

02 | 층별, 위치별 효용비 산출방법

(1) 가격을 기준으로 구하는 방법

각 층의 단위전유면적당($원/m^2$) 가격을 산출하여 1층을 100으로 할 때의 각 층의 비율을 산출한다.

(2) 임대료를 기준으로 구하는 방법

각 층의 단위전유면적당 임대료(총수익)($원/m^2$)를 산출하여 1층을 100으로 할 때의 각 층의 비율을 산출한다.

> 》 층별 효용비는 층간 효용격차의 상대적인 개념이고, 층별 효용비율은 전체건물에서 대상이 가지는 효용의 비율을 의미한다. 하지만 실무적으로 용어를 혼용하여 사용하므로 유의해야 한다.

03 | 층별, 위치별 효용배분율 구하는 방법

각 층별, 위치별 효용비를 전유면적에 곱하여 효용적수를 산출한 후 건물 전체를 100%로 할 때 해당 층이나 위치가 차지하는 비율을 산정한다.

⦂ 산정예시

구분	① 총분양가격	② 전유면적(m^2)	단가 ($원/m^2$)	③ 층별효용비	④ 효용적수	⑤ 층별배분율
1층	6,000	30	200	100	$30 \times 100 = 3,000$	$3,000 / 5,000 = 0.6$
2층	4,000	40	100	50	$40 \times 50 = 2,000$	$2,000 / 5,000 = 0.4$
계	10,000	70	−	−	5,000	100%

04 통계에 의한 층별 효용비

(1) 토지보상평가지침(별표)상 층별 효용비

층별	고층 및 중층 시가지		저층시가지				주택지
	A형	B형	A형	B형	A형	B형	
20	35	43					
19	35	43					
18	35	43					
17	35	43					
16	35	43					
15	35	43					
14	35	43					
13	35	43					
12	35	43					
11	35	43					
10	35	43					
9	35	43	42	51			
8	35	43	42	51			
7	35	43	42	51			
6	35	43	42	51			
5	35	43	42	51	36	100	
4	40	43	45	51	38	100	
3	46	43	50	51	42	100	
2	58	43	60	51	54	100	100
지상1	100	100	100	100	100	100	100
지하1	44	43	44	44	46	48	–
2	35	35	–	–	–	–	–

》 1. 이 표의 지수는 건물가격의 입체분포와 토지가격의 입체분포가 같은 것을 전제로 한 것이다.
2. 이 표에 없는 층의 지수는 이 표의 경향과 주위환경 등을 고려하여 결정한다.
3. 이 표의 지수는 각 용도지역별 유형의 개략적인 표준을 표시한 것이므로 여건에 따라 보정할 수 있다.
4. A형은 상층부 일정층까지 임대료수준에 차이를 보이는 유형이며, B형은 2층 이상이 동일한 임대료수준을 나타내는 유형이다.

(2) **투자수익률 분석보고서상 층별효용비(율)(예시)**

구분			층구분(천원/m²)						
			지하 1층	1층	2층	3층	4층	5층	6~10층
서울	전체	임대료	11.2	35.6	19.4	16.8	16.4	16.1	15.8
		효용비율	0.31	1.00	0.54	0.47	0.46	0.45	0.44
	도심	임대료	11.2	33.7	22.3	18.6	17.5	16.9	16.7
		효용비율	0.33	1.00	0.66	0.55	0.52	0.50	0.50
	강남	임대료	12.6	41.4	21.6	18.9	19.0	18.4	19.1
		효용비율	0.30	1.00	0.52	0.46	0.46	0.44	0.46
	여의도 마포	임대료	10.9	35.6	18.7	15.6	14.1	14.0	13.5
		효용비율	0.31	1.00	0.53	0.44	0.40	0.39	0.38
	기타	임대료	1.03	33.3	17.3	15.2	15.1	14.8	13.9
		효용비율	0.31	1.00	0.52	0.46	0.45	0.44	0.42

» 투자수익률 분석보고서(국토교통부, 분기 1회)에서는 오피스, 매장용(중대형, 소규모, 집합)의 권역별 층별 단위면적당 임대료 및 효용비율을 산출하고 있다.

기 본예제

다음에 제시된 자료를 기준으로 층별효용비와 층별효용비율을 산정하시오.

자료 1 대상건물자료

층	B1	1	2	3	4	합계
전유면적(m²)	240	200	200	200	200	1,040

자료 2 인근 분양사례

층	전유면적(m²)	분양가격(원)	비고
4	180	131,000,000	적정함
3	200	160,000,000	적정함
2	200	183,000,000	저가분양
1	200	290,000,000	적정함
B1	240	150,000,000	적정함
합계	1,020	914,000,000	

자료 3 기타자료

1. 인근지역에서 최근 분양된 사례를 수집한바, 대상과 분양사례의 층별효용비는 동일한 것으로 판단됨.
2. 사례 2층의 분양가는 정상적인 분양가보다 10% 저가로 분양된 것으로 조사됨.

예시답안

1. 층별 전유면적당 분양가격(원/m²) 산정

(1) 4층 : 131,000,000 ÷ 180 = 728,000

(2) 3층 : 160,000,000 ÷ 200 = 800,000

(3) 2층 : 183,000,000 × 100/90 ÷ 200 = 1,017,000

(4) 1층 : 290,000,000 ÷ 200 = 1,450,000

(5) 지하 : 150,000,000 ÷ 240 = 625,000

2. 층별효용비 및 층별효용비율 산정

층	사례분양단가	층별효용비*	대상전유면적	층별효용적수**	층별효용비율***
4	728,000	50	200	10,000	0.1531
3	800,000	55	200	11,000	0.1684
2	1,017,000	70	200	14,000	0.2143
1	1,450,000	100	200	20,000	0.3062
지하 1	625,000	43	240	10,320	0.1580
계			1,040	65,320	1.0000

* 층별효용비 : 대상층단가 / 기준층(1층)단가 × 100
** 효용적수 : 층별효용비 × 대상전유면적
*** 층별효용비율 : 대상층효용적수 / 전체층효용적수

---

05 지가배분율 [5)]

주거용 또는 수익용의 구분건물 및 구분지상권의 평가와 관련될 때 대지사용권의 가격이 위치적으로 상하로 구분될 경우 배분되어질 적정한 배분비율이다.

기 본예제

아래 부동산(집합건물)의 호별가액을 각 방법에 의하여 배분하시오.

1. 층별효용비에 의한 전체가액 배분

2. 지가배분율에 의한 토지가액의 배분

자료 1 ▶ 물건자료

구분	전유면적(m²)	바닥면적(m²)
1층호	100	200
2층호	100	200
합계	200	400

자료 2 ▶

토지가액 : 1,200,000,000원(60%), 건물가액 : 800,000,000원(40%)

---

5) 층·호별 효용비의 개념으로 인하여 사용되지는 않으나 개념은 알고 있어야 할 것이다.

자료 3 층별효용비 정보

구분	1층	2층
층별효용비	100	50

예시답안

1. 각 층별 가액

구분	전유면적(m²)	층별효용비	효용적수	층별가액
1층	100	100	10,000	1,333,000,000*
2층	100	50	5,000	667,000,000**
합계			15,000	2,000,000,000

* 1층 : $(1,200,000,000 + 800,000,000) \times \dfrac{10,000}{15,000}$

** 2층 : $(1,200,000,000 + 800,000,000) \times \dfrac{5,000}{15,000}$

2. 각 호별 지가배분액

구분	효용적수	건물귀속분	토지귀속분	토지배분가
1층	10,000	3,000	7,000	933,000,000**
2층	5,000	3,000	2,000	267,000,000***
소계	15,000	6,000*	9,000	1,200,000,000

* 건물가격구성비 : 15,000 × 40% = 6,000

** $1,200,000,000 \times \dfrac{7,000}{9,000}$ (1층의 지가배분율)

*** $1,200,000,000 \times \dfrac{2,000}{9,000}$ (2층의 지가배분율)

제4절 구분소유권 감정평가 시 유의사항

01 토지 및 건물가격의 배분

구분건물의 경우 거래관행상 건물과 토지의 가액을 분리하는 것이 곤란하나, 감정평가의 목적상 부득이하게 건물과 토지의 대지권에 대한 가액 배분이 필요한 경우가 있다.

토지·건물 가액을 배분하는 방법으로는 ⅰ) 적정한 비율[실무적으로 주거용, 비주거용 부동산에 대해 각각 배분비율이 존재하며 용도, 위치(서울, 대도시, 기타), 노후정도, 층 등에 따라 배분비율이 다르다]을 적용하여 배분하는 방법, ⅱ) 토지 또는 건물의 가액을 구하여 일체의 가액에서 공제하여 배분하는 방법이 있으며, 대상물건의 인근지역에 대한 조사를 통하여 합리적인 배분비율을 산출할 수 있는 경우에는 그 비율을 적용하여 배분할 수 있고, 토지 또는 건물만의 가액을 합리적으로 구할 수 있는 경우에는 이를 구하여 공제하는 방법을 적용할 수 있을 것이다.

02 대지사용권을 수반하지 않은 구분건물의 감정평가

(1) 대지사용권을 수반하지 않는 구분건물의 개요

아파트와 같은 대규모 집합건물의 경우, 대지의 분·합필 및 환지절차의 지연, 각 세대당 지분비율 결정의 지연, 토지에 대한 분쟁 등으로 인하여 전유부분에 대한 소유권이전등기만 경료되고, 대지사용권 등기는 상당기간 지체되어 대지사용권이 미등기된 구분건물이 종종 발생한다.

(2) 유형별 처리방법

대지사용권을 수반하지 않은 구분건물의 감정평가는 건물만의 가액으로 감정평가한다. 다만, 추후 토지의 적정지분이 정리될 것을 전제로 가격이 형성되는 경우에는 대지사용권을 포함한 가액으로 감정평가할 수 있다.

구분		처리방법
대지권 등기 없음	적정지분 정리 가능한 경우 및 적정지분의 토지를 공유형태로 소유	대지사용권이 적정지분으로 정리될 수 있는 경우로서 적정지분 토지와 건물부분을 일괄로 정상평가(적정 대지권 포함평가)
	토지를 공유형태로 소유 (적정지분 아님)	토지와 건물을 일괄로 평가하되, 적정지분과의 오류로 인한 가격변동을 평가액에 반영
	토지 소유 없음(제3자의 소유)	건물만의 가격을 평가

(3) 대지권이 없는 구분소유권의 평가방법(건물만의 가액평가)

대지사용권이 없는 건물만의 가액을 감정평가할 경우 인근지역에 이러한 건물만의 가격수준이 존재하면 해당 가격수준을 기준으로 평가하며, 그러한 가격수준이 존재하지 않는다면 대지사용권을 포함한 거래사례가액에서 합리적인 방법으로 건물만의 가치를 배분하여 여기에 가치형성요인을 비교하여 결정할 수 있다.

03 구분점포[일명 오픈(Open)상가]

백화점이나 대형마트와 같이 칸막이나 바닥 경계선으로만 인접 점포와 구분되나, 경계 없이 이용 중인 구분소유건물의 점포를 말한다. 이러한 점포는 구분소유권의 대상이 될 수 있는지를 확인해야 하며,[6] 현장조사 시 관련규정상의 구분소유의 요건을 충족하였는지 판단해야 하고, 구체적으로는 타일의 색이나 종류, 칸막이(파티션)의 유무 및 종류, 임대내역, 구별표지 여부, 바닥의 경계선 등을 확인해야 할 것이다.

집합건물의 소유 및 관리에 관한 법률 제1조의2(상가건물의 구분소유)

① 1동의 건물이 다음 각 호에 해당하는 방식으로 여러 개의 건물부분으로 이용상 구분된 경우에 그 건물부분(이하 "구분점포"라 한다)은 이 법에서 정하는 바에 따라 각각 소유권의 목적으로 할 수 있다.
 1. 구분점포의 용도가 「건축법」 제2조 제2항 제7호의 판매시설 및 같은 항 제8호의 운수시설일 것
 2. 삭제
 3. 경계를 명확하게 알아볼 수 있는 표지를 바닥에 견고하게 설치할 것
 4. 구분점포별로 부여된 건물번호표지를 견고하게 붙일 것
② 제1항에 따른 경계표지 및 건물번호표지에 관하여 필요한 사항은 대통령령으로 정한다.

---

6) 집합건물의 소유 및 관리에 관한 법률 제1조의2(구분점포)는 용도(판매시설 및 운수시설), 바닥경계표시(경계를 명확하게 알아볼 수 있는 표지를 바닥에 견고하게 설치할 것), 건물번호표지(구분점포별로 부여된 건물번호표지를 견고하게 붙일 것)의 요건을 충족하면 구분소유의 대상이 되는 것으로 개정되었다.

기 본예제

다음 자료를 활용하여 K아파트 3층 301호의 매매참고용 평가금액을 비교방식 및 원가방식으로 평가하시오.

자료 1 대상 부동산 자료

1. 토지: 서울특별시 영등포구 영등포동8가 100번지 대 800㎡ 중 35㎡(대지권)
2. 건물: 위 지상 철근콘크리트조 슬래브지붕 5층 아파트 제3층 제301호,
   전유면적: 73㎡, 연면적: 1,790㎡(2025.3.2. 준공)
3. 건물의 층별 전유면적(단위: ㎡)

층	1	2	3	4	5
면적	282	292	292	292	292

4. 전체 부동산의 시장가치
   (1) 토지: 8,000,000원/㎡
   (2) 건물: 1,000,000원/㎡
5. 기준시점: 2026.9.1.
6. 평가목적: 일반거래(매매참고용)
7. 도시계획관계: 도시계획상 제2종일반주거지역, 아파트지구에 속함.
8. 3층 호별 전유면적(단위: ㎡)

301호(본건)	302호	303호	304호
73	83	73	63

자료 2 인근지역의 거래사례 부동산 자료

1. 소재지: 서울특별시 영등포구 영등포동8가 90번지, 대, 820㎡ 중 5층 아파트
2. 건물: 위 지상 철근콘크리트조 슬래브지붕 5층 아파트, 연면적: 2,050㎡
   전유면적: 1~5층 각 330㎡ 내 4층 404호 전유면적: 82.5㎡
3. 거래시점: 2025.10.1.
4. 거래조건: 해당 거래는 정상적인 거래인 것으로 판단됨.
5. 거래내역: 해당 아파트를 거래하면서 아파트의 전유면적당(㎡) 거래가격은 6,000,000원임.

자료 3 요인비교자료 등

1. 본건/거래사례의 요인비교치

구분	외부요인	건물요인	개별적 요인
요인비교치	0.95	0.93	아래의 층, 호별 효용격차에 의함.

2. 시점수정: 거래시점의 아파트 가격지수 115, 기준시점의 아파트 가격지수는 120임.

자료 4 인근 아파트의 분양자료 등

1. 인근 유사아파트의 최근 분양사례(대상 부동산의 평가에 적용하여도 무방함)
   (1) 층별 분양가격

층별	1층	2층	3층	4층	5층
분양가격(원/㎡)	1,420,000	1,580,000	1,500,000	1,460,000	1,400,000

   (2) 호별 분양가격(모든 층에 적용 가능)

호별	301호	302호	303호	304호
분양가격(원/㎡)	1,480,000	1,550,000	1,520,000	1,450,000

2. 층별 및 호별효용비는 1층 및 1호를 100으로 하여 계산하고, 소수점 첫째 자리에서 반올림하여 산정함.

자료 5

평가는 전유면적당 단가(원/m²)을 기준으로 하되, 단가는 반올림하여 원단위까지, 총액은 반올림하여 백만원단위까지 표시한다.

예시답안

Ⅰ. 평가개요

본건은 서울특별시 영등포구에 소재하는 아파트에 대한 감정평가로서 비교방식을 통하여 감정평가하되, 원가방식을 통하여 그 합리성을 검토한다(기준시점 : 2026.9.1.).

Ⅱ. 비교방식(거래사례비교법)

1. 층별, 호별 효용비(인근의 분양사례를 기준으로 판단한다.)

(1) 층별 효용비

1층	2층	3층	4층	5층
100	111	106	103	99

(2) 호별 효용비

1호	2호	3호	4호
100	105	103	98

2. 비준가액

(1) 시점수정치(아파트 매매가격지수) : 120/115 ≒ 1.04348

(2) 가치형성요인 비교치

① 외부요인 : 0.95

② 건물요인 : 0.93

③ 개별적 요인 : 106/103 × 100/98 ≒ 1.05

④ 가치형성요인 비교치 : 0.95 × 0.93 × 1.05 ≒ 0.928

(3) 비준가액 : 6,000,000 × 1.000 × 1.04348 × 0.928 ≒ 5,810,097원/m²(× 73 ≒ 424,000,000원)

Ⅲ. 원가방식(원가법)

1. 전체 토지, 건물의 가격(1동 전체)

8,000,000 × 800 + 1,000,000 × 1,790 = 8,190,000,000원

2. 대상(3층, 301호)의 효용비율

(1) 3층의 층별 효용비율 : $\dfrac{106 \times 292}{100 \times 282 + (111 + 106 + 103 + 99) \times 292}$ ≒ 0.2056

(2) 1호의 호별 효용비율 : $\dfrac{100 \times 73}{100 \times 73 + 105 \times 83 + 103 \times 73 + 98 \times 63}$ ≒ 0.24573

(3) 301호의 효용비율 : 0.2056 × 0.24573 ≒ 0.05052

3. 대상 부동산의 적산가액

8,190,000,000 × 0.05052 ≒ 414,000,000원

Ⅳ. 감정평가액 결정

구분소유권의 목적이 되는 부동산은 관련 규정에 의하여 거래사례비교법으로 평가하도록 규정되어 있으며, 원가법에 의한 감정평가액으로 인한 합리성이 인정되는 것으로 판단되는바, 거래사례비교법에 의한 가격인 424,000,000원으로 결정한다.

임대료 및 임대차의 감정평가

제1절 임대료의 감정평가

01 임대료 감정평가의 개요

1. 개요

임대료(사용료를 포함한다)란 임대차 계약에 기초한 대상물건의 사용대가로서 지급하는 금액을 말한다. 이는 부동산에 대한 용익(사용·수익)의 대가로서 원본에 대한 과실을 의미한다. 즉, 임대료란 부동산에 대한 소유권은 이전하지 않은 채 사용권이나 수익권만을 타인에게 설정해주고 받는 반대급부를 말한다.

2. 임대료 감정평가의 기준

(1) 실질임대료 기준

실질임대료는 종류의 여하를 불문하고 임대인에게 지불되는 모든 경제적 대가를 말하며, 순임대료 및 필요제경비 등으로 구성된다. 이러한 실질임대료는 지불임대료뿐만 아니라 권리금 등 임대료의 선불적 성격을 갖는 일시금의 상각액과 운용익 및 보증금, 협력금 등 임대료의 예금적 성격을 갖는 일시금의 운용익까지 포함한다. 다만, 의뢰인이 보증금 등을 포함한 계약 내용에 따라 지급임대료를 산정하도록 요청할 때에는 해당 계약 내용을 고려한 지급임대료를 구하되, 감정평가서에 그 내용을 적어야 한다. 실무적으로는 임차인의 사용·수익에 따라 발생하는 전기료, 수도료 등 부가사용료 및 공익비, 부가가치세는 포함하지 않고 평가한다.

>> 지불임대료는 각 지불시기에 지불되는 임대료로서 대상 부동산의 순임대료의 일부 또는 전부와 대상 부동산의 사용·수익을 위한 필요제경비 등으로 구성된다. 지불임대료는 실질임대료에서 임대료의 선불적 성격을 지닌 일시금의 운용익 및 상각액과 임대료의 예금적 성격을 갖는 일시금의 운용익을 공제하여 구한다. 이러한 지불임대료를 산정해야 하는 경우에 유의할 점은 관례상 건물 및 그 부지의 일부를 임대차할 경우 수도, 광열비, 청소비, 위생비, 냉난방비 등 부가사용료와 공익비 등의 명목으로 지불되는 금액 중에는 실제비용을 초과하는 부분이 있는데, 이것도 실질적으로 임대료에 해당한다는 점이다.

(2) 시장임대료 기준

시장성이 있는 물건이 합리적인 자유시장에서 물건의 내용에 정통한 당사자 간에 자유의사로 합의될 수 있는 적정임대료로 평가 시 기준이 되는 임대료를 의미한다.

(3) 신규임대료 기준

신규임대료란 임대차계약의 개시시점에서 부동산 사용·수익에 수반되는 경제적 이익에 부응하는 적정한 임대료로서 일반적으로 시장임대료인 경우가 대부분이다. 왜냐하면 계약을 체결하여 최초로 지불된 임대료는 자유시장에서 성립하기 때문이다.

국내의 경우 임대차 기간이 비교적 짧고, 임대차 기간 만료 후 재계약 시 특별한 경우를 제외하고는 신규임대료에 상응하는 임대료수준을 요구하며, 「감정평가에 관한 규칙」상 시장가치에 상응하는 임대료를 기준하는 점 등을 고려할 때 신규임대료를 기준으로 감정평가한다.

(4) 임대료의 산정기간

임대료의 산정기간은 1년을 단위로 하는 것을 원칙으로 한다. 단, 의뢰인이 요청 시 특정기간으로 산정이 가능하다.

02 임대료의 구성 및 산정기간

1. 임대료의 구성

(1) 실질임대료

순임대료 + 필요제경비

(2) 임대료의 구성

	실질임대료	
	순임대료	필요제경비
지불임대료	① 각 지불시기에 일정액씩 지불되는 임대료 중 순임대료액 ② 부가사용료, 공익비 중 실비 초과액	① 감가상각비 ② 유지관리비 ③ 공조공과 ④ 손해보험료 ⑤ 대손준비비 ⑥ 공실손실상당액 ⑦ 정상운전자금이자
	① 예금적 성격의 일시금 운용익(보증금 운용익) ② 선불적 성격의 일시금(권리금) 상각액 ③ 선불적 성격의 일시금 미상각액의 운용익	

(3) 실질임대료와 총수익 등과의 관계

실질임대료			
순임대료		필요제경비	임차인실비정산

총수익(PGI)		
유효총수익(EGI)		공실손실
순수익(NOI)	운영경비	

|↔|
감가상각비

2. 임대료의 산정기간

기준시점	실현시점	산정기간
임대료산정기간의 초일 • 지난 1년(기준시점으로부터 1년) • 최근 1년(기준시점 현재)	임대료산정기간의 말일 기준	원칙적으로 1년 기준

03 임대료의 감정평가방법

> **감정평가에 관한 규칙 제22조**(임대료의 감정평가)
> 감정평가법인등은 임대료를 감정평가할 때에 임대사례비교법을 적용해야 한다.

1. 신규임대료의 평가방법

1) 임대사례비교법

"임대사례비교법"이란 대상물건과 가치형성요인이 같거나 비슷한 물건의 임대사례와 비교하여 대상물건의 현황에 맞게 사정보정, 시점수정, 가치형성요인 비교 등의 과정을 거쳐 대상물건의 임대료를 산정하는 감정평가방법을 말한다. 임대사례비교법을 통하여 산정된 임대료를 비준임대료라고 한다.

(1) 임대사례의 선택기준 [1]

임대사례비교법으로 감정평가할 때에는 임대사례를 수집하여 적정성 여부를 검토한 후 다음 각 호의 요건을 모두 갖춘 하나 또는 둘 이상의 적절한 임대사례를 선택하여야 한다. 임대사례의 선택기준은 거래사례의 선택기준과 동일하나 임대차 등의 계약내용의 유사성도 검토해야 한다.

① 임대차 등의 계약내용이 같거나 비슷한 사례

임대차 사례는 평가대상 부동산과 임대사례 부동산의 임대차 계약내용이나 조건이 유사하여야 하는데, 이는 임대차계약의 내용이나 조건이 임대차기간 동안 계약임대료 수준에 계속적으로 영향을 미치기 때문이다. 임대차계약의 내용이나 조건이 다른 사례는 평가대상 부동산의 임대료와 근본적으로 차이가 발생하며, 결과적으로는 신뢰성이 떨어지는 평가결과를 산출하게 된다. 임차인의 임대면적 및 해당 위치, 서비스면적, 임대료의 지급행태(전세, 보증금부 월세 및 보증금의 비율, 매출액 연동 임대차 등), 관리비 별도 납부 여부, 임대료 상승조건, 임대료 지불시기 및 방법, 계약서상 특별한 임대조건의 수반 여부 등이 유사한 사례를 선정한다.

② 임대차 사정이 정상이라고 인정되는 사례나 정상적인 것으로 보정이 가능한 사례

부동산의 임대차에서 거래의 자연성을 해치는 특수한 사정 또는 동기가 개입된 사례는 정상적이라고 인정되는 사례나 정상적인 것으로 보정이 가능한 사례로 보기 어렵다. 여기서 정상적인 것으로 보정이 가능하다는 것은 사정이 개입된 임대료가 정상적인 임대료로부터 괴리된 정도에 대한 계량적인 파악이 가능하다는 것을 의미한다.

③ 기준시점으로 시점수정이 가능한 사례

부동산의 가치는 시간에 따라 변동하므로 임대시점과 기준시점의 임대료가 차이가 나는 것이 일반적이며, 이 경우 임대사례는 임대시점의 임대료를 기준시점의 임대료로 수정이 가능한 사례를 수집한다. 여기서 시점수정이 가능한 임대사례란 임대시점과 기준시점의 임대료에 대한 임대료지수 또는 임대료상승률의 파악이 가능한 사례를 말한다.

④ 대상물건과 위치적 유사성이나 물적 유사성이 있어 지역요인·개별요인 등 가치형성요인의 비교가 가능한 사례

대상물건과 위치적 유사성은 인근지역과 동일수급권 내의 유사지역에 위치하여 비교가능성 있는 것을 의미한다. 이러한 위치적 유사성은 단순한 지리적 위치의 접근성이 아니라 용도적 관점에서 파악해야 한다. 대상물건의 물적 유사성은 부동산의 물리적·기능적 상태·용도·구조·설계 구성재료, 경과연수, 설비, 규모 등의 유사성을 의미한다. 특히 건물의 경우는 건물 구조에 따라 용도가 결정되는 경우가 많으며, 효용의 창출정도가 달라지므로 사례를 선정할 때 유의하여야 한다.

>> 임대사례의 선정 시에는 용도지역 등 공법상 제한이 다르더라도 이용상황의 유사성 등 임대차관계의 대체가능성이 있으면 임대사례로서 선정할 수 있다.

---

1) 감정평가실무기준 해설서(Ⅰ) 총론편, 한국감정평가사협회 등, 2014.02, pp.151~152

⑵ **사정보정**

임대사례에 특수한 사정이나 개별적 동기가 반영되어 있거나 임대차 당사자가 시장에 정통하지 않은 등 수집된 임대사례의 임대료가 적절하지 못한 경우에는 사정보정을 통해 그러한 사정이 없었을 경우의 적절한 임대료 수준으로 정상화하여야 한다.

⑶ **시점수정**

① 임대사례의 임대시점(특별한 사정이 없는 한 임대차 계약서상 임대 개시시점을 기준하되, 개시시점을 확인할 수 없는 경우에는 해당 임대차계약이 유지되는 한 사례임대료의 조사시점 또는 임대사례 감정평가 기준시점 등을 기준하여 활용할 수 있다)과 대상물건의 기준시점이 불일치하여 임대료 수준의 변동이 있을 경우에는 임대사례의 임대료를 기준시점의 임대료 수준으로 시점수정하여야 한다.

② 시점수정은 사례물건의 임대료 변동률로 한다. 다만, 사례물건의 임대료 변동률을 구할 수 없거나 사례물건의 임대료 변동률로 시점수정하는 것이 적절하지 않은 경우에는 사례물건의 가격 변동률·임대료지수·생산자물가지수 등을 고려하여 임대료 변동률을 구할 수 있다.

③ **부동산의 임대료변동률**(시점수정) **기준**[2]

종류	권장지수	보조지수
주거용 (아파트, 연립, 다세대)	(한국부동산원 전국주택가격동향조사) 유형별 전월세통합지수	(한국부동산원 전국주택가격동향조사) 전세가격지수, 월세가격지수 등
오피스텔	(한국부동산원 오피스텔 가격동향조사) 전세가격지수, 월세 가격지수	–
비주거용 (구분상가, 업무시설, 지식산업센터, 특수부동산)	(한국부동산원 상업용 부동산 임대동향조사) 상권별 임대가격지수 (오피스/중대형상가/소규모상가/집합상가)	생산자물가지수 중 비주거용 건물 임대부문 시수 등

≫ 검토지표로서 주거용의 경우 매매가격지수, 지가변동률, 시중금리 변동률 등이 추가될 수 있으며, 비주거용의 경우 유사물건의 소득수익률, 투자수익률 등이 활용될 수 있다.

④ 주거용 부동산의 경우 한국부동산원 R-one 통계정보시스템상에서 [전국주택가격동향조사 → 월간동향 → (유형별) 지역별 전월세통합지수] 활용하되, 해당 주거용 부동산의 지역, 물건, 임대료 및 임대 특성 등에 따라 (유형별) 지역별 전월세 통합지수를 적용하는 것이 임대료 추이에 부합하지 않는 경우에는 (유형별) 지역별 전세가격지수, 월세가격지수 활용 가능하다.

⑤ 오피스텔의 경우 한국부동산원 R-one 통계정보시스템상에서 [오피스텔 가격 동향조사 → 전세가격지수 또는 월세가격지수] 활용하되, 통계자료 제공이 되지 않는 지역의 경우에는 실질에 따라 공동주택의 임대료 권장지수와 상업용 부동산의 임대료 권장지수가 활용가능하다.

---

2) 물건별 시점수정방법 권고사항 알림, 한국감정평가사협회, 2024.02.16.

⑥ 비주거용 부동산의 경우 한국부동산원 R-one 통계정보시스템상에서 [상업용부동산 임대동향조사 → 임대정보 → 상권별 임대가격지수] 활용하되, 물건 유형별 하위상권별 임대가격지수 적용을 원칙으로 하고, 하위상권 확인이 불가하거나 하위상권의 임대가격지수가 발표되지 않는 경우에는 시도별 임대가격지수를 활용한다.

기 본예제

아래 임대료 감정평가 시 시점수정치를 각각 산정하시오(기준시점 : 2026년 6월 30일)(윤년의 처리는 고려치 말 것).

자료 1 임대사례 1(아파트)
임대차기간 : 2025.07.08. ~ 2027.07.07.(2년)

자료 2 임대사례 2(집합상가)
임대차기간 : 2025.09.15. ~ 2027.09.14.(2년)

• 아파트 월세가격지수

지역	2025.05.		2025.06.		2026.05.		2026.06.	
	지수	변동률(%)	지수	변동률(%)	지수	변동률(%)	지수	변동률(%)
서울/도심권	97.8	0.01	97.9	0.05	99.6	0.08	미고시	

• 상업용부동산 임대가격지수(집합상가)

지역	2025.3Q		2025.4Q		2026.1Q		2026.2Q	
	지수	변동률(%)	지수	변동률(%)	지수	변동률(%)	지수	변동률(%)
서울/도심	99.16	−0.84	98.56	−0.60	98.47	−0.10	미고시	

예시답안

1. **임대사례 1**
   임대사례의 임대차계약시점을 기준하며, 아파트 월세가격지수를 기준으로 한다.
   $$\frac{2026.06.30}{2025.07.08} = \frac{2026.05}{2025.06} = \frac{99.6}{97.9} ≒ 1.01736$$

2. **임대사례 2**
   임대사례의 임대차계약시점을 기준하며, 상업용 부동산 임대가격지수를 기준한다.
   $$(1 - 0.0084 × 16/92) × (1 - 0.0060) × (1 - 0.0010) × (1 - 0.0010 × 91/90) ≒ 0.99055$$

---

(4) 임대료형성요인 비교

① 임대사례와 대상물건 간에 종별·유형별 특성에 따라 지역요인이나 개별요인 등 임대료의 형성에 영향을 미치는 여러 요인에 차이가 있는 경우에는 이를 각각 비교하여 대상물건의 임대료를 개별화·구체화하여야 한다.

② **임대료형성요인의 비교**
   구분건물 감정평가 시 가치형성요인 비교와 유사하며, 단지외부요인, 단지내부요인, 호별요인으로 각각 나누어 비교한다.

(5) 층별 · 위치별 효용비교치

① 복합부동산의 1개층, 또는 구분소유건물 일부의 비준임대료 산정 시 비교가 필요하다.

② 본건에 적용할 수 있는 적절한 층별 · 위치별 효용비를 추출하여 활용한다(층별 · 위치별 효용비의 구체적 산정방법은 앞에서 설명하였다).

(6) 면적비교 등

임대료 비교 시 임대사례와 대상의 면적의 종류를 통일시켜야 한다. 임대사례가 임대면적당 임대료로 제시되어 있으면 본건의 임대료 결정 시에도 임대면적을 적용해야 하며, 전유면적당 임대료가 제시된 경우에는 본건의 임대료 결정 시에도 전유면적을 적용해야 한다.

토지 및 건물형태의 부동산 임대료 감정평가 시 한 층의 일부분인 경우가 많은바 정확한 임대면적과 위치를 도면상에서 반드시 확인하여 임대사례비교법 적용 시 반영하여야 한다.

- 임대(분양)면적 = 전유면적 + 공용면적
- 전유면적당 임대료 결정 × 본건의 전유면적 = 총 임대료
- 임대면적당 임대료 결정 × 본건의 임대면적 = 총 임대료

(7) 보증금 및 월세(지불임대료)로 배분하는 경우

실질임대료 산정 시 의뢰인의 요청 등에 따라 보증금 및 월세로 보정하는 경우에는 전월세전환율을 활용하여 설정된 보증금에 대한 적정 지불임대료를 배분할 수 있다. 예를 들어 연간 실질임대료가 100,000,000원, 전월세전환율이 5%이면서 의뢰인이 보증금 80,000,000원 설정 시의 적정 월지불임대료를 평가해주기를 요청하는 경우에는 (100,000,000 − 80,000,000 × 0.05) ÷ 12월 = 8,000,000원/월로 배분할 수 있다.

기 본예제

(주)D감정평가법인에 근무하고 있는 柳평가사는 의뢰인 金 씨로부터 신축빌딩 4층 부분에 대한 임대료평가를 의뢰받고 다음과 같은 자료를 수집하였다. 2026년 8월 1일을 기준한 시장임대료를 평가하시오.

자료 1 대상 부동산자료

1. 소재지: 충북 제천시 M동 1번지
2. 토지: 대 2,000m² 중 정씨 지분(권리면적)은 300m²로 적정지분임.
3. 건물: 위지상 철근콘크리트조 슬래브지붕 지하 1층 지상 5층, 연면적 2,100m²(각 층 350m²) 내 4층 350m²(임대면적), 280m²(전유면적)
4. 이용상황: 업무용

자료 2 임대사례자료

1. 소재지: 충북 제천시 Y동 1번지 내 3층 전체
2. 토지: 대 580m² 중 3층 해당 지분은 80m²으로 적정지분임.
3. 건물: 위지상 철근콘크리트조 슬래브지붕 지상 5층 지하 1층, 연면적 1,920m²

4. 이용상황 및 면적 : 사무실, 320m²(임대면적), 256m²(전유면적)

5. 임대기간 : 2025년 7월 1일~2026년 6월 30일

6. 임대보증금 : 500,000,000원

7. 월지불임대료(공익비 제외) : 6,000,000원[월차임과 관리비(필요제경비)가 포함된 금액]

8. 연간 필요제경비 : 20,000,000원

9. 임대료 등은 정상적인 것으로 판단됨.

자료 3 생산자물가지수(비주거용 건물임대지수)

시점	2025.6.	2025.7.	2026.1.	2026.7.
지수	128	129	131	135

자료 4 제천시의 업무용빌딩 층별 효용지수

층별	지하층	1층	2층	3층	4층	5층
효용지수	40	100	125	120	100	70

자료 5 지역 및 개별요인자료

1. Y동은 M동보다 지역적으로 5% 정도 우세함.

2. 대상토지는 사례토지보다 개별요인분석 결과 10% 열세하며(대지의 면적 및 공유지분면적 등은 개별요인 비교 시 고려되었음), 단, 건물의 개별요인은 대상이 5% 우세함.

자료 6 기타자료

전월세전환율은 연12%임.

예시답안

I. 평가개요

본건은 2026년 8월 1일을 기준으로 한 시장임대료 평가로 임대사례비교법으로 산정한다.

II. 사례 부동산의 실질임대료 산정

$500,000,000 \times 0.12 + 6,000,000 \times 12 = 132,000,000$원($\div 256 ≒ 516,000$원/전유m²)

III. 시점수정치(비주거용 건물임대지수, 2025.7.1.~2026.8.1.)

$2026.07 / 2025.06 = 135 \div 128 ≒ 1.05469$

IV. 지역요인 비교치

$100 \div 105 ≒ 0.952$

V. 개별요인 비교치

$\dfrac{90}{100} \times \dfrac{105}{100} \times \dfrac{100}{120} ≒ 0.788$

VI. 실질임대료 결정

$516,000 \times 1.000(사정) \times 1.05469 \times 0.952 \times 0.788 ≒ 408,000$원/전유m²($\times 280 = 114,240,000$원)

2) 적산법

(1) 개념

적산법(積算法)이란 대상물건의 기초가액에 기대이율을 곱하여 산정된 기대수익에 대상물건을 계속하여 임대하는 데 필요한 경비를 더하여 대상물건의 임대료[(賃貸料), 사용료를 포함한다]를 산정하는 감정평가방법을 말한다.

적산임대료란 적산법에 따라 산정한 임대료를 말한다.

적산임대료 ≒ 기초가액 × 기대이율 + 필요제경비

---

(2) 기초가액

기초가액이란 적산법을 적용하여 적산임대료를 구할 때 기초가 되는 대상물건의 원본가치를 말한다. 교환의 대가인 협의의 가치와 용익의 대가인 임대료 사이에는 원본과 과실의 관계가 있기 때문에 적산임대료를 구하기 위해서는 원본가치로서의 기초가액을 구할 필요가 있다. 적산법은 부동산으로부터 발생하는 사용 수익의 대가를 얻기 위해 소요된 원가를 통해 간접적으로 측정할 수 있다는 논리에 따른 것으로, 그 투하된 가치인 기초가액이 중요한 의미를 갖는다.

① **토지평가**: 공시지가기준평가, 거래사례비교법에 의한다.

② **건물평가**: 원가법에 의한다.

③ **구분건물**: 거래사례비교법에 의한다.

> » 기초가액은 수익방식을 적용할 수 없는데, 이는 순환논리상 임대료 개념을 기초로 구한 가액으로 다시 임대료를 구하는 모순에 빠지게 되기 때문이다.[3]

한편, 기초가액의 성격에 대하여 여러 견해가 있다. 기초가액의 성격과 관련해서 시장가치로 보는 견해, 임대차조건 등에 부응하는 사용가치로 보는 견해, 자본이득으로 인한 가치를 공제한 가치로 보는 견해 등이 대표적이다.

(3) 기대이율

① 기대이율의 개념

기대이율이란 임대차에 제공되는 대상물건을 취득하는 데에 투입된 자본에 대하여 기대되는 임대수익의 비율을 말한다. 즉, 부동산에 대한 투자자의 입장 또는 부동산 임대공급자의 입장에서 부동산이 아닌 다른 투자대상에 투자하였을 경우의 기회비용을 포함하여 부동산으로부터 얻고자 하는 요구수익률의 성격이므로, 금융시장의 이자율과 밀접한 관계를 가지고 있다. 이는 기간이 짧은 임대차활동의 기초가 되고, 상각후 세공제 전의 순수익에 대응하는 이율이다.

---

3) 임대료는 부동산의 수익성이 어느 정도인지를 판단할 수 있는 기준을 제공하는 것으로, 이러한 임대료를 비용성의 사고에 따라 구한다고 하더라도 순수익이나 미래의 현금흐름 등을 적정한 율로 환원하는 수익방식에 의해서 기초가액을 산정한다는 것은 순환논리 등에 모순된다고 할 것이다.

② **기대이율의 산정방법의 원칙**

기대이율은 시장추출법, 요소구성법, 투자결합법, CAPM을 활용한 방법, 기타 대체경쟁 자산의 수익률 등을 고려한 방법 등으로 구할 수 있으며, 국공채이율, 은행의 장기대출금리, 일반시중금리, 정상적인 부동산거래이윤율, 국유재산법과 지방재정법이 정하는 대부료율 및 부동산의 용도별, 지역별, 실제이용상황별 격차 및 지역부동산시장의 특성 등을 종합 고려하여 결정할 수 있다.

기대이율은 기초가액과 밀접하게 연관된 개념으로, 기초가액의 성격을 무엇으로 보느냐에 따라 그 적용 형태가 달라질 수가 있다. 상기 기초가액의 성격과 관련된 논란에 따라 기대이율의 적용과 관련해서도 여러 견해가 있다.

> • 기대이율 = 임대수익(순임대료) / 기초가액, 임대수익(순임대료) = 임대료 − 필요제경비
> • 기대이율 = 순수이율 + 위험률*

* 위험률은 위험성 · 비유동성 · 관리의 난이성 · 자금의 안전성 등을 참작한 것이어야 한다.

Check Point!

▶ 기대이율과 환원이율의 비교 [4]

구분	기대이율	환원이율
적용	적산법에서 기대수익 산정 시 적용	수익환원법에서 가치산정 시 적용
개념	투하자본에 대한 수익의 비율	대상물건의 가격에 대한 수익의 비율
시간	대상물건의 임대차기간에 적용되는 단기적 이율	대상물건의 내용연수 만료 시까지 적용되는 장기적 이율
전제	해당 계약조건을 전제하며, 물건의 종별에 따라 차이가 없음.	대상물건의 최유효이용을 전제하며 물건의 종별 간 차이가 있음.
산정기준	금융기관의 정기예금이율 등이 산정의 기초가 됨.	무위험에 위험할증률을 가산한 이율
상각/세공제	항상 상각후 세공제전 개념	상각전/후, 세공제 전/후의 구별이 있음
종합 이율	종합기대이율 개념 약함	2개 이상의 물건의 경우 종합환원이율이 적용

---

4) 감정평가실무매뉴얼(임대료 감정평가편), 한국감정평가사협회, 2016.09, p.36

③ **기대이율과 산정 관련 참고자료**

㉠ **기대이율 적용기준표(2016년 기준)** [5]

대분류	소분류		실제이용상황	
			표준적 이용	임시적 이용
I 주거용	아파트	수도권 및 광역시	1.5%~3.5%	0.5%~2.5%
		기타 시도	2.0%~5.0%	1.0%~3.0%
	연립·다세대	수도권 및 광역시	1.5%~5.0%	0.5%~3.0%
		기타 시도	2.5%~6.5%	1.0%~4.0%
	다가구	수도권 및 광역시	2.0%~6.0%	1.0%~3.0%
		기타 시도	3.0%~7.0%	1.0%~4.0%
	단독주택	수도권 및 광역시	1.0%~4.0%	0.5%~2.0%
		기타 시도	1.0%~5.0%	0.5%~3.0%
상업용	업무용		1.5%~5.0%	0.5%~3.0%
	매장용		3.0%~6.0%	1.0%~4.0%
공업용	산업단지		2.5%~5.5%	1.0%~3.0%
	기타 공업용		1.5%~4.5%	0.5%~2.5%
II 농지	도시근교농지		1.00% 이내	
	기타농지		1.00%~3.00%	
임지	유실수단지 등 수익성이 있는 임지		1.50% 이내	
	자연임지		1.00% 이내	

》 1. 상기 기대이율은 부동산 유형별 및 실제이용상황에 따른 일반적인 기대이율의 범위를 정한 것이므로 실제 적용 시에는 지역여건이나 해당 토지의 상황 등을 고려하여 그 율을 증감조정할 수 있다.

2. 제시된 기대이율 기준율표는 상각후 기대이율을 제시한 깃으로, 긴물 등이 소제히는 경우에는 감가상각비의 처리에 유의해야 한다.

3. 표준적 이용은 인근지역 내 일반적이고 평균적인 이용을 의미하고, 임시적 이용은 인근지역 내 표준적인 이용에 비해 그 이용이 임시적인 것을 의미하며, 해당 토지에 모델하우스, 가설건축물 등 일시적 이용, 상업용지의 주차장이용, 주거용지의 텃밭이용 및 건축물이 없는 상태의 이용(주거용, 상업용, 공업용에 한정)을 포함하는 이용이다.

㉡ **CD금리를 반영한 기대이율표** [6] : 기대이율과 시중금리와 정의 상관성이 있고 상관계수가 가장 높은 CD금리를 기준으로 일정범위의 형태로 기대이율을 제시[7]하였으며, 기대이율을 산정 시 참고자료로 활용할 수 있다.

---

5) 감정평가실무매뉴얼(임대료 감정평가편), 한국감정평가사협회, 2016.09, p.47
6) 감정평가실무매뉴얼(임대료 감정평가편), 한국감정평가사협회, 2016.09, pp.48~49
7) 과거 2년 이동평균 CD금리와 기대이율과의 관계를 나타낸 것으로 CD금리의 지속적인 하락 등에 따라 그 적용범위가 달라질 수 있으므로 감정평가 시 유의해야 한다.

CD금리 기준 기대이율 표시(2016년 기준)

대분류	소분류		실제이용상황	
			표준적 이용	임시적 이용
I	주거용	아파트	수도권 및 광역시	CD금리 + −1.5%~0.5%	CD금리 + −2.5%~−0.5%
			기타	CD금리 + −1.0%~2.0%	CD금리 + −2.0%~0.0%
		연립·다세대	수도권 및 광역시	CD금리 + −1.5%~2.0%	CD금리 + −2.5%~0.0%
			기타	CD금리 + −0.5%~3.5%	CD금리 + −2.0%~1.0%
		다가구	수도권 및 광역시	CD금리 + −1.0%~3.0%	CD금리 + −2.0%~0.0%
			기타	CD금리 + −0.0%~4.0%	CD금리 + −2.0%~1.0%
		단독주택	수도권 및 광역시	CD금리 + −2.0%~1.0%	CD금리 + −2.5%~−1.0%
			기타	CD금리 + −2.0%~2.0%	CD금리 + −2.5%~0.0%
	상업용	업무용		CD금리 + −2.0%~2.0%	CD금리 + −2.5%~0.0%
		매장용		CD금리 + 0.0%~3.0%	CD금리 + −2.0%~1.0%
	공업용	산업단지		CD금리 + −0.5%~2.5%	CD금리 + −2.0%~0.0%
		기타 공업용		CD금리 + −1.0%~2.0%	CD금리 + −2.5%~−0.5%
II	농지	도시근교농지		1.00% 이내	
		기타농지		1.00%~3.00%	
	임지	유실수단지 등 수익성이 있는 임지		1.50% 이내	
		자연임지		1.00% 이내	

> 1. 상기 기대이율은 부동산 유형별 및 실제이용상황에 따른 일반적인 기대이율의 범위를 정한 것이므로 실제 적용 시에는 지역여건이나 해당 토지의 상황 등을 고려하여 그 율을 증감조정할 수 있다.
> 2. CD금리 금리 적용 시 부동산시장의 임대차 관행 및 파급속도 등을 고려하여 과거 2년간 평균금리를 적용하되, 경기동향, 지역여건 등에 따라 2년 평균금리를 적용하는 것이 부적절하거나 더 적절한 방법이 있는 경우에는 객관적이고 신뢰성 있는 기간을 적용할 수 있다.
> 3. 제시된 기대이율 기준율표는 상각후 기대이율을 제시한 것으로, 건물 등이 소재하는 경우에는 감가상각비의 처리에 유의해야 한다.
> 4. 표준적 이용은 인근지역 내 일반적이고 평균적인 이용을 의미하고, 임시적 이용은 인근지역 내 표준적인 이용에 비해 그 이용이 임시적인 것을 의미하며, 해당 토지에 모델하우스, 가설건축물 등 일시적 이용, 상업용지의 주차장이용, 주거용지의 텃밭이용 및 건축물이 없는 상태의 이용(주거용, 상업용, 공업용에 한정)을 포함하는 이용이다.

ⓒ 기대이율 산정 참고자료[8]

ⓐ 주거용의 경우 : 해당 지역별 주거용 자료 및 기타 자료 등을 기준하여 약식 검증수단
으로 활용가능한 산식은 다음과 같다.

> 주거용 기대이율 = 매매가격대비 전세가비율 × 적용이율 − 감가상각비율

ⓑ 상업용의 경우 : 분기별, 지역별로 공표되는 소득수익률을 기준한 상각후 기대이율을
통해 검증할 수 있을 것이다.

> 상각후 기대이율 = 소득수익률(1년간) − 감가상각비율

ⓓ 그 밖의 기대이율 참고자료 : CD금리, 국공채금리 등 시중금리 수준, 은행 대출금리 수준,
부동산 투자수익률, 「국유재산법」 등 관련 법령상 대부료율 등을 참작하여 결정할 수 있다.

(4) 필요제경비

필요제경비란 임차인이 사용·수익할 수 있도록 임대인이 대상물건을 적절하게 유지·관리하는
데에 필요한 비용을 말한다.

① **감가상각비**

대상물건이 상각자산인 경우 시간경과에 따라 발생하는 물리적, 기능적, 경제적 가치감소분인
감가상각액을 의미한다.

② **유지관리비**

대상물건의 유용성을 유지, 관리하기 위해 필요한 수익적 지출로 수선비, 유지비, 관리비 등을
의미한다(자본적 지출은 해당되지 않음).

③ **조세공과금**

대상물건에 직접 부과되는 세금 및 공과금으로 법인세와 소득세 등은 포함되지 않는다.

④ **손해보험료**

화재보험료, 대상물건의 손해보험료 등으로 소멸성 보험료를 의미한다.

⑤ **대손준비금**

임차인의 임대료지불 불이행에 따른 준비금으로 임대차계약 내용 및 시장관행 등을 고려하여
판단한다. 다만, 보증금 등 일시금을 받는 경우에는 계상하지 아니하여도 된다.

⑥ **공실손실상당액**

임대기간의 공백 또는 일부 미입주 등으로 인한 공실발생에 대비한 손실상당액을 의미한다.
필요제경비로서의 공실손실상당액은 임차인의 인테리어 기간 등에 대한 반영을 의미하는 것
이지, 수익환원법 적용 시 반영하는 인근의 표준적인 공실정도를 반영한 금액은 아니므로 적용
시 유의해야 한다.

---

8) 감정평가실무매뉴얼(임대료 감정평가편), 한국감정평가사협회, 2016.09, pp.51~53 참조

⑦ **정상운영자금이자**

임대영업을 하기 위하여 소요되는 정상적인 운영자금에 대한 이자를 의미한다.

⑧ **기타사항**

한편, 임대차계약의 내용 및 대상물건의 종류에 따라 적산법 적용 시 포함하여야 할 필요제경비 항목의 세부적인 내용은 달라질 수 있다는 점에 유의하여야 하며, 필요제경비는 임대인이 대상물건을 임대차하는 데 필요한 비용을 의미하는 것으로 임차인의 사용으로 인해 발생하는 수도광열비 등 부가사용료 및 공익비는 제외되어야 한다.

⑸ **이론적 적산법과 실무적 적산법**

기초가액을 대상물건의 최유효이용을 전제로 한 시장가치로 본다면, 자본이득으로 인한 가치 또는 임대차계약 내용 등에 의해 대상물건을 한정적으로 사용함에 따른 가치의 제한은 기대이율에 반영하여야 하며, 기초가액을 임대차조건 등에 부응하는 사용가치로 본다면, 기대이율은 통상적인 투자수익률이 되어야 할 것이다.

① **이론적 적산법**

> 기초가액(현상태 및 계약상태를 기준한 가격) × 기대이율(정형화된 이율)

② **실무적 적산법**

> 기초가액(최유효상태를 기준) × 기대이율(개별적인 상황 반영)

판례[9]는 기대이율의 정형화를 주장하였는데, 이는 실무에서의 계약상태를 반영하여 평가함이 어려움에 대한 고려를 하지 못한 것으로써 비판받고 있다.

구분	기초가액	기대이율
이론적 적산법	용익가치 (임대차내용, 조건에 의한 사용가치)	• 대체투자수익률 등을 고려 • 지역별, 이용상황별, 품등별 미고려
실무적 적산법	시장가치 (최유효이용 기준)	지역별, 이용상황별, 품등별 및 대체투자수익률 등을 참작하여 차등적용

③ **각 사안별 정리**(예시 : 상업지대)

상황		기초가액	기대이율
최유효 이용	실무적 적산법	토지의 시장가치(상업용)	기대이율(상업용, 최유효이용)
	이론적 적산법	토지의 사용가치 (= 토지의 시장가치(상업용))	기대이율(상업용)

---

9) 대판 2006.4.13, 2005다14083, 대판 2002.10.25, 2002다31483 등에 따르면 기대이율은 국공채이율, 은행의 장기대출금리, 일반 시중의 금리, 정상적인 부동산 거래이윤율, 「국유재산법」과 「지방재정법」(현 「공유재산 및 물품 관리법」)이 정하는 대부료율 등을 참작하여 결정하여야 할 사항으로 판시하고 있다.

PART 02

	실무적 적산법	토지의 시장가치(상업용)	기대이율(상업용, 일시적 이용)
일시적 이용	이론적 적산법	토지의 사용가치 (일시적 이용의 계약조건 반영된 가치)	기대이율(상업용)
나지	실무적 적산법	토지의 시장가치(상업용)	기대이율(상업용, 나지)
	이론적 적산법	토지의 사용가치 (나지로서의 계약조건 반영된 가치)	기대이율(상업용)

판례

이론적/실무적 적산법 관련 판례와 이에 대한 견해

1. 관련판례(대판 2000.6.23, 2000다12020)

해당 부동산의 기초가격에다 그 기대이율을 곱하는 이른바 적산법에 의한 방식으로 임대료를 산정함에 있어 기대이율이란 임대할 부동산을 취득함에 있어 소요되는 비용에 대한 기대되는 이익의 비율을 뜻하는 것으로서 원칙적으로 개개 토지의 소재지, 종류, 품등 등에 따라 달라지는 것이 아니고, 원심 판시와 같이 국공채이율, 은행의 장기대출금리, 일반시중금리, 정상적인 부동산거래이윤율, 국유재산법과 지방재정법이 정하는 대부료율 등을 참작하여 결정되어지는 것이며, 따라서 위와 같은 방식에 의한 임대료 산정 시 이미 기초가격이 구체적인 개개의 부동산의 실제 이용상황이 참작되어 평가·결정된 이상 그 기대이율을 산정함에 있어서 다시 위 실제 이용상황을 참작할 필요는 없는 것이다(대판 1994.6.14, 93다62515 참조). 그러나 원심이 채택한 위 감정인 작성의 감정서 기재에 의하면, 이 사건 토지의 기대이율을 그 실제이용 상황이 대지일 경우에는 7%, 도로일 경우에는 1%, 실제이용상황은 도로이나 지목이 대지일 경우에는 3%라고 하는 한편 각 경우에 따라 그 기초가격도 달리 정하고 있고, 그 기대이율 산정 시 참작하여야 할 제반 요소 등에 대한 합리적인 설명도 하지 않고 있다.

2. 판례에 대한 비판견해

대법원의 판결에서조차도 적산법에 대한 이론적 접근방법과 실무상 적용방법의 차이점을 충분히 이해하지 못하고 혼동하여 판시하는 사례가 발생하였다. 판례의 대상이 된 평가에서는 기초가격은 기준시점으로 산정하고 기대이율은 실제 이용상황을 참작하여 산정하였는데, 이는 실무상 적용방법을 사용한 적정한 평가였음에도 불구하고 대법원 판결에서는 이론적 적산법과 혼동하여 '기대이율의 산정에 있어서는 실제 이용상황을 참작할 필요는 없다'고 하면서 해당 평가가 부적정한 것으로 판결한 것이다. 이와 같은 판례로 인해 소송과 관련한 적산임대료 평가실무에 있어서는 많은 혼란이 야기되고 있는 것이 현실이다.

감정평가사 柳 씨는 K 씨로부터 다음 토지에 대한 실질임대료평가를 의뢰받았다. 실질임대료를 산정하시오.

자료 1 ▶ 평가의뢰물건

1. 소재지: A시 B동 100번지
2. 토지: 대, 500m², 세로(가), 가장형, 평지(토지의 시장가치 : 5,000,000원/m²)
3. 건물: 임차인이 설치한 가설건축물이 소재한다(현재 모델하우스로 이용 중임).
4. 평가목적: 시가참조
5. 기준시점: 2026.8.27.
6. 도시계획사항: 일반상업지역
7. 해당 토지의 최유효이용은 점포인 것으로 판단된다.
8. 임차인은 해당 토지상에 임대차계약상 한정된 가설건축물의 건축행위만 할 수 있으며, 임대차계약기간이 종료 시 협의에 의하여 원상복구의무가 부가되어 있다.

자료 2 ▶ 기타자료

1. 필요제경비는 순임대료의 10.0% 수준이다.
2. 기대이율 적용기준율표(적용 시 중위치를 적용할 것)

구분	표준적 이용	임시적 이용
업무용	1.5%~5.0%	0.5%~3.0%
매장용	3.0%~6.0%	1.0%~4.0%

I. 평가개요

본건은 토지의 임대료평가로 적산법으로 평가한다(기준시점 : 2026.8.27.).

II. 기초가액 산정

5,000,000 × 500 = 2,500,000,000원

III. 기대이율 결정

현재의 이용상황이 임시적 이용으로서 2.5%로 결정

IV. 필요제경비 산정

2,500,000,000 × 0.025 × 0.10 = 6,250,000원

V. 적산임대료 산정

2,500,000,000 × 0.025 + 6,250,000 = 68,750,000원

3) 수익분석법

(1) 개념

수익분석법은 일반기업 경영에 의하여 산출된 총수익을 분석하여 대상물건이 일정한 기간에 산출할 것으로 기대되는 순수익에 대상물건을 계속하여 임대하는 데 필요한 경비를 더하여 대상물건의 임대료를 산정하는 감정평가방법을 말한다. 수익임대료란 수익분석법에 따라 산정된 임대료를 말

한다. 수익분석법은 해당 물건의 수익이 그 기업 수익의 대부분을 구성하고 있는 경우와 경영주체에 의한 기업수익에 미치는 영향이 적은 경우 등 대상물건에 귀속되는 순수익액 등을 적정하게 구할 수 있는 경우에 유효하다.

(2) 산식

$$수익임대료 ≒ 순수익 + 필요제경비$$

(3) 순수익(수익순임대료) 산정방법

순수익을 산정하기 위해서는 일반기업 경영에 기초한 표준적인 연간 순수익을 기준한다. 순수익은 총수익에서 그 수익을 발생시키는데 필요한 경비(매출원가, 판매비 및 일반관리비, 정상운전자금이자 상당액, 부동산을 제외한 그 밖의 생산요소 귀속수익, 기타경비)를 차감한 금액이며, 해당 항목은 해당부동산에 귀속하는 수익 및 비용을 산정하기 위한 것이어야 하며, 상각 후 세공제 전 순수익을 의미한다.

① 일반적인 순수익 산정방법

$$순수익(수익순임대료) = 매출액 - 매출원가 - 판매관리비 등 - 적정이윤$$

② 영업이익에서 부동산기여도를 판단하는 방법

$$영업이익 × 부동산 기여도(\%) = 수익순임대료$$

(4) 수익분석법의 장점 및 한계

① 수익분석법의 장점

수익배분의 원칙을 이론적 근거로 하므로 논리적이며, 총수익과 총비용에 대한 추정이 가능하다면 타 감정평가방법에 의해 산정된 임대료에 대하여 수익성에 기반한 적정성 검토 측면에서 유용하게도 활용될 수 있다.

ⓐ 기업수익의 대부분이 부동산에서 발생하는 수익인 경우 등 : 국·공유재산 중 수익성 부동산(공용주차장의 임대료 평가 등)을 임대함에 따른 적정 임대료를 구할 경우에도 이용되기도 한다[예로 공유재산인 공용주차장의 임대료산정을 위한 평가의 경우 예상되는 총수입에서 예상총비용(운영업자의 적정이윤 포함)을 차감하여 수익임대료를 결정하기도 한다].

ⓑ 일반 기업용 부동산 : 일반 기업용 부동산의 총수익 자체가 부동산 이외에 우수한 조직, 인력, 시스템, 브랜드, 자본력 등에 따라 창출되고 있다면 이를 공제한 부동산의 귀속 순수익을 기준한다. 생산구성요소 중 부동산 이외에 경영, 노동, 자본에의 귀속이익으로 부동산 이외의 요인이 수익에 기여하는 부분을 공제하여 감정평가대상인 부동산만의 순수익을 산정하게 되나, 부동산 이외의 타 생산구성요소에 귀속되는 이익을 공제하는 데 평가자의 자의성이 개입될 여지가 있으므로 유의해야 한다.

② **수익분석법을 활용하기 어려운 부동산**

㉠ 수익 추계 자체가 어려운 부동산 : 수익분석법에서의 순수익은 부동산의 총체적인 효용을 의미하는 것으로서 주거용 부동산의 경우 쾌적성에 대한 요인 고려가 어려워 수익분석법을 적용하기 어렵다.

㉡ 임대용 부동산의 경우 : 부동산의 효용이 대부분 부동산의 임대수익인 일부 주거용 부동산 및 상업용 부동산의 경우에는 순환논리 모순의 문제가 발생될 수 있다.

(5) **필요제경비 산정방법**

필요제경비에는 대상물건에 귀속될 감가상각비, 유지관리비, 조세공과금, 손해보험료, 대손준비금 등이 포함된다.

기 본예제

감정평가사인 당신은 H강 인근유역의 주차장부지에 대한 임대료 평가를 의뢰받고 아래의 자료를 수집하였다. 수익분석법을 통하여 적정한 임대료를 결정하시오.

자료

1. 주차장명 : H강유역 공영주차장(150면)
2. 1면당 연간 유효총수익 : 2,700,000원
3. 예상운영경비
   (1) 인건비 : 연간 60,000,000원(주중 및 주말관리원)
   (2) 유지관리비 : 연간 10,500,000원(임차인이 주차장과 관련된 제반시설에 대한 관리비를 모두 부담한다.)
   (3) 제세공과 : 연간 5,000,000원
   (4) 운영자의 적정이윤 : 유효총수익의 10%
4. 인근의 H강유역 공영주차장은 해당 관리청에서 모두 직영의 형태로 운영하고 있으며, 본건 주차장부지의 공법상 제한의 특수성으로 인하여 인근에 이와 유사한 토지의 가격자료를 구할 수 없다.
5. 주차장사업의 특성상 운영자의 적정이윤 이외의 수익이 배분될 여지는 없다.

예시답안

1. **유효총수익**
   2,700,000 × 150 = 405,000,000원

2. **운영경비 등**
   60,000,000 + 10,500,000 + 5,000,000 + 405,000,000 × 0.1 = 116,000,000원

3. **필요제경비**
   임차인이 제반 관리비 등을 부담하며 감가상각비가 발생하는 기초자산이 미미한바 고려하지 아니함.

4. **임대료의 결정**
   405,000,000 − 116,000,000 = 289,000,000원

2. 계속임대료의 평가방법

차액배분법, 이율법, 슬라이드법, 임대사례비교법이 있다.

구분	산식(계속임대료)	비고
차액배분법	실제실질임대료 + (정상실질임대료 − 실제실질임대료) × 임대인귀속비율(1/2, 1/3 …)	정상실질임대료는 임대사례비교법 및 적산법에 의함.
이율법	기준시점기초가액 × 계속임대료이율 + 필요제경비	계속임대료이율 = (실제실질임대료 − 필요제경비)/계약 시 기초가액
슬라이드법	계약 당시 순임대료 × 슬라이드지수 + 기준시점필요제경비 = 계약 당시 실제실질임대료 × 슬라이드지수	경제사정의 변화, 부동산가격 변동, 임대료 수준 변동, 필요제경비 변화 등을 종합·고려해서 파악
임대사례비교법	계속임대사례 실질임대료 × 사 × 시 × 지 × 토개 × 건개 × 층별 × 호별 × 임대면적	계속임대사례를 선택하고, 시점수정은 계속임대료지수를 적용

제2절 임대차(임대권 및 임차권)의 평가

01 개념

장기임대차에 있어서 최초의 임대조건이 전형적인 시장의 그것과 달라지는 경우에는 계약조건에 따라 지불되는 임대료와 시장임대료의 차이가 발생하게 되는데 이러한 시장임대료와 계약임대료의 차이를 기준으로 임대차평가를 한다.

02 임대차 평가의 유용성

임대차 평가는 장기간의 임대차나 권리에 대한 거래가 일반화된 경우 임대권 혹은 임차권에 대한 가치를 명확하게 하는 데 유용성이 있다. 평가 시에는 계약조건에 따라 각 권리자별로 귀속되는 수익을 추계하는 것이 중요하다. 또한 투자의사결정에 있어서 투자대상 부동산의 계약조건을 인수하는 경우 이를 반영한 투자가치의 산정에 있어서 유용하다(Investment Approach).

03 임대차 평가

1. 일반임대차의 평가방법

(1) 임대권 평가

$$\text{임대권의 가치} = \text{계약임대료} \times \frac{(1 + y_1)^n - 1}{y_1 \times (1 + y_1)^n} + \frac{V}{(1 + y_1)^n}$$

y_1 = 임대자의 할인율   V = 임대기간 말 복귀가치   n = 잔여임대기간

≫ **기초지불 시**: 기말시점으로 임대료를 보정한다.

(2) 임차권 평가

$$\bullet \text{ 임차권 가치} = (\text{시장임대료} - \text{계약임대료}) \times \frac{(1 + y_2)^n - 1}{y_2 \times (1 + y_2)^n} + \frac{\text{임차개량물의 잔존가치}}{(1 + y_2)^n}$$

$$\bullet \text{ 귀속소득} = \text{시장임대료} - \text{계약임대료}$$

$$y_2 = \text{임차인의 할인율} \qquad n = \text{임대차기간}$$

》 임차자 개량물: 임차자가 설치한 건물이나 구조물로 기간 말 임차자에게 귀속되는 경우에는 임차권에 포함된다.

》 귀속소득은 기간 말이 되어야 실현되므로 항상 기간 말을 기준으로 할인하여야 한다는 견해도 있으며, 귀속소득은 실제 현금흐름이 발생하지 않기 때문에 기말보정이 필요하지 않다는 견해도 있다.

2. 특수임대차의 평가방법

1) 다중임대차에서의 전대권, 전차권

(1) 전대권 가치

$$\text{전대권의 가치} = (\text{전대차임대료} - \text{계약임대료}) \times \frac{(1 + y_3)^n - 1}{y_3 \times (1 + y_3)^n} + \frac{\text{임차개량물의 잔존가치}}{(1 + y_3)^n}$$

$$y_3 = \text{전대인의 할인율} \qquad n = \text{전대차기간}$$

(2) 전차권 가치

$$\text{전차권의 가치} = (\text{시장임대료} - \text{전대차임대료}) \times \frac{(1 + y_4)^n - 1}{y_4 \times (1 + y_4)^n}$$

$$y_4 = \text{전차인의 할인율}$$

2) 비율임대차(수수료 매장)

임대료의 전부나 일부를 임차자의 매상고나 생산성의 일정비율로 산정하는 임대차 형식을 말한다. 기본임대료에는 상대적으로 낮은 할인율을, 추징임대료[10]에는 소비자들의 구매력의 변화, 경쟁 등을 고려하여 상대적으로 높은 할인율을 적용한다.

---

10) 추징임대료란 비율임대차에서 기본임대료 이상으로 지불되는 비율임대료를 의미하며 통상 매출액 대비 몇 %로 결정된다. 다만, 추징임대료는 항상 매출이 달성되는 기말에 지불된다는 것에 유의해야 한다.

> **기 본예제**
>
> ○○커피매장에서는 보증금으로 200,000,000원을 지급하고 판매금액(부가세 제외)의 13%를 임대료로 지급하기로 하는 임대차계약을 체결하였다. 해당 매장에서는 월평균 30,000,000원의 매출을 보였으며, 영업이익률은 30% 정도인 경우 해당 임대차계약에 따른 연간 유효총수익은 얼마인가? (보증금운용이율 : 2.0%)
>
> **예시답안**
>
> 200,000,000 × 0.02 + (30,000,000 × 13%) × 12월 = 50,800,000원

3. 임대권 및 임차권 가치의 합과 관련된 이론적 논의

> 임대권가치 + 임차권가치 ≠ 완전소유권가치

임대권의 가치와 임차권의 가치의 합은 완전소유권가치(시장가치)와 다를 수 있다. 이는 임대권 및 임차권은 임대인과 임차인의 개별적인 계약조건을 반영하여 산출되기 때문에 임대인 또는 임차인의 질적 차이(전형적 임차인에 대한 가정)로 인하여 완전소유권가치(당사자의 일반성을 가정함)와 달라질 수 있다.

임대권과 임차권의 평가 시에는 개별적인 계약조건상의 이용상황이 반영된 권리의 가치가 평가되어 당사자 간 최유효이용에 따른 이용상황을 상정하지 않는 경우, 최유효이용을 가정한 이용상황에 따른 가치인 완전소유권가치와 달리질 수 있다.

임대인과 임차인에 대한 가정에 따라 적용되는 할인율이나 환원율이 바뀔 수 있다. 단, 완전소유권가치의 평가 시에는 표준적인 임대차를 기준으로 한 환원율과 할인율이 적용되어 등식이 성립하지 않을 수 있다.

4. 임차자 개량물에 대한 처리방법

1) 귀속소득을 나지만의 귀속소득으로 구하는 경우(통상적인 경우)

⑴ **귀속소득 = 나지의 시장임대료 – 나지의 계약임대료**

⑵ **임차자 개량물의 처리방법**

① **임대차기간 종료 후 임차자 개량물이 임대인에게 귀속되는 경우(통상적인 경우)**

> 임차권가치 = 귀속소득 × PVAF + (임차인 개량물의 현재시점 가치 − 기말임차인 개량물의 가치/현가)

② **임대차기간 종료 후 임차자 개량물이 임차인에게 귀속되는 경우**

> 임차권가치 = 귀속소득 × PVAF + 임차인 개량물의 현재시점 가치

2) 귀속소득을 복합부동산의 귀속소득으로 구하는 경우

(1) 귀속소득 = 복합부동산의 시장임대료 − 나지의 계약임대료

(2) 임차자개량물의 처리방법

① 임대차기간 종료 후 임차자 개량물이 임대인에게 귀속되는 경우

임차권가치 = 귀속소득 × PVAF

② 임대차기간 종료 후 임차자 개량물이 임차인에게 귀속되는 경우

임차권가치 = 귀속소득 × PVAF + 기말임차인 개량물의 가치 / 현가

기 **본예제**

임대인 甲은 임차인 乙과 업무시설에 대하여 아래와 같은 임대차계약을 체결하였다. 각 물음에 답하시오.

자료 1 임대차계약서(일부)

1. 임대차대상 물건: S시 A동 100 제501호
2. 용도: 업무시설
3. 임대료: 보증금 없음, 월 3,000,000원, 관리비는 임차인이 부담함.
4. 임대차기간: 현 시점으로부터 10년(임대료는 변동이 없는 것으로 한다.)
5. 임대차계약시점: 최근

자료 2 시장자료

1. 최근에 본건과 개별적으로 대등한 S시 A동 100번지 제601호가 월 6,000,000원(보증금 없음)에 임대차되었으며, 이는 해당 물건의 적정한 시장임대료인 것으로 확인되었다.
2. 해당 물건의 최근 매매금액은 15억원이며, 이는 시장가치(완전소유권가치)로 인정될 수 있다.
3. 해당 물건의 보유기간 말에는 매입한 금액의 105%에 되팔 수 있는 것으로 본다.

자료 3

1. 보증금운용이율: 연 2.0%
2. 할인율: 임대권 귀속할인율 4.0%, 귀속임대료 귀속할인율 6.0%

1-1. 해당 임대차계약에 따른 임대권 가치를 평가하시오.

1-2. 해당 임대차계약에 따른 임차권 가치를 평가하시오.

1-3. 「임대권가치 + 임차권가치 = 완전소유권」이 된다는 가정하에 임차권에 내재되어 있는 수익률을 산정하시오.

예시답안

1. $(3,000,000 \times 12) \times \dfrac{1.04^{10}-1}{0.04 \times 1.04^{10}} + \dfrac{1,500,000,000 \times 1.05}{1.04^{10}} \fallingdotseq 1,356,006,000$원

2. $(6,000,000 - 3,000,000) \times 12 \times \dfrac{1.06^{10}-1}{0.06 \times 1.06^{10}} \fallingdotseq 264,963,000$원

3. • 산식 : $(6,000,000 - 3,000,000) \times 12 \times \dfrac{(1+r)^{10}-1}{r \times (1+r)^{10}} = 1,500,000,000 - 1,356,006,000$

   • 결정치 : $r \fallingdotseq 21.41\%$

CASIO 계산기 활용방법[Compound Interest(복수의 기간 중 IRR) 활용] ▶ ▶ ▶

• Menu – TVM – F2(Compound Interest)로 들어간 다음, 다음과 같이 설정한다.
• n = 35(기간)
• PV = −208,962,000(현재가치, −를 넣어야 함에 유의한다)
• PMT = 18,000,000(매기 불입금액)
• FV = 0(미래가치, 본 사안에서는 없다)
• P/Y = 1(1년에 불입하는 횟수)
• C/Y = 1(연간 복리횟수)
상기와 같이 입력한 후 F2(I%)를 누르면 산출된다.

풀이영상

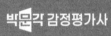
박문각 감정평가사

PART

03

감정평가방법의
적용 및 의사결정

유형별 감정평가방법

토지의 유형별 감정평가

01 **용도별 토지의 감정평가 시 고려사항**[1]

1. 주거용지

주거용지(주상복합용지를 포함한다)는 주거의 쾌적성 및 편의성에 중점을 두어 다음의 사항 등을 고려하여 감정평가한다.

> • 도심과의 거리 및 교통시설의 상태
> • 상가와의 거리 및 배치상태
> • 학교·공원·병원 등의 배치상태
> • 조망·풍치·경관 등 지역의 자연적 환경
> • 변전소·폐수처리장 등 위험·혐오시설 등의 유무
> • 소음·대기오염 등 공해발생의 상태
> • 홍수·사태 등 재해발생의 위험성
> • 각 획지의 면적과 배치 및 이용 등의 상태

⑴ 주거의 쾌적성 및 편의성

주거용지는 단독주택, 다세대·연립주택, 아파트 등 주거의 목적으로 이용되고 있는 토지를 뜻한다. 일반적으로 주거용지는 주거의 쾌적성 및 편의성을 중심으로 주거환경, 안정성 등에 영향을 주는 특성이 있다.

주상복합용지는 주거용지의 특성과 상업용지의 특성을 모두 포함하고 있다. 본 기준에서는 주상복합용지에 대하여 주거용지와 유사하게 주거의 쾌적성 및 편의성을 강조하였으나, 해당 토지가 속한 용도지대의 특성을 고려하여 상업·업무용지의 수익성 및 업무의 효율성 등의 주요 고려사항도 적용 가능할 것이다.

---

1) 감정평가실무기준 해설서(Ⅰ) 총론편, 한국감정평가사협회 등, 2014.02, pp.259~268

⑵ **주요 고려사항**

본 규정의 사항들은 주거용지의 감정평가 시 고려해야 할 사항인 동시에 주거용지의 가치형성요인으로 작용한다. 주거지는 생활의 기초가 되는 곳으로서 쾌적성 및 편의성에 중점을 두고 감정평가한다.

이것은 거주자의 일상생활과 밀접한 연관을 가지는 요인들로서 전통적인 주거형태에서부터 현대인의 주거생활까지 열거될 수 있다. 최근에는 환경문제와 관련된 소음 및 대기오염 등 공해발생 여부의 상태의 중요성이 커지고 있다.

일반적으로 주거용지의 감정평가 시 고려할 주요 사항으로는 자연적 조건과 관련하여 지형, 지적, 지세, 지질, 지반, 경관, 기후, 일조, 통풍 등이 있다. 또한 사회적·행정적 조건에는 편의시설의 인접상태, 공해, 위험, 혐오시설의 유무, 교통상태, 공공시설의 유무 및 접근성, 제도상 규제 등이 있다.

2. 상업·업무용지

상업·업무용지는 수익성 및 업무의 효율성 등에 중점을 두고 다음의 사항 등을 고려하여 감정평가한다.

• 배후지의 상태 및 고객의 질과 양
• 영업의 종류 및 경쟁의 상태
• 고객의 교통수단 상태 및 통행 패턴
• 번영의 정도 및 성쇠의 상태
• 번화가에의 접근성

⑴ **수익성 및 업무의 효율성**

상업·업무용지는 기본적으로 이익창출을 위한 활동이 이루어지는 용지로서, 수익성 및 업무의 효율성에 따라 토지가치가 영향을 받는다. 고도화된 상업지역일수록 상업·업무시설의 집적도, 배후지의 상태 및 고객의 질과 양 등의 영향력이 높아지는 경향이 있다.

⑵ **주요 고려사항**

상업·업무용지는 양호한 입지장소에 위치함에 따라 입지주체가 경제활동을 영위할 때 수익성 및 업무의 효율성에 어떠한 영향을 주는지에 대한 부분이 중요하다. 수익성의 극대화가 최유효이용의 중요한 요건 중의 하나이므로 이에 영향을 미치는 다양한 요인을 고려한다.

사회·경제적 고려사항으로는 배후지 및 고객의 양과 질, 대중교통 등 교통수단과의 접근성, 번영의 정도 등이 있다. 물리적인 고려사항으로는 가로 및 획지의 형상, 접면너비, 지반 등이 있다.

3. 공업용지

공업용지는 제품생산 및 수송·판매에 관한 경제성에 중점을 두고 다음의 사항 등을 고려하여 감정 평가한다.

> - 제품의 판매시장 및 원재료 구입시장과의 위치관계
> - 항만, 철도, 간선도로 등 수송시설의 정비상태
> - 동력자원, 용수·배수 등 공급처리시설의 상태
> - 노동력 확보의 용이성
> - 관련 산업과의 위치관계
> - 수질오염, 대기오염 등 공해발생의 위험성
> - 온도, 습도, 강우 등 기상의 상태

(1) 제품생산 및 수송·판매에 관한 경제성

공업용지는 제품의 생산 및 판매에 따른 경제성과 관련된 활동이 중심이 되는 특성을 갖는다. 즉, 공업 생산에 미치는 영향과 조건 등을 고려하여 해당 용지의 가치에 어떠한 영향을 미치는지를 중점적으로 고려하여야 할 것이다.

(2) 주요 고려사항

공업용지의 제품생산, 수송 및 판매 등과 관련하여 경제성에 영향을 미치는 주요 사항으로는 원료, 기동력, 자본, 동력, 용지 등의 생산요소와 시장, 운송, 환경요인, 정부의 정책 등이 있다. 자연적 조건과 관련하여 기후, 용지, 용수, 재해 등이 있고, 사회적·경제적 조건에는 시장수요와 접근성, 원재료, 노동력, 기술, 교통, 정부기관, 통신, 방재 등의 주요요인이 있다.

4. 농경지

농경지는 농산물의 생산성에 중점을 두고 다음의 사항 등을 고려하여 감정평가한다.

> - 토질의 종류
> - 관개·배수의 설비상태
> - 가뭄 피해나 홍수 피해의 유무와 그 정도
> - 관리의 편리성이나 경작의 편리성
> - 마을 및 출하지에의 접근성

(1) 농산물의 생산성

농경지는 농작물을 경작할 수 있는 토지를 의미하며, 해당 농경지의 생산성에 중점을 두어 감정평 가를 한다. 다양한 환경, 위치적 조건하에서 생산성에 따라 토지가치가 영향을 받으며, 경작의 편 리성 및 판매지와의 접근성 등도 상당한 영향을 미친다.

(2) 주요 고려사항

대상농경지의 토질, 수질의 상태, 소비자와의 거리 및 수송시설의 정비상태, 시장 접근성 등 자연적·사회적·경제적 조건을 종합적으로 고려하여야 한다.

5. 임야지

임야지는 자연환경에 중점을 두고 다음의 사항 등을 고려하여 감정평가한다.

- 표고, 지세 등의 자연상태
- 지층의 상태
- 일조, 온도, 습도 등의 상태
- 임도 등의 상태

(1) 자연환경

임야지는 수목이 많이 자라고 있는 재산적인 가치를 지닌 산지로서, 토지가치에 기본적으로 영향을 미치는 요인은 자연환경이라고 볼 수 있다. 따라서 해당 토지의 지세, 일조 등 전반적인 자연상태를 고려하여 감정평가하도록 한다.

(2) 주요 고려사항

임야지는 자연환경에 영향을 미치는 사항을 주로 고려하여 감정평가한다. 죽목의 생육상태에 영향을 줄 수 있는 일조, 온도, 습도, 풍우 등의 기상상태와 생산물의 반출 및 비용에 영향을 주는 요인으로 임도의 정비상태, 노동력 확보 등을 고려한다.

02 일단(一團)으로 이용 중인 토지의 감정평가(일단지)

1. 일단지 평가의 개념

2필지 이상의 토지가 일단으로 이용 중이고 그 이용 상황이 사회적·경제적·행정적 측면에서 합리적이고 대상토지의 가치형성 측면에서 타당하다고 인정되는 등 용도상 불가분의 관계에 있는 경우에는 일괄감정평가를 할 수 있다. 일단지인 토지는 한 필지처럼 평가한다.

2. 일단지의 판정

(1) 건축물이 소재하거나 건축허가 이후 착공한 경우

2필지 이상의 토지에 하나의 건축물(부속건축물을 포함한다)이 건립되어 있거나 건축 중에 있는 토지와 공시기준일 현재 나지상태이나 건축허가 등을 받고 공사를 착수한 때에는 토지소유자가 다른 경우에도 일단지로 본다. 공사에 착수하기 이전 상황인 경우라 하더라도 토지에 건축허가 후 착공이 확실시된다면 일단지로 판단할 수 있을 것이다. 다만 개발단계에 있는 토지의 일단지 여부는 개발행위허가시점, 건축허가시점 또는 착공신고 완료시점 등과 같은 특정 행위시점만을 기준으로 일률적으로 판단하는 것은 바람직하지 않으며, 대상 토지의 최유효이용관점에서 법적 허용성 이외에 물리적 가능성, 경제적 타당성, 최대수익성을 함께 고려해야 할 것이다.[2]

≫ 양 필지상에 한 동의 건물이 있는 경우의 일단지의 경우 건축물관리대장의 관련 지번을 확인하여 일단지로 판정한다.

(2) 토지소유자의 동일성

일단지의 판단기준과 토지소유자의 동일성은 원칙적으로 직접적인 관련이 없다. 또한 2필지 이상의 토지가 용도상 불가분의 관계에 있다고 인정되는 경우에는 각각의 토지소유자가 다른 경우에도 「민법」상 공유관계로 보아 일단지에 포함시키고 있다.

(3) 「공간정보의 구축 및 관리 등에 관한 법률」[3]

「공간정보의 구축 및 관리 등에 관한 법률」상의 지목 분류와 관련하여 볼 때, 일단지의 구체적인 판정기준은 용도상 불가분의 관계에 있는지 여부이지, 지목의 동일성 여부는 아니므로, 지목분류의 개념과 반드시 일치하는 것은 아니다.

(4) 일시적인 이용상황

2필지 이상의 토지가 일단을 이루어 이용되고 있어도 그것이 주위환경 등의 사정으로 보아 일시적인 이용상황인 경우에는 이를 일단지로 보지 않는 것이 타당하다. 이러한 경우의 예로서 가설건축물의 부지, 조경수목재배지, 조경자재제조장, 골재야적장, 간이창고, 간이체육시설용지(테니스장, 골프연습장, 야구연습장 등) 등으로 이용되고 있는 경우를 들 수 있다.

3. 일단지 내 구분평가하는 경우

일단지의 일부가 용도지역 등을 달리하는 등 가치가 명확히 구분되어 둘 이상의 표준지가 선정된 때에는 구분된 부분을 각각 일단지로 보고 평가한다.

기 본예제

아래 토지에 대한 일단지 여부 및 개별특성(가로조건 및 획지조건)을 판단하시오.

자료 평가대상 및 관련도면

1. 평가대상
   (1) 토지: A동 100번지, A동 100-1번지
   (2) 건물(상가동): A동 100번지외 1필지(관련지번: A동 100-1번지)

---

2) 한국감정평가사협회, 감정평가기준팀-2316, 2014.07.01.
3) 구 「측량·수로조사 및 지적에 관한 법률」(2015.06.04. 시행)

2. 관련도면

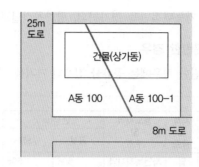

◀예시답안

양 필지상 하나의 건물이 소재하는 용도상 불가분관계로서 일단지이며, 일단의 개별요인으로서 광대소각, 세장형이다.

03 공유지분 토지의 감정평가

1. 공유지분의 개념

하나의 물건을 2인 이상이 소유하는 경우이다. 목적물 전체가 평가 의뢰되는 경우가 일반적이므로 단독소유와 같이 평가하면 될 것이나, 공유란 각 공유자가 갖는 지분이 있어 그 지분을 평가의뢰할 경우에는 실질적으로 지분이 미치는 토지의 위치확인 및 면적 사정 등이 곤란한 경우가 있으므로 공유지분의 법률적인 성질과 공유물의 법률관계를 이해하여야 한다.

2. 평가방법

일필의 토지를 공동목적하에 결합된 인적결합관계가 없는 2인 이상이 공동소유하는 공유지분토지 중 특정 공유지분에 대해서는 다음과 같이 평가한다.

》 공유지분등기는 등기사항전부증명서(갑구)를 통해 확인한다.

(1) 위치확인이 가능한 경우

위치확인이 가능한 경우에는 그 확인된 위치에 따라 감정평가한다.

(2) 위치확인이 곤란한 경우

위치확인이 곤란한 경우에는 전체의 가격을 산출하여 지분비율에 의거 평가하되, 그에 대한 취지 등을 감정평가서에 기재한다.

> 대상지분의 감정평가액 = 평가대상 토지의 평가액(원/m²) × 지분면적(전체면적 × 지분비율)

(3) 평가대상 지분의 위치가 확인되는 경우로서 현실의 점유면적과 지분권리면적이 상이할 때

현실적인 지분권리행사 가능면적만을 평가하되, 평가목적별로 상이하게 처리될 수 있다.

(4) 나지로서 위치확인이 곤란한 경우

나지로서 위치확인이 곤란한 경우에는 공유물 전체의 가격을 산출하여 지분비율에 의거 평가한다.

기호	소재지	지번	지목 및 용도	용도지역 및 구조	면적(m²)		감정평가액		비고
					공부	사정	단가	금액	
1	경기도 용인시 ○○면 ○리	266	답	자연녹지지역	506	506	153,000	77,418,000	
2	동소	264-4	답	자연녹지지역	$1.108 \times \dfrac{1,247}{2,985}$	462.87	149,000	68,967,630	○○○ 지분

3. 위치확인방법

(1) 공유지분자 전원 또는 인근 공유지분자 2인 이상의 위치확인동의서를 받아 확인한다.

(2) 공유지분 토지가 건물이 있는 토지(이하 "건부지"라 한다)**인 경우**

① 합법적인 건축허가도면이나 합법적으로 건축된 건물로 확인하는 방법

② 상가·빌딩 관리사무소나 상가번영회 등에 비치된 위치도면으로 확인하는 방법

» 건부지를 상기의 방법을 통하여 위치확인한 경우에는 감정평가서에 그 내용을 기재한다.

> **● 구분소유적 공유**
>
> "구분소유적 공유(區分所有的 共有)"란 1필의 토지 중 위치, 면적이 특정된 일부를 양수하고서도 분필에 의한 소유권이전등기를 하지 않은 채 편의상 그 필지의 면적에 대한 양수부분의 면적비율에 상응하는 공유지분등기를 경료한 경우가 대표적이다. 이러한 구분소유적 공유관계는 공유자 간 상호명의신탁관계로 보기 때문에 내부적으로는 토지의 특정부분을 소유한 것이지만, 공부상으로는 공유지분을 갖는 것으로 본다. 따라서 공유지분토지를 감정평가할 때에는 먼저, 공유자 간 구분소유적 공유관계에 있는지를 파악하는 것이 필요하다. 본 기준에서는 대상지분의 위치 확인이 가능한지 여부에만 국한하여 특정위치의 감정평가를 할 수 있는지를 판단하고 있으나, 이는 향후 검토가 필요한 사항으로 보인다.
> 대법원 판례(1988.8.23, 86다59, 86다카307)에서는 "한 필지의 토지 중 일부를 특정하여 매수하고 다만 그 소유권이전등기만은 한 필지 전체에 관하여 공유지분이전등기를 한 경우에는 그 특정부분 이외의 부분에 관한 등기는 상호명의신탁을 하고 있는 것이라고 보아야 한다."고 판시하였고, 또 다른 대법원 판례(1997.3.28, 96다56139)에서는 "공유자 간 공유물을 분할하기로 약정하고 그때부터 자신의 소유로 분할된 각 부분을 특정하여 점유·사용하여 온 경우, 공유자들의 소유형태는 구분소유적 공유관계이다." 라고 하여 구분소유적 공유관계를 인정하였다.

기 본예제

감정평가사 SLA 씨는 아래 부동산에 대한 감정평가를 의뢰받았다. 평가대상에 대한 평가액을 결정하시오.

자료 1 평가대상 및 관련 도면

1. 평가대상
   (1) 토지 : A동 100번지 丙 지분(300/900)
   (2) 건물 : A동 100번지 상 C동
2. 관련도면

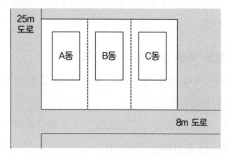

≫ 상기 도면은 실제 지적현황과 동일하며, 상기와 같이 인접 지분소유자와 위치확인을 받았다.

자료 2 소유권관계

1. 토지

소유자	甲	乙	丙
A동 100번지(900m²)	300/900	300/900	300/900

2. 건물

A동(120m²)	B동(120m²)	C동(120m²)
甲 1/1	乙 1/1	丙 1/1

자료 3 가격자료

1. 25m 도로변 상업지대 : m²당 1,500,000원
2. 8m 도로변 공업지대 : m²당 800,000원
3. 건물의 m²당 평가액 : 300,000원

예시답안

Ⅰ. 평가개요

본건은 토지(공유지분) 및 건물에 대한 감정평가로서 위치확인동의서 및 지상건축물을 통하여 위치확인되는 바, 丙의 점유지분을 평가한다.

Ⅱ. 감정평가액

1. **토지**

   8m도로변 공업지대로서 $800,000$원$/m^2(\times 300m^2 = 240,000,000$원$)$

2. **건물**

   $300,000 \times 120 = 36,000,000$원

3. **소계**

   276,000,000원

04 지상권이 설정된 토지 등의 감정평가

1. 개념

지상권은 타인의 토지에서 건물이나 공작물 혹은 수목을 소유하기 위하여 그 토지를 사용할 수 있는 권리로 지상권이 설정되면 토지의 사용 · 수익이 제한되므로 이를 토지평가 시 반영하여야 한다.

2. 지상권이 설정된 토지평가

지상권이 설정된 토지는 지상권이 설정되지 않은 상태의 토지가액에서 해당 지상권에 따른 제한정도 등을 고려하여 감정평가한다.

(1) 지상권에 따른 제한정도 등을 고려하여 감정평가

지상권이 설정된 토지는 지상권이 설정되지 않은 상태의 토지가액에서 해당 지상권에 따른 제한 정도 등을 고려하여 감정평가한다.

지상권에 따른 제한정도를 고려하는 방법으로는 ⅰ) 지상권의 가치를 구하여 지상권이 설정되지 않은 상태의 토지가액에서 차감하는 방법, ⅱ) 지상권이 설정되지 않은 상태의 토지가액에 제한정도에 따른 적정한 비율을 결정하여 곱하는 방법이 있다.

① 지상권의 가치를 구하여 차감하는 방법

정확한 지불임대료(또는 지상권의 지료)와 필요제경비의 파악이 가능하고 기대이율 등을 파악할 수 있는 경우에는 다음과 같은 산식을 활용할 수 있다.

$$\text{지상권이 설정된 토지가격} = P - \underbrace{\{(P \times R + C) - L\} \times \frac{(1 + r)^n - 1}{r \times (1 + r)^n}}_{\text{지상권의 가치}}$$

P : 토지의 시장가치   R : 적정기대이율   C : 필요제경비
L : 실제지불임대료(또는 지상권의 지료)   n : 지상권의 존속기간   r : 이율

≫ P × R + C = 토지의 실질임대료, 토지의 경우 적절한 임대사례를 찾기 어려운 경우가 많기 때문에 적산법을 이용하는 경우가 많다(적산임대료).

② 제한의 정도를 감안한 일정비율의 적용

일반적으로 토지에 대한 지상권이 설정된 경우에는 토지소유자의 토지이용이 제한된다. 따라서 제한의 정도를 고려한 적정비율을 적용하여 감정평가할 수 있다. 적정비율은 일률적으로 판단하기보다는 대상토지의 제반요인을 고려하여 결정하도록 한다.

③ 공제방식에 따른 지상권가치 감정평가방법

토지의 완전소유권가치에서 지상권설정자 귀속가치(토지에 대한 임대권가치)를 차감한 가액을 지상권의 가치로 볼 수 있다.

(2) **저당권자가 채권확보를 위하여 설정한 지상권의 경우**

저당권자가 채권확보를 위하여 설정한 지상권의 경우에는 이에 따른 제한 등을 고려하지 않고 감정평가한다.

(3) **지상 정착물과 소유자가 다른 토지**

토지와 지상 정착물의 소유권이 서로 다른 경우 법정지상권이 설정될 수 있다. 토지와 건물 간에 불일치하는 소유관계로 인하여 토지의 이용 등에 제한을 받을 수 있으므로, 토지와 지상 정착물의 소유권 관계를 명확히 파악하여야 정착물의 존재로 인한 토지가치에 대한 영향을 적정하게 고려할 수 있다.

기본예제

대상토지의 시장가치가 3,000,000원/m²이고 적정기대이율이 12%, 필요제경비가 시장가치의 2%일 때, 실제지불임대료는 시장가치의 5%이다. 타인소유의 잔존내용연수 20년인 철근콘크리트조 슬래브지붕이 건립된 토지의 지상권가격과 지상권이 설정된 토지의 가격을 산정하시오(단, 할인율은 10%이고 지상권은 건물존속기간 동안 유지된다).

예시답안

1. **지상권가격**

   (1) 정상지불임대료 : $3,000,000 \times (0.12 + 0.02) = 420,000$원

   (2) 실제지불임대료 : $3,000,000 \times 0.05 = 150,000$원

   (3) 지상권가격 : $(420,000 - 150,000) \times \dfrac{1.1^{20} - 1}{0.1 \times 1.1^{20}} ≒ 2,300,000$원/m²

2. **지상권이 설정된 토지가격**

   $3,000,000 - 2,300,000 ≒ 700,000$원/m²

(4) **제시외 건물이 있는 토지**

의뢰인이 제시하지 않은 지상 정착물(종물과 부합물을 제외한다)이 있는 토지의 경우에는 소유자의 동일성 여부에 관계없이 지상 정착물과 소유자가 다른 토지의 규정에 의하여 감정평가한다. 다만, 타인의 정착물이 있는 국·공유지의 처분을 위한 감정평가의 경우에는 지상 정착물이 있는 것에 따른 영향을 고려하지 않고 감정평가한다.

(5) **고압선 등 통과 토지**

① 송전선 또는 고압선(이하 "고압선 등"이라 한다)이 통과하는 토지는 통과전압의 종별, 고압선 등의 높이, 고압선 등 통과부분의 면적 및 획지 안에서의 위치, 철탑 및 전선로의 이전가능성, 지상권설정 여부 등에 따른 제한의 정도를 고려하여 감정평가할 수 있다.

② 고압선 등 통과부분의 직접적인 이용저해율과 잔여부분에서의 심리적·환경적인 요인의 감가율을 파악할 수 있는 경우에는 이로 인한 감가율을 각각 정하고 고압선 등이 통과하지 아니한 것을 상정한 토지가액에서 각각의 감가율에 의한 가치감소액을 공제하는 방식으로 감정평가한다.

05 공법상 제한을 받는 토지의 감정평가

1. 개요

(1) 의의

공법상 제한을 받는 토지란 관계법령에 의하여 토지의 이용규제나 제한을 받는 토지를 말한다. 이 중 가장 대표적인 것은 국토계획법에 의한 용도지역·용도지구·용도구역의 지정 또는 변경을 받은 토지와 기반시설 중 도시관리계획으로 결정된 시설이 있다. 이러한 공법상 제한은 토지의 가격형성에 직간접적으로 영향을 미치므로 감정평가를 할 때에는 이에 대한 분석이 필요하며, 토지의 공법상 제한은 이를 반영하여 평가한다.

(2) 공법상 제한의 종류

① 일반적 제한

일반적 제한이란 공법상 제한이 해당 공익사업의 시행을 직접목적으로 하여 가해진 것이 아닌 경우로서 제한 그 자체로 목적이 완성되고 구체적인 사업의 시행이 필요치 아니한 계획제한을 의미한다.

② 개별적 제한

개별적 제한이란 공법상 제한이 해당 공익사업의 시행을 직접목적으로 가하여진 경우나, 그 제한이 구체적인 사업의 시행을 필요로 하는 계획제한으로 특별제한이라고도 한다.

2. 도시·군계획시설에 저촉되는 토지

(1) 도시·군계획시설의 개념 및 가치형성요인

도시·군계획시설이라 함은 도로·철도·광장·공원·녹지·학교·하천 등의 기반시설 중 도시·군관리계획으로 결정된 시설을 말하며 이러한 도시·군계획시설의 부지로 결정된 토지를 도시·군계획시설에 저촉되는 토지라고 한다. 일반적으로 사인의 토지가 국토계획법상 도시·군계획시설로 지정되는 것은 당해 토지가 매수될 때까지 시설예정부지의 가치를 상승시키거나 계획된 사업의 시행을 어렵게 하는 변경을 해서는 안된다는 내용의 '변경금지의무'를 토지소유자에게 부과하는 것을 의미하며, 도시·군계획시설의 지정으로 말미암아 당해 토지의 이용가능성이 배제되거나 또는 토지소유자가 토지를 종래 허용된 용도대로도 사용할 수 없기 때문에 재산적 손실이 발생하는 경우가 있어 감정평가에서는 이러한 재산적 손실을 일반적으로 감안하고 있다.

(2) 평가방법

① 전체가 저촉되는 경우

도시·군계획시설 저촉 등 공법상 제한을 받는 토지를 감정평가할 때(보상감정평가는 제외한다)에는 비슷한 공법상 제한상태의 표준지공시지가를 기준으로 감정평가한다. 다만, 그러한 표준지가 없는 경우에는 비교표준지의 선정기준을 충족하는 다른 표준지공시지가를 기준으로 한 가액에서 공법상 제한의 정도를 고려하여 감정평가할 수 있다.

② 일부가 저촉되는 경우

전체 토지 중 일부가 도시·군계획시설에 저촉된 토지의 경우 저촉된 부분과 저촉되지 않은 부분을 구분평가한다. 단, 토지의 일부가 도시·군계획시설 저촉 등 공법상 제한을 받아 잔여 부분의 단독이용가치가 희박한 경우에는 해당 토지 전부가 그 공법상 제한을 받는 것으로 감정평가할 수 있다.

> **참고**
>
> **토지 중 일부가 저촉된 경우 감정평가 명세표**
>
> | 1 | 경기도
광주시
○○읍
○○리 | 000-0 | 전 | 준주거지역 | 145 | ┌ 138
└ 7 | 2,600,000
1,820,000 | 358,800,000
12,740,000 | 현황 "대"
도시계획시설
도로저촉 |

(3) 감가율의 결정

「국토의 계획 및 이용에 관한 법률」 제2조 제7호의 규정에 의한 도시·군계획시설에 저촉되는 토지는 그 도시·군계획시설에 저촉된 상태대로의 가격이 형성되어 있는 경우에는 그 가격을 기준으로 평가하고, 저촉된 상태대로의 가격이 형성되어 있지 아니한 경우에는 저촉되지 아니한 상태를 기준으로 한 가격에 그 도시·군계획시설의 저촉으로 인한 제한정도에 따른 적정한 감가율(비준표) 등을 고려하여 평가한다.[4]

(4) 유의사항

현장조사 시 도시·군계획시설이 언제 지정되었는지를 확인했을 때 시설지정이 오래 전이었다면 유사물건의 거래사례 포착이 용이하고 도시·군계획시설의 해제전망 등 장래성이 양호하니, 최근에 지정된 것은 해제가능성이 적음에 유의해야 한다.

기본예제

아래 토지 A, B에 대한 시가참조목적의 감정평가액을 결정하시오(기준시점 : 2026년 6월 30일).

자료 1 평가대상

연번	소재지	면적 (m²)	용도지역	이용상황	도로접면	형상/지세	비고
A	Y시 K동 100	200	자연녹지	공업용	소로한면	정방형 평지	도로 20%
B	Y시 K동 200	200	생산녹지	공업용	소로한면	정방형 평지	-

풀이영상

» 기호 A 토지 중 40m²는 도시계획시설도로에 저촉되어 있다.

---

4) 표준지공시지가 조사·평가기준 제28조

자료 2 표준지공시지가 목록(2026.1.1. 기준)

연번	소재지	면적(m²)	용도지역	이용상황	도로접면	형상/지세	공시지가(원/m²)	비고
가	Y시 K동 110	200	자연녹지	공업용	소로한면	정방형 평지	562,000	–
나	Y시 K동 210	200	생산녹지	공업용	소로한면	정방형 평지	400,000	도로 20%

자료 3 참고도면

본건 A		표준지 나	
	도시계획시설도로		

8m 도로

| 표준지 가 | | 본건 B | |

자료 4 2026년 5월 지가변동률(Y시, 녹지지역) : 해당월 0.214%, 연간누계치 1.131%

자료 5 행정적 조건을 제외한 제반 개별요인은 대등한 것으로 본다.

구분	일반	도로
일반	1.00	0.85

자료 6 그 밖의 요인으로서 공히 30% 증액보정한다.

예시답안

Ⅰ. 평가개요
토지에 대한 시가참조목적의 감정평가로서 기준시점은 2026년 6월 30일이다.

Ⅱ. 비교표준지 선정
본건 A는 자연녹지 공업용으로서 표준지 가를 선정하며, 본건 B는 생산녹지 공업용으로서 표준지 나를 선정한다.

Ⅲ. 시점수정치(2026.01.01.~2026.06.30. 녹지지역)
$1.01131 \times (1 + 0.00214 \times 30/31) ≒ 1.01340$

Ⅳ. 각 토지의 감정평가액

1. 기호 A

$562,000 \times 1.01340 \times 1.000$(지역) $\times 1.000$(개별) $\times 1.30$(그 밖) $≒ 740,000$원/m²(도로저촉 : 629,000원/m²)
(미저촉부분(160m²) : 118,400,000원, 저촉부분(40m²) : 25,160,000원, 합계 : 143,560,000원)

2. 기호 B

$400,000 \times 1.01340 \times 1.000$(지역) $\times 1.031$(개별*) $\times 1.30$(그 밖) $≒ 543,000$원/m²($\times 200 = 108,600,000$원)

$* \text{개별요인} : \dfrac{1}{0.8 + 0.2 \times 0.85}$

(5) 도시 · 군계획시설의 매수청구에 대한 감정평가

① 매수청구제도의 개요

장기미집행 도시 · 군계획시설부지에 대한 매수청구제도는 도시 · 군계획시설 결정으로 인하여 토지를 종래의 용도대로 사용할 수 없게 됨으로써 토지의 매도가 사실상 불가능하고 경제적으로 의미 있는 이용가능성이 배제되는 토지 소유자의 재산권에 대한 가혹한 침해를 적절하게 보상하려는 제도이다(헌재 1999.10.21, 97헌바26).

② 도시 · 군계획시설 매수청구감정평가

> **국토계획법 제47조**(도시 · 군계획시설 부지의 매수 청구)
>
> ① 도시 · 군계획시설에 대한 도시 · 군관리계획의 결정(이하 "도시 · 군계획시설결정"이라 한다)의 고시일부터 10년 이내에 그 도시 · 군계획시설의 설치에 관한 도시 · 군계획시설사업이 시행되지 아니하는 경우(제88조에 따른 실시계획의 인가나 그에 상당하는 절차가 진행된 경우는 제외한다. 이하 같다) 그 도시 · 군계획시설의 부지로 되어 있는 토지 중 지목(地目)이 대(垈)인 토지(그 토지에 있는 건축물 및 정착물을 포함한다)의 소유자는 대통령령으로 정하는 바에 따라 특별시장 · 광역시장 · 특별자치시장 · 특별자치도지사 · 시장 또는 군수에게 그 토지의 매수를 청구할 수 있다. 다만, 다음 각 호의 어느 하나에 해당하는 경우에는 그에 해당하는 자(특별시장 · 광역시장 · 특별자치시장 · 특별자치도지사 · 시장 또는 군수를 포함한다. 이하 "매수의무자"라 한다)에게 그 토지의 매수를 청구할 수 있다.
> 1. 이 법에 따라 해당 도시 · 군계획시설사업의 시행자가 정하여진 경우에는 그 시행자
> 2. 이 법 또는 다른 법률에 따라 도시 · 군계획시설을 설치하거나 관리하여야 할 의무가 있는 자가 있으면 그 의무가 있는 자. 이 경우 도시 · 군계획시설을 설치하거나 관리하여야 할 의무가 있는 자가 서로 다른 경우에는 설치하여야 할 의무가 있는 자에게 매수 청구하여야 한다.
> ④ 매수 청구된 토지의 매수가격 · 매수절차 등에 관하여 이 법에 특별한 규정이 있는 경우 외에는 「공익사업을 위한 토지 등의 취득 및 보상에 관한 법률」을 준용한다.

3. 둘 이상 용도지역에 걸친 토지

(1) 둘 이상 용도지역에 속한 토지의 행위제한

「국토계획법」 제84조 제1항에서는 하나의 대지가 둘 이상의 용도지역 등에 걸치는 경우로서 각 용도지역 등에 걸치는 부분 중 가장 작은 부분의 규모가 330제곱미터(도로변에 띠 모양으로 지정된 상업지역에 걸쳐 있는 토지의 경우에는 660제곱미터) 이하인 경우에는 전체 대지의 건폐율 및 용적률은 각 부분이 전체 대지 면적에서 차지하는 비율을 고려하여 각 용도지역 등별 건폐율 및 용적률을 가중평균한 값을 적용하고, 그 밖의 건축 제한 등에 관한 사항은 그 대지 중 가장 넓은 면적이 속하는 용도지역 등에 관한 규정을 적용한다. 다만, 건축물이 고도지구에 걸쳐 있는 경우에는 그 건축물 및 대지의 전부에 대하여 고도지구의 건축물 및 대지에 관한 규정을 적용한다.

(2) 평가방법

① 각 용도지역별로 구분평가 원칙

둘 이상의 용도지역에 걸쳐있는 토지는 각 용도지역 부분의 위치, 형상, 이용상황, 그 밖에 다른 용도지역 부분에 미치는 영향 등을 고려하여 각 용도지역별로 감정평가한다(용도지역별 비교

표준지를 선정하되, 개별요인은 최유효이용의 측면에서 전체를 기준으로 함을 원칙으로 봄이 타당할 것이다). 단, 의뢰인이 평균단가를 산출하도록 요청하는 경우에는 용도지역별 감정평가액(원/m²)을 면적비율에 따른 평균가액으로 결정할 수 있다.

> **참고**
>
> 감정평가 명세표 양식
>
> | 1 | 경기도
용인시
○○구
○○동 | 16-1 | 대 | 자연녹지지역
보전녹지지역 | 635 | 265 | 1,350,000 | 357,750,000 | 자연녹지
지역부분 |
> |---|---|---|---|---|---|---|---|---|---|
> | | | | | | | 370 | 1,280,000 | 473,600,000 | 보전녹지
지역부분 |

② **노선변의 대상(帶狀)의 상업지역의 경우**

노선변의 대상(帶狀)의 일반상업지역의 경우 둘 이상 용도지역에 걸친 표준지를 선정하여 용도지역 비중에 따른 요인을 개별요인(행정적 요인)보정하여 일괄단가로 평가할 수 있다.

> **참고**
>
> 감정평가 명세표 양식
>
> | 1 | 서울특별시
○○구
○○동 | 000-0 | 대 | 일반상업지역,
제3종
일반주거지역 | 184.1 | 184.1 | 47,300,000 | 8,707,930,000 |
> |---|---|---|---|---|---|---|---|---|

● 건축연면적 산정의 예시(노선상업지역의 경우) [5]

3종일반주거지역(650m²) 용적률 250%(서울시 기준)	일반상업지역(670m²) 용적률 800%(서울시 기준)	⇒	일반상업지역 건축연면적 6,983m² (가중평균용적률 529%)

≫ (650 × (250/100) + 670 × (800/100))/1,320 = 529%

3종일반주거지역(670m²)	일반상업지역(650m²)	⇒	3종일반주거지역 건축연면적 6,877m² (가중평균용적률 521%)

≫ (670 × (250/100) + 650 × (800/100))/1,320 = 521%

(3) **주된 용도지역으로 평가하는 경우**

용도지역을 달리하는 부분의 면적비율이 현저하게 낮아 가치형성에 미치는 영향이 미미하거나 관련 법령에 따라 주된 용도지역을 기준으로 이용할 수 있는 경우에는 주된 용도지역의 가액을 기준으로 감정평가할 수 있다.

---

5) 감정평가실무기준 해설서(Ⅱ) 보상편, 한국감정평가사협회 등, p.39

> **국토계획법 제84조**(둘 이상의 용도지역·용도지구·용도구역에 걸치는 대지에 대한 적용기준)
>
> ① 하나의 대지가 둘 이상의 용도지역·용도지구 또는 용도구역(이하 이 항에서 "용도지역 등"이라 한다)에 걸치는 경우로서 각 용도지역 등에 걸치는 부분 중 가장 작은 부분의 규모가 대통령령으로 정하는 규모 이하인 경우에는 전체 대지의 건폐율 및 용적률은 각 부분이 전체 대지 면적에서 차지하는 비율을 고려하여 다음 각 호의 구분에 따라 각 용도지역 등별 건폐율 및 용적률을 가중평균한 값을 적용하고, 그 밖의 건축 제한 등에 관한 사항은 그 대지 중 가장 넓은 면적이 속하는 용도지역 등에 관한 규정을 적용한다. 다만, 건축물이 고도지구에 걸쳐 있는 경우에는 그 건축물 및 대지의 전부에 대하여 고도지구의 건축물 및 대지에 관한 규정을 적용한다.
>
> 1. 가중평균한 건폐율 = (f1x1 + f2x2 + … + fnxn) / 전체 대지 면적. 이 경우 f1부터 fn까지는 각 용도지역 등에 속하는 토지 부분의 면적을 말하고, x1부터 xn까지는 해당 토지 부분이 속하는 각 용도지역 등의 건폐율을 말하며, n은 용도지역 등에 걸치는 각 토지 부분의 총 개수를 말한다.
>
> 2. 가중평균한 용적률 = (f1x1 + f2x2 + … + fnxn) / 전체 대지 면적. 이 경우 f1부터 fn까지는 각 용도지역 등에 속하는 토지 부분의 면적을 말하고, x1부터 xn까지는 해당 토지 부분이 속하는 각 용도지역 등의 용적률을 말하며, n은 용도지역 등에 걸치는 각 토지 부분의 총 개수를 말한다.
>
> ② 하나의 건축물이 방화지구와 그 밖의 용도지역·용도지구 또는 용도구역에 걸쳐 있는 경우에는 제1항에도 불구하고 그 전부에 대하여 방화지구의 건축물에 관한 규정을 적용한다. 다만, 그 건축물이 있는 방화지구와 그 밖의 용도지역·용도지구 또는 용도구역의 경계가 「건축법」 제50조 제2항에 따른 방화벽으로 구획되는 경우 그 밖의 용도지역·용도지구 또는 용도구역에 있는 부분에 대하여는 그러하지 아니하다.
>
> ③ 하나의 대지가 녹지지역과 그 밖의 용도지역·용도지구 또는 용도구역에 걸쳐 있는 경우(규모가 가장 작은 부분이 녹지지역으로서 해당 녹지지역이 제1항에 따라 대통령령으로 정하는 규모 이하인 경우는 제외한다)에는 제1항에도 불구하고 각각의 용도지역·용도지구 또는 용도구역의 건축물 및 토지에 관한 규정을 적용한다. 다만, 녹지지역의 건축물이 고도지구 또는 방화지구에 걸쳐 있는 경우에는 제1항 단서나 제2항에 따른다.
>
> **국토의 계획 및 이용에 관한 법률 시행령 제94조**(2 이상의 용도지역·용도지구·용도구역에 걸치는 토지에 대한 적용기준)
>
> 법 제84조 제1항 각 호 외의 부분 본문 및 같은 조 제3항 본문에서 "대통령령으로 정하는 규모"라 함은 330제곱미터를 말한다. 다만, 도로변에 띠 모양으로 지정된 상업지역에 걸쳐 있는 토지의 경우에는 660제곱미터를 말한다.

기 본예제

다음 토지에 대한 시가참조목적의 감정평가액을 결정하시오(기준시점 : 2026년 6월 30일).

자료 1 평가대상 토지의 현황

연번	소재지	지목/면적(m²)	용도지역	이용상황	도로조건	형상/지세
1	A동 100	대/200	일반상업, 3종일주	상업용	광대한면	세장형/평지
2	A동 200	대/200	3종일주, 1종일주	상업용	소로한면	세장형/평지
3	A동 300	대/150	3종일주, 1종일주	상업용	소로한면	정방형/평지

풀이영상

≫ 기호 1은 50m²가 일반상업지역 150m²가 제3종일반주거지역에 걸쳐 있다.

≫ 기호 2는 100m²가 제3종일반주거지역에 100m²가 제1종일반주거지역에 걸쳐 있다.

≫ 기호 3은 5m²가 제1종일반주거지역에 145m²가 제3종일반주거지역에 걸쳐 있다.

자료 2 인근지역의 비교표준지 목록(공시기준일 : 2026년 1월 1일)

연번	소재지	지목/면적(m²)	용도지역	이용상황	도로조건	형상/지세	공시지가(원/m²)
A	A동 110	대/100	일반상업, 3종일주	상업용	광대한면	정방형/평지	3,000,000
B	A동 210	대/100	3종일주	상업용	소로한면	정방형/평지	1,200,000
C	A동 310	대/100	1종일주	상업용	세로(가)	정방형/평지	800,000

» 기호 A는 50m²가 일반상업지역 50m²가 제3종일반주거지역에 걸쳐 있다.

자료 3 지가변동률(2026.01.01. ~ 2026.06.30.)

상업지역 : 2.143%, 주거지역 : 1.541%

자료 4 개별요인에 대한 요인치

1. 도로조건

도로조건	광대한면	소로한면	세로(가)
광대한면	1.00	0.80	0.70

2. 형상조건 : 정방형과 장방형(가장형, 세장형 포함)은 대등한 것으로 본다.

3. 용도지역별 평점

용도지역	일상	3주	1주
3주	1.42	1.00	0.90

자료 5 참고도면

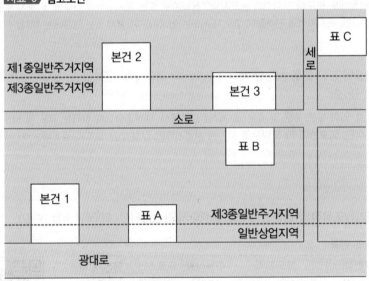

자료 6 그 밖의 요인은 아래와 같이 적용한다.

구분	표준지 A	표준지 B	표준지 C
그 밖의 요인	1.40	1.35	1.30

예시답안

Ⅰ. 평가개요

토지에 대한 시가참조목적의 감정평가이다(기준시점 : 2026년 6월 30일).

Ⅱ. 비교표준지 선정

본건 1은 일반상업, 제3종일반주거로서 용도지역이 유사한 표준지 A를 선정한다.

본건 2는 제3종일반주거지역은 표준지 B, 제1종일반주거지역 부분은 표준지 C를 선정한다.

본건 3은 제1종일반주거지역의 면적이 미미한바 주된 용도지역인 제3종일반주거지역 기준 표준지 B를 선정한다.

Ⅲ. 시점수정치

1. 본건 1

비교표준지의 용도지역별 면적으로 가중평균하도록 한다.[6]

$1.02143 \times 50/100 + 1.01541 \times 50/100 ≒ 1.01842$

2. 본건 2, 3(주거지역) : 1.01541

Ⅳ. 감정평가액 결정

1. 본건 1

$3,000,000 \times 1.01842 \times 1.000(지역) \times 0.913(개별^*) \times 1.40 ≒ 3,910,000원/m^2(\times 200 = 782,000,000원)$

$* \text{행정적 조건} : \dfrac{50/200 \times 1.42 + 150/200 \times 1.00}{50/100 \times 1.42 + 50/100 \times 1.00}$

2. 본건 2

(1) 제3종일반주거지역 부분

$1,200,000 \times 1.01541 \times 1.000(지역) \times 1.000(개별) \times 1.35 ≒ 1,640,000원/m^2(\times 100 = 164,000,000원)$

(2) 제1종일반주거지역 부분

$800,000 \times 1.01541 \times 1.000(지역) \times 1.143(개별^*) \times 1.30 ≒ 1,210,000원/m^2(\times 100 = 121,000,000원)$

$* \text{가로조건} : 0.80/0.70$

(3) 총액 : 285,000,000원

3. 본건 3

$1,200,000 \times 1.01541 \times 1.000(지역) \times 1.000(개별) \times 1.35 ≒ 1,640,000원/m^2(\times 150 = 246,000,000원)$

---

4. 개발제한구역 안에 있는 토지

(1) 의의

개발제한구역이란 도시의 무질서한 확산을 방지하고 도시주변의 자연환경을 보전하기 위하여 1971년 도입된 것으로 개발제한구역 안에서는 구역지정목적에 건축물의 건축 및 용도변경, 공작물의 설치, 토지의 형질변경, 도시계획사업 등 도시개발 행위는 원칙적으로 금지된다. 다만, 구역지정목적에 지장이 없는 행위로서 축사·창고 같이 농림수산업시설과 영농을 위한 형질변경 등 일부행위는 시장·군수·구청장의 허가를 받아 이를 행할 수 있다.[7] 따라서 개발제한구역 안에 있는 토지의 평가에 있어서는 이러한 상황을 파악하여 평가 시 반영하여야 한다.

---

6) 감정평가에 관한 규칙 제14조에 의하여 비교표준지가 있는 시·군·구의 용도지역별 지가변동률을 적용한다.

7) 개발제한구역의 지정 및 관리에 관한 특별조치법 제12조

기본예제

아래 토지에 대한 적정한 비교표준지를 선정하시오.

자료 1 평가대상

구분	소재지	지목	용도지역	이용상황
1	C동 100	대	개발제한 자연녹지	근린생활시설 건부지
2	C동 200	전	개발제한 자연녹지	동식물관련시설 건부지
3	C동 300	잡	개발제한 자연녹지	야적장(주차장)

》 일련번호 #2는 현황은 창고용으로 이용 중에 있으나, 이행강제금이 부과되고 있음.

자료 2 인근지역의 표준지공시지가

구분	표준지 A	표준지 B	표준지 C	표준지 D	표준지 E	표준지 F
용도지역	개발제한 자연녹지	개발제한 자연녹지	개발제한 자연녹지	개발제한 자연녹지	개발제한 자연녹지	개발제한 자연녹지
지목	대	대	창	전	장	잡
이용상황	상업나지	상업용	창고시설	전기타	공업용	공업나지

예시답안

1. 기호 #1 : 개발제한구역으로서 상업용 건부지인 표준지 B를 선택한다(표준지 A는 나지로서 유사성이 떨어짐).
2. 기호 #2 : 개발제한구역 동식물관련시설 건부지로서 유사한 표준지 D를 선택한다(합법적인 이용상황 기준하므로 표준지 C는 유사성이 떨어짐).
3. 기호 #3 : 개발제한구역으로 야적장과 유사한 이용상황인 공업나지인 표준지 F를 선택한다(표준지 E는 건부지로서 본건과 유사성이 떨어짐).

(2) **평가방법** [8]

개발제한구역 안에 있는 토지는 그 공법상 제한을 받는 상태를 기준으로 평가하되, 실제용도 또는 지목이 대인 경우에는 그 상황에 따라 거래가격이 현저히 변동하므로 이에 유의하여야 하며 일반적으로 다음과 같이 평가할 수 있다.

① **건축물이 있는 토지**

건축물이 있는 토지는 개발제한구역법 시행령 제13조 제1항에서 규정하는 범위 안에서의 건축물의 개축·재축·증축·대수선·용도변경 등이 가능한 토지를 상정하여 평가한다.

② **개발제한구역 지정 당시부터 지목이 대인 건축물이 없는 토지**

개발제한구역 지정 당시부터 지목이 대인 건축물이 없는 토지(이축된 건축물이 있었던 지목이 대인 토지로서 개발제한구역 지정 당시부터 해당 토지의 소유자와 건축물의 소유자가 다른

---

8) 표준지공시지가 조사·평가기준 제31조

경우의 토지를 포함하며, 형질변경허가가 불가능한 토지를 제외한다)는 건축이 가능한 상태를 기준으로 평가한다.[9]

③ **건축물이 없는 대지** [10]

건축물이 없는 대지를 기준으로 감정평가하며, 인근에 유사한 표준지가 없는 경우 동일수급권 내 유사지역의 표준지를 선정하거나 건축물이 있는 대지의 표준지에 격차율을 반영하여 평가한다.

④ **기타 건축이 불가능한 지목이 대인 토지**

건축이 불가능한 지목이 대인 토지는 현실의 이용상황을 고려하여 평가한다.

(3) **개발제한구역의 매수청구토지의 감정평가**

① **매수대상토지의 판정기준 및 매수의무**

> **개발제한구역의 지정 및 관리에 관한 특별조치법 제17조**(토지매수의 청구)
>
> ① 개발제한구역의 지정에 따라 개발제한구역의 토지를 종래의 용도로 사용할 수 없어 그 효용이 현저히 감소된 토지나 그 토지의 사용 및 수익이 사실상 불가능하게 된 토지(이하 "매수대상토지"라 한다)의 소유자로서 다음 각 호의 어느 하나에 해당하는 자는 국토교통부장관에게 그 토지의 매수를 청구할 수 있다.
>   1. 개발제한구역으로 지정될 당시부터 계속하여 해당 토지를 소유한 자
>   2. 토지의 사용·수익이 사실상 불가능하게 되기 전에 해당 토지를 취득하여 계속 소유한 자
>   3. 제1호나 제2호에 해당하는 자로부터 해당 토지를 상속받아 계속하여 소유한 자
> ② 국토교통부장관은 제1항에 따라 매수청구를 받은 토지가 제3항에 따른 기준에 해당되면 그 토지를 매수하여야 한다.
> ③ 매수대상토지의 구체적인 판정기준은 대통령령으로 정한다.

② **매수대상토지의 매수가격**

> **개발제한구역의 지정 및 관리에 관한 특별조치법 시행령 제30조**(매수가격의 산정시기·방법)
>
> ① 법 제18조 제3항 전단에 따른 매수가격은 매수청구 당시의 표준지공시지가(「부동산 가격공시에 관한 법률」 제3조에 따른 표준지공시지가를 말한다. 이하 이 조에서 같다)를 기준으로 그 공시기준일부터 매수청구인에게 매수금액을 지급하려는 날까지의 기간 동안 다음 각 호의 변동사항을 고려하여 산정한 가격으로 한다.
>   1. 해당 토지의 위치·형상·환경 및 이용 상황
>   2. 「국토의 계획 및 이용에 관한 법률 시행령」 제125조 제1항에 따라 국토교통부장관이 조사한 지가변동률과 생산자물가상승률
> ② 제1항에 따른 매수가격은 표준지공시지가를 기준으로 「감정평가 및 감정평가사에 관한 법률」에 따른 감정평가법인등(이하 "감정평가법인등"이라 한다) 2인 이상이 평가한 금액의 산술평균치로 한다.

---

9) 개발제한구역 내 지목 "대"라고 하더라도 건물을 신축할 수 있는 경우가 있는가 하면 이축권 행사나 산사태 등 자연재해지역으로 철거보상지역은 지목이 "대"라고 하더라도 건축이 불가능한 지역이 있으므로 평가 시 반드시 건축허가가능 여부를 파악하고 평가해야 할 것이다.

10) 이축권 행사나 산사태 등 자연재해지역으로 철거보상지역은 지목이 "대"라고 하더라도 건축이 불가능한 지역이 그 예라고 할 수 있다.

일반적 계획제한인 개발제한구역의 상태를 기준으로 하되, 개발제한구역으로 인하여 이용상
황이 현저하게 불리해지기 전의 상태를 기준으로 평가한다.

5. 접도구역 안의 토지

(1) 의의

접도구역은 도로법 및 고속국도법에 의해 규정된 구역으로서, 도로경계선에서 양측으로 각각 아
래와 같이 접도구역이 지정된다. 접도구역이 지정되면 일정한 행위제한이 가해지므로 이러한 제
한이 토지가격에 영향을 미치는지 조사하여야 한다.

도로의 종류	구분	지정폭(양측각각)
고속국도	전 구간	10m
일반국도	전 구간	5m
지방도 및 군도	전 구간 또는 일부	5m

(2) 접도구역 안에서의 행위제한

① 원칙적 금지행위

도로법 제40조에 의거 접도구역 안에서는 토지의 형질을 변경하는 행위, 건축물 기타의 공작
물을 신축, 개축 또는 증축하는 행위는 원칙적으로 금지된다.

> **도로법 제40조**(접도구역의 지정 및 관리)
>
> ③ 누구든지 접도구역에서는 다음 각 호의 행위를 하여서는 아니 된다. 다만, 도로 구조의 파손, 미관의
> 훼손 또는 교통에 대한 위험을 가져오지 아니하는 범위에서 하는 행위로서 대통령령으로 정하는
> 행위는 그러하지 아니하다.
> 1. 토지의 형질을 변경하는 행위
> 2. 건축물, 그 밖의 공작물을 신축·개축 또는 증축하는 행위

② 제한적 허용행위[11]

연면적 $10m^2$ 이하의 화장실, 연면적 $50m^2$ 이하의 퇴비사, 연면적 $30m^2$ 이하의 축사 또는 도
로의 이용 증진을 위하여 필요한 주차장의 설치, 증축되는 부분의 바닥면적 합계가 $30m^2$ 이하인
건축물의 증축 등은 제한적으로 허용된다.

(3) 접도구역 안 토지의 평가

① 국가 등의 매수목적으로 평가의뢰된 경우에는 제한된 상태대로의 가격으로 평가한다.

② 국·공유재산 처분의 경우로서 접도구역의 지정 및 지정취소에 관한 권한을 가진 행정청이
그 지정취소를 조건으로 평가를 요청한 경우로서 현실적으로 지정취소가 가능한 경우에는(접
도구역지정이 해제된 상태로) 조건부평가가 가능하다.

---

11) 도로법 시행령 제39조(접도구역의 지정 등)

③ 접도구역의 지정은 사업적 규제의 의미가 있으나, 사업실시는 상당히 미확정인 상태에 있으므로 제한의 정도가 도시·군계획시설도로에 저촉된 것만큼 강하지 않다. 건부지로서의 효용이 기대되는 나지의 경우에는 건축이 불허되므로 상당히 불리한 점이 있다고 하겠다.

④ 타용도로의 전환가능성이 기대되지 않는 순수 농경지가 접도구역에 저촉된 경우에는 인근의 정상적 농경지와의 가격 차이가 크지 않을 수 있다.

기본예제

아래 토지에 대한 감정평가액(시가참조목적)을 결정하시오(기준시점 : 2026년 9월 10일).

자료 1 평가대상 토지의 내역

소재지	면적(m²)	지목	이용상황	용도지역	도로교통	형상/고저
Y시 A면 K리 ○○○	2,000	답	답	생산관리	세로(가)	부정형저지

≫ 해당 토지 중 400m²는 접도구역에 저촉되어 있다.

자료 2 인근의 표준지공시지가 내역(2026.01.01.)

기호	소재지	면적(m²)	지목	이용상황	용도지역	도로교통	형상/지세	공시지가(원/m²)
A	K리 ○○○	1,000	답	답	계획관리	소로한면	부정형평지	140,000
B	K리 ○○○	1,000	답	답	생산관리	소로한면	가장형평지	95,000

자료 3 인근지역의 거래사례(합리성 검토자료)

기호	소재지	면적(m²)	용도지역	지목/현황	거래금액	거래시점	비고
1	K리 ○○○	1,500	생산관리	답/답	225,000,000	2025.12.01	토지만의 거래
2	K리 ○○○	700	생산관리	답/장	210,000,000	2025.01.01	토지만의 거래

≫ 기호 1의 개별특성 : 세로(가), 부정형, 평지, 개발행위허가(근린생활시설(제조장)) 득
≫ 기호 2의 개별특성 : 세로(가), 가장형, 평지, 토목공사 완료

자료 4 지가변동률

구분	2025년 12월		2026년 7월	
	당월	누계	당월	누계
계획관리	0.141	2.197	0.079	1.110
생산관리	0.112	2.329	0.097	1.321
답	0.210	2.789	0.109	1.201

자료 5 요인비교관련 자료

1. 세로(가)에 접한 토지는 소로한면에 접한 토지에 비하여 5% 열세하다.
2. 부정형의 토지는 가장형의 토지에 비하여 3% 열세하다.
3. 저지의 토지는 평지의 토지에 비하여 3% 열세하다.
4. 접도구역에 저촉된 부분은 그렇지 않은 부분에 비하여 30% 열세하다.
5. 개발행위허가를 득한 경우 그렇지 않은 경우에 비하여 10% 우세하다.
6. 그 밖의 요인 비교치로서 50%를 증액보정한다.

풀이영상

예시답안

I. 평가개요
농지에 대한 시가참조목적의 감정평가액을 결정한다(기준시점 : 2026.09.10.).

II. 공시지가기준법

1. 비교표준지 선정
생산관리지역, 답으로서 유사한 B 선정한다.

2. 시점수정치(2026.01.01.~2026.09.10. 생산관리)
$1.01321 \times (1 + 0.00097 \times 41/31) \fallingdotseq 1.01451$

3. 지역요인 비교치 : 인근지역으로 대등하다(1.000).

4. 개별요인 비교치(접도구역 미저촉부분)

구분	접근조건	자연조건	획지조건	행정적 조건	기타조건	개별요인비교치
요인치	0.95	1.00	0.94	1.00	1.00	0.893
비고	세로(가)/소로한면	대등함	부정형/가장형 저지/평지	대등함	대등함	–

5. 공시지가 기준가액
$95,000 \times 1.01451 \times 1.000 \times 0.893 \times 1.50(그 밖) \fallingdotseq 129,000원/㎡$

III. 거래사례비교법

1. 거래사례 선택
생산관리지역으로서 이용상황(현황) 유사한 거래사례 1 선정한다.
$(225,000,000 \div 1,500 = @150,000)$

2. 시점수정치(2025.12.01. ~ 2026.09.10. 생산관리)
$1.00112 \times 1.01321 \times (1 + 0.00097 \times 41/31) \fallingdotseq 1.01565$

3. 지역요인 비교치 : 인근지역으로 대등하다(1.000).

4. 개별요인 비교치(접도구역 미저촉부분)

구분	접근조건	자연조건	획지조건	행정적 조건	기타조건	개별요인비교치
요인치	1.00	1.00	0.97	0.91	1.00	0.883
비고	대등함	대등함	저지/평지	허가없음/허가득	대등함	–

5. 비준가액
$150,000 \times 1.000(사정) \times 1.01565 \times 1.000 \times 0.883 \fallingdotseq 135,000원/㎡$

IV. 감정평가액 결정
감정평가에 관한 규칙 제14조에 의하여 공시지가기준법으로 결정하되, 거래사례비교법에 의한 합리성이 인정된다.

- 접도구역 미저촉부분 : @129,000(× 1,600 = 206,400,000원)
- 접도구역 저촉부분 : @90,300(× 400 = 36,120,000원)
- 소계 : 242,520,000원

⑷ 접도구역의 매수청구 시 감정평가

① 매수대상토지의 판정기준

> **도로법 제41조**(접도구역에 있는 토지의 매수청구)
>
> ① 접도구역에 있는 토지가 다음 각 호의 어느 하나에 해당하는 경우 해당 토지의 소유자는 도로관리청에 해당 토지의 매수를 청구할 수 있다.
>   1. 접도구역에 있는 토지를 종래의 용도대로 사용할 수 없어 그 효용이 현저하게 감소한 경우
>   2. 접도구역의 지정으로 해당 토지의 사용 및 수익이 사실상 불가능한 경우
> ② 제1항 각 호의 어느 하나에 해당하는 토지(이하 "매수대상토지"라 한다)의 매수를 청구할 수 있는 소유자는 다음 각 호의 어느 하나에 해당하는 자이어야 한다.
>   1. 접도구역이 지정될 당시부터 해당 토지를 계속 소유한 자
>   2. 토지의 사용·수익이 불가능하게 되기 전에 해당 토지를 취득하여 계속 소유한 자
>   3. 제1호 또는 제2호에 해당하는 자로부터 해당 토지를 상속받아 계속 소유한 자
> ③ 상급도로의 접도구역과 하급도로의 접도구역이 중첩된 경우 매수대상토지의 소유자는 상급도로관리청에 제1항에 따른 매수청구를 하여야 한다.
> ④ 도로관리청은 제1항에 따라 매수청구를 받은 경우 해당 토지가 효용의 감소 등 대통령령으로 정한 기준에 해당되면 이를 매수하여야 한다.
>
> **동법 시행령 제40조**(매수대상토지의 판정기준)
>
> 법 제41조 제1항에 따른 매수대상토지(이하 "매수대상토지"라 한다)의 판정기준은 다음 각 호와 같다. 이 경우 매수대상토지의 효용감소, 사용·수익의 불가능에 대하여 매수청구인의 귀책사유가 없어야 한다.
> 1. 법 제41조 제1항 제1호에 해당하는 토지 : 매수청구 당시 매수대상토지를 접도구역 지정 이전의 지목(매수청구인이 접도구역 지정 이전에 적법하게 지적공부상의 지목과 다르게 사용하고 있었음을 공적자료로써 증명하는 경우에는 접도구역 지정 이전의 실제 용도를 지목으로 본다)대로 사용할 수 없음으로 인하여 매수청구일 현재 해당 토지의 개별공시지가(「부동산 가격공시에 관한 법률」 제10조에 따른 개별공시지가를 말한다)가 그 토지가 소재하는 읍·면·동에 지정된 접도구역의 동일한 지목의 개별공시지가(매수대상토지의 개별공시지가는 제외한다) 평균치의 100분의 50 미만일 것
> 2. 법 제41조 제1항 제2호에 해당하는 토지 : 법 제40조 제3항에 따른 행위제한으로 인하여 해당 토지의 사용·수익이 사실상 불가능할 것

② 매수대상토지의 매수가격

> **도로법 제42조**(매수청구의 절차 등)
>
> ③ 매수대상토지의 매수가격(이하 "매수가격"이라 한다)은 매수청구 당시의 「부동산 가격공시에 관한 법률」에 따른 공시지가를 기준으로 그 공시기준일부터 매수청구인에게 대금을 지급하려는 날까지의 기간 동안 대통령령으로 정하는 지가변동률, 생산자물가상승률, 해당 토지의 위치·형상·환경 및 이용 상황 등을 고려하여 평가한 금액으로 한다.
> ⑤ 제1항부터 제3항까지의 규정에 따라 매수대상토지를 매수하는 경우 매수가격의 산정 방법, 매수 절차, 그 밖에 필요한 사항은 대통령령으로 정한다.

> **동법 시행령 제42조**(매수가격의 산정 방법 등)
>
> ① 법 제42조 제3항에서 "대통령령으로 정하는 지가변동률, 생산자물가상승률"이란 「부동산 거래신고 등에 관한 법률」 제19조에 따라 국토교통부장관이 조사한 지가변동률 및 「한국은행법」 제86조에 따라 한국은행이 조사·발표하는 생산자물가지수에 따라 산정된 생산자물가상승률을 말한다.
> ② 법 제42조 제3항에 따른 매수대상토지의 매수가격(이하 "매수가격"이라 한다)은 「부동산 가격공시에 관한 법률」 제3조에 따른 표준지공시지가를 기준으로 「감정평가 및 감정평가사에 관한 법률」에 따른 감정평가법인등(이하 "감정평가법인등"이라 한다) 2인 이상이 각각 법 제42조 제3항에 따라 평가한 금액의 산술평균치로 한다.

일반적 계획제한인 접도구역의 상태를 기준으로 하되, 접도구역으로 인하여 이용상황이 현저하게 불리해지기 전의 상태를 기준으로 평가한다.

③ 협의에 의한 토지의 매수

도로의 관리청은 접도구역의 지정목적을 달성하기 위하여 필요한 경우에는 토지소유자와 협의하여 접도구역 안의 토지를 매수할 수 있다. 접도구역 안의 토지를 협의매수하는 경우의 가격의 산정시기·방법 및 기준 등에 관하여는 「토지보상법」의 규정을 준용한다.

> **도로법 제44조**(협의에 의한 토지의 매수)
>
> ① 도로관리청은 접도구역을 지정한 목적을 달성하기 위하여 필요하면 접도구역에 있는 토지 및 그 정착물의 소유자와 협의하여 해당 토지 및 그 정착물을 매수할 수 있다. 이 경우 매수한 토지 및 그 정착물의 귀속에 관하여는 제42조 제4항을 준용한다.
> ② 제1항에 따라 접도구역의 토지 및 그 정착물을 협의 매수하는 경우에 그 매수가격의 산정 시기·방법 및 기준 등에 관하여는 「공익사업을 위한 토지 등의 취득 및 보상에 관한 법률」 제67조 제1항, 제70조, 제71조, 제74조, 제75조, 제75조의2, 제76조, 제77조 및 제78조 제5항부터 제9항까지의 규정을 준용한다.

06 유형별 특수토지의 감정평가

1. 광천지

1) 개념 및 평가기준

광천지란 지하에서 온수·약수·석유류 등이 용출되는 용출구(湧出口)와 그 유지(維持)에 사용되는 부지를 뜻한다. 다만, 온수·약수·석유류 등을 일정한 장소로 운송하는 송수관·송유관 및 저장시설의 부지는 제외한다.[12]

광천지는 광천의 종류, 광천의 질과 양, 부근의 개발상태 및 편익시설의 종류와 규모, 사회적 명성, 그 밖에 수익성 등을 고려하여 감정평가하되, 토지에 화체되지 아니한 건물, 구축물, 기계·기구 등의 가액은 포함하지 아니 한다.

---

[12] 「공간정보의 구축 및 관리 등에 관한 법률」 시행령 제58조 제6호

2) 평가방법

(1) 공시지가기준법

인근지역 또는 동일수급권 내 유사지역의 표준지공시지가(광천지 표준지)를 기준으로 평가한다. 공시지가기준법 적용 시 광천의 종류, 광천의 질과 양, 부근의 개발상태 및 편익시설의 종류와 규모, 사회적 명성, 그 밖에 수익성 등을 고려하여 평가한다.

(2) 거래사례비교법

그 광천의 종류, 질 및 양의 상태, 부근의 개발상태 및 편익시설의 종류·규모, 사회적 명성, 기타 수익성 등을 고려하여 거래사례비교법에 의하여 평가한다.

(3) 원가법

공구당 총가격은 굴착, 그라우팅, 동력, 배관에 소요되는 비용과 가설비, 부대비용, 업자이윤 등의 비용에 소지가격을 더한 금액에서 광천지에 화체되지 아니한 건물, 구축물, 기계 등의 가치상당액을 공제하여 결정한다.

온천개발비용은 굴착비, 그라우팅비, 펌프, 모터, 동력, 배관비 등으로 이는 토지의 심도, 지질의 양상, 사용하는 기기능력에 따라 변동한다. 그러나 광천지의 가치는 대상광천지 온천수의 수질 및 대상광천지의 지역적, 개별적 요인에 의하여 형성되므로 온천개발비용을 그대로 광천지의 가치로서 인정하는 것에는 무리가 있다.

> 원가법에 의한 감정평가액 = 공구당 총가격 ÷ 대상광천지의 면적

(4) 혼합법

> 대상광천지가격 = 표준광천지의 기준개발비(원/m^2) × 광(온)천지지수
>
> $$\times \frac{\text{대상물건 용출량지수}}{\text{표준광천지 용출량지수}}$$

① 표준광천지의 기준개발비

해당 온천지역 내의 현황을 파악하여 심도, 지질, 구경, 착정방식 등에서 가장 평균적, 현실적인 온천공을 기준한 개발비용으로 산정하되 일반적으로 허가 및 지질조사비용, 착정 및 그라우팅 비용, 시설비용, 일반관리비 및 이윤, 토지매입비용(1m^2) 등이 있다.

> $$\text{광천지(온천지)지수} = \frac{\text{표준광천지 (추정)수익가액}}{\text{표준광천지 기준개발비(원/m}^2\text{)}}$$

② **표준광천지 (추정)수익가액**

$$= \frac{\text{총용출량}(t/\text{일}) \times 365(\text{일}/\text{년}) \times \text{실제양탕비율} \times [\text{판매단가}(\text{원}/t) - \text{양탕비용}(\text{원}/t)]}{\text{환원이율}}$$

$$= \frac{\text{표준용출량}(t/\text{일}) \times 365(\text{일}/\text{년}) \times [\text{판매단가}(\text{원}/t) - \text{양탕비용}(\text{원}/t)]}{\text{환원이율}}$$

≫ 양탕비율 = 판매량 ÷ 총용출량

③ **용출량지수**

대상(표준)온천지 용출량 × 온도보정률(도표) = 대상(표준)온천지 보정 후 용출량
→ 대상(표준)온천지 용출량지수(도표)적용

3) 광천지 감정평가 시 유의사항

온천공은 그 자체로서 가치가 형성된다기보다는 추가적인 개발을 통하여 그 수익이 현출되게 된다. 거래사례비교법의 적용에 있어서 우리나라의 온천은 비화산원(非火山源)으로 숫자적으로 희소성이 있어 거래사례가 거의 없고, 일부 있는 경우에도 토지, 건물에 포함하여 일체로 거래되거나 특수한 거래사례를 수반하고 있어 가격자료로 이용할 수 있는 정상거래사례의 포착이 어렵다. 또한 원가법 자체가 가격이라고 보기 어려운 경우도 많으므로 3방식 평가 시 각각 문제점이 있으므로 유의해야 한다.

기 본예제

다음 특수토지(광천지)에 대한 평가액을 구하시오.

자료 1 대상광천지 내용

1. 소재지: 청주시 흥덕구 B동 20번지
2. 면적: 1m²
3. 대상토지는 광천지로서, 심도는 320m, 용출량은 330톤/일, 용출온천수의 온도는 45℃로 조사되었다.

자료 2 인근의 표준광천지

1. 소재지: 청주시 흥덕구 B동 50번지
2. 면적: 1m²
3. 표준광천지는 심도 300m, 용출량 350톤/일, 온도는 41℃로 조사되었다. 일일 판매량은 189톤/일로 조사되었다. 표준광천지는 최근에 개발된 것이다.
4. 개발비용명세
   (1) 허가 및 지질조사비용: 2,000,000원
   (2) 착정 및 그라우팅: 16,500,000원
   (3) 펌프(수중모타)시설: 5,000,000원
   (4) 배관 및 저수조시설: 3,500,000원
   (5) 일반관리비 및 이윤: 4,050,000원
   (6) 토지매입가격(1m²): 450,000원

자료 3 온도에 따른 용출량 보정률

온도	보정률
45℃ 미만	0.8
50℃ 미만	0.9

자료 4 용출량지수

용출량	지수
282톤 미만	2.5
334톤 미만	3.0

자료 5 기타자료

1. 온천수의 판매단가 : 400원/톤
2. 양탕비용 : 256원/톤
3. 종합환원이율 : 15%

예시답안

Ⅰ. 평가개요

본건은 광천지 평가로 평가액은 다음과 같이 산정한다.

광천지평가액 = 기본개발비 × 온천지지수 × $\dfrac{대상광천지\ 용출량지수}{표준광천지\ 용출량지수}$

Ⅱ. 평가액산정

1. 기본개발비

$2,000,000 + 16,500,000 + 5,000,000 + 3,500,000 + 4,050,000 + 450,000 = 31,500,000원$

2. 온천지지수

(1) 수익가액 : $189 × 365 × (400 - 256) ÷ 0.15 ≒ 66,226,000원$

(2) 온천지지수 : $\dfrac{66,226,000}{31,500,000} ≒ 2.10$

3. 용출량지수

(1) 표준광천지 : $350 × 0.8 = 280톤$

(2) 대상광천지 : $330 × 0.9 = 297톤$

(3) 용출량지수 : $\dfrac{3.0}{2.5}$

4. 평가액

$31,500,000 × 2.10 × \dfrac{3.0}{2.5} ≒ 79,380,000원$

2. 산림의 감정평가

1) 산림의 의의

「산림자원의 조성 및 관리에 관한 법률」 제2조(정의)

이 법에서 사용하는 용어의 뜻은 다음과 같다.

1. "산림"이란 다음 각 목의 어느 하나에 해당하는 것을 말한다. 다만, 농지, 초지(草地), 주택지, 도로, 그 밖의
   대통령령으로 정하는 토지에 있는 입목(立木)·대나무와 그 토지는 제외한다.

   가. 집단적으로 자라고 있는 입목·대나무와 그 토지

   나. 집단적으로 자라고 있던 입목·대나무가 일시적으로 없어지게 된 토지

   다. 입목·대나무를 집단적으로 키우는 데에 사용하게 된 토지

   라. 산림의 경영 및 관리를 위하여 설치한 도로[이하 "임도(林道)"라 한다]

   마. 가목부터 다목까지의 토지에 있는 암석지(巖石地)와 소택지(沼澤地 : 늪과 연못으로 둘러싸인 습한 땅)

> **Check Point!**
>
> ● 산림과 임야의 차이
>
> 산림의 경우 집단적으로 생육되는 입목과 그 토지를 말하는 반면, 임야는 「공간정보의 구축 및 관리 등에 관한 법률」에 따른 지목의 종류 중 하나로 산림과 들판을 이루고 있는 숲, 습지, 황무지 등의 토지를 말한다. 즉, 산림은 토지와 입목 전체를 지칭하나, 임야는 산림과 들판 등의 토지만을 지칭하여 엄밀하게 보면 차이가 있으나 실무적으로는 혼용되고 있다.

2) 조사사항

산림의 가격자료에는 거래사례, 조성사례, 시장자료 등이 있으며, 대상 산림의 특성에 맞는 적절한 자료를 수집하고 정리한다.

(1) 사전조사사항

등기사항전부증명서·임야대장·임야도·토지이용계획확인서·입목등록원부·입목등기사항전부증명서 등을 통해 다음의 사항을 조사한다.

① 소재지, 지번, 지목, 면적, 입목의 내용, 소유자

② 분수계약·지역권·지상권·임대차 등 소유권의 제한사항

③ 관련 법령에 따른 산림의 사용·처분 등의 제한 또는 그 해제

④ 그 밖의 참고사항

(2) 실지조사사항

지황조사(기후, 지형, 지세, 지리, 토양, 지위 등), 임황조사(임종, 수종, 임상, 혼효율, 수령, 수고, 경급, 입목도, 소밀도, 재적, 생장률, 하층식생 등), 영림실태 파악(산림연혁 및 경영관리상태, 조림 및 수확관계, 피해상황, 인근산림의 상황 및 입지조건 등), 그 밖의 참고사항

3) 산림의 평가방법 [13]

> **감정평가에 관한 규칙 제17조**(산림의 감정평가)
>
> ① 감정평가법인등은 산림을 감정평가할 때에 산지와 입목(立木)을 구분하여 감정평가해야 한다. 이 경우 입목은 거래사례비교법을 적용하되, 소경목림(小徑木林 : 지름이 작은 나무·숲)인 경우에는 원가법을 적용할 수 있다.
> ② 감정평가법인등은 제7조 제2항에 따라 산지와 입목을 일괄하여 감정평가할 때에 거래사례비교법을 적용해야 한다.

(1) 감정평가의 원칙

산림은 산지와 입목을 구분하여 감정평가한다. 다만, 입목의 경제적 가치가 없다고 판단되는 경우에는 입목을 감정평가에서 제외할 수 있다(유실수 단지의 감정평가는 과수원의 감정평가방법을 준용한다). 산지와 입목을 일괄하여 감정평가하는 경우에는 거래사례비교법을 적용해야 한다.

(2) 산지와 입목의 일괄감정평가

산지와 입목을 일괄하여 감정평가할 때에 거래사례비교법을 적용하여야 한다. 즉, 해당 산림가액이 산지가액과 입목가액의 합산으로 결정하는 것이 불합리하거나, 인근지역 내 산림 전체가 일체로 거래된 적절한 사례가 있는 경우에는 일괄감정평가하게 된다.

산지에 입목이 생육하고 있는 산림 전체 가치는 산지 단독만의 가치와는 달리 입목이 생장함에 따라서 변하게 된다. 즉, 입목의 경제적 성숙기가 가까워짐에 따라 산림의 가치는 점점 증가하는데 성숙기에 도달했을 때의 산림 가치는 입목을 벌채하여 얻을 수 있는 입목만의 가치에 산지의 가치를 가산한 것과 동일·유사한 가치를 갖는다.

① 거래사례비교법

거래사례비교법에 의하여 산림가액을 산정하고자 할 때에는 먼저 인근지역, 유사지역 또는 동일수급권 내에서 가능한 다수의 거래사례를 수집하고, 수집된 자료 중에서 물적, 위치적, 시간적으로 동일성 또는 유사성이 있다고 인정되는 적정한 거래사례를 선정하여야 한다. 그리고 사정보정과 시점수정을 한 후 지역요인과 개별요인을 비교·검토하여 적정한 비준가액을 산정한다.

산지와 입목을 일체로 하여 거래되는 경우 산지나 입목의 가격을 각각 파악할 수 있으면 산지와 입목을 별도로 산정하여 이를 합산하면 산림가액이 된다. 그러나 입목의 가치가 경미하거나 입목의 가치가 있더라도 구분할 수 없는 경우에는 산림 전체의 거래사례를 이용하여야 하며, 감정평가실무에서는 편의상 거래사례 가격을 산림면적으로 나누어 단위면적당 단가로 비교하며 이 경우 면적요인에 대한 보정을 하고 있다.

---

13) 감정평가실무기준 해설서(Ⅰ) 총론편, 한국감정평가사협회 등, 2014.02, pp.374~376

② **산림비용가법**(원가법)

산림비용가는 임분이 성립된 후 현재에 이르기까지 들어간 비용을 일정한 이율로 계산한 후가에서 그동안 거두어들인 수익을 같은 방법으로 계산하여 비용의 후가에서 공제한 것으로서 입목의 비용가와 지가를 합한 것이라고 볼 수 있으므로, 입목비용가식을 사용하면 산림비용가(Wkm)는 다음 식과 같다.

$$Wkm = Hkm + B$$
$$= (B+V)[(1+P)^m - 1] + C(1+P)^m - \sum D_a(1+P)^{m-a} + B$$
$$= (B+V+C)(1+P)^m - \sum D_a(1+P)^{m-a} - V$$

Wkm: 산림비용가	Hkm: 임목비용가
B: 산지가액	V: 관리자본
C: 조림비	P: 이자율
D_a: a년의 간벌수익	m: 조림 후 평가연도까지의 기간

③ **산림기망가법**(수익환원법)

산림기망가는 임분에 대하여 현재(m년생)부터 벌채예정년(u년생) 사이에 기대되는 장래수익의 현가합계에서 그동안에 소요되는 비용의 현가합계를 공제한 입목기망가와 지가의 합계라고 볼 수 있으므로, 입목기망가식을 사용하면 산림기망가(Wem)는 다음 식과 같다.

$$Wem = Hem + B$$
$$= \frac{A_u + D_n(1+P)^{u-n} + (B+V)}{(1+P)^{u-m}} - (B+V) + B$$
$$= \frac{A_u + D_n(1+P)^{u-n} + B+V}{(1+P)^{u-m}} - V$$

Wem: 산림기망가	Hem: 입목기망가
A_u: 벌기수익	D_n: m년도 이후 n년도의 간벌수익
B: 산지가액	V: 관리자본
u: 벌채예정년(벌기령)	m: 조림 후 평가연도까지의 기간(해당 임령)
p: 이자율	

(3) **임지**(산지)**의 감정평가**

① **토지의 감정평가방법 준용 등**

토지의 감정평가방법과 동일하다. 임지의 경우에는 일반토지와는 가격형성요인의 차이가 있으므로 이에 유의하여 평가해야 한다.

산림의 경우 공법상 제한 사항을 확인할 필요가 있는데 특히 보전산지/준보전산지 여부 및 보안림지정 여부에 유의하고, 산림의 면적이 대규모인 경우 보전산지와 준보전산지 양 지역에 걸쳐 있는 경우가 많으므로, 해당 소재지 지자체의 부서 등에서 보전산지대장 등을 열람하여 각 해당 면적을 확인한다.

또한 해당 산림의 이용·수익을 제한하는 각종 부담(법정지상권 등)을 확인한다. 즉, 묘지관리대장 및 입목등기부 등에 의해 분묘나 수목 등을 확인할 필요가 있으며, 이 밖에 각종 제시외건물의 소재 여부 및 고압선이나 철탑의 존재 여부 등도 확인해야 한다.

② **산지 감정평가 시 원가성의 고려**

소지상태의 산지를 취득하고 이를 조림 등 입목육성에 적합한 상태로 개량하는 데 소요된 총비용 등을 감안하여 기준시점 현재의 산지의 가액을 감정평가하는 방법으로서, 대체로 다음의비용항목으로 구성된다. 현재까지 발생한 비용의 원리금 합계에서 현재까지 얻은 수익의 원리금합계를 공제한 금액이 된다.

   ㉠ 임지구입비용·소유권이전 등기수속비용·취득세·재산세 등 임지의 취득과 유지관리에소요된 비용

   ㉡ 임지를 취득한 후 입목육성에 적합한 상태로 임지를 개량하는 데 투입된 비용, 즉 배수공사·야계사방공사·객토공사 등에 소요된 비용

   ㉢ 각종 비용을 투입한 후 기준시점까지의 기간에 대한 이자

③ **경제적 가치가 없는 입목의 감정평가 제외**(지상의 자연생 활잡목 등 소재 시)

현장조사 시 입목의 가치를 판단하여 가치가 없는 경우에는 해당 입목을 감정평가에서 제외할수 있다. 즉, 활잡목이 자생하는 산림의 경우, 특히 경제적 가치가 없다고 판단되는 입목은 일괄감정평가의 대상이 아니라 해당 입목이 감정평가에서 제외된다고 볼 수 있다.

④ **경계의 확인**(임야의 위치확인)

산림의 감정평가 시 경계 확인이 어려운 경우가 많다. 산림은 보통 경계를 정확하게 특정하기가어렵기 때문에 임야도, 지적도, 지번약도, 항공측량도 등과 실제 능선과 계곡의 형상, 경사도,주변의 건축물 등을 참고하여 경계를 확인하게 된다. 다만, 경계의 판단이 사실상 불가능한경우에는 의뢰인에게 이 같은 사실을 알리고 측량 전문인을 통한 경계측량 등을 요청하여 경계를 확정하는 것이 필요하다.

Check Point!

▶ **산지의 구분**(「산지관리법」 제4조 제1항 및 「산지관리법 시행령」 제4조)

보전 산지	임업용 산지	① 「산림자원의 조성 및 관리에 관한 법률」에 따른 채종림 및 시험림의 산지
		② 「국유림의 경영 및 관리에 관한 법률」에 따른 보전국유림의 산지
		③ 「임업 및 산촌 진흥촉진에 관한 법률」에 따른 임업진흥권역의 산지
		④ 그 밖에 임업생산기능의 증진을 위하여 필요한 산지로서 대통령령으로 정하는 산지 • 형질이 우량한 천연림 또는 인공조림지로서 집단화되어 있는 산지 • 토양이 비옥하여 입목의 생육에 적합한 산지 • 「국유림의 경영 및 관리에 관한 법률」 제16조 제1항 제1호의 규정에 따른 보전국유림 외의 국유림으로서 산림이 집단화되어 있는 산지 • 지방자치단체의 장이 산림경영 목적으로 사용하고자 하는 산지 • 그 밖에 임업의 생산기반조성 및 임산물의 효율적 생산을 위한 산지

공익용
산지
		① 「산림문화·휴양에 관한 법률」에 따른 자연휴양림의 산지
		② 사찰림의 산지
		③ 「산지관리법」 제9조에 따른 산지전용·일시사용제한지역
		④ 「야생생물 보호 및 관리에 관한 법률」 제27조의 규정에 따른 야생생물 특별보호구역 및 같은법 제33조에 따른 야생생물 보호구역의 산지
		⑤ 「자연공원법」에 따른 공원구역의 산지
		⑥ 「문화유산의 보존 및 활용에 관한 법률」에 따른 문화유산보호구역의 산지 또는 「자연유산의 보존 및 활용에 관한 법률」에 따른 자연유산보호구역의 산지
		⑦ 「수도법」에 따른 상수원보호구역의 산지
		⑧ 「개발제한구역의 지정 및 관리에 관한 특별조치법」에 따른 개발제한구역의 산지
		⑨ 「국토의 계획 및 이용에 관한 법률」에 따른 녹지지역 중 대통령령으로 정하는 녹지지역의 산지
		  • 「국토의 계획 및 이용에 관한 법률 시행령」 제30조 제4호 가목에 따른 보전녹지지역
		⑩ 「자연환경보전법」에 따른 생태·경관보전지역의 산지
		⑪ 「습지보전법」에 따른 습지보호지역의 산지
		⑫ 「독도 등 도서지역의 생태계보전에 관한 특별법」에 따른 특정도서의 산지
		⑬ 「백두대간 보호에 관한 법률」에 따른 백두대간보호지역의 산지
		⑭ 「산림보호법」에 따른 산림보호구역의 산지
		⑮ 그 밖에 공익기능 증진을 위하여 필요한 산지로서 대통령령이 정하는 산지
		  1. 「국토의 계획 및 이용에 관한 법률」 제36조 제1항 제4호에 따른 자연환경보전지역의 산지
		  2. 「국토의 계획 및 이용에 관한 법률」 제37조 제1항 제4호에 따른 방재지구의 산지
		  3. 「국토의 계획 및 이용에 관한 법률」 제38조의2 제1항에 따른 도시자연공원구역의 산지
		  4. 「국토의 계획 및 이용에 관한 법률」 제40조에 따른 수산자원보호구역의 산지
		  5. 「국토의 계획 및 이용에 관한 법률 시행령」 제31조 제2항 제1호 가목, 같은항 제5호 가목 및 다목에 따른 자연경관지구, 역사문화환경보호지구 및 생태계보호지구의 산지
		  6. 산림생태계·산지경관·해안경관·해안사구(해안모래언덕) 또는 생활환경의 보호를 위하여 필요한 산지
		  7. 중앙행정기관의 장 또는 지방자치단체의 장이 공익용산지의 용도로 사용하려는 산지

준보전산지		보전산지 외의 산지

◉ 토지임야의 개념 및 감정평가방법

1. 토지임야의 개념

토지임야(토림)는 주변의 토지이용상황으로 보아 순수임야와 구분되며, 주로 경작지 또는 도시(마을) 주변에 위치해 있는 구릉지와 같은 임야를 말한다.

임야는 통상 산xx번지 식으로 표기되면서 임야대장에 등재되나 토림은 일반번지로 토지대장에 등재되고 임야대장상 등재된 임야는 임야도에, 토지대장상 등재된 토림은 지적도에 표기되어 있다. 토림은 지목은 임야이나 순수임야라기보다 일반토지에 해당하고 예전부터 사실상 형질변경(불법개간)을 하여 사실상 전 또는 초지, 잔디 등을 식재하는 농경지이거나 언덕이나 지세가 낮고, 전답이나 마을주변에 있는 임야로서 쓰임새가 일반토지에 준하는 임야를 말한다.

2. 토지임야의 감정평가방법

토지임야의 감정평가방법은 토지임야의 개별특성별로 다양하여 일반화시키기는 어려우나 해당 토지임야의 용도지역, 용도지구 등은 물론이고 관련 법령상 원상회복의 의무가 부여되어 있는지 여부 등을 면밀하게 살펴 감정평가해야 할 것이다.

(4) 입목의 평가 [14]

① 개요

입목을 감정평가할 때에는 거래사례비교법(시장가역산법)을 적용하여야 한다. 거래사례비교법을 적용하는 것이 곤란하거나 적절하지 않은 경우에는 조림비용 등을 고려한 원가법 등을 적용할 수 있다.

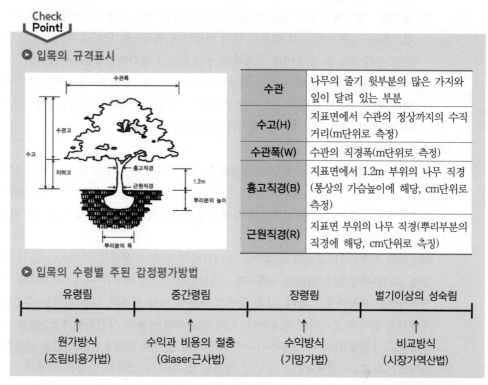

Check Point!

● 입목의 규격표시

수관	나무의 줄기 윗부분의 많은 가지와 잎이 달려 있는 부분
수고(H)	지표면에서 수관의 정상까지의 수직거리(m단위로 측정)
수관폭(W)	수관의 직경폭(m단위로 측정)
흉고직경(B)	지표면에서 1.2m 부위의 나무 직경(통상의 가슴높이에 해당, cm단위로 측정)
근원직경(R)	지표면 부위의 나무 직경(뿌리부분의 직경에 해당, cm단위로 측정)

● 입목의 수령별 주된 감정평가방법

유령림	중간령림	장령림	벌기이상의 성숙림
원가방식 (조림비용가법)	수익과 비용의 절충 (Glaser근사법)	수익방식 (기망가법)	비교방식 (시장가역산법)

㉠ 유령림 : 유령림에 대한 명확한 구분은 없으나, 일반적으로 식재 때부터 제1회 간벌을 실시하기 전인 15년생 경까지의 임분을 말한다. 유령림에서의 입목의 감정평가는 식재 및 보육을 위한 투자액을 기준으로 하여 평가하는 원가법을 채택하는 것이 보통이다.

유령림에 대하여 임령(林齡)·수고(樹高)·지름 등의 한계를 수량적으로 결정하기는 곤란하고, 일반적으로 식재 때부터 제1회 간벌을 실시하기 전인 15년생 경까지의 임분을 말하거나 벌기령의 1/3까지의 기간을 유령림으로 취급하기도 한다.

---

14) 감정평가실무기준 해설서(Ⅰ) 총론편, 한국감정평가사협회 등, 2014.02, pp.361~371

원가법에 활용할 자료는 대상임분의 조성 및 관리에 소요된 비용 즉, 지대, 조림비, 하예비, 무육비, 관리비 등과 간벌수입이므로 현지에서 조사하거나 영림계획서와 각종 장부를 통해 파악하여야 한다.

ⓒ **중령림(중간령급의 임분)**: 비용가로서 감정평가하기에는 입목이 너무 커서 감정평가액이 실정에 맞지 않으며, 또 기망가로 감정평가하기에는 벌채까지의 기간이 너무 길어 확실성이 문제로 된다. 이와 같은 중간임분의 입목 평가에는 원가수익 절충방식인 글라저법이 채택된다.

ⓒ **벌기 미만의 장령림**: 장령림은 벌채, 이용하기에는 아직 미숙한 상태이지만 입목이 어느 정도 성장하여 이용가치가 있을 때이다. 따라서 장령림은 주로 벌기에 도달한 때의 이용가치를 할인하여 평가하는 기망가법이 사용된다. 입목기망가법에 활용될 자료는 벌기수익, 간벌수익, 지대, 관리비, 이자율 등이다.

ⓔ **성숙림**: 벌기에 도달한 임분 또는 벌기를 초과한 과숙 임분의 평가는 이용가치에 의하여 평가한다. 이용가치는 그 입목을 벌채 반출하여 원목으로 판매할 수 있는 가격에서 벌채, 반출 등에 소요된 벌출비를 공제하여 산출하는 시장가역산법을 채택한다.

시장가역산법에 활용할 자료는 시장원목가격(수종별·경급별·형질별), 생산비용(벌목조재비, 산지집재비, 운반비 등), 자본회수기간, 이자율 등으로서 현지사정에 따라 작업조건, 자금수준이 다르므로 조사를 철저히 하여야 한다.

② **거래사례비교법**

거래사례비교법이란 산지상에 있는 감정평가 대상 입목과 유사한 성질과 내용을 가진 입목만의 거래사례가격이 조사되는 경우 이를 기준으로 하여 입목가격을 산정하는 방법을 말하며, 적정한 거래사례를 선정하여 이를 기준으로 사정보정, 시점수정, 지역요인 및 개별요인 비교 등을 통하여 산정한다.

일반적인 거래사례비교법과 동일하나, 거래사례의 선택, 시점수정, 지역요인 및 개별요인 비교 등에 유의하여야 한다. 입목의 거래사례는 대상입목의 구성 내용과 지위·지리가 유사한 입목의 거래사례를 포착하여야 하며, 사례 입목의 내용이 대상 입목과 다른 때에는 수종별·직경별 거래사례 단가를 조사하여 활용한다. 이때 시점수정은 통상 생산자물가상승률을 적용하거나 실제 입목시장에서의 가격변동추이를 고려하여 할 것이며, 지역요인은 임업을 입지주체로 하는 입지조건과 같고, 개별요인은 임업의 생산성 및 입목의 임황과 밀접한 관계를 가지고 있다. 거래사례비교법의 적용 시에는 입목재적과 입목가액의 관계, 입목형질과 입목가액의 관계 및 입목경급과 입목가액의 상호 상관관계 등에 대해서도 충분히 유의하여 감정평가해야 한다.

③ **원가방식(조림비용가법)**

실제 입목의 가치는 성립하지 않는 유령림에 대하여 그 투입된 원가를 기준으로 평가하는 방식이다. 유령림에 적합하고 10년 이상의 입목은 과도하게 평가되는 특징이 있다. 또한 지대의 영향이 과도하여 도시지역 및 전용가능한 임야 등 순수산림으로서의 임지가액을 초과하는 임지상의 조림비용 산정 시 지대를 조정하여야 한다. 지대를 단순히 지가를 기준으로 파악하면 상당한 고가산정이 되므로 주의하여야 한다.

기준시점까지 입목에 투입한 비용(지대, 조림비, 하예비, 제벌비, 간벌비, 비배관리비 등의 구입·개량·유지관리비)의 현가(투입비용의 미래가치)에서 해당 기간 동안 간벌 등으로 얻은 수익(간벌수입 등)의 현가(투입비용의 미래가치)를 뺀 금액으로 입목가액을 구하는 방법이다.

입목은 원가법을 사용하는 일반적인 건물, 기계·기구와는 달리 상각자산이 아닌 지속적으로 생장과정에 있는 물건으로서, 그 가치가 연차적으로 증가하므로 감가수정을 요하지 않는다.

$$HKm = (B + V)[(1+p)^m - 1] + C(1+p)^m - \sum Da(1+p)^{m-a}$$

Hkm: 입목비용가 B: 지대 V: 관리자본

p: 이자율 C: 조림비 D_a: a년의 간벌수익

m: 조림 후 평가연도까지의 기간

대체로 육성임업에서는 투입비용의 대부분은 유령기에 집중되고, 과거에 투입된 기술내용이나 비용이 분명하지 않은 것이 보통이며, 가격의 변동으로 인한 적절한 조정도 곤란하다. 또한 육성기간이 장기간으로 연이율 p의 평정차가 산출치에 크게 영향을 미친다는 문제점이 있으므로, 임령이 많은 장령림 이후의 입목에 대하여는 원가방식을 적용하기가 곤란하여 성립기 이전의 입목에 대한 감정평가방법으로 사용하고 있다.

현실적으로는 입지조건이 불량한 장소 또는 조성 성적이 불량한 산지의 입목일수록 투입 경비가 많이 소요된다. 따라서 불량 산지보다도 우량 산지의 입목가가 계산상 저가로 산정되는 경우도 있으므로, 유령림이 거래되는 사례가 있다면 거래사례와의 비교 검토를 통하여 원가법에 의하여 산정된 가액과 시산조정을 하여야 한다.

기 본예제

임지 1ha를 2,000,000원에 매입하여 초년도에 조림비 450,000원과 매년 관리비 100,000원을 투입해온 입목의 가격을 평기하시오. 참고로 입목은 20년생의 낙엽송으로 15년이 되었을 때 400,000원의 간벌수입을 얻었으며, 자금에 대한 이자율 및 토지기대이율(필요제경비 포함)은 6%이다.

예시답안

Ⅰ. 평가개요

비용가법으로 입목의 가격을 평가한다.

Ⅱ. 투하된 비용의 미래가치

1. 지대(이자분)

$$2,000,000 \times 0.06 \times \frac{1.06^{20} - 1}{0.06} \fallingdotseq 4,414,000원$$

2. 매년 관리비

$$100,000 \times \frac{1.06^{20} - 1}{0.06} \fallingdotseq 3,679,000원$$

3. 초년도 조림비

$$450,000 \times 1.06^{20} \fallingdotseq 1,443,000원$$

4. 간벌수입(비용차감)

$$400,000 \times 1.06^{20-15} \fallingdotseq 535,000원$$

III. 입목의 감정평가액

4,414,000 + 3,679,000 + 1,443,000 − 535,000 ≒ 9,001,000원

---

④ **시장가역산법**

시장역산가는 산지 입목의 거래사례는 구하기 어려우나 인근 시장의 원목 또는 제재목의 가격은 상대적으로 구하기 쉬우므로, 시장의 원목 또는 제재목의 가격에서 벌채비용 등 생산비용과 이윤을 공제하여 산지의 입목가액을 구하는 방식이다. 시장가역산법은 벌기령에 가까운 입목의 경우에 유용한 평가법이다.

시장가역산법은 평가대상 입목을 벌채하여 원목 등 제품으로 만들어 이 제품을 실제로 원목 등으로 팔릴 것으로 예측되는 인근시장까지 운반하여 판매할 때까지의 벌채 운반방법을 가상하고, 이에 소요되는 채취비를 추정한 다음에 이 제품과 동종, 동품 등인 물건의 시장가격을 사정한 후, 이 가격에서 벌채, 반출에 요구되는 비용을 공제하여 입목가액을 산정하는 방법이다. 입목의 시가는 그 지방에서 입목의 매매사례 수준에서 형성되는 벌채가격인데, 여기서 벌채가격은 입목을 벌출(伐出) 판매하여 얻은 금액에서 이에 소요된 벌출비를 공제한 금액과 같으므로, 시장가격에서부터 역산하면 산원(山元)에서의 입목가를 구할 수 있게 된다.

시장가역산법에 의하여 산정한 가액은 원목시장가, 각종 수익률 등 일부 가정요인이 개입되지만 시장거래의 관행을 반영한 현실적이고 실증적인 가액이므로, 시장가격이 있는 입목에는 이 방법을 사용하는 것이 일반적이다.

$$\text{산식}: \quad X = f\left(\frac{A}{1+mp+r} - B\right)$$

X : 산원입목가 f : 조재율 A : 원목시장가
m : 자본회수기간 p : 이자율 r : 기업자 이윤 및 투자위험율
B : 생산비용(벌목조재비, 산지집재비, 운반비 및 임도보수·신설비용, 잡비 등)

» **조재율(이용률)** : 입목을 벌채, 반출, 가공하여 생산되는 목재재적의 원래의 입목재적에 대한 비율로 통상 %로 표시되며 일반적으로 표준목법을 사용하여 조사한다(침엽수 : 60~90%, 활엽수 : 40~60%).

» **원목시장가(재적당원목가격)** : 평가대상 입목을 벌채반출하여 가장 가까운 시장에서 실제로 원목으로 판매될 것으로 예측되는 원목 도매가격을 말한다. 측정 예상되는 총 재적에 대한 원목의 시장가치를 의미한다(원/m³).

» **생산비용(재적당생산비)** : 입목생산비용은 수확작업 시 소요되는 제비용으로서 벌목, 조재, 집재, 운재, 매각 등에 소요된 비용의 합계로서 벌목조재비, 산지집재비, 운반비 및 임도보수·신설비용, 잡비 등으로 구성된다. 측정 예상되는 총 재적에 대한 생산비를 의미한다(원/m³).

» **투하자본회수기간** : 입목대금의 회수기간을 의미, 입목대금을 지급한 다음 날부터 생산품을 매각하고 그 매각대금은 수령한 날까지로서 사업의 경영기간 또는 사업기간에 해당한다.

» **투하자본수익률(이자율)** : 자본회수기간, 투자방법, 생산 중의 결손 등 위험부담, 금리 등을 종합적으로 검토·고찰하여 결정해야 하며, 일반적으로 금융기간에서의 일반자금 대출금리를 적용한다.

» **기업이윤율(기업자이윤 및 투자위험률)** : 기업이윤율 외에 원목의 결손율을 포함한 것으로 총자본에 대한 결손율로 계산한다.

기본예제

다음 제시된 자료를 보고 입목가격을 구하시오.

자료

1. 입목재적 : 50m³(총재적)
2. 입목조재율 : 70%
3. 시장원목가격 : 20,000원/m³
4. 기업이율 : 10%
5. 은행대출이자율 : 1%/월
6. 자본회수기간 : 20월
7. 생산비 : 4,000원/m³

예시답안

1. 평가개요

시장가역산법으로 입목의 가격을 평가한다.

2. 입목단가

$$입목단가 = 조재율 \times \left[\frac{원목시장가격}{1 + 자본회수기간 \times 월이율 + 기업이율} - 생산비 \right]$$

$$= 0.7 \times \{20,000 \div (1 + 20 \times 0.01 + 0.1) - 4,000\}$$

$$= 8,000원/m³$$

3. 입목가격

$$50 \times 8,000 = 400,000원$$

---

⑤ **수익방식**(기망가법)

입목기망가법은 현재의 입목에 대하여 장차 벌채될 때까지 기대할 수 있는 순수익을 구하는 수익환원법의 일종으로서 평가하고자 하는 입목이 벌기에 가서 벌채될 것으로 예상하고, 현재부터 벌채 예정년 사이에 기대되는 장래 수익의 전가합계에서 그동안에 소요되는 비용의 전가합계를 공제한 차액을 입목기망가라 한다. 따라서 입목기망가는 장차의 예상수익을 임업이율 P에 의하여 m년 현재의 가액으로 환산한 것이다.

장점은 성숙 중인 입목의 가액을 산정할 수 있으며, 단점으로는 주요요소인 지대의 경우 조림비용가와 같은 문제점을 가지고 있어 주의가 필요하며, 간벌수익의 경우 그 파악이 상당히 곤란하다는 것이다. 따라서 이론적으로는 상당히 우수한 방식이나 실무상 적용 시에는 주의가 필요하다. 입목기망가법에 의한 입목의 평가액은 다음의 식과 같다.

$$Hem = \frac{A_u + D_n(1+P)^{u-n} - (B+V)[(1+P)^{u-m} - 1]}{(1+P)^{u-m}}$$

Hem: 입목기망가 A_u: 벌기수익

D_n: m년도 이후 n년도의 간벌수익 B: 산지가액

V: 관리자본 u: 벌채예정년(벌기령)

m: 조림 후 평가연도까지의 기간(해당 임령) n: 간벌 시의 임령

P: 이자율(임업이율)

주별수익 및 간벌수익은 각각의 벌기령에서의 벌채 예상액이며, 가액은 기준시점에서의 시가를 적용하며, 산지가액과 관리자본의 경우도 이와 같다. 주벌시기는 일반적으로 「산지관리법」상에서의 표준벌기령, 영림계획에서의 벌기령, 그 지방의 관행상 벌기령 등이 사용된다. 감정평가 대상 입목에 적합한 임분수확표를 이용하되 현실림이 대부분 비법정림인 상태이므로, 임분수확표 상의 수확량을 적정하게 감가하여 산정한다.

이자율은 일반물가상승률만큼 낮춘 실질적 임업이율을 사용한다. 즉, 명목적 임업이율을 13%, 다른 물건 가격의 평균상승률(일반물가상승률)이 10%라면 실질적 임업이율은 3%이다. 입목 기망가법에서의 지가는 임지기망가에 의한 산지가액을 적용해야 한다는 주장도 있으나, 일반 적으로 기준시점에서의 산지가액을 사용한다.

기본예제

벌기를 30년으로 하는 20년생의 낙엽송림 1ha를 평가하시오(30년 된 낙엽송림의 주벌수입은 4,200,000원이고 25년이 되었을 때의 간벌수입은 360,000원이다. 임지는 210,000원에 매입하였고 매년 관리비는 12,000원이 투입되었으며, 기대이율 및 할인율은 6%이다).

예시답안

Ⅰ. 평가개요
기망가법으로 입목의 가격을 평가한다.

Ⅱ. 향후 입목의 수익 및 비용
1. 주벌수입의 현가

$$4,200,000 \times \frac{1}{1.06^{10}} ≒ 2,345,000원$$

2. 간벌수입의 현가

$$360,000 \times \frac{1}{1.06^{5}} ≒ 269,000원$$

3. 매년지대의 현재가치

$$210,000 \times 0.06 \times \frac{1.06^{10}-1}{0.06 \times 1.06^{10}} ≒ 93,000원$$

4. 매년 관리비 투하액

$$12,000 \times \frac{1.06^{10}-1}{0.06 \times 1.06^{10}} ≒ 88,000원$$

Ⅲ. 입목의 수익가액
$$2,345,000 + 269,000 - 93,000 - 88,000 ≒ 2,433,000원$$

⑥ **글라저(Glaser) 근사법(수익과 원가의 절충)**

유령목에 대해서는 비용가법, 장령림에 대해서는 기망가법, 벌기에 달했거나 벌기를 초과한 입목에 대해서는 시장가역산법 또는 직접적인 거래사례비교법을 적용하는 것이 일반적이다. 그러나 유령림과 성숙림 사이의 성장과정 중에 입목은 성장시기에 따라 비준가액과 적산가액이 상당한 차이를 보이고 있으므로, 비용가법과 기망가법의 중간적인 방법, 즉 원가수익 절충방식을 적용하는 것이 권장되고 있으며, 이 방법의 대표적인 것으로서 글라저법(Glaser)이 있다.

감정평가방법은 조림비용과 벌기령에 달한 주벌수익과의 관계를 분석하여 전임령에 대하여 적정하게 분배하는 방식으로 성숙 중인 입목의 감정평가에 적합한 방식이다. 또한 수식이 간단하여 기망가법과 같이 지대의 문제와 간벌수익 등 조사 산정하기 곤란한 요소가 없는 것이 큰 장점이라 할 수 있다. 이 식은 독일의 글라저가 수종별로 많은 입목의 거래사례를 수집하여 바이에른의 국유림에서 벌기에 도달하지 않은 입목의 평가식으로 고안한 것이다.

㉠ 임령 10년의 가액이 없는 경우

$$A_m = (A_u - C) \times \frac{m^2}{u^2} + C$$

A_m: m년 현재 구하는 입목가액
A_u: 적정 벌기령 u년의 주벌수입(단, m년 현재의 시가액)
C : 초년도 조림비(노면정지비, 신식비, 하예비 등)
u : 적정 벌기령
m : 현재 수령

㉡ 임령 10년의 가액이 있는 경우: 대부분의 육성임업의 경우 투입비의 대부분이 조림 초기의 10년간에 편재되는 것이 보통이므로, 일본에서는 사유림의 보안림 편입, 국유림의 매각 시 11년생 이상으로서 벌기 미만의 입목에 대하여는 다음 식을 사용하고 있다.

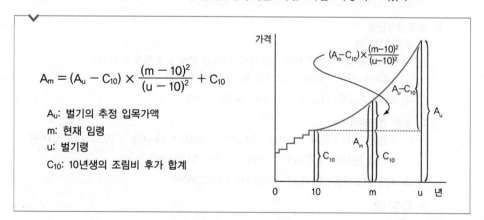

$$A_m = (A_u - C_{10}) \times \frac{(m - 10)^2}{(u - 10)^2} + C_{10}$$

A_u: 벌기의 추정 입목가액
m: 현재 임령
u: 벌기령
C_{10}: 10년생의 조림비 후가 합계

기본예제

柳평가사는 의뢰인 高 씨로부터 입목평가를 의뢰받고 다음과 같은 자료를 수집·정리하였다. 다음 입목을 글라저법으로 평가하시오.

자료 1 평가대상 입목

수종	임령	면적	경사도	표준벌기령
잣나무	20년	3.9ha	20°~30°	45년

자료 2 조사사항

1. 우세목의 평균수고는 8.6m이고 지위지수분류표(임업시험장연구보고 12호)에 임령 20년 우세목의 평균수고가 8.6m이면 그 임지의 지위지수는 8이라 한다.

2. 표준벌기령일대의 주·부림목 본수, 1본당 간재적 등은 잣나무림의 임분 수확표 및 자료조사에 따르면 지위지수 8, 임령 45년일 때 다음과 같다.

주·부림목 본수	1본당 간재적	재적당이용률	입목도
1,008본/ha	0.261m³	86.7%	0.8

3. 표준벌기령인 잣나무입목의 시장가격 : 65,570원/m³

자료 3 최초 연도비용

1. 묘목비는 ha당 3,000본을 본당 60원에 구입하였다.

2. 기타비용(원/ha)

운반비	정리작업비	식재비	하예비
5,000	100,000	70,000	100,000

3. 잡비와 관리비는 각각 직접비의 5%, 3%이다.

예시답안

Ⅰ. 평가개요

본건은 잣나무의 입목평가로 글라저법으로 평가한다.

Ⅱ. 입목가격산정

1. 표준벌기가액

(1) 총이용재적(= 단위면적당 이용재적 × ha당 본수 × 입목도 × 면적)

$0.261 \times 0.867 \times 1,008 \times 0.8 \times 3.9ha ≒ 711.664m^3$

(2) 표준벌기가액 : $65,570 \times 711.664 ≒ 46,664,000$원

2. 최초 연도비용

(1) 직접비 : $(60 \times 3,000 + 5,000 + 100,000 + 70,000 + 100,000) \times 3.9ha = 1,775,000$원

(2) 잡비와 관리비 : $1,775,000 \times (0.05 + 0.03) = 142,000$원

(3) 최초 연도비용 : $1,775,000 + 142,000 ≒ 1,917,000$원

3. 입목가격

$(46,664,000 - 1,917,000) \times \dfrac{20^2}{45^2} + 1,917,000 ≒ 10,756,000$원

> **Check Point!**
>
> ● **입목 감정평가 시 유의사항**
>
> **1. 입목재적과 입목가액**
> 입목의 단가를 산정할 때 전체 재적이 상이하면 수종 등이 동일하더라도 수급관계와 반출비의 관계 때문에 그 단가에 차이가 생긴다. 일반적으로 거래재적이 많을수록 입목은 비싸게 거래되고, 한 장소에서 입목의 반출량이 많으면 그에 따라 반출비의 단가는 낮아지므로 입목의 단가는 높아지는 점 등에 유의한다.
>
> **2. 입목형질과 입목가액**
> 입목은 수종 및 형질에 따라 거래되는 가격의 차이가 많으므로, 거래사례와 비교할 때 입목의 형질조사에도 유의하여야 한다.
>
> **3. 입목의 경급과 입목가액**
> 일시에 조성된 인공림의 경우에는 입목의 경급이 거의 일정할 수 있으나, 실제로는 일시에 조성했다 하더라도 생장량의 차이로 입목 경급은 차이나는 경우가 있으며, 혼효림의 경우에는 수종별, 직경급별 차이가 심하게 발생한다. 이 경우 각 직경급별로 입목단가를 거래사례자료에 의하여 조사할 때에는 경급별 입목가액 차이에 유의하여야 한다.

(5) **임업부대시설의 감정평가**

임업부대시설이라 함은 임도, 방화선, 건물(관리사, 창고 등), 소방망대, 임간묘포 등 임업경영에 사용되는 일체의 시설 등을 말하는 것이다.

① **임도 및 방화선(防火線)**

임도 및 방화선(防火線)을 감정평가할 때에는 원가법을 적용하여야 한다. 다만, 산지의 감정평가액에 임도가액을 포함시킨 경우에는 따로 감정평가를 하지 아니한다.

② **건물 및 소방망대(消防望臺)**

건물 및 소방망대(消防望臺)를 감정평가할 때에는 원가법을 적용하여야 한다.

③ **임간묘포(林間苗圃)**

임간묘포(林間苗圃)를 감정평가할 때에는 거래사례비교법을 적용하여야 한다. 다만, 거래사례비교법의 적용이 곤란하거나 적절하지 않은 경우에는 원가법을 적용할 수 있다.

3. 과수원의 감정평가

1) 정의

과수원이란 집단적으로 재배하는 사과·배·밤·호두·귤나무 등 과수류 및 그 토지와 이에 접속된 저장고 등 부속시설물의 부지(주거용 건물이 있는 부지는 제외)를 말한다.

2) 조사·확인사항

과수원의 가격자료에는 거래사례, 조성사례, 임대사례, 수익자료 등이 있으며, 대상 과수원의 특성에 맞는 적절한 자료를 수집하고 정리한다.

(1) 사전조사사항

소재지, 지번, 지목, 면적, 관련 법령에 따른 토지의 사용·처분 등의 제한 또는 그 해제, 그 밖의 참고사항

(2) 실지조사사항

소재지, 지번, 지목, 면적, 과수상황(수종, 품종, 수령, 주수 및 면적), 재배관리상황(비배관리, 관개, 배수상황, 병충해의 정도 및 구제예방), 과거의 수확량 및 품등정도, 생산물의 판로, 판매가격, 판매방법, 토양 및 입지조건, 수지 예상 및 장래성, 그 밖의 참고사항

3) 자료의 수집 및 정리

거래사례(과수원의 거래사례 및 가격수준 등), 조성사례(식재비 등), 임대사례(임대수익, 임대보증금, 보증금운용이율, 기타 수익, 총비용 등), 수익자료(판매가격, 생산비용, 평균순수익 등), 그 밖에 감정평가액 결정에 참고가 되는 자료

4) 과수원의 감정평가방법

> **감정평가에 관한 규칙 제18조**(과수원의 감정평가)
>
> 감정평가법인등은 과수원을 감정평가할 때에 거래사례비교법을 적용해야 한다.

(1) 과수원의 감정평가방법(과수원부지와 과수목을 일괄로 평가하는 경우)

과수원은 과수와 그 과수가 식재되어 있는 토지가 일체로 거래되는 경우가 대부분이다. 거래사례비교법에 의하여 과수원의 가액을 산정하고자 할 때에는 먼저 인근지역, 유사지역 또는 동일수급권 내에서 가능한 다수의 거래사례를 수집하고, 수집된 자료 중에서 물적, 위치적으로 동일성 또는 유사성이 있다고 인정되는 적정한 거래사례를 선정하여 상호 비교하여 산정하되, 지상 과수의 수종·수령·발육 및 관리상태 등에 따른 시장 내에서의 과수원 거래가격수준 차이에 유의하여야 한다.

(2) 거래사례비교법을 적용하기 어려운 경우의 감정평가방법

① 원가법

인근지역 등에서 동종의 과수원에 대한 거래사례가 없거나 유령수의 과수로 구성되어 거래사례비교법의 적용이 곤란하거나 적정하지 아니한 경우에 원가법을 적용할 수 있다. 원가법에 의한 감정평가액은 과수원 부지와 과수를 개별 감정평가하여 합산하는 방식으로, 과수원 부지는 공시지가기준법에 의해, 과수는 해당 과수에 대한 소요비용 등을 감안하여 감정평가하게 된다.

PART 03

> **Check Point!**
>
> ● 과수의 평가방법
>
> **1. 원칙**
> 거래사례비교법을 적용한다.
>
> **2. 정상 수확기에 미달한 과수**
> 정상수확기에 미달한 과수의 평가는 투하비용의 원리금합계액으로 평가할 수 있다.
>
> **3. 정상 수확기에 달한 과수**
> 정상수확기에 달한 과수는 순수익의 현가합계액으로 평가한다.

② **수익환원법**

지상 과수에서 일정한 수익이 창출되는 경우 과수원은 수익성 부동산으로서의 성격을 가지게 되므로 수익환원법을 적용할 수 있다. 수익환원법에 의한 감정평가액은 잔존효용연수에 대한 순수익의 현가합계액과 기간 말의 토지가치 복귀액을 합산하여 산정한다.

수익환원법에 의하여 평가하는 경우 순수익을 산출하기 위해서는 연수입에서 소요비용[조세공과, 비료대(지급비료 포함) 및 약제대, 노임(자가노력비, 제조, 시비, 밭갈이 비용), 일반관리비 및 판매비, 운영자금이자]을 공제하여 결정한다.

5) 과수원의 감정평가 시 유의사항

(1) 거래사례비교법 적용의 문제점

과수경영기술의 발전 등으로 다년간 생육이 요구되는 과수가 점차 줄어들어 단년생 과수가 일반적인 경우가 되어 가고 있는 추세이며, 동일한 수종이라도 품종 등에 따라 식재 및 경영 방식과 이에 따라 발생하는 수익의 정도가 상당한 차이가 있을 수 있다. 따라서 대상과 동일한 과수원 사례를 적용하기 위해서는 단순히 인근지역의 유사 과수원 사례라고 해서 무조건 적용하는 것이 아니라 이에 대한 면밀한 검토가 필요할 것이다.

(2) 정상식재의 판단과 적용

정상식재의 개념은 단순히 표준적인 식재주수를 의미하는 것은 아니며, 정상적인 생육이 가능한 최상의 재배를 기준하여 정상적인 이익(혹은 최상의 이익)을 실현할 수 있는 상태를 의미한다. 대상과수를 실제조사할 경우 정상식재(적정본수식재)나 적정한 무육관리가 되어 있지 않은 경우가 있으므로, 대상과수의 현상을 참작하여 적의 가감조정하여야 하며, 집단 재배관리되는 경영 과수원이 아닌 경우는 재배관리의 난점과 수익에 미치는 제반 불합리한 요인을 감안하여 감가하여야 한다.

기 본예제

P 씨는 자신 소유의 과수원을 매각하기 위해 Y평가사에게 감정평가를 의뢰하였다. 다음 자료를 활용하여 사과나무가 식재되어 있는 과수원의 감정평가액을 산정하시오.

풀이영상

자료 1 평가대상물건

1. 과수원부지
   (1) 소재지: 경기도 화성시 팔탄면 가재리 132번지
   (2) 지목, 면적: 과수원, 15,000m²
   (3) 용도지역: 관리지역
   (4) 기타: 대상토지는 6m 도로에 접해 있으며, 부정형, 완경사지를 이루고 있다.
2. 과수목
   (1) 사과나무 20년생: 150주
   (2) 사과나무 5년생: 75주
3. 기준시점: 2026년 9월 4일

자료 2

본 토지의 감정평가액(원/m²): 215,000

자료 3 인근의 과수원의 거래사례

경기도 화성시 팔탄면 가재리 278번지, 관리지역, 지목 과수원, 20,000m²의 과수원으로서 정상식으로 식재되어 있다. 최근(기준시점)에 거래되었으며, 거래가격은 4,500,000,000원에 거래되었다. 사례의 소유자 K 씨는 사과나무를 재배하여 인근 ○○농협에 사과를 납품하여 수익을 얻고 있다. 과수원 가격은 몇 년간 변동이 없으며, 면적을 제외한 비교요인치는 대상이 사례에 비하여 5.5% 우세하다고 본다.

자료 4 대상 과수나무의 수익성

1. 20년생 사과나무의 나무가격은 인근 시장에서 형성되어 있지 않으며, 앞으로 주당 연간 40,000원의 순수익(매출에서 매출원가와 지대 등 비용을 차감한 금액)을 창출할 것으로 예상되며 10년간 수익이 지속될 것이다.
2. 5년생 사과나무는 유령수로서 아직 수익은 없는 상태이며, 인근 시장에는 사과나무 묘목의 가치만 형성되어 있으며 묘목가치는 주당 10,000원이다.

자료 5 투하비용

1. 정상 수확기에 미달한 5년생 사과나무는 2022년 초에 식재되었다.
2. 정상 수확기에 미달한 5년생 사과나무 식재 후 매년 초 20,000원/주씩 비용을 투하하였다.
   (식재연도 포함)(묘목구입비 별도)

자료 6 기타사항

할인율 및 이자율: 연 10%

예시답안

Ⅰ. **평가개요**

본건은 과수원에 대한 감정평가로서 감정평가에 관한 규칙에 근거하여 거래사례비교법으로 평가한다(기준시점: 2026년 9월 4일).

Ⅱ. **거래사례비교법**

인근지역의 과수원 거래사례로서 용도지역, 이용상황 등 유사하며, 최근 거래사례로서 적정한 것으로 판단된다(m²당 225,000원).

225,000 × 1.000 × 1.00000 × 1.000 × 1.055 ≒ 237,000원/m²(× 15,000 = 3,555,000,000원)

III. 과수원의 개별평가액

1. 토지의 감정평가액

215,000원/m²(× 15,000 = 3,225,000,000원)

2. 수익수(20년생)의 감정평가액

$40,000 \times \dfrac{1.1^{10}-1}{0.1 \times 1.1^{10}} ≒ 246,000원/주(× 150주 = 36,900,000원)$

3. 유령수(5년생)의 감정평가액

$10,000 + 20,000 \times (1 + 1.1 + 1.1^2 + 1.1^3 + 1.1^4) \times (1 + 0.1 \times 8/12) ≒ 140,000원/주$
(× 75주 = 10,500,000원)

4. 개별평가액 합계

3,225,000,000 + 36,900,000 + 10,500,000 = 3,272,400,000원

IV. 감정평가액 결정

각 평가방법에 의한 시산가액이 유사한바, 「감정평가에 관한 규칙」 제18조에 의거 거래사례비교법에 의한
평가액인 237,000원/m²(과수목 포함)으로 결정한다(× 15,000 = 3,555,000,000원).

4. 석산(광업용지)의 감정평가

(1) 석산의 감정평가방법 [15]

「산지관리법」에 따른 토석채취허가를 받거나 채석단지의 지정을 받은 토지, 「국토의 계획 및 이
용에 관한 법률」에 따른 토석채취 개발행위허가를 받은 토지 또는 「골재채취법」에 따른 골재채취
허가(육상골재에 한함)를 받은 토지(이하 "석산"이라 한다)를 감정평가할 때에는 수익환원법을
적용하여야 한다. 다만, 수익환원법으로 감정평가하는 것이 곤란하거나 적절하지 아니한 경우에는
토석의 시장성, 유사 석산의 거래사례, 평가사례 등을 고려하여 공시지가기준법 또는 거래사례비
교법으로 감정평가할 수 있다.

(2) 수익환원법 적용방법

수익환원법을 적용할 때에는 허가기간 동안의 순수익을 환원한 금액에서 장래 소요될 기업비를
현가화한 총액과 현존 시설의 가액을 공제하고 토석채취 완료시점의 토지가액을 현가화한 금액을
더하여 감정평가한다. 토석채취 완료시점의 토지가액을 현가화한 금액은 허가기간 말의 토지현황
(관련 법령 또는 허가의 내용에 원상회복·원상복구 등이 포함되어 있는 경우는 그 내용을 고려한
것을 말한다)을 상정한 기준시점 당시의 토지감정평가액으로 한다.

---

15) 감정평가실무기준 610.1.7.15. 석산

$$\text{수익환원법에 의한 석산 감정평가(p)} = \left\{ \cfrac{a}{S + \cfrac{i}{(1 + i)^n - 1}} - E - F \right\} + \cfrac{p_R}{(1 + r)^n}$$

a : 순수익   E : 장래소요기업비 현가
S : 환원이율   F : 현존 시설가액
i : 축적이율 p_R : 복귀가격, 채취 완료시점의 토지가격
n : 가행연수   r : 할인율

출처 : 석산 감정평가방법에 관한 연구, 2017.02, 한국골재협회 등

(3) 석산 감정평가액의 배분

석산의 감정평가액은 합리적인 배분기준에 따라 토석(석재와 골재)의 가액과 토지가액으로 구분하여 표시할 수 있다.

석산(특수토지)의 가치 = 토석의 가치 + 토지의 가치

(4) 용도폐지된 광업용지

용도폐지된 광업용지는 인근지역 또는 동일수급권 안의 유사지역에 있는 용도폐지된 광업용지의 거래사례 등 가격자료에 의하여 공시지가기준법 및 거래사례비교법으로 평가한다. 다만, 용도폐지된 광업용지의 거래사례 등 가격자료를 구하기가 곤란한 경우에는 인근지역 또는 동일수급권 안의 유사지역에 있는 주된 용도 토지의 가격자료에 의하여 평가하되, 다른 용도로의 전환가능성 및 용도전환에 소요되는 통상비용 등을 고려한 가격으로 평가한다.

5. 염전부지의 감정평가

1) 염전의 정의 및 종류

염전이라 함은 염 또는 간수를 제조하기 위하여 해수를 농축하는 자연증발지를 가진 지면을 말한다. 천일염전은 저수지와 염전 내부와의 지반고의 고저에 따라 고지식(高地式)과 저지식(低地式)으로 구별되며, 염전 내부의 증발지 각 단(段)의 낙차가 계속적인 경우와 역낙차의 경우로 구분하여 유하식(流下式)과 급상식(級上式)으로 구분된다.

2) 염전의 감정평가방법

(1) 거래사례비교법

염전을 감정평가할 때에는 인근지역 또는 동일수급권 안의 유사지역에 있는 염전의 거래사례 등 가격자료에 의하여 공시지가기준법 및 거래사례비교법을 적용하여야 한다. 거래사례비교법으로 감정평가하는 경우에는 입지조건, 규모 및 시설 등의 상태, 염생산가능면적과 부대시설면적의 비율,

수익성 등을 고려한 가격으로 감정평가하되, 토지에 화체되지 아니한 건물 및 구축물 등의 가격상
당액이 포함되어 있는 때에는 이를 공제한 것으로 하여야 한다.

(2) 그 외 감정평가방법

적정한 거래사례가 없거나 거래사례비교법의 적용이 불가능한 경우에는 원가법이나 수익환원법
등으로 감정평가할 수 있을 것이다. 즉, 인근지역 내 유사한 염전으로 조성된 사례를 통해 개발에
소요된 비용과 성숙도 및 기타 제반 사항이 파악되고 염전의 설비 등에 대한 자료가 확인될 경우
에는 원가법을 적용할 수 있고, 염전 전체의 총수익과 비용 등에 대한 수익성 자료가 있는 경우에는
수익환원법을 적용할 수 있다.

다만, 수익환원법으로 감정평가하는 경우에는 토지와 건물, 기타 구축물이 산출하는 염전 전체의
순수익에서 토지만이 산출하는 잔여수익을 산정하여 환원하는 방법인 토지잔여법을 활용할 수 있다.
수익환원법에 의하여 평가하는 경우 순수익을 산출하기 위해서는 연수입에서 소요비용[제염원가
(제염비, 염전비), 일반관리비와 판매비, 운영자금이자]을 공제하여 결정한다.

6. 유원지의 감정평가

유원지는 인근지역 또는 동일수급권 안의 유사지역에 있는 유사용도 토지의 거래사례 등 가격자료에
의하여 공시지가기준법 및 거래사례비교법으로 평가한다. 다만, 그 유원지가 새로이 조성되어 거래사
례비교법으로 평가하는 것이 현저히 곤란하거나 적정하지 아니하다고 인정되는 경우에는 원가법 또는
수익환원법으로 평가할 수 있다.

7. 골프장(용지)의 감정평가

1) 골프장의 분류

(1) 이용형태에 따른 구분

회원제(Membership)골프장, 대중(Public)골프장으로 분류된다.

(2) 지형적 특성에 따른 구분

해안형, 평지형, 산악형으로 분류되며, 지형적인 특성에 따라 골프장 조성비에 영향을 준다.

(3) 규모에 따른 구분

비정규골프장(9홀), 정규골프장(18홀, 27홀, 36홀)으로 나뉜다.

2) 골프장용지의 구분

(1) 개발지

개발지란 골프코스(티그라운드·페어웨이·러프·그린 등), 주차장 및 도로, 조정지(골프코스 밖
에 설치된 연못), 조경지(형질 변경 후 경관을 조성한 토지), 클럽하우스 등 관리시설의 부지를
뜻한다.

(2) 원형보존지

원형보존지란 개발지 이외의 토지로서 해당 골프장의 사업계획승인 시부터 현재까지 원형상태 그대로 보전이 되고 있는 임야, 늪지 등의 토지를 의미한다.

3) 골프장의 평가방법

(1) 원가법

① 토지의 감정평가방법

㉠ 공시지가기준법 : 인근지역 또는 유사지역의 유사한 골프장용지의 표준지공시지가를 선정 및 비준하여 가치를 결정한다. 대부분 본건이 표준지로서 지역 및 개별요인 보정은 불필요하다.

㉡ 원가법 : 조성전 토지가치에 개발지와 원형보전지의 표준적 공사비, 부대비용, 제세공과금(토지용역수수료, 인허가용역비, 설계 및 감리비, 각종 부담금, 토목공사비 등) 및 적정이윤을 가산하여 원가법으로 평가할 수 있다. 골프장 조성공사비는 본건의 조성공사비 내역을 기준하거나(직접법), 유사 골프장의 조성공사비를 참작하여(간접법) 결정할 수 있다(원/홀).

> **참고**
>
> **골프장용지의 원가법에 의한 감정평가[16]**
>
> 평가가격 = [조성 전 토지의 소지가격 + (조성공사비 및 그 부대비용 + 취득세 등 제세공과금 + 적정이윤)] ÷ 해당 토지의 면적
>
> **1. 소지가격**
>
> ① 의의 : 조성 전 토지의 소지가격은 골프장으로 조성되기 전 개별토지의 토지이용상황을 고려하고 개발이익이 배제된 상태의 가격
>
> ② 산정방법 : 적정한 거래사례를 수집하되 대상 골프장의 소지가격의 확인이 불가능하거나, 골프장 조성 전 토지의 이용상황 확인이 불가능한 경우에는 동일수급권내에서 골프장으로 용도전환이 가능한 토지의 거래사례를 수집하여 비교하되, 일단지로 비교할 수 있음.
>
> **2. 조성공사비 및 그 부대비용**
>
> ① 조성공사비 및 그 부대비용은 해당 골프장의 조성공사비 등을 직접 파악하여 직접법을 사용하되, 조성공사비가 해당 토지 조성 시 특수한 공법을 사용하거나 해당 토지의 조성공사비가 적정하지 아니한 경우 등은 인근의 유사토지의 조성공사비를 적용하여 간접법을 사용할 수 있음.
>
> ② 조성공사비 및 그 부대비용의 일반적인 구성항목
> - 토지용역수수료 : 토지매입 대행비
> - 인허가 용역비 : 도시관리계획 입안, 도시계획시설 실시계획 인가신청, 환경·교통·재해 등 영향평가, 체육시설등록 신청과 관련한 용역비 및 대행비 등
> - 설계/감리비 : 토목 및 코스설계비, 토목감리비
> - 각종부담금 : 농지보전부담금, 대체산림자원조성비, 기반시설부담금 등
> - 토목공사비 : 골프장용지의 토목공사비, 잔디식재비, 도로포장공사비 등에 대한 수급인(건설업자)의 직·간접공사와 적정이윤
> - 개발업자의 일반관리비 및 직·간접 경비
> - 기타 : PM용역수수료, 민원해소비용 등
> - 공사비는 홀당 또는 m²당으로 산정할 수 있다.

---

16) 2020년 표준지공시지가 조사·평가 업무요령, 국토교통부, 2019.09, pp.416~419

3. **취득세 및 제세공과금**

골프장 준공과 관련된 취득세 등은 일반적인 세금과 부담금을 포함하여 산정함.

① 취득세 등 : 대중 골프장 : 2.2%, 회원제 골프장 : 11%, 미준공 골프장 : 0%

② 준공 시 세금 : 토목공사에 수반하여 지목변경에 따른 취득세, 등록세를 부과하고 있음.

③ 개발부담금

4. **적정이윤**

적정이윤은 (노무비 + 경비 + 일반관리비) × 이윤율이나, 사업시행자 시행방식을 상정한 평가이므로 "0"으로 함.

5. **기타공사비 요인**

보정이 필요한 경우는 아래와 같음.

① 직접 공사비 산정이 어려운 경우나 직접 공사비가 인근 유사 골프장에 비해 상대적으로 과소·과대한 경우

② 지형 특성(암반 등)으로 인하여 공사비가 적정하지 아니한 경우

③ 미 준공 골프장의 경우 공정률 반영

6. **골프장용지 조사·평가 대상 제외범위**

① 골프장 안의 관리시설인 클럽하우스·창고·오수처리시설 등 지상의 건축물

② 골프장용지에 화체되지 아니한 시설물 및 조경수 등

③ 잔교(교량), 급·배수시설(맨홀·암거·흄관 등과 스프링클러)

ⓒ 거래사례비교법 : 인근 또는 동일수급권 내 유사지역 내에 소재하는 동종 골프장을 기준하여 거래사례비교법으로 평가가 가능하다. 거래사례의 거래가격에서 지상의 건물 등의 가치를 차감한 가액을 비준한다.

② **건물 등의 감정평가방법**

건물 및 기구 등은 원가법으로 감정평가한다.

⑵ **거래사례비교법**

인근 또는 동일수급권 내 유사지역 내에 소재하는 동종 골프장을 기준으로 토지와 건물을 일체로 비준이 가능하다[m²당 금액, 홀(Hole)당 금액].

골프장의 개별요인은 일반적인 토지, 건물의 요인에 대한 비교에 아래의 항목 등을 추가로 비교해야 한다.

코스개발특성	홀수, 등록면적, 개발지와 원형보전지의 비율, 골프코스 설계의 우수성, 코스전장(코스레이팅), 코스의 관리상태, 관개·배수의 양부 등
시설개발특성	조경의 상태, 숙박시설·부대시설·조명시설의 유무, 대중골프장 병설여부 등
경영특성	내장객 수, 골프장 이용요금(그린피), 연간 매출액, 영업이익률, 분쟁여부, 종업원의 태도, 캐디의 친절도 등
기타특성	지명도(명성), 개장일자, 회원제/대중제, 회원수, 골프회원권 가격 등

⑶ **수익환원법**

골프장의 순수익(영업이익)을 할인 또는 환원하여 감정평가가 가능하다. 단, 부동산 가치와 무관한 영업권의 가치는 배제되어야 할 것이다.

4) 골프장 감정평가 시 유의사항

(1) 골프장면적

골프장의 면적은 「체육시설의 설치・이용에 관한 법률」 시행령 제20조 제1항의 규정에 의하여 등록된 면적(조성공사 중에 있는 골프장용지는 동법 제12조의 규정에 따라 사업계획의 승인을 얻은 면적을 말한다)으로 한다.

(2) 일단지평가

골프장용지는 해당 골프장의 등록된 면적 전체를 일단지로 보고 감정평가하되, 면적비율에 의한 평균가격으로 평가가격을 결정한다. 다만, 하나의 골프장이 회원제골프장과 대중골프장으로 구분되어 있을 때에는 그 구분된 부분을 각각 일단지로 보고 평가한다.

5) 골프장 감정평가방법 준용

경마장 및 스키장시설, 그 밖에 이와 비슷한 체육시설용지나 유원지의 감정평가에 준용한다.

기본예제

아래 골프장에 대한 감정평가액(매매참고용)을 결정하시오.

풀이영상

자료 1 평가대상 골프장의 현황

1. 명칭: HV 컨트리클럽
2. 소재지: 충청북도 진천군 B면 K리 산29-1 외 76필지
3. 규모: 18홀 정규 퍼블릭(대중제)
4. 면적: 1,405,860m²(등록면적)
5. 지상건물의 현황

구분	구조	면적(m²)	사용승인일	현장조사사항
클럽하우스	철근콘크리트조	6,526.7	2023.12.10.	현황 클럽하우스로서 경제적 내용연수는 50년이고 잔가율은 0임.
기타건물	철근콘크리트조 및 철골조	1,265.1	2023.12.10.	기숙사, 그늘집, 티하우스, 설비창고, 카트창고 등으로 이용 중으로서 경제적 내용연수는 40년이고 잔가율은 0임.

6. 골프장 토지의 준공시점: 2024.1.1.
7. 개장일: 2024.5.1.

자료 2

1. 표준지공시지가 현황(공시기준일: 2026년 1월 1일)

기호	소재지	지목	면적(m²)	이용상황	용도지역	도로교통	형상지세	공시지가(원/m²)
A	진천군 B면 K리 산29-1	체	1,405,860 (일단지)	골프장	계획관리	소로한면	부정형 완경사	34,000

2. 표준지의 세부현황

세부내역	본건과의 비교
• 규모 : 대중제 18홀 • 면적 : 1,405,860m² • 개장일 : 2024.5.1.	본건이 비교표준지임.

자료 3 본건 토지공사 관련 사항

1. 조성 및 건물공사 내역

구분	세부내용	공사비 내역	비고

조성공사비	골프장 조성공사	홀당 평균 15억원	• 취득세 미포함
			• 취득세율
			  − 대중제 : 2.2%
			  − 회원제 : 11%
			• 적정이윤 : 취득세 포함 공사비의 10%
			• 기타공사요인 관련 비용 : 적정이윤 포함 공사비의 6%

조성공사비	설계비 및 감리비	600,000,000원	
조성공사비	구축물, 전기	3,100,000,000	
클럽하우스 신축공사비	공사대금	m²당 1,100,000원	
기타건물 신축공사비	공사대금	m²당 500,000원	

2. 상기 공사비는 모두 준공시점기준의 가격이다.

자료 4 그 밖의 요인보정치 결정

인근지역 및 유사지역의 골프장 평가선례를 검토한 결과 그 밖의 요인 보정치로서 40%를 증액보정한다.

자료 5

기준시점 최근에 K골프장(대중제 27홀)이 1,100억원에 거래되었으며, HV골프장은 K골프장 대비 5% 우세하다.

자료 6 비교요인치

1. 지가변동률

구분	2024년 12월	2025년 12월	2026년 6월
진천군 계획관리	−0.321 (1.536)	0.111 (2.612)	0.061 (2.115)
안성시 계획관리	−0.121 (0.936)	0.124 (2.242)	0.011 (1.005)

2. 건축비는 보합세를 가정한다.

자료 7 수정재무제표 현황

1. 골프장의 환원이율 : 10.0%
2. 영업이익 : 연간 80억원

자료 8 기타사항

1. 현장조사기간 : 2026.8.10.(1일)
2. 투하자본수익률은 월 0.5%를 적용할 것
3. 조성전 소지의 매입비 등 평균적인 가격(준공시점 기준)은 평방미터당 25,500원이다.
4. 시산가액은 홀당 평가액에 의하며, 반올림하여 천만원 단위까지 산정한다.

예시답안

Ⅰ. 평가개요

본건은 골프장에 대한 매매참고용 감정평가로서 기준시점은 2026년 8월 10일이다.

Ⅱ. 개별평가에 의한 감정평가액

1. 토지의 감정평가액

(1) 처리방침 : 골프장의 원형보전지 및 개발지 모두를 일단지로 평가하며, 등록된 면적을 평가한다.

(2) 공시지가기준가격 : $34,000 \times 1.02200^* \times 1.000 \times 1.000 \times 1.40 ≒ 49,000$원/m²

  * 시점(2026.1.1.~2026.8.10. 진천군 계획관리) : $1.02115 \times (1 + 0.00061 \times 41/30)$

(3) 조성원가법에 의한 감정평가액

  ① 조성공사비 및 부대비용 : 토지가치의 감정평가인바, 건물에 투하된 비용은 제외하고 토지에 포함되는 비용만 산정한다.

  $1,500,000,000 \times 18$홀 $+ 600,000,000 + 3,100,000,000 = 30,700,000,000$원

  ② 세금 및 이윤이 포함된 조성공사비 등

  $30,700,000,000 \times (1 + 0.022) \times 1.1 \times 1.06 ≒ 36,583,716,400$원($÷ 1,405,860 ≒ 26,022$원/m²)

  ③ 조성원가법에 의한 토지의 감정평가액 : $(25,500 + 26,022) \times 1.06480^* ≒ 55,000$원/m²

  * 성숙도수정(진천군 계획관리), 2024.1.1.~2026.8.10.
  $1.01536 \times 1.02612 \times 1.02115 \times (1 + 0.00061 \times 41/30)$

(4) 토지의 감정평가액 결정 : 공시지가기준법에 의한 가격으로 결정하되, 원가법에 의한 시산가액에 의한 합리성이 인정되는 것으로 판단되는 바, 49,000원/m²으로 결정한다($\times 1,405,860 = 68,887,140,000$원).

2. 건물의 감정평가액

(1) 클럽하우스 : $1,100,000 \times 48/50 = 1,056,000$원/m²($\times 6,526.7 = 6,892,195,200$원)

(2) 기타건물 : $500,000 \times 38/40 = 475,000$원/m²($\times 1,265.1 = 600,922,500$원)

(3) 건물의 감정평가액 : $6,892,195,200 + 600,922,500 = 7,493,117,700$원

3. 개별평가에 의한 감정평가액

$68,887,140,000 + 7,493,117,700 = 76,380,257,700$원(홀당 약 4,240,000,000원)

Ⅲ. 거래사례비교법에 의한 시산가액

1. 사례의 적부 : 본건과 유사한 대중제 골프장의 정상적인 거래사례로서 채택한다($110,000,000,000 ÷ 27$홀 ≒ 홀당 4,070,000,000원).

2. 비준가액

$4,070,000,000 \times 1.000$(사정) $\times 1.00000$(시점, 최근) $\times 1.00$(지역) $\times 1.05$(개별) ≒ 4,270,000,000원

Ⅳ. 수익환원법에 의한 시산가액

$8,000,000,000 ÷ 0.10 = 80,000,000,000$원(홀당 약 4,440,000,000원)

Ⅴ. 감정평가액 결정

1. 시산가액(홀당 가격)

원가법	거래사례비교법	수익환원법
4,240,000,000	4,270,000,000	4,440,000,000

2. 감정평가액 결정

상기와 같이 시산되었는바, 원가법에 의한 시산가액으로 결정하되, 거래사례비교법 및 수익환원법에 의한 합리성이 인정되는 것으로 판단된다(76,380,257,700원, 홀당 약 4,240,000,000원).

8. 종교용지의 감정평가

(1) 평가기준

종교용지 또는 사적지(이하 "종교용지 등"이라 한다)는 그 토지가 위치한 인근지역의 주된 용도 토지의 거래가격을 활용하여 공시지가기준법 및 거래사례비교법으로 평가하되, 그 용도 제한 및 거래제한의 상태 등을 개별요인으로 고려하여 평가한다.[17]

(2) 주변환경에 따른 종교용지 감정평가 시 유의사항

다만, 그 종교용지 등이 농경지대 또는 임야지대 등에 소재하여 해당 토지의 가격이 인근지역의 주된 용도 토지의 가격수준에 비하여 일반적으로 높게 형성되는 것으로 인정되는 경우에는 원가법에 따르되, 조성공사비 및 그 부대비용은 토지에 화체되지 아니한 공작물 등의 설치에 소요되는 금액 상당액을 뺀 것으로 한다. 다만, 특수한 공법을 사용하여 토지를 조성한 경우 등 해당 토지의 조성공사비가 평가가격 산출 시 적용하기에 적정하지 아니한 경우에는 인근 유사토지의 조성공사비를 참작하여 적용할 수 있다.

(3) 종교용지의 감가 여부

조성용지를 종교용지로 지정하여 처분하는 경우에는 수요의 제한을 받기 때문에 인근의 대지보다 낮게 평가가 되며, 기존 시가지나 종교용지는 지목변경이 용이하므로 인근의 표준적인 이용상황에 따른 금액으로 평가되어야 할 것이다.

9. 택지 등 조성공사 중에 있는 토지

1) 평가대상

건물 등의 건축을 목적으로 농지전용허가나 산지전용허가를 받거나 토지의 형질변경허가를 받아 택지 등으로 조성 중에 있는 토지에 적용된다.

2) 평가기준

(1) 조성 중인 상태대로의 가격이 형성되어 있는 경우에는 그 가격을 기준으로 감정평가한다.

① 현황이 조성전인 경우

조성전의 이용상태의 비교표준지에 개별요인을 보정(상향)하여 평가한다.

② 현황이 조성이 된 경우

조성 후의 이용상태의 비교표준지에 개별요인을 보정(미성숙으로 인한 하향)하여 평가한다.

(2) 조성 중인 상태대로의 가격이 형성되어 있지 아니한 경우에는 조성전 토지의 소지가액, 기준시점까지 조성공사에 실제 든 비용상당액, 공사진행정도, 택지조성에 걸리는 예상기간 등을 종합적으로 고려하여 감정평가한다.

---

17) 단, 보상감정평가 시 그 제한이 해당 공익사업으로 인한 경우에는 반영하지 않는다.

① 가산방식에 의한 조성택지의 감정평가방법

> 조성택지 준공시점의 감정평가액(원/m²)
> = (소지가액 + 조성공사비 + 공공공익시설부담금 + 판매비 및 일반관리비
> + 농지조성비 등 + 개발업자의 적정이윤) ÷ 유효택지면적(m²)

② 개발법에 의한 토지의 평가

대상토지를 개발했을 경우 예상되는 총 매매(분양)가격의 현재가치에서 개발비용의 현재가치를 공제한 값을 토지가치로 하는 방법으로서, 현금흐름할인분석법의 절차를 이용하여 개발대상토지의 가액을 산정한다.

각종 부담금

구분	납입대상	납입금액
농지보전부담금[18]	농지를 농지 외의 목적으로 사용하는 경우 납입해야 한다.	개별공시지가의 100분의 30으로 하되, 상한금액은 50,000원/m²이다.
대체산림자원조성비[19]	산지전용허가 등을 받으려는 자가 납입해야 한다.	매년 산림청장이 고시하는 금액에 따르며, 준보전산지, 보전산지, 산지전용·일시사용제한지역에 따라 m²당 금액이 다르다. 여기에 개별공시지가 일부 반영비율이 가산되어 대체산림자원조성비가 부과된다.
대체초지조성비[20]	초지를 형질변경하는 경우 납입해야 한다.	매년 농림수산식품부장관이 고시하는 금액에 의하며 초지조성단가에 3년간 초지관리비를 합산한 금액으로 ha(1만m²)당 금액을 기준으로 고시된다.

3) 환지지역 내의 토지평가방법

(1) 도시개발법상 환지방식의 사업시행

도시개발법상 사업시행방식 중 환지방식은 법적 소유권을 유지한 상태에서 사업시행하고, 각 토지의 위치, 지적, 토질, 이용, 환경 고려하며 사업 시행 후의 토지이용계획에 맞게 이동하는 사업방식을 말한다. 환지방식의 특징은 초기 투자비용 저렴하고, 체비지 매각대금으로 사업비 충당할 수 있으며, 토지소유권 보호되는 특징이 있다. 환지방식은 세부적으로 평가식, 면적식, 절충식의 방법이 있다.

---

18) 농지법 제39조(농지보전부담금)
19) 산지관리법 제19조(대체산림자원조성비)
20) 초지법 제23조(초지의 전용 등)

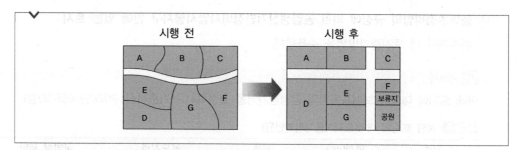

(2) 도시개발법상 환지방식에 의한 사업시행지구 안에 있는 토지

① 환지처분 이전에 환지예정지로 지정된 경우

청산금의 납부 여부에 관계없이 환지예정지의 위치, 확정예정지번[블록(BL)·롯트(LOT)], 면적, 형상, 도로접면상태와 그 성숙도 등을 고려하여 평가한다. 다만 환지처분 이전 상태에서는 권리면적을 원칙[21]으로 평가하되, 환지처분 이후에는 환지면적을 기준으로 평가한다.

② 환지예정지의 지정 전인 경우

종전 토지의 위치, 지목, 면적, 형상, 이용상황 등을 기준으로 평가한다.

③ 환지예정지 면적처리에 대한 부분

구분	경우	평가목적	원칙	기재요령
환지처분 이전 환지 예정지로 지정된 경우	권리면적 > 환지면적	경매평가	권리면적	평가목적을 고려하여 권리면적으로 평가하였으며, 교부청산금(○○㎡)은 환지처분시점에 최종 확정된다.
	권리면적 < 환지면적	경매평가	권리면적	평가목적을 고려하여 권리면적으로 평가하였으며, 징수청산금(○○㎡)은 환지처분시점에 최종 확정된다.
	권리면적 > 환지면적	담보평가	권리면적 (환지면적 가능)	평가목적을 고려하여 권리면적으로 평가하였으며, 교부청산금(○○㎡)은 환지처분시점에 최종 확정된다. (환지면적 기준 시) 담보평가의 안정성을 고려하여 환지면적을 기준으로 사정하였으며, 교부청산금(○○㎡)은 환지처분 시에 최종 확정된다.
	권리면적 < 환지면적	담보평가	권리면적	평가목적을 고려하여 권리면적으로 평가하였으며, 징수청산금(○○㎡)은 환지처분시점에 최종 확정된다.
환지처분 이후 (청산금 정산여부 무관)		공부상 면적		본건에는 ○○원의 청산금(혹은 지연이자 포함된 금액)이 있는바, 경매진행 시 참조하시기 바랍니다.

---

21) 시가감정대상이 환지예정지이고 거기에 권리면적 이외에 절반 이상의 과도면적이 포함되어 있는 토지라면 장차 환지확정에 따라 과도면적에 해당하는 청산금은 토지소유자가 부담하는 것이므로 이와 같은 환지예정지를 평가함에 있어서는 그 환지면적을 기준으로 하여 가격산정을 하되 권리면적과 과도면적의 구체적 사정을 고려하고 과도면적에 대한 환지처분 후 확정될 청산금 등 제반조건을 감안하여 그 시가를 산정하여야 할 것이고 감정인이 위 환지예정지를 감정평가하면서 위와 같은 사정을 고려함이 없이 만연히 과도면적에 대한 청산금이 이미 청산된 것임을 전제로 하여 그 시가를 정산하는 평가를 하였다면 「감정평가에 관한 법률」 제20조 소정의 감정인이 과실로 위 토지를 감정 당시 시가와 현저한 차이가 있게 평가한 경우에 해당한다고 할 것이다(대판 1987.11.10, 87다카1646).

(3) 농어촌정비법의 규정에 의한 농업생산기반정비사업시행지구 안에 있는 토지

환지지역 내 토지평가방법을 준용한다.

기 본예제

아래 토지에 대한 담보취득목적의 감정평가액을 결정하시오(기준시점 : 2026년 6월 30일).

자료 1 해당 토지의 내역(토지이용계획확인원)

지번	면적(m²)	지목	용도지역	공법상 제한
C동 442-3	579	전	제2종일반주거지역	○○도시개발사업지구

» 해당 토지는 ○○도시개발사업(환지방식) 내의 토지임.
» 지적도에 의한 결과 종전 토지는 세로(가), 부정형, 평지임.

자료 2 환지예정지증명서

종전토지			환지예정지					
지번	면적(m²)	지목	블록	롯트	권리면적	환지면적	과도면적	부족면적
442-3	579	전	15	10	296.7	309.3	12.6	-

» 환지예정지 토지는 환지예정지증명원 기준으로 제1종일반주거지역의 단독주택부지임.
» 환지예정지 지적도면에 의한 결과 본건은 소로한면, 정방형, 평지임.

자료 3 비교표준지 목록(2026년 1월 1일)

구분	소재지 지번	지목	면적(m²)	용도지역	이용상황	도로교통	형상 및 지세	공시지가(원/m²)
가	C동 BL-10-1	대	300	1종일주	단독주택	소로한면	정방형 평지	920,000
나	C동 BL-13-4	대	300	2종일주	단독주택	소로한면	정방형 평지	1,100,000

» 그 밖의 요인 비교치는 공히 80% 증액보정한다.

자료 4 지가변동률(2026.01.01. ~ 2026.06.30, 주거지역) : 1.679%

자료 5 개별요인 평점
소로한면(100), 세로(가)(90)
정방형(100), 부정형(95)

예시답안

Ⅰ. 평가개요
본건은 환지예정지에 대한 담보취득목적의 감정평가이다(기준시점 : 2026년 6월 30일).

Ⅱ. 비교표준지 선정
환지예정지를 기준으로 제1종일반주거지역의 단독주택부지로서 표준지 가를 선정한다.

Ⅲ. 감정평가액 결정
920,000 × 1.01679 × 1.000(지역) × 1.000(개별*) × 1.80(그 밖) ≒ 1,680,000원/m²(×296.7** = 498,456,000원)
* 환지예정지 상태로서의 개별요인을 기준한다.
** 평가면적은 권리면적을 기준한다(환지면적>권리면적).

Check
Point!

▶ 도시개발사업(환지방식)에 관련한 주요개념

1. 환지

환지란 도시개발사업(도시개발사업 또는 정비사업)과 토지개량사업(농지)을 행함에 있어 토지의 효용을 증진시키기 위하여 종전의 토지에 존재하던 권리관계에 변동을 가하지 아니하고 사업 전의 각 토지의 위치, 면적, 수리, 이용상황 및 환경 등을 고려하여 이에 대응할 수 있게 이것을 사업 후의 대지에 이동(환지, 재분배)시키는 것을 말한다. 환지를 결정하는 절차는 환지계획, 환지설계, 환지처분 순이며, 이를 환지확정이라고 한다.

2. 환지계획

도시개발사업 또는 농지개량사업의 공사결과 환지처분이 필요한 경우 그 공사의 시행자가 정하는 환지의 계획, 도시개발사업법에 의한 환지계획은 원칙적으로 지방장관, 특별시장, 광역시장, 도지사의 인가를 받아야 한다.

3. 환지설계

도시개발사업 시행 전의 토지와 환지면적의 평가액을 균형 있게 산정하여 종전 토지의 위치, 형상, 이용상황, 환경 등을 종합적으로 감안한 적정위치에 환지를 할당하는 것을 말한다. 환지규모를 결정하는 방법에는 평가식, 면적식, 절충식이 있다.

4. 환지예정지

도시개발사업의 원활한 촉진을 도모하고 관계권리자의 권리관계를 가급적 조속히 안정시켜 권리자가 실제상 환지처분이 행하여진 것과 같은 효과를 향유하게 함으로써 도시개발사업의 시행에 수반하여 야기되는 사권의 제한을 최소한도로 줄이기 위하여 환지계획에서 정하여진 환지의 위치, 면적을 환지처분 전에 예정지로 미리 정하는 토지이다.

5. 환지처분

토지개량사업 내지 도시개발사업을 실시함에 있어서 종전의 토지에 관한 소유권 및 기타의 권리를 보유하는 자에게 종전의 토지를 대신하여 정연하게 구획된 토지를 할당하고 종국적으로 이를 귀속시키는 처분을 말한다.

6. 체비지

도시개발사업을 환지방식으로 시행하는 경우(구 토지구획정리사업) 해당 사업에 필요한 재원을 확보하기 위하여 사업주가 토지소유주로부터 취득하여 처분할 수 있는 토지이다.

4) 택지개발사업시행지구 안에 있는 토지

(1) 택지개발사업실시계획의 승인고시일 이후에 택지로서의 확정예정지번이 부여된 경우

택지예정지를 기준으로 감정평가하되, 해당 택지의 지정용도 등을 고려하여 감정평가한다.

(2) 택지로서의 확정예정지번이 부여되기 전인 경우

종전 토지의 이용상황 등을 기준으로 그 공사의 시행정도 등을 고려하여 감정평가하되, 「택지개발촉진법」 제11조 제1항에 따라 용도지역이 변경된 경우에는 변경된 용도지역을 기준으로 한다.

10. 맹지(盲地)의 감정평가 [22]

1) 맹지의 개념

> **감정평가실무기준 610.1.7.12. 맹지**
>
> 지적도상 도로에 접한 부분이 없는 토지(이하 "맹지"라 한다)는 「민법」 제219조에 따라 공로에 출입하기 위한 통로를 개설하기 위해 비용이 발생하는 경우에는 그 비용을 고려하여 감정평가한다. 다만, 다음 각 호의 어느 하나에 해당하는 경우에는 해당 도로에 접한 것으로 보고 감정평가할 수 있다.
>
> 1. 토지소유자가 그 의사에 의하여 타인의 통행을 제한할 수 없는 경우 등 관습상 도로가 있는 경우
>
> 2. 지역권(도로로 사용하기 위한 경우) 등이 설정되어 있는 경우

2) 맹지의 감정평가방법

⑴ **맹지상태대로 평가하는 경우**(도로의 개설이 타당하지 못하거나 토지의 이용상 맹지로 사용하더라도 지장이 없는 경우 **예** 임야, 일부 전·답 등)

맹지의 이용상황이 농지, 임야, 농가주택에 부속된 텃밭 등인 경우 현재 상태로 이용함에 문제가 없고 그것이 인근지역의 상황으로 보아 최유효이용인 경우, 현황 맹지로서의 이용에 따른 가치로 감정평가하는 방법이다.

이러한 현황평가는 읍·면 지역의 농경지대·산림지대 등에 적용할 때 무리가 없는 방법이며, 이러한 지역은 건축물의 건축 가능성이 상대적으로 낮은 지역일 뿐만 아니라 현재 상태대로 이용하는 것에 문제될 것이 없는 경우이다.

반드시 농경지대·산림지대 등이 아니더라도 진입로 개설이나 인접토지 합병을 전제로 한 접근이 수월하지 않을 경우에 일반적으로 적용할 수 있는 방법이기도 하다. 유의할 점은 관습상 도로의 유무, 향후 도로개설 가능성의 정도 등을 검토하여야 하고, 감가율 결정 시 합리적인 근거자료의 확보가 선행되어야 할 것이다.

⑵ **도로의 개설을 조건으로 하여 평가하는 경우**(도로를 개설해야만 대상토지의 효용가치를 발휘할 수 있는 경우)

도로개설의 가능성이 비교적 높은 경우 진입로 개설을 전제로 자루형 토지를 상정하여 감정평가액을 구한 후, 도로개설비용(진입로 부지 취득원가, 공사부대비용 등)을 공제하여 최종 감정평가액을 결정한다. 진입로 개설에 소송 등으로 인하여 장기간이 소요될 것으로 예상된다면, 진입로 개설 실현시기까지의 기회비용을 감안하여 적정한 할인율로 할인하여 현재가치를 구한다. 그리고 도로개설의 현실성을 고려하여 적정한 감가율로 보정하여 감정평가액을 결정한다. 또한 자루형 토지의 가장 나쁜 조건인 경우와 균형성을 고려하여 감정평가액의 적정성을 검토하여야 할 것이다.

---

22) 감정평가실무기준 해설서(Ⅰ) 총론편, 한국감정평가사협회 등, 2014.02, pp.301~304

$$\frac{(\text{자루형 토지를 상정한 평가액} - \text{도로개설비용})}{(1 + \text{할인율})^n} \times (1 - A)$$

A : 도로개설가능성 등을 감안한 감가율

(3) 인접토지 합병 조건부 감정평가

해당 맹지와 인접한 토지 중 합병의 가능성이 가장 높은 토지를 매수한다고 가정한 후, 해당 맹지와 인접토지를 합한 획지를 기준의 평가액에서 합병 전 인접토지 평가액을 공제하고 적정한 감가율을 적용하여 최종 감정평가액을 결정하는 방법이다.

고도의 도시화가 이루어진 지역에서 진입로 개설에 필요한 여유 토지의 확보가 사실상 곤란할 경우에 적용할 수 있는 방법이기도 하다.

$$(\text{합병 후 맹지와 인접토지 전체 평가액} - \text{합병 전 인접토지 평가액}) \times (1 - B)$$

B : 합병가능성, 합병가치 배분액 등을 감안한 감가율

(4) 만약에 도로에 접한 토지와 대상 맹지의 소유자가 동일하거나 용도상 불가분의 관계로서 일단지인 경우에는 맹지로서의 감가를 하지 않거나 적게 감가할 수 있다. 또는 관습상 도로, 지역권, 임차권 등으로 인하여 정당한 권원에 의거 통로를 확보한 경우에도 정상평가할 수 있다.

> Check Point!
>
> ● 인접토지가 동일인의 소유인 경우의 맹지
>
> 해당 토지는 맹지이나 인접토지가 동일인 소유이고, 인접토지를 통하여 출입하며 해당 토지의 사용·수익 등에 제한이 없는 경우에는 일반적인 맹지에 비하여 감가를 적게 함에 유의해야 할 것이다.
> 이는 토지소유자가 특별한 사정이 없는 한, 경제 합리성에 반하여 해당 맹지만을 저가에 처분하려는 경우는 발생하기 어렵기 때문이다.

기본예제

A동 101에 대한 감정평가액을 결정하시오(기준시점 : 2026년 6월 30일).

자료 1 토지의 현황

소재지 등	비고	용도지역	지목	이용상황	면적(㎡)
A동 100	거래사례	계획관리	장	공업나지	1,050
		거래금액 : 1,050,000,000원 거래대상 : 토지만거래 거래시점 : 2026.01.01.			
A동 101	평가대상	계획관리	장	공업나지	1,000

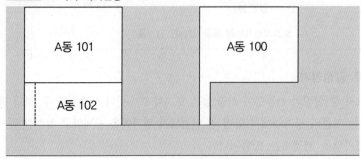

자료 2 토지의 지적현황

≫ A동 101번지는 A동 102번지 서측의 일부(50m²)를 도로로 매수하여 건축허가를 득해야 함.

자료 3 도로의 개설비용 등

1. 토지의 매입비용 : m²당 2,000,000원 수준에 매입할 예정이다(공사완료 시 지급).
2. 공사비용 : m²당 500,000원이 소요된다(공사완료 시 소요).
3. 해당 도로의 개설에는 1년이 소요될 것으로 보이며, 도로 개설의 불확실성을 고려한 감가율은 20%를 적용한다.
4. 할인율 : 6.0%

자료 4

2026.01.01.~2026.06.30.의 계획관리지역 지가변동률 : 1.242%(이후 보합세임)

자료 5

도로개설 이후의 본건과 A동 100번지는 개별적인 요인이 유사하다.

예시답안

1. 자루형토지를 상정한 평가액

거래사례(A동 100)을 기준으로 추정한다(1,050,000,000 ÷ 1,050 = 1,000,000원/m²).

1,000,000 × 1.000(사정) × 1.01242(시점) × 1.000(인근) × 1.000(개별) = 1,010,000원/m²(× 1,050 = 1,060,500,000원)

2. 맹지상태에서의 감정평가액

(1) 도로의 개설비용 등

2,000,000 × 50 + 500,000 × 50 = 125,000,000원

(2) 맹지상태에서의 감정평가액

$$\frac{1,060,500,000 - 125,000,000}{1.06} \times (1 - 0.2) ≒ 706,038,000원(@706,000)$$

11. 공공용지의 감정평가

1) 공공용지의 개념

공공용지란 도시기반시설의 설치에 이용하는 토지 및 주민의 생활에 필요한 시설의 설치를 위한 토지이다. 도로·공원·운동장·체육시설·철도·하천의 부지 등이 있다.

2) 공공용지 감정평가 시 유의사항

(1) 용도의 제한이나 거래제한 등을 고려

공공용지를 감정평가할 때에는 공공용지의 특성에 따라 용도의 제한이나 거래제한 등을 고려하여 감정평가한다.

(2) 용도폐지를 전제로 한 감정평가

공공용지가 다른 용도로 전환하는 것을 전제로 의뢰된 경우에는 전환 이후의 상황을 고려하여 감정평가한다.

(3) 국·공유지의 처분 제한

「국토계획법」 제97조 제1항에 따라 도시·군관리계획으로 결정·고시된 국·공유지로서 도시·군관리계획시설사업에 필요한 토지는 그 도시·군관리계획으로 정하여진 목적 외의 목적으로 매각하거나 양도할 수 없으므로, 감정평가 시 유의하여야 한다.

12. 사도의 감정평가

1) 사도부지와 인근 관련 토지와 함께 의뢰된 경우

사도가 인근 관련 토지와 함께 의뢰된 경우에는 인근 관련 토지와 사도부분의 감정평가액 총액을 전면적에 균등 배분하여 감정평가할 수 있으며 이 경우에는 그 내용을 감정평가서에 기재하여야 한다.

2) 사도부지만 의뢰된 경우

사도만 의뢰된 경우에는 다음의 사항을 고려하여 감정평가할 수 있다.

(1) 해당 토지로 인하여 효용이 증진되는 인접 토지와의 관계

사도만 감정평가 의뢰된 경우에는 해당 토지로 인하여 효용이 증진되는 인접토지와의 관계를 고려하여 감정평가할 수 있다. 사도 자체적인 효용은 낮지만 인접토지는 해당 사도로 인하여 효용이 증진될 수 있는 점을 고려하는 것이다.

(2) 용도의 제한이나 거래제한 등에 따른 적절한 감가율

용도의 제한이나 거래제한 등에 따른 적절한 감가율을 적용하여 감정평가할 수 있다. 「사도법」에 따른 용도제한, 특별한 사정이 없는 한 일반인의 통행을 제한하거나 금지할 수 없는 점 등을 고려하여 감가할 수 있다.

(3) 「공익사업을 위한 토지 등의 취득 및 보상에 관한 법률 시행규칙」 제26조에 따른 도로의 감정평가방법

「토지보상법 시행규칙」 제26조에 따른 도로의 감정평가방법을 고려하여 감정평가할 수 있다.

» 사도부지에 대해서는 평가목적에 따라 평가외하거나 감가하여 평가한다. 감가율은 토지보상법 시행규칙 제26조를 준용하여 인근토지의 1/3 이내로 평가하거나 현실적인 감가율을 고려하여 평가할 수 있다.

13. 규모가 과대하거나 과소한 토지의 감정평가 [23]

1) 평가의 원칙

토지의 면적이 최유효이용 규모에 초과하거나 미달하는 토지는 대상물건의 면적과 비슷한 규모의 표준지공시지가를 기준으로 감정평가한다. 다만, 그러한 표준지공시지가가 없는 경우에는 규모가 과대하거나 과소한 것에 따른 불리한 정도를 개별요인 비교 시 고려하여 감정평가한다.

2) 규모가 과소한 토지의 경우

(1) 건축이 불가능한 경우

건축법상 최소대지면적 이하인 소규모 토지는 독자적 이용가치가 원칙적으로 없기 때문에 표준적 규모의 토지가격 이하의 가격수준에서 거래되는 것이 일반적이다. 그러나 인접토지의 부속용지로 이용되거나 인접토지와 합병을 통하여 사용될 경우 기여도가 월등히 우세하여 위치적 가치를 갖는 특별한 경우에는 표준적 규모의 토지가격을 상회하는 가격이 될 수도 있다.

(2) 건축이 가능한 경우

도시·군계획시설의 설치 또는 구획정리사업의 시행으로 인하여 해당지역 최소대지 규모에 미달되는 토지는 건축완화 규정이 적용되어 건축허가대상이 될 수 있고, 법령 또는 조례의 제정·개정이나 도시계획의 결정·변동 등으로 인해 해당지역 최소대지 규모에 미달하게 된 토지는 건축허가의 대상이 될 수 있다. 그러나 이러한 경우에도 건축허가의 대상이 될 수 있는 최소기준 면적이 정해져 있으므로 신중한 판단을 하여야 한다.

이러한 소규모 토지에 대한 건축규제의 완화로 건폐율, 용적률 등에서 해당지역의 표준적인 제한보다 유리한 경우 등은 표준적 규모의 토지 가격수준을 상회할 수도 있다.

3) 규모가 과대한 토지의 경우

규모가 과대한 토지는 표준적인 규모의 토지보다 거래하기 쉽지 않다. 따라서 이러한 토지를 거래하기 위하여 주변의 이용방법과 유사한 규모로 분할하는 것을 고려하여 이에 해당되는 감보율 및 분할비용에 상당하는 감가를 할 수 있다.

그러나 표준적 규모보다 현저히 큰 대규모 토지가 인근지역의 지가수준과 무관하게 거래되는 사례도 있을 수 있다. 대규모 이용형태를 갖는 상업용지의 상대적 희소성이 증가되어 이를 취득하기 위한 수요의 강도가 증대되어 표준적 규모의 토지 가격수준을 초과하기도 한다.

따라서 대규모 토지의 감정평가 시에는 토지이용 주체에 따라 변화할 수 있는 여러 가지 용도적 관점을 주의 깊게 살펴야 하고, 최유효이용 방법을 객관성 있게 도출하여야 한다. 대규모 토지는 가치를 형성하는 요인이 다양하므로, 일반적인 토지보다 지역분석이나 개별분석을 면밀히 하여야 할 것이다.

---

23) 감정평가실무기준 해설서(Ⅰ) 총론편, 한국감정평가사협회 등, 2014.02, pp.298~300

제2절 건물의 유형별 감정평가

01 공법상 제한을 받는 건물의 감정평가

1. 개요

일반적으로 건물은 원가법으로 평가되며 공법상 제한으로 인하여 현재의 사용 및 수익이 제한되는 경우가 많지 않기 때문에 건물의 경우에는 공법상 제한으로 인한 감가를 반영하여 평가하지 않는다. 하지만 건물의 경우에도 도시·군계획시설 도로와 같이 향후 구체적인 사업이 예정되어 있는 공법상 제한이 있는 경우에는 토지와 마찬가지로 그 사용·수익·처분상에 큰 영향이 있을 수 있으며, 이런 경우에는 적절하게 공법상 제한을 반영하여 평가하여야 할 것이다.

2. 공법상 제한을 받는 건물의 감정평가

공법상 제한을 받는 건물이 제한을 받는 상태대로의 가격이 형성되어 있을 경우에는 그 가격을 기초로 하여 감정평가해야 한다. 다만, 제한을 받는 상태대로의 가격이 형성되어 있지 아니한 경우에는 제한을 받지 않는 상태를 기준으로 하되 그 제한의 정도를 고려하여 감정평가한다.

한편, 도시·군계획시설에 저촉되는 건물은 벽체나 기둥 등의 보수가 필요한 경우가 있을 수 있다. 이와 같이 건물의 일부가 도시·군계획시설에 저촉되어 저촉되지 않은 잔여부분이 건물로서 효용가치가 없는 경우 등에는 건물 전체가 저촉되는 것으로 감정평가한다. 다만, 잔여부분만으로도 독립건물로서의 가치가 있다고 인정되는 경우에는 그 잔여부분의 벽체나 기둥 등의 보수에 드는 비용 등을 고려하여 감정평가한다.

건물의 경우에도 도시·군계획시설 도로와 같이 향후 구체적인 사업이 예정되어 있는 공법상 제한이 있는 경우에는 토지와 마찬가지로 그 사용·수익·처분상에 큰 영향이 있을 수 있다. 예를 들어 건물의 일부가 도시·군계획시설 도로에 저촉될 경우 해당 도로사업이 시행된다면, 저촉된 부분은 해당 사업으로 인하여 철거가 될 것이며, 소유자는 잔여부분을 사용하게 될 것이다. 이러한 건물의 감정평가 시에는 일반적으로 해당 사업이 예정됨에 따라 지장을 받는 권리의 행사(건물의 증·개축 등)에 대한 감가를 고려하여야 할 것이며, 잔여부분에 대한 보수비 또한 고려되어야 할 것이다. 특히 잔여부분이 그 자체만으로 독립적인 효용이 없을 경우에는 전체가 사업에 편입된 것으로 보아 보수적으로 감정평가하게 되는 경우가 있음에 유의하여야 한다.

3. 공법상 제한을 받는 건물로서 현재의 용도대로 계속 사용할 수 있는 경우

도시·군계획시설 도로 저촉 등 공법상 제한이 있음에도 불구하고 현재 또는 장래에 지속적으로 해당 건물의 사용·수익 등에 영향이 없는 경우에는 이러한 제한을 받는 점에 따른 가치의 변화를 고려하지 아니하고 감정평가한다.

4. 건물의 일부가 도시·군계획시설에 저촉된 경우

건물의 일부가 도시·군계획시설에 저촉되어 저촉되지 않은 잔여부분이 건물로서 효용가치가 없는 경우(건물의 주요시설이 편입된 경우)에는 건물 전체가 저촉되는 것으로 감정평가하고, 잔여부분만으로도 독립건물로서의 가치가 있다고 인정되는 경우에는 그 잔여부분의 벽체나 기둥 등의 보수에 드는 비용 등을 고려하여 감정평가한다.

기본예제

다음 건물의 감정평가액을 구하시오.

자료

- 소재지 및 건물의 용도: A시 B동 100, 근린생활시설
- 건물의 면적: 200㎡(1층: 100㎡, 2층: 100㎡)
- 위 건물 중 1층 30㎡와 2층 20㎡는 도시계획시설도로에 저촉되어 있다.
- 도시계획시설도로 저촉 시 감가율: 30%
- 잔여건축물 보수비를 고려한 감가율: 10%
- 건물의 재조달원가: 1,000,000원/㎡
- 건물의 경과연수: 5년
- 경제적 내용연수: 50년

예시답안

1. **저촉부분에 대한 감정평가액**
   1,000,000 × 45/50 × 0.7 = 630,000원/㎡(×50 = 31,500,000원)

2. **잔여건축물에 대한 감정평가액**
   1,000,000 × 45/50 × 0.9(보수비 고려) = 810,000원/㎡(×150 = 121,500,000원)

3. **평가액**
   31,500,000 + 121,500,000 = 153,000,000원

5. 공사중단 건축물등의 감정평가[24]

1) 공사중단 건축물등의 정의

"공사중단 건축물"이란 「건축법」 제21조에 따른 착공신고 후 건축 또는 대수선 중인 건축물이나 「주택법」 제16조 제2항에 따라 공사착수 후 건축 또는 대수선 중인 건축물로서 공사의 중단이 확인된 건축물을 말한다.

"공사중단 건축물등"이란 공사중단 건축물 및 이에 관한 소유권 외의 권리와 공사중단 건축물의 대지, 대지에 정착된 입목, 건물, 그 밖의 물건 및 이에 관한 소유권 외의 권리를 말한다.

---

24) 감정평가실무기준

2) 자료의 수집 및 정리

공사중단 건축물등의 가격자료에는 거래사례, 해당 건축물의 착공시점의 공사비용, 시장자료 등이 있으며, 대상 공사중단 건축물등의 특성에 맞는 적절한 자료를 수집하고 정리한다.

3) 공사중단 건축물등의 감정평가방법

(1) 공사중단 건축물등의 감정평가 원칙

공사중단 건축물등의 감정평가는 기준시점의 현황을 기준으로 감정평가하되, 의뢰인과 협의하여 다음 각 호의 사항을 제시받아 감정평가하는 것을 원칙으로 한다.
1. 공사중단 건축물등의 목록, 내역 및 관련 자료
2. 공사중단 건축물의 철거, 용도변경, 공사 재개 및 완공 계획 여부
3. 기준시점에서의 공사중단 건축물의 공정률

(2) 공사중단 건축물등의 감정평가방법

① 공사중단 건축물을 감정평가할 때에는 건축물의 감정평가 방법에 따르되, 다음 각 호의 사항 등을 고려하여 감정평가할 수 있다.
  1. 공사중단 건축물의 물리적 감가, 기능적 감가 또는 경제적 감가
  2. 공사중단 건축물의 구조, 규모, 공정률, 방치기간
  3. 공사중단 건축물의 용도 또는 거래 조건에 따른 제한
② 공사중단 건축물의 대지를 감정평가할 때에는 토지의 감정평가방법을 따르되, 다음 각 호의 사항 등을 고려하여 감정평가할 수 있다.
  1. 공사중단 건축물의 대지 위치·형상·환경 및 이용 상황
  2. 공사중단 건축물의 구조, 규모, 공정률, 방치기간
  3. 공사중단 건축물의 용도 또는 거래 조건에 따른 제한
③ 「공사중단 장기방치 건축물의 정비 등에 관한 특별조치법」에 따른 공사중단 건축물등에 대한 감정평가는 같은 법 시행령 제9조의2 제3항에 따른다.

02 기타 유형별 건물의 감정평가

1. 토지와 지상 건물의 소유자가 다른 건물

건물의 소유자와 그 건물이 소재하는 토지의 소유자가 다른 건물은 정상적인 사용·수익이 곤란할 경우에는 그 정도를 고려하여 감정평가한다. 다만, 다음 각 호의 경우에는 이에 따른 제한 등을 고려하지 않고 감정평가할 수 있다.

① 건물의 사용·수익에 지장이 없다고 인정되는 경우

② 사용·수익의 제한이 없는 상태로 감정평가할 것을 요청한 경우

2. 공부상 미등재 건물의 감정평가(제시외 건물)

실지조사 시 의뢰되지 않은 공부상 미등재 건물이 있는 경우에는 의뢰인에게 감정평가 포함 여부를 확인하여 실측면적을 기준으로 감정평가할 수 있다.

구체적인 처리방법은 평가목적별로 상이하므로 "목적별 감정평가"에서 후술한다.

3. 건물 일부가 인접토지상에 있는 건물

(1) 건물의 일부가 인접토지상에 있는 경우의 유형

건축단계부터 소재 지번이 잘못된 경우, 소재 지번의 토지이동(분할, 합병 등) 후 미정리된 경우, 국·공유지를 대부 받아 건물을 건축한 경우 등을 예로 들 수 있다.

(2) 감정평가방법

건물의 일부가 인접토지상에 있는 건물은 그 건물의 사용·수익의 제한을 고려하여 감정평가한다. 다만, 그 건물의 사용·수익에 지장이 없다고 인정되는 경우에는 이에 따른 제한 등을 고려하지 않고 감정평가할 수 있다. 가령 인접 공용도로상에 걸쳐 소재한 건물의 감정평가 시 대상건물의 일부가 인접 공용도로상에 걸쳐 소재하더라도 점용허가기간 내이고 준공검사를 필한 경우라면 제한 등을 고려하지 않고 감정평가할 수 있다.

4. 공부상 지번과 다른 건물

(1) 공부상 지번과 다른 건물의 유형

건물의 실지 지번이 건축물대장상과 다른 경우는 주로 오래된 건물에서 발생하며, 건축단계부터 소재 지번이 잘못된 경우, 소재 지번의 토지이동(분할, 합병 등) 후 미정리된 경우 등이 있다.

(2) 공부상 지번과 실제 지번이 다른 건물의 처리방침

건물의 실제 지번이 건축물대장상이나 제시목록상의 지번과 다를 때에는 감정평가하지 않는 것을 원칙으로 한다.

다만, 아래와 같은 경우로서 해당 건물의 구조·용도·면적 등을 확인하여 건축물대장과의 동일성이 인정되면 감정평가할 수 있다.

① 분할·합병 등으로 인하여 건물이 있는 토지의 지번이 변경되었으나 건축물대장상 지번이 변경되지 아니한 경우

② 건물이 있는 토지가 같은 소유자에 속하는 여러 필지로 구성된 일단지로 이용되고 있는 경우

③ 건축물대장상의 지번을 실제 지번으로 수정이 가능한 경우

5. 녹색건축물의 감정평가

「녹색건축물 조성 지원법」제2조 제1호에 따른 녹색건축물은 온실가스 배출량 감축설비, 신·재생에너지 활용설비 등 친환경 설비 및 에너지효율화 설비에 따른 가치증가분을 포함하여 감정평가한다.

녹색건축물 조성 지원법 제2조(정의)

이 법에서 사용하는 용어의 뜻은 다음과 같다.

1. "녹색건축물"이란 「기후위기 대응을 위한 탄소중립·녹색성장 기본법」 제31조에 따른 건축물과 환경에 미치는 영향을 최소화하고 동시에 쾌적하고 건강한 거주환경을 제공하는 건축물을 말한다.

제3절 기계기구류 등의 감정평가

01 개념

기계란 동력을 받아 외부의 대상물에 작용을 하는 설비 및 수동식 구조물로 일정한 구속운행에 의하여 작용을 하는 설비를 말한다. 기구란 인력 또는 기계에 의하여 이루어지는 모든 노동을 보조하는 것 또는 작업에 간접적으로 사용되는 물건을 말한다. 장치란 내부에 원료 등을 수용하여 이를 분해, 변형, 운동시키는 설비를 말한다.

02 기계기구의 감정평가방법

> **감정평가에 관한 규칙 제21조**(동산의 감정평가)
>
> ② 제1항 본문에도 불구하고 기계·기구류를 감정평가할 때에는 원가법을 적용해야 한다.

≫ 종전 기계기구 평가방법에 대한 직접적인 규칙이 「감정평가에 관한 규칙」에 없었으나 2023년 9월 14일 개정에서 해당 부분이 반영되었다.

> **감정평가실무기준 630.1.3 기계기구류의 감정평가**
>
> ① 기계기구류를 감정평가할 때에는 원가법을 적용하여야 한다.
> ② 제1항에도 불구하고 대상물건과 현상·성능 등이 비슷한 동종물건의 적절한 거래사례를 통해 시중시가를 파악할 수 있는 경우(외국으로부터의 도입기계기구류를 포함한다)에는 거래사례비교법으로 감정평가할 수 있다.

1. 원가법

기계기구류의 감정평가는 그 구조, 규격, 형식, 용량, 수요정도, 경과연수, 잔존내용연수, 현상, 이용관리상태 등을 종합적으로 고려하여 원가법으로 감정평가액을 결정하는 것이 원칙이다.

(1) 기계기구의 재조달원가

기계기구의 기준시점 현재의 구입가격과 설치비, 부대비용, 시운전비 등을 포함한 금액이다(부가가치세는 제외된다).

(2) 기계기구의 감가수정액

① 정률법으로 감가수정하는 것을 원칙으로 한다.

② 현상 및 관리상태 등을 고려하여 관찰감가 등으로 조정하거나 다른 방법에 따라 감가수정할 수 있다.

③ 내용연수는 경제적 내용연수로 한다.

④ 장래보존연수는 대상물건의 내용연수 범위에서 사용·수리의 정도, 관리상태 등을 고려한 장래 사용가능한 기간으로 한다.

2. 거래사례비교법

거래사례비교법을 적용하기 위해서는 기계·기구가 현재 사용 중인 상태로서의 매각시장 등이 존재하여야 한다. 또한 해당 기계·기구의 매각가능가액 및 가치의 변동추이에 대한 확인이 가능해야 한다. 즉, 동종·유사물건의 거래사례 또는 시중 거래시세 등에 대한 포착이 가능한 경우 이를 기초로 하여 거래사례비교법으로 감정평가할 수도 있다. 이 경우에는 거래사례의 적정성 및 객관성 여부, 시중에 공정한 시장이 존재하는가에 대한 판단이 선행되어야 한다.

03 국산기계 감정평가

1. 재조달원가

1) 산정방법

국산기계기구류의 재조달원가는 기준시점 당시 같거나 비슷한 물건을 재취득하는 데에 드는 비용으로 하되, 명칭 및 규격이 같은 물건인 경우에도 제조기술, 제작자, 성능, 부대시설의 유무 등에 따른 가격의 차이가 있는 경우에는 이를 고려한다. 실무에서는 해당 기계의 구입가격(세금계산서 참고)을 기준하는 경우가 많다.

2) 재조달원가 산정 시 유의사항

(1) 진부화, 기술진보 등에 따른 고려

국산기계의 재조달원가 산정 시 단종 및 특수 제작하는 기계의 경우에는 동종 유사 기계의 신조가격을 참고하되, 평가대상 기계의 제작시점과 기준시점 간의 괴리에 따른 진부화, 기술진보 등에 따른 사항을 고려하여야 한다.

(2) 다양한 자료 수집

한편, 현실적으로 대상 기계의 정확한 장부가격을 파악하기 곤란하며, 기계마다 거래사례를 수집하는 데 많은 시간과 노력이 필요하다. 따라서 감정평가실무에서 국산기계의 재조달원가 산정은 「동산시가조사표」(한국부동산원)와 공개적으로 출간되는 각종 물가자료집 등을 활용하여 종합적으로 결정한다.

⑶ 제조기술 및 제작자 등의 보정

이때 기준시점의 차이가 있는 경우 시점수정을 통해 보정하여야 하며, 기계의 명칭과 규격이. 동일한 기계라도 제조기술, 제작자, 성능, 부대시설의 유무에 따라 가격의 차이가 발생할 수 있음에 유의하여야 하며, 그 차이에 대한 보정이 가능한 경우에는 재조달원가를 보정할 수 있다.

> **Check Point!**
>
> ● 설치비의 고려 여부
>
> 양도담보[25]성격인 동산으로 취급하여 기계를 평가할 경우(「동산・채권 등의 담보에 관한 법률」에 따라 담보취득 시의 감정평가 시를 포함한다)에는 설치비를 제외하고 기계 자체만을 평가하나, 공장저당법에 의한 일단의 기업용 재산의 일부로 평가하는 경우에는 공장재단의 일부로 보아 설치비를 포함하여 평가한다.

2. 감가수정

정률법 적용을 원칙으로 한다.

04 도입기계의 감정평가

외국으로부터 도입되는 기계류 등은 고도의 기술력을 갖춘 고가의 첨단장비가 많은 비중을 차지하고 있으며, 국내로 도입되는 과정에서 복잡한 절차와 국내 시장여건 등으로 인해 적절한 시장가격을 파악하는 것이 용이하지 않다. 도입기계의 평가는 일반적인 기계류 평가와 유사한 범주로 이해할 수 있으므로, 감정평가방법의 적용도 일반적인 기계류 감정평가방법과 유사하다고 할 수 있다. 다만, 도입기계의 감정평가와 관련하여 수출입 과정에서 발생되는 제반 절차 등이 도입기계 감정평가에 직・간접적인 영향을 미칠 수 있다.

1. 재조달원가

1) 산정기준

⑴ 재조달원가 결정의 원칙

도입기계의 재조달원가는 수입가격(도입가격)에 적정한 부대비용을 포함한 금액으로 한다.

⑵ 수입가격이 부적정하다고 판단되는 경우

수입시차가 상당하여 수입가격(도입가격)을 기준한 방법에 따라 산정된 재조달원가가 부적정하다고 판단될 때에는 대상물건과 제작자・형식・성능 등이 같거나 비슷한 물건의 최근 수입가격에 적정한 부대비용을 더한 금액으로 한다.

---

25) 양도담보란 채권담보를 위한 신탁적 양도를 말하며 그 등기에 있어서는 등기원인을 "담보를 위한 것"이라고 기재됨이 옳으나, 일반적으로는 매매를 원인으로 하는 이전등기의 형식으로 이루어지고 있다.

(3) 기타방법

수입가격 및 유사물건의 최근 수입가격을 통한 방법에 따라 재조달원가를 산정하는 것이 불합리 하거나 불가능한 경우에는 같은 제작국의 동종기계기구류로서 가치형성요인이 비슷한 물건의 최근 수입가격 또는 해당 기계기구류의 도입 당시 수입가격 등을 기준으로 추정한 수입가격에 적정한 부대비용을 더하여 산정할 수 있다.

2) 도입가격

(1) CIF가격과 FOB가격 [26]

① CIF[Cost Insurance(보험료) and Freight(운송료)]가격

CIF(Cost Insurance and Freight)가격을 기준으로 한 재조달원가의 산정은 현행 운임 및 보험료의 파악이 곤란하거나 불합리하여 FOB가격의 적용이 어려운 경우에 활용되고 있다. CIF가격은 도착지가격이라고도 하며, FOB가격에 운임, 보험료를 포함하는 가격으로 하기 때문에 FOB가격에 비해 과세가격이 커서 관세부담(관세수입)이 크다. 따라서 FOB가격에 비해 근거리 수입을 촉진하는 효과가 있다. 한국, 일본, EU 등에서 많이 사용한다.

$$C = P_i \times M_r \times R + A$$

C: 재조달원가 P_i: 도입 당시의 CIF 원산지 외화가격
M_r: 기계가격보정지수 R: 기준시점의 외화환산율
A: 적정부대비용

② FOB(Free On Board, 본선인도)가격

도입 당시의 FOB(Free On Board)가격이 확인되고 기준시점의 운임과 보험료의 파악이 가능한 경우에는 FOB가격을 기준으로 평가대상 기계의 재조달원가를 산정한다. FOB가격은 발송지가격이라고도 하며 과세가격을 CIF가격에 운임, 보험료를 포함하지 아니하는 가격으로 하는 것을 말한다.

FOB가격은 CIF가격에 비해 과세가격이 적어 관세부담(관세수입)이 적다. 따라서 CIF가격에 비해 국내 소비자가격을 하락시키는 효과가 있다. FOB가격은 주로 미국, 캐나다, 호주, 뉴질랜드 등에서 사용하고 있다.

$$C = P_f \times M_r \times R + F + I + A$$

C: 재조달원가 P_f: 도입 당시의 FOB 원산지 외화가격
M_r: 기계가격보정지수 R: 기준시점의 외화환산율
F: 기준시점의 운임 I: 기준시점의 보험료
A: 적정부대비용

---

26) 감정평가실무기준 해설서(Ⅰ), 총론편, 한국감정평가사협회 등, pp.408~410

③ FOB 가격 기준 및 CIF가격 기준의 감정평가실무상 적용

감정평가업계에서는 도입기계의 재조달원가 산정 시 CIF가격을 기준으로 감정평가하는 경우가 많다. 이는 통관실무에서 CIF가격 기준이 과세기준가격으로 적용하기 간편함을 이유로 널리 활용되고 있고, FOB가격 기준에 따라 감정평가를 진행할 경우 운임, 보험료 등의 자료 수집 및 산정에 시간과 비용이 많이 소요되어 이를 적용하는 것이 불합리한 경우가 있기 때문이다. FOB가격 기준으로 도입기계를 감정평가할 경우 수입기계의 도입금액에 현행 운임 및 보험료를 가산하여 산정하고, CIF가격 기준의 경우 이미 도입가격에 운임 및 보험료가 포함되어 있으므로, 도입시점과 기준시점 간의 시점수정만으로 감정평가를 하게 된다.

현행 운임과 보험료를 적용한다는 측면에서 FOB가격 기준의 감정평가가 합리적이나, 현행 운임 및 보험료를 정확히 산정하는 것은 어려우므로, 감정평가실무상 CIF가격을 기준으로 산정하게 된다. 이 경우 CIF가격에 포함된 운임 및 보험료의 적정성 여부를 검토해야 한다. 동일 기계라 하더라도 운송수단 및 기간에 따라 보험료 및 운임이 달라지기 때문이다.

(2) 기계가격 보정지수의 적용

감정평가 대상 기계제조국에 대한 연도별 기계가격지수를 직접 구할 수 있는 경우 기계가격보정지수는 일반기계 및 전기기계를 구분하여 적용한다. 일반기계 보정지수는 전기기계를 제외한 모든 기계에 적용할 수 있다. 전기기계 보정지수는 전기설비와 기계기구의 주요 구성부분이 전동기, 전열장치 등의 전기기구로 이루어진 기계기구에 적용한다.

연도별 기계가격보정지수는 다음 산식에 따라 산정하며, 기계가격지수는 도입국의 기계가격지수 또는 생산자물가지수를 참고하여 산정한다.

$$\text{기계가격보정지수} = \frac{\text{기준시점(연도)의 기계가격지수}}{\text{도입시점(연도)의 기계가격지수}}$$

기계가격지수가 발표되는 미국, 영국, 일본, 독일, 싱가포르는 직접방식에 의하여 산정하였으며, 기계가격지수의 조사가 어려운 기타 국가(상기 5개국을 제외한 15개국)는 미국, 일본, 독일, 영국, 싱가포르의 기계가격 보정지수와 생산자물가 보정지수를 비교하여 산정한 5개국 평균 접근율에 기타 국가의 생산자물가 보정지수를 곱하는 간접방식에 의하여 산정하였다.

: 적용예시

도입기계(일반), 미국에서 수입 도입시점 : 2017.01.15. 기준시점 : 2026.05.05.	〈한국부동산연구원 기계가격 보정지수〉	
	연도	**미국(일반기계)**
	2017	1.3477
	…	…
	2026	1.0000

도입국의 연도별 기계가격보정지수를 이용하여 계산하며, 거래시점 또는 기준시점이 속하는 연도의 지수로 비교하되, 해당 연도의 지수가 발표되지 않은 경우에는 가장 가까운 연도의 지수를 비교한다.

(3) **외화환산율**

도입기계의 감정평가 시 기준시점 당시의 외화환산율 산정에 대하여는 감정평가업계의 실무상 처리방법은 통일되어 있지 않다. 다만, 한국감정평가사협회의 「감정평가실무매뉴얼(담보평가편)」에서는 가격시점 이전 최근 15일 평균을 적용하되, 환율변동이 심한 경우 가격시점 이전 최근 3월 평균 기준환율 또는 재정환율을 적용하도록 되어 있다.

(4) **환적국을 거쳐서 도입되는 경우**(원산지의 환율과 결제된 환율이 다른 경우)

제조국의 화폐로 환산하여 기계가격보정지수를 고려한다. 최종적으로 평가하고자 하는 화폐단위로 환산한다.

> **예** 원산지가 일본이면서 수입가격(CIF)이 미국 $로 표시되어 있는 경우
>
> 도입가격 = [$ → ¥] × 일본 기계가격보정지수(Mr) × [¥ → ₩]
>
> [도입(신고)당시환율]　　　　　　　　　　　　　　[기준시점환율]

3) 부대비용

(1) **부대비용의 종류**

L/C 개설비(신용장 개설비용)[27] 등과 설치비, 소요자금이자, 감독비, 관세, 농어촌특별세 등이 있다.

(2) **L/C 개설비 등**

L/C 개설비, 하역료, 통관비, 창고료, 육상수송비 등으로 통상 수입가격의 3% 이내에서 적정하게 고려하여 반영한다.

(3) **관세**

관세는 원칙적으로 수입신고필증상의 세번 및 부호에 해당하는 현행관세율표상의 세율을 적용한다. 단, 기본세율의 우선하여 적용되는 관세율(잠정세율, 일반특혜관세, 조정관세, 덤핑방지관세 등)이 있는 경우 그 세율을 적용한다.

> 관세 = 기준시점CIF × 현행관세율 × (1 − 현행감면율)

관세를 분할 납부하기로 된 품목에 대하여는 현행 관세율 전체를 적용하되 관세미납액을 평가명세표 비고란에 기재하고 그 총액을 평가의견란에 기재한다.
관세를 감면받은 품목으로 사후관리기간이 경과되지 아니한 현행 관세감면 품목은 현행 관세율과 현행 감면율을 적용한다.

---

27) 신용장(Letter of Credit)이란 은행이 거래선의 요청으로 신용을 보증하기 위하여 발행하는 증서를 말한다. 수입업자는 거래은행에 의뢰하여 자신의 신용을 보증하는 증서를 작성하게 하고 이를 상대국 수출업자에게 보내어 그것에 의거 어음을 발행하게 하면 신용장발행은행이 수입업자의 신용을 보증하고 있으므로 수출국의 은행이 안심하고 어음을 매입할 수 있게 된다. 또한 수출업자는 수입업자의 신용상태를 직접 조사 · 확인하지 않더라도 확실하게 대금을 받을 수 있게 된다.

관세를 감면받은 품목으로 사후관리기간이 경과되지 아니한 것 중에서 현행 관세감면 품목이 아닌 것과 사후관리기간이 경과한 것에 대하여는 현행 관세율을 적용한다.

⑷ 농어촌 특별세

기계의 경우는 관세법에 의해 관세감면을 받는 품목에 한하여 적용하되, 감면받은 관세의 20%를 적용한다.

> 농어촌특별세 = 기준시점CIF × 관세율 × 감면율 × 20%

⑸ 설치비 및 시운전비

자주식 기계인 경우와 기계만의 담보평가 시(양도담보 및 동산담보평가)에는 설치비를 반영하지 아니하나, 사업체로 평가의뢰된 경우(공장재단으로 평가)에는 설치비를 반영하여 평가한다. 일반적으로 수입가격의 1.5% 이내를 적용하되, 대상물건의 규모 또는 종류에 따라 별도로 사정할 수 있다. 즉, 실험기기 및 이동성 기기류의 경우에는 별도의 설치비용이 소요되지 않으므로, 현장조사 시 설비의 규모, 설치현황 등에 따라 설치비의 포함 여부를 결정하여야 한다. 별도의 설치공사항목의 기계장치의 취득원가에 포함되어 있다면, 도입가격의 산정 시 설치비 항목은 고려치 않는다.

⑹ 재조달원가

도입가격에 관세, 부대비용, 농어촌특별세, 설치비 등을 고려한 가격으로 결정한다.

2. 감가수정

1) 감가상각의 방법

기계기구류는 정률법으로 감가수정하는 것을 원칙으로 한다. 다만, 정률법으로 감가수정하는 것이 적정하지 않은 경우에는 정액법 또는 다른 방법에 따라 감가수정할 수 있다. 한편, 감가상각의 기산일은 도입기계의 경우 수입신고일이다. 신고일자를 기준으로 평가하는 이유는 물품의 수입 시 신고자가 신고요건을 갖추어 수입신고를 하게 되면 세관장은 신고사항을 확인하여 일정한 요건을 갖춘 경우 신고를 수리하고 수입신고필증을 발행하게 되며, 원칙적으로 신고시점에서 과세대상이 확정되고 신고가격이 과세가격으로 인정된다. 신고일자를 기준으로 해당 물품의 수입액 및 과세액이 결정되므로 평가 역시 신고일자를 기준으로 이루어진다.

2) 경제적 내용연수 등

감정평가실무에서 적용되는 내용연수는 경제적 내용연수로서 물리적 내구연한의 범위 내에서 결정된다. 감정평가실무상 특정 설비의 내용연수를 객관적으로 정할 수는 없으나, 개념상 해당 설비의 유지보수 비용이 해당 기계로부터 얻어지는 효용치와 같아질 때까지의 기간을 내용연수로 본다. 다만, 현상 및 관리상태 등을 고려하여 관찰감가 등으로 조정할 수 있으며, 장래보존연수는 대상물건의 내용연수 범위에서 사용·수리의 정도, 관리상태 등을 고려한 장래 사용가능한 기간으로 한다.

기계기구류의 내용연수 조정은 설비의 특성에 따라 감정평가실무에서는 「유형고정자산 내용연수표」(한국부동산원 발간)를 참고하여 감가수정한다. 이 내용연수에 없는 기계기구류는 유사기계기구류 내용연수 또는 대상 기계가 속하는 업종별 내용연수 등을 참작하여 그 이내로 조정할 수 있다. 통상적인 기계기구류의 감가수정은 만년감가에 의하며, 특별히 내용연수가 짧거나 감모의 주기가 빠른 기계기구류의 경우 개월감가를 실시하기도 한다. 경과연수의 조정은 만년으로 하며, 조정기준일은 해당 기계의 제작일자로 함을 원칙으로 하되, 취득 또는 사용개시일자와 시차가 있을 때는 취득일자를 기준으로 할 수 있다.

3) 중고도입기계의 내용연수 조정

⑴ 신규기계가격을 알 수 있는 경우

신규기계가격으로 재조달원가를 산정하고 최초 사용시점부터 경과연수를 산정하여 감가수정을 행하여 평가한다.

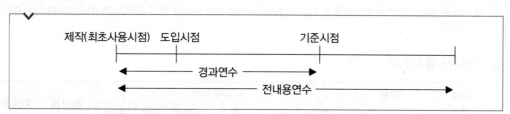

⑵ 신규기계가격을 알 수 없는 경우

도입 당시 제조된 것으로 간주하고 내용연수를 조정하여 평가한다.

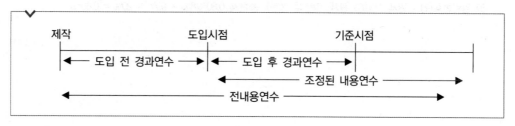

3. 실무상 도입기계의 감정평가방법 예시

도입기계 감정평가 시 기계기구의 가격산출기초표 및 외화환산율 기초표에 의하여 적용환산율을 산정하여 처리한다. 아래는 산출기초표에 대한 예시이다.

1) 도입기계기구 및 공작물 가격산출기초표

일련번호	도입가격 (CIF, $)	기계가격 보정지수	적용 환산율	재조달원가	감가수정 (잔존가치율)	적산가격	비고
1	431,138×109.63	1.0000	11.24	531,266,000	15/15(1.000)	531,266,000	JAPAN 2025.06.
2	221,080×0.8549	1.0127	1,405	268,919,000	14/15(0.858)	230,732,000	Germany 2024.06.

≫ 도입가격은 $기준의 CIF를 원산지 환율로 보정한 것이다.
≫ 적용환산율은 관세 등 부대비용과 기준시점에서의 원화로의 환산을 한 수치이며, 아래의 외화환산율 기초표에 근거한다.

2) 외화환산율기초표

일련번호	환율		도입부대비						환산율	적용환산율
	단위	환율	부대비	설치비	관세	농특세	기타	합계		
1	JPY	9.9961	3.0%	1.5%	8.0%	–	–	12.5%	11.246	11.24
2	EUR	1,285.25	3.0%	1.5%	4.0%	0.8%	–	9.3%	1,404.778	1,405

≫ **일련번호(2)** : 관세 4%(8% 관세, 감면율 50%), 농특세 0.80%(8% × 50% × 20% = 0.80%)

[수입신고서 양식]

수 입 신 고 필 증

UNI-PASS   ※ 처리기간 : 3일   (갑지)

①신고번호 41241-13-	②신고일 2013/01/07	④세관.과 030-	⑥입항일 2013/01/06	⑦전자인보이스 제출번호
③B/L(AWB)번호 131421		⑤화물관리번호 13YMLU00041-	⑧반입일 2013/01/06	⑨징수형태 11

⑩신 고 인 대한관세법인부산사무소 외2		⑮통관계획 F 도착후부두직반출	⑲원산지증명서 유무 N	㉑총중량 87,145 KG
⑪수 입 자 (주) 판지(_ 판지-1-87-10-1-7 A)		⑯신고구분 A 일반P/L신고	⑳가격신고서 유무 Y	㉒총포장갯수 26 GT
⑫납세의무자 판지-1-87-10-1-7 / 127-81-10350)		⑰거래구분 11 일반형태수입	㉓국내도착항 KRPUS 부산항	㉔운송형태 10-FC
(주소) 경기 포천 _ 359-1 (487)		⑱종류 K 일반수입(내수용)	㉕적출국 TW TAIWAN	
(상호) (주): 판지			㉖선기명 YM PORTLAND LR	
(성명) 류.				
⑬운송주선인				
⑭해외거래처 TUDE MACHINERY CORP (TW) / .TITU0001X		㉗MASTER B/L번호 YMLU202252578	㉘운수기관부호	

㉙검사(반입)장소 03012226-13000107 1A(세방부산터미널(주)감만CY)

● 품명·규격 (란번호/총란수 : 001/001)

㉚품 명 PRINTING MACHINE	㉜상표 LMC		
㉛거래품명 PRINTING MACHINE			

㉝모델·규격1	㉞성분	㉟수량	㊱단가(USD)	㊲금액(USD)
(NO. 01) FOUR COLOR FLEXO FOLDER GLUERWITH DIE CUTTER, (TOP-PRINT/BOTTOM VACUUM TRANSFER/		1 UN	123,500	123,500

1란 을지   계속

㊳세번부호 8443.39-	㊴순중량 82,720 KG	㊶C/S검사 S	형CS검사생략	㊹사후확인기관
㊵과세가격(CIF) $ 1,301,346	㊷수 량 13 U	㊸검사변경		
W 1,402,825,385	㊺환급물량 13 PC	㊻원산지 TW-C-Y-B	㊼특수세액 0.00	

㊽수입요건확인 (발급서류명)						

㊾세종	㊿세율(구분)	⑤감면율	⑤세액	⑤감면분납부호	감면액	*내국세종부호
관	8.00 (A기가)	0.00	112,226,030		0	
부	10.00 (A)	0.00	151,505,141		0	

⑤결제금액(인도조건-통화종류-금액-결제방법)		CIF-USD-1,300,000-TT		⑤환 율	1,077.9800
⑤총과세가격 $ 1,301,346	⑤운 임	0	⑤가산금액 1,451,385	⑤납부번호	030-17-13-1-003318-5
W 1,402,825,385	⑤보험료	0	⑤공제금액 0	⑤부가가치세과표	1,515,051,415

⑤세 종	⑤세 액	※신고인기재란	⑥세관기재란
관 세	112,226,030	CONT	-이 물품은 ... 낱개·산물
개별소비세	0	NO:BMOU2260890TCKU4725510/YMLU28353	·분할 또는 ... 판매하거나 ... 경우, 관
교 통 세	0	84YMLU2925425/YMLU8294820YMLU838995	련 법령에 ... 양도(양
주 세	0	2업태 = 제조업종목 = 판지,골판지달	수자의 재판도 포함 ... 양수인에게 이 의무를 서
교 육 세	0	러환율 = 1,077.9800	면으로 통보하여야 하며 ... 이를 위반시에 ... 관세법 제
농 특 세	0		276조 및 대외무역법 ... 의해 처벌을 받게
부 가 세	151,505,140		됩니다.
신고지연가산세	0		-이 물품은 ... 심사결과에 따라 적용 ... 변경 될
미신고가산세	0		수 있습니다.
⑤총세액합계	263,731,170	㊿담당자 홍. 812304	⑤접수일시 2013/01/07 10:22 ⑤수리일자 2013/01/07

발 행 번 호 : 2013149387293(2013.01.07)   세관.과 : 030-17 신고번호 : 41241-13-200024U Page : 1/5

* 본 신고필증은 발행 후 세판심사 등에 따라 정정,수정될 수 있으므로 정확한 내용은 발행번호 등을 이용하여 관세청 전자통관시스템 (http://portal.customs.go.kr)에서 확인하시기 바랍니다.
* 본 수입신고필증은 세관에서 형식적 요건만을 심사한 것이므로 신고내용이 사실과 다른 때에는 신고인 또는 수입화주가 책임을 져야 합니다.

※ 수입신고서상 주요 조사사항[28)]

번호	항목	내용	비고
2	신고일	신고일자	해당 기계기구의 수입신고일자를 기재
10	신고인	신고인 상호와 대표자 성명	관세사, 자가통관업체 등
12	납세의무자	관세 납세의무가 있는 자	도입기계 소유권 여부를 추정할 수 있으며, 신고인과 다를 수 있음에 유의하여야 함
25	적출국	신고물품의 적출국 부호 기재	적출국이란 해당 제품을 수출한 국가를 말하며, 엄밀하게는 원산지와는 다를 수 있음에 유의한다. 또한 환적국은 운송수단을 변경한 국가로서 이 역시 원산지와는 다를 수 있음에 유의한다.
30	품명	해당 물품을 나타내는 관세율표상의 품명을 영문으로 기재	수입신고서 상의 내용과 관련서류, 실제 해당 품목에 기재되어 있는 사항을 비교하여 물건의 동일성 여부를 파악한다.
31	거래품명	실제 상거래 시 송품장 등 무역서류에 기재되는 품명	〃
33	모델·규격	해당 품목의 세부모델 및 규격	〃
35	수량	해당 품목의 모델·규격별 수량	〃
36	단가	해당 품목의 모델·규격별 단가를 결제 통화 단위로 기재	
37	금액	해당 품목의 모델·규격별 금액을 기재	
39	과세가격	해당 품목의 과세가격	과세가격은 통상 CIF($) 기준이다.
46	원산지표시	해당 품목의 원산국 국가부호, 원산지 표시유무, 원산지 표시 방법 등 기재	46항목을 근거로 해당 품목의 원산지를 판단한다. 원산국이 적출국 또는 환적국과 다를 수 있음에 유의한다.
50	세율	세종에 해당하는 세율구분과 세율을 기재	해당 품목에 적용되는 세율을 파악하되, 도입시점이 아닌 기준 시점의 세율을 파악함에 유의한다.
51	감면율	해당 세목의 감면율을 기재	해당 품목이 관세감면 대상인지 여부를 확인하며, 도입 당시가 아닌 기준시점 현재의 감면여부를 확인함에 유의하며 감면세액에 대하여 농특세가 부과됨에 유의한다.
53	감면분납부호	감면분납부호 및 감면액을 기재	해당 품목의 관세감면부호를 파악하여 기준시점 현재 감면 대상인지 또는 분납대상 여부를 파악한다.
54	결제금액	송품장 등에 내용에 근거하여 인도조건, 통화종류, 결제금액, 결제방법 순으로 기재	해당 품목의 인도조건 및 결제통화 등에 대하여 조사하되, 결제금액은 단순히 송품장 등의 내용에 기초하여 작성되므로 결제금액의 적정성 여부를 조사하여야 한다.

---

28) 도입기계평가, 한국부동산원, 2018년

기 본예제

다음 기계기구의 감정평가액을 구하시오.

자료

1. 기계기구 목록

구분	수량	구입가격 (1대당)	최종 잔가율	현재경과연수/ 내용연수	매입/ 신고시점	비고
국산기계 #1	1대	12,000,000	10%	3/15	2023.5.1.	
국산기계 #2	1대	30,000,000 (중고품가격)	15%	5/15 (매입당시 2/15였음)	2023.5.1.	중고품 매입
도입기계	1대	EUR 30,000	20%	2/10	2024.1.1.	원산지: 독일

 » 상기 기계들은 현시점의 신품조달 시세가 존재하지 않는다.

2. 기계가격지수

   (1) 국산기계(생산자물가지수)

구분	2023.4.	2026.4.
가격지수	112.6	131.5

   (2) 기계가격 보정률(독일)

매입(신고)시점	기계가격 보정률
2024.1.1.	1.08151

3. 환율(KRW/EUR)

   (1) 2024.1.1.: 1,429.2

   (2) 2026.5.1.: 1,532.6

4. 도입기계의 관세 및 부대비용 등: 도입가격의 5%

5. 기준시점: 2026.5.1.

예시답안

I. 평가개요

본건은 국산기계 및 도입기계에 대한 감정평가로서 기준시점은 2026년 5월 1일이다.

II. 국산기계 #1

$12,000,000 \times 131.5/112.6 \times 0.1^{3/15} \fallingdotseq 8,840,000$원

III. 국산기계 #2

$30,000,000 \times 131.5/112.6 \times 0.15^{3/13} \fallingdotseq 22,600,000$원

IV. 도입기계

$(EUR\ 30,000 \times 1.08151 \times 1,532.6) \times 1.05 \times 0.2^{2/10} \fallingdotseq 37,800,000$원

제4절 공장재단 및 광업재단 등의 감정평가

01 공장재단 및 광업재단의 감정평가

> **감정평가에 관한 규칙 제19조**(공장재단 및 광업재단의 감정평가)
>
> ① 감정평가법인등은 공장재단을 감정평가할 때에 공장재단을 구성하는 개별 물건의 감정평가액을 합산하여 감정평가해야 한다. 다만, 계속적인 수익이 예상되는 경우 등 제7조 제2항에 따라 일괄하여 감정평가하는 경우에는 수익환원법을 적용할 수 있다.
> ② 감정평가법인등은 광업재단을 감정평가할 때에 수익환원법을 적용해야 한다.

02 공장재단의 감정평가 [29]

1. 「공장 및 광업재단 저당법」의 통합

일반적으로 재단저당제도는 기업경영에 필요한 토지, 건물 및 기계기구 등의 물건과 지상권·전세권·임차권 및 지식재산권 등의 권리를 일괄하여 1개의 재단으로 구성하고, 이에 저당권을 설정하는 제도를 말한다.

종전에 재단저당의 대상이 되는 것으로는 「공장저당법」상의 공장과 공장재단 및 「광업재단저당법」상의 광업재단이 있었으나, 2009년 3월 25일 현행 「민법」의 체계와 부합되도록 정비하고, 법률관계의 간명화 측면에서 「공장 및 광업재단 저당법」으로 통합되었다. 즉, 기업의 재산 일체를 하나의 담보물로 허용하는 공통의 목적을 가지고 있던 종전의 2개 법률을 하나의 법률로 통합하여 기업담보에 관한 기본법의 기틀을 마련하기 위한 것이라 할 수 있다.

2. 공장 및 공장재단의 정의

(1) 공장의 의의

'공장'은 영업을 하기 위하여 물품의 제조·가공, 인쇄, 촬영, 방송 또는 전기나 가스의 공급 목적에 사용하는 장소를 말한다(공장 및 광업재단 저당법 제2조 제1호). 그러나 그 외의 목적이라 할지라도 기업용 재산으로서 사회통념상 공장으로 간주할 수 있는 것은 공장으로 취급한다.

공장의 구성요소는 일반적으로 부동산으로 취급되는 토지, 지상의 건물 및 정착물, 기계기구 등의 유형자산과 지식재산권 등의 무형자산으로 결합되어 있다. 그리고 공장 내에 설치되어 있는 기계, 기구, 장치 등의 동산은 「공장 및 광업재단 저당법」에 따라 토지 또는 건물과 일체로 등기의 목적으로 할 수 있다.

공장은 감정평가 시 의뢰사항(의뢰목적, 의뢰시점 등) 및 감정평가조건 등에 따라 일부 항목이 추가되거나 제외될 수 있는바, 의뢰목록 확정과 확인에 유의해야 한다.

---

29) 감정평가실무기준 해설서(Ⅰ) 총론편, 한국감정평가사협회 등, 2014.02, pp.391~393

(2) **공장재단의 의의**

'공장재단'은 공장에 속하는 일정한 기업용 재산으로 구성되는 일단의 기업재산으로서 소유권과 저당권의 목적이 되는 것을 말한다(동법 제2조 제2호). 공장재단저당권은 공장에 속하는 유무형의 재산으로 구성되는 공장재단을 목적으로 하는 저당권을 말한다.

공장재단의 구성물이 될 수 있는 것은 ⅰ) 공장에 속하는 토지, 건물, 그 밖의 공작물, ⅱ) 기계, 기구, 전봇대, 전선, 배관, 레일, 그 밖의 부속물, ⅲ) 항공기, 선박, 자동차 등 등기나 등록이 가능한 동산, ⅳ) 지상권 및 전세권, ⅴ) 임대인이 동의한 경우에는 물건의 임차권, ⅵ) 지식재산권을 대상으로 한다(동법 제13조 제1항). 여기서 기계, 기구는 반드시 공장에 속하는 토지 또는 건물에 직접 부가되거나 설치된 것일 필요는 없다.

공장재단은 공장재단등기부에 소유권보존등기를 통하여 설정되며(동법 제11조 제1항), 이 공장재단 목록은 공장재단을 구성하는 물건 또는 권리의 표시를 기재한 것으로서, 공장재단이 어떠한 것들로 구성되는 것인가를 명확히 하기 위하여 작성되는 것이다. 또한 소유권보존등기에 따라 성립된 공장재단은 독립한 1개의 부동산으로 간주된다(동법 제12조 제1항).

3. 조사 · 확인사항

1) 사전조사

공장을 감정평가할 때에는 실지조사를 하기 전에 토지 · 건물의 공부 등을 통해 다음 각 호의 사항을 조사한다.

① 소재지, 지번, 지목, 면적
② 관련 법령에 의한 사용 · 처분 등의 제한 또는 그 해제
③ 그 밖의 참고사항

2) 실지조사

사전조사가 끝난 후에 대상 공장이 위치한 곳에서 다음 각 호의 사항을 조사 · 확인한다.

⑴ 사업의 적부조사

사업체의 개요, 원료의 수급관계, 제품의 시장성, 생산능력 및 규모의 적정성, 생산공정의 적부, 생산실적 및 예상, 입지조건, 경영 및 기술능력, 그 밖의 참고사항

⑵ 토지 · 건물 등의 실지조사

① 토지 · 건물 등은 해당 물건의 실지조사 규정을 준용한다.
② **기계기구 및 공작물에 대한 조사** : 명칭(종류), 규격 · 용량 · 형식 · 능력, 제작자 · 제작번호 · 제작연월일이나 취득연월일, 용도 및 배치상황 등
③ 선박 · 차량 · 중기 · 항공기 · 어업권 · 염전 · 산림 그 밖의 재산이 해당 사업체와 일단의 재산으로 의뢰된 경우에는 각각 해당 물건의 실지조사규정을 준용한다.

⑶ 그 밖의 참고사항

4. 자료의 수집 및 정리

공장의 가격자료는 다음과 같다.

① 토지, 건물, 기계·기구 등 공장을 구성하는 자산은 해당 물건의 자료의 수집 및 정리 규정을 준용한다.

② **수익자료** : 재무제표, 수익률, 성장률, 현금흐름추정자료 등

③ **시장자료** : 경제성장률, 물가상승률, 금리, 환율 등

④ 그 밖에 감정평가액 결정에 참고가 되는 자료

5. 공장의 감정평가 원칙

⑴ **물건별 감정평가 원칙(개별평가)**

공장을 감정평가할 때에는 공장을 구성하는 개별 물건(토지, 건물, 기계기구, 무형고정자산)의 감정평가액을 합산하여 감정평가해야 한다.

⑵ **예외적인 일괄평가 시 감정평가방법**

공장의 계속적인 수익이 예상되는 경우 등은 일괄하여 감정평가할 수 있으며, 일괄하여 감정평가할 때에는 수익환원법을 적용하여야 한다. 공장의 감정평가 시 수익환원법 적용이 어려운 이유는 공장의 수익은 해당 사업체의 개별성에 따라 편차가 심하여 수익의 객관성이 부족하고, 수익이 포착된다고 하더라도 해당 사업체의 위험을 반영한 할인율을 결정하기 어렵기 때문이다.

6. 물건별 감정평가

1) 유형자산

⑴ **토지 및 건물의 감정평가**[30]

토지와 건물의 일반 감정평가 논리와 동일하다. 단, 공장과 관련 없는 토지(유휴토지 및 미조성지 등) 및 건물(근린생활시설 등 공장과 무관한 건물)에 대한 판단이 중요하다.

① **공장토지 감정평가 시 유의사항**

일반적으로 공장의 토지는 여러 지목으로 된 다수의 필지가 공업용 등 하나의 현실적인 이용상황으로 이용되는 경우가 대부분으로, 각각의 지목들과 현실적인 이용상황 사이에는 차이가 발생할 수 있다(◉ 지목상 농경지 또는 임야이나 실제로는 공장부지이거나 야적장 또는 주차장 등의 부지로 이용되는 경우). 이 같은 경우에 현실적인 이용상황의 판단과 관련해서 적법성과 합리성 여부 및 전환 가능성 등을 고려하는 것이 중요한 문제이며, 해당 법률 규정과 함께 사회적 타당성을 가질 수 있는 감정평가가 필요하다. 또한 공장의 적합한 부지의 규모 여부와 일단으로 이용 중인 일단지 판단의 적정성 여부 등도 충분히 고려하여 감정평가해야 한다.

---

30) 감정평가실무기준 해설서(Ⅰ) 총론편, 한국감정평가사협회 등, 2014.02, pp.398~399

② **공장건물 감정평가 시 유의사항**

공장 또한 일반적인 건물의 평가방법을 준용하되, 공장건물로서의 특성에 따른 가치형성요인 및 그 격차 등을 고려하여야 한다. 동일한 구조의 건물이라 하더라도 생산공정의 특성에 따라 건물 규모, 배치, 부대설비 등이 달라질 수 있으므로 이를 감정평가 시에 반영하여야 한다. 특히 철골조 건물의 경우 재조달원가 산정 시 연면적 또는 각 층별 면적보다는 건물의 층고 및 바닥 면적과의 연관성이 크므로 이에 주의하여야 한다.

또한 통상적으로 구조가 같은 건물의 경우 층고가 증가하면 단가는 상승하며, 바닥면적이 증가하면 단가는 하락하게 된다. 면적이 과다하게 큰 건물의 경우 단순히 구조에 따른 재조달원 가를 적용하기보다는 공장건물의 특성과 규모에 따른 시공자재의 종류 및 규격, 주기둥의 크기, 높이 및 간격 등 건물에 대한 종합적인 사항을 고려하여야 한다.

⑵ **기계기구의 감정평가** [31]

① 기계기구의 감정평가 방법에 따른다.

② **과잉유휴시설의 감정평가**

㉠ **개념 및 판단방법** : 공장 내의 시설 중 감정평가 당시 정상으로 가동치 않고 있으며, 또한 장래 가동할 전망이 없어 사실상 해당 공장에 필요치 않은 시설을 의미한다.

감정평가실무상 해당 공장이 과잉유휴시설에 해당하는지를 파악하기는 쉽지가 않다. 내부 사정상 설비를 가동치 않을 경우도 있으며, 시장 외부상황에 의하여 가동을 중단하는 경우도 있을 수 있다. 따라서 실지조사 당시의 가동 여부보다는 시장상황, 업체의 경영사항 등에 대한 전반적 검토를 통하여 유휴시설의 여부를 결정하여야 한다.

㉡ **평가방법**

ⓐ **나른 사업으로의 전용이 가능한 시설 등의 감정평가** : 다른 사업으로의 전용이 가능하다고 판단되고 전용에 따른 비용 등을 확인할 수 있는 경우에는 해당 시설을 감정평가할 수 있으며, 이때 전환에 소요되는 비용과 시간 등은 고려되어야 한다.

ⓑ **다른 사업으로의 전용이 불가능한 시설 등의 감정평가** : 다른 사업으로의 전용이 불가 능한 경우에는 해체처분이 가능한 가액으로 감정평가하되, 다만 해체 · 철거 및 운반 등에 소요되는 비용은 고려하여 감정평가할 수 있다. 여기서 해체처분가능가액이란 대상 물 건을 본래의 이용 목적으로 사용할 것을 전제로 하지 않고, 각 구성부분을 해체하여 처분할 것을 상정한 가액을 말한다.

ⓒ **평가목적에 따른 분류(평가 여부)**

• 경매평가, 보험료 산정용 평가, 기업가치 평가(청산가치) : 타용도로 전용가능 여부 를 참작하거나 해체처분 등을 고려하여 평가한다.

• 담보평가, 임대료산정을 위한 평가, 계속기업가치로 평가 시에는 평가 외로 한다.

---

31) 감정평가실무기준 해설서(Ⅰ) 총론편, 한국감정평가사협회 등, 2014.02, pp.400~403

③ 리스물건

「여신전문금융업법」에 의한 시설대여업자가 대여한 리스물건은 시설대여업의 소유물건으로 보아 감정평가하지 않는 것이 원칙이나, 실무적으로는 리스물건인지 여부에 대한 판별이 어렵다는 문제가 있다. 따라서 기계기구 등에 부착된 명판 또는 표지판에 대한 확인을 통해 우선 확인한 후, 해당 공장 장부서류 등을 검토하거나 매도자, 의뢰인 등을 통해 관련 사항을 확인할 필요가 있다.

(3) 구축물의 감정평가

구축물은 주로 토지에 정착된 정착물이 대부분으로 자체로서 거래가 되거나 자체로서의 수익발생이 이루어지지 않으므로, 대부분 원가법을 적용하여 감정평가한다.

구축물이 주된 물건의 부속물로 이용 중인 경우에는 주된 물건에 대한 기여도 및 상관관계 등을 고려하여 주된 물건에 포함하여 감정평가할 수 있는데, 예를 들어 구축물 중 별도의 효용을 지니지 않고 토지의 Improvement(옹벽, 석축, 배수로 등) 또는 건물의 부속설비로 이루어진 경우, 토지 또는 건물의 가치에 포함하여 감정평가해야 할 것이다. 이를 별도로 평가하여야 할 필요가 있을 경우 효용을 받는 토지, 건물 등의 감정평가 시 이를 고려하여 해당하는 금액을 차감하여야 한다. 구축물은 경우에 따라 지하에 매립되어 있는 등 실지조사가 불가능한 경우가 있으며, 이 경우에 의뢰인과 협의하여야 한다. 의뢰인이 관련 준공도면, 준공내역서 등 설치상태를 확인할 수 있는 도면 등 객관적으로 신뢰할 수 있는 자료를 제시하고 이를 통해 감정평가가 가능하다고 판단되는 경우에 한해서 실지조사를 생략하고 감정평가할 수 있다.

2) 무형자산

무형자산(영업권, 지식재산권 등)의 감정평가는 무형고정자산의 감정평가방법에 따르되, 평가목적에 따라 평가에 포함될 수도 있고 평가에서 제외될 수도 있다.

현재까지 감정평가실무에서는 공장의 감정평가 시 공장을 구성하는 유형자산의 감정평가액을 합산하여 이루어졌으나, 원칙적으로 공장의 개별 물건을 구성하는 자산에는 유형자산과 함께 무형자산도 존재한다. 다만, 현실적으로 무형자산에 대한 감정평가는 그리 중요성이 크지 않았으나, 산업과 경제사회가 발전함에 따라 점차 특허권 등의 무형자산에 대한 인식이 크게 증대되고 그 가치 또한 증가하는 추세이다.

무형자산은 공장재단 내 유형자산과 같이 개별자산별로 감정평가되어 합산한다. 다만, 무형자산만 단독으로 감정평가 의뢰되는 경우에는 해당 무형자산이 독립적·배타적 권리인지의 여부, 해당 무형자산으로부터 발생하는 현금흐름이 사업체 전체의 현금흐름에서 분리가 가능한지, 전체의 수익가격에서 해당 무형자산으로의 배분이 가능한지에 대한 판단 등이 선행되어야 한다.

7. 수익환원법

공장에서 발생하는 수익을 환원하거나 할인하여 수익가치를 산정하며, 기업가치의 감정평가방법을 준용한다. 다만, 과잉유휴시설이나 비영업용자산가액은 별도로 가산하여야 한다.

(1) 유의사항

공장을 수익환원법으로 평가한 후 물건별 평가액과 시산조정하는 경우 물건별 평가액의 비교대상을 정확하게 해야 한다. 즉, 과잉유휴시설이나 공장의 수익을 창출하는 데 필요하지 않은 대상이나 비영업용자산이 물건별 평가에 포함되어 있다면 이를 제외하고 수익가액과 시산조정해야 한다.

토지(공장)					공장의		
건물(공장)	↔	시산 조정	↔	공장의 수익가액	→	감정평가액 (적정부분)	
기계기구(적정기계)							
토지(과잉, 유휴), 비영업용							
건물(과잉, 유휴), 비영업용		−		−	→	과잉유휴부분 및 비영업용 자산의 감정평가액	→	총 감정평가액
기계기구(과잉, 유휴), 비영업용							

---

03 광업재단의 감정평가 [32]

1. 광산 및 광업재단의 개념

(1) 광산의 개념

'광산'이란 광업권을 기본으로 하여 광업경영을 목적으로 하는 일체의 기본재산으로서 재단을 조성한 것 또는 조성할 수 있는 것을 말한다. 따라서 광산은 광업권을 기반으로 전개되는 사업이고, 그 가치는 광업권의 가치가 중심이 된다.

여기서 "광업권"이란 등록을 한 일정한 토지의 구역(광구)에서 등록을 한 광물과 동일광상 중에 부존하는 다른 광물을 채굴 및 취득하는 권리를 말한다. 광업권은 물권이며 「광업법」에 의한 허가와 등록으로서 성립된 배타적·독점적 권리이다.

(2) 광업재단의 개념

"광업재단"이란 광업권과 광업권에 기하여 광물을 채굴·취득하기 위한 각종 설비 및 이에 부속하는 사업의 설비로 구성되는 일단의 기업재산으로서 소유권과 저당권의 목적이 되는 것을 말한다 (공장 및 광업재단 저당법 제2조 제3호). 한편, 광업권자는 저당권의 목적으로 하기 위하여 광업재단을 설정할 수 있으며, 원칙적으로 광업권의 내용은 채취에 한하고 토지를 이용하는 권한은 포함

---

32) 감정평가실무기준 해설서(Ⅰ) 총론편, 한국감정평가사협회 등, 2014.02, pp.417~424

되어 있지 않으나, 필요한 경우에는 토지를 이용, 수용할 수 있는 권리가 인정된다. 광업재단의 구성물이 될 수 있는 것은 ⅰ) 토지, 건물, 그 밖의 공작물, ⅱ) 기계, 기구, 그 밖의 부속물, ⅲ) 항공기, 선박, 자동차 등 등기 또는 등록이 가능한 동산, ⅳ) 지상권이나 그 밖의 토지사용권, ⅴ) 임대인이 동의하는 경우에는 물건의 임차권, ⅵ) 지식재산권을 대상으로 한다(동법 제53조).

2. 조사 · 확인사항

(1) 사전조사를 위한 서류

광업원부, 광업재단등기부, 위치도, 광산소재지, 등록번호, 면적, 위치, 교통, 광산 부근의 지질 · 지형, 광산의 상황, 갱내외의 설비, 수도시설, 동력관계 등의 설명서, 광구도, 지형도, 광산부근의 지질도, 갱내도, 갱외시설배치도, 종업원 수 및 평균임금, 광량계산서, 인부 1인당 채굴량, 선광방법 및 설비능력, 제련방법 등에 관한 자료, 그 밖의 참고자료

(2) 사전조사

토지 및 건물에 대한 소재지 · 용도 · 구조 · 면적 등, 기계 · 기구, 차량, 선박, 그 밖에 부속물에 대한 용도 · 용량 · 규격 등, 광종, 광구면적, 등록번호, 등록연월일, 광업권의 존속기간 및 부대조건, 지상권, 토지의 사용권 등

(3) 실지조사

입지조건(위치, 교통상황, 공업용수, 동력, 노동력 등), 지질 및 광상(암층, 구조, 노두, 광상의 형태, 광물품위, 매장량 등), 채광 및 선광(채굴방법, 선광방법, 지주, 배수, 통기, 운반방법, 갱도현황 등), 설비(채광, 선광, 제련, 운반, 배수, 통기 등에 관한 설비의 정도), 기술 및 그 밖의 참고사항

3. 자료의 수집 및 정리(광산의 가격자료)

① 토지, 건물, 기계 · 기구 등 광산을 구성하는 자산은 해당 물건의 자료의 수집 및 정리 규정을 준용한다.
② **수익자료**: 재무제표, 최근 생산판매실적표, 자금계획서, 연간순수익예상표 등
③ **비용자료**: 조성비용 · 원가계산서 등
④ **시장자료**: 광물의 시장성에 관한 자료, 금리 등
⑤ 그 밖에 감정평가액 결정에 참고가 되는 자료

4. 광산의 감정평가방법

1) 광산 감정평가의 특수성

광산은 광물의 집합체인 광상의 확실성이나 광량, 품등 및 그 부존상태 등에 대한 실태파악이 어려우며, 아래의 특성을 가지고 있다.

① 광업은 지하자원을 채취하는 산업이므로 유한성을 갖고 있으므로, 광산은 그 자산적 가치가 점차 감모하는 소모성 자산이다.

② 광업은 주로 지하갱내에서 지하자원을 캐내는 것이므로, 낙반·발파 등에 따른 갱내사고의 위험성이 많아 높은 부담을 감안한 투자이익이 보장되어야 한다.

③ 광업은 광업권의 존속기간 중에서 투하자본을 회수해야 하며, 다른 산업과는 달리 생산의 조절이 용이하지 않고 또한 확대재생산을 통한 투자가 불가능하다.

2) 광산의 감정평가방법

광산을 감정평가할 때에는 수익환원법에 의한다.

수익환원법을 적용할 때에는 다음의 산식에 따라 대상 광산의 생산규모와 생산시설을 전제로 한 가행연수 동안의 순수익을 환원한 금액에서 장래 소요될 기업비를 현가화한 총액을 공제하여 광산의 감정평가액을 산정한다(Hoskold법 사용).

$$\text{광산의 감정평가액} = a \times \cfrac{1}{S + \cfrac{i}{(1+i)^n - 1}} - E(+R)$$

a: 상각전 연간 순수익
i: 축적이율(안전율)
E: 장래소요기업비의 현가화 총액
S: 배당이율(상각후 환원이율)
n: 가행연수
R: 가행연수 말 파악되는 잔존유형자산의 가치 현가

⑴ 상각전 연간 순수익

$$\text{상각전 연간 순수익} = \text{사업수익} - \text{소요경비}$$

① 사업수익

3년 이상의 수익실적을 기초로 생산여건, 시장성, 장래 월간생산량, 연간가행월수 등을 고려하여 결정한다. 이 경우, 광물의 가격은 최근 1년 이상의 가격추세를 고려하여 결정한다.

② 소요비용

소요경비는 채광비, 선광비, 제련비, 일반관리비 및 판매비, 운영자금이자(운영자금이자를 제외한 비용의 3월분의 정기예금금리를 고려한 이자) 등을 고려한다.

⑵ 상각후 환원이율이 제시되지 않은 경우

배당이율(S)은 다음 산식에 따라 산정하되, 관련기관에서 공시하는 자료를 적용할 수 있다.

$$\text{배당이율}(S) = \frac{s}{1 - x}$$

s: 배당률(광업관련 산업부문의 상장법인 시가배당률을 고려하여 산정)
x: 세율(법인세 등)

(3) 축적이율

광산의 자원 고갈 등을 감안하여 다른 사업으로 재투자를 가정한 1년 만기 정기예금금리를 적용한다. 안전율(Safety Rate)로 제시가 될 수도 있다.

축적이율은 순수이율을 참작하여 결정한다. 일반적으로 환원율과 축적이율의 관계는 축적이율이 잔존내용연수 만료 시까지 매년 상각액을 비축하기 위한 더욱 안전한 이율이므로 환원율보다 낮은 것이 보통이다. 즉, 축적이율은 순이자율과는 비할 수 없는 저수익을 얻는 고급 유가증권·정기예금 등에 투하하여야 한다. 따라서 축적이율은 부동산투자로서의 위험성까지를 반영하는 종합환원율 보다는 낮은 이율을 채택하여야 한다.

(4) 가행연수

> 가행연수 = 확정 및 추정 가채매장량 / 연간채광가능 매장량

이 경우 매장량 산정과 관련된 평균품등과 산정근거를 기재한 계산표와 도면을 감정평가서에 첨부하여야 한다.

》 산출된 가행연수는 특성상 연도의 성격이므로 내림하여 활용한다(◉ 12.4년 → 12년).

(5) 장래소요기업비

적정생산량을 가행 최종연도까지 유지하기 위하여 장차 소요될 광산설비 투자소요액의 현가액을 합산하여 산정한다.

장래소요기업비는 적정생산량을 가행 최종연도까지 유지하기 위하여 장래 소요될 광산설비 총투자액의 현가액을 말한다. 여기서 기업비는 시설능력의 증진, 능률향상을 위한 지출을 의미한다. 따라서 기업비는 상각전 연간순이익 산정 시 소요경비와는 다른 지출이라 할 수 있으므로, 기업비 계산 시 그 한계를 구분하여야 한다.

기업비에 포함되는 지출로는 ⅰ) 채광, 탐광, 배수, 통기, 조명설비, ⅱ) 갱도의 연장, 확장 또는 신굴착, ⅲ) 갱내외 운반설비, 육해수송설비, ⅳ) 선광, 제련, 분석, 연구설비, ⅴ) 동력, 용수설비, ⅵ) 건물, 보건후생설비 등을 들 수 있다.

04 어장의 감정평가

1. 개념

어업은 법적절차에 따라 면허어업·허가어업·신고어업으로 분류하며, 어장에 따라서는 내수면어업(하천, 호소어업)과 해양어업(연안, 근해, 원양어업)으로 분류하기도 한다. 그리고 어업권이란 수산업법 제8조 또는 내수면어업법 제6조의 규정에 의거, 면허를 받은 법정시설 및 방법에 의한 어업으로 제3자를 배척하고 자기만이 독점적으로 어업을 경영할 수 있는 배타적 권리를 말한다.

2. 어장의 감정평가방법

수익환원법에 의한다. 어장의 평가는 어장이 장래 산출할 것으로 예상되는 순수익을 환원하여 평가할 수 있는데 환원방법으로는 광산과 달리 재투자의 위험이 낮다는 점에 착안하는 Inwood법이 주로 활용된다.

$$P = \frac{a}{r + \dfrac{r}{(1+r)^n - 1}} - E = a \times \frac{(1+r)^n - 1}{r \times (1+r)^n} - E(+R)$$

P: 어장평가액   a: (상각전) 순수익
r: (상각후·세공제전) 환원이율   n: 어업권 존속기간[33]
E: 장래소요기업비현가액   R: 가행연수 말 파악되는 잔존유형자산의 가치 현가

---

[33] 어업권의 유효기간은 보통 10년이며 10년의 범위 안에서 유효기간을 연장할 수 있다. 따라서 잔존내용연수(어업권 존속기간)는 어업권의 유효기간인 10년의 범위 내에서 결정하여야 할 것이다.

| 제5절 | **무형자산·유가증권 등·기업가치의 감정평가** |

01 **무형자산의 감정평가**

1. 무형자산의 감정평가

> **감정평가에 관한 규칙 제23조**(무형자산의 감정평가)
>
> ① 감정평가법인등은 광업권을 감정평가할 때에 제19조 제2항에 따른 광업재단의 감정평가액에서 해당 광산의 현존시설 가액을 빼고 감정평가해야 한다. 이 경우 광산의 현존시설 가액은 적정 생산규모와 가행조건(稼行條件) 등을 고려하여 산정하되 과잉유휴시설을 포함하여 산정하지 않는다.
>
> ② 감정평가법인등은 어업권을 감정평가할 때에 어장 전체를 수익환원법에 따라 감정평가한 가액에서 해당 어장의 현존시설 가액을 빼고 감정평가해야 한다. 이 경우 어장의 현존시설 가액은 적정 생산규모와 어업권 존속기간 등을 고려하여 산정하되 과잉유휴시설을 포함하여 산정하지 않는다.
>
> ③ 감정평가법인등은 영업권, 특허권, 실용신안권, 디자인권, 상표권, 저작권, 전용측선이용권(專用側線利用權), 그 밖의 무형자산을 감정평가할 때에 수익환원법을 적용해야 한다.

2. 광업권의 감정평가

(1) 광업권 등의 개념

> **광업법 제3조**(정의)
>
> 2. "광업"이란 광물의 탐사(探査) 및 채굴과 이에 따르는 선광(選鑛)·제련 또는 그 밖의 사업을 말한다.
> 3. "광업권"이란 탐사권과 채굴권을 말한다.
> 3의2. "탐사권"이란 등록을 한 일정한 토지의 구역(이하 "광구"라 한다)에서 등록을 한 광물과 이와 같은 광상(鑛床)에 묻혀 있는 다른 광물을 탐사하는 권리를 말한다.
> 3의3. "채굴권"이란 광구에서 등록을 한 광물과 이와 같은 광상에 묻혀 있는 다른 광물을 채굴하고 취득하는 권리를 말한다.
> 4. "조광권"(租鑛權)이란 설정행위에 의하여 타인의 광구에서 채굴권의 목적이 되어 있는 광물을 채굴하고 취득하는 권리를 말한다.

(2) 감정평가방법

광산의 감정평가액은 광업권 및 시설의 가액이 포함된 것이다. 따라서 광업권의 감정평가액을 구하기 위해서는 광산의 현존시설의 가액을 빼고 감정평가해야 한다.

> 광업권의 감정평가액 = 광산의 감정평가액 − 유형자산의 가치

(3) 현존시설가액

① 적정생산규모와 가행조건 등을 고려하되, 과잉유휴시설은 포함하지 아니한다.

② **광업권의 존속기간**

「광업법」제12조의 존속기간에 따르면 광업권 중 탐사권의 존속기간은 7년을 넘을 수 없으며, 채굴권의 존속기간은 20년을 넘을 수 없다. 채굴권자는 채굴권의 존속기간이 끝나기 전에 산업통상자원부장관의 허가를 받아 채굴권의 존속기간을 연장할 수 있는데, 이 경우에도 연장할 때마다 그 연장기간은 20년을 넘을 수 없다.

③ 광산의 내용연수에 따라 현존시설의 감가수정 시 미래수명을 보정하여 활용할 수 있다.

》 **이전·전용이 불가능한 건축물 및 구축물에 대한 미래수명보정**
경제적 내용연수 = 경과연수 + 잔존가행연수(미래수명법)

기본예제

高평가사는 어떤 석탄광산에 대한 감정평가의뢰를 받고 다음 자료를 수집하였다. 대상광산의 감정평가가격 및 광업권의 감정평가가격을 구하시오.

풀이영상

자료 1 **광산의 연간 수지사항(단위 : 천원)**
대상광산의 연간수지는 다음과 같으며, 장래에도 지속될 것으로 예상된다.

수입		지출	
정광 판매량	연간 300,000톤	채광비	4,610,000
		선광비	2,100,000
		일반관리비	4,000,000
		감가상각비	150,000
		정상운전자금이자	별도 산정

》 정광 판매단가는 톤당 42,000원이다.

자료 2 **매장광량 및 가채광량**

1. 매장광량
   (1) 확정광량 : 4,000,000톤
   (2) 추정광량 : 2,000,000톤
2. 가채광량 : 월간 가채광량은 25,000톤이며, 해당 광산의 총가채광량은 확정광량의 80%와 추정광량의 20%의 합계액이다.

자료 3 **자산의 상태**
기준시점 현재 시장가치로 인정되는 자산별 가격은 다음과 같다.
1. 건물 : 810,000,000원
2. 기계기구 : 1,624,000,000원
3. 기타자산 : 38,000,000원
4. 합계 : 2,472,000,000원

자료 4 **장래소요기업비**
생산을 계속 유지하고 정상가동을 하기 위하여는 매월 17,350,000원을 기업비로 지출해야 된다.

자료 5 **기타**
1. 광산의 환원이율(상각후) 35%
2. 축적이율 17%
3. 복리현가에 적용할 할인율 12%
4. 정기예금금리 3.0%

PART 03

┌ 예시답안

Ⅰ. 평가개요

본건은 기준시점 현재를 기준한 광산 및 광업권 평가이다.

Ⅱ. 광산의 평가액

1. 광산의 수익가액

(1) 순수익의 산정

1) 정광판매수입 : 300,000 × 42,000 = 12,600,000,000원

2) 소요비용(감가상각비 제외) : (4,610,000,000 + 2,100,000,000 + 4,000,000,000) × (1 + 0.03 × 3/12)
= 10,790,325,000원

3) 순수익 : 1,809,675,000원

(2) 가행연수 : n = (4,000,000톤 × 0.8 + 2,000,000톤 × 0.2) ÷ (25,000톤 × 12월) ≒ 12년(절사)

(3) 광산의 수익가액 : $P = 1,809,675,000 \times \dfrac{1}{0.35 + \dfrac{0.17}{1.17^{12}-1}} ≒ 4,756,475,000원$

2. 장래소요기업비의 현가액

$(17,350,000 \times 12월) \times \dfrac{1.12^{12}-1}{0.12 \times 1.12^{12}} ≒ 1,289,669,000원$

3. 광산의 감정평가가격

4,756,475,000 − 1,289,669,000 ≒ 3,466,806,000원

Ⅲ. 광업권의 평가액

3,466,806,000 − 2,472,000,000 ≒ 994,806,000원

---

3. 어업권의 감정평가

(1) 개념

「수산업법」 제2조 제9호(「내수면어업법」 제7조 제1항에서는 "제6조의 규정에 의하여 어업의 면허를 받은 자는 「수산업법」 제17조 제1항의 규정에 의한 어업권원부에 등록함으로써 어업권을 취득한다."라고 규정하고 있다)에서 면허를 받아 어업을 경영할 수 있는 권리를 "어업권"으로 정의하고 있으므로, 허가어업 및 신고어업은 제외하고 면허어업에 대한 권리만을 "어업권"으로 정의하였다.

(2) 조사 · 확인사항

① 사전조사

소재지, 면허번호, 어업권의 종류, 존속기간 및 연장 여부, 어업권에 부가된 조건 및 제한사항

② 실지조사

사업체의 개요, 어종 및 어기(면허받은 양식생물의 종류, 어업의 준법 여부 등), 어장의 입지 및 해당 지역 어업실태, 어장의 수심, 저질(底質), 조류의 방향 및 세기 등, 어장의 시설현황, 어획고와 판로(어업생산량, 판매단가 등), 어업의 경영현황, 어업권의 연장 가능 여부, 그 밖에 어업권에 관련된 사항

(3) **자료의 수집 및 정리(어업권의 가격자료)**

① **거래사례**

어업권의 거래가격 등

② **수익자료**

생산량, 판매량, 순수익, 어업경비 등 어장경영에 관한 자료

③ **시장자료**

판매가격, 금리 등

④ 그 밖에 감정평가액 결정에 참고가 되는 자료

(4) **어업권의 감정평가방법**

① **어업권의 감정평가 원칙**

㉠ 어업권의 감정평가할 때에는 수익환원법을 적용하여야 한다.

㉡ 수익환원법으로 감정평가하는 것이 곤란하거나 적절하지 아니한 경우에는 거래사례비교법으로 감정평가할 수 있다.

② **수익환원법의 적용**

어장 전체를 수익환원법으로 감정평가한 가액에서 해당 어장의 적정시설가액을 뺀 금액으로 감정평가한다.

어업권의 감정평가액 = 어장의 감정평가액 − 현존시설가액

㉠ 순수익: 장기간의 자료에 근거한 순수익을 산정하여야 한다.

㉡ 어업권의 존속기간: 어업권의 존속기간은 10년 이내로 규정하고 있으나, 10년의 범위 내에서 연장이 가능(총 20년 이내)하고, 유효기간이 만료된 경우에는 특별한 사정이 없는 한 우선순위에 의하여 기존의 어업권자가 다시 재면허를 받을 수 있으므로, 면허의 연장이 가능한지, 재면허를 받을 수 있는지 등을 충분히 검토하여 기간을 산정하여야 한다. 거래가 격 측면에서도 잔존 유효기간의 장·단에 따라 큰 영향을 받지 않는 것이 현실이다.

㉢ 현존시설의 가액: 생산규모와 어업권 존속기간 등을 고려하여 감정평가하되, 과잉유휴시설은 제외한다.

③ **거래사례비교법의 적용**

㉠ 어장은 위치에 따라 어업생산성이 매우 크게 차이가 날 수 있으므로, 거래사례비교법으로 감정평가할 때에는 어업방법, 어종, 어장의 규모, 존속기간 등이 비슷한 인근의 어업권 거 래사례를 기준으로 하되, 대상 어업생물과 수질, 수심, 수온, 유속, 저질상태, 시설물 상태, 가용시설규모 등 어장환경의 적합성 등과 비교대상 어장의 것을 비교하여 개별요인 비교 시에 반영하여야 한다.

ⓛ 어업권만의 거래사례는 희박하며, 대부분이 어업권과 시설물을 포함한 어장 전체를 거래의 대상으로 하는 경우가 대부분이다. 따라서 어업권의 가격은 어장 전체의 가격에서 적정시설물 규모에 해당하는 시설물가격을 공제하여 사례 어업권의 가치를 산정한 후 대상 어업권과 비교하여 감정평가해야 한다.

기 본예제

감정평가사인 당신은 면허를 취득하여 내수면에서 어업을 행하고 있는 李 씨로부터 해당 어장에 관련된 어업권 평가를 의뢰받았다. 다음 자료를 이용하여 대상어장을 평가하고 어업권가치를 산정하시오.

자료 1 대상어장의 내역

1. 해당 어장은 2022년 1월 1일자로 면허를 받은 것으로, 대상 어업권의 면허기간은 10년이다(수산업법 및 최초면허기간 고려 시 금번 면허가 종료되면 추가연장은 불가함).
2. 평가목적 : 일반거래
3. 기준시점 : 2026년 1월 1일
4. 대상어장에서의 수익자료는 다음과 같다.

풀이영상

기간	어획량(kg)	판매단가(원/kg)	영업경비
2022	2,000	120,000	100,000,000
2023	2,200	123,000	102,600,000
2024	2,500	125,000	114,260,000
2025	2,900	127,000	126,400,000

자료 2 대상 어장시설의 시장가치

1. 양식장시설의 재조달원가 : 200,000,000원(내용연수 : 40년)
2. 부대시설의 재조달원가 : 100,000,000원(내용연수 : 25년)
3. 위 양식장시설 및 부대시설은 2022년 1월 1일 설치되었으며, 정액법으로 만년감가(최종잔가율 : 10%)하는 것이 타당하다고 판단된다.
4. 장래 투하될 소요기업비는 연간 45,000,000원으로 예상된다.
5. 면허기간 종료 후 양식장시설 및 부대시설의 잔존가치는 시장가치의 10%이다.

자료 3 기타자료

1. 어장의 상각후 환원이율 : 25%/년
2. 할인율 : 15%/년
3. 장래기업소요비, 어장의 잔존내용연수 및 기간계산은 연단위로 계산한다.
4. 기준시점에서의 순수익은 최근 3년치를 평균하여 추정한다.

예시답안

I. 평가개요

본건은 어업권에 대한 평가로 기준시점은 2026년 1월 1일이다.

Ⅱ. 어장평가액

1. 순수익 산정

(1) 2023년 : $2,200 \times 123,000 - 102,600,000 = 168,000,000$원

(2) 2024년 : $2,500 \times 125,000 - 114,260,000 = 198,240,000$원

(3) 2025년 : $2,900 \times 127,000 - 126,400,000 = 241,900,000$원

(4) 순수익 산정 : $\dfrac{168,000,000 + 198,240,000 + 241,900,000}{3} ≒ 202,713,000$원

2. 장래소요기업비현가액

$45,000,000 \times \dfrac{1.15^6 - 1}{0.15 \times 1.15^6} ≒ 170,302,000$원

3. 유형자산가치

(1) 양식장 : $200,000,000 \times (1 - 0.9 \times \dfrac{4}{40}) ≒ 182,000,000$원

(2) 부대시설 : $100,000,000 \times (1 - 0.9 \times \dfrac{4}{25}) ≒ 85,600,000$원

(3) 유형자산가치 합계 : $182,000,000 + 85,600,000 = 267,600,000$원

4. 어장평가액

$202,713,000 \div \left(0.25 + \dfrac{0.25}{1.25^6 - 1}\right) - 170,302,000 + 267,600,000 \times 0.1 \times \dfrac{1}{1.15^6}$ [34] $≒ 439,559,000$원

Ⅲ. 어업권 평가액

$439,559,000 - 267,600,000 = 171,959,000$원

4. 영업권의 감정평가

1) 개념

영업권(Goodwill)은 경영상의 유리한 관계 등 사회적 실질가치를 가지는 자산을 의미한다. 영업권은 타 업체와 차별적인 우수한 경영능력, 효율적 인적 구성, 대외적 신인도, 입지적 우위 등으로 결정되며 실질적으로 사업체를 구성하는 기타의 자산과 구분하여 개별적으로 식별할 수는 없다. 기업회계상으로는 자가창설영업권은 인정되지 않고 있으며, 외부에서 유상으로 매입한 매입영업권에 대하여만 무형자산으로 인식되고 있다. 영업권은 시장에서 거래의 객체로 인정되고는 있으나, 법률적인 보호는 없음에 유의하여야 한다.

영업권은 특정기업이 동종 산업에 종사하는 타 기업과 비교하여 정상적인 투자수익률 이상의 이윤을

---

[34] 광업재단(광산) 및 어장은 수익환원법으로 평가하되, 광산의 경우 재투자가 어렵기 때문에 안정적인 축적이율을 활용하는 Hoskold 법을 활용하고 어장의 경우 Inwood법에 따라 자본을 회수한다. 다만, Inwood법 및 Hoskold법은 소득모델의 일종이므로 가행연수 말 잔존가치를 알 수 있다면 그 잔존가치를 반영해야 한다. 소득모델이란, 소득흐름의 현재가치를 구하고, 별도로 복귀가치 또는 처분정리비의 현가를 가산하거나 차감하여 부동산가치를 구하는 방법이므로 복귀가치가 존재하거나 파악이 가능하다면 대상 부동산의 현재가치를 산정하기 위해서는 소득흐름에 포함되어 있지 않은 복귀가치를 산정하여 소득흐름의 현재가치에 합산하여야 한다.

획득할 수 있는 초과이윤 창출능력, 즉 초과이익력을 화폐가치로 표시한 것이다.

일반적으로 영업권(Goodwill)은 식별할 수 없는 무형자산으로서 ⅰ) 기업이 다른 기업을 취득·합병·인수할 경우 원가(매입가액)가 취득한 순자산의 공정시장가치를 초과한 초과액, ⅱ) 기업이 동종의 다른 기업보다 초과 수익력을 갖고 있는 경우 이를 자본화하여 계산한 것으로 볼 수 있다.

2) 감정평가대상으로서의 영업권

(1) 초과수익의 발생원인

- 해당 기업의 상호 또는 상표가 다년간의 신용에 의하여 지명도가 크고 기존의 고객을 끌 수 있는 고객 흡수력이 있을 것
- 소질이 우수한 영업자나 종업원을 확보하고 있어 그 경험 또는 교육훈련이 잘 되어 있는 등 인재가 동업자에 비해 상대적으로 우수할 것
- 공장 또는 영업소의 입지조건이 동업자에 비하여 상대적으로 우위에 있을 것
- 제조, 판매기술 등에 대한 영업상의 비결을 갖고 있을 것
- 영업 또는 점포배치의 면허제 또는 행정지도가 있는 것과 기득권이 있는 것 등 유리한 조건을 가질 것

(2) 초과수익의 계속성

영업권 가치의 결정에는 초과수익력이 장래에 얼마나 계속될 것인가를 고려할 필요가 있다. 초과수익이 크고 영속할수록 영업권의 가치는 크지만 반면에 초과수익이 클수록 경쟁을 일으키기 쉬워 어느 시점에 가면 초과수익은 소멸하게 된다.

(3) 초과수익의 이전성

초과수익의 이전성이란 영업권을 계승한 자에게 초과수익력이 옮겨가는 정도를 말하며, 영업권의 가격을 결정하는데 기준이 되는 초과수익력은 양도 후의 초과수익력을 말한다. 초과수익의 이전성이 높을수록 영업권의 가치는 높아진다. 예를 들어 영업자 본인의 평판이나 특수한 이력 등으로 인한 초과수익은 해당 영업자가 없을 경우 지속하기 힘든 형태의 초과수익이므로 이전성이 떨어진다고 볼 수 있다.

3) 조사·확인사항

같은 업종의 현황 및 장래성, 해당 기업의 장래성 및 위험성, 기준시점 현재 총재산의 감정평가액, 초과수익의 발생원인, 초과수익의 장래수요성·지속성 및 이전성의 정도, 등록된 제 권리 및 각종 계약에 관한 증빙서류를 통한 권리별 상관관계, 그 밖에 영업권에 관련된 사항

4) 자료의 수집 및 정리(영업권의 가격자료)

① 기업이 보유한 자산의 경우에는 해당 물건의 자료의 수집 및 정리 규정을 준용한다.

② **거래사례**: 기업전체의 거래가격, 영업권만의 거래가격 등

③ **수익자료**: 재무제표 · 수익률 · 초과이익추정자료 등

④ **시장자료**: 동종유사기업의 수익자료, 주식가격, 시중 금리 등

⑤ 그 밖에 감정평가액 결정에 참고가 되는 자료

5) 영업권의 감정평가방법

(1) 영업권 감정평가의 원칙

영업권은 정의상 정상적인 수익을 초과하는 초과수익에 대한 경제적 권리를 의미하므로, 사업체의 수익가격에서 순자산가치를 차감하거나 초과수익을 할인 또는 환원하는 수익환원법에 의한 감정평가가 가장 적절하다. 거래사례비교법의 경우 사업체 또는 영업권 자체의 거래에 대한 품등비교가 실질적으로 어렵다는 점, 유가증권 시장 등에서의 주당가격에 의할 경우 사업체 이외의 외부요인에 의한 보정이 어려운 점 등의 이유로 적용에 문제가 있다.

영업권의 개념을 초과수익의 현재가치나 잔여가치 개념에서 파악하는 것이 일반적이므로, 이러한 영업권의 정의에 따르면 수익방식이 이론적으로 가장 우수하다. 뿐만 아니라 실무적으로도 법률적 근거나 감정평가방법 적용의 어려움 때문에 비교방식이나 원가방식을 적용하는 경우는 거의 없고, 수익방식이 가장 많이 적용되고 있다.

(2) 수익환원법의 적용

① 대상기업의 영업관련 기업가치에서 투하자본을 차감하는 방법

㉠ 평가방법 및 산식

> 영업권 = 영업관련 기업가치 − 투하자본

ⓐ 영업관련 기업가치

기업의 영업가치(비사업용가치는 제외)로서 기업가치 감정평가에서 후술하도록 한다.

ⓑ 투하자본[35]

투하자본은 영업자산에서 영업부채를 차감하는 방식으로 산정하거나(실무기준상 방법), 자본금액에 이자지급부부채를 가산하는 방식으로 산정한다. 영업자산은 기업의 영업에 소요되는 모든 자산을 의미(비사업용자산은 제외)하며, 영업자산은 현물자산(비유동자산)과 유동자산으로 구성된다. 비사업용 자산은 기업의 영업에 사용되지 않는 모든 자산을 의미(초과보유 현금, 영업과 관련 없는 자산 등)하며, 비사업용 자산의 판단은 계정과목의 실제 성격을 파악하여 제외해야 한다.

영업부채는 유동부채, 비유동부채의 개념과는 관계가 없으며, 영업활동에 따라 발생하는 외상매입금, 미지급금 등의 비이자부부채를 의미한다.

영업부채는 영업자산 중 일부 자산(주로 외상매출금, 재고자산 등)을 조달하는데 사용되는 것으로 영업부채를 통하여 조달된 영업자산은 영업부채 만큼 조달비용(자본수익

---

35) 기업가치와 영업권 평가 실무(심사평가사 역량강화를 위한 전문교육), 한국감정평가사협회(김영돈 간사), 2020.10.

률, 이자율)의 부담 없이 조달이 가능하기 때문에 영업자산의 총계에서 영업부채만큼을 차감하여 투하자본을 산정한다.

Check Point!

▶ 영업부채(비이자부부채)와 재무부채(이자부채, 금융부채)의 비교
재무부채는 영업부채의 상대개념으로 유동부채, 비유동부채의 개념과는 관계가 없으며, 자산을 조달하기 위하여 조달비용(이자비용)을 부담하고 외부에서 차입된 금원을 의미한다(장·단기 차입금, 리스미지급금 등).

ⓒ 투하자본의 산정방법

주식회사 A의 투하자본을 아래의 방식으로 결정한다. 아래는 주식회사 A의 재무상태표이다.

유동자산	현금예금	300	유동부채	외상매입금	400
	외상매출금	100		단기차입금	100
	재고자산	100	비유동부채	장기차입금	100
비유동자산	기계기구	200	자본	자본	400
	건물	300			
자산소계		1,000	부채 및 자본소계		1,000

• 재무적 접근(자금의 조달관점)방식으로 파악하는 방법

"투하자본 = 자본총계 + 외부차입금 합계(장·단기 불문 이자부부채)"를 기준으로 하며, 주식회사 A의 경우 투하자본은 자본 400과 차입금 200인 총 600이다.

• 자산접근(자금의 사용관점) 방식으로 파악하는 방법(실무기준)

"투하자본 = 영업자산총계(비사업용자산제외) - 영업부채(비이자부채)"를 기준으로 하며, 주식회사 A의 투하자본은 영업자산 1,000에서 영업부채(외상매입금) 400을 공제한 600이다.

ⓓ 비사업용 자산이 존재하는 경우 투하자본의 산정

주식회사 B의 투하자본을 아래의 방식으로 결정한다. 아래는 주식회사 B의 재무상태표이다.

유동자산	현금예금	300	유동부채	외상매입금	400
	외상매출금	100		단기차입금	100
	재고자산	100	비유동부채	장기차입금	100
비유동자산	투자유가증권 (비사업용)	200			
	기계기구	200	자본	자본	600
	건물	300			
자산소계		1,200	부채 및 자본소계		1,200

- 재무적접근(자금의 조달관점) 방식으로 파악하는 방법

  주식회사 B의 영업투하자본은 자본과 차입금의 합계(800 = 자본금 600 + 차입금합계 200)에서 비사업용자산의 조달에 사용된 부분(투자유가증권 200)을 차감하여 산정하여 800−200으로서 600이다.

- 자산접근(자금의 사용관점) 방식으로 파악하는 방법

  투하자본(영업투하자본)은 영업자산(비사업자산 제외) 1,000−영업부채(외상매입금) 400인 600이다.

ⓔ 적정 운전자본의 판단문제

개인사업자의 경우 해당 사업체에서 영업이익 내지 본인의 근로소득에 해당하는 부분을 임의로 인출하는 경우가 많다. 이 경우 향후 영업부채의 상환에 소요될 부분까지 과다하게 인출하는 경우나 과소하게 인출하여 영업에 소요될 운전자본을 초과하여 보유하는 경우 이를 적절하게 판단하여 투하자본을 산정해야 한다.

따라서 현금예금을 과다하게 인출하여 현금 등 자산이 부족한 경우에는 업무가지급금(인출금) 성격으로 자산을 인식하여 적정운전자본을 처리할 필요가 있으며, 초과현금을 보유한 경우에는 적정 운전자본을 초과하는 부분에 대해서는 비영업자산으로 인식하여 투하자본에서 배제하여 처리해야 한다.

ⓕ 투하자본의 현재가치 판단

감정평가 시 적용되어야 할 투하자본은 궁극적으로 제시받은 재무상태표상의 계정 합계액이 아니라 평가시점의 현재가치가 되어야 한다. 비유동자산의 현재가치가 적정하게 반영되지 않으면 유형자산(⑩ 토지, 건물 등)의 가치변동분이 영업권가액으로 이전되는 결과가 발생하게 된다. 따라서 제시받은 자료상의 비유동자산의 현재가치와 장부가액의 차이가 있다고 판단되는 경우에는 현재가치를 반영하여 투하자본을 산정하여야 한다.

ⓛ 영업권 평가의 요약

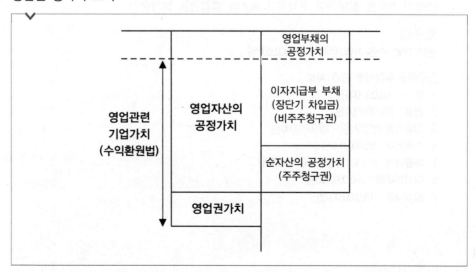

ⓒ 영업권 평가의 절차

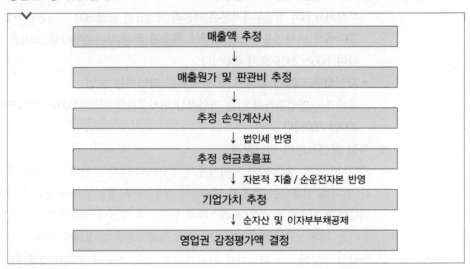

ⓔ 영업권 평가 예시

= 영업가치(기업가치)	670,061,301	
− 비주주청구권	119,666,670	장기차입금
− 주주청구권	276,496,543	
공정자산가치	477,607,393	
공정부채가치	201,110,850	
영업권 감정평가액	270,000,000원	

기 본예제

아래의 자료를 활용하여 주식회사 SLA의 영업권을 평가하라.

자료 1

현재 영업 관련 기업가치: 1,000,000,000원

자료 2 투하자본 관련 자료

1. 토지: 300,000,000원
2. 건물: 150,000,000원
3. 집합건물(비업무용): 100,000,000원
4. 기계기구: 50,000,000원
5. 매출채권 및 재고자산: 200,000,000원
6. 이자부부채: 200,000,000원
7. 매입채무: 150,000,000원

┌예시답안

Ⅰ. 평가개요
본건은 기준시점 현재의 영업권 평가로서 영업 관련 기업가치에서 투하자본을 차감하여 결정한다.

Ⅱ. 영업권의 평가
1. 영업 관련 기업가치
1,000,000,000원

2. 투하자본(비업무용 제외)
$(300,000,000 + 150,000,000 + 50,000,000 + 200,000,000) - 150,000,000 = 550,000,000$원

3. 영업권 가치
$1,000,000,000 - 550,000,000 = 450,000,000$원

---

② **대상기업이 달성할 것으로 예상되는 지속가능기간의 초과수익을 현재가치로 할인하거나 환원하는 방법**

초과이익을 환원하여 영업권을 산정하는 방식은 영업권이 동종 기업의 정상적 이익을 초과하는 이익의 현재가치라는 정의에 부합하는 평가방법이다. 이 방법은 영업권만을 단독으로 감정평가할 때 기업가치와 영업권을 제외한 자산의 가치를 모두 산정해야 하는 잔여방식을 활용한 방식에 비해 상대적으로 간단하다는 장점이 있다.

다만, 해당 기업의 초과수익을 측정하는 과정에서 개별기업의 특성에 따른 정상수익률 산정이 어렵고 그 초과수익의 지속기간 판단에 주관이 많이 개입되어 이 방식을 많이 사용하지 않는다.

ⓐ 초과수익의 산정

> 대상영업이익 − 투하자본(공정가치, 비업무용 자산 제외) × 동종업계 정상수익률

≫ 초과이익은 유사한 자산 규모를 가진 통상의 기업의 정상이익을 상회하는 이익을 뜻한다. 이때 초과이익이란 매출의 증가뿐만 아니라 비용의 감소 또는 투자의 감소 등을 모두 포괄하는 개념이다. 또한 영업권과 그 밖의 무형자산을 포괄하여 가치를 산정하는 경우에는 초과이익의 발생원인을 사용, 소유, 소유로 인한 비용의 미지출 등으로 세분하여 분석하고 초과이익의 정도를 파악하여야 한다.

ⓑ 환원 및 할인방법

> • 영구순이익 환원법
> $$\text{영업권의 가치} = \frac{\text{평균순이익} - (\text{순자산의 공정가치} \times \text{정상순이익률})}{\text{초과순이익률}}$$
> • 유기환원법 : 영업권가치 = 초과순이익 × PVAF(r%, 지속연수)

기 **본예제**

감정평가사 A는 ㈜프라임의 영업권 감정평가를 의뢰받고 초과이익할인방식을 통해서 감정평가하고자 한다. 아래 제시된 정보를 통하여 감정평가를 진행하시오(기준시점 : 2026년 1월 1일).

자료 1 ㈜프라임의 연간 매출추이(단위 : 백만원)

연도	2023	2024	2025
매출액	4,000	4,200	4,410
전년대비 상승률	5.0%	5.0%	5.0%

풀이영상

자료 2 매출원가 및 영업경비율 : 합산하여 매출액 대비 80%가 소요됨.

자료 3 재무상태표(단위 : 백만원)

구분		금액	구분		금액
유동자산	현금	200	유동부채	외상매입금	200
	외상매출금	500		단기차입금	500
	재고자산	1,000	비유동부채	장기차입금	2,000
비유동자산	토지, 건물	2,000	자본	자본금	1,000
	기계기구	500		이익잉여금	500
합계		4,200	합계		4,200

≫ 상기자산 및 부채는 모두 영업용임.

자료 4 그 밖의 사항

1. 정상적인 영업이익률은 투하자본대비 20%이다.
2. 할인율은 15%를 적용한다.
3. 초과수익은 5년간 지속될 것으로 보인다.
4. 영업권 평가액은 반올림하여 백만원단위까지 표시한다.

예시답안

1. 평가개요

본건은 ㈜프라임의 영업권에 대한 감정평가로서 초과수익환원법에 의한다.

2. ㈜프라임의 추정 영업이익

(1) 추정매출액(매출액은 매년 5% 상승됨) : 4,410,000,000 × 1.05 = 4,630,500,000원

(2) 추정영업이익 : 4,630,500,000 × (1 - 0.8) = 926,100,000원

3. 초과수익

(1) 투하자본 : 4,200,000,000(영업자산) - 200,000,000(영업부채) = 4,000,000,000원

(2) 정상영업이익 : 4,000,000,000 × 0.2 = 800,000,000원

(3) 초과수익 : 926,100,000 - 800,000,000 = 126,100,000원

4. 영업권 평가액

$$126,100,000 \times \frac{1 - (\frac{1.05}{1.15})^5}{0.15 - 0.05} ≒ 461,000,000원$$

③ 대상 영업권의 수익에 근거하여 합리적으로 감정평가할 수 있는 다른 방법이 있는 경우에는 그에 따라 감정평가할 수 있다.

⑶ 거래사례비교법

① 영업권이 다른 자산과 독립하여 거래되는 관행이 있는 경우에는 같거나 비슷한 업종의 영업권만의 거래사례를 이용하여 대상 영업권과 비교하는 방법

② 같거나 비슷한 업종의 기업 전체 거래가격에서 영업권을 제외한 순자산 가치(투하자본)를 차감한 가치를 영업권의 거래사례 가격으로 보아 대상 영업권과 비교하는 방법

③ 대상 기업이 유가증권시장이나 코스닥시장에 상장되어 있는 경우에는 발행주식수에 발행주식의 주당 가격을 곱한 가치에서 영업권을 제외한 순자산가치를 차감하는 방법

> 영업권 가치 = 발행주식수 × 주식시가 − (영업권을 제외한 자산평가액 − 부채합계액)

≫ 발행주식수에 주식시가를 곱한 금액은 해당 기업의 시가총액이 될 것이다.

⑷ 원가법

① **원가법의 적용방법**

㉠ 기준시점에서 새로 취득하기 위해 필요한 예상비용에서 감가요인을 파악하고 그에 해당하는 금액을 공제하는 방법

> 영업권 가치 = 기업매수를 위해 지급한 총금액 − 확인가능한 순자산의 공정가치

㉡ 대상 무형자산의 취득에 든 비용을 물가변동률 등에 의해 기준시점으로 수정하는 방법

㉢ 대상 영업권의 원가에 근거하여 합리적으로 감정평가할 수 있는 다른 방법이 있는 경우에는 그에 따라 감정평가할 수 있다.

② **원가법 적용 시 유의사항**

재생산비용을 원본의 재연으로 설정할 것인지, 원본 효용의 재연으로 할 것인지에 대한 결정이 필요하다. 또한 원가법 적용의 경우 기업활동의 노하우 및 효율성, 경영 능력 등에 의하여 발생하는 영업권에 대하여 취득비용을 감안한다는 논리적 모순이 있으며, 초과수익이 발생하는 한 영속적으로 존재하는 영업권에 대하여 감가수정의 적용에 문제가 있을 수 있다.

5. 지식재산권의 감정평가

1) 정의

지식재산권	특허권·실용신안권·디자인권·상표권 등 산업재산권 또는 저작권 등 지적창작물에 부여된 재산권에 준하는 권리
특허권	「특허법」에 따라 발명 등에 관하여 독점적으로 이용할 수 있는 권리
실용신안권	「실용신안법」에 따라 실용적인 고안 등에 관하여 독점적으로 이용할 수 있는 권리
디자인권	「디자인보호법」에 따라 디자인 등에 관하여 독점적으로 이용할 수 있는 권리
상표권	「상표법」에 따라 지정상품에 등록된 상표를 독점적으로 사용할 수 있는 권리
저작권	「저작권법」 제4조의 저작물에 대하여 저작자가 가지는 권리

2) 조사·확인사항

구분	조사 및 확인사항
특허권	① 등록특허공보를 통한 특허권의 내용 ② 특허의 기술적 유효성과 경제적 유효성 ③ 특허권자, 특허권의 존속기간, 존속기간 연장 여부 ④ 특허권의 효력 및 계약관계 ⑤ 특허권의 수용 여부 및 질권설정 여부 ⑥ 특허권에 관한 심판·소송 여부 ⑦ 재무상태표상 특허권의 장부가치
상표권	① 상표등록증을 통한 상표권의 내용 ② 상표권자, 출원인, 상표권의 존속기간, 존속기간 갱신 여부 ③ 상표권의 효력, 계약관계 및 등록상표 등의 보호범위 ④ 상표권의 소송 여부 및 질권설정 여부 ⑤ 재무상태표상 상표권의 장부가치
저작권	① 저작자의 실명·이명·국적·주소·거소 ② 저작물의 제호·종류·창작연월일 ③ 저작물 공표 여부·공표연월일·공표된 국가 ④ 저작인격권(공표권·성명표시권·동일성유지권) ⑤ 저작재산권(복제권·공연권·공중송신권·전시권·배포권·대여권) ⑥ 실연자의 권리(복제권·배포권·대여권·공연권·방송권·전송권 등) ⑦ 음반제작자의 권리(복제권·배포권·대여권·전송권 등) ⑧ 방송사업자의 권리(복제권·동시중계방송권) ⑨ 저작재산권의 양도, 질권의 행사, 권리변동

3) 자료의 수집 및 정리

각 권리의 거래사례자료, 비용자료, 수익자료, 시장자료, 그 밖에 감정평가액 결정에 참고가 되는 자료를 수집한다.

4) 지식재산권의 감정평가방법

(1) 감정평가의 원칙

① 지식재산권을 감정평가할 때에는 수익환원법을 적용하여야 한다.

② 수익환원법으로 감정평가하는 것이 곤란하거나 적절하지 아니한 경우에는 거래사례비교법이나 원가법으로 감정평가할 수 있다.

(2) 수익환원법의 적용

① 해당 지식재산권으로 인한 현금흐름을 현재가치로 할인하거나 환원하여 산정하는 방법

기업이나 개인이 창출하는 전체 현금흐름에서 지식재산권만의 현금흐름이 파악되고, 이에 대한 할인율과 환원율을 구할 수 있는 경우에 적용하는 감정평가방법이다. 여기서 중요한 것은 지식재산권의 현금흐름을 파악하는 것으로 다음과 같은 방법이 적용될 수 있다.

㉠ 해당 지식재산권으로 인해 절감 가능한 사용료를 기준으로 산정하는 방법

㉡ 해당 지식재산권으로 인해 증가된 현금흐름을 기준으로 산정하는 방법

㉢ 기업의 총이익 중에서 해당 지식재산권에 일정비율을 배분하여 현금흐름을 산정하는 방법

[현금흐름 = 영업이익 − 투하자산귀속 현금흐름(투하자산가액 × 귀속할인율(%))]

❖ 기술의 경제적 수명에 대한 판단

> 해당 기술이 경쟁우위를 유지할 수 있는 기간으로서 아래의 예시와 같이 결정한다.

(예시) 대상기술 : 고강도 합금강 제조방법

① 대상기술의 TCT지수(년)

IPC	기술명	평균	Q1	Q2	Q3
C21B	철 또는 강의 제조	9.45	5	8	14
C22C	합금의 처리	10.89	4	8	15
산출값(산술평균)		10.17	4.5	8	14.5

② 기술수명 영향요인

구분	세부 영향요인	평점				
		−2	−1	0	1	2
기술/권리 요인	우월성					
	기술경쟁강도					
	대체가능성					
	모방난이도					
	권리보호강도					
시장/사업 요인	시장진입 가능성					
	시장경쟁강도					
	시장경쟁의 변화					
	신제품 출현가능성					
	예상 시장점유율					
수명영향요인 평점 합계		2점				

③ 기술의 경제적 수명

- 대상기술의 경제적 수명 $= Q_2 + (Q_3 - Q_2) \times (\dfrac{평점합계}{20})$, If 평점합계 ≥ 0

$$= 8 + (14.5 - 8) \times (\dfrac{2}{20}) = 8.7년 \fallingdotseq 9년$$

④ 기술의 경제적 수명 결정
  - 대상기술의 경제적 수명(9년) < 법적 잔존권리기관(15년)
    ∴ 기술의 경제적 수명은 9년
⑤ 현금흐름 추정기간 결정(사업화 준비기간 1년)

- 현금흐름 추정기간 = 사업화 준비기간(1년) + 기술의 경제적 수명(9년) = 10년

기 본예제

다음 제시된 기업이 보유한 특허권에 대한 시장가치를 감정평가하시오.

자료

1. 특허권 전체 유효 경제적 수명 : 8년
2. 등록시점 이후 경과연수 : 5년
3. 로열티율 : 매출액대비 3.5%
4. 1차년도 매출액 : 20억원(향후 3%씩 증가)
5. 가중평균자본비용 : 20%
6. 특허권 감정평가액은 반올림하여 십만원 단위까지 표시
7. 세율 : 20%

예시답안

1. **잔존 경제적 수명** : 3년

2. **특허권 가치**

$$2,000,000,000 \times (1-0.2) \times 0.035 \times \dfrac{1 - \left(\dfrac{1.03}{1.20}\right)^3}{0.20 - 0.03} \fallingdotseq 121,100,000원$$

② **기업 전체에 대한 영업가치(영업권의 평가방법 준용)에 해당 지식재산권의 기술기여도를 곱하여 산정하는 방법**

기업 전체에 대한 영업가치를 산정하고, 산정된 영업가치를 기준으로 해당 지식재산권의 기술기여도를 곱하여 산정하는 방법을 말한다. 여기서 기술기여도는 기업의 경제적 이익 창출에 기여한 유·무형의 기업 자산 중에서 해당 지식재산권이 차지하는 상대적인 비율을 말한다. 즉, 이 방법에서는 기술기여도를 측정하는 것이 무엇보다 중요하며, 산정방법은 다음과 같다.
  ㉠ 비슷한 지식재산권의 기술기여도를 해당 지식재산권에 적용하는 방법
  ㉡ 산업기술요소·개별기술강도·기술비중 등을 고려한 기술요소법

기술기여도의 산출방법

기술기여도(%) = 산업기술요소 × 기술의 비중 × 개별기술강도

- 산업기술요소
  - 산업기술요소는 산업별로 기업가치에서 무형자산을 분리한 후 무형자산 중에서 기술자산을 분리하여 산출한 값임(기업가치에서 기술자산이 차지하는 비율).
  - 산업기술요소 = 최대 실현 무형자산가치비율 × 평균기술자산비율
  - 산업기술요소(예시)

표준산업분류 코드		최대무형자산 가치비율	기술자산비율	산업기술요소
C21	의료용 물질 및 의약품 제조업	88.01%	96.89%	85.28%

  - - 무형자산가치 = 기업시장가치(시가총액) − 순자산가치
    - 순자산가치 = 자산총액 − 부채총액
    - 무형자산가치비율 = 무형자산가치 / 기업시장가치(시가총액)
    - 기술자산비율 = 연구개발비 / (연구개발비 + 광고선전비 + 교육훈련비)

- 개별기술강도
  기술성은 기술과 권리적 측면에서 대상기술의 유용성 및 경쟁성 수준을 통해 사업가치에 기여한 정도를 평가하는 것이며, 사업성은 시장과 사업적인 측면에서 대상기술 제품의 사업적 경쟁우위를 통해 사업가치에 기여한 정도를 평가한 것이다.

- 개별기술강도 결정
  - 기술성 평가에 의한 개별기술의 기술성 강도비율 결정
  - 사업성 평가에 의한 개별기술의 사업성 강도비율 결정
  - 개별기술강도 : 기술성 강도비율 및 사업성 강도비율을 합산하여 개별기술강도 비율 결정

구분	기술성	사업성
개별기술특성점수	35점	37점
개별기술강도 비율 (기술성 및 사업성 강도의 합산)	72%	

  - 기술의 비중
    대상기술 제품(서비스)을 구성하는 전체 기술 중에서 대상 기술이 차지하는 비중을 말한다. 예를 들어 타 기술의 비중이 45%이면, 해당 기술의 비중은 55%일 것이다.
  - 기술기여도 결정
    기술기여도 = 산업기술요소 × 기술의 비중 × 개별기술강도
    기술기여도 = 85.28% × 72% × 55% ≒ 33.8%

기 본예제

다음 제시된 기업이 보유한 특허권에 대한 시장가치를 감정평가하시오.

자료

1. 1기 FCFF : 1,000,000,000
2. 할인율(WACC) : 20%
3. 특허권의 경제적 수명 : 10년
4. 특허권의 등록시점 : 2018.12.31.
5. 기준시점 : 2024.12.31.
6. 산업기술요소 : 70%
7. 개별기술강도 : 60%

예시답안

1. 잔존 경제적 수명 : 4년

2. 기술기여도
70% × 60% = 42%

3. 특허권 가치

$$\left(1,000,000,000 \times \frac{1.2^4 - 1}{0.2 \times 1.2^4}\right) \times 0.42 ≒ 1,087,269,000원$$

③ 대상 지식재산권이 창출할 것으로 기대되는 적정 수익에 근거하여 합리적으로 감정평가할 수 있는 다른 방법이 있는 경우에는 그에 따라 감정평가할 수 있다.

(3) 거래사례비교법의 적용

① **비슷한 지식재산권의 거래사례와 비교하는 방법**

동종 또는 유사한 지식재산권이 실제 거래된 사례가 있는 경우에는 거래사례비교법을 적용할 수 있다. 다만, 현실적으로 지식재산권은 배타적이고 독점적인 권리이기 때문에 완벽하게 동일한 유사 거래는 존재하지 않을 수 있으나, 비슷하다고 여겨질만한 지식재산권이 존재하고 실제 거래된 경우에는 거래사례비교법은 유용한 감정평가방법이 될 수 있다.

② **매출액이나 영업이익 등에 시장에서 형성되고 있는 실시료율을 곱하여 산정된 현금흐름을 할인하거나 환원하여 산정하는 방법**

매출액이나 영업이익 등에 시장에서 형성되고 있는 실시료율을 곱하여 산정된 현금흐름을 할인하거나 환원하여 산정하는 방법을 말하며, 여기서 실시료율은 지식재산권을 배타적으로 사용하기 위해 제공하는 기술사용료의 산정을 위한 것으로, 사용기업의 매출액이나 영업이익 등에 대한 비율을 말한다. 실시료율 산정 시 고려사항은 i) 지식재산권의 개발비, ii) 지식재산권의 특성, iii) 지식재산권의 예상수익에 대한 기여도, iv) 실시의 난이도, ⅴ) 지식재산권의 사용기간 및 ⅵ) 그 밖에 실시료율에 영향을 미치는 요인 등이다.

(4) **원가법의 적용**

① 기준시점에서 새로 취득하기 위해 필요한 예상비용에서 감가요인을 파악하고 그에 해당하는 금액을 공제하는 방법

② 대상 지식재산권을 제작하거나 취득하는 데에 들어간 비용을 물가변동률 등에 의해 기준시점으로 수정하는 방법

③ 대상 지식재산권의 원가에 근거하여 합리적으로 감정평가할 수 있는 다른 방법이 있는 경우에는 그에 따라 감정평가할 수 있다.

02 유가증권 등의 감정평가

1. 유가증권 등의 감정평가

> **감정평가에 관한 규칙 제24조**(유가증권 등의 감정평가)
>
> ① 감정평가법인등은 주식을 감정평가할 때에 다음 각 호의 구분에 따라야 한다.
>   1. 상장주식[「자본시장과 금융투자업에 관한 법률」 제373조의2에 따라 허가를 받은 거래소(이하 "거래소"라 한다)에서 거래가 이루어지는 등 시세가 형성된 주식으로 한정한다] : 거래사례비교법을 적용할 것
>   2. 비상장주식(상장주식으로서 거래소에서 거래가 이루어지지 아니하는 등 형성된 시세가 없는 주식을 포함한다) : 해당 회사의 자산·부채 및 자본 항목을 평가하여 수정재무상태표를 작성한 후 기업체의 유·무형의 자산가치(이하 "기업가치"라 한다)에서 부채의 가치를 빼고 산정한 자기자본의 가치를 발행주식 수로 나눌 것
> ② 감정평가법인등은 채권을 감정평가할 때에 다음 각 호의 구분에 따라야 한다.
>   1. 상장채권(거래소에서 거래가 이루어지는 등 시세가 형성된 채권을 말한다) : 거래사례비교법을 적용할 것
>   2. 비상장채권(거래소에서 거래가 이루어지지 아니하는 등 형성된 시세가 없는 채권을 말한다) : 수익환원법을 적용할 것
> ③ 감정평가법인등은 기업가치를 감정평가할 때에 수익환원법을 적용해야 한다.

2. 주식(Stock)의 감정평가

1) 주식의 의미

주식회사는 주식의 발행을 통하여 자본을 조달하게 되며, 자본을 납입한 주체인 출자자들은 주식이라는 세분화된 비율적 단위로서 그 권리와 의무를 가지게 된다. 주식이란 주식회사의 자본을 구성하는 금액적 의미와 주주의 권리 및 의무의 단위로서의 주주권(株主權)의 의미를 가진다. 주식은 주주 1인이 다량을 보유할 수 있고, 그 보유비율에 따라 권한과 의무의 범위가 결정된다. 주식의 수(數)를 주(株) 단위로 나타내며, 주식의 소유자를 주주(株主)라고 부른다.

2) 한국거래소의 시세가 있는 상장주식(Listed Stock)

(1) 정의

상장(上場)이란 「자본시장과 금융투자업에 관한 법률」에 따른 허가를 받고 개설된 거래소에서 주권을 매매할 수 있도록 인정하는 것을 의미하며, 상장주식(上場株式)이란 상장된 회사의 주식을 말한다. 회사는 상장을 통하여 자금조달능력을 증대시키고, 기업의 홍보효과 및 공신력을 제고하며, 각종 세제상의 혜택과 경영의 합리화를 도모할 수 있게 된다. 다만, 주권의 상장은 해당 주권이 증권시장을 통하여 자유롭게 거래될 수 있도록 허용하는 것을 의미할 뿐, 해당 주권의 가치를 보증받는 것은 아님에 유의하여야 한다.

(2) 조사·확인사항

양도방법과 그 제한, 지급기간 미도래의 이익 또는 배당권 부착 여부, 상장일자, 발행일자, 거래상황, 실효·위조·변조의 여부, 그 밖에 주식에 관련된 사항을 조사·확인해야 한다.

> **실지조사의 생략**
>
> 감정평가의 절차 중 조사·확인 절차는 사전조사와 실지조사로 구분할 수 있으나, 상장주식의 경우 실물을 확인할 수 없는 경우가 많고 실물을 확인한다 하더라도 그 증권의 물리적인 측면은 감정평가의 고려대상이 아니므로, 대상물건인 상장주식을 확인할 필요가 없다. 「감정평가에 관한 규칙」 제10조 제2항 제2호에서도 "유가증권 등 대상물건의 특성상 실지조사가 불가능하거나 불필요한 경우"에는 실지조사를 생략할 수 있다고 규정하고 있다.
>
> 따라서 「실무기준」에서는 상장주식의 조사·확인사항을 규정할 때 사전조사와 실지조사로 구분하고 있지 않다.

(3) 감정평가방법

① 원칙

거래사례비교법을 적용한다. 대상 상장주식의 기준시점 이전 30일간 실제거래가액의 합계액을 30일간 실제 총 거래량으로 나누어 감정평가한다.

$$\text{거래사례비교법에 따른 상장주식의 가액} = \frac{\text{기준시점 이전 30일간 실제거래가액의 합계액}}{\text{30일간 실제 총 거래량}}$$

② 예외

㉠ 기준시점 이전 30일간의 기간 중 증자·합병 또는 이익이나 이자의 배당 및 잔여재산의 분배청구권 또는 신주인수권에 관하여 「상법」에 따른 기준일의 경과 등의 이유가 발생한 상장주식은 그 이유가 발생한 다음 날부터 기준시점까지의 실제거래가액의 합계액을 해당 기간의 실제 총 거래량으로 나누어 감정평가한다.

㉡ 상장주식 중 거래소에서 매매가 이루어지지 않거나, 특정한 이유로 인하여 매매가 정지되어 있는 경우가 있다. 이 경우에는 거래사례비교법을 적용하는 것이 곤란하므로, 비상장주식의 감정평가방법에 따라 감정평가한다.

3) 증권거래소의 시세가 없는 주식과 비상장주식(Unlisted Stock)

⑴ 비상장주식의 정의

비상장주식은 「자본시장과 금융투자업에 관한 법률」에서 규정하고 있는 주권상장법인을 제외한 법인의 주권을 의미한다. 즉, 증권시장에 상장된 주권을 발행한 법인 또는 주권과 관련된 증권예탁증권이 증권시장에 상장된 경우 그 주권을 발행한 법인을 제외한 법인의 주권이다. 일반적으로는 거래소에 상장되지 아니한 법인의 주권을 의미한다.

⑵ 비상장주식 감정평가의 중요성 등 [36]

자본주의 시장경제에서 기업의 주식가치가 합리적이고 적정하게 결정된다는 것은 매우 중요한 일이다. 주식의 가치가 올바르게 형성되어야 자원의 분배 및 투자를 적정하게 할 수 있기 때문이다. 특히, 비상장주식의 감정평가는 상장주식의 감정평가보다 복잡하고 어렵기 때문에 객관적인 가치평가에 많은 문제가 발생한다. 거래소에 상장된 주식은 거래된 가격이 객관적으로 이용될 수 있는데 비해 비상장주식은 이와 같은 객관적 자료가 없기 때문이다.

비상장주식의 감정평가는 ⅰ) 회사 경영권을 매입하는 투자의 경우, ⅱ) 국유주식의 처분, ⅲ) 상장을 위해 공개되는 경우의 공모가격, ⅳ) 상속세 과세를 위한 경우 등에 필요하게 되며, 이러한 경우 투자자, 채권자, 경영자, 정부 등 이해관계인에게는 첨예한 대립이 예상될 수 있다.

경제사회의 발전에 따라 이해관계인 또는 정보이용자는 다양화되고 있는 추세이며, 합리적이고 객관적인 주식가치의 평가의 필요성은 더욱 증대된다고 할 수 있다.

하지만 이러한 비상장주식의 평가는 수익환원법의 경우 수익의 지속성, 할인율의 산정에 있어 벤치마크 선정의 어려움, 거래사례비교법에 있어서는 유사기업자료가 공개되지 않고 상장기업 활용시 유동성에 대한 조정, 원가법은 계속기업의 가치를 근원적으로 설명하지 못하는 한계점으로 인하여 감정평가에 어려움이 있다.

⑶ 조사 · 확인사항

계속기업의 전제 확인(계속기업으로 평가할 수 없는 경우 청산가치로 평가해야 한다), 기업재무제표의 활용, 경제 · 산업 · 기업개요의 파악, 소유지분의 비중에 따른 지배력(Controllability)과 시장성(Marketability), 영업권과 지식재산권 등에 대한 검토절차, 주식양도방법 등의 확인, 그 밖에 자산에 관한 사항 등을 조사 · 확인해야 한다.

⑷ 자료의 수집 및 정리

① 가격자료

  ㉠ 해당 기업을 구성하는 자산은 해당 물건의 자료의 수집 및 정리 규정을 준용한다.

  ㉡ 거래사례 : 해당 기업의 과거 지분 거래가격, 유사기업의 인수 및 합병 시 거래가격 등

  ㉢ 수익자료 : 재무제표 · 현금흐름추정자료 등

---

36) 감정평가실무기준 해설서(Ⅰ) 총론편, 한국감정평가사협회 등, 2014.02, p.494

   ㉣ **시장자료** : 경제성장률, 물가상승률, 금리, 환율, KOSDAQ지수, KOSPI지수, 유사기업의
     주식가격 등

   ㉤ 그 밖에 감정평가액 결정에 참고가 되는 자료

 ② **경제분석자료**(관련 산업이나 기업활동에 영향을 미칠 수 있는 자료)

  경제성장 및 고용 · 임금자료(경제성장률, 국내총투자율, 제조업평균가동률, 명목임금증감률,
  실업률 등), 물가자료(생산자물가상승률, 수입물가등락률, 유가등락률 등), 통화와 금융 · 증권
  자료(어음부도율, 이자율과 할인율, 종합주가지수 등), 국제수지와 무역 · 외환자료(경상수지,
  환율, 외환보유액, 수출증감률 등)

 ③ **산업분석자료**(대상기업이 속하는 산업환경에 영향을 미칠 수 있는 자료)

  관련 산업의 기술이나 유통과정 또는 재무구조적 특성, 해당 산업의 시장전망과 규모 및 경제적
  지위, 제품 및 원재료의 수요 · 공급에의 영향요인, 경기변동이나 산업수명주기상의 추정단계,
  해당 산업에서의 시장진입의 난이도, 예상되는 행정규제 및 지원 등

 ④ **내부현황분석자료**

   ㉠ **기업개요사항** : 조직형태, 기업연혁, 계열관계, 주요주주 및 경영진의 약력, 사업개요, 주요
     시장 및 고객과 경쟁사현황 등

   ㉡ **생산 · 제조활동사항** : 주요제품과 서비스, 생산설비와 생산능력 및 가동률, 생산라인의 기
     술인력, 시설의 리스와 노후화 및 유지보수 정도 등

   ㉢ **영업활동사항** : 주요 원재료 및 구입처와 구입현황, 주요 제품별 생산공정 및 매출현황,
     주요 거래처별 매출실적과 채권 회수 및 부실현황, 제품개발 및 영업신장계획 등

   ㉣ **재무 · 회계관련사항** : 과거 일정기간의 감사보고서, 결산서, 세무신고납부서류, 운영계획
     및 예산서, 영업보고서 및 주요 비용분석자료, 차입금 및 담보제공현황, 소송 및 지급보증
     현황 등

(5) 비상장주식의 감정평가방법

 ① **일반적인 방법**[자기자본가치(순자산가치)법]

  해당 회사의 자산, 부채 및 자본항목을 기준시점 현재의 가액으로 평가하여 수정재무상태표를
  작성한 후, 자산총계에서 부채총계를 공제한 기업체의 자기자본가치(순자산가치)를 발행주식
  수로 나누어 비상장주식의 주당가액을 평가하는 방법이다.

  즉, 자기자본이란 재무상태표에서 총자산에서 총부채를 차감한 금액을 말하는 것으로, 여기서
  총자산과 총부채를 판단함에 있어서는 회계적으로 평가되어 재무제표에 기재되어 있는 가치를
  적용하는 것이 아니라, 각각의 자산과 부채에 대하여 기준시점 현재의 공정가치를 평가하고,
  이를 토대로 수정재무상태표를 작성하여 여기서의 총자산에서 총부채를 차감하여 평가를 하
  여야 한다.

$$비상장주식의\ 가치 = \frac{기준시점에서의\ 자기자본가치(기업가치 - 총부채)}{발행주식수}$$

기업가치 감정평가 시에는 기업가치 평가방법을 적용한다.

② **비슷한 주식의 거래가격이나 시세 또는 시장배수가 있는 경우**

비상장주식의 주당가치를 거래가격, 시세, 시장배수 등을 통해서 직접 산정할 수 있다.

기 본예제

다음의 비상장주식을 주어진 자료에 따라 평가하라.

풀이영상

자료 1 기준시점

2025.12.31.

자료 2 평가목적

일반거래

자료 3 평가대상주식 내용

종목	수권주식수	발행주식수	1주의 금액	평가의뢰주식수
○○주식회사 비상장주식	500,000주	400,000주	5,000원	300,000주

자료 4 재무상태표

제시된 ○○주식회사의 제34기(2025.1.1.~2025.12.31.) 재무상태표는 다음과 같음.

(단위 : 천원)

차변		대변	
과목	금액	과목	금액
현금과 예금	655,000	외상매입금	300,000
유가증권	50,000	지급어음	700,000
외상매출금	800,000	차입금	1,500,000
받을어음	1,000,000	미지급비용	130,000
재고자산	200,000	손실충당금	20,000
선급비용	95,000	건물감가상각충당금	100,000
부도어음	100,000	기계장치감가상각충당금	1,600,000
토지	500,000	퇴직급여충당금	150,000
건물	700,000	자본금	2,000,000
기계장치	3,400,000	이익준비금	500,000
		당기말미처분이익잉여금	500,000
	7,500,000		7,500,000

자료 5 수정사항

1. 유가증권은 상장주식으로서 ㈜S의 보통주 100주이며, 최종 종가는 @410,000원이며, 최근 30일 거래량 가중평균 단가는 @400,000원이다.
2. 매출채권(받을어음 포함)잔액에 대하여 2%의 손실충당금을 설정함.

3. 재고자산은 220,000,000원으로 평가함(재고자산 중 제품과 재공품 잔액은 없음).
4. 부도어음은 회수불가능한 채권임.
5. 토지는 1,100,000,000원으로 평가함.
6. 건물은 800,000,000원으로 평가함.
7. 기계장치는 1,650,000,000원으로 평가함.
8. 기준시점 현재 회사내규인 퇴직급여규정에 따라 계산된 퇴직급여충당금 필요설정액은 250,000,000원임.
9. 보험료 미경과분 1,000,000원을 추가함.
10. 급료미지급액 45,000,000원을 추가함.

예시답안

Ⅰ. 평가개요

비상장주식은 기업체의 순자산가치를 발행주식수로 나누어 평가하므로 본건은 주당가격을 산정한 후 주당가격에 주식수를 곱하여 평가한다(기준시점 : 2025.12.31.).

Ⅱ. 수정 후 재무상태표 작성(단위 : 천원)

계정과목	수정 전	조정내역	수정 후
현금과 예금	655,000	–	655,000
유가증권	50,000	(−)10,000	40,000*
외상매출금	1,800,000	(−)16,000	1,764,000**
받을어음	(20,000)		
재고자산	200,000	+20,000	220,000
선급비용	95,000	+1,000	96,000
부도어음	100,000	−100,000	0
토지	500,000	+600,000	1,100,000
건물	700,000 (100,000)	+200,000	800,000
기계장치	3,400,000 (1,600,000)	−150,000	1,650,000
자산 총액			6,325,000
외상매입금	300,000	–	300,000
지급어음	700,000	–	700,000
차입금	1,500,000	–	1,500,000
미지급비용	130,000	+45,000	175,000
퇴직급여	150,000	+100,000	250,000
부채 총액			2,925,000

* 최근 30일 거래량 가중평균단가 기준(@400,000 × 100주)
** 외상매출금 및 받을 어음 : $(1,000,000 + 800,000) \times (1 - 0.02)$

Ⅲ. 순자산가치(단위 : 천원)

$6,325,000 - 2,925,000 = 3,400,000$

Ⅳ. 주식평가액

1. 처리방침

발행주식수를 기준으로 주당가치를 산정한다.

2. 비상장주식의 감정평가액

$3,400,000,000 \div 400,000 = 8,500$원/주$(\times 300,000$주 $= 2,550,000,000$원$)$

3. 채권(Bond)의 감정평가 [37]

1) 개요

(1) 정의

채권은 정부, 지방자치단체, 공공기관, 주식회사 등이 자금을 조달하기 위하여 일정한 기간 동안 정기적으로 약정된 이자를 지급하고, 만기일에 원금을 상환할 것을 약정하여 발행한 일종의 차용증서를 말한다.

일반적으로 채권은 상환기한이 정해져 있는 이자가 확정되어 있다. 또한 다른 유가증권에 비하여 상대적으로 안전한 투자수단이 되기도 하며, 주식과 같이 대규모 자금조달수단으로 이용되는 경우가 많다. 다만, 채권은 타인자본으로서 발행기관의 경영상태와는 독립적으로 이자청구권을 갖게 되며, 의결권의 행사에 따른 경영참가권이 없다는 점에서 주식과 다르다.

(2) 채권의 종류

① 발행주체에 따른 분류

ㄱ **국채** : 국채란 국가가 발행하는 채권으로 국고채권, 국민주택채권, 외국환평형기금채권 등이 있다.

ㄴ **지방채** : 지방채는 지방자치단체에서 발행하는 채권으로 지역개발공채, 도시철도채권(서울시, 부산시), 상수도공채, 도로공채 등이 있다.

ㄷ **특수채** : 특수채는 특별법에 의하여 설립된 특별법인이 발행한 채권으로 토지개발채, 전력공사채 등이 있다.

ㄹ **금융채** : 금융채는 특수채 중 발행주체가 금융기관인 채권으로 통화안정증권, 산업금융채, 국민은행채, 중소기업금융채 등이 있다.

ㅁ **회사채** : 회사채는 주식회사가 발행하는 채권으로 보증사채, 무보증사채, 담보부사채, 전환사채, 신주인수권부사채, 교환사채, 옵션부사채 등이 있다.

② 이자지급방법에 따른 분류

채권은 이자지급방법에 따라 이표채, 할인채, 복리채 등으로 분류할 수 있다.

ㄱ **이표채** : 이표채란 채권의 권면에 이표가 붙어 있어 이자지급일에 이것으로 일정 이자를 지급받는 채권으로, 회사채와 금융채 중 일부가 이에 해당한다.

ㄴ **할인채** : 할인채는 액면금액에서 상환기일까지의 이자를 공제한 금액으로 매출하는 채권으로 통화안정증권, 산업금융채권 등 금융채 중 일부가 이에 해당한다.

---

[37] 감정평가실무기준 해설서(Ⅰ) 총론편, 한국감정평가사협회 등, 2014.02, pp.504~507

ⓒ **복리채** : 복리채는 이자가 단위기간 수만큼 복리로 재투자되어 만기 시에 원금과 이자가
지급되는 채권으로서 국민주택채권, 지역개발공채, 금융채 중 일부가 이에 해당한다.

③ **상환기간에 따른 분류**

채권은 상환기간에 따라 단기채, 중기채, 장기채 등으로 분류할 수 있다.

㉠ **단기채** : 단기채는 상환기간이 1년 이하인 채권으로 통화안정증권 등이 있다.

㉡ **중기채** : 중기채란 상환기간이 1년에서 5년 미만인 채권으로 국고채권, 외국환평형기금채권,
회사채가 있다.

㉢ **장기채** : 장기채는 상환기간이 5년 이상인 채권으로 국민주택채권, 도시철도채권이 있다.
》 참고로 미국의 경우 장기채라 하면 10년 또는 20년 이상의 것을 말한다.

④ **기타분류**

모집방법에 따라 사모채, 공모채 등으로 분류할 수 있으며, 정부 및 금융기관 등에 의한 보증
유무에 따라 분류할 수도 있다. 한편, 지급이자율의 변동여부에 따라 확정금리부채권(Straight
Bond)과 금리연동부채권(Floating Rate Bond)으로 나눌 수 있다.

2) 조사 · 확인사항

발행인, 상장여부 및 상장일자, 거래상황, 매출일자나 발행일자, 상환일자, 상환조건(거치기간 등), 이
율이나 이자율 및 그 지급방법, 채권의 양도방법과 그 제한, 미도래의 이표 부착 여부, 실효 · 위조 ·
변조의 유무, 그 밖에 채권에 관련된 사항

3) 자료의 수집 및 정리

① **거래사례** : 채권의 거래가격 등

② **수익자료** : 이율이나 이자율 등

③ **시장자료** : 거래량, 동종채권 및 유사채권의 평균수익률 등

④ 그 밖에 감정평가액 결정에 참고가 되는 자료

4) 채권의 감정평가방법

(1) **상장채권**

상장채권이란 발행된 채권에 대하여 거래소가 개설한 채권시장에서 매매될 수 있는 자격이 부여된
채권을 말하며, 거래소는 채권의 원활한 유통과 투자자 보호를 위하여 일정한 요건을 갖춘 채권에
한하여 상장을 허용하고 있다.

상장채권은 상장주식의 경우와 같이 거래사례비교법을 주된 방법으로 함을 원칙으로 한다. 이때
거래사례비교법 적용에 관한 구체적인 방법은 상장주식의 경우와 같다. 다만, 채권시장의 특성상
상장채권이더라도 반드시 거래소에서 거래가 이루어지지는 않고, 장외 거래가 이루어지는 경우가
많다. 따라서 상장채권 중에서 거래사례를 수집할 수 없거나 시세를 알 수 없는 경우에는 수익환
원법으로 감정평가할 수 있다.

(2) 비상장채권

비상장채권이란 거래소가 개설한 채권시장에 상장되지 않은 채권을 의미한다. 상장과 비상장에 대한 개념은 주식의 경우와 유사하지만, 주식은 거래소에서 개설된 시장에서의 거래 여부에 따라 상장과 비상장을 구분할 수 있는 반면, 채권의 경우 일반적인 거래관행상 상장채권이 장외 거래가 많이 이루어진다는 점에서 장내 및 장외거래만으로 채권의 상장 및 비상장 여부를 판단할 수는 없다는 점에 유의하여야 한다.

비상장채권은 상장채권과는 달리 거래시장에서 가격이 형성되어 있지 않으므로, 거래사례비교법을 주된 감정평가방법으로 적용하기가 곤란하다. 따라서 대상 채권을 보유함으로써 기대할 수 있는 미래현금흐름을 현재가치를 구하는 수익환원법을 주된 방법으로 적용하게 된다. 다만, 비상장채권을 수익환원법을 적용하는 것이 곤란하거나 부적절한 경우에는 거래사례비교법으로 감정평가할 수 있다.

(3) 채권평가 시 거래사례비교법의 적용

채권을 거래사례비교법으로 감정평가할 때에는 동종 채권의 기준시점 이전 30일간 실제거래가액의 합계액을 30일간 실제 총 거래량으로 나누어 감정평가한다.

$$거래사례비교법에 따른 상장채권의 가액 = \frac{기준시점\ 이전\ 30일간\ 실제거래가액의\ 합계액}{30일간\ 실제\ 총\ 거래량}$$

(4) 채권평가 시 수익환원법의 적용

① **지급받을 원금과 이자를 기간에 따라 적정수익률로 할인하는 방법으로 감정평가한다.**

$$수익환원법에 따른 비상장채권의 가액 = \sum_{t=1}^{n} \frac{CF_t}{(1+r)^t}$$

t: 채권을 보유하는 기간 n: 채권의 만기일
r: 적정수익률 CF_t: t시점에서의 현금흐름(이자 또는 배당금)

② **적정수익률의 결정**

적정수익률은 거래소에서 공표하는 동종채권(동종채권이 없을 경우에는 유사종류 채권)의 기준시점 이전 30일간 당일 결제거래 평균수익률의 산술평균치로 한다. 다만, 동기간에 당일 결제거래 평균수익률이 없는 경우에는 보통거래 평균수익률 등 다른 수익률을 적용할 수 있다. 금리연동부 채권의 이자산출 시 적용할 변동금리는 기준시점 당일의 1년 만기 정기예금이자율을 적용한다.

채무증권의 시장가격은 없으나 미래현금흐름을 합리적으로 추정할 수 있고, 공신력 있는 독립된 신용평가기관이 평가한 신용등급이 있는 경우에는 신용평가등급을 적절히 감안한 할인율을 사용하여 평가를 한다.

기 본예제

다음 자료의 채권가격을 산정하시오.

자료

1. 액면가 : 100,000원
2. 발행일 : 2022.8.1.
3. 상환조건 : 5년 거치 5년간 매월 원리금 균등상환(거치기간 매월 이자지급)
4. 약정이자율 : 8%/연
5. 적정수익률 : 12%/연
6. 기준시점 : 2026.8.1.

예시답안

1. 거치기간 이자 현가

$$100,000 \times \frac{0.08}{12} \times \frac{1.01^{12}-1}{0.01 \times 1.01^{12}} ≒ 7,500원$$

2. 원리금상환액 현가

$$100,000 \times \frac{0.08/12 \times (1+0.08/12)^{60}}{(1+0.08/12)^{60}-1} \times \frac{1.01^{60}-1}{0.01 \times 1.01^{60}} \times \frac{1}{1.12} ≒ 81,400원$$

3. 채권가격

$$7,500 + 81,400 ≒ 88,900원$$

기 본예제

아래 무담보 정상채권의 경제적 가치를 산정하시오.

자료

1. 대출원금 : 1,000,000,000원
2. 연평균이자율 : 20%
3. 평균회수기간 : 2년
4. 연평균원금회수율 : 15%
5. 연평균 부실률(회수불가) : 10%
6. 할인율 : 15%

예시답안

1. 1차년도 현금흐름

대출원금회수 : 1,000,000,000 × 15% = 150,000,000원
이자수취분 : 1,000,000,000 × (1 − 0.1) × 20% = 180,000,000원
소계 : 330,000,000원

2. 2차년도 현금흐름

대출원금회수 : 1,000,000,000 − 150,000,000(원금회수) − 1,000,000,000 × 0.2(부실률) = 650,000,000원
이자수취분 : 1,000,000,000 × (1 − 0.15(회수된원금) − 0.2(부실률)) × 0.2 = 130,000,000원

소계 : 780,000,000원

현재가치 : $\dfrac{330,000,000}{1.15} + \dfrac{780,000,000}{1.15^2} ≒ 877,000,000$

03 기업가치의 감정평가

1. 기업가치의 개념

기업가치란 해당 기업체가 보유하고 있는 유·무형의 자산의 가치를 말하며, 자기자본가치와 타인자본가치로 구성된다. 또한, 기업체의 유무형의 자산가치는 영업관련 기업가치와 비영업용 자산의 가치로 구분할 수 있다.

기업가치평가는 개별자산 평가액의 단순한 합계가 해당 기업의 가치가 아니므로, 대상업체가 가지고 있는 유·무형의 가치를 포함하는 기업 전체의 일괄가치를 구하는 일련의 감정평가 과정이다. 단순한 개별자산의 합계가 아닌 이유는 재무제표상에 열거되어 있는 자산 등의 가치는 할인과 프리미엄 등에 의하여 다르게 영향을 받기 때문이다.

기업가치평가는 기본적으로 재무제표의 분석에서 출발을 하지만, 기업체의 진정한 경제적 재무상태와 영업성과를 반영하고, 시장가치에 접근하기 위한 기초로 삼기 위해서는 감가상각, 재고자산, 무형자산, 유형자산 등에 대한 조정을 함으로써 경제적 재무제표로 변환하여야 한다.

한편, 실무상 기업가치와 영업가치를 구분하지 않고 사용하고 있으나 정확한 의미에서 기업가치와 영업가치는 다르며, 기업가치는 영업현금흐름을 현가화한 영업가치와 영업현금흐름에 기여하지 않는 자산인 비사업용자산의 합으로 구성된다.

> 기업가치 = 영업관련 기업가치(영업현금흐름) + 비영업용 자산의 가치(특별현금흐름, 영업외수익)

2. 기업가치(영업가치)의 감정평가방법

1) 감정평가의 원칙

기업의 본질적인 가치는 기업이 향후 창출할 수 있는 미래현금흐름의 현재가치라는 측면에서 수익환원법을 적용한다.

다만, 기업가치를 감정평가할 경우에도 어느 한 가지의 감정평가방법에 의존하는 것은 바람직하지 않다. 기업가치를 감정평가할 때 특별한 이유가 없는 한 수익환원법, 원가법, 거래사례비교법의 3가지 방법을 모두 고려하여야 적정한 기업가치를 산출할 수 있다. 따라서 여러 방법을 병용하고, 합리성의 검토 과정을 통하여 전문가적인 판단을 사용하여 대상기업의 특성 등을 고려하여 가장 적합하다고 판단되는 하나 또는 둘 이상의 평가방법을 사용하여 적정한 기업가치를 산출하여야 할 것이다.

2) 수익환원법의 적용 [38]

(1) 할인현금수지분석법

할인현금흐름분석법을 적용할 때에는 대상 기업의 현금흐름을 기준으로 한 단계별 예측기간의 영업가치와 예측기간 후의 영구영업가치를 합산하여 전체 영업가치를 산정한 후, 비영업용 자산가치를 더하여 기업가치를 산정한다.

① FCF(Free Cash Flow)의 결정

㉠ FCFF(Free Cash Flow to the Firms) : 자기자본과 타인자본에 귀속되는 현금흐름의 성격이다.

> • FCFF = EBIT(1 − 법인세율) + 감가상각비 − 자본적 지출 ± 순운전자본 변동분
> • FCFF = EBITDA(1 − 법인세율) + 감가상각비 × 법인세율 − 자본적 지출
>   ± 순운전자본 변동분

EBIT(Earnings Before Interest and Taxes)는 영업이익에 상응하는 개념으로서 매출액에서 매출원가와 판매관리비를 공제하여 산정한다.

ⓐ 매출액의 추정

감정평가의 기준이 되는 시점으로부터 향후에 추정되는 매출액을 추정해야 하며, 매출액을 추정하는 방법은 아래와 같다.

• 대상 업체의 과거 추세를 기초로 한 추정으로서 과거 매출액의 평균치를 사용하거나 뚜렷한 추세가 있는 경우에는 매출액 성장률을 고려하여 추정한다.

기본예제

아래 기업에 대한 1기 매출액을 결정하시오.

자료

구분	5년 전	4년 전	3년 전	2년 전	1년 전
기업 A	100,000	105,000	110,250	115,763	121,551
기업 B	95,000	102,000	103,000	99,000	101,000

예시답안

• 기업 A의 경우 과거 매출액의 평균적인 상승률이 5.0% 수준으로서 추정매출액을 아래와 같이 결정한다.
121,551 × 1.05 ≒ 127,629
• 기업 B의 경우 매출액의 상승세가 있지 않은 경우로서 과거 매출액의 평균치를 추정매출액으로 결정한다.
(100,000)

• 제시된 사업계획을 기초로 한 추정하는 방법으로서 대규모 자본투하가 필요하여 현재 시점에는 현금흐름이 마이너스(−) 혹은 거의 없으나 향후에 매출액이 발생할 것

---

38) 감정평가실무기준 해설서(Ⅰ) 총론편, 한국감정평가사협회 등, 2014.02, pp.523~525 참조

으로 예상되는 사업에 적합한 방법이다. 이 경우 사업계획의 실현가능성에 대한 검토가 필요하다(⑩ 통신망 설치 사업 등).

- 유사 동종 업계의 통계치를 기초로 추정하는 방법으로서 시장을 몇 개 업체가 과점하는 시장의 경우 적합한 방법이다. 전체 시장규모를 기준으로 하여 해당 시장의 성장성과 평가대상 기업의 점유율을 추정하여 매출액을 추정하는 방법이다(⑩ 영화관 산업, 통신사, 정유회사 등).

ⓑ 원가(율)의 추정

원가율의 경우에도 매출액과 같이 향후에 적정 수준의 원가(율)을 추정하여 매출총이익을 산정하여야 한다. 대상업체의 과거 추세를 기초로 한 추정이나 제시된 사업계획을 기초로 추정하는 방법, 유사 동종 업계의 통계치를 기초로 추정하는 방법을 사용한다. 특히, 제조업이나 도매업 등 원가율이 높은 업종의 경우 원가율의 판단에 따른 기업가치의 편차가 크게 나타나기 때문에 적정한 원가율의 결정은 매우 중요하다.

기본예제

아래 기업에 대한 적정한 원가율을 추정하시오.

자료

구분(기업 A)	5년전	4년전	3년전	2년전	1년전
매출액	100,000	105,000	110,250	115,763	121,551
매출원가	59,000	63,000	67,253	69,458	72,931

예시답안

매출원가율이 과거 5년간 59%~61% 수준에서 형성되어 있으며 평균적인 수준인 60%으로 결정한다.

ⓒ 판매관리비의 추정

판매관리비는 고정경비와 변동경비로 구성되어 있으며, 고정경비는 물가상승률 등을 고려하여 추정하며, 변동경비는 추정되는 생산량을 기준으로 추정한다. 생산량이 증가할수록 판매관리비율은 줄어드는 경향을 보인다. 구체적인 판매관리비 판단 시에 유의하여야 할 사항은 아래와 같다.

- 인건비

개인사업자의 경우 제시받은 과거 회계자료 상에 사업주 본인의 인건비(자가노력비)가 미반영되어 있으나 실질적으로 사업주가 영업활동에 기여하고 있으면서 미래의 현금흐름 창출에도 사업주의 기여 또는 대체인력의 투입이 필요한 경우에는 제시받은 판관비에 대표자의 급여 등이 추가되어야 한다. 대표자 개인의 급여는 관리자급 직원의 급여수준으로 추정한다.[39]

---

39) 한국은행 경제통계시스템의 해당 연도 「직종별평균임금 관리자」의 통계자료를 기준으로 판단할 수 있다.

- 지급임차료 등

    제시 자료상의 임차료 수준의 적정성 여부 및 향후 사업계획의 매출 목표 등에 상응하는 임차료 수준을 확인할 필요가 있다.

ⓓ 세금

법인의 경우는 법인세를 적용하며, 개인사업자의 경우 소득세를 적용한다. 개인사업자의 법인전환을 위한 현물출자 목적의 감정평가 시에는 이미 개인사업자로서 형성된 영업권을 평가하는 개념이기 때문에 소득세를 적용하는 것이 타당할 것이다.

ⓔ 감가상각비(Depreciation) 및 자본적 지출(Capital Expenditure)

감가상각비는 현금유출이 없는 비용으로서 이미 판매관리비 및 제조경비에 계상된 부분을 현금유출이 없는 비용으로서 가산하여 반영하여야 한다.

기업이 성장하기 위해서는 영업현금흐름 중 일부 또는 전부를 기존자산을 유지하거나 새로운 자산을 구입하는 곳에 재투자해야 한다. 따라서 자본적 지출만큼 차감한다. 자본적 지출은 사업계획서상의 내용을 검토하여 반영하며 매출추정과 연계하여 판단할 필요가 있다. 자본적 지출의 세부내역으로서는 ㉠ 기존설비의 유지·보수 충당분(기본설비의 감가에 상응), ㉡ 기존에 투입된 자본적 지출의 유지·보수 충당분(신규투자 감가에 상응), ㉢ 해당 연도에 발생할 것으로 예상되는 지출발생분으로 나누어 볼 수 있다. 기업체가 지속적으로 성장하는 경우에는 자본적 지출이 감가상각비보다 큰 경우가 많으며, 성장이 물가상승 정도로서 보합인 경우에는 감가상각비와 자본적 지출을 서로 상쇄되는 것으로 보는 경우도 많다. 계약이나 특허기간 등으로 인하여 유한한 기간 동안에만 영업을 하는 기업에는 예외적으로 자본적 지출보다 감가상각비가 더 큰 경우도 있을 수 있다.

ⓕ 추가운전자본(Incremental Net Working Capital)

운전자본이란 영업활동과정에서 매출채권, 매입채무, 재고자산을 보유함으로써 소요되는 자금으로서, 유동자산에서 유동부채를 차감한 잔액으로 정의될 수 있다(매출채권 + 재고자산 - 매입채무로도 산정할 수 있음).

운전자본은 기업의 영업활동과 관련하여 묶여있는 자본이므로 추가적으로 소요되는 운전자본은 현금유출(-)로, 감소되는 운전자본은 현금유입(+)으로 처리한다(일반적으로 기업이 계속 성장 시 지속적으로 증가하므로 (-)로 처리되는 것이 대부분이다). 운전자본소요율은 아래의 산식에 의하여 결정되기도 한다.

$$\bullet \text{ 순운전자본소요율(\%)} = \frac{1}{\text{매출채권회전율}} + \frac{1}{\text{재고자산회전율}} - \frac{1}{\text{매입채무회전율}}$$

$$\bullet \text{ 순운전자본} = \text{매출액} \times \text{순운전자본소요율(\%)}$$

> **기** 본예제

아래 기업의 추가운전자본에 대하여 결정하시오.

> **자료**

- 작년도 매출액 : 100,000,000원
- 매출액 성장률 : 10%
- 매출채권회전율 : 8
- 재고자산회전율 : 10
- 매입채무회전율 : 20

> **예시답안**

운전자본소요율 = 1/8 + 1/10 − 1/20 = 17.5%
순운전자본변동분 = 100,000,000 × 0.1 × 0.175 = 1,750,000원

ⓛ FCFE(Free Cash Flow to the Equity) : 자기자본에 귀속되는 현금흐름의 성격이다.

> FCFE(보통주자본으로만 귀속되는 소득) = FCFF − 이자 × (1 − t%) − 우선주배당금
> − 원금상환분 + 신규부채발행

> **Check Point!**
>
> ◉ 우선주(Preferred Stock)의 성격
>
> **1. 자기자본의 성격**
> 세공제대상이 아니다(부채는 세공제대상).
>
> **2. 부채의 성격**
> 우선순위 배당

② **할인율의 결정**

ⓐ 자기자본비용(Cost of Equity)

자기자본비용은 자기자본의 제공자인 주주의 입장에서 기대하는 요구수익률로서 자본자산가격결정모형(CAPM)에 의하여 산정한다. 다만, 자본자산가격결정모형에 의하여 산정하는 것이 적절하지 아니한 경우에는 자본자산가격결정모형에 별도의 위험을 반영하거나 다른 방법으로 산정할 수 있다.

> $$K_e = R_f + [E(R_m) - R_f] \times \beta_{해당산업} + 해당\ 기업의\ Risk\ premium$$
> (규모, 설립시기 등 고려)
>
> K_e : 자기자본비용 R_f : 무위험이자율
> $E(R_m)$: 시장기대수익률 $\beta_{해당산업}$: 해당 기업이 속한 산업의 체계적 위험

ⓐ **무위험이자율**

무위험이자율은 투자에 있어서 위험이 전혀 고려되지 않은 투자의 기대수익률이라 할 수 있고, 일반적으로 국고채수익률과 유사한 개념으로 인식된다.

ⓑ **시장수익률**

시장의 전형적인 포트폴리오 수익률을 기준으로 하며, 주가수익률(5~15년간 KOSPI 연도별 종가지수 기준 산출), 회사채(예 장외 3년, BBB-등급) 금리 등 시장수익률 지표를 주로 사용한다.

ⓒ **베타계수(β)**

베타계수란 시장전체의 위험을 1로 보았을 때 개별기업주식이 갖는 위험의 크기를 의미하며, 이것은 시장위험의 변화에 대한 개별기업주식 또는 해당 기업이 속한 산업의 민감도를 나타내는 계수로 베타계수는 주식수익률 회귀모형에 의하여 산출한다.

ⓓ **자기자본비용 산정예시**

구분	무위험률	베타계수	시장수익률	규모위험프리미엄
내용	2.00%	0.86	10.40%	2.38%
비고	국고채금리 (3년, 5년)	유사기업 무부채 베타계수로부터 본건 베타계수 산출	종합주가지수 변동률(평균)	비상장(소기업)
자기자본비용	2.00% + 0.86 × (10.40% − 2.00%) + 2.38% ≒ 11.6%			

ⓔ **베타계수를 결정하는 방법(예시)** : 일반적으로 베타는 사례기업을 통하여 산정하는 경우가 많다. 하지만 사례기업의 베타는 해당 기업의 자본구조가 반영된 베타(Levered Beta, $\beta_{L(사례)}$)이기 때문에 ⅰ) 일단 해당 베타(Levered Beta)를 무부채베타(Unlevered Beta, $\beta_{U(사례)}$)로 수정하고 ⅱ) 이를 조정하여 대상기업에 적용가능한 무부채베타(Unlevered Beta, $\beta_{U(본건)}$)를 결정하고 ⅲ) 마지막으로 본 기업의 자본구조를 반영하여 최종 베타(Levered Beta, $\beta_{L(본건)}$)를 구한다. 세부적인 산식은 다음과 같다.

Step 1. 사례기업의 무부채베타($\beta_{U(사례)}$) 산정한다.

$$\beta_{Unlevered(사례)} = \frac{\beta_{Levered(사례)}}{1 + (1 - Tax\ rate) \times (Debt/Equity)}$$

Step 2. 대상기업에 적용가능한 무부채베타(Unlevered Beta, $\beta_{U(본건)}$)를 결정하되, 산술평균 등의 방법을 활용한다.

Step 3. 본 기업의 자본구조를 반영하여 최종 베타 결정한다.

$$\beta_{Levered(본건)} = \beta_{Unlevered(본건)} \times [1 + (1 - Tax\ rate) \times (Debt/Equity)]$$

∴ 결정예시

구분	β계수	부채비율	무부채β계수*(=βu)
사례기업 1	1.42	139.5%	0.68
사례기업 2	1.00	49.8%	0.72
사례기업 3	1.33	96.2%	0.76
대상기업	-	25%	-
적용무부채β계수	0.72(사례기업 무부채 β평균)		
적용β계수**(= βL)	0.86		

* 무부채베타계수(βu) = βL / [1 + (1 − Tax rate) × (Debt / Equity)]

** 적용베타계수(βL) = βu × [1 + (1 − Tax rate) × (Debt / Equity)]

유사기업의 무부채베타	자본구조		Tax rate (지방소득세 포함)	적용베타계수
	Debt	Equity		
0.72	20%	80%	22%	0.86

ⓛ **타인자본비용(Cost of Debt)** : 타인자본비용은 사업에 투자하기 위해서 조달한 부채에 대해 지급하는 자본비용이다.

$$k_d = \frac{\text{이자비용} - \text{절세효과}}{\text{타인자본}} \times 100 = i \times (1-t)$$

k_d : 세후타인자본비용 i : 이자율 t : 법인세율

ⓒ **가중평균자본비용(Weighted Average Cost of Capital)**

$$WACC = k_e \times \frac{S}{S+B} + k_d \times \frac{B}{S+B}$$

k_e : 자기자본비용 k_d : 타인자본비용
S : 자기자본총액   B : 이자지급부채총액

가중평균자본비용이란 자본을 사용하는 대가로 지불해야 하는 비용으로써 타인자본을 제공하는 채권자 혹은 자기자본의 제공자인 주주에게 기업이 그 자본을 사용하는 대가로 지불해야 하는 비용을 의미하는 것으로 자기자본비용과 타인자본비용을 각각 구한 후 회사가 장기적으로 지향하는 목표자본구조를 감안하여 가중평균하여 산정한다. 이때 자산가치와 부채가치는 장부가치가 아닌 공정가치를 기준한다.

≫ **원천별 자본비용** : 특정원천으로 조달한 자금의 현재가치와 그 자금을 사용한 대가로 미래에 지급해야 하는 금액의 현재가치를 일치시키는 할인율

기 본예제

아래 재무상태표상의 기업에 대한 가중평균자본비용을 결정하시오.[40)

자료

유동자산	현금예금	300	유동부채	외상매입금	400
	외상매출금	100		단기차입금	100
	재고자산	100	비유동부채	장기차입금	100
비유동자산	기계기구	200	자본	자본	400
	건물	300			
자산소계		1,000	**부채 및 자본소계**		1,000

1. 자기자본비용 : 15.0%
2. 타인자본비용(세후) : 6.0%

예시답안

1. 자기자본비율 : $\dfrac{400(자본)}{100(단기차입) + 100(장기차입) + 400(자본)} ≒ 67\%$

2. 타인자본비율 : $1 - 67\% = 33\%$

3. 가중평균자본비용 : $0.67 × 15.0 + 0.33 × 6.0 = 12.03\%$

③ 기업가치의 평가

㉠ 안정성장기업의 가치평가

$$기업가치 = \frac{FCFF_1}{WACC - g_n}$$

$FCFF_1$: 다음 연도 기대 FCFF　　　$WACC$: 가중평균자본비용　　　g_n: FCFF의 영구성장률

㉡ 2단계성장기업의 가치평가

$$기업가치 = \sum_{t=1}^{n} \frac{FCFF_t}{(1 + WACC)^t} + \frac{FCFF_{n+1}/(WACC_n - g_n)}{(1 + WACC)^n}$$

$WACC$: 고속성장기의 자본비용　　　　　　　$WACC_n$: 안정성장기의 자본비용

$FCFF_{n+1}$: 고속성장 후 안정성장 1기의 FCFF　　　g_n: 고속성장기 이후의 성장률(안정성장률)

≫ 영구성장률은 과거 5년치 평균성장률을 넘지 않도록 추정한다.

---

40) 기업가치와 영업권 평가 실무(심사평가사 역량강화를 위한 전문교육), 한국감정평가사협회(김영돈 간사), 2020.10.

ⓒ 주주잉여현금흐름(FCFE) 적용 시 기업가치 평가

$$자기자본가치 = \frac{FCFE_1}{K_e - g_n}$$

FCFE$_1$: 다음 연도 기대 FCFE k_e: 자기자본비용 g_n: FCFE의 영구성장률

자기자본가치에 부채가치를 가산하여 기업가치를 평가한다.

(2) 직접환원법

직접환원법은 대상기업의 단일 연도의 예상이익 추정액이나 몇 년간의 예상이익의 연평균액을 환원율로 환원하여 기업가치를 감정평가하는 방법이다. 그러나 실무적으로 단일 연도의 예상이익을 추정하기 어렵고, 급변하는 기업의 경영활동에서 몇 년간의 예상이익을 평균화한다는 것은 적정한 기업가치의 평가방법으로 보기 힘들다.

(3) 옵션평가모형

옵션평가모형을 적용할 때에는 환경변화에 의한 경영자의 의사결정에 따라 변동하는 미래현금흐름과 투자비용을 감안하여 대상기업의 가치를 감정평가한다.

옵션평가모형은 경영 혹은 관리상의 의사결정에 따른 유연성을 평가에 반영한다는 논리로서 현실적 불확실성을 감정평가 시 고려하고 이를 기초로 실질적인 기업의 의사결정에 따른 미래의 현금흐름과 투자비용을 감안하게 된다. 이때 각 의사결정방법의 합리성, 합법성 등에 대한 고려가 이루어져야 한다. 그러나 이 경우 기업의 경영주체 또는 의사결정의 방법에 따라 감정평가금액이 달라지는 문제가 발생하며, 경우에 따라 수 개의 감정평가금액이 존재할 수도 있다.

(4) 수익환원법에 의한 기업가치 평가 시 유의사항

현금흐름을 추정할 때 예측기간은 5년 이상 충분히 길게 하여야 하며, 과거 장기간의 추세분석을 바탕으로 기업이 속한 산업의 경기순환주기를 결정하는 경우 경기순환주기상 중간점에서의 이익수준에 근거하여 영구가치를 산출하여야 한다. 또한 영구가치 산출 시 적용하는 영구성장률은 과거 5년치 평균성장률을 넘지 않도록 추정한다.

환원율이나 할인율은 감정평가 대상으로부터 기대되는 현금흐름이 발생되는 시점, 위험요소, 성장성 및 화폐의 시간가치 등을 종합적으로 고려하여 결정하여야 한다. 자본환원율이나 할인율은 감정평가에 사용되는 이익 또는 현금흐름의 정의와 일관성이 있어야 한다. 예를 들어 세전이익에는 세전 환원율을 적용하여야 하며, 세후이익에는 세후 환원율을 적용하여야 한다. 또한 주주에 귀속되는 잉여현금흐름이나 배당금에는 자기자본비용을, 기업전체에 귀속되는 잉여현금흐름은 가중평균자본비용을 사용하여 할인하여야 한다.

기본예제

다음 기업의 계속기업가치를 평가하시오(기준시점 : 2025.12.31.).

자료 1 매출액 등 영업관련 사항

1. 매출액 : 6,000,000,000원(2025년 결산)
2. 매출원가율 및 판관비 비율 : 매출액대비 각각 60%, 20%
3. 법인세율 : 22%
4. 감가상각비와 자본적 지출은 서로 상쇄되는 것으로 본다.
5. 해당 기업의 순운전자본은 매출액대비 5% 수준이며, 매출액의 변동에 따라 연동한다.

자료 2 시장자료

1. 무위험률 : 연 3.0%
2. 유사기업의 베타 : 1.50(부채비율 : 150%)
3. 당사의 기업고유위험 프리미엄(알파) : 10.0%
4. 해당 기업의 평균차입금리 : 4.5%
5. KOSPI지수의 장기평균수익률 : 6.0%

자료 3 해당 기업의 자본구조 등

1. 당사의 자본구조는 현재 자기자본과 타인자본의 비율이 1 : 2이다(부채비율 : 200%).
2. 해당 기업의 매출액은 영구적으로 3%씩 증가할 것을 가정한다.
3. 기타 현재의 상황 및 예측이 일반적으로 지속된다고 가정하며, 예측 불가능한 비정상적인 시장의 변화는 없는 것으로 전제한다.
4. 가중평균자본비용은 백분율로 소숫점 첫째자리까지 산정하며, 기업가치는 반올림하여 억 단위까지 표시한다.

예시답안

1. 1기 FCFF

(1) EBIT : $6,000,000,000 \times 1.03 \times (1 - 0.6 - 0.2) = 1,236,000,000$원

(2) 1기 FCFF : $1,236,000,000 \times (1 - 0.22) - 6,000,000,000 \times 0.05 \times 0.03 = 955,080,000$원

2. WACC

(1) 자기자본비용
  ① 해당 기업의 베타
    ㉠ 무부채베타 : $1.50 \div (1 + (1 - 0.22) \times 1.50) \fallingdotseq 0.691$
    ㉡ 해당 기업의 베타 : $0.691 \times (1 + (1 - 0.22) \times 2.00) \fallingdotseq 1.769$
  ② 자기자본비용 : $3.0 + 1.769 \times (6.0 - 3.0) + 10.0 = 18.3\%$

(2) 타인자본비용 : $4.50 \times (1 - 0.22) = 3.5\%$

(3) WACC : $18.3\% \times 1/3 + 3.5\% \times 2/3 \fallingdotseq 8.4\%$

3. 기업가치 결정

$955,080,000 \div (0.084 - 0.03) \fallingdotseq 17,700,000,000$원

3) 거래사례비교법의 적용 [41]

(1) 유사기업이용법

① **개념** : 대상 기업과 비슷한 상장기업들의 주가를 기초로 산정된 시장배수를 이용하여 대상 기업의 가치를 감정평가하는 방법을 말한다.

② **사례기업의 선정**

   ㉠ 사업의 유형이 비슷할 것

   ㉡ 규모 및 성장률이 비슷할 것

   ㉢ 자료의 양이 풍부하고 검증 가능할 것

   ㉣ 시장점유율, 경쟁관계, 판매처 및 구매처와의 관계 등 영업환경이 비슷할 것

   ㉤ 영업이익률·부채비율 등 재무지표가 비슷할 것

③ **시장배수의 성격 및 적용**

   ㉠ 시장배수의 적용 : 시장배수는 시장배수별 특성 등을 고려하여 가장 적절한 둘 이상의 것을 선정하여 산정하되, 기간별로 시장배수의 차이가 클 경우에는 기간별 시장배수에 적절한 가중치를 부여하여 산정할 수 있다.

   ㉡ 시장배수의 종류

     ⓐ 현재의 주식가격이 주당이익의 몇 배로 형성되어 있는지를 나타내는 주가이익비율(PER)

     ⓑ 현재의 주식가격이 주당순자산가치의 몇 배로 형성되어 있는지를 나타내는 주가순자산비율(PBR)

     ⓒ 현재의 주식가격을 주당매출액으로 나눈 주가매출액비율(PSR)

     ⓓ 현재의 주식가격이 기업의 주당 영업활동 현금흐름의 몇 배로 형성되어 있는가를 나타내는 주가현금흐름비율(PCR)

     ⓔ 주식의 시가총액과 순차입금의 합계에서 비영업용 자산을 차감한 기업 전체의 사업가치(Enterprise Value)가 이자비용·법인세·감가상각비·무형자산상각비 차감전이익의 몇 배인가를 나타내는 사업가치에 대한 이자비용 등 차감전이익비율(EV/EBITDA)

> **기업가치를 산정할 때 참고가 되는 여러 주요 재무비율** [42]
>
> **1. 주가이익비율(PER · Price/Earning Ratio)**
>
> 주가이익비율은 기대성장률, 배당성향, 위험과 연관되어 있다. 고든의 모형을 이용한 안정기업의 PER를 구하면 다음과 같다.
>
> $$\frac{P_0}{EPS_0} = PER = \frac{배당성향}{r - g_n}$$
>
> P_0: 주식의 가치 DPS_1: 다음기(1년 후)의 기대배당금
>
> r: 자기자본의 요구수익률(자기자본비용) g_n: 배당금의 영구적 기대성장률

---

41) 감정평가실무기준 해설서(Ⅰ) 총론편, 한국감정평가사협회 등, 2014.02, pp.526~529

42) 감정평가실무기준 해설서(Ⅰ) 총론편, 한국감정평가사협회 등, 2014.02, p.528

2. 주가순자산비율(PBR · Price/Book value Ratio)

고든의 모형을 이용한 안정기업의 PBR를 구하면 다음과 같다.

$$\frac{P_0}{BV_0} = PBR = \frac{ROE \times 배당성향 \times (1+g_n)}{r-g_n} = \frac{ROE-g_n}{r-g_n}$$

P_0 : 주식의 가치 BV_0 : 주식 1주의 장부가치
ROE : 자기자본순이익률 r : 자기자본의 요구수익률(자기자본비용)
g_n : 배당금의 영구적 기대성장률

3. 주가매출액비율(PSR · Price/Sales Ratio)

고든의 모형을 이용한 안정기업의 PSR를 구하면 다음과 같다.

$$\frac{P_0}{Sales_0} = PSR = \frac{ROS \times 배당성향 \times (1+g_n)}{r-g_n} = \frac{ROS \times 배당성향}{r-g_n}$$

P_0 : 주식의 가치 $Sales_0$: 주식 1주당 매출액
ROS : 매출액순이익률 r : 자기자본의 요구수익률(자기자본비용)
g_n : 배당금의 영구적 기대성장률

4. 주가현금흐름비율(PCR · Price/Cash-flow Ratio)

주식회사의 재무상태표에 나타난 사내유보금과 사외로 유출되지 않는 비용인 감가상각비의 합계를 그 회사의 현금흐름이라 한다(Cash Flow). 이를 발행된 주식수로 나눈 것을 주당현금흐름이라 하고, 특정 시점의 주가를 주당 현금흐름으로 나누어 백분율로 표시한 것이 주가현금흐름비율이다.

주가현금흐름비율 값이 작을수록 주가가 상대적으로 저평가되었다는 것을 의미한다. PCR은 개별기업의 최대 자금동원능력 등 위기상황에 대한 대처능력을 내포하고 있어 경기침체 또는 시중자금난이 심화되었을 때 기업의 안정성을 나타내는 투자지표로 활용된다.

주당현금흐름유보이익과 사외로 유출되지 않는 비용(감가상각비 등)의 합계를 현금흐름(Cash Flow)이라고 하며, 그 총액을 기발행 총주식수로 나눈 것을 1주당 현금흐름이라고 한다.

④ **대상기업과 비교기업 간의 조정**

시장배수를 산정하는 경우에는 대상 기업과 비교 기업 간에 다음의 차이 등을 분석하여 적절한 검토와 조정을 하여야 한다.

㉠ 비영업용 순자산의 포함 여부

㉡ 비경상적 항목의 포함 여부

㉢ 재고자산 · 감가상각 · 리스 등에 관한 회계처리방식의 차이

㉣ 비교대상 해외기업을 선정한 경우 국가 간 회계기준의 차이

⑤ **가격의 결정**

㉠ 둘 이상의 시장배수를 각각 적용하여 산정된 결과를 단순평균하거나 가중평균하여 결정한다.

㉡ 시장배수 산정 시 비교대상 기업의 비영업용 순자산을 제거한 후 적용한 경우에는 대상기업에 시장배수를 적용한 후 대상기업의 비영업용 순자산을 더하여야 한다.

>> 해당 기업의 상황 및 실 평가목적에 맞도록 통제권(Controllability), 유동성(Liquidity), 시장성(Marketability)을 조정해서 결정해야 한다.

(2) 유사거래이용법

유사거래이용법은 대상기업과 비슷한 기업들의 지분이 기업인수 및 합병거래시장에서 거래된 가격을 기초로 시장배수를 산정하여 대상기업의 가치를 감정평가하는 방법을 말한다. 따라서 이 경우 비교가 된 기업의 배경과 매매금액을 문서로 확인하고, 이를 보정하여 대상기업에 적용을 하여 감정평가하게 되는데, 인수 및 합병의 거래구조와 배경, 거래조건 등에 대한 검토와 조정을 하여야 한다.

(3) 과거거래이용법

과거거래이용법은 대상기업 지분의 과거 거래가격을 기초로 시장배수를 산정하여 대상기업의 가치를 감정평가하는 방법을 말한다. 과거거래이용법으로 감정평가할 때에는 해당 거래가 이루어진 이후 기간에 발생한 상황변화에 대한 검토와 조정을 하여야 한다.

과거거래이용법은 대상기업의 과거 매매사례를 적용하는 것이므로, 가장 안정적이고 편리한 방법으로 볼 수가 있다. 그러나 과거의 매매환경과 가격시점현재의 매매환경은 유사할 수가 없는데, 이를 보정하는 지수와 과거의 가치를 현재가치로 변형하는 것에 어려움이 있다.

(4) 거래사례비교법에 의한 기업가치 평가 시 유의사항

거래사례비교법을 적용할 경우 감정평가과정에서 비교기준의 역할을 충실히 할 수 있는 비교대상의 선정이 가장 핵심이다. 거래사례비교법을 적용할 때 사용되는 유사기업은 대상기업과 동일한 산업에 속하거나, 동일한 경제요인에 의해 영향을 받는 산업에 속해야 한다. 유사기업의 선정을 위해서는 합리적인 기준이 설정되어야 하며, 선정과정에서 고려해야 할 요소들은 다음과 같다.

① 사업특성상의 정성적·정량적 유사성
② 유사기업에 대하여 입수 가능한 자료의 양과 검증가능성
③ 유사기업의 가격이 독립적인 거래를 반영하는지 여부

기 본예제

아래 기업의 기업가치를 거래사례비교법(시장배수)에 의하여 감정평가하시오.

자료 1 유사업종의 주가 등 분석자료
본 기업을 포함한 도료시장의 과점적 지위를 가지고 있는 기업들의 분석자료이다.

구분	X 기업	Y 기업	Z 기업	해당 기업
상장 여부	상장	상장	비상장	비상장
거래가격(원/주)	42,500	26,250	32,620	–
주당이익(EPS · Earning per share)	3,500	1,520	2,900	4,100

» Z기업의 경우 거래가격은 최근 거래된 금액을 조사한 자료이다.

자료 2
1. 유동성 프리미엄은 30%임.
2. 각 기업의 PER은 산술평균하여 산정할 것
3. 해당 기업의 부채가액은 20억원임.
4. 발행주식수는 200,000주임.

I. 평가개요

유사기업의 사례를 기준으로 PER을 추정하여 적용하되, 유동성 프리미엄(상장기업)을 조정하여 적용한다.

II. 유사기업의 PER분석 및 결정

1. 유사기업의 PER

구분	X기업	Y기업	Z기업
PER	$\dfrac{42,500}{1.3} \div 3,500 ≒ 9.34$	$\dfrac{26,250}{1.3} \div 1,520 ≒ 13.28$	$32,620 \div 2,900 ≒ 11.25$

2. 적용 PER 결정

위 지수의 산술평균치를 기준으로 11.29를 적용한다.

III. 해당 기업의 자기자본가치

$4,100 \times 11.29 ≒ 46,289$원/주$(\times 200,000$주 $= 9,257,800,000$원$)$

IV. 기업가치 결정

$9,257,800,000 + 2,000,000,000$(부채)$= 11,257,800,000$원

---

4) 원가법의 적용

(1) 평가방법

대상기업의 유·무형의 개별자산의 가치를 합산하여 감정평가한다. 이때 모든 자산은 기준시점에서의 공정가치로 측정되어야 한다. 만약 매각을 전제로 한 감정평가인 경우에는 매각과 관련된 비용이 고려되어야 한다.

(2) 원가법 적용 시 유의사항

① 원가법은 대상기업이 영업활동을 수행하지 않고 부동산이나 타 회사의 지분을 보유함으로써 이익을 얻는 지주회사이거나 청산을 전제로 한 기업인 경우에 적절한 감정평가방법이다.

② 계속기업을 전제로 하여 감정평가를 할 때에는 원가법만을 적용하여 감정평가해서는 아니 된다. 다만, 원가법 외의 방법을 적용하기 곤란한 경우에 한정하여 원가법만으로 감정평가할 수 있으며, 이 경우 정당한 근거를 감정평가서에 기재하여야 한다.

제6절 의제부동산 및 동산의 감정평가

01 의제부동산의 감정평가

> **감정평가에 관한 규칙 제20조**(자동차 등의 감정평가)
> ① 감정평가법인등은 자동차를 감정평가할 때에 거래사례비교법을 적용해야 한다.
> ② 감정평가법인등은 건설기계를 감정평가할 때에 원가법을 적용해야 한다.
> ③ 감정평가법인등은 선박을 감정평가할 때에 선체·기관·의장(艤裝)별로 구분하여 감정평가하되, 각각 원가법을 적용해야 한다.
> ④ 감정평가법인등은 항공기를 감정평가할 때에 원가법을 적용해야 한다.
> ⑤ 감정평가법인등은 제1항부터 제4항까지에도 불구하고 본래 용도의 효용가치가 없는 물건은 해체처분가액으로 감정평가할 수 있다.

1. 자동차의 감정평가

1) 평가대상으로서 자동차의 개념

자동차라 함은 원동기에 의하여 궤도(Rail) 또는 가선에 의하지 아니하고 운전되는 차로서 이동할 목적으로 제작된 용구이며, 이에는 피견인차도 포함된다.

자동차의 구성부분은 크게 차체(Body)와 차대(Chassis)로 나눌 수 있다. 차체(Body)라 함은 승용차의 경우 승객 및 운전사의 좌석이 있는 부분이고, 화물차의 경우에는 운전실과 화물을 적재하기 위하여 만들어 놓은 부분이다. 차대(Chassis)라 함은 완전결합된 자동차에서 차체를 제외한 모든 구성장치 부분을 말하며, 자동차의 기초가 되는 주요부문이다.

자동차의 종류는 승용자동차, 승합자동차, 화물자동차, 특수자동차 및 이륜자동차로 구분한다(자동차관리법 제3조). 한편 자동차의 규모별·유형별 세부기준은 자동차의 크기·구조, 원동기의 종류, 총배기량 또는 정격출력 등에 따라 정하고 있다(자동차관리법 시행규칙 [별표 1] 참조).

2) 조사·확인사항

사전조사 시 확인사항	실지조사 시 확인사항
① 차종과 차적	① 등록번호
② 등록일자와 번호 및 용도	② 연식과 형식
③ 검사의 조건 및 검사예정일자	③ 차대 및 기관번호
④ 면허사항	④ 사용연료와 기통수 및 엔진 출력
⑤ 그 밖의 참고사항	⑤ 정원이나 적재정량
	⑥ 제작자, 제작연월일
	⑦ 자동차의 주행거리 및 현황
	⑧ 그 밖의 참고사항

3) 자료의 수집 및 정리

거래사례(자동차의 거래가격 등), 제조원가(자동차의 생산원가, 신차판매가격 등), 시장자료(중고시
장가격, 부품가격 등), 그 밖에 감정평가액 결정에 참고가 되는 자료

4) 감정평가방법

(1) 감정평가 원칙

자동차의 감정평가는 거래사례비교법을 기준으로 한다. 일반적인 동산과 동일하게 자동차가 거래된
사례 등을 수집 정리하고 유사성이 인정되는 거래사례를 비교 분석하여 감정평가하게 된다. 거래
사례비교법으로 감정평가하는 것이 곤란하거나 적절하지 아니한 경우에는 원가법을 적용할 수 있다.

(2) 원가법 적용 시 유의사항

원가법으로 감정평가할 때에는 정률법으로 감가수정한다. 다만, 필요하다고 인정되는 경우 사용
정도·관리상태·수리 여부 등을 고려하여 관찰감가 등으로 조정하거나 다른 방법에 따라 감가수
정할 수 있다.

(3) 효용가치가 없는 경우

해체처분가액으로 감정평가할 수 있다. 특히 이 경우 사업용차량의 감정평가 시 차량에 결부된
각종 무형의 가치(택시면허 등)는 별로 고려치 않으며, 차량의 처분 시 소요되는 제반 비용 및
수리소요비용 등을 고려하여야 한다.

2. 건설기계의 감정평가

1) 정의

건설기계란 건설공사에 사용할 수 있는 기계로서 「건설기계관리법 시행령」 [별표 1]에 해당하는 물건을
말한다(불도저, 굴삭기, 로더, 지게차, 스크레이퍼 등).

2) 조사 · 확인사항

사전조사 시 확인사항	실지조사 시 확인사항
① 건설기계의 종류·형식	① 건설기계의 종류와 등록번호
② 등록일자와 번호 및 용도	② 사용지와 사용방법
③ 검사의 조건 및 검사예정일자	③ 사용연료의 종류
④ 그 밖의 참고사항	④ 구조·규격·형식·용량
	⑤ 제작자와 제작연월일
	⑥ 사용정도
	⑦ 차량번호 및 기계번호
	⑧ 그 밖의 참고사항

3) 자료의 수집 및 정리

거래사례(건설기계의 거래가격 등), 제조원가(건설기계의 생산원가 등), 시장자료(중고시장가격 · 부품가격 등), 그 밖에 감정평가액 결정에 참고가 되는 자료

4) 건설기계의 감정평가방법

(1) 원가법에 의한 건설기계의 평가

감정평가실무에서 원가법을 활용하는 경우에는 신품 또는 사용정도가 얼마 되지 않은 건설기계에 주로 해당된다. 또한 감정평가 목적 측면에서 다른 방법을 적용하는 것이 불합리한 경우나 시중에서 거래가 거의 이루어지지 않고 있는 특수건설기계 감정평가에 주로 활용된다.

건설기계의 감정평가는 원가법을 적용하며 이 경우 감가수정은 정률법을 적용하게 된다. 다만, 건설기계의 사용정도 · 관리상태 · 수리 여부 등을 고려할 때에는 관찰감가 등으로 감가수정하거나 다른 방법에 따라 감가수정할 수 있다.

(2) 거래사례비교법에 의한 건설기계 평가

건설기계의 거래시장이 형성되어 있어 시장에서 거래되는 가격을 비교적 쉽게 포착할 수 있을 때 건설기계를 거래사례비교법으로 감정평가할 수 있다. 즉, 건설기계는 중고거래시장이 존재하는 바, 감정평가 시 중고거래가격 수준에 대한 검토가 이루어져야 하며, 지역 및 건설경기에 따라 가격수준의 차이가 크므로 이를 고려하여야 한다. 이에 따른 비준가액은 건설기계 시장의 다양한 현상 등을 반영하여 형성된 거래가격을 기준으로 산정하므로, 감정평가실무에서 사용되고 있다. 한편, 거래사례비교법으로 평가하는 경우 건설기계는 건설경기 동향에 따라 가격변동의 폭이 크므로, 가격자료를 시계열적으로 분석하여 감정평가해야 한다.

(3) 효용가치가 없는 경우

감정평가실무에서 해체처분가액으로 감정평가하는 경우는 국가, 지방자치단체 및 공공단체에서 노후화되었거나 용도 폐지된 건설기계를 처분하는 경우에 주로 활용되는 방법이다. 일반적으로 지방자치단체 등에서 처분하기 위하여 감정평가를 의뢰하는 건설기계는 해체된 상태가 아닌 건설기계로서 원형을 갖춘 경우가 대부분이다.

따라서 건설기계를 해체처분가액으로 감정평가하는 경우는 실제 해체상태에 있는 건설기계의 부분품으로서 평가하는 경우와 평가조건에서 해체를 전제로 평가하는 경우이다. 이때 해체 후 전용할 수 있는 부품은 전용가치 등을 고려하여 가격을 결정하여야 한다.

(4) 도입건설기계의 감정평가

원가법으로 감정평가하는 경우 외국산 도입건설기계의 재조달원가는 도입기계 감정평가방법을 준용하여 구한다. 건설기계등록원부상 등록일자는 중고 여부에 관계없이 등록일자를 기재하므로, 감가수정 시 최초등록일자를 조사하여 감가수정하여야 한다.

또한 동종 건설기계의 거래사례가 없어 원가법으로 감정평가하는 경우에도 동년식 유사 건설기계의 거래사례를 파악하여 잔존가치율을 구한 후 평가대상 건설기계의 잔존가치율과 비교 · 검토해야 한다.

3. 선박의 감정평가

1) 정의

선박이란 「선박법」 제1조의2 제1항에 따른 수상 또는 수중에서 항행용으로 사용하거나 사용할 수 있는 배 종류를 말하며, 그 구분은 다음 각 호와 같다.

① **기선**: 기관(機關)을 사용하여 추진하는 선박과 수면비행선박

② **범선**: 돛을 사용하여 추진하는 선박

③ **부선**: 자력항행능력(自力航行能力)이 없어 다른 선박에 의하여 끌리거나 밀려서 항행되는 선박

2) 조사 · 확인사항

사전조사 시 확인사항	실지조사 시 확인사항
① 선적 및 국적 ② 선력 ③ 검사의 내용 및 면허사항 ④ 선급협회가입여부 ⑤ 그 밖의 참고사항	① 선체 · 기관 · 의장별 규격, 형식, 제작자, 제작연월일 ② 선종 및 선적량 ③ 선박의 관리, 운영상황 ④ 그 밖의 참고사항

3) 자료의 수집 및 정리

거래사례(선박의 거래가격 등), 제조원가(선박의 선체 · 기관 · 의장별 생산원가 등), 시장자료(중고시장가격, 부품가격 등), 그 밖에 감정평가액 결정에 참고가 되는 자료

4) 선박의 감정평가방법

(1) 감정평가 원칙

선체 · 기관 · 의장별로 구분하여 감정평가하되, 각각 원가법을 적용하여야 한다. 원가법으로 감정평가하는 것이 곤란하거나 적절하지 아니한 경우에는 거래사례비교법으로 감정평가할 수 있다. 선박을 감정평가할 때에는 선체의 크기는 톤수로서 표시하며, 표시방법에는 총톤수, 순톤수, 재화중량톤수, 배수톤수 등이 있으며, 감정평가에서는 일반적으로 총톤수를 기준으로 한다. 기관이란 선박, 즉 선체를 운항시키는 동력이 되며, 기관의 크기는 실마력, 도시마력, 공칭마력 등으로 표시되고 있으며, 감정평가에서는 실마력을 기준으로 평가한다. 한편, 의장품이란 선박에 사용되는 특수한 용어로서 선박이 항행 및 정박하는 데 필요한 일체의 설비로서 선박의 주성능을 완전히 발휘시키는 장치를 말한다. 즉, 선박의 운항에 필요한 항해기구와 구명설비 등을 의장품이라 하며, 이는 크게 선체의장, 기관의장, 전기의장 등으로 구분한다.

> ### 참고
>
> **선박의 톤수**
>
> 선박의 톤수는 그 규모를 나타내는 것이므로 톤수가 클수록 톤당 건조비는 체감하나 전체적인 가격은 비싸지고 그만큼 수익도 많아지는 것이 보통이다. 선박톤수를 나타내는 데는 사용목적에 따라 다음과 같이 여러 가지가 있다.
>
> ① **총톤수**(Gross Tonnage, G/T)
> 총톤수는 선박 내부의 용적을 표시하는 것으로 법령의 적용에 있어서 선박의 크기를 나타내기 위하여 사용되는 지표이다. 등록세, 도선요금, 입거료, 선박검사료 등의 기준으로 사용되고 있다.
> ② **순톤수**(Net Tonnage, N/T)
> 순톤수는 여객이나 화물의 운송용으로 제공되는 선박 안의 장소의 크기를 나타내기 위하여 사용되는 용적톤이다. 순톤수는 직접 상행위를 하는 용적이므로 톤세, 항세, 운하통과료, 등대사용료, 항만시설사용료 등의 산정기준이 된다.
> ③ **재화중량톤수**(Dead Weight Tonnage, DWT, D/T)
> 재화중량톤수는 적재할 수 있는 화물의 중량(최대적재량)을 나타내는 지표로 주로 화물선에서 이용된다.
> ④ **배수톤수**(Displacement Tonnage)
> 배수톤수는 배가 물위에 떠 있을 때 선체가 밀어내는 배수량의 무게를 나타는 것으로 군함의 크기를 나타내는데 많이 쓰인다.
> ⑤ **경하중량**(Light Weight)
> 선박 자체가 가지고 있는 무게로서 선체 중량, 주기관, 각종 장비 및 비품의 무게를 합한 것을 말한다.

(2) 원가법에 의한 선박의 평가

일반적인 선박의 감정평가는 선체, 기관, 의장품을 각각 원가법에 의하여 감정평가하고 이를 합산하여 감정평가액으로 결정하게 되는데, 이 경우 반드시 신조선가 추이, 시장에서의 동종 유사 선박의 중고선가 등을 고려하여야 한다. 즉, 선체, 기관, 의장품에 대한 각각의 재조달원가에 감가수정을 통해 감정평가하게 되는데 이 경우 감가수정은 정률법에 의한다.

활황기에는 중고선가가 원가법에 의한 감정평가금액을 상당한 비율로 상회하므로, 이에 따른 감정평가금액의 증액이 일부 필요하다. 또한 선박경기가 좋지 않을 경우 원가법에 의한 감정평가금액이 중고선가를 상회할 수도 있으므로, 기준시점에서의 신조선가 및 중고선가 추이, 운임지수 등 시장 경기상황에 대한 고려가 반드시 이루어져야 한다.

» 의장품의 경우 평가목적에 따라 평가 외 처리되는 경우도 있다.

(3) 거래사례비교법에 의한 선박평가

선박의 종류, 구조 등에 따라 G/T당 거래가격추이 및 실거래가격을 분석하며, 유사한 선박의 거래단가를 통하여 본건의 비준가액을 산정할 수 있다.

(4) 효용가치가 없는 경우

선박이 노후화되었거나 용도 폐지가 예정된 경우에는 해체처분(경하중량을 기준으로 함)에 따른 가격 등으로 감정평가할 수 있다. 따라서 선박을 해체처분가액으로 감정평가하는 경우는 실제 해체상태에 있는 선박의 부분품으로서 감정평가하는 경우와 감정평가조건에서 해체를 전제로 감정평가하는 경우이다. 이때 해체 후 전용할 수 있는 부품은 전용가치 등을 고려하여 감정평가하여야 할 것이다.

기본예제

柳평가사는 李 씨로부터 다음과 같은 선박의 평가를 의뢰받았다. 다음 선박의 감정평가를 하시오 (기준시점 : 2026년 8월 1일).

자료 1 선박의 개요

어선번호	1	어선명칭	A호		
어선종류	동력선	선체재질	강		
총톤수	79톤	주요치수(M)	• 길이 : 24.51 • 너비 : 6.70 • 깊이 : 2.65		
무선설비	SSB 1기	어업종류	근해통발어업		
추진기관	디젤기관 1대 (600마력)	형식	제작자		제작년월일
		CAT3412DIT	○○○		2022년 6월
최대승선인원	• 어선원 : 12명	• 기타의 자 : 0명	• 계 : 12명		
선적항	○○시	조선지	○○시		
조선자	××조선(주)	진수연월일	2022년 7월		

자료 2 재조달원가 등

1. ○○시에 소재하는 조선소에 어선의 재조달원가를 조사한 결과 강선은 4,500,000원/ton 수준이었음.
2. 선박의 주기관의 가격조사를 한 결과 평가대상 선박인 1,800rpm의 고속기관은 마력당 200,000원으로 조사되었음.
3. 의장품은 선박건조시 신품으로 장착하였고 재조달원가는 250,000,000원으로 조사되었음.
4. 감가수정은 정률법으로 만년감가를 행함.

자료 3 내용연수 및 잔존가치율

구분	내용연수(년)	잔존가치율(%)
선체(강선)	25	20
기관	20	10
의장	15	10

예시답안

Ⅰ. 평가개요

본건은 선박의 감정평가로 기준시점은 2026년 8월 1일이다. 감가의 기산일은 진수일로서 경과연수는 4년이다.

Ⅱ. 선박평가

1. 선체

$4,500,000 \times 0.2^{4/25} \fallingdotseq 3,480,000$원/t$(\times 79t = 274,920,000)$

2. 기관

$200,000 \times 0.1^{4/20} \fallingdotseq 130,000$원/HP$(\times 600HP = 78,000,000)$

3. 의장

$250,000,000 \times 0.1^{4/15} \fallingdotseq 135,290,000$

4. 평가액

$274,920,000 + 78,000,000 + 135,290,000 = 488,210,000$원

참고 – 선박 감정평가 시 필요한 서류

: 등기사항전부증명서 – 선박

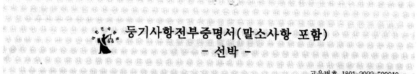

고유번호 1801-2022-500010

[선박] 부산광역시 영도구 동력선 ○○호 (59 톤)

【 표 제 부 】	(선박의 표시)		
표시번호	접 수	선박의 표시	등기원인 및 기타사항
1	2022년 4월 28일	선박의 종류와 명칭 동력선 ○○호 선적항 부산광역시 영도구 선질 에프알피 총톤수 59톤 기관의 종류와 수 디젤기관 508피에스 374케이더블유 1대 추진기의 종류와 수 나선일체식 추진기 1대 진수 연월일 20XX년 4월 27일	

【 갑 구 】	(소유권에 관한 사항)			
순위번호	등 기 목 적	접 수	등 기 원 인	권리자 및 기타사항
1	소유권보존	20XX년 4월 28일 제459호		공유자 지분 2분의 1 ○○○ 520816-******* 부산광역시 영도구 대교로14번길 17, 104동 708호 (봉래동2가, 미광마린타워) 지분 2분의 1 ○○○ 810326-******* 부산광역시 영도구 태종로 172, 106동 2402호 (봉래동4가, 영도센트럴에일린의뜰)

【 을 구 】	(저당권 및 임차권에 관한 사항)
기록사항 없음	

¡ 선박국적증서

■ 어선법시행규칙 [별지 제35호서식] <개정 2013.10.30>

(앞면)

제2019-0005호

선박국적증서

소유자	성명(법인명)				
	(국) 해양수산부 국립수산과학원				
	주소				
	부산광역시 기장군 기장읍 ○○로 ○○○				
	(전화번호 : 051-720-0000)				

어선번호	1909001-6260000		총 톤 수		797.00 톤
어선의 명칭	탐구3호		폐위장소의합계용적		4,115.819 ㎥
호출부호 또는 명칭			상갑판아래의 용적		2,571.459 ㎥
어선의 종류	동력선		상갑판위의 용적		1,544.360 ㎥
선체재질	강		선수루의 용적		716.060 ㎥
선 적 항	부산광역시 기장군		선교루의 용적		
범선의 범장			선미루의 용적		
추진기관	선박용디젤 기관 3476 마력대	용적	갑판실의 용적		666.516 ㎥
추 진 기	가변피치식 추진기 1기		그 밖의 장소의 용적		161.784 ㎥
조 선 지	전라북도 군산시 소룡동 1646번지 4호 해인		제외장소의합계용적		
조 선 자	(주)삼원중공업		선수루의 용적		
진수연월일	20XX년08월19일		선교루의 용적		
주요 치수	길 이	53.48 m	선미루의 용적		
	너 비	10.80 m	갑판실의 용적		
	깊 이	6.75 m	그 밖의 장소의 용적		

위의 사항은 모두 정확하며, 이 선박은 대한민국의 국적을 갖고 있음을 증명합니다

20XX년 09월 03일

기 장 군 수

210㎜×297㎜[인쇄용지(특급) 120g/㎡]

선박검사증서

[별지 제5호서식] <개정 2019. 8. 20.>

(앞쪽)

제 호 Certificate No:				
	선 박 검 사 증 서 SHIP SURVEY CERTIFICATE			
①선 명 Name of Ship		②선박번호 Official Number		
③선 질 Ship's Material		④총톤수 Gross Tonnage		톤 tons
⑤용 도 Type of ship				
⑥추진기관 Main Engine	기관 [kW] 기관 [kW] Type Output	[PS] [PS]		대 Number of Units
⑦선박길이 Ship's Length	미터 m	⑧무선설비 Radio Equipment		
⑨항해구역 Navigation Area				
⑩최대승선인원 Max. Number of Allowable Persons on board	명(여객: 명, 선원: 명, 임시승선자: 명) Total p(Passenger: p, Crew: p, Special Personnel: p)			
⑪항해와 관련한 조건 Conditions for Navigation				
⑫유효기간 Validity	년 월 일부터 년 월 일까지 This certificate is valid from . . . until . . .			

「선박안전법」 제8조제2항 및 같은 법 시행규칙 제13조제1항제1호에 따라 대한민국 정부의 권한으로 이 증서를 발급합니다.

This certificate is issued in accordance with Article 8.2 of the Ship Safety Act and Article 13.1.1 of the Enforcement Decree of the Ship Safety Act under the authority of the government of the Republic of Korea.

년   월   일
Y   M   D

해양수산부장관   ㉑
Minister of Oceans and Fisheries
(한국해양교통안전공단이사장)
(President of Korea Maritime Transportation Safety Authority)
(선 급 법 인 의 장)
(President of Classification Society)

210mm × 297mm[보존용지(1종) 220g/㎡]

⁇ 선박원부

[별지 제7호서식] <개정 2010.6.10>　　　　　　　　　　　　　　(앞 쪽)

선 박 원 부

			2. 조 선 자		3. 진수일: 년 월 일	
1. 조 선 지						
4. 선 박 번 호						
IM O 번 호						
5. 호 출 부 호						
6. 선 박 의 종 류						
7. 선 박 의 명 칭						
8. 선 적 항						
9. 선 질						
10. 범 선 의 범 장						
11. 길 이	m	m	m	m	m	
12. 너 비	m	m	m	m	m	
13. 깊 이	m	m	m	m	m	
14. 총 톤 수	톤	톤	톤	톤	톤	
15. 폐위 장소의 합계용적	m²	m²	m²	m²	m²	
16. 상갑판 아래의 용적	m²	m²	m²	m²	m²	
17. 상갑판 위의 용적	m²	m²	m²	m²	m²	
18. 선 수 루 의 용 적	m²	m²	m²	m²	m²	
19. 선 교 루 의 용 적	m²	m²	m²	m²	m²	
20. 선 미 루 의 용 적	m²	m²	m²	m²	m²	
21. 갑 판 실 의 용 적	m²	m²	m²	m²	m²	
22. 그 밖의 장소의 용적	m²	m²	m²	m²	m²	
23. 제외 장소의 합계용적	m²	m²	m²	m²	m²	
24. 선 수 루 의 용 적	m²	m²	m²	m²	m²	
25. 선 교 루 의 용 적	m²	m²	m²	m²	m²	
26. 선 미 루 의 용 적	m²	m²	m²	m²	m²	
27. 갑 판 실 의 용 적	m²	m²	m²	m²	m²	
28. 그 밖의 장소의 용적	m²	m²	m²	m²	m²	
29. 기 관 의 종 류 와 수						
30. 추 진 기 의 종 류 와 수						
31. 등 록 일	년 월 일	년 월 일	년 월 일	년 월 일	년 월 일	
32. 기 사						

210㎜×297㎜

(보존용지(1종) 70g/㎡)

(뒤 쪽)

소 유 자

성명 (법인명)	주민등록번호 (법인등록번호)	주소	전화번호	비고

공 유 자

성명 (법인명)	주민등록번호 (법인등록번호)	주소	지분	비고

저당권 설정 등록 등

순위	구분	사항란	등록일

4. 항공기의 감정평가

1) 정의

항공기란 비행기, 비행선, 활공기(滑空機), 회전익(回轉翼) 항공기, 그 밖에 항공법 시행령으로 정하는 것으로서 항공에 사용할 수 있는 기기를 말한다.

2) 조사ㆍ확인사항

사전조사 시 확인사항	실지조사 시 확인사항
① 항공기의 국적 및 등록기호 ② 항공기의 종류ㆍ형식 및 등록번호 ③ 항공기 제작일련번호 ④ 운용분류, 감항분류, 감항증명 유효기간 ⑤ 그 밖의 참고사항	① 기체 : 종류, 형식, 제작자, 제작연월일, 제작 후 기준시점까지의 비행시간, 최종 오버홀한 시점부터 기준시점까지의 비행시간 ② 원동기 : 형식, 규격, 제작자, 제작연월일, 일련번호, 최종 오버홀한 시점부터 기준시점까지의 비행시간 ③ 프로펠러 : 형식, 규격, 제작자, 제작연월일, 일련번호, 최종 오버홀한 시점부터 기준시점까지의 비행시간 ④ 부대시설에 대하여 무선시설, 객석, 조종위치, 계기비행가능 여부 등 ⑤ 그 밖의 참고사항 : 항공기의 수리현황, 최대이륙중량, 항공기의 속도, 원동기의 출력, 기종별로 국토교통부령으로 정하는 기체, 원동기, 프로펠러 등의 오버홀 한계시간 및 오버홀 비용, 로그 북 등

3) 자료의 수집 및 정리

거래사례(항공기의 거래가격 등), 제조원가(항공기의 생산원가, 기체ㆍ원동기ㆍ프로펠러의 생산원가 등), 비용자료(기체ㆍ원동기ㆍ프로펠러의 오버홀 비용), 시장자료(중고시장가격ㆍ부품가격 등), 그 밖에 감정평가액 결정에 참고가 되는 자료

4) 항공기의 감정평가방법

(1) 감정평가 원칙

원가법을 적용하여야 한다. 원가법으로 감정평가하는 것이 곤란하거나 적절하지 아니한 경우에는 거래사례비교법으로 감정평가할 수 있다.

(2) 원가법에 의한 항공기의 평가

원가법으로 감정평가할 때에는 기체, 원동기, 의장품 등으로 구분하여 평가하며, 정률법으로 감가수정한다. 다만, 필요하다고 인정되는 경우에는 관찰감가 등으로 조정하거나 다른 방법으로 감가수정할 수 있다.

항공기의 정확한 비행시간 및 오버홀 비용을 확인할 수 있는 경우에는 산정된 주요부분별 가격을 합산하여 항공기 전체의 감정평가액을 산정할 수 있다.

비행시간과 오버홀 비용을 확인할 수 있는 경우

항공기의 정확한 비행시간 및 오버홀 비용을 확인할 수 있는 경우에는 다음의 산식에 따라 산정된 주요부분별 가격을 합산하여 항공기 전체의 감정평가액을 산정할 수 있다.

- 기체의 감정평가액 $= (A_1 - C_1) \times (1-r) + C_1 \times \dfrac{T_1 - t_1}{T_1}$

- 원동기의 감정평가액 $= (A_2 - C_2) + C_2 \times \dfrac{T_2 - t_2}{T_2} = A_2 - C_2 \times \dfrac{t_2}{T_2}$

- 프로펠러의 감정평가액 $= A_3 - C_3 \times \dfrac{t_3}{T_3}$

A_1: 기체 재조달원가
A_3: 프로펠라 재조달원가
C_2: 원동기 오버홀 비용
T_1: 기체 오버홀 한계시간
T_3: 프로펠라 오버홀 한계시간
t_1: 기체의 최종오버홀 이후부터 기준시점까지의 비행시간
t_2: 원동기의 최종오버홀 이후부터 기준시점까지의 비행시간
t_3: 프러펠라의 최종오버홀 이후부터 기준시점까지의 비행시간
r: 경제적 감가율(잔존가치율 10%를 적용한 정률법에 의한다)

A_2: 원동기 재조달원가
C_1: 기체 오버홀 비용
C_3: 프로펠라 오버홀 비용
T_2: 원동기 오버홀 한계시간

(3) 해체처분가액에 의한 감정평가

항공기가 노후화되었거나 용도 폐지가 예정된 경우에는 해체처분에 따른 가격 등으로 감정평가할 수 있다. 따라서 항공기를 해체처분가액으로 감정평가하는 경우는 실제 해체상태에 있는 항공기의 부분품으로서 감정평가하는 경우와 감정평가조건에서 해체를 전제로 감정평가하는 경우이다. 이때 해체 후 전용할 수 있는 부품은 전용가치 등을 고려하여 감정평가하여야 할 것이다.

02 동산의 감정평가

1. 정의

동산은 원칙적으로 부동산이 아닌 것을 말한다. 즉, 부동산인 토지 및 그 정착물은 동산으로 볼 수 없다. 다만, 지상물일지라도 토지에 정착되지 않은 것은 동산이며, 전기 기타 관리할 수 있는 자연력은 모두 동산이다. 자동차, 건설기계, 항공기, 선박은 동산이지만 등록·등기를 통해 의제부동산으로 취급된다.

감정평가 대상으로서의 동산은 모양이나 성질을 변하지 않게 하여 옮길 수 있는 것으로, 토지와 정착물 이외의 모든 유체물로 정의할 수 있다. 이와 같은 동산은 감정평가 시 각각 대상물건이 된다.

Check Point!

> **● 동산과 부동산의 차이**
>
> 동산은 부동산에 대하여 그 법률적 취급에서 많은 차이가 있다. 동산의 공시방법은 점유 또는 인도에 의하며, 공신의 원칙과 선의취득이 인정되고, 용익물권의 목적은 되지 않으나 질권의 목적이 되고, 취득시효와 환매의 기간이 짧고, 무주물선점과 유실물습득의 적용이 있고 부동산과 부합하는 경우에는 권리가 소멸한다.
> 「민사집행법」상 강제집행의 대상으로서 말하는 동산은 「민법」상의 동산보다는 훨씬 넓은 의미를 가진다. 거기에는 「민법」상의 동산 이외에 등기할 수 없는 토지의 정착물로서 독립하여 거래의 객체가 될 수 있는 것, 토지에서 분리하기 전의 과실(果實)로서 1월 내에 수확할 수 있는 것, 유가증권으로서 배서(背書)가 금지되지 않은 것을 포함한다(민사집행법 제189조).

2. 조사·확인사항

(1) 일반적인 동산 감정평가 시

가격의 변동사항, 계절성의 유무 및 보관의 난이, 변질 또는 처분가능 여부, 수요 및 장래성, 그 밖의 참고사항

(2) 불용품인 동산 감정평가 시

불용품의 발생원인, 불용품의 상태, 불용품의 보관 및 관리상태의 양부, 불용품의 유통과정, 불용품의 가격변동요인, 그 밖의 참고사항

> **참고**
>
> 불용품 매각사업 업무흐름도
>
> 발생처 → 수집상 → 중간상 → 납품상(제강사 협력업체)
>
> » 1. 발생처 : 불용품이 발생하는 장소(공공기관)
>   2. 수집상 : 발생처로부터 불용품을 매입하여 재판매하는 업자(보훈복지단체)
>   3. 중간상 : 수집상에게 불용품을 매입, 중간 가공하여 납품상에게 재판매하는 업자
>   4. 납품상 : 중간상으로부터 불용품을 매입하여 대량으로 제강사에 납품하는 업자
>   * 감정평가는 '수집상'을 기준으로 해야 한다.

3. 자료의 수집 및 정리

거래사례[거래가격(도매가격·소매가격·협정가격) 등], 제조원가(생산원가 등), 시장자료(중고시장 가격·부품가격 등), 그 밖에 감정평가액 결정에 참고가 되는 자료

4. 동산의 감정평가방법

(1) 감정평가의 원칙

> **감정평가에 관한 규칙 제21조**(동산의 감정평가)
>
> ① 감정평가법인등은 동산을 감정평가할 때에는 거래사례비교법을 적용해야 한다. 다만, 본래 용도의 효용 가치가 없는 물건은 해체처분가액으로 감정평가할 수 있다.

동산은 원칙적으로 거래사례비교법을 적용하여 감정평가한다. 즉, 유사 동산의 거래사례 등을 파악하고 선택된 사례를 기준으로 비교 분석을 통해 감정평가액을 도출한다.

동산은 거래단계별 가격, 즉 생산원가, 도매가격, 소매가격 등을 시계열적으로 파악하고, 각 단계별 가격차이의 발생요인을 분석하여 감정평가한다. 가격차이의 발생요인은 거래단계에 따른 상하차비, 운반비, 창고보관비, 감손상당액, 업자이윤 등이 있으며, 각 단계마다 이를 면밀히 조사 분석하여 평가한다.

만약 적절한 거래사례가 없거나 거래사례비교법 적용이 불가능한 경우에는 원가법 등을 적용할 수는 있을 것이다.

(2) 본래의 효용가치가 없는 경우

본래의 용도로 사용가능한 물건의 경우 현 상태로의 시장가격이 형성되어 있으며 이를 기초로 한 거래사례비교법에 의한 비준가액으로 감정평가하며, 감정평가 대상물건과 같은 물건이 계속 생산되고 있는 경우에는 적산가액으로 감정평가할 수 있다.

타 용도로의 전환이 가능한 물건의 경우에는 그 전용가치를 기준으로 감정평가하거나 해체하여 부품으로 사용될 수 있는 경우는 해체처분가액으로 감정평가한다.

해체처분가액으로 감정평가할 물건의 경우 부품의 재활용가치도 없는 물건으로서 구성재질별로 중량을 산출하거나 의뢰자로부터 제시받아 시중 고철시세를 곱한 가격에 해체비용을 감안하여 감정평가한다. 불용품인 동산을 감정평가할 때에는 현 상태대로 시장가치가 형성되어 있는 경우에는 비준가액으로 감정평가하며, 재활용이 불가능한 물건은 해체처분가액으로 감정평가한다. 해체처분가액은 구성재질별 중량을 산출한 후 시중 재생재료 시세를 적용하되, 해체에 따른 철거비, 운반비, 상하차비, 업자이윤 등을 감안하여 감정평가한다.

기 본예제

아래 불용품에 대한 처분감정평가액을 결정하시오.

자료 1 감정평가대상

고철 100,000kg

자료 2 시장자료

1. 해당 고철의 최종 납품단가 : 300원/kg
2. 기업이윤 : 최종납품가의 20%
3. 일반관리비 : 최종납품가의 10%
4. 기타 경비(kg당) : 운송비 30원, 상하차비 10원, 가공비 30원, 폐기물비중은 납품가의 5%, 폐기물처리비 20원, 리스크비용은 납품가의 2%

예시답안

Ⅰ. 처리방침

최종납품단가에서 과정에 소요되는 비용을 제외한 가격으로 평가한다.

Ⅱ. 감정평가액

1. 평가단가

300(최종납품가) − 60원(기업이윤) − 30원(일반관리비) − 30원(운송비) − 10원(상하차비) − 30원(가공비) − 15원(폐기물비중) − 20원(폐기물처리비) − 6원(리스크비용) = 99원/kg

2. 감정평가액 : 99 × 100,000 = 9,900,000원

---

(3) 「동산 · 채권 등의 담보에 관한 법률」(이하 "「동산채권담보법」"이라 한다)에 의한 감정평가[43]

① 「동산채권담보법」의 도입 및 창설

종전의 동산에 대한 대출과 관련한 질권설정, 양도담보 제공, 공장저당권의 설정은 각각 채무자 및 채권자에게 동산을 담보로 자금을 융통하는데 한계가 있었다. 「동산채권담보법」은 이와 같은 한계를 보완하여, 동산 · 채권을 담보제도로 적극 활용하여 상업이나 기업 활동을 위해 자금이 원활하게 제공될 수 있도록 새로운 담보권을 창설하였다.

「동산채권담보법」의 핵심은 동산 · 채권담보에 관한 새로운 공시제도(담보등기)를 창설한 것에 있다.

② 감정평가의 의뢰 및 수임

동산 담보평가 업무협약에 의하여 감정평가의뢰를 할 수 있으며, 개별동산(기계기구 등), 집합 동산(재고자산 등), 농축수산물(소, 돼지, 그 밖의 농축수산물 등)이 감정평가의 대상이 된다. 실무상 가장 감정평가를 많이 하는 개별동산(기계기구 등)의 감정평가 의뢰 및 수임 시에는 아래의 사항을 확인한다.

---

43) 감정평가 실무매뉴얼 (동산담보평가편), 한국감정평가사협회, 2021.09.

소재지	(소재지 및 건물별로 각각 작성)						
소유자	(감정평가 이후 소유자가 변경될 예정인 경우에는 그 내용을 적음)						
채무(예정)자	(대상물건의 소유자와 채무자가 다른 경우에는 그 내용을 적음)						
기호	식별번호 (제품번호)	제품명	모델명	제조사	제조연월	용도 (사용목적)	비고 구조/규격/형식/ 용량/취득원가 등

③ 감정평가 방법

㉠ 담보적격의 판단

금융기관과의 협약사항에 따라 양도가능성(범용기계), 정상적인 가동여부, 이동가능성 등을 고려하여 담보로서의 적격을 확인해야 한다.

⁛ 업무협약서상 동산담보평가 제한 물건(예시)

구분	동산담보평가를 제한한 경우
공통사항	1. 현상이 불량하여 담보가치가 희박하다고 판단되는 물건 2. 용도가 특정업체에 특히 제한된 경우로서 범용성이 없다고 판단되는 물건 3. 담보제공자와 채무자가 동일인이 아닌 것으로 확인되는 경우
개별동산	1. 식별번호, 제품명, 모델명, 제조사, 제조연월의 확인이 사실상 곤란한 물건 》 담보취득 이후 식별내용(식별번호, 차대번호 등)이 훼손 또는 이중부착 등으로 소유권의 확인이 불가한 경우에는 담보권 실행에 제약사항이 발생한다. 따라서 현장조사 시 각인 또는 명판이 아닌 훼손이 쉬운 스티커로 부착이 되어 있는 경우에는 담보취득에 제한이 있는 것으로 보아야 한다. 2. 정상적으로 사용 또는 가동하고 있지 않은 물건 3. 여러 개의 동산이 일체적으로 사용되어 독립성이 결여된 물건 4. 동산 자체의 동력으로 이동할 수 있는 물건
집합동산	1. 보관장소의 특정이 곤란한 경우 》 예를 들어 소위 "카라반"과 같은 물건은 위치이동이 용이하여 무단으로 타 사업장으로 이전하여 사용·수익하는 사례가 있을 수 있다. 2. 같은 보관장소 내에서 같은 종류의 동산으로 특정할 수 없는 경우

㉡ 구체적인 감정평가방법

- 기계기구 : 기계기구 감정평가 방법과 동일하다.
- 집합동산(재고자산 등) : 기준단가 × 기준수량에 의하며, 기준단가의 경우 일정 기간 동안의 가격추이(출하단가) 등을 참작하여 결정하며, 기준수량은 의뢰인이 제시한 수량을 기준으로 하되, 일정 기간 동안의 재고량 추이를 고려하여 결정할 수 있다(⑩ 기준시점 이전 1년 이상의 입출고내역 자료를 확인하여 가장 최저수량의 80% 이내에서 정한다).
- 농축수산물 : 거래사례비교법에 의한다.

동산담보 등기사항전부증명서

[별지 제4-1호 양식]

 등기사항전부증명서(현재 유효사항)
- 동산담보 -

등기고유번호 0000-000000 등기일련번호 000000

【 담 보 권 설 정 자 】 (담보권설정자에 관한 사항)				
표시번호	상호 / 명칭	법인등록번호	본점 / 주사무소	등기원인 및 등기일자

【 담 보 권 】 (담보권에 관한 사항)				
순위번호	등 기 목 적	접 수	등 기 원 인	담 보 권 자 및 기 타 사 항

【 담 보 목 적 물 】 (담보목적물에 관한 사항)			
일련번호	동산의 종류	보관장소 / 특성	기타사항

- 이 하 여 백 -

관할등기소 ○○지방법원 ○○등기소 / 발행등기소 ○○지방법원 ○○등기소
수수료 0,000원 영수함

공장저당권과 동산담보권의 비교

구분	공장저당권 (공장저당권 담보평가)	동산담보권 (동산담보평가)
근거법령	공장저당법	동산채권담보법
부동산(종물 부합물) 포함 여부	포함	불포함
집합동산의 담보권 설정 가능성	불가능	가능
설치비·운반비 반영 여부	반영 가능	원칙적으로 반영하지 않음
일관설비·Line 설비의 담보평가 여부	감정평가 가능	독자적인 물건으로 담보등기 가능하고 시장거래 확인 가능한 경우에는 가능
범용성·시장성이 부족한 물건(용도가 특정 업체에 제한된 물건)의 담보평가 여부	감정평가 가능	권장하고 있지 않으나, 담보등기 가능하고 의뢰인의 요청이 있는 경우 가능
경제적 가치 희박, 현상 불량, 이동·반출·은닉이 비교적 용이한 물건, 가동되지 않을 것으로 추정되는 물건의 담보평가 여부	권장하지 않음	

제7절 구분지상권의 감정평가

01 개념

구분지상권이란 건물 기타 공작물을 소유하기 위하여 다른 사람이 소유한 토지의 지상이나 지하의 공간에 대하여 상하의 범위를 정해 그 공간을 사용하는 지상권을 의미한다.[44]

02 토지의 입체이용(건물 등 이용률, 지하이용률, 그 밖의 이용률)

1. 토지의 입체적 이용

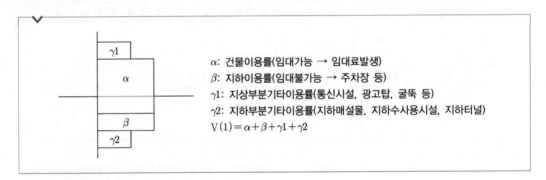

α: 건물이용률(임대가능 → 임대료발생)
β: 지하이용률(임대불가능 → 주차장 등)
$\gamma1$: 지상부분기타이용률(통신시설, 광고탑, 굴뚝 등)
$\gamma2$: 지하부분기타이용률(지하매설물, 지하수사용시설, 지하터널)
$V(1) = \alpha + \beta + \gamma1 + \gamma2$

2. 입체이용배분표

해당 지역 / 이용률구분	고층시가지	중층시가지	저층시가지	주택지	농지 · 임지
용적률	800% 이상	550~750%	200~500%	100% 내외	100% 이하
건물 등 이용률(α)	0.8	0.75	0.75	0.7	0.8
지하이용률(β)	0.15	0.10	0.10	0.15	0.10
그 밖의 이용률(γ)	0.05	0.15	0.15	0.15	0.10
(γ)의 상하 배분비율	1 : 1~2 : 1	1 : 1~3 : 1	1 : 1~3 : 1	1 : 1~3 : 1	1 : 1~4 : 1

》 1. 이 표의 이용률 및 배분비율은 통상적인 기준을 표시한 것이므로 여건에 따라 약간의 보정을 할 수 있다.
   2. 이용저해심도가 높은 터널 토피 20m 이하의 경우에는 (γ)의 상하배분비율을 최고치를 적용한다.

---

44) 민법 제289의2(구분지상권)

03 입체이용저해율

"입체이용저해율"이란 토지의 지상 또는 지하 공간(이하 "지상공간 등"이라 한다)의 사용으로 인하여 해당 토지의 이용이 저해되는 정도에 따른 적절한 율을 말한다. 즉, 토지의 소유권은 정당한 이익이 미치는 범위 내에서 토지의 상하에 미치므로(민법 제212조), 토지의 이용범위 또한 지표공간에 한정되지 않고 지상 및 지하공간까지를 포함한다. 따라서 사업시행자가 토지의 지상 또는 지하 공간의 일부만을 사용하고 그 외의 공간은 토지소유자가 사용하는 경우 토지의 이용이 저해되는 정도를 입체이용저해율이라고 한다.

> 입체이용저해율 = 건물 등 이용저해율 + 지하부분 이용저해율 + 그 밖의 이용저해율

1. 각 입체이용저해율 산정방법

1) 건물 등 이용저해율

건축물 등의 이용저해율은 토지의 지하 또는 지상공간의 일부를 사용함으로 인하여 토지의 입체적 이용가치를 구성하는 건축물 등의 지상층 또는 지하층 부분의 이용가치가 저해되는 비율을 의미한다. 농지나 임지의 경우 지상 또는 지하 일부의 입체이용을 저해하더라도 건물 등 이용저해가 없다.

⑴ 저해층수의 판정절차

① 최유효층수결정(물리적, 합리적, 합법적, 경제적 측면)
② 건축가능층수판정(지하/공중시설물 설치 후 건축가능층수)
③ 저해층수결정(최유효층수 − 건축가능층수)
④ 건물 등 이용저해율산정

⑵ 건물 등 이용저해율 판단

> 건축물 등 이용저해율 ≒ 건축물 등 이용률(α) × $\dfrac{\text{저해층수의 층별효용비(B) 합계}}{\text{최유효건물층수의 층별효용비(A) 합계}}$

2) 지하이용저해율

지하부분 이용저해율은 토지의 지하 공간의 일부를 사용함으로 인하여 토지의 입체적 이용가치를 구성하는 지하층 이용가치 또는 지하 이용가치가 저해되는 비율을 의미한다. 토지의 공중부분(지상부분)의 입체이용을 저해하는 경우에는 지하이용저해율은 없다.

> 지하부분이용저해율 = 지하이용률(β) × 심도별 지하이용효율(P)

○ 심도별 지하이용저해율표 [45)]

한계심도(M)	40m		35m		30m			20m	
체감율(%)	P	βXP	P	βXP	P	βXP		P	βXP
토피심도(m)		0.15XP		0.10XP		0.10XP	0.15XP		0.10XP
0~5 미만	1.000	0.150	1.000	0.100	1.000	0.100	0.150	1.000	0.100
5~10 미만	0.875	0.131	0.857	0.086	0.833	0.083	0.125	0.750	0.075
10~15 미만	0.750	0.113	0.714	0.071	0.667	0.067	0.100	0.500	0.050
15~20 미만	0.625	0.094	0.571	0.057	0.500	0.050	0.075	0.250	0.025
20~25 미만	0.500	0.075	0.429	0.043	0.333	0.033	0.050		
25~30 미만	0.375	0.056	0.286	0.029	0.167	0.017	0.025		
30~35 미만	0.250	0.038	0.143	0.014					
35~40 미만	0.125	0.019							

>> 1. 지가형성에 잠재적 영향을 미치는 토지이용의 한계심도는 토지이용의 상황, 지질, 지표면하중의 영향 등을 고려하여 40m, 35m, 30m, 20m로 구분한다.
2. 토피심도의 구분은 5m로 하고, 심도별지하이용효율은 일정한 것으로 본다.
3. 지하이용저해율 = 지하이용율(β) × 심도별지하이용효율(P)

3) 그 밖의 이용저해율

(1) 지상·지하부분 쌍방의 그 밖의 이용을 저해하는 경우

그 밖의 이용률(ϒ)

(2) 지상·지하부분 어느 한쪽의 그 밖의 이용을 저해하는 경우

① 지상의 그 밖의 이용을 저해하는 경우

ϒ × 지상배분비율

② 지하의 그 밖의 이용을 저해하는 경우

ϒ × 지하배분비율

>> 이용저해심도가 높은 터널토피 20m 이하의 경우 적용하는 그 밖의 이용률의 상·하배분비율의 최고치는 1 : 10이다.

그 밖의 이용률의 상하배분율 읽는 방법

예 상 : 하 = 1 : 1~3 : 1인 경우

　　지상부분의 최대치: 3/4(3 : 1인 경우)

　　지하부분의 최대치: 1/2(1 : 1인 경우)

---

45) 토지보상평가지침 [별표 11]

2. 부동산의 현황별 입체이용저해율 산정방법

(1) 나지인 경우(건물이 있으나 철거가 타당한 경우 등 최유효이용 판단결과가 나지인 경우)

> 입체이용저해율 = 건물 등 이용저해율 + 지하이용저해율 + 그 밖의 이용저해율

(2) 최유효이용상태인 건축물이 있는 경우

건물 등 이용저해율 및 지하이용저해율에 대해서 노후율을 고려해야 한다.

> • 입체이용저해율 = (건축물 등의 이용저해율 + 지하부분이용저해율) × 노후율
>   + 그 밖의 이용저해율
> • 노후율 = $\dfrac{\text{해당 건축물의 유효경과연수}}{\text{해당 건축물의 경제적 내용연수}}$

이 경우 해당 건축물의 경제적 내용연수는 "건축물내용연수표"를 기준으로 산정하고, 유효경과연수는 실제경과연수·이용 및 관리상태·그 밖에 수리 및 보수정도 등을 고려하여 산정한다.

최유효이용상태인 건축물이 있는 경우 노후율을 적용하는 이유는 최유효이용의 상태가 건축물의 잔존내용연수 동안 지속될 수 있으므로, 그 범위 내에서는 건축물 및 지하이용저해가 없다고 보기 때문이다. 따라서 노후율은 신축건축물일수록 낮고 오래된 건축물일수록 높게 나타나므로, 동일 조건하에서는 신축건축물일수록 입체이용저해율이 낮아진다.

04 구분지상권 평가방법

1. 구분지상권 신규 설정의 경우 구분지상권 감정평가 평가방법

> 「공익사업을 위한 토지 등의 취득 및 보상에 관한 법률 시행규칙」 제31조(토지의 지하·지상공간의 사용에 대한 평가)
>
> ① 토지의 지하 또는 지상공간을 사실상 영구적으로 사용하는 경우 당해 공간에 대한 사용료는 제22조의 규정에 의하여 산정한 당해 토지의 가격에 당해 공간을 사용함으로 인하여 토지의 이용이 저해되는 정도에 따른 적정한 비율(이하 이 조에서 "입체이용저해율"이라 한다)을 곱하여 산정한 금액으로 평가한다.
> ② 토지의 지하 또는 지상공간을 일정한 기간동안 사용하는 경우 당해 공간에 대한 사용료는 제30조의 규정에 의하여 산정한 당해 토지의 사용료에 입체이용저해율을 곱하여 산정한 금액으로 평가한다.

(1) 영구적인 사용의 경우(시설물 존속 시까지 사용)

해당 토지의 지상의 건축물 등이 없는 상태의 감정평가액(가액)에 입체이용저해율을 곱하고 해당 설정면적을 반영하여 평가한다.

同

> 구분지상권 설정대가 = 토지의 감정평가액 × 입체이용저해율 등 × 설정면적

(2) 한시적인 사용의 경우

해당 토지의 지상의 건축물 등이 없는 상태의 감정평가액(사용료)에 입체이용저해율을 곱하고 해당 설정면적을 반영하여 평가한다.

> 구분지상권 설정대가(연간임대료) = 토지의 연간 사용료 감정평가액 × 입체이용저해율 등
> × 설정면적

다년간의 임대료를 평가하는 경우에는 연간 임대료를 감정평가한 후 합산하여 결정한다.

2. 기 설정된 구분지상권의 감정평가방법

「공익사업을 위한 토지 등의 취득 및 보상에 관한 법률 시행규칙」제28조(토지에 관한 소유권 외의 권리의 평가)

① 취득하는 토지에 설정된 소유권 외의 권리에 대하여는 당해 권리의 종류, 존속기간 및 기대이익 등을 종합적으로 고려하여 평가한다. 이 경우 점유는 권리로 보지 아니한다.
② 제1항의 규정에 의한 토지에 관한 소유권 외의 권리에 대하여는 거래사례비교법에 의하여 평가함을 원칙으로 하되, 일반적으로 양도성이 없는 경우에는 당해 권리의 유무에 따른 토지의 가격차액 또는 권리설정계약을 기준으로 평가한다.

(1) 구분지상권 설정사례를 비준하는 방법

본건과 유사하게 설정된 다른 토지의 구분지상권 사례를 비준하여 결정하는 방법이다. 구분지상권 사례가 최근에 설정되었거나, 본건과 구분지상권의 성격이 유사하거나 설정된 토지의 가치형성요인이 유사한 경우에 설득력이 있는 평가방법이다.

> 구분지상권의 감정평가액(원/m²) = 구분지상권 설정사례(원/m²) × 사정보정 × 시점수정 × 지역요인비교 × 개별요인비교

(2) 본건의 구분지상권 설정내역을 기준으로 평가하는 방법

본건의 구분지상권의 설정 시 설정된 대가를 기준으로 감정평가하는 방법이다. 본건의 구분지상권이 최근에 설정된 경우에 설득력이 있는 평가방법이다.

> 구분지상권 감정평가액(원/m²) = 본건 구분지상권 설정가액 × 시점수정 × 수정률

(3) 토지잔여법을 사용하여 감정평가하는 방법

구분지상권 설정 전·후의 순수익의 차이를 환원이나 할인하여 감정평가하는 방법이다.

> 구분지상권 감정평가액 = 차액순수익(구분지상권 설정 전 토지귀속순수익 − 구분지상권 설정
> 후의 토지귀속 순수익) ÷ 환원이율 등

(4) 구분지상권을 신규로 설치한다고 가정하고 감정평가하는 방법

본건 구분지상권을 새로 설정하는 것을 기준으로 감정평가하는 방법이다.

> 구분지상권 감정평가액(원/㎡) = 토지의 감정평가액(원/㎡) × 입체이용저해율 등

05 구분지상권이 설정된 토지의 감정평가방법

> 「공익사업을 위한 토지 등의 취득 및 보상에 관한 법률 시행규칙」 제29조(소유권 외의 권리의 목적이
> 되고 있는 토지의 평가)
>
> 취득하는 토지에 설정된 소유권 외의 권리의 목적이 되고 있는 토지에 대하여는 당해 권리가 없는 것으로 하여
> 제22조 내지 제27조의 규정에 의하여 평가한 금액에서 제28조의 규정에 의하여 평가한 소유권 외의 권리의 가
> 액을 뺀 금액으로 평가한다.

> 구분지상권 설정된 토지의 감정평가액 = 나지상태의 토지 감정평가액 − 구분지상권 감정평가액

06 용어의 정리

1. 용도지역별 최유효이용층수와 한계심도

구분	세부내용	최유효층수	한계심도(m)	예상용적률
고층시가지	16층 이상의 고층건물이 최유효사용으로 판단되는 지역으로서 중심상업지역과 일반상업지역 등을 말한다.	16층 이상	40	800% 이상
중층시가지	11~15층 건물이 최유효이용으로 판단되는 지역으로서 중심상업지역과 일반상업지역·근린상업지역·준주거지역 등을 말한다.	11층~15층	35	550%~750%

저층시가지	4~10층 건물이 최유효이용으로 판단되는 지역으로서 주택, 공장, 상가 등이 혼재된 일반상업지역·근린상업지역·준주거지역·일반주거지역 등을 말한다.	4층~10층	30	200%~500%
주택지	3층 이하 건물이 최유효이용으로 판단되는 지역으로서 일반주거지역·녹지지역·공업지역 등을 말하며, 가까운 장래에 택지화가 예상되는 지역을 포함한다.	3층 이하		100% 내외
농지, 임지	농지·임지가 최유효이용으로 판단되는 지역으로서 사회, 경제 및 행정적 측면에서 가까운 장래에 택지화가 예상되지 아니하는 녹지지역 등을 말한다.	-	20	100% 이하

» 주 용적률이 둘 이상의 용도지역에 해당되는 경우에는 최유효층수에 의하여 판단(층이 우선)

2. 그 밖의 용어의 정리

(1) 토피

토피란 도시철도 지하시설물(이하 "지하시설"이라 함) 최상단에서 지표까지의 수직거리를 말한다. 즉, 보호층을 포함하는 개념이다.

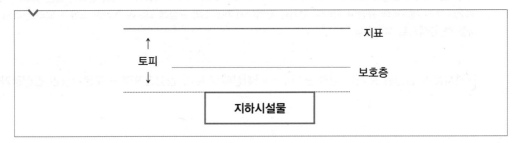

(2) 최소여유폭

천공 기타 행위로부터 지하시설물의 손상을 방지하기 위하여 필요한 시설물과 수평방향으로 최소한의 여유를 말한다.

(3) 보호층

굴착 등 타행위로부터 지하시설물을 보호하기 위하여 필요한 구조물 상·하의 범위를 말한다.

(4) 한계심도

"한계심도"란 토지소유자의 통상적인 이용행위가 예상되지 아니하고 지하시설물을 따로 설치하는 경우에도 일반적인 토지이용에 지장이 없을 것으로 판단되는 깊이를 말한다. 서울특별시의 경우 한계심도는 고층시가지는 40m, 중층시가지는 35m, 저층시가지 및 주택지는 30m, 농지·임지는 20m로 한다(서울특별시 도시철도의 건설을 위한 지하부분토지의 사용에 따른 보상기준에 관한 조례 제8조).

(5) 층별효용비

지상에 건물이 있는 경우 그 가치가 층별로 달라지는바 그 가치를 층별로 표시하는 것으로, 일반적으로 지표에서 멀어질수록 그 가치가 저하된다.

(6) 최유효층수

최유효건축물 층수는 대상토지에 건물을 건축하여 가장 효율적으로 이용할 경우의 층수로서 ⅰ) 인근토지의 이용상황·지가수준·성숙도·잠재력 등을 고려한 경제적인 층수, ⅱ) 토지의 입지조건·형태·지질 등을 고려한 건축가능한 층수, ⅲ)「건축법」 또는 「국토계획법」 등 관련 법령에서 규제하고 있는 범위 내의 층수 등을 고려하여 결정한다.

(7) 건축가능층수

건축가능층수는 대상토지의 지반상태·건축시설물의 구조·형식 그 밖에 공법상으로 건축이 가능한 층수를 말하며, '건축가능층수기준표'에 따른다. 이 경우 지질 및 토피는 사업시행자가 제시한 기준에 따르되, 지질은 토사 또는 암석으로 분류되며, 토피는 지하시설물의 최상단에서 지표까지의 수직거리로 한다.

Check Point!

◉ **건축가능층수기준표**(토지보상평가지침 [별표 10])

1. 터널 : 패턴별 구분 판단

(1) 풍화토(PD-2) 패턴 (단위 : 층)

건축구분 \ 토피(m)	10	15	20	25
지상	12	15	18	22
지하	1	2	2	3

(2) 풍화암(PD-3) 패턴 (단위 : 층)

건축구분 \ 토피(m)	10	15	20	25	30
지상	17	19	21	23	25
지하	1	2	2	3	4

(3) 연암(PD-4) 패턴 (단위 : 층)

건축구분 \ 토피(m)	10	15	20	25	30	35
지상	19	24	28	30	30	30
지하	1	2	3	3	4	4

(4) 경암(PD-5) 패턴 (단위 : 층)

토피(m) 건축구분	10	15	20	25	30	35	40
지상	30	30	30	30	30	30	30
지하	1	2	3	4	5	6	7

2. 개착 (단위 : 층)

토피(m) 건축구분	5	10	15	20
지상	7	12	19	19
지하	1	2	2	2

● 구분지상권 설정면적 [46]

지하부분 사용에 대한 보상 대상범위는 지하시설물의 점유면적 및 유지관리 등과 관련하여 최소한의 범위로 정하되, 수평적 범위와 수직적 범위는 다음과 같다.

1. 수평적 범위

수평적 범위는 시설물의 점유면적 및 좌우의 안전 폭 등을 고려하여 결정되는 것으로, 구체적으로는 지하시설물의 폭과 천공 등 기타 행위로부터 시설물의 손상을 방지하기 위하여 필요한 시설물과 수평방향으로의 최소한의 여유 폭(보호 폭)을 말한다.

지하철도의 구분지상권 설정의 수평적 범위는 구조물 외측폭(D 또는 B)에 좌우 0.5m를 가산한 범위(보호층)로 다음과 같다.

구조물 외측폭(D or B) + (양측 보호폭 × 2)

다만, 병렬터널 등 시설물 사이의 잔여토지 중 종래 목적대로 사용이 불가하다고 판단되는 경우에는 양측 구조물 간의 거리(a)가 9m 이내인 경우는 보상대상 범위에 포함시킨다.

>> **최소여유폭과 보호층** : 최소여유폭이란 천공 기타 행위로부터 지하시설물의 손상을 방지하기 위하여 지하시설물과 수평방향으로 두게 되는 최소한의 여유폭을 말하며, 굴착 등 타 행위로부터 지하시설물을 보호하기 위하여 필요한 구조물 상·하의 범위를 보호층이라 한다.

2. 수직적 범위

수직적 범위는 수평면적 범위에 해당되는 부분의 상하 수직적 공간범위로서, 구체적으로는 지하시설물 상하 폭의 높이에 보호층을 포함하는 범위를 말한다. 이와 같은 구분지상권의 설정범위는 시설의 종류에 따라 다르며, 동일 시설물이라고 하더라도 시설물의 설치공법 등에 따라서도 차이가 발생한다. 따라서 적정한 보상을 위해서는 각 시설별로 구분지상권 설정범위의 기준을 별도로 마련해야 할 것이다. 다만, 지하철도의 구분지상권의 수직적 설정범위는 구조물 외측 상·하단 높이에 보호층 2배 높이를 가산한 범위로 정하고 있다.

구조물 외측 상·하단 높이 + (보호층 × 2)

---

46) 감정평가실무기준 해설서(Ⅱ) 보상편, 한국감정평가사협회 등, 2014.2, pp.259~260

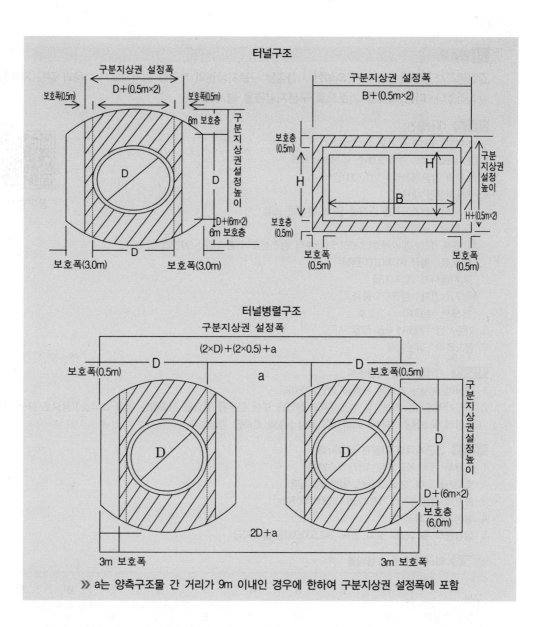

터널구조

구분지상권 설정폭
D+(0.5m×2)

보호폭(0.5m)　　　　보호폭(0.5m)

6m 보호층

구분지상권설정높이

D

D+(6m×2)
6m 보호층

D

보호폭(3.0m)　　　　보호폭(3.0m)

구분지상권 설정폭
B+(0.5m×2)

보호층
(0.5m)

H

구분지상권설정높이

H

B

H+(0.5m×2)

보호층
(0.5m)

보호폭
(0.5m)　　　　보호폭
(0.5m)

터널병렬구조

구분지상권 설정폭
(2×D)+(2×0.5)+a

보호폭(0.5m)　　D　　　　　　D　보호폭(0.5m)

a

D　　　　　D

구분지상권설정높이

D

D+(6m×2)

보호층
(6.0m)

2D+a

3m 보호폭　　　　　　　3m 보호폭

≫ a는 양측구조물 간 거리가 9m 이내인 경우에 한하여 구분지상권 설정폭에 포함

기본예제

감정평가사 李 씨는 金 씨가 의뢰한 기설정된 구분지상권의 가격을 평가하고자 다음과 같은 자료를 수집하였다. 다음 자료를 기준으로 구분지상권을 평가하시오.

자료 1 대상물건

1. 소재지: Y시 K구 K동 ○○번지
2. 토지자료: 대, 면적 300㎡, 일반상업지역
3. 토지의 감정평가액: 2,110,000원/㎡
4. 구분지상권 내용
   (1) 목적: 전기공작물(송전선 등)의 건설과 소유
   (2) 범위: 토지 전체
   (3) 존속기간: 계약체결일(2021.8.10.)부터 송전선로가 존속하는 기간까지
   (4) 지료: 일금 94,950,000원정
   (5) 지급시기: 일시지급
   (6) 지상권자: 한국○○공사
   (7) 도면: 제2021-○○○호
5. 기준시점: 2026년 8월 10일
6. 평가목적: 일반거래

풀이영상

자료 2 지역분석 및 개별분석

1. 대상이 속하는 지역은 저층의 상업지대이다.
2. 인근지역에서는 지하 1층 지상 7층의 상업용 또는 업무용 빌딩을 신축하는 것이 최유효이용으로 판단되나 지상의 구조물로 인하여 지하 1층 지상 5층의 건축만 가능하다.

자료 3 인근지역의 지상권 설정사례

1. 소재지: Y시 K구 K동 ○○-○○번지
2. 토지자료: 대, 면적 300㎡, 일반상업지역
3. 토지의 감정평가액(기준시점): 1,900,000원/㎡
4. 설정시점: 최근
5. 설정면적 및 가액: 토지 전체, 142,500,000원(일시지급)

자료 4 인근의 층별 효용비율

구분＼층별	1	2	3	4	5	6	7	B1	계
층별 효용비	100	70	50	40	35	35	35	40	

자료 5 기타자료

1. 입체이용률배분표: 본문의 자료를 활용할 것
2. 심도별 지하이용저해율표: 본문의 자료를 활용할 것
3. 고도제한이 강하여 기타이용률의 상하배분비율은 최고치를 적용한다.
4. 지상권 설정사례와는 토지의 가치차이의 개별요인 차이를 보이고 있다.

예시답안

Ⅰ. 평가개요

본건은 구분지상권에 대한 평가로 기준시점은 2026년 8월 10일이다.

Ⅱ. 입체이용저해율기준

1. 저해층수 산정

지상 6, 7층이 저해된다.

2. 입체이용저해율 산정

(1) 건물 등 이용저해율(저층시가지) : $0.75 \times \dfrac{35+35}{100+70+50+40+35 \times 3+40} ≒ 0.1296$

(2) 지하이용저해율 : 공중부분의 지상권 설정이므로 지하이용저해율은 고려하지 않는다.

(3) 그 밖의 이용저해율(최고치 적용) : $0.15 \times \dfrac{3}{4} ≒ 0.1125$

(4) 입체이용저해율 : $0.1296 + 0.1125 ≒ 0.2421$

3. 구분지상권 가격

$2,110,000 \times 0.2421 ≒ 511,000원/m^2 (\times 300 = 153,300,000원)$

Ⅲ. 설정사례 비교방법

1. 설정사례의 구분지상권 가액

$142,500,000 \div 300 = 475,000원/m^2$

2. 설정사례 비교방법

$475,000 \times 1.000(사정) \times 1.00000(시점) \times 1.000(지역) \times 1.111^* ≒ 528,000원/m^2(\times 300 = 158,400,000원)$

* 개별요인 : $2,110,000 \div 1,900,000$

Ⅳ. 구분지상권 가격결정

입체이용저해율 기준 방법과 설정사례 비교방법과의 합리성이 인정되는바, 입체이용저해율을 기준으로 산정한 가액을 기준으로 결정한다. $511,000원/m^2(\times 300 = 153,300,000원)$

(본건의 설정내역은 5년 전에 설정된 내역으로 현 시점의 감정평가액과 차이가 발생함)

제8절 권리금의 감정평가 [47]

01 정의

1. 권리금

권리금이란 임대차 목적물인 상가건물에서 영업을 하는 자 또는 영업을 하려는 자가 영업시설 · 비품, 거래처, 신용, 영업상의 노하우, 상가건물의 위치에 따른 영업상의 이점 등 유형 · 무형의 재산적 가치의 양도 또는 이용대가로서 임대인, 임차인에게 보증금과 차임 이외에 지급하는 금전 등의 대가를 말한다.

> **상가건물 임대차보호법 제10조의3**(권리금의 정의 등)
>
> ① 권리금이란 임대차 목적물인 상가건물에서 영업을 하는 자 또는 영업을 하려는 자가 영업시설 · 비품, 거래처, 신용, 영업상의 노하우, 상가건물의 위치에 따른 영업상의 이점 등 유형 · 무형의 재산적 가치의 양도 또는 이용대가로서 임대인, 임차인에게 보증금과 차임 이외에 지급하는 금전 등의 대가를 말한다.

2. 권리금의 유형 [48]

권리금은 「상가임대차법」상 유형재산 권리금과 무형재산 권리금으로 구분되고 이론상 종류는 시설권리금, 영업권리금, 바닥권리금(지역권리금), 기타권리금으로 구분 [49]되며, 각각의 개념은 아래와 같다.

구분	상세구분	개념
「상가임대차법」	유형재산권리금	영업시설, 비품, 재고자산 등 물리적 · 구체적 형태를 갖춘 재산에 대한 대가
	무형재산권리금	거래처, 신용, 영업상의 노하우, 건물의 위치에 따른 영업상의 이점 등 물리적 · 구체적 형태를 갖추지 않은 재산에 대한 대가
이론상 유형	시설권리금	영업을 위한 건물의 구조변경, 영업장 내부에 고착시킨 인테리어, 집기 및 비품 등 유형물에 대한 대가
	영업권리금	영업을 영위하며 발생하는 영업이익에 대한 무형의 재산가치에 대한 권리금으로 장기간 영업을 하면서 확보된 고객수, 광고나 평판 등으로 쌓은 명성, 신용, 영업상의 노하우 등의 이전에 대한 대가
	바닥권리금 (지역권리금)	영업장소가 위치한 장소적 이점에 관한 대가
	기타권리금	허가권리금(법률, 행정규제, 대리점권 등 새로운 영업자가 진입하지 못함에 대한 대가), 임차권 보장 권리금(상당한 존속기간 보장의 약속 및 이를 전제한 임대차계약에 따른 권리금) 등

---

47) 감정평가실무기준 해설서(Ⅰ) 총론편(추록분), 한국감정평가사협회 등, 2015.09, pp.1~26
48) 2018년 감정평가타상성조사 사례집, 국토교통부, 2018.12.
49) 정주희 양기철, "상가권리금 감정평가방법 연구", 한국감정평가사협회, 2015.10.

3. 권리금과 영업이익의 관계[50]

영업이익은 임대인에게 지불하는 임대료, 투하자본, 임차인의 노동력, 경영, 영업시설 등의 복합적인 기여로 발생되며, 이중 영업권리금에는 초과 영업이익의 형태로 바닥권리금은 노변의 평균 영업이익의 형태로 나타난다.

권리금	영업이익	생산요소
영업권리금 (기타권리금 포함)	초과 영업이익 (대상상가)	• 임대료 • 투하자본 • 노동(임차인) • 경영
바닥권리금	평균 영업이익 (동일노변)	• 영업시설(상각부분)
시설권리금 (시설물 잔존가치)		• 영업시설(비상각부분)

영업이익 중 권리금으로 귀속되는 이익은 주로 영업권리금 형태로 나타나는 초과 영업이익 이외에도 주로 바닥권리금 형태로 나타나는 평균 영업이익에서도 발생하고 있다.

	이익의 구성	영업이익	권리금
영업이익	초과 영업이익	권리금 귀속이익 임차인 이익	영업권리금
	평균 영업이익 (동일노변)	권리금 귀속이익 임차인 이익	바닥권리금
			시설권리금 (시설물 잔존가치)

02 감정평가의 대상 및 자료의 수집

1. 감정평가의 대상

권리금은 이론상 시설권리금, 지역권리금, 영업권리금(기타권리금 포함)으로 구분된다. 시설권리금이란 영업을 위하여 건물의 구조변경, 영업장 내부에 고착시킨 인테리어, 집기 및 비품 등 유형물에 대한 대가를 말하고, 지역권리금이란 영업장소가 위치한 장소적 이점에 대한 대가를 말하며, 영업권리금이란 영업을 영위하며 발생하는 영업상의 이점에 대한 대가로서 장기간 영업을 하면서 확보된 고객 수, 광고나 평판 등으로 쌓은 명성, 신용, 영업상의 노하우의 이전에 대한 대가를 말한다.

기타권리금이란 허가권리금과 임차권보장권리금 등을 말하며, 통상 영업권리금에 포함하고 있다.

---

50) 2018년 감정평가타당성조사 사례집, 국토교통부, 2018.12.

허가권리금이란 법률이나 행정규제, 대리점권 등으로 새로운 영업자가 진입하지 못하게 됨으로 인하여 기존의 임차인이 향유하는 초과이익에 대한 대가가 금전으로 수수되는 경우로써 주로 유흥주점 등 신규 인·허가를 받기 어려운 업종에서 나타난다.

임차권보장권리금이란 상당한 임차권 존속기간 보장 약정 및 이를 전제로 한 양도계약에서 발생하는 특별한 사정으로 인하여 발생하는 권리금으로 임차인이 임대인에 지급하는 권리금을 말한다.

현실적인 거래관행은 이 3자(시설, 지역, 영업권리금)를 구분하여 거래하지 않을 뿐만 아니라 영업권리금과 지역권리금은 그 구분이 모호하다. 따라서 현실적으로 구분가능한 물리적, 구체적 형태를 갖추었는지 여부에 따라 유형자산과 무형자산으로 구분하여 정의하고 있으며 이를 감정평가의 대상으로 한다.

다만, 권리금의 감정평가의 대상은 영업활동에 사용하거나 장래 사용할 의도가 있는 경우이므로 타인에게 이전되지 않는 무형재산이나 영업활동과 관련 없는 유형자산(유휴시설 등)은 감정평가의 대상에서 제외하여야 한다.

2. 권리금 감정평가에 필요한 자료의 수집

권리금의 가격자료에는 거래사례, 수익자료, 시장자료 등이 있으며, 대상 권리금의 특성에 맞는 적절한 자료를 수집하고 정리한다. 유형재산의 경우에는 해당 물건의 자료를 수집한다.

자료의 종류	구체적인 자료
확인자료	사업자 등록증, 임대차계약서, 해당 상가건물에 대한 공부, 영업시설 등 유형재산 구입내역서, 공사비내역서, 기 지불된 권리금자료, 신규지불예정인 권리금자료 등
요인자료	상가 매출액 및 영업이익, 신용도, 노하우, 거래처관계, 시설상태 및 규모 관련 자료, 상가위치, 상권, 배후지, 업종특성, 경기 동향 및 수요자 특성자료 등
사례자료	동일 또는 유사업종 상가의 권리금 거래사례, 방매사례, 임대사례, 수익자료 및 지역, 상권, 업종별 시장자료 등

03 권리금의 감정평가

1. 감정평가의 원칙

권리금을 감정평가할 때에는 유형·무형의 재산마다 개별로 감정평가하는 것을 원칙으로 한다. 다만, 권리금을 개별로 감정평가하는 것이 곤란하거나 적절하지 아니한 경우에는 일괄하여 감정평가할 수 있다. 이 경우 감정평가액은 합리적인 배분기준에 따라 유형재산가액과 무형재산가액으로 구분하여 표시할 수 있다.

일괄감정평가한 금액에 대하여 의뢰인이 유·무형재산별로 구분하여 표시해줄 것을 요구하는 경우는 거래사례의 유·무형재산 구성비율, 감정평가대상 및 인근의 표준적인 유·무형재산의 구성비율 등 합리적인 배분기준에 따라 구분하여 표시할 수 있다.

2. 유형재산의 감정평가

(1) 유형재산 감정평가의 원칙

유형재산을 감정평가할 때에는 원가법을 적용하여야 한다. 다만, 원가법을 적용하는 것이 곤란하거나 부적절한 경우에는 거래사례비교법 등으로 감정평가할 수 있다.

(2) 유형재산 감정평가대상의 확정 등

유형재산은 등기사항전부증명서 및 공적장부에 등기 또는 등록되지 않는 점, 소유권 관계를 객관적으로 확인하기 어려운 점, 임대차계약기간 만료 시 임차인에게 영업시설 등에 대한 원상회복의무를 지우고 있는 점, 「민법」상 임차인의 부속물매수청구권(제646조) 및 임차인의 비용상환청구권(제626조) 등 관련 법률에 의거 분쟁이 발생할 우려가 많은 점을 종합 고려하여 감정평가대상을 의뢰인에게 제시받아야 하고, 감정평가 확정 시 반드시 의뢰인 및 이해관계인의 확인을 거쳐 확정해야 한다. 또한 재고자산이 통상적인 규모를 초과하는 경우에는 재고자산이 실제 권리금계약에 포함되어 있다고 하더라도 이는 권리금의 구성요소가 아니라 별도의 동산 거래로 보아야 하므로 감정평가에서 제외할 수 있다. 다만, 의뢰인이 재고자산 전체를 감정평가해 줄 것을 요청하는 경우에는 감정평가조건을 명기하고 감정평가할 수 있다.

(3) 유형재산의 감정평가방법

유형자산은 크게 영업시설(인테리어 포함), 비품 및 재고자산 등으로 분류할 수 있다. 유형재산은 통상 시간경과에 따라 그 가치가 일정 정도 하락하는 물건이고, 상가의 개별성에 따라 맞춤형으로 제작, 설치하는 경우가 많으며, 신품가격조사가 용이한 점을 고려하여 원가법 적용을 원칙으로 하고 있다. 다만, 업종전환 등으로 재사용이 불가능한 경우, 유형재산 또는 업종 특성 등에 비추어 원가법을 적용하는 것이 곤란하거나 부적절한 경우 등에는 거래사례비교법 등 다른 감정평가방식을 적용할 수 있다.

거래사례비교법 이외에 동일 또는 유사 중고품의 가격수준 등을 참작하여 감정평가할 수 있으며, 효용가치가 없는 시설의 경우에는 해체처분가액으로 감정평가할 수 있다. 이 경우 효용가치 유무의 판단은 동종 또는 이종업종으로의 변경, 임차인의 의도, 일반적인 상가의 효용정도, 잔존내용연수, 시장성, 대체가능성, 관리상태 및 사회통념 등을 종합적으로 고려하여 결정해야 한다.

3. 무형재산의 감정평가

1) 무형재산 감정평가의 원칙

무형재산을 감정평가할 때에는 수익환원법을 적용하여야 한다. 다만, 수익환원법을 적용하는 것이 곤란하거나 부적절한 경우에는 거래사례비교법이나 원가법 등으로 감정평가할 수 있다.

감정평가대상 상가가 정상영업 중인 경우 무형재산의 가치는 해당 상가의 과거 매출 자료 등을 기준으로 무형재산으로 인하여 장래 발생할 것으로 예상되는 합리적인 장래 기대 영업이익 등을 산정한 후 이를 현재가치로 할인 또는 환원하여 산정한다.

영업중단, 영업이익이 없거나 인근지역의 표준적인 상가의 영업이익에 비하여 영업이익이 현저히 낮은 경우, 수익의 측정이 불가능한 상가의 경우 등은 인근 동종 또는 유사업종 상가의 평균영업이익 등을 기준하되, 감정평가대상 상가의 개별성을 반영하여 무형자산의 합리적인 장래 기대영업이익을 산정한 후 수익환원법을 적용하여 감정평가할 수 있다.

2) 수익환원법에 의한 무형재산의 감정평가

(1) 수익환원법 모형

수익환원법 모형	비고
• 정상영업 중인 경우 $$V=\left(\sum_{t=1}^{n}\frac{무형재산귀속\ 영업이익\ 또는\ 현금흐름_t}{(1+r)^t}\right)$$ • 영업이 중단된 경우 $$V=\left(\sum_{t=1}^{n}\frac{조정된\ 무형재산귀속\ 영업이익\ 또는 현금흐름_t}{(1+r)^t}\right)$$	• V : 무형재산 권리금 • n : 할인기간 • r : 할인율

정상영업 중인 경우에는 무형재산 귀속 영업이익 또는 현금흐름(이하 "영업이익 등"이라 한다)을 할인기간 동안 환원 또는 할인하여 현재가치를 구하며, 영업이 중단되고 있거나 영업이익이 비정상적인 경우에는 동일 용도지대 내 동일 또는 유사업종 상가의 평균 영업이익 등을 고려하되, 감정평가 대상상가의 개별성을 반영한 조정된 영업이익 등을 기준으로 한다.

무형재산 귀속 영업이익 등은 장래 임차인이 장래 영업활동을 통해 발생할 것으로 예상되는 영업이익을 구하는 것으로 감정평가대상 상가의 과거 매출자료 등을 토대로 장래 발생가능할 것으로 예상되는 합리적인 기대영업이익이다.

과거 영업이익의 분석은 과거 3년간의 자료를 분석하는 것을 원칙으로 한다. 다만, 영업활동이 3년 미만이거나 영업시설의 확장 또는 축소 그 밖의 영업환경의 변동 등으로 인하여 과거 3년간의 자료를 분석하는 것이 곤란하거나 현저히 부적정한 경우에는 3년 이하의 자료를 분석하되, 관련 자료 등을 토대로 그 합리성을 검토해야 한다.

(2) 무형재산 귀속 영업이익 등 산정

① 영업이익과 현금흐름

㉠ 영업이익 : 영업이익은 재무제표(손익계산서)상의 상가 전체 영업이익(매출액 − 매출원가 − 판매비 및 일반관리비)에서 무형재산에 귀속하는 영업이익을 환원 또는 할인대상으로 하는 방법이다. 전체 영업이익 산정 시 주의할 점은 유형재산에 대한 "감가상각비"는 영업이익에 대응되는 비용이고, "자가 인건비 상당액"은 임차인의 투된 노동력에 대한 대가로 응당 지불되어야 하는 비용이므로 양자 모두 비용처리하여야 한다는 것이다. 만약 의뢰인이나 임차인에게 영업이익을 제시받지 못하거나 제시받은 영업이익의 신뢰성 및 객관성이 현저히 떨어진다고 판단되는 경우에는 인근의 평균 영업이익 또는 통계자료 등을 고려하여 산정할 수 있다. 영업을 하지 않았거나 영업이익이 (−)인 경우에는 인근의 평균 영업이익을

고려하되, 상가의 개별성을 반영한 조정된 영업이익 등을 기준으로 감정평가할 수 있다. 이 경우 "인근의 평균 영업이익"은 동일 용도지대 내 동일 또는 유사업종 상가의 평균적인 영업이익을 의미한다. 다만, 현실적으로 평균 영업이익을 구하기 어려운 경우에는 임대료 승수환원법, 거래사례비교법이나 원가법 등을 적용할 수 있다. 영업이익 산정 시 "자가 인건비 상당액"은 업종 및 임차인의 능력 등에 따라 주관적일 수 있으므로 보다 객관적인 자료인 통계청 등 정부기관에서 발표하는 각 업종별, 지역별 전국 표준인건비 통계자료 등을 참고하여 결정할 수 있다.

ⓛ **현금흐름** : 현금흐름은 재무제표(손익계산서)상의 영업이익에 세금 등을 가감한 순현금흐름(매출액 − 매출원가 − 판매비 및 일반관리비 − 세금 + 비현금흐름 − 자본적 지출 ± 순운전자본증감액)에서 무형재산에 귀속하는 현금흐름을 환원 또는 할인하는 방법이다. 세금은 개인일 경우 소득세, 법인일 경우에는 법인세 상당액을 기준하며, 해당 상가(또는 사업장)로 인하여 발생하는 영업이익에 대해 일정세율을 적용하여 추정한다. 자본적 지출은 해당 할인기간 동안 기존자산을 유지하거나 새로운 자산을 구입하는 데 재투자해야 하는 비용으로 자본적 지출만큼 차감해 주어야 한다. 순운전자본이란 유동자산과 유동부채의 차이를 의미하며, 순운전자본 증감액을 반영한다.

ⓒ **유의사항** : 기업형 상가의 경우에는 세금 및 추가적인 자본적 지출 등의 영향을 많이 받으므로 현금흐름을 적용할 수 있고, 소규모 상가의 경우 영업이익을 적용할 수 있다. 다만, 기업형 상가와 소규모 상가의 구분기준은 매출액, 영업형태, 업종, 규모, 브랜드 등을 종합적으로 고려하여 판단하는 것으로 단순히 임차인이 법인이냐 개인이냐에 따라 구분되는 것이 아님에 유의하여야 한다.

또한 매출과 관련된 모든 자료, 즉 재무제표상 손익계산서, 부가가치세 과세표준증명원상 수입금액, 신용카드매출전표집계표상 매출자료, 포스회사에서 확인된 매출자료, 가맹점 정산서(프랜차이즈의 경우), 동종업종의 탐문조사자료, 각종 통계자료 등과의 비교를 통해 정확한 매출액 산정을 해야 한다.

② **무형재산 귀속 영업이익 등의 산정방법**

감정평가대상 상가의 전체 영업이익에서 무형재산 귀속 영업이익 등은 해당 지역, 상권, 업종 특성에 따라 다르게 나타날 것이며, 그 추정방법은 비율추정방식, 비교사례추출방식, 공제방식이 있다.

㉠ **비율추출방식**

ⓐ **산정방법** : 이 방식은 감정평가대상 상가가 속한 지역의 거래관행 등을 조사하여 전체 영업이익 중 무형재산 귀속 영업이익을 일정비율로 추출해 내는 방법이다.

> 무형재산 귀속 영업이익 = 전체 영업이익(자가 인건비 상당액 공제 후)
> × 무형재산 영업이익 비율

> **[예시 1]** 시장탐문조사 시 감정평가대상이 속한 노변의 권리금이 영업이익(자가 인건비 상당액 공제 후)의 12개월로 조사된다면 이는 「상가건물 임대차보호법」상 보장기간 60개월의 20% 수준으로 추정됨.
>
> 무형재산 귀속영업이익 비율 = 12개월 / 60개월 = 0.2

무형재산 귀속 영업이익 비율은 권리금 거래관행 및 시장 탐문 등에 의해 추정가능하며, 지역별, 상권별, 업종별로 다양하게 나타날 수 있다. 이 방식은 권리금 거래관행을 잘 반영할 수 있고, 시장에서 탐문 등을 통하여 정보수집이 가능하여 현실적으로 유용한 방법이다.

만약 평가대상이 속한 지역이 무형재산이 "자가 인건비 상당액 공제 전 영업이익"을 기준으로 시장탐문 조사되었다면 다음과 같은 방법으로 무형재산 영업이익 비율을 구할 수 있다.

> **[예시 2]** 무형재산 영업이익이 전체 영업이익(자가 인건비 상당액 공제 전)의 12개월, 해당 상가의 영업이익(자가 인건비 상당액 공제 전)이 300만원/월, 자가 인건비 상당액 162만원(통계청 자료사용)으로 조사된다면 이는 「상가건물 임대차보호법」상 보장기간 60개월의 43% 수준으로 무형재산 영업이익 비율을 추정함.
>
> 무형재산 귀속 영업이익 비율 = 26개월/60개월 = 0.43
> 3,000,000 × 12개월 = (3,000,000원 − 1,620,000원) × X개월*
> * X개월 = 36,000,000원 / 1,380,000원 ≒ 26개월

    ⓑ 산정 시 유의사항 : 수익환원법 적용 시 환원대상 영업이익(현금흐름)에는 "자가 인건비 상당액"이 공제된 금액이므로 거래관행조사 시 영업이익이 자가 인건비 상당액 공제 전 또는 공제 후 금액인지 유의해야 한다. 만약 시장 탐문조사된 자료가 공제 전 금액이라면 "자가 인건비 상당액"을 고려하여 [예시 2]의 방법으로 무형재산 귀속 영업이익 비율을 수정해 주어야 한다.

   ⓛ **비교사례추출방식** : 이 방식은 감정평가대상 상가가 속한 노변 혹은 동일수급권 내 유사지역의 권리금이 수수되지 않는 상가와 권리금이 수수되고 있는 상가의 영업이익의 차이로 추출해내는 방법이다.

이는 권리금이 "0"인 경우에도 영업이익이 존재한다는 상황을 반영한 방법이지만 권리금이 "0"인 상태의 영업이익을 실무상 측정하기가 곤란하여 적용에 한계가 있는 방법이다.

그러나 이 방법도 권리금 감정평가와 관련된 데이터 축적 및 상가의 영업자료 축적 등에 따라 장래에는 적용 가능한 유용한 방법이 될 수 있다.

   ⓒ **공제방식** : 공제방식은 전체 영업이익 중에서 영업이익 형성에 기여하는 권리금 외의 생산요소별 기여분을 공제하고 남은 부분(매출액 − 매출원가 − 판매비 및 일반관리비 − 투하자산 기여이익-임차인 경영이익)을 무형재산 귀속 영업이익으로 추정하는 방법이다. 이 방법은 투하자산 및 임차인 경영이익에 대한 적정이익을 구하기 어렵고, 무형재산에

상응하는 영업이익이 없거나 높은 영업이익이 산출되는 경우 현실 권리금 거래관행과의 괴리를 가져올 수 있다는 한계점이 있다.

ㄹ 각 산정방법 정리 및 비교

- 비율추출방식

전체 영업이익에 권리금에 귀속하는 영업이익 비율을 곱하여 무형재산에 귀속하는 영업이익을 산출하는 방법이다. 이는 시장관행에 부합하고 실무상 주로 적용하는 방법이나, 권리금과 영업이익, 임대료 등의 상관관계가 범위를 벗어나면 현실권리금 거래관행과 괴리될 가능성이 있다.

- 비교사례추출방식

전체 영업이익에서 권리금이 "0"인 사례의 영업이익을 공제하여 무형재산의 영업이익을 산출하는 방법이다. 이는 이론적으로 가장 부합하는 방법이나, 권리금이 "0"인 상태의 영업이익의 산정이 어려운 단점이 있다.

- 공제방식

영업이익 산출에 공헌하는 생산요소별 기여분을 공제하여 권리금에 해당하는 영업이익을 추출하는 방법이다. 이 방법 역시 이론적 측면에 부합하는 방법이나, 매출액에 따라 권리금 대상이익이 지나치게 높거나 낮게 추출되는 문제점이 있으며 현실 거래관행과의 괴리 가능성이 있다.

③ **할인율**

할인율은 적용되는 영업이익 등의 종류와 위험 정도, 할인기간 및 특성 등에 따라 상이하게 나타나는데 요소구성법(= 무위험률 + 위험할증률)과 가중평균 자본비용(WACC) 등을 적용하여 산정할 수 있으며, 다른 무형자산 감정평가 시 사용하는 할인율 등을 참고하여 산정할 수 있다.

구분	요소구성법	가중평균자본비용법
산식	할인율 = 무위험수익률 + 위험할증률	$WACC = (K_e \times \dfrac{E}{E+D} + K_d \times \dfrac{D}{E+D})$ K_e : 대상 상가의 위험프리미엄을 감안한 자기자본비용 K_d : 대상 상가의 위험스프레드를 감안한 타인자본비용 E : 자기자본 총액 D : 이자지급부 부채 총액
비고	• **무위험수익률** : 은행정기예금이자율, 3·5년 만기 국채수익률 등 • **위험할증률** : 대상상가의 영업에 따른 장래 위험프리미엄(입지, 영업 및 상권특성, 시설특성, 경영상의 위험률 등)	• 본건과 동일 또는 유사업종의 WACC를 기준(일부 해당 상가의 위험프리미엄을 가산하기도 함) • 기업형 상가의 경우에 적합

④ **할인기간**

실제 영업기간은 지역별, 업종별, 상가별로 다르게 나타나지만, 권리금은 선불적 의미의 투자액 성격이고, 「상가건물 임대차보호법」상 5년[51]을 보장하고 있으므로 5년을 기준함이 타당하다.

⑤ **기타**

「감정평가실무기준」상 무형재산 감정평가 시 해당 영업이익 등을 환원 또는 할인하는 기간을 명시적으로 규정하지 않은 것은 적정 할인기간의 조정을 통해서도 무형재산을 감정평가할 수 있도록 한 취지이다.

따라서 권리금에 상응하는 적정한 영업이익 등 비율을 구할 수 없거나, 그 비율에 객관성 및 신뢰성이 없다고 판단되는 경우에는 감정평가 대상상가의 전체 영업이익을 기준으로 하되, 적정 할인기간을 조정하여 감정평가할 수도 있다. 이 경우 적정할인기간은 시장관행 및 탐문 등에 의해 지역별, 상권별, 업종별 및 영업특성 등을 고려하여 결정하여야 한다.

3) 거래사례비교법에 의한 무형재산의 감정평가

(1) 거래사례비교법에 의한 무형재산 감정평가방법

① **동일 또는 유사 업종의 무형재산만의 거래사례와 대상의 무형재산을 비교하는 방법**

② **동일 또는 유사 업종의 권리금 일체 거래사례에서 유형의 재산적 가치를 차감한 가액을 대상의 무형재산과 비교하는 방법**

무형재산의 거래사례에 근거하여 합리적으로 감정평가할 수 있는 다른 방법이 있는 경우에는 그에 따라 감정평가할 수 있다.

(2) 산식

$$V = Ps \times C \times T \times Z \times I$$

V: 상가건물의 무형재산 감정평가액 P_s: 무형재산 거래사례금액

C: 사정보정치 T: 시점수정치

Z: 지역요인 비교치 I: 개별요인 비교치(면적 등에 대한 수정치 포함)

(3) 사례의 선정

거래사례비교법의 적용을 위한 거래사례는 동일 또는 유사 업종의 무형재산만의 거래사례(또는 동일 또는 유사업종의 권리금 일체 거래사례에서 유형재산을 차감한 가액)로 일반적인 사례의 선택기준에 따라 선정한다.

본건과 동일 또는 유사업종이란 해당지역의 특성, 상권의 특성 등을 고려할 때 권리금 가치형성요인이 유사하고 비교가능성 및 대체가능성이 높은 업종을 의미한다. 실무상 절대적인 것은 아니지만 「건축법 시행령」 제14조 규정에 의거한 9개의 시설군 분류체계 내의 업종일 경우 유사업종으로 볼 수 있을 것이다.

---

51) 2018년 10월 16일 이후 최초 임대차계약이 되었거나 계약이 갱신된 임대차계약의 경우 보장기간이 120개월(10년)로 늘어났다.

본건과 동일 또는 유사업종의 거래사례를 선정하도록 규정한 취지는 지역특성, 영업특성, 시설특성 및 기타 업종 특성 등에 따라 개별적으로 형성되는 권리금 수준을 반영하기 위한 것이며, 가치형성요인 비교 시 비교가능성을 높여 평가주체의 자의성 개입을 줄이기 위한 것이다.

(4) 가치형성요인 비교

사례와 대상과의 가치형성요인 비교과정은 입지조건, 영업조건, 시설조건, 기타조건에 따라 각 조건별로 비교하여 최종 격차율을 산정한다. 지역요인의 경우 입지, 영업, 기타조건이 해당되며, 개별요인 비교 시 개별상가의 시설조건이 추가된다.

지역요인			개별요인		
조건	항목	세항목	조건	항목	세항목
입지 조건	위치	교통 접근성, 유동인구, 편의시설 정도	입지 조건	위치	역세권, 버스노선, 유동인구, 접면도로상태, 편의시설 정도
	상권	경제기반도, 영업수준, 소비성향도		상권	크기, 주요고객 유형, 유효구매력 수요, 상가적합성
	배후지	배후지의 성격, 규모 등		배후지	위치, 종류, 크기, 세대수, 구성원 등
영업 조건	영업형태	영업의 전문화, 상권의 집단화, 명성 및 트렌드	영업 조건	신용도	고객인지도(브랜드 등), 신용도
				노하우	영업노하우
				거래처관계	업종간 경쟁관계, 고객수준, 영업(업종)난이도
				상가면적 및 건물관리상태 등	건물규모, 관리상태, 임차자 혼합정도, 주차시설 등
				임대차계약 정도 등	초기권리금 수준, 임대차계약 내용(계약기간, 보증금 및 월임대료, 특약 등)
			시설 조건	시설상태, 규모 등	인테리어 정도, 영업시설의 형식 및 상태, 비품구비수준, 경쟁업체와의 시설수준
기타 조건	기타	허가 난이도 및 경기동향 등 그 밖의 사항	기타 조건	기타	허가난이도 및 경기동향 등, 그 밖의 사항

(5) 유의사항

① 방매사례 선정 가능 여부

무형재산의 권리금을 거래사례비교법으로 감정평가하기 위해서는 거래사례 수집이 필수적이다. 그러나 현실은 권리금 시장이 폐쇄성 등으로 인하여 거래사례 포착이 매우 어렵고 탐문에 의해 거래사례를 조사한다 하더라도 증빙자료인 권리금 계약서를 구하기가 매우 어렵다. 이러한 현실을 고려하고 방매가격도 하나의 시장가격의 지표가 될 수 있으므로 권리금 거래사례에 대한 자료가 축적되기 전까지는 제한적으로 거래사례로 사용할 수 있다.

다만, 방매사례를 인근 거래사례로 사용하는 경우에는 유사 상가의 권리금 수준, 다수의 유사

방매사례 수집 등을 통하여 방매가격의 합리성을 검토해야 한다.

또한 방매가격기준 시 시점수정에 대한 논란이 있으나 방매개시시점을 정확하게 파악하기 어렵고 기준시점 현재 시장에 출품된 상태이므로 별도의 시점수정은 불필요한 경우도 있을 것이다.

② **개별요인 비교 시 면적비교**

표준적인 상가면적은 업종 및 지역, 상권에 따라 다르게 나타난다. 표준적인 상가면적 이상의 경우에는 단위면적당 권리금이 다소 낮아지는 경향을 보이므로 개별요인 비교 시 면적에 따른 요인 비교치를 고려해야 한다.

가치형성요인 비교 시 기준이 되는 면적은 임대면적, 계약면적, 전유면적 등이 있으나 시장에서 자료수집이 가능하고 신뢰성 있게 비교분석할 수 있는 면적을 선정하는 것이 타당하다.

③ **층별 위치별 권리금 요인치 적용**

동일건물 내 상가라도 층별, 위치별 임대료 및 가격수준의 차이가 발생하며 권리금 또한 마찬가지이다. 상층부 또는 지하층 권리금은 통상 1층에 비해 권리금이 낮게 형성되거나 없는 경우도 종종 발생한다.

따라서 층이 다른 상가를 사례로 선정하고자 하는 경우에는 해당 상가건물의 층별, 위치별 비교치를 구할 수 있는 경우에 한하여 적용하여야 한다.

4) 원가법에 의한 무형재산의 감정평가

(1) 원가법에 의한 무형재산의 감정평가

무형재산을 원가법으로 감정평가할 때에는 대상상가의 임대차계약 당시 무형재산의 취득가액을 기준으로 취득 당시와 기준시점 당시의 수익 변화 등을 고려하여 감정평가한다. 다만, 무형재산의 원가에 근거하여 합리적으로 감정평가할 수 있는 다른 방법이 있는 경우에는 그에 따라 감정평가할 수 있다.

(2) 산식

> 무형재산 권리금 = 기 지급한 감정평가 대상상가의 무형재산 권리금 × 시점수정 × 수정률

무형재산 감정평가 시 적용하는 원가법이란 권리금시장에서 권리금을 기 지급한 임차인의 대부분은 신규임차인에게 권리금을 받고 상가를 양도하기 원하며 적어도 기 지급한 권리금 수준 또는 그 이상을 받고자 하는 점을 고려한 감정평가방법이다.

① **기 지불된 무형재산 권리금**

임차인이 기 지급한 권리금은 선불적 투자비용 중 하나로서 영업개시 시점에 투입된 비용성격이고, 평가대상은 이 중 무형재산에 상응하는 권리금만 해당된다. 따라서 기 지급한 권리금 중 유형재산에 해당하는 권리금을 차감한 후 적용하여야 한다.

② **시점수정**

기존 권리금 지급시점과 기준시점 간 시간경과에 따라 권리금 가격변화에 대한 보정으로서 권리금과 임대료와의 정의 상관관계가 형성되는 점을 고려하여 한국부동산원에서 매분기 조사·발표하는 매장용 부동산의 임대가격지수, 소비자물가지수 등을 활용할 수 있다.

③ **수정률**

수정률은 권리금의 기 지급시점과 기준시점 간 권리금을 둘러싼 경제사정의 변화, 상권변화, 임차인의 영업활동 변화 등에 따른 보정치로서 감정평가대상 상가 및 동일 용도지대 내 유사 상가의 권리금 거래수준, 상권의 변화정도, 업종 특성, 장래 변화가능성, 경기변동 등을 종합적으로 고려해야 한다.

⑶ **유의사항**

종전 임차인은 기 지급한 권리금 수준 또는 그보다 다소 높은 수준의 권리금을 수령하기 원하기 때문에 원가법은 검증방법으로 유용할 수 있다. 다만, 권리금이 거래되는 시장의 불완전성이 크고 당사자 간의 협상력 차이에 의해 결정되는 경우가 많으므로 기 지급한 권리금이 적정한 금액인지 여부는 주변 권리금 수준 등과의 비교·검토하여 판단해야 할 것이다.

5) 시산가액의 조정

⑴ **시산가액 조정의 필요성**

권리금은 특정임차인 간의 거래로 관련 정보가 비대칭적이며, 권리금시장의 폐쇄성, 공인된 정보의 부존재 등으로 시장의 불완전성이 심한 점을 고려할 때, 하나의 감정평가방식을 통한 감정평가액 도출에는 한계가 따른다. 따라서 각 상가의 특성, 해당 상권 및 업종의 특성 등을 고려하여 각 감정평가방식에 의해 산정된 시산가액을 비교·검토하여 최종 평가액을 결정할 필요가 있다.

⑵ **시산가액 조정방법**

주된 방법에 의하여 산정된 시산가액에 합리성이 없다고 판단되는 경우에는 주된 방법 및 다른 감정평가방법으로 산정한 시산가액을 조정하여 감정평가액을 결정할 수 있다. 이 경우 권리금 감정평가목적, 권리금의 특성, 지역·상권·업종별 특성 및 개별상가의 특성, 수집한 자료의 신뢰성, 시장상황 등을 종합적으로 고려하고 각 시산가액에 적절한 가중치를 부여하여 감정평가액을 결정하여야 한다.

4. 유형재산과 무형재산의 일괄감정평가

⑴ **수익환원법 원칙**

유형재산과 무형재산을 일괄하여 감정평가할 때에는 수익환원법을 적용해야 한다. 다만 적용이 곤란하거나 부적절한 경우에는 거래사례비교법 등으로 감정평가할 수 있다.

(2) **거래사례비교법 등**

거래사례비교법 적용 시 거래사례와 감정평가 대상상가와의 유·무형재산의 구성비율 비교 및 유·무형재산의 지역·개별요인 비교항목에 대한 비교 등을 하여야 하며, 원가법 적용 시에도 유·무형재산의 특성을 반영해야 한다.

5. 그 밖의 감정평가방법

(1) **회귀분석법**

권리금을 종속변수로 하고, 권리금에 영향을 미치는 변수를 독립변수로 한 다중 회귀분석을 이용하여 권리금을 감정평가하는 방법이다.

(2) **월임대료승수법**(MRM법·Monthly Rent Multiplier Method)

이 방법은 대상과 동일 또는 유사업종 상가의 임대료와 권리금 간 표준적인 승수에 감정평가대상 상가의 임대료를 곱하여 상가권리금을 감정평가하는 방법이다.

> 상가권리금 = 동일 또는 유사업종 상가의 임대료와 권리금 간 승수 × 감정평가대상 상가임대료
> × 수정률

임대료와 권리금 간 승수는 권리금이 임대료대비 몇 배인지를 나타내는 배수로서 현장조사를 통한 탐문자료, 시장자료, 거래자료, 방매자료 등을 수집, 정리하여 결정해야 한다.

상가의 임대료는 월간 실질임대료를 의미하며, 임차인의 과거 임대차계약에 의한 임대료를 의미하는 것이 아니라 기준시점 현재의 임대료를 의미한다.

수정률은 감정평가대상 상가의 개별성, 임차인의 투하자본과 업종별 특성에 따른 보정치이다.

상기의 방법은 권리금 자료의 수집, 유형재산의 규모·특성 및 영업특성에 따라 달리 형성되는 개별적 권리금 수준을 반영하기 어려운 점은 있으나 현행 권리금 수수관행에 부합하는 방법이며, 감정평가대상 상가 인근의 권리금 수준 등을 파악하는 데 유용한 방법이 될 수 있으므로 다른 방식으로 산정한 권리금의 검증수단으로 용이하다.

기 본예제

아래 권리금에 대한 감정평가액을 결정하시오.

자료 1 의뢰목록 및 유형자산 명세

항목		품명	재조달원가	내용연수
유형재산	영업시설	덕트 외	31,500,000	7
	비품 등	책상 외	700,000	7
무형재산		해당 상가점포의 무형재산		

» 유형자산의 감가상각방법은 정액법이다.

자료 2 권리금 산정의 기초가 되는 해당 부동산의 개요

위치	상호명	전유 면적 (m²)	공용 면적 (m²)	분양 면적 (m²)	토지 (m²)	임대차현황(원)		임대기간
						보증금	월임대료	
1층	○○식당	26.0	11.0	37.0	20.0	20,000,000	1,500,000	2021.5.27. ~2026.5.26.

≫ 현재 ○○식당으로 운영 중이며(대표자 : 홍길동) 사업장은 2021년 5월 27일에 개설하였고 종업원은 본인 1명이다.

자료 3 본 사업장의 영업 관련 현황

1. 영업이익(2025년)

매출액	매출원가	판매관리비	영업이익
240,000,000	88,800,000	70,800,000	80,400,000

≫ 감가상각비와 자가 인건비 상당액은 매출원가 및 판매관리비에 포함되어 있지 않다.

2. 자가인건비 : 21,000,000원(연간)

자료 4 무형자산의 비율 관련 자료

영업이익 대비 무형자산비율(기여도)은 20%이다.

자료 5 기타자료

1. 할인율은 13.85%를 적용한다.
2. 영업이익은 매년 동일하다.
3. 현금흐름 추정기간은 5년이다.

예시답안

Ⅰ. 평가개요

본건은 상가권리금에 대한 감정평가로서 유형자산 및 무형자산의 합으로 결정하며, 기준시점은 임대차기간 종료일인 2026년 5월 26일이다.

Ⅱ. 유형자산가액

$31,500,000 \times 2/7 + 700,000 \times 2/7 = 9,200,000$원

Ⅲ. 무형자산가액

1. 수정 영업이익(영업이익 - 감가상각비 - 자가노력비)

$80,400,000 - (31,500,000 + 700,000) \times 1/7 - 21,000,000 = 54,800,000$원

2. 무형자산 귀속 영업이익

$54,800,000 \times 0.2 = 10,960,000$원

3. 무형자산가치

$10,960,000 \times \dfrac{1.1385^5 - 1}{0.1385 \times 1.1385^5} = 37,763,000$원

Ⅳ. 권리금 평가액

$9,200,000 + 37,763,000 = 46,963,000$원

제9절 소음 등으로 인한 대상물건의 가치하락분에 대한 감정평가

01 정의

"소음 등으로 인한 대상물건의 가치하락분"이란 장기간 지속적으로 발생하는 소음·진동·일조침해 또는 환경오염 등(이하 "소음 등"이라 한다)으로 대상물건에 직접적 또는 간접적인 피해가 발생하여 대상물건의 객관적 가치가 하락한 경우 소음 등의 발생 전과 비교한 가치하락분을 말하며, 일시적인 소음 등으로 인한 정신적인 피해 등 주관적 가치하락은 제외한다. 다만, 공사기간 중에 발생하는 소음 등으로 인한 가축 등 생명체에 대한 피해는 포함할 수 있다.

∷ 소음 등의 주요 유형

소음	「소음·진동규제법」상 기계·기구·시설 기타 물체의 사용으로 인하여 발생하는 강한 소리로 일상생활에서 발생하는 바람직하지 않은 음을 총칭한다.
진동	「소음·진동규제법」상 기계·기구·시설 기타 물체의 사용으로 인하여 발생하는 강한 흔들림으로 가진력에 의해 어떤 양의 크기가 시간이 경과함에 따라 어떤 기준 값보다 커지거나 작아져서 주기적으로 변동하는 현상을 말한다.
일조침해	일조권(태양광선을 차단당해 받는 불이익을 제거시킬 수 있는 권리)이 침해되는 것을 말한다.
환경오염	쓰레기·연소재·오니·폐유·폐산·폐알카리 등의 토양오염원이 대상토지에 매립되거나, 인근토지에 매립되어 대상토지로 유입되어 경제적 피해가 발생하는 것을 말한다.

02 조사·확인사항

소음 등의 실태(가치하락을 유발한 원인의 종류·특성 등), 소음 등의 관련 법령상 허용기준, 소음 등이 대상물건에 미치는 물리적 영향과 그 정도, 소음 등의 복구 시 책임관계, 가치하락을 유발한 원인으로부터의 복구 가능성 및 복구에 걸리는 기간, 소음 등의 복구 방법과 소요비용, 소음 등의 발생 전·후 대상물건의 물리적·경제적 상황, 소음 등의 발생 후 대상물건에 대한 시장의 인식, 소음 등을 관련 전문가(전문연구기관을 포함한다)에 의해 측정한 경우 그 자문이나 용역의 결과, 그 밖에 소음 등으로 인한 대상물건의 가치하락분의 감정평가에 필요한 사항을 조사한다.

03 자료의 수집 및 정리

소음 등으로 인한 가치하락분에 대한 감정평가에 참고가 되는 자료는 해당 물건의 자료의 수집 및 정리에 관한 규정을 준용하되, 소음 등의 발생 전·후의 가격자료를 모두 수집하여야 한다.

04 소음 등으로 인한 대상물건의 가치하락분에 대한 감정평가방법

> **감정평가에 관한 규칙 제25조**(소음 등으로 인한 대상물건의 가치하락분에 대한 감정평가)
>
> 감정평가법인등은 소음·진동·일조침해 또는 환경오염 등(이하 "소음 등"이라 한다)으로 대상물건에 직접적 또는 는 간접적인 피해가 발생하여 대상물건의 가치가 하락한 경우 그 가치하락분을 감정평가할 때에 소음 등이 발생하기 전의 대상물건의 가액 및 원상회복비용 등을 고려해야 한다.

1. 감정평가 원칙

> 소음 등으로 인한 토지 등의 가치하락분 = 소음 등이 발생하기 전 대상물건의 가치
> − 소음 등이 발생한 후 대상물건의 가치

소음 등이 발생하기 전의 대상물건의 가액과 소음 등이 발생한 후의 대상물건의 가액 및 원상회복비용 등을 고려하여야 한다. 소음 등이 발생하기 전과 후의 가격은 거래사례비교법이나 수익환원법으로 평가한다.

다만, 소음 등이 발생한 후의 대상물건의 가액의 경우 ⅰ) 비준가액은 대상물건에 영향을 미치고 있는 소음 등과 같거나 비슷한 형태의 소음 등에 의해 가치가 하락한 상태로 거래된 사례를 선정하여 시점수정을 하고 가치형성요인을 비교하여 산정하게 되고, ⅱ) 수익가액은 소음 등이 발생한 후의 순수익을 소음 등으로 인한 위험이 반영된 환원율로 환원하여 산정하게 된다.

2. 폐기물 등이 매립된 경우

1) 가치하락분의 구성요소

> 부동산 가치하락분 = 오염 전 가치 − 오염 후 가치 = 복구비용 및 관리비용 + 스티그마

① 소음 등의 허용기준
② 원상회복비용과 모니터링 비용(계량화 가능한 실재적 위험)
③ 스티그마 효과(무형의 또는 양을 잴 수 없는 불리한 인식)

> **스티그마 효과의 개념 및 특징** [52)]
>
> 일반적으로 스티그마는 환경오염의 영향을 받는 부동산에 대해 일반인들이 갖는 '무형의 또는 양을 잴 수 없는 불리한 인식'을 말한다. 즉, 스티그마는 환경오염으로 인해 증가되는 위험(Risk)을 시장참여자들이 인식함으로 인하여 부동산의 가치가 하락되는 부정적인 효과를 의미한다.
>
> 환경오염의 영향을 받는 부동산은 시장참여자들에게 '오염부동산'이란 부정적 낙인이 붙여지고, 이 낙인으로 인해 오염정화가 관련 기준에 부합되게 완료된 후에도 그 가치가 하락된다. 이와 같이 스티그마는 불확실성과 위험할지도 모른다는 인식의 결과로 인해 평가 대상 부동산에 부정적인 영향을 미치는 외부적 감가요인을 말한다.
>
> 스티그마는 무형적이고, 심리적 측면이 강하며, 언제 나타날지 모르는 건강상의 부가적인 위험요소에 대한 대중의 염려·공포에서부터 현재로서는 기술적 한계 등으로 인하여 알려지지 않은 오염피해에 대한 우려까지 부동산의 가치에 영향을 주는 모든 무형의 요인들을 포함한다.
>
> 스티그마를 정성적으로 간주하여 감가의 정도를 검토한 연구결과에 따르면, 스티그마는 다음과 같은 특징이 있다.
>
> 첫째, 오염정화 전의 스티그마 감가는 정화 후의 스티그마보다 크다.
>
> 둘째, 주거·상업·공업용지의 스티그마 감가는 주거용지에서 가장 크고, 공업용지에서 가장 작다.
>
> 셋째, 스티그마 감가는 오염원으로부터 멀어짐에 따라 감소한다.
>
> 넷째, 오염정화 후 남게 되는 스티그마는 시간이 경과함에 따라 감소하고 소멸한다.

2) 감정평가의 유형

(1) 폐기물 등이 매립된 상태의 토지 등을 감정평가하는 경우

- 거래사례비교법

  대상물건에 영향을 미치고 있는 오염 등과 같거나 비슷한 형태의 오염 등에 의해 가치가 하락한 상태로 거래된 사례를 선택하여 시점수정을 하고 가치형성요인을 비교하여 결정한다.

- 수익환원법

  오염 등이 발생한 후의 순수익을 오염 등으로 인한 위험이 반영된 환원이율 또는 할인율로 환원 또는 할인하여 산정한다.

- 원가법

  오염의 상태를 해소하는데 소요되는 비용을 산정하여 오염이 없는 상태의 토지가치에서 차감하여 평가한다.

(2) 폐기물 등의 매립으로 인한 가치하락분을 감정평가하는 경우

- 거래사례비교법

  오염이 된 상태에서 거래된 거래사례와 오염과 무관한 거래사례를 비교하여 차액을 산출한다.

---

52) 감정평가실무기준 해설서(Ⅰ) 총론편, 한국감정평가사협회 등, 2014.02, p.544

- 수익환원법

  오염으로 인한 수익의 감소분을 오염 등으로 인한 위험이 반영된 환원이율 또는 할인율로 환원 또는 할인하여 산정한다.
- 원가법

  오염의 상태를 해소하는데 소요되는 비용을 기준으로 평가한다.

(3) 감정평가 시 유의사항

가치하락분은 객관적인 가치하락분을 대상으로 한다. 가치하락분에는 관련 법령에 의한 소음 등의 허용기준, 원상회복비용 및 스티그마 등을 고려하되 일시적인 소음 등으로 인한 가치하락 및 정신적인 피해 등 주관적 가치하락은 제외한다.

3. 일조침해로 인한 가치하락분의 감정평가

(1) 일조침해로 인한 가치하락분 감정평가의 방법

- 비교방식

  부동산의 시장성에 근거한 평가방식으로 일조권 등 환경가치의 침해가 없는 정상적인 부동산의 가치를 산출하고, 일조권 등 환경가치의 침해로 가치가 하락한 부동산의 사례를 분석하여 환경가치의 침해로 인한 하락률(액)을 산정하는 방법이다.
- 원가방식

  부동산의 비용성에 근거한 평가방식으로 일조권 등의 침해로 인한 냉·난방, 조명, 습도, 통풍, 프라이버시 등의 침해로 인해 침해 이전에 비해 추가적인 비용을 발생시키며, 건물의 잔존 내용연수 동안 추가로 발생되는 이러한 비용을 예측하여 현재 시점으로 환원하여 부동산의 하락 가치를 산정하는 방법이다.
- 수익방식

  부동산의 수익성에 근거한 방식으로 일조 등의 침해로 인한 임대료의 변동이 확인되는 경우, 건물 잔존년수 동안 발생하는 일조권 등 환경가치의 침해로 인하여 하락한 임대료와 정상적인 임대료 차액을 산정 및 총 현가액을 가치하락분으로 산정하는 방식이다.
- 회귀분석방법(특성가격접근법, Hedonic Price Model)

  침해가 없는 정상적인 부동산의 가치를 산출 후 평가대상 부동산에 적용할 적정한 가치하락률을 추정하여 일조 등의 침해가 없을 경우를 상정한 대상동산의 시장가치에 이를 적용하여 가치하락을 산정하는 방법이다. 실무상 가장 많이 사용되는 방식이다.
- 조건부가치접근법(Contingent Valuation Model)

  전문가나 일반인들에게 환경오염에 대한 대가를 얼마만큼 지불할지에 대하여 질문하여 평가할 수 있다.

기 본예제

아래 아파트의 일조침해로 인한 손해액을 산정하시오.

- 일조침해 전 아파트 가격 : 1,000,000,000원
- 일조가 아파트 전체 가치에서 차지하는 비율 : 6%
- 가치하락률 = 일조가치비율 × (1 - 총일조시간/240)
- 침해 전 일조시간 : 240분, 침해 후 일조시간 : 180분

예시답안

가치하락률 = 0.06 × (1-180/240) = 1.5%
가치하락액 = 1,000,000,000 × 0.015 = 15,000,000원

(2) 배상 대상이 되는 일조침해에 대한 해석

토지의 소유자 등이 종전부터 향유하던 일조이익이 객관적인 생활이익으로서 가치가 있다고 인정되면 법적인 보호의 대상이 될 수 있는데, 그 인근에서 건물이나 구조물 등이 신축됨으로 인하여 햇빛이 차단되어 생기는 그늘, 즉 일영이 증가함으로써 해당 토지에서 종래 향유하던 일조량이 감소하는 일조방해가 발생한 경우, 그 신축행위가 정당한 권리행사로서의 범위를 벗어나 사법상 위법한 가해행위로 평가되기 위해서는 그 일조방해의 정도가 사회통념상 일반적으로 해당 토지 소유자의 수인한도를 넘어야 하고, 일조 방해행위가 사회통념상 수인한도를 넘었는지 여부는 그 일조방해의 정도, 피해이익의 법적 성질, 가해 건물의 용도, 지역성, 토지이용의 선후관계, 가해방지 및 피해 회피의 가능성, 공법적 규제의 위반 여부, 교섭 경과 등 모든 사정을 종합적으로 고려하여 판단하여야 한다(대법원 2008.4.17. 선고 2006다35865 전원합의체 판결, 대법원 2008.12.24. 선고 2008다41499 판결 등 참조). 그리고 위와 같은 수인한도의 기준에 관하여는, 우리나라 국토의 특수성과 협소성, 대도시 인구의 과밀화 및 토지의 효율적 이용을 위한 건물의 고층화 경향, 일조 등의 확보를 위한 건축물 높이 제한에 관한 건축 관계법령상의 규정 등을 고려할 때, 동짓날을 기준으로 9시부터 15시까지 사이의 6시간 중 일조시간이 연속하여(이하 '연속 일조시간'이라 한다) 2시간 이상 확보되는 경우 또는 8시에서 16시까지 사이의 8시간 중 일조시간이 통틀어서(이하 '총 일조시간'이라 한다) 최소한 4시간 이상 확보되는 경우에는 일단 수인한도를 넘지 않는 것으로, 위 두 가지 중 어느 것에도 속하지 않는 일조방해의 경우에는 일단 수인한도를 넘는 것으로 보는 것이 타당하다(대법원 2004.9.13. 선고 2003다64602 판결 참조).

기 본예제

다음 부동산의 오염 전 부동산 가치와 오염 후 부동산가치를 산정하고 스티그마(Stigma)의 정도를 판정하시오(기준시점: 2026년 6월 1일).

자료 1 ▶ 대상토지의 개요

1. 서울특별시 A동 100, 공장용지, 3,000m², 준공업지역, 중로한면, 사다리, 평지
2. 대상토지에는 공장운영에 따른 배관 부식과 오염물질 누출로 인한 오염이 진행되었으며, 오염제거를 위해서는 정화공사가 필요하다.

자료 2 ▶ 인근지역의 거래사례 자료

일련번호	소재지 등	지목/이용상황	면적(m²)	거래가격(천원)	거래시점
A	A동 200	장/공업용	3,000	3,000,000	2024.12.7.
B	A동 300	장/공업용	3,000	6,000,000	2024.12.7.

≫ 거래사례는 모두 준공업지역이며, 거래사례 A는 오염물질이 기준치 이상으로 발견되었으며, B는 토양오염과 관련 없는 토지이다.

자료 3 ▶ 기타자료

1. 지가변동률(2024.12.7.~2026.7.1. 공업지역): 4.151%
2. 오염여부를 제외한 개별요인은 대등한 것으로 본다.
3. 정화비용(토지오염 조사비용, 정화비용, 정화기간 동안 토지임대료 감소분의 현가 등)은 m²당 800,000원이 소요될 것으로 보인다.

예시답안

1. 오염 후 토지가치(거래사례 A선정, 1,000,000원/m²)
$1,000,000 \times 1.000 \times 1.04151 \times 1.000 \times 1.000 ≒ 1,040,000$원/m²

2. 오염 전 토지가치(거래사례 B선정, 2,000,000원/m²)
$2,000,000 \times 1.000 \times 1.04151 \times 1.000 \times 1.000 ≒ 2,080,000$원/m²

3. 스티그마의 정도
(1) 전체 가치하락분: 2,080,000 − 1,040,000 = 1,040,000원/m²
(2) 정화비용: 800,000원/m²
(3) 스티그마: 1,040,000 − 800,000 = 240,000원/m²(× 3,000 = 720,000,000원)

제10절 개발부담금과 감정평가

01 개발부담금의 개념 및 부과기준

개발부담금이란 개발사업의 시행 또는 토지이용계획의 변경 기타 사회·경제적 요인에 의하여 정상지가상승분을 초과하여 개발사업을 시행하는 자 또는 토지소유자에게 귀속되는 토지가액의 증가분 중 「개발이익환수에 관한 법률」에 의거 국가가 부과·징수하는 금액을 말한다.

개발부담금은 택지개발사업, 산업단지개발사업 등의 사업에 부과되며, 일정규모(특별시 또는 광역시 내 도시지역은 660m², 이외 지역의 도시지역은 990m², 도시지역 중 개발제한구역에서 그 구역의 지정 당시부터 토지를 소유한 자가 사업을 시행하는 경우에는 1,650m², 도시지역 외 시행하는 사업에 대해서는 1,650m²) 이상의 사업을 하는 경우에 부과된다.[53]

세부적인 부과기준은 아래와 같다.

> 개발부담금 = [종료시점지가 − (개시시점지가 + 정상지가상승분 + 개발비용)] × 0.20(0.25)

개발이익 환수에 관한 법률 제5조(대상사업)

① 개발부담금의 부과대상인 개발사업은 다음 각 호의 어느 하나에 해당하는 사업으로 한다.
  1. 택지개발사업(주택단지조성사업을 포함한다)
  2. 산업단지개발사업
  3. 관광단지조성사업(온천 개발사업을 포함한다)
  4. 도시개발사업, 지역개발사업 및 도시환경정비사업
  5. 교통시설 및 물류시설 용지조성사업
  6. 체육시설 부지조성사업(골프장 건설사업 및 경륜장·경정장 설치사업을 포함한다)
  7. 지목 변경이 수반되는 사업으로서 대통령령으로 정하는 사업
  8. 그 밖에 제1호부터 제6호까지의 사업과 유사한 사업으로서 대통령령으로 정하는 사업
② 동일인이 연접(連接)한 토지를 대통령령으로 정하는 기간 이내에 사실상 분할하여 개발사업을 시행한 경우에는 전체의 토지에 하나의 개발사업이 시행되는 것으로 본다.
③ 제1항 및 제2항에 따른 개발사업의 범위·규모 및 동일인의 범위 등에 관하여 필요한 사항은 대통령령으로 정한다.

---

53) 개발이익 환수에 관한 법률 제5조(대상사업), 동법 시행령 제4조(대상사업)

02 각 지가산정의 기준시점(원칙)

> **개발이익 환수에 관한 법률 제9조**(기준시점)
>
> ① 부과개시시점은 사업시행자가 국가나 지방자치단체로부터 개발사업의 인가 등을 받은 날로 한다. 다만, 다음 각 호의 경우에는 그에 해당하는 날을 부과개시시점으로 한다.
> 1. 인가 등을 받기 전 5년 이내에 대통령령으로 정하는 토지이용계획 등이 변경된 경우로서 그 토지이용계획 등이 변경되기 전에 취득한 토지의 경우에는 취득일. 다만, 그 취득일부터 2년 이상이 지난 후 토지이용계획 등이 변경된 경우 등 대통령령으로 정하는 경우에는 대통령령으로 정하는 날로 한다.
> 2. 인가 등의 변경으로 부과대상토지의 면적이 변경된 경우에는 대통령령으로 정하는 시점
> ② 제1항에 따른 개발사업의 인가 등을 받은 날과 취득일은 대통령령으로 정한다.
> ③ 부과종료시점은 관계법령에 따라 국가나 지방자치단체로부터 개발사업의 준공인가 등을 받은 날로 한다. 다만, 부과대상토지의 전부 또는 일부가 다음 각 호의 어느 하나에 해당하면 해당 토지에 대하여는 다음 각 호의 어느 하나에 해당하게 된 날을 부과종료시점으로 한다.
> 1. 관계법령에 따라 부과대상토지의 일부가 준공된 경우
> 2. 납부의무자가 개발사업의 목적 용도로 사용을 시작하거나 타인에게 분양하는 등 처분하는 경우로서 대통령령으로 정하는 경우
> 3. 그 밖에 대통령령으로 정하는 경우
> ④ 제3항 각 호 외의 부분 본문에 따른 개발사업의 준공인가 등을 받은 날은 대통령령으로 정한다.

(1) 종료시점지가

관계법령에 따라 국가나 지방자치단체로부터 개발사업의 준공인가 등을 받은 날로 한다.

(2) 개시시점지가

사업시행자가 국가 또는 지방자치단체로부터 개발사업의 인가 등을 받은 날로 한다.

03 각 지가의 산정기준

> **개발이익 환수에 관한 법률 제10조**(지가의 산정)
>
> ① 종료시점지가는 부과 종료 시점 당시의 부과 대상 토지와 이용 상황이 가장 비슷한 표준지의 공시지가를 기준으로 「부동산 가격공시에 관한 법률」 제3조 제7항에 따른 표준지와 지가산정 대상토지의 지가형성 요인에 관한 표준적인 비교표에 따라 산정한 가액(價額)에 해당 연도 1월 1일부터 부과 종료 시점까지의 정상지가상승분을 합한 가액으로 한다. 이 경우 종료시점지가와 표준지의 공시지가가 균형을 유지하도록 하여야 하며, 개발이익이 발생하지 않을 것이 명백하다고 인정되는 경우 등 대통령령으로 정하는 경우 외에는 종료시점지가의 적정성에 대하여 감정평가법인등(「감정평가 및 감정평가사에 관한 법률」에 따른 감정평가사 또는 감정평가법인을 말한다)의 검증을 받아야 한다.
> ② 부과 대상 토지를 분양하는 등 처분할 때에 그 처분 가격에 대하여 국가나 지방자치단체의 인가 등을 받는 경우 등 대통령령으로 정하는 경우에는 제1항에도 불구하고 대통령령으로 정하는 바에 따라 그 처분 가격을 종료시점지가로 할 수 있다.

③ 개시시점지가는 부과 개시 시점이 속한 연도의 부과 대상 토지의 개별공시지가(부과 개시 시점으로부터 가장 최근에 공시된 지가를 말한다)에 그 공시지가의 기준일부터 부과개시시점까지의 정상지가상승분을 합한 가액으로 한다. 다만, 다음 각 호의 어느 하나에 해당하면 그 실제의 매입 가액이나 취득 가액에 그 매입일이나 취득일부터 부과 개시 시점까지의 정상지가상승분을 더하거나 뺀 가액을 개시시점지가로 할 수 있다.

1. 국가·지방자치단체 또는 국토교통부령으로 정하는 기관으로부터 매입한 경우
2. 경매나 입찰로 매입한 경우
3. 지방자치단체나 제7조 제2항 제2호에 따른 공공기관이 매입한 경우
4. 「공익사업을 위한 토지 등의 취득 및 보상에 관한 법률」에 따른 협의 또는 수용(收用)에 의하여 취득한 경우
5. 실제로 매입한 가액이 정상적인 거래 가격이라고 객관적으로 인정되는 경우로서 대통령령으로 정하는 경우

④ 제1항 및 제3항에 따라 종료시점지가와 개시시점지가를 산정할 때 부과 대상 토지에 국가나 지방자치단체에 기부하는 토지나 국공유지가 포함되어 있으면 그 부분은 종료시점지가와 개시시점지가의 산정 면적에서 제외한다.

⑤ 제1항 및 제3항에 따라 종료시점지가와 개시시점지가를 산정할 때 해당 토지의 개별공시지가가 없는 경우 등 대통령령으로 정하는 경우에는 국토교통부령으로 정하는 방법으로 산정한다.

⑥ 개시시점지가에 대하여 제3항 각 호 외의 부분 단서를 적용받으려는 납부 의무자는 같은 항 각 호의 어느 하나에 해당한다는 사실을 증명하는 자료를 국토교통부령으로 정하는 기간에 시장·군수·구청장에게 제출하여야 한다.

⑦ 제1항 후단에 따른 종료시점지가의 검증 절차·방법 등에 필요한 사항은 대통령령으로 정하고, 종료시점지가 검증 수수료 지급 기준은 국토교통부장관이 정하여 고시한다.

1. 종료시점지가

(1) 원칙

종료시점지가는 부과종료시점 당시 부과대상토지와 이용상황이 비슷한 표준지공시지가를 기준으로 아래와 같이 산정한다.

> 종료시점 표준지공시지가 × 비교표(비준표) × 정상지가변동률(시·군·구의 평균지가변동률)

(2) 예외

부과대상토지를 분양하는 등 처분할 때에는 그 처분가격에 대하여 국가나 지방자치단체의 인가를 받은 경우 등에는 그 처분가격을 종료시점지가로 할 수 있다. 다만, 처분가격을 종료시점지가로 산정하는 경우는 매입가격으로 개시시점지가를 산정하는 경우로 한정한다.

종료시점지가	적용방식	개시시점지가
표준지공시지가 × 비준표	↔	개별공시지가
처분가격	↔	매입 또는 취득가격

2. 개시시점지가

(1) 원칙

개시시점지가는 부과개시시점이 속한 연도의 부과대상토지의 개별공시지가에 정상지가상승분을
합한 가액으로 한다.

> 개시시점 개별공시지가 × 정상지가변동률(시·군·구 평균지가변동률)

(2) 예외

경매나 입찰로 매입하거나 국가나 지방자치단체 등으로부터 관련 규정에 의하여 매입한 경우 등
일부 경우에는 실제의 매입가액이나 취득가액에 정상지가상승분을 더하거나 뺀 금액을 개시시점
지가로 할 수 있다.

3. 개별공시지가가 없는 경우

종료시점지가 및 개시시점지가를 산정함에 있어서 해당 토지의 개별공시지가가 없거나, 종료시점지
가를 산정할 때 매입가격으로 개시시점지가를 산정한 경우에는 감정평가액으로 개시시점지가나 종료
시점지가를 결정할 수 있다.[54]

4. 개시시점 및 종료시점지가의 정리

구분	개시시점의 개별공시지가가 있는 경우	개시시점의 개별공시지가가 없는 경우		
		개시시점 매입가격, 종료시점 처분가격 모두 있는 경우	개시시점 매입가격만 있는 경우	모두 없는 경우
개시시점지가 산정	개별공시지가 + 정상지가상승분(1.1.~개시시점)	매입가격 + 정상지가상승분(매입시점~개시시점)	매입가격 + 정상지가상승분(매입시점~개시시점)	감정평가액
종료시점지가 산정	(표준지공시지가 × 비준률) + 정상지가상승분(1.1.~종료시점)	처분가격	감정평가액	감정평가액

개발부담금과 부과와 관련하여 개시시점지가 산정 및 종료시점지가 산정을 감정평가액으로 할 수 있는
경우는 ⅰ) 개시시점 매입가격이 정상적인 거래가격이라고 객관적으로 인정되는 경우에 종료시점지가
산정과 ⅱ) 개시시점 매입가격 및 종료시점 처분가격 모두 없는 경우 개시시점지가 및 종료시점지가
산정이다. 두 경우 모두 감정평가액은 정상적인 거래가격에 준하는 가격으로 객관적으로 인정되어야
하며, 「감정평가에 관한 규칙」의 평가기준가치인 "시장가치"로 평가해야 할 것이다.

---

54) 개발이익 환수에 관한 법률 시행규칙 제8조(지가 산정방법)

04 정상지가상승분(인가시점 − 준공시점)

개발이익 환수에 관한 법률 시행령 제2조(정상지가상승분)

① 「개발이익 환수에 관한 법률」(이하 "법"이라 한다) 제2조 제3호에 따른 정상지가상승분은 부과기간 중 각 연도의 정상지가상승분을 합하여 산정하며, 각 연도의 정상지가상승분은 해당 연도 1월 1일 현재의 지가에 해당 연도의 정상지가변동률을 곱하여 산정한다.

② 부과기간이 1년 이내인 경우(연도 중에 부과 개시 시점 또는 부과 종료 시점이 속한 경우를 포함한다)에는 월별 정상지가상승분(각 월의 정상지가상승분은 해당 월 1일 현재의 지가에 그 월의 정상지가변동률을 곱하여 산정한다)을 합하여 산정한 금액을 그 부과기간 중의 정상지가상승분으로 하되, 월 중 일부 기간의 정상지가상승분은 그 월의 정상지가상승분을 일 단위로 나누어 산정한 금액으로 한다.

③ 제1항에 따른 부과기간 중 제2차 연도 이후의 각 연도 1월 1일 현재의 지가는 부과 개시 시점 또는 전년도 1월 1일 현재의 지가에 전년도 부과기간 중의 정상지가상승분을 합한 금액으로 한다.

④ 제1항의 정상지가변동률은 「부동산 거래신고 등에 관한 법률」 제19조에 따라 국토교통부장관이 조사한 연도별 또는 월별 평균지가변동률(해당 개발사업 대상 토지가 속하는 시·군 또는 자치구의 평균지가변동률을 말한다. 이하 같다)로 한다. 다만, 제12조 제1항 제5호 가목 또는 법 제8조 제2호에 따른 정상지가상승분을 산정하는 경우에는 연도별 평균지가변동률(부과기간이 1년 미만인 경우와 연도 중에 부과 개시 시점 또는 부과 종료 시점이 속한 경우에는 해당 연도 내에 속하는 부과기간의 평균지가변동률을 말한다)과 같은 기간의 정기예금 이자율 중 높은 비율로 한다.

⑤ 제4항 단서에 따른 정기예금 이자율은 시중은행의 1년 만기 정기예금 평균 수신금리를 고려하여 국토교통부장관이 매년 결정·고시하는 이자율로 한다.

---

05 개발비용

개발이익 환수에 관한 법률 시행령 제12조(개발비용의 산정)

① 법 제11조 제1항 각 호에 따른 개발비용의 산정기준은 각각 다음 각 호와 같다.

1. 순공사비 : 해당 개발사업을 위하여 지출한 재료비·노무비·경비의 합계액

2. 조사비 : 직접 해당 개발사업의 시행을 위한 다음 각 목의 비용(순공사비에 해당하지 아니하는 비용을 말한다)의 합계액

   가. 해당 개발사업의 시행을 위한 측량비

   나. 관계 법령이나 해당 개발사업의 인가 등의 조건에 따라 의무적으로 실시하여야 하는 각종 영향평가에 드는 비용

   다. 「국가유산영향진단법」 제3조 제9호에 따른 영향진단 및 「매장유산 보호 및 조사에 관한 법률」 제11조 제3항에 따른 매장유산의 발굴에 드는 비용

   라. 개발사업 토지에 대한 지반조사에 드는 비용

3. 설계비 : 해당 개발사업의 설계를 위하여 지출한 비용의 합계액

4. 일반관리비 : 해당 개발사업과 관련하여 관리활동 부문에서 발생한 모든 비용의 합계액

5. 기부채납액 : 납부 의무자가 관계 법령이나 해당 개발사업의 인가 등의 조건에 따라 국가 또는 지방자치단체에 기부하는 토지 또는 공공시설 등의 가액으로서 다음 각 목의 구분에 따라 산정한 가액. 다만, 개

발사업 목적이 타인에게 분양하는 등 처분하는 것으로서 그 처분가격에 기부하는 토지 또는 공공시설 등의 가액이 포함된 경우에는 제11조 제2항에 따라 그 처분가격을 종료시점지가로 산정하는 경우로 한정한다.

가. 토지의 가액 : 개시시점지가에 부과기간의 정상지가상승분을 합한 금액

나. 공공시설 등의 가액 : 토지의 가액에 그 시설의 조성원가를 합산한 금액

6. 부담금 납부액 : 관계 법령이나 해당 개발사업의 인가 등의 조건에 따라 국가 또는 지방자치단체에 납부한 부담금의 합계액

7. 토지의 개량비 : 해당 개발사업의 인가 등을 받은 날을 기준으로 그 이전 3년 이내에 부과 대상 토지를 개량하기 위하여 지출한 비용으로서 개시시점지가에 반영되지 아니한 비용

8. 제세공과금 : 해당 개발사업의 시행과 관련하여 국가 또는 지방자치단체에 납부한 제세공과금의 합계액. 다만, 다음 각 목의 어느 하나에 해당하는 금액은 제외한다.

가. 개발사업 대상 토지의 취득이나 보유로 인하여 납부한 금액. 다만, 지목변경으로 인한 취득세는 제외한다.

나. 벌금, 과태료, 과징금 또는 가산금 등 각종 법령이나 의무 위반으로 납부한 금액

9. 보상비 : 토지의 가액에 포함되지 않은 개발사업구역의 건축물, 공작물, 입목 및 영업권 등에 대한 보상비. 이 경우 건축물에 대한 보상비를 산정할 때에는 다음 각 목에 따른다.

가. 개발사업을 시행하기 위하여 매입한 건축물인 경우 : 취득세의 과세표준이 된 실제 매입가격

나. 기존에 소유한 건축물인 경우 :「지방세법」제4조에 따른 시가표준액(이하 "시가표준액"이라 한다). 다만, 시가표준액이 없거나 납부 의무자가 원하는 경우에는 시장·군수·구청장이 지정하는 감정평가법인등이 감정평가한 금액으로 한다.

06 부담률

개발이익 환수에 관한 법률 제13조(부담률)

납부의무자가 납부하여야 할 개발부담금은 제8조에 따라 산정된 개발이익에 다음 각 호의 구분에 따른 부담률을 곱하여 산정한다.

1. 제5조 제1항 제1호부터 제6호까지의 개발사업 : 100분의 20

2. 제5조 제1항 제7호 및 제8호의 개발사업 : 100분의 25. 다만,「국토의 계획 및 이용에 관한 법률」제38조에 따른 개발제한구역에서 제5조 제1항 제7호 및 제8호의 개발사업을 시행하는 경우로서 납부의무자가 개발제한구역으로 지정될 당시부터 토지소유자인 경우에는 100분의 20으로 한다.

기 본예제

개발부담금과 관련된 연습문제는 감정평가실무 기출문제 제23회 3번 문제를 학습하도록 한다.

제1절 | 투자의사결정의 개관

01 감정평가에 관한 규칙 제27조

> 감정평가에 관한 규칙 제27조(조언·정보 등의 제공)
>
> 감정평가법인등이 법 제10조 제7호에 따른 토지 등의 이용 및 개발 등에 대한 조언이나 정보 등의 제공에 관한 업무를 수행할 때에 이와 관련한 모든 분석은 합리적이어야 하며 객관적인 자료에 근거해야 한다.

02 투자가치와 시장가치

1. 투자가치

부동산 소유로부터 기대되는 미래의 편익이 특정한 의사결정자에게 주는 현재의 편익(요구수익률, 개별적인 수익률을 사용)을 의미한다.

2. 시장가치

공정한 매매를 보장할 수 있는 모든 조건이 충족된 공개경쟁시장에서 성립될 가능성이 가장 많은 가격(기대수익률, 전형적인 수익률을 사용)을 말한다.

3. 투자가치와 시장가치의 관계

투자자는 대상 부동산의 투자가치가 시장가치보다 크면 투자를 하려고 할 것이고, 투자가치가 시장가치보다 작으면 투자를 하려고 하지 않을 것이다. 따라서 경쟁시장이라면 투자가치가 크면 투자가 발생하여 투자가치가 낮아지게 되고 시장가치가 크면 투자를 회피하게 되어 시장가치가 낮아지게 되므로 두 가치가 균형을 이루는 선으로 이동하게 된다.

03 투자안의 종류

1. 독립적 투자(Independent Investment)

어떤 투자안의 선정이나 그 투자안의 현금흐름이 다른 투자안의 선정 여부와 아무런 관련이 없는 경우이다.

2. 종속적 투자(Dependent Investment)

한 투자안을 선정하는 것이 다른 투자안의 선정에 영향을 미치는 경우로, 같은 목적을 달성할 수 있는 투자안들이 여러 개 있을 때, 다른 투자안들은 선정할 수 없는 상호배타적 투자와 한 투자안이 선정될 경우 이와 더불어 다른 투자안이 필연적으로 동반되는 상호인과적 투자로 분류할 수 있다. 상호인과적 투자인 경우에는 관련되어 있는 여러 투자안을 함께 분석하여야 한다는 것에 유의해야 한다.

제2절 투자의사결정방법

01 전통적(화폐의 시간가치가 고려되지 않은 개념)인 분석방법

1. 회수기간법(Payback Period Method)

⑴ 의의

회수기간이란 투자시점에서 발생한 비용을 회수하는 데 걸리는 기간을 의미하며, 각 투자안의 회수기간($= \dfrac{\text{투자에 소요된 비용}}{\text{투자로부터 발생하는 현금흐름}}$)을 계산하여 보다 짧은 회수기간을 갖는 투자안에 투자결정하는 방법을 회수기간법이라 한다.

⑵ 투자의사결정기준

회수기간법에서는 투자비용을 빨리 회수할수록 좋은 투자안이므로 상호배타적인 투자안들이라면 회수기간이 가장 짧은 것을, 상호독립적인 투자안이라면 투자자가 정한 기준기간보다 짧은 투자안 순으로 선정한다.

2. 회계적 이익률법(Average Rate of Return, ARR)

(1) 의의 및 산출방법

회계적 이익률법이란 투자안의 평균이익률($= \dfrac{\text{연평균 순수익}}{\text{연평균 투자액}}$)을 산출하여 투자안의 평가기준으로 삼는 방법으로 평균이익률법이라고도 한다. 연평균 순이익이란 투자기간에 발생한 순이익의 연평균수익 (연평균 순이익 $= \dfrac{\text{순수익 합}}{\text{투자기간}}$)을, 연평균 투자액이란 감가상각과 잔존가치에 의해 영향을 받는 매년 말 장부가치의 합의 평균(연평균 투자액 $= \dfrac{\text{매년 가치의 합}}{\text{투자기간} + 1}$ or $\dfrac{\text{기초가격} + \text{기말가격}}{2}$)을 의미한다. 여기에서 분모에 1을 더하는 이유는 초기투입비용을 고려하기 위해서이다.

(2) 투자의사결정기준

상호 배타적인 투자안들이라면 투자대상의 회계적 이익률이 가장 높은 투자안을 선정하고, 상호 독립적인 투자안이라면 회계적 이익률이 투자자가 정한 기준수익률보다 높은 순으로 선정한다.

기본예제

어느 투자안의 투자금액 및 현금흐름은 아래와 같다. 해당 투자안의 회수기간 및 회계적 이익률 (ARR)을 산정하시오.

0기(투자액)	순수익					5년 후 매각가
	1	2	3	4	5	
500	100	110	120	130	140	600

예시답안

1. 회수기간 : 4년 $+ \dfrac{40^*}{140} = 4.29$년

　＊4년까지의 순수익의 합계가 460으로서 5년차에는 40을 회수하면 투자액 원금을 회수할 수 있을 것이다.

2. 회계적 이익률

　• 평균순수익 : $\dfrac{100 + 110 + 120 + 130 + 140}{5} = 120$

　• 평균투자금액 : $\dfrac{500 + 600}{2} = 550$

　• 회계적 이익률 : $\dfrac{120}{550} = 21.82\%$

02 할인현금수지분석법

1. 듀레이션(Duration)

(1) 개념

채권투자수입(이자수입 및 원금상환)의 현재가치와 그 현금흐름의 유입시기를 고려하여 산정한 투자원금의 가중평균회수기간을 말한다. 즉, 듀레이션은 각 기간에 들어오는 현금흐름의 현재가치가 전체 현금흐름의 현재가치에 대하여 차지하는 비중에 따라 가중치를 주어 가중평균회수기간을 산정한 것이다.

(2) 산정방법

$$\text{Duration} = 1 \times \frac{\dfrac{C_1}{(1+r)}}{V} + 2 \times \frac{\dfrac{C_2}{(1+r)^2}}{V} + 3 \times \frac{\dfrac{C_3}{(1+r)^3}}{V} + \cdots + n \times \frac{\dfrac{C_n}{(1+r)^n}}{V}$$

$$= \sum_{t=1}^{n} t \times \frac{C_t/(1+r)^t}{V}$$

t: 현금흐름이 있는 각 기간   n: 만기(보유기간)
C_t: t시점에서의 현금흐름   r: 이자율
V: 전체현금흐름의 현재가치(가격)

(3) Duration의 활용

이러한 듀레이션은 이자율변동에 따른 채권가치의 변동폭(듀레이션과 가격탄력성과의 관계)을 측정하는 데 유용하게 활용되고 있으며 이때의 추정식은 다음과 같다. 이는 외부환경변화에 따른 부동산가격 변동을 분석할 때에도 활용할 수 있을 것이다.

- $\dfrac{\Delta V}{V_0} = (-)$듀레이션$\times \left(\dfrac{\Delta r}{1+r} \right)$

- $\Delta V = (-)$듀레이션$\times \left(\dfrac{\Delta r}{1+r} \right) \times V_0$

ΔV: 가격변동폭 Δr: 이자율변동폭

기본예제

다음 두 투자안에 대한 듀레이션(Duration)을 산정하시오(할인율 5%).

구분	1차년도	2차년도	3차년도	4차년도	5차년도
투자안 A	50	50	50	50	1,050
투자안 B	0	0	0	0	1,276

예시답안

투자안 A	1	2	3	4	5	현가합
현금흐름	50	50	50	50	1,050	–
현재가치	47.62	45.35	43.19	41.14	822.7	1,000
현재가치/현가합	0.04762	0.04535	0.04319	0.04114	0.8227	1.00
연도×비율	0.04762	0.0907	0.12957	0.16456	4.1135	4.54595

투자안 B	1	2	3	4	5	현가합
현금흐름	0	0	0	0	1,276	–
현재가치	0	0	0	0	1,000	1,000
현재가치/현가합	0	0	0	0	1.00	1.00
연도×비율	0	0	0	0	5.00	5년(듀레이션)

2. NPV(Net Present Value)법 및 IRR(Internal Rate of Return)법

1) NPV법

(1) 개념

순현가(NPV)란 부동산투자에 투입되는 비용의 현가합과, 창출되는 수익의 현가합의 차이를 의미하고, 순현가법이란 이러한 순현가로 투자의사결정을 하는 투자분석방법이다.

(2) 산식

$$NPV = (-)Cash\,Outflow(\text{투자액}) + \sum_{n=1}^{n} \frac{Cash\,Flow}{(1+r)^n}$$

(3) 의사결정

단일 투자안의 경우 NPV가 0보다 크면 투자타당성이 있는 것으로 판단할 수 있다. 한편, 여러 투자안 중 최적 대안을 선택하는 경우에는 NPV가 가장 큰 투자안을 선택하되, 상호독립적으로 여러 대안을 선택할 수 있는 경우에는 NPV의 순서대로 가용가능한 자금을 고려하여 결정하도록 한다.

2) 내부수익률법(IRR법)

(1) 개념

내부수익률(IRR)이란 투자에 대한 현금수입의 현재가치와, 현금지출의 현재가치를 같도록 하는 할인율, 즉 순현가를 0으로 만드는 수익률을 말한다.

(2) 산식

$$NPV = \sum_{t=1}^{n} \frac{t시점의\ 현금유입액}{(1+IRR)^t} - \sum_{t=1}^{n} \frac{t시점의\ 현금유출액}{(1+IRR)^t} = 0$$

(3) 의사결정

단일 투자안의 경우 IRR이 요구수익률보다 큰 경우 투자타당성이 있는 것으로 판단할 수 있다. 여러 투자안 중 최적 투자안을 결정하는 경우에는 IRR이 큰 투자안을 선택하면 되며, 가용한 투자 자금을 고려하여 여러 대안을 결정할 수 있다.

3) NPV와 IRR의 관계

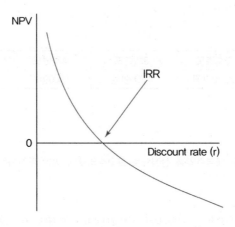

4) NPV와 IRR의 비교

(1) 판단결과가 다르게 나타날 수 있음

둘 이상의 투자안 중 적정 투자안의 결정에 있어 NPV 계산 시 설정된 요구수익률이 양 투자안 간 같은 NPV를 보이는 수익률인 Fisher 수익률보다 낮게 설정되어 있으면 NPV에 의한 결론과 IRR에 의한 결론이 서로 상이하게 결정된다.

(2) NPV의 우수성

① 재투자수익률(Reinvestment Return)에 대한 가정

내부수익률로 재투자한다는 것보다는 기간별 이자율로 재투자한다고 보는 순현가법의 가정이 보다 합리적이다.

투하자본의 운용으로부터 투자기간만료 전에 발생한 이자, 배당 등의 과실수입을 자본의 운용 과정에 투입하는 것을 재투자라고 하며, 그 재투자자본의 운용효율을 재투자수익률이라고 한다. 재투자수익률은 투자시점의 시장상황 및 이자율의 기간구조에 따라 결정이 되나, 내부수익률법에서는 모든 재투자에 대한 수익률을 IRR로 가정하기 때문에 비현실적이다. 반면, NPV는 각 재투자대상의 수익에 대하여 재투자수익률의 합리적인 가정이 가능하다.

② 내부수익률이 없는 경우와 복수로 존재하는 경우가 있다. 현금흐름이 +/−를 반복하거나 편차가 큰 경우에 발생한다.

③ 여러 투자대상을 결합시킨 투자분석을 할 때 순현가법을 이용하면 개별투자안에 대하여 독립적으로 분석하여도 되나, 내부수익률법을 이용하면 개별투자안을 독립적으로 분석하여 투자결정을 할 수 없다.

기 본예제

李 씨는 다음과 같은 현금수지를 보이고 있는 상업용 부동산을 매수하고자 한다. 만약 요구수익률이 12%라면, 당신이 대상 부동산에 부여하는 투자가치는 얼마인가? 5년 후 대상 부동산의 잔재가치는 0이라고 가정한다. 또한 매도자의 요구가격이 1억 5천만원이라고 한다면, 예상되는 회수기간, 순현가, 내부수익률은 얼마인가?

자료

1차년도	2차년도	3차년도	4차년도	5차년도	6차년도
2,500만원	3,200만원	4,000만원	5,000만원	6,300만원	3,000만원

예시답안

I. 평가개요

본건은 투자가치 및 내부수익률 산정으로 요구수익률에 의한 투자가치를 산정하고, 내부수익률(IRR)을 산정한다.

풀이영상

II. 투자가치 산정

$$\frac{25,000,000}{1.12} + \frac{32,000,000}{1.12^2} + \frac{40,000,000}{1.12^3} + \frac{50,000,000}{1.12^4} + \frac{63,000,000}{1.12^5} + \frac{30,000,000}{1.12^6} \fallingdotseq 159,026,000원$$

III. 회수기간 산정

4년간 147,000,000원이 회수되고 5년차에 63,000,000원이 회수되므로 회수기간은 5년(4.05년)이다.

IV. 순현가 산정

159,026,000 − 150,000,000 ≒ 9,026,000원

V. IRR 산정

13.90%

3. 수익성지수법(PI · Profitability Index)

(1) 의미

NPV는 화폐의 시간가치가 고려된 수익과 비용의 차이로만 나타나기 때문에 투자규모가 다른 여러 투자안이 있을 때는 각 투자안의 상대적인 비교가 어렵다. 이때 유용한 것이 수익성지수(PI)인데, 수익성지수란 현금유입의 현재가치와 현금유출의 현재가치의 비율로, 투자원금 1단위가 벌어들이는 가치의 크기를 의미한다.

(2) 산식

$$PI = \frac{\displaystyle\sum_{t=1}^{n} \frac{t시점의\ 현금유입액}{(1+r)^t}}{\displaystyle\sum_{t=1}^{n} \frac{t시점의\ 현금유출액}{(1+r)^t}}$$

(3) 의사결정

PI가 1보다 크다는 것은 NPV가 0보다 크다는 것을 의미하며, 이는 경제성이 있다는 것을 의미한다. 따라서 PI > 1인 상호배타적인 투자안들에 있어서는 PI가 가장 큰 투자안을, 독립적인 투자안들은 PI가 큰 순으로 투자하게 된다.

4. MIRR법(Modified Internal Rate of Return)

NPV법과 IRR법이 서로 다른 평가결과를 보이는 이유는 재투자수익률에 따른 가정이 원인이 된다. 따라서 투자안의 재투자수익률로 요구수익률(자본비용)을 사용해서 내부수익률을 구하면 NPV법과 동일한 결과를 얻을 수 있는데 이를 수정된 내부수익률(MIRR)이라고 한다. 따라서 MIRR이 큰 투자안을 선택하면 NPV법과 평가결과가 동일해진다.

MIRR의 단점은 IRR에서 필요하지 않은 두 가지 변수를 입력해야 한다[재투자수익(Reinvestment rate), 요구수익률(Finance rate)]. 하지만 현금흐름의 특징이 다른 여러 가지의 투자안 간의 비교에 있어서 훨씬 의미 있는 결과를 보여준다.

$$\cdot \sum_{t=1}^{n} \frac{t시점의\ 현금유입액 \times (1+r)^{n-t}}{(1+MIRR)^n} = 초기의\ 현금유출액(\text{Present value by finance rate})$$

$$r: 기간별\ 가정된\ 재투자수익률$$

> ### 기본예제
>
> 아래의 현금흐름을 보이는 자산에 대하여 IRR과 MIRR을 각각 산정하시오(투자금액은 1,000원이다. 시중금리는 5.0%이다).
>
> #### 자료
>
> | 1차년도 | 2차년도 | 3차년도 | 4차년도 | 5차년도(원금회수 포함) |
> |---------|---------|---------|---------|------------------------|
> | 100 | 100 | 100 | 100 | 1,100 |
>
> #### 예시답안
>
> 1. IRR = 10%
>
> 2. MIRR
>   (1) 현금흐름의 미래가치(r = 5.0%) ≒ 1,553
>   (2) MIRR 산정 : $1,553 = 1,000 \times (1 + MIRR)^5$ ∴ MIRR ≒ 9.2%

제3절 투자위험분석

01 투자의 위험과 불확실성, 위험과 수익의 관계

1. 위험(Risk)의 개념

위험이란 어떤 투자안으로부터 얻어지게 되는 결과에 대해 불확실성이 존재함으로써 발생하는 변동성, 즉 투자수익이 기대치를 벗어날 가능성을 뜻한다. 다만, 위험의 경우 어떤 결과가 일어날지에 대한 정보(시나리오)는 미리 알고 있는 상황이다.

2. 불확실성(Uncertainty)의 개념

불확실성이란 투자수익이 기대치를 벗어날 위험의 가능성이며, 그 벗어날 위험에 대한 시나리오 및 확률분포를 모르는 상황을 의미한다.

3. 위험성과 불확실성의 구분

위험성과 불확실성의 차이는 각각의 결과들이 일어날 수 있는 가능성과 연관된 정보에 있는 것으로 ⅰ) 위험성은 의사결정자가 일어날 만한 각각의 결과에 대한 가능성을 예측하기에 충분한 정보를 가지고 있는 상황이며, ⅱ) 불확실성이란 의사결정자가 발생가능한 결과를 예측할 수 있으나 이의 예측을 위해 필요한 정보가 불충분한 상황을 말한다.

4. 위험과 수익의 관계

일반적으로 위험과 수익은 비례관계를 가지고 있는데, 부담하는 위험이 크면 클수록 요구하는 수익률은 커지는 이 같은 관계를 위험과 수익의 상쇄관계(Risk-return Trade-off)라고 한다.

02 투자위험분석

1. 수익과 위험의 측정

(1) 수익의 측정

소득의 기대치, 수익률의 기댓값으로 측정한다.

(2) 위험의 측정

분산 또는 표준편차, 기대한 값과 실현된 값이 달라지는 정도로 정의된다.

계산기 활용 – 표본통계량 분석(1–variable) ▶ ▶ ▶

Stats menu에서 F2(Calc, Caculation) 기능
LIST 1에 일정한 숫자를 넣고 연산한다. (CALC → 1VAR)

풀이영상

$\bar{x}$: 표본의 평균 $\sum x$: 표본의 합

$\sum x^2$: 표본 제곱의 합 s_x: 표본의 표준편차

σ_x: 모집단의 표준편차 n: 표본의 수

minX · maxX: 최솟값 및 최댓값   Q1 · Q3: 4분위값

Med: 중간값   Mod: 최빈값

---

(3) 구체적인 산정방법

- 편차 $= (y - \bar{y})$

- 분산 $= \dfrac{\Sigma(y - \bar{y})^2}{n}$

- 표준편차($\sqrt{분산}$) $= \sqrt{\dfrac{\Sigma(y - \bar{y})^2}{n}}$ (표본으로 주어진 경우)

- 표준편차($\sqrt{분산}$) $= \sqrt{\sum P \times (y - \bar{y})^2}$ (확률로 주어진 경우)

  y: 변량(종속변수) $\bar{y}$: 변량(종속변수)의 평균   n: 변량의 수(종속변수의 수)   P: 확률

2. 평균분산결정법(Mean-Variance Method)

같은 수익에서는 낮은 위험의 것을, 같은 위험에서는 높은 수익의 것을 선택하는 논리로서 가장 기본적인 의사결정방법이다.

기 본예제

감정평가사인 당신은 평가와 관련된 여러 시장자료를 분석하여 다음과 같은 내부수익률(IRR)과 각 시장자료의 수익률 범위를 다음과 같이 측정하였다. 주어진 자료를 토대로 각 부동산의 표준편차(위험률)를 산정하시오.

자료

	내부수익률(%)	수익률 및 확률의 범위(%)			
사례 1	14.0	확률	75	15	10
		수익률	14.0	12.0	16.0
사례 2	16.0	확률	60	30	10
		수익률	16.0	14.0	18.0
사례 3	13.5	확률	80	10	10
		수익률	13.5	13.0	14.0

예시답안

Ⅰ. 평가개요

가중평균수익률을 산정하고, 이를 이용하여 표준편차를 산정하여, 위험률을 측정한다.

Ⅱ. 가중평균수익률

1. 사례 1

$0.75 \times 14.0 + 0.15 \times 12 + 0.10 \times 16 \fallingdotseq 13.9\%$

2. 사례 2

$0.60 \times 16.0 + 0.30 \times 14 + 0.10 \times 18 \fallingdotseq 15.6\%$

3. 사례 3

$0.80 \times 13.5 + 0.10 \times 13 + 0.10 \times 14 \fallingdotseq 13.5\%$

Ⅲ. 표준편차의 계산(위험률)

1. 사례 1

$[0.75 \times (14.0 - 13.9)^2 + 0.15 \times (12.0 - 13.9)^2 + 0.1 \times (16.0 - 13.9)^2]^{1/2} \fallingdotseq 0.995$

2. 사례 2

$[0.60 \times (16.0 - 15.6)^2 + 0.3 \times (14.0 - 15.6)^2 + 0.1 \times (18.0 - 15.6)^2]^{1/2} \fallingdotseq 1.20$

3. 사례 3

$[0.8 \times (13.5 - 13.5)^2 + 0.1 \times (13.0 - 13.5)^2 + 0.1 \times (14.0 - 13.5)^2]^{1/2} \fallingdotseq 0.224$

3. 타인자본 차입에 따른 분석 – 레버리지 효과

1) 개념

차입금 등 타인 자본을 지렛대로 삼아 자기자본이익률을 높이는 것으로 '지렛대 효과'라고도 한다.

2) 정의 레버리지 효과 및 부의 레버리지 효과

(1) 정의 레버리지(Positive Leverage) 효과

조건: 차입 전 수익률(Unlevered Return)이 저당 실효이자율보다 높아야 한다. 이 경우에는 차입에 따라 지분수익률이 상승한다.

∴ 지분수익률(Levered Return) > 차입 전 수익률(Unlevered Return) > 저당 실효이자율

(2) 부의 레버리지(Negative Leverage) 효과

조건: 차입 전 수익률(Unlevered Return)이 저당 실효이자율보다 낮으면 차입에 따라 더 낮은 지분수익률이 실현된다.

∴ 지분수익률 < 차입 전 수익률(Unlevered Return) < 저당 실효이자율

3) 부동산투자 시 레버리지 활용

부동산투자는 전통적으로 레버리지를 통한 고수익을 추구할 수 있는 자산으로 인식되어 왔다. 다만, 고수익을 향유할 수도 있지만 부동산가치 변동에 따른 고위험에도 노출되기 때문에 최적의 자본구조를 수립하는 것이 중요하다.

기본예제

01 아래 부동산에 대한 ① 차입 전 수익률(Cap. rate) 및 표준편차, ② LTV가 30%인 경우 지분배당률 및 표준편차, ③ LTV가 80%인 경우 지분배당률 및 표준편차를 각각 구하고 분석하시오 (수익률 및 표준편차는 백분율 기준 반올림하여 소수점 둘째자리까지 표시한다).

자료 1

매매가격 : 1,000,000,000원
이자율 : 3.5%(이자지급 후 만기 원금일시상환)

자료 2 시나리오별 순수익

풀이영상

구분	비관적	중립적	낙관적
순수익	30,000,000	50,000,000	80,000,000
확률	30%	60%	10%

예시답안

Ⅰ. 시나리오별 수익률

구분	비관적	중립적	낙관적
차입 전 수익률	3.0%	5.0%	8.0%
LTV = 30%인 경우	2.79%*	5.64%	9.93%
LTV = 80%인 경우	1.00%	11.00%	26.00%

$*$ 계산예시(LTV 30%, 비관적) : $(30{,}000{,}000 - 300{,}000{,}000 \times 0.035) \div 700{,}000{,}000$

Ⅱ. 차입 전 수익률 및 표준편차

1. 수익률 : $3.0\% \times 30\% + 5.0\% \times 60\% + 8.0\% \times 10\% = 4.70\%$
2. 표준편차 : $[(3.0-4.7)^2 \times 0.3 + (5.0-4.7)^2 \times 0.6 + (8.0-4.7)^2 \times 0.1]^{1/2} \fallingdotseq 1.42\%$

Ⅲ. LTV = 30%인 경우 지분배당률 및 표준편차

1. 지분배당률 : $2.79\% \times 30\% + 5.64\% \times 60\% + 9.93\% \times 10\% \fallingdotseq 5.21\%$
2. 표준편차 : $[(2.79-5.21)^2 \times 0.3 + (5.64-5.21)^2 \times 0.6 + (9.93-5.21)^2 \times 0.1]^{1/2} \fallingdotseq 2.02\%$

Ⅳ. LTV = 80%인 경우 지분배당률 및 표준편차

1. 지분배당률 : $1.00\% \times 30\% + 11.00\% \times 60\% + 26.00\% \times 10\% \fallingdotseq 9.50\%$
2. 표준편차 : $[(1.00-9.50)^2 \times 0.3 + (11.00-9.50)^2 \times 0.6 + (26.00-9.50)^2 \times 0.1]^{1/2} \fallingdotseq 7.09\%$

Ⅴ. 분석

차입 전 수익률 기준으로 cap rate에 비하여 이자율이 낮기 때문에 부채비율 상승 시 정의 레버리지 효과가 발생하며, 차입비율이 늘어날수록 수익률이 상승하지만 그에 따라 위험(표준편차)도 증가한다.

02 아래 부동산에 대한 지분배당률(자기지분환원이율)을 각 사안에 따라 산정하시오.

- 부동산 매매금액 : 1,000,000,000원
- 1차연도 순수익 : 50,000,000원
- 차입금 : 600,000,000원(LTV = 60%)

이자율이 4.0%인 경우와 6.0%인 경우의 지분배당률을 각각 결정하시오.

예시답안

1. 이자율이 4.0%인 경우
지분현금흐름 : $50{,}000{,}000 - 600{,}000{,}000 \times 0.04 = 26{,}000{,}000$
지분배당률 : $26{,}000{,}000 \div 400{,}000{,}000 = 6.5\%$ (이자율 < Cap. rate으로서 정의 레버리지효과임)

2. 이자율이 6.0%인 경우
지분현금흐름 : $50{,}000{,}000 - 600{,}000{,}000 \times 0.06 = 14{,}000{,}000$
지분배당률 : $14{,}000{,}000 \div 400{,}000{,}000 = 3.5\%$ (이자율 > Cap. rate으로서 부의 레버리지효과임)

4. 확실성, 위험 및 불확실성하에서의 투자분석

(1) 확실성하에서의 투자분석

미래의 모든 현금흐름의 발생에 있어 가정된 현금흐름이 변동 없이 발생될 것으로 가정한 상태에서 실시하는 투자분석방법으로서 상기의 ARR, 투자회수법, NPV, IRR, PI 등은 모두 확실성하의 투자의사결정방법이다.

(2) 위험하에서의 투자분석

미래 현금흐름의 불확실성이 있으나 시나리오 및 확률이 제시되어 현금흐름의 위험성을 측정할 수 있는 상태에서 실시하는 투자분석방법이다.

(3) 불확실성하에서의 투자분석

미래 현금흐름이 불확실하며, 이에 대한 위험을 계측할 수 없는 상태에서 실시하는 투자분석방법이다.

5. 그 밖의 투자분석기법

(1) 감응도 분석(Sensitivity Analysis)

투자효과에 대한 분석모형의 독립변수 중 하나 또는 그 이상이 변함에 따라 종속 변수가 어떠한 영향을 받는가를 분석하는 투자분석기법이다.

(2) 확률분석

① 투자수익에 영향을 주는 모든 요인에 경험적 또는 주관적 확률을 부여한 후 확률 수(Probability Tree)를 이용하여 내부수익률 등의 모든 가능한 결과와 각각의 확률을 결정하는 기법이다.

② 이 기법은 투자분석기법으로 매우 전진된 것은 아니지만 각각의 요인에 확률을 부여하는 일이 매우 어렵고 독립변수의 수가 많아지거나 독립변수가 취할 수 있는 값의 수가 많아지면 계산이 복잡하다는 단점이 있다.

(3) 실물옵션(동적 DCF)

실물옵션평가방법은 금융옵션이론을 실물자산으로 확대한 개념으로 미래환경의 변동성을 변수로 감안하여 투자를 결정하거나 가치평가를 하는 방법을 의미한다.

기 본예제

아래 부동산은 2,000에 매입되는 부동산으로서 아래의 현금흐름이 발생될 것으로 예상된다. 5년 후에는 10% 상승된 금액인 2,200에 매각이 되는 것을 가정한다. 아래 부동산에 대하여 ① Cap. Rate, ② IRR, ③ 지분환원율(R_E), ④ Levered IRR을 각각 산출하시오. 수익률은 백분율 기준으로 소수점 첫째자리까지 반올림하여 결정한다.

자료 현금흐름

1차년도	2차년도	3차년도	4차년도	5차년도
100	103	106	109	112

» 차입은 매입금액의 60%를 차입하며, 매각시점에 원금을 일시상환한다. 이자율은 4.0%이다.

예시답안

매기 현금흐름

구분	투자금액	1차년도	2차년도	3차년도	4차년도	5차년도
현금흐름	2,000	100	103	106	109	2,312
이자	–	48*	48	48	48	1,248**
지분현금흐름	800	52	55	58	61	1,064

* 대출금액은 매입금액의 60%인 1,200이며, 매기 이자는 1,200 × 4%인 480이다.

** 기말에 상환하는 원금 1,200이 포함된 수치임

① Cap. Rate = 100/2,000 = 5.0%

② IRR = 7.0%

③ 지분환원율 = (100 - 48) / 800 = 6.5%

④ Levered IRR = 11.2%

기 본예제

SLA 씨는 부동산 디벨로퍼로서 나지에 개발을 계획하고 있다. SLA 씨는 이항옵션평가모형을 이용하여 토지를 개발하는 옵션의 가치를 평가하고자 한다. 그는 0%의 할인율을 적용할 것이며, 단일기간 모델을 사용할 예정이다. SLA 씨는 만약에 경제가 불황이면 공사비는 200억원이 소요되고 종료된 프로젝트의 가치는 175억원이 될 것으로 예상하고 있다. 만약에 경제가 호황이면 공사비는 250억원이 소요되고 프로젝트의 가치는 340억원이 될 것으로 예상하고 있다. SLA 씨는 인근의 본 물건과 유사한 부동산으로서 완성된 프로젝트가 208억에 매매된 것을 포착하였으며 이는 대상(예정)과 매우 유사한 상태이다. 해당 부동산을 개발함에 따른 가치의 옵션(사업성이 없는 경우 사업을 포기할 수 있는 옵션임)을 평가하시오(확률은 완성된 프로젝트를 기준으로 완성된 부동산의 현시점의 가치와 기댓값을 일치시키는 확률을 적용한다).

예시답안

1. 확률의 결정

   208 = 340 × P(상승) + 175 × (1 - P)

   ∴ P = 20%(상승), P′ = 80%(하락)

2. 시장상황별 프로젝트의 NPV

(1) 호황 시 : 340 - 250 = 90억원

(2) 하락 시 : 175 - 200 = (-)25억원

3. 옵션가치의 평가

가치하락 시 25억원의 옵션가치가 생기며, 호황 시 옵션을 행사할 필요가 없다.

∴ 25 × 0.8 = 20억원

제4절 매후환대차의 타당성 분석

1. 개념

매후환대차란 토지 및 건물을 매도한 후에 이를 다시 임대차하여 사용하는 것을 말한다. 매후환대차의 타당성 여부는 ⅰ) 매후환대차하는 경우의 효과(현금수지), ⅱ) 계속보유하는 경우의 효과(현금수지)를 비교하여 현금수지가 큰 대안을 결정하여야 하며, 특히 세금의 고려가 중요하다.

2. 매후환대차 효과분석

(1) 소유자(토지·건물의 원소유자)

기업의 구조조정목적에 따른 재무구조개선효과, 부동산이 재무제표에 잡히지 않으므로 기업사냥꾼으로부터의 매력상실, 장부상 부동산이 자산으로 잡히지 않을 뿐 실제로는 돈을 빌리는 것과 같은 효과 등을 발생시킨다(Buyback 조건 시). 또한 매도액으로는 새로운 투자, 부채상환 등이 가능하게 된다.

(2) 투자자(매입 후 환대차를 하는 자)

투자자는 매입 후 새로운 임차자를 구할 필요가 없어 안정적인 임대수입을 향유할 수 있고, buyback 조건을 전제할 경우는 이후 부동산의 하락에 대한 위험도 감소시킬 수 있어 안정적인 투자가 가능하다. 이외에도 여러 옵션에 따라 다양한 효과를 얻을 수 있다.

3. 매후환대차의 타당성 분석

구분	계속 보유사용하는 경우	매후환대차하는 경우
+ 토지와 건물의 가치	보유기간 후 매도가격의 현가	현재매도금액
− 자본이득세	보유기간 말 금액의 현가	현재의 금액
+ 감가상각비의 절세효과	• 매기간 절세효과 • (감가상각비 × 영업소득세율)의 복리 현가액	없음

− 임차료	없음	매기간 임차료의 복리현가액
＋ 임차료의 절세효과	없음	• 매기간 절세효과 • (임차료 × 영업소득세율)*의 복리현가액

》 (토지만의)Sales-Leaseback의 타당성 여부를 DCF법으로 검토하는 경우: ① 임대료는 영업경비항목이 아닌 별도의 비용으로 볼 것(BTCF = NOI − 임대료-DS), ② 기간 말 재매도가격(건물만의 가격)을 구하는 환원대상소득은 NOI에서 임대료를 차감한 값이 된다.

* 임차사업장의 임대료는 필요경비로서 임차회사의 법인세를 절감시켜 주므로 이 부분이 반영되어야 한다.

4. 타당성 분석으로서의 매후환대차

Sales-Leaseback 방법도 부동산을 유동화하여 자금을 융통하기 위한 하나의 전략으로서 이와 유사한 현금흐름이 발생하는 대안들(매각 or 담보대출 등)과 비교하여 운용전략을 수립해야 한다.

기 본예제

(주)淸州는 李평가사에게 현재 사옥을 1,250,000원에 매도하고 20년 동안 연 120,000원에 장기임대계약(관리비부담)을 하는 것이 유리한지, 아니면 계속해서 사용하는 것이 유리한 것인지에 대한 컨설팅을 의뢰하였다. 제시된 자료를 토대로 컨설팅에 응하시오.

자료 1 매도가격
(주)淸州의 사옥은 기준시점 현재 1,250,000원에 매도할 수 있다.

자료 2 기타자료
1. 장부가격 : 토지 110,000원, 건물 310,000원
2. 건물의 내용연수는 20년, 감가상각은 정액법을 활용한다. 최종잔가율은 0%이다.
3. 20년 후의 사옥(토지)의 추정가격은 2,000,000원이다.
4. 세율은 28%, 할인율은 10%로 일정하다.

풀이영상

예시답안

1. 매후환대차 시 현금흐름

(1) 매각으로 인한 현금유입 : $1,250,000 - \{(1,250,000 - 420,000) \times 0.28\} ≒ 1,017,600$

(2) (−)임대료지급으로 인한 현금유출(절세효과 고려) : $120,000 \times (1 - 0.28) \times \dfrac{1.1^{20} - 1}{0.1 \times 1.1^{20}} ≒ 735,572$

(3) 매후환대차 시 현금흐름 : $1,017,600 - 735,572 = 282,028$

2. 계속보유 시 현금흐름

(1) 기말매각 시(20년 후) 현금유입(자본이득) : $\{2,000,000 - (2,000,000 - 110,000) \times 0.28\} \times \dfrac{1}{1.1^{20}} ≒ 218,625$

(2) 감가상각으로 인한 절세효과 : $310,000 \times \dfrac{1}{20} \times 0.28 \times \dfrac{1.1^{20} - 1}{0.1 \times 1.1^{20}} ≒ 36,949$

(3) 계속보유 시 현금흐름 : $218,625 + 36,949 = 255,574$

3. 타당성 판단(유·불리 판단)
매후환대차하는 것이 타당하다.

부동산 평가와 최고최선 이용의 분석

제1절 최고최선 이용의 판단기준

01 개념

공지나 개량 부동산에 대해서 합리적이며 합법적으로 이용가능한 대안 중에서, 물리적으로 채택이 가능하고, 경험적인 자료에 의해서 지지될 수 있고, 경제적으로도 타당성이 있다고 판명된 것으로서 (Best Use) 최고의 가치를 창출하는 이용(Highest Use)이다.

02 판단기준 [1]

1. 물리적 채택가능한 이용

"물리적 가능성(Physically Possible)"이란, 대상 부동산은 토양의 하중이나 지지력, 지형, 지세 등에 적합한 이용이어야 한다는 기준이다. 상·하수도와 같은 공공편익시설의 유용성도 물리적 가능성을 판단하는 중요한 기준이다. 이와 같은 물리적 조건에 따라 개발비용이 과도하게 소요되는 경우도 있으므로 물리적 가능성은 경제적 효율성과 결부되어 있다.

2. 합법적 이용(Legal Use)

"법적 허용성 기준"이란, 대상 부동산은 지역지구제뿐만 아니라 여러 가지 환경기준 등 개발에 대한 각종 법적 규제에 적합한 이용이어야 한다는 기준이다. 만약 대상 부동산에 사법상의 계약이 설정되어 있다면, 최유효이용에 영향을 미칠 수도 있으므로 소유권 외에 용익물권이나 담보물권 등이 설정되어 있는지, 그 계약 내용이 최유효이용에 어떤 영향을 미치는지가 반드시 검토되어야 한다.

3. 합리적 이용(Reasonable Use)

합리적 이용은 인근의 표준적인 이용상황과 조화가 이루어져야 하며, 대상 부동산은 경제적으로 타당한 이용으로서 해당 용도에 대한 소득이나 가치가 총개발비용보다는 커야 한다는 기준이다. 최유효이용은 해당 용도에 대한 충분한 수요가 있음을 의미하므로 토지이용 흡수율 등을 분석할 필요가 있다.

---

[1] 감정평가실무기준 해설서(Ⅰ) 총론편, 한국감정평가사협회 등, 2014.02, p.23

4. 최고수익에 대한 경험적 증거(경제적 타당성 분석, 최대수익성)

"최대수익성(Maximally Productive) 기준"이란, 대상 부동산이 앞서 설명한 3가지 조건을 충족하는 잠재적 용도 중에서 최고의 수익을 창출하는 이용이어야 최유효이용에 해당한다는 기준이다. 이는 실제 시장증거에 의해 뒷받침되어야 한다. 최유효이용은 단순히 최고의 수익을 창출하는 잠재적 용도가 아니라 적어도 그 용도에 대한 부동산의 시장수익률과 동등 이상의 수준이 되어야 한다.

03 판단의 절차

1. 채택가능한 대안의 검토

물리적, 합법적, 합리적인 측면에서 타당한 대안을 채택 가능한 대안으로 상정한다.

2. 최고의 가치를 창출하는 대안의 선택(경제적 타당성 분석)

채택가능한 대안 중 최고의 가치를 창출하는 대안을 선택한다(토지 또는 개량물).

제2절 최고최선의 이용분석 및 특수상황에서의 최고최선의 이용

01 최고최선의 이용분석

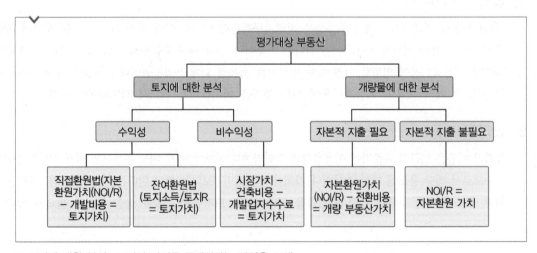

》 **토지에 대한 분석**: 토지의 가치를 극대화하는 방안을 모색

》 **개량물에 대한 분석**: 개량물의 가치를 극대화하는 방안을 모색

02 토지에 대한 경제적 타당성 분석

1. 개발법(Development Method)을 활용하는 방법

대안별 개발 후의 복합부동산의 가치에서 예상되는 건축비 등 경비를 차감한 값을 토지의 예상가치로 보고 이를 극대화하는 방안을 선택한다. 개발 후의 복합부동산의 가치는 거래사례비교법이나 수익환원법으로 평가하며, 인근의 유사한 부동산의 거래수준이나 수익현황을 기준으로 추계한다.

> **토지가격 = 예상 복합부동산의 가치 − 예상건축비**

2. 잔여환원법(토지잔여법)을 활용하는 방법

대안별 개발 후의 복합부동산의 순수익에서 건물귀속 순수익을 차감하여 토지귀속 순수익을 산정한 후 이를 환원하여 토지가치를 산정한 후 이를 극대화하는 방안을 선택한다.

$$토지가격 = \frac{순수익 − 건물귀속\ 순수익(= 예상건물의\ 가격 \times 건물환원이율)}{토지환원이율}$$

기본예제

감정평가사 Y씨는 A신도시에 소재하는 3,000m²의 나대지(3종일반주거지역, 허용용적률 250%, 불허용도 : 다세대주택)에 대한 최유효이용을 분석하고 있다. 제시된 개발대안을 검토하여 해당 토지에 대한 최유효이용을 판정하시오.

자료 1 ▶ 개발대안

구분	대안 A	대안 B	대안 C	대안 D
용도	상업용	업무용	주거용 (다세대주택)	업무용
연면적(m²)	10,000	10,000	9,000	12,000
용적률산정용연면적(m²)	7,500	7,500	6,800	9,000
예상건축비(원/m²)	2,000,000	1,500,000	2,500,000	1,500,000

자료 2 ▶ 준공 시 예상가치

상업용의 경우 준공 시 건물 m²당 4,700,000원이 실현가능할 것으로 보이며, 다세대주택은 m²당 6,000,000원, 업무용의 경우 준공 시 건물 m²당 4,500,000원이 실현가능할 것으로 예상된다.

예시답안

I. 선정가능 대안

대안 C는 불허용도의 대안으로 선정할 수 없으며, 대안 D는 허용용적률 이상(9,000 / 3,000 = 300%)으로서 선정할 수 없는 대안이다.

Ⅱ. 각 대안별 토지가치
1. 대안 A : $(4,700,000 \times 10,000) - (2,000,000 \times 10,000) = 27,000,000,000$원
2. 대안 B : $(4,500,000 \times 10,000) - (1,500,000 \times 10,000) = 30,000,000,000$원

Ⅲ. 최유효이용의 결정
대안 B가 대안 A에 비하여 높은 수익이 예상되는바, 대안 B를 최유효이용으로 결정한다.

03 개량물에 대한 경제적 타당성 분석

1. 자본적 지출이 필요 없는 경우

현재의 이용을 포함한 전환 후 가치가 최대가 되는 대안이 최고최선의 이용이 된다.

2. 자본적 지출이 필요한 경우

자본적 지출을 통해 전환된 가치에서 전환비용을 공제한 값이 최대가 되는 대안이 최고최선의 이용이 된다. 개량 부동산의 가치가 최고인 상가건물이 최고최선의 이용이 된다.

04 특수상황에서의 최고최선의 이용

1. 단일이용

주위의 용도와는 전혀 다른데도 최고최선의 이용이 될 수 있는 경우로, 예로는 지역사회의 하나뿐인 쇼핑센터를 들 수 있다.

2. 중도적 이용

가까운 미래에 대상부지나 개량 부동산에 대한 최고최선의 이용이 도래할 것으로 생각될 때, 그 이용을 대기하는 과정상 현재에 할당되는 이용(일치성 이용의 원리에 유의해야 한다)을 말한다.

3. 비적법 이용

과거에는 적법하게 설립되었으나 현재는 지역지구제의 규정에 부합되지 않는 이용(개발제한구역 내 건부지 → 토지, 건물가치 + 비적법 이용으로 인한 할증금)을 말한다.

4. 비최고최선의 이용

⑴ 대상부지의 최고최선의 이용과 같은 범주

물리적, 기능적 감가를 요한다.

⑵ 대상부지의 최고최선의 이용과 다른 범주

물리적, 기능적 감가뿐만 아니라, 경제적 감가까지 반영해야 하며, 일치성 이용의 원리(제합사용의 원리)에 유의하여 평가해야 한다.

5. 복합적 이용

동시에 여러 가지의 복합적 이용에 할당되는 경우를 말한다.

6. 특수목적의 이용

특수목적의 부동산이란 호텔, 극장, 대학, 교회, 공공건물 등과 같이 특정한 활동을 위해서 설계되고 운영되는 부동산을 의미하는데, 개량 부동산에 대한 최고최선의 이용분석 시 일반적으로 교환가치가 아닌 사용가치로 평가하여야 한다. 여기서 사용가치는 대상 부동산이 제공하는 서비스의 효율성에 의해 평가한다.

7. 투기적 이용, 초과토지 등

운영보다는 시세차익을 목적으로 토지를 보유하는 것이 투기적 행위에 해당하고 이를 투기적 이용이라 한다.

제3절 부동산의 최고최선 이용과 건부감가

01 복합부동산이 최유효이용하에 있는 경우

복합부동산이 최유효이용하에 있는 것은 나지상태의 토지 위에 최유효이용하의 건축물이 있다는 의미로서, 토지의 가치는 전체 부동산의 가치에서 건물가격을 차감한 값을 귀속적으로 가지게 되므로 토지와 건물가치의 합은 복합부동산 전체의 가치를 가지게 된다.

> 나지상태 토지가격 + 건물가격 = 복합부동산의 가격

02 복합부동산이 최유효이용하에 있지 않은 경우

복합부동산이 최유효이용하에 있지 않은 경우 토지에는 건부감가가 작용한다. 이는 인근의 표준적인 이용하에 있는 토지에 비하여 그 이용상황이 불리하기 때문에(즉, 건물로 인하여) 생기는 감가로서 인근토지의 표준적 이용하의 가격(최유효이용하의 가격 or 나지상정가격)과 건부감가가 발생하는 토지의 가격은 차이를 나타내게 된다.

1. 원가법

> 나지상태 토지가격 ± 건부증/감가 + 건물가격(원가법) = 복합부동산의 가격

2. 거래사례비교법

> 거래사례(본건과 유사한 거래사례) × 사정보정 × 시점수정 × 지역요인 × 개별요인 × 면적비교
> × 품등비교(최유효이용 여부 보정) = 복합부동산의 가격

3. 수익환원법

직접환원법이나 할인현금수지분석법을 활용할 수 있다.

》 수익이 없거나 현저히 노후한 경우에는 수익환원법의 적용이 불합리할 것이다.

03 지상건물의 철거 타당성 분석

1. 개요

지상에 최유효이용에 미달하는 건물이 소재하고 있는 경우 이를 철거하고 개발을 하는 것이 타당한지, 지상의 건물을 유지하는 것이 타당한지를 판단한다.

2. 철거 타당성의 검토

A. 현상태 유지 시 : 최유효이용에 미달하는 복합부동산의 가치
B. 지상건물 철거 시 : 나지상태의 토지가격 − 철거비

- A > B인 경우에는 지상의 건물을 존치하되, 이는 임시적인 이용으로서 중도적인 이용상황으로 판단될 수 있다.
- B > A인 경우에는 지상의 건물을 철거하고 별도의 개발계획을 수립하는 것이 유리하다.

04 건부감가에 대한 논의

1. 개념

건부지란 건축물 및 구축물 등의 용도에 제공되고 있는 토지를 말하는데, 토지상에 소재하는 건물 등이 토지의 최유효이용에 미달되는 경우 최유효이용의 경우보다 부지의 효용이 떨어지게 되는데, 이러한 토지에 대한 감가분을 건부감가라고 한다.

2. 판단기준

① 최유효이용과 현재 이용 간의 차이
② 나지화의 난이도
③ 건물과 부지와의 관련성 및 면적 등

3. 산출방법

① **지상건물의 철거가 타당한 경우**
철거비(폐재가치 고려)가 건부감가액이 된다.

② **지상건물의 유지가 타당한 경우**
현상을 유지한 경우 복합부동산 가치에서 건물가치를 차감한 현상태하의 토지가치와 인근의 나지 상정 토지 가치의 격차로 산출할 수 있다(현상태하의 복합부동산 가격 = 나지상태 토지가격 − 건부감가 + 건물가격).

기 본예제

아래 부동산의 건부감가액을 ① 현 상태를 기준으로 하는 경우와, ② 철거하는 경우로 각각 산정하시오.

자료 1 대상 부동산 현황

1. A시 B구 C동 100번지, 300㎡, 대지(제3종일반주거지역)
2. 위 지상 건물의 현황 : 지상 3층의 400㎡의 다가구주택이 소재함(20년 경과된 건물)

자료 2 시장자료

1. 해당 부동산 인근은 상업용 건물을 신축하고 있으며, 허용용적률은 250%가 가능하다. 기존의 주거용 건물은 대부분 상업용으로 철거 또는 용도변경을 하는 추세이다.
2. 대상 부동산은 현재 상태에서의 매각금액은 3,000,000,000원이며, 인근 나대지의 ㎡당 표준적인 가격은 9,500,000원/㎡이다. 지상 건축물의 가액은 400,000,000원이다. 지상 건축물의 철거비는 ㎡당 200,000원이 소요되는 것으로 조사되었다.

예시답안

Ⅰ. 현 상태를 기준으로 하는 경우의 건부감가

1. 현재 상태 기준 토지의 가격 = 3,000,000,000 − 400,000,000 = 2,600,000,000원
2. 나지를 기준으로 한 해당 토지의 가격 = 9,500,000 × 300 = 2,850,000,000원
3. 건부감가 = 2,850,000,000 − 2,600,000,000 = 250,000,000원

Ⅱ. 철거하는 경우의 건부감가

현재 지상 건물의 철거비가 건부감가가 된다.

200,000 × 400 = 80,000,000원

기 본예제

최유효이용에 대한 아래의 각 문제에 답하시오.

1. 나지상태를 기준으로 하여 최유효이용을 결정하시오.
2. 최유효이용에 미달하는 현재 상태에서의 부동산가격을 판단하고 최종 감정평가액을 결정하시오.

풀이영상

자료 1 현재의 이용상황

1. 현재 해당 토지 상에는 경과연수가 30년 정도 되는 주상용 건물이 소재하고 있으며, 인근의 표준적인 건축물 대비 저밀도의 이용상황인 것으로 판단된다.
2. 현재 토지는 제3종일반주거지역으로서 허용용적률은 250%이며, 인근 학교시설로 인하여 유흥업소 등의 개발은 불가능하다. 인근은 상업용 시설이 주로 이용 중에 있으며, 기존의 주거시설은 그 기능을 상실한 것으로 조사된다.

자료 2 개발대안

구분	개발대안 A	개발대안 B	개발대안 C	개발대안 D	현재의 이용상황
연면적(㎡)	1,400	1,400	2,000	1,400	500
용적률(%)	250	250	350	250	110
이용상황	근린생활시설 (사무소)	판매시설	근린생활시설 (사무소)	유흥업소	주상용
준공 후 유효총수입	1,600,000,000	1,500,000,000	2,400,000,000	1,900,000,000	500,000,000
운영경비율(%)	55%	50%	50%	40%	30%
준공 부동산에 대한 환원이율	5.0%	6.0%	5.0%	5.5%	4.0%
건축비(㎡ 당)	1,700,000	1,500,000	1,800,000	2,100,000	900,000

» 현재 이용상황에 대한 자료는 현 시점을 기준으로 한 수치이다.

자료 3 기타사항

현 시점에 개발이 완료되는 것으로 본다.

◢예시답안

Ⅰ. (물음 1) 나지상태를 기준으로 한 최유효이용 분석

　1. 처리방침

　　개발대안 C는 허용용적률 초과, 개발대안 D는 유흥시설로서 선택을 배제하며, A와 B대안 중 경제적으로 타당한 대안을 검토한다.

　2. 개발대안 A의 토지가치

$$\frac{1,600,000,000 \times (1-0.55)}{0.05} - (1,700,000 \times 1,400) \fallingdotseq 12,020,000,000원$$

　3. 개발대안 B의 토지가치

$$\frac{1,500,000,000 \times (1-0.5)}{0.06} - (1,500,000 \times 1,400) \fallingdotseq 10,400,000,000원$$

　4. 결정 : 상기 검토결과에 따라 개발대안 A가 최유효이용인 것으로 결정된다.

Ⅱ. (물음 2) 현재 상태의 부동산 가격 및 최종 평가액

　1. 현재 상태의 부동산가격

$$\frac{500,000,000 \times (1-0.30)}{0.04} \fallingdotseq 8,750,000,000원$$

　2. 최종 감정평가액

　　개발대안에 따른 토지가치가 현재상태의 부동산가격보다 큰 바, 해당 건물을 철거하고 신축하는 것이 더 유리한 것으로 판단된다.

제1절 **담보평가**

01 담보평가의 의의 및 평가방법

1. 담보평가의 의의

담보평가란 담보를 제공받고 대출 등을 하는 은행·보험회사·신탁회사·일반기업체 등(이하 "금융기관 등"이라 한다)이 대출을 하거나 채무자(담보를 제공하고 대출 등을 받아 채무상환의 의무를 지닌 자를 말한다)가 대출을 받기 위하여 의뢰하는 담보물건(채무자로부터 담보로 제공받는 물건을 말한다)에 대한 감정평가를 말한다.

2. 담보평가의 평가방법

일반 감정평가방법 및 이론에 따른다. 다만, 감정평가법인등은 담보평가의 의뢰와 수임, 절차와 방법, 감정평가서 기재사항 등에 관한 세부사항을 금융기관 등과의 협약을 통하여 따로 정할 수 있으며, 이 경우에도 관계법규 및 이 기준에 어긋나서는 아니 된다.

3. 담보평가의 기준가치 [1)

개정 전 「감정평가에 관한 규칙」은 정상가격주의를 원칙으로 하되, 평가목적의 성격상 정상가격 또는 정상임대료로 평가함이 적정하지 아니한 경우에는 그 목적에 맞는 특정가격 또는 특정임대료로 대상물건에 대한 평가액을 결정할 수 있도록 규정하였다(개정 전 감정평가에 관한 규칙 제5조).

이에 따르면 평가목적에 따라 기준가치가 달라질 수 있으므로, 실무상 담보평가의 기준가치에 대한 논란이 있어 왔으며, 실제로 채권 확보의 안정성을 중시하여 시장가치보다 낮은 가액으로 담보 감정평가액을 결정하는 경우가 많았다.

그러나 2013년 1월 1일 시행된 개정 「감정평가에 관한 규칙」 및 「실무기준」에서는 시장가치기준 원칙을 두고, ⅰ) 법령에 다른 규정이 있는 경우, ⅱ) 감정평가 의뢰인이 요청하는 경우, ⅲ) 감정평가의 목적이나 대상물건의 특성에 비추어 사회통념상 필요하다고 인정되는 경우에만 시장가치 외의 가치를 기준으로 할 수 있도록 규정하여 원칙적으로 감정평가의 목적에 따라 가치기준이 달라지지 않도록 하였고, 담보평가의 가치기준 또한 시장가치기준 원칙에 따르도록 하였다.

---

1) 감정평가실무기준 해설서(Ⅰ) 총론편, 한국감정평가사협회 등, 2014.02, p.554

다만, 담보평가의 경우 그 성격을 고려하여 미실현 개발이익 등의 반영에 주의해야 할 것이며, 범위로 나타나는 시장가치 중 다소 안정적인 가액 결정의 접근이 필요하다.

4. 금융기관 대출 관련 업무절차[2]

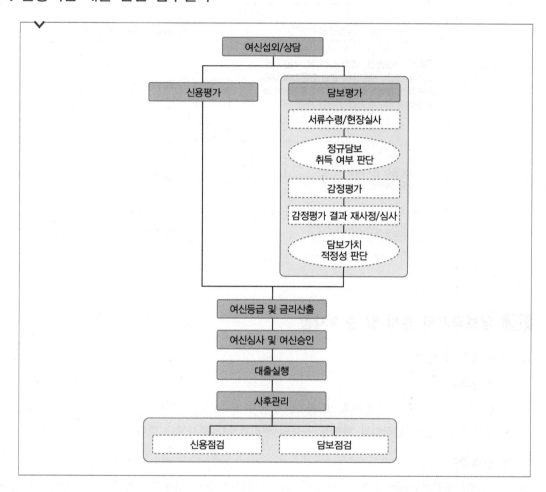

2) 감정평가실무매뉴얼(담보평가편), 한국감정평가사협회, 2015.07.

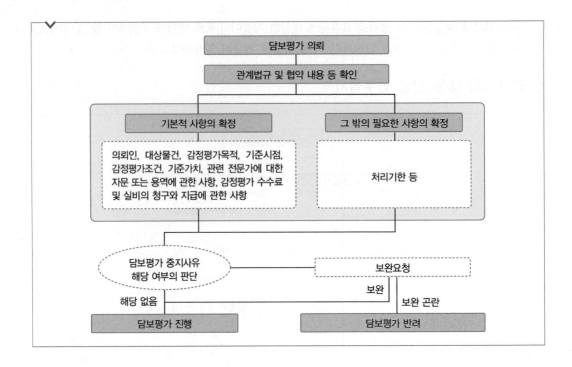

02 담보평가의 원칙 및 준수사항

1. 담보평가의 원칙

(1) 확인주의

담보대상물건에 대한 물적 현황 및 권리관계 등을 반드시 확인해야 되는 것으로 위치, 면적, 건물의 존부 등의 물적확인작업과 제한물권 등의 권리관계를 조사해야 한다.

(2) 보수주의

완전한 채권회수라는 목적을 실현하기 위해 여신기간 동안 미래의 불확실성이 내재된다는 점을 고려해야 한다.

(3) 처분주의(유동화 원칙)

담보감정평가는 채권기간 중 원하는 때에 적정한 금액으로 조기에 환가처분을 할 수 있느냐는 관점에서 접근해야 한다.

(4) 현황주의

공부상의 지목이나 용도에 관계없이 현실적인 이용상태(용도)를 기준으로 판단해야 한다. 다만, 공부와 현황이 불일치할 경우에는 현황이 불법행위에 의하여 이루어진 것이 아닌지 검토해야 한다.

2. 담보평가 시 준수사항[3]

(1) 직업윤리에 따라 업무에 임할 것

감정평가법인등은 의뢰인의 의뢰목적과 의뢰내용을 충분히 이해하고, 의뢰인과 이해관계인들에게 성실하게 응대하며, 감정평가가 적정하고 합리적으로 이루어질 수 있도록 노력한다.

(2) 관계법규와 협약서를 준수하여 업무에 임할 것

① 감정평가법인등은 감정평가관계법규에서 규정한 제반 의무 및 윤리규정을 준수해야 한다.

② 감정평가법인등은 의뢰인과 체결한 협약서를 확인하고 그에 따라 업무를 처리한다.

(3) 공정하게 업무에 임할 것

① 감정평가법인등은 공정하고 성실하게 감정평가를 함으로써 의뢰인이 올바르고 정확하게 업무를 처리할 수 있도록 한다.

② 감정평가법인등은 의뢰인이 금융기관인 경우 담보평가의 의뢰는 영업점이 하지만 감정평가 업무협약의 체결이나 담보평가 관련 정책ㆍ제도의 집행은 본점의 소관부서에서 담당한다는 점을 이해해야 한다.

③ 따라서 영업점인 의뢰인이 윤리규정이나 협약서에 위배되는 업무수임을 요구하는 경우에는 의뢰인에게 담보평가를 의뢰하기 전에 먼저 윤리규정이나 협약서를 확인하거나 본점 소관부서의 승인을 받을 것을 안내할 수 있다.

03 세부 판단사항

1. 필요한 서류 및 대상물건의 판단과 처리 등

1) 감정평가 시 필요한 공부서류

물건별	필수서류	필요시 받는 서류
토지	• 토지 등기사항전부증명서 • 토지이용계획확인서 • 지적도 또는 임야도 • 토지(임야)대장 등본	• 공유지분토지위치확인서 • 환지계획, 환지처분 등의 관련서류 • 토지형질변경허가서 사본 • 농지(산림)전용허가서 사본
건물	건물 등기사항전부증명서	건축물관리대장
공장	• 토지 및 건물의 평가에 필요한 서류 • 기계기구 및 구축물 목록	• 건축허가서, 공장등록증, 사업자등록증 • 공장재단등록증 사본 등
자동차 건설기계	• 자동차(건설기계)등록원부 등본 • 자동차(건설기계)등록증 사본	

---

3) 감정평가실무매뉴얼(담보평가편), 한국감정평가사협회, 2015.07.

선박	선박 등기사항전부증명서	
입목	입목등록원부등본 또는 입목등기사항전부증명서 (등록 또는 등기되어 있는 경우)	

» 「집합건물의 소유 및 관리에 관한 법률」 제2조의 규정에 의한 구분소유권의 대상이 되는 공동주택 등의 경우에는 제1항에서 정한 서류 중 지적도 또는 토지대장등본 등을 받는 것을 생략할 수 있다.

2) 대상물건의 판단과 처리

① 감정평가법인등은 담보평가를 의뢰받을 때 담보평가의 대상물건이 아니라고 판단하는 경우에는 의뢰인과 협의한 후 업무를 진행한다.

② 감정평가법인등은 담보평가를 의뢰받을 때 담보물의 범위, 해당 담보권의 효력이 미치는 물건인지 여부 등을 파악하기 어려운 경우에는 의뢰인과 협의하여 대상물건을 결정하고 협의한 내용을 감정평가서에 적는다.

3) 물적사항 및 권리관계에 대한 확인

(1) 물적사항에 대한 확인

① 감정평가법인등은 사전조사와 실지조사를 거쳐 대상물건의 물적사항과 관련한 다음 각 호의 사항을 확인한다.

㉠ 실지조사에서 확인한 대상물건의 현황이 의뢰내용이나 공부(公簿)의 내용과 부합하는지 여부

㉡ 대상물건의 개별적인 상황

㉢ 대상물건에 담보권의 효력을 제한할 수 있는 다른 물건이 소재하는지 여부

㉣ 제1호부터 제3호 이외에 대상물건의 경제적 가치 및 담보물로서의 가치에 영향을 미치는 사항

② 감정평가법인등은 제1항의 조사 결과, 대상물건에 대하여 실지조사에서 확인한 현황이 의뢰내용이나 공부(公簿)의 내용과 부합하지 않는다고 판단하는 경우(이하 "물적불일치"라 한다)에는 그 내용을 의뢰인에게 알리고 감정평가 진행 여부를 협의해야 한다.

(2) 권리관계에 대한 확인

① 감정평가법인등은 사전조사와 실지조사를 거쳐 대상물건에 대한 소유권 및 그 밖의 소유권 이외의 권리의 존부·내용을 확인한다.

② 의뢰인이 금융기관으로서 협약서상 임대차 조사를 수행하도록 한 경우 감정평가법인등은 협약서에 따라 업무를 처리한다.

4) 담보평가 시 고려해야 할 사항

감정평가법인등은 대상물건의 경제적 가치에 합리적으로 영향을 미칠 것으로 보기 어려운 채무자의 신용도, 자금사정 및 재무상태, 채무상환능력, 기업규모, 평판, 해당 업종 내의 영향력 등을 고려하지 않도록 주의한다.

2. 감정평가서 적정성 검토(감정평가서 발송 전 검토사항)

① 공부의 내용과 현황의 일치 여부
② 적용공시지가 표준지 선정의 적정성
③ 평가가격 산출과정의 적정성
④ 건물 등의 재조달원가 및 내용연수 산정 등의 적정성
⑤ 감정평가서 필수적 기재사항 누락 여부
⑥ 감정평가 수수료 산정의 적정성
⑦ 기타 필요한 사항

3. 공유지분 토지 및 집합건물

공유지분 토지로서 공유자 중 일부의 지분만을 평가하는 경우이다.

(1) 위치확인 여부에 따른 처리방침

① 위치가 확인된 경우

확인된 위치에 따라 평가하되, 이에 대한 사항을 감정평가서에 기록한다.

② 위치확인이 어려운 경우

금융기관과의 협약사항 등을 검토하여 평가할 수 있는지 여부를 판단하며, 평가가 가능한 경우 전체를 평가하여 지분비율별로 감정평가액을 산정한다.

(2) 위치확인 방법

① 위치확인은 공유지분자 전원 또는 인근공유자 2인 이상 동의서를 받아 확인하는 것을 원칙으로 한다.
② 건부지인 경우에는 건축허가도면을 활용할 수 있으며, 집합건물의 경우 관리사무소 또는 상가번영회에 비치된 위치도면을 이용할 수 있다.

4. 특수용도로 사용되는 토지

① 도로, 구거 등 특수용도 토지는 담보로서 평가하지 않는 것을 원칙으로 한다. 다만, 용도 전환을 전제로 평가할 것을 의뢰받는 경우에는 전환 후 토지가격에서 전환통상비용을 차감하여 평가하되, 이에 대한 내용을 감정평가서에 기록한다.
② 다른 조건이 제시되거나 특수한 목적 수반 시에는 조건이나 특수한 목적이 합법적이며 합리적인지 판단한 후 적정하면 현황을 기준으로 평가할 수 있다.

③ 특수용도에 따른 가격이 형성되어 있으면 그 가격수준을 기초로 평가하며, 가격수준이 형성되어 있지 않다면 인근의 표준적 토지의 가격수준에 특수용도로 사용됨에 따른 감액이나 증액을 하여 평가한다.

》 일반적으로 담보평가 시 도로나 구거, 하천은 평가외를 하며, 한 필지 안에 현황이 도로나 구거인 경우에는 그 면적을 사정하여 평가외를 한다. 한편, 도로나 구거가 본 담보권 실행에 있어 반드시 필요한 경우에는 공동으로 담보를 설정하여 환가에 지장이 없도록 해야 한다.

┌참고┐

담보감정평가에서의 평가외와 평가제외의 차이

구분	근저당권 설정(평가대상 여부)	평가액 입력 여부
평가제외	×	×
평가외	○	×

5. 지상권이 설정된 토지

① 지상권이 설정된 토지는 지상권이 설정된 상태를 기준으로 평가한다. 다만, 금융기관과의 협약사항에 의하여 지상권이 설정된 토지에 대한 감정평가가 금지된 경우에는 평가하지 않는다.

② **감정평가방법**
상기 "유형별 평가"의 지상권 설정토지의 감정평가방법과 동일하다.

③ 지상권가액의 산정이 곤란한 경우, 토지의 나지상태평가액의 70% 이내 수준으로 결정이 가능하다.

》 다만, 저당권자가 채권확보를 위하여 지상권을 설정한 경우는 정상평가 가능하다(나대지에 설정된 지상권자가 금융기관인 지상권).

6. 지상건축물의 소유자가 다른 토지

① 철거가 예상되지 않는 한 평가하지 않는다(즉, 토지만을 담보취득할 수 없다). 다만, 지상건축물과 함께 의뢰 시 정상평가가 가능하다.

② **철거가 용이하거나 철거전제로 의뢰 시**
해당 지상건축물의 물적불일치가 있는지 현황을 기준으로 판단하되, 나지상태 평가액으로 결정하고 건물은 담보가치희박으로서 평가외하거나 토지가치에서 철거비를 차감하여 평가할 수 있다.

③ **금융기관의뢰로 토지만 평가하는 경우**
토지의 일반 감정평가방법을 준용한다.

7. 제시외 건축물이 있는 토지

1) 제시외 건물의 개념

⑴ 개념 및 법정지상권 확인의 중요성

제시외 건물이란 공적장부(등기사항전부증명서 및 건축물대장)에 있지 않은 건물이나 현황이 존재하는 건물로서 의뢰목록에 제시되지 않은 건물을 의미한다.

우리나라 등기법제상 토지와 건물은 별개의 부동산으로 인정되고 있다. 따라서 지상의 건물을 담보취득하지 않을 경우 향후 담보권 실행에 법정지상권이 성립되어 환가처분이 곤란하거나 환가처분가격이 크게 떨어질 수 있으므로, 토지상에 미등기건물이 소재하는지 여부 및 법정지상권이 성립될 수 있는지 여부를 판정하여야 한다.

(2) 구체적인 사례

① 대장에는 등재되어 있으나 미등기인 건물

소유권에 대한 조사를 행한 후 소유권의 확인이 가능한 경우에는 보존등기를 행함과 동시에 감정평가를 진행할 수 있다(제시외 건축물이 아니다).

② 건축물대장이 없으며 미등기인 건물

무허가건물이므로 담보평가의 대상이 될 수 없음이 원칙이다(제시외 건축물이다).

2) 처리방법

(1) 제시외 건물로 인하여 토지의 사용, 수익, 처분에 영향을 받는 경우(현저한 경우)

현저한 물적불일치로 토지의 경우 담보물로서의 환가성에 지장이 있다고 판단되므로 평가반려함이 타당하다(향후 법정지상권[4]의 문제가 발생할 수 있음). 다만, 의뢰기관에서 제시외 건물로 인한 영향을 고려하지 말아 달라는 조건을 부가한 경우, 그 조건의 합법성, 합리성 등을 검토한 후 정상평가할 수 있다.

(2) 제시외 건물이 토지의 사용, 수익, 처분에 영향을 주지 않는 경우(경미한 경우)

감정평가서에 해당 제시외 건물의 구조, 면적, 이용상황 등을 기록하고 정상적으로 평가한다.

❍ 물적 불일치의 개념 및 처리방법

1. 물적 불일치의 개념

실지조사를 통해 확인한 결과와 평가의뢰 시 제시된 사항 및 공부와 차이가 나는 경우를 '물적 불일치'라고 한다.

2. 대표적인 유형별 물적 불일치의 처리방법

(1) 위치 및 경계확인이 곤란하거나 일치하지 않는 경우 의뢰인으로부터 측량도면을 제시받아 처리한다. 다만, 의뢰인과 협의하여 직접 외부용역으로 처리할 수 있다.

(2) 지목이 일치하지 않는 경우 현황의 지목을 기준으로 평가한다. 다만, 불법으로 변경된 경우에는 개별적 사안에 따라 처리를 달리해야 한다.

(3) 소재지 및 지번이 일치하지 않는 경우, 행정구역의 개편 등 동일성이 인정되는 경우에는 정상평가할 수 있으나, 그렇지 않은 경우 사유를 보다 세밀하게 확인해야 한다.

---

4) 법정지상권이란 토지와 그 지상건물이 동일인에게 속하고 있었으나, 매매 또는 경매 등 어떤 사정으로 인하여 토지와 그 지상건물의 소유자가 각각 다르게 된 때에 건물소유자에게 그의 건물소유를 위하여 건물을 이용하는 데 필요한 한도 내에서 대지 등을 이용할 권한이 생기는 지상권을 말한다.

(4) 건물 및 정착물의 위치, 면적, 구조 등이 일치하지 않는 경우 등기변경의 가능성, 거래상의 제약 정도 등을 파악하여 사회통념상 동일성을 인정할 수 있는지 판단해야 한다. 내용연수의 불일치는 관찰감 가법 등을 적용하여 연장 또는 단축할 수 있을 것이나, 구건물이 멸실된 경우에는 평가가 원칙적으로 불가능하다고 볼 수 있다.

3) 담보평가 시 유형별 제시외 건물에 따른 처리방법

구분(담보평가)	법정지상권 성립 여부	
	성립가능(현저한 제시외 건물)	성립불능(경미한 제시외 건물)
토지평가 여부	평가반려 원칙(단, 의뢰인이 요청 시 이에 대한 사항을 기재한 후 평가할 수 있다.)	정상평가
평가서 기재방법	평가를 진행한다면 지상의 현저한 제시외 건물로 인하여 사용, 수익, 처분에 제한이 있으나 의뢰인 요청에 의하여 이에 구애됨 없이 평가하였다는 취지를 기재하거나 은행의 요청으로 감가하여 평가하였다는 취지를 감정평가서에 기재함.	제시외 건물이 소재하나 본 토지 등에 미치는 영향이 미미하다라는 취지를 기재함.
제시외 물건에 대한 평가 여부	평가하지 않음(단, 양성화되면 평가할 수 있음).	평가하지 않음.

» 법정지상권의 성립 여부는 제시외 건물의 구조, 이용상황, 주 건축물과의 관계[5], 면적, 내구성 등을 기준으로 판정한다.

8. 담보로서 부적절한 물건에 대한 처리방법

1) 처리방법

담보물건으로 적절하지 않은 물건이 의뢰된 경우에는 담보평가를 진행할 의사가 있는지 명확히 확인하여야 한다. 특히 감정평가조건이 부가되어 의뢰된 경우에는 해당 감정평가조건의 합리성, 적법성 및 실현가능성을 면밀히 검토하여야 하며, 해당 감정평가조건에 대한 내용을 감정평가서에 반드시 기재하여야 한다. 또한 감정평가조건의 합리성, 적법성이 결여되거나 실현이 사실상 불가능하다고 판단될 때에는 의뢰를 거부하거나 해당 감정평가 수임을 철회하여야 할 것이다. 한편, 의뢰기관에서 평가를 요청하는 경우(특화 대출상품이 있는 경우 등)에는 평가할 수 있다.

---

5) 토지상에 미등기건축물(제시외 건물) 이외 건물 유무에 따른 판단
　① 토지상에 미등기건물만이 존재하는 경우 : 미등기건물이 건물로서 요건을 갖추고 있다면 당연히 법정지상권이 인정되므로, 먼저 보존등기를 한 후에 저당권을 설정하여야 한다.
　② 토지상에 등기된 건물과 미등기건물이 함께 존재하는 경우 : 이 경우 등기건물에 설정한 저당권의 효력이 미등기건물에 미치는지 여부는 미등기건물에 대하여 독립성이 인정되는지 여부에 따라 판단하여야 한다. 독립성이 인정될 경우 법정지상권이 성립할 수 있으므로, 미등기건물에 대하여 보존등기를 한 후에 저당권을 설정하여야 한다. 그러나 독립성이 인정되지 않는 경우에는 등기된 건물의 종된 건물(종물, 부합물)이 되어 등기된 건물에 저당권을 설정하면 미등기건물에도 효력이 미치므로 등기를 하지 않아도 된다.

2) 부적절한 담보물건의 예시

담보물건의 적격요건상 환가성, 유동성, 법적안정성, 물적안정성 등의 측면에서 부적절한 담보물건은 담보평가의 감정평가액을 결정할 때보다 신중을 기하여야 한다. 여기에는 법률에 의해 담보취득이 제한된 물건, 동일성이 인정되지 않는 물건, 담보권을 제한하는 권리가 있는 부동산, 특수용도로 이용되고 있어 환가성이 없는 물건 등이 있다.

⑴ 다른 법령에서 담보취득을 금지하는 물건이거나 담보제공을 위하여 주무관청의 허가가 필요한 물건임에도 불구하고 허가를 받지 아니한 물건[6]

① 법률규정에 의해 담보취득이 금지되는 물건

담보취득금지 물건	근거법령
사립학교의 교육에 직접 사용되는 재산	「사립학교법」 제28조 제2항, 동법 시행령 제12조
행정재산	「국유재산법」 제27조, 「공유재산 및 물품 관리법」 제19조
보험회사의 소유재산	「보험업감독규정」 제99조
해당 금융기관의 주식 및 다른 주식회사 발행주식의 20/100을 초과하는 주식	「은행법」 제38조
양도 또는 제한물권을 설정하거나 압류·가압류·가처분 등을 할 수 없는 재산	「주택법」 제61조 제3항

② 담보취득 시 주무관청의 허가를 요하는 물건

담보취득허가 요건 물건	근거법령
사립학교의 교육에 직접 사용되는 재산 이외의 기본재산	「사립학교법」 제28조 제1항
공익법인의 기본재산	「공익법인의 설립·운영에 관한 법률」 제11조 제3항, 동법 시행령 제17조
의료법인의 기본재산	「의료법」 제48조 제3항, 동법 시행령 제21조, 동법 시행규칙 제54조
사회복지법인의 기본재산	「사회복지사업법」 제23조 제3항, 동법 시행규칙 제14조
전통사찰의 재산	「전통사찰보존법」 제9조 제1항, 동법 시행령 제9조
향교재산	「향교재산법」 제4조, 제8조 제1항 제1호
외국투자가 또는 외국인투자기업의 재산	「외국인투자촉진법」 제21조
국가의 지원에 의해 취득한 북한이탈주민의 부동산	「북한이탈주민의 보호 및 정착지원에 관한 법률」 제20조 제2항

---

6) 감정평가실무기준 해설서(Ⅰ) 총론편, 한국감정평가사협회 등, 2014.02, p.556

(2) **담보권을 제한하는 권리가 있는 부동산**

예고등기, 압류, 가압류, 가처분, 가등기, 경매개시등기 등의 등기가 되어 있는 물건은 관련 법령에 따라 처분이 금지되므로, 해당 물건을 담보취득할 경우 등기권리자에게 대항할 수 없기 때문에 담보의 목적을 실현하지 못할 가능성이 많다.

이 경우에는 담보권을 제한하는 등기를 말소한 후에 저당권을 설정하거나 선순위 설정금액을 확인한 후, 그 설정금액을 공제하고 담보가액을 결정하여 담보취득을 해야 한다.

(3) **특수한 용도로 이용되고 있는 것으로서 다른 용도로의 전환가능성이 적고 매매의 가능성이나 임대차의 가능성이 희박한 물건**

도로, 구거, 사도, 묘지, 유지, 하천 등의 토지와 교회, 고아원, 양로원 등의 특수용도로 사용되는 부동산은 다른 용도로의 전환가능성이 적고, 매매 또는 임대차의 가능성이 희박하므로, 금융기관으로부터 특수한 감정평가조건이 수반되지 않는 한 적절한 담보물건으로서 취급이 제한되므로 이에 유의하여야 한다.

(4) **공부상 소재지·지번·지목·면적 등이 실제와 현저히 달라 동일성을 인정하기 어려운 물건**

공부와 현황이 상이한 물건의 경우에는 감정평가 시 신중을 기해야 한다. 동일성이 인정되지 않거나 합법적이지 않은 상태를 기준으로 감정평가를 하는 경우 채권기관의 채권 회수에 문제가 발생할 수 있기 때문이다.

3) 그 밖에 담보물건으로 부적절한 물건

다음의 물건은 환가성이 낮아 채무불이행에 따른 채권회수 가능성이 극히 낮은 물건이다. 이러한 물건의 경우에는 의뢰인에게 담보 취급 여부 등을 알리고 적절한 조치를 취해야 하며, 감정평가를 할 때 담보물건으로서의 적절성 여부, 의뢰인에게 확인한 내용, 감정평가조건 등을 감정평가서에 기재하여야 한다.

① 폐광·미채광 상태이거나 장기간 휴광 중인 광산으로서 광상상태가 불분명한 광산, 시설 및 운영이 부적당하여 가행성적이 불량하거나 입지조건·광량·품질이 극히 불량하여 경영 장래성이 없는 광산 또는 광업권에 한정하여 감정평가가 의뢰된 광산
② 거래실적이 없거나 거래소로부터 거래정지 처분을 받은 주식
③ 시험기구·비품·집기 등으로서 이동이 용이하여 관리·보전이 어려운 물건
④ 환금성과 시장성 등이 매우 낮거나 채권기관과의 특약에 따라 정한 물건
⑤ 그 밖에 손상이나 노후화 등으로 담보가치가 희박하다고 인정되는 물건

9. 건물평가 시 유의사항

1) 경과연수의 기산시점은 준공시점(사용승인일)기준으로 하되, 준공시점과 완공시점의 시차가 1년 이상 시 완공시점기준(보수적인 측면 반영), 연수산정은 만년을 기준한다.

2) 공부상 등재되지 않은 건물(제시외 건물)

① 담보평가 후 근저당권을 설정할 수 없으므로 평가하지 않는다.

② 단, 공부면적을 초과한 부분이 적법하게 건축되어 추가 등재 가능하거나 준공검사필한 건물로 조건이 제시된 경우에는 정상적으로 감정평가할 수 있으며 감정평가서에 이러한 내용을 기재한다 (조건부 평가로서 합리성, 합법성, 실현가능성이 검토되어야 한다).

3) 종물 및 부합물

(1) 종물·부합물 판단의 중요성

「민법」 제358조에 따르면 저당권의 효력의 범위는 법률에 특별한 규정 또는 설정행위에 따른 약정이 있는 경우를 제외하고는 원칙적으로 저당부동산에 부합된 물건과 종물에 미친다. 따라서 대상물건에 종물 및 부합물이 있는지 여부를 면밀히 조사·확인해야 한다.

(2) 종물

물건의 소유자가 그 물건의 상용에 공하기 위하여 자기소유인 다른 물건을 이에 부속하게 할 때 그 물건을 종물이라고 한다(민법 제100조).

종물은 독립된 별개의 물건으로서 사회통념상 계속해서 주된 물건의 상용에 이바지하여야 하며, 장소적으로 어느 정도 부속되어야 한다.

대법원 판례는 종물의 판단기준으로 어느 건물이 주된 건물의 종물이기 위해서는 주물의 상용에 이바지 즉, 주물 그 자체의 경제적 효용을 다하여야 한다고 하였다. 종물의 예로서 주택에 딸린 화장실, 공장에 부속된 경비실 및 창고 등이 있다(대판 1998.8.23, 87다카600).

(3) 부합물

부합물이란 소유자를 달리하는 수 개의 물건이 결합하여 1개의 물건이 될 때, 이러한 부합에 의하여 만들어진 물건을 말한다.

부동산의 소유자는 원칙적으로 부합한 물건의 소유권을 취득한다. 다만, 전세권, 지상권, 임차권 등의 권원에 의하여 부합된 부합물은 부동산 소유자의 소유가 되지 않고 부속시킨 자의 소유가 된다. 대법원 판례는 부합물의 판단기준으로서 부착된 물리적 구조뿐만 아니라 그 용도와 기능면에서 기존건물과 독립된 경제적 효용을 가지고 거래상 별개의 소유권의 객체가 될 수 있는지의 여부 및 증축하여 이를 소유하는 자의 의사 등을 종합하여 판단하여야 한다고 한 바 있다(대판 1975.4.8, 74다1743).

10. 구분건물의 평가

(1) 구분건물 대상물건의 확인

구분소유 부동산을 담보평가할 때 사전조사 및 실지조사를 통해 다음 각 호의 방법으로 해당 구분 건물의 위치를 확인한다.

① 건축물현황도가 있는 경우에는 건축물현황도와 현황을 대조하여 확인한다.

② 건축물현황도가 없는 경우에는 관리사무소 등에 비치된 도면과 현황을 대조하여 확인하되, 그 내용을 감정평가서에 적는다.

⑵ 구조상·이용상 독립성이 없는 구분건물

구분소유 부동산이 인접한 부동산과 구조상·이용상 독립성이 없다고 판단하거나 구조상·이용상 독립성이 있는지 여부를 판단하기 어려운 경우에는 이를 의뢰인에게 통지한 후 의뢰인과 협의하여 업무를 진행한다.

⑶ 대지사용권을 수반하지 않은 구분건물

① 구분소유 부동산을 담보평가할 때 대지사용권이 제시되지 않은 경우에는 사전조사, 실지조사 등을 통해 다음 각 호의 사항을 확인한다.
  ㉠ 의뢰인이 대지사용권을 제시하지 않은 이유
  ㉡ 대상물건이 대지사용권을 수반하고 있는지 여부 및 그 근거
  ㉢ 등기사항증명서에 대지사용권이 등재되어 있지 않다면 그 이유
  ㉣ 대상물건에 대하여 대지사용권을 수반하지 않은 건물만의 가격이 형성되어 있는지 여부
  ㉤ 그 밖에 대상물건을 감정평가하는 데 필요한 사항

② 감정평가법인등은 대지사용권이 제시되지 않은 구분소유 부동산으로서 다음 각 호의 어느 하나에 해당하는 경우에는 의뢰인과 협의하여 대지사용권을 포함한 가액으로 감정평가할 수 있다.
  ㉠ 분양계약서 등에 따라 대상물건이 실질적으로 대지사용권을 수반하고 있지만 토지의 분할·합병, 지적미정리 등으로 인하여 기준시점 현재 대지사용권이 등기되어 있지 않은 경우
  ㉡ 분양계약서 등에 따라 대상물건이 실질적으로 대지사용권을 수반하고 있지만 등기절차의 지연 등으로 기준시점 현재 대지사용권이 등기되어 있지 않은 경우
  ㉢ 그 밖에 대상물건이 실질적으로 대지사용권을 수반하고 있지만 합리적인 사유로 기준시점 현재 대지사용권이 등기되어 있지 않은 경우

③ 대지사용권이 제시되지 않은 구분소유 부동산이 제2항에 해당하지 않는 경우에는 의뢰인과 협의한 후 감정평가를 진행하되 건물만의 가액으로 감정평가한다.

11. 공장의 평가

1) 구조가 복잡하거나 현상이 극히 불량하여 일정기간 동안 그 보존이 어렵다고 인정되는 건물이나 기계·기구 등

⑴ 리스기계

리스기계는 「여신전문금융업법」에 의해 사업자가 리스회사로부터 임대받은 물건으로, 「공장저당법」에 의하여 취득한 담보물을 경매실행 시 복잡한 법률관계가 발생하므로, 통상적으로 담보에서 제외하고 감정평가 시에도 평가하지 않는 것이 원칙이다.

⑵ **소유권유보부 기계 · 기구**

대금분할지급매매에는 대금의 완제 전에 목적물을 인도하는 경우가 있는데, 이 경우에 대금의 완제가 있을 때까지 목적물의 소유권을 매도인에게 유보하는 계약을 말한다. 이 경우 공급계약서 등을 확인받아 소유권유보부 기계 · 기구일 경우 담보로 취급되지 않는다.

2) 과잉유휴시설이거나 단독효용가치가 희박한 부분

⑴ **과잉유휴시설**

과잉유휴시설이란 해당 공장의 필요 정도를 넘어 설치된 시설과 업종변경 등으로 인하여 가동하지 않고 가까운 장래에도 가동할 전망이 없는 시설을 말한다. 담보평가의 경우 이와 같은 과잉유휴시설은 감정평가에서 제외하여야 한다.

⑵ **단독효용가치 희박 부동산**

부동산의 가치는 그 부동산이 최유효사용에 있을 때 가장 크다. 부동산이 최유효사용이 되기 위해서는 물리적 · 법적 · 경제적인 면에서 조건이 충족되어야 한다. 그러나 부동산은 그 형상 · 면적 · 도로저촉 등의 공법상 제한사항 등으로 인하여 일부 또는 전체가 단독으로는 이용될 수 없는데, 이 경우에는 시장에서 거래가 제한되고 가치를 형성하지 못하기 때문에 담보평가에서는 평가 외로 하여야 한다.

3) 기타 평가하지 말아야 할 물건(기계기구)

> ① 구조가 조잡, 노후화로 담보가치가 희박하다고 인정되는 것
> ② 이동이 용이하여 관리 · 보전이 어려운 것
> ③ 기타 담보가치가 희박하다고 인정되는 것

》 상기에도 불구하고 금융기관 등의 특수조건이나 목적수반 시에는 평가가 가능하며, 조건에 대해서는 그 조건의 합법성이나 합리성을 검토해야 한다. 또한 조건을 제시받은 경우에는 그 조건을 기준으로 평가하였다는 점을 감정평가서에 명기해야 한다.

제2절 경매평가

01 경매평가의 의의, 종류 및 주요용어

1. 경매평가의 의의

경매평가란 해당 집행법원(경매사건의 관할 법원을 말한다)이 경매의 대상이 되는 물건의 경매에서 최저매각가격(물건의 매각을 허가하는 최저가격을 말한다)을 결정하기 위해 의뢰하는 감정평가를 말한다. 넓은 의미로서의 경매는 매도인이 다수인 중에서 구두로 매수신청을 하게 하고 최고가격 신청인에게 매도하는 매매방법을 말한다.

> **민사집행법 제97조**(부동산의 평가와 최저매각가격의 결정)
> ① 법원은 감정인(鑑定人)에게 부동산을 평가하게 하고 그 평가액을 참작하여 최저매각가격을 정하여야 한다.

경매감정평가란 집행법원이 감정인에게 부동산 시가의 감정평가를 명하는 것으로 경매절차에서 대상 부동산의 시가를 정확히 파악하여 최저매각가격을 결정하기 위한 것이다. 민사집행법이 최저매각가격을 규정하고 있는 것은 부동산의 공정, 타당한 가격을 유지하여 부당하게 염가로 매각되는 것을 방지함과 동시에 목적 부동산의 적정한 가격을 표시하여 매수신고를 하려는 사람에게 기준을 제시함으로써 경매가 공정하게 이루어지도록 하고자 함에 있다(대결 1994.11.30, 94마1673).

2. 경매의 종류[7]

부동산 경매는 집행권원의 필요 여부에 따라 강제경매와 임의경매로 구분하고, 경매기일의 선후에 따라서는 최초매각(최초경매), 새매각(신경매), 재매각(재경매)으로 나눌 수 있다. 그리고 매각방법에 따라 일괄매각과 분할매각 등으로 분류할 수 있다.

1) 강제경매, 임의경매

(1) 강제경매

강제경매란 채무에 대한 집행권원을 가진 채권자의 신청에 의해 채무자 소유의 부동산을 압류, 경매를 통하여 매각하고 그 대금으로 채무자에 대한 경매신청 채권자의 채권을 변제하기 위한 강제집행절차이다. 즉, 채권자가 약속된 날까지 채권을 변제받지 못하면 법원에 소송을 제기하여 판결을 얻은 후 집행문 부여 등의 절차를 거쳐 법원에 경매신청을 하게 되면 법원은 채권자의 경매신청에 의하여 경매개시결정을 내리고 동시에 부동산을 압류한 다음에 경매절차에 의해 부동산을 강제매각하는 것을 말한다.

---

7) 법원감정평가실무, 한국감정평가사협회, 2024.12.

> **민사집행법 제24조**(강제집행과 종국판결)
>
> 강제집행은 확정된 종국판결(終局判決)이나 가집행의 선고가 있는 종국판결에 기초하여 한다.

(2) 임의경매

임의경매란 근저당권 또는 전세권 등의 담보권자가 자신의 담보권실행을 위하여 담보목적물이나 전세목적물을 경매 신청하여 후순위의 권리자들보다 우선하여 경매목적물의 매각대금에서 자기 채권의 만족을 얻는 강제집행절차이다.

(3) 강제경매와 임의경매의 차이점

임의경매와 강제경매는 그 절차가 동일하여 사실상 큰 차이를 보이지 않으나, 양자 간의 중요한 차이점은 다음과 같다.

가. 집행권원의 요부

강제경매에 있어서는 집행권원의 존재를 요한다. 채권자가 채무자를 상대로 소송을 제기한 후 승소한 경우(판결이 확정되거나 가집행의 선고가 있을 때)[8]판결문이 교부되는데 채권자는 판결문을 제시하고 법원사무관등[9]에게 집행문[10]을 부여받은 후 송달증명원과 확정증명원을 함께 발급받아 판결문에 첨부하면 이로써 집행력 있는 정본이 되며 이것이 곧 집행권원이 되는 것이다. 강제경매의 신청에는 집행력 있는 정본을 첨부하여야 한다. 그러나 임의경매는 담보권에 내재하는 환가권에 기하여 경매의 신청권이 인정되므로 집행권원의 존재를 요하지 아니하여 그 신청에서도 집행력 있는 정본을 요구하지 않으며 담보권의 존재를 증명하는 서류를 첨부하도록 되어 있다.

> **참고**
>
> **집행권원**
>
> 강제집행을 하려면 그 전제로서 채권 즉, 급부청구권이 존재하고 있음이 확실하여야 한다. 채권이 존재하지도 않는데 강제집행을 하면 상대방에게 큰 피해를 주기 때문이다. 그러나 집행에 있어서 집행기관이 일일이 권리의 존부를 심사한다는 것은 집행의 신속·확실을 꾀할 수 없게 한다. 여기서 채권이 존재하고 있음을 확정하고 강제집행의 전제로 될 수 있는 것이 필요하게 되는데, 이것을 『집행권원』이라고 일컫는다. 즉, 일정한 사법상의 이행청구권의 존재 및 범위를 표시하고 법률이 강제집행에 의하여 그 청구권을 실현할 수 있는 집행력을 인정한 공정의 증서를 말한다 하겠다.
> 집행권원의 가장 대표적인 것은 법원의 확정판결(이행판결이어야 함)이다. 그 밖에도 가집행선고가 있는 종국판결·확정된 지급명령·화해조서·조정조서·채무자가 강제집행을 승낙한 취지의 기재가 있는 공정증서 등도 집행권원이 된다.

---

8) 「민사집행법」 제30조 제1항
9) 「민사집행법」 제28조(집행력 있는 정본) ② 집행문은 신청에 따라 제1심 법원의 법원서기관·법원사무관·법원주사 또는 법원주사보(이하 "법원사무관등"이라 한다)가 내어 주며, 소송기록이 상급심에 있는 때에는 그 법원의 법원사무관등이 내어 준다.
10) 「민사집행법」 제29조(집행문) ② 집행문에는 "이 정본은 피고 아무개 또는 원고 아무개에 대한 강제집행을 실시하기 위하여 원고 아무개 또는 피고 아무개에게 준다."라고 적고 법원사무관등이 기명날인하여야 한다.

나. 공신적 효과(공신력)의 유무

강제경매는 집행력 있는 정본이 존재하는 경우에 한하여 국가의 강제 집행권의 실행으로서 실시되므로 일단 유효한 집행력 있는 정본에 기하여 경매절차가 완결된 때에는 훗날 그 집행권원에 표상된 실체상의 청구권이 당초부터 부존재·무효 또는 경매절차 완결 시까지 변제 등의 사유로 인하여 소멸되거나 나아가 재심에 의하여 집행권원이 폐기된 경우라 하더라도 유효한 경매절차에 의한 매수인(경락인)은 목적물의 소유권을 취득한다. 즉, 강제경매에는 공신적 효과가 있다.

이에 반하여 임의경매에 있어서는 담보권자의 담보권에 내재하는 환가권의 실행을 국가기관이 대행하는 것에 불과하므로 담보권에 이상이 있으면 그것이 경락의 효력에 영향을 미치게 되어 경매의 공신적 효과는 부정된다. 즉, 임의경매에 있어서는 강제경매의 경우와는 달리 경매법원은 담보권 및 피담보채권의 존부를 심사하여 담보권의 부존재·무효, 피담보채권의 불발생·소멸 등과 같은 실체상의 하자가 있으면 경매개시결정을 할 수 없고 나아가 이러한 사유는 경락불허가사유에 해당하며, 이를 간과하여 경락허가결정이 확정되고 매수인(경락인)이 매각(경락)대금을 완납하고 소유권이전등기를 경료받았다 하더라도 매수인(경락인)은 경락목적물의 소유권을 취득하지 못한다.

다만, 임의경매에 있어서도 다음과 같은 경우에는 예외적으로 경매의 공신적 효과가 인정된다. 즉, 실체상 존재하는 저당권에 기하여 경매개시결정이 있었다면 그 후 저당권이 소멸되었거나 (예컨대 저당권설정 계약이 해지된 경우) 변제 등에 의하여 피담보채권이 소멸되었더라도 경매개시결정에 대한 이의 또는 경락허가결정에 대한 항고에 의하여 경매절차가 취소되지 아니한 채 경매절차가 진행된 결과 경락허가결정이 확정되고 경락대금이 완납되었다면 경락인은 적법하게 경락부동산의 소유권을 취득한다(대법원 1971.9.28. 선고 71다1310 판결, 대법원 2022.8.25. 선고 2018다205209 전원합의체 판결).

다. 실체상의 하자가 경매절차에 미치는 영향

강제경매에 있어서는 집행채권의 부존재·소멸·이행기의 연기 등과 같은 실체상의 하자는 청구에 관한 이의의 소로서만 이를 주장할 수 있고, 경매개시결정에 대한 이의사유나 경락허가에 대한 이의사유 및 경락허가결정에 대한 항고사유가 되지 못함에 반하여 임의경매에 있어서는 담보권의 부존재·소멸, 피담보채권의 불발생·소멸·이행기의 연기 등 실체상의 하자도 경매절차에 영향을 미치므로 이해관계인은 절차상의 하자 외에 실체상의 하자를 이유로 경매개시결정에 대한 이의를 할 수 있고, 또한 경락허가에 대한 이의 및 경락허가결정에 대한 항고(대법원 1964.4.13. 자 63마98 결정, 1981.2.10. 자 80마141 결정, 1991.1.21. 자 90마946 결정 등)를 할 수 있다.

◦ 강제경매와 임의경매의 비교

구분	항목	강제경매	임의경매
공통점	채권변제	강제환가	
	환가주체	국가공권력(집행법원)	
	소유권 취득시기	매각대금을 완납한 때	
	효력발생시기	경매신청 등기 시	
차이점	경매대상	채무자의 일반재산 전부	담보설정된 특정재산
	우선변제	채권액에 따른 비율배분	담보권자 우선변제
	집행권원	필요	불필요
	공신적 효과	있음	없음
	이해관계인	압류채권자 배당 요구한 채권자 채무자(채무자 = 소유자) 등기사항증명서상의 권리자 권리를 증명한 자	압류채권자 배당 요구한 채권자 채무자 및 소유자 등기사항증명서상의 권리자 권리를 증명한자
	이의사유	집행권원의 형식적 부존재	집행절차의 하자 담보권의 부존재

≫ 참조 : 윤영철, "부동산 실무 대백과", 서울 : 중앙 M&B

2) 최초매각(최초경매), 새매각(신경매), 재매각(재경매)

최초매각이란 경매 준비절차가 완료되고 경매절차를 취소할 사유가 없는 경우에 직권으로 매각기일을 정하여 맨 처음 실시하는 경매를 말한다.

새매각이란 적법한 절차를 통해 경매를 실시하였으나 매수인이 결정되지 않은 경우에 새로운 기일을 정하여 실시하는 경매이다. 새매각의 사유로는 유찰되어 허가할 매수신고가 없는 경우, 이해관계인의 이의신청이 정당하여 집행법원이 매각불허가를 한 경우, 매각기일 이후 매각결정기일 사이에 천재지변 기타 최고가매수인이 책임질 수 없는 사유로 목적물의 훼손에 의한 매각불허 신청을 한 경우 등이 있다. 유찰로 인한 새매각의 경우 최저매각가격을 저감하여 경매를 실시하고, 이의신청에 의한 매각불허가의 경우는 최저매각가격을 저감하지 않고 직전 매각기일의 최저매각가격으로 경매를 실시한다.

재매각은 최고가매수인이 대금지급기일까지 대금을 납부하지 않고 차순위 신고도 없는 경우 법원의 직권으로 다시 실시하는 경매를 말한다. 재매각의 경우 최저매각가격과 매각조건은 이전 경매와 같으나 매수보증금은 최저매각가격의 20~30%로 10%인 새매각과는 차이가 있다. 또한, 재매각 기일이 지정 공고되었다 하더라도 이전 매수인이 새로 지정된 매각기일 3일 전까지 매각대금, 지연이자, 재매각 공고 등의 비용을 전부 납부하면 취소하도록 하고 있으므로 재매각기일이 지정되었다 하여 반드시 경매가 실시되는 것은 아니다.

> **참고**
>
> **매각기일, 매각결정기일**
> - 매각기일이란 법원이 부동산을 매각할 경우 매각을 실행하는 날을 말하고, 기간입찰의 방법으로 진행하는 경우에는 입찰기간의 개시일인 입찰기일을 말한다. 법원은 매각기일의 2주 전까지 부동산의 표시, 매각결정 기일의 일시 및 장소, 최저매각가격 등을 공고하여야 한다.
> - 매각결정기일이란 경매가 실시되어 최고가 매수인이 있을 때 법원이 출석한 이해관계인의 진술을 듣고 경매 절차의 적법여부를 심사하여 매각허가 또는 불허가의 결정을 선고하는 기일을 말한다. 매각결정기일은 매각 기일로부터 1주 이내이어야 한다. 매각결정기일을 지정한 때에는 이를 공고한다

3) 일괄매각, 분할매각

일괄매각이란 개별매각을 할 경우 현저한 가치감소가 우려되는 때에 경매신청권자의 신청이나 법원이 직권으로 일괄하여 매수할 수 있게 하는 것을 말한다. 경매에서는 일반적으로 여러 개의 부동산이 담보로 제공된 경우에는 개별매각을 원칙으로 하지만, 개별매각이 불합리한 경우 일괄매각을 인정하고 있는 것이다.

분할매각이란 채권자가 여러 개의 부동산을 경매신청하였을 경우 그중 1개 부동산의 경매로 채권자의 채권을 충족시킬 수 있다면 다른 부동산에 대한 매각을 허가하지 않는 것을 말한다.

> **참고**
>
> **「민사집행법」 제98조(일괄매각결정)**
> ① 법원은 여러 개의 부동산의 위치·형태·이용관계 등을 고려하여 이를 일괄매수하게 하는 것이 알맞다고 인정하는 경우에는 직권으로 또는 이해관계인의 신청에 따라 일괄매각하도록 결정할 수 있다.
> ② 법원은 부동산을 매각할 경우에 그 위치·형태·이용관계 등을 고려하여 다른 종류의 재산(금전채권을 제외한다)을 그 부동산과 함께 일괄매수하게 하는 것이 알맞다고 인정하는 때에는 직권으로 또는 이해관계인의 신청에 따라 일괄매각하도록 결정할 수 있다.
> ③ 제1항 및 제2항의 결정은 그 목적물에 대한 매각기일 이전까지 할 수 있다.

3. 사법상의 매매와 비교한 경매의 성질

1) 매각조건의 법정성

사법상의 매매에 있어서 매매대금의 액수, 지급방법 등 매각조건은 매매당사자 사이의 합의에 의하여 자유로이 정하여지나, 경매의 경우에는 그 매각조건이 법정되어 있으며 법원이 직권으로 매각조건을 변경하는 경우 외에는 이해관계인 전원이 동의하는 경우에만 매각조건을 변경할 수 있다.

2) 매수신청인의 자격

사법상의 매매에 있어서는 「부동산 거래신고 등에 관한 법률」에 의하여 매수인의 자격이 제한되는 것 외에는 달리 매수인 자격에 제한이 없다. 미성년자나 제한능력자로서 가정법원에서 정한 경우(미성년자 등)에는 법정대리인에 의하지 아니하고 직접 매매계약을 체결함에 장애가 없는 경우 법정대리인의 동의가 없으면 계약 성립 후에 매매계약을 취소할 수 있을 뿐이나 경매의 경우에는 미성년자

등은 법정대리인에 의하지 아니하고는 직접 매수신청을 할 수 없다.

그 외에 집행절차상의 요구에 의하여 집행관이나 친족, 집행법원을 구성하는 법관, 담임법원사무관 등도 매수신청을 할 수 없다고 보아야 할 것이며, 경매부동산을 평가한 감정인 또는 그 친족은 그 부동산에 관하여 매수신청을 할 수 없으며 재경매에 있어서 전매수인과 채무자도 매수신청을 할 수 없다.

3) 의사표시의 하자가 있는 경우

사법상의 매매에 있어서는 매매계약을 체결하였다 하더라도 그 매매가 착오 등 의사표시의 하자에 의한 것이라면 이를 이유로 매매계약을 취소할 수 있으나, 경매에 있어서는 의사표시의 하자를 이유로 경매신청 또는 매각을 취소할 수 없다.

4) 소유권 취득의 문제

경매절차에서 매수인이 경매목적물의 소유권을 취득하는 것은 전소유자의 소유권을 승계하는 승계취득인 점에 있어서는 매매와 다를 바 없다. 따라서 매매와 같이 전소유자가 적법한 소유권자가 아니라면 매수인도 적법한 소유권을 취득할 수 없다.

그러나 임의경매는 근저당권 등 담보권에 기하여 경매절차가 진행되는 것인 만큼 경매개시결정 당시 근저당권이 존재하지 아니하였다면 비록 등기사항증명서상 근저당권이 설정되어 있는 것으로 등재가 되어 있다 하더라도 해당 경매절차는 무효이고 따라서 매수인이 비록 매각대금을 완납하였다 하더라도 경매목적물의 소유권을 취득할 수는 없다.

강제경매의 경우에는 경매개시결정 당시 집행권원이 존재하는 한 비록 실질적인 채권이 존재하지 아니한다거나 소멸하였다 하더라도 강제집행의 원리에 의하여 경매절차는 유효한 것이 되고 매수인은 유효하게 소유권을 취득한다. 소유권 취득의 시기와 관련하여 매매의 경우 매수인이 소유권을 취득하는 시기는 소유권이전등기를 넘겨받는 때이나 경매의 경우에는 매수인이 매각(낙찰)대금을 완납하는 때이다.

5) 담보책임의 문제

사법상의 매매에 있어서는 매매의 목적물인 재산권의 전부 또는 일부가 매도인에게 속하지 않는 경우, 타인의 권리에 의하여 제한되어 있어 매수인이 완전한 재산권을 취득할 수 없는 경우, 또는 매매의 목적물에 하자가 있는 경우 그 내용에 따라 매수인은 대금감액청구권, 해제권, 손해배상청구권을 갖게 되며, 이를 매도인의 하자담보책임이라고 한다. 경매도 사법상의 매매와 같은 성질을 가지므로 하자담보책임이 인정되는데 다만, 경매의 특성에 비추어 사법상의 매매와는 그 내용이 다소 다르다. 구체적으로 물건의 하자에 대하여는 담보책임을 지지 아니하며, 권리에 하자가 있는 경우 즉, 경매된 권리의 전부 또는 일부가 타인에게 속하거나 그 권리가 부족하거나 제한을 받는 경우에 채무자가 하자담보책임을 지게 되어 매수인은 계약의 해제 또는 대금감액을 청구할 수 있으며, 채무자가 무자력일 때에는 매수인은 대금의 배당을 받은 채권자에 대하여 그 대금의 전부 또는 일부의 반환을 청구할 수 있다.

6) 명도의 문제

사법상의 매매에 있어서 매매목적물의 명도책임에 관하여는 당사자 간의 계약 내용에 따라 결정되는 것이나, 통상의 경우에는 매도인이 명도책임을 지는 것이 보통이다. 그러나 경매의 경우에는 채무자나 법원이 명도책임을 부담하지 아니한다. 다만, 전술한 바와 같은 인도 명령 제도를 인정함으로써 간접적으로 매수인이 간이한 방법으로 명도를 받는 길이 마련되어 있을 뿐이다.

> **참고**
>
> **명도(明渡), 인도(引渡)**
> - 명도란 토지·건물 또는 선박을 점유하고 있는 자가 그 점유를 타인의 지배하에 옮기는 것이다.
> - 인도란 동산 물권변동의 효력발생요건으로 점유를 이전하는 것이다.
> - 명도는 주로 부동산의 점유이전에 사용하고, 인도는 동산의 점유이전에 사용되는 것이 원칙이나 오늘날에는 혼용되기도 한다.

7) 부동산상의 부담

> **참고**
>
> 「민사집행법」 제91조(인수주의와 잉여주의의 선택 등)
> ③ 지상권·지역권·전세권 및 등기된 임차권은 저당권·압류채권·가압류채권에 대항할 수 없는 경우에는 매각으로 소멸된다.
> ④ 제3항의 경우 외의 지상권·지역권·전세권 및 등기된 임차권은 매수인이 인수한다. 다만, 그중 전세권의 경우에는 전세권자가 제88조에 따라 배당요구를 하면 매각으로 소멸된다.

부동산상에 각종의 용익물권, 담보물권이 설정되어 있거나 가등기 또는 가압류, 가처분등기가 경료되어 있는 경우 사법상의 매매에 있어서는 그러한 부담은 영향을 받지 않는 것이 원칙이다. 그러나 경매에 있어서는 부동산의 부담 중 담보권(유치권은 제외)과 가압류는 모두 소멸되며, 최선순위 근저당권이나 최선순위 가압류에 대항할 수 없는 용익물권 기타의 부담과 경매개시결정에 대항할 수 없는 부담도 함께 소멸한다. 다만, 전세권은 용익물권이기는 하나 담보물권으로서의 성질도 함께 지니고 있는 점을 고려하여 존속기간의 정함이 없거나 압류등기 후 6월 이내에 그 기간이 만료하는 전세권은 매각으로 인하여 소멸하는 것으로 정하였다. 그러나 전세권의 경우에 2002년 7월 1일 이후 「민사집행법」의 적용을 받는 사건의 경우에는 선순위전세권의 경우에 인수되는 것이 원칙이고 전세권자가 배당요구를 한 경우에는 매각으로 소멸되는 것으로 규정하고 있다(「민사집행법」 제91조 제4항).

> **참고**
>
> 인수주의, 소멸주의
> - 인수주의란 경매로 인하여 소멸되지 않고 매수인에게 인수되어 부담되는 권리를 말한다. 말소기준권리보다 선순위인 가등기, 가처분, 지상권, 지역권, 임차권, 전세권, 환매등기, 예고등기, 유치권 등은 매수인이 인수해야 한다.
> - 소멸주의는 부동산상의 공시된 권리가 낙찰로 인하여 모두 소멸되는 주의로 배당여부와 관계없이 말소가 된다.

02 경매절차

① 경매신청

② 경매개시결정

③ 채권신고의 최고 및 통지

④ 경매준비절차(집행관에 대한 현황조사명령, 최저가 경매가결정, 입찰기일과 낙찰기일지정)

⑤ 입찰실시

⑥ 낙찰허가결정

⑦ 항고

⑧ 대금납부와 소유권이전등기 촉탁

⑨ 배당실시

⑩ 인도명령 및 명도소송

[감정평가명령서]

<h2 style="text-align:center">○ ○ 지 방 법 원
평 가 명 령</h2>

○○감정평가법인(주) ○○○ 귀하

사건 2010타경○○○○○ 부동산임의(강제) 경매
소유자 ○○○

　위 소유자 소유의 별지기재 부동산에 대한 평가를 하여 2010.○○.○○까지 그 평가서를 제출하되(열람, 비치용 사본 1부 첨부), 평가서에는 다음 각 호의 사항을 기재하고, 부동산의 형상 및 그 소재지 주변의 개황을 알 수 있는 도면, 사진 및 토지대장, 건축물대장 등본 등을 첨부하여야 합니다.

1. 사건의 표시
2. 부동산의 표시
3. 부동산의 평가액 및 평가년월일
   가. 집합건물인 경우에는 건물 및 토지의 배분가액 표시
   나. 제시외 건물이 있는 경우에는 반드시 그 가액을 평가하고, 제시외 건물이 경매 대상에서 제외되어 그 대지가 소유권 행사를 제한 받는 경우에는 그 가액도 평가
   다. 등기부상 지목과 현황이 다른 토지의 경우는 등기부상 지목 및 현황에 따른 각 평가액을 병기
4. 평가의 목적이 토지인 경우에는 지적(공부상 및 실제 면적), 법령에 따른 규제의 유무 및 그 내용과 공시지가(표준 지가 아닌 경우 비교대상 표준지의 공시지가와 함께 붙여야 합니다.), 그 밖에 평가에 참고가 된 사항(토지이용계획 확인서 등 첨부)
5. 평가의 목적이 건물인 경우에는 그 종류, 구조, 평면적(공부상 및 실제면적), 추정되는 잔존 내구연수 등 평가에 참고가 된 사항
6. 평가액의 구체적 산출 과정(평가근거를 고려한 요소들에 대한 평가내역을 개별적으로 표시하여야 하고 통합형 설 시를 통한 결론만 기재하여서는 아니 됩니다.)
7. 대지권 등기가 되어 있지 아니한 집합건물의 경우에는 분양계약서 내용, 분양대금 납부 여부, 등기되지 아니한 사유
8. 기타 집행법원이 기재를 명한 사항

2010. ○○. ○○
사법보좌관 ○○○

부동산의 표시

2010타경○○○○○

----

1. 충청남도 ○○시 ○○동 100-1, 대, 100m²
2. 1동의 건물의 표시
   충청남도 ○○시 ○○동 100-1
   [도로명주소] 충청남도 ○○시 ○○길 28
   철근콘크리트 슬라브지붕 1층 근린생활시설
   1층 50.00m²

----

03 경매평가의 범위 및 대상

(1) 경매감정평가의 범위[11]

① 경매목적부동산 및 매수인이 그 부동산과 함께 취득할 모든 물건 및 권리에 미친다. 매수인이 취득할 물적 범위는 압류의 효력이 미치는 물적 범위와 일치한다. 따라서 경매목적부동산의 구성부분, 천연과실, 종물 등도 평가의 대상이 된다.

② 경매목적부동산은 평가명령에 특정하여 표시되어야 한다.

③ 목적부동산의 현황이 실제와 다른 경우가 종종 있는데 이러한 경우 경매를 위한 평가는 실제의 거래에서 거래되는 가격을 평가하는 것이므로 현황을 기준으로 하여 평가를 하여야 한다.

④ 부동산의 구성부분은 부동산의 일부가 되어 당연히 압류의 효력이 미치므로 이를 평가의 대상으로 삼아야 한다. 다만, 타인의 권원에 의하여 부합시킨 경우에는 그것이 독립의 존재를 가지는 경우에는 그 타인에게 소유권이 있으므로 그것에는 압류의 효력이 미치지 아니하고 따라서 평가의 대상이 되지 아니한다.

⑤ 압류의 효력은 종물에 미치므로 종물도 평가의 대상이 되고, 압류 후의 종물에 관하여도 압류의 효력이 미친다. 다만, 제3자의 소유에 속하는 종물에는 압류의 효력이 미치지 아니한다.

(2) 경매감정평가의 대상

경매평가의 대상은 평가명령서에서 특정한 경매 부동산의 교환가치이다. 경매목적물의 교환가치라 함은 경매로 인하여 경락인이 취득하게 되는 총 재산적 가치를 말한다. 구체적인 물건별 평가 대상은 다음과 같다.

> ① 토지, 건물 : 건물은 항상 토지로부터 독립된 부동산으로 취급되므로 경매의 대상이 된다. 경매개시결정을 하면 촉탁에 의하여 등기공무원이 직권으로 소유권보존등기를 하고 경매개시결정 기입등기를 한다. 채무자 소유의 부동산이 무효의 원인에 의하여 제3자 명의로 등기되어 있는 경우 채무자에 대한 강제집행으로서의 경매의 대상이 되지 아니한다.
> ② 공장재단 및 광업재단
> ③ 광업권 및 어업권(지분은 경매대상이 되지 아니한다.)
> ④ 소유권 보존등기된 입목
> ⑤ 지상권 및 전세권
> ⑥ 자동차, 건설기계 및 항공기 등

》 미등기 부동산이라고 하더라도 채무자의 소유이면 강제경매를 할 수 있다.

》 토지에 정착된 공작물 중에서 독립된 부동산으로 취급할 수 없는 것(예 담장, 구거 등)과 수목(입목에 관한 법률에 의한 소유권등기가 된 입목은 제외)은 토지와 일체로 되어 하나의 부동산으로 취급되며 독립하여 경매의 대상이 되지 아니한다.

---

11) 법원감정평가실무, 한국감정평가사협회, 2017.11.

04 경매평가방법

1. 평가가액의 성격

경매가격은 집행법원의 최저 경매가격이 되고, 경락자가 없는 경우 경매가격에 해하여 감액하는 특수성이 있고 사업용 부동산은 경매로 인해 원래의 목적을 달성할 수 없는 경우 타용도로의 전환가치를 고려한 평가액을 제시할 필요성이 있는 등 특정가격에 가깝다고 할 수도 있으나 통상 일반평가에 준해서 평가된다.

2. 평가시점의 결정

최저매각가격은 매수신청액을 결정하는 기준이 되므로 평가는 경매의 시점을 기준으로 하여 그때에 있어서의 목적부동산의 가격을 예측하여 행하여져야 할 것이나, 경매의 시점을 평가의 단계에서 예측하는 것은 불가능한 것이고 이를 예측할 수 있다 하여도 장래의 가격의 예측은 극히 곤란한 일이다. 따라서 통상은 평가의 시점을 기준으로 하여 그때의 가격을 평가하면 족하다.

3. 물건의 구체적 사례에 따른 평가방법

1) 토지의 경우

⑴ 제시외 건물 등으로 인하여 법정지상권이 발생할 수 있는 경우

현행법상 법정지상권은 전세권에 의한 경우(민법 제305조), 저당권에 의한 경우(민법 제366조), 가등기담보권 등에 의한 경우(가등기담보 등에 관한 법률 제10조), 입목에 관한 경우(입목에 관한 법률 제6조)와 관습법상의 법정지상권이 있다. 이는 경매부동산상의 부담으로서의 용익권 가운데 실무상 가장 많이 문제되는 부분이다.

법정지상권은 부동산을 평가할 당시에는 아직 발생하지 않은 것이지만 경락인의 경락으로 인해 토지소유권을 취득할 때에는 그 토지의 부담으로 성립되는 것으로 매수신청가격의 기준을 제시하는 의미를 가지는 최저매각가격의 취지로 미루어 그러한 것도 부동산을 평가할 때 고려하여야 한다. 법정지상권이 성립하는 경우에 토지의 경락인이 지료를 받게 된다는 점과 지상권의 존속기간을 고려하여 법정지상권에 의한 부담을 평가하여 감가한다.

실무적으로는 나지상정으로 정상시가로 표기하고, 제한받는 상태의 감정평가액은 별도로 의견란 등에 표기하고 있다.

> **감정평가서 의견란 및 명세표 기재방법**
> 본건은 감정평가 목적을 고려하여 지상 제시외 건물로 인한 영향에 구애됨 없이 감정평가하였으며, 제시외 건물이 경매의 대상에서 제외되어 대지가 소유권 행사의 제한을 받는 경우의 가액을 비고란에 병기하였으니 경매진행에 참조하시기 바랍니다.

일련번호	소재지	지번	지목·용도	용도지역	면적		감정평가액		비고
					공부	사정	단가	금액	
1	△△동	100-1	대	계획관리지역	100	100	1,000,000	100,000,000	지상권설정 시 700,000원/m²

∶ 경매평가 시 유형별 제시외 건물에 따른 처리방법

구분(경매평가)	법정지상권 성립 여부*	
	성립가능(현저한 제시외 건물)	성립불능(경미한 제시외 건물)
토지평가방법	나지상태로 평가하되 법정지상권 성립 시 가액을 병기한다.	정상평가
평가서 기재방법	본건은 감정평가 목적을 고려하여 지상 제시외 건물로 인한 영향에 구애됨 없이 감정평가하였으며, 제시외 건물이 경매의 대상에서 제외되어 대지가 소유권 행사의 제한을 받는 경우의 가액을 비고란에 병기하였으니 경매진행에 참조하시기 바랍니다.	제시외 건물이 소재하나 본 토지 등에 미치는 영향이 미미하다라는 취지를 기재한다.
제시외 물건에 대한 평가여부	지상 제시외 건물과 일괄경매가 되는 경우는 평가하며, 그렇지 않은 경우는 평가대상에서 제외하되, 최종판단은 관할법원과 상의하여 결정한다.	평가한다(부합물 및 종물은 주물의 처분에 따른다).

* 법정지상권의 성립 여부는 제시외 건물의 구조, 이용상황, 주 건축물과의 관계, 면적, 내구성 등을 기준으로 판정한다.

┌ **참고** ┐

제시외 건물(현저/경미)과 담보/경매평가 시 기술방법

구분	담보평가 시	경매평가 시
경미한 제시외 건물 소재	"본건 지상에 별지 "지적 및 건물개황도"와 "사진용지"와 같이 제시외 물건(샌드위치판넬조, 창고, ○○○m²)이 소재하나 제시외 건물의 구조, 면적, 이용상황 등으로 보아 본 담보물에 미치는 영향은 미미할 것으로 판단됩니다."	"본건 지상에 별지 "지적 및 건물개황도"와 "사진용지"와 같이 제시외 물건(샌드위치판넬조, 창고, ○○○m²)이 소재하나 평가목적을 고려하여 이에 구애됨이 없이 평가하였습니다." (별도로 기재하지 않아도 무방)
현저한 제시외 건물 소재	"본건 지상에 별지 "지적 및 건물개황도"와 "사진용지"와 같이 소유자 미상의 제시외 물건(철근콘크리트조, 상가, ○○○m²)이 소재하며, 구조, 면적, 이용상황 등을 보아 본 토지(담보물)에 미치는 영향이 현저할 것으로 판단되나, 귀행의 요청에 따라 이에 구애됨 없이 평가하였으므로 담보취득 시 참조하시기 바랍니다."	"본건 지상에 별지 "지적 및 건물개황도"와 "사진용지"와 같이 소유자 미상의 제시외 물건(철근콘크리트조, 상가, ○○○m²)이 소재하나 평가목적을 고려하여 이에 구애됨이 없이 평가하였으며, 제시외 물건이 토지에 미치는 영향을 감안하여 평가할 경우의 토지가격을 별지 "토지건물평가명세표"의 비고란에 기재하였으니 경매진행 시 업무에 참고하시기 바랍니다."

(2) 유치권이 성립한 경우

경락인은 유치권자에게 그 유치권으로 담보하는 채권을 변제할 책임이 있으므로 피담보채권액만큼 감액하여야 하는바, 구체적인 금액은 유치권자가 주장하는 금액이 아니라 감정인에 의한 피담보채권의 감정평가액이다. 채권변제 책임이 있는 유치권에는 경락인에게 대항할 수 있는 점유자가 갖는 유치권과 압류의 효력 발생 이전에 생긴 유치권은 물론 대항력 없는 점유자의 유치권 및 압류의 효력 발생 이후에 생긴 유치권도 포함된다. 다만 감정평가실무상 유치권의 존부 및 권리파악이 곤란하므로 정상평가한 후 조사내용을 별도로 기재하여 재판부에서 유치권에 대해 처리할 수 있도록 한다.

(3) 타인점유부분이 있는 경우

점유권원 유무, 점용료 지급 여부 등을 조사하여 권리의 내용에 따라 감액 또는 정상평가하되 조사된 내용을 의견서에 표시한다.

(4) 건축이 중단된 구축물이 있는 토지

토지의 경매평가 시 교량, 궤도, 갱도, 정원설비 및 기타의 토목설비 또는 공작물 등과 같은 구축물이 토지의 상·하에 존재하는 상태로 의뢰될 수 있다. 만일, 이러한 구축물의 건축이 중단된 상태로 토지의 경매평가가 의뢰된 경우에는 토지만을 정상평가한 뒤에 의견서에 해당 내용을 명기하고, 구축물에 대해서 법원의 구축물 추가 평가명령이 있으면 추가로 감정평가한다.[12]

(5) 건축 중인 건물이 있는 토지

경매 대상 토지 위에 있는 건축 중인 건물이 비록 미완성이지만 기둥, 주벽 및 천장 등을 갖추어 독립한 건물의 요건을 갖춘 경우에는 위 건축 중인 건물 전체를 토지의 부합물로 볼 수 없으므로 경매목적물에서 제외하고 법정지상권 성립 가능성을 고려하여야 한다(지하층이 위와 같이 기둥, 주벽, 천장슬라브의 구조를 갖추었다면 지상층은 골조공사만 이루어진 상태라고 하더라도 독립된 건물로서 요건을 갖추었다고 본 대법원 2003.5.30, 2002다21592 판결 등 참조).

참고로, 「감정평가 실무기준」 [610-7.3.2 공사중단 건축물 등의 감정평가방법]에서는 「건축법」 제21조에 따른 착공신고 후 건축 또는 대수선 중인 건축물이나 「주택법」 제16조 제2항에 따라 공사 착수 후 건축 또는 대수선 중인 건축물로서 공사의 중단이 확인된 건축물인 "공사중단건축물"의 대지를 평가하는 경우 토지의 감정평가방법을 따르되, ① 공사중단 건축물의 대지 위치·형상·환경 및 이용상황, ② 공사중단 건축물의 구조, 규모, 공정률, 방치기간, ③ 공사중단 건축물의 용도 또는 거래 조건에 따른 제한을 고려하여 감정평가할 수 있다고 규정하고 있다.

---

12) 건축법상 "건축물"이란 토지에 정착하는 공작물 중 지붕과 기둥 또는 벽이 있는 것과 이에 딸린 시설물, 지하나 고가의 공작물에 설치하는 사무소·공연장·점포·차고·창고 그 밖에 대통령령으로 정하는 것을 말함(건축법 제2조 제2호). 구축물은 교량, 갱도, 궤도 등 토지에 정착된 부동산 중 입목, 건물 및 건물 부속시설 등을 제외한 시설물을 말하며, 건물은 청사, 관사, 아파트 등 건축법상 건축물로서 토지에 정착하는 공작물 중 지붕과 기둥 또는 벽이 있는 것과 부수되는 시설물을 말함(「일반유형자산과 사회기반시설 회계처리지침」, 기획재정부예규).

⑹ **용익권**

가. 지상권

지상권의 존재로 인하여 경락인이 경락토지의 사용가치를 향유할 수 없음으로 인한 손해액 상당을 감액한다. 지료는 지상권의 필요적 요소는 아니나 이를 정할 수 있는 것이므로 지료가 정해져 있는 경우에는 그 지료에 의한 이득만큼은 손해액에서 공제하여야 한다.

나. 지역권[13]

경매토지가 인접토지의 지역권을 부담하고 있는 때, 즉 승역지인 경우에는 경락인은 이를 인수하지 않을 수 없으므로 이로 인한 사용가치 감소액 상당의 손해액을 감액한다. 지역권의 대가가 정해져 있는 경우에는 그 이득만큼은 손해액에서 공제하여 감정평가하여야 한다.

다. 전세권

경매부동산의 감정평가는 원칙적으로 감정평가 시를 기준으로 하는 것이므로, 존속기간 만료 후에 전세권자가 경매신청을 한 경우 또는 제3자가 경매신청을 하였더라도 감정평가 시에 이미 전세권의 존속기간이 만료되었다면 전세권의 물적 부담이 없는 부동산 가격을 감정평가하여야 한다. 그리고 존속기간의 정함이 없거나 경매신청의 기입등기 후 6월 이내에 그 기간이 만료되는 전세권도 경락으로 인하여 소멸하므로 그 경우에도 감정평가에 있어서 전세권의 존재를 참작할 필요가 없다. 존속기간이 남아있고 그 잔여기간이 경매신청의 기입등기 시로부터 6월을 초과하는 경우에도 그 전세권이 경매신청기입등기보다 후에 등기된 것이거나, 전세권보다 선순위의 저당권이 설정되어 있는 경우에는 경락으로 인하여 전세권도 소멸하므로 감정평가에 있어서 전세권의 존재를 참작할 필요가 없다.

따라서 전세권을 고려하여 감정평가하는 경우는 선순위의 저당권설정등기(담보가등기 포함) 및 전세권설정등기 전의 압류가 없는 경우로서 경매신청의 기입등기 후 6월을 경과하여 그 존속기간이 만료되는 전세권에 한하게 된다.

라. 대항력 있는 임차권

대항력 있는 임차권으로는 등기된 임차권(「민법」 제621조 제2항), 지상건물의 등기가 된 토지임차권(「민법」 제622조), 주민등록 및 점유를 하고 있는 주택임차권(「주택임대차보호법」 제3조)이 있다.

⑺ **분묘기지권이 있는 토지**

분묘기지권이란 "타인의 토지 위에 분묘를 설치 또는 보유하기 위한 목적에 한정하여 그 토지를 사용할 수 있는 지상권 유사의 물권"을 의미한다. 분묘기지권이 성립하는 경우는 ① 타인의 토지에 그 토지소유자의 승낙을 얻어 분묘를 설치한 경우, ② 승낙을 얻지 못하더라도 분묘를 설치한 후 20년간 평온·공연하게 점유함으로써 시효로 취득한 경우[14], ③ 자기의 토지에 분묘를 설치한 후 분묘에 관한 별도의 특약 없이 토지만을 타인에게 처분한 경우이다.[15]

---

13) 일정한 목적을 위하여 타인의 토지를 자기토지의 편익에 이용하는 권리
14) 2001.1.13. 「장사 등에 관한 법률」이 전부개정되어, 2001.1.13. 이후에 토지 소유자의 승낙 없이 설치한 분묘의 연고자는 토지 소유자 등에게 토지사용권이나 그 밖에 분묘의 보존을 위한 권리를 주장할 수 없음(시효취득 불인정).
15) 분묘기지권, 「圓設 法律用語辭典」, 2017, 법전출판사

대법원 1995.2.28.선고 94다37912 판결에서는 타인 소유의 토지에 소유자의 승낙 없이 분묘를 설치한 경우에는 20년간 평온·공연하게 그 분묘의 기지를 점유함으로써 분묘기지권을 시효취득한다고 하였으며, 분묘기지권을 시효취득하는 경우에도 지료를 지급할 필요가 없다고 판시한 바 있다. 그러나 대법원 2021.4.29. 선고 2017다228007 전원합의체 판결에서는 구 「장사 등에 관한 법률」의 시행일인 2001.1.13. 이전에 분묘기지권을 시효로 취득하였더라도, 분묘기지권자는 토지소유자가 분묘기지에 관한 지료를 청구하면 그 청구한 날부터의 지료를 지급할 의무가 있다고 판시하였다. 이처럼, 과거에는 분묘기지권에 대하여 지료를 지급할 의무가 없다고 보았으나, 최근에 대법원 판례가 변경되어 분묘기지권이 성립하고 있는 토지는 해당 토지만의 지료에 대한 감정평가도 가능하며, 분묘기지권이 성립함으로 인하여 토지의 사용, 수익, 처분에 제한을 받는 토지는 그 제한을 고려하여 감정평가할 필요가 있다.

이 경우, 분묘기지권이 미치는 적정 범위는 법령상에서 규정하고 있는 제한면적이 아니라, 권리자가 분묘의 수호 및 제사에 필요한 범위 내에서 분묘기지 주위의 공지를 포함한 지역까지임을 주의할 필요가 있다(대법원 1994.8.26 선고 94다28970 판결 참조).

⑻ 공부상 지목과 현황이 다른 토지

경매제도는 기본적으로 매매의 성질을 가지고 있다. 따라서 공부상 또는 평가명령상의 경매목적물의 표시와 현황이 다른 경우라 하더라도 그것이 실제 시장에서 거래되는 가격으로 감정평가를 하여야 하고 따라서 그 한도 내에서의 실제 이용상황에 따른 감정평가를 하여야 한다.

따라서 공부상 대지라 하더라도 실제의 이용상황이 도로라면 도로의 가격을 감정평가하여야 할 것이다. 또한, 상가건물의 경우 평가명령상 그 부지의 일정 지분과 전체건물의 일정 지분을 감정평가하도록 되어있다 하더라도 실제의 소유상황 및 이용상황을 파악하여 현황에 맞도록 감정평가하여야 할 것이다.

다만, 공부상 위치와 현황 위치가 부합하지 않는 경우는 감정평가하지 않는 것이 원칙인바 법원에 통보하여 정정 후 감정평가하도록 하고, 면적이 부합하지 않는 경우는 그 내용과 원인을 조사하여 법원에 통보하고 집행법원과 협의하에 감정평가 여부를 결정해야 할 것이다.

⑼ 도로저촉토지

가. 도시·군계획시설도로

경매목적 토지 중의 일부가 도시·군계획시설에 저촉되는 경우에는 사정을 참작하여 감정평가하여야 한다. 따라서 도로개설시기 및 예상 보상가 등을 고려하여 감정평가하여야 한다.

나. 현황도로

현황도로는 사도법에 의한 사도나 사실상의 사도에 해당하는지 판단하여야 하며, 주위토지통행권과 같이 특정인이 사용하여 지료청구가 가능한 도로인지 등을 조사하고, 보상평가의 대상이 될 경우 등을 고려하여 감액평가하여야 할 것이다.

⑩ **도시·군계획시설 녹지와 접도구역 내 토지의 감정평가**

도시·군계획시설 녹지란 도시·군계획시설사업의 시행으로 설치되는 것으로 이에는 완충녹지와 경관녹지 및 연결녹지가 있다. 완충녹지란 대기오염, 소음, 진동, 악취, 그 밖에 이에 준하는 공해와 각종 사고나 자연재해, 그 밖에 이에 준하는 재해 등의 방지를 위하여 설치하는 녹지를 말한다. 경관녹지란 도시 안의 자연적 환경을 보전하거나 이를 개선하고 이미 자연이 훼손된 지역을 복원·개선함으로써 도시경관을 향상시키기 위하여 설치하는 녹지이고 연결녹지란 도시 안의 공원, 하천, 산지 등을 유기적으로 연결하고 도시민에게 산책공간의 역할을 하는 등 여가·휴식을 제공하는 선형(線型)의 녹지를 말한다.[16]

접도구역은 도로 구조의 파손 방지, 미관(美觀)의 훼손 또는 교통에 대한 위험 방지를 위하여 지정한 구역이다. 접도구역은 토지이용계획확인서로 확인할 수 있다.

도시·군계획시설 녹지와 접도구역 내 토지는 일정한 행위제한이 가해지므로 주의를 요한다. 따라서 도시·군계획시설 녹지와 접도구역 내 토지는 이용에 제한을 받는 점을 고려하여 감액평가하여야 할 것이다.

참고로, 도시·군계획시설상의 녹지는 아니지만 서울시 도시계획 조례에서 정의하고 있는 비오톱[17]으로 지정된 토지의 경우, 비오톱 지정으로 인하여 토지에 대한 개발행위가 제한되는 등 토지의 가치 형성에 영향을 미치는 것으로 판단되는 경우에는 제한의 정도를 비교표준지와의 개별요인 비교 시 고려하여야 한다.

⑪ **토지의 부합물**

정원수, 정원석, 석등 등이 있을 수 있으나 대표적인 부합물로는 수목을 들 수 있다. 수목은 「입목에 관한 법률」에 따라 등기된 입목과 명인방법을 갖춘 수목이 아닌 한 부합물로서 감정평가의 대상이 된다(대법원 1998.10.28. 자 98마1817 결정, 대법원 1976.11.24. 자 76마275 결정).

명인방법은 입목 등의 소유권이 누구에게 귀속하고 있다는 것을 제3자로 하여금 명백하게 인식하게 함에 족한 적당한 방법을 통틀어 일컫는 것이다. 입목 등에 관한 명인방법의 통상의 예는 나무의 껍질을 깎아 소유자의 이름을 써넣는다거나 또는 나무의 집단 주위에 새끼를 둘러치는 등의 방법으로 특정한 후 누가 이를 매수하여 소유하고 있다는 뜻을 기재한 표지판을 여러 곳에 세워 제3자가 쉽게 소유자를 알아볼 수 있게 하는 것이다. 토지의 주위에 울타리를 치고 그 안에 수목을 정원수로 심어 가꾸어 온 사실(대법원 1991.4.12. 선고 90다20220 판결), 법원의 검증 당시 시행한 페인트칠과 번호표기(대법원 1990.2.13. 선고 89다카23022 판결), 특정하지 아니하고 매수한 입목에 대하여 그 입목을 특정하지 않은 채 한 명인방법(대법원 1975.11.25. 선고 75다1323 판결)만으로는 명인방법을 갖춘 것으로 보기 어렵다. 반면 집달관의 공시문을 붙인 팻말의 설치(대법원 1989.10.13. 선고 89다카9064 판결)는 입목에 대한 명인방법으로서 유효하다.

---

16) 「도시공원 및 녹지 등에 관한 법률」 제35조
17) 비오톱이란 특정한 식물과 동물이 하나의 생활공동체를 이루어 지표상에서 다른 곳과 명확히 구분되는 생물서식지를 말함(서울특별시 도시계획조례 제24조 관련 별표 1)

교량, 도랑, 돌담, 도로의 포장 등도 부합물로써 감정평가의 대상이 된다. 논둑은 논의 구성부분이므로 감정평가의 대상이 된다(대법원 1964.6.23, 64다120 판결). 지하굴착공사에 의한 콘크리트 구조물은 토지의 구성부분으로 토지의 일부로 간주될 뿐만 아니라 부동산에 건축공사를 시행할 경우에 이를 활용할 수 있는 것으로서 객관적으로 부동산의 가액을 현저히 증가시키는 것이므로 감정평가 시 이를 고려하여야 한다(대법원 1994.4.22. 자 93마719 결정). 지하구조물(1997.12.1. 자 97마2157 결정, 대법원 1995.7.29. 자 95마540 결정)이나 주유소 땅속에 부설된 유류저장탱크는 주유소 토지의 부합물이 되는 경우가 많다(대법원 1995.6.29. 선고 94다6345 판결). 공유수면의 빈지에 옹벽을 쌓고 토사를 다져 넣어 축조한 공작물이 사실상 매립지와 같은 형태를 가지게 된 경우 위 공작물만이 독립한 소유권의 객체로 될 수 없다(대법원 1994.4.12. 선고 93다53801 판결).

토지에 대한 경매절차에서 그 지상건물을 토지의 종물이나 부합물로 보고 경매를 진행하여 경락되었다 하여도 경락인이 건물에 대한 소유권을 취득할 수 없다(대법원 1997.9.26. 선고 97다10314 판결).

⑿ **미분리의 천연과실**

물건의 용법에 의하여 수취하는 산출물을 천연과실이라 하며(「민법」 제101조 제1항), 이러한 천연과실은 원물로부터 분리하는 때에는 이를 수취할 권리자에게 속하게 된다(「민법」 제102조 제1항). 부동산의 경매에 관계되는 천연과실에는 과수의 열매, 곡물, 광물, 석재, 토사 등이 있다. 미분리의 천연과실은 원래 토지의 구성부분이므로 명인방법을 갖추어 제3자에게 양도된 경우가 아니면 원칙적으로 감정평가의 대상이 되나 그것이 경락 시까지 성숙기에 달하여 채무자에 의하여 수취될 것이 예상되거나 채굴이 예상되는 경우에는 감정평가의 대상에서 제외된다.

그러나 임의경매의 경우에는 「민법」 제359조가 "저당권의 효력은 저당부동산에 대한 압류가 있은 후에 저당권설정자가 그 부동산으로부터 수취한 과실 또는 수취할 수 있는 과실에 미친다"라고 규정하고 있으므로 천연과실까지 고려하여 감정평가를 하여야 한다.

⒀ **부동산의 공유지분에 관한 감정평가**

부동산의 공유지분이 경매의 대상으로 된 경우에는 공유물 전체에 관하여 감정평가한 다음 그 지분비율에 따른 가격을 산출한다.

그러나 각 지분별로 토지상에 위치가 특정되어 있어 확인이 가능한 경우엔 그 위치에 따라 감정평가하여야 한다. 위치확인은 공유지분자 전원 또는 인근 공유지분자 2인 이상의 위치확인동의서를 받아 확인한다. 다만 공유지분 토지가 건물이 있는 토지인 경우에는 ① 합법적인 건축허가도면이나 합법적으로 건축된 건물로 확인하는 방법 또는 ② 상가·빌딩 관리사무소나 상가번영회 등에 비치된 위치도면으로 확인하는 방법에 따라 위치확인을 할 수 있으며 감정평가서에 그 내용을 기재한다.

⑭ 구분소유적 공유에 있어서의 감정평가

1필지의 토지를 여러 사람이 전소유자로부터 각각 일부씩을 구분 특정하여 매수하고 등기만은 편의상 매수면적에 해당하는 비율로 공유지분이전등기를 하여 놓은 경우이거나 1필지의 대지를 여러 사람이 각자 특정하여 매수하고 배타적으로 점유하여 왔으나 분필이 되어있지 아니한 탓으로 그 특정부분에 상응하는 지분소유권이전등기만을 경료한 경우에 있어 판례는 그 특정부분 이외의 부분에 관한 등기는 상호명의신탁관계에 있는 이른바 '구분소유적 공유관계'로서 이 경우에는 명의신탁계약의 해지에 의한 소유권이전등기청구권만이 인정될 뿐 공유물분할청구권은 인정되지 않는다. 만일, 명의신탁된 부동산이 대외적으로 구분소유적 공유관계로 표상되지 않고, 수탁자의 소유에 속하는 것으로 표상되는 경우에는 원칙적으로 일반 공유토지와 동일하게 평가될 것이나, 예외적으로 구분소유적 공유관계가 대외적으로 표상되는 경우 경락에 의한 소유권 취득은 구분소유적 공유지분을 그대로 취득한다고 할 수 있다.

따라서, 구분소유적 공유관계가 명확히 표상되는 경우에는 구분소유적 공유지분에 대한 입찰을 실시함에 있어서 감정평가의 대상은 특정 구분소유 목적물이므로(대법원 2001.6.15. 자 2000마2633 결정) 집행법원은 평가명령에 있어서 구분소유적 공유임을 명시하여 토지의 지분에 대한 평가가 아닌 특정 구분소유목적물에 대한 평가를 명할 것이고, 감정인은 평가명령서에 이러한 기재가 없을 때에도 감정평가를 위한 조사결과 현황이 구분소유적 공유일 때에는 집행법원에 이를 알리고 필요한 지시를 받아 그에 따라 감정평가할 것이다.

한편, 해당 물건이 구분소유적 공유지분인 것으로 보여지나, 실지조사 시 해당 지분의 위치를 특정하기 곤란한 경우에는 집행법원에 실지조사된 사항과 해당 지분의 위치를 특정하기 곤란한 사유를 제시하면서 "감정신청인으로 하여금 해당 지분의 위치를 도면 등을 통해 구체적으로 특정해 줄 것"을 요청하여 감정평가를 진행하는 것이 바람직할 것이다.

⑮ 공부의 오류가 있는 토지의 감정평가

가. 위치의 불부합

위치가 지적공부와 부합되지 않는 토지는 실제의 위치로 정정하는 것이 원칙이므로, 법원에 통보하여 정정 후 감정평가한다.

나. 면적의 불부합

토지대장, 지적도 등 공부의 오류로 면적이 불부합되는 토지는 불부합 내용을 기재하고 현황을 확인하여 조치 후 감정평가한다.

2) 건물의 경우

⑴ 면적산출 근거의 적시

면적을 측정하는 것은 물적동일성을 확인하기 위한 것으로 공부상의 물건과 실측면적이 동일성을 인정할 수 있는 정도의 오차를 보일 경우 공부면적으로 사정하고, 동일성을 인정하기 어려운 정도의 큰 차이를 보이면 실측면적으로 사정한다. 이 경우 실측임을 비고란에 명시한다.

(2) 제시외 건물의 처리방법

제시외 건물은 구조, 면적, 이용상황 등을 기재하고 그로 인한 대상물건의 평가액 및 환가성에 미치는 영향을 기재해야 한다.

미등기 부동산이라 하여도 채무자소유임이 확인되면 건축물대장 등 채무자의 명의로 등기할 수 있는 서류를 첨부하여 집행법원에 의해 등기촉탁을 할 수 있으며 이런 절차를 거쳐 강제경매할 수 있게 된다.

(3) 건물의 부합물

건물의 증축 또는 개축되는 부분이 독립된 구분소유권의 객체로 거래될 수 없는 것일 때에는 기존 건물에 부합하며(대법원 1981.7.7. 선고 80다2643, 80다2644 판결), 기존건물에 부합 여부는 증축 부분이 기존건물에 부착된 물리적 구조뿐만 아니라, 그 용도와 기능면에서 기존 건물과 독립한 경제적 효용을 가지고 거래상 별개의 소유권의 객체가 될 수 있는지 여부 및 증축하여 이를 소유하는 자의 의사 등을 종합하여 판단하여야 한다(대법원 2002.10.25. 선고 2000다63110 판결, 대법원 1996.6.14. 선고 94다53006 판결, 대법원 1981.12.8. 선고 80다2821 판결).

따라서 증축 부분에 대한 감정평가를 누락한 감정평가액을 최저경매가격으로 정한 것은 잘못이다(대법원 1981.6.15. 81마151 결정). 낡은 가재도구 등의 보관장소로 사용되고 있는 방과 연탄창고 및 공동 변소가 본채에서 떨어져 축조되어 있기는 하나 본채의 종물이라고 본 사례가 있고(대법원 1991.5. 14. 선고 91다2779 판결), 건물의 임차인이 그 권원에 의하여 벽, 천정에 부착시킨 석재, 합판 등도 부착과 동시에 건물에 부합된다고 본 사례도 있다(대법원 1985.4.23. 선고 84도1549 판결).

다만, 건물의 증축 부분이 축조 당시는 본건물의 구성 부분이 됨으로써 독립한 권리의 객체성을 상실하여 본 건물에 부합되었다고 할지라도 그 후 구조의 변경 등으로 독립한 권리의 객체성을 취득하게 된 때에는 본 건물과 독립하여 거래의 대상이 될 수 있다(대법원 1982.1.26. 선고 81다519 판결).

(4) 다세대주택의 실질은 갖춘 다가구용 단독주택의 공유지분의 평가

구조상·이용상의 독립성을 구비하고 실질적으로 여러 세대가 독립된 주거 생활을 영위하는 다세대용 공동주택에 해당되지만 구분건물등기가 경료되지 못한 다가구용 단독주택의 공유지분등기는 일반등기와 달리 특정부분에 대한 구분소유권을 표창한다고 할 것이다. 따라서 그 공유지분에 대한 감정평가는 「민사집행법」 제139조 제2항에 따라 건물의 전체가격 중 공유지분의 비율에 따른 가격이 아니라 전체건물 중 해당 구분건물이 점유하고 있는 위치를 반영한 가격이어야 할 것이므로 해당 특정부분을 다른 부분의 거래가격을 참작하여 구분건물의 같이 토지건물을 일체로 한 비준가격으로 평가하여야 한다.

(5) 공사 중단 건물의 감정평가

경매평가 시 의뢰되는 건축 중인 건물은 건축과정상에 있는 건물로 공사가 중단된 이유 여부를 불문하며, 경매평가 특성상 감정인이 공사의 중단 여부를 명확히 확인하기 어려운 경우가 많다. 다만, 공사 중단 건물의 경우 장기간 방치됨에 따른 감가요인등을 평가 시 반영하여야 할 필요가 있으므로 「감정평가 실무기준」에 신설된 공사중단 건축물 등에 대한 평가의 세부기준을 건축 중인 건물 평가 시 참고할 수 있다.[18]

---

18) 2023년 9월 국토교통부 고시 제2023-522호에서 공사중단건축물등에 대한 평가의 세부기준이 신설되었음.

"공사중단 건축물"이란 「건축법」 제21조에 따른 착공신고 후 건축 또는 대수선 중인 건축물이나 「주택법」 제16조 제2항에 따라 공사착수 후 건축 또는 대수선 중인 건축물로서 공사의 중단이 확인된 건축물을 말하며, "공사중단 건축물등"이란 공사중단 건축물 및 이에 관한 소유권 외의 권리와 공사중단 건축물의 대지, 대지에 정착된 입목, 건물, 그 밖의 물건 및 이에 관한 소유권의 권리를 말한다. 공사중단 건축물등의 감정평가는 기준시점의 현황을 기준으로 감정평가하되, 의뢰인과 협의하여 ① 공사중단 건축물등의 목록, 내역 및 관련 자료, ② 공사중단 건축물의 철거, 용도변경, 공사재개 및 완공계획 여부, ③ 기준시점에서의 공사중단 건축물의 공정률 관련 자료를 제시받아 감정평가한다(「감정평가 실무기준」, [610-7.3.1]). 공사중단 건축물을 감정평가할 때에는 건물의 감정평가방법을 따르되, ① 공사중단 건축물의 물리적 감가, 기능적 감가 또는 경제적 감가, ② 공사중단 건축물의 구조, 규모, 공정률, 방치기간, ③ 공사중단 건축물의 용도 또는 거래조건에 따른 제한 등을 고려하여 감정평가할 수 있다.

3) 구분소유건물의 경우

(1) 토지 및 건물가액 배분

법원경매 시 토지와 건물 각각의 후순위자 배당참여에 결정적인 영향을 미치기 때문에 법적인 권리관계를 명확하게 하기 위함이다. 한편, 토지와 건물을 별개의 부동산으로 취급하고 등기부도 각각 별도로 관리하는 우리나라의 제도적 특성이기도 하다. 구체적으로는 토지건물배분비율[19]을 활용한다.

> **참고**
>
> 경매감정평가에서의 구분건물 감정평가 명세표 양식
>
> | | | | (내)
철근콘크리트구조
4층 402호 | 179 | 179 | 1,990,000,000 | 비준가격 |
> |---|---|---|---|---|---|---|---|
> | | | | 1. 소유권
대지권 | 956.8
×2/24 | 79.73 | | |
> | | | | | | 토지·건물 | 배분내역 | |
> | | | | | | 토지: | 1,393,000,000 | |
> | | | | | | 건물: | 597,000,000 | |
> | **합계** | | | | | | ₩1,990,000,000 | |

---

19) 실무에서는 한국부동산연구원에서 제시한 주거용 및 비주거용의 토지·건물 배분비율을 활용한다.

(2) 대지권이 없는 구분건물의 경우

대지사용권을 수반하지 않은 구분건물의 경우 대지사용권이 제시되지 않은 사유 및 실질적인 대지사용권 수반여부, 대지사용권 등기 시 필요한 내용을 조사하여 대지사용권을 포함한 가액으로 감정평가할 것인지 건물만의 가액으로 감정평가할 것인지를 결정하고 그 사유를 의견란에 기재해 주어야 한다.

대지권등기가 되어 있지 아니한 구분건물에 대하여 경매신청이 있는 경우 대지사용권을 입찰목적물에 포함되는 것으로 보고 그에 대한 감정평가액을 최저매각가격에 포함시킬지 여부가 문제된다. 대지사용권은 원칙적으로 전유부분 건물의 종된 권리이다(종물과는 다름). 「집합건물법」 제20조제1항은 "구분소유자의 대지사용권은 그가 가지는 전유부분의 처분에 따른다." 제2항은 "구분소유자는 그가 가지는 전유부분과 분리하여 대지사용권을 처분할 수 없다. 다만, 규약으로써 달리 정한 때에는 그러하지 아니하다."라고 규정하고 있으므로 위 제2항에 따라 규약으로써 달리 정한 경우가 아닌 한 대지사용권은 전유부분의 종된 권리에 불과하다고 보아야 한다. 대법원 판례도 이러한 법리를 전제로 하여 판시하고 있다(대법원 1995.8.22. 선고 94다12722 판결, 1992.7.14. 선고 92다527 판결 등). 따라서 임의경매든 강제경매든 구별 없이 「집합건물법」 제20조 제1항에서 규정하고 있는 "구분소유자의 대지사용권은 그가 가지는 전유부분의 처분에 따른다."라는 법문의 취지를 보건대, 전유부분의 소유자가 대지사용권을 취득하고 있다면, 비록 그것이 등기되어 있지 아니하다 할지라도 그 대지사용권은 '대지사용권의 분리처분이 가능하도록 규약으로 정해져 있는 경우가 아닌 한' 종된 권리로서 당연히 경매목적물에 포함이 된다고 할 것이고, 경매개시결정의 효력이 대지사용권에도 미쳐 낙찰자는 당연히 대지사용권을 취득하게 된다. 구분건물에 대지권등기가 경료되지 않게 된 사정은 여러 가지 경우가 있을 수 있으나, 저당권설정 당시에 저당권설정자가 대지사용권을 취득하고 있었으나 대지권등기만을 경료하지 않고 있어 구분건물의 전유부분에만 저당권설정등기가 경료된 경우에 관하여는 대법원 판례 98.8.22, 94다12722(배당이의사건)가 저당권의 효력이 대지사용권에 미치게 됨을 명백히 밝히고 있다.

그러므로 대지권 등기 없는 구분건물에 대한 경매신청이 있는 경우에 경매법원은 신청채권자에 대한 보정명령이나 감정인에 대한 사실조회 등을 통하여 저당권설정 당시에 저당권설정자가 대지사용권을 취득하고 있었는지 여부를 조사하여 적어도 저당권설정 시에 저당권설정자가 대지사용권을 취득하고 있었다면 저당권의 효력이 대지사용권에도 미치므로 대지사용권을 경매목적물에 포함시켜 그에 대한 감정평가액을 포함하여 최저경매가격을 정하여야 할 것이다(대법원 1997.6.10. 자 97마814 결정). 여기서 저당권설정자가 저당권설정 당시에 대지사용권을 취득하고 있는 경우란, 저당권설정자가 자신 명의로 대지사용권을 취득하여 그에 대한 등기까지 마친 경우뿐만 아니라 저당권설정자가 구분건물의 수분양자인 경우에 그 분양자에게 대지사용권이 있고 수분양자가 대지사용권까지 분양받은 경우를 포함한다고 하여야 할 것이다. 왜냐하면, 구분건물의 분양자에게 대지사용권이 성립되어 있는 경우에 수분양자가 대지사용권까지 분양을 받게 되면 「집합건물법」 제20조 제1항에 의하여 수분양자는 등기 없이도 대지사용권을 취득하게 되는 것이 아니므로 이 경우에도 저당권설정자에게 대지사용권이 있다고 하여야 할 것이기 때문이다.

또한, 판례는 1동의 구분건물에 대하여 구분소유가 성립하기 위하여는 구분건물이 구조상·이용상 독립성을 갖추고, 구분건물을 구분소유권의 객체로 하려는 구분행위가 필요하다고 보았으나, 그 구분행위가 반드시 집합건축물대장의 등록이나 구분건물의 표시에 관한 등기를 요하는 것은 아니라고 하였다. 집합건물의 전유부분과 대지사용권의 일체성에 반하는 대지의 처분행위에 대하여서도 판례는 효력이 없다고 하였다(대법원 2013.1.17. 선고 2010다 71578 전원합의체 판결).

감정인은 평가명령서상 감정평가대상 부동산의 구분건물임에도 대지권의 표시가 없는 경우에도 저당권설정 당시에 저당권설정자가 대지사용권을 취득하고 있었는지 여부를 조사하여 위의 경우는 물론 구분건물의 분양자에게 대지사용권이 있고 수분양자가 대지사용권까지 분양받은 경우 등에는 대지사용권을 감정평가대상에 포함시켜 감정평가하고 이러한 취지를 감정평가서에 기재하여 제출하여야 할 것이다. 또한, 토지에 대한 소유권대지권이 배분되지 않은 원인을 확인 가능한 대로 기재한다(**예** 신도시 아파트의 경우 지적 미정리, 시영아파트의 경우 분할·합병, 소규모 다세대주택의 경우 토지에 대한 분쟁 등).

> **Check Point!**
>
> ◉ **다세대주택의 실질을 갖춘 다가구용 단독주택의 공유지분의 평가**
>
> 구조상·이용상의 독립성을 구비하고 실질적으로 여러 세대가 독립된 주거생활을 영위하는 다세대용 공동주택에 해당되지만, 구분건물등기가 경료되지 못한 다가구용 단독주택의 공유지분등기는 일반등기와는 달리 특정부분에 대한 구분소유권을 표창한다고 할 것이다. 따라서 그 공유지분에 대한 감정평가는 「민사집행법」 제139조 제2항에 따라 건물의 전체가격 중 공유지분의 비율에 따른 가격이 아니라 전체건물 중 해당 구분건물이 점유하고 있는 위치를 반영한 가격이어야 할 것이므로, 해당 특정부분을 다른 부분의 거래가격을 참작하여 구분건물과 같이 토지·건물을 일체로 한 비준가액으로 감정평가하여야 할 것이다.

⑶ **구분건물의 제시외 건물로서 감정평가에 포함되어야 할 주요내용**

경매대상이 구분건물인 경우에도 현장조사 시 제시외 건물로 판단하여 감정평가에 포함되어야 할 주요 물건들이 있다. 일반적으로 최상층에 소재하는 다락방, 지하층에 배분된 전용면적, 구조변경으로 확장된 부분, 계단실 등에 설치된 새시 등이 있다.

4) **공장의 경우**

⑴ **평가의 대상(공장저당의 효력)**

공장이란 영업을 하기 위하여 물품의 제조, 가공 또는 인쇄나 촬영의 목적에 사용하는 장소를 말하며, 영업을 하기 위하여 방송의 목적 또는 전기나 가스의 공급 목적에 사용하는 장소도 공장으로 본다. 또한, 공장재단이란 공장에 속하는 일정한 기업용 재산으로써 구성되는 일단의 기업재산으로서 「공장 및 광업재단 저당법」(이하, "공장저당법"이라 한다)에 의하여 소유권과 저당권의 목적이 되는 것을 말한다(「공장저당법」 제2조).

「감정평가에 관한 규칙」 제19조는 공장의 감정평가 시 유형고정자산의 감정평가액과 무형고정자산의 감정평가액을 합산하여 행하도록 하되, 계속적인 수익이 예상되는 경우에는 수익환원법에 의할 수 있도록 규정하고 있다. 이는 공장이라는 것이 단순한 유형적 집합물이 아니며 그 공장의 생산성과 수익력에 영향을 미치는 생산설비와 경영 등 유·무형의 부분을 모두 고려해야 한다는 의미이다.

공장이 경매의 대상이 된 경우에는 기계나 기구 등 유체동산에 대한 집행이 아니라 그 저당권의 목적물인 토지, 건물 등과 함께 부동산에 대한 집행의 방법에 의해 경매를 하여야 하며 대상이 되는 범위는 공장의 토지 또는 건물에 대하여 공장저당권이 설정되어 있는 경우 이에 부가되어 일체를 이루는 물건과 「공장저당법」 제7조에 의한 기계·기구 목록에 기재된 것이 되므로 저당권이 설정된 토지나 건물 이외에 기계·기구 목록을 반드시 확인하여야 한다.

아울러, 매각부동산이 공장재단의 일부를 구성하고 있을 때는 이에 대한 개별집행은 금지되므로 공장재단 일부에 속함이 드러난 경우 매각절차를 취소해야 할 것이다.

한편, 농지가 공장저당의 목적물이 된 경우에는, 그 농지 위에 공장에 속하는 건물이나 공장의 공용물 등이 설치되어 있지 않으면 단순히 공장저당의 목적물이 되었다는 이유로 해당 농지도 일괄매각할 수 없음에 유의할 필요가 있다(대법원 2004.11.30. 자 2004마796 결정).

(2) 기계기구의 감정평가

공장 감정평가 시에는 사전에 채권자(주로 금융기관)와 연락하여 기계기구의 목록, 감정평가전례 등 자료를 확보하는 것이 중요하다. 현장조사 시 대부분 가동중단 상태일 경우가 많으므로 특히 기계기구의 존부 및 정상작동 가능성 등에 유의하고 필요 시 재판부와 협의하여 각 분야 전문가에게 용역을 의뢰하여 도움을 받는 것이 좋다. 기계기구에 대하여는 명칭(종류), 규격, 용량, 제작연도, 제작자, 제조번호, 개조나 수리 여부, 용도 및 배치상태 등을 목록과 비교하여 현장에서 조사할 필요가 있다.

공장저당의 목적이 된 부동산과 이에 설치된 기계기구 그 밖의 공용물은 임의경매나 강제경매절차에서 이를 일괄경매하여야 하므로 배당관계가 동일한 경우에는 일괄감정평가만으로 족하나 동일하지 않은 경우에는 부동산과 기계기구, 그 밖의 공용물에 대하여 각각 감정평가를 하여야 한다. 공장의 토지 또는 건물에 대하여 공장저당권이 설정되어 있는 경우에 이에 부가되어 일체를 이루는 물건과 기계기구, 그 밖의 공장의 공용물 중 감정평가의 대상이 되는 것은 「공장저당법」 제7조 소정의 기계기구 목록에 기재된 것에 한정되므로 감정인으로서는 기계기구 목록을 확인하여 정확히 감정평가할 것을 필요로 한다.

(3) 그 밖의 유의사항

가. 급배수설비, 전기설비 등 공장가동을 위한 기본적인 부대설비

공장의 일반적인 효용을 위하여 건물에 당연히 포함되어야 할 부대설비이나 감정평가서에 이에 대하여 포함하여 감정평가하였는지의 내용기재가 미비하여 사실조회 등에 의한 경매절차 지연의 사유가 되고 있으므로 건물의 재조달원가 산정에 포함하였다는 내용을 감정평가서에 기재하여야 할 것이다.

나. 관정 · 수변전설비

관정이나 수변전설비에 대하여 이를 합산하여 감정평가하였는지 아니면 이를 제외하였는지를 감정평가서에 명시하여 집행법원에서 판단하도록 하는 것이 바람직할 것이다.

덧붙여, 일반적으로 수변전설비의 경우에는 별도의 기계기구 목록으로 제시되어서 감정평가가 이루어지고 있으므로, 실지조사 시, 수변전설비의 용량 등을 확인하여 제시외 기계기구로 보아 감정평가를 한다. 만일, 수변전설비의 용량·사양 등의 확인이 실질적으로 곤란할 경우 집행법원에 수변전설비의 용량·사양 등을 목록으로 확정하여 줄 것을 집행법원에 요청하여[20] 감정평가를 진행하는 것이 타당할 것으로 보인다.

기본예제

다음 부동산에 대한 담보평가 및 경매평가를 진행하시오.

풀이영상

자료

1. 토지현황 및 시장가치
   (1) A동 100: 일반상업지역, 대, 200m²
   (2) A동 100-1: 일반상업지역, 대, 200m²
   (3) 토지의 시장가치: m²당 8,000,000원

2. 건축물관리대장 열람 결과

소재지	구조	용도	면적(m²)	사용승인일
A동 100	목조	주택	40	1966.6.1.
A동 100-1	철골조	상가	100	2000.1.6.

3. 현장조사 결과
   (1) 현황 지적 및 건물개황도

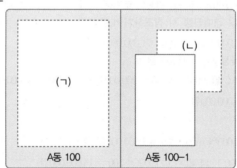

(2) 현장조사 결과
   ① A동 100: 현장조사 결과 종전의 단독주택은 철거된 것으로 탐문되었으며, 지상에 별도로 허가를 득하지 않고 2006년 초반에 신축된 것으로 탐문되는 제시외 건물이 소재하고 있었다. 제시외 건물 (ㄱ)은 180m² 규모이며, 철골조 구조로서 현재 상가로 이용 중이다.
   ② A동 100-1: 등기된 100m²의 철골조 상가와 상가의 부속시설로서 부속시설은 2016년 초반에 샌드위치 판넬지붕 구조를 허가 등이 없이 설치하였으며, 40m² 규모이다.

---

20) 감정신청인으로 하여금 목록을 제시하도록 해 줄 것을 집행법원에 요청하는 것이 바람직함.

4. 재조달원가 및 경제적 내용연수
   (1) 철골조 : 40년, 400,000원/m²
   (2) 목조 및 샌드위치 판넬조 : 30년, 300,000원/m²
5. 경매평가 시 제시외 건물이 있는 경우 반드시 그 가액을 평가하고 제시외 건물이 경매의 대상에서 제외되어 그 대지가 소유권 행사를 제한받는 경우에는 그 가액도 평가한다(평가명령서 참조).
6. 기준시점 : 2026년 7월 1일
7. 법정지상권이 설정된 토지는 그렇지 않은 토지에 비하여 30% 감가하여 평가한다.
8. 담보평가 의뢰 금융기관은 현저한 제시외 건물이 소재하는 대지는 평가외해 줄 것을 요청하였다.

⎫**예시답안**

Ⅰ. 담보평가 시

1. A동 100
본건 지상에 지적개황도와 같은 제시외 건물이 소재하고 있으며, 구조, 면적, 이용상황 등으로 보아 본 토지(담보물)에 미치는 영향이 현저할 것으로 판단되는바, 평가외하였다.

2. A동 100-1
(1) 처리방침 : 본건 지상에 지적개황도와 같은 제시외 건물이 소재하고 있으나 본 담보물에 미치는 영향이 미미하다고 판단된다.

(2) 토지 : $8,000,000$원/m²$(\times 200 = 1,600,000,000$원)

(3) 건물 : $400,000 \times 14/40 = 140,000(\times 100 = 14,000,000$원)

(4) 소계 : $1,614,000,000$원

Ⅱ. 경매평가 시

1. A동 100
(1) 처리방침 : 본건 지상에 지적개황도와 같은 제시외 건물이 소재하며, 평가목적을 고려하여 이에 구애됨 없이 평가하였으며, 제시외 건물이 토지에 미치는 영향을 감안하여 평가할 경우의 토지가격을 별도로 기재하였으니 경매진행 시 참조하기 바란다.

(2) 토지 : $8,000,000$원/m²$(\times 200 = 1,600,000,000$원)
   ≫ **지상권 설정 시** : 5,600,000원/m²

(3) 제시외 건물 : $400,000 \times 20/40 = 200,000$원/m²$(\times 180 = 36,000,000$원)

(4) 소계 : $1,636,000,000$원

2. A동 100-1
(1) 토지 : $8,000,000$원/m²$(\times 200 = 1,600,000,000$원)

(2) 건물 : $400,000 \times 14/40 = 140,000(\times 100 = 14,000,000$원)

(3) 제시외 건물 : $300,000 \times 20/30 = 200,000$원/m²$(\times 40 = 8,000,000)$

(4) 소계 : $1,622,000,000$원

5) 자동차 감정평가

「감정평가에 관한 규칙」 제20조는 자동차의 감정평가에 대해 거래사례비교법으로 감정평가할 것을 규정하고 있으며, 자동차로서의 효용가치가 없는 것은 해체처분가액으로 감정평가할 수 있도록 하고 있다.

(1) 사전조사와 현장조사

가. 사전조사사항

자동차를 감정평가할 경우에 자동차등록원부, 자동차등록증, 자동차검사증, 사업면허증 등의 공부를 통해 차종과 차적, 등록일자, 용도, 검사조건, 면허사항, 검사유효기간 등을 조사한다.

나. 현장조사사항

감정평가대상 자동차를 직접 보고 실제와 공부가 맞는지, 주행거리나 운행시간, 성능, 옵션부착사항 등을 확인한다.

(2) 자동차 감정평가 시 유의사항

- 자동차 등록원부상의 내용과 실제 현황(자동차의 명칭, 등록번호, 차대일련번호 등)을 대조하며, 차량의 개조 여부 및 파손 여부를 파악하여야 하고, 각종 편의장치의 옵션부착 여부 등에 대한 세밀한 관찰이 필요하다.
- 자동차 키가 없는 경우에는 집행법원과 사전에 협의하여 채권자를 통하여 키를 제작하게 하고, 시동을 걸어 작동상태 등을 확인 후 감정평가하도록 한다.
- 보험개발원에서 제공하는 "중고차 사고 이력정보 보고서"를 조회하여 사고 이력 등을 확인하여 이에 관한 내용을 요약·정리하여 산출의견란에 표시하며, 보고서 전체를 첨부하여 제출하도록 한다.
- 탈착이 가능한 부착물(내비게이션, 블랙박스 등)에 대하여 부착의 견고성 정도와 종물 및 부합물 여부에 관한 의견과 별도의 감정평가가액 등을 표시한다.
- 「자동차관리법」 및 같은 법 시행규칙에서 규정하고 있는 「중고자동차 성능·상태점검기록부」와 「자동차가격 조사·산정서」의 양식을 참조·조사하여 감정평가서에 관련 내용을 기재하도록 한다.

제3절　소송평가

01　소송평가의 의의

소송이란 특정원고가 특정피고를 상대로 법원에 특정한 청구에 관한 판결을 구하는 행위를 말한다. 소송평가는 소송상의 증거자료를 활용하기 위하여 원고 또는 피고의 신청에 의하여 이루어지는 소송과정에서 소송물인 토지 등의 경제적 가치를 판정하여 그 결과를 가액으로 표시하는 것을 말한다. 즉, 소송평가란 법원에 계속(繫屬) 중인 소송을 위한 토지 등의 감정평가를 말한다.

02　필요성 등

소송에 있어서 감정평가는 부동산, 기타 재산의 시가나 임대료를 산정하여 소송상의 증거자료를 활용하기 위함이다.

법원의 명령에 의하여 "법원이 모르는", "법원을 대신하여" 법규 혹은 경험칙을 구체적 사실에 적용하여 사실 판단하는 것이며, 그 결과인 감정평가서는 법원 판결의 증거자료로 활용된다.

감정평가사는 "감정인"의 지위로 참여하게 되고 판사가 지정하는데, 감정인은 해당 법규 또는 사실판단에 관한 학식과 경험이 있는 자, 지정된 자이며, 지정된 감정인은 출석, 선서, 감정의견 보고 등의 의무를 부담하게 되고 해태하면 부담 또는 과태료의 제재를 받게 되며, 감정업무의 수행에서 내용이 불성실하거나 감정료의 청구액이 현저히 부당한 경우에는 선정에서 제외될 수 있다.

03　소송평가업무 수임절차

1. 감정인 지정 및 선정통지

재판이 신청되면 판사는 등록된 감정인 중에서 감정인을 지정하게 된다.

감정인에게 감정인 지정사실을 우편이나 팩스로 통지한다. 감정인선정통지서에는 사건번호, 원고, 피고, 감정목적물, 감정사항, 감정기일(신문일), 선임 못할 사유가 있는 경우 사유서 제출 내용 등이 포함되어 발송된다.

2. 영수증 및 예상감정료 제시

감정인은 소송에 있어서 증인과 유사한 지위를 갖게 되므로 선서하게 되며, 법원 양식에 의하여 선서서에 자필서명 날인하여 제출하고, 이때 감정인 심문조서가 필요한데, 학력과 경력사항을 함께 제출한다. 법원에 따라 별도로 감정기일에 청문하지 않고, 문서로 감정평가를 촉탁하기도 한다.

3. 감정료 예납

예상감정료를 산정하여 법원에 신청하며, 이는 검증일 이전에 감정평가를 신청한 원고 또는 피고에 의한 비용예납 조치이며, 입금이 되면 감정촉탁이나 감정기일에 참석을 요청하게 된다.

감정인 선정 통지서를 받게 되면 대상물건의 확정이 가능한지, 업무를 처리할 수 있는지 여부를 검토하고 감정사항이 시가, 임대료, 시가 및 임대료인지 소급감정 여부인지 등을 검토한다.

수수료 산정 시 평가기준을 잘 검토하여 적정하게 청구하며, 여비와 자료수집비를 포함하되 추후 추납이 없도록 충분하게 청구한다.

4. 현장검증 및 감정명령

재판장이 참여하는 현장검증은 재판정과 동일하게 적용되며, 재판정과 같이 선서를 하게 되고 판사로부터 감정내용, 감정방법, 감정조건에 대해 지시를 받게 된다. 특별히 현장에서 판별할 사항이 아닌 경우는 예외가 된다.

감정촉탁은 재판기일에 구두로 감정평가를 촉탁하며, 현장에서 구두지시도 서면 명령과 같다. 감정평가 명령 시 의문사항에 대하여 질문을 하거나 의견을 제시하여 감정평가명령에 대하여 정확하게 파악해야 한다(예를 들면 토지의 형질변경의 경우 변경된 상태로 평가해야 하는지, 변경 전 상태로 평가해야 하는지, 공유지분 토지의 평가 시 1필지 토지 전체 평가액의 지분을 평가해야 하는지 특정부분을 평가해야 하는지, 도로로 이용되는 토지를 도로가 아닌 토지로 보고 평가해야 하는지 등).

현장조사 시 건물의 내부에 대하여 조사를 거부하거나 소급감정에서 소유권의 변동으로 현 소유자의 확인이 거부되는 경우, 공유토지 건물의 점유별 평가 시에는 현장조사에 유의를 요한다.

5. 감정평가 및 감정평가서 작성

감정평가 목적물을 확인 후 제반자료를 수집하여 관련법규와 일반적으로 인정되는 감정평가이론에 의거 신의와 성실에 따라 감정평가를 수행한다.

감정평가서의 작성 시에는 기일 내 작성하도록 하며, 단순 서면에 기록하는 경우에는 상식적인 수준에서 작성하되 예상보다 지체되면 사전에 법원과 상의하는 것이 좋다. 평가서에는 사건번호, 사건명, 원고, 피고, 감정목적물, 감정사항, 감정평가액, 물건 확인사항, 감정가격결정에 관한 의견, 가격산정 근거 등 해당 사건에 필요로 하는 사항을 명시해야 하며, 현장사진, 도면 등 필요한 자료를 첨부한다. 판사가 검토 후 필요한 사항의 보완을 필요로 하거나 원고나 피고의 이의제기 사항에 판사가 이를 받아 들여 사실조회를 명령하는 경우에는 감정보충(재감정)을 할 수 있다.

6. 감정평가서 제출 및 수수료 청구

수수료는 대법원예규에 의하고 송금이 가능하도록 소정의 서류를 첨부한다.

04 소송평가 대표적인 케이스별 감정평가

① 소급평가에서의 시가평가

② 거래사례비교법에 의한 토지의 평가

③ 재건축에 따른 매도청구 평가

④ 아파트의 임대료 평가

⑤ 아파트부지의 임대료 평가

⑥ 도로부지의 부당이득금 반환 평가

⑦ 유익비의 평가

⑧ 환매권 상실 손해액 평가

⑨ 선하지의 부당이득금 반환 평가

제4절 국·공유재산의 감정평가

01 국공유재산의 분류 및 재산의 성격

국유 및 공유재산은 재산적 가치를 가지는 재화와 권리의 총체로서 국가 혹은 지방자치단체가 소유 권을 가지는 재산을 의미한다. 국유 및 공유재산은 부담, 기부채납이나 법령 등에 의거 국가 혹은 지방자치단체의 소유로 된 재산을 말하며, 「국유재산법」 제2조 제1호 및 「공유재산 및 물품 관리법」 제2조 제1호에 정의되어 있다. 국유 및 공유재산의 유형은 토지, 건물, 선박, 항공기, 권리(지상권, 지역권, 전세권 등), 유가증권, 지식재산(특허권, 실용신안권 등) 등 매우 다양한데, 토지가 가장 큰 비중을 차지한다.

국유재산법 제2조(정의)

이 법에서 사용하는 용어의 뜻은 다음과 같다.

1. "국유재산"이란 국가의 부담, 기부채납이나 법령 또는 조약에 따라 국가 소유로 된 제5조 제1항 각 호의 재산을 말한다.

동법 제5조(국유재산의 범위)

공유재산 및 물품 관리법 제2조(정의)

이 법에서 사용하는 용어의 뜻은 다음과 같다.

1. "공유재산"이란 지방자치단체의 부담, 기부채납(寄附採納)이나 법령에 따라 지방자치단체 소유로 된 제4조 제1항 각 호의 재산을 말한다.

국유 및 공유재산은 그 성격에 따라 "행정재산"과 "일반재산"으로 구분된다. 국유 및 공유재산은 위임 및 위탁과정을 통해 관리청에 의해 관리된다. 우선 국유지 가운데 행정재산은 주로 중앙관서의 장에게, 그리고 일반재산은 한국자산관리공사 혹은 지방자치단체에 의해 관리된다. 관리를 위임받은 중앙관서의 장은 관할 국유재산을 산하기관 혹은 지방자치단체에 재위임하거나 위탁하기도 한다. 공유재산은 기본적으로 지방자치단체가 직접 관리하며, 일부는 하위 지방자치단체 혹은 산하기관에 위임/위탁되어 관리된다.

국유재산법 제6조(국유재산의 구분과 종류)

① 국유재산은 그 용도에 따라 행정재산과 일반재산으로 구분한다.

② 행정재산의 종류는 다음 각 호와 같다.

  1. 공용재산: 국가가 직접 사무용·사업용 또는 공무원의 주거용(직무 수행을 위하여 필요한 경우로서 대통령령으로 정하는 경우로 한정한다)으로 사용하거나 대통령령으로 정하는 기한까지 사용하기로 결정한 재산

  2. 공공용 재산: 국가가 직접 공공용으로 사용하거나 대통령령으로 정하는 기한까지 사용하기로 결정한 재산

  3. 기업용 재산: 정부기업이 직접 사무용·사업용 또는 그 기업에 종사하는 직원의 주거용(직무 수행을 위하여 필요한 경우로서 대통령령으로 정하는 경우로 한정한다)으로 사용하거나 대통령령으로 정하는 기한까지 사용하기로 결정한 재산

  4. 보존용 재산: 법령이나 그 밖의 필요에 따라 국가가 보존하는 재산

③ "일반재산"이란 행정재산 외의 모든 국유재산을 말한다.

---

02 행정재산과 일반재산 특성의 비교

1. 처분의 제한

행정재산에 대해서는 "처분 제한"이 적용된다. 여기서 "처분"이란 매각, 교환, 양여, 신탁, 현물출자 등을 통해 소유권이 국가 혹은 지방자치단체에서 그 이외의 자에게 이전되는 것을 말한다(「국유재산법」 제2조 제4호 및 「공유재산 및 물품 관리법」 제2조 제6호). 행정재산은 「국유재산법」 제27조, 「공유재산 및 물품 관리법」 제19조 등에 의거하여 처분이 제한된다. 따라서 행정재산을 처분하기 위해서는 용도를 폐지하여야 하며, 용도폐지하지 않을 경우에는 처분행위가 무효가 된다(대판 2018.11.29, 2018두51904 등). 일반재산은 원칙적으로 사적 재산과 동일하게 처분에 제약이 없다.

2. 행정재산 사권설정의 제한

행정재산은 원칙적으로 사권설정이 금지된다.

03 국공유재산의 취득 및 처분 관련 감정평가

1. 국공유재산 취득 관련 감정평가

국공유재산에 대한 일반법인 「국유재산법」과 「공유재산 및 물품 관리법」에서는 취득과 관련한 감정평가에 대하여 구체적인 사항을 규정하고 있지 않다. 하지만 유상매입의 경우 개별 법률(「토지보상법」, 「도시 및 주거환경정비법」 등)에서 감정평가를 규정하고 있다. 별도의 법률에 의하여 평가방법이 규정되지 않은 경우에는 「감정평가법」을 적용하여 감정평가한다.

(1) 매수목적으로 의뢰된 국·공유지 감정평가 시 유의사항

공익사업에 편입된 국·공유지가 시·군·구 등의 관리청으로부터 매수(매입) 목적으로 의뢰된 경우에는 「토지보상법」을 적용하여 감정평가할 것인지 여부를 확인한 후 감정평가하고 그 내용을 감정평가서에 기재해야 한다.[21][22]

❝ 평가실무상 일반적으로 이해되는 평가목적의 구별실익

평가목적 구분	매수평가	토지보상법상 토지보상감정평가
적용법령	"감정평가 및 감정평가사에 관한 법률"	"공익사업을 위한 토지 등의 취득 및 보상에 관한 법률"
공통기준	공시지가기준평가, 현황평가, 시장가치평가	공시지가기준평가, 현황평가, 적정가격평가
개발이익 배제여부	현실화, 구체화된 개발이익 반영평가	해당 사업으로 인한 개발이익 배제평가
공법상 제한 반영	모든 공법상 제한사항 반영	개별적 제한 미반영
미지급용지	현황평가	공익사업에 편입될 당시의 이용상황기준
잔여지 매입 여부	잔여지 매수 제외	잔여지 매입 가능
건물	취득가액평가, 무허가건축물 매수 제외	이전비 및 취득가격보상, 무허가건축물 보상특례
건물면적	공부기준	현황기준
평가방법	감정평가에 관한 규칙	토지보상법 시행규칙
기타지장물	평가 제외	공작물, 수목 등 별도평가

---

21) 공익사업에 편입된 공유재산은 공익사업의 측면에서는 토지보상법을, 공유재산 관리 측면에서는 공유재산 및 물품 관리법의 적용이 가능하다고 보며, 해당 토지의 매각가격 결정은 적용하는 법령에 따라 해당 법령에서 정한 가격결정 방법에 따라 결정할 사항이다(2011.9.29, 토지정책과-4677). 따라서 공익사업에 편입된 국·공유지가 시·군·구 등의 관리청으로부터 처분목적으로 의뢰된 경우에는 토지보상법을 적용하여 감정평가할 것인지 여부를 확인한 후 감정평가하고 그 내용을 감정평가서에 기재하여야 한다.

22) 감사원(2012년 5월)은 학교용지 평가 시 「학교용지 확보 등에 관한 특례법」(토지보상법 준용 근거가 없음)을 적용하지 아니하고 토지보상법을 적용하여 고가평가한 사례를 교육부에 통보하고 징계 등의 제재방안을 마련하고, 관련 공무원에게 주의를 촉구하는 처분요구가 있었다.

2. 국공유재산의 처분 관련 감정평가

(1) 감정평가 원칙 등

일반재산을 처분할 때에는 시가(時價)를 고려하여 해당 재산의 예정가격을 결정하여야 한다. 따라서 감정평가 일반이론에 따라 일반적 제한, 개별적 제한 모두를 제한받는 상태로 평가하여야 한다. 단, 국·공유재산을 해당 공법상 제한 이외의 목적으로 처분하는 경우에는 제한받지 않은 상태로도 평가한다.

> **국유재산법 제44조**(처분재산의 가격결정)
>
> 일반재산의 처분가격은 대통령령으로 정하는 바에 따라 시가(時價)를 고려하여 결정한다.
>
> **공유재산 및 물품 관리법 제30조**(처분재산의 가격 결정)
>
> 일반재산을 처분할 때 그 가격은 대통령령으로 정하는 바에 따라 시가(時價)를 고려하여 결정한다.

(2) 토지보상법에 따른 공익사업에 필요한 일반재산을 해당 사업의 사업시행자에게 처분하는 경우

시가평가가 원칙이다. 다만, 공익사업에 필요한 일반재산을 해당 사업의 사업시행자에게 처분하는 경우에는 「토지보상법」에 따라 산출한 보상액을 일반재산의 처분가격으로 할 수 있다.[23] 따라서 「토지보상법」이 적용되는 공익사업에 필요한 공유재산을 해당 공익사업의 사업시행자에게 매각할 때에는 「토지보상법」에 따라 감정평가하게 되며, 평가목적을 의뢰인에게 정확하게 제시받아야 할 것이다.

한편 공익사업에 필요한 일반재산 국공유지를 해당 사업의 "사업시행자 이외의 자"에게 처분하는 경우가 있다. 이때는 「토지보상법」에 의한 보상평가액을 처분가격으로 할 수 없고, 「국유재산법」에 의한 매각평가액으로 결정하여야 한다.

⁝ 수용방식 공익사업 편입 국공유지 처분가액 법적 근거

매각대상		사업시행자		사업시행자가 아닌 자
적용 법령	국유 재산	① 「국유재산법」 시가평가 (원칙)	② 「토지보상법」 보상평가 (예외)	① 「국유재산법」 시가평가 (원칙)
	공유 재산	① 「공유재산 및 물품 관리법」 시가평가(원칙)	② 「토지보상법」 보상평가 (예외)	① 「공유재산 및 물품 관리법」 시가평가(원칙)

---

23) 보상액을 처분가격으로 하는 것은 임의규정이다. 2004년 이전에는 보상가액으로 처분가액을 결정하도록 하는 강행규정이었으나 개정으로 임의규정으로 변경되었다.

> **국유재산법 시행령 제42조**(처분재산의 예정가격)
>
> ① 증권을 제외한 일반재산을 처분할 때에는 시기를 고려하여 해당 재산의 예정가격을 결정하여야 한다.
> ⑨ 「공익사업을 위한 토지 등의 취득 및 보상에 관한 법률」에 따른 공익사업에 필요한 일반재산을 해당 사업의 사업시행자에게 처분하는 경우에는 제1항에도 불구하고 해당 법률에 따라 산출한 보상액을 일반재산 처분 가격으로 할 수 있다.
>
> **공유재산 및 물품 관리법 시행령 제27조**(일반재산가격의 평정 등)
>
> ① 법 제30조에 따라 일반재산을 매각하거나 교환하는 경우의 해당 재산의 예정가격은 지방자치단체의 장이 시가로 결정하고 공개하여야 한다. 이 경우 시가는 2인 이상의 감정평가업자에게 의뢰하여 평가한 감정평가 액을 산술평균한 금액 이상으로 하며, 감정평가나 분할측량에 든 비용을 포함할 수 있다.
> ⑥ 「공익사업을 위한 토지 등의 취득 및 보상에 관한 법률」이 적용되는 공익사업에 필요한 공유재산을 해당 공익사업의 사업시행자에게 매각할 때에는 제1항에도 불구하고 해당 법률에 따라 산정한 보상액을 해당 재 산의 매각가격으로 할 수 있다.

3. 개척·매립·간척 또는 조림하거나 그 밖에 정당한 사유로 점유하고 개량한 자에게 해당 재산을 매각하는 경우

감정평가는 개량이 된 현황을 기준으로 평가하되, 매각 당시의 개량한 상태의 가격에서 개량비 상당 액을 뺀 금액을 매각대금으로 한다. 단, 개량이 된 국공유재산의 감정평가 시에는 개량된 상태(현황)를 기준으로 평가하도록 하며, 개량비에 대해서는 매수하려는 자의 신청으로 지방자치단체의 장이 심사 및 결정할 사항이다.

> **국유재산법 시행령 제42조**(처분재산의 예정가격)
>
> ⑤ 일반재산을 법 제45조에 따라 개척·매립·간척 또는 조림하거나 그 밖에 정당한 사유로 점유하고 개량한 자에게 해당 재산을 매각하는 경우에는 매각 당시의 개량한 상태의 가격에서 개량비 상당액을 뺀 금액을 매각대금으로 한다. 다만, 매각을 위한 평가일 현재 개량하지 아니한 상태의 가액이 개량비 상당액을 빼고 남은 금액을 초과하는 경우에는 그 가액 이상으로 매각대금을 결정하여야 한다.
>
> **국유재산법 시행규칙 제25조**(개량비의 범위)
>
> ② 영 제42조 제5항 본문 및 같은 조 제6항에 따른 개량비의 범위는 중앙관서의 장등이 승인한 형질 변경, 조림, 부속시설 설치 등에 사용된 인건비, 시설비, 공과금, 그 밖에 해당 국유재산을 개량하기 위하여 지출한 비용 으로 한다.
> ③ 제2항의 개량비는 매수하려는 자의 신청을 받아 중앙관서의 장등이 심사·결정한다.

> **공유재산 및 물품 관리법 시행령 제28조**(공유재산 개량 시의 가격평정 등)
>
> ① 공유재산을 개척·매립·간척 또는 조림하거나 그 밖에 정당한 사유로 점유하고 개량한 자에게 해당 재산을 매각하는 경우에는 매각 당시의 개량한 상태의 가액에서 개량비에 해당하는 금액을 빼고 남은 금액을 매각 대금으로 한다. 다만, 매각을 위한 평가일 현재 개량하지 않은 상태의 가액이 개량한 상태의 가액에서 개량 비에 해당하는 금액을 빼고 남은 금액보다 높을 때에는 그 개량하지 않은 상태의 가액 이상으로 매각대금을 결정하여야 한다.
> ② 제1항에 따른 개량비의 범위는 형질 변경, 조림, 부속시설 설치 등에 드는 인건비·시설비·공과금 및 그 밖에 해당 재산을 개량하기 위하여 실제 지출한 비용으로 한다.
> ③ 제2항에 따른 개량비는 매수하려는 자의 신청으로 지방자치단체의 장이 심사·결정한다.
> ④ 개척·매립·간척·조림 또는 그 밖의 정당한 사유로 점유하고 개량한 공유재산을 「공익사업을 위한 토지 등의 취득 및 보상에 관한 법률」이 적용되는 공익사업의 사업시행자에게 매각하는 경우로서 그 사업시행자가 그 재산을 점유하고 개량한 자에게 개량비에 해당하는 금액을 지급한 경우 그 매각 대금에 관하여는 제1항을 준용한다.

4. 국·공유지 처분목적 감정평가 시 기여도의 고려

획지조건이 불량하여 효용이 낮은 국공유지 매각 시 일단으로 이용되는 인접토지의 가치가 증가한 경우 매각대상토지의 위치, 지형, 환경 등 토지의 객관적 가치에 영향을 미치는 개별획지조건과 매수 자의 토지와 일단지로 이용될 경우의 기여도 등을 함께 고려하여 평가할 수 있다.

> **국유재산법 제43조**(계약의 방법)
>
> ① 일반재산을 처분하는 계약을 체결할 경우에는 그 뜻을 공고하여 일반경쟁에 부쳐야 한다. 다만, 계약의 목적 ·성질·규모 등을 고려하여 필요하다고 인정되면 대통령령으로 정하는 바에 따라 참가자의 자격을 제한하 거나 참가자를 지명하여 경쟁에 부치거나 수의계약으로 할 수 있으며, 증권인 경우에는 대통령령으로 정하 는 방법에 따를 수 있다.
>
> **국유재산법 시행령 제40조**(처분의 방법)
>
> ② 일반재산이 다음 각 호의 어느 하나에 해당하는 경우에는 법 제43조 제1항 단서에 따라 제한경쟁이나 지명 경쟁의 방법으로 처분할 수 있다.
>   1. 토지의 용도 등을 고려할 때 해당 재산에 인접한 토지의 소유자를 지명하여 경쟁에 부칠 필요가 있는 경우
>
> **공유재산 및 물품 관리법 제29조**(계약의 방법)
>
> ① 일반재산을 대부하거나 매각하는 계약을 체결할 때에는 일반입찰에 부쳐야 한다. 다만, 대통령령으로 정하는 경우에는 제한경쟁 또는 지명경쟁에 부치거나 수의계약으로 할 수 있으며, 증권의 경우에는 「자본시장과 금 융투자업에 관한 법률」 제9조 제9항에 따른 증권매출의 방법으로 하며, 이 법 제4조 제1항 제2호 및 제3호의 일반재산을 매각하는 경우에는 제76조 제3항을 준용한다.

> **공유재산 및 물품 관리법 시행령 제37조**(지명경쟁으로 매각할 수 있는 경우)
>
> 지방자치단체의 장은 일반재산이 다음 각 호의 어느 하나에 해당하는 경우에는 법 제29조 제1항 단서에 따라 지명경쟁으로 매각할 수 있다.
> 1. 해당 재산에 연접(連接)한 토지의 소유자를 지명하여 입찰에 부칠 필요가 있는 경우

국·공유지가 인접토지의 소유자에게 귀속되는 등 일단의 이용을 고려하여 평가할 필요가 있는 경우 토지 특성은 개별 필지가 아닌 일단지를 기준으로 하여 토지 특성을 판단하고, 각 필지가 가치변화에 기여하는 정도를 객관적으로 고려하여 감정평가에 반영하는 것이 적절할 것이다.

아래의 사례와 같이 상황에 따라 국공유지가 일단 토지에 기여하는 정도가 달라질 수 있다.[24]

개별평가 vs 일단지평가

- (사례 1) 국·공유지 결합이 사유지의 효용가치를 대폭 상향시키는 경우 : 기여도 高

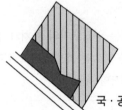

사유지 : 150m², 자루형
국·공유지 : 45m², 부정형

- (사례 2) 국·공유지 결합이 사유지의 효용가치를 소폭 상향시키는 경우 : 기여도 低

국·공유지 : 30m², 부정형
사유지 : 150m², 부정형

질의회신(질의회신 기획 0100-1151 : 1999.8.20.)

1. 질의내용

국유재산법 시행령 제37조와 지방재정법 시행령 제96조의 규정에 의하여 국·공유 잡종재산(일반재산)의 매각을 위한 감정평가를 함에 있어 매각대상토지가 매수자의 토지와 일단지로 이용 중이거나 장래 일단지로 이용될 것이 예상되는 경우에 매수자의 토지와 일단지로 보고 전체의 평균단가를 적용하여야 하는지 또는 매수자의 토지와 일단지로 이용되는 상태를 고려하여 평가하되 매각대상토지 자체의 개별획지조건도 고려하여 평가하여야 하는지 여부

2. 질의회신내용

국·공유 잡종재산의 매각을 위한 감정평가를 함에 있어 매각대상토지가 매수자의 토지와 일단지로 이용 중 이거나 장래 일단지로 이용될 것이 예상되는 경우라면 국유재산법 시행령 제37조 및 지방재정법 시행령 제96조 규정에 의하여 매각 당시의 개량된 상태에 따라 매수자의 토지와 일단지로 이용되는 상태를 고려하여 평가하되, 지가공시 및 토지 등의 평가에 관한 법률 제9조 제2항의 규정에 따라 매각대상토지의 위치, 지형, 환경 등 토지의 객관적 가치에 영향을 미치는 개별획지조건과 매수자의 토지와 일단지로 이용될 경우의 기여도 등을 함께 고려하여 평가하는 것이 타당할 것으로 판단됨.

---

24) 국·공유지의 개발 활용과 감정평가, 감정평가심사 전문가 과정(2022), 박성규(한국부동산연구원)

04 국·공유재산 대부계약을 위한 자산가액의 결정 관련 감정평가

1. 사용료 산정방법

사용료(또는 대부료) = 재산가액 × 요율

2. 재산가액 결정

법령에서 특별하게 재산가액 결정방법을 규정한 경우에는 그 방법에 따르되, 별도의 결정방법이 없다면 일반 감정평가이론에 따라 평가한다.

기 본예제

감정평가사 A는 B구청으로부터 아래 토지를 인접한 소유자 C에게 매각하는데 있어서 매각가액 결정을 위한 감정평가를 의뢰받았다. 제시된 정보를 토대로 적정한 감정평가액을 결정하시오.

자료 1 참고 지적도

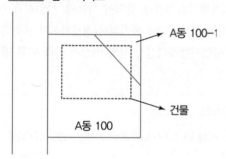

자료 2

1. 평가대상 : A동 100-1번지, 대, 20m²(소유자 : B구청)
2. A동 100번지(280m²) 및 지상건축물 소유자 : C
3. C는 B구청으로부터 A동 100-1번지에 대한 점용허가를 득하여 사용 중에 있으며, C는 10년 전 약 10,000,000 원의 비용을 들여 A동 100-1번지를 종전의 완경사지에서 평지로 평탄화작업을 시행하였으며, 현재는 양 필지 지상의 한동의 건물이 축조되어 있는 상태이다.

자료 3 사안별 감정평가액(토지, 원/m²)

구분	삼각지, 완경사지 기준	정방형, 완경사지 기준	삼각지, 평지 기준	정방형, 평지 기준
토지가액	2,100,000	2,700,000	2,400,000	3,000,000

예시답안

일단의 기여도를 고려하여 감정평가하여야 하며, 개량이 된 현재 상태를 기준으로 평가하여야 한다. 따라서 정방형, 평지 기준의 감정평가액을 기준하며, 3,000,000원/m²로 결정한다(×20 = 60,000,000원).

제5절 도시정비 감정평가

01 개관

1. 도시정비사업 관련 감정평가 개관

(1) 개요

도시정비사업과 관련한 감정평가는 정비기반시설의 무상귀속·무상양도 협의를 위한 평가, 종전자산평가, 분양예정자산평가, 국·공유지의 처분평가, 보상감정평가(협의, 수용이의재결) 및 기타 도시정비구역 내 물건의 담보·경매평가 등 상당히 다양하다. 이와 같은 도시정비사업 관련 감정평가를 도시정비구역의 시행절차에 따라 살펴보면 다음과 같다.

(2) 정비기반시설의 무상귀속·무상양도 협의를 위한 평가

먼저 정비구역이 지정되고 조합이 설립되어 사업시행자가 결정되면 사업시행자는 도시정비사업의 시행을 위하여 시장·군수·구청장으로부터 사업시행계획인가를 얻어야 하는데, 사업시행계획인가를 위한 사업시행계획에는 정비기반시설의 무상귀속·무상양도 목적의 감정평가서가 포함하도록 규정(시행령 제47조 제2항 제11호)하고 있으므로 사업시행계획인가 신청 이전에 이를 위한 평가가 선행되어야 한다.

> **도시 및 주거환경정비법 시행령 제47조**(사업시행계획서의 작성)
>
> ② 법 제52조 제1항 제13호에서 "대통령령으로 정하는 바에 따라 시·도조례로 정하는 사항"이란 다음 각 호의 사항 중 시·도조례로 정하는 사항을 말한다.
> 11. 정비사업의 시행으로 법 제97조 제2항에 따라 용도가 폐지되는 정비기반시설의 조서·도면 및 그 정비기반시설에 대한 둘 이상의 감정평가법인등의 감정평가서와 새로 설치할 정비기반시설의 조서·도면 및 그 설치비용 계산서

이는 시행자가 도시정비사업의 시행으로 새로이 설치한 정비기반시설은 그 시설을 관리할 국가 또는 지방자치단체에 무상으로 귀속되고, 도시정비사업의 시행으로 인하여 용도가 폐지되는 국가 또는 지방자치단체 소유의 정비기반시설은「국유재산법」및「공유재산 및 물품 관리법」(이하 "공유재산법")에도 불구하고 그가 새로이 설치한 정비기반시설의 설치비용에 상당하는 범위 안에서 시행자에게 무상으로 양도하도록 하고 있는 규정(법 제96조)에 의한 것이다.

도시 및 주거환경정비법 제96조(정비기반시설의 설치)

사업시행자는 관할 지방자치단체의 장과의 협의를 거쳐 정비구역에 정비기반시설(주거환경개선사업의 경우에는 공동이용시설을 포함한다)을 설치하여야 한다.

동법 제97조(정비기반시설 및 토지 등의 귀속)

① 시장·군수 등 또는 토지주택공사 등이 정비사업의 시행으로 새로 정비기반시설을 설치하거나 기존의 정비기반시설을 대체하는 정비기반시설을 설치한 경우에는 「국유재산법」 및 「공유재산 및 물품 관리법」에도 불구하고 종래의 정비기반시설은 사업시행자에게 무상으로 귀속되고, 새로 설치된 정비기반시설은 그 시설을 관리할 국가 또는 지방자치단체에 무상으로 귀속된다.

② 시장·군수 등 또는 토지주택공사 등이 아닌 사업시행자가 정비사업의 시행으로 새로 설치한 정비기반시설은 그 시설을 관리할 국가 또는 지방자치단체에 무상으로 귀속되고, 정비사업의 시행으로 용도가 폐지되는 국가 또는 지방자치단체 소유의 정비기반시설은 사업시행자가 새로 설치한 정비기반시설의 설치비용에 상당하는 범위에서 그에게 무상으로 양도된다.

③ 제1항 및 제2항의 정비기반시설에 해당하는 도로는 다음 각 호의 어느 하나에 해당하는 도로를 말한다.
　1. 「국토의 계획 및 이용에 관한 법률」 제30조에 따라 도시·군관리계획으로 결정되어 설치된 도로
　2. 「도로법」 제23조에 따라 도로관리청이 관리하는 도로
　3. 「도시개발법」 등 다른 법률에 따라 설치된 국가 또는 지방자치단체 소유의 도로
　4. 그 밖에 「공유재산 및 물품 관리법」에 따른 공유재산 중 일반인의 교통을 위하여 제공되고 있는 부지. 이 경우 부지의 사용 형태, 규모, 기능 등 구체적인 기준은 시·도조례로 정할 수 있다.

④ 시장·군수 등은 제1항부터 제3항까지의 규정에 따른 정비기반시설의 귀속 및 양도에 관한 사항이 포함된 정비사업을 시행하거나 그 시행을 인가하려는 경우에는 미리 그 관리청의 의견을 들어야 한다. 인가받은 사항을 변경하려는 경우에도 또한 같다.

⑤ 사업시행자는 제1항부터 제3항까지의 규정에 따라 관리청에 귀속될 정비기반시설과 사업시행자에게 귀속 또는 양도될 재산의 종류와 세목을 정비사업의 준공 전에 관리청에 통지하여야 하며, 해당 정비기반시설은 그 정비사업이 준공인가되어 관리청에 준공인가통지를 한 때에 국가 또는 지방자치단체에 귀속되거나 사업시행자에게 귀속 또는 양도된 것으로 본다.

⑥ 제5항에 따른 정비기반시설에 대한 등기의 경우 정비사업의 시행인가서와 준공인가서(시장·군수 등이 직접 정비사업을 시행하는 경우에는 제50조 제9항에 따른 사업시행계획인가의 고시와 제83조 제4항에 따른 공사완료의 고시를 말한다)는 「부동산등기법」에 따른 등기원인을 증명하는 서류를 갈음한다.

⑦ 제1항 및 제2항에 따라 정비사업의 시행으로 용도가 폐지되는 국가 또는 지방자치단체 소유의 정비기반시설의 경우 정비사업의 시행 기간 동안 해당 시설의 대부료는 면제된다.

(3) 종전자산 평가

사업시행계획인가고시가 있은 후에는 시행자는 관리처분계획을 수립하여야 하고, 이때 분양대상
자별 종전의 토지 또는 건축물의 명세 및 사업시행계획인가의 고시가 있은 날을 기준으로 한 가격
및 분양예정인 대지 또는 건축물의 추산액을 명시하여야 한다(법 제74조).

도시 및 주거환경정비법 제74조(관리처분계획의 인가 등)

① 사업시행자는 제72조에 따른 분양신청기간이 종료된 때에는 분양신청의 현황을 기초로 다음 각 호의
　사항이 포함된 관리처분계획을 수립하여 시장·군수 등의 인가를 받아야 하며, 관리처분계획을 변경·
　중지 또는 폐지하려는 경우에도 또한 같다. 다만, 대통령령으로 정하는 경미한 사항을 변경하려는 경우
　에는 시장·군수 등에게 신고하여야 한다.
　1. 분양설계
　2. 분양대상자의 주소 및 성명
　3. 분양대상자별 분양예정인 대지 또는 건축물의 추산액(임대관리 위탁주택에 관한 내용을 포함한다)
　4. 다음 각 목에 해당하는 보류지 등의 명세와 추산액 및 처분방법. 다만, 나목의 경우에는 제30조 제1항
　　에 따라 선정된 임대사업자의 성명 및 주소(법인인 경우에는 법인의 명칭 및 소재지와 대표자의 성명
　　및 주소)를 포함한다.
　　가. 일반 분양분
　　나. 공공지원민간임대주택
　　다. 임대주택
　　라. 그 밖에 부대시설·복리시설 등
　5. 분양대상자별 종전의 토지 또는 건축물 명세 및 사업시행계획인가 고시가 있은 날을 기준으로 한
　　가격(사업시행계획인가 전에 제81조 제3항에 따라 철거된 건축물은 시장·군수 등에게 허가를 받은
　　날을 기준으로 한 가격)
　6. 정비사업비의 추산액(재건축사업의 경우에는 「재건축초과이익 환수에 관한 법률」에 따른 재건축부
　　담금에 관한 사항을 포함한다) 및 그에 따른 조합원 분담규모 및 분담시기
　7. 분양대상자의 종전 토지 또는 건축물에 관한 소유권 외의 권리명세
　8. 세입자별 손실보상을 위한 권리명세 및 그 평가액
　9. 그 밖에 정비사업과 관련한 권리 등에 관하여 대통령령으로 정하는 사항
② 시장·군수 등은 제1항 각 호 외의 부분 단서에 따른 신고를 받은 날부터 20일 이내에 신고수리 여부를
　신고인에게 통지하여야 한다.
③ 시장·군수 등이 제2항에서 정한 기간 내에 신고수리 여부 또는 민원 처리 관련 법령에 따른 처리기간
　의 연장을 신고인에게 통지하지 아니하면 그 기간(민원 처리 관련 법령에 따라 처리기간이 연장 또는
　재연장된 경우에는 해당 처리기간을 말한다)이 끝난 날의 다음 날에 신고를 수리한 것으로 본다.

도시정비사업은 다수의 이해가 얽혀 있으며 사회·경제 전반에 미치는 영향이 상당히 크다. 이에
따라 「도시 및 주거환경정비법」에서는 정비구역 내 조합원의 권리배분과 관련하여 가장 중요한
절차인 관리처분계획의 수립에 있어서 종전의 토지 및 건축물의 가격평가와 분양예정인 대지 또
는 건축시설의 추산액 산정은 「감정평가 및 감정평가사에 관한 법률」에 의한 감정평가법인등의
감정평가를 받도록 규정하고 있다(법 제74조 제4항).

도시 및 주거환경정비법 제74조(관리처분계획의 인가 등)

④ 정비사업에서 제1항 제3호·제5호 및 제8호에 따라 재산 또는 권리를 평가할 때에는 다음 각 호의 방법에 따른다.

1. 「감정평가 및 감정평가사에 관한 법률」에 따른 감정평가법인등 중 다음 각 목의 구분에 따른 감정평가법인등이 평가한 금액을 산술평균하여 산정한다. 다만, 관리처분계획을 변경·중지 또는 폐지하려는 경우 분양예정 대상인 대지 또는 건축물의 추산액과 종전의 토지 또는 건축물의 가격은 사업시행자 및 토지등소유자 전원이 합의하여 산정할 수 있다.

　가. 주거환경개선사업 또는 재개발사업 : 시장·군수 등이 선정·계약한 2인 이상의 감정평가법인등

　나. 재건축사업 : 시장·군수 등이 선정·계약한 1인 이상의 감정평가법인등과 조합총회의 의결로 선정·계약한 1인 이상의 감정평가법인등

2. 시장·군수 등은 제1호에 따라 감정평가법인등을 선정·계약하는 경우 감정평가법인등의 업무수행능력, 소속 감정평가사의 수, 감정평가 실적, 법규 준수 여부, 평가계획의 적정성 등을 고려하여 객관적이고 투명한 절차에 따라 선정하여야 한다. 이 경우 감정평가법인등의 선정·절차 및 방법 등에 필요한 사항은 시·도조례로 정한다.

3. 사업시행자는 제1호에 따라 감정평가를 하려는 경우 시장·군수 등에게 감정평가법인등의 선정·계약을 요청하고 감정평가에 필요한 비용을 미리 예치하여야 한다. 시장·군수 등은 감정평가가 끝난 경우 예치된 금액에서 감정평가 비용을 직접 지급한 후 나머지 비용을 사업시행자와 정산하여야 한다.

⑤ 조합은 제45조 제1항 제10호의 사항을 의결하기 위한 총회의 개최일부터 1개월 전에 제1항 제3호부터 제6호까지의 규정에 해당하는 사항을 각 조합원에게 문서로 통지하여야 한다.

⑥ 제1항에 따른 관리처분계획의 내용, 관리처분의 방법 등에 필요한 사항은 대통령령으로 정한다.

⑦ 제1항 각 호의 관리처분계획의 내용과 제4항부터 제6항까지의 규정은 시장·군수등이 직접 수립하는 관리처분계획에 준용한다.

종전 토지·건축물의 평가는 사업시행계획인가고시시점을 기준으로 하여 사업착수 전 경제적 가치를 평가하는 것으로 그 평가액은 사업시행 후 관리처분을 위한 기준가격이 된다.[25]

(4) 종후자산 평가(분양예정자산 평가)

「도시 및 주거환경정비법」 제74조 제1항에 따라 재개발사업의 시행을 위한 관리처분계획에는 분양대상자별로 분양예정의 대지 또는 건축시설의 추산액이 포함되어야 하며, 그 추산액은 감정평가법인등 2인 이상이 평가한 금액을 산술평균하여 산정하도록 하고 있다. 이와 같은 분양예정자산의 평가에는 분양예정 공동주택 이외에도 상가 등 복리시설의 평가를 포함한다. 분양예정자산의 평가액 또는 종전자산 평가액과 함께 관리처분을 위한 기준가격이 된다.

조합원에게 분양되고 남은 공동주택 및 상가 등 복리시설은 일반분양되어 사업비로 충당된다. 이 경우 적정한 분양가산정을 위한 감정평가를 하는데 이는 법으로 정하여진 필수적 사항은 아니며 원활한 분양을 위하여 사업시행자의 의뢰에 따라 이루어지는 것이다.

---

25) 실제 분양설계 시에는 "분양기준가액"을 사용한다. 분양기준가액이란 분양의 목적물이 되는 대지 및 건축시설의 분양기준인 종전 토지·건축물의 사정가액을 약칭한 것으로 개인별 토지·건축물 감정평가액에 해당 구역의 비례율을 곱한 가액이다.

⑸ **국·공유지 처분평가**

정비구역 내에는 불량주택의 형성과정에 따라 차이는 있지만 상당히 많은 국·공유지가 소재하고 있다. 이와 같은 국·공유지의 처분과 관련하여 「도시 및 주거환경정비법」에서는 도시정비사업 외의 목적으로 매각하거나 양도할 수 없고 시행자 또는 점유자 및 사용자에게 타에 우선하여 매각하거나 임대할 수 있도록 하면서 사업시행계획인가고시가 있은 날부터 종전의 용도가 폐지된 것으로 보고 있다(법 제98조 제5항).

또한 국·공유지 매각가격 산정기준에 대해서도 사업시행계획인가고시가 있은 날을 기준으로 평가하되, 사업시행계획인가고시가 있은 날부터 3년 이내에 매각계약이 체결되지 아니한 경우에는 그 가격결정에 있어서는 「국유재산법」 및 「공유물품 및 관리에 관한 법률」의 규정에 따르도록 명시하고 있다(법 제98조 제6항).

> **도시 및 주거환경정비법 제98조**(국유·공유재산의 처분 등)
>
> ① 시장·군수 등은 제50조 및 제52조에 따라 인가하려는 사업시행계획 또는 직접 작성하는 사업시행계획서에 국유·공유재산의 처분에 관한 내용이 포함되어 있는 때에는 미리 관리청과 협의하여야 한다. 이 경우 관리청이 불분명한 재산 중 도로·구거(도랑) 등은 국토교통부장관을, 하천은 환경부장관을, 그 외의 재산은 기획재정부장관을 관리청으로 본다.
> ② 제1항에 따라 협의를 받은 관리청은 20일 이내에 의견을 제시하여야 한다.
> ③ 정비구역의 국유·공유재산은 정비사업 외의 목적으로 매각되거나 양도될 수 없다.
> ④ 정비구역의 국유·공유재산은 「국유재산법」 제9조 또는 「공유재산 및 물품 관리법」 제10조에 따른 국유재산종합계획 또는 공유재산관리계획과 「국유재산법」 제43조 및 「공유재산 및 물품 관리법」 제29조에 따른 계약의 방법에도 불구하고 사업시행자 또는 점유자 및 사용자에게 다른 사람에 우선하여 수의계약으로 매각 또는 임대될 수 있다.
> ⑤ 제4항에 따라 다른 사람에 우선하여 매각 또는 임대될 수 있는 국유·공유재산은 「국유재산법」, 「공유재산 및 물품 관리법」 및 그 밖에 국·공유지의 관리와 처분에 관한 관계 법령에도 불구하고 사업시행계획인가의 고시가 있은 날부터 종전의 용도가 폐지된 것으로 본다.
> ⑥ 제4항에 따라 정비사업을 목적으로 우선하여 매각하는 국·공유지는 사업시행계획인가의 고시가 있은 날을 기준으로 평가하며, 주거환경개선사업의 경우 매각가격은 평가금액의 100분의 80으로 한다. 다만, 사업시행계획인가의 고시가 있은 날부터 3년 이내에 매매계약을 체결하지 아니한 국·공유지는 「국유재산법」 또는 「공유재산 및 물품 관리법」에서 정한다.

⑹ **미동의자 자산평가**

도시정비사업 중 재개발사업과 주거환경개선사업은 이에 동의하지 않은 소유자에 대해서는 강제적으로 수용이 가능하도록 하고 있으며, 수용에 관하여는 「토지보상법」을 준용하도록 하고 있다. 이에 따라 상기 정비사업의 원활한 시행을 위한 공용수용이 이루어지고 있으며, 정당한 보상가격 산정을 위한 감정평가가 수반되고 있다.

> **도시 및 주거환경정비법 제63조**(토지 등의 수용 또는 사용)
>
> 사업시행자는 정비구역에서 정비사업(재건축사업의 경우에는 제26조 제1항 제1호 및 제27조 제1항 제1호에 해당하는 사업으로 한정한다)을 시행하기 위하여 「공익사업을 위한 토지 등의 취득 및 보상에 관한 법률」 제3조에 따른 토지·물건 또는 그 밖의 권리를 취득하거나 사용할 수 있다.

> **동법 제65조**(「공익사업을 위한 토지 등의 취득 및 보상에 관한 법률」의 준용)
>
> ① 정비구역에서 정비사업의 시행을 위한 토지 또는 건축물의 소유권과 그 밖의 권리에 대한 수용 또는 사용은 이 법에 규정된 사항을 제외하고는 「공익사업을 위한 토지 등의 취득 및 보상에 관한 법률」을 준용한다. 다만, 정비사업의 시행에 따른 손실보상의 기준 및 절차는 대통령령으로 정할 수 있다.
> ② 제1항에 따라 「공익사업을 위한 토지 등의 취득 및 보상에 관한 법률」을 준용하는 경우 사업시행계획인가 고시(시장·군수 등이 직접 정비사업을 시행하는 경우에는 제50조 제9항에 따른 사업시행계획서의 고시를 말한다. 이하 이 조에서 같다)가 있은 때에는 같은 법 제20조 제1항 및 제22조 제1항에 따른 사업인정 및 그 고시가 있은 것으로 본다.
> ③ 제1항에 따른 수용 또는 사용에 대한 재결의 신청은 「공익사업을 위한 토지 등의 취득 및 보상에 관한 법률」 제23조 및 같은 법 제28조 제1항에도 불구하고 사업시행계획인가(사업시행계획변경인가를 포함한다)를 할 때 정한 사업시행기간 이내에 하여야 한다.
> ④ 대지 또는 건축물을 현물보상하는 경우에는 「공익사업을 위한 토지 등의 취득 및 보상에 관한 법률」 제42조에도 불구하고 제83조에 따른 준공인가 이후에도 할 수 있다.

이에 반해 재건축사업의 경우 공익사업으로 인정하지 않기 때문에 법에서 "천재·지변 그 밖의 불가피한 사유로 인하여 긴급히 정비사업을 시행할 필요가 있다고 인정되는 때"(법 제26조 제1호)를 제외하고는 토지 등의 수용·사용권을 부여하지 않고 있으며, 다만 시가금액으로 매도청구권만 행사할 수 있도록 규정(법 제64조)하고 있다.

> **도시 및 주거환경정비법 제64조**(재건축사업에서의 매도청구)
>
> ① 재건축사업의 사업시행자는 사업시행계획인가의 고시가 있은 날부터 30일 이내에 다음 각 호의 자에게 조합설립 또는 사업시행자의 지정에 관한 동의 여부를 회답할 것을 서면으로 촉구하여야 한다.
>   1. 제35조 제3항부터 제5항까지에 따른 조합설립에 동의하지 아니한 자
>   2. 제26조 제1항 및 제27조 제1항에 따라 시장·군수 등, 토지주택공사 등 또는 신탁업자의 사업시행자 지정에 동의하지 아니한 자
> ② 제1항의 촉구를 받은 토지등소유자는 촉구를 받은 날부터 2개월 이내에 회답하여야 한다.
> ③ 제2항의 기간 내에 회답하지 아니한 경우 그 토지등소유자는 조합설립 또는 사업시행자의 지정에 동의하지 아니하겠다는 뜻을 회답한 것으로 본다.
> ④ 제2항의 기간이 지나면 사업시행자는 그 기간이 만료된 때부터 2개월 이내에 조합설립 또는 사업시행자 지정에 동의하지 아니하겠다는 뜻을 회답한 토지등소유자와 건축물 또는 토지만 소유한 자에게 건축물 또는 토지의 소유권과 그 밖의 권리를 매도할 것을 청구할 수 있다.

PART 03

(7) **소결**

이와 같이 도시정비사업과 관련한 감정평가는 다수인의 복잡한 이해관계가 얽혀 있으며, 대규모의 평가로서 사회·경제에 미치는 영향이 상당히 큰 점이 특징이다. 이에 따라 다른 어떠한 감정평가보다도 평가의 적정성이 요구되며, 이를 위해 도시정비사업의 전반적인 과정에 대한 충분한 이해와 이에 부응하는 평가방법의 적용이 중시된다고 하겠다. 그리고 담보, 경매 등의 일반적인 평가에 있어서도 평가대상물건이 도시정비구역 내에 소재하는 경우에는 도시정비사업의 시행단계, 가격형성과정, 개발이익, 권리상태 및 권리보호 등의 제반 사항을 종합 검토하여 적정한 평가가 이루어지도록 하여야 한다.

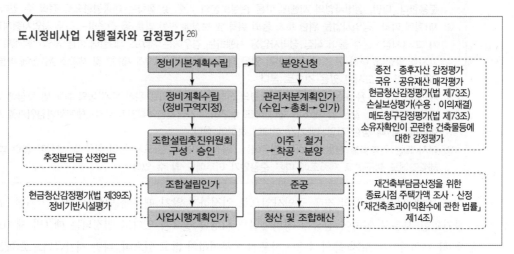

2. 정비사업의 유형과 감정평가

도시정비사업의 유형은 법 제2조에서 정의하고 있는 바와 같다.

도시 및 주거환경정비법 제2조(정의)

이 법에서 사용하는 용어의 뜻은 다음과 같다.

2. "정비사업"이란 이 법에서 정한 절차에 따라 도시기능을 회복하기 위하여 정비구역에서 정비기반시설을 정비하거나 주택 등 건축물을 개량 또는 건설하는 다음 각 목의 사업을 말한다.

　가. 주거환경개선사업 : 도시저소득 주민이 집단거주하는 지역으로서 정비기반시설이 극히 열악하고 노후·불량건축물이 과도하게 밀집한 지역의 주거환경을 개선하거나 단독주택 및 다세대주택이 밀집한 지역에서 정비기반시설과 공동이용시설 확충을 통하여 주거환경을 보전·정비·개량하기 위한 사업

　나. 재개발사업 : 정비기반시설이 열악하고 노후·불량건축물이 밀집한 지역에서 주거환경을 개선하거나 상업지역·공업지역 등에서 도시기능의 회복 및 상권활성화 등을 위하여 도시환경을 개선하기 위한 사업

　다. 재건축사업 : 정비기반시설은 양호하나 노후·불량건축물에 해당하는 공동주택이 밀집한 지역에서 주거환경을 개선하기 위한 사업

---

26) 감정평가 실무매뉴얼(도시정비평가편), 한국감정평가사협회, 2020.12.

⁛ 정비사업의 종류 및 근거법

대상지역		종전	현행 (2018.02~)	근거법
도시저소득 주민이 집단 거주하는 지역으로서 정비기반시설이 극히 열악하고 노후·불량건축물이 과도하게 밀집한 지역		주거환경개선사업	주거환경개선사업	도시 및 주거환경정비법 (도시정비법)
단독주택 및 다세대주택이 밀집한 지역		주거환경개선사업		
정비기반시설이 열악하고 노후·불량건축물이 밀집한 지역		주택재개발사업	재개발사업	
상업지역·공업지역 등에서 도시기능의 회복 및 상권활성화 등이 필요한 지역		도시환경정비사업		
정비기반시설은 양호한 지역	노후·불량건축물에 해당하는 공동주택이 밀집한 지역	주택재건축사업	재건축사업	
	정비기반시설이 소규모로 공동주택을 재건축할 필요가 있는 지역		소규모재건축사업	빈집 및 소규모 주택정비에 관한 특례법 (소규모주택정비법)
노후·불량건축물이 밀집한 가로구역		가로주택정비사업	가로주택정비사업	

» (그 외 사업) 시장정비법 : 시장의 현대화를 촉진하기 위하여 상업기반시설 및 도시정비법에 따른 정비기반시설을 정비하고, 대규모점포가 포함된 건축물을 건설하기 위하여 전통시장법과 도시정비법 등에서 정하는 바에 따라 시장을 정비하는 사업

「도시정비법」에서는 이들 사업 중 재건축사업을 제외한 재개발사업·주거환경개선사업·도시환경 정비사업에 대하여 토지 등의 수용·사용권을 부여함으로써 공익사업임을 인정하고 있다[도시정비법 제63조(토지 등의 수용 또는 사용)]. 한편, 법 제65조에서 토지 등을 수용·사용할 경우 「토지보상법」을 준용하도록 규정하여, 정비사업에 대한 미동의자 소유 재산에 대한 평가 시 보상감정평가에 준하여 평가하도록 하고 있다. 이에 반해 재건축사업의 경우 미동의자 소유 재산에 대해 시가액으로 매도청구를 할 수 있도록 규정하고 있다. 종전자산의 감정평가에 있어서는 정비사업동의자의 자산에 대하여 형평성 및 가격균형이 유지되어야 한다.[27]

정비사업 종류별로 관련된 감정평가 사항들을 요약하면 다음과 같다.

⁛ 정비사업 종류별 감정평가사항

항목		주거환경개선사업	재개발사업	재건축사업
평가여부		「도시정비법」 제74조에 의한 필수평가	「도시정비법」 제74조에 의한 필수평가	「도시정비법」 제74조에 의한 필수평가
평가의 종류	국·공유지	• 무상귀속·무상양도 평가 • 처분평가	• 무상귀속·무상양도 평가 • 처분평가	• 무상귀속·무상양도 평가 • 처분평가

---

27) 종전자산 평가가 보상감정평가와 동일한지 여부는 후술(後述)하도록 한다.

관리처분계획 관련	• 종전자산 평가 • 종후자산 평가	• 종전자산 평가 • 종후자산 평가	• 종전자산 평가 • 종후자산 평가

(조합설립)
미동의자
	• 협의 및 재결 보상감정
	  평가
	• 소송평가
		• 협의 및 재결 보상감정
		  평가
		• 소송평가
			소송평가(매도청구소송)

청산관련 (분양신청하지 않은 자 등)	협의 및 재결 보상감정평가	협의 및 재결 보상감정평가	시가평가

3. 도시정비사업 감정평가의 성격

부동산의 가격은 정하여진 어떤 하나의 가격만이 존재하는 것이 아니라 상당한 폭을 가지고 일정한 수준으로 형성되며, 이용상황과 법률상 제한·조장에 따라 그리고 시간의 흐름에 따라 계속 변동하는 특징을 갖고 있다. 이러한 부동산 가격의 특징을 고려할 때 감정평가란 존재하는 일정한 가격을 찾는 것이 아니고 각각의 평가목적에 부합하는 합리적, 합목적적인 가격을 구하는 작업이라고 할 수 있다. 그러므로 적정한 평가가격의 산정을 위해서 먼저 '어떠한 목적으로 평가가 의뢰되었는가? 또는 어떠한 이해관계 및 법률관계가 있는가?' 등을 충분히 이해하고 이에 부합하는 가격을 구하여야 한다.

평가목적과 성격에 따라 평가가격이 달라지는 구체적인 예로서, 평가대상토지에 도시관리계획시설 "도로" 등의 공법상 제한이 있는 경우에는 담보목적의 감정평가의 경우에는 대출금의 미상환 시 채권 확보가 중요하므로 공법상 제한의 정도를 감안하여 평가하지만, 보상목적의 감정평가인 경우에는 사유재산권의 보장 및 정당한 보상원칙에 의거 개별적인 공법상 제한이 없는 상태를 기준으로 평가하는 것을 들 수 있다.

도시정비사업과 관련한 감정평가의 경우에는 특수한 법률관계 및 이해관계에 의하여 일반적인 평가와는 다른 성격을 갖고 있다. 도시정비사업과 관련하여 합리적인 가격을 산정하기 위해서는 이러한 도시정비사업 감정평가의 성격을 충분히 이해하고 평가에 임하여야 한다.

도시정비사업과 관련한 종전자산과 분양예정자산 감정평가의 성격을 구체적으로 살펴보면 다음과 같다.

(1) 관리처분계획수립을 위한 평가이다.

현행 우리나라의 도시정비사업은 사업시행이전 각 조합원이 소유하고 있는 자산의 가치를 사업시행 이후 새로운 자산(분양예정자산)으로 권리변환하는 방식에 의하고 있다. 이와 같은 관리처분 방식에서는 사업의 시행이전 종전자산의 가치를 확정하고 분양예정자산의 추산액을 판정하는 작업이 필수적으로 선행되어야 한다. 현행 「도시정비법」에서는 도시정비사업의 시행을 위한 관리처분계획의 수립 시 종전자산과 분양예정자산에 대한 감정평가가격을 포함하도록 규정하고 있다. 즉, 정비구역 내 종전자산 및 분양예정자산의 평가는 관리처분계획상 요구되는 것이다. 따라서 종전자산 평가 시 도시정비사업에 따른 개발이익 등을 배제하고 평가하며, 분양예정자산 평가 시에는 인근지역이나 동일수급권 안의 유사지역에 있는 유사물건의 분양사례·거래사례·평가선례 및 수요성 등과 해당 사업에 드는 총 사업비 등 원가를 고려한다. 다만, 시·도의 조례에 별도의 규정이 있을 때에는 그에 따른다. 이와 같은 가격은 실거래가격과는 괴리될 수도 있다.

(2) 법률에 근거한 평가

도시정비사업은 기본적으로 조합의 사적관계나 사업전반에 관하여 국가가 관여하여 관리하도록 하고 있으며 사업의 시행에 있어서 중요한 자산가치의 판단에 있어서는 전문가인 감정평가법인등으로 하여금 평가하도록 「도시정비법」에 규정함으로써 개개인의 이해관계를 조정하고 원활한 사업의 시행이 이루어질 수 있도록 하고 있다.

(3) 이해관계의 절충을 위한 사적성격의 평가

법률에 근거한 평가이기는 하나 평가성격은 국가와의 관계가 아니고 기본적으로는 도시정비사업의 시행에 따른 각 개개인의 이해관계의 절충, 개발이익의 분배 등과 관계되는 사적평가의 성격이 강하다. 따라서 상대적 가격이 중시되는 평가이기도 하다. 도시정비사업의 조합원은 수백 명에서 많게는 수천 명에 이르며 그 권리관계 또한 매우 복잡하다. 일반적으로 담보, 경매, 보상목적 등의 감정평가는 쌍방당사자의 이해관계 절충을 위한 목적으로 이루어지는 것이 보통이며, 이러한 쌍방관계의 이해절충을 위한 평가의 경우 일반적으로 절대적 가격이 중시된다. 그러나 종전자산 평가액은 각 조합원의 권리변환의 기준이 되는 것으로서 절대적 가격수준의 문제보다는 상대적 가격, 즉 조합원 간의 형평성이 더 중시된다. 따라서 정비구역 내 종전자산의 평가에 있어서는 비례율, 실거래 가격수준, 개발이익분배 등이 충분히 고려되어야 하며, 평가대상 물건의 종류별·규모별·위치별 간의 적정한 가격균형이 유지되도록 하는 것이 중요하다.

02 재개발사업과 감정평가

1. 종전자산 감정평가

1) 종전자산 감정평가의 근거 및 대상

(1) 종전자산 감정평가의 근거

도시정비사업의 관리처분계획에는 분양대상자별로 종전의 토지 및 건축물의 명세와 사업시행고시가 있은 날을 기준으로 한 가격이 반드시 포함되어야 하며(법 제74조 제1항 제5호), 재개발사업의 경우 종전자산의 가격은 「감정평가 및 감정평가사에 관한 법률」에 의한 감정평가법인등 2인 이상이 평가한 금액을 산술평균하여 산정하도록 규정하고 있다.

(2) 종전자산 감정평가의 대상

도시정비평가는 사업시행자가 제시한 의뢰목록(토지나 건물 등에 관한 권리자 및 그 권리의 명세)에 기초하여 수행하여야 한다. 도시정비사업과 관련하여 다수의 이해관계인이 존재하는바, 각각의 재산권 및 권리관계에 따른 평가대상이 확정되어야 하며, 이는 사업시행자가 결정하는 바에 따른다. 최초 감정평가 시 의뢰목록을 받아 감정평가를 수행하는 중에도 종종 구역면적, 특정무허가건물 면적, 용도지역, 정비기반시설 등의 변경 등의 사유로 사업시행(변경)인가가 나는 경우가 있다. 이 경우에는 최초 의뢰목록으로 현장조사를 하였더라도, 조합 등 사업시행자로부터 변경된 목록을 제시받게 되므로, 변경사항을 재확인하여 그에 따라 감정평가해야 한다.

2) 종전자산 감정평가의 기준[28]

(1) 기준시점

① 기준시점 판단의 원칙

㉠ 도시 및 주거환경정비법

종전자산감정평가의 법정 명칭은 '분양대상자별 종전의 토지 또는 건축물의 명세 및 사업시행계획인가의 고시가 있은 날을 기준으로 한 가격(사업시행계획인가 전에 제81조 제3항에 따라 철거된 건축물은 시장·군수등에게 허가를 받은 날을 기준으로 한 가격)'인 바, 그 기준시점은(법 제81조 제3항에 해당하는 경우를 제외하고는) '사업시행계획인가의 고시가 있은 날'이다.

도시정비법은 인가권자(시장·군수등)가 정비사업시행계획을 인가(시장·군수등이 사업시행계획서를 작성한 경우를 포함한다)하거나 정비사업을 변경·중지 또는 폐지하는 경우에는 국토교통부령으로 정하는 방법 및 절차에 따라 그 내용을 해당 지방자치단체의 공보(公報)에 고시하여야 한다고 규정하고 있다(법 제50조 제7항).

따라서 종전자산감정평가의 기준시점인 '사업시행계획인가의 고시가 있은 날'은 원칙적으로 해당 사업시행계획인가 고시문이 수록된 사업시행계획인가권자가 속한 지방자치단체의 공보(公報)가 발행된 날을 기준으로 판단한다.

㉡ 빈집 및 소규모주택 정비에 관한 특례법

소규모주택정비법 제28조(분양공고 및 분양신청)에 의하여 가로주택정비사업 또는 소규모재건축사업의 사업시행자는 제26조(건축심의)에 따른 심의 결과를 통지받은 날로부터 90일 이내에 분양대상자별 종전의 토지 또는 건축물의 명세 및 제26조(건축심의)에 따른 심의 결과를 통지받은 날을 기준으로 한 가격(제26조(건축심의)에 따른 심의 전에 제37조 제3항에 따라 철거된 건축물은 시장·군수에게 허가를 받은 날을 기준으로 한 가격) 등을 토지등소유자에게 통지하고, 분양의 대상이 되는 대지 또는 건축물의 내역 등 대통령령으로 정하는 사항을 해당지역에서 발간하는 일간신문에 공고하여야 한다.

따라서 소규모주택정비법에 의한 종전자산의 감정평가 시 기준시점은 건축심의 결과 통지서를 수령한 날짜를 기준으로 한다.

② 사업시행계획'변경'인가의 고시가 있는 경우의 종전자산감정평가 기준시점

사업시행계획변경인가의 고시가 있는 경우의 종전자산감정평가의 기준시점은 매우 복잡다기하고 전문적인 법률적 판단이 개입되므로 감정평가법인등이 임의로 결정하여서는 아니 되고 반드시 사업시행자 또는 관리처분계획 인가권자로부터 서면으로 제시받아야 한다.

---

28) 감정평가 실무매뉴얼(도시정비평가편), 한국감정평가사협회, 2020.12.

(2) 종전자산 감정평가의 일반적인 기준

① 적용 및 준용되는 감정평가기준

우리나라 도시정비사업의 연혁을 감안하면 재개발사업에서 종전자산감정평가는 손실보상평가의 성격을 가지는 것으로 출발하였으나, 재건축사업의 등장, 정비사업 법제의 개정 연혁, 관련 판례 등을 종합적으로 고려할 때 이제는 정당보상을 위한 보상평가로서의 성격보다는 조합원 현물출자자산의 지분비율 결정 및 (종후자산감정평가와 함께) 청산금 산정의 기준가액 결정이라는 성격이 더 강하게 작용한다고 볼 수 있다. 따라서 감칙 및 실무기준이 감정평가의 원칙·기준으로 적용된다.[29]

② 해당 정비구역 지정에 따른 공법상 제한을 받지 아니한 상태 기준 감정평가

해당 정비구역 지정에 따른 도시계획시설의 저촉, 정비구역 지정으로 인한 행위제한 등을 감안하지 않고 감정평가한다. 그러나 이 규정이 보상평가에서 공법상 제한 중 개별적 제한에 대한 취급처럼 마치 정비구역이 지정되지 아니한 상태를 기준으로 감정평가액을 결정하여야 한다거나 감정평가액 수준 판단에 있어 정비구역이 지정되지 아니한 상태를 기준으로 한다는 의미는 아니다.

③ 해당 정비사업의 시행을 직접 목적으로 하는 공법상 제한의 변경 배제

해당 정비사업의 시행을 직접 목적으로 공법상 제한이 변경된 경우에는 이를 배제하고 감정평가한다. 이 기준은 보상평가기준 중 '해당 공익사업으로 인한 가격의 변동 배제'와 유사하나 보상평가는 헌법의 정당보상원칙을 구현하기 위한 것인 반면, 종전자산감정평가는 해당 정비사업으로 인한 가격의 변동을 합리적이고 균형 있게 배분하기 위한 것이라는 점에서 차이가 있다.

(3) 종전자산감정평가 시 고려하여야 할 사항

① 상대적인 가격균형을 고려한 감성평가

종전자산감정평가는 관리처분계획수립을 위한 것이고 관리처분계획은 해당 사업으로 인한 개발이익(손실 포함)을 분양대상자들에게 형평성 있게 배분하는데 그 주안점이 있다. 따라서 절대적인 감정평가액 수준과 함께 대상물건의 유형·위치·규모 등에 따른 상대적 가격균형 유지 여부가 매우 중요하다.

② 해당 정비사업으로 인한 가격변동의 반영여부

정비사업은 토지의 고도이용을 촉진하는 사업으로 이에 따라 용적률 등의 개발밀도가 높아지고 용도지역 등의 변화가 수반되는 경우가 많으므로 사업계획 또는 시행의 공고·고시 및 이후의 사업진행에 따라 상당한 정도의 개발이익이 발생하는 경우가 많다. 정비사업은 토지등소유자 또는 조합이 시행하는 것이 일반적이므로 이로 인한 개발이익은 사업시행자인 토지등소유자 또는 조합이 향유할 수 있다는 점에서 헌법 제23조 제3항의 정당보상을 목적으로 하는 보상평가와 달리 해당 사업 시행에 따른 개발이익을 적정한 수준에서 반영하여 감정평가할

---

29) 다만, 종전자산감정평가는 해당 정비사업의 시행을 직접 목적으로 하는 용도지역 등의 변경을 배제하고 감정평가하여야 하므로 이러한 점에서는 감칙 및 실무기준의 감정평가기준 중 '현황기준 원칙'의 예외가 된다.

수 있다. 다만 이렇게 적정 개발이익을 반영하여 감정평가할 때 그 개발이익이 합리적이고 균형있게 배분되어야 한다.

종전자산 감정평가 시 개발이익 고려 여부[30)]

1. 종전자산 감정평가 시 개발이익 반영 여부

정비사업은 토지의 고도이용을 촉진하는 사업으로 이에 따라 용적률 등의 완화 및 용도지역 등의 조정 등이 수반되므로, 사업계획 또는 시행의 공고·고시 및 이후의 사업진행에 따라 상당한 개발이익이 발생하게 된다. 정비사업은 토지등소유자 또는 조합이 시행하는 사업이므로, 이로 인한 개발이익은 사업시행자인 토지소유자 또는 조합이 향유하여야 한다는 점에서 헌법이 정당보상 목적으로 하는 보상감정평가와 달리, 상대적 가치 비율의 합리적 산정을 목적으로 하는 종전자산 감정평가에서는 개발이익을 반영하여 평가할 수 있다. 다만, 이 경우에도 개발이익을 반영하여 감정평가할 때 개발이익이 합리적이고 균형성 있게 배분되어야 할 것이다.

특히, 문제가 되는 것이 대지지분은 소규모인 집합건물이다. 일반적으로 정비사업 등의 개발사업 시행이 없는 경우에도 집합건물부지는 집합건물이 아닌 일반 단독·다가구주택 및 근린생활시설 부지에 비해 토지를 집약적으로 활용함으로써 최유효이용에 좀 더 근접하였다는 측면에서 높은 가격수준을 형성한다.

그러나 정비사업이 시행되는 경우에는 이러한 정상적인 가격격차에 더하여 (주거용 집합건물의 경우) 1필지의 토지에 부여되는 수분양권이 증가함에 따라 이에 따른 예상 기대이익(이른바 '분양권 프리미엄')을 목적으로 하는 거래가 증가하게 된다.[31)] 따라서 현실에서 형성되는 가격수준을 기초로 한 집합건물부지의 가격에 자연히 이러한 '분양권 프리미엄'이 반영된다.

이러한 '분양권 프리미엄'은 ⅰ) 추후의 단계적 사업진행에 따라 구체화되는 개발이익을 거래시점 당시 미리 선취(先取)하려는 투기적 거래라는 점, ⅱ) 해당 정비사업의 시행으로 인해 가격균형이 왜곡되는 전형적인 사례라는 점에서 이를 감정평가액에 반영할 수는 없을 것이다.[32)]

따라서 이러한 경우에는 대상 정비구역뿐 아니라 인근의 정비구역이 아닌 지역의 비교가능성[33)] 있는 집합건물의 정상적 거래사례를 기준으로 감정평가하여야 할 것이며, 또한 해당 정비구역 내 집합건물부지가 아닌 일반 토지가격과의 균형 등을 종합적으로 고려하여야 할 것이다.

2. 해당 사업으로 인한 공법상 제한 배제 평가

종전자산의 감정평가 시 정비구역의 지정은 그 공법상 제한이 해당 공익사업의 시행을 직접 목적으로 하여 가하여진 개별적 제한사항에 해당되므로, 그 공법상 제한을 받지 아니하는 상태를 기준으로 하여 감정평가해야 한다. 다만, "해당 정비구역 지정에 따른 공법상 제한"이라 함은 해당 정비계획 결정·고시로 인한 도시·군계획시설의 저촉, 정비구역지정으로 인한 행위제한(도시정비법 제19조) 등을 말하는 것으로서, 종전자산 감정평가 시 이러한 저촉 등을 고려하지 않는다는 의미로 이해하여야 할 것이다. 이를 보상감정평가의 개별적 계획제한으로 보아 마치 정비구역이 지정되지 아니한 상태를 기준으로 가격(수준)을 감정평가한다는 의미는 아님에 유의해야 한다.

---

30) 감정평가실무기준 해설서(Ⅰ) 총론편, 한국감정평가사협회 등, 2014.02, p.575
31) 소규모 대지지분 집합건물의 거래가 활성화되는 이유는 이외에도 거래가액 규모가 소규모여서 자금조달이 용이하다는 점도 있다.
32) 이러한 면에서는 분양대상자격이 주어지는 주거용 무허가건축물(서울특별시 도시 및 주거환경정비조례 제2조 제1호의 '특정 무허가건축물' 등)의 거래, 소유자의 권리가액 증가를 목적으로 한 도로부지 거래 등도 역시 마찬가지라 할 것이다.
33) 특히 감정평가대상과 매매사례의 대지지분의 규모, 건물의 사용승인연도, 건물의 최고층 및 해당 층, 자체 주차장 구비 여부 등을 고려하여야 할 것이다.

(4) 공시지가 기준법 적용 시 고려하여야 할 사항

① 적용공시지가 선정 관련

사업시행인가고시일이 기준시점이므로 '기준시점 이전 시점을 공시기준일로 하는 공시지가로서 기준시점에 가장 가까운 시점에 공시된 공시지가'라는 적용공시지가 결정기준에 따른다.

② 비교표준지 선정 관련

> **실무기준 [730-3.1] 종전자산의 감정평가**
> ② 비교표준지는 해당 정비구역 안에 있는 표준지 중에서 [610-1.5.2.1]의 비교표준지 선정기준에 적합한 표준지를 선정하는 것을 원칙으로 한다. 다만, 해당 정비구역 안에 적절한 표준지가 없거나 해당 정비구역 안 표준지를 선정하는 것이 적절하지 아니한 경우에는 해당 정비구역 밖의 표준지를 선정할 수 있다.
> ③ 적용 공시지가의 선택은 해당 정비구역의 사업시행인가고시일 이전 시점을 공시기준일로 하는 공시지가로서 사업시행인가고시일에 가장 가까운 시점에 공시된 공시지가를 기준으로 한다.

③ 해당 정비사업의 시행을 직접 목적으로 한 용도지역등 변경의 배제

해당 정비사업의 시행을 직접 목적으로 한 용도지역의 변경은 그 변경 전의 용도지역 등을 기준으로 감정평가한다.

④ 정비구역 내 표준지공시지가가 도시계획시설에 저촉된 경우 행정적 조건의 비교

정비구역이 지정됨과 동시에 기존의 도시계획시설은 폐지되고 해당 정비사업의 시행을 위한 도시계획시설이 이를 대체하게 된다. 그러나 표준지공시지가 조사·평가 시 토지수용 및 환지 방식의 개발사업지 내에서 확정예정지번(블록·롯트 포함)이 부여되기 이전과 관리처분방식의 개발사업지 내에서 착공신고 후 실공사 착공 이전에는 도시계획시설에 의한 감가요인을 반영하시 않기 때문에[34], 정비구역 내 표준지공시지가가 이러한 도시계획시설에 저촉되었다고 하여 이를 이유로 저촉되지 않은 상태에 비해 감액되어 공시되는 것은 아니다. 따라서 정비구역 내에 소재한 표준지를 비교표준지로 선정한 경우 그 표준지공시지가가 도시계획시설에 저촉된다고 하여 이를 행정적 조건으로 보정(증액보정)하여서는 아니 된다.

> **참고**
> **정비사업구역 내 도시계획시설 저촉 토지 평가 시 유의사항**
> 평가목적이나 대상을 불문하고 정비구역 내 지정된 도시계획시설은 향후 정비사업이 완성될 때 필요한 기반시설이라는 점에서 개별적인 공익사업을 통해 수용권을 갖는 도시계획시설과 그 성격이 다르고 정비구역 내 다른 토지와 차별적인 손실이 발생하지 않으므로 감가하여 평가하지 않는다.

---

34) 『표준지공시지가 조사·평가 업무요령』, 국토교통부

> 종전자산 감정평가 시 주된 감정평가방법에 의한 시산가액과 다른 감정평가방법에 의한 시산가액
> 과의 시산가액 조정이 허용되는지 여부
>
> 종전자산감정평가에서 주된 감정평가방법은 토지는 공시지가기준법, 건물은 원가법, 집합
> 건물은 거래사례비교법이다. 이 중 건물과 집합건물의 경우 그 물건의 특성상 주방식 외
> 다른 부방식의 적용이 어렵다는 점에 별다른 이견이 없으나 토지의 경우 거래사례비교법을
> 주된 감정평가방법으로 채택할 수 있는지 및 시산가액 조정여부에 대한 검토가 필요하다.
> 정비구역 내 토지라는 대상물건의 특성상[35] 거래가격의 추이와 동향을 파악하는 차원을
> 넘어 거래사례비교법을 주된 감정평가방법으로 채택하거나 공시지가기준법과 거래사례비
> 교법 간의 시산가액 조정을 통한 감정평가액 결정을 인정하기는 어렵다.
> 즉, 종전자산감정평가에서 거래사례비교법은 구역 내·외 거래사례 비교분석을 통해 주된
> 감정평가방법인 공시지가기준법의 정확도를 높이고 검증하는 역할을 하는 것이므로, 용도
> 지역·이용상황 등 주요 가치형성요인을 대표할 수 있는 표준적이고 대표성이 있는 토지
> 에 대한 거래사례비교법 적용 등을 통해 공시지가기준법의 합리성을 검토할 수 있다.

(5) 특수한 상황에서의 감정평가 시 유의사항

① 일부 편입의 경우

정비구역에 일부만 편입되는 경우는 그 편입부분만이 종전자산감정평가의 목적물이며 잔여부
분(잔여지 및 잔여건축물) 및 잔여부분의 보수비·가격감소액 등은 종전자산감정평가의 목적
물이 아니므로 이러한 취지를 감정평가서에 기재한다.

또한 일부만 편입되는 경우 감정평가면적은 편입부분만을 기준으로 하지만 그 단가 결정은
분할되지 않은 경우 비(非)편입부분을 포함한 1개의 물건(필지 및 1동의 건축물 전체) 전체를
기준으로, 해당 정비사업의 시행을 직접 목적으로 하여 분할된 경우에는 분할 전 상태를 기준으로
한다. 다만, 가치가 서로 다른 부분으로 구성된 1필지의 토지 중 일부만이 편입되고 그 편입된
부분과 비(非)편입부분의 가치가 서로 다른 경우에는 이를 구분하여 감정평가할 수 있다.

② 구분소유적 공유인 경우

㉠ 구분소유적 공유의 개념 등

'구분소유적 공유'란 토지 중 일부를 특정하여 내부적으로는 그 특정된 위치를 배타적으로
점유·사용하지만 등기는 편의상 토지 전체에 대한 공유지분등기로 경료하는 경우를 말하
는 것으로서 판례에 의해 인정된 개념이다. 공유지분 토지의 감정평가에 대해 실무기준은
"대상토지 전체의 가액에 지분비율을 적용하여 감정평가한다. 다만, 대상지분의 위치가 확
인되는 경우에는 그 위치에 따라 감정평가할 수 있다."라고 규정하면서 위치확인 방법을

---

[35] 정비구역 지정 전부터 장래 기대이익으로 인해 상당한 정도의 가격이 상승하는 경우가 많은 점, 해당 정비사업의 진행정도
및 사업성 등에 대한 시장참여자들의 인식과 판단수준·검토능력·정보력의 차이에 따라 거래가격 편차가 큰 점, 정비구역
내 종전자산감정평가가 상대적 가격균형이 매우 중요한 감정평가인 점 등

따로 규정하고 있다. 그러나 분양대상자의 청산금 산정, 즉 분양대상자 사이의 이해관계 조절을 목적으로 하는 관리처분계획의 성격을 고려하면 종전자산감정평가 시에는 좀 더 특별한 주의가 필요하다.

ⓒ **구분소유적 공유 토지의 위치별 구분감정평가 여부**

종전자산 감정평가에서 구분소유적 공유관계에 있는 토지 및 건물은 그 구분소유하는 위치별로 구분감정평가한다. 대법원 판례는 구분소유적 공유관계인 토지의 관리처분계획수립을 위한 종전자산감정평가가 문제된 사안에서 구분소유하는 위치별 구분 감정평가를 인정한 바 있다[대판 2007.2.8, 2004두7658 관리처분계획취소 판결 및 원심인 서울고등법원 2004.6.11, 2003누11959 참조].

ⓒ **위치확인 방법**

실무기준은 위치확인 방법으로 위치확인동의서를 원칙으로 하되, 건부지의 경우에는 도면(합법적인 건축허가도면 또는 건물 관리사무소나 상가번영회 등에 비치된 도면)이나 합법 건축물의 위치 그 자체로 확인할 수 있다고 규정하고 있으나, 다수의 토지등소유자가 관련되는 정비사업 감정평가 특성 및 일정 등을 감안하면 단지 합법 건축물의 소재 그 자체로 위치를 확인하는 것에 머물러서는 안되고 사업시행자로부터 위치확인도면을 제시받을 것을 권장한다. 이 경우 사업시행자에게 위치확인동의서를 요구할 때에는 구분소유하는 위치에 따라 감정평가액(단가)이 달라질 수 있음을 충분히 설명하여야 한다.

③ **현황 도로의 종전자산 감정평가 기준**

종전자산감정평가는 청산금 산정의 기준이 되는 것으로서 조합원 출자자산의 상대적 가치비율 산정이 주된 목적이다. 따라서 현황 도로를 도로가 아닌 것으로 전제하거나 도로가 아닌 상태로 될 것이 예정됨에 따른 가치증가분을 감안하여 감정평가하는 것은 감정평가목적에 부합하지 않는다. 따라서 도로부지 감정평가기준으로 널리 인정되는 「토지보상법」 시행규칙 제26조의 규정에 따라 감정평가(사실상 사도의 경우 인근토지 평가액의 1/3 이내)하며, 이러한 사정은 재개발사업과 재건축사업이 다르지 않다.[36]

④ **법면의 평가**

법면이란 둑, 호안(湖岸), 절토(切土) 따위의 경사면을 말한다. 정비구역에는 일반적으로 그 지형적 여건으로 인하여 상당부분의 법면이 소재한다.

---

36) 재건축사업구역 내 사실상 사도 성격의 현황 도로에 대한 매도청구감정평가의 기준이 문제가 된 사건에서, 대법원 2014.12.11. 선고 2014다41698 판결은 "토지의 현황이 도로일지라도 주택재건축사업이 추진되면 공동주택의 일부가 되는 이상 시가는 재건축사업이 시행될 것을 전제로 할 경우의 인근 대지 시가와 동일하게 평가하되, 각 토지의 형태, 주요 간선도로와의 접근성, 획지조건 등 개별요인을 고려하여 감액평가하는 방법으로 산정하는 것이 타당한데도, 현황이 도로라는 사정만으로 인근 대지 가액의 1/3로 감액한 평가액을 기준으로 시가를 산정한 원심판결에 법리오해의 잘못이 있다."고 원심을 파기환송한 바 있다. 그러나 종전자산감정평가와 매도청구감정평가는 정비사업을 추진하는 과정에서 각각 그 역할과 목적을 달리하므로 해당 대법원 2014다41689 판결을 종전자산감정평가에 적용하는 것은 타당하지 않다. 종전토지의 이용상황이 대지, 도로, 임야로 상이하더라도 정비사업이 진행되면 아파트용지로 변경되는 것은 마찬가지이다. 하지만 이를 이유로 도로와 자연림을 모두 위 대법원 판결처럼 인근 대지 시가에 준한 가격으로 감정평가한다면 조합원별 현물출자가액의 상대적 가치비율이 왜곡되어 결과적으로 형평성 있고 공정한 관리처분계획을 수립할 수 없게 된다.

정비구역 내에서 이러한 법면에 대한 평가가 일반평가의 경우와 다르지는 않지만 해당 정비구역 내에 소재하는 다양한 형태의 법면을 동시에 평가하면서 이의 가격균형을 유지하여야 하는 경우가 많으므로 그 가치판단이 매우 어렵다.

법면은 성토, 절토 및 보강공사 등을 통하여 이용상태를 개선할 수 있으며, 일필지의 일부인 경우에는 건폐율, 용적률 및 법률상 녹지확보 면적에 포함되는 것 등의 가치를 지니고 있다. 따라서 법면에 대하여는 면적, 경사도, 도로조건, 형상 및 법률관계 등 제반사항을 고려한 이용가능성의 정도를 기준으로 평가하여야 한다.

(6) 건물의 감정평가

① 평가의 기준

재개발사업을 비롯한 정비구역 내의 건물은 일반적으로 원가법으로 평가한다. 정비구역 내에 소재하는 건물은 대체로 노후화의 정도가 심한 건물로서 주거가치만을 인정하여 일정한 가격수준으로 큰 편차를 두지 않고 평가하는 것이 보통이나, 일부에 신축건물 또는 준공된 지 오래되지 않은 건물이 소재하는 경우 이들 소유자는 정비사업으로 인한 이익이 없거나 상대적으로 작기 때문에 정비사업에 대한 호응도가 낮고 평가가격에 대한 불만이 있을 수 있어 이 경우 건물가치가 상대적으로 과소평가되지 않도록 유의해야 한다. 면적의 기준은 측량성과에 따라 실측면적을 기준으로 하는 보상 감정평가와 다르게 종전자산 감정평가에서는 공부상 면적을 기준으로 평가하며, 제시외 물건은 평가대상에서 제외된다.

② 무허가건축물의 평가

> **서울특별시 도시 및 주거환경 정비조례 제2조**(정의)
>
> 이 조례에서 사용하는 용어의 뜻은 다음과 같다.
> 1. "특정무허가건축물"이란 건설교통부령 제344호 「공익사업을 위한 토지 등의 취득 및 보상에 관한 법률 시행규칙」 부칙 제5조에 따른 1989년 1월 24일 당시의 무허가건축물 등을 말한다.
> 2. "신발생무허가건축물"이란 제1호에 따른 특정무허가건축물 이외의 무허가건축물을 말한다.

무허가건축물 중 특정무허가건축물의 경우 종전자산 평가의 대상이지만 이후의 무허가건축물(신발생무허가건축물)에 대해서는 종전자산으로 인정되지 않는다는 점에 유의해야 한다.

무허가건물 평가에 있어서는 상반된 견해가 있다. 한 견해는 무허가건물은 보통 그 건물의 상태가 열악하고 허가를 통해 합법화하기 위해서는 등기비용 등 제비용이 소요되므로 이를 감안하여 합법적인 건축물보다는 낮게 평가하여야 한다는 입장이며, 다른 견해는 무허가건물의 경우는 대체로 매우 소규모의 영세한 주택으로 주거가치를 인정하여 다른 주택의 평가와 유사하게 평가하여야 한다는 입장이다.

양 견해를 종합할 때 무허가건물의 경우 원칙적으로 제반상태 및 합법화하기 위한 비용 등을 감안하여 평가하여야 하나, 소규모 영세한 주택인 경우에는 단가와 상관없이 주거가치의 측면에서 기본적으로 일정액 이상이 되도록 산정하는 것이 바람직하다고 하겠다.

③ **토지보상법 시행규칙 제33조 제2항에 따른 주거용 건축물의 거래사례비교법 적용 여부**

토지보상법 시행규칙 제33조 제2항은 주거용 건축물에 한하여 거래사례비교법과 원가법에 의한 시산가액 중 높은 금액으로 보상평가액을 결정하도록 규정하고 있으나, 종전자산감정평가는 보상평가와 그 성격을 달리하므로 이 규정이 그대로 적용되는 것은 아니다.

(7) **구분건물의 감정평가**

① **감정평가방법의 결정**

집합건물법에 따라 구분소유가 인정되는 구분건물은 감칙 제16조에 따라 토지(대지사용권)와 건물을 일괄하여 거래사례비교법으로 감정평가하되, 주된 감정평가방법인 거래사례비교법을 적용하는 것이 곤란하거나 부적절한 경우에는 다른 감정평가방법을 적용할 수 있다.

대부분의 재건축정비구역은 단독주택 및 다세대주택, 연립주택, 빌라 등 여러 단지의 구분건물로 구성되어 있으며 단지별 가로조건, 접근조건, 환경조건 등 입지조건과 신축연도, 구조, 사용자재 등 건물요인과 대지지분의 크기가 각각 상이하므로 대표단지를 선정하여 동유형 및 유사건물의 시중시세를 참작하여 기준가격을 결정하고 각 구분소유건물의 가격형성요인을 비교 분석하여 각 호별 비준가액을 산정한다.

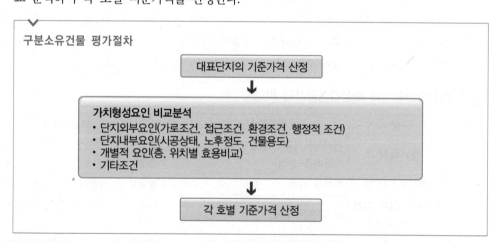

구분소유건물 평가절차

대표단지의 기준가격 산정

↓

가치형성요인 비교분석
- 단지외부요인(가로조건, 접근조건, 환경조건, 행정적 조건)
- 단지내부요인(시공상태, 노후정도, 건물용도)
- 개별적 요인(층, 위치별 효용비교)
- 기타조건

↓

각 호별 기준가격 산정

② **구분건물을 거래사례비교법으로 감정평가하는 경우 비교거래사례 선정기준**

㉠ **시간적 기준**

기준시점인 '사업시행계획인가의 고시가 있은 날' 전에 거래된 사례를 선정한다. 이 경우 적정한 거래사례 선정을 위해 기준시점 이전 수년 동안의 거래사례에 대한 시계열적인 분석을 권장한다.

㉡ **공간적 기준**

현재 감칙이나 실무기준에는 구분건물을 거래사례비교법으로 감정평가하는 경우 비교거래사례의 공간적 선정기준에 대한 별도의 규정은 없다. 거래사례의 공간적 범위는 일률적으로 정해지는 것이 아니고 감정평가 과정에서 지역분석 및 개별분석, 거래사례분석 등을 통해 적정한 공간적 범위를 판단하게 되는 것이므로 위치적·물적 특성으로 볼 때 비교가능성이 있는 거래사례로서 거래가격이 관리처분계획 수립이라는 감정평가목적에 부합하여 적정하다고 판단되는 경우 해당 정비구역 내·외와 무관하게 비교거래사례로 선정할 수 있다.

ⓒ 사례선정 시 유의사항

비교거래사례 선정 시 유의하여야 할 점은 건물의 노후도와 대지지분율(대지지분면적/건물면적) 혹은 대지지분 면적의 크기가 유사한 거래사례를 선정하는 것이 중요하다는 점이다. 왜냐하면 통상 신축 후 상당기간이 경과하고 최유효이용에 미달하는 경우에는 토지면적당 단가로 거래되는 것이 일반적인데, 정비사업이 진행되는 경우에는 이러한 경향이 더욱 강화되어 대지지분의 크기에 따라 가격수준이 달리 형성되는 경우가 많기 때문이다.

⑻ 종전자산 감정평가 절차 및 평가 시 유의사항

재개발사업을 비롯한 도시정비사업을 위한 종전자산의 평가는 일반적인 감정평가와는 달리 대규모 사업구역의 평가로서 대상물건의 수량이 많고, 종류가 다양하며, 이해관계 및 법률관계가 복잡하여 감정평가의 과정도 어렵고 장기간 소요되는 것이 보통이다.

이와 같은 특수성으로 인하여 정비구역 내 종전자산의 평가에 있어서는 평가업무의 수행에 있어 일련의 절차와 계획이 더욱 중시되고 있다. 즉, 장기간의 난해하고 복잡한 평가업무를 효율적으로 수행하기 위해서는 업무의 진행과정을 충분히 이해하고 그에 맞는 시간계획을 수립한 후 작업에 착수함으로써 무계획에서 오는 시간과 경비의 낭비를 줄일 수 있다.

⑼ 종전자산평가와 보상감정평가의 비교[37]

구분	종전자산평가	보상감정평가
평가목적	관리처분계획수립(출자자산의 상대적 가치비율 산정)	손실보상(정당보상 실현을 위한 현금보상액 산정)
평가의 주안점	형평성 유지	정당보상, 개발이익을 배제한 정당한 시가
개발이익 배제 여부 및 그 범위	상기 본문 참조	해당 공익사업으로 인한 일체의 개발이익 배제
기준시점	사업시행계획인가(변경)고시일	계약체결일(협의), 수용재결일(재결)
평가대상	• 토지 및 건축물 • 공부면적기준	• 토지, 지장물 일체(건물, 구축물·공작물, 영업보상, 기타 권리 등) • 현황 측량성과 기준
평가기법	• 토지보상법 제70조 제5항 미적용 • 주거용 건물 평가방법: 원가법(집합건물은 거래사례비교법) • 주거용 건축물 보상특례 미적용	• 토지보상법 제70조 제5항 적용 • 주거용 건물 평가방법: 원가법 및 거래사례비교법(집합건물은 거래사례비교법) • 주거용 건축물 보상특례 적용

---

37) 감정평가사 실무수습교육자료, 이철현 감정평가사, 2016.02.(발췌)

감정평가사 SLA 씨는 K재개발조합으로부터 정비사업에 관련된 감정평가를 진행하고 있다.

자료 1 ▶ 재개발사업의 일정

1. 정비구역지정고시일 : 2022.5.1.
2. 재개발조합설립인가일 : 2023.5.1.
3. 재개발사업시행계획인가고시일 : 2024.8.1.
4. 분양신청완료일 : 2025.10.31.
5. 관리처분계획인가일 : 2025.11.30.
6. 준공인가일(예정) : 2027.3.31.

자료 2 ▶ 구역개황도 등

1. 구역개황도

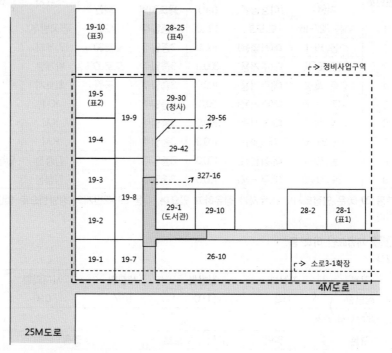

>> 해당 사업지 내부도로의 폭은 모두 4m이다.

2. 사업구역 내는 정비사업구역 지정 전 전체 제2종일반주거지역이었으나 정비사업의 시행으로 인하여 용도지역이 2024년 9월에 제3종일반주거지역으로 변경되었다.

자료 3 ▶ 인근 표준지공시지가 현황

일련번호	소재지 지번	면적 (m²)	이용상황	현재의 용도지역	도로교통	형상지세	비고
1	○동 28-1	100.0	주거용	3종일주	세로(가)	정방형	정비사업구역 내
2	○동 19-5	100.0	상업용	3종일주	광대한면	정방형	정비사업구역 내
3	○동 19-10	100.0	상업용	2종일주	광대한면	정방형	정비사업구역 외
4	○동 28-25	100.0	주거용	2종일주	세로(가)	정방형	정비사업구역 외

일련번호	공시지가(원/m²)			
	2022년	2023년	2024년	2025년
1	1,000,000(2주)	1,300,000(2주)	1,370,000(2주)	1,450,000(3주)
2	3,000,000(2주)	3,600,000(2주)	3,750,000(2주)	3,900,000(3주)
3	2,700,000(2주)	2,900,000(2주)	3,100,000(2주)	3,300,000(2주)
4	900,000(2주)	950,000(2주)	1,000,000(2주)	1,050,000(2주)

자료 4 각 필지별 명세

일련번호	소재지 및 지번	지목 (이용상황)	면적 (m²)	현재의 용도지역	공법상 제한	소유자	비고	형상
1	○동 327-16	도(도로)	137.0	3종일주	도로	국(국방부)	–	부정형
2	○동 19-1	대(상업용)	100.0	3종일주	도로30%	김부자	–	정방형
3	○동 26-10	대(주거용)	300.0	3종일주	도로30%	박개발	–	가장형
4	○동 28-2	대(주거용)	100.0	3종일주	공원	최토지	–	정방형
5	○동 29-56	대(주거용)	20.0	3종일주	–	K시	–	부정형
6	○동 29-1	대(도서관)	100.0	3종일주	–	K시	–	정방형
7	○동 29-30	대(청사)	100.0	3종일주	–	K시	–	정방형
8	○동 19-3	대(상업용)	100.0	3종일주	–	김종전	일부도로	정방형
9	○동 29-10	대(주거용)	100.0	3종일주	–	김청산	–	정방형

≫ ○동 29-56은 인접토지의 소유자가 점유하고 있으며, ○동 29-42번지와 정방형으로 일단의 단독주택부지이다.

자료 5 개별요인 비교 등

1. 형상

구분	가장형	정방형	세장형	사다리형	부정형
정방형	1.02	1.00	0.97	0.90	0.70

2. 도시계획시설 저촉

구분	일반	도로	공원	공공청사
일반	1.00	0.85	0.60	1.00

3. 도로조건

구분	광대각지	광대한면	세각가	세로가	맹지
광대로	1.05	1.00	0.75	0.70	0.50

4. 지가변동률은 변동이 없는 것으로 가정한다.
5. 그 밖의 요인비교치는 공시연도 및 비교표준지 여부에 불문하고 50% 증액보정한다.
6. 토지감정평가액은 반올림하여 유효숫자 3자리까지 표시한다.

기 본예제

상기 공통자료를 활용하여 제시된 평가대상에 대하여 재개발정비조합으로부터 관리처분계획의 수립을 위한 종전자산의 감정평가를 의뢰받았다. 관련 법령에 의한 감정평가액을 결정하시오.

자료 1 평가대상 목록

일련번호	지번	지목	면적(m²)	현재용도지역	공법상 제한	소유자
8	○동 19-3	대(상업용)	100.0	3종일주	-	김종전

» 본건 서측의 약 10m²는 현재 포장된 도로로서 일반인의 통행에 이용되고 있다.

자료 2 현장조사일정

2024.12.1.

예시답안

I. 평가개요

1. 본건은 관리처분계획인가를 위한 종전자산의 감정평가로서 「도시정비법」 제74조 의하여 사업시행계획인가고시일인 2024년 8월 1일이 기준시점이다.

2. 종전자산 간 가격균형을 위하여 정비사업으로 인한 용도지역의 변경은 고려하지 않는다(제2종일반주거지역 기준).

3. 「토지보상법 시행규칙」 제26조를 준용하여 사실상 사도는 인근토지 평가금액의 1/3 이내로 평가한다.

II. 감정평가액

1. 적용공시지가 및 비교표준지 선정

기준시점 이전 최근 공시지가인 2024년 공시지가를 기준으로 하되, 2종일반주거지역, 사업지 내 표준지로서 표준지 2를 선정한다.

2. 감정평가액(광대한면, 정방형 기준)

$3,750,000 \times 1.00000 \times 1.00 \times (1.00 \times 1.00) \times 1.50 ≒ 5,630,000$원/m²$(\times 90 = 506,700,000$원$)$
[사실상 사도부분 $1,870,000$원/m²$(\times 10 = 18,700,000$원$)$]

2. 분양예정자산의 감정평가

1) 분양예정자산 감정평가의 개념 및 근거

도시정비사업의 시행을 위한 관리처분계획에는 분양대상자별로 분양예정의 대지 또는 건축시설(이하 "분양예정자산"이라 한다)의 추산액이 포함되어야 하며(법 제74조 제1항 제3호), 재개발사업에서는 그 추산액은 시·도의 조례가 정하는 바에 의하여 산정하되 「감정평가 및 감정평가사에 관한 법률」에 의한 감정평가법인등의 감정평가의견을 참작하여야 한다(법 제74조 제2항).

그런데 재개발임대주택 및 임대주택부지가격은 규정에 따라 산정된 금액으로 족하고 별도의 감정절차가 필요하지 않으며, 다만 사업자 보유택지에 한하여 감정평가법인등에게 평가의뢰하여 평가한 가격으로 택지비를 산정한다.

따라서 도시정비사업 중 재개발사업에 있어서 분양예정자산의 평가란 관리처분계획을 위한 분양예정자산의 추산액 산정을 위하여 평가하는 것으로서, 규정에 따라 산정되는 예정자산을 제외한 분양예정자산에 대한 감정평가를 의미한다고 하겠다.

2) 분양예정자산의 평가기준

(1) 기준시점

> **감정평가실무기준 730.3.2 종후자산의 감정평가**
> ① 종후자산의 감정평가는 분양신청기간 만료일이나 의뢰인이 제시하는 날을 기준으로 하며, 대상물건의 유형·위치·규모 등에 따라 감정평가액의 균형이 유지되도록 하여야 한다.
> ② 종후자산을 감정평가할 때에는 인근지역이나 동일수급권 안의 유사지역에 있는 유사물건의 분양사례·거래사례·평가선례 및 수요성, 총사업비 원가 등을 고려하여 감정평가한다.

종후자산 감정평가의 기준시점을 분양신청기간 만료일로 볼 수도 있는데, 이는 「서울특별시 도시 및 주거환경정비조례」가 분양신청기간 만료일을 '관리처분계획기준일'로 정의한 것에 근거한 것이기는 하다. 그러나 분양신청기간 만료일은 당초 감정평가 기준시점의 기준일이라는 의미보다는 분양설계에 관한 계획수립의 기준일로서 규정(도시정비법 제74조 제1항)되었고, 서울특별시 조례 역시 '관리처분계획기준일 현재'를 기준으로 분양대상자 여부를 판정하도록 하는 점, 종후자산 감정평가 시 분양신청기간 만료일까지는 종후자산 감정평가의 주요 변수인 정비사업비 추산액이 확정되지 않은 경우가 대부분인 점 등을 고려하면, 현실적으로 기준시점이 분양신청기간 만료일로 되는 경우는 그리 많지 않을 것으로 보인다. 따라서 사업시행자에게 별도로 기준시점을 서면으로 제시받는 것이 타당할 것이다.

또한 상당한 규모의 사업계획변경이나, 당초 분양신청기간 만료일 후 상당한 기간의 경과와 부동산가격의 변동이 수반되어 사업시행자가 별도의 기준일을 서면으로 제시하는 경우 역시 제시받은 날을 기준시점으로 할 수 있을 것이다.

(2) **평가조건 — 현존하지 않는 물건에 대한 조건부 감정평가[38]**

기준시점 당시 실제로 존재하지 않는 물건에 대해 그 적법한 사용승인을 전제로 하는 조건부 감정평가로서 적법한 사용승인 및 (종후자산의 대부분이 집합건물법에 따른 집합건물이므로) 적정 대지사용권의 배분·귀속을 전제로 감정평가한다. 따라서 반드시 적법하게 인가를 받은 사업시행계획도서에 근거하여야 한다.

(3) **감정평가방법**

① **종후자산 감정평가 시 유의점**

분양예정인 대지 또는 건축물에 대한 종후자산의 감정평가액은 종전자산 감정평가액과 함께 관리처분을 위한 기준가격이 되므로, 상대적인 가격균형의 유지가 무엇보다도 중요하다. 특히 분양예정 공동주택을 평가할 경우 규모별·층별·향·위치별 효용차이를 적정하게 산정하여 이를 반영하여야 한다.

② **분양구분과 종후자산평가 대상**

주택공급을 주목적으로 하는 정비사업의 특성상 종후자산은 조합원분양분과 일반분양분으로 구분되며, 일반분양분은 추후 분양가상한제라는 별도의 분양가격 결정절차가 예정되어 있는 바, 종후자산 감정평가는 분양예정자산 전체(일반분양분 포함)를 조합원분양분으로 보아 감정평가하는 것이다.

③ **평가기준 및 방법 등[39]**

종후자산의 감정평가는 감정평가대상의 특성에 따라 감칙 및 실무기준이 정한 물건별 주된 감정평가방법을 적용하고 그 밖의 감정평가방법으로 주된 감정평가방법에 의한 시산가액의 합리성을 비교·검토 및 조정하는 방법에 따라야 하며, 물건별 특성에 따라 아래와 같이 정리할 수 있다.

❀ 종후자산 감정평가에서 물건별 감정평가방법의 결정

구분	주된 감정평가방법	그 밖의 감정평가방법	비고
분양 공동주택	비교방식	원가방식	-
임대주택 (재건축소형주택 포함)	별도의 규정 존재 : 집합건물법에 따른 구분건물임에도 불구하고 부속토지와 건축비를 각각 감정평가하여 이를 합산한 가격으로 결정한다는 점에서 원가방식으로 볼 수 있다.		
근린생활시설 (집합건물)	비교방식	-	물건의 특성상 다른 감정평가방법 적용이 곤란한 경우
토지	공시지가기준법	비교방식, 원가방식 등	학교용지 등

---

38) 감정평가 실무매뉴얼(도시정비평가편), 한국감정평가사협회, 2020.12.
39) 감정평가 실무매뉴얼(도시정비평가편), 한국감정평가사협회, 2020.12.

기 본예제

재개발정비사업의 관리처분계획 수립을 위한 종후자산의 감정평가를 하시오.

자료 1 ▶ 사업의 개요

1. 사업명 : K재개발사업
2. 사업추진경위
   (1) 2021.2.6. : 조합설립인가
   (2) 2025.8.16. : 재개발정비사업 사업시행계획인가고시
   (3) 2026.5.20. : 조합원 분양신청기간 종료
3. 평가대상 아파트단지 전유면적 합계 : 2,316㎡

자료 2 ▶ 평가대상 기준호(105동 제1503호)

구분	주택형	전유면적(m²)	향
제105동 제15층 제1503호	84A	84.96	남남동

자료 3 ▶ 거래사례 및 요인비교치

1. 거래사례

거래사례	전유면적(m²)	거래가액	거래단가(원/전유m²)	거래일자
M아파트 제127동 제104호	84.96	630,000,000	7,415,254	2026.3.3.

2. 요인비교치

외부요인	건물요인	기타요인
0.930	1.050	1.030

자료 4 ▶ 아파트 매매가격지수(2026년)

구분	1월	2월	3월	4월	5월
2026년	102.1	102.4	102.9	103.0	미고시

자료 5 ▶ 정비사업비 추산액

항목	총 합계
원가에 산입할 종전자산, 현금청산액, 국공유지 매입비, 조사측량비, 설계감리비, 공사비, 관리비, 금융비용 등	15,000,000,000

자료 6 ▶

1. 사업시행자는 분양신청기간이 종료되는 날을 기준으로 감정평가해 줄 것을 요청하였다.
2. 거래사례비교법 적용 시 통상적인 사업기간에 대한 기회비용, 기간이익, 인근 일반분양 시장의 동향 등을 고려하여 기타요인에서 10% 감가하도록 한다.
3. 단가는 반올림하여 원단위까지 표시하며, 평가액은 반올림하며 십만원 단위까지 표시한다.

⌐예시답안

Ⅰ. 평가개요

본건은 관리처분계획 수립을 위한 종후자산의 감정평가로서 분양신청기간 종료일인 2026년 5월 20일을 기준시점으로 평가한다.

Ⅱ. 종후자산 감정평가액

1. 거래사례비교법에 의한 시산가액

   $7,415,254 \times 1.000 \times 1.00586^* \times (0.93 \times 1.05 \times 1.03 \times 0.90) = 6,751,738원/m^2 (\times 84.96 ÷ 573,600,000원)$

   * 2026.5.20./2026.3.3. APT매매가격지수 : 2026년 4월/2026년 2월 = 103/102.4

2. 원가법에 의한 시산가액

   $15,000,000,000 ÷ 2,316 ÷ 6,476,684원/m^2$

3. 감정평가액 결정

   감정평가에 관한 규칙 제16조에 의하여 거래사례비교법에 의한 시산가액으로 결정하되, 원가법에 의하여 그 합리성이 인정된다(573,600,000원).

---

3. 도시정비사업의 그 밖의 감정평가

1) 정비기반시설의 감정평가[40)]

(1) 개요

정비사업의 시행으로 새로 설치한 정비기반시설은 그 시설을 관리할 국가 또는 지방자치단체에 무상으로 귀속되고, 정비사업의 시행으로 인하여 용도가 폐지되는 국가 또는 지방자치단체 소유의 정비기반시설은 그가 새로이 설치한 정비기반시설의 설치비용에 상당하는 범위 안에서 사업시행자에게 무상으로 양도된다(법 제97조 제2항).

정비구역 내 국유·공유재산은 정비사업 외의 목적으로 매각하거나 양도할 수 없고(법 제98조 제3항), 정비구역 안의 국유·공유재산은 「국유재산법」 제9조 또는 공유재산법 제10조에 따른 국유재산관리계획 또는 공유재산관리계획과 「국유재산법」 제43조 및 공유재산법 제29조에 따른 계약의 방법에도 불구하고 사업시행자 또는 점유자 및 사용자에게 다른 사람에 우선하여 수의계약으로 매각 또는 임대할 수 있다(법 제98조 제4항).

따라서 법 제97조 제2항에 따른 무상귀속·무상양도가 완료되기 위해서는 우선 사업시행자가 새로이 설치할 예정인 정비기반시설(이하 '신설 정비기반시설')의 설치비용과 정비사업의 시행으로 인하여 용도가 폐지되는 국가 또는 지방자치단체 소유의 정비기반시설(이하 '기존 정비기반시설'이라 한다)의 가액을 알아야 하므로, 영 제47조 제2항 제11호는 사업시행계획서에 포함되어야 할 내용의 하나로 "정비사업의 시행의 시행으로 법 제97조 제2항에 따라 용도가 폐지되는 정비기반시설의 조서·도면 및 그 정비기반시설에 대한 둘 이상의 감정평가법인등의 감정평가서와 새로 설치할 정비기반시설의 조서·도면 및 그 설치비용 계산서"를 규정하고 있고 이를 위한 감정평가를 '정비기반시설의 감정평가'라고 한다. 정비기반시설 감정평가는 사업시행계획인가 신청 전에

---

40) 감정평가 실무매뉴얼(도시정비평가편), 한국감정평가사협회, 2020.12.

행해지게 되므로 정비사업 전체 절차에서 가장 먼저 행해지는 감정평가이고 나중에 행해지는 종전자산감정평가, 국유·공유재산 매각을 위한 감정평가의 참고자료로서 중요한 역할을 한다.

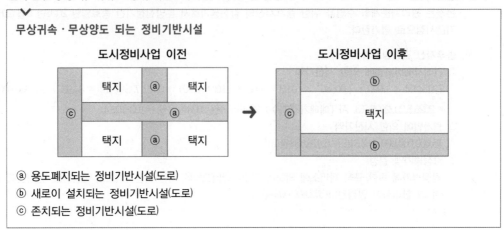

① 용도폐지되는 정비기반시설(도로)
② 새로이 설치되는 정비기반시설(도로)
③ 존치되는 정비기반시설(도로)

⑵ 정비기반시설 감정평가 목적물

① 무상귀속 부분(새로이 설치하는 정비기반시설)

사업시행자가 제시하는 조서에 따른다. 이 경우 조서는 각 지방자치단체 조례 시행규칙 서식 등으로 법정(法定)되어 있는 경우가 많으므로 이에 맞추어 작성된 것인지 검토한다. 새로이 설치하는 정비기반시설 조서는 측량성과를 기준으로 작성하게 되므로 측량성과(측량성과 조서 및 도면)와 제시받은 조서의 일치 여부를 확인한다.

② 무상양도 부분(용도폐지되는 기존 정비기반시설 등)

구역 내 국유·공유재산 전부가 무상양도대상이 되는 것은 아니므로 무상양도 대상 부분을 특정하여 제시받는 것이 가능하다면 이에 따르면 되나, 실무에서는 그렇게 할 수 없는 것이 현실이다. 왜냐하면, 정비기반시설 감정평가를 실시할 당시에는 감정평가대상 국유·공유재산이 무상양도 대상인지 아니면 유상매입 대상인지가 명확히 구분될 수 없는 상태로서 감정평가 결과와 정비기반시설 설치비용 계산서를 토대로 사업시행계획인가권자와 협의를 통해 무상양도 대상과 유상매입 대상이 최종적으로 구분되기 때문이다.

따라서 실무에서는 사업시행자가 제시하는 조서에 따르며, 이 조서는 통상 해당 정비구역 내 국유·공유재산 전체를 대상으로 하거나 그중에서 무상양도대상이 아님이 명백한 것만을 제외하는 경우가 대부분이다.

이 역시 각 지방자치단체 조례 시행규칙 서식 등으로 법정(法定)되어 있는 경우가 많으므로 이에 맞추어 작성된 것인지를 검토하여야 하며, 측량성과(측량성과 조서·도면)와 제시받은 조서의 일치여부를 사전에 검토해야 한다.

(3) 정비기반시설 감정평가의 기준시점

무상양도는 국유·공유재산 처분의 일종이고 법 제98조 제6항 단서 외 본문은 국유·공유재산 매각을 위한 감정평가의 기준시점을 '사업시행계획인가의 고시가 있는 날'로 한다. 다만, 사업시행계획인가 신청 전에 정비기반시설 감정평가가 완료되어야 하는 사정상 사업시행자로부터 '사업시행계획인가(고시)의 예정일'을 제시받아 이를 기준시점으로 하여 감정평가한다.

⑷ 감정평가기준

① 용도폐지되는 정비기반시설의 평가

용도폐지되는 정비기반시설은 국·공유지이므로 국·공유지의 처분평가와 동일한 기준을 적용하여야 한다. 따라서 공익사업에 해당하는 재개발사업의 경우 국·공유지의 매각 시 적용되는 「국유재산법」 또는 「공유재산법」에 따라 평가한다.

기능이 대체되어 용도폐지되는 국·공유지는 용도가 폐지된 상태를 기준으로 감정평가한다 (도시정비법 제98조 제5항).

② 새로이 설치되는 정비기반시설의 평가

사업시행자가 대체되는 시설로 설치한 도로 등 정비기반시설의 설치비용의 평가는 「도시개발법」 제66조의 규정에 따라 일반적으로 원가법에 의하되, 그 정비기반시설의 설치전의 이용상황을 기준으로 한 소지가격에 형질변경 등 그 시설의 설치에 통상 소요되는 비용 등을 합산한 가액으로 평가할 수 있다.

다만, 평가시점 당시 그 정비기반시설이 설치되지 아니하고 소지상태로 있거나 그 시설의 설치에 통상 소요되는 비용을 사업시행자 등이 따로 정하는 조건으로 평가의뢰된 경우에는 조성전 토지의 소지가격으로 평가하는 것이 타당할 것이다. 조성전 토지의 소지가격은 표준지공시지가를 적용하여 개별필지별로 결정한다.

③ 존치되는 정비기반시설의 평가

존치되는 정비기반시설의 경우 무상귀속·무상양도 협의를 위한 평가와는 무관하나 조합에서 무상귀속·무상양도 평가 시 동시에 의뢰하는 경우가 많다. 이 경우 존치되는 정비기반시설은 계속 공공의 목적에 사용되어야 할 시설이므로 기준시점 현재의 이용상태를 기준으로 평가하여야 한다.

⑸ 용도지역 기준 및 평가 시 유의사항

정비기반시설 감정평가 시 용도지역은 원칙적으로 기준시점에서의 용도지역을 기준으로 평가한다. 국·공유 정비기반시설의 무상귀속·무상양도평가를 한 이후에 동일한 토지에 대하여 관리처분계획의 수립을 위하여 종전자산평가를 하게 되므로 감정평가가격의 결정 시에는 차후에 이루어지는 종전자산 평가가격을 염두에 두어야 하며, 양 평가가격 간에 괴리가 없도록 하여야 할 것이다.

기본예제

상기 공통자료를 활용하여 제시된 평가대상토지에 대한 재개발정비구역의 사업인가신청을 위한 정비기반시설(정비사업의 시행으로 용도가 폐지되는 기존의 정비기반시설부지와 새로이 설치하는 정비기반시설 예정부지)의 감정평가를 진행하시오.

자료 1 **평가대상 목록**

1. 용도폐지되는 정비기반시설 목록

일련번호	지번	지목	면적(m²)	용도지역	공법상 제한	소유자
1	327-16	도	137	제2종일주	도로	국(국방부)

2. 새로이 설치되는 정비기반시설 목록

일련번호	지번	지목	면적(m²)	용도지역	공법상 제한	소유자
2	19-1	대(상업용)	30.0	제2종일주	소로 3-1호선 확장 도로 30% 저촉	김부자
3	26-10	대(주거용)	90.0	제2종일주	소로 3-1호선 확장 도로 30% 저촉	박개발
4	28-2	대(주거용)	100.0	제2종일주	근린공원신설 공원 100% 저촉	최토지

자료 2 **현장조사일정**

2024.3.15.~2024.3.17.

자료 3 **평가조건**

1. 국가 또는 지방자치단체로부터 사업시행자인 해당 정비사업조합에 무상으로 양여되는 국·공유 정비기반시설부지는 용도폐지를 전제로 감정평가할 것
2. 사업시행자로부터 사업시행계획인가권자인 지방자치단체에 무상으로 귀속되는 새로이 설치하는 정비기반시설은 토지의 형질변경 등 그 시설의 설치에 소요되는 비용은 포함하지 않고 현장조사 당시 현재의 현황을 기준으로 감정평가할 것

예시답안

Ⅰ. **평가개요**

1. 본건은 「도시 및 주거환경정비법」 제97조에 의한 정비기반시설에 대한 무상 양도 및 양수에 대한 감정평가로서 관련법령에 의하여 평가한다.

2. 기준시점은 사업시행계획인가고시(예정)일인 2024년 8월 1일이다.

3. 기준시점에서의 용도지역을 기준으로 감정평가하며(제2종일반주거지역 기준), 제시된 평가조건에 따라 평가한다.

Ⅱ. **용도가 폐지되는 기존의 정비기반시설부지에 대한 감정평가**

1. **적용공시지가 및 비교표준지 선정**

기준시점 이전 2024년 공시지가를 기준하며, 제2종일반주거지역이며 이용상황이 유사하고 사업지 내 표준지인 표준지 1을 선정한다.

2. **감정평가액(세각가, 부정형 기준)**

$1,370,000 \times 1.00000 \times 1.000 \times (0.75/0.70 \times 0.70) \times 1.50 ≒ 1,540,000$원/m²($\times 137 = 210,980,000$원)

Ⅲ. 새로이 설치하는 정비기반시설 예정부지의 감정평가액

1. 적용공시지가 및 비교표준지 선정

기준시점 이전의 2024년 공시지가를 기준하되, 사업구역 내 제2종일주 기준이며, 19-1번지는 상업용으로서 표준지 2를 선정하며, 26-10번지 및 28-2번지는 주거용으로서 표준지 1을 선정한다.

2. 감정평가액

(1) ○동 19-1(광대각지, 정방형) :

$3,750,000 \times 1.00000 \times 1.000 \times (1.05 \times 1.00) \times 1.50 ≒ 5,910,000$원/m²$(\times 30 = 177,300,000$원)

(2) ○동 26-10(세각가, 가장형) :

$1,370,000 \times 1.00000 \times 1.000 \times (0.75/0.70 \times 1.02) \times 1.50 ≒ 2,250,000$원/m²$(\times 90 = 202,500,000$원)

(3) ○동 28-2(세로가, 정방형) :

$1,370,000 \times 1.00000 \times 1.000 \times (1.00 \times 1.00) \times 1.50 ≒ 2,060,000$원/m²$(\times 100 = 206,000,000$원)

2) 국·공유지의 처분평가

⑴ 국·공유지 처분평가 관련 법규

「도시 및 주거환경정비법」 제98조에서는 도시정비구역 내 국·공유지는 시행자 또는 점유자 및 사용자에게 타에 우선하여 매각할 수 있으며, 이 경우 매각가격은 사업시행계획인가고시가 있은 날을 기준으로 하여 평가하되, 사업시행고시가 있은 날부터 3년 이내에 매각계약이 체결되지 아니할 경우에는 그 가격결정에 있어서는 「국유재산법」 및 「공유재산법」의 관계규정에 따르도록 하고 있다. 국·공유재산의 감정평가기준은 시가(時價)평가가 원칙이다. 다만, 「국유재산법 시행령」 제42조와 「공유재산법 시행령」 제27조에서는 "「토지보상법」이 적용되는 공익사업에 필요한 국유재산을 사업시행자에게 처분하는 경우 해당 법률에 의하여 산정한 보상액을 국유재산의 처분가격으로 할 수 있다"고 규정하고 있다.

> **도시 및 주거환경정비법 제98조**(국유·공유재산의 처분 등)
>
> ① 시장·군수 등은 제50조 및 제52조에 따라 인가하려는 사업시행계획 또는 직접 작성하는 사업시행계획서에 국유·공유재산의 처분에 관한 내용이 포함되어 있는 때에는 미리 관리청과 협의하여야 한다. 이 경우 관리청이 불분명한 재산 중 도로·구거(도랑) 등은 국토교통부장관을, 하천은 환경부장관을, 그 외의 재산은 기획재정부장관을 관리청으로 본다.
> ② 제1항에 따라 협의를 받은 관리청은 20일 이내에 의견을 제시하여야 한다.
> ③ 정비구역의 국유·공유재산은 정비사업 외의 목적으로 매각되거나 양도될 수 없다.
> ④ 정비구역의 국유·공유재산은 「국유재산법」 제9조 또는 「공유재산 및 물품 관리법」 제10조에 따른 국유재산종합계획 또는 공유재산관리계획과 「국유재산법」 제43조 및 「공유재산 및 물품 관리법」 제29조에 따른 계약의 방법에도 불구하고 사업시행자 또는 점유자 및 사용자에게 다른 사람에 우선하여 수의계약으로 매각 또는 임대될 수 있다.
> ⑤ 제4항에 따라 다른 사람에 우선하여 매각 또는 임대될 수 있는 국유·공유재산은 「국유재산법」, 「공유재산 및 물품 관리법」 및 그 밖에 국·공유지의 관리와 처분에 관한 관계 법령에도 불구하고 사업시행계획인가의 고시가 있은 날부터 종전의 용도가 폐지된 것으로 본다.

> ⑥ 제4항에 따라 정비사업을 목적으로 우선하여 매각하는 국·공유지는 사업시행계획인가의 고시가 있은 날을 기준으로 평가하며, 주거환경개선사업의 경우 매각가격은 평가금액의 100분의 80으로 한다. 다만, 사업시행계획인가의 고시가 있은 날부터 3년 이내에 매매계약을 체결하지 아니한 국·공유지는 「국유재산법」 또는 「공유재산 및 물품 관리법」에서 정한다.
>
> **국유재산법 시행령 제42조**(처분재산의 예정가격)
>
> ⑨ 「공익사업을 위한 토지 등의 취득 및 보상에 관한 법률」에 따른 공익사업에 필요한 일반재산을 해당 사업의 사업시행자에게 처분하는 경우에는 제1항에도 불구하고 해당 법률에 따라 산출한 보상액을 일반재산의 처분가격으로 할 수 있다.
>
> **공유재산 및 물품 관리법 시행령 제27조**(일반재산가격의 평정 등)
>
> ⑥ 「공익사업을 위한 토지 등의 취득 및 보상에 관한 법률」이 적용되는 공익사업에 필요한 공유재산을 해당 공익사업의 사업시행자에게 매각할 때에는 제1항에도 불구하고 해당 법률에 따라 산정한 보상액을 해당 재산의 매각가격으로 할 수 있다.

따라서 재개발구역 내에서 국·공유지의 우선매각을 위한 평가는 「도시정비법」 제98조 제6항의 규정에 따라 사업시행계획인가고시가 있은 날을 기준으로 하여 평가하되, 사업시행계획인가고시가 있은 날부터 3년 이내에 매각계약이 체결되지 아니할 경우에 그 가격결정에 있어서 「국유재산법」 및 「공유재산법」의 관계규정에 따라 평가하게 된다. 정비기반시설의 감정평가와 매각(처분)평가는 아래와 같은 차이가 있다.[41]

구분	정비기반시설 감정평가	매각평가
근거규정	법 제97조 제1항 → 영 제47조 제2항 제10호 법 제97조 제2항 → 영 제47조 제2항 제11호	법 제98조 제6항
감정평가실시시기	사업시행계획인가 신청 전	사업시행계획인가 후 (통상 관리처분계획인가 신청 전에 실시)
감정평가 목적물	정비구역 내 무상양도대상인 국유·공유재산 및 신설 정비기반시설 예정지	무상양도 대상에서 제외된 국유·공유재산

(2) 국·공유지 처분평가 기준

① 사업시행계획인가고시가 있은 날부터 3년[42] 이내에 매각하는 경우

재개발구역 내 국·공유지의 우선매각에 있어서 사업시행계획인가고시가 있은 날을 기준으로 평가하는 경우에는 사업시행계획인가고시가 있은 날부터 3년 이내에 매매계약이 체결되는 경우이며, 이 경우에는 사업시행계획인가고시일을 기준으로 하므로 사업시행계획인가고시일 당시의 실제 이용상황을 기준으로 평가한다.

---

41) 감정평가 실무매뉴얼(도시정비평가편), 한국감정평가사협회, 2020.12.
42) "3년"의 기산일은 사업시행계획'변경'인가의 고시가 있은 경우에도 법 제98조 제6항의 '3년'의 기산일은 최초 사업시행계획인가의 고시가 있은 날로 본다. 따라서 사업시행계획변경인가의 고시가 있은 날부터 기산하면 3년 이내라고 하여도 이를 이유로 사업시행계획변경인가의 고시가 있은 날을 기준시점으로 할 수 없다.

그러나 국가와 지자체에서는 「도시정비법」 제98조 제5항에서와 같이 국·공유재산은 해당 사업시행인가고시일부터 용도가 폐지된 것으로 보게 되므로, 이에 대한 감정평가는 도로 등의 경우 대부분 용도폐지가 되면 대지로 이용하게 될 것이므로 종래의 국·공유지의 상태(도로, 구거 등)가 아닌 '대'를 기준으로 평가할 것을 요청한다.

다만, 재개발사업 등의 경우에는 사업시행자의 요청으로 현황에 불구하고 '대'를 기준으로 감정평가를 의뢰받은 경우 대지로 평가한다는 점을 유의하여야 하고, 이때에도 국·공유지의 위치·형상·환경 등 토지의 객관적 가치형성에 영향을 미치는 개별적인 요인을 고려하여 평가하여야 할 것이다.

이하에서는 사인이 건축물 등으로 점유하고 있는 점유 국·공유지와 비점유 국·공유지로 구분하여 각각 평가기준을 살펴본다. 도시정비구역 내 국·공유지의 평가에 있어 점유·비점유를 구분하는 실익은 사업시행계획인가고시일 당시의 현실 이용상황이 달리 적용되어 가격편차가 발생한다는 이유뿐만 아니라 점유 국·공유지에 대하여는 점유연고권이 인정되어 점유건축물의 소유자에게 매각되나 비점유 국·공유지는 사업시행자에게 매각되어 시행자 보유토지가 되어 소유권이 달라지기 때문이다.

정비구역 내 국·공유지의 처분방향[43]

구분	점유자 취득	사업시행자 취득
점유지	점유자 불하 (유상매입)	점유자가 불하받기를 포기하는 경우 → 사업시행자 유상매입 ≫ 서울시의 경우 점유不인정분(200m² 초과부분, 서울시 조례 제55조)
非점유지	–	• 정비기반시설인 경우: 사업시행자에게 무상양도. 다만, 기존 국공유지의 가액이 사업시행자가 새로이 설치하는 정비기반시설을 초과하는 경우에는 그 초과하는 부분에 해당하는 국공유지는 사업시행자가 유상매입 • 정비기반시설이 아닌 경우: 사업시행자가 유상매입

서울특별시 도시 및 주거환경정비 조례 제55조(국·공유지의 점유·사용 연고권 인정기준 등)

① 법 제98조 제4항에 따라 정비구역의 국·공유지를 점유·사용하고 있는 건축물소유자(조합 정관에 따라 조합원 자격이 인정되지 않은 경우와 신발생무허가건축물을 제외한다)에게 우선 매각하는 기준은 다음 각 호와 같다. 이 경우 매각면적은 200제곱미터를 초과할 수 없다.
 1. 점유·사용인정 면적은 건축물이 담장 등으로 경계가 구분되어 실제사용하고 있는 면적으로 하고, 경계의 구분이 어려운 경우에는 처마 끝 수직선을 경계로 한다.
 2. 건축물이 사유지와 국·공유지를 점유·사용하고 있는 경우에 매각면적은 구역 내 사유지면적과 국·공유지 면적을 포함하여야 한다.
② 제1항에 따른 점유·사용 면적의 산정은 「공간정보의 구축 및 관리 등에 관한 법률」에 따른 지적측량성과에 따른다.
③ 국·공유지를 점유·사용하고 있는 자로서 제1항에 따라 우선 매수하고자 하는 자는 관리처분계획인가신청을 하는 때까지 해당 국·공유지의 관리청과 매매계약을 체결하여야 한다.

---

43) 정비사업 관련 최근 쟁점, 이철현 감정평가사(하나감정평가법인), 2015.10, 감정평가사협회 R&D 자료

㉠ 점유 국·공유지의 평가: 점유 국·공유지는 국·공유지를 점유하고 있는 건축물 소유자에게 우선 매각하고 점유면적이 점유연고권 일정면적을 초과하여 점유연고권이 인정되지 않은 잔여 국·공유지는 시행자에게 매각하여 시행자 보유토지로 한다.

> **서울특별시 도시 및 주거환경정비 조례 제34조**(관리처분계획의 수립 기준)
>
> 법 제74조 제1항에 따른 정비사업의 관리처분계획은 다음 각 호의 기준에 적합하게 수립하여야 한다.
> 2. 국·공유지의 점유연고권은 그 경계를 기준으로 실시한 지적측량성과에 따라 관계 법령과 정관 등이 정하는 바에 따라 인정한다.
> 5. 국·공유지의 점유연고권자는 제2호에 따라 인정된 점유연고권을 기준으로 한다.

먼저 점유연고권이 인정되는 국·공유지는 타에 우선하여 점유 건축물의 소유자가 매수할 수 있으므로 공부상 지목에 구애 없이 점유 건축물의 현실 이용상황에 따라 평가하여야 한다. 이때 점유 건축물이 건축물 소유자의 토지와 인접한 국·공유지를 함께 점유하고 있는 경우에는 일단지를 기준으로 평가하여야 한다.

이 경우 지목, 형상 등의 열세를 이유로 건축물 소유자의 토지보다 낮게 평가하여야 한다는 견해도 있으나 국·공유지의 처분평가 시 이와 같은 점은 고려하지 않는다는 것이 일반적인 견해이다. 일필지의 국·공유지가 수인의 건축물 소유자에 의하여 점유된 경우에는 각각의 이용상황에 따라 구분하여 평가하여야 한다.

다음으로 점유 국·공유지 중 점유연고권이 인정되어 해당 점유자가 매수한 면적을 제외한 잔여 국·공유지의 평가와 관련해서는 소지가와 개량비를 별도로 구분하여 평가하여야 한다는 견해가 있다. 즉, 「토지보상법 시행규칙」 제27조의 규정에 따라 소지가와 개량비를 구분하여 평가하고 「국유재산법 시행령」 제42조 제7항 및 「공유재산법 시행령」 제28조의 규정에 의거해 소지가는 국가나 지방자치단체에 지급하고 개량비는 점유자에게 지급하여야 한다는 것이다.

> **국유재산법 시행령 제42조**(처분재산의 예정가격)
>
> ⑤ 일반재산을 법 제45조에 따라 개척·매립·간척 또는 조림하거나 그 밖에 정당한 사유로 점유하고 개량한 자에게 해당 재산을 매각하는 경우에는 매각 당시의 개량한 상태의 가격에서 개량비 상당액을 뺀 금액을 매각대금으로 한다. 다만, 매각을 위한 평가일 현재 개량하지 아니한 상태의 가액이 개량비 상당액을 빼고 남은 금액을 초과하는 경우에는 그 가액 이상으로 매각대금을 결정하여야 한다.
> ⑥ 법 제45조에 따라 개척·매립·간척 또는 조림하거나 그 밖에 정당한 사유로 점유하고 개량한 일반재산을 「공익사업을 위한 토지 등의 취득 및 보상에 관한 법률」에 따른 공익사업의 사업시행자에게 매각하는 경우로서 해당 사업시행자가 해당 점유·개량자에게 개량비 상당액을 지급한 경우에 관하여는 법 제44조의2 제1항을 준용한다.
> ⑦ 제5항 및 제6항의 개량비의 범위는 기획재정부령으로 정한다.

> **공유재산 및 물품 관리법 시행령 제28조**(공유재산 개량 시의 가격평정 등)
>
> ① 공유재산을 개척·매립·간척 또는 조림하거나 그 밖에 정당한 사유로 점유하고 개량한 자에게 해당 재산을 매각하는 경우에는 매각 당시의 개량한 상태의 가액에서 개량비에 해당하는 금액을 빼고 남은 금액을 매각대금으로 한다. 다만, 매각을 위한 평가일 현재 개량하지 않은 상태의 가액이 개량한 상태의 가액에서 개량비에 해당하는 금액을 빼고 남은 금액보다 높을 때에는 그 개량하지 않은 상태의 가액 이상으로 매각대금을 결정하여야 한다.
> ② 제1항에 따른 개량비의 범위는 형질 변경, 조림, 부속시설 설치 등에 드는 인건비·시설비·공과금 및 그 밖에 해당 재산을 개량하기 위하여 실제 지출한 비용으로 한다.
> ③ 제2항에 따른 개량비는 매수하려는 자의 신청으로 지방자치단체의 장이 심사·결정한다.
> ④ 개척·매립·간척·조림 또는 그 밖의 정당한 사유로 점유하고 개량한 공유재산을 「공익사업을 위한 토지 등의 취득 및 보상에 관한 법률」이 적용되는 공익사업의 사업시행자에게 매각하는 경우로서 그 사업시행자가 그 재산을 점유하고 개량한 자에게 개량비에 해당하는 금액을 지급한 경우 그 매각 대금에 관하여는 제1항을 준용한다.

위의 경우에 있어서 개량비를 개량한 자에게 지급하기 위해서는 그 개량행위가 위법행위에 기인한 것이 아니어야 하지만 적법행위에 기하지 않은 것이라도 사용료, 대부료, 점용료 등을 관리청에 납부한 경우에는 점유를 합법으로 추인한 것으로 인정하는 것으로 보아야 할 것이다. 그리고 점유는 계속이 추정되므로 당초에 점유·개량한 자로부터 점유자가 변경되었더라도 위와 같은 평가방법이 달라지지 않기 때문에 현 점유자에게 당초의 점유·개량비와 중간의 점유·개량비를 전부 지급하여야 한다.

그러나 현실에 있어서는 관리청이 정비구역 내의 점유를 대부분 위법행위에 기인한 것으로 보고 있어서 소지가와 개량비를 구분하여 평가하는 경우는 거의 없으며, 점유연고권이 인정되는 토지와 동일한 기준으로 평가하는 것이 일반적이다.

기 본예제

상기의 공통자료를 활용하여 제시된 평가대상에 대하여 재개발정비조합으로부터 아래 국공유지에 대한 처분목적의 감정평가(도시정비법 제98조 제4항)를 의뢰받았다. 관련 법령에 의한 감정평가액을 결정하시오.

자료 1 평가대상 목록

일련번호	지번	지목	면적(m²)	현재용도지역	공법상 제한	소유자
5	○동 29-56	대(주거용)	20.0	3종일주	-	K시

》 본 토지는 인접토지인 ○동 29-42번지 소유자가 점유 중이며 해당 소유자에게 매각될 것이다.

자료 2 각종 일정
1. 계약예정일자 : 2024.12.15.
2. 현장조사일정 : 2024.12.1.
3. 사업시행인가고시일 당시 제2종일주였음.

예시답안

Ⅰ. 평가개요

1. 본건은 「도시정비법」 제98조 의한 국공유재산에 대한 처분목적의 감정평가이다.

2. 기준시점은 「공유재산법」에 불구하고 「도시정비법」 제98조에 의하여 사업시행계획인가고시일인 2024년 8월 1일을 기준한다.

3. 기준시점에서의 용도지역을 기준으로 감정평가하며(제2종일반주거지역 기준) 인접 토지소유자에게 매각되는 점을 고려하여 일단의 이용에 따른 기여도를 반영하여 평가한다.

Ⅱ. 처분목적의 감정평가액

1. **적용공시지가 및 비교표준지 선정**

   기준시점 이전의 2024년 공시지가를 기준하되, 사업구역 내 2종일주의 주거용 표준지로서 표준지 1을 선정한다.

2. **감정평가액(세로가, 정방형기준)**

   $1,370,000 \times 1.00000 \times 1.000 \times (1.00 \times 1.00) \times 1.50 ≒ 2,060,000원/m^2(\times 20 = 41,200,000원)$

ⓒ **비점유 국·공유지의 평가**: 도시정비사업 중 재개발사업구역 내 비점유 국·공유지는 다음과 같은 방법으로 평가한다. 비점유 국·공유지는 사업시행자에게 매각하여 시행자 보유토지로 한다(도시정비법 제98조 참조).

이러한 비점유 국·공유지는 대체로 지형적인 요인에 의해 획지조건이 불량하거나 현실적 이용상황이 법면, 도로 등인 경우가 대부분이므로 이와 같은 점을 감안하여 평가하여야 한다. 그리고 일필지의 비점유 국·공유지가 도로, 법면, 임야 등 다수의 이용상황인 경우에는 각각 구분하여 평가한다.

기 본예제

상기의 공통자료를 활용하여 제시된 평가대상에 대하여 재개발정비조합으로부터 아래 국공유지에 대한 처분목적의 감정평가(도시정비법 제98조 제4항)를 의뢰받았다. 관련 법령에 의한 감정평가액을 결정하시오.

자료 1 평가대상 목록

일련번호	지번	지목	면적(m²)	현재용도지역	공법상 제한	소유자
6	○동 29-1	대(도서관)	100.0	3종일주	-	K시

자료 2 현장조사일정

1. 계약예정일자: 2024.12.15.
2. 현장조사일정: 2024.12.1.
3. 사업시행인가고시일 당시 제2종일주였음.

예시답안

Ⅰ. 평가개요

1. 본건은 도시정비법 제98조 의한 국공유재산에 대한 처분목적의 감정평가이다.

2. 기준시점은 공유재산법에 불구하고 도시정비법 제98조에 의하여 사업시행계획인가고시일인 2024년 8월 1일을 기준한다.

3. 기준시점에서의 용도지역을 기준으로 감정평가하며(제2종일반주거지역 기준) 도시정비법 제98조에 의하여 종전의 용도(도서관)는 폐지된 것으로 본다.

II. 처분목적의 감정평가액

1. 적용공시지가 및 비교표준지 선정

기준시점 이전의 2024년 공시지가를 기준하되, 사업구역 내 2종일주의 주거용 표준지로서 표준지 1을 선정한다.

2. 감정평가액(세각가, 정방형 기준)

$1,370,000 \times 1.00000 \times 1.000 \times (1.00 \times 0.75/0.70) \times 1.50 \fallingdotseq 2,200,000$원/㎡$(\times 100 = 220,000,000$원$)$

---

② **사업시행계획인가고시가 있은 날부터 3년 이내에 매각계약이 체결되지 않은 경우**

재개발사업구역 내 국·공유지의 우선매각에 있어서 사업시행계획인가고시가 있은 날부터 3년 이내에 매각계약이 체결되지 아니할 경우 「도시정비법」 제98조 제6항의 규정에 의하여 국유재산법 또는 공유재산법의 관계규정에 따라 평가하여야 한다.

재개발사업구역 내 국·공유지에 대한 국유재산법 또는 공유재산법에 의한 평가는 사업시행자에게 매각하는 경우와 국·공유지의 점유자에게 매각하는 경우가 그 적용규정이 각각 다르므로 이를 구분하여 설명한다.

㉠ **사업시행자에게 매각하는 경우**: 국·공유지의 매각에 따른 평가는 일반적으로 「국유재산법 시행령」 제42조 또는 「공유재산법 시행령」 제27조 등의 규정에 따라야 할 것이나, 정비구역 내 비점유 국·공유지를 사업시행자(조합)에게 매각하는 경우에는 시가(時價)를 기준으로 평가함이 원칙이다. 단, 재개발사업이 「토지보상법」 제2조 제2호에서 규정한 "공익사업"에 해당되므로 「국유재산법 시행령」 제42조 또는 「공유재산법 시행령」 제27조의 규정에 따라 「토지보상법」의 관계규정에 의하여 평가할 수 있다(토지보상법의 준용 여부는 임의규정이므로 보상감정평가 여부는 의뢰인으로부터 평가목적을 명확하게 제시받아 평가해야 할 것이다).

시가평가인 경우 기준시점 현재의 현황에 따라 현실화·구체화된 개발이익을 반영하여 평가하며, 보상감정평가인 경우 가격시점은 「토지보상법」 제67조 제1항의 규정에 따라 "계약체결 당시"를 기준으로 하되, 「토지보상법」의 규정에 따라 해당 공익사업으로 인한 개발이익을 배제하고 평가해야 할 것이다.

㉡ **점유자에게 매각하는 경우**: 재개발정비구역 안에 있는 국·공유지를 그 점유자 또는 사용자에게 매각하는 경우에는 이를 사업시행자에게 매각하는 경우와 달리 「국유재산법」 제44조 또는 「공유재산법」 제30조에 의하여 기준시점 당시의 토지의 시가(時價) 등을 참작하여 평가한다. 이 경우에는 「토지보상법」의 적용이 원칙적으로 배제되므로 해당 재개발사업의 시행에 따른 개발이익 등이 반영된 가격으로 평가할 수 있다고 보는 것이 타당하다. 그렇다고 하여 그것이 바로 공공주택용지 등으로 대지조성이 완료된 상태를 상정하여 평가하는 의미는 아니다.

이 경우에는 계약체결 당시를 기준으로 재개발사업에 의하여 형질변경이 된 상태와 그 재개발사업의 성숙도 등이 고려된 가격으로 평가하되, 「감정평가 및 감정평가사에 관한 법률」 제3조 및 「감정평가에 관한 규칙」 제14조 등의 규정에 따라 공시지가기준법으로 평가하면 될 것이다.

ⓒ 매각평가 시 유의사항

ⓐ 일단지 여부에 대한 판단

계약체결 당시를 기준으로 시가평가하는 경우 기준시점 당시에 해당 정비사업에 실제 착공된 경우에는 이를 공사 중인 아파트용지 등인 일단지로 감정평가하며 비교표준지 역시 아파트용지를 선정한다. 착공되지 않은 경우에는 아파트 예정부지로서 이른바 '이행지, 택지예정지'에 해당하는 것이며, 비교표준지 선정에 있어 일단지인 장래 이용상황을 기준으로 하는 방법과 현재 이용상황을 기준으로 하는 것 모두 가능하므로 제반 사정을 종합적으로 고려하여 개별적으로 판단하여야 한다.

ⓑ 개량비의 고려여부

국유재산법, 공유재산법은 공히 국유·공유재산의 매각가액은 매각 당시 개량한 상태의 가격에서 개량비 상당액을 공제한 금액으로 한다고 정하고 있으며(국유재산법 시행령 제42조 제5항, 공유재산법 시행령 제28조 제1항), 이때 개량비는 국유재산법 시행규칙 제25조, 공유재산법 시행령 제28조 제2항, 제3항에 따라 행정청의 장이 심사·결정하는 사항이다. 즉 감정평가법인등이 국유·공유재산 매각평가를 함에 있어 개량비 상당액을 고려하여야 하는 것은 아니며 개량된 상태를 기준으로 감정평가한다.

기 본예제

01 상기의 공통자료를 활용하여 제시된 평가대상에 대하여 K시장으로부터 아래 국공유지에 대한 처분목적의 감정평가(도시정비법 제98조 제6항)를 의뢰받았다. 관련 법령에 의한 감정평가액을 결정하시오.

자료 1 평가대상 목록

일련번호	지번	지목	면적(m²)	현재용도지역	공법상 제한	소유자
7	○동 29-30	대(청사)	100.0	3종일주	-	K시

» 본건은 주민센터 별관으로 이용 중이던 부지이다.

자료 2 현장조사일정

1. 계약예정일자(기준시점 의뢰일) : 2025.12.15.
2. 현장조사일정 : 2025.12.1.

자료 3 기타

1. 본 사안에 대하여는 공통자료에도 불구하고 사업시행계획인가고시일을 2022년 8월 1일로 할 것
2. 현장조사시점 현재 아직 공사가 착공되지 않았으며 청사 등은 모두 이주를 마친 상태이다.

예시답안

I. 평가개요

1. 본건은 「도시정비법」 제98조 의한 국공유재산에 대한 처분목적의 감정평가로서, 사업시행계획인가 고시가 있은 날부터 3년 이내에 매매계약을 체결하지 아니한바, 「공유재산법」 제30조에 의하여 시가로 평가한다.

2. 기준시점은 「공유재산법」에 의하여 계약체결예정일인 2025년 12월 15일을 기준한다.

3. 「도시정비법」 제98조에 의하여 종전의 용도(청사)는 폐지된 것으로 보며, 기준시점 현재의 용도지역인 제3종일반주거지역을 기준으로 평가한다.

II. 처분목적의 감정평가액

1. **적용공시지가 및 비교표준지 선정**

기준시점 이전의 2025년 공시지가를 기준하되, 사업지역 내 표준지로서 제3종일주, 주거용인 표준지 1을 선정한다.

2. **감정평가액(세로가, 정방형 기준)**

$1,450,000 \times 1.00000 \times 1.000 \times (1.00 \times 1.00) \times 1.50 ≒ 2,180,000원/m^2(\times 100 = 218,000,000원)$

02 상기의 공통자료를 활용하여 다음 물건에 대하여 K재개발조합으로부터 해당 국공유지에 대한 처분목적의 감정평가(도시정비법 제98조 제6항)를 의뢰받았다. 단, K재개발정비조합은 공유재산법 시행령 제27조 제6항에 의하여 보상감정평가액 산정을 의뢰하였다. 관련 법령에 의한 감정평가액을 결정하시오.

자료 1 평가대상 목록

일련번호	지번	지목	면적(m²)	현재용도지역	공법상 제한	소유자
7	○동 29-30	대(청사)	100.0	3종일주	-	K시

자료 2 현장조사일정

1. 계약예정일자(기준시점 의뢰일) : 2025.12.15.
2. 현장조사일정 : 2025.12.1.

자료 3 기타

1. 본 사안에 대하여는 공통자료에도 불구하고 사업시행계획인가고시일을 2022년 8월 1일로 할 것
2. 현장조사시점 현재 아직 공사가 착공되지 않았으며 청사 등은 모두 이주를 마친 상태이다.

예시답안

I. 평가개요

1. 본건은 「도시정비법」 제98조 의한 국공유재산에 대한 처분목적의 감정평가로서, 사업시행계획인가고시가 있은 날부터 3년 이내에 매매계약을 체결하지 아니한바, 「공유재산법」 제30조에 의하되, 공익사업(재개발)에 필요한 공유재산을 해당 공익사업의 사업시행자에게 매각하는 바, 제시된 평가목적을 고려하여 토지보상법상 보상감정평가액을 평가한다.

2. 기준시점은 「토지보상법」 제67조에 의거 계약체결예정일인 2025년 12월 15일을 기준한다.

3. 「도시정비법」 제98조에 의하여 종전의 용도(청사)는 폐지된 것으로 보며, 해당 사업으로 인한 용도지역 변경은 고려하지 않는다(제2종일반주거지역).

Ⅱ. 보상감정평가액

1. 적용공시지가 및 비교표준지 선정

「도시정비법」상 사업인정의제일인 사업시행계획인가고시일 이전의 공시지가인 2022년 공시지가를 선정하되, 제2종일주, 주거용 표준지로서 사업지 내 표준지로 지리적으로 근접한 표준지 1을 선정한다.[44]

2. 감정평가액(세로가, 정방형 기준)

$1,000,000 \times 1.00000 \times 1.000 \times (1.00 \times 1.00) \times 1.50 ≒ 1,500,000$원/m²

$(\times 100 = 150,000,000$원$)$

3) 현금청산감정평가

「도시정비법」 제63조에 의하면 시행자는 정비구역 안에서 그 사업을 위하여 필요한 토지·건축물 기타의 권리를 수용할 수 있다. 이때 보상감정평가(협의보상감정평가·수용재결평가·이의재결평가)가 필요하게 된다.

재개발사업의 절차상 조합 설립에 동의하지 않은 경우, 동의는 했으나 종후자산에 대한 분양신청을 하지 않고 현금청산에 대한 협의도 성립되지 않은 경우 등이 이에 해당될 것이다.

재개발사업의 시행을 위한 수용 또는 사용에 관하여는 「도시정비법」에 특별한 규정이 있는 경우를 제외하고는 「토지보상법」이 준용되며, 사업시행계획인가를 「토지보상법」에 의한 사업인정으로 본다. 이 경우 재결 신청은 「토지보상법」의 규정에 불구하고 재개발사업의 시행기간 내에 행하여야 한다.

도시 및 주거환경정비법 제63조(토지 등의 수용 또는 사용)

사업시행자는 정비구역에서 정비사업(재건축사업의 경우에는 제26조 제1항 제1호 및 제27조 제1항 제1호에 해당하는 사업으로 한정한다)을 시행하기 위하여 「공익사업을 위한 토지 등의 취득 및 보상에 관한 법률」 제3조에 따른 토지·물건 또는 그 밖의 권리를 취득하거나 사용할 수 있다.

동법 제65조(「공익사업을 위한 토지 등의 취득 및 보상에 관한 법률」의 준용)

① 정비구역에서 정비사업의 시행을 위한 토지 또는 건축물의 소유권과 그 밖의 권리에 대한 수용 또는 사용은 이 법에 규정된 사항을 제외하고는 「공익사업을 위한 토지 등의 취득 및 보상에 관한 법률」을 준용한다. 다만, 정비사업의 시행에 따른 손실보상의 기준 및 절차는 대통령령으로 정할 수 있다.

② 제1항에 따라 「공익사업을 위한 토지 등의 취득 및 보상에 관한 법률」을 준용하는 경우 사업시행계획인가 고시(시장·군수 등이 직접 정비사업을 시행하는 경우에는 제50조 제9항에 따른 사업시행계획서의 고시를 말한다. 이하 이 조에서 같다)가 있은 때에는 같은 법 제20조 제1항 및 제22조 제1항에 따른 사업인정 및 그 고시가 있은 것으로 본다.

③ 제1항에 따른 수용 또는 사용에 대한 재결의 신청은 「공익사업을 위한 토지 등의 취득 및 보상에 관한 법률」 제23조 및 같은 법 제28조 제1항에도 불구하고 사업시행계획인가(사업시행계획변경인가를 포함한다)를 할 때 정한 사업시행기간 이내에 하여야 한다.

---

44) 2022년 당시에는 정비구역 내 및 정비구역 외의 지역이 모두 제2종일반주거지역으로서 표준지 4를 선정할 수도 있을 것이다. 다만, 사업지 내 표준지 선정이 우선시된다.

④ 대지 또는 건축물을 현물보상하는 경우에는 「공익사업을 위한 토지 등의 취득 및 보상에 관한 법률」 제42조에도 불구하고 제83조에 따른 준공인가 이후에도 할 수 있다.

동법 제73조(분양신청을 하지 아니한 자 등에 대한 조치)

① 사업시행자는 관리처분계획이 인가·고시된 다음 날부터 90일 이내에 다음 각 호에서 정하는 자와 토지, 건축물 또는 그 밖의 권리의 손실보상에 관한 협의를 하여야 한다. 다만, 사업시행자는 분양신청기간 종료일의 다음 날부터 협의를 시작할 수 있다.

1. 분양신청을 하지 아니한 자
2. 분양신청기간 종료 이전에 분양신청을 철회한 자
3. 제72조 제6항 본문에 따라 분양신청을 할 수 없는 자
4. 제74조에 따라 인가된 관리처분계획에 따라 분양대상에서 제외된 자

② 사업시행자는 제1항에 따른 협의가 성립되지 아니하면 그 기간의 만료일 다음 날부터 60일 이내에 수용재결을 신청하거나 매도청구소송을 제기하여야 한다.

③ 사업시행자는 제2항에 따른 기간을 넘겨서 수용재결을 신청하거나 매도청구소송을 제기한 경우에는 해당 토지등소유자에게 지연일수(遲延日數)에 따른 이자를 지급하여야 한다. 이 경우 이자는 100분의 15 이하의 범위에서 대통령령으로 정하는 이율을 적용하여 산정한다.

① **일반적 사항**

「도시정비법」 제63조 규정에 의거 토지 등의 수용 또는 사용할 수 있는 정비사업구역 안의 토지 등에 대한 현금청산 감정평가 및 수용에 따른 감정평가는 동법 제65조의 규정에 의거 「토지보상법」의 규정을 준용·적용하여 평가하므로, 해당 정비사업으로 인한 개발이익을 배제하여 감정평가하여야 하며, 이 경우 현금청산자·수용대상자의 종전자산평가액,[45) 비례율, 분담금, 조합원 입주권의 프리미엄, 부동산 경기상황 등을 종합적으로 참작하여 평가함에 유의해야 한다.

② **기타 재개발사업 등의 현금청산평가·수용평가와 일반적인 보상감정평가의 비교**

㉠ **영업손실보상 중 휴업보상의 휴업기간**: 통상 4개월 기준하여 최장 2년 이내의 범위에서 휴업기간을 산정한다.

㉡ **영업손실보상 기준일**: 일반적인 보상감정평가의 경우 영업보상기준일은 '사업인정고시일 등'이나 재개발사업 등의 영업손실보상에서는 '정비구역지정을 위한 주민공람공고일'이다 (도시정비법 시행령 제54조 제3항).

---

45) 재개발사업 등에서의 현금청산 감정평가·협의보상 감정평가는 이렇게 보상감정평가법리를 준용·적용하게 되므로, 해당 정비사업으로 인한 (그 실현 여부를 떠나) 일체의 가격변동을 배제한 가격으로 평가하게 된다. 따라서 재개발사업 등의 경우 해당 정비사업으로 인한 가격변동분 중 미실현분을 배제하고 가격균형이 유지되는 선에서 현실화·구체화된 부분은 반영하는 종전자산 평가가격과 현금청산 평가가격과는 상이할 수 있다. 즉, 양 평가의 기준시점이 동일하고 대상물건의 면적사정 기준이 동일하다고 하면 종전자산 평가가격이 현금청산 평가가격보다 더 높을 수 있을 것이다(다만, 재건축사업에서는 해당 재건축사업으로 인한 적정 개발이익이 포함된 '시가'에 따라 매도청구를 하게 됨으로 이와는 다름에 유의).

기 본예제

상기 공통자료를 활용하여 제시된 평가대상의 소유자는 K재개발사업의 조합설립에 동의하지 않은 자로서 현금청산대상자로 분류되었다. 이에 K재개발조합은 감정평가사인 당신에게 현금청산을 위한 감정평가를 의뢰하였다. 관련 법령에 의한 감정평가액을 결정하시오.

자료 1 평가대상 목록

일련번호	지번	지목	면적(m²)	현재용도지역	공법상 제한	소유자
9	○동 29-10	대(주거용)	100.0	3종일주	-	김청산

자료 2 일정 등

1. 현장조사일정 : 2024.12.1.
2. 기준시점 의뢰일 : 2024.12.1.
3. 본 사안에 대하여는 공통자료에도 불구하고 사업시행계획인가고시일을 2022년 8월 1일로 할 것

예시답안

Ⅰ. 평가개요

1. 본건은 재개발사업의 현금청산가액 산정을 위한 감정평가로서 도시정비법 제63조, 제65조에 의하여 토지보상법을 준용하여 평가한다.

2. 기준시점은 사업시행자가 의뢰한 2024년 12월 1일이다.

3. 해당 사업으로 인한 용도지역의 변경은 고려하지 않는다(제2종일반주거지역 기준).

Ⅱ. 감정평가액

1. **적용공시지가 및 비교표준지 선정**
도시정비법상 사업인정의제일인 사업시행계획인가고시일 이전의 공시지가인 2022년 공시지가를 선정하되, 제2종일주, 주거용 표준지로서 사업지 내 표준지로 지리적으로 근접한 표준지 1을 선정한다.[46]

2. **감정평가액(세로가, 정방형 기준)**
$1,000,000 \times 1.00000 \times 1.000 \times (1.00 \times 1.00) \times 1.50 ≒ 1,500,000$원/m²($\times 100 = 150,000,000$원)

또한 분양신청 및 관리처분계획인가 후에는 사업의 진행 정도에 따라 종후자산가액에 대한 분양가 및 분담금 등을 고려한 가격으로 거래가가 형성되므로 이를 반영하여 평가해야 할 것이다.

---

46) 2022년 당시에는 정비구역 내 및 정비구역 외의 지역이 모두 제2종일반주거지역으로서 표준지 4를 선정할 수도 있을 것이다. 다만, 사업지내 표준지 선정이 우선시된다.

03 재건축사업과 감정평가

1. 개요

재건축사업은 도시정비사업의 유형 중 하나로서 기본적인 감정평가방법은 재개발에 적용되는 감정평가 방법과 동일하다. 다만, 재개발사업이 「토지보상법」을 준용하는 공익사업인 데 반하여 재건축사업은 공익사업에 해당하지 않는 사업인 점에서 평가방법상 다음과 같은 차이점이 발생하고 있는바, 이하에서 는 재건축사업 관련 감정평가 시 유의하여야 할 차이점을 중심으로 기술하고자 한다.

2. 종전자산의 감정평가

1) 감정평가의 근거

재건축사업을 비롯한 도시정비사업의 관리처분계획에는 분양대상자별로 종전의 토지 및 건축물의 명 세와 사업시행계획인가고시가 있은 날을 기준으로 한 가격이 반드시 포함되어야 하며(법 제74조 제1항 제4호), 이 경우 재건축사업에서 종전자산의 가격은 감정평가법에 의한 감정평가법인등 2인 이상이 평가한 금액을 산술평균하여 산정하도록 규정하고 있다.

도시 및 주거환경정비법 제74조(관리처분계획의 인가 등)

① 사업시행자는 제72조에 따른 분양신청기간이 종료된 때에는 분양신청의 현황을 기초로 다음 각 호의 사항 이 포함된 관리처분계획을 수립하여 시장·군수 등의 인가를 받아야 하며, 관리처분계획을 변경·중지 또는 폐지하려는 경우에도 또한 같다. 다만, 대통령령으로 정하는 경미한 사항을 변경하려는 경우에는 시장·군 수 등에게 신고하여야 한다.

1. 분양설계
2. 분양대상자의 주소 및 성명
3. 분양대상자별 분양예정인 대지 또는 건축물의 추산액(임대관리 위탁주택에 관한 내용을 포함한다)
4. 다음 각 목에 해당하는 보류지 등의 명세와 추산액 및 처분방법. 다만, 나목의 경우에는 제30조 제1항에 따라 선정된 임대사업자의 성명 및 주소(법인인 경우에는 법인의 명칭 및 소재지와 대표자의 성명 및 주소)를 포함한다.
   가. 일반 분양분
   나. 공공지원민간임대주택
   다. 임대주택
   라. 그 밖에 부대시설·복리시설 등
5. 분양대상자별 종전의 토지 또는 건축물 명세 및 사업시행계획인가 고시가 있은 날을 기준으로 한 가격 (사업시행계획인가 전에 제81조 제3항에 따라 철거된 건축물은 시장·군수 등에게 허가를 받은 날을 기 준으로 한 가격)
6. 정비사업비의 추산액(재건축사업의 경우에는 「재건축초과이익 환수에 관한 법률」에 따른 재건축부담금 에 관한 사항을 포함한다) 및 그에 따른 조합원 분담규모 및 분담시기
7. 분양대상자의 종전 토지 또는 건축물에 관한 소유권 외의 권리명세
8. 세입자별 손실보상을 위한 권리명세 및 그 평가액
9. 그 밖에 정비사업과 관련한 권리 등에 관하여 대통령령으로 정하는 사항

---

② 시장·군수 등은 제1항 각 호 외의 부분 단서에 따른 신고를 받은 날부터 20일 이내에 신고수리 여부를 신고인에게 통지하여야 한다.

③ 시장·군수 등이 제2항에서 정한 기간 내에 신고수리 여부 또는 민원 처리 관련 법령에 따른 처리기간의 연장을 신고인에게 통지하지 아니하면 그 기간(민원 처리 관련 법령에 따라 처리기간이 연장 또는 재연장된 경우에는 해당 처리기간을 말한다)이 끝난 날의 다음 날에 신고를 수리한 것으로 본다.

④ 정비사업에서 제1항 제3호·제5호 및 제8호에 따라 재산 또는 권리를 평가할 때에는 다음 각 호의 방법에 따른다.

1. 「감정평가 및 감정평가사에 관한 법률」 따른 감정평가법인등 중 다음 각 목의 구분에 따른 감정평가법인등이 평가한 금액을 산술평균하여 산정한다. 다만, 관리처분계획을 변경·중지 또는 폐지하려는 경우 분양예정 대상인 대지 또는 건축물의 추산액과 종전의 토지 또는 건축물의 가격은 사업시행자 및 토지등소유자 전원이 합의하여 산정할 수 있다.

    가. 주거환경개선사업 또는 재개발사업: 시장·군수 등이 선정·계약한 2인 이상의 감정평가법인등

    나. 재건축사업: 시장·군수 등이 선정·계약한 1인 이상의 감정평가법인등과 조합총회의 의결로 선정·계약한 1인 이상의 감정평가법인등

2. 시장·군수 등은 제1호에 따라 감정평가법인등을 선정·계약하는 경우 감정평가법인등의 업무수행능력, 소속 감정평가사의 수, 감정평가 실적, 법규 준수 여부, 평가계획의 적정성 등을 고려하여 객관적이고 투명한 절차에 따라 선정하여야 한다. 이 경우 감정평가법인등의 선정·절차 및 방법 등에 필요한 사항은 시·도조례로 정한다.

3. 사업시행자는 제1호에 따라 감정평가를 하려는 경우 시장·군수 등에게 감정평가법인등의 선정·계약을 요청하고 감정평가에 필요한 비용을 미리 예치하여야 한다. 시장·군수 등은 감정평가가 끝난 경우 예치된 금액에서 감정평가 비용을 직접 지급한 후 나머지 비용을 사업시행자와 정산하여야 한다.

2) 기준시점

재건축사업을 비롯한 도시정비사업을 위한 종전자산 평가는 사업시행계획인가고시일 기준으로 산정하도록 규정하고 있다. 기준시점이 사업시행계획인가고시일이므로 사업시행계획인가고시일 이전에 공시한 공시지가를 기준으로 평가하여야 한다.

3) 감정평가방법

재개발사업의 종전자산 감정평가기준에 의한다.

3. 종후자산의 감정평가

재개발사업의 종후자산 감정평가기준에 의한다.

4. 국·공유지 감정평가

재개발사업의 처분(매각) 감정평가 방법에 의하며, 국유재산법 및 공유재산법에 의하여 감정평가한다.

5. 매도청구에 따른 감정평가 [47)

> **도시 및 주거환경정비법 제64조**(재건축사업에서의 매도청구)
>
> ① 재건축사업의 사업시행자는 사업시행계획인가의 고시가 있은 날부터 30일 이내에 다음 각 호의 자에게 조합설립 또는 사업시행자의 지정에 관한 동의 여부를 회답할 것을 서면으로 촉구하여야 한다.
>   1. 제35조 제3항부터 제5항까지에 따른 조합설립에 동의하지 아니한 자
>   2. 제26조 제1항 및 제27조 제1항에 따라 시장·군수 등, 토지주택공사 등 또는 신탁업자의 사업시행자 지정에 동의하지 아니한 자
> ② 제1항의 촉구를 받은 토지등소유자는 촉구를 받은 날부터 2개월 이내에 회답하여야 한다.
> ③ 제2항의 기간 내에 회답하지 아니한 경우 그 토지등소유자는 조합설립 또는 사업시행자의 지정에 동의하지 아니하겠다는 뜻을 회답한 것으로 본다.
> ④ 제2항의 기간이 지나면 사업시행자는 그 기간이 만료된 때부터 2개월 이내에 조합설립 또는 사업시행자 지정에 동의하지 아니하겠다는 뜻을 회답한 토지등소유자와 건축물 또는 토지만 소유한 자에게 건축물 또는 토지의 소유권과 그 밖의 권리를 매도할 것을 청구할 수 있다.

> **감정평가실무기준 730.3.4 매도청구에 따른 감정평가**
>
> 재건축사업구역 안의 토지등에 대한 「도시정비법」 제39조의 매도청구에 따른 감정평가는 법원에서 제시하는 날을 기준으로 한다. 다만, 기준시점에 현실화·구체화되지 아니한 개발이익이나 조합원의 비용부담을 전제로 한 개발이익은 배제하여 감정평가한다.

매도청구는 재건축사업을 시행할 때 조합설립 부동의자 등에 대해 그 소유 토지 등을 시가에 매도할 것을 청구하는 것으로, 매도청구권은 재건축에 참가하는 토지등소유자가 재건축에 불참한 토지등소유자에 대하여 일정한 절차를 거쳐 토지·건물의 매도를 청구하는 권리를 말한다.

1) 기준시점

매도청구 소송감정의 기준시점은 '매매계약 체결 의제일'인바, 감정평가실무상으로는 법원의 감정명령서에 제시된 일자를 기준으로 하면 될 것이다. 매도청구권은 적법한 의사표시가 상대방에게 도달한 때에 상대방의 승낙을 기다리지 않고 바로 목적물에 대한 시가에 의한 매매계약이 성립되는 것으로 보는 형성권(形成權)이라는 데 이의가 없는 점에 비추어, 매도청구의 의사표시가 상대방에게 도달한 시점(소장부본 또는 청구취지변경서 부본의 송달)이 매매계약 체결시점이 된다.

매도청구의 소장에 최고서를 첨부하여 송달하는 경우에는 최고서 송달일로부터 집합건물법상의 회답 기간인 2개월이 경과한 다음 날 매매계약의 체결이 의제된다(대판 2010.7.15, 2009다63380).

---

47) 감정평가실무기준 해설서(Ⅰ) 총론편, 한국감정평가사협회 등, 2014.02, pp.585~588

2) 감정평가 목적물의 확정과 관련된 문제

(1) 공부의 표시와 현황이 불일치하는 경우

실무상으로는 감정명령서에 기재된 감정평가 대상을 목적물로 하면 될 것이나, 현장조사 결과 법원의 감정명령서 또는 공부상의 물건표시와 현황이 불일치하는 경우에는 감정평가서에 이러한 내용과 현황을 기준으로 감정평가한다는 취지를 기재하고 현황을 기준으로 평가한다.

(2) 영업손실보상금 등의 포함 여부

매도청구는 그 성격상 실질적으로는 공용수용과 같다는 점[48], 단독주택 재건축사업의 경우 공동주택 재건축과 달리 부동산 유형별 구성이 재개발과 유사하고, 잡화점, 세탁소, 음식점 등 비교적 소규모의 상인이 많아 영업손실보상금 지급이 필요성이 매우 큰 점 등을 근거로 단독주택재건축사업에서 매도청구의 상대방에게 영업손실보상금을 지급하여야 한다거나, '종래의 생활환경이 손상됨에 따른 손실상당액'이 '시가'에 포함되어야 한다는 주장이 많이 제기되고 있다.

그러나 그 타당성 여부를 떠나 이는 입법정책의 문제로서 「토지보상법」을 준용·적용할 수 있는 공익사업에 해당하지 않는 재건축사업의 매도청구소송의 '시가'에 이러한 영업손실보상금 등이 포함된다고 할 수는 없을 것이다.

3) '시가'의 의미 및 감정평가방법

(1) 판례의 입장

대법원 1996.1.23, 95다38712 판결 이후 매도청구소송에서의 '시가' 개념이 해당 재건축사업으로 인한 발생할 것으로 예상되는 개발이익이 포함해야 한다는 점을 일관되게 유지하고 있다[대판 2005.6.24, 2003다55455 ; 대판 2009.3.26, 2008다21549(본소), 21556(본소), 21563(반소) 참조].[49]

(2) 매도청구소송 '시가' 감정평가 시 유의할 점

판례에서 말하는 '재건축사업으로 인해 발생할 것으로 예상되는 개발이익이 포함된 시가'라는 것은 철거예정에 있는 노후화된 건물의 감가를 모두 인정하고 토지자산에 준하는 상태의 가격, 즉 '노후되어 철거될 상태를 전제로 한 가격'이 아님을 강조하기 위한 것으로서, 토지·건물 일체로 거래되는 가격, 즉 재건축결의 및 조합설립인가에 따라 시장에서 형성·반영되고 있는 개발이익 모두를 반영하라는 의미로 해석되어야 한다.

그렇지만 재건축사업의 주체로서의 조합원이 지는 리스크나 향후 현실화·구체화되지 아니한 개발이익까지 개발이익으로 기준시점 당시에 반영하라는 의미로 해석할 수는 없다.

거래사례비교법에 의하는 경우 해당 재건축사업의 적정 리스크를 반영하지 않은 상태에서 인근의 기 사용승인된 아파트부지 표준지와의 단순 비교(매도청구대상이 토지인 경우), 기 입주한 아파트와의 단순 비교(매도청구대상이 공동주택인 경우)를 통한 예상 개발이익 추정은 조합원으로서의

---

48) 대판 2008.7.10, 2008다12453 ; 대판 2009.3.26, 2008다21549·21556·21563 ; 헌법재판소 2006.7.27, 2003헌바18 결정 등 참조
49) 개발이익이 배제된 보상가격으로 소유권을 취득하는 재개발사업 등과 예상 개발이익을 포함하는 재건축사업과의 비교는 입법정책의 문제로서 여기서 논하는 '시가'의 개념과는 다른 차원의 문제라 할 것이다.

비용부담 및 사업추진에 따른 각종 리스크(부동산 시장의 하락, 일반분양 실패, 정부정책의 변경, 각종 소송 등) 부담을 전제로 함에도 불구하고 이를 반영하기 곤란하다는 점, 재건축으로 인한 장래의 이익까지 현재의 구분소유자, 즉 매도청구소송의 피고에게만 귀속시키고 매도청구권자(매수자)에게는 전혀 그 이익을 향유하지 못하게 하는 셈이 되어 부당한 결과를 초래할 수 있다는 점뿐만 아니라, 매도청구소송에 의한 매매계약은 당사자가 자율적으로 체결한 매매가 아닌 사법절차에 의한 매매라는 점에서 그 이익을 어느 일방에게 귀속시켜서는 아니 된다는 점 등을 유의하여 감정평가하여야 할 것이다.

4) 현금청산대상자에 대한 매도청구소송 감정평가

「도시정비법」 제64조에 해당하는 자 및 분양계약을 체결하지 아니하여 조합정관에 따라 현금청산대상자로 분류된 자들 역시 결국은 매도청구소송을 통해 소유권관계가 정리되는바(대판 2010.12.23, 2010다73215 참조), 이러한 경우의 매도청구소송 '시가' 평가 역시 기본적으로는 거래사례비교법을 중심으로 하되, 사업시행계획인가 전에 진행되는 매도청구소송에 비해 상대적으로 해당 사업의 수익·비용에 대한 자료가 보다 풍부할 수 있으므로 이러한 점을 반영할 수 있을 것이다.

다만, 이 경우에도 통상적인 관리처분계획상의 사업수지 등은 사업리스크 및 이에 따른 현재가치를 충분히 고려하지 않으므로 이에 대한 적절한 고려가 필요할 것이다.

또한 분양신청을 하였으나 관리처분인가 이후 분양계약을 체결하지 않아 현금청산대상자가 된 경우에는 관리처분계획인가의 고시로서 토지 및 건축물에 관한 권리는 분양예정인 대지 또는 건축물에 대한 분양받을 권리, 즉 '수분양권'으로 변환되는 것(대판 1993.11.23, 93누1633)이고, 관리처분인가 및 수분양권 확정에 따라 종전자산 권리가액, 입주예정 동·호수의 위치 및 그 분양가, 개별적 분담금(환급금) 규모 및 납부일징 등도 확정되어 있을 것이므로, 이러한 점을 충분히 반영하여 감정평가하여야 할 것이다.

> **판례**
>
> 주택재건축사업에서의 매도청구권 행사 시 토지의 매매가격이 되는 '시가'의 의미 및 현황 '도로'의 감정평가방법(2014다41698(2014-12-11))
>
> **【판시사항】**
> 1. 주택재건축사업의 시행자가 도시 및 주거환경정비법 제39조 제2호에 따라 토지만 소유한 사람에게 매도청구권을 행사하는 경우, 토지의 매매가격이 되는 '시가'의 의미
> 2. 도시 및 주거환경정비법에 의한 주택재건축사업의 시행자가 같은 법 제39조 제2호에 따라 을 등이 소유한 토지에 대하여 매도청구권을 행사하였는데, 토지 현황이 인근 주민의 통행에 제공된 도로 등인 사안에서, 시가는 재건축사업이 시행될 것을 전제로 할 경우의 인근 대지 시가와 동일하게 평가하되, 각 토지의 형태 등 개별요인을 고려하여 감액평가하는 방법으로 산정하는 것이 타당하다고 한 사례

【판결요지】

1. 도시 및 주거환경정비법에 의한 주택재건축사업의 시행자가 같은 법 제39조 제2호에 따라 토지만 소유한 사람에게 매도청구권을 행사하면 매도청구권 행사의 의사표시가 도달함과 동시에 토지에 관하여 시가에 의한 매매계약이 성립하는데, 이때의 시가는 매도청구권이 행사된 당시의 객관적 거래가격으로서, 주택재건축사업이 시행되는 것을 전제로 하여 평가한 가격, 즉 재건축으로 인하여 발생할 것으로 예상되는 개발이익이 포함된 가격을 말한다.

2. 도시 및 주거환경정비법에 의한 주택재건축사업의 시행자가 같은 법 제39조 제2호에 따라 을 등이 소유한 토지에 대하여 매도청구권을 행사하였는데, 토지 현황이 인근 주민의 통행에 제공된 도로 등인 사안에서, 토지의 현황이 도로일지라도 주택재건축사업이 추진되면 공동주택의 일부가 되는 이상 시가는 재건축사업이 시행될 것을 전제로 할 경우의 인근 대지 시가와 동일하게 평가하되, 각 토지의 형태, 주요 간선도로와의 접근성, 획지조건 등 개별요인을 고려하여 감액평가하는 방법으로 산정하는 것이 타당한데도, 현황이 도로라는 사정만으로 인근 대지 가액의 1/3로 감액한 평가액을 기준으로 시가를 산정한 원심판결에 법리오해의 잘못이 있다고 한 사례

【판결이유】

1. 도시 및 주거환경정비법에 의한 주택재건축사업의 시행자가 같은 법 제39조 제2호에 의하여 토지만 소유한 사람에 대하여 매도청구권을 행사하면 그 매도청구권 행사의 의사표시가 도달함과 동시에 그 토지에 관하여 시가에 의한 매매계약이 성립하는바, 이때의 시가는 매도청구권이 행사된 당시의 객관적 거래가격으로서, 주택재건축사업이 시행되는 것을 전제로 하여 평가한 가격, 즉 재건축으로 인하여 발생할 것으로 예상되는 개발이익이 포함된 가격을 말한다(대판 2009.3.26, 2008다21549·21556·21563 판결 참조).

2. 원심판결 이유에 의하면, 원심은, 이 사건 매도청구권의 대상인 피고들 소유의 이 사건 각 토지는 그 현황이 인근 주민의 통행에 제공된 도로 등으로서 이미 교환가치가 현저히 저감된 상태여서 이 사건 재건축사업구역에 편입된다는 사정만으로는 기존의 저감상태에서 벗어난다고 할 수 없다는 등을 이유로, 기준시점에서의 이 사건 재건축사업 시행으로 인한 지가변동분이 반영된 인근 대지의 가액을 3분의 1로 감액한 감정평가액을 기준으로 그 시가를 산정하였다.

그러나 위 법리에 비추어 보면, 이 사건 각 토지의 현황이 도로일지라도 주택재건축사업이 추진되면 공동주택부지의 일부가 되는 이상 그 시가는 재건축사업이 시행될 것을 전제로 할 경우의 인근 대지의 시가와 기본적으로 동일하게 평가하되, 다만 이 사건 각 토지의 형태, 주요 간선도로와의 접근성, 획지조건 등 개별요인들을 고려하여 감액평가하는 방법으로 산정하는 것이 타당하다고 할 것인바, 이와 달리 원심이 현황이 도로라는 이유만으로 인근 대지 가액의 3분의 1로 감액한 평가액을 기준으로 시가를 산정한 것은 매도청구권 행사에 있어 시가 산정에 관한 법리를 오해하여 판단을 그르친 것이다.

개발사업지구의 단계별 지가상승 분석[50]

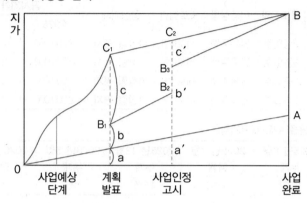

- A : 공익사업의 시행이 없었을 경우의 지가곡선
- B1~B2~B3~B : 개발의 진행에 따라 개발이익을 적절히 반영시킨 공시지가 수준곡선
- C1~C2~B : 투기가격을 포함하여 거래되고 있는 현실가격곡선
- a, a' : 정상지가상승분
- b, b' : 공시지가에 반영시킨 개발이익분
- c, c' : 투기가격수준
- a+b, a'+b' : 공시지가 수준

기 본예제

감정평가사 A씨는 ◎◎지방법원으로부터 소유권이전등기 사건(청구번호 : 20◎◎가합556◎◎)의 감정인으로 선임되어 소송목적의 감정평가를 진행하고 있다. 아래 부동산에 대한 감정평가를 진행하시오.

>> 감정사항 : 매매계약체결일을 기준으로 재건축으로 인한 개발이익이 포함된 감정목적물의 시가

자료 1 감정목적물

피고	구분	부동산의 표시	기준시점 (매매계약체결시점)
◎◎◎	토지	A시 B구 C동 100 대 200m²	2025.07.15.
	건물	철근콘크리트구조 스라브지붕 단층 단독주택 1층 100m²	

>> 가격조사완료시점 : 2026.07.15.
>> 건물의 사용승인일 : 1990.04.07.

자료 2 해당 토지의 토지이용계획사항 등

1. 토지이용계획사항
   제3종일반주거지역, 어린이공원(저촉), 도로(저촉), 완충녹지(저촉), 정비구역(◎◎재건축사업)
   >> 용도지역은 해당 재건축사업의 시행에 따라 종전의 제2종일반주거지역에서 제3종일반주거지역으로 종상향되었으며, 도시·군계획시설은 정비구역의 지정에 따라 지정되었음.
2. 해당 토지는 세로(가), 가장형의 평지에 해당하는 것으로 조사되었음.

---

50) 2020년 표준지공시지가 조사·평가 업무요령, 국토교통부, 2019.09, p.135

자료 3 인근의 표준지공시지가

기호	소재지	용도지역	이용상황	도로접면	형상지세	공시지가		비고
						2025	2026	
A	C동 200	2종일주	단독주택	세로(가)	가장형 평지	2,200,000	2,400,000	정비구역 내
B	C동 300	3종일주	단독주택	세로(가)	가장형 평지	2,500,000	2,700,000	정비구역 내
C	C동 800	2종일주	단독주택	세로(가)	가장형 평지	1,900,000	2,100,000	정비구역 외
D	C동 900	3종일주	단독주택	세로(가)	가장형 평지	2,000,000	2,200,000	정비구역 외

자료 4 지가변동률(A시, 주거지역)

구분	2025년 6월 누계	2025년 7월 당월	2025년 12월 누계	2026년 5월 누계	2026년 6월 당월	2026년 7월 당월
변동률(%)	2.397	0.394	4.875	2.207	0.277	미고시

자료 5 인근의 거래사례 등

기호	구분	용도지역	이용상황	거래시점 등	거래단가(원/㎡)	비고
가	실거래	2종일주	주거나지	2025.01.01	3,300,000	사업지 내
나	실거래	2종일주	주거나지	2025.01.01	3,100,000	사업지 밖
다	실거래	3종일주	주거나지	2025.01.01	3,600,000	사업지 내
라	실거래	3종일주	주거나지	2025.01.01	3,400,000	사업지 밖
마	협의보상	3종일주	주거나지	2025.01.01	2,800,000	사업지 내

자료 6 건물의 가격자료(재조달원가)

단독주택	상가주택	내용연수
900,000원/㎡	800,000원/㎡	50

자료 7 그 밖의 사항

1. 본건, 비교표준지, 거래사례 등의 개별요인은 모두 대등한 것으로 조사되었음.
2. 편의상 「감정평가에 관한 규칙」상의 주된 감정평가방법에 의할 것

예시답안

Ⅰ. 평가개요

본건은 주택재건축정비사업구역 내 토지, 건물에 대한 소송 참고 목적의 감정평가로서, 기준시점은 매매계약 체결시점인 2025.07.15.이다.

Ⅱ. 토지의 감정평가액(공시지가 기준법)

1. 적용공시지가 및 비교표준지 선정

기준시점 이전 공시지가인 2025년 공시지가를 선정하되, 현재의 용도지역인 3종일주 기준, 해당 사업의 영향 반영가능한 사업지 내 표준지인 표준지 B를 선정한다.

2. 시점수정치(2025.01.01.~2025.07.15.)

$1.02397 \times (1 + 0.00394 \times 15/31) ≒ 1.02592$

3. 지역, 개별요인 비교치 : 인근지역으로서 대등하며(1.000), 개별요인 대등함(1.000)

4. 그 밖의 요인 비교치

   (1) 거래사례 등 선정 : 실거래사례를 기준으로하며, 해당 사업의 영향 반영이 가능한 사업지 내 3종일반 주거지역 사례인 거래사례 다를 선정한다.

   (2) 격차율 산정

   $$\frac{3,600,000 \times 1.000(사정) \times 1.02592^* \times 1.000 \times 1.000}{2,500,000 \times 1.02592} \fallingdotseq 1.440$$

   * 시점(2025.01.01.~2025.07.15.)

   (3) 결정 : 상기 격차율을 고려하여 1.44로 결정한다.

5. 토지의 감정평가액

   $2,500,000 \times 1.02592 \times 1.000 \times 1.000 \times 1.44 \fallingdotseq 3,690,000$원/㎡$(\times 200 = 738,000,000$원$)$

III. 건물의 감정평가액(원가법)

$900,000 \times \dfrac{15}{50} = 270,000$원/㎡$(\times 100 = 27,000,000$원$)$

IV. 감정평가액

$738,000,000 + 27,000,000 = 765,000,000$원

---

04 비례율과 관리처분

1. 비례율

(1) 개요

비례율이란 재개발구역 내 사업완료 후 대지 및 건축시설의 총 추산액에서 총사업비를 뺀 후 구역 내 종전토지 및 건축물의 총가액으로 나누어 구한 율을 말한다. 사전에 예상되는 개발이익을 추정하고 사업의 원활한 시행을 조합원들에게 인식시키는 수단으로 이용할 수 있으며, 조합원들은 재개발사업을 통하여 기대되는 사업완료 후에 분양받게 될 건축물의 분양평수 및 부담해야 될 비용을 예측할 수 있는 자료를 확보하는 데 그 목적이 있다.

(2) 효과

① 종전권리가액의 평가로 인한 주민의 불만을 완화시키고 사업시행 후 사업계획완료까지 사업으로 인한 개발이익을 사전에 예상할 수 있는 수단으로 이용된다.

② 조합원은 장래 자기지분에 따른 사업완료 후의 귀속권리이익을 예상할 수 있다.

③ 사업시행자는 투자비에 따른 사업채산성을 예측할 수 있으며, 최대수익을 창출할 수 있는 사업 프로그램을 작성할 수 있다.

④ 조합원은 종전의 권리가액에 의한 사업완료 후 배분될 예상권리가액을 알 수 있으므로 자금조달을 용이하게 하는 기대효과를 가져올 수 있다.

2. 산식

$$비례율 = \frac{구역\ 내\ 사업완료\ 후\ 대지\ 및\ 건축시설의\ 총추산액 - 총사업비}{구역\ 내\ 종전토지\ 및\ 건축물의\ 총가액}$$

3. 재개발사업에 있어 권리의 변환 및 정산의 흐름

종전자산의 평가

기존의 주택, 연립주택, 상가, 사무실 등의 각 조합
원별 자산가치의 평가
⬥ 조합원A의 기존 토지, 건물 자산가치의 감정평가
  액을 2억원이라 하고, 조합원 전체의 종전자산 가치
  감정평가액의 합계액을 500억원이라고 가정하자.

→

추정 총사업비의 산정

사업을 완성시키는 데 소요되는 전체 투자사업비
(건축비, 이주비, 조합운영비, 각종용역비, 인허가비
등)를 추산
⬥ 본 사업의 총사업비를 600억원이라 가정하자.

↓

비례율산출

전체 종후자산가에서 총사업비를 공제한 후 이를
전체 종전자산금액으로 나누어서 비례율을 산출
⬥ $\dfrac{총수입(1,000억원) - 총지출(600억원)}{종전자산평가액(500억원)} \times 100$
  = 80%(0.8)

←

전체 종후자산 가치의 추산

아파트 및 상가의 예정분양가에 의하여 전체 종후
자산 가치를 추산
⬥ 본 사업의 종후자산 가치의 총액을 1,000억원이라고
  가정하자.

↓

조합원별 권리액 산정

종전자산 평가금액에 비례율을 곱하여 권리액을
산정
⬥ 2억원 × 0.8 = 1억 6천만원

→

권리자별 권리의 변환, 조정 및 정산

종후자산 총액에서 각 권리자가 차지할 권리액과
확정된 각 권리자별 종후자산 가치를 비교하여 과
부족은 현금으로 청산함.
⬥ 분양받게 될 32평형 아파트의 자산가치가 1억 8천
  만원이라면 조합원 A의 정산액은 1억 6천만원과 1억
  8천만원의 차액인 2천만원이 되어 결과적으로 조
  합원 A는 32평형 아파트 1채를 받고 2천만원을 현
  금으로 정산해야 한다.

기본예제

다음 자료를 통하여 재개발사업의 관리처분에 따른 갑 씨의 정산금을 결정하시오.

자료

1. 갑 씨의 종전자산가액 : 400,000,000원
2. 갑 씨가 받게 될 종후자산의 가치(추첨부동산) : 600,000,000원
3. 전체 종전자산가액 합 : 60,000,000,000원
4. 전체 종후자산가액 합 : 120,000,000,000원
5. 총사업비 : 45,000,000,000원

예시답안

1. 비례율 산정 : $\dfrac{120,000,000,000-45,000,000,000}{60,000,000,000}=1.25$

2. 갑의 권리가액 : $400,000,000 \times 1.25 = 500,000,000$원

3. 정산금 : $600,000,000 - 500,000,000 = 100,000,000$원(분담금)

---

05 정비사업구역 내 일반시가목적 등 감정평가

1. 일반적인 감정평가의 기준

정비구역 내 토지, 건축물 등의 일반시가목적 등(담보, 경매평가 등)의 감정평가는 기준시점에서의 해당 물건의 시장가치를 기준으로 감정평가하게 된다. 다만, 정비구역 내 토지 등의 감정평가에 있어서는 정비사업의 진행정도에 따라 해당 토지의 종전자산가액 등이 존재할 수 있으며, 종전자산가치와 일반시가목적 등의 감정평가액의 유사성 여부가 문제될 수 있다. 종전자산가액은 사업시행인가고시 시점을 기준시점으로 하여 관리처분계획수립을 위한 조합원간 상대적 가격균형에 중점을 둔 감정평가로서 실제 시장가치와는 괴리될 수 있다고 보아야 할 것이다.

또한 정비사업의 진행정도에 따라 정비구역 내 토지 등의 시가는 크게 변동될 수 있다. 특히 관리처분계획인가를 득한 정비사업의 경우 종전의 토지 등의 자산은 분양받게 될 자산의 가격에 연동될 수 있을 것이다. 따라서 감정평가사의 입장에서는 해당 정비사업의 진행정도, 해당 물건의 특성, 수분양 조건 및 수분양 자산의 시가 등을 종합적으로 고려하여 감정평가해야 할 것이다.

2. 「상속세 및 증여세법」에 의한 입주권의 감정평가

(1) 조합원입주권의 개념

조합원입주권이란 「상속세 및 증여세법」에 의하면 부동산을 취득할 수 있는 권리(건물이 완성되는 때에 그 건물과 이에 부수되는 토지를 취득할 수 있는 권리를 포함한다) 및 특정시설물을 이용할 수 있는 권리로 규정되어 있으며,[51] 「소득세법」에 의하면 「도시 및 주거환경정비법」 제74조에 따른 관리처분계획의 인가 및 「빈집 및 소규모주택 정비에 관한 특례법」 제29조에 따른 사업시행계획인가로 인하여 취득한 입주자로 선정된 지위를 말하며, 이 경우 「도시 및 주거환경정비법」에 따른 재건축사업 또는 재개발사업, 「빈집 및 소규모주택 정비에 관한 특례법」에 따른 자율주택정비사업, 가로주택정비사업, 소규모재건축사업 또는 소규모재개발사업을 시행하는 정비사업조합의 조합원(같은 법 제22조에 따라 주민합의체를 구성하는 경우에는 같은 법 제2조 제6호의 토지등소유자를 말한다)으로서 취득한 것(그 조합원으로부터 취득한 것을 포함한다)으로 한정하며, 이에 딸린 토지를 포함한다고 규정되어 있다.[52]

---

51) 상속세 및 증여세법 시행령 제51조(지상권등의 평가)
52) 소득세법 제88조(정의)

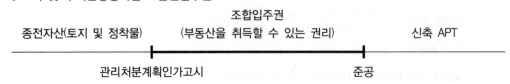

∴ 도시 및 주거환경정비법 조합원입주권

(2) **평가의 원칙**

「상속세 및 증여세법」 제60조(평가의 원칙 등)에 의하여 상속세나 증여세가 부과되는 재산의 가액은 상속개시일 또는 증여일(이하 "평가기준일"이라 한다) 현재의 시가(時價)에 따르도록 규정되어 있다.[53] 또한 동법 제61조(부동산 등의 평가) 제3항은 지상권(地上權) 및 부동산을 취득할 수 있는 권리와 특정시설물을 이용할 수 있는 권리는 그 권리 등이 남은 기간, 성질, 내용, 거래상황 등을 고려하여 대통령령으로 정하는 방법으로 평가한 가액으로 하도록 규정되어 있다.

(3) **평가의 방법**

> 입주권의 감정평가액 = 기준시점까지 납입한 금액(권리가액 + 기납입분담금) + 프레미엄
> 프레미엄 = 종후아파트의 시장가치 – 조합원분양가

「상속세 및 증여세법」 시행령 제51조(지상권 등의 평가) 제2항에 의하면 부동산을 취득할 수 있는 권리(건물이 완성되는 때에 그 건물과 이에 부수되는 토지를 취득할 수 있는 권리를 포함한다) 및 특정시설물을 이용할 수 있는 권리의 가액은 평가기준일까지 납입한 금액(「소득세법」 제89조 제2항에 따른 조합원입주권의 경우 「도시 및 주거환경정비법」 제74조 제1항에 따른 관리처분계획을 기준으로 하여 기획재정부령으로 정하는 조합원권리가액과 평가기준일까지 납입한 계약금, 중도금 등을 합한 금액으로 한다)과 평가기준일 현재의 프레미엄에 상당하는 금액을 합한 금액으로 하도록 규정되어 있다. 이는 결국 종후자산 아파트의 시장가치에서 추가로 납부해야 하는 분담금을 차감한 금액이 입주권의 시가로 결정되게 된다.

---

53) 시가주의 원칙으로서 동법 시행령 제49조(평가의 원칙 등)에 의하여 시가는 불특정 다수인 사이에 자유롭게 거래가 이루어지는 경우에 통상적으로 성립된다고 인정되는 가액으로 하고 수용가격·공매가격 및 감정가격 등 대통령령으로 정하는 바에 따라 시가로 인정되는 것을 포함한다. 한편, 시가를 산정하기 어려운 경우에는 해당 재산의 종류, 규모, 거래 상황 등을 고려하여 「상속세 및 증여세법」 제61조부터 제65조까지에 규정된 방법으로 평가한 가액을 시가로 본다.

기 본예제

「상속세 및 증여세법」에 의하여 아래 입주권에 대한 감정평가액을 결정하시오.

자료

- 종전자산 감정평가액 : 300,000,000원
- 비례율 : 95%
- 분양받을 주택의 타입(59m² A타입)의 조합원 분양가 : 450,000,000원
- 인근의 59m²의 신축 아파트의 시장가치 : 700,000,000원
- 부담금 등은 납입한 내역이 없음.

예시답안

- 권리가액 : 300,000,000 × 0.95 = 285,000,000원
- 프레미엄상당액 : 700,000,000 − 450,000,000 = 250,000,000원
- 감정평가액 : 285,000,000 + 250,000,000 = 535,000,000원

06 정비사업의 현물출자자산의 감정평가(법인세 산정 목적의 감정평가)

1. 기준시점 등

정비사업에서 법인세 산정을 위한 현물출자자산의 취득시기는 대금청산일, 소유권이전등기일, 사용수익일 중 빠른날을 기준으로 하며(조세심판 2015부4909, 2018.03.14.), 조세심판원의 판결례와 대법원의 태도(대판(전) 1992.12.22, 91다22094 등)를 종합적으로 살펴볼 때 사용수익일을 관리처분계획인가 고시일자 또는 신탁등기일자로 본다면 법인세 감정평가의 현물출자 취득시기는 관리처분계획인가 고시일과 신탁등기일자 중 빠른 날짜를 적용해야 할 것이 타당하며, 구체적으로는 의뢰인에게 기준시점을 확정받아 평가함이 타당할 것이다.

2. 감정평가의 기준

「감정평가에 관한 규칙」에 의한 시가평가이므로, 기준시점 당시의 용도지역을 기준으로 평가해야 하며, 정비사업으로 인한 도시계획시설저촉에 대해서는 현실적으로 그 감가가 없기 때문에 구애됨 없이 평가하게 된다.

정비사업 시행에 따른 현실, 구체화된 개발이익을 포함하여 평가해야 할 것이다. 종전자산의 평가와는 그 목적, 기준시점과 적용법규가 상이하기 때문에 감정평가액의 차이가 발생할 수 있다.

구분	사업시행계획인가고시일 기준시점의 종전자산평가	관리처분계획인가고시일 기준시점의 현물출자자산평가
근거법률	도정법 제72조 제1항 제1호 및 제74조 제1항 제5호(종전자산평가) 같은 법 제65조(토지보상법의 준용)	법인세법 시행령 제72조 제2항 제3호 나목(현물출자자산의 시가) 감정규칙 제5조(시장가치기준원칙)
평가목적	출자자산의 상대적 가치비율 산정 (형평성 유지)	현물출자에 의해 취득한 자산의 취득가액산정(시가평가)
기준시점	사업시행계획인가고시일	관리처분계획인가고시일 등
적용 용도지역	당해 공익사업의 시행을 직접 목적으로 한 용도지역 변경 시 변경 전의 용도지역 기준으로 평가(토지보상법 시행규칙 제23조 제2항)	기준시점 당시의 용도지역을 기준으로 평가(감정규칙 제6조 제1항)
개발이익포함여부	해당 공익사업으로 인하여 토지 등의 가격이 변동되었을 때에는 이를 고려하지 아니함(배제하고 평가함, 토지보상법 제67조 제2항)	기준시점 당시의 시가로 평가하며, 재개발이 진행되면 토지 등의 가격이 변동되는게 일반적이며 시가에 포함됨 (감정규칙 제5조 제1항)
평가업체선정	시, 군, 구청장이 선정	사업시행자(조합)가 선정

07 도시개발법상 도시개발사업에 의한 감정평가

1. 도시개발사업[54]의 시행방법 및 시행절차

1) 시행방법

> **도시개발법 제21조**(도시개발사업의 시행 방식)
>
> ① 도시개발사업은 시행자가 도시개발구역의 토지 등을 수용 또는 사용하는 방식이나 환지 방식 또는 이를 혼용하는 방식으로 시행할 수 있다.

(1) 수용방식

사업시행자가 도시개발사업 대상토지에 대하여 전면 매수(협의매수 내지 수용)하여 사업시행을 하는 방식으로 지구 내 거주 중인 주민을 보상하고 이주시켜야 하므로 초기자금이 많이 필요한데, 주로 공공시행자가 시행하므로 공영개발방식이라고도 한다. 민간시행자가 수용방식을 시행할 시 「도시개발법」에서는 전체 토지면적의 2/3 이상을 소유하고 토지소유자 수의 1/2 이상의 동의를 얻고 난 후에 수용권을 부여하도록 제시하고 있다. 따라서 수용방식을 민간시행자가 시행하는 사례는 특수한 경우라고 할 수 있으며, 일반적으로는 공영개발방식이라고도 정의할 수 있다.

---

54) 도시개발구역에서 주거, 상업, 산업, 유통, 정보통신, 생태, 문화, 보건 및 복지 등의 기능이 있는 단지 또는 시가지를 조성하기 위하여 시행하는 사업을 말한다.

(2) **환지방식**

사업지구 내 토지소유자로부터 토지를 제공받아 이를 환지, 즉 교환·분합, 구획변경 및 지목 또는 형질의 변경을 통하여 사업시행 전의 토지에 존재하고 있던 권리관계를 각 토지의 위치, 지적, 토질, 수리, 이용상황 및 환경 등을 고려하여 사업시행 후의 토지(환지)에 이동시키고, 그 비용 등은 감보(체비지와 보류지)를 통해 충당하는 방법을 의미한다.

환지방식은 개발사업의 초기에 토지소유권을 수용하는 방법을 채택하지 않고, 그 사업이 완료 후에 비로소 기존의 토지소유권을 새로운 토지소유권으로 변환시키거나(환지), 새롭게 토지소유권을 부여하거나(체비지, 보류지), 토지 소유권을 소멸시키는(과소토지 등) 과정을 겪는다는 특징이 있다.

(3) **혼용방식**

도시개발사업은 환지방식과 수용방식 중 하나를 선택하거나 이를 혼용하는 방법으로 시행될 수 있으며 혼용방식으로 시행하려는 경우에는 분할혼용방식, 미분할혼용방식으로 도시개발사업을 시행할 수 있다.

2) 시행절차

도시개발사업은 개발계획 수립(사업시행자, 수용·사용할 토지 세부목록 포함) 및 도시개발구역 지정 (시·도지사, 대도시의 장, 예외적 국토교통부장관) → 사업주체(공공시행자, 민간시행자, 공동출자법 인)와 사업방식 → 실시계획 작성(시행자) → 실시계획인가·고시(지정권자) → ⅰ) 수용방식(부지 확보 → 착공 → 준공 → 공급), ⅱ) 환지방식[환지계획 작성[55](시행자)·인가(특별자치도지사·시 장·군수 또는 구청장) → 환지예정지 지정(시행자) → 사업시행(부지확보 → 착공 → 준공) → 환지 처분 → 청산]의 절차로 진행된다.

2. 도시개발사업과 감정평가

(1) **수용 및 사용방식**

시행자는 도시개발사업에 필요한 토지 등을 수용하거나 사용할 수 있으며, 수용 또는 사용에 관하여 도시개발법에 특별한 규정이 있는 경우 외에는 「토지보상법」을 준용하며, 수용 또는 사용의 대상이 되는 토지의 세부목록을 고시한 경우에는 「토지보상법」에 따른 사업인정 및 그 고시가 있었던 것으로 보고 있다. 사업의 시행을 위하여 필요한 조성전 토지의 수용이나 사용을 위한 감정평가를 할 때는 일반적으로 「토지보상법」을 적용하며, 조성 후 토지공급을 위한 감정평가를 할 때는 통상 「감정평가법」을 적용하면 될 것이다.

---

55) 환지계획에 포함되는 환지설계에는 환지전후 평가단가 표시도에 첨부되어야 하며, 국토교통부령으로 정하는 환지계획에 포 함되는 사항 중 평균부담률 및 비례율은 환지전후 평가액으로 계산하여야 하며 같은 조 제3항에 따라 조성토지 등의 가격을 평가할 때에는 토지평가협의회의 심의를 거쳐 결정하되, 그에 앞서 공인평가기관(감정평가법인등)이 평가하게 하여야 한다.

> **도시개발법 제22조**(토지 등의 수용 또는 사용)
>
> ① 시행자는 도시개발사업에 필요한 토지 등을 수용하거나 사용할 수 있다. 다만, 제11조 제1항 제5호 및 제7 호부터 제11호까지의 규정(같은 항 제1호부터 제4호까지의 규정에 해당하는 자가 100분의 50 비율을 초과 하여 출자한 경우는 제외한다)에 해당하는 시행자는 사업대상 토지면적의 3분의 2 이상에 해당하는 토지를 소유하고 토지 소유자 총수의 2분의 1 이상에 해당하는 자의 동의를 받아야 한다. 이 경우 토지 소유자의 동의요건 산정기준일은 도시개발구역지정 고시일을 기준으로 하며, 그 기준일 이후 시행자가 취득한 토지 에 대하여는 동의 요건에 필요한 토지 소유자의 총수에 포함하고 이를 동의한 자의 수로 산정한다.
> ② 제1항에 따른 토지등의 수용 또는 사용에 관하여 이 법에 특별한 규정이 있는 경우 외에는 「공익사업을 위한 토지 등의 취득 및 보상에 관한 법률」을 준용한다.
> ③ 제2항에 따라 「공익사업을 위한 토지 등의 취득 및 보상에 관한 법률」을 준용할 때 제5조 제1항 제14호에 따른 수용 또는 사용의 대상이 되는 토지의 세부목록을 고시한 경우에는 「공익사업을 위한 토지 등의 취득 및 보상에 관한 법률」 제20조 제1항과 제22조에 따른 사업인정 및 그 고시가 있었던 것으로 본다. 다만, 재결 신청은 같은 법 제23조 제1항과 제28조 제1항에도 불구하고 개발계획에서 정한 도시개발사 업의 시행 기간 종료일까지 하여야 한다.
> ④ 제1항에 따른 동의자 수의 산정방법 및 동의절차, 그 밖에 필요한 사항은 대통령령으로 정한다.

(2) 환지방식

정리 전 토지(종전토지)의 감정평가는 조합원별 조합출자 자산의 상대적 가치비율 산정의 기준이 되므로 대상물건의 유형, 위치, 규모 등에 따른 가격균형이 유지되도록 하여야 할 것이다. 환지설 계가 평가식인 경우 정리 전 가격은 실시계획인가시점(도시개발사업으로 인한 도시관리계획 결정, 변경결정 등을 반영하지 않은 사업 이전 상태)을 기준으로 평가한다.

정리 후 토지(종후토지)의 감정평가 시 기준시점은 환지처분시점을 기준으로 지구단위계획사항을 반영하여 종후의 토지가치를 평가한다.

> **도시개발법 제28조**(환지 계획의 작성)
>
> ① 시행자는 도시개발사업의 전부 또는 일부를 환지 방식으로 시행하려면 다음 각 호의 사항이 포함된 환지 계획을 작성하여야 한다.
> ③ 시행자는 환지 방식이 적용되는 도시개발구역에 있는 조성토지등의 가격을 평가할 때에는 토지평가협 의회의 심의를 거쳐 결정하되, 그에 앞서 대통령령으로 정하는 공인평가기관이 평가하게 하여야 한다.

기 본예제

감정평가사 A씨는 ◯◯도시개발사업구역 내 토지에 대한 아래의 감정평가를 각각 의뢰받았다. 각 물음에 답하시오.

1. ◯◯도시개발사업조합으로부터 ◯◯도시개발사업(환지방식)의 환지계획수립을 위한 정리 전 토지에 대한 감정평가액을 결정하시오.
2. ◯◯도시개발사업조합으로부터 ◯◯도시개발사업(환지방식)의 환지계획수립을 위한 정리 후 토지에 대한 감정평가액을 결정하시오.
3. 의뢰인 ◯◯은행은 담보평가를 의뢰하였다. 실시계획인가고시시점에 환지계획대로 예정지의 지 정고시가 있었다. 담보평가액을 결정하시오. 이 경우 가격조사완료일은 2026년 7월 10일로 한다.

풀이영상

자료 1 사업의 개요

1. 사업명 및 사업시행자 : ○○도시개발사업/○○도시개발사업조합
2. 사업의 연혁
   (1) 도시개발구역 지정고시 : 2025.07.01.
   (2) 조합설립인가 : 2025.09.05.
   (3) 실시계획인가의 고시 : 2026.05.10.
   (4) 환지처분예정일 : 2027.07.15.

자료 2 평가대상 및 토지의 조사사항

1. 평가대상

사업지에 편입되는 토지 중 아래의 토지를 평가대상으로 한다.

종전의 토지				환지예정지		
소재지	지번	지목	면적(m²)	BL	LT	환지면적(m²)
A동	300	전	1,800	30	10	500

≫ 종전의 토지에 대한 권리면적은 450m²가 될 것으로 판단된다.

2. 종전 토지에 대한 사항

종전의 자연녹지지역에서 도시개발사업의 지정으로 인하여 제2종일반주거지역으로 변경되었다.

3. 환지 후 토지에 대한 사항

제2종일반주거지역으로 지정되었으며, 환지예정지는 주상용으로 이용될 것으로 보인다.

자료 3 인근지역의 표준지공시지가

연번	소재지/지번	용도지역	이용상황	공시지가(원/m²)		
				2025	2026	2027
A	A동 10	자연녹지	전	500,000	550,000	미고시
B	A동 20	2종일주	주상용	1,800,000	1,950,000	미고시
C	A동 30	2종일주	선	900,000	1,000,000	미고시

자료 4 기타자료

1. 지가변동률(용도지역 무관하게 적용)

시작/종료시점	2025.07.01.	2025.09.05.	2026.05.10.	2026.07.10.	2027.07.15.
2025.01.01.	1.197	2.311	4.698	3.674	6.979
2026.01.01.	–	–	1.077	1.293	4.784
2027.01.01.	–	–	–	–	2.689

2. 개별요인에 대한 평점

정리 전 토지	정리 후 토지	표준지 A	표준지 B	표준지 C
70	110	75	115	90

3. 그 밖의 요인 비교치는 대등한 것으로 본다.
4. 토지평가 시 단가의 유효숫자는 반올림하여 3자리까지 표시한다.

┌ 예시답안

Ⅰ. 평가개요

도시개발사업에 따른 환지계획수립을 위한 정리전 및 정리후 토지의 감정평가 및 환지예정지에 대한 담보목적의 감정평가이다.

Ⅱ. 정리전 토지 감정평가액(기준시점 : 2026.05.10.)

1. 비교표준지 선정

기준시점 이전 최근 공시지가인 2026년 공시지가를 선정하되, 해당 사업으로 인한 용도지역의 변경을 반영하지 않으며, 자연녹지지역의 전인 표준지 A를 선정한다.

2. 감정평가액

550,000 × 1.01077 × 1.000 × 70/75 × 1.00 ≒ @519,000(×1,800 = 934,200,000원)

Ⅲ. 정리후 토지 감정평가액(기준시점 : 2027.07.15.)

1. 비교표준지 선정

기준시점 이전 최근 공시지가인 2026년 공시지가를 선정하되, 환지 후 토지를 기준으로 제2종일주, 주상용인 표준지 B를 선정한다.

2. 감정평가액

1,950,000 × 1.04784 × 1.000 × 110/115 × 1.00 ≒ @1,950,000(×500* = 975,000,000원)
* 환지면적을 기준한다.

Ⅳ. 담보평가액(기준시점 : 2026.07.10.)

1. 비교표준지 선정

기준시점 이전 최근인 2026년 공시지가를 기준하며, 환지예정지 지정 후로서 환지예정지를 기준으로 평가하고, 제2종일주, 주상용 표준지인 B를 선정한다.

2. 감정평가액

1,950,000 × 1.01293 × 1.000 × 110/115 × 1.00 ≒ @1,890,000(×450* = 850,500,000원)
* 권리면적 기준

제6절 공동주택 분양가격 산정을 위한 택지비평가

>> 국토교통부고시 제2023-3호(2023년 1월 5일)에 의하여 분양가상한제 적용지역 지정이 해제되어 현재는 서울특별시 강남구, 서초구, 송파구, 용산구만 적용을 받는다. 다만, 이는 2023년 1월 5일 이후에 입주자모집 승인을 신청하는 분부터 적용된다.

01 개설

「주택법」에 따라 일반인에게 분양되는 공동주택은 공동주택 분양가 산정에 포함되는 택지비를 감정평가함으로써 여기에 가산되는 건축비를 합한 금액 이하로 공급해야 한다. 따라서 분양가격에 포함되는 택지가격을 평가하는 것이 택지비 평가이다.

> 분양가상한제 적용 주택의 분양가격 산정방식[56]
>
> 분양가격 = 기본형건축비 + 건축비 가산비용 + 택지비

02 택지비 평가

1. 의뢰주체

시장・군수 또는 구청장(국가・지방자치단체・한국토지주택공사 또는 지방공사인 사업주체는 해당 기관의 장을 말한다)은 「부동산공시법」에 따라 국토교통부장관이 고시하는 기준을 충족하는 감정평가법인등(감정평가기관) 2인에게 택지가격의 감정평가를 의뢰하여야 한다.

2. 기준시점

감정평가를 의뢰받은 감정평가기관은 공공택지 외의 택지에 대하여 사업주체가 택지가격의 감정평가를 신청한 날(국가・지방자치단체・한국토지주택공사 또는 지방공사인 사업주체의 경우에는 해당 기관의 장이 택지가격의 감정평가를 의뢰한 날을 말한다)을 기준으로 평가하여야 한다.

3. 택지가격의 감정평가기준

공공택지의 경우 공공택지의 공급가격에 택지에 관련된 비용을 가산하여 택지가격을 산정하며, 공공택지 외의 택지의 경우 감정평가액에 택지와 관련된 비용을 가산하여 택지가격을 산정한다. 택지비는 공시지가기준법을 원칙으로 다른 방식에 의하여 합리성을 검토해야 한다.

1) 평가대상 면적

대상택지의 면적은 사업계획승인 면적 중 주택분양대상이 되는 면적으로 한다.

---

56) 공동주택 분양가격의 산정 등에 관한 규칙 제7조(분양가상한제 적용주택의 분양가격 산정방식 등)

2) 택지평가방법의 적용

택지평가는 "공동주택 분양가격 산정 등에 관한 규칙" 제11조 제1항의 규정에 따라 공시지가기준법으로 감정평가해야 한다.

감정평가기관은 공시지가기준법에 따라 감정평가한 가액을 다음 각 호에 해당하는 토지의 조성에 필요한 비용추정액을 고려하여 각각 감정평가한 가액과 비교하여 합리성을 검토해야 한다.

① 해당 토지
② 해당 토지와 유사한 이용가치를 지닌다고 인정되는 토지

3) 택지평가기준

택지조성이 완료되지 않은 소지상태의 토지는 택지조성이 완료된 상태를 상정하고, 이용상황은 대지를 기준으로 하여 감정평가해야 한다. 이 경우 신청일 현재 현실화 또는 구체화되지 아니한 개발이익을 반영해서는 안 된다.

4. 세부적인 감정평가방법[57)

1) 공시지가기준법

(1) 적용공시지가의 선택

택지를 공시지가기준법으로 감정평가하는 경우 적용공시지가는 대상택지의 기준시점 당시 공시된 공시지가 중 기준시점에 가장 가까운 시점에 공시된 공시지가를 기준으로 한다. 다만, 감정평가시점이 공시지가 공고일 이후이고 기준시점이 공시기준일과 공시지가 공고일 사이인 경우에는 기준시점 해당 연도의 공시지가를 기준으로 한다.

(2) 비교표준지의 선정

비교표준지의 선정은 「감정평가에 관한 규칙」 제14조 제2항 제1호 및 「감정평가실무기준」 [610-1.5.2.1]의 규정을 준용하되, 인근지역 및 동일수급권 안의 유사지역에 있는 동종·유사규모인 공동주택 표준지를 선정함을 원칙으로 한다.

(3) 그 밖의 요인 보정을 위한 사례 선정

그 밖의 요인을 보정하는 경우에는 대상택지의 인근지역 또는 동일수급권 안의 유사지역의 정상적인 거래사례나 감정평가사례 등(이하 이 조에서 "거래사례 등"이라 한다)을 참작할 수 있다. 거래사례 등은 다음 각 호의 선정기준을 모두 충족하는 사례 중에서 대상택지의 감정평가에 가장 적절하다고 인정되는 사례를 선정한다. 다만, 제1호 및 제4호는 거래사례를 선정하는 경우에만 적용된다.

---

57) 공동주택 분양가격의 산정 등에 관한 규칙 제11조(공공택지 외 택지의 감정평가기준 등)

1. 「부동산 거래신고 등에 관한 법률」에 따라 신고된 실제 거래사례일 것
2. 거래 또는 감정평가가 정상적이라고 인정되는 사례나 정상적인 것으로 보정이 가능한 사례일 것
3. 기준시점으로부터 도시지역(「국토의 계획 및 이용에 관한 법률」 제36조 제1항 제1호에 따른 도시지역을 말한다.)은 3년 이내, 그 밖의 지역은 5년 이내에 거래 또는 감정평가된 사례일 것. 다만, 특별한 사유가 있는 경우에는 그 기간을 초과할 수 있다(이 경우 그 사유를 감정평가서에 기재하여야 한다).
4. 토지 및 그 지상건물이 일체로 거래된 복합부동산의 경우에는 배분법의 적용이 합리적으로 가능한 사례일 것
5. 「감정평가 실무기준」[610-1.5.2.1]에 따른 비교표준지의 선정기준에 적합할 것

2) 감정평가액의 합리성 검토 방법

(1) 해당 토지의 조성에 필요한 비용추정액을 고려한 감정평가 가액산정[58]

평가가액 = ① 소지의 취득가액 + ② 조성에 필요한 비용추정액

① **소지의 취득가액** : 취득가액 + 기간보정

조성 전 토지의 취득가액은 실제 취득가격을 원칙으로 하되, 그 가격을 알 수 없는 경우 또는 그 가격이 적정하지 아니하다고 판단되는 경우에는 대상택지의 조성 전 상태를 기준으로 하는 감정평가액(이하 "종전평가액 등"이라 한다)을 기준으로 산정할 수 있다.

다만, 종전자산평가금액 또는 법인세 목적 평가금액 등 소지가액과 관련된 기존 평가금액을 취득가액으로 판단하여 적용할 수 있으나, 이 경우 취득가액과 해당 평가금액과의 이론상 차이점, 참작의 이유 및 필요성 등에 대해 구체적으로 기재해야 한다.

또한, 취득가액(종전자산 평가금액 또는 법인세 목적 평가금액 등을 포함)을 알 수 없거나 적정하지 않다고 판단되는 등 필요하다고 인정되는 경우 기준시점 기준으로 평가하여 산정 가능하며, 이 경우 그 사유를 구체적으로 기재해야 한다.

취득시점(종전평가액 등의 기준시점을 포함한다)과 택지평가의 기준시점 간 기간 차이가 발생하는 경우 이에 따른 기간보정을 별도로 할 수 있으며, 기간보정에 따른 이율은 1년 만기 정기예금금리 등 시중금리를 참작하여 결정할 수 있다.

② **토지의 조성에 필요한 비용추정액 산정**

토지의 조성에 필요한 비용추정액은 해당 토지의 조성에 필요한 직·간접비용을 포함한다. 비용추정액은 사업주체로부터 제시받은 자료를 기준으로 산정하되, 제시받은 비용 항목의 적정성을 검토해야 한다. 사업주체로부터 제시받은 비용이 표준적인 비용 수준과 현저히 부합하지 않는다고 판단되는 경우 이를 합리적인 수준으로 조정하여 산정할 수 있다.

---

58) 공동주택 분양가격의 산정 등에 관한 규칙 제11조 제2항 제1호

(2) 거래사례비교법 적용

규칙상 별도의 합리성 검토방법이 규정되어 있으나, 감정평가기관이 필요하다고 인정하는 경우에 한하여 거래사례비교법 적용 가능하다. 다만, 순수거래사례로 인정되는 사례만 선정가능하다(공공택지 매각사례 등은 선정 불가).

기 본예제

감정평가사 A는 K구청으로부터 민영주택사업부지에 대한 『공동주택 분양가격의 산정 등에 관한 규칙』에 따른 공동주택 분양가상한제 적용을 위한 공공택지 외의 택지에 대한 택지비 감정평가를 의뢰받았다. 아래 평가대상 부동산의 감정평가액을 평가목적에 따라 평가하시오.

자료 1 감정평가 대상

풀이영상

기호	소재지	면적(m²)	용도지역
1	K구 A동 100	1,500	2종일반주거지역

>> 본건은 종전의 단독주택부지를 현재 아파트 사업계획에 따라 건축 중인 건부지로서 아파트 사업의 착공일자는 2025년 1월 31일이다.

자료 2 인근지역의 표준지공시지가 목록

일련번호	소재지	면적(m²)	용도지역	이용상황	공시지가(원/m²)	
					2025년	2026년
A	A동 200	2,000	2종일반주거지역	아파트	4,000,000	4,500,000
B	A동 300	200	2종일반주거지역	단독주택	3,600,000	3,950,000

자료 3 지가변동률(K구 주거지역, %)

구분	해당 연도 누적	해당 월
2025년 1월	0.574	0.574
2025년 12월	5.474	0.398
2026년 1월	0.401	0.401

>> 2026년 2월은 미고시상태임.

자료 4 인근의 거래사례 등

기호	용도지역	이용상황	기준시점	평가단가(원/m²)	평가목적
가	2종일반주거지역	아파트	2025.01.01.	6,500,000	택지비
나	2종일반주거지역	단독주택	2025.01.01.	6,400,000	실거래

자료 5 그 밖의 자료

1. 같은 이용상황으로서의 본건, 비교표준지, 평가선례 등의 개별요인은 모두 대등한 것으로 가정한다.
2. 택지비 감정평가를 신청한 날 : 2026년 1월 17일
3. 가격조사완료일 : 2026년 3월 2일
4. 해당 토지는 2019.07.19.에 상속된 자산으로서 당시 개별공시지가로 신고하였으며, @2,890,000원을 기준으로 신고되었다.

5. 원가법에 의한 감정평가 시 착공일자 당시의 소지가격에 금융비용 및 적정이윤을 고려하여 평가하며, 금융비용은 연간 정기예금금리인 2%를 기준으로 한다.

6. 원가법에 의한 감정평가 시 『공동주택 분양가격의 산정 등에 관한 규칙』 제9조 공공택지 외의 택지의 감정평가가액에 가산하는 항목은 고려하지 않도록 한다.

7. 적정이윤은 5%를 가정한다.

예시답안

Ⅰ. 평가개요
택지비 감정평가로서 아파트 사업부지로서 평가한다.
기준시점 : 택지가격의 감정평가를 신청한 날인 2026년 1월 17일이다.

Ⅱ. 공시지가기준법

1. 비교표준지 선정
기준시점 이전 최근 공시지가인 2026년 공시지가를 선정하며, 2종일반주거지역, 아파트부지로서 유사한 A를 선정한다.

2. 시점수정치(2026.01.01. ~ 2026.01.17.) : $1 + 0.00401 \times 17/31 ≒ 1.00220$

3. 그 밖의 요인 비교치

⑴ 평가선례 선정 : 2종일반주거지역, 아파트(택지비)부지 감정평가인 기호 가를 선정한다.

⑵ 격차율 산정

$$\frac{6,500,000 \times 1.05706* \times 1.000(지역) \times 1.000(개별)}{4,500,000 \times 1.00220} ≒ 1.523$$

　＊ 2025.01.01. ~ 2026.01.17. 지가변동률
　　$1.05474 \times (1 + 0.00401 \times 17/31)$

⑶ 결정 : 상기 격차율 고려하여 1.52로 결정한다.

4. 공시지가기준가액
$4,500,000 \times 1.00220 \times 1.000 \times 1.000 \times 1.52 ≒ 6,860,000원/㎡$

Ⅲ. 합리성검토(원가법에 의한 평가)

1. 처리방침
상속시점에 신고된 가액은 개별공시지가로서 토지의 시장가치를 반영하기 어렵다고 판단하여 배제한다.

2. 착공시점(2025.01.31.)에서의 소지가격(공시지가기준법)

⑴ 비교표준지 선정
착공일자 이전 최근 공시지가인 2025년 공시지가 기준하되, 2종일반주거지역, 단독주택(소지상태)로 유사한 표준지 B를 선정한다.

⑵ 시점수정(2025.01.01. ~ 2025.01.31.) : 1.00574

⑶ 그 밖의 요인 비교치
① 평가선례 선정 : 제2종일반주거지역, 단독주택으로서 유사한 사례 나를 선정한다.
② 격차율 산정 : $\frac{6,400,000 \times 1.000(사정) \times 1.00574 \times 1.000(지역) \times 1.000(개별)}{3,600,000 \times 1.00574} ≒ 1.777$
③ 결정 : 상기 격차율 고려하여 1.77으로 결정한다.

⑷ 공시지가기준가액
$3,600,000 \times 1.00574 \times 1.000 \times 1.000 \times 1.77 ≒ 6,410,000원/㎡$

3. 기준시점(2026.01.17.)에서의 소지가액

6,410,000 × 1.01929* ≒ 6,533,649원/m²

  * 2025.01.31. ~ 2026.01.17. 정기예금금리

    1 + 0.02 × 353/366

4. 적정이윤을 반영한 토지가치

6,533,649 × 1.05 ≒ 6,860,000원/m²

IV. 감정평가액 결정

공시지가기준법에 의한 가액으로 결정하되, 다른 방법에 의한 시산가액에 의하여 그 합리성이 인정되는 것으로 판단된다.

@6,860,000원/m²(× 1,500 = 10,290,000,000원)

제7절   재무보고평가 [59]

01   재무보고 평가의 정의, 배경 및 업무범위

① 「주식회사의 외부감사에 관한 법률」(이하 "외감법"이라 한다) 제5조의 회계처리기준에 따른 재무보고를 목적으로 하는 공정가치의 추정을 위한 감정평가(이하 "재무보고평가"라 한다)를 말한다.

② **한국채택국제회계기준(K-IFRS)의 제정목적**

국제회계기준위원회(IASB · International Accounting Standards Board)에서 '국제적으로 통일된 회계기준 제정'을 목표로 제정한 국제회계기준(IFRS · International Financial Reporting Standards)은 글로벌 스탠더드로 정착되고 있는 추세이다. 우리나라만의 독자적 회계기준 유지에 따른 대외 신뢰도 하락을 극복하고 회계기준의 국제 정합성 확보를 위하여 2009년부터 선택 적용이 가능하며, 2011년부터는 모든 상장기업이 의무적으로 적용되었다.

이러한 국제회계기준의 특징 중 하나는 기업의 재무제표에 계상된 모든 분류의 자산 및 부채에 대하여 역사적 취득원가가 아닌 공정가치를 기준으로 금액을 측정할 수 있다는 데에 있다. 따라서 재무제표에 계상된 자산 및 부채의 공정가치 측정과 관련하여 기업의 감정평가 수요는 증가할 것으로 예상되며, 이에 따른 처리절차와 감정평가기준이 필요할 것이다.

③ 기업이 재무보고 등을 위하여 의뢰하는 감정평가업무의 종류는 다양하다. 자산 및 부채의 공정가치 평가업무뿐 아니라, 자산의 분류와 계상, 감가상각 목적을 위한 자산가액의 안분, 외부공시를 위한 내용연수 및 잔존가치의 추정, 재평가 주기의 검토 등 다양한 성격의 감정평가 분야가 있으며, 재무보고평가 업무는 이러한 제반 업무를 포함한다.

---

59) 감정평가실무기준 해설서(Ⅰ) 총론편, 한국감정평가사협회 등, 2014.02, pp.592~597

02 적용범위

1. 재무보고평가 수행 시

재무보고 평가를 수행할 때에는 감정평가관계법규 및 한국채택국제회계기준(K-IFRS)에서 따로 정한 것을 제외하고는 감정평가 관련 규칙에 근거하여 평가한다.

2. 국가 등의 자산과 시설

국가 · 지방자치단체 · 공공기관의 자산과 시설에 대한 재평가 및 회계업무 등과 관련된 감정평가를 할 때에 준용될 수 있다.

국제회계기준(IFRS)은 주로 영리기업을 대상으로 제정된 회계기준으로, 정부기관 등 비영리기관을 대상으로 제정된 회계기준에는 국제비영리회계기준(IPSAS · International Public Sector Accountiong Standards)이 있다.

그러나 우리나라는 국제비영리회계기준(IPSAS)을 현재 공식적으로 채택하지 않았으며, 정부기관의 경우 「국가회계기준에 관한 규칙」(기획재정부령 제527호)에 의거 재무제표를 작성하고 있다. 「국가회계기준에 관한 규칙」 제38조의2(일반유형자산 및 사회기반시설의 재평가 기준)에서 재평가 관련 사항을 정하고 있다.

03 재무보고평가의 대상 및 확인사항

1. 재무보고평가의 대상물건

재무보고평가의 대상은 회사 · 국가 · 지방자치단체 · 공공기관의 재무제표에 계상되는 유형자산 · 무형자산 · 유가증권 등의 자산 및 관련 부채와 재평가를 위한 시설 등의 자산으로서 의뢰인이 감정평가를 요청한 물건으로 한다.

2. 재무보고 평가 시 확인사항

재무보고평가를 할 때에는 다음 각 호의 사항을 의뢰인과 협의하여 명확히 확인해야 한다.

① 의뢰인의 재무제표상의 자산분류 기준과 감정평가서에 표시될 감정평가 목록 분류의 기준의 일치 여부
② 대상 자산에 대한 담보설정 등 소유권에 대한 제한사항의 내용

> **자산의 분류와 계상**
>
> 기업은 국제회계기준에 따라 자신이 보유한 전체 자산 중 일부 자산만을 분류하여 재평가 대상으로 의뢰할 수 있다. 그러나 재평가 대상으로서의 자산 분류는 자의적이어서는 안 되며, 회계기준에서 정하고 있는 자산의 성격 및 유동성, 기업 내에서의 자산 기능, 부채의 금액, 성격 및 시기 등을 기준으로 합리적으로 분류하여야 한다. 이러한 분류 기준에 지리적 위치나 가치 증감 여부는 포함될 수 없으며, 영업용 토지에 대해서 재평가를 결정하였다면 해외에 소재하는 영업용 토지도 재평가 대상에 포함시켜야 한다. 같은 맥락에서 가격이 상승한 자산만 재평가 대상으로 삼을 수는 없다.
>
> 감정평가법인등이 평가한 자산의 단위와 기업이 재무제표에 계상한 자산의 단위는 상이할 수 있으며, 또한 기업은 감가상각 등 여러 가지 목적으로 감정평가법인등이 제시한 평가금액을 다양한 자산에 안분하여야 하는 경우가 발생한다.
>
> 일반적으로 재무보고평가는 대상자산이 소유 및 용익 제한이 없는 것을 전제로 평가하는바, 실제 기업 보유 부동산의 소유 및 용익에 제한이 있는 경우도 있으므로, 의뢰인이 오해가 없도록 명확히 확인할 필요가 있다. 예를 들어 담보권 설정, 가압류 설정, 다툼 중이거나 계류 중인 소송이 있는 물건이더라도 재무보고평가는 이에 구애됨이 없이 평가하게 됨을 명확히 해야 한다.

04 기준가치 – 공정가치(Fair Value)기준

재무보고평가는 공정가치를 기준으로 감정평가한다. 공정가치는 한국채택국제회계기준에 따라 자산 및 부채의 가치를 추정하기 위한 기본적 가치기준으로서 합리적인 판단력과 거래의사가 있는 독립된 당사자 사이의 거래에서 자산이 교환되거나 부채가 결제될 수 있는 금액을 말한다.

여기에서의 공정가치는 자산의 교환을 하고자 하는 특정한 양 당사자 간에 합리적으로 합의하여 결정된 가격을 말하며, 당사자 사이에 서로 특별한 관계가 없이 정상적인 거래를 하면 되므로, 자산은 광범위한 시장에 방매될 필요가 없다. 따라서 합의된 가격은 일반적인 시장에서보다는 관련 당사자가 보유한 권리에 대한 특정 이익(혹은 손실)을 반영한 결과가 된다.

회계기준에서 사용하는 공정가치 개념은 일반적으로 감정평가분야에서 사용하는 시장가치와 유사한 개념이지만, 공정가치는 시장가치보다 광범위한 개념이다. 일반적으로 특정 당사자 사이에서 공정한 의미를 갖는 가격은 다른 시장참여자에게도 공정한 의미를 갖는다. 그러나 경우에 따라 공정가치 산정 시 고려하는 사항들 중 일부는 시장가치 산정에서는 고려하지 않는다. 공정가치는 기업체의 지분 취득을 위한 가격산정에 흔히 적용된다. 특정 당사자 사이에서만 발생하는 특수한 증분가치는 해당 당사자 간에는 공정한 가격일 수 있으나, 일반시장에서 형성되는 가격과는 다를 수 있다. 시장가치는 이와 같은 특수가치(여기에서는 결합가치)의 요소를 배제한다.

재무보고평가 외의 다른 목적의 감정평가에서 공정가치는 시장가치와 구분될 수도 있다. 공정가치는 해당 거래에서 얻게 될 이익(손실)을 고려한 특정 당사자 사이에서 공정한 의미를 갖는 가격을 의미하기 때문이다.

공정가치의 예로는 임대차계약의 명도나 기한연장에 대한 대가를 반영한 임대인과 임차인 사이에 합의된 가격 또는 미공개기업에서의 주식양도(Transfer of Shares) 시 주식을 위한 가격이 있을 수 있다.

제8절 · 감정평가와 관련된 상담 및 자문 [60]

01 적용

감정평가법인등이 「감정평가 및 감정평가사에 관한 법률」 제10조에 따른 감정평가와 관련된 상담 및 자문(이하 "상담자문 등"이라 한다)이나 토지 등의 이용 및 개발 등에 대한 조언이나 정보 등의 제공(이하 "정보제공 등"이라 한다) 등의 업무를 수행할 때에 적용되며, 일반 감정평가 관계법규 및 규칙에 의한다.

02 상담자문 등

1. 상담자문 등의 수임

상담자문 등은 정식 감정평가서를 제공하는 용역과 구분되어야 하며, 상담자문 등의 책임범위는 정식 감정평가의 책임범위와 차이가 있다. 또한 상담자문 등의 업무는 정보제공 등의 업무범위와 구분될 필요는 없으나, 정보제공 등의 업무에 비해 상대적으로 개략적인 측면에서 접근하는 업무로 볼 수 있다. 즉, 현장조사 및 자료의 제한이 있을 수 있으며, 정식 감정평가 또는 보다 정밀한 용역이 수행될 경우 결과가 달라질 수 있음을 전제로 한다.

이에 따라 상담 및 자문의 경우 목적, 업무범위, 보고형식, 책임범위 등에 대한 명확한 사전 협의가 필요한 분야이며, 상담 및 자문의 특성상 업무가 진행됨에 따라 업무 내용 및 범위가 달라질 수 있으며, 이 경우 다른 용역이 될 수 있음에 유의해야 한다.

「감정평가서」와 「컨설팅보고서」의 구분기준 [61]

컨설팅 보고서에는 다음의 문구가 반드시 포함되어야 하며, 구체적인 구분기준은 아래와 같다.

"본 보고서는 「감정평가에 관한 규칙」(국토교통부령 제55호, 2014.01.02.) 제27조에 해당하는 부동산에 대한 조언·정보제공을 목적으로 하는 용역보고서이며, 「부동산 가격공시 및 감정평가에 관한 법률」 제32조에 따른 감정평가서가 아닌 점을 알려드립니다."

구분	감정평가서	컨설팅보고서
명칭	감정평가서	컨설팅 목적에 따라 자유롭게 명칭을 사용하되, 감정평가서 명칭은 사용불가
개념	특정권익의 가치, 가격을 구체적으로 산정(감정평가)한 보고서	가치, 가격 산정(감정평가)이 목적이 아니고, 이를 업무의 구성부분 중의 하나로 활용한 보고서
기준시점 및 시점수정	특정일자(연, 월, 일) 기준으로 제시	연, 월 수준으로 제시 또는 조사기간으로 제시 가능 (예) 2015년 6월 or 2015년 6월 20일~30일 등)

---

60) 감정평가실무기준 해설서(Ⅰ) 총론편, 한국감정평가사협회 등, 2014.02, pp.598~609
61) 한국감정평가사협회, 기획팀-2309(2015.07.13.)

Chapter 04 목적별 감정평가 **631**

산출 과정	「감정평가에 관한 규칙」에 따라 기재	• '표준지'를 활용한 특정일자 기준의 가격산정 및 기타요인보정치를 활용한 가격산출 과정 기재 불가 → 감정평가서로 판단 • 「감정평가에 관한 규칙」에서 정하고 있는 ① ( ) 감정평가표, ② 감정평가액의 산출근거 및 결정의견, ③ ( )감정평가명세표의 서식을 사용하거나 기재 불가 → 감정평가서로 판단
범위 가격	-	범위의 가격을 제시하는 경우에도 최저액과 최고액의 차이가 110%를 초과(±5%)하여야 함. → 110% 이하 시 감정평가서로 판단될 수 있음.
유의사항	특별한 조건의 제시 없이 현재 시점의 가치를 범위의 가격으로 제시하는 경우도 감정평가에 해당	-

2. 상담자문 등의 수임 시 의뢰인과 협의사항

(1) 상담자문 등의 목적

의뢰인이 상담자문 등을 하고자 하는 목적을 확인해야 한다. 「감정평가법」제10조 제6호에서는 감정평가와 관련된 상담 및 자문으로 규정하고 있으므로, 상담자문 등의 내용은 감정평가에 관련된 것에 국한된다. 이에는 감정평가 의뢰절차, 필요한 자료, 수수료에 관한 사항 등은 포함되나, 감정평가업무가 아닌 상담자문 등에만 의존한 감정평가액의 약속 등은 배제되어야 할 것이다.

(2) 상담자문 등의 업무범위 및 소요시간

의뢰인과 상담자문 등의 업무범위를 협의한다. 현장조사를 수반하지 않는 것이 원칙이나, 별도로 요구하는 경우 현장조사를 할 수도 있다. 다만, 보수기준상의 수수료 외에 실비 지급 등에 대해서는 별도로 정하여야 한다.

또한 의뢰인과 상담자문 등에 드는 시간을 협의해야 한다. 의뢰인의 상담자문 등 요구를 고려하여야 하나, 상담자문 등의 업무범위와 내용에 따라 많은 시간이 소요될 수 있으므로, 무조건적으로 응하기보다는 업무범위를 고려하여 의뢰인에게 알리고, 예상치 못하게 지연이 될 경우에는 미리 양해를 구해야 할 것이다.

(3) 대상물건 및 자료수집의 범위

상담자문 등을 하기 위한 대상물건이 무엇인지를 협의하고, 자료수집의 범위를 결정해야 한다. 공부발급이나 감정평가법인등으로서 취득할 수 있는 범위 외의 자료를 요구하는 경우에는 별도의 실비 등을 추가하여야 한다.

(4) 상담자문 등의 의뢰조건 및 시점

의뢰인이 요구하는 의뢰조건과 대상물건의 상담자문 등 시점을 확인한다.

⑸ **상담자문 등의 보고 형식**

상담자문 등의 보고형식을 구두 또는 전화로 할 것인지, 서면으로 받을 것인지를 협의하여야 한다. 「감정평가법인등의 보수에 관한 기준」에서는 보고 형식에 따라 수수료를 달리 규정하고 있다. 최근에는 정보통신기술의 발달로 이메일이나 전자파일 형식으로도 상담자문 등의 결과 보고가 가능한 바, 이러한 형식은 서면상담에 준하여야 할 것으로 판단된다.

⑹ **상담자문 등의 수수료 및 실비의 청구와 지급**

상담자문 등의 수수료 및 실비 청구 및 지급기준을 의뢰인에게 설명하고, 협의한 업무범위에 따라 추가로 드는 비용에 대해서도 협의하여야 한다.

⑺ **상담자문 등의 책임범위**

상담자문 등은 감정평가업무와 업무범위, 내용, 업무의 정도 등이 다르며, 서면보고 형식이라 하더라도 감정평가법인등의 서명 등이 기재되지 않으므로, 감정평가서와 효력이 다르다는 것을 의뢰인에게 알리고, 해당 상담자문 등의 결과를 감정평가서로 잘못 인식하거나, 상담자문 등의 목적 이외의 목적으로 활용함으로 인해 발생할 민·형사상의 책임도 지지 않는다는 것을 알리도록 한다. 또한 상담 및 자문의 의뢰목적을 분명히 적시함으로써 상담 및 자문업무의 특성상 외부 대항력 있는 자료로 변질되지 않도록 주의해야 할 것이다. 그리고 상담 및 자문의 의뢰인과 의뢰목적을 적시하여 본 상담 및 자문업무가 객관성을 유지하되, 관점이 의뢰인의 목적에 맞게 출발하였음을 인지할 수 있도록 해야 할 것이다.

3. 상담자문 등의 보고 시 포함사항

⑴ **의뢰인에 관한 사항 및 이용제한**

상담자문 등을 의뢰한 의뢰인에 관한 사항과 상담자문 등의 보고서를 활용할 수 있는 범위를 기재한다. 상담자문 등의 의뢰인은 제한되지는 않으나, 보고서에 의뢰인에 관한 사항, 이해관계 상황 그리고 상담자문 등의 보고서를 의뢰인과 협의한 목적에만 이용되어야 하며, 다른 목적으로 이용될 수 없음을 명시하여야 한다.

상담자문 등의 업무특성상 관점에 따라 시각차가 존재할 수 있음에 따라 의뢰인에 관한 사항을 적시하여 관점이 어디에서 출발하였는지 확인할 수 있도록 한다.

⑵ **상담자문 등 업무의 목적, 부대조건, 자문대상, 적용기준**

상담자문 등의 업무를 행한 목적과 의뢰 당시 의뢰인이 제시한 조건, 상담자문 등의 대상물건, 상담자문 등에 활용한 법령이나 기준, 자료의 출처 등을 기재한다. 또한 본 상담자문 등의 보고서는 가정이나 불확실한 미래에 대한 추정을 객관적이고 합리적인 관점에서 접근하였다는 점과 이에 따른 민·형사상의 책임을 지지 않는다는 점을 적시하여야 한다.

상담자문 등의 업무의 목적은 정식 감정평가의 목적과 구분되어야 하고, 조건 및 가정 그리고 자문의 대상 등에 대해 명시하여야 한다. 또한 가정이나 불확실한 미래에 대한 추정이 들어갈 가능성이 높아 내부적으로 이용해야 하며, 대외적인 대항 자료로서의 이용을 제한하여야 할 것이다. 이용제한에 대한 내용을 보고서의 앞부분에 적시하여야 한다.

(3) 보고서 작성일

해당 상담자문 등 보고서를 작성한 날짜를 기재한다.

(4) 보고서의 책임범위

의뢰인의 의뢰목적과 부대조건하에서 이루어진 상담자문 등이므로, 의뢰인 당사자에게 상담자문 등으로서의 효력만 있음을 기재한다.

보고서의 책임범위는 정식 감정평가에 비하여 제한되어야 하고, 합리적인 조건 및 가정 그리고 추정은 상담자문 등 업무의 특성상 책임에 대한 부담은 없어야 한다.

03 정보제공 등

1. 정보제공 등의 수임계약 포함 내용

(1) 정보제공 등의 목적 및 범위

의뢰인이 정보제공 등을 요청하는 목적을 확인하고, 의뢰인이 필요로 하는 정보의 범위 등을 확인한다.

(2) 수행기간

정보제공 등 업무의 실질적인 수행기간을 협의한다. 업무의 범위, 난이도에 따라 수행기간에 영향을 받을 수 있는바, 의뢰인과 협의하여 적절한 수행기간을 확정한다.

(3) 정보제공 등의 보수

업무의 난이도, 정보수집 정도, 수행기간 등에 따라 정보제공 등의 업무에 대한 적절한 보수를 확정한다.

(4) 결과보고서의 양식 및 성과품

의뢰인이 요구하는 양식을 존중하되, 필요한 경우 성과품 납품 전에 중간보고나 설명회 등을 할지 여부도 합의가 되어야 한다.

(5) 준수사항 및 비밀보장

의뢰인과 계약상 준수사항과 해당 업무와 관련된 비밀을 보장한다는 내용을 명기한다.

(6) 정보제공 등의 중지 및 변경

정보제공 등 업무를 중단하거나 변경하게 될 경우의 조치사항과 책임 등에 관하여 협의하고 확인한다.

⑺ **계약의 해제 등**

천재지변 등 부득이한 사유로 진행이 어렵거나, 수행기간을 초과한 경우, 의뢰인의 부득이한 사유로 업무를 해약하는 경우, 조사 등을 진행하지 못할 사유가 발생한 경우 등 계약을 해제해야 하는 경우의 조치사항과 책임에 관한 내용을 협의하고 확인한다.

⑻ **계약일자**

정보제공 등의 업무를 계약한 날짜를 기재한다.

⑼ **계약당사자**

정보제공 등 업무의 계약당사자, 즉 의뢰인과 감정평가법인등의 명칭을 기재한다.

⑽ **그 밖의 업무특약사항**

정보제공 등 업무에 관하여 개별적으로 특약사항이 있는 경우 이에 관한 모든 사항을 기재한다.

2. 정보제공 등의 수행 및 보고

⑴ **정보제공 등 업무수행 시 일반적 고려사항**

감정평가법인등이 정보제공 등 업무를 수행할 때에는 목적, 업무범위, 의뢰조건 등을 충분히 숙지하고 업무의 수행기간 동안 이를 충실히 이행하여야 한다.

⑵ **객관적 자료에 근거한 합리적 분석**

정보제공 등의 결과는 의뢰인의 의사결정에 중요한 요소가 될 수 있으며, 감정평가법인등은 전문가로서의 신뢰성이 유지될 수 있도록 객관적인 자료를 통한 합리적이고 논리적인 분석을 행하여 정보제공 등의 의뢰 목적달성에 부합하도록 하여야 한다.

보고서는 객관적인 자료에 근거하여 합리적으로 분석하여야 하고, 보고서에서 활용한 자료는 출처를 명확하게 밝히고, 가정 및 추정의 경우 그 근거를 제시하여야 한다. 논리의 전개는 전문가적 달관법을 지양하고, 단계별 근거자료와 판단자료를 적시하여야 한다. 다만, 근거자료와 판단자료가 거의 없거나 명확하지 않을 경우 합리적인 이유를 기술하여 전문가적 판단을 할 수 있다.

⑶ **보고서 작성 시 준수사항**

정보제공 등의 보고서를 작성할 때에는 조사나 분석결과를 객관적·구체적으로 기술하고, 인용한 자료가 있는 경우에는 그 출처(날짜 등 포함)를 명확히 기재하여야 한다. 또한 수집된 사실이나 자료들 중에서 보고서의 목적에 맞지 않고, 신뢰성이 없는 내용은 기술하지 아니하며, 용어나 기술방법 측면에서도 최대한 일반인이 보아도 쉽게 이해할 수 있도록 작성한다.

객관적으로 입증된 사실에 대한 기술은 객관적인 자료를 바탕으로 합리적인 내용으로 기술하여 객관적으로 입증된 사실로서의 보고서를 지향해야 한다. 인용자료의 출처는 명확하게 밝히고, 평가자가 새롭게 생성한 자료 외에 단순 가공한 자료도 출처를 밝혀야 한다. 이외 내부적인 자료는 출처를 내부자료로 적시하고, 그 근거를 보관할 필요가 있다.

PART

04

공시지가 및
보상감정평가

표준지공시지가 및 표준주택 감정평가 등

제1절 **표준지공시지가의 평가**(평가기준 및 방법)

01 표준지공시지가 평가의 개관

1. 개념

> **부동산 가격공시에 관한 법률 제2조**(정의)
>
> 이 법에서 사용하는 용어의 뜻은 다음과 같다.
> 1. "주택"이란 「주택법」 제2조 제1호에 따른 주택을 말한다.
> 2. "공동주택"이란 「주택법」 제2조 제3호에 따른 공동주택을 말한다.
> 3. "단독주택"이란 공동주택을 제외한 주택을 말한다.
> 4. "비주거용 부동산"이란 주택을 제외한 건축물이나 건축물과 그 토지의 전부 또는 일부를 말하며 다음과 같이 구분한다.
>   가. 비주거용 집합부동산 : 「집합건물의 소유 및 관리에 관한 법률」에 따라 구분소유되는 비주거용 부동산
>   나. 비주거용 일반부동산 : 가목을 제외한 비주거용 부동산
> 5. "적정가격"이란 토지, 주택 및 비주거용 부동산에 대하여 통상적인 시장에서 정상적인 거래가 이루어지는 경우 성립될 가능성이 가장 높다고 인정되는 가격을 말한다.

(1) 표준지공시지가

표준지공시지가라 함은 「부동산 가격공시에 관한 법률」(이하 "부동산공시법")의 규정에 의한 절차에 따라 국토교통부장관은 토지이용상황이나 주변 환경, 그 밖의 자연적·사회적 조건이 일반적으로 유사하다고 인정되는 일단의 토지 중에서 선정한 표준지에 대하여 매년 공시기준일 현재의 단위면적당 적정가격을 말한다.

> **부동산 가격공시에 관한 법률 제3조**(표준지공시지가의 조사·평가 및 공시 등)
>
> ① 국토교통부장관은 토지이용상황이나 주변 환경, 그 밖의 자연적·사회적 조건이 일반적으로 유사하다고 인정되는 일단의 토지 중에서 선정한 표준지에 대하여 매년 공시기준일 현재의 단위면적당 적정가격(이하 "표준지공시지가"라 한다)을 조사·평가하고, 제24조에 따른 중앙부동산가격공시위원회의의 심의를 거쳐 이를 공시하여야 한다.
> ② 국토교통부장관은 표준지공시지가를 공시하기 위하여 표준지의 가격을 조사·평가할 때에는 대통령령으로 정하는 바에 따라 해당 토지 소유자의 의견을 들어야 한다.
> ③ 제1항에 따른 표준지의 선정, 공시기준일, 공시의 시기, 조사·평가 기준 및 공시절차 등에 필요한 사항은 대통령령으로 정한다.
> ④ 국토교통부장관이 제1항에 따라 표준지공시지가를 조사·평가하는 경우에는 인근 유사토지의 거래가

인근지역 및 다른 지역과의 형평성·특수성, 표준지공시지가 변동의 예측 가능성 등
으로 참작하여야 한다.

⑤ 국토교통부장관이 제1항에 따라 표준지공시지가를 조사·평가할 때에는 업무실적,
고려하여 둘 이상의 「감정평가 및 감정평가사에 관한 법률」에 따른 감정평가법인
인등"이라 한다)에게 이를 의뢰하여야 한다. 다만, 지가 변동이 작은 경우 등 대통령
에 해당하는 표준지에 대해서는 하나의 감정평가법인등에 의뢰할 수 있다.

⑥ 국토교통부장관은 제5항에 따라 표준지공시지가 조사·평가를 의뢰받은 감정평가
관적으로 해당 업무를 수행할 수 있도록 하여야 한다.

⑦ 제5항에 따른 감정평가법인등의 선정기준 및 업무범위는 대통령령으로 정한다.

⑧ 국토교통부장관은 제10조에 따른 개별공시지가의 산정을 위하여 필요하다고 인정하
지와 산정대상 개별 토지의 가격형성요인에 관한 표준적인 비교표(이하 "토지가격비
성하여 시장·군수 또는 구청장에게 제공하여야 한다.

(2) 개별공시지가

개별공시지가란 시장·군수 또는 구청장은 국세·지방세 등 각종 세금의 부과, 그
에서 정하는 목적을 위한 지가산정에 사용되도록 하기 위하여 제25조에 따른 시
가격공시위원회의 심의를 거쳐 매년 공시지가의 공시기준일 현재 관할 구역 안의
위면적당 가격을 말한다.

부동산 가격공시에 관한 법률 제10조(개별공시지가의 결정·공시 등)

① 시장·군수 또는 구청장은 국세·지방세 등 각종 세금의 부과, 그 밖의 다
위한 지가산정에 사용되도록 하기 위하여 제25조에 따른 시·군·구부동
거쳐 매년 공시지가의 공시기준일 현재 관할 구역 안의 개별토지의 단
가"라 한다)을 결정·공시하고, 이를 관계 행정기관 등에 제공하여야

② 제1항에도 불구하고 표준지로 선정된 토지, 조세 또는 부담금 등의 부과   닌 토지, 그 밖에 대통
령령으로 정하는 토지에 대하여는 개별공시지가를 결정·공시하지 아   있다. 이 경우 표준지
선정된 토지에 대하여는 해당 토지의 표준지공시지가를 개별공시지

③ 시장·군수 또는 구청장은 공시기준일 이후에 분할·합병 등이 발생   에 대하여는 대통령령으
정하는 날을 기준으로 하여 개별공시지가를 결정·공시하여야 한다.

④ 시장·군수 또는 구청장이 개별공시지가를 결정·공시하는 경우에는   토지와 유사한 이용가치
지닌다고 인정되는 하나 또는 둘 이상의 표준지의 공시지가를 기준으   지가격비준표를 사용하여
가를 산정하되, 해당 토지의 가격과 표준지공시지가가 균형을 유지   록 하여야 한다.

⑤ 시장·군수 또는 구청장은 개별공시지가를 결정·공시하기 위하여   토지의 가격을 산정할 때에
그 타당성에 대하여 감정평가법인등의 검증을 받고 토지소유자   밖의 이해관계인의 의견을 들어
한다. 다만, 시장·군수 또는 구청장은 감정평가법인등의 검증   필요 없다고 인정되는 때에는 지가
변동상황 등 대통령령으로 정하는 사항을 고려하여 감정평가법인등의 검증을 생략할 수 있다.

⑥ 시장·군수 또는 구청장이 제5항에 따른 검증을 받으려는 때에는 해당 지역의 표준지의 공시지가를
사·평가한 감정평가법인등 또는 대통령령으로 정하는 감정평가실적 등이 우수한 감정평가법인등
의뢰하여야 한다.

부장관은 지가공시 행정의 합리적인 발전을 도모하고 표준지공시지가와 개별공시지가와의 균
적정한 지가형성을 위하여 필요하다고 인정하는 경우에는 개별공시지가의 결정·공시 등에
시장·군수 또는 구청장을 지도·감독할 수 있다.
제7항까지에서 규정한 것 외에 개별공시지가의 산정, 검증 및 결정, 공시기준일, 공시의 시기,
정의 기준, 이해관계인의 의견청취, 감정평가법인등의 지정 및 공시절차 등에 필요한 사항은
으로 정한다.

지가의 공시사항

공시에 관한 법률 제5조(표준지공시지가의 공시사항)

공시에는 다음 각 호의 사항이 포함되어야 한다.

지번
단위면적당 가격
면적 및 형상
주변토지의 이용상황
대통령령으로 정하는 사항

개발도시의 단

그 토지와 이용가치가 비슷하다고 인정
른 법령에서 정하는 목적을   표를 사용하여 지가를 직접 산정하거나
산가격공시위원회의 심의를   고 인정할 때에는 산정된 지가를 제2호
적당 가격(이하 "개별공시

가 산정
가. 국가 또   치단체
나. 「공공기   에 관한 법률」에 따른 공공기관
다. 그 밖에   으로 정하는 공공단체
가 산정의 목
가. 공공용지의 매   토지의 수용·사용에 대한 보상
나. 국유지·공유   득 또는 처분
다. 그 밖에 대통령   정하는 지가의 산정

법   제9조(표준지공시지   의 효력)
지공시지가는 토지시장에 지가정보를 제공하고 일반적인 토지거래의 지표가 되며, 국가·지방자치단체 등이
무와 관련하여 지가를 산정하거나 감정평가법인등이 개별적으로 토지를 감정평가하는 경우에 기준이 된다.

4. 개별공시지가의 활용

양도소득세의 산정(소득세법 제96조~제100조), 상속세 및 증여세의 산정(상속세 및 증여세법 제60조~제61조), 종합부동산세의 산정(종합부동산세법 제13조), 재산세의 산정(지방세법 제110조), 취득세의 산정(지방세법 제10조), 등록면허세의 산정(지방세법 제27조), 개발부담금의 산정(개발이익환수에 관한 법률 제10조), 개발제한구역 보전부담금의 산정(개발제한구역의 지정 및 관리에 관한 특별조치법 제24조), 개발제한구역 내 토지 매수청구대상의 판정(개발제한구역의 지정 및 관리에 관한 특별조치법 시행령 제28조), 국·공유재산의 대부료·사용료(국유재산법 시행령 제29조), 기초연금의 산정(기초연금법 시행령 제3조, 지방세법 제4조), 공직자 재산등록 기준(공직자윤리법 제4조), 건강보험료의 산정(국민건강보험법 시행령 제42조), 교통사고 유자녀 등 지원기준(자동차손해배상 보장법 제30조), 근로장려금의 신청자격 기준(조세특례제한법 제100조의3) 등에서 활용된다.

5. 조사평가절차 [1]

기간	조사·평가절차	비고
공시기준일 전년도 9월	표준지 선정 및 조사 의뢰	국토교통부
〃	공시지가 조사·평가자 교육	국토교통부 및 협회
공시기준일 전년도 9월~12월	표준지 선정 및 조사 지역분석	조사·평가자
	공시가격(표준지·표준주택) 시장분석회의 등 시·군·구 내 가격균형협의	
	시·군·구 간 가격균형협의	〃
공시기준일 전년도 12월	시·도별 가격균형협의	
	전국 가격균형협의	

---

1) 201○년 표준지공시지가 조사·평가업무요령, 국토교통부

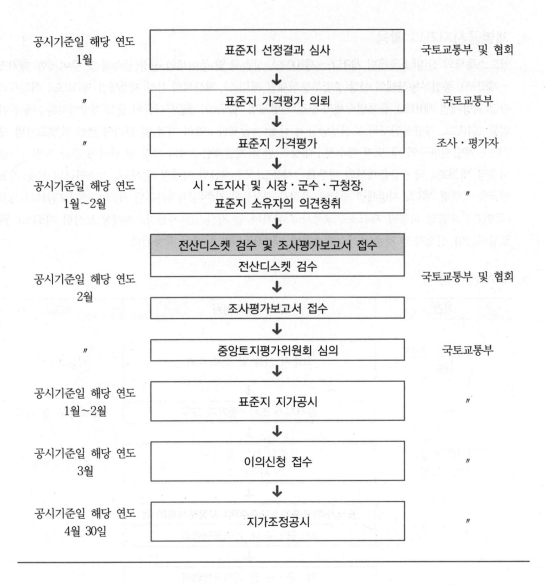

공시기준일 해당 연도 1월	표준지 선정결과 심사	국토교통부 및 협회
〃	표준지 가격평가 의뢰	국토교통부
〃	표준지 가격평가	조사·평가자
공시기준일 해당 연도 1월~2월	시·도지사 및 시장·군수·구청장, 표준지 소유자의 의견청취	〃
공시기준일 해당 연도 2월	전산디스켓 검수 및 조사평가보고서 접수 전산디스켓 검수 조사평가보고서 접수	국토교통부 및 협회
〃	중앙토지평가위원회 심의	국토교통부
공시기준일 해당 연도 1월~2월	표준지 지가공시	〃
공시기준일 해당 연도 3월	이의신청 접수	〃
공시기준일 해당 연도 4월 30일	지가조정공시	〃

02 표준지공시지가의 선정 · 관리 및 조사 · 평가기준

1. 표준지의 선정 및 관리

1) 표준지선정의 기본원칙

① 토지의 감정평가 및 개별공시지가의 산정 등에 효율적으로 활용되고 일반적인 지가정보를 제공할 수 있도록 표준지를 선정·관리한다.

② 다양한 토지유형별로 일반적이고 평균적인 토지이용상황, 가격수준 및 그 변화를 나타낼 수 있도록 표준지를 선정·관리한다.

③ 표준지 상호 간 연계성을 고려하여 용도지역·용도지대별로 또는 토지이용상황별로 표준지를 균형 있게 분포시키고, 인근토지의 가격비교기준이 되는 토지로서 연도별로 일관성을 유지할 수 있도록 표준지를 선정·관리한다.

2) 표준지선정의 일반적 기준

(1) 일반적인 기준

① 지가의 대표성

표준지선정단위구역 내에서 지가수준을 대표할 수 있는 토지 중 인근지역 내 가격의 층화를 반영할 수 있는 표준적인 토지

② 토지특성의 중용성

표준지선정단위구역 내에서 개별토지의 토지이용상황·면적·지형지세·도로조건·주위환경 및 공적규제 등이 동일 또는 유사한 토지 중 토지특성빈도가 가장 높은 표준적인 토지

③ 토지용도의 안정성

표준지선정단위구역 내에서 개별토지의 주변이용상황으로 보아 그 이용상황이 안정적이고 장래 상당기간 동일 용도로 활용될 수 있는 표준적인 토지

④ 토지구별의 확정성

표준지선정단위구역 내에서 다른 토지와 구분이 용이하고 위치를 쉽게 확인할 수 있는 표준적인 토지

>> "표준지선정단위구역"이라 함은 동일한 용도지역 내에서 가격수준 및 토지이용상황 등을 고려하여 표준지의 선정범위를 구획한 구역을 말한다.

(2) 예외

① 특수토지 또는 용도상 불가분의 관계를 형성하고 있는 비교적 대규모의 필지를 일단지로 평가할 필요가 있는 경우에는 표준지로 선정하여 개별공시지가의 산정기준으로 활용될 수 있도록 하되, 토지형상·위치 등이 표준적인 토지를 선정한다.

② 국가 및 지방자치단체에서 행정목적상 필요하여 표준지를 선정하여 줄 것을 요청한 특정지역이나 토지에 대해서는 지역특성을 고려하여 타당하다고 인정하는 경우에는 표준지를 선정할 수 있다.

③ 골프장·스키장·광천지 등 특수토지는 최대한 표준지로 선정하며, 일단지 토지 내에 1개의 표준지만을 선정한다.

3) 표준지의 교체사유

기존 표준지는 특별한 사유가 없는 한 교체하지 아니한다. 다만, ⅰ) 행정구역개편, ⅱ) 용도지역변경, ⅲ) 개발사업시행, ⅳ) 지적사항변경, ⅴ) 형질변경, ⅵ) 토지이용상황변경, ⅶ) 분포밀도조정, ⅷ) 기타 (개별공시지가 산정 시 비교표준지로서의 활용성이 낮아 실질적으로 기준성을 상실한 경우 등)에는 인근의 다른 토지로 교체하거나 삭제할 수 있다.

4) 표준지선정의 제외대상

(1) **국·공유지**

원칙적으로 국·공유지는 표준지로 선정하지 아니하나, 「국유재산법」상 일반재산인 경우와 국·공유의 토지가 여러 필지로서 일단의 넓은 지역을 이루고 있어 그 지역의 지가수준을 대표할 표준지가 필요한 경우에는 국·공유의 토지를 표준지로 선정할 수 있다.

(2) **한 필지가 둘 이상의 용도로 이용되고 있는 토지**

원칙적으로 한 필지가 둘 이상의 용도로 이용되고 있는 토지는 표준지로 선정하지 아니하나, 부수적인 용도의 면적과 토지의 효용가치가 경미한 경우에는 비교표준지로의 활용목적을 고려하여 표준지로 선정할 수 있다.

2. 표준지공시지가의 조사·평가

1) 조사해야 할 공부 및 사항

(1) **적용원칙**

표준지의 적정가격의 조사·평가는 「부동산공시법」이나 「부동산공시법 시행규칙」, 「감정평가에 관한 규칙」에서 정하는 것을 제외하고는 기준이 정하는 바에 의하고 이 기준에서 정하지 아니한 사항은 감정평가의 일반이론에 따라 평가한다.

(2) **용어의 정리**[2]

① **개발이익**

공익사업의 계획 또는 시행이 공고 또는 고시되거나 공익사업의 시행, 그 밖에 공익사업의 시행에 따른 절차로서 행하여진 토지이용계획의 설정·변경·해제 등으로 인하여 토지소유자가 자기의 노력에 관계없이 지가가 상승되어 현저하게 받은 이익으로서 정상지가 상승분을 초과하여 증가된 부분을 말한다.

② **일시적인 이용상황**

관련 법령에 따라 국가나 지방자치단체의 계획이나 명령 등으로 해당 토지를 본래의 용도로 이용하는 것이 일시적으로 금지되거나 제한되어 다른 용도로 이용하고 있거나 해당 토지의 주위 환경 등으로 보아 현재의 이용이 임시적인 것으로 인정되는 이용을 말한다.

③ **나지**

"나지"란 토지에 건물이나 그 밖의 정착물이 없고 지상권 등 토지의 사용·수익을 제한하는 사법상의 권리가 설정되어 있지 아니한 토지를 말한다.

---

2) 표준지공시지가 조사·평가기준 제2조(정의)

2) 가격자료의 종류 및 요건

(1) 가격자료의 종류

표준지의 적정가격을 조사·평가할 때에는 인근지역 및 동일수급권 안의 유사지역에 있는 거래사례, 평가선례, 보상선례, 조성사례, 분양사례, 수익사례 등과 세평가격 등 가격결정에 참고가 되는 자료 (이하 "가격자료"라 한다)를 수집하여 이를 정리한다.

> **Check Point!**
>
> ● 전년도 공시지가의 활용 여부
> 전년도 공시지가 자료는 원칙적으로 가격자료로 활용할 수 없다. 단, 문제풀이 시 전년도 공시지가와의 격차율(상승률 혹은 하락률)을 분석하여 기재하면 좋을 것이다.

(2) 가격자료의 요건

최근 3년 이내의 자료일 것, 사정보정이 가능할 것, 지역요인 및 개별요인의 비교가 가능할 것, 위법 또는 부당한 거래 등이 아닐 것, 토지 및 그 정착물이 일체로 거래된 경우 배분법 적용이 합리적이어야 한다.

3) 사정보정 및 시점수정

(1) 사정보정

수집된 거래사례 등에 거래당사자의 특수한 사정 또는 개별적인 동기가 개재되어 있거나 평가선례 등에 특수한 평가조건 등이 반영되어 있는 경우에는 그러한 사정이나 조건 등이 없는 상태로 이를 적정하게 보정한다.

(2) 시점수정

가격자료의 거래시점 등이 공시기준일과 다른 경우에는 「부동산 거래신고 등에 관한 법률」 제19조에 따라 국토교통부장관이 조사한 지가변동률로서 가격자료가 소재한 시·군·구의 같은 용도지역 지가변동률로 시점수정을 행한다. 다만, 같은 용도지역의 지가변동률을 적용하는 것이 불가능하거나 적절하지 아니하다고 판단되는 경우에는 공법상 제한이 같거나 비슷한 용도지역의 지가변동률, 이용상황별 지가변동률 또는 해당 시·군·구의 평균지가변동률로 시점수정하며, 지가변동률을 적용하는 것이 불가능하거나 적절하지 아니한 경우에는 「한국은행법」 제86조에 따라 한국은행이 조사·발표하는 생산자물가지수에 따라 산정된 생산자물가상승률 등으로 시점수정한다.

4) 지역요인 및 개별요인의 비교 등

(1) 지역요인 및 개별요인의 비교

수집·정리된 거래사례 등의 토지가 표준지의 인근지역에 있는 경우에는 개별요인만을 비교하고, 동일수급권 안의 유사지역에 있는 경우에는 지역요인 및 개별요인을 비교한다.

지역요인 및 개별요인의 비교는 표준지의 공법상 용도지역과 실제이용상황 등을 기준으로 그 용도적 특성에 따라 용도지대를 분류하고, 가로조건·접근조건·환경조건·획지조건·행정적조건·기타조건 등에 관한 사항을 비교한다.

(2) 인근지역의 확정

지역요인 및 개별요인의 비교를 위한 인근지역의 판단은 토지의 용도적 관점에 있어서의 동질성을 기준으로 하되, 일반적으로 지형·지물 등 다음 각 호의 사항을 확인하여 인근지역의 범위를 정한다.

① 지반, 지세, 지질
② 하천, 수로, 철도, 공원, 도로, 광장, 구릉 등
③ 토지이용상황
④ 공법상 용도지역, 지구, 구역 등
⑤ 역세권, 통학권, 통작권역

5) 평가가격의 결정 및 표시

① 거래사례비교법 등에 따라 표준지의 가격을 산정한 때에는 인근지역 또는 동일수급권 안의 유사지역에 있는 유사용도 표준지의 평가가격과 비교하여 그 적정 여부를 검토한 후 평가가격을 결정하되, 유사용도 표준지의 평가가격과 균형이 유지되도록 하여야 한다.

② 표준지로 선정된 1필지의 토지가 둘 이상의 용도로 이용되는 경우에는 용도별 면적비율에 의한 평균가격으로 평가가격을 결정한다. 다만, 다른 용도로 이용되는 부분이 일시적인 이용상황인 경우나, 다른 용도로 이용되는 부분이 주된 용도와 가치가 유사하거나 면적비율이 현저하게 낮아 주된 용도의 가격을 기준으로 거래되는 관행이 있는 경우에는 주된 용도의 가격으로 평가가격을 결정할 수 있다.

③ 표준지의 평가가격은 제곱미터당 가격으로 표시하되, 유효숫자 두 자리로 표시함을 원칙으로 한다. 다만, 그 평가가격이 10만원 이상인 경우에는 유효숫자 세 자리까지 표시할 수 있다.

④ 표준지 이의신청에 따른 평가가격 또는 「부동산 가격공시에 관한 법률」 제3조 제5항[3] 단서에 따라 하나의 감정평가법인등에게 의뢰하여 표준지공시지가를 평가하는 경우의 평가가격의 유효숫자 제한은 국토교통부장관이 별도로 정할 수 있다.

---

3) 부동산 가격공시에 관한 법률 제3조(표준지공시지가의 조사·평가 및 공시 등)
　⑤ 국토교통부장관이 제1항에 따라 표준지공시지가를 조사·평가할 때에는 업무실적, 신인도(信認度) 등을 고려하여 둘 이상의 「감정평가 및 감정평가사에 관한 법률」에 따른 감정평가법인등(이하 "감정평가법인등"이라 한다)에게 이를 의뢰하여야 한다. 다만, 지가 변동이 작은 경우 등 대통령령으로 정하는 기준에 해당하는 표준지에 대해서는 하나의 감정평가법인등에게 의뢰할 수 있다.

6) 경계지역 간 가격균형 검토

① 표준지의 평가가격을 결정한 때에는 인근 시·군·구의 유사용도 표준지의 평가가격과 비교하여 그 가격의 균형 여부를 검토해야 한다.

② 가격균형 여부의 검토는 용도지역·용도지대 및 토지이용상황별 지가수준을 비교하는 것 외에 특수 토지 및 경계지역 부분에 있는 유사용도 표준지에 대하여 개별필지별로 행하되, 필요한 경우에는 인근 시·군·구의 가격자료 등을 활용하여 평가가격을 조정함으로써 상호 균형이 유지되도록 하여야 한다.

3. 표준지공시지가 평가의 기준

1) 적정가격 기준평가

"해당 토지에 대하여 통상적인 시장에서 정상적인 거래가 이루어지는 경우 성립될 가능성이 가장 높다고 인정되는 가격(적정가격)"으로 결정하되, 시장에서 형성되는 가격자료를 충분히 조사하여 표준지의 객관적인 시장가치를 평가한다.

특수토지 등 시장성이 없거나 거래사례 등을 구하기가 곤란한 토지는 해당 토지와 유사한 이용가치를 지닌다고 인정되는 토지의 조성에 필요한 비용추정액 또는 임대료 등을 고려한 가격으로 평가하거나, 해당 토지를 인근지역의 주된 용도의 토지로 보고 그 용도적 제한이나 거래제한의 상태 등을 고려한 가격으로 평가한다.

부동산 가격공시에 관한 법률 제26조의2(적정가격 반영을 위한 계획 수립 등)

① 국토교통부장관은 부동산공시가격이 적정가격을 반영하고 부동산의 유형·지역 등에 따른 균형성을 확보하기 위하여 부동산의 시세 반영률의 목표치를 설정하고, 이를 달성하기 위하여 대통령령으로 정하는 바에 따라 계획을 수립하여야 한다.

② 제1항에 따른 계획을 수립하는 때에는 부동산 가격의 변동 상황, 지역 간의 형평성, 해당 부동산의 특수성 등 제반사항을 종합적으로 고려하여야 한다.

③ 국토교통부장관이 제1항에 따른 계획을 수립하는 때에는 관계 행정기관과의 협의를 거쳐 공청회를 실시하고, 제24조에 따른 중앙부동산가격공시위원회의 심의를 거쳐야 한다.

④ 국토교통부장관, 시장·군수 또는 구청장은 부동산공시가격을 결정·공시하는 경우 제1항에 따른 계획에 부합하도록 하여야 한다.

부동산 가격공시에 관한 법률 시행령 제74조의2(적정가격 반영을 위한 계획 수립)

① 국토교통부장관은 법 제26조의2 제1항에 따른 계획을 수립하는 때에는 다음 각 호의 사항을 포함하여 수립해야 한다.
  1. 부동산의 유형별 시세 반영률의 목표
  2. 부동산의 유형별 시세 반영률의 목표 달성을 위하여 필요한 기간 및 연도별 달성계획
  3. 부동산공시가격의 균형성 확보 방안
  4. 부동산 가격의 변동 상황 및 유형·지역·가격대별 형평성과 특수성을 반영하기 위한 방안

---

② 국토교통부장관은 법 제26조의2 제1항에 따른 계획을 수립하기 위하여 필요한 경우에는 국가기관, 지방자치
단체, 부동산원, 그 밖의 기관·법인·단체에 대하여 필요한 자료의 제출 또는 열람을 요구하거나 의견의
제출을 요구할 수 있다.

부동산 가격공시에 관한 법률 시행규칙 제32조(자료의 공개)

국토교통부장관은 법 제26조 제1항에 따라 표준지공시지가, 표준주택가격 및 공동주택가격의 주요사항에 관한
보고서를 국회에 제출하는 때에 같은 조 제2항에 따라 다음 각 호의 자료를 영 제4조에 따른 부동산공시가격시
스템에 게시해야 한다.
1. 부동산 유형별 종합적인 시세 반영률
2. 부동산 유형별 공시가격의 조사·산정 기준 및 절차
3. 부동산 공시가격 산정에 고려된 용도지역 또는 용도 등 주요 특성 및 현황
4. 부동산 공시가격 산정에 참고한 인근지역의 실거래가 및 시세자료 등 가격에 관한 자료

2) 실제용도 기준평가

표준지의 평가는 공부상의 지목에도 불구하고 공시기준일 현재의 이용상황을 기준으로 평가하되, 일
시적인 이용상황은 이를 고려하지 아니한다.

3) 나지상정 평가

토지에 건물 기타의 정착물이 있거나 지상권 등 토지의 사용·수익을 제한하는 사법상의 권리가 설
정되어 있는 경우에는 그 정착물 등이 없는 토지의 나지상태를 상정하여 평가한다.

4) 공법상 제한상태 기준평가

표준지의 평가에 있어서 공법상 용도지역·지구·구역 등 일반적인 계획제한사항뿐만 아니라 도
시·군계획시설 결정 등 공익사업의 시행을 직접목적으로 하는 개별적인 계획제한사항이 있는 경우
에는 그 공법상 제한을 받는 상태를 기준으로 평가한다.

≫ **보상감정평가**: 개별적 제한사항은 제한을 받지 않는 상태를 기준으로 평가한다.

5) 개발이익 반영평가

표준지의 평가에 있어서 개발이익은 이를 반영하여 평가한다. 다만, 그 개발이익이 주위환경 등의
사정으로 보아 공시기준일 현재 현실화·구체화되지 아니하였다고 인정되는 경우에는 그러하지 아
니하다.

≫ **보상감정평가**: 해당 사업으로 인한 개발이익은 배제한 가격으로 평가한다.
개발이익을 반영함에 있어서 공익사업시행지구 안에 있는 토지는 해당 공익사업의 단계별 성숙도 등을 고려하여
평가하되, 인근지역 또는 동일수급권 안의 유사지역에 있는 유사용도 토지의 지가수준과 비교하여 균형이 유지되
도록 하여야 한다.

6) 일단지의 평가

(1) 용도상 불가분의 관계의 일단의 토지 중 1필지가 표준지로 선정 시 일단지를 1필지로 보고 평가한다.

(2) **용도상 불가분의 관계**

사회적, 경제적, 행정적 측면에서 합리적이고, 가치형성측면에서도 타당하다고 인정되는 관계에 있는 경우를 말한다.

(3) **구체적인 사례**

① **개발사업예정지의 경우**

공시기준일 현재 관련 법령에 따른 해당 사업계획의 승인이나 「공익사업을 위한 토지 등의 취득 및 보상에 관한 법률」 제20조에 따른 사업인정(다른 법률에 따라 사업인정으로 보는 경우를 포함한다)이 있기 전에는 이를 일단지로 보지 아니한다.

② 2필지 이상의 토지에 하나의 건축물(부속건축물을 포함한다)이 건립되어 있거나(건축물대장의 관련지번을 통하여 확인) 건축 중에 있는 토지와 공시기준일 현재 나지상태이나 건축허가 등을 받고 공사를 착수한 때에는 토지소유자가 다른 경우에도 일단지로 본다.

③ **조경수목재배지 등으로 현재의 이용이 일시적인 경우**

2필지 이상의 일단의 토지가 조경수목재배지, 조경자재제조장, 골재야적장, 간이창고, 간이체육시설용지(테니스장, 골프연습장, 야구연습장 등) 등으로 이용되고 있는 경우로서 주위환경 등의 사정으로 보아 현재의 이용이 일시적인 이용상황으로 인정되는 경우에는 이를 일단지로 보지 아니한다.

④ **토지소유권과의 관계**

일단으로 이용되고 있는 2필지 이상의 토지는 일반적으로 토지소유자가 1인이거나 공유관계에 있는 것이 대부분이지만, 각각의 토지소유자가 다른 경우에도 토지의 최유효이용의 결과로서 용도상 불가분의 관계에 있는 경우에는 일단지로 평가한다.

⑤ **「공간정보의 구축 및 관리 등에 관한 법률」상의 지목과의 관계**

일단지의 범위는 용도상 불가분의 관계를 기준으로 판정하므로 「공간정보의 구축 및 관리 등에 관한 법률」상의 지목개념과 반드시 일치하는 것은 아니다. 용도상 가치가 명확하게 구분되어 사회통념상 가치형성이 달라 용도상 불가분의 관계가 명확하지 않다고 인정되는 경우에는 용도상 불가분의 관계로 볼 수 없다.

⑥ **건축 중인 토지의 일단지 조사·평가 적용시점**

건축 중에 있는 토지의 공시기준일 현재 나지상태이나 건축허가 등을 받고 공사를 착수한 때에는 일단지로 조사·평가하게 된다. 건축허가와 착공신고를 필하고 건축물의 기초공사 등을 착수하여 일단의 토지가 하나의 건축물(부속 건축물을 포함한다) 등의 부지로서 이용되는 것이 객관적으로 인식되는 시점을 "공사를 착수한 때"로 본다.

(4) **일단지의 구분평가**

일단지의 일부가 용도지역 등을 달리하는 등 가치가 명확히 구분되어 둘 이상의 표준지가 선정된
때에는 구분된 부분을 각각 일단지로 보고 평가한다.

7) 평가방식의 적용

(1) 원칙

표준지의 평가는 거래사례비교법, 원가법 또는 수익환원법의 3방식 중에서 해당 표준지의 특성에
가장 적합한 평가방식 하나를 선택하여 행하되, 다른 평가방식에 따라 산정한 가격과 비교하여
그 적정 여부를 검토한 후 평가가격을 결정한다. 다만, 해당 표준지의 특성 등으로 인하여 다른 평가
방식을 적용하는 것이 현저히 곤란하거나 불필요한 경우에는 하나의 평가방식으로 결정할 수 있으
며, 이 경우 표준지 조사·평가지침 제14조에 따른 조사·평가보고서에 그 사유를 기재하여야 한다.

⁝ 표준지공시지가 거래사례비교법 예시

특성	표준지	거래사례
소재지	○○동 35-20	○○동 71-40
용도	농림	농림
지목	답	답
이용상황	답	답
도로	맹지	세로(가)
형상	가장형	세장형
지세	평지	평지
전년공시지가(원/m²)	201,000	176,700

소재지	○○동 71-40(거래사례)	비고
거래가격	302,500	사례단가
거래시점	20○○-04-21	사례거래시점
사정보정	1.0000	-
시점수정	1.06457	지가변동률
지역요인비교	1.0000	-
개별요인비교	1.1055	개별요인*
그 밖의요인	0.6343	목표현실화율**
평가가격	225,815	-
시가수준입력	356,000	평가자 입력

＊실무상 개별요인 역산보정치를 이용하여 시가수준에 따른 공시가격이 입력되도록 한다.

　개별요인 역산보정치 = 시가수준 입력 ÷ (거래가격 × 사정보정 × 시점수정 × 지역요인)

＊＊목표현실화율은 용도별(주거용, 상업용, 공업용, 농경지, 임야, 기타)에 따라 매년 설정되어진다.

(2) **시장성이 있는 토지**

일반적으로 시장성이 있는 토지는 거래사례비교법으로 평가한다. 다만, 새로이 조성 또는 매립된 토지는 원가법으로 평가할 수 있으며, 상업용지 등 수익성이 있는 토지는 수익환원법으로 평가할 수 있다.

(3) **시장성이 없거나 토지의 용도 등이 특수하여 거래사례 등을 구하기가 현저히 곤란한 토지**

시장성이 없거나 토지의 용도 등이 특수하여 거래사례 등을 구하기가 현저히 곤란한 토지는 원가법에 따라 평가하거나, 해당 토지를 인근지역의 주된 용도의 토지로 보고 거래사례비교법에 따라 평가한 가격에 그 용도적 제한이나 거래제한의 상태 등을 고려한 가격으로 평가한다. 다만, 그 토지가 수익성이 있는 경우에는 수익환원법으로 평가할 수 있다.

(4) **원가법에 의하여 결정할 경우 평가방식**

표준지의 평가가격을 원가법에 따라 결정할 경우에는 다음과 같이 한다. 다만, 특수한 공법을 사용하여 토지를 조성한 경우 등 해당 토지의 조성공사비가 평가가격 산출 시 적용하기에 적정하지 아니한 경우에는 인근 유사토지의 조성공사비를 참작하여 적용할 수 있다.

> [조성 전 소지가격 + (조성공사비 및 부대비용 + 개발부담금 등 제세공과금 + 적정이윤)]
> ÷ 해당 토지의 면적

(5) **수익환원법에 의하여 결정할 경우 평가모형**

현행 공시지가 조사·평가 시 거래사례비교법 중심의 평가방법 이외에 '오피스·매장용빌딩 임대료조사 및 투자수익률 조사·평가' 결과에 의한 전국의 임대동향표본을 활용하여 수익환원법에 의한 공시지가의 수익(시산)가격을 산출·조정함으로써 공시지가제도의 안정성 및 공신력을 제고함을 목적으로 한다. 수익환원법에 의한 표준지공시지가의 조사·평가는 해당 시군구의 표준지 중 상업용 및 업무용 표준지 수의 일정비율의 표준지를 수익환원법으로 검증하도록 하고 있다.

$$P_L = \left(a - B \times \frac{y-g}{1 - \left[\frac{1+g}{1+y} \right]^n} \right) \times \frac{1 - \left[\frac{1+g}{1+y} \right]^n}{y-g} + \frac{P_L(1+g)^n}{(1+y)^n}$$

P_L: 토지가격 a: 순수익 B: 건물평가가격
y: 종합수익률 g: 임대료변동률 n: 경제적 잔존내용연수

: 표준지공시지가 수익환원법법 예시

소재지	경기도 ○○시 ○○동 544-8	
임대사례의 순수익	135,639,786	
임대사례의 소득수익률	4.97%	
임대사례의 임대료변동률(g)	1.00%	
임대사례의 투자수익률(y)	5.97%	
임대사례 건물평가가격	564,646,500	
임대사례의 건물귀속 순수익	46,884,776*	임대사례 표본의 정보 기준
임대사례의 토지귀속 순수익	124,656	
임대사례의 건물면적	1,006.50㎡	
임대사례의 토지면적	712.0㎡	
임대사례 건물의 경제적 잔존내용연수	19	

임대사례의 토지귀속 순수익	124,656	-
사정보정	1.0000	-
시점수정	1.00618	지가변동률
지역요인	1.0000	
개별요인	2.1895	표준지/임대사례 표본지
표준지의 토지귀속 순수익	274,621	
투자수익률(y)	5.97%	-
수익환원법에 의한 시가수준(원/㎡)	4,600,000	
그 밖의 요인	0.6548	현실화 목표치
수익환원법에 의한 표준지공시지가(원/㎡)	3,012,000	

$$* \ 135,639,786 - 564,646,500 \ \times \ \frac{0.0597-0.01}{1-(\frac{1.01}{1.0597})^{19}} \ ≒ \ 46,884,776$$

제2절 표준지공시지가의 평가(유형별 토지의 평가)

01 용도별 토지의 평가

1. 주거용지

(1) 평가기준

인근지역 또는 동일수급권 안의 유사지역에 있는 토지의 거래사례 등 가격자료를 활용하여 거래사례비교법으로 평가한다. 다만, 새로이 조성 또는 매립된 토지로서 거래사례비교법으로 평가하는 것이 현저히 곤란하거나 적정하지 아니하다고 인정되는 경우에는 원가법에 의할 수 있다.

(2) 아파트 등 공동주택용지

그 지상에 있는 건물과 유사한 규모(층수·용적률·건폐율 등)의 건축물을 건축할 수 있는 토지의 나지상태를 상정하여 평가한다. 다만, 공시기준일 현재 해당 토지의 현실적인 이용상황이 인근지역에 있는 유사용도 토지의 표준적인 이용상황에 현저히 미달되는 경우에는 인근지역에 있는 유사용도 토지의 표준적인 이용상황을 기준으로 한다.

2. 상업·업무용지

(1) 평가기준

인근지역 또는 동일수급권 안의 유사지역에 있는 토지의 거래사례 등 가격자료를 활용하여 거래사례비교법으로 평가한다. 다만, 수익사례의 수집이 가능한 경우에는 수익환원법으로 평가할 수 있으며(이 경우 거래사례비교법으로 평가한 가격과 비교하여 그 합리성을 검토해야 한다), 새로이 조성 또는 매립된 토지는 원가법으로 평가할 수 있다.

(2) 임대사례표본을 활용한 수익환원법

상업·업무용지의 인근지역 또는 동일수급권 안의 유사지역에 임대동향표본(국토교통부장관이 매년 임대동향조사를 위하여 선정한 오피스빌딩 및 매장용 빌딩을 말한다)이 소재하는 경우 상업·업무용지는 임대동향표본을 활용하여 수익환원법으로 평가하여야 한다(이 경우 거래사례비교법으로 평가한 가격과 비교하여 그 합리성을 검토해야 한다). 다만, 인근지역 또는 동일수급권 안의 유사지역에 비교가능한 적정 거래사례가 충분하여 거래사례비교법으로 평가하는 것이 합리적인 것으로 인정되는 경우나 음(-)의 수익가격이 산출되는 등 임대동향표본을 활용한 수익환원법의 적용이 불합리한 경우에는 예외로 한다.

3. 공업용지

(1) 평가기준

인근지역 또는 동일수급권 안의 유사지역에 있는 토지의 거래사례 등 가격자료를 활용하여 거래사례비교법으로 평가한다. 다만, 새로이 조성 또는 매립된 토지로서 거래사례비교법으로 평가하는 것이 현저히 곤란하거나 적정하지 아니하다고 인정되는 경우에는 원가법으로 평가할 수 있다.

(2) 「산업입지 및 개발에 관한 법률」에 따른 국가산업단지 · 지방산업단지 · 농공단지 등 산업단지 안에 있는 공업용지

해당 토지 등의 분양가격자료를 기준으로 평가하되, 「산업집적활성화 및 공장설립에 관한 법률 시행령」 제52조에서 정한 이자 및 비용 상당액과 해당 산업단지의 성숙도 등을 고려한 가격으로 평가한다. 다만, 분양이 완료된 후에 상당기간 시일이 경과되어 해당 토지 등의 분양가격자료에 따른 평가가 현저히 곤란하거나 적정하지 아니하다고 인정되는 경우에는 인근지역 또는 동일수급권의 다른 산업단지 안에 있는 공업용지의 분양가격자료를 기준으로 평가할 수 있다.

≫ 공업용지로서 산업단지 안에 있는 공업용지는 분양가격자료를 기준으로 평가한다. 산업입지 및 개발에 관한 법률상 분양가격은 원가법으로 평가하도록 규정되어 있다,

4. 농경지

(1) 평가기준

인근지역 또는 동일수급권 안의 유사지역에 있는 농경지의 거래사례 등 가격자료를 활용하여 거래사례비교법으로 평가한다. 다만, 간척지 등 새로이 조성 또는 매립된 토지로서 거래사례비교법으로 평가하는 것이 현저히 곤란하거나 적정하지 아니하다고 인정되는 경우에는 원가법으로 평가할 수 있다.

(2) 과수원 지상의 과수목

과수원은 그 지상에 있는 과수목의 상황을 고려하지 아니한 상태를 기준으로 평가하되, 과수목가격이 토지가격에 비하여 경미한 경우 등은 그 지상에 있는 과수목을 포함한 가격으로 평가할 수 있다. 이 경우에 그 지상에 있는 과수목은 따로 경제적인 가치가 없는 것으로 본다.

5. 임야지

(1) 평가기준

인근지역 또는 동일수급권 안의 유사지역에 있는 임야지의 거래사례 등 가격 자료를 활용하여 거래사례비교법으로 평가하되, 그 지상입목의 상황을 고려하지 아니한 상태를 기준으로 평가한다. 다만, 다음에 해당되는 경우에는 그 지상입목을 임야지에 포함한 가격으로 평가할 수 있다. 이 경우에 그 지상입목은 따로 경제적인 가치가 없는 것으로 본다.

① 입목가격이 임야지가격에 비하여 경미한 경우
② 자연림으로서 입목도가 30퍼센트 이하인 경우

(2) 「초지법」 규정에 의하여 허가를 받아 조성된 목장용지

인근지역 또는 유사용도 토지의 거래사례 등 가격자료를 활용하여 거래사례비교법으로 평가한다. 다만, 인근지역 및 동일 수급권 안의 유사지역에서 유사용도 토지의 거래사례 등 가격자료를 구하기가 현저히 곤란한 경우에는 원가법에 따라 다음과 같이 평가할 수 있다.

① 초지 = 조성전 소지가격 + 초지조성비용(개량비 포함) + 적정이윤 등
② 축사 및 부대시설의 부지 = 조성전 소지가격 + 토지조성비용 + 적정이윤 등
③ 목장용지 내의 주거용 "대" 부분은 목장용지로 보지 아니하며, 실제 이용상황 등을 고려하여 평가

6. 후보지

택지후보지 및 농경지후보지의 평가 시에는 인근지역 또는 동일수급권 안의 유사지역에 있는 토지의 거래사례 등 가격자료를 활용하여 거래사례비교법으로 평가한다. 다만, 인근지역 및 동일수급권 안의 유사지역에서 유사용도 토지의 거래사례 등 가격자료를 구하기가 현저히 곤란한 경우에는 택지조성 후의 토지가격에서 택지조성에 필요한 통상의 비용 상당액 및 적정이윤 등을 뺀 가격에 성숙도 등을 고려한 가격으로 평가할 수 있다.

02 공법상 제한을 받는 토지의 평가

1. 도시·군계획시설 등 저촉토지

① 저촉된 상태로 평가한다(사례가 없는 경우 저촉되지 않은 상태가격에 감가율 등을 고려).
② 일부저촉의 경우는 면적비율에 의한 평균가격으로 평가한다. 다만, 잔여부분의 면적비율이 현저하게 낮은 경우 다른 한쪽을 기준으로 평가한다.
③ 공시기준일 현재 해당 도시·군계획시설사업이 완료된 경우는 도시·군계획시설에 저촉되지 아니한 것으로 보고 평가한다.
④ 도시·군계획시설에 저촉되는 토지는 그 도시·군계획시설에 저촉된 상태대로의 가격이 형성되어 있는 경우에는 그 가격을 기준으로 평가하고, 저촉된 상태대로의 가격이 형성되어 있지 아니한 경우에는 저촉되지 아니한 상태를 기준으로 한 가격에 그 도시·군계획시설의 저촉으로 인한 제한정도에 따른 적정한 감가율 등을 고려하여 평가한다.

2. 둘 이상의 용도지역에 속한 토지

각 용도지역 부분의 위치, 형상, 이용상황 및 그 밖에 다른 용도지역 부분에 미치는 영향 등을 고려하여 면적 비율에 따른 평균가격으로 평가한다. 다만, 용도지역을 달리하는 부분의 면적비율이 현저하게 낮아 가격형성에 미치는 영향이 별로 없거나 관계법령에 따라 주된 용도지역을 기준으로 이용할 수 있는 경우에는 주된 용도지역의 가격을 기준으로 평가할 수 있다.

3. 도시·군계획시설도로에 접한 토지

1) 원칙

접하지 아니한 상태 기준으로 평가한다.

2) 접한 상태를 반영하는 경우

(1) 공시기준일 현재 건설공사 중인 도로

공시기준일 현재 건설공사 중에 있는 경우에는 이를 현황도로로 본다(즉, 접한상태를 반영하여 평가한다).

(2) 「국토의 계획 및 이용에 관한 법률」에 의한 도시·군계획시설사업의 실시계획의 고시 및 「도시개발법」에 의한 도시개발사업의 실시계획의 고시가 된 경우

건설공사는 착수하지 아니하였으나 도시·군계획시설사업의 실시계획의 고시 및 도시개발사업의 실시계획의 고시가 된 경우에는 이를 반영하여 평가할 수 있다.

4. 개발제한구역 안의 토지

(1) 원칙

개발제한구역에 따른 공법상 제한을 제한받는 상태를 기준으로 평가한다.

(2) 건축물이 있는 토지

건축물이 있는 토지는 「개발제한구역법 시행령」 제13조 제1항에서 규정하는 범위 안에서의 건축물의 개축·재축·증축·대수선·용도변경 등이 가능한 토지의 나지상태를 상정하여 평가한다.

(3) 개발제한구역 지정 당시부터 지목이 대인 건축물이 없는 토지

이축된 건축물이 있었던 지목이 대인 토지로서 개발제한구역 지정 당시부터 해당 토지의 소유자와 건축물의 소유자가 다른 경우의 토지를 포함하며, 형질변경허가가 불가능한 토지를 제외한다. 건축이 가능한 상태를 기준으로 평가한다.

(4) 건축물이 없는 대지

건축물이 없는 대지를 기준으로 감정평가하며, 인근에 유사한 표준지가 없는 경우 동일수급권 내 유사지역의 표준지를 선정하거나 건축물이 있는 대지의 표준지에 격차율을 반영하여 평가한다.

(5) 건축이 불가능한 지목이 대인 토지

현실의 이용상황을 고려하여 평가한다.

5. 재개발구역 안의 토지

「도시 및 주거환경정비법」 제8조에 따라 지정된 주거환경개선구역·재개발구역 안의 토지는 그 공법상 제한을 받는 상태를 기준으로 평가한다. 다만, 공시기준일이 「도시 및 주거환경정비법」 제50조에 따른 사업시행인가 등의 고시 전으로서 해당 공익사업의 시행으로 인한 개발이익이 현실화·구체화되지 아니하였다고 인정되는 경우에는 이를 반영하지 아니한다.

6. 환지방식에 의한 사업시행지구 안의 토지

1) 도시개발법상 환지방식에 의한 사업시행지구 안에 있는 토지

⑴ 환지처분 이전에 환지예정지로 지정된 경우

청산금의 납부 여부에 관계없이 환지예정지의 위치, 확정예정지번(블록·롯트), 면적, 형상, 도로접면상태와 그 성숙도 등을 고려하여 평가한다.

⑵ 환지예정지의 지정 전인 경우

종전 토지의 위치, 지목, 면적, 형상, 이용상황 등을 기준으로 평가한다.

2) 「농어촌정비법」의 규정에 의한 농업생산기반정비사업시행지구 안에 있는 토지

1)을 준용한다.

7. 택지개발사업 시행지구 안의 토지

⑴ 공법상 제한사항 등의 고려

「택지개발촉진법」에 의한 택지개발사업시행지구 안에 있는 토지는 그 공법상 제한사항 등을 고려하여 평가한다.

⑵ 택지개발사업실시계획의 승인고시일 이후에 택지로서의 확정예정지번이 부여된 경우

확정예정지의 위치 등을 고려하여 평가하되, 「택지개발촉진법」에 의한 해당 택지의 지정용도 등을 고려하여 평가한다.

⑶ 택지로서의 확정예정지번이 부여되기 전인 경우

종전 토지의 이용상황 등을 기준으로 그 공사의 시행 정도 등을 고려하여 평가하되, 택지개발촉진법에 의하여 공법상 용도지역이 변경된 경우에는 변경된 용도지역을 기준으로 한다.

8. 특정시설 보호 등을 목적으로 지정된 구역 등 안의 토지

「문화유산의 보존 및 활용에 관한 법률」 제27조에 따른 보호구역 등 관계법령에 따라 특정시설의 보호 등을 목적으로 지정된 구역 등 안에 있는 토지는 그 공법상 제한을 받는 상태대로의 가격이 형성되어 있는 경우에는 그 가격을 기준으로 평가하고, 제한을 받는 상태대로의 가격이 형성되어 있지 아니한 경우에는 그 공법상 제한을 받지 아니한 상태를 기준으로 한 가격에 그 공법상 제한정도에 따른 적정한 감가율 등을 고려하여 평가한다.

03 특수토지의 평가

특수토지는 인근지역 혹은 동일수급권 내 유사지역의 특수토지와 유사한 토지의 거래사례를 기준으로 거래사례비교법을 적용하는 것을 원칙으로 한다. 하지만 특수토지는 그 거래가 많지 않기 때문에 거래사례를 구하기 어려운 경우에는 본건 인근의 표준적인 이용상황을 기준으로 평가하되 개별요인(전환가능성, 비용 등)을 고려하여 평가한다.

1. 광천지

광천지는 광천의 종류, 질 및 양의 상태, 부근의 개발상태 및 편익시설의 종류·규모, 사회적 명성 기타 수익성 등을 고려하여 거래사례비교법에 의하여 다음과 같이 평가하되, 공구당 총가격은 광천지에 화체되지 아니한 건물, 구축물, 기계·기구 등의 가격 상당액을 뺀 것으로 한다.

> (공구당 총가격 ÷ 해당 광천지의 면적) = 평가가격(원/m²)

2. 광업용지

광업용지는 광물의 종류와 매장량, 질 등을 고려하여 거래사례비교법으로 평가한다. 다만, 인근지역 및 동일수급권 안의 유사지역에서 유사용도 토지의 거래사례 등 가격자료를 구하기가 현저히 곤란한 경우에는 수익환원법에 따라 평가할 수 있다.

용도가 폐지된 광업용지에 대해서는 인근지역 또는 동일수급권 안의 유사지역에 있는 용도폐지된 광업용지의 거래사례 등 가격자료에 의하여 거래사례비교법으로 평가한다. 다만, 용도폐지된 광업용지의 거래사례 등 가격자료를 구하기가 곤란한 경우에는 인근지역 또는 동일수급권 안의 유사지역에 있는 주된 용도 토지의 가격자료에 의하여 평가하되, 다른 용도로의 전환가능성 및 용도전환에 소요되는 통상비용 등을 고려한 가격으로 평가한다.

3. 염전부지

염전시설의 부지는 입지조건, 규모 및 시설 등의 상태, 염생산가능면적과 부대시설면적의 비율, 주위 환경 변동에 따른 다른 용도로의 전환가능성 및 수익성 등을 고려하여 거래사례비교법으로 평가하되, 거래사례 등 가격자료에 토지에 화체되지 아니한 건물 및 구축물 등의 가격상당액이 포함되어 있는 경우에는 이를 뺀 것으로 한다.

4. 유원지

유원지는 인근지역 또는 동일수급권 안의 유사지역에 있는 유사용도 토지의 거래사례 등 가격자료를 활용하여 거래사례비교법으로 평가한다. 다만, 그 유원지가 새로이 조성되어 거래사례비교법으로 평가하는 것이 현저히 곤란하거나 적정하지 아니하다고 인정되는 경우에는 원가법 또는 수익환원법으로 평가할 수 있다. 거래사례 등 가격자료에 토지에 화체되지 아니한 건물 등 관리시설과 공작물 등의 가격상당액이 포함되어 있는 경우에는 이를 뺀 것으로 한다.

5. 묘지

(1) 평가원칙

묘지(공설묘지를 제외)는 그 묘지가 위치한 인근지역의 주된 용도 토지의 거래사례 등 가격자료를 활용하여 거래사례비교법으로 평가하되, 해당 분묘 등이 없는 상태를 상정하여 평가한다.

(2) 종중·문중묘지 및 법인묘지로서 거래사례비교법을 적용하기 어려운 경우: 원가법

① 조성공사비, 부대비용에서 화체(공작물 등이 토지에서 분리할 수 없는 일부분으로서 토지의 가치 자체를 형성하는 것)되지 아니한 금액 상당액은 제외한다.

② 특수한 공법을 사용하여 토지를 조성한 경우 등 해당 토지의 조성공사비가 평가가격 산출 시 적용하기에 적정하지 아니한 경우에는 인근 유사토지의 조성공사비를 참작하여 적용이 가능하다.

6. 골프장용지 등

(1) 평가원칙

골프장용지는 원가법에 의하여 평가하되,

① 조성공사비 및 부대비용은 토지에 화체되지 않은 골프장 안의 관리시설 등(클럽하우스·창고·오수처리시설 등 골프장 안의 모든 건축물)의 설치비용을 공제하여 결정한다.

② 면적은 「체육시설의 설치·이용에 관한 법률 시행령」 제20조 제1항에 따라 등록된 면적(조성공사 중인 경우 사업계획의 승인을 얻은 면적)을 기준한다.

③ 특수한 공법을 사용하여 토지를 조성한 경우 등 해당 토지의 조성공사비가 평가가격 산출 시 적용하기에 적정하지 아니한 경우에는 인근 유사토지의 조성공사비를 참작하여 적용 가능하다.

(2) 일단지평가

개발지 및 원형보전지 등 해당 골프장의 등록된 면적전체를 일단지로 보고 평가하되, 면적비율에 의한 평균가격으로 평가가격을 결정한다. 다만, 하나의 골프장이 회원제골프장과 대중골프장으로 구분 등이 되어 있어 둘 이상의 표준지가 선정된 때에는 그 구분된 부분을 각각 일단지로 보고 평가한다.

(3) 원가법으로 평가한 가격을 인근지역 및 동일수급권 내 유사지역에 있는 유사규모의 골프장 용지의 표준지공시지가 수준과 차이가 있는 경우, 수익환원법 또는 거래사례비교법으로 평가한 가격과 비교하여 그 적정 여부를 확인해야 한다.

(4) 경마장 및 스키장시설 기타 이와 유사한 체육시설용지는 골프장평가기준으로 준용한다.

7. 종교용지

(1) 원칙

종교용지 또는 사적지는 그 토지가 위치한 인근지역의 주된 용도 토지의 거래사례 등 가격자료에 의하여 거래사례비교법으로 평가하되, 그 용도적 제한 및 거래제한의 상태 등을 고려하여 평가한다.

(2) 예외

종교용지 등이 농경지대 또는 임야지대 등에 소재하여 해당 토지의 가격이 인근지역의 주된 용도 토지의 가격수준에 비하여 일반적으로 높게 형성되는 것으로 인정되는 경우에는 원가법에 의하되 표준적 조성공사비 및 그 부대비용은 토지에 화체되지 아니한 공작물 등의 설치에 소요되는 금액 중 상당액을 뺀 것으로 한다.

8. 공공용지

1) 개념

공공청사, 학교, 도서관, 시장, 도로, 공원, 운동장, 체육시설, 철도, 하천, 위험 · 혐오시설의 부지 및 그 밖의 이와 유사한 용도의 토지를 말한다.

2) 평가기준

(1) 공공청사, 학교, 도서관, 시장의 부지 및 그 밖에 이와 유사한 용도의 토지

인근지역의 주된 용도 토지의 거래사례 등 가격자료를 활용하여 거래사례비교법으로 평가한다. 다만, 토지의 용도에 따른 감가율은 없는 것으로 본다.

(2) 도로, 공원, 운동장, 체육시설, 철도, 하천, 위험 · 혐오시설의 부지 및 그 밖에 이와 유사한 용도의 토지

인근지역에 있는 주된 용도 토지의 표준적인 획지의 적정가격에 그 용도의 제한이나 거래제한 등에 따른 적정한 감가율 등을 고려하여 평가한다.

9. 여객자동차터미널 부지

(1) 평가기준

인근지역의 주된 용도 토지의 표준적인 획지의 적정가격에 여객자동차터미널 부지의 용도제한이나 거래제한 등에 따른 적정한 감가율 등을 고려하여 평가한다.

(2) 감가율 적용 기준

여객자동차터미널의 구조 및 부대 · 편익시설의 현황, 여객자동차터미널 사업자의 면허내용 및 해당 여객자동차터미널을 이용하는 여객자동차운송사업자 현황 등을 참작한다.

제3절 표준주택가격 평가

01 표준주택의 개관

1. 개념

표준주택가격이란 용도지역, 건물구조 등이 일반적으로 유사하다고 인정되는 일단의 단독주택 중에서 선정한 표준주택에 대하여 매년 공시기준일 현재의 적정가격을 말한다.

표준주택 및 표준주택가격은 2005년 1월 14일 구 지가공시법의 전면개정으로 탄생한 구 「부동산가격공시 및 감정평가에 관한 법률」과 함께 만들어진 제도로 토지·건물 구분과세로 인해 발생하고 있는 지역별·주택유형별 불형평을 해소, 즉 부동산 보유세의 형평과세를 위하여 만들어졌다.

2. 표준주택가격의 목적

매년 공시기준일(1월 1일) 현재의 단독주택에 대한 적정가격을 평가·공시하여 국가·지방자치단체 등의 기관이 행정목적으로 개별주택가격을 산정하는 경우에 그 기준으로 적용하기 위해 표준주택가격을 공시한다.

부동산 가격공시에 관한 법률 제16조(표준주택가격의 조사·산정 및 공시 등)

① 국토교통부장관은 용도지역, 건물구조 등이 일반적으로 유사하다고 인정되는 일단의 단독주택 중에서 선정한 표준주택에 대하여 매년 공시기준일 현재의 적정가격(이하 "표준주택가격"이라 한다)을 조사·산정하고, 제24조에 따른 중앙부동산가격공시위원회의 심의를 거쳐 이를 공시하여야 한다.

② 제1항에 따른 공시에는 다음 각 호의 사항이 포함되어야 한다.
  1. 표준주택의 지번
  2. 표준주택가격
  3. 표준주택의 대지면적 및 형상
  4. 표준주택의 용도, 연면적, 구조 및 사용승인일(임시사용승인일을 포함한다)
  5. 그 밖에 대통령령으로 정하는 사항

③ 제1항에 따른 표준주택의 선정, 공시기준일, 공시의 시기, 조사·산정기준 및 공시절차 등에 필요한 사항은 대통령령으로 정한다.

④ 국토교통부장관은 제1항에 따라 표준주택가격을 조사·산정하고자 할 때에는 「한국부동산원법」에 따른 한국부동산원(이하 "부동산원"이라 한다)에 의뢰한다.

⑤ 국토교통부장관이 제1항에 따라 표준주택가격을 조사·산정하는 경우에는 인근 유사 단독주택의 거래가격·임대료 및 해당 단독주택과 유사한 이용가치를 지닌다고 인정되는 단독주택의 건설에 필요한 비용추정액, 인근지역 및 다른 지역과의 형평성·특수성, 표준주택가격 변동의 예측 가능성 등 제반사항을 종합적으로 참작하여야 한다.

⑥ 국토교통부장관은 제17조에 따른 개별주택가격의 산정을 위하여 필요하다고 인정하는 경우에는 표준주택과 산정대상 개별주택의 가격형성요인에 관한 표준적인 비교표(이하 "주택가격비준표"라 한다)를 작성하여 시장·군수 또는 구청장에게 제공하여야 한다.

⑦ 제3조 제2항·제4조·제6조·제7조 및 제13조는 제1항에 따른 표준주택가격의 공시에 준용한다. 이 경우 제7조 제2항 후단 중 "제3조"는 "제16조"로 본다.

---

3. 표준주택가격의 효력

> **부동산 가격공시에 관한 법률 제19조**(주택가격 공시의 효력)
>
> ① 표준주택가격은 국가·지방자치단체 등이 그 업무와 관련하여 개별주택가격을 산정하는 경우에 그 기준이 된다.
>
> ② 개별주택가격 및 공동주택가격은 주택시장의 가격정보를 제공하고, 국가·지방자치단체 등이 과세 등의 업무와 관련하여 주택의 가격을 산정하는 경우에 그 기준으로 활용될 수 있다.

02 표준주택 선정기준

1. 토지

(1) 지가의 대표성

표준주택선정단위구역 내에서 지가수준을 대표할 수 있는 토지 중 인근지역 내 가격의 층화를 반영할 수 있는 표준적인 토지

(2) 토지특성의 중용성

표준주택선정단위구역 내에서 개별토지의 토지이용상황·대지면적·지형지세·도로조건·주위환경 및 공적규제 등이 동일 또는 유사한 토지 중 토지특성빈도가 가장 높은 표준적인 토지

(3) 토지용도의 안정성

표준주택선정단위구역 내에서 개별토지의 주변이용상황으로 보아 그 이용상황이 안정적이고 장래 상당기간 동일 용도로 활용될 수 있는 표준적인 토지

(4) 토지구별의 확정성

표준주택선정단위구역 내에서 다른 토지와 구분이 용이하고 위치를 쉽게 확인할 수 있는 표준적인 토지

2. 건물

(1) 건물가격의 대표성

표준주택선정단위구역 내에서 건물가격수준을 대표할 수 있는 건물 중 인근지역 내 가격의 층화를 반영할 수 있는 표준적인 건물

(2) 건물특성의 중용성

표준주택선정단위구역 내에서 개별건물의 구조·용도·연면적 등이 동일 또는 유사한 건물 중 건물특성빈도가 가장 높은 표준적인 건물

⑶ **건물용도의 안정성**

표준주택선정단위구역 내에서 개별건물의 주변이용상황으로 보아 건물로서의 용도가 안정적이고 장래 상당기간 동일 용도로 활용될 수 있는 표준적인 건물

⑷ **외관구별의 확정성**

표준주택선정단위구역 내에서 다른 건물과 외관구분이 용이하고 위치를 쉽게 확인할 수 있는 표준적인 건물

3. 예외

국가 및 지방자치단체에서 행정목적상 필요하여 표준주택을 선정하여 줄 것을 요청한 특정지역이나 단독주택에 대해서는 지역특성을 고려하여 타당하다고 인정하는 경우에는 표준주택을 선정할 수 있다.

03 선정 제외기준

1. 필수적 제외

① 공시지가 표준지 및 지가변동률 표본지
② 무허가건물(다만, 개별주택가격산정을 위하여 시·군·구에서 요청한 경우는 제외한다.)
③ 개·보수, 파손 등으로 감가수정 시 관찰감가를 요하는 단독주택

2. 임의적 제외

① 토지·건물 소유자가 상이한 주택
   ≫ 선정 시 토지·건물 소유자가 동일한 것을 전제로 하여 평가가격을 결정하여야 한다.
② 주택부지가 둘 이상의 용도지역으로 구분되어 있는 경우
③ 2개동 이상의 건물을 주건물로 이용 중인 주택

04 표준주택의 교체

⑴ 기존의 표준주택은 특별한 사유가 없는 한 교체하지 아니한다.

⑵ 표준주택은 다음의 어느 하나에 해당하는 경우에는 이를 인근의 다른 단독주택으로 교체하거나 삭제할 수 있다.

① 도시계획사항의 변경, 단독주택의 이용상황 변경, 주택개발사업의 시행 등으로 인하여 선정기준에 부합되지 아니하는 경우

② 개별주택가격의 산정 시에 비교표준주택으로서의 활용성이 낮아 실질적으로 기준성을 상실한 경우

(3) 해당 지역의 표준주택 수가 증가 또는 감소되는 경우에는 다음의 사항을 고려하여 표준주택이 인근 단독주택가격 비교기준으로 효율적으로 활용될 수 있도록 교체하거나 삭제될 수 있다.

① 개별주택가격의 산정 시에 비교표준주택으로의 활용실적 분석결과

② 지역분석에 따른 표준주택 분포조정 검토결과

③ 도시개발사업 또는 재개발사업 등의 시행으로 인한 주택수급의 변경 등

❖ 표준지공시지가와 표준주택의 차이점

구분	표준지공시지가	표준주택 가격
평가대상	토지	복합부동산
효력	거래지표, 지가산정 평가기준 등	과세산정기준으로 한정
가격개념	적정가격	적정가격
상정조건	나지상태	현황평가
건부감가 여부	최유효이용 상정	건부감가 고려
가격수준파악	정착물과 분리된 지가수준	토지, 건물 일체로 한 가격(일괄평가)
평가방식	토지만의 거래사례비교법이 주 방식	복합부동산의 거래사례비교법

05 표준주택가격의 조사 및 산정기준

1. 평가 원칙

(1) 적정가격 평가

표준주택의 산정가격은 해당 표준주택에 대하여 통상적인 시장에서 정상적인 거래가 이루어지는 경우 성립될 가능성이 가장 높다고 인정되는 적정가격으로 결정하되, 시장에서 형성되는 가격자료를 충분히 조사하여 표준주택의 객관적인 시장가치를 산정한다.

(2) 실제용도 기준평가

표준주택가격의 산정은 공부상의 용도에도 불구하고 공시기준일 현재의 실제용도를 기준으로 산정하되, 일시적인 이용상황은 고려하지 아니한다.

(3) 사법상 제한상태배제 상정평가

표준주택가격의 산정에서 전세권 등 그 표준주택의 사용·수익을 제한하는 사법상의 권리가 설정되어 있는 경우에는 그 사법상의 권리가 설정되어 있지 아니한 상태를 상정하여 산정한다.

(4) 공법상 제한상태 기준평가

표준주택가격의 산정은 국토계획법 등에 따른 제한이 있는 경우에는 제한받는 상태를 기준으로 산정한다.

(5) 일단지 평가

필지 이상에 걸쳐 있는 주택(부속건물 포함)은 대지면적을 합산하여 하나의 주택부지로 평가하며 주택 부속토지가 인접토지와 용도상 불가분의 관계에 있는 경우에는 인접토지를 포함하여 하나의 주택부지로 평가한다.

(6) 필지의 일부만 주택인 경우

필지의 일부가 대지인 주택은 그 대지면적만을 주택부지로 산정한다. 다만, 대지면적 이외의 토지의 이용상황을 고려하여 산정한다.

2. 산정방식의 적용

1) 원칙

거래사례비교법, 원가법, 수익환원법 중 선택하여 적용한다.

2) 구체적인 평가방법

(1) 시장성이 있는 주택

시장성이 있는 표준주택은 거래유형(별표 참조)에 따른 인근 유사 단독주택의 거래가격 등을 고려하여 토지와 건물 일체의 가격으로 산정한다.

⁑ 거래사례비교법 적용 시 거래유형 [4]

구분	약어	내용
(토지면적 × 거래단가) + 건물연면적 × 거래단가)	토단건단	주택부지가격과 건물가격을 별도로 합산하여 거래되는 유형
토지면적 × 거래단가 (건물가격을 포함)	토단	신축 후 일정기간 경과 등의 사유로 건물가격을 별도로 산정하지 아니하고 주택부지 면적만을 기준으로 거래되는 유형
(토지면적 + 건물면적) × 거래단가	토건단	주택부지면적과 건물면적을 합산한 면적에 거래단가를 곱하여 거래되는 유형
기타	기타	위 거래유형 이외의 관행에 의하여 거래되는 유형

---

4) 표준주택가격 조사·산정기준

⑵ **시장성이 없거나 주택의 용도 등이 특수하여 거래사례비교법 적용이 곤란한 경우**

유사 단독주택의 건설에 필요한 비용추정액 또는 임대료 등을 고려하여 가격을 산정한다. 비용추정액은 공시기준일 현재 해당 표준주택과 유사한 이용가치를 지닌다고 인정되는 단독주택의 건설에 필요한 표준적인 건축비와 일반적인 부대비용 및 부속토지가격 수준으로 한다.

⑶ **용도혼합 표준주택 평가**

건물 내부 용도가 주거용 부문과 비주거용 부문으로 혼재된 주택의 가격을 산정할 때에는 건물의 크기, 층별 세부용도, 층별 효용 정도, 건물 내 주거용 부분이 차지하는 비중, 비주거용의 유형 등을 종합적으로 고려하여야 한다.

3. 표준주택가격 결정 및 공시

⑴ **거래가능가격**

표준주택의 주택부지와 건물을 일체로 한 부동산시장에서의 거래가능가격(최빈거래가능가격)의 100% 수준을 조사·평가하여 기재한다(1,000원 미만 절사).

⑵ **표준주택가격**

토지와 건물을 일체로 평가한 거래가능가격에 단독주택의 공시비율을 곱하여 표준주택가격을 기재한다.

> 표준주택가격 = 거래가능가격 × 공시비율(80%)

⑶ **표준주택가격의 결정**

① 관계법령에서 정한 사항 이외의 세부적인 평가기준에 대해서는 표준주택가격 조사·산정업무요령 및 감정평가의 일반이론에 의한다.

② 거래사례, 평가선례·탐문가격자료 등 가격조사자료를 충분히 수집하여 정리한 후, 지역요인 및 개별요인 비교와 그 밖의 요인의 보정 등을 행한다.

③ 조사·평가자는 시·군·구 내, 시·군·구 간 및 시·도별 가격균형협의를 실시한 후 그 결과를 가격결정에 반영하여야 한다.

④ 특정 표준주택의 평가(예정)가격에 대하여 국토교통부(협회)로부터 조정의견이 제시된 경우 조사·평가자는 그 의견이 객관적으로 타당하다고 인정될 때에는 이를 반영하여 평가(예정)가격을 조정하여야 한다.

기 본예제

당신은 국토교통부장관으로부터 표준주택 평가를 의뢰받고 다음의 자료를 수집, 정리하였다. 제시된 자료를 활용하여 표준주택의 적정가격을 평가한 후 표준주택의 토지가액 및 공시가격을 산정하시오.

자료 1 표준주택에 관한 사항

1. 소재지 등: S시 K구 B동 1756-1
2. 용도지역 및 주변상황
   (1) 용도지역 - 제2종일반주거지역
   (2) 지리적 위치 - K구청 동측인근
   (3) 주위환경 - 기존 주택지대
3. 토지 관련 사항
   (1) 지목: 대
   (2) 면적: 210.0m²
   (3) 형상, 지세, 도로, 향: 세로장방형, 평지, 세로(가), 남동향
4. 건물 관련 사항
   (1) 건물구조: 연와조 슬래브지붕 단층
   (2) 연면적: 105.0m²
   (3) 사용승인일자: 2020년 6월 5일
   (4) 표준주택 일련번호: 43150-000

자료 2 인근지역 거래사례자료

1. 용도지역: 제2종일반주거지역
2. 지목 및 이용상황: 대, 단독주택
3. 면적 등: 210m², 정방형, 평지, 소로한면, 서향
4. 건물구조 등: 연와조 슬래브지붕 단층 95m²
5. 건물 사용승인일자: 2023년 3월 15일
6. 거래시점: 2024년 5월 10일
7. 거래가격: 130,000,000원

자료 3 기준시점 현재 건축비(재조달원가)

1. 연와조 슬래브지붕: 690,000원/m²
2. 시멘트벽돌조 슬래브지붕: 600,000원/m²

자료 4 시점수정자료

1. 생산자물가지수(총지수)

2024년 4월	2024년 10월	2024년 11월	2024년 12월
112.10	113.19	113.25	113.37

2. 주택가격지수

2024년 4월	2024년 10월	2024년 11월	2024년 12월
101.1	101.9	102.1	102.7

자료 5 주택(토지, 건물) 개별요인 비교(건물의 잔가율 및 수량요소 포함)

대상	거래사례
100	103

자료 6 **기타자료**

1. 공시기준일은 2025년 1월 1일이다.
2. 일괄평가한 주택가격에서 원가법에 의한 건물가격을 공제하여 토지가격을 산정한다.
3. 경제적 내용연수는 30년, 감가수정은 만년감가, 잔가율은 10%이다.
4. 표준주택 공시가격은 거래가능가격(표준주택평가액)의 80%이다(십만원 미만 절사).

예시답안

Ⅰ. 평가개요

본건은 S시 K구 B동에 소재하는 표준주택에 대한 감정평가로서 공시기준일은 2025년 1월 1일이다.

Ⅱ. 표준주택가격의 평가

1. 처리방침

표준주택가격은 표준주택 조사·평가기준에 따라 토지 및 건물을 일체로 하여 거래사례비교법으로 평가한다.

2. 사례의 선택

제2종일반주거지역, 단독주택으로서 건물의 개별적인 요인이 유사하여 적정한 사례로 판단된다.

3. 평가액 결정

$130,000,000 \times 1.000 \times 1.01583^* \times 1.000 \times 100/103 ≒ 128,212,000$원

* 시점수정(주택가격지수가 적정한 시점수정자료로 판단된다.)

2025.1.1. / 2024.5.10. = 2024년 12월 / 2024년 4월 : $102.7 \div 101.1$

Ⅲ. 표준주택 토지가격 및 표준주택 공시가격

1. 토지 건물 가격의 배분

(1) 표준주택 건물의 가격 : $690,000 \times (1 - 0.9 \times 4/30) ≒ 607,000$원/m²($\times 105 = 63,735,000$원)

(2) 표준주택 토지가격 : $128,212,000 - 63,735,000 = 64,477,000$(307,000원/m²)

2. 표준주택 공시가격

(1) 거래가능가격 : 128,212,000원

(2) 표준주택 공시가격 : $128,212,000 \times 0.8 = 102,500,000$원(십만원 미만 절사)

제4절 임대사례조사(부동산 투자수익률 추계)

01 개념

투자수익률은 일정기간 동안 부동산에 대한 투자로부터 발생하는 수익을 부동산자산가격으로 나눈 값으로 소득수익률과 자본수익률로 구성되며 소득수익률과 자본수익률의 합을 종합수익률이라 한다.

02 투자수익률의 산정방법

1. 소득수익률(자본환원이율)

소득수익률(소득률) 또는 자본환원이율은 부동산이 창출하는 순영업소득을 환원하여 대상 부동산의 경제적 가치를 구하는 데 사용하는 이율을 말한다. 전문적으로는 종합환원이율이라고도 부르며, 부동산의 가격과 수익과의 관계를 표시하는 비율이다. 초년도순수익이율(First Year Cap. rate, Going-in rate), 순이율이라는 용어도 같은 의미로 사용한다.

소득수익률은 직접환원법 적용 시 환원이율의 벤치마크로 사용되기도 한다.

$$소득수익률 = \frac{순영업소득}{기초\ 자산가치}$$

2. 자본수익률(자본이득률)

자본이득은 보유기간 동안 부동산 가치의 상승으로 인한 투자자 몫의 증가를 말하며, 자본이득률 또는 자본수익률은 일본과 한국의 경우 토지가격의 증감과 건물가격의 증감을 고려하여 보유기간 초의 자산가치로 나눈 것이다. 다른 용어로는 자본가치성장률(Capital Growth), 가격상승률(Property Growth Rate), 연평균가격상승률(Compound Annual Appreciation Rate) 등으로도 불린다.

자본수익률은 집합건물(업무용, 매장용) 시점수정 시 활용된다.

$$자본수익률 = \frac{기말\ 자산가치 - 기초\ 자산가치}{기초\ 자산가치}$$

3. 투자수익률(종합수익률)

종합수익률(Rate of Total Return) 또는 총수익률은 투하자본(Capital Employed)에 대한 전체수익률로서 매기에서 단일연도(Single Year)의 소득수익률과 자본수익률의 합계를 의미한다.

$$종합수익률 = 소득수익률 + 자본수익률$$

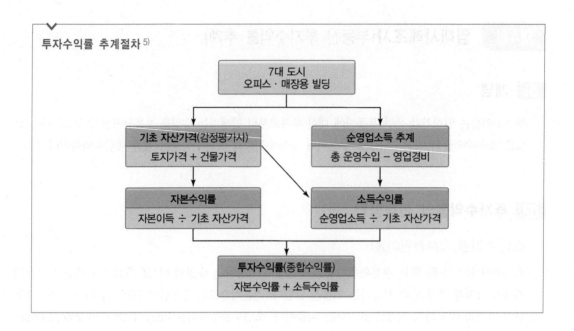

투자수익률 추계절차 [5]

03 기타 투자수익률 분석보고서에서 참조할 수 있는 자료

1. 투자수익률

소득수익률, 자본수익률 및 투자수익률은 유형별, 권역별로 확인할 수 있다.

2. 공실률

유형별, 권역별 공실률을 확인할 수 있다.

⊙ 공실률 추세   (단위 : %, 전기대비 %p)

구분		202×		202×				202×				
		3분기	4분기	1분기	2분기	3분기	4분기	1분기	2분기	3분기	전기대비	전년동기대비
오피스		9.3	10.7	11.1	12.2	12.6	12.7	13.5	12.7	12.6	−0.1	0.0
매장용	중대형	9.7	10.2	10.3	10.5	10.5	10.3	10.5	10.8	10.6	−0.1	0.1
	소규모	–	–	–	–	–	–	5.1	4.9	5.2	0.3	

3. 단위면적당 임대료

임차인이 일정공간을 점유하기 위하여 지불하는 총비용의 추정을 목적으로 하며, 유형별, 권역별 단위면적당 임대료를 확인할 수 있다.

---

5) 상업용 오피스빌딩 임대동향조사, 국토교통부

유형별 지역별 임대료

(단위: 천원/㎡, 전기대비 %)

구분		전국	수도권			지방광역시				
			서울	경기	인천	부산	대구	광주	대전	울산
오피스		14.8	20.4	11.2	9.3	7.9	7.4	6.1	5.0	8.2
매장용	중대형	31.8	60.6	32.1	31.7	30.0	23.6	22.4	18.5	18.7
	소규모	16.4	46.5	22.1	14.8	26.3	20.6	14.0	12.3	13.6
	집합	28.8	50.2	30.3	27.6	36.7	26.1	23.5	24.2	22.9

4. 임대가격지수

두 시점 간 임차인이 일정공간을 점유하기 위하여 지불하는 총비용의 변화를 추정한다.

지역별 임대가격지수(오피스)

지역	202×.1Q		202×.2Q		202×.3Q	
	지수	변동률	지수	변동률	지수	변동률
서울	99.51	−0.49	99.29	−0.22	99.23	−0.06
도심	99.16	−0.84	98.56	−0.60	98.47	−0.10
명동	98.79	−1.21	97.94	−0.85	97.61	−0.34

5. 층별 임대료 및 층별 효용비율

(단위: 천원/㎡, 전기대비 %)

구분			지하 1층	1층	2층	3층	4층	5층	6-10층	11층 이상
오피스		임대료	9.9	27.2	15.5	13.3	12.9	12.7	13.7	18.5
		층별 효용비율	36.4	100.0	57.0	49.1	47.6	46.8	50.2	68.2
매장용	중대형	임대료	10.3	31.8	13.4	10.6	10.8	10.9	11.5	−
		층별 효용비율	32.4	100.0	42.1	33.3	33.9	34.3	36.2	−
	소규모	임대료	8.8	16.4	8.0	−	−	−	−	−
		층별 효용비율	53.5	100.0	48.6	−	−	−	−	−
	집합	임대료	8.1	28.7	11.4	9.1	8.5	7.9	8.1	−
		층별 효용비율	28.4	100.0	39.7	31.6	29.5	27.4	28.4	−

>> 층별 효용비율은 1층 임대료를 기준으로 한 각 층에 임대료 수준 비율이다.

기 본예제

감정평가사 柳 씨는 아래와 같은 부동산의 투자수익률 산정에 대한 판단을 의뢰받고 자료를 수집하였다. 아래 부동산의 투자수익률을 산정하시오.

자료 1 대상 부동산의 내역 등

풀이영상

1. 판단기준시점: 2026년 1월 1일
2. 물건내역
   (1) 토지: S시 K구 Y동 100번지, 150m²
   (2) 건물: 위 지상사무소, 연면적 700m², 2025년 1월 1일 준공되었으며, 경제적 내용연수는 50년임.

자료 2 본건의 임대/비용 내역 등

1. 임대기간: 2026년 1월 1일~2028년 12월 31일
2. 임대료
   (1) 지불임대료: 매월 초 1,500,000원
   (2) 예금적 성격의 일시금(비소멸성): 18,000,000원
   (3) 선불적 성격의 일시금(소멸성): 18,000,000원
3. 비용명세서 발췌내용
   (1) 대손준비비 및 공실손실상당액: 총 임대료의 5%
   (2) 화재보험료: 임대개시시점에서 1,000,000원을 지급(임대기간 분)하고 화재가 발생하지 않을 경우 1,157,600원을 환급하는 조건임.
   (3) 공조공과: 연 1,000,000원
   (4) 기타의 경비내역(감가상각비 제외): 10,000,000원이며, 임차자와 임대인이 반반씩 부담하기로 함.

자료 3 인근의 거래사례

구분	출처	면적		거래가격 (천원)	거래시점	개별요인
		토지면적(m²)	건물면적(m²)			
거래사례	매매계약서	195	750	420,000	최근	본건보다 5% 우세함.

≫ 상기 개별요인에는 건물의 잔가율이 포함되어 있으며 수량요소는 포함되어 있지 않다.
≫ 수량요소 비교 시 건물의 단위면적당 가격을 기준으로 판단한다.

자료 4 향후 시장상황 예측

향후의 시장상황은 토지의 경우 매년 4.0%씩 상승할 것으로 예상되나, 건물은 매년 2%씩 감가될 것으로 예상된다. 토지 및 건물의 가격구성비율은 7 : 3이다.

자료 5

시장이자율 및 보증금운용이율: 연 12.0%

예시답안

Ⅰ. 평가개요

본건은 S시 K구 Y동 소재 업무용 부동산의 투자수익률의 산정과 관련된 평가로서 2026년 1월 1일을 기준시점으로 판단한다.

II. 본건의 투자수익률

1. 소득수익률

(1) 본건의 순영업소득

① 총수익

㉠ 지불임대료 : $1,500,000 \times (1 + 0.01) \times 12월 = 18,180,000원$

㉡ 보증금운용익 : $18,000,000 \times 0.12 = 2,160,000원$

㉢ 권리금상각액 및 미상각액 운용익 : $18,000,000 \times \dfrac{0.12 \times 1.12^3}{1.12^3 - 1} ≒ 7,494,300원$

㉣ 소계 : $27,834,000원$

② 총비용

㉠ 공실 및 손실상당액 : $27,834,000 \times 0.05 = 1,392,000원$

㉡ 화재보험료 : $1,000,000 \times \dfrac{0.12 \times 1.12^3}{1.12^3 - 1} - 1,157,600 \times \dfrac{0.12}{1.12^3 - 1} ≒ 73,300원$

㉢ 총비용 : $1,392,000 + 73,300 + 1,000,000 + (10,000,000 \times 0.5) ≒ 7,465,000원$

③ 순영업소득 : $27,834,000 - 7,465,000 = 20,369,000원$

(2) 본건의 시장가치(거래사례비교법)

$420,000,000 \times 1.000 \times 1.00000 \times 1.000 \times 100/105 \times 1/750 ≒ 533,000원/㎡ (\times 700 = 373,100,000원)$

(3) 소득수익률 : $20,369,000 \div 373,100,000 ≒ 5.46\%$

2. 자본수익률(향후 1년간 가치변동분)

$(0.7 \times 1.04 + 0.3 \times 0.98) - 1 ≒ 2.20\%$

3. 투자수익률

$5.46\% + 2.20\% = 7.66\%$

토지의 보상감정평가

01 손실보상의 의의 등

1. 손실보상의 의의

행정상 손실보상이란 공공필요에 의한 적법한 공권력의 행사에 의하여 개인의 재산권에 가하여진 특별한 희생에 대하여, 전체적인 공평부담의 견지에서 행하여지는 재산적 전보(塡補)를 말한다. 공익사업의 시행을 위해 개인의 특정 재산권을 취득 또는 사용하거나 그 이용방법을 제한할 필요가 있게 되는 경우, 개인의 재산권의 취득·사용·제한은 당사자의 귀책사유 없이 공익적 견지에서 부과된 것이므로, 그로 인한 손실을 공평부담의 견지에서 전보하는 것이 손실보상이다. 이것을 재산권보장의 측면에서 보면, 재산권보장은 재산권을 그 상태대로 존속시키는 존속보장이 원칙이나, 공익적인 필요에 의해 존속보장이 불가능할 경우에는 재산권을 경제적 가치로 바꾸어 보장시켜 주는 가치보장을 하는 것도 허용되며, 이와 같이 재산권보장으로서의 가치보장 방법이 손실보상이라 할 수 있다.

2. 손실의 내용

손실보상에서 손실은 원칙적으로 기존재산의 상실 또는 감소 그리고 새로운 비용의 지출을 의미하고, 특별한 경우에 한하여 장래에 발생할 기대이익의 상실도 포함된다.

(1) 기존재산의 상실 또는 감소

기존재산의 상실 또는 감소는 공익사업에 편입됨으로 인하여 토지소유자 등의 재산이 상실 또는 감소하는 것을 말한다. 이러한 기존재산의 상실 또는 감소에는 취득의 직접 대상이 되는 것뿐만 아니라, 토지의 일부가 취득됨으로 인하여 그 잔여지 또는 잔여물건의 재산가치가 하락하는 것을 포함한다.

(2) 새로운 비용의 지출

새로운 비용의 지출은 잔여물건을 종전과 동등한 효용을 유지시키기 위한 시설 또는 관리에 필요한 비용의 발생을 말한다. 이전비 및 보수비 등이 여기에 해당된다.

⑶ 장래기대이익의 상실

손실보상은 손해배상과 달리 적법한 공권력의 행사에 의한 재산적 손실에 대하여 전체적인 공평부담의 견지에서 이루어지는 것이므로, 아직 현실화되지 않은 장래기대이익의 상실은 원칙적으로 보상대상이 아니다. 다만, 객관적으로 실현이 확실한 장래의 이익에 대하여 예외적으로 보상대상으로 인정하고 있으며, 광업권·어업권 등과 같은 권리의 보상이 여기에 해당된다.

3. 보상의 대상

공익사업의 시행으로 인하여 손실이 발생하였다고 하여 모든 손실을 보상하는 것은 아니며, 그 손실이 "특별한 희생"에 해당되는 경우에 한하여 보상한다. 여기에서 특별한 희생이란 재산권의 내재적인 제약 또는 사회적 제약의 한계를 넘어서는 희생을 말한다. 즉, 발생한 손실이 재산권에 내재하는 사회적 제약의 범위 내에 있는 것이라면 보상의 대상이 아니다.

02 손실보상의 법적근거 및 적용

헌법 제23조 제3항에서는 "공공필요에 의한 재산권의 수용·사용 또는 제한 및 그에 대한 보상은 법률로써 하되, 정당한 보상을 지급하여야 한다"라고 규정하고 있으며 법률로는 전형적 의미의 행정상 손실보상의 근거법인 토지수용법과 협의취득의 특례를 규정한 공공용지의 취득 및 손실보상에 관한 특례법[1]이 통합되어 탄생한 「공익사업을 위한 토지 등의 취득 및 보상에 관한 법률」(이하 "토지보상법")과 기타 재산권의 강제적 취득을 규정한 개별법이 법적근거를 제공하고 있다.

「토지보상법」은 공용수용의 목적물을 비롯하여 공익사업, 공용수용의 절차와 효과 등에 관하여 규정하는 일반법적 지위를 가지고 있다. 한편 많은 개발사업 등에 관한 법률은 개발사업이나 복리행정을 목적으로 수용 등에 관하여 「토지보상법」의 특례를 규정하고 있다. 따라서 개별법률에서 보상감정평가와 관련한 규정이 있는 경우에는 특별법 우선의 원칙에 따라 이들 특례를 우선 적용하고, 그렇지 않은 경우에는 「토지보상법」의 규정을 적용하게 된다. 또한 토지보상법령에서 규정하지 않는 것은 이 기준을 적용한다.

---

1) 이하, "공특법"이라 약칭한다.

03 기본적 정의

> **토지보상법 제2조**(정의)
>
> 이 법에서 사용하는 용어의 뜻은 다음과 같다.
> 1. "토지 등"이란 제3조 각 호에 해당하는 토지·물건 및 권리를 말한다.
> 2. "공익사업"이란 제4조 각 호의 어느 하나에 해당하는 사업을 말한다.
> 3. "사업시행자"란 공익사업을 수행하는 자를 말한다.
> 4. "토지소유자"란 공익사업에 필요한 토지의 소유자를 말한다.
> 5. "관계인"이란 사업시행자가 취득하거나 사용할 토지에 관하여 지상권·지역권·전세권·저당권·사용대차 또는 임대차에 따른 권리 또는 그 밖에 토지에 관한 소유권 외의 권리를 가진 자나 그 토지에 있는 물건에 관하여 소유권이나 그 밖의 권리를 가진 자를 말한다.
> 다만, 제22조에 따른 사업인정의 고시가 된 후에 권리를 취득한 자는 기존의 권리를 승계한 자를 제외하고는 관계인에 포함되지 아니한다.
> 6. "가격시점"이란 제67조 제1항에 따른 보상액 산정(算定)의 기준이 되는 시점을 말한다.
> 7. "사업인정"이란 공익사업을 토지 등을 수용하거나 사용할 사업으로 결정하는 것을 말한다.

04 적용대상

사업시행자가 다음 각 호에 해당하는 토지·물건 및 권리를 취득하거나 사용하는 경우에는 이 법을 적용한다.

> **토지보상법 제3조**(적용대상)
>
> 사업시행자가 다음 각 호에 해당하는 토지·물건 및 권리를 취득하거나 사용하는 경우에는 이 법을 적용한다.
> 1. 토지 및 이에 관한 소유권 외의 권리
> 2. 토지와 함께 공익사업을 위하여 필요한 입목(立木), 건물, 그 밖에 토지에 정착된 물건 및 이에 관한 소유권 외의 권리
> 3. 광업권·어업권·양식업권 또는 물의 사용에 관한 권리
> 4. 토지에 속한 흙·돌·모래 또는 자갈에 관한 권리

05 공익사업의 종류

토지보상법 제4조(공익사업)

이 법에 따라 토지 등을 취득하거나 사용할 수 있는 사업은 다음 각 호의 어느 하나에 해당하는 사업이어야 한다.

1. 국방·군사에 관한 사업
2. 관계법률에 따라 허가·인가·승인·지정 등을 받아 공익을 목적으로 시행하는 철도·도로·공항·항만·주차장·공영차고지·화물터미널·궤도(軌道)·하천·제방·댐·운하·수도·하수도·하수종말처리·폐수처리·사방(砂防)·방풍(防風)·방화(防火)·방조(防潮)·방수(防水)·저수지·용수로·배수로·석유비축·송유·폐기물처리·전기·전기통신·방송·가스 및 기상 관측에 관한 사업
3. 국가나 지방자치단체가 설치하는 청사·공장·연구소·시험소·보건시설·문화시설·공원·수목원·광장·운동장·시장·묘지·화장장·도축장 또는 그 밖의 공공용 시설에 관한 사업
4. 관계 법률에 따라 허가·인가·승인·지정 등을 받아 공익을 목적으로 시행하는 학교·도서관·박물관 및 미술관 건립에 관한 사업
5. 국가, 지방자치단체, 「공공기관의 운영에 관한 법률」 제4조에 따른 공공기관, 「지방공기업법」에 따른 지방공기업 또는 국가나 지방자치단체가 지정한 자가 임대나 양도의 목적으로 시행하는 주택건설 또는 택지조성에 관한 사업
6. 제1호부터 제5호까지의 사업을 시행하기 위하여 필요한 통로, 교량, 전선로, 재료적치장 또는 그 밖의 부속시설에 관한 사업
7. 제1호부터 제5호까지의 사업을 시행하기 위하여 필요한 주택, 공장 등의 이주단지 조성에 관한 사업
8. 그 밖에 별표에 규정된 법률에 따라 토지 등을 수용하거나 사용할 수 있는 사업

동법 제4조의2(토지 등의 수용·사용에 관한 특례의 제한)

① 이 법에 따라 토지 등을 수용하거나 사용할 수 있는 사업은 제4조 또는 별표에 규정된 법률에 따르지 아니하고는 정할 수 없다.
② 별표는 이 법 외의 다른 법률로 개정할 수 없다.
③ 국토교통부장관은 제4조 제8호에 따른 사업의 공공성, 수용의 필요성 등을 5년마다 재검토하여 폐지, 변경 또는 유지 등을 위한 조치를 하여야 한다.

토지보상법 [별표]

그 밖에 별표에 규정된 법률에 따라 토지 등을 수용하거나 사용할 수 있는 사업(제4조 제8호 관련)[2]

2) 세부 목록의 나열은 지면관계상 생략하였다.

06 손실보상의 당사자

1. 사업시행자

공익사업을 수행하는 자를 사업시행자라 한다(토지보상법 제2조 제3호). 토지 등의 취득·사용 또는 수용의 측면에서 보면 주체적인 권리자가 되는 반면, 손실보상의 측면에서는 의무자가 된다.

2. 토지소유자

공익사업의 수행을 위하여 필요로 하는 토지의 소유자를 말한다(토지보상법 제2조 제4호). 토지소유자에는 관계인과는 달리 사업인정의 고시일 후에 권리를 원시취득(공유수면의 매립 등)한 자도 포함된다.

3. 관계인

관계인이란 취득 또는 사용절차에 참가하여 보호받을 자기의 이익을 위하여 주장할 수 있는 모든 자 중에서 토지소유자를 제외한 자이다. 관계인은 ⅰ) 취득 또는 사용할 토지에 관하여 지상권·지역권·전세권·저당권·사용대차 또는 임대차에 따른 권리 또는 그 밖에 토지에 관한 소유권 외의 권리를 가진 자, ⅱ) 취득 또는 사용할 토지에 있는 물건에 관하여 소유권이나 그 밖의 권리를 가진 자 즉, 토지와 함께 공익사업을 위하여 필요한 입목·건축물 그 밖에 토지에 정착된 물건에 대한 소유권 및 이에 관한 소유권 외의 권리, 광업권·어업권 또는 물의 사용에 관한 권리, 토지에 속한 흙·돌·모래 또는 자갈에 관한 권리를 가진 자이다(토지보상법 제2조 제5호).

관계인에 관한 규정에서 열거하고 있는 권리는 하나의 예시에 불과하고, 토지소유권 외의 권리자 모두를 포함한다. 또한 관계인으로서의 지위가 인정되기 위해서는 사업인정고시를 할 때 이들 권리가 존재하고 있어야 한다.

대법원은 토지에 대한 수용재결절차개시 이전에 대상토지를 매수하여 대금을 완급하고 그 토지를 인도받아 사용권을 취득하였으나 그 소유권이전등기만을 마치지 아니한 자는 토지수용으로 말미암아 그 소유권을 취득할 수 없게 되는 결과를 초래하는 점에 비추어 토지에 대한 소유권 외의 권리를 가진 자인 관계인으로 보고 있다(대판 1982.9.14, 81누130 참조). 그러나 가처분등기는 토지소유자에 대하여 임의처분을 금지하는 데 그치고 그로써 소유권취득의 효력까지 주장할 수 있는 성질의 것이 아니므로 가처분권자는 관계인으로 보지 않는다(대판 1973.2.26, 72다2401·2402).

07 손실보상의 진행

1. 손실보상의 절차 [3]

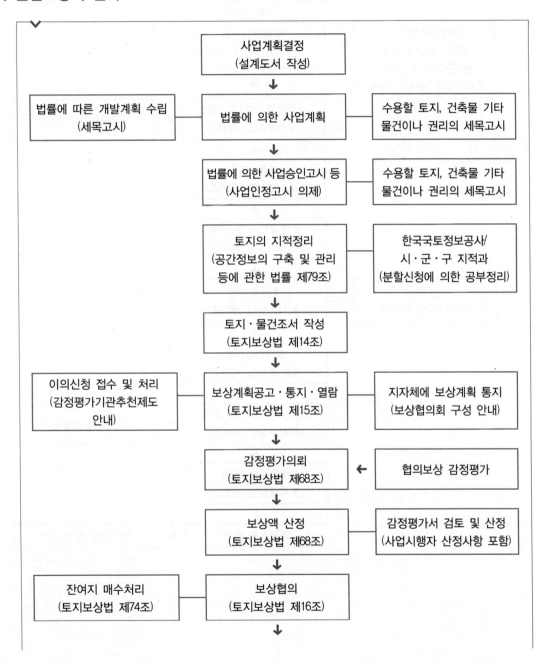

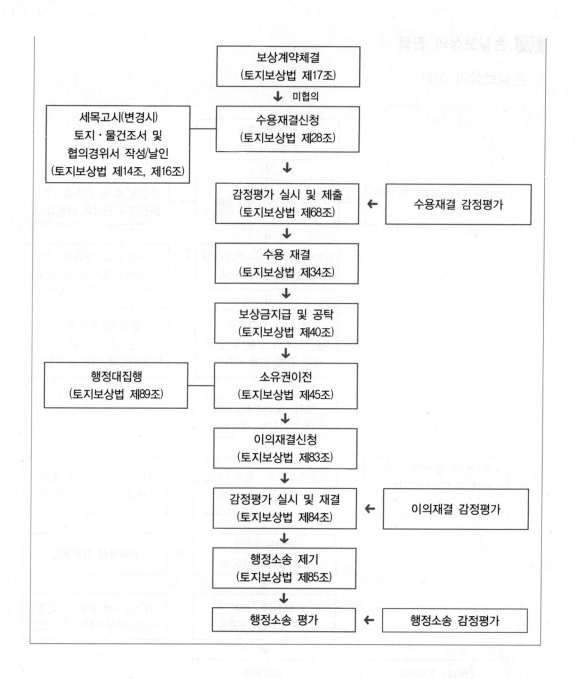

2. 공익사업의 준비

① 사업의 준비를 위한 출입의 허가 등[4]
② 출입의 통지[5]
③ 토지점유자의 인용의무[6]
④ 장해물의 제거 등[7]
⑤ 증표 등의 휴대[8]

3. 협의에 의한 취득 또는 사용(사업인정 전 보상절차)

1) 토지조서 및 물건조서의 작성[9]

사업시행자는 공익사업의 수행을 위하여 제20조에 따른 사업인정 전에 협의에 의한 토지 등의 취득 또는 사용이 필요할 때에는 토지조서와 물건조서를 작성하여 서명 또는 날인을 하고 토지소유자와 관계인의 서명 또는 날인을 받아야 한다. 토지조서에는 현실적인 이용상황이 기재되어야 하며, 물건조서에는 구조 및 규격이 기재되어야 한다.

◦ 토지조서 및 물건조서의 양식(발췌)[10]

토지의 명세										
소재지	지번 (원래 지번)	지목	현실적인 이용상황	전체 면적 (m²)	편입 면적 (m²)	용도지역 및 지구	관계인			비고
							성명 또는 명칭	주소	권리의 종류 및 내용	

물건의 명세								
소재지	지번	물건의 종류	구조 및 규격	수량 (면적)	관계인			비고
					성명 또는 명칭	주소	권리의 종류 및 내용	

---

4) 토지보상법 제9조
5) 토지보상법 제10조
6) 토지보상법 제11조
7) 토지보상법 제12조
8) 토지보상법 제13조
9) 토지보상법 제14조
10) 토지보상법 시행규칙 별지 제4호 및 제5호 서식

2) 보상계획의 열람 등 [11]

① 사업시행자는 토지조서와 물건조서를 작성하였을 때에는 공익사업의 개요, 토지조서 및 물건조서의 내용과 보상의 시기·방법 및 절차 등이 포함된 보상계획을 전국을 보급지역으로 하는 일간신문에 공고하고, 토지소유자 및 관계인에게 각각 통지하여야 하며, 제2항 단서에 따라 열람을 의뢰하는 사업시행자를 제외하고는 특별자치도지사, 시장·군수 또는 구청장에게도 통지하여야 한다. 다만, 토지소유자와 관계인이 20인 이하인 경우에는 공고를 생략할 수 있다(토지보상법 제15조 제1항 및 제2항).

② 공고되거나 통지된 토지조서 및 물건조서의 내용에 대하여 이의(異議)가 있는 토지소유자 또는 관계인은 제2항에 따른 열람기간 이내에 사업시행자에게 서면으로 이의를 제기할 수 있다. 다만, 사업시행자가 고의 또는 과실로 토지소유자 또는 관계인에게 보상계획을 통지하지 아니한 경우 해당 토지소유자 또는 관계인은 제16조에 따른 협의가 완료되기 전까지 서면으로 이의를 제기할 수 있다(토지보상법 제15조 제3항).

③ 사업시행자는 해당 토지조서 또는 물건조서에 제기된 이의를 부기(附記)하고 그 이의가 이유 있다고 인정할 때에는 적절한 조치를 하여야 한다(토지보상법 제15조 제4항).

3) 보상대상의 확정

(1) 보상대상 확정의 주체

보상대상은 「토지보상법」에서 정한 위와 같은 절차에 의해 확정되고 이에 대해 사업시행자와 토지소유자 및 관계인 사이에 이의가 있을 경우에는 토지수용위원회의 재결 또는 소송을 통해 확정된다. 특히 보상대상 여부에 대해서 사업시행자와 토지소유자 사이에 이견이 있는 경우로서 사업인정 이전은 토지소유자는 협의보상에 응하지 않을 수 있고, 사업인정 이후에는 「토지보상법」 제30조에 의한 재결 신청청구를 통하여 보상대상 여부를 다툴 수 있다(대판 2011.7.14, 2011두2309 참조). 따라서 감정평가법인등은 사업시행자 또는 토지수용위원회가 제시한 목록에 의하여 감정평가해야 하고 보상대상을 임의로 추가하거나 삭제하여서는 안 된다. 보상대상이 누락되었거나 대상에 해당되지 않은 토지가 의뢰된 경우에는 사업시행자에게 그 내용을 조회한 후 처리하고, 사업시행자의 의견과 감정평가법인등의 의견이 상이할 경우에는 그 내용을 감정평가서에 기재한다.

(2) 보상대상의 확정기준일

사업인정 전 협의의 경우에는 「토지보상법」에서는 공익사업과 관련하여 토지의 보전의무 등 행위제한이 부과되지 않고 관계인의 범위도 한정되지 않으므로, 원칙적으로 보상대상은 협의종료일까지는 확정되지 않고 변동될 수 있다.

그러나 사업인정 후 협의 또는 재결의 경우에 있어서 「토지보상법」 제25조 제1항에서는 사업인정고시일을 기준으로 토지 등의 보전의무를 부과하고, 제3항에서는 건축물의 건축·대수선, 공작물의 설치 또는 물건의 부가·증치를 한 토지소유자 또는 관계인은 해당 건축물·공작물 또는 물건을

---

11) 토지보상법 제15조

원상으로 회복하여야 하며, 이에 관한 손실의 보상을 청구할 수 없도록 규정하고 있으므로, 사업인정고시일을 기준으로 보상대상이 확정된다.

4) 협의 [12]

사업시행자는 토지 등에 대한 보상에 관하여 토지소유자 및 관계인과 성실하게 협의하여야 한다.

5) 계약의 체결 [13]

사업시행자는 협의가 성립되었을 때에는 토지소유자 및 관계인과 계약을 체결하여야 한다.

4. 사업인정

(1) 개요

사업시행자는 토지 등을 수용하거나 사용하려면 대통령령으로 정하는 바에 따라 국토교통부장관의 사업인정을 받아야 한다.

(2) 사업인정의 정의

공익사업을 위해 토지 등을 수용하거나 사용할 사업으로 결정하는 것을 말한다.

(3) 사업인정 전 의견청취 등 [14]

국토교통부장관은 사업인정을 하려면 관계 중앙행정기관의 장 및 특별시장·광역시장·도지사·특별자치도지사와 협의하여야 하며, 중앙토지수용위원회 및 사업인정에 이해관계가 있는 자의 의견을 들어야 한다.

토지보상법 제4조에 규정된 별표에 규정된 법률에 따라 사업인정이 있는 것으로 의제되는 공익사업의 허가·인가·승인권자 등은 사업인정이 의제되는 지구지정·사업계획승인 등을 하려는 경우 중앙토지수용위원회 및 사업인정에 이해관계가 있는 자의 의견을 들어야 한다.

중앙토지수용위원회는 사업인정 전 의견제출을 요청받은 날부터 30일 이내에 의견을 제출하여야 한다. 이 경우 같은 기간 이내에 의견을 제출하지 아니하는 경우에는 의견이 없는 것으로 본다.

(4) 사업인정의 고시 [15]

국토교통부장관은 사업인정을 하였을 때에는 지체 없이 그 뜻을 사업시행자, 토지소유자 및 관계인, 관계 시·도지사에게 통지하고 사업시행자의 성명이나 명칭, 사업의 종류, 사업지역 및 수용하거나 사용할 토지의 세목을 관보에 고시하여야 한다.

사업인정은 제1항에 따라 고시한 날부터 그 효력이 발생한다.

---

12) 토지보상법 제16조
13) 토지보상법 제17조
14) 토지보상법 제21조
15) 토지보상법 제22조

(5) 사업인정의 실효 [16]

① 사업시행자가 사업인정의 고시가 된 날부터 1년 이내에 재결 신청을 하지 아니한 경우에는 사업인정고시가 된 날부터 1년이 되는 날의 다음 날에 사업인정은 그 효력을 상실한다.

② 사업시행자는 사업인정이 실효됨으로 인하여 토지소유자나 관계인이 입은 손실을 보상하여야 한다.

(6) 사업의 폐지 및 변경 [17]

① 사업인정고시가 된 후 사업의 전부 또는 일부를 폐지하거나 변경함으로 인하여 토지 등의 전부 또는 일부를 수용하거나 사용할 필요가 없게 되었을 때에는 사업시행자는 지체 없이 사업지역을 관할하는 시·도지사에게 신고하고, 토지소유자 및 관계인에게 이를 통지하여야 한다.

② 시·도지사는 제1항에 따른 신고를 받으면 사업의 전부 또는 일부가 폐지되거나 변경된 내용을 관보에 고시하여야 한다.

③ 시·도지사는 제1항에 따른 신고가 없는 경우에도 사업시행자가 사업의 전부 또는 일부를 폐지하거나 변경함으로 인하여 토지를 수용하거나 사용할 필요가 없게 된 것을 알았을 때에는 미리 사업시행자의 의견을 듣고 제2항에 따른 고시를 하여야 한다.

④ 시·도지사는 제2항 및 제3항에 따른 고시를 하였을 때에는 지체 없이 그 사실을 국토교통부장관에게 보고하여야 한다.

⑤ 별표에 규정된 법률에 따라 제20조에 따른 사업인정이 있는 것으로 의제되는 사업이 해당 법률에서 정하는 바에 따라 해당 사업의 전부 또는 일부가 폐지되거나 변경된 내용이 고시·공고된 경우에는 제2항에 따른 고시가 있는 것으로 본다.

⑥ 제2항 및 제3항에 따른 고시가 된 날부터 그 고시된 내용에 따라 사업인정의 전부 또는 일부는 그 효력을 상실한다.

⑦ 사업시행자는 제1항에 따라 사업의 전부 또는 일부를 폐지·변경함으로 인하여 토지소유자 또는 관계인이 입은 손실을 보상하여야 한다.

(7) 사업의 완료 [18]

① 사업이 완료된 경우 사업시행자는 지체 없이 사업시행자의 성명이나 명칭, 사업의 종류, 사업지역, 사업인정고시일 및 취득한 토지의 세목을 사업지역을 관할하는 시·도지사에게 신고하여야 한다.

② 시·도지사는 제1항에 따른 신고를 받으면 사업시행자의 성명이나 명칭, 사업의 종류, 사업지역 및 사업인정고시일을 관보에 고시하여야 한다.

③ 시·도지사는 제1항에 따른 신고가 없는 경우에도 사업이 완료된 것을 알았을 때에는 미리 사업시행자의 의견을 듣고 제2항에 따른 고시를 하여야 한다.

---

16) 토지보상법 제23조
17) 토지보상법 제24조
18) 토지보상법 제24조의2

④ 별표에 규정된 법률에 따라 제20조에 따른 사업인정이 있는 것으로 의제되는 사업이 해당 법률에서 정하는 바에 따라 해당 사업의 준공·완료·사용개시 등이 고시·공고된 경우에는 제2항에 따른 고시가 있는 것으로 본다.

(8) 토지 등의 보전 [19]

① 사업인정고시가 된 후에는 누구든지 고시된 토지에 대하여 사업에 지장을 줄 우려가 있는 형질의 변경이나 물건을 손괴하거나 수거하는 행위를 하지 못한다.

② 사업인정고시가 된 후에 고시된 토지에 건축물의 건축·대수선, 공작물(工作物)의 설치 또는 물건의 부가(附加)·증치(增置)를 하려는 자는 특별자치도지사, 시장·군수 또는 구청장의 허가를 받아야 한다. 이 경우 특별자치도지사, 시장·군수 또는 구청장은 미리 사업시행자의 의견을 들어야 한다.

③ 이를 위반하여 건축물의 건축·대수선, 공작물의 설치 또는 물건의 부가·증치를 한 토지소유자 또는 관계인은 해당 건축물·공작물 또는 물건을 원상으로 회복하여야 하며 이에 관한 손실의 보상을 청구할 수 없다.

5. 수용에 의한 취득 또는 사용(사업인정 후 보상절차)

사업시행자는 공익사업의 수행을 위하여 필요하면 이 법에서 정하는 바에 따라 토지 등을 수용하거나 사용할 수 있다. 공익사업에 수용되거나 사용되고 있는 토지 등은 특별히 필요한 경우가 아니면 다른 공익사업을 위하여 수용하거나 사용할 수 없다. [20]

(1) 협의 등의 절차 준용 [21]

① 사업인정을 받은 사업시행자는 토지조서 및 물건조서의 작성, 보상계획의 공고·통지 및 열람, 보상액의 산정과 토지소유자 및 관계인과의 협의 절차를 거쳐야 한다.

② 사업인정 이전에 협의 절차를 거쳤으나 협의가 성립되지 아니하고 사업인정을 받은 사업으로서 토지조서 및 물건조서의 내용에 변동이 없을 때에는 협의 절차를 거치지 아니할 수 있다. 다만, 사업시행자나 토지소유자 및 관계인이 협의를 요구할 때에는 협의하여야 한다.

(2) 재결의 신청 [22]

협의가 성립되지 아니하거나 협의를 할 수 없을 때에는 사업시행자는 사업인정고시가 된 날부터 1년 이내에 대통령령으로 정하는 바에 따라 관할 토지수용위원회에 재결을 신청할 수 있다.

---

19) 토지보상법 제25조, 당 규정은 사업인정의 고시가 있은 후의 지장물에 대해서 보상을 하지 않는 법적 근거가 된다.
20) 토지보상법 제19조
21) 토지보상법 제26조
22) 토지보상법 제28조

(3) 협의 성립의 확인 [23)

사업시행자와 토지소유자 및 관계인 간에 사업인정 전의 협의 절차를 거쳐 협의가 성립되었을 때에는 사업시행자는 재결 신청기간 이내에 해당 토지소유자 및 관계인의 동의를 받아 대통령령으로 정하는 바에 따라 관할 토지수용위원회에 협의 성립의 확인을 신청할 수 있다.

(4) 재결 신청의 청구 [24)

사업인정고시가 된 후 협의가 성립되지 아니하였을 때에는 토지소유자와 관계인은 대통령령으로 정하는 바에 따라 서면으로 사업시행자에게 재결을 신청할 것을 청구할 수 있다.

사업시행자는 재결 신청의 청구를 받았을 때에는 그 청구를 받은 날부터 60일 이내에 대통령령으로 정하는 바에 따라 관할 토지수용위원회에 재결을 신청하여야 한다.

(5) 기타절차

① 열람 [25)

토지수용위원회는 재결신청서를 접수하였을 때에는 대통령령으로 정하는 바에 따라 지체 없이 이를 공고하고 일반인이 열람할 수 있도록 하여야 한다.

② 심리 [26)

토지수용위원회는 열람기간이 지났을 때에는 지체 없이 해당 신청에 대한 조사 및 심리를 하여야 한다.

③ 화해의 권고 [27)

토지수용위원회는 그 재결이 있기 전에는 그 위원 3명으로 구성되는 소위원회로 하여금 사업시행자, 토지소유자 및 관계인에게 화해를 권고하게 할 수 있다.

6. 수용 또는 사용의 효과

(1) 보상금의 지급 및 공탁 [28)

① 사업시행자는 수용 또는 사용의 개시일까지 관할 토지수용위원회가 재결한 보상금을 지급하여야 한다.

② 사업시행자는 보상금을 받을 자가 그 수령을 거부하거나 보상금을 수령할 수 없는 경우 등에는 수용 또는 사용의 개시일까지 수용하거나 사용하려는 토지 등의 소재지의 공탁소에 보상금을 공탁(供託)할 수 있다.

---

23) 토지보상법 제29조
24) 토지보상법 제30조
25) 토지보상법 제31조
26) 토지보상법 제32조
27) 토지보상법 제33조
28) 토지보상법 제40조

(2) 재결의 실효[29]

① 사업시행자가 수용 또는 사용의 개시일까지 관할 토지수용위원회가 재결한 보상금을 지급하거나 공탁하지 아니하였을 때에는 해당 토지수용위원회의 재결은 효력을 상실한다.

② 사업시행자는 재결의 효력이 상실됨으로 인하여 토지소유자 또는 관계인이 입은 손실을 보상하여야 한다.

(3) 토지 또는 물건의 인도 등[30]

토지소유자 및 관계인과 그 밖에 토지소유자나 관계인에 포함되지 아니하는 자로서 수용하거나 사용할 토지나 그 토지에 있는 물건에 관한 권리를 가진 자는 수용 또는 사용의 개시일까지 그 토지나 물건을 사업시행자에게 인도하거나 이전하여야 한다.

(4) 권리의 취득ㆍ소멸 및 제한[31]

① 사업시행자는 수용의 개시일에 토지나 물건의 소유권을 취득하며, 그 토지나 물건에 관한 다른 권리는 이와 동시에 소멸한다.

② 사업시행자는 사용의 개시일에 토지나 물건의 사용권을 취득하며, 그 토지나 물건에 관한 다른 권리는 사용 기간 중에는 행사하지 못한다.

(5) 위험부담[32]

토지수용위원회의 재결이 있은 후 수용하거나 사용할 토지나 물건이 토지소유자 또는 관계인의 고의나 과실 없이 멸실되거나 훼손된 경우 그로 인한 손실은 사업시행자가 부담한다.

(6) 담보물권과 보상금[33]

담보물권의 목적물이 수용되거나 사용된 경우 그 담보물권은 그 목적물의 수용 또는 사용으로 인하여 채무자가 받을 보상금에 대하여 행사할 수 있다. 다만, 그 보상금이 채무자에게 지급되기 전에 압류하여야 한다.

(7) 반환 및 원상회복의 의무[34]

① 사업시행자는 토지나 물건의 사용기간이 끝났을 때나 사업의 폐지ㆍ변경 또는 그 밖의 사유로 사용할 필요가 없게 되었을 때에는 지체 없이 그 토지나 물건을 그 토지나 물건의 소유자 또는 그 승계인에게 반환하여야 한다.

② 사업시행자는 토지소유자가 원상회복을 청구하면 미리 그 손실을 보상한 경우를 제외하고는 그 토지를 원상으로 회복하여 반환하여야 한다.

---

29) 토지보상법 제42조
30) 토지보상법 제43조
31) 토지보상법 제45조
32) 토지보상법 제46조
33) 토지보상법 제47조
34) 토지보상법 제48조

7. 보상액의 산정 [35]

(1) 감정평가법인등의 선정

① 원칙

사업시행자가 1인을 선정하고 토지소유자, 시도지사가 각각 추천하여 총 감정평가법인등 3인을 선정한다.

② 시도지사와 토지소유자가 모두 감정평가법인등을 추천하지 않는 경우

사업시행자가 2인을 선정한다.

③ 시도지사와 토지소유자 어느 한쪽이 감정평가법인등을 추천하지 않는 경우

사업시행자가 1인을 선정하고 시도지사 또는 토지소유자가 1인을 추천한다.

④ 감정평가법인등을 선정하지 않는 경우

사업시행자가 기준에 따라 직접 보상액을 산정할 수 있을 때에는 감정평가법인등을 선정하지 않을 수 있다.

(2) 보상액 결정

보상액의 산정은 각 감정평가법인등이 평가한 평가액의 산술평균치를 기준으로 한다. [36]

제2절 | 손실보상의 원칙 [37]

01 | 사업시행자 보상

공익사업에 필요한 토지 등의 취득 또는 사용으로 인하여 토지소유자나 관계인이 입은 손실은 사업시행자가 보상하여야 한다. [38]

02 | 사전보상

사업시행자는 해당 공익사업을 위한 공사에 착수하기 이전에 토지소유자와 관계인에게 보상액 전액(全額)을 지급하여야 한다. 다만, 제38조에 따른 천재지변 시의 토지 사용과 제39조에 따른 시급한 토지 사용의 경우 또는 토지소유자 및 관계인의 승낙이 있는 경우에는 그러하지 아니하다. [39]

---

35) 토지보상법 제68조
36) 토지보상법 시행규칙 제16조
37) 토지보상법 제61조~제68조
38) 미지급용지의 손실보상의 주체는 새로운 사업시행자이다(2010.09.16, 토지정책과-4606).
39) 토지소유자 등에게 보상금을 지급하지 아니하고 미리 공사에 착수하여 손해가 발생하였다면 사업시행자는 손해배상책임을 진다(대판 2013.11.14, 2011다27103).

03 현금보상 등

손실보상은 다른 법률에 특별한 규정이 있는 경우를 제외하고는 현금으로 지급하여야 한다. 다만, 토지소유자가 원하는 경우로서 사업시행자가 해당 공익사업의 합리적인 토지이용계획과 사업계획 등을 고려하여 토지로 보상이 가능한 경우에는 토지소유자가 받을 보상금 중 본문에 따른 현금 또는 채권으로 보상받는 금액을 제외한 부분에 대하여 「토지보상법」 제63조 제1항 각 호에서 정하는 기준과 절차에 따라 그 공익사업의 시행으로 조성한 토지로 보상할 수 있다.

04 개인별 보상

손실보상은 토지소유자나 관계인에게 개인별로 하여야 한다. 다만, 개인별로 보상액을 산정할 수 없을 때에는 그러하지 아니하다.

05 일괄보상

사업시행자는 동일한 사업지역에 보상시기를 달리하는 동일인 소유의 토지 등이 여러 개 있는 경우 토지소유자나 관계인이 요구할 때에는 한꺼번에 보상금을 지급하도록 하여야 한다.[40]

06 사업시행 이익과의 상계금지

사업시행자는 동일한 소유자에게 속하는 일단(一團)의 토지의 일부를 취득하거나 사용하는 경우 해당 공익사업의 시행으로 인하여 잔여지(殘餘地)의 가격이 증가하거나 그 밖의 이익이 발생한 경우에도 그 이익을 그 취득 또는 사용으로 인한 손실과 상계(相計)할 수 없다.[41]

---

40) 동일인 소유 토지 전체가 도시계획시설로 결정되었으나, 일부에 대하여만 실시계획인가를 받은 경우 잔여토지에 대해서는 일괄보상할 수 없다(2013.07.05, 토지정책과-1973).

41) 잔여지가 공익사업에 따라 설치되는 도로에 접하게 되는 이익을 참작하여 잔여지손실보상액을 산정할 것은 아니다(대판 2013.05.23, 2013두437).

07 시가(時價) 보상의 원칙 등

보상액의 산정은 협의에 의한 경우에는 협의 성립 당시의 가격을, 재결에 의한 경우에는 수용 또는 사용의 재결 당시의 가격을 기준으로 한다.[42)43)] 시가(時價)란, 통상적인 시장에서 정상적인 거래가 이루어지는 경우 성립될 가능성이 가장 높다고 인정되는 가격으로 적정가격을 말한다.

Check Point!

▶ 보상감정평가에서의 가격시점 [44)]

1. 협의평가 : 협의 성립 당시(협의예정일)

'협의 성립 당시'란 토지의 협의취득시점이 아니라 개개의 보상협의가 성립된 시점을 의미한다(대판 1997.4.22, 95다48056·48063). 즉, 사업시행자가 보상액을 결정하여 토지 등의 소유자에게 협의를 요청하고 토지 등의 소유자가 이에 대하여 승낙의 의사표시를 한 시점을 말한다. 다만, 협의의 경우에는 보상감정평가 당시에 개개의 보상협의가 성립될 수 있는 시점을 사전에 알 수 없으므로 정확한 가격시점을 확정하기 어렵다.

2. 수용재결평가 : 수용재결 당시(수용재결(예정)일), **이의재결평가 :** 수용재결일

'수용재결 당시'란 「토지보상법」 제50조 제1항 제3호가 규정한 수용의 개시일이 아니라 토지수용위원회의 수용재결 당시를 의미한다(대판 1992.9.25, 91누13250 참조). 수용의 경우는 수용재결일을 사전에 확정할 수 있으므로, 가격시점의 결정과 관련하여 문제점이 발생할 여지가 없다.

3. 가격시점의 결정

「토지보상법 시행규칙」 제16조 제1항은 사업시행자는 가격시점을 정하여 감정평가법인등에게 감정평가를 의뢰하도록 규정하고 있으므로 가격시점은 감정평가법인등이 아닌 사업시행자가 결정한다. 즉, 가격시점은 사업시행자로부터 제시받아야 하며, 협의 성립 당시나 수용재결 당시에 대해 알 수 없는 감정평가법인등이 임의로 가격시점을 정할 수 없다.

08 해당 공익사업에 따른 가치변동 배제의 원칙

보상액을 산정할 경우에 아래와 같이 해당 공익사업으로 인하여 토지 등의 가격이 변동되었을 때에는 이를 고려하지 아니한다.[45)46)]

① 해당 공익사업의 계획 또는 시행이 공고 또는 고시된 것에 따른 가치의 증감분
② 해당 공익사업의 시행에 따른 절차로서 행한 토지이용계획의 설정·변경·해제 등에 따른 가치의 증감분
③ 그 밖에 해당 공익사업의 착수에서 준공까지 그 시행에 따른 가치의 증감분

---

42) 협의취득을 위한 보상평가의 기준시점은 '가격조사를 완료한 일자'가 아니라 '보상계약이 체결될 것으로 예상되는 시점'으로 보는 것이 타당하다(2011.10.04, 토지정책과-4699).
43) 재결평가 시 기준시점은 수용의 개시일이 아니라 수용재결일이다(대판 1998.07.10, 98두6067).
44) 현행 토지보상법상 가격시점의 용어를 사용하고 있으나 「감정평가에 관한 규칙」과 같이 기준시점으로 용어가 통일되어야 할 것이다.
45) 개발이익을 배제한 손실보상액의 산정은 정당보상의 원칙에 반하지 않는다(헌재 2010.12.28, 2008헌바57).
46) 다른 공익사업으로 인한 개발이익은 보상액에 포함되어야 한다(대판 2014.02.27, 2013두21182).

제3절 토지보상감정평가(토지보상감정평가의 방법)

> **토지보상법 제70조**(취득하는 토지의 보상)
>
> ① 협의나 재결에 의하여 취득하는 토지에 대하여는 「부동산 가격공시에 관한 법률」에 따른 공시지가를 기준으로 하여 보상하되, 그 공시기준일부터 가격시점까지의 관계법령에 따른 그 토지의 이용계획, 해당 공익사업으로 인한 지가의 영향을 받지 아니하는 지역의 대통령령으로 정하는 지가변동률, 생산자물가상승률(「한국은행법」 제86조에 따라 한국은행이 조사·발표하는 생산자물가지수에 따라 산정된 비율을 말한다)과 그 밖에 그 토지의 위치·형상·환경·이용상황 등을 고려하여 평가한 적정가격으로 보상하여야 한다.
>
> **동법 제71조**(사용하는 토지의 보상 등)
>
> ① 협의 또는 재결에 의하여 사용하는 토지에 대하여는 그 토지와 인근 유사토지의 지료(地料)·임대료·사용방법·사용기간 및 그 토지의 가격 등을 참작하여 평가한 적정가격으로 보상하여야 한다.

01 토지보상감정평가의 대상

1. 토지보상감정평가 대상의 원칙

토지보상감정평가의 대상은 공익사업의 시행으로 인하여 취득할 토지로서 사업시행자가 보상감정평가를 목적으로 제시한 것으로 한다.

2. 사업시행자 제시내용 기준

1) 사업시행자 제시내용 기준 원칙

대상토지의 현실적인 이용상황 및 면적 등은 사업시행자가 제시한 내용에 따른다. 감정평가법인등은 사업시행자가 제시한 목록에 의하여 감정평가해야 하고 보상대상을 임의로 추가하거나 삭제해서는 안 된다. 보상대상이 누락되었거나 대상에 해당되지 않는 토지가 의뢰된 경우에는 사업시행자에게 그 내용을 조회한 후 처리하고, 사업시행자의 의견과 감정평가법인등의 의견이 상이할 경우에는 그 내용을 감정평가서에 기재한다.

2) 사업시행자에게 내용을 조회해야 하는 경우

(1) 실지조사 결과 제시목록상의 이용상황과 현실적인 이용상황이 다른 것으로 인정되는 경우

(2) 한 필지의 토지가 둘 이상의 이용상황인 경우로서 이용상황별로 면적을 구분하지 아니하고 의뢰된 경우(다른 이용상황인 부분이 주된 이용상황과 가치가 비슷하거나 면적비율이 뚜렷하게 낮아 주된 이용상황의 가치를 기준으로 거래될 것으로 추정되는 경우는 제외한다.)

(3) 공부상 지목이 "대"(공장용지 등 비슷한 지목을 포함한다)가 아닌 토지가 현실적인 이용상황에 따라 "대"로 의뢰된 경우로서 다음 각 목의 어느 하나에 해당하는 경우(형질변경허가 관계 서류 등 신빙성 있는 자료가 있거나 주위환경의 사정 등으로 보아 "대"로 인정될 수 있는 경우는 제외한다.)

  ① 제시면적이 인근지역에 있는 "대"의 표준적인 획지면적을 현저하게 초과하거나 미달되는 경우

  ② 지상건축물의 용도·규모 및 부속 건축물의 상황과 관련법령에 따른 건폐율·용적률, 그 밖에 공법상 제한 등으로 보아 그 제시면적이 현저하게 과다하거나 과소한 것으로 인정되는 경우

3) 사업시행자 내용 조회 관련 절차

(1) 원칙

사업시행자에게 그 내용을 조회한 후 목록을 다시 제시받아 감정평가하는 것을 원칙으로 한다. 대상토지에 대한 내용의 판단주체는 원칙적으로 사업시행자이며, 그 내용에 대하여 사업시행자와 토지소유자 사이에 이견이 있는 경우에는 토지수용위원회의 재결 또는 소송을 통하여 확정된다. 따라서 감정평가법인등은 사업시행자 또는 토지수용위원회가 제시한 목록에서 표시된 이용상황을 기준으로 하며 이용상황을 임의로 추정하거나 변경하여서는 안 된다.

(2) 수정된 목록의 제시가 없는 경우

수정된 목록의 제시가 없을 때에는 당초 제시목록을 기준으로 감정평가하되, 감정평가서에 현실적인 이용상황을 기준으로 한 단위면적당 가액(이하 "단가"라 한다) 또는 면적을 따로 기재한다.

02 토지보상평가기준

1. 객관적·현실적인 이용상황 기준 감정평가

1) 객관적 기준 감정평가 [47]

(1) 객관적 기준 감정평가 원칙

토지보상감정평가는 가격시점에서의 일반적인 이용방법에 따른 객관적 상황을 기준으로 평가하며, 토지소유자가 갖는 주관적 가치나 특별한 용도에 사용할 것을 전제로 한 것은 고려하지 아니한다. [48]

(2) 일반적 이용방법

일반적인 이용방법이란 토지가 놓여있는 지역이라는 공간적 상황 및 기준시점이라고 하는 시간적 상황에서 대상토지를 이용하는 사람들의 평균인이 이용할 것으로 기대되는 이용방법을 말한다. 주택지에 소재한 토지는 주택부지로, 영농에 제공되는 전·답은 농경지로, 입목의 생육에 제공되고 있는 토지는 임야로 보상액을 산정하는 것이 원칙이라는 것이다. 다만, 현재 농경지로 이용 중이

---

47) 감정평가실무기준 해설서(Ⅱ) 보상편, 한국감정평가사협회 등, 2014.02, pp.27~28
48) 토지보상법 제70조 제2항

지만 주변의 토지가 대부분 이미 택지화되어 있고, 용도지역도 주거지역 등에 속하여 향후 주거용 "대"로 이용하는 것이 합리적으로 판단되는 경우에는 주거용 나지에 준하는 택지후보지를 일반적인 이용방법으로 볼 수 있다.

(3) 객관적 상황

객관적 상황이란 사물을 판단함에 있어 자기 자신을 기준으로 하지 않고 제3자의 입장에서 판단하는 것을 말한다. 즉, 토지를 특수한 용도에 이용할 것을 전제로 하거나 주위환경이 특별하게 바뀔 것을 전제하는 경우 등은 객관적 상황을 기준으로 하는 것이 아니다. 대법원은 구체적인 근거 없이 온천으로의 개발가능성이라는 장래의 동향을 지나치게 평가한 것은 객관성과 합리성을 결하고 기타조건의 참작의 한계를 넘어 위법하다고 판결하였다.[49]

(4) 주관적 가치

주관적 가치란 다른 사람에게 일반화시킬 수 없는 개인적인 애착심 또는 감정가치를 말한다. 해당 토지에서 오랫동안 거주함으로 인해 발생한 애착심에 근거한 가치 등이 여기에 해당된다.

(5) 특별한 용도

기준시점에서 토지가 소재한 지역의 일반적인 이용상황이 아닌 특정한 용도를 의미한다. 공장을 증축할 목적으로 농경지를 구입한 경우 등이 여기에 해당된다.[50]

2) 현실적인 이용상황기준 감정평가[51]

(1) 현실적인 이용상황기준 감정평가 원칙

① 현실적인 이용상황

"현실적인 이용상황"이란 지적공부상의 지목에 불구하고 가격시점에서의 실제 이용상황으로서, 주위환경이나 대상토지의 공법상 규제 정도 등으로 보아 인정 가능한 범위의 이용상황을 말한다. 따라서 대상토지에 대한 형질변경행위가 완료되어 현실적인 이용상황의 변경이 이루어졌다고 보여지는 경우에는 비록 공부상 지목변경절차를 마치기 전이라고 하더라도 변경된 실제 현황을 기준으로 감정평가한다.[52]

토지의 지목은 「공간정보의 구축 및 관리 등에 관한 법률 시행령」 제58조에 의하여 28개의 지목으로 구분하여 토지소유자의 신청을 받아 지적소관청이 결정하거나 신청이 없는 경우에도 지적소관청이 직권으로 조사·측량하여 결정할 수 있으므로, 대부분의 경우 지적공부상의 지목과 현실적인 이용상황이 일치한다. 그러나 지목은 「공간정보의 구축 및 관리 등에 관한 법률

---

49) 온천으로의 개발가능성이라는 장래의 동향을 지나치게 평가한 것은 객관성과 합리성을 결한 것이다(대판 2000.10.06, 98두19414).

50) 토지를 매입한 의도나 장래의 이용계획은 토지의 소유자의 주관적 사정에 불과하다(대판 2003.07.25, 2002두5054).

51) 감정평가실무기준 해설서(Ⅱ) 보상편, 한국감정평가사협회 등, 2014.02, pp.29~33

52) 토지의 형질변경에는 형질변경허가에 관한 준공검사를 받거나 토지의 지목을 변경할 것을 필요로 하지 않는다(대판 2012.12.13, 2011두24033).

Chapter 02 토지의 보상감정평가 693

시행령」 제59조 제1항에 따라 1필지가 둘 이상의 용도로 활용되는 경우에도 주된 용도에 따라 지목을 설정하도록 규정하고 있다(1필 1목의 원칙). 따라서 1필지의 토지라고 하여도 둘 이상의 이용상황을 가질 수 있다. 또한 현실적인 이용상황이 변경되었음에도 토지소유자의 신청이나 직권에 의한 지목의 변경절차가 이루어지지 않는 경우가 있기 때문에 지적공부상의 지목과 현실적인 이용상황이 반드시 일치하는 것은 아니다.

이와 같이 공부상 지목과 현실적인 이용상황이 다른 경우에도 현실적인 이용상황에 따라 감정 평가하여 보상하도록 한 것은 정당보상의 원칙에 보다 충실하기 위해서이다. 다만, 이러한 현 실적인 이용상황을 기준으로 하는 보상감정평가의 원칙이 관련 법령에 의하여 허가를 받아야 할 사항을 허가 없이 행한 경우, 금지된 행위를 행한 경우 등 위법에 기인한 행위까지도 보호하려는 취지는 아니다. 따라서 이러한 경우에는 현실적인 이용상황에 따라 보상감정평가하지 않는다.

② **판단기준**

현실적인 이용상황은 객관적인 자료에 의해 판단되고, 「토지보상법」에서 정하여진 일정한 절 차에 따라 확정되어야 하며, 사업시행자 또는 토지소유자 등의 주관적인 의사나 감정평가법인등 의 임의적 판단에 의하여 결정되어서는 안 된다.[53]

(2) **현실적인 이용상황기준 감정평가의 예외**

① **일시적 이용상황**

㉠ 일시적인 이용상황의 개념 및 반영 여부: 토지에 대한 보상액은 현실적인 이용상황을 고 려하여 산정하되, 일시적인 이용상황은 이를 고려하지 아니한다(토지보상법 제70조 제2항). 여기서 "일시적인 이용상황"이란 관련 법령에 의한 국가 또는 지방자치단체의 계획이나 명령 등에 의하여 대상토지를 본래의 용도로 이용하는 것이 일시적으로 금지 또는 제한되어 그 본래의 용도 외의 다른 용도로 이용하고 있거나, 대상토지의 주위환경의 사정으로 보아 현재의 이용방법이 임시적인 것을 말한다(토지보상법 시행령 제38조). 「공간정보의 구축 및 관리 등에 관한 법률 시행령」 제59조 제2항은 토지가 일시적 또는 임시적인 용도로 사 용될 때에는 지목을 변경하지 않도록 규정하고 있다.

㉡ 현재의 상황이 임시적인 경우와 그 예시: 토지의 이용상황은 원칙적으로 저가이용의 토 지로부터 고가이용의 토지로 변화한다. 그러므로 주위상황으로 보아 고가이용의 토지가 저가이용의 토지로 이용되고 있고 그 이용상황을 다시 고가이용의 토지로 변환시키는 데 제한이 없다면 이런 경우는 원칙적으로 현재의 이용상황을 임시적인 경우로 볼 수 있다. 즉, 인근지역이 주택지대이며 용도지역이 주거지역에 속한 지목이 대인 토지가 농경지로 이용되고 있다면, 그것은 토지의 본래적인 이용목적인 영구적인 건축물의 건축을 하기 위한 시기를 기다리는 것으로 보아야 할 것이기 때문에, 대지가 아닌 다른 용도로 이용하는 것은 일시적인 이용상황으로 보아야 한다.

---

53) 현실적인 이용상황은 주관적 의도가 아니라 관계 증거에 의하여 객관적으로 확정되어야 한다(대판 2004.06.11, 2003두14703).

다만, 지목상 고가이용의 토지가 저가이용의 토지로 이용되고 있는 경우에도 지목과 같은 고가이용의 토지로 전환하는 것이 사실상 불가능한 경우에는 현재의 이용상황을 임시적인 경우로 보지 않는다. 따라서 지적공부상 지목은 전·답이나 임야지대 내에 소재하여 수목이 자생하고 있고 사실상 농경지로 이용하는 것이 불가능한 경우에는 현실적인 이용상황을 임야로 보아야 한다. 또한 지적공부상 지목은 대이나, 현실적인 이용상황이 유지 또는 답인 저수지부지의 경우에는 사실상 원상회복이 불가능하여 현재의 이용상황을 임시적으로 볼 수 없으므로 유지 또는 답으로서 보상액을 산정하는 것이 타당하다(2006.2.17, 법제처 05-0146 참조). 그리고 토지수용재결 당시 채석지의 이용상황이 잡종지이기는 하지만 가까운 장래에 채석기간이 만료되어 훼손된 채석지에 대한 산림복구가 법령상 예정되어 있다면 이러한 이용상황은 일시적인 것에 불과하다고 보아야 하므로 이에 대한 수용보상액은 그 공부상 지목에 따라 임야로서 감정평가함이 타당하다(대판 2000.2.8, 97누15845 참조).

② **무허가건축물 등 부지, 불법형질변경토지**

무허가건축물 등의 부지 또는 불법형질변경토지에 대하여는 무허가건축물 등이 건축될 당시 또는 토지가 형질변경될 당시의 이용상황을 상정하여 평가한다. 자세한 내용은 후술한다.

③ **미지급용지**

미지급용지에 대하여는 종전의 공익사업에 편입될 당시의 이용상황을 상정하여 평가한다. 자세한 내용은 후술한다.

④ **그 밖에 관계법령 등에서 달리 규정하는 경우**

2. 건축물 등이 없는 상태 상정 감정평가[54]

1) 원칙(실제로 공익사업에 필요한 것은 토지뿐이다)

(1) 나지의 개념

"나지"란 토지에 건축물 등이 없는 토지를 말한다. 나지의 개념에는 건축물 등이 없는 토지와 여기에 추가하여 소유권 외의 권리의 설정이 없는 토지라는 2가지 개념이 있을 수 있다. 그러나 「토지보상법 시행규칙」 제22조 제2항에서 "토지에 건축물 등이 있는 때에는 그 건축물 등이 없는 상태를 상정하여 토지를 평가한다."라고 규정하고 있고, 「토지보상법 시행규칙」 제29조는 취득하는 토지에 설정된 소유권 외의 권리의 목적이 되고 있는 토지에 대하여는 해당 권리가 없는 것으로 하여 평가한 금액에서 소유권 외의 권리의 가액을 뺀 금액으로 평가하도록 규정하고 있으므로, 보상에서 나지란 건축물 등이 없는 토지만을 의미하고 소유권 외의 권리의 설정이 없는 토지라는 나지의 개념은 원칙적으로 적용될 수 없다. 다만, 사업시행자가 소유권 외의 권리의 설정이 없는 토지로 감정평가해 줄 것을 요청한 경우에는 이에 따른다.

54) 감정평가실무기준 해설서(Ⅱ) 보상편, 한국감정평가사협회 등, 2014.02, pp.42~43

(2) 건축물 등이 없는 상태 상정 감정평가

① 건축물 등이 없는 상태 상정 감정평가의 원칙

토지보상감정평가는 그 토지에 있는 건축물·입목·공작물, 그 밖에 토지에 정착한 물건(건축물 등)이 있는 경우에도 그 건축물 등이 없는 상태를 상정하여 감정평가한다.

② 타인 소유 건축물 등이 있는 경우

토지보상감정평가는 토지상에 건축물 등이 있는 경우에도 나지상태를 상정하여 감정평가한다. 이 경우 건축물 등이 토지와 동일 소유관계인지 여부는 묻지 않는다. 따라서 지상에 타인 소유의 건축물 등이 있는 경우에도 타인 소유 건축물 등이 소재함으로 인한 제한 정도를 감안하여 감정평가하여서는 안 되며 나지를 상정하여 감정평가한다. 대법원은 "협의취득을 위한 보상액을 산정하면서 … 「공익사업을 위한 토지 등의 취득 및 보상에 관한 법률 시행규칙」 제22조에 따라 토지에 건축물 등이 있는 때에는 건축물 등이 없는 상태를 상정하여 토지를 평가하여야 함에도, … 토지를 건축물 등에 해당하는 철탑 및 고압송전선의 제한을 받는 상태로 평가한 것은 정당한 토지 평가라고 할 수 없다."라고 판결하였다.[55]

다만, 타인 소유 건축물 등이 별도의 권리에 근거하여 소재하고 있다면, 이 소유권 외의 권리는 별도로 감정평가하고 토지가액은 소유권 외의 권리가 설정되지 않은 것을 상정한 감정평가금액에서 그 권리에 대한 금액을 공제하고 감정평가한다.

2) 예외

(1) 건축물 등이 토지와 함께 거래되는 사례나 관행이 있는 경우

「집합건물의 소유 및 관리에 관한 법률」 제20조 제1항에서는 구분소유자의 대지사용권은 그가 가지는 전유부분의 처분에 따르도록 규정하고 있어, 구분소유권의 객체가 되는 건축물의 토지(대지사용권)와 같이 건축물과 일체로 거래될 수밖에 없는 경우 또는 건축물 등이 토지와 함께 거래되는 사례나 관행이 있는 경우에는 나지 상태를 상정하여 감정평가하지 않고 그 건축물 등을 토지와 함께 일괄하여 감정평가한다. 이 경우 그 내용을 보상평가서에 기재한다(토지보상법 시행규칙 제20조 제1항).

(2) 개발제한구역 안의 건축물이 있는 토지의 경우

개발제한구역 내 건부지의 경우와 같이 건축물 등이 있는 것이 오히려 증가의 요인이 되는 경우에는 건축물이 존재함으로 인한 가치를 반영하여 감정평가해야 한다.

(3) 토지에 관한 소유권 외의 권리를 사업시행자 등의 요청에 따라 따로 평가하는 경우

> 평가가격 = 해당 토지의 나지상태의 평가가격
> − 해당 토지에 관한 소유권 외의 권리에 대한 평가가격

---

55) 대판 2012.03.29, 2011다104253

3) 유의사항(거래사례비교법으로 평가하는 지상건축물의 소유자와 토지소유자가 다른 경우)

「토지보상평가지침」 제48조에는 주거용 건축물의 소유자와 토지소유자가 다른 경우 거래사례비교법으로 감정평가한 금액과 원가법으로 감정평가한 금액의 차액을 주거용 건축물의 소유자가 가지는 토지의 소유권 외의 권리에 대한 보상액으로 보고 그 차액을 토지보상액에서 차감하여 평가하도록 규정하고 있다. 하지만 불리한 정도가 발생되는 이유는 실질지료와 정상지료와의 차이 때문이며, 현실적인 지료의 차이는 언제든지 소멸될 수 있는 것이므로, 권리가 아니라 반사적 이익으로 보아야 하고, 이는 보상의 대상이 될 수 없으므로 나지상태대로 평가되어야 한다.

3. 해당 공익사업으로 인한 가격의 변동 배제 감정평가 [56]

1) 개발이익

(1) 해당 공익사업의 계획 또는 시행이 공고 또는 고시됨으로 인한 가치의 증감분

공익사업의 계획이나 시행계획이 수립되어 공고 또는 고시되면 일반적으로 사업지구는 물론 주변 지역의 지가는 상승 또는 하락한다. 사업계획 등의 고시로 인해 발생한 증가(增價)는 불로소득으로 토지소유자가 사유화할 것이 아니다. 이러한 경우 사업지구의 보상에서 개발이익은 배제되는 것이 공평부담의 견지에서 마땅하고, 주변지역 역시 발생한 개발이익을 사회적으로 환수하는 것이 공평배분에 합치된다. 반면에 공익사업으로 지가가 하락하였다면 이는 개발손실로서 마땅히 사업지구의 보상액 산정에서 이를 고려하여야 하고, 주변지역의 토지소유자에게도 보상이 이루어져야 한다. 그러나 개발이익의 환수와 개발손실의 보상은 아직 적극적으로 제도화되지 않아 피수용자와 공익사업의 주변지역 토지소유자 간 불공평이 문제로 제기되고 있다.

이는 세부적으로 토지가치의 상승화에 따른 외부효과로 인한 지가변동, 일시적인 토지공급 부족에 따른 시장요인으로 인한 지가변동, 투기적 수요에 의한 지가변동 등이 있으며, 실무적으로는 어려움이 있지만 원칙상 이 모든 지가변동은 배제됨이 타당하다.

(2) 해당 공익사업의 시행절차로 행해진 토지이용계획의 설정·변경·해제 등으로 인한 가치의 증감분

해당 공익사업의 시행에 따른 절차로서 행한 토지이용계획의 설정·변경·해제 등에 따른 가치의 증감분은 보상액에서 배제된다. 해당 공익사업의 시행에 따른 절차로서 행한 토지이용계획의 설정·변경·해제 등은 다음과 같이 나누어 볼 수 있다.

① **일정한 용도지역에서만 행할 수 있는 도시·군계획시설**

「도시·군계획시설의 결정·구조 및 설치기준에 관한 규칙」에서는 특정한 도시·군계획시설의 경우 일정한 용도지역에서만 행할 수 있도록 규정하고 있으므로, 이러한 도시·군계획시설의 설치를 위하여 용도지역을 변경한 경우에는 이를 해당 공익사업의 시행에 따른 절차로서 행한 토지이용계획의 변경에 해당된다.

---

56) 감정평가실무기준 해설서(Ⅱ) 보상편, 한국감정평가사협회 등, 2014.02, pp.41~52

② **사업지구지정으로 인한 용도지역 등의 변경**

일부 공익사업은 사업지구의 지정으로 용도지역 등의 변경이 의제된다. 따라서 이러한 용도지역 등의 변경은 해당 공익사업의 시행에 따른 절차로서 행한 토지이용계획의 변경에 해당된다.

③ **실시계획승인 등에 의한 용도지역의 변경**

대부분의 공익사업에서는 실시계획승인 등의 사업절차에 따라 사업준공 후 토지이용을 고려하여 토지이용계획 등이 변경된다. 이러한 변경 역시 해당 공익사업의 시행에 따른 절차로서 행한 토지이용계획의 변경에 해당된다.

(3) **착수에서 준공까지 시행으로 인한 가치의 증감분**

공익사업에 1필지의 일부가 편입되는 경우 기준시점에는 토지가 분할되어 형태 등이 변경될 수 있고, 이의재결평가 또는 소송평가 등의 경우에는 공익사업이 시행되어 절토·성토 등의 형질변경 등에 따라 개별요인이 변경될 수도 있으나, 이러한 변경 역시 해당 공익사업의 시행에 따른 가치의 변동에 해당된다. 대법원은 "토지수용의 목적사업으로 인하여 토지소유자의 의사와 관계없이 토지가 분할됨으로써 특수한 형태로 되어 저가로 감정평가할 요인이 발생한 경우 분할로 인하여 발생하게 된 사정을 참작하여 수용대상토지를 저가로 감정평가하여서는 아니된다."라고 판결하고 있다(대판 1998.5.26, 98두1505).

또한 해당 공익사업으로 인하여 인근지역의 환경 등 지역요인이 변경될 수도 있으며 이로 인해 가치의 변동이 있을 수 있으나, 이 역시 해당 공익사업의 시행에 따른 가치의 변동에 해당된다.

2) 해당 공익사업으로 인한 가치의 변동을 배제하는 이유

일반적으로 공익사업의 계획 또는 시행이 공고되거나 고시되면 공익사업시행지구에 편입되는 토지 및 인근 토지는 해당 공익사업으로 인하여 가치에 영향을 받게 된다. 이러한 공익사업의 시행으로 인한 지가의 변동은 사업시행자의 투자 또는 공익사업의 시행으로 인해 발생되는 것으로서 토지소유자의 노력이나 자본의 투자 또는 귀책사유에 의하여 발생한 것이 아니다. 따라서 이러한 가치변동은 형평의 관념에 비추어 볼 때, 토지소유자에게 당연히 귀속되거나 부담시켜져야 할 성질의 것이 아니라, 오히려 투자자인 사업시행자 또는 사회에 귀속되거나 부담되어져야 할 성질의 것이다.

또한 해당 공익사업으로 인한 가치의 변동은 공익사업의 시행에 의하여 비로소 발생하는 것이므로, 그것이 대상토지가 협의 또는 수용 당시 갖는 객관적 가치에 포함된다고 볼 수도 없다. 이러한 가치의 변동은 시간적으로 해당 공익사업이 순조롭게 시행되어야 비로소 현재화될 수 있는 것이므로, 아직 공익사업이 시행되기도 전의 가치변동은 공익사업의 시행을 전제로 한 주관적 가치 부여에 지나지 않는다. 즉, 협의 또는 수용에 의하여 토지소유자가 입은 손실과 공익사업의 시행으로 발생하는 이익 또는 손실은 별개의 문제이다.

그러므로 공익사업이 시행되기도 전에 미리 그 시행으로 기대되는 이용가치의 상승 또는 하락을 감안한 지가의 변동분을 보상액에 포함시킨다는 것은 대상토지의 사업시행 당시의 객관적 가치를 초과하거나 하회하여 보상액을 산정하는 것이 되므로, 이러한 가치의 변동은 보상액에서 배제하는 것이다.

3) 구체적인 배제 방법

(1) 적용공시지가 및 비교표준지 선정

「토지보상법」 제70조 제3항부터 제5항에 따라 적용공시지가를 선정하여 개발이익을 배제한다. 「토지보상평가지침」 제9조에 따라 선정된 비교표준지의 적용공시지가에 해당 공익사업의 시행에 따른 절차로서 행하여진 토지이용계획의 설정·변경·해제 등에 따른 지가의 증가분(개발이익)이 포함되어 있는 경우에는 이를 배제한 가격으로 평가한다.

(2) 지가변동률

「토지보상법 시행령」 제37조 제2항에 따라 비교표준지가 소재하는 시·군 또는 구의 지가가 해당 공익사업으로 인하여 변동된 경우에는 해당 공익사업과 관계없는 인근 시·군 또는 구의 지가변동률을 적용한다.

(3) 그 밖의 요인

그 밖의 요인으로서 개발이익을 배제할 수 있다.

4) 배제하지 않는 가치의 변동

(1) 다른 공익사업으로 인한 가치의 변동

토지수용으로 인한 보상액에서 배제하는 가치의 변동은 해당 공익사업으로 인한 것에 한한다. 따라서 해당 공익사업과는 관계없는 다른 공익사업의 시행으로 인한 개발이익은 이를 배제하지 아니한다(대판 1995.3.3, 94누7386 참조).

(2) 자연적인 지가변동분

「토지보상법」 제67조 제1항의 시가보상의 원칙에 근거하여, 해당 공익사업으로 인한 지가변동 외의 자연적인 지가변동분은 보상액에 포함된다. 대법원에서도 "수용대상토지 일대가 수용사업지구로 지정됨으로 인하여 그 지가가 동결된 관계로 사업지구로 지정되지 아니하였더라면 상승될 수 있는 자연적인 지가상승률만큼도 지가가 상승되지 아니하였다고 볼 수 있는 충분한 입증이 있는 경우에 한하여 참작요인이 된다고 할 것이고"라고 판결하여 자연적 지가상승률의 보정을 인정하고 있다(대판 1999.12.3, 95구2790).

4. 공시지가 기준평가

토지보상감정평가는 「부동산공시법」에 따른 표준지공시지가를 기준으로 하되[57], 그 공시기준일부터 가격시점까지의 관계법령에 따른 해당 토지의 이용계획, 해당 공익사업으로 인한 지가의 영향을 받지

---

[57] 공시지가란 표준지에 대하여 매년 공시기준일 현재의 적정가격을 공시한 것을 가리키는 것이고 개별공시지가는 토지수용보상액 산정기준이 되지 아니한다(대판 1994.10.14, 94누2664). 또한 수용대상토지의 보상가격을 정함에 있어 표준지공시지가를 기준으로 비교한 금액이 수용대상토지의 수용 사업인정 전의 개별공시지가보다 적은 경우가 있다고 하더라도, 이것만으로 정당한 보상 원리를 규정한 헌법 제23조 제3항에 위배되어 위헌이라고 할 수는 없다(대판 2001.3.27, 99두7968).

아니하는 지역의 지가변동률, 생산자물가상승률(「한국은행법」 제86조에 따라 한국은행이 조사·발
표하는 생산자물가지수에 따라 산정된 비율을 말한다), 그 밖에 해당 토지의 위치·형상·환경·이
용상황 등을 고려한 적정가격으로 감정평가한다.[58]

5. 개별 감정평가

1) 개별 감정평가 원칙

토지보상감정평가는 대상토지 및 소유권 외의 권리마다 개별로 하는 것을 원칙으로 한다. 다만, 개별로 보상가액을
산정할 수 없는 등 특별한 사정이 있는 경우에는 소유권 외의 권리를 대상토지에 포함하여 감정평가할
수 있다. 다만 일괄감정평가, 구분감정평가, 부분감정평가 중 하나를 행해야 하는 경우에는 그에 따른다.

2) 필지별 보상감정평가

(1) 원칙

토지의 보상감정평가는 필지별로 행함을 원칙으로 한다. 토지는 인접하여 연속되어 있다 하더라도
필지마다 개별특성이 모두 다른 개별성을 지니고 있으므로 필지마다 가액이 다를 수 있다. 필지별
감정평가는 개별 필지마다 개별적 특성을 고려한 적정한 가액을 감정평가하여 개인별 보상의 원
칙을 실현하기 위해 필요한 것이다.

(2) 예외

① 일괄감정평가

㉠ 원칙 : 두 필지 이상의 토지가 일단지를 이루고 있는 경우에는 일괄감정평가한다. 여기서
일단지란 여러 필지의 토지가 일단을 이루어 용도상 불가분의 관계에 있는 경우를 말하며,
"용도상 불가분의 관계에 있는 경우"란 '일단으로 이용되고 있는 상황이 사회적·경제적·
행정적 측면에서 합리적이고 대상토지의 가치형성 측면에서도 타당하여 서로 불가분성이
인정되는 관계'에 해당되어야 하며(대판 2005.5.26, 2005두1428 등), 또한 부동산시장에서의
거래 관행에서도 그 전체가 일단으로 거래될 가능성이 높은 경우이어야 한다.[59]
일단지의 범위는 현실적·일반적인 관점에서 용도상 불가분의 관계를 기준으로 판단하므로,
일단지를 이루는 토지들의 지목이나 용도지역이 서로 다르다거나 소유자가 다르다고 하여
이를 일단지로 볼 수 없는 것은 아니다. 다만, 잔여지보상에 있어서는 동일 소유관계를 일
단지의 요건으로 한다.

---

58) 공시지가는 그 평가의 기준이나 절차로 미루어 대상토지가 대상지역공고일 당시 갖는 객관적 가치를 평가하기 위한 것으로서
적정성을 갖고 있으며, 표준지와 지가선정 대상토지 사이에 가격의 유사성을 인정할 수 있도록 표준지 선정의 적정성이 보장
되므로 위 조항이 헌법 제23조 제3항이 규정한 정당보상의 원칙에 위배되거나 과잉금지의 원칙에 위배된다고 볼 수 없고,
토지수용 시 개별공시지가에 따라 손실보상액을 산정하지 아니하였다고 하여 위헌이 되는 것은 아니다(헌재 2001.4.26, 2000헌바31).
59) 일단지로 이용되고 있는지의 여부는 주관적 의도가 아니라 관계 증거에 의하여 객관적으로 판단하여야 한다(대판 2013.10.11,
2013두6138).

ⓛ 예외 : 용도상 불가분의 관계에 있어 이를 일단지로 보고 감정평가하는 경우에도 세부적인 이용상황 또는 용도지역 등을 달리하여 가치가 명확히 구분되거나 소유자 등이 달라 개인별 보상의 원칙에 따라 이를 필지별로 감정평가해야 할 경우에는 구분감정평가한다.

② **구분감정평가**

ㄱ 원칙 : 한 필지의 토지라고 하여도 이용상황 또는 용도지역 등이 달라 가치가 상이한 경우에는 이를 구분하여 감정평가한다. 「국토계획법」 제84조 제3항은 하나의 대지가 녹지지역과 그 밖의 용도지역 등에 걸쳐 있는 경우에는 각각의 용도지역·용도지구 또는 용도구역의 건축물 및 토지에 관한 규정을 적용하도록 규정하고 있으므로 이런 경우에는 구분감정평가한다. 이 경우 사업시행자로부터 제시받은 이용상황별 또는 용도지역 등별로 구분된 면적을 기준으로 감정평가하며, 사업시행자가 이용상황별 또는 용도지역 등별로 면적을 구분하여 제시하지 아니한 경우에는 주된 이용상황 또는 용도지역 등을 기준으로 감정평가하고, 다른 이용상황 또는 용도지역 등별 단가를 감정평가서에 따로 기재한다.

ㄴ 예외 : 다른 이용상황으로 이용되거나 용도지역 등을 달리하는 부분이 주된 이용상황 또는 용도지역 등과 가치가 비슷하거나 면적비율이 뚜렷하게 낮아 주된 이용상황 또는 용도지역 등의 가치를 기준으로 거래될 것으로 추정되는 경우에는 주된 이용상황 또는 용도지역 등의 가치를 기준으로 감정평가할 수 있다.

③ **부분감정평가**

ㄱ 원칙 : 한 필지 토지의 일부만이 공익사업시행지구에 편입되는 경우에는 편입 당시 토지 전체의 상황을 기준으로 감정평가한다. 특히 공익사업에 편입되는 부분의 형태·면적 등이 열악해져 가치의 하락이 있는 경우에도 이는 「토지보상법」 제67조 제2항의 "해당 공익사업으로 인하여 토지 등의 가격이 변동되었을 때"에 해당되는 것이므로, 이에 구애됨이 없이 편입 당시의 토지 전체를 기준으로 감정평가한다.

ㄴ 예외 : 그 편입부분과 잔여부분의 가치가 다른 경우에는 편입부분의 가치를 기준으로 감정평가할 수 있다.

3) 권리자별 감정평가

(1) 원칙

취득할 토지에 소유권 외의 권리가 설정되어 있는 경우는 소유권 외의 권리마다 개별로 감정평가한다. 이 경우 소유권 외의 권리의 목적이 되고 있는 토지에 대하여는 해당 권리가 없는 것으로 하여 감정평가한 금액에서 소유권 외의 권리의 가액을 뺀 금액으로 감정평가한다(토지보상법 시행규칙 제29조).

(2) 예외

공유자가 공동으로 보상금을 수령하거나 또는 소유권자가 소유권 외의 권리를 말소하고 보상금을 수령하는 등 권리자별로 따로 보상액을 지급할 필요가 없어 사업시행자가 대상토지를 감정평가하도록 요청하는 경우에는 권리자별로 별도로 구분하여 감정평가하지 않을 수 있다.

4) 건축물 등과의 구분감정평가

(1) 원칙

취득할 토지에 건축물·입목·공작물 그 밖의 토지에 정착한 물건이 있는 경우에는 토지와 그 건축물 등을 각각 나누어 감정평가하며, 이 경우 토지는 나지를 상정하여 감정평가한다(토지보상법 시행규칙 제22조 제2항).

(2) 예외

「집합건물의 소유 및 관리에 관한 법률」 제20조 제1항에서는 구분소유자의 대지사용권은 그가 가지는 전유부분의 처분에 따르도록 규정하고 있어, 구분소유권의 객체가 되는 건축물의 토지(대지사용권)가 건축물과 일체로 거래될 수밖에 없는 경우 또는 건축물 등이 토지와 함께 거래되는 사례나 관행이 있는 경우에는 나지 상태를 상정하여 감정평가하지 않고 그 건축물 등을 토지와 함께 감정평가한다. 이 경우 그 내용을 보상평가서에 기재한다(토지보상법 시행규칙 제20조 제1항).

03 토지보상감정평가절차

보상감정평가액(원/m²) = 표준지공시지가(원/m²) × 시점수정 × 지역요인비교 × 개별요인비교
　　　　　　　　 × 그 밖의 요인보정

1. 적용공시지가의 선택

1) 사업인정 전 협의취득 시(법 제70조 제3항)

사업인정 전의 협의에 의한 취득의 경우에는 「토지보상법」 제70조 제3항에 따르되, 해당 토지의 가격시점 당시에 공시된 공시지가 중에서 가격시점과 가장 가까운 시점의 것으로 한다.

2) 사업인정 후 협의취득 시(법 제70조 제4항)

사업인정 후의 취득의 경우에는 법 제70조 제4항에 따르되, 사업인정고시일 전의 시점을 공시기준일로 하는 공시지가로서, 해당 토지에 관한 협의 또는 재결 당시 공시된 공시지가 중에서 해당 사업인정고시일에 가장 가까운 시점의 것으로 한다.

° 대표적인 개별법에 의한 사업인정 의제규정

법률명	사업명	사업인정의제일
「국토계획법」	도시·군계획시설사업	실시계획 고시일(제96조)
「도시정비법」	정비사업 (재건축사업 제외)	사업시행계획인가의 고시일(제65조) (시장·군수가 직접 정비사업을 시행하는 경우에는 사업시행계획서의 고시일)
「택지개발촉진법」	택지개발사업	택지개발지구 지정·고시일(제12조)
「도시개발법」	도시개발사업	수용 또는 사용의 대상이 되는 토지의 세부목록의 고시일 (제22조)
「전원개발촉진법」	전원개발사업	실시계획 승인·변경승인 고시일(제6조의2)
「하천법」	하천공사	하천공사시행계획 수립·고시일(제78조)
「산업입지 및 개발에 관한 법률」	국가산업단지	산업단지의 지정·고시일, 다만, 사업시행자와 수용·사용할 토지 등의 세부목록을 산업단지가 지정된 후에 산업단지개발계획에 포함시키는 경우에는 이의 고시일 (제22조)
	일반산업단지	
	도시첨단산업단지	
	농공단지	농공단지실시계획의 승인·고시일(제22조)
「학교시설사업 촉진법」	학교시설사업	시행계획 승인고시일(제10조)
「공공기관 지방이전에 따른 혁신도시 건설 및 지원에 관한 특별법」	혁신도시개발사업	혁신도시개발예정지구의 지정·고시일(제15조)
「도로법」[60]	도로	• 도로구역 결정 또는 변경 고시일(제82조) • 세목고시일* : 사업인정의제일 아님.[61]
「공공주택 특별법」	공공주택사업	주택지구 지정고시일 또는 주택건설사업계획 승인 고시일(제27조)

* 「토지보상법」 제22조에서는 사업인정고시에 토지세목을 포함하도록 규정하고 있으므로 세목이 고시되지 않았다면 사업인정고시의 효력이 없다.[62]

---

60) 기반시설 중 도로, 철도, 공원, 수도, 하천 등은 의무시설로서 반드시 도시관리계획으로 결정하여야 설치할 수 있는 기반시설이며, 도시관리계획은 수시로 변경, 수립을 할 수 없어 도로법에 따라 도로를 개설하는 경우가 많다.

61) 「도로법」 제82조에서 도로구역의 결정고시일을 사업인정고시일로 의제하고 있으며, 도로구역의 결정 시에 토지세목고시를 강제하고 있지 않으므로 세목이 고시되지 않는다고 하더라도 도로구역의 결정고시일에 사업인정고시의 효력이 발생하는 것으로 본다(토지관리과-4663, 2004.10.15.).

62) 법제처 2018.03.21, 안건번호 18-0014 수용 또는 사용의 대상이 되는 토지의 세부목록을 고시문에 게재해야만 「토지보상법」에 따른 사업인정 및 고시가 있은 것으로 볼 수 있다.

기 본예제

다음과 같이 공익사업에 따른 수용재결 목적의 감정평가(A) 및 이의재결 목적의 감정평가(B)를 진행 시 각각의 적용공시지가의 선택을 하시오.

자료

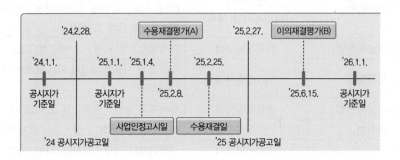

예시답안

2025.1.4. 사업인정고시된 토지로서 2025.2.8. 수용재결 평가 시(A) 적용되는 공시지가는 2025년 공시지가가 미공 시된 상태이므로 2024.1.1. 이 공시기준일로 된 공시지가를 적용하여야 하며, 위 토지가 2025.6.15. 이의재결 평가 시(B)에는 2025.1.1. 기준의 공시지가를 적용하여야 한다.

3) 공익사업의 계획 또는 시행이 공고되거나 고시됨으로 인하여 취득하여야 할 토지의 가격이 변동되었다고 인정되는 경우(법 제70조 제5항) [63)]

(1) 일반원칙

공익사업의 계획 또는 시행이 공고되거나 고시됨으로 인하여 취득하여야 할 토지의 가격이 변동되었다고 인정되는 경우에는 제1항에 따른 공시지가는 해당 공고일 또는 고시일 전의 시점을 공시기준일로 하는 공시지가로서 그 토지의 가격시점 당시 공시된 공시지가 중 그 공익사업의 공고일 또는 고시일과 가장 가까운 시점에 공시된 공시지가로 한다.

(2) 취득하여야 할 토지의 가격이 변동되었다고 인정되는 경우 [64)]

> **토지보상법 시행령 제38조의2(공시지가)**
>
> ① 법 제70조 제5항에 따른 취득하여야 할 토지의 가격이 변동되었다고 인정되는 경우는 도로, 철도 또는 하천 관련 사업을 제외한 사업으로서 다음 각 호를 모두 충족하는 경우로 한다.

---

63) 토지보상법의 개정 전에는 해당 사업으로 인한 개발이익을 배제하기 위하여 사업인정 전 협의의 경우에는 적용공시지가를 소급적용하고, 사업인정 후 협의 또는 재결의 경우에는 적용공시지가를 소급하지 않고 해당 공익사업으로 인한 개발이익이 포함되지 않은 인근지역의 표준지를 선정하거나(수평적 공시지가 적용), 공시지가에서 개발이익을 공제하는 방법으로 평가하여야 하도록 이원적으로 규정하고 있었으나, 개정법률에서는 적용공시지가를 소급(수직적 공시지가 적용)하도록 법체계의 일원화를 꾀하였다.

64) 감정평가실무기준 해설서(Ⅱ) 보상편, 한국감정평가사협회 등, 2014.02, pp.66~74

1. 해당 공익사업의 면적이 20만 제곱미터 이상일 것
2. 해당 공익사업지구 안에 있는 「부동산 가격공시에 관한 법률」 제3조에 따른 표준지공시지가(해당 공익사업지구 안에 표준지가 없는 경우에는 비교표준지의 공시지가를 말하며, 이하 "표준지공시지가"라 한다)의 평균변동률과 평가대상토지가 소재하는 시(행정시를 포함한다)·군 또는 구(자치구가 아닌 구를 포함한다) 전체의 표준지공시지가 평균변동률과의 차이가 3퍼센트포인트 이상일 것
3. 해당 공익사업지구 안에 있는 표준지공시지가의 평균변동률이 평가대상토지가 소재하는 시·군 또는 구 전체의 표준지공시지가 평균변동률보다 30퍼센트 이상 높거나 낮을 것

② 제1항 제2호 및 제3호에 따른 평균변동률은 해당 표준지별 변동률의 합을 표준지의 수로 나누어 산정하며, 공익사업지구가 둘 이상의 시·군 또는 구에 걸쳐 있는 경우 평가대상토지가 소재하는 시·군 또는 구 전체의 표준지공시지가 평균변동률은 시·군 또는 구별로 평균변동률을 산정한 후 이를 해당 시·군 또는 구에 속한 공익사업지구 면적 비율로 가중평균(加重平均)하여 산정한다. 이 경우 평균변동률의 산정기간은 해당 공익사업의 계획 또는 시행이 공고되거나 고시된 당시 공시된 표준지공시지가 중 그 공고일 또는 고시일에 가장 가까운 시점에 공시된 표준지공시지가의 공시기준일부터 법 제70조 제3항 또는 제4항에 따른 표준지공시지가의 공시기준일까지의 기간으로 한다.

① **공익사업에 따른 구분**

㉠ **공익사업의 유형에 따른 구분** : 취득하여야 할 토지의 가치가 변동되었다고 인정되는 경우에는 공익사업 중 도로, 철도, 하천 관련 사업은 제외한다. 도로, 철도, 하천 관련 사업 등과 같은 선형사업의 경우는 해당지역의 지가에 전반적인 영향을 미치지 않는다고 본다. 따라서 「도로법」 제24조의2 제1항에서 도로관리청은 도로구역을 결정하려는 때에는 미리 이를 공고하여 주민 등의 의견을 청취하도록 규정하고 있으므로 이러한 의견청취절차에 의하여 토지가격의 변동이 있다고 인정되더라도 적용공시지가를 소급 적용하지 않는다.

㉡ **공익사업의 면적에 따른 구분** : 적용공시지가를 소급하는 공익사업은 도로, 철도, 하천 관련 사업을 제외한 사업으로서 해당 공익사업의 면적이 20만제곱미터 이상인 공익사업이어야 한다. 즉, 도로·철도·하천 관련 사업을 제외한 공익사업이라고 하여도 면적이 20만제곱미터 미만인 경우는 해당지역의 지가에 전반적인 영향을 미치지 않는다고 본다.

② **평균변동률의 차이**

해당 공익사업시행지구 안에 있는 표준지공시지가의 평균변동률과 대상토지가 소재하는 시·군·구 전체의 표준지공시지가 평균변동률과의 차이가 3퍼센트 포인트 이상이어야 한다. 다만, 해당 공익사업시행지구 안에 표준지가 없는 경우[65]에는 해당 공익사업시행지구에 대한 감정평가의 기준이 되는 표준지공시지가의 평균변동률과 대상토지가 소재하는 시·군·구 전체의 표준지공시지가 평균변동률과의 차이가 3퍼센트 포인트 이상이어야 한다. 여기서 "감정평가의 기준이 되는 표준지공시지가"란 비교표준지 선정기준에 부합하여 잠정적으로 비교표준지로 선정된 표준지공시지가를 말한다.

---

65) ㉠ 평균변동률 산정기간의 시점(始點) 및 종점(終點) 중의 전부 또는 어느 한 시점에 공시지가 표준지가 전혀 없어 평균변동률의 산정이 불가능한 경우와 ㉡ 공시지가 표준지는 있으나 시점과 종점에 동일한 표준지가 없어 사실상 평균변동률의 산정이 불가능한 경우 등을 말한다.

③ **평균변동률의 고저**

해당 공익사업시행지구 안에 있는 표준지공시지가의 평균변동률이 대상토지가 소재하는 시·군·구 전체의 표준지공시지가 평균변동률 보다 30퍼센트 이상 높거나 낮아야 한다. 다만, 해당 공익사업시행지구 안에 표준지가 없는 경우에는 해당 공익사업시행지구에 대한 감정평가의 기준이 되는 표준지공시지가의 평균변동률이 대상토지가 소재하는 시·군·구 전체의 표준지공시지가 평균변동률 보다 30퍼센트 이상 높거나 낮아야 한다.

④ **평균변동률 산정의 기준시점**

ᄀ **사업인정 전 취득의 경우**: 해당 공익사업의 계획 또는 시행이 공고되거나 고시된 당시 공시된 표준지공시지가 중 그 공고일 또는 고시일에 가장 가까운 시점에 공시된 표준지공시지가의 공시기준일부터 해당 토지의 기준시점 당시에 공시된 공시지가 중에서 기준시점에 가장 가까운 시점의 표준지공시지가의 공시기준일까지로 한다.

ᄂ **사업인정 후 취득의 경우**: 해당 공익사업의 계획 또는 시행이 공고되거나 고시된 당시 공시된 표준지공시지가 중 그 공고일 또는 고시일에 가장 가까운 시점에 공시된 표준지공시지가의 공시기준일부터 사업인정고시일 전의 시점을 공시기준일로 하는 공시지가로서, 해당 토지에 대한 협의 또는 재결 당시 공시된 공시지가 중에서 해당 사업인정고시일에 가장 가까운 시점의 표준지공시지가의 공시기준일까지로 한다.

⑤ **평균변동률의 산정방법**

평균변동률은 해당 표준지의 필지별 변동률의 합을 표준지수로 나누어 산정하며, 공익사업시행지구가 둘 이상의 시·군·구에 속하는 경우에는 시·군·구별로 평균변동률을 산정한 후 이를 해당 시·군·구에 속한 공익사업시행지구 면적 비율로 가중평균하여 산정한다.

$$\text{• 평균변동률} = \frac{\text{각 표준지공시지가의 변동률 합}}{\text{표준지의 수}}$$

$$\text{• A} = \frac{\text{B의 각 표준지공시지가의 변동률 합}}{\text{B의 표준지의 수}} \times \text{D} + \frac{\text{C의 각 표준지공시지가의 변동률 합}}{\text{C의 표준지의 수}} \times \text{E}$$

A : 평가대상토지가 소재하는 시·군 또는 구 전체의 표준지공시지가 평균변동률
B, C : 공익사업시행지구가 걸쳐 있는 시·군 또는 구
D : B에 속한 공익사업시행지구 면적 ÷ 공익사업시행지구 전체 면적
E : C에 속한 공익사업시행지구 면적 ÷ 공익사업시행지구 전체 면적

》 각 표준지공시지가 변동률의 합은 표준지의 가격(단가 × 면적)이 아닌 표준지의 단가를 기준으로 해야 한다.

● **면적 가중 여부**

표준지가격변동률을 산정할 경우 표준지 단가를 기준으로 비교할 것인지 표준지의 가격(단가 × 면적)으로 비교할 것인지의 문제이나, 면적을 가중할 경우 지가변동상황이 왜곡될 여지가 있으므로 단가를 기준으로 비교한다.

기 본예제

○○택지개발사업은 경기도 B시 및 C시 일원에서 시행하는 공익사업으로서 총 사업면적은 1,500,000m² 규모이다(B시 편입면적 1,000,000m², C시 편입면적 500,000m²). 아래의 물음에 답하시오(해당 사업의 사업인정고시는 2026년에 있었으며, 주민공고·공람은 2024년에 있었다).

01 2024년 대비 2026년 사업지 내 표준지공시지가의 평균변동률을 산정하시오.

연번	소재지/지번	면적(m²)	용도지역	이용상황	2024	2025	2026
1	B시 100	500	개발제한	전	20,000	21,000	23,000
2	B시 200	300	1종일주	단독주택	1,000,000	1,080,000	1,150,000
3	C시 300	900	자연녹지	전	256,000	287,000	320,000
4	C시 400	10,000	개발제한	임야	5,000	5,300	5,600

02 연도별 해당 시 표준지공시지가 변동률이 아래와 같을 때 적용공시지가를 선정하시오.

해당 시의 표준지공시지가 평균변동률	2024년~2025년	2025년~2026년
B시	4.15%	5.08%
C시	4.49%	3.87%

예시답안

Ⅰ. **물음 1**

각 표준지의 2026년 공시지가와 2024년 공시지가의 격차율을 기준한다.

(2026년 공시지가 ÷ 2024년 공시지가 − 1)

구분	표준지 1	표준지 2	표준지 3	표준지 4	평균변동률
변동률	15%	15%	25%	12%	16.75%

Ⅱ. **물음 2**

1. **시·군·구 평균변동률**

   B시, C시를 기준하되 해당 사업지 편입면적기준으로 가중평균한다.

   (1) B시의 평균변동률 : $(1.0415 \times 1.0508) - 1 \fallingdotseq 9.44\%$

   (2) C시의 평균변동률 : $(1.0449 \times 1.0387) - 1 \fallingdotseq 8.53\%$

   (3) 시·군·구 평균변동률 : $9.44\% \times \dfrac{1,000,000}{1,500,000} + 8.53\% \times \dfrac{500,000}{1,500,000} \fallingdotseq 9.14\%$

2. **적용공시지가 선택**

   ① 20만m² 이상의 사업으로서 도로 등 사업이 아니며, ② 사업지 내 표준지공시지가 변동률(16.75%)와 시·군·구 표준지공시지가 변동률(9.14%)의 차이가 3%포인트 이상이며, ③ 그 격차율$(\dfrac{16.75}{9.14} - 1)$이 30% 이상으로서 공고·고시로 인하여 취득하여야 할 토지의 가치가 변동된 것으로 보아, 공고·고시 이전의 공시지가인 2024년 공시지가를 선정한다.

(3) 해당 공익사업의 계획 또는 시행이 공고 또는 고시

① 공고 또는 고시의 의미

공고란 국가기관이나 공공단체가 일정한 사항을 공시하거나 이해관계인에게 신청의 기회를 갖게 하기 위해서 또는 소재가 불명한 사람에 대한 통지의 수단으로 광고·게시 또는 다른 공개적 방법으로 널리 알리는 것을 의미한다.[66] 이러한 공고는 법규의 성질을 가지지 않으며, 훈령 또는 행정처분과도 달리 소속공무원 또는 주민을 구속하지 않는 것이 원칙이다.

고시는 공고와 유사한 개념으로 일정한 사항을 널리 일반에게 알린다는 의미에서 같으나, 고시는 일단 정한 후 개정 또는 폐지되지 않는 한 효력이 계속되는 사항을 알리는 경우와 경우에 따라서는 구속력을 가지는 사항을 내용으로 할 때가 있다. 공고 및 고시의 방법으로는 관보나 공보 또는 신문에 게재하거나 시·구·읍·면의 게시판에 게시하는 방법에 의하는 수도 있다. 이러한 공고 또는 고시는 관련 법령에 근거를 두고 있는 경우도 있으나, 반드시 법령상의 근거를 요하지는 않는다.[67]

② 관련 규정에 따른 공고 또는 고시

「토지보상법」상으로는 해당 공익사업이 최초로 공고 또는 고시되는 때는 사업인정을 받기 이전에 취득하는 경우는 보상계획공고이며, 사업인정을 받은 후에 취득하는 경우는 사업인정고시가 된다. 그러나 관련법령에서는 해당 공익사업의 보상계획공고 또는 사업인정고시 이전에 법령의 규정에 따라 해당 공익사업에 관한 계획 또는 시행을 일반 국민에게 공고 또는 고시하는 경우가 있다. 이러한 절차가 시행된 경우에는 이를 "공익사업의 계획 또는 시행이 공고 또는 고시"가 있은 것으로 보고 이에 의한 가치의 변동이 있었는지 여부를 검토한다.

🔅 사전 공고 또는 고시 절차를 규정하고 있는 관련 법령

관련 법령	내용
「택지개발촉진법」 제3조의3	택지개발지구를 지정하려는 경우 이를 공고하여 주민 등의 의견청취
「산업입지 및 개발에 관한 법률」 제10조	산업단지를 지정하는 경우 이를 공고하여 주민 등의 의견청취
「도시개발법」 제7조	도시개발구역을 지정하고자 하거나 지정을 요청하려고 하는 경우에는 공람이나 공청회를 통하여 주민 등의 의견청취
「기업도시개발특별법」 제5조	개발구역을 지정하려는 경우 주민 등의 의견청취 및 공청회 개최
「도시정비법」 제15조	정비계획을 수립하여 주민에게 서면으로 통보한 후 주민설명회를 하고 주민에게 공람

---

66) 2014.03.25. 토지정책과-1965

67) 최근 대법원은 국가산단 유치계획 언론발표에 대하여 ① 이 사건 사업과 관련된 산단절차간소화법령 및 산업입지법령에 규정된 공고·고시의 형식으로 이루어진 것이 아니고, ② 이 사건 규정에서 정하는 바에 따라 공고문서가 기안되어 결재권자인 국토교통부장관이 이를 결재하고 일반에 공표하였다는 사정을 발견할 수도 없으며, ③ 이 사건 사업뿐만 아니라 전국에 산재한 5곳에서의 국가산업단지 조성계획에 관한 것으로 인허가 기간 단축 효과 및 전국적인 국가산업단지 조성을 통한 홍보에 주안점이 있으므로 「공익사업을 위한 토지 등의 취득 및 보상에 관한 법률」 제70조 제5항에 따른 '공익사업의 계획 또는 시행의 공고·고시'에 해당하지 않는다고 봄이 타당하다고 판시하였다(대판 2022.5.26, 2021두45848).

「도시재정비 촉진을 위한 특별법」 제4조	재정비촉진지구의 지정을 신청하려는 경우에는 주민설명회를 열고, 주민에게 공람

③ **그 외의 공고 또는 고시**

관련 법령에 별도의 규정을 두지 않은 경우에도 국가·지방자치단체 또는 사업시행자 등이 해당 공익사업의 위치와 범위, 사업기간 등 구체적인 사업계획을 일반에게 발표하는 경우가 있다. 이러한 경우에도 "공익사업의 계획 또는 시행이 공고 또는 고시"가 있은 것으로 보고 이에 의한 가치의 변동이 있었는지 여부를 검토한다.

④ **적용**

"해당 공익사업의 계획 또는 시행의 공고·고시"와 관련하여 국토교통부의 기존 유권해석은 관계법령에 의한 공고 또는 고시로 한정하고 있었다(2008.3.25, 토지정책과-137 참고).

그러나 최근 유권해석은 관련 법령에 의한 공고 또는 고시는 물론이고 공익사업의 위치와 범위, 사업기간 등 구체적인 사업계획을 일반에게 발표한 것도 포함되는 것으로 보고 있으며, 언론 보도 등도 보도 내용과 취득하여야 할 토지의 가격변동 여부 등을 종합적으로 검토하여 토지의 가격이 변동되었다고 인정되는 경우에는 이에 해당하는 것으로 보고 있다(2013.10.24, 토지정책과-3996 참고).

따라서 "해당 공익사업의 계획 또는 시행이 공고되거나 고시"가 있었는지의 판단은 구체적인 사업계획을 일반에게 발표한 것과 취득하여야 할 토지의 가격변동 여부 등을 종합적으로 검토하여 판단하여야 할 것이다.

4) 적용공시지가 선정에 대해 규정하고 있는 다른 법령(공공주택 특별법)

⑴ 공공주택 특별법 제27조(토지 등의 수용 등) 제5항

제10조 제1항에 따른 주민 등의 의견청취 공고로 인하여 취득하여야 할 토지가격이 변동되었다고 인정되는 등 대통령령으로 정하는 요건에 해당하는 경우에는 「공익사업을 위한 토지 등의 취득 및 보상에 관한 법률」 제70조 제1항에 따른 공시지가는 같은 법 제70조 제3항부터 제5항까지의 규정에도 불구하고 제10조 제1항에 따른 주민 등의 의견청취 공고일 전의 시점을 공시기준일로 하는 공시지가로서 해당 토지의 가격시점 당시 공시된 공시지가 중 같은 항에 따른 주민 등의 의견청취 공고일에 가장 가까운 시점에 공시된 공시지가로 한다.

⑵ 공공주택 특별법 시행령 제20조(토지 등의 수용 등)

① 법 제27조 제5항에서 "취득하여야 할 토지가격이 변동되었다고 인정되는 등 대통령령으로 정하는 요건에 해당하는 경우"란 주택지구에 대한 감정평가의 기준이 되는 표준지공시지가(「부동산 가격공시에 관한 법률」에 따른 표준지공시지가를 말한다. 이하 같다)의 평균변동률이 해당 주택지구가 속하는 특별자치도, 시·군 또는 구 전체 표준지공시지가의 평균변동률보다 30 퍼센트 이상 높은 경우를 말한다.

② 제1항에 따른 평균변동률은 법 제10조 제1항에 따른 주민 등의 의견청취 공고일 당시 공시된 공시지가 중 그 공고일에 가장 가까운 시점에 공시된 공시지가의 공시기준일부터 법 제12조 제1항에 따른 주택지구 지정의 고시일 당시 공시된 공시지가 중 그 고시일에 가장 가까운 시점에 공시된 공시지가의 공시기준일까지의 변동률로 한다.

③ 제1항에 따른 평균변동률을 산정할 때 주택지구가 둘 이상의 시·군 또는 구에 걸치는 경우에는 해당 주택지구가 속한 시·군 또는 구별로 평균변동률을 산정한 후 이를 해당 시·군 또는 구에 속한 주택지구 면적의 비율로 가중평균한다.

참고

「토지보상법」과 「공공주택특별법」의 적용공시지가 선정의 차이점

구분	토지보상법 제70조 제5항 동법 시행령 제38조의2	공공주택특별법 제27조 제5항 동법 시행령 제20조
검토요건	면적(20만m² 이상) 사업유형(도로, 철도, 하천사업이 아닐 것)	면적 및 사업유형 검토 필요 없음
표준지공시지가 변동률 검토구간	- 공고고시일 ~ 사업인정 » 공고고시일 : 주민의견청취 등 해당 사업을 객관적으로 알린 날	- 주민의견청취 ~ 사업인정
표준지 변동률 검토방법	- 사업지구 내 표준지 vs 시·군·구 표준지 - 3%p 및 30% 차이 검토	- 감정평가의 기준이 되는 표준지(비교표준지) vs 시·군·구 표준지 - 30% 차이 검토

5) 적용공시지가 선정 시 그 밖의 유의사항

(1) 사업인정의 고시가 있은 이후에 토지의 세목 등이 추가로 고시된 경우

① 사업구역의 확장이나 변경 등으로 토지의 세목 등이 추가로 고시된 경우

사업구역의 확장이나 변경 등으로 토지의 세목 등이 추가로 고시된 토지에 대한 평가의 경우에는 그 토지의 세목 등이 추가로 고시된 날짜를 사업인정고시일로 본다.

② 사업구역의 확장이나 변경 등이 없이 지적분할 등에 따라 토지의 세목 등이 변경고시된 경우

기존 사업인정고시일을 기준으로 적용공시지가를 선택한다.[68]

(2) 다른 공익사업으로 인한 가치변동분의 반영

해당 공익사업으로 인한 가치변동분에 한하여 보상금에서 배제하고 다른 공익사업으로 인한 가치의 변동분은 보상액에서 배제하여서는 안 된다. 그런데 적용공시지가를 소급하면 해당 공익사업의 계획 또는 시행이 공고 또는 고시일로부터 기준시점까지 보상액에 포함되어야 할 다른 공익사업으로 인한 가치변동분까지도 보상액에서 제외된다는 문제점이 있다. 따라서 이런 경우에는 개별요인(기타조건) 또는 그 밖의 요인 등을 통하여 보정한다.

---

68) 수용대상이 사업인가 고시 당시의 토지 또는 권리세목에 누락되었다가 추가된 경우에 보상액 산정의 기준이 되는 사업인정시기는 최초 사업인정 고시일이다(대판 2000.9.8, 98두6104).

(3) **평가시점이 공시지가 공고일 이후이고 가격시점이 공시기준일과 공시지가 공고일 사이인 경우**

　평가시점이 공시지가 공고일 이후이고 가격시점이 공시기준일과 공시지가 공고일 사이인 경우에는 가격시점 해당 연도의 공시지가를 기준으로 한다.[69]

기 본예제

01　감정평가법인 D의 감정평가사 P 씨는 중앙토지수용위원회로부터 산업입지 및 개발에 관한 법률에 근거한 국가산업단지(경기도 A시 소재)에 편입되는 토지에 대한 보상감정평가를 의뢰받고 현장조사를 통하여 다음의 자료를 수집하였다. 조사된 자료를 활용하고 보상 관련 법령을 참작하여 의뢰된 토지 감정평가 시 적용공시지가를 선택하시오.

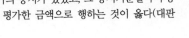

풀이영상

자료 1 ▶ 평가의뢰내역
1. 공익사업명 : ○○국가산업단지 조성사업(사업면적 400,000m²)
2. 사업시행자 : 경기도
3. 산업단지의 지정에 대한 주민의견청취일 : 2024년 11월 21일
4. 산업단지 지정고시 및 세목고시 : 2025년 5월 10일
5. 실시계획의 승인 · 고시일 : 2026년 1월 12일
6. 협의 평가 시 가격시점 : 2025년 12월 23일
7. 의뢰시점 : 2026년 8월 31일
8. 가격조사일자 : 2026년 9월 2일
9. 수용재결(예정일) : 2026년 9월 21일

자료 2 ▶ 전년도 대비 표준지공시지가의 변동률
1. 경기도 시 · 군 · 구의 연도별 표준지공시지가 평균변동률(%)

구분	2024년	2025년	2026년	비고
경기도 전체	-	3.51	4.23	-
A시	-	1.54	1.69	-
B시	-	1.84	2.05	-
C시	-	1.95	2.51	-
가군	-	5.12	6.08	-
나군	-	4.15	5.26	-
다군	-	2.58	3.12	-

2. 해당 국가산업단지 조성사업지구 내 표준지공시지가 평균변동률(%)

구분	2024년	2025년	2026년	비고
사업지구 내	-	7.12	5.05	-

---

69) 수용재결 시에 기존의 공시지가가 공시되어 있더라도 이의재결 시에 새로운 공시지가의 공시가 있었고, 그 공시기준일이 수용재결일 이전으로 된 경우에는 이의재결은 새로 공시된 공시지가를 기준으로 하여 평가한 금액으로 행하는 것이 옳다(대판 1993.3.23, 92누2653).

┌ 예시답안

Ⅰ. 평가개요

본건은 토지에 대한 수용재결 목적의 보상감정평가의 적용공시지가의 선정과 관련된 건으로서 가격시점은 수용재결(예정)일인 2026년 9월 21일을 기준한다.

Ⅱ. 사업인정의제일 등

산업단지 지정고시일 이후에 토지 세목고시가 있는바, 토지의 세목고시일인 2025년 5월 10일이 사업인정의제일이 되나 산업단지 지정고시로 인하여 취득해야 할 토지의 가격변동이 있는지 여부를 검토한다(2024년과 2025년의 격차).

Ⅲ. 토지가격이 변동되었는지 여부

① 도로, 하천, 철도사업이 아니면서 사업면적이 20만m² 이상이며, ② 사업지 내 표준지(7.12%)와 A시 전체 표준지 가격의 변동률(1.54%) 차이가 3% 포인트 이상이고, ③ 그 격차율($\frac{7.12}{1.54}-1$)이 30% 이상으로서 산업단지의 지정고시로 인하여 취득해야 할 토지가격이 변동되었다고 인정된다.

Ⅳ. 적용공시지가 선택

「토지보상법」 제70조 제5항에 의거하여 산업단지 지정고시일 이전의 최근 공시지가인 2024년 공시지가를 적용한다.

02 위 사안에서 공익사업이 「공공주택 특별법」에 의한 공공주택 사업(사업면적 400,000m²)인 경우로서 아래 정보가 추가될 경우의 적용공시지가를 선정하시오.

자료 1 ▶ 공익사업일정

1. 주민의견청취 공고일 : 2024년 11월 21일
2. 사업인정일 : 2025년 5월 10일
3. 가격시점 : 2026년 9월 21일

자료 2 ▶ 해당 감정평가 시 선정된 비교표준지의 평균변동률(%)

구분	2023~2024	2024~2025	2025~2026
비교표준지	–	7.10	5.30

자료 3 ▶

제시되지 않은 자료는 상기 기본예제와 동일한 것으로 본다.

┌ 예시답안

「공공주택특별법」에 의하여 2024~2025의 시군구 비교표준지 가격변동률과 비교표준지의 가격변동률을 비교하여 결정한다. 따라서 $\frac{7.10}{1.54}-1 > 30\%$ 로서 주민의견청취 공고일 이전 최근 공시지가를 선정한다. (2024년)

2. 비교표준지 선정 [70]

1) 선정기준 [71]

비교표준지는 다음 각 호의 선정기준에 맞는 표준지 중에서 대상토지의 감정평가에 가장 적절하다고 인정되는 표준지를 선정한다. 다만, 한 필지의 토지가 둘 이상의 용도로 이용되고 있거나 적절한 감정평가액의 산정을 위하여 필요하다고 인정되는 경우에는 둘 이상의 비교표준지를 선정할 수 있다.

① 「국토의 계획 및 이용에 관한 법률」 제36조부터 제38조까지, 제38조의2 및 제39조부터 제42조까지에서 정한 용도지역, 용도지구, 용도구역 등 공법상 제한이 같거나 유사할 것

》 용도지구 또는 용도구역 등이 다른 비교표준지로 선정하는 경우에는 개별요인 비교에서 반드시 건축물의 용도, 이용밀도 등의 차이에 대한 보정을 하여야 한다(예 녹지지역에서 취락지구가 지정된 경우 녹지지역의 건폐율은 20% 이하이나 취락지구는 60% 이하이므로 그 차이가 있다).

② 평가대상토지와 실제 이용상황이 같거나 유사할 것

③ 평가대상토지와 주위 환경 등이 같거나 유사할 것

④ 평가대상토지와 지리적으로 가까울 것

》 공법상 제한은 같으면 가장 좋지만 유사한 경우에도 공법상 제한의 차이에 따른 시세가 존재하거나 격차율 등으로 보정이 가능하다면 선정이 가능하다.

2) 공익사업의 유형별 비교표준지 선정 시 유의사항

(1) 면적(面的)인 공익사업의 선정기준

택지개발사업·산업단지개발사업 등 공익사업지구 안에 있는 토지의 평가 시에는 그 공익사업지구 안에 있는 표준지 중에서 선정기준에 가장 적합한 표준지 하나를 선정하는 것을 원칙으로 하되, 공익사업지구 안에 있는 표준지의 전부 또는 그중 일부를 선정대상에서 제외하여서는 아니된다. 다만, 해당 공익사업지구 안에 있는 표준지의 전부 또는 그중 일부를 선정대상에서 제외할 특별한 사유가 있는 경우에는 해당 공익사업지구 밖에 있는 표준지를 선정하거나 해당 공익사업지구 안에 있는 표준지 중 일부를 선정대상에서 제외할 수 있다. 이 경우에는 그 사유를 평가서에 기재하여야 한다.

(2) 선적(線的)인 공익사업의 선정기준

선적인 사업의 경우에도 해당 사업시행지구 내에 소재한 표준지를 비교표준지로 선정함을 원칙으로 한다. 다만, 해당 공익사업으로 인한 제한이 표준지공시지가에 반영되어 있으나 이러한 제한이 없는 상태로 감정평가하는 경우 등은 해당 공익사업시행지구 밖의 표준지를 비교표준지로 선정할 수 있다. 이 경우에도 해당 공익사업으로 인한 가격의 변동이 포함되지 않은 표준지를 비교표준지로 선정한다.

---

70) 감정평가실무기준 해설서(Ⅱ) 보상편, 한국감정평가사협회 등, 2014.02, pp.56~60
71) 토지보상법 시행규칙 제22조

3) 비교표준지 선정 시 기타 참고사항 [72]

(1) 비교표준지의 수

비교표준지는 선정기준에 가장 적합한 공시지가 표준지 하나를 선정하는 것을 원칙으로 한다. 다만, 한 필지의 토지가 둘 이상의 용도로 이용되고 있거나 적정한 평가가격의 산정을 위하여 필요하다고 인정되는 경우에는 둘 이상의 공시지가 표준지를 선정할 수 있다.

(2) 동일수급권 내 유사지역의 비교표준지 선정

선정기준에 적합한 공시지가 표준지가 인근지역에 없거나 인근지역에 있는 공시지가 표준지가 공시기준일 이후에 용도변경이나 형질변경 등[73])이 되어 비교표준지로 선정하는 것이 적정하지 아니한 경우에는 동일수급권 안의 유사지역에 있는 공시지가 표준지를 선정할 수 있다.

(3) 공시기준일 이후 용도변경이나 형질변경이 된 경우

공시기준일 이후 용도변경이나 형질변경이 된 경우에 대하여 「토지보상법」, 「감정평가법」 및 「감정평가에 관한 규칙」에서는 별도로 규정하고 있지 않다. 표준지공시지가는 공시기준일 당시의 용도지역 및 이용상황 등을 기준으로 한 가격으로 공시되고, 공시지가를 기준으로 감정평가하는 경우에는 공시지가를 사정보정하여 대상토지와 비교하는 것이 아니므로, 공시기준일 이후에 이루어진 용도변경 또는 형질변경은 비교표준지 선정의 제한사유가 될 수 없다.

대법원은 "해당 공익사업이 시행되는 지역 내에 있는 표준지의 용도나 형질이 그 공익사업의 시행으로 인하여 변경되었다 하더라도, 다른 자료에 의하여 공시기준일 당시의 그 표준지의 현황을 확인할 수 있다면 그 표준지의 수용재결 당시의 공시지가를 기준으로 하여 수용대상토지에 대한 손실보상액을 산정하는 것이 「감정평가에 관한 규칙」 제17조 제2항의 규정취지에 배치되는 것은 아니다."라고 판결하고 있다(대판 1993.9.28, 93누5314). 단, 토지특성에 오류가 있는 표준지는 비교표준지로 선정하지 않는 것이 타당하다.[74]

(4) 선정사유의 기재

「감정평가에 관한 규칙」 제13조 제3항 제2호는 공시지가기준법으로 토지를 감정평가한 경우 비교표준지의 선정 내용을 명기하도록 규정하고 있고, 대법원도 수용대상토지에 대한 표준지를 특정하지 아니하여 보상액 산정요인들이 어떻게 참작되었는지 알아볼 수 없게 되어 있는 감정평가는 법령의 규정에 따라 적법하게 감정평가된 것이라 할 수 없다고 판결하고 있으므로(대판 1993.3.9, 92누9531 참조), 비교표준지를 선정한 때에는 선정이유를 감정평가서에 기재한다.

---

72) 토지보상평가지침 제9조
73) 「토지보상법」, 「감정평가법」 및 「감정평가에 관한 규칙」에서는 별도로 규정하고 있지 않다. 표준지공시지가는 공시기준일 당시의 용도지역 및 이용상황 등을 기준으로 한 가격으로 공시되고, 공시지가를 기준으로 감정평가하는 경우에는 공시지가를 사정보정하여 대상토지와 비교하는 것이 아니므로, 공시기준일 이후에 이루어진 용도변경 또는 형질변경은 원칙적으로는 비교표준지 선정의 제한사유가 될 수 없다.
74) 한국감정평가사협회, 감정평가기준팀-4155, 2014.12.03.

4) 용도지역 등이 변경된 토지

(1) 원칙

용도지역 등이 변경된 토지는 기준시점에서의 용도지역 등을 기준으로 감정평가한다.

(2) 변경 전 용도지역 등을 기준으로 감정평가하는 경우

① 해당 공익사업의 시행을 직접 목적으로 하는 변경

㉠ 「국토계획법」에 따른 변경: 「국토계획법」 제42조 제1항은 ⅰ)「산업입지 및 개발에 관한 법률」 제2조 제8호 가목부터 다목까지의 규정에 따른 국가산업단지, 일반산업단지 및 도시첨단산업단지, ⅱ)「택지개발촉진법」 제3조에 따른 택지개발지구, ⅲ)「전원개발촉진법」 제5조 및 같은 법 제11조에 따른 전원개발사업구역 및 예정구역(수력발전소 또는 송·변전설비만을 설치하기 위한 전원개발사업구역 및 예정구역은 제외한다)의 구역 등으로 지정·고시된 지역은 이 법에 따른 도시지역으로 결정·고시된 것으로 보도록 규정하고 있다. 따라서 농림지역, 관리지역, 자연환경보전지역 등에 속하였던 토지가 위 조항에 의해 도시지역으로 용도지역이 변경된 경우는 해당 공익사업의 시행을 직접 목적으로 하는 변경에 해당된다.

㉡ 공공주택사업을 위한 변경: 「공공주택특별법」 제12조 제4항은 공공주택지구의 지정·변경 또는 해제를 고시한 때에는 도시지역, 지구단위계획구역의 지정·변경 또는 해제가 있는 것으로 보도록 규정하고 있으므로, 농림지역, 관리지역, 자연환경보전지역 등에 속하였던 토지가 위 조항에 의해 도시지역으로 용도지역이 변경된 경우는 해당 공익사업의 시행을 직접 목적으로 하는 변경에 해당된다.

㉢ 도시·군계획시설을 위한 변경: 「도시·군계획시설의 결정·구조 및 설치기준에 관한 규칙」 제32조(자동차정류장), 제44조(자동차 및 건설기계검사시설), 제47조(자동차 및 건설기계운전학원), 제57조(유원지), 제63조(유통업무설비), 제68조(전기공급설비), 제71조(가스공급설비), 제74조(열공급설비), 제83조(시장), 제86조(유류저장 및 송유설비), 제92조(운동장), 제100조(체육시설), 제113조(청소년수련시설), 제146조(장례식장), 제149조(도축장), 제152조(종합의료시설), 제157조(폐기물처리시설), 제160조(수질오염방지시설), 제163조(폐차장) 등의 경우는 특정한 용도지역에 한하여 설치할 수 있도록 규정하고 있다. 따라서 이러한 도시·군계획시설의 설치를 위하여 용도지역을 변경한 경우는 해당 공익사업의 시행을 직접 목적으로 하는 변경에 해당된다.

㉣ 개발제한구역의 해제: 「개발제한구역특별조치법」 제12조 제1항은 개발제한구역에서는 ⅰ) 도로, 철도 등 개발제한구역을 통과하는 선형(線形)시설 등 같은 항 제1호에서 규정한 것을 제외한 도시·군계획시설사업, ⅱ)「도시개발법」에 따른 도시개발사업, ⅲ)「도시정비법」에 따른 정비사업 등의 공익사업의 시행을 할 수 없도록 규정하고 있다. 따라서 개발제한구역에서 허용되지 않는 공익사업을 시행하기 위하여 개발제한구역을 해제하는 경우는 해당 공익사업의 시행을 직접 목적으로 하는 변경에 해당된다. 국토교통부에서도 "정부의 개발제한구역 해제방침결정에 의하여 당초 해제대상에 해당되지 아니하는 지역을 학교시설부지로 편입시키기 위해 개발제한구역 해제입안 시 이를 포함하여 해제토록 한 경우

라면 「토지보상법 시행규칙」 제23조 제2항의 규정에 의하여 해당 공익사업의 시행을 직접 목적으로 하여 용도지역 또는 용도지구 등이 변경된 경우로 보아야 할 것으로 본다."라고 유권해석하고 있다(2004.5.11, 토관-2176).

    ㉤ **사실상 해당 공익사업의 시행을 직접 목적으로 하는 변경**: 법률에 근거하여 용도지역을 변경하는 경우 외에도 사실상 해당 공익사업의 시행을 직접 목적으로 하는 변경의 경우도 있다. 대법원은 "공원조성사업의 시행을 직접 목적으로 일반주거지역에서 자연녹지지역으로 변경된 토지에 대한 수용보상액을 산정하는 경우, 그 대상토지의 용도지역을 일반주거지역으로 하여 평가하여야 한다."라고 판결하고 있다(대판 2007.7.12, 2006두11507). 즉, 공원조성사업은 반드시 녹지지역에서 시행되어야 하는 공익사업이 아니라고 하여도 사실상 공원조성사업을 위하여 일반주거지역에서 자연녹지지역으로 용도지역을 변경하였다면, 이는 해당 공익사업의 시행을 직접 목적으로 하는 변경으로 보아야 한다는 것이다. 용도지역의 변경이 사실상 해당 공익사업의 시행을 직접 목적으로 한 것인지의 여부는 관보 등에 고시되는 변경사유 등을 기준으로 객관적으로 판단하여야 한다.[75]

  ② **해당 공익사업의 시행에 따른 절차로서 변경**

    「택지개발촉진법」 제11조 제1항 제1호에서는 사업시행자가 실시계획을 작성하거나 승인을 받았을 때에는 「국토계획법」 제30조에 따른 도시·군관리계획의 결정이 있은 것으로 보도록 규정하고 있으므로, 실시계획의 승인 이후 실시계획에서 정하여진 대로 용도지역이 변경된 경우는 해당 공익사업의 시행에 따른 절차로서 변경된 경우에 해당된다. 이와 같이 해당 공익사업에서 정하고 있는 실시계획의 승인 등과 같은 일정한 절차에 의하여 용도지역이 변경되는 경우는 전부 여기에 해당된다.

🏠 **판례**

참고 판례[대판 1997.4.8, 96누11396]
[1] 수용대상토지가 도시계획구역 내에 있는 경우에는 그 용도지역이 토지의 가격형성에 미치는 영향을 고려하여 볼 때, 해당 토지와 같은 용도지역의 표준지가 있으면 다른 특별한 사정이 없는 한 용도지역이 같은 토지를 해당 토지에 적용할 표준지로 선정함이 상당하고, 표준지와 해당 토지의 이용상황이나 주변 환경 등에 다소 상이한 점이 있다 하더라도 이러한 점은 지역요인이나 개별요인의 분석 등 품등비교에서 참작하면 되는 것이다.
[2] 표준지가 수용대상토지로부터 상당히 떨어져 있다는 것만으로는 표준지 선정이 위법하다고 말할 수 없다.

대판 2001.3.27, 99두7968
비교표준지는 특별한 사정이 없는 한 도시계획구역 내에서는 용도지역을 우선으로 하고, 도시계획구역 외에서는 용도지역을 현실적 이용상황에 따른 실제 지목을 우선으로 하여 선정하여야 할 것이나, 이러한 토지가 없다면 지목, 용도, 주위환경, 위치 등의 제반 특성을 참작하여 그 자연적, 사회적 조건이 수용대상토지와 동일 또는 가장 유사한 토지를 선정하여야 한다.

---

75) 공원 결정·고시일과 같은 날짜에 용도지역 조정(주거지역 → 자연녹지지역)이 있었던 사정 등의 경우, 공원사업의 시행을 직접 목적으로 하여 용도지역 또는 용도지구 등을 변경한 토지에 해당한다고 본 사례(중토위 2019.1.24.)

기 본예제

감정평가사 L 씨는 택지개발예정지구로 지정고시된 지역의 보상에 대하여 중앙토지수용위원회로 부터 이의재결평가를 의뢰받았다. 보상관련법규의 제규정 등을 참작하고 제시된 자료를 활용하여 아래 토지에 대한 비교표준지를 선정하시오.

자료 1 사업개요

1. 사업의 종류 : ○○ 택지개발사업
2. 택지개발사업지구 지정고시일 : 2025.4.5.
3. 협의평가 가격시점 : 2026.5.21.
4. 재결일 : 2026.8.25.
5. 현장조사 완료일 : 2026.9.21.
6. 이의재결시점 : 2026.10.5.
7. 해당 사업지구의 용도지역이 기존에는 자연녹지(개발제한구역)였으나 공익사업시행에 따른 절차로서 제2종 일반주거지역으로 변경되었음.

자료 2 토지조서

기호	소재지	면적(m²)		용도지역	지목
		공부	편입		
1	S구 S동 210	450	350	제2종일반주거지역	대

자료 3 인근지역의 표준지공시지가 현황

기호	소재지	면적(m²)	지목	이용상황	용도지역	공시지가(원/m²)		기타
						2025	2026	
A	S동 125	300	대	단독	2종일주	900,000	950,000	도로 20%
B	S동 130	450	대	단독	개발제한 자연녹지	500,000	600,000	도로 20%

예시답안

1. **기준시점**

   수용재결일인 2026년 8월 25일이다.

2. **적용공시지가**

   택지개발지구 지정고시일이 사업인정일로 의제되는바, 이전 최근 공시지가인 2025년 공시지가를 선택한다.

3. **비교표준지 선정**

   해당 사업으로 인하여 용도지역이 변경된바, 변경되기 전 용도지역을 기준으로 개발제한구역(자연녹지)을 기준하여 표준지 B를 선정한다.

3. 시점수정 [76]

1) 지가변동률의 적용

(1) 비교표준지가 소재하는 시·군·구의 용도지역별 지가변동률 적용

국토교통부장관이 조사·발표하는 지가변동률로서 평가대상토지와 가치형성요인이 같거나 비슷하여 해당 평가대상토지와 유사한 이용가치를 지닌다고 인정되는 표준지(비교표준지)가 소재하는 시(행정시를 포함한다)·군 또는 구(자치구가 아닌 구를 포함한다)의 용도지역별 지가변동률을 적용한다.

(2) 비교표준지와 같은 용도지역의 지가변동률이 조사·발표되지 아니한 경우

비교표준지와 유사한 용도지역의 지가변동률, 비교표준지와 이용상황이 같은 토지의 지가변동률 또는 해당 시·군 또는 구의 평균지가변동률 중 어느 하나의 지가변동률을 적용한다.

> ● 구체적 적용대상
> 1. 해당 토지의 용도지역은 세분화(계획관리, 생산관리, 보전관리)되었으나 지가변동률은 세부용도지역으로 미고시된 경우
>   관리지역의 지가변동률을 적용하거나 이용상황별 또는 시·군·구 평균 지가변동률을 적용한다.
> 2. 해당 토지의 용도지역은 미세분화(관리지역) 되었으나 지가변동률은 세부용도지역으로 고시된 경우
>   보전관리지역의 지가변동률을 적용하거나 이용상황별 또는 시·군·구 평균 지가변동률을 적용한다.

(3) 이용상황별 지가변동률을 적용하는 경우

① 비교표준지가 도시지역의 개발제한구역 안에 있는 경우로서 2013년 5월 28일자 법 시행령 제37조 제1항 개정 전에 공익사업의 시행에 따른 보상계획을 공고하고 토지 소유자 및 관계인에게 이를 통지한 경우에는 이용상황별 지가변동률을 우선 적용한다.

② 표준지공시지가의 공시기준일이 1997년 1월 1일 이전인 경우로서 비교표준지가 도시지역 밖에 있는 경우와 도시지역의 개발제한구역 안에 있는 경우 또는 용도지역이 미지정된 경우에는 이용상황별 지가변동률을 적용한다. 다만, 비교표준지와 같은 이용상황의 지가변동률이 조사·발표되지 아니한 경우에는 비교표준지와 비슷한 이용상황의 지가변동률 또는 해당 시·군 또는 구의 평균 지가변동률을 적용할 수 있다.

(4) 비교표준지가 소재하는 시·군·구의 지가변동률이 해당 공익사업으로 인하여 변동된 경우

해당 공익사업과 관계없는 인근 시·군 또는 구(해당 시·군·구와 인접하고 있는 모든 시·군·구로서 해당 공익사업으로 인한 지가변동된 시·군·구를 제외한다)의 지가변동률을 적용한다. 다만, 비교표준지가 소재하는 시·군 또는 구의 지가변동률이 인근 시·군 또는 구의 지가변동률보다 작은 경우에는 그러하지 아니하다.

---

76) 토지보상법 시행령 제37조

(5) 비교표준지가 소재하는 시·군·구의 지가변동률이 해당 공익사업으로 인하여 변경된 경우의 의미

> **토지보상법 시행령 제37조**(지가변동률)
>
> ③ 제2항 본문에 따른 비교표준지가 소재하는 시·군 또는 구의 지가가 해당 공익사업으로 인하여 변동된 경우는 도로, 철도 또는 하천 관련 사업을 제외한 사업으로서 다음 각 호의 요건을 모두 충족하는 경우로 한다.
>
> 1. 해당 공익사업의 면적이 20만 제곱미터 이상일 것
> 2. 비교표준지가 소재하는 시·군 또는 구의 사업인정고시일부터 가격시점까지의 지가변동률이 3퍼센트 이상일 것. 다만, 해당 공익사업의 계획 또는 시행이 공고되거나 고시됨으로 인하여 비교표준지의 가격이 변동되었다고 인정되는 경우에는 그 계획 또는 시행이 공고되거나 고시된 날부터 가격시점까지의 지가변동률이 5퍼센트 이상인 경우로 한다.
> 3. 사업인정고시일부터 가격시점까지 비교표준지가 소재하는 시·군 또는 구의 지가변동률이 비교표준지가 소재하는 시·도의 지가변동률보다 30퍼센트 이상 높거나 낮을 것

① **공익사업에 따른 구분**

　　㉠ **공익사업의 유형에 따른 구분** : 비교표준지가 소재하는 시·군·구의 지가가 해당 공익사업으로 인하여 변동된 경우에는 공익사업 중 도로·철도·하천 관련 사업은 제외한다. 즉, 이러한 선적인 공익사업은 시·군·구의 지가에 전반적인 영향을 미치지 않는다고 본다.

　　㉡ **공익사업의 규모에 따른 구분** : 적용공시지가를 소급하는 공익사업은 해당 공익사업의 면적이 20만제곱미터 이상인 공익사업이어야 한다. 즉, 도로·철도·하천 관련 사업을 제외한 공익사업이라고 하여도 면적이 20만제곱미터 미만인 경우는 시·군·구의 지가에 전반적인 영향을 미치지 않는다고 본다.

② **지가변동률의 누계**

　비교표준지가 소재하는 시·군·구의 사업인정고시일부터 기준시점까지의 지가변동률의 누계가 3퍼센트 이상이거나 −3퍼센트 이하이어야 한다. 다만, 해당 공익사업의 계획 또는 시행이 공고되거나 고시됨으로 인하여 비교표준지의 가치가 변동되었다고 인정되는 경우에는 그 계획 또는 시행이 공고되거나 고시된 날부터 기준시점까지의 지가변동률의 누계가 5퍼센트 이상이거나 −5퍼센트 이하이어야 한다.

③ **특별시·광역시·도의 지가변동률과의 비교**

　사업인정고시일부터 기준시점까지 비교표준지가 소재하는 시·군·구의 지가변동률이 비교표준지가 소재하는 시·도의 지가변동률보다 30퍼센트 이상 높거나 낮아야 한다.

2) 지가변동률의 추정 등

(1) **일괄추정방식을 사용**

가격시점 당시에 조사·발표되지 아니한 월의 지가변동률 추정은 조사·발표된 월별 지가변동률 중 가격시점에 가장 가까운 월의 지가변동률을 기준으로 하되, 월 단위로 구분하지 아니하고 일괄추정방식에 따른다.

(2) 지가변동률의 구분 적용

「토지보상법」시행령 제37조 제2항의 검토를 통하여 인근 시·군·구의 지가변동률을 적용하는 경우 지가변동률을 구분하여 적용하기 위한 것이며, 이는 비교표준지가 소재하는 시·군·구의 지가변동률을 적용한다는 원칙을 최대한 따르기 위함이다.

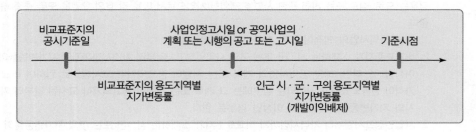

(3) 토지보상법 시행령 제37조 적용 시 기준이 되는 지가변동률

비교표준지가 소재하는 시·군·구 지가변동률과 비교표준지가 소재하는 시·도의 지가변동률을 비교함에 있어서 적용이 되는 지가변동률은 「토지보상법 시행령」 제37조 제1항에 의하여 용도지역별 지가변동률을 기준함이 타당하나 종전의 실무 및 토지보상평가지침에서는 사업지 내여러 용도지역의 토지가 혼재하는 것이 일반적이어서 평균지가변동률을 사용하였다. 다만 국토교통부 유권해석(토지정책과-5826, 2018.09.11.)에서는 용도지역별 지가변동률을 사용하는 것으로 회신한 바 있어 "용도지역별 지가변동률"과 "평균지가변동률"을 비교하여 검토하는 것이 타당할 것이다.[77]

3) 생산자 물가상승률 적용

(1) 적용하는 경우

시점수정에서 생산자물가상승률은 다음의 어느 하나에 해당되는 경우에만 적용할 수 있다. 토지에 관한 평가에서 생산자물가상승률을 시점수정자료로 활용하지 아니한 때에도 이를 지가변동률과 비교하여 평가서에 그 내용을 기재한다.[78]

① 조성비용 등을 기준으로 감정평가하는 경우
② 그 밖에 특별한 이유가 있다고 인정되는 경우

(2) 적용방법

생산자물가상승률은 공시기준일과 가격시점의 각 직전 월의 생산자물가지수를 비교하여 산정한다. 다만, 가격시점이 그 월의 15일 이후이고, 감정평가시점 당시에 가격시점이 속한 월의 생산자물가지수가 조사·발표된 경우에는 가격시점이 속하는 월의 지수로 비교한다.

---

77) 한국감정평가사협회, 감정평가기준팀-734, 2017.05.26.
78) 손실보상은 사적소유권을 강제로 수용하는 것이므로 적법하고 적정하여야 한다. 보상평가의 시점수정에서 지가변동률 외에 생산자물가상승률을 적용하도록 규정한 것도 같은 취지라고 할 수 있다. 따라서 보상평가 시 생산자물가상승률을 반드시 적용하여야 하는 것은 아니지만(대판 1999.8.24, 99두4754), 평가서에 반드시 언급은 하여야 할 것이다.

토지보상감정평가에서 생산자물가상승률을 시점수정 자료로 활용하지 아니한 경우에도 이를 지가변동률과 비교하여 감정평가서에 그 내용을 기재한다.

기본예제

아래 공익사업에 보상 감정평가 시 적용하여야 할 지가변동률을 결정하시오.

풀이영상

> 1. 해당 공익사업 : 산업단지조성사업(300,000㎡ 규모, K도 A시 소재)
> 2. 해당 사업의 공고 및 고시일(주민의견청취일) : 2024.07.01.
> 3. 사업인정일 : 2025.08.01.
> 4. 가격시점 : 2026.07.31.
> 5. 해당 사업에 속한 토지들의 용도지역은 모두 계획관리지역이다.
> 6. 생산자물가지수는 검토하지 않는다.

해당 공익사업의 적용공시지가를 토지보상법 제70조 제5항 및 토지보상법 시행령 제38조의2에 의하여 아래의 경우에 따라 시점수정치를 결정하시오.

1. 사업인정일 이전 최근 공시지가인 2025년을 적용공시지가로 선택한 경우(시점수정기간 : 2025.01.01.~2026.07.31.)
2. 주민의견청취일 이전 최근 공시지가인 2024년을 적용공시지가로 선택한 경우(시점수정기간 : 2024.01.01.~2026.07.31.)

자료 ▶ 지가변동률 자료

구분	K도 A시 계획관리	K도 A시 인근 시·군·구 계획관리	K도 계획관리
2024.01.01.~2026.07.31	14.153%	10.907%	10.211%
2024.01.01.~2024.06.30	2.658%	2.627%	2.553%
2024.07.01.~2026.07.31	13.575%	8.231%	7.739%
2024.08.01.~2026.07.31	11.717%	9.107%	8.197%
2025.01.01.~2025.07.31	1.014%	0.885%	0.787%
2025.08.01.~2026.07.31	7.978%	5.127%	4.978%

예시답안

시점수정치 결정과 관련하여, 20만㎡ 이상의 사업으로 도로 등 사업이 아닌바, 토지보상법 시행령 제37조에 의하여 아래의 요건을 검토하며, 각 사안별로 검토한다.

(물음 1)

사업인정일(2025.08.01.)부터 가격시점(2026.07.31.)까지 해당 시·군·구(A시)의 용도지역별 지가변동률이 3% 이상이다. (7.978%)

사업인정일(2025.08.01.)부터 가격시점(2026.07.31.)까지 해당 시·군·구(A시)의 용도지역별 지가변동률(7.978%)과 K도 용도지역별 평균 지가변동률(4.978%)의 격차율이 30% 이상이다.

$(\frac{7.978}{4.978} - 1 > 30\%)$

따라서 A시 인접한 시·군·구의 용도지역별 지가변동률을 통하여 시점수정하되, 공시기준일(2025.01.01.)부터 사업인정일(2025.08.01.)까지는 A시의 용도지역별 지가변동률을 이용하며, 사업인정일(2025.08.01.)부터 가격시점(2026.07.31.)까지는 A시 인접한 시·군·구의 지가변동률을 구분하여 적용한다.

∴ 1.01014 × 1.05127(A시 계관지변률보다 작음) ≒ 1.06193

(물음 2)

공고고시일(2024.07.01.)부터 가격시점(2026.07.31.)까지 해당 시·군·구(A시)의 용도지역별 지가변동률이 5% 이상이다. (13.575%)

사업인정일(2025.08.01.)부터 가격시점(2026.07.31.)까지 해당 시·군·구(A시)의 용도지역별 지가변동률(7.978%)과 K도 용도지역별 평균 지가변동률(4.978%)의 격차율이 30% 이상이다.

$(\frac{7.978}{4.978} - 1 > 30\%)$

따라서 A시 인접한 시·군·구의 용도지역별 지가변동률을 통하여 시점수정하되, 공시기준일(2024.01.01.)부터 주민의견청취일(2024.07.01.)까지는 A시의 용도지역별 지가변동률을 이용하며, 주민의견청취일(2024.07.01.)부터 가격시점(2026.07.31.)까지는 A시 인접한 시·군·구의 지가변동률을 구분하여 적용한다.

∴ 1.02658 × 1.08231(A시 계관지변률보다 작음) ≒ 1.11108

4. 지역요인과 개별요인의 비교

1) 개요

인근지역에 적정한 비교표준지가 없어서 동일수급권 안의 유사지역에서 비교표준지를 선정한 경우에는 대상토지와 지역요인 및 개별요인을 비교하고, 인근지역에서 비교표준지를 선정한 경우에는 개별요인만을 비교하되, 이 경우에도 지역요인이 같다는 것을 감정평가서에 기재한다.

2) 지역요인

지역요인의 비교는 비교표준지가 있는 지역의 표준적인 획지의 최유효이용과 대상토지가 있는 지역의 표준적인 획지의 최유효이용을 판정하여 비교하고, 지역요인의 비교는 비교표준지가 있는 지역과 대상토지가 있는 지역 모두 가격시점을 기준으로 한다.

3) 개별요인

개별요인의 비교는 비교표준지의 최유효이용과 대상토지의 최유효이용을 판정하여 비교하되 비교표준지는 공시기준일을 기준으로 하고 대상토지는 가격시점을 기준으로 한다.

해당 사업으로 인하여 일부가 편입되어 분필된 경우에도 편입 전의 개별요인을 기준으로 한다(연차별 보상계획에 따라 소유자의 의사와 무관하게 분할되어 보상되는 경우에도 분할 전 상태를 기준함이 타당하다).

≫ 수용대상토지 자체가 표준지인 토지에 관하여는 표준지와 개별성 및 지역성의 비교란 있을 수 없다.[79]

---

79) 대판 1995.05.12, 95누2678

4) 지역·개별요인 비교와 관련한 유의사항 [80]

(1) 감정평가서의 기재정도(지역요인 및 개별요인의 비교내용)

보상감정평가에서는 관련 법령에서 들고 있는 모든 가격산정요인들을 구체적·종합적으로 참작하여 그 각 요인들이 빠짐없이 반영된 적정가격을 산출하여야 한다. 따라서 감정평가서에는 모든 가격산정요인의 세세한 부분까지 일일이 설시하거나 그 요소가 감정평가에 미치는 영향을 수치로 표현할 필요는 없다고 하더라도, 적어도 그 가격산정요인들을 특정·명시하고 그 요인들이 어떻게 참작되었는지를 알아 볼 수 있는 정도로 지역요인 및 개별요인의 비교내용을 기술한다. [81]

(2) 현실적인 이용상황에 따른 비교수치 외에 다시 공부상의 지목에 따른 비교수치를 중복적용할 수 있는지 여부

비교표준지와 수용대상토지의 지역요인 및 개별요인 등 품등비교를 할 경우 현실적인 이용상황에 따른 비교수치 외에 다시 공부상의 지목에 따른 비교수치를 중복적용할 수 있는지에 대하여 대법원은 "현실적인 이용상황에 따른 비교수치 외에 다시 공부상의 지목에 따른 비교수치를 중복적용하는 것은 허용되지 아니한다고 할 것이고"라고 판시[82]하여, 현실적인 이용상황에 따른 비교수치를 적용하였다면, 다시 공부상의 지목에 따른 비교수치를 중복적용할 수 없다는 입장이다. [83]

(3) 토지가 도로에 직접 접속되어 있지 아니하고 구거 등을 사이에 두고 있는 토지의 접면도로의 판단

토지가 도로에 직접 접속되어 있지 아니하고 구거 등을 사이에 두고 있으나 그 구거 등의 원래 용도를 해하지 않는 범위 내에서 복개시설 등을 설치하여 도로로 통행할 수 있는 경우에 대하여, 대법원은 "복개시설 등의 설치가 그 구조와 형태 등에 비추어 일시적·잠정적이라거나 혹은 소요비용이나 관련 법령상의 제한 등에 비추어 극히 예외적으로만 가능하다고 하는 등의 특별한 사정이 달리 나타나 있지 않는 한, 그 해당 토지는 도로로의 통행 등의 면에서 직접 도로에 접속하고 있는 경우와 다를 바가 없어"라고 판시하고 있다(대판 2010.3.25, 2009다97062).

---

80) 감정평가실무기준 해설서(Ⅱ) 보상편, 한국감정평가사협회 등, 2014.02, pp.83~84
81) 감정평가서에 기재하여야 할 가치형성요인의 기술방법(대판 2000.07.28, 98두6081), 개별요인 비교에 관하여 아무런 설시를 하지 아니한 감정평가는 위법하다(대판 1996.05.28, 95누13173).
82) 대판 2001.03.27, 99두7968
83) 대판 2007.07.12, 2006두11507

5. 그 밖의 요인 비교[84]

1) 그 밖의 요인의 적용근거

(1) 감정평가에 관한 규칙 제14조 제2항

감정평가법인등은 공시지가기준법에 따라 토지를 감정평가할 때에 다음 각 호의 순서에 따라야 한다(5. 그 밖의 요인보정 : 대상토지의 인근지역 또는 동일수급권 내 유사지역의 가치형성요인이 유사한 정상적인 거래사례 또는 평가사례 등을 고려할 것).

(2) 대법원 판례

토지의 보상액 산정에 있어서 인근 유사 토지의 거래사례나 보상선례를 반드시 참작하여야 하는 것은 아니며, 다만 인근 유사 토지의 정상거래사례가 있고 그 거래가격이 정상적인 것으로서 적정한 보상액 평가에 영향을 미칠 수 있는 것임이 입증된 경우에는 이를 참작할 수 있다(대판 2004.5.14, 2003다38207). 이때 "인근 유사토지의 정상거래가격"이라고 함은 그 토지가 수용대상토지의 인근지역에 위치하고 용도지역, 지목, 등급, 지적, 형태, 이용상황, 법령상의 제한 등 자연적·사회적 조건이 수용대상토지와 동일하거나 유사한 토지에 관하여 통상의 거래에서 성립된 가격으로서, 개발이익이 포함되지 아니하고, 투기적인 거래에서 형성된 것이 아닌 가격을 말한다(대판 2001.4.24, 99두5085).

(3) 감정평가실무기준

(4) 국토교통부 유권해석

국토교통부 유권해석에서도 그 밖의 요인 적용의 필요성을 인정하고 있다.

(5) 토지보상평가지침

제16조(그 밖의 요인의 보정) 및 제17조(거래사례 등의 요건)에서 그 밖의 요인 보정의 근거를 마련하고 있다.

2) 그 밖의 요인비교치 결정방법

(1) 산정원칙

그 밖의 요인보정을 할 때에는 해당 공익사업의 시행에 따른 가격의 변동은 보정하여서는 아니되며, 대상토지의 인근지역 또는 동일수급권 안의 유사지역(이하 "인근지역 등"이라 한다)의 정상적인 거래사례나 보상사례(이하 이 조에서 "거래사례 등"이라 한다)를 참작할 수 있다. 다만, 이 경우에도 그 밖의 요인보정에 대한 적정성을 검토해야 한다.

---

84) 감정평가서에는 보상선례토지와 평가대상인 토지의 개별요인을 비교하여 평가한 내용 등 산정요인을 구체적으로 밝혀 기재하여야 한다. 따라서 보상선례를 참작하면서도 위와 같은 사항을 명시하지 않은 감정평가서를 기초로 보상액을 산정하는 것은 위법하다고 보아야 한다(대판 2013.6.27, 2013두2587).

(2) **거래사례**

감정평가 대상토지의 인근지역 또는 동일수급권 유사지역의 거래사례의 실제 거래가액을 기준으로 하며, 정상적인 거래사례여야 하고 해당 공익사업으로 인한 개발이익이 반영되어 있으면 안 된다. 투기적인 거래에 의한 거래가액은 이에 해당하지 않는다.

① 용도지역 등 공법상 제한이 같거나 비슷할 것

② 현실적인 이용상황 등이 같거나 비슷할 것

③ 주위환경 등이 같거나 비슷할 것

④ 해당 공익사업의 시행에 따른 가격의 변동이 반영되어 있지 아니하다고 인정될 것

⑤ 「부동산 거래신고 등에 관한 법률」에 따라 신고된 것으로서 정상적인 거래로 인정되거나 사정보정이 가능한 것일 것

(3) **거래사례 및 보상선례**(거래사례 등)(보상감정평가선례에 한한다. 담보 및 경매평가선례는 제외[85])

① 실제 거래가액이나 실제 보상액(감정평가액의 산술평균)을 의미하며, 거래사례 등의 정상성을 판단하여 선정하여야 한다.

ㄱ 거래사례 정상성에 대한 확인방법

i) 가치형성요인의 동일성 및 유사성, ii) 거래의 비투기성 또는 통상성, iii) 해당 공익사업으로 인한 영향성 등을 기준으로 판단한다.

협의보상사례는 국가와 사인이 감정평가액을 기준으로 자발적으로 합의한 것이므로 일반적으로는 정상성을 인정할 수 있으나, 협의율 등을 고려하여 정상성을 판단해야 한다. 재결사례는 불이익변경금지의 원칙(행정심판법 제47조 제2항)을 적용하여 협의가액보다 낮은 가액으로 재결하지 않는다는 점 및 협의율, 협의가격과의 차이 등을 고려하여 정상성을 판단한다. 합리적인 이유 없이 보상평가액을 상회하는 금액으로 협의하는 경우 초과금액은 일종의 사례금으로서 정당한 보상금액으로 볼 수 없다.

② **보상선례 선정기준**

ㄱ 용도지역 등 공법상 제한이 같거나 비슷할 것

ㄴ 현실적인 이용상황 등이 같거나 비슷할 것

ㄷ 주위환경 등이 같거나 비슷할 것

ㄹ 적용공시지가의 선택기준에 적합할 것(해당 공익사업의 시행에 따른 가격의 변동이 반영되어 있지 아니하다고 인정될 것)[86]

》 해당 공익사업의 보상선례는 선정하지 아니하며,[87] 보상이 완료되지 않은 경우에도 보상선례로 선정하지 않아야 한다.

》 적용공시지가 선정기준일 이후의 거래사례 등도 해당 사업에 의한 개발이익이 포함되지 않으면 선정할 수 있다.

---

85) 단순한 호가시세나 담보평가선례는 보상평가에 참작할 수 없다(대판 2003.02.28, 2001두3808).

86) 해당 공익사업으로 인한 개발이익이 포함된 보상사례라도 개발이익을 배제할 수 있다면 참작할 수 있다(대판 2010.04.29, 2009두17360).

87) 해당 공익사업에 대한 보상사례는 그 밖의 요인으로 참작할 수 없다(대판 2002.04.12, 2001두9783).

>> "해당 공익사업의 시행에 따른 가격의 변동이 반영되어 있지 아니하다고 인정되는 사례의 경우"에는 그 사유를 감정평가서에 기재하여야 한다.

판례

인근 유사토지의 정상거래가격의 의미[대판 2004.08.30, 2004두5621]

토지수용에 있어서의 손실보상액 산정에 관한 관계 법령의 규정을 종합하여 보면, 수용 대상 토지의 정당한 보상액을 산정함에 있어서 인근 유사 토지의 정상거래 사례를 반드시 조사하여 참작하여야 하는 것은 아니지만, 인근 유사 토지가 거래된 사례나 보상이 된 사례가 있고 그 가격이 정상적인 것으로서 적정한 보상액 평가에 영향을 미칠 수 있는 것임이 입증된 경우에는 이를 참작할 수 있고, 여기서 '인근 유사토지의 정상거래가격'이라고 함은 그 토지가 수용 대상 토지의 인근 지역에 위치하고 용도지역, 지목, 등급, 지적, 형태, 이용상황, 법령상의 제한 등 자연적·사회적 조건이 수용 대상 토지와 동일하거나 유사한 토지에 관하여 통상의 거래에서 성립된 가격으로서, 개발이익이 포함되지 아니하고, 투기적인 거래에서 형성된 것이 아닌 가격을 말하고(대판 2002.4.12, 2001두9783 참조), 또한 그와 같은 인근 유사 토지의 정상거래 사례에 해당한다고 볼 수 있는 거래 사례가 있고 그것을 참작함으로써 보상액 산정에 영향을 미친다고 하는 점은 이를 주장하는 자에게 입증책임이 있다(대판 1994.1.25, 93누11524 참조).

보상평가의 그 밖의 요인 적용에서 보상사례가 특히 중요한 이유 [88]

1. 보상사례는 정상거래사례에 해당한다.

보상평가에서 인근 유사토지의 정상거래사례의 참작을 인정하는 경우에도 통상의 실거래가격에는 매매당사자 간의 특별한 사정이 개제될 수 있으므로 이를 보상평가에 직접 적용할 수 없고, 정상거래로 전환시키는 과정, 즉 사정보정 등을 반드시 거쳐야 한다. 반면 보상사례는 감정평가법인등의 감정평가에 의한 가격을 기준으로 성립된 것이며, 특히 협의선례의 경우 토지소유자와 사업시행자의 자발적 합의에 의해 성립한 거래사례이므로, 이러한 사정보정 과정을 거치지 않아도 정상거래사례로 볼 수 있다.

2. 보상사례는 거래가격을 정확하게 파악할 수 있다.

실거래가격의 경우 등기사항전부증명서에 거래금액을 기재하는 경우에도 그 금액의 정확성을 완전히 인정하기 어려우나, 보상사례금액은 이를 정확하게 조사할 수 있다.

3. 보상사례는 감정평가기준이 동일하다.

미지급용지·무허가건축물부지·불법형질변경토지 및 해당 공익사업으로 인하여 용도지역 등이 변경된 토지 등 특수토지의 보상평가는 일반거래에서와는 다른 감정평가기준이 적용된다. 따라서 실거래사례의 경우에는 이러한 사항에 대한 별도의 보정이 필요하나, 보상사례는 동일한 감정평가기준에 의해 결정된 가액이므로 별도의 보정이 필요하지 않다.

4. 보상사례는 대상토지의 가치형성에 직접 영향을 미친다.

거래사례를 보상평가에 참작하기 위해서는 그 거래사례가 적정한 보상평가에 영향을 미칠 수 있는 것이어야 한다. 실거래와 보상은 가치결정에 상이한 기준이 적용되므로 그 가치가 다를 수 있다는 것이 통상적으로 인정된다. 실거래사례는 보상평가에 간접적인 영향을 미친다고 보아야 하지만, 보상사례는 보상이라는 동일한 목적의 감정평가이므로 직접적인 영향을 미친다.

---

88) 감정평가실무기준 해설서(Ⅱ) 보상편, 한국감정평가사협회 등, 2014.02, pp.88~89

(4) 적정성 검토

거래사례 및 보상선례를 참작하는 경우에는 그 평가기준 등의 적정성을 검토해야 한다. 또한 보상선례만으로 그 밖의 요인비교치를 도출하기보다는 인근 유사토지 거래가격을 분석하여 보상선례 기준의 그 밖의 요인비교치의 적정성을 검증하는 절차를 거치는 것이 타당할 것이다.

그 밖의 요인 보정에 대한 적정성은 보정의 필요성, 거래사례 등의 선정의 적정성, 선정된 거래사례 등에 대한 분석의 적정성, 보정률 산정과정 및 결정의 적정성 등을 검토한다. 거래사례를 기준으로 보정을 한 경우에는 보상선례를 통하여, 보상선례를 기준으로 보정을 한 경우에는 거래사례를 통하여 적정성을 검토한다.

≫ 일부 하급심에서 방법 1(본건 기준 방식의 그 밖의 요인 비교)이 표준지의 공시지가를 기준으로 해당 토지를 감정평가하도록 정한 관련 법령에 위반되어 위법하다고 판시[89]하고 있는바, 상기의 과정을 거쳐 그 밖의 요인 보정을 할 필요가 있다.[90]

지양해야 할 방법(방법 1)	권장방법(방법 2)
하나의 보상사례 등을 기준으로 격차율을 산정하여 결정하는 방법	보상사례 등을 기준으로 격차율을 산정하고 실거래가 분석 등을 통해 그 밖의 요인 보정치를 결정하는 방법
1. 그 밖의 요인 보정 　가. 그 밖의 요인 보정의 필요성 　나. 격차율 산정 　다. 그 밖의 요인 보정치 결정	1. 그 밖의 요인 보정의 필요성 및 근거 2. 거래사례 등 기준 격차율 산정 3. 실거래가 분석 등을 통한 검증 4. 그 밖의 요인 보정치의 결정

(5) 그 밖의 요인비교치 산정방법

① 대상토지기준 산정방식

$$격차율 = \frac{(거래사례등기준\ 대상토지\ 평가)\ 사례가격 \times 시점수정 \times 지역요인 \times 개별요인}{(공시지가기준\ 대상토지\ 평가)\ 공시지가 \times 시점수정 \times 지역요인 \times 개별요인}$$

② 비교표준지기준 산정방식

$$격차율 = \frac{(거래사례등기준\ 표준지\ 평가)\ 사례가격 \times 시점수정 \times 지역요인 \times 개별요인}{(표준지공시지가\ 시점수정)\ 공시지가 \times 시점수정}$$

㉠ 양 방법 모두 활용이 가능하나 실무적으로는 비교표준지 기준방식을 많이 사용한다.

㉡ 거래사례 등 또는 비교표준지와 대상토지의 시·군 또는 구가 다른 경우에는 거래사례 등 또는 비교표준지가 소재하는 시·군 또는 구의 지가변동률을 적용하되, 지가변동률 산정의 기산일은 거래사례의 경우 계약일자로 하고 보상사례의 경우 그 보상감정평가의 가격시점으로 한다.

---

89) 서울고법 2015.12.10, 2014나2021821, 창원지법 2007.10.25, 2005구합3604
90) 한국감정평가사협회 업무연락(2016.8.1.), 그 밖의 요인보정치 결정 및 표시방법과 시점수정 방법 관련 알림

ⓒ 격차율을 산정한 후 실거래가 분석 등을 통한 검증 등 그 밖의 가격자료를 참조하고 적절하게 조정하여 그 밖의 요인 비교치를 결정하여야 한다.

ⓔ 그 밖의 요인 비교치는 소수점 이하 둘째자리까지 표시할 것을 권장한다(예 1.05).

기본예제

도시공원조성사업에 편입되는 다음 토지에 대한 보상 감정평가액을 결정하시오.

풀이영상

자료 1 대상토지자료

1. 위치: 충북 청주시 흥덕구 K동 100번지
2. 사업인정일: 2026.3.6.
3. 협의예정일: 2026.8.10.
4. 대상토지의 용도지역 및 이용상황: 제2종일반주거지역, 주거나지
5. 대상토지는 12m 도로에 접한 경사도가 없는 사다리형의 토지이며 면적은 300m²임.

자료 2 인근표준지공시지가(2026.1.1. 기준)

기호	소재지	면적(m²)	지목	이용상황	용도지역	도로조건 형상/지세	공시지가 (원/m²)
1	K동	270	전	전	자연녹지	세로(각) 부정형/평지	60,000
2	K동	280	대	주상용	2종일주	중로 정방형/평지	80,000
3	P동	260	전	주거나지	2종일주	소로한면 자루형/평지	100,000
4	S동	300	전	전	2종일주	소로각지 장방형/평지	120,000

» 표준지 기호 4는 도시계획공원에 100% 저촉된다.

자료 3 인근보상선례자료

구분	보상선례 1	보상선례 2	보상선례 3
사업명	도시공원조성사업	체육시설사업	도시·군계획시설도로
용도지역	2종일주	2종일주	2종일주
이용상황	주거나지	주거나지	주거나지
면적(m²)	300	350	280
가격시점	2025.01.01.	2026.01.01.	2026.06.15.
개별조건	12m도로 접함. 사다리형, 평지	6m도로에 접함. 정방형, 평지	6m도로에 접함. 가로장방형, 평지
보상가액	51,000,000원	56,000,000	53,200,000
비고	해당 공익사업임	도시계획시설 도로에 30%가 저촉된 상태임	-

자료 4 시점수정에 적용할 지가변동률

기간	변동률(%)		
	주거지역	대	전
2025년 누계	3.216	0.120	−0.207
2026년 6월 누계	0.213	0.001	0.251
2026년 6월	0.053	−0.506	0.313

자료 5 개별요인 비교치

1. 도로 : 광로(100), 중로(95), 소로(90), 세로(가)(80), 세로(불)(70), 맹지(60)
2. 형상 : 정방형(100), 장방형(90), 사다리형(85), 자루형(75), 부정형(60)
3. 지세 : 평지(100), 완경사(80), 급경사(60)
4. 각지는 한 면에 비해 5% 우세

자료 6 기타사항

1. 도시·군계획시설도로에 저촉되는 토지는 일반적으로 30% 정도의 감가가 발생하고 있음.
2. 그 밖의 요인보정률은 비교표준지 기준방식에 의함.
3. 시점수정치 결정 시 생산자물가지수의 검토는 생략한다.

예시답안

Ⅰ. 평가개요

본건은 도시공원조성사업에 편입되는 토지에 대한 협의목적의 보상감정평가로서 협의예정일인 2026년 8월 10일을 가격시점으로 한다.

Ⅱ. 비교표준지 선정

사업인정일 이전 최근 공시지가인 2026년 공시지가를 기준하며, 제2종일반주거지역, 주거용으로서 본건과 유사성 있는 표준지 3을 기준한다.

Ⅲ. 시점수정치(2026.1.1.~2026.8.10. 주거지역)

$1.00213 \times (1 + 0.00053 \times 41/30) ≒ 1.00286$

Ⅳ. 지역 및 개별요인 비교치

1. 지역요인

인근지역으로서 대등하다(1.00).

2. 개별요인(중로, 사다리, 평지)

$95/90 \times 85/75 \times 1 ≒ 1.196$

Ⅴ. 그 밖의 요인비교치

1. 거래사례 등 선정

2종일반주거지역, 주거용으로서 해당 사업과 무관하며, 사업인정 이전 선례인 보상선례 2를 선정한다 $(56,000,000/350 = 160,000원/m^2)$.

2. 격차율(비교표준지 기준)

$$\frac{160,000 \times 1.00286^* \times 1.00 \times 0.844^{**}}{100,000 \times 1.00286} ≒ 1.350$$

* 2026.1.1.~2026.8.10., 주거지역
** 개별요인(표준지 3 / 보상선례 2) : $90/80 \times 75/100 \times 1$

3. 그 밖의 요인보정치 결정

상기의 격차율을 고려하여 35% 증액보정한다(1.35).

Ⅵ. 보상감정평가액

$100,000 \times 1.00286 \times 1.00 \times 1.196 \times 1.35 ≒ 162,000원/m^2 (\times 300 = 48,600,000원)$

6. 지목 및 면적사정

> **토지보상평가지침 제18조**(현실적인 이용상황의 판단 및 면적산정)
>
> 대상토지의 현실적인 이용상황의 판단 및 면적사정은 의뢰자가 제시한 기준에 따르되, 다음 각 호의 어느 하나에 해당하는 경우에는 의뢰자에게 그 내용을 조회한 후 목록을 다시 받아 감정평가하는 것을 원칙으로 한다. 다만, 수정된 목록의 제시가 없을 때에는 당초 제시된 목록을 기준으로 감정평가하되, 감정평가서의 토지평가조서 비고란에 현실적인 이용상황을 기준으로 한 단가 또는 면적을 따로 기재한다.
> 1. 실지조사 결과 제시된 목록상의 이용상황과 현실적인 이용상황이 다른 것으로 인정되는 경우
> 2. 한 필지 토지의 현실적인 이용상황이 둘 이상인 경우로서 이용상황별로 면적을 구분하지 아니하고 감정평가 의뢰된 경우(다른 이용상황인 부분이 주된 이용상황과 비슷하거나 면적비율이 뚜렷하게 낮아 주된 이용상황의 가치를 기준으로 거래될 것으로 추정되는 경우는 제외한다)
> 3. 지적공부상 지목이 "대(공장용지 등 비슷한 지목을 포함한다. 이하 이 조에서 같다)"가 아닌 토지가 현실적인 이용상황에 따라 "대"로 감정평가 의뢰된 경우로서 다음 각 목의 어느 하나에 해당하는 경우(토지형질변경허가 관계 서류 등 신빙성 있는 자료가 있거나 주위환경의 사정 등으로 보아 "대"로 인정될 수 있는 경우는 제외한다)
>   가. 제시된 면적이 인근지역에 있는 "대"의 표준적인 획지의 면적 기준을 뚜렷이 초과하거나 미달되는 경우
>   나. 지상건축물의 용도·규모 및 부속건축물의 상황과 관계법령에 따른 건폐율·용적률, 그 밖에 공법상 제한 등으로 보아 제시된 면적이 뚜렷이 과다하거나 과소한 것으로 인정되는 경우

04 공법상 제한을 받는 토지의 보상감정평가

1. 공법상 제한의 구분(시행규칙 제23조)

1) 개설

(1) 공법상 제한을 받는 상태기준평가

일반적인 계획제한은 제한 그 자체로 목적이 완성되고 구체적인 사업의 시행이 필요하지 아니한 공법상 제한으로서 그 제한을 받는 상태를 기준으로 평가한다.

(2) 공법상 제한을 받는 상태기준평가의 예외

① **해당 공익사업의 시행을 직접 목적으로 가하여진 경우**

공법상 제한이 해당 공익사업의 시행을 직접 목적으로 하여 가하여진 경우에는 제한이 없는 상태를 상정하여, 즉 이러한 제한으로 인하여 변동된 가격은 고려하지 아니하고 감정평가한다. 이와 같이 감정평가하는 이유는 「토지보상법」 제67조 제2항에서 규정한 보상액의 산정 시 해당 공익사업으로 인하여 토지 등의 가치가 변동되었을 때에는 이를 고려하지 아니한다는 원칙에 의한 것이다.

② **공익사업의 시행의 절차로써 용도지역 등이 변경된 경우**

해당 공익사업의 시행을 직접 목적으로 하여 용도지역 등이 변경된 토지에 대하여는 변경되기 전의 용도지역 등을 기준으로 감정평가한다. 즉, 일반적으로 토지의 감정평가는 기준시점 현재의 용도지역 등에 따라 감정평가하나, 기준시점 당시 해당 공익사업의 시행을 위하여 용도지역 등

이 변경된 경우에는 이를 고려하지 않고 변경되기 전의 용도지역 등을 기준으로 감정평가한다. 이와 같이 감정평가하는 이유 역시 「토지보상법」 제67조 제2항에서 규정한 보상액의 산정 시 해당 공익사업으로 인하여 토지 등의 가치가 변동되었을 때에는 이를 고려하지 아니한다는 원칙에 의한 것이다.

2) 일반적인 계획제한과 개별적인 계획제한

(1) 일반적인 계획제한

> 1. 용도지역 등의 지정·변경
> 2. 「군사기지 및 군사시설보호법」에 따른 군사시설보호구역의 지정·변경
> 3. 「수도법」에 따른 상수원보호구역의 지정·변경
> 4. 「자연공원법」에 따른 자연공원 및 공원보호구역의 지정·변경[91]
> 5. 그 밖에 관계법령에 따른 위 제2호부터 제4호와 비슷한 토지이용계획의 제한

일반적 계획제한은 제한 그 자체로 목적이 완성되고 구체적인 사업의 시행이 필요하지 아니하는 제한으로서, 일반적인 계획제한은 그 제한을 받는 상태를 기준으로 감정평가한다. 다만, 제1호의 경우로서 해당 공익사업의 시행을 직접 목적으로 하여 용도지역 등이 지정 및 변경(이하 "지정·변경"이라 한다)된 토지에 대한 감정평가는 그 지정·변경이 되기 전의 용도지역 등을 기준으로 하며, 제2호부터 제5호의 경우로서 해당 법령에서 정한 공익사업의 시행을 직접 목적으로 하여 해당 구역 등 안 토지를 취득 또는 사용하는 경우에는 이를 개별적인 계획제한으로 본다.

(2) 개별적인 계획제한

> 1. 「국토의 계획 및 이용에 관한 법률」 제2조 제7호에서 정한 도시·군계획시설 및 제2조 제11호에서 정한 도시·군계획사업에 관한 같은 법 제30조 제6항에 따른 도시·군관리계획의 결정고시[92]
> 2. 법 제4조에 따른 공익사업을 위한 사업인정의 고시
> 3. 그 밖에 관계법령에 따른 공익사업의 계획 또는 시행의 공고 또는 고시 및 공익사업의 시행을 목적으로 한 사업구역·지구·단지 등의 지정고시

개별적 계획제한은 그 제한이 구체적인 사업의 시행이 필요한 제한으로서, 개별적 계획제한은 해당 공익사업의 시행을 직접목적으로 가하여진 것(당초의 목적사업과 다른 목적의 공익사업에 취득 또는 사용되는 경우를 포함한다)인지 여부에 불문하고, 그 제한을 받지 아니한 상태를 기준으로 감정평가한다.

---

91) 자연공원법에 의한 '자연공원 지정' 및 '공원용도지구계획에 따른 용도지구 지정'은 원칙적으로 공익사업을 위한 토지 등의 취득 및 보상에 관한 법률 시행규칙 제23조 제1항 본문에서 정한 '일반적 계획제한'에 해당한다(대판 2019.9.25, 2019두34982).

92) 도시계획시설(근린공원)로 지정된 토지에 대한 선하지 및 철탑부지의 사용료를 산정할 때 공법상 제한 없는 상태대로 평가한다(중토위 2018.4.12.).

3) 일반적 · 개별적 계획제한과 관련된 대법원 판례

(1) 판례의 내용

공법상의 제한을 제한 그 자체로 제한의 목적이 완성되는 일반적 계획제한과 제한만으로 제한의 목적이 완성되지 않고 구체적 사업이 수반되어야 하는 개별적 계획제한으로 구분하고, 일반적 계획제한은 제한을 받는 상태대로, 개별적 계획제한은 제한을 제한받지 않은 상태로 감정평가해야 한다고 판시하였다(대판 1992.3.13, 91누4324).

(2) 판례의 취지

위 대법원 판례에서는 "공법상 제한을 받는 수용대상토지의 보상액을 산정함에 있어서는 그 공법상의 제한이 해당 공공사업의 시행을 직접목적으로 하여 가하여진 경우는 물론 당초의 목적사업과 다른 목적의 공공사업에 편입 수용되는 경우에도 그 제한을 받지 아니하는 상태대로 평가하여야 할 것인바, 이와 같이 '해당 사업을 직접목적으로 공법상 제한이 가해진 경우'를 확장 해석하는 이유가 사업변경 내지 고의적인 사전제한 등으로 인한 토지소유자의 불이익을 방지하기 위한 것이라는 점에 비추어 볼 때 수용대상토지의 보상액 평가 시 고려대상에서 배제하여야 할 해당 공공사업과 다른 목적의 공공사업으로 인한 공법상 제한의 범위는 그 제한이 구체적인 사업의 시행을 필요로 하는 것에 한정된다고 할 것이다."라고 하였다.

즉, 「토지보상법 시행규칙」 제23조 제1항 단서(대법원 판례 당시는 「공공용지의 취득 및 손실보상에 관한 특례법 시행규칙」 제6조 제4항)에서 공법상 제한이 해당 공익사업의 시행을 직접 목적으로 하여 가하여진 경우에 한하여 제한이 없는 상태를 상정하여 감정평가하도록 규정하고 있으므로, 만일 이를 문리대로만 해석한다면 공익사업이 변경될 경우 변경 전 공익사업을 목적으로 가해진 제한을 받는 상태로 감액하여 감정평가하므로 정당보상을 이루지 못할 우려가 있기 때문에 이를 방지하기 위하여 개별적 계획제한으로 확장한 것이다.

따라서 개별적 계획제한을 받는 토지는 그 제한이 해당 공익사업의 시행을 직접 목적으로 하여 가하여진 경우뿐만 아니라, 사업의 종류가 변경되어 당초의 목적사업과 다른 사업에 편입되는 경우에도 그 공법상 제한이 없는 상태대로 감정평가해야 한다.

4) 공법상 제한을 받는 토지의 보상감정평가 시 유의점

공법상 제한을 받는 토지는 일반적 계획제한과 개별적 계획제한으로 일률적으로 구분하여 보상감정평가기준을 달리 적용하여서는 안 된다. 「토지보상법 시행규칙」 제23조 제1항 단서는 "그 공법상 제한이 해당 공익사업의 시행을 직접 목적으로 하여 가하여진 경우"에 해당하는지 여부를 판단하여 그 제한이 성격상 일반적 계획제한에 해당한다고 하여도 해당 공익사업의 시행을 직접 목적으로 하여 가하여진 경우에 해당된다면 제한이 없는 상태를 상정하여 감정평가하도록 하고 있다.[93]

---

93) 대판 2018.1.25, 2017두61799

2. 공원구역 등 안 및 비오톱 지정 토지의 평가 [94)

1) 공원구역 등 안 토지의 감정평가 [95)

(1) 「자연공원법」에 의한 자연공원

① 자연공원구역의 행위제한

자연공원구역은 ⅰ) 공원자연보존지구, ⅱ) 공원자연환경지구, ⅲ) 공원마을지구, ⅳ) 공원문화유산지구 등의 용도지구로 세분되고, 각 지구마다 행위제한 사항이 상이하므로 자연공원구역 안 토지의 보상감정평가 시에는 이를 충분히 검토한다.

또한 용도지구가 공부상 명시되지 않은 경우가 많으므로, 자연공원관리청 또는 공원관리사무소에 비치된 도면이나 해당관청의 관계서류 열람 등을 통하여 이를 확인해야 한다.

② 자연공원 내 토지의 감정평가

「자연공원법」 제4조에 따른 자연공원으로 지정된 구역 안에 있는 토지에 대한 감정평가는 그 공원 등의 지정에 따른 제한과 같은 법 제18조에 따른 공원구역의 용도지구 결정에 따른 제한이 일반적인 계획제한으로서 그 제한을 받는 상태를 기준으로 한다. [96)

하급심은 "국립공원의 지정으로 인한 개발가능성의 소멸과 그에 따른 지가의 하락이나 지가상승률의 상대적 감소는 토지소유자가 감수하여야 하는 사회적 제약의 범주에 속하는 것으로 보아야 할 것이고, 자신의 토지를 장래에 건축이나 개발목적으로 사용할 수 있으리라는 기대가능성이나 신뢰 및 이에 따른 지가상승의 기회는 원칙적으로 재산권의 보호범위에 속하지 아니하고, 토지소유자가 국립공원구역 지정 당시의 상태대로 토지를 사용·수익·처분할 수 있는 이상 구역지정에 따른 토지이용의 제한은 원칙적으로 재산권에 내재하는 사회적 제약의 범주 내에 있다고 할 것이다."라고 판시하고 있다(서울서부지법 2007.7.13, 2007가합1401).

다만, 같은 법 시행령 제2조 [97)에서 정한 공원시설의 설치를 위한 공원사업시행계획의 결정고시 등에 따른 제한은 그 제한이 구체적인 사업의 시행이 필요한 개별적인 계획제한으로서 그 제한을 받지 아니한 상태를 기준으로 감정평가한다.

---

94) 감정평가실무기준 해설서(Ⅱ) 보상편, 한국감정평가사협회 등, 2014.02, pp.103~104
95) 토지보상평가지침 제24조(공원구역 등 안 토지의 감정평가)
96) 자연공원법에 의한 '자연공원 지정' 및 '공원용도지구계획에 따른 용도지구 지정'은 원칙적으로 공익사업을 위한 토지 등의 취득 및 보상에 관한 법률 시행규칙 제23조 제1항 본문에서 정한 '일반적 계획제한'에 해당한다(대판 2019.9.25, 2019두34982).
97) 자연공원법 시행령 제2조(공원시설)
　「자연공원법」(이하 "법"이라 한다) 제2조 제10호에서 "대통령령으로 정하는 시설"이란 다음 각 호의 시설을 말한다.
　1. 공원관리사무소·창고(공원관리 용도로 사용하는 것으로 한정한다)·탐방안내소·매표소·우체국·경찰관파출소·마을회관·경로당·도서관·공설수목장림·환경기초시설 등의 공공시설. 다만, 공설수목장림은 2011년 10월 5일 이전에 공원구역에 설치된 묘지를 이장하거나 공원구역에 거주하는 주민이 사망한 경우에 이용할 수 있도록 하기 위하여 공원관리청이 설치하는 경우로 한정한다.

(2) 「도시공원 및 녹지 등에 관한 법률」에 의한 도시공원 및 도시자연공원

① 도시·군관리계획으로 결정된 도시공원

도시·군관리계획으로 결정된 도시공원에서의 행위제한은 「토지보상법 시행규칙」 제23조 제1항 단서의 공익사업의 시행을 직접 목적으로 하여 가하여진 경우에 해당하므로, 그 공법상 제한을 받지 아니한 상태를 기준으로 감정평가한다.

② 도시자연공원

도시자연공원에서의 행위제한은 공익사업의 시행을 직접 목적으로 하여 가하여진 경우에 해당되지 않으므로, 「토지보상법 시행규칙」 제23조 제1항 본문에 따라 제한받는 상태대로 감정평가한다(다만, 도시자연공원구역 안에서 공원시설의 설치를 위한 공원사업시행계획의 결정 고시 등에 따른 제한은 개별적인 계획제한으로 봄).

2) 비오톱 지정 토지

(1) 비오톱의 개념

"비오톱"이란 특정한 식물과 동물이 하나의 생활공동체를 이루어 지표상에서 다른 곳과 명확히 구분되는 생물서식지로서, 서울시에서 「자연환경보전법」 제6조, 제8조 및 제43조를 근거로 하여 「서울특별시 도시계획조례」 제4조 및 같은 조례 시행규칙 제3조에 따라 5개의 등급으로 구분하여 지정된다.

(2) 비오톱이 지정된 토지의 보상감정평가

비오톱 1등급 토지는 자연생태가 우수하고 절대보전이 필요한 토지로서 「서울특별시 도시계획조례」 제24조 및 [별표 1]에 따라 토지의 개발행위허가가 제한되고 있다. 비오톱 1등급 지정 고시는 자연환경의 보전을 목적으로 하고 있으므로 제한받는 상태대로 보상감정평가함이 원칙이나, 향후 구체적인 사업의 실시를 위하여 지정하는 것이라면 해당 공익사업의 시행을 직접 목적으로 하여 가하여진 경우에 해당할 수 있으므로, 향후 공익사업의 시행 여부 등 사실관계를 확인하여 판단·결정한다.

기 본예제

◎◎도로사업에 대한 보상감정평가에 있어 아래의 토지의 공법상 제한을 고려하여 감정평가액을 결정하시오.

구분	기호 #1	기호 #2
용도지역, 이용상황	1종일주. 임야	1종일주, 임야
공법상 제한	도시계획시설 공원(100%)	비오톱(100%)

인근의 통상적인 1종일반주거지역, 임야의 보상감정평가액 : 600,000원/m²

비준표

일반	공원	비오톱
1.00	0.6	0.6

┌예시답안┐

기호 #1

도시계획시설은 개별적 계획제한으로서 이에 구애됨 없이 감정평가한다(600,000원/m²).

기호 #2

비오톱은 일반적 계획제한으로서 이를 반영하여 감정평가한다(360,000원/m²).

3. 용도지역이 없는 토지 및 용도지역 경계에 있는 토지의 평가

1) 용도지역이 없는 토지

(1) 공유수면 매립지

「국토계획법」 제41조 제1항은 공유수면(바다만 해당한다)의 매립 목적이 그 매립구역과 이웃하고 있는 용도지역의 내용과 같으면 도시·군관리계획의 입안 및 결정 절차 없이 그 매립준공구역은 그 매립의 준공인가일부터 이와 이웃하고 있는 용도지역으로 지정된 것으로 보도록 규정하고 있으므로, 공유수면 매립지의 용도지역은 이에 따른다.

(2) 용도지역 사이에 있는 토지[98]

양측 용도지역의 사이에 있는 토지가 용도지역이 지정되지 아니한 경우에 그 토지에 대한 감정평가는 그 위치·면적·이용상황 등을 고려하여 양측 용도지역의 평균적인 제한상태를 기준으로 한다.

2) 지역의 경계에 있는 도로의 용도지역

양측 용도지역의 경계에 있는 도로(도시·군계획시설(도로)을 포함한다)에 대한 용도지역 지정 여부의 확인이 사실상 곤란한 경우에는 「도시·군관리계획수립지침」에서 정하는 기준에 따라 다음 각 호와 같이 대상토지의 용도지역을 확인할 수 있다.

> 1. 주거·상업·공업지역 중 2개 지역을 경계하고 있는 도로는 도로의 중심선을 용도지역의 경계로 본다.
> 2. 주거·상업·공업지역과 녹지지역의 경계에 있는 도로가 지역 간 통과도로인 경우에는 중심선을 용도지역 경계로 보며, 일반도로인 경우에는 녹지지역이 아닌 지역으로 본다.

4. 둘 이상의 용도지역에 속한 토지의 평가[99]

1) 둘 이상 용도지역에 속한 토지의 행위제한

「국토계획법」 제84조 제1항에서는 하나의 대지가 둘 이상의 용도지역 등에 걸치는 경우로서 각 용도지역 등에 걸치는 부분 중 가장 작은 부분의 규모가 330제곱미터(도로변에 띠 모양으로 지정된 상업지역에 걸쳐 있는 토지의 경우에는 660제곱미터) 이하인 경우에는 전체 대지의 건폐율 및 용적률은

---

98) 토지보상평가지침 제25조(용도지역 사이에 있는 토지의 감정평가)
99) 토지보상평가지침 제26조(둘 이상의 용도지역에 속한 토지의 감정평가)

각 부분이 전체 대지 면적에서 차지하는 비율을 고려하여 각 용도지역 등별 건폐율 및 용적률을 가중평균한 값을 적용하고, 그 밖의 건축 제한 등에 관한 사항은 그 대지 중 가장 넓은 면적이 속하는 용도지역 등에 관한 규정을 적용한다. 다만, 건축물이 고도지구에 걸쳐 있는 경우에는 그 건축물 및 대지의 전부에 대하여 고도지구의 건축물 및 대지에 관한 규정을 적용한다.

2) 둘 이상 용도지역에 속한 토지의 감정평가

(1) 각 용도지역별로 구분평가 원칙

둘 이상의 용도지역에 걸쳐있는 토지는 각 용도지역 부분의 위치, 형상, 이용상황, 그 밖에 다른 용도지역 부분에 미치는 영향 등을 고려하여 각 용도지역별로 감정평가한다(용도지역별 비교표준지를 선정하되, 개별요인은 최유효이용의 측면에서 전체를 기준으로 함이 원칙으로 봄이 타당할 것이다). 단, 의뢰인이 평균단가를 산출하도록 요청하는 경우에는 용도지역별 감정평가액(원/m^2)을 면적비율에 따른 평균가액으로 결정할 수 있다.

(2) 노선변의 대상(帶狀)의 상업지역의 경우

노선변의 대상(帶狀)의 일반상업지역의 경우 둘 이상 용도지역에 걸친 표준지를 선정하여 용도지역 비중에 따른 요인을 개별요인(행정적 요인)을 보정하여 일괄단가로 평가할 수 있다.

: 건축연면적 산정의 예시(노선상업지역의 경우) [100]

3종일반주거지역(650m^2) 용적률 250%(서울시 기준)	일반상업지역(670m^2) 용적률 800%(서울시 기준)	⇒	일반상업지역 건축연면적 6,983m^2 (가중평균용적률 529%)

》 (650 × (250/100) + 670 × (800/100))/1,320 = 529%

3종일반주거지역(670m^2)	일반상업지역(650m^2)	⇒	3종일반주거지역 건축연면적 6,877m^2 (가중평균용적률 521%)

》 (670 × (250/100) + 650 × (800/100))/1,320 = 521%

3) 주된 용도지역으로 감정평가하는 경우

용도지역을 달리하는 부분의 면적비율이 현저하게 낮아 가치형성에 미치는 영향이 미미하거나 관련 법령에 따라 주된 용도지역을 기준으로 이용할 수 있는 경우에는 주된 용도지역의 가액을 기준으로 감정평가할 수 있다.

---

100) 감정평가실무기준 해설서(Ⅱ) 보상편, 한국감정평가사협회 등, p.39

5. 도시 · 군관리계획시설(도로)에 따른 토지의 감정평가

(1) 접한 경우 [101]

해당 공익사업과 직접 관계없이 「국토의 계획 및 이용에 관한 법률」 제32조에 따른 도시 · 군관리계획에 관한 지형도면이 고시된 도시 · 군계획시설(도로)에 접한 토지에 대한 감정평가는 그 도시 · 군계획시설(도로)의 폭 · 기능 · 개설시기 등과 대상토지의 위치 · 형상 · 이용상황 · 환경 · 용도지역 등을 고려한 가액으로 한다.

(2) 저촉된 경우 [102]

도시 · 군관리계획시설(도로)에 저촉된 토지에 대한 감정평가는 저촉되지 아니한 상태를 기준으로 한다. 다만, 해당 공익사업과 직접 관계없이 지형도면이 고시된 도시 · 군관리계획시설(도로)에 저촉된 부분과 저촉되지 아니한 부분이 함께 감정평가의뢰된 경우에는 저촉되지 아니한 부분에 대하여는 도시 · 군관리계획시설(도로)에 접한 토지의 평가를 준용할 수 있다. 이 경우에는 면적비율에 따른 평균가액으로 토지단가를 결정하되 감정평가서에 그 내용을 기재한다.

≫ 「국토계획법」 제32조에 의하면 도시 · 군관리계획의 결정 후 2년 이내에 지형도면을 고시하여야 하며, 동 기간 내에 지형도면의 고시가 없으면 도시 · 군관리계획의 결정은 실효된다.

≫ 「국토계획법」 제85조에 의하면 도시 · 군관리계획시설의 결정 고시일로부터 3개월 이내에 단계별 집행계획을 수립하여야 하며, 3년 이내에 시행하는 도시 · 군관리계획사업은 1단계 집행계획에, 3년 이후에 시행하는 도시 · 군관리계획 사업은 2단계 집행계획에 포함된다.

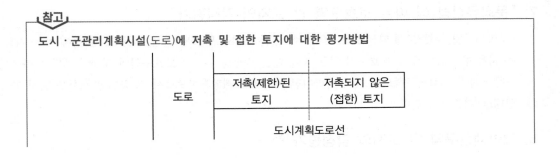

참고

도시 · 군관리계획시설(도로)에 저촉 및 접한 토지에 대한 평가방법

도로	저촉(제한)된 토지	저촉되지 않은 (접한) 토지
	도시계획도로선	

---

101) 토지보상평가지침 제28조(도시 · 군계획시설(도로)에 접한 토지의 감정평가)
102) 토지보상평가지침 제29조(도시 · 군계획시설(도로)에 저촉된 토지의 감정평가)

구분	표준지공시지가평가	보상감정평가
저촉(제한)된 토지	① 관련규정: 기준 제28조 제1항 ② 원칙: 저촉된 상태를 기준평가 ③ 예외: 제한정도에 따른 적정한 감가	① 관련규정: 토보침 제29조 ② 원칙: 저촉되지 아니한 상태 기준
저촉(제한)되지 아니한 토지 or 접한 토지	① 관련규정: 기준 제30조 ② 원칙: 접하지 아니한 상태를 기준 ③ 예외 　• 공시기준일 현재 건설공사 중: 현황도로 　• 실시계획고시가 된 경우: 반영하여 평가할 수 있다.	① 관련규정: 토보침 제28조 ② 원칙: 해당 공익사업과 직접 관계없이 도시관리계획에 관한 지형도면이 고시된 도시계획도로에 접한 토지는 계획도로의 폭·기능·개설시기 등을 고려한 가격으로 평가할 수 있다.
저촉된 부분과 저촉되지 아니한 부분이 함께 의뢰된 경우	면적비율에 의한 평균가격	면적비율에 의한 평균가격

6. 정비구역 안 토지의 감정평가 [103)

「도시 및 주거환경정비법」 제4조에 따라 지정된 정비구역 안의 토지에 대한 감정평가는 정비구역의 지정이 해당 구역의 개발·정비를 직접목적으로 하여 가하여진 개별적인 계획제한으로서 그 공법상 제한을 받지 아니한 상태를 기준으로 한다.

7. 「문화유산법」에 따른 보호구역 안 토지의 감정평가 [104)

「문화유산법」 제27조에 따른 보호구역 안에 있는 토지를 「문화유산법」 제83조 제1항에 따라 취득 또는 사용하는 경우에 그 보호구역 안 토지에 대한 감정평가는 그 보호구역의 지정이 해당 문화유산의 보존·관리를 직접목적으로 하여 가하여진 개별적인 계획제한으로서 그 공법상 제한을 받지 아니한 상태를 기준으로 한다.

8. 개발제한구역 안 토지의 감정평가 [105)106)

1) 원칙

개발제한구역 안의 토지에 대한 감정평가는 개발제한구역의 지정이 일반적인 계획제한으로서 그 공법상 제한을 받는 상태를 기준으로 한다.

---

103) 토지보상평가지침 제30조(정비구역 안 토지의 감정평가)
104) 토지보상평가지침 제30조의2(「문화유산법」에 따른 보호구역 안 토지의 감정평가)
105) 감정평가실무기준 해설서(Ⅱ) 보상편, 한국감정평가사협회 등, 2014.02, pp.104~108
106) 토지보상평가지침 제31조(개발제한구역 안 토지의 감정평가)

2) 건축물이 없는 토지

⑴ 개발제한구역 지정 당시부터 지목이 "대"인 토지

① 원칙

「개발제한구역특별조치법」제12조 제1항 단서는 개발제한구역에서도 일정한 경우 특별자치도
지사·시장·군수 또는 구청장의 허가를 받아 그 행위를 할 수 있도록 규정하고 있고, 같은 법
시행령 [별표 1] 제5호 '다'목은 개발제한구역 지정 당시부터 지목이 "대"인 토지에서는 주택을
신축할 수 있도록 규정하고 있다. 이와 같이 주택의 신축이 가능한 경우에도 주택은 「건축법
시행령」[별표 1] 제1호 '가'목에 따른 단독주택에 한한다.

따라서 이러한 토지는 단독주택부지를 전제로 감정평가한다. 다만, 면적이 60m² 이하인 경우는
건축이 제한되므로 이를 감안하여 감정평가한다(개발제한구역특별조치법 시행령 [별표 2]).

② 예외

개발제한구역 지정 당시부터 공부상 지목이 "대"인 토지라고 하여도 이축된 건축물이 있었던
토지의 경우에는 개발제한구역 지정 당시부터 그 토지의 소유자와 건축물의 소유자가 다른
경우만 주택의 신축이 가능하다.

또한 「개발제한구역특별조치법 시행령」[별표 2]는 "도로·상수도 및 하수도가 설치되지 아
니한 지역에 대하여는 원칙적으로 건축물의 건축(건축물의 건축을 목적으로 하는 토지형질변
경을 포함한다)을 허가하여서는 아니 된다."라고 규정하고 있으므로, 건축이 가능한 "대"인 경
우에도 이러한 점을 고려하여야 한다.

③ 구체적인 감정평가기준

해당 토지의 개별적인 상황에 따라 다음과 같이 구분하여 감정평가한다.

㉠ 형질변경이 필요하지 않은 토지 : 토지의 형질변경허가 절차 등의 이행이 필요 없는 토지는
인근지역에 있는 건축물이 없으나 단독주택의 건축이 가능한 표준지공시지가를 기준으로
감정평가한다. 그러나 이러한 표준지공시지가가 인근지역에 없는 경우에는 인근지역에 있는
건축물이 있는 토지의 표준지공시지가를 기준으로 하거나, 동일수급권 안의 유사지역에
있는 건축물이 없으나 단독주택의 건축이 가능한 표준지공시지가를 기준으로 감정평가할
수 있다. 다만, 도로·상수도 및 하수도가 설치되지 아니한 지역에 대하여는 원칙적으로
건축물의 건축이 제한되므로, 건축이 가능한 "대"인 경우에도 이러한 점을 고려한다.

즉, 건축이 가능한 나지를 인근지역에 있는 건축물이 있는 토지의 표준지공시지가를 기준
으로 감정평가하거나, 건축물이 있는 토지를 인근지역에 있는 건축이 가능한 나지의 표준
지공시지가를 기준으로 감정평가할 때에는 개발제한구역 안에서의 건축물의 규모·높이·
건폐율·용적률·용도변경 등의 제한과 토지의 분할 및 형질변경 등의 제한, 그 밖에 인근
지역의 유통·공급시설(수도·전기·가스공급설비·통신시설·공동구 등) 등 기반시설(도
시·군관리계획시설)의 미비 등에 따른 건축물이 있는 토지와 건축물이 없는 토지의 가격격
차율 수준을 조사하고 이를 개별요인의 비교 시에 고려한다. 다만, 주위환경이나 해당 토

지의 상황 등에 비추어 인근지역의 건축물이 있는 토지와 건축물이 없는 토지의 가격격차율 수준이 차이가 없다고 인정되는 경우에는 별도로 고려하지 않는다.

ⓒ 농경지 등 다른 용도로 이용되고 있어 토지의 형질변경절차 등의 이행이 필요한 토지는 형질변경이 필요하지 않은 토지의 감정평가액에 형질변경 등 대지조성에 통상 필요한 비용 상당액 등을 고려한 가액으로 감정평가한다. 그러나 도로·상수도 및 하수도가 설치되지 아니한 지역에 대하여는 원칙적으로 건축물의 건축이 제한되므로 주위환경이나 해당 토지의 상황 등에 비추어 "대"로 이용되는 것이 사실상 곤란하다고 인정되는 경우에는 현재의 이용상황을 기준으로 감정평가하되, 인근지역 등에 있는 현재의 이용상황과 비슷한 이용상황의 표준지공시지가를 기준으로 한다.

(2) 그 외의 토지

개발제한구역 지정 당시부터 지목이 대인 토지 외의 토지에서는 일반적인 토지이용행위가 제한된다. 다만, 개발제한구역 주민의 주거·생활편익 및 생업을 위한 시설로서 동식물 관련 시설, 농수산물 보관 및 관리 관련 시설, 주민 공동이용시설 등의 건축이 허용되나 이는 일반적인 사항으로 인근지역 토지가격에 반영되어 있으므로 이를 별도로 보정하여서는 안 된다.

3) 건축물이 있는 토지평가

(1) 비슷한 이용상황의 표준지가 있는 경우

개발제한구역 밖에 있는 토지상의 건축물의 경우는 「건축법」 제19조에 따라 건축물의 용도변경이 허용되므로 지상건축물의 용도가 토지가격에 미치는 영향이 크지 않다. 그러나 개발제한구역 내에서의 건축물의 용도변경은 「개발제한구역특별조치법」 제12조 제1항 제8호에 의해 허용되는 경우를 제외하고는 용도변경 자체가 금지되므로, 개발제한구역 내에서는 동일한 건부지라고 하여도 건축물의 용도에 따라 지가도 다르게 형성된다. 따라서 비교표준지의 선정도 건축물의 용도를 기준으로 한 이용상황의 유사성을 기준으로 한다.

(2) 비슷한 이용상황의 표준지가 없는 경우

인근지역에 비슷한 이용상황의 표준지가 없는 경우에는 동일수급권 내의 유사지역에 있는 유사한 이용상황의 표준지를 비교표준지로 선정하고 지역격차가 있다면 지역요인을 보정하며, 동일수급권 내의 유사지역에도 비슷한 이용상황의 표준지가 없는 경우에는 인근지역에 있는 건부지로서 상이한 이용상황을 가지는 표준지를 비교표준지를 선정하고, 인근지역에 건부지의 표준지도 없는 경우에는 인근지역에 있는 건축물이 없는 토지의 표준지를 비교표준지로 선정하여 감정평가할 수 있다. 이 경우 개별요인을 보정한다.

(3) 면적사정

개발제한구역에서 건축이 허용되는 토지 또는 기존 건축물이 있는 토지라고 하여도 건축물의 건축 또는 공작물의 설치에 있어서는 건폐율·용적율·높이 등에 제한이 있으며, 토지의 형질변경에 있어서도 면적에 제한이 있다. 따라서 면적이 인근지역에 있는 "대"의 표준적인 획지면적을 뚜렷하게 초과하거나, 지상건축물 및 부속건축물의 상황과 건폐율 등을 고려할 때 제시면적이 뚜렷이 과다하거나 과소할 경우 사업시행자의 의견조회를 거쳐 건축물이 있는 대지와 건축물이 없는 대지로 구분하여 평가한다.

개발제한구역특별조치법 시행령 [별표 2](허가 또는 신고의 세부기준(제22조 관련)) (발췌)

1. 일반적 기준
   가. 개발제한구역의 훼손을 최소화할 수 있도록 필요한 최소 규모로 설치하여야 한다.
   나. 해당 지역과 그 주변지역에 대기오염, 수질오염, 토질오염, 소음·진동·분진 등에 따른 환경오염, 생태계 파괴, 위해 발생 등이 예상되지 아니하여야 한다. 다만, 환경오염의 방지, 위해의 방지, 조경, 녹지의 조성, 완충지대의 설치 등의 조건을 붙이는 경우에는 그러하지 아니하다.
   다. 해당 지역과 그 주변지역에 있는 역사적·문화적·향토적 가치가 있는 지역을 훼손하지 아니하여야 한다.
   라. 토지의 형질을 변경하거나 죽목을 벌채하는 경우에는 표고, 경사도, 숲의 상태, 인근 도로의 높이와 배수 등을 고려하여야 한다.
   마. 도시계획시설의 설치, 법 제11조 제1항 제5호 본문에 따른 건축물의 건축 및 토지의 형질변경에 대하여는 관리계획이 수립되지 아니하였거나 수립된 관리계획의 내용에 위반되는 경우에는 그 설치 등을 허가하여서는 아니 된다.
   바. 임야 또는 경지정리된 농지는 건축물의 건축 또는 공작물의 설치를 위한 부지에서 제외해야 한다. 다만, 무질서한 개발을 초래하지 않는 경우 등 시장·군수·구청장이 인정하는 경우에는 그렇지 않다.
   사. 건축물을 건축하기 위한 대지면적이 60제곱미터 미만인 경우에는 건축물의 건축을 허가하지 아니하여야 한다. 다만, 기존의 건축물을 개축하거나 재축하는 경우에는 그러하지 아니하다.
   아. 빗물이 땅에 쉽게 스며들 수 있도록 투수성(透水性, 물이 스며들게 하는 성질) 포장을 해야 한다. 다만, 투수성 포장이 곤란하다고 시장·군수·구청장이 인정하는 경우에는 그렇지 않다.
   자. 「국토의 계획 및 이용에 관한 법률」에 따른 방재지구, 「자연재해대책법」에 따른 자연재해위험개선지구 및 「급경사지재해예방에 관한 법률」에 따른 붕괴위험지역에는 건축물의 건축을 허가하여서는 아니 된다. 다만, 안전·침수대책을 수립한 경우에는 그러하지 아니하다.
   차. 토지를 분할하는 경우에는 분할 사유, 필지수 등이 법 제11조 제1항 제3호에 따라 개발제한구역관리계획에 포함되는 개발제한구역의 토지이용 및 보전에 관한 사항에 적합해야 한다. 이 경우 토지의 분할에 관하여 필요한 사항은 시·군·구의 조례로 정할 수 있다.
2. 건축물의 건축 또는 공작물의 설치
   가. 건폐율 100분의 60 이하로 건축하되 높이 5층 이하, 용적률 300퍼센트 이하로 한다.
   나. '가'목에도 불구하고 주택 또는 근린생활시설을 건축하는 경우에는 다음의 어느 하나에 따른다. 다만, 별표 1 제5호 '다'목 다)① 또는 같은 호 '라'목 다)에 따라 공익사업의 시행으로 인하여 철거(시장·군수·구청장이 공익사업의 시행을 위하여 존치할 필요가 있다고 인정한 후 공익사업 시행자에게 소유권이 이전되는 경우를 포함한다. 이하 이 목에서 같다)된 건축물을 신축하는 경우 해당 건축물의 층수 및 연면적은 철거 당시의 건축물의 층수 및 연면적까지로 할 수 있다.
   1) 건폐율 100분의 60 이하로 건축하는 경우: 높이 3층 이하, 용적률 300퍼센트 이하로서 기존 면적을 포함하여 연면적 232제곱미터(지정당시거주자는 300제곱미터) 이하. 이 경우 지정당시거주자가 연면적 232제곱미터를 초과하여 연면적 300제곱미터까지 건축할 수 있는 경우는 1회로 한다.
   2) 건폐율 100분의 20 이하로 건축하는 경우: 높이 3층 이하, 용적률 100퍼센트 이하

다. 가목에도 불구하고 국방부장관이 군의 작전수행을 위하여 필요하다고 인정하는 국방·군사시설(군사보안을 목적으로 하는 경우로 한정한다)은 국토교통부장관과의 협의를 거쳐 가목에 따른 건축물 또는 공작물의 높이 기준을 적용하지 않을 수 있다.

라. 별표 1 제5호 '다'목 다)① 또는 같은 호 '라'목 다)에 따라 공익사업의 시행을 위하여 기존 주택 또는 근린생활시설을 존치하고 새로 주택 또는 근린생활시설을 신축하는 경우 공익사업 시행자는 기존 주택 또는 근린생활시설이 존치되는 대지 면적에 해당하는 개발제한구역 내 다른 대지를 전·답·과수원, 그 밖에 건축물의 건축을 위한 용도가 아닌 지목으로 변경해야 한다.

마. 둘 이상의 필지에 같은 용도의 건축물이 각각 있는 경우 그 필지를 하나의 필지로 합칠 수 있다. 이 경우 주택 및 근린생활시설은 '나'목 2)(취락지구의 경우에는 제26조 제1항 제2호 '나'목)의 기준에 적합하여야 하며, 주택을 다세대주택으로 건축하는 경우에는 기존의 주택호수를 초과하지 아니하여야 한다.

바. 건축물 또는 공작물 중 기반시설로서 건축 연면적이 1천500제곱미터 이상이거나 토지의 형질변경 면적이 5천 제곱미터 이상인 시설은 「국토의 계획 및 이용에 관한 법률 시행령」 제35조에도 불구하고 도시계획시설로 설치하여야 한다. 다만, 별표 1에서 별도로 규정하고 있는 경우에는 그에 따른다.

사. 도로·상수도 및 하수도가 설치되지 아니한 지역에 대하여는 원칙적으로 건축물의 건축(건축물의 건축을 목적으로 하는 토지형질변경을 포함한다)을 허가하여서는 아니 된다. 다만, 무질서한 개발을 초래하지 아니하는 경우 등 시장·군수·구청장이 인정하는 경우에는 그러하지 아니하다.

아. 법 또는 이 영에서 건축이 허용되는 건축물 또는 공작물에 대해서는 「옥외광고물 등 관리법」에 적합하게 간판 등을 설치할 수 있다.

3. 토지의 형질변경 및 물건의 적치

가. 토지의 형질변경면적은 건축물의 건축면적 및 공작물의 바닥면적의 2배 이하로 한다. 다만, 다음의 어느 하나의 경우에는 그 해당 면적으로 한다.

1) 축사 및 미곡종합처리장은 바닥면적의 3배 이하

2) 주택 또는 근린생활시설의 건축을 위하여 대지를 조성하는 경우에는 기존면적을 포함하여 330 제곱미터 이하. 다만, 별표 1 제5호 '다'목 다)① 또는 같은 호 '라'목 다)에 따라 공익사업의 시행으로 인하여 철거(시장·군수·구청장이 공익사업의 시행을 위하여 존치할 필요가 있다고 인정한 후 공익사업 시행자에게 소유권이 이전되는 경우를 포함한다. 이하 이 목에서 같다)된 건축물을 신축하는 경우 해당 대지의 조성면적은 철거 당시의 대지면적까지로 할 수 있다.

3) 별표 1의 건축물 및 공작물과 관련하여 이 영 및 다른 법령에서 토지의 형질변경을 수반하는 시설을 설치할 것을 따로 규정한 경우에는 그 규정에서 허용하는 범위

4) 법 제4조의2에 따른 훼손지 정비사업을 위한 경우에는 그 정비사업 구역 전체

나. 가목에 따른 토지의 형질변경을 할 때 해당 필지의 나머지 토지의 면적이 60제곱미터 미만이 되는 경우에는 그 나머지 토지를 포함하여 토지의 형질변경을 할 수 있다. 다만, 토지의 형질변경 전에 미리 토지분할을 한 경우로서 가목에 따른 토지의 형질변경 면적에 적합하게 분할할 수 있었음에도 해당 면적을 초과하여 분할한 경우에는 그러하지 아니하다.

다. 법 제12조 제1항 제1호 각 목의 건축물(축사, 공사용 임시가설건축물 및 임시시설은 제외한다)의 건축 또는 공작물의 설치를 위한 토지의 형질변경 면적이 200제곱미터를 초과하는 경우에는 토지의 형질변경 면적의 100분의 5 이상에 해당하는 면적에 대하여 식수 등 조경을 하여야 한다. 다만, 별표 1 제5호 '가'목에 따른 동식물 관련 시설 및 같은 호 나목에 따른 농수산물 보관 및 관리 관련 시설의 건축 또는 공작물의 설치를 위한 토지의 형질변경에 따른 조경 면적은 시·군·구의 조례로 달리 정할 수 있다.

라. 개발제한구역에서 시행되는 공공사업에 대지(건축물 또는 공작물이 있는 토지를 말한다)의 일부가 편입된 경우에는 그 편입된 면적만큼 새로 대지를 조성하는 데 따르는 토지의 형질변경을 할 수 있다. 이 경우 편입되지 아니한 대지와 연접하여 새로 조성한 면적만으로는 관계 법령에 따른 시설의 최소 기준면적에 미달하는 경우에는 그 최소 기준면적까지 대지를 확장할 수 있다.

마. 토지의 형질변경의 대상인 토지가 연약한 지반인 경우에는 그 두께·넓이·지하수위 등의 조사와 지반의 지지력·내려앉음·솟아오름에 대한 시험을 하여 환토·다지기·배수 등의 방법으로 그 토지를 개량하여야 한다.

바. 토지의 형질변경에 수반되는 성토 및 절토(땅깎기)에 따른 비탈면 또는 절개면에 대하여는 옹벽 또는 석축의 설치 등 안전조치를 하여야 한다.

사. 토석의 채취는 다음의 기준에 따른다.

1) 주변의 상황·교통 및 자연경관 등을 종합적으로 고려하여야 한다.

2) 철도, 고속도로, 국도 및 시가지와 연결되는 간선도로의 가시권(可視圈)에서는 재해에 따른 응급조치가 아니면 토석의 채취를 허가하여서는 아니 된다. 이 경우 철도·고속도로의 가시권은 철도·고속도로로부터 2킬로미터 이내의 지역을, 국도·간선도로의 가시권은 국도·간선도로로부터 1킬로미터 이내의 지역을 말한다.

아. 물건의 적치는 대지화되어 있는 토지에만 할 수 있으며, 물건의 적치장에는 물건의 단순관리를 위한 가설건축물을 연면적 20제곱미터 이하의 범위에서 설치할 수 있다.

9. 개발제한구역이 해제된 토지의 감정평가 [107)]

개발제한구역 안의 토지가 「개발제한구역의 조정을 위한 도시관리계획 변경안 수립지침」(국토교통부훈령 제840호, 2017.4.28.) 제4절 3-4-1 각 호의 사업으로서 관계법령에 따른 공익사업 목적의 개발수요를 충족하기 위하여 이 수립지침에 따른 도시·군관리계획의 변경 절차 등을 거쳐 개발제한구역에서 해제된 것임을 명시하여 감정평가 의뢰한 경우 해당 토지에 대한 감정평가는 법 시행규칙 제23조 제1항에 따라 개발제한구역이 해제되기 전의 공법상 제한을 기준으로 한다.

「개발제한구역의 조정을 위한 도시관리계획 변경안 수립지침」 제4절 3-4-1 각 호의 사업은 도시·군계획사업과 그 외의 공익사업으로 구분되며, 도시·군계획사업의 경우 해당 공익사업으로 인한 GB의 해제가 명백하나, 그 외의 공익사업의 경우는 해당 공익사업으로 인한 GB의 해제가 불명확하다. 따라서 도시·군계획사업 외의 사업과 관련하여 GB가 해제된 토지를 감정평가하는 경우에는 해당 공익사업으로 해제된 것임을 명시하여 의뢰한 경우에 한해 GB가 해제되기 전의 상태를 기준으로 감정평가한다.

---

107) 토지보상평가지침 제31조의2(개발제한구역이 해제된 토지의 감정평가)

10. 개발제한구역의 우선해제대상지역 안 토지의 감정평가

1) 개발제한구역의 관리 및 해제

(1) 환경평가 등급

환경등급을 1등급에서 5등급까지 분류하였다.

(2) 불합리한 지역(우선해제대상지역)

집단취락 · 경계선관통취락 · 산업단지 · 개발제한구역지정의 고유목적 외의 특수한 목적이 소멸된 지역 · 그 밖에 개발제한구역의 지정 이후에 개발제한구역 안에서 공익사업의 시행 등으로 인한 소규모 단절토지에 해당되는 경우

2) (종전의)[108]우선해제지침에 의한 우선해제대상지역

(1) 평가의 일반적 기준

개발제한구역 안의 토지가 우선해제지침에 의한 조정가능대상에 해당하는 지역(우선해제대상지역) 중 다음에 해당하는 경우에는 우선해제가 예상된 것에 따른 정상지가 상승요인을 고려하여 평가한다.

(2) 우선해제 대상지역의 확인

① 도시관리 계획안의 주요내용을 공고한 경우

② 도시관리 계획안의 주요내용이 수립되었으나 해당 공익사업 시행을 직접 목적으로 하여 개발제한구역이 해제됨으로써 공고되지 아니한 경우

③ 해당 공익사업 시행을 직접 목적으로 개발제한구역이 해제되지 아니하였을 경우 수립, 공고가 예상되는 경우로 시장 등이 그 내용을 확인하는 경우

(3) 용도지역의 선정

① 원칙

개발제한구역으로서 평가하며, 개발제한구역 내 우선해제대상 표준지를 선정함이 원칙으로 한다.

② 해제가 예상됨에 따른 정상지가 요인을 추가반영해야 할 경우에는 그 밖의 요인으로 반영한다. 단, 상승요인이 이미 반영되어 있거나 표준지가 해제된 상태로 공시된 경우 별도로 반영하지 않는다.

③ 지구단위 계획이 수립된 지역

지구단위 계획이 수립되어 동시조치로 용도지역이 변경되는 경우 이에 의한 영향을 반영한다.

---

108) 「집단취락 등의 개발제한구역 해제를 위한 도시관리계획 변경(안) 수립지침」(건설교통부 관리51400-1365, 2003.10.09.)이 폐지되고 「개발제한구역 해제를 위한 도시관리계획 변경(안) 수립지침」이 새로이 제정되었으며, 또한 「광역도시계획수립지침」도 폐지됨에 따라 이를 토지보상평가지침에 반영한다.

④ **지구단위 계획의 수립이 예상되는 지역**

해당 택지개발사업으로 인하여 지구단위계획수립이 되지 않은 경우 지구단위계획이 수립되었다면 변경되었을 용도지역을 반영하여 평가한다. 세부적인 내용은 시장 등이 지구단위계획이 수립되었다면 변경되었을 용도지역을 확인하여 평가한다.

3) 우선해제대상지역 외의 토지로서 조정가능지역

(1) 조정가능지역의 구분

조정가능지역은 일반조정가능지역, 취락·취락군, 국가정책사업 및 지역현안사업에 필요한 지역의 경우로 구분하고 있으며, 일반조정가능지역 및 취락·취락군은 해당 택지개발사업이 아니더라도 광역도시계획에 의하여 해제가 가능한 지역이나 국가정책사업 및 지역현안사업에 필요한 지역은 해당 공익사업이 아니라면 해제 가능성이 없는 지역이다.

(2) 조정가능지역(일반조정가능지역 및 취락·취락군)의 평가방법

개발제한구역은 일반적 제한으로써 개발제한구역의 표준지를 선정하되, 개발제한구역 해제에 따른 정상지가 상승분을 반영한다(환경평가 결과 보존가치가 낮아 해당 택지개발사업이 아니더라도 광역도시계획에 의하여 해제가 가능한 토지). 정상지가 상승분은 향후 개발제한구역이 해제될 때까지의 지가상승분을 현가화하여 활용한다.

다만, 비교표준지공시지가에 이와 같은 정상지가 상승요인이 반영되어 있는 경우에는 추가적으로 이를 반영해서는 안 될 것이다.

(3) 조정가능지역(국가정책사업 및 지역현안사업)의 평가방법

위 사유로 조정가능지역으로 설정된 지역은 해당 공익사업이 아니라면 개발제한구역이 해제될 수 없는 지역이므로 해제가능성에 따른 지가상승요인은 있을 수 없고 따라서 이를 반영해서도 아니 된다.

제4절   토지보상감정평가(특수상황하의 보상감정평가)

01 특수토지에 대한 감정평가

1. 미지급용지의 감정평가 [109]

> **토지보상법 시행규칙 제25조**(미지급용지의 평가)
>
> ① 종전에 시행된 공익사업의 부지로서 보상금이 지급되지 아니한 토지(이하 이 조에서 "미지급용지"라 한다)에 대하여는 종전의 공익사업에 편입될 당시의 이용상황을 상정하여 평가한다. 다만, 종전의 공익사업에 편입될 당시의 이용상황을 알 수 없는 경우에는 편입될 당시의 지목과 인근토지의 이용상황 등을 참작하여 평가한다.
> ② 사업시행자는 제1항의 규정에 의한 미지급용지의 평가를 의뢰하는 때에는 제16조 제1항의 규정에 의한 보상평가의뢰서에 미지급용지임을 표시하여야 한다.

1) 개념

미지급용지란 종전에 시행된 공익사업의 부지로서 보상금이 지급되지 아니한 토지를 말한다.[110] 공익사업에 편입된 토지는 해당 공익사업의 준공 이전에 협의 또는 수용의 절차에 의해 취득되어야 하나, 불가피한 사유로 취득하지 못한 경우에는 준공 이후라도 해당 공익사업의 시행자가 적법한 절차를 거쳐 취득하는 것이 원칙이다.

그러나 새로운 공익사업지구 안에 소재하는 도로 등과 같은 종전의 공익사업의 부지 중 보상이 완료되지 않은 사유지가 있을 수 있는데, 이를 미지급용지라고 한다. 그러므로 미지급용지는 같은 토지에 대하여 둘 이상의 공익사업이 시행되고, 새로운 공익사업이 시행되기까지 종전에 시행된 공익사업에 의하여 보상금이 지급되지 아니한 토지를 말한다.[111] 즉, 준공된 공익사업지구 내에 소재하는 보상이 되지 않은 토지를 미지급용지라고 하는 것이 아니라, 그 토지가 다른 공익사업에 편입되어 보상의 대상이 될 때 이를 미지급용지라고 한다.

2) 구체적인 감정평가방법

(1) 평가의 원칙

① 종전의 공익사업에 편입될 당시의 이용상황 등 감정평가 원칙

이용상황은 편입 당시를 기준으로 한다. "종전의 공익사업에 편입될 당시의 이용상황"을 상정하는 때에는 편입 당시의 지목·실제용도·지형·지세·면적 등의 개별요인을 고려하여야 하

---

109) 감정평가실무기준 해설서(Ⅱ) 보상편, 한국감정평가사협회 등, 2014.02, pp.136~144
110) 동일한 공익사업에서는 미지급용지의 평가규정이 적용되지 아니한다(부당이득을 다툴 수 있음). 따라서 현황이 소유자에게 유리하게 변경되었다고 하더라도 현황을 기준으로 평가할 수 없고 종전의 이용상황을 기준으로 평가하여야 한다(해당 공익사업으로 인한 가격변동에 해당됨). 한편, 미지급용지에 대해서는 시효취득이 성립되지 않는다(대판(전) 1997.8.21, 95다28625).
111) 대판 2009.3.26, 2008두22129 참조

며, 가격시점은 계약체결 당시를 기준으로 하고 공법상 제한이나 주위환경, 그 밖에 공공시설 등과의 접근성 등은 종전의 공익사업(그 미지급용지가 새로운 공익사업에 편입되는 경우에는 그 사업을 포함한다)의 시행을 직접 목적으로 하거나 해당 공익사업의 시행에 따른 절차 등으로 변경 또는 변동이 된 경우를 제외하고는 가격시점 당시를 기준으로 한다.

② **용도지역 등의 적용**

용도지역 등은 원칙적으로 기준시점의 용도지역 등에 따라 감정평가한다.

ㄱ 종전 또는 해당 공익사업으로 인한 용도지역 등의 변경 : 기준시점에서의 용도지역 등이 종전의 공익사업 또는 새로운 공익사업의 시행을 직접 목적으로 하거나 그 시행의 절차에 의해 변경된 경우에는 종전 용도지역 등을 기준으로 한다.

ㄴ 종전 또는 해당 공익사업과 관계없이 변경된 경우 : 용도지역 등이 종전 또는 새로운 공익 사업과 관계없이 변경된 경우에는 기준시점에서의 용도지역 등을 기준으로 감정평가한다. 이 경우 용도지역 등이 종전 공익사업에 편입될 당시에 비하여 나쁘게 변경되었을 경우에도 기준시점 당시의 용도지역 등을 기준으로 보상한다면, 종전 공익사업에서 보상을 시행하지 않은 위법행위로 인한 토지가격의 하락을 오히려 토지소유자에게 전가하게 된다는 문제점이 있다. 그러나 보상은 대상이 되는 권리가 소멸할 때를 기준으로 산정하며, 미지급용지의 경우 이용상황만을 소급하도록 규정하고 있으므로, 이러한 경우에도 용도지역 등은 기준 시점 당시를 기준으로 한다.[112]

ㄷ 미지급용지 외 인근지역의 용도지역 등이 변경된 경우 : 미지급용지 인근지역의 용도지역 등이 종전 또는 새로운 공익사업과 관계없이 변경되었고, 미지급용지가 종전의 공익사업에 편입되지 않았다면, 인근지역의 용도지역 등과 같이 변경되었을 것으로 추정되는 경우에도 이러한 변경은 고려하지 않는다. 이 역시 보상은 대상이 되는 권리가 소멸할 때를 기준으로 산정하며, 미지급용지의 경우 이용상황만을 소급하도록 규정하고 있으므로, 인근지역의 용 도지역 등의 변경은 미지급용지의 감정평가에서 고려하지 않는다.

⑵ **개발이익의 배제(종전 및 해당 공익사업으로 인한 가치변동의 배제)**

미지급용지의 보상금에는 종전 및 해당 공익사업으로 인한 가치변동 모두가 배제되어야 한다. 미지 급용지는 종전 공익사업에서 보상하여야 함에도 보상이 이루어지지 않은 토지를 보상하는 것이므로, 종전 공익사업으로 인한 가치의 변동도 보상금에 반영하여서는 안 된다. 따라서 미지급용지의 비교표 준지는 종전 및 해당 공익사업의 시행에 따른 가치의 변동이 포함되지 않은 표준지를 선정한다.

---

112) 이 경우 현행 「토지보상법」 체계상 손실보상의 방법으로 해결되지 않는 부분이 존재한다. 이 부분은 손해배상청구소송 또는 부당이득반환청구소송 등의 방법으로 해결할 수 있을 것으로 보이나, 현실적으로 매우 어려운 문제이다. 따라서 손실보상의 방법으로 이 문제를 해결할 필요가 있다면 입법적인 해결방안이 마련되어야 할 것이다.

⑶ **편입 당시 이용상황에 대한 판단이 어려운 경우**

종전의 공익사업에 편입될 당시의 이용상황을 알 수 없는 경우에는 편입될 당시의 지목과 인근토지의 이용상황 등을 참작하여 판단한다. 이는 편입 당시의 대상토지의 공부상 지목과 유사한 인근토지의 기준시점에서의 현실적 이용상황을 참작하여 판단한다는 의미이다.

⑷ **편입될 당시의 이용상황과 유사한 표준지가 없어 인근지역의 표준적인 이용상황의 공시지가 표준지를 비교표준지로 선정한 경우**(인근지역의 표준적인 이용상황이 변경된 경우)

「토지보상법」 제67조 제1항은 보상액의 산정은 협의 성립 당시 또는 재결 당시의 가격을 기준으로 하도록 하여 시가보상의 원칙을 규정하고 있으므로, 종전 공익사업의 편입시점과 새로운 공익사업의 기준시점 사이에 인근지역의 표준적인 이용상황이 변경되었고, 대상토지도 공익사업에 편입되지 않았다면 현실적인 이용상황이 변경되었을 것이 객관적으로 명백한 경우에 미지급용지의 이용상황은 기준시점에서의 인근토지의 표준적인 이용상황을 기준으로 판단한다. 따라서 종전 공익사업의 편입 당시의 미지급용지의 현실적인 이용상황이 농경지이며 인근지역의 표준적인 이용상황도 농경지였으나, 새로운 공익사업의 기준시점 사이에 인근지역의 표준적인 이용상황이 주택지로 변경된 경우 미지급용지의 이용상황은 주택지로 본다. 다만, 그 형질변경 등에 소요되는 비용 등을 고려할 수 있다.

대법원은 도로에 편입된 이후 대상토지의 위치나 주위 토지의 개발 및 이용상황 등에 비추어 도로가 개설되지 아니하였더라도 대상토지의 현실적 이용상황이 주위 토지와 같이 변경되었을 것임이 객관적으로 명백하게 된 때에는, 그 이후부터는 그 변경된 이용상황을 상정하여 토지의 가격을 감정평가하여야 하는 것이 타당하다고 판시하고 있다(대판 2002.10.25, 2002다31483 참조).

⑸ **현재의 이용상황이 편입 당시의 이용상황보다 유리한 경우**

미지급용지의 감정평가방법을 현실적인 이용상황 기준 감정평가의 예외로 규정한 것은 기준시점에 있어서의 현실적인 이용상황을 기준으로 감정평가한 보상액이 적정가격이 되지 못하는 부당한 결과를 방지하기 위한 것이므로, 미지급용지라고 하여도 현실적인 이용상황을 기준으로 감정평가하는 것이 토지소유자에게 유리한 경우에는 예외가 아니라 원칙을 적용하여 기준시점에서의 현실적인 이용상황을 기준으로 감정평가한다. 따라서 종전 공익사업의 시행 당시의 현실적인 이용상황은 농경지였으나 공익사업의 시행으로 인하여 기준시점에서의 현실적인 이용상황이 대 또는 공장용지로 조성된 토지는 농경지가 아니라 대 또는 공장용지를 기준으로 감정평가한다.

대법원은 공공사업의 시행자가 적법한 절차를 취하지 아니하여 아직 공공사업의 부지로 취득하지도 못한 단계에서 공공사업을 시행하여 토지의 현실적인 이용상황을 변경시킴으로써 오히려 토지의 거래가격이 상승된 경우까지 미지급용지의 개념에 포함되는 것은 아니라고 판시하였다(대판 1992.11.10, 92누4833 참조).

≫ 미지급용지 보상규정은 피수용자를 위한 규정이다.

(6) 미지급용지 판단 시의 유의사항

① 사실상 취득한 경우

국가가 과거 도로사업 등 공익사업을 하면서 토지소유자에게 보상을 하거나 기부채납을 받고도 소유권 이전등기를 하지 않아 지금까지 개인 소유로 등기되어 있는 토지가 있다. 따라서 ⅰ) 취득시기가 비슷한 국·공유지가 여러 필지가 있으나 일부 필지만 개인소유로 남아 있는 경우, ⅱ) 사업시행 당시 소유자의 거소가 분명했던 경우, ⅲ) 등기명의인이 사망하여 상속인이 토지역사를 잘 모르는 경우(조상 땅 찾기 운동 등으로 우연히 발견한 재산 등), ⅳ) 사업지구 편입을 위해 사업당시 지적 분할을 한 경우, ⅴ) 기타 보상금을 지급하였을 개연성이 많은 경우 등과 같이 현재 관련서류를 찾지 못할 뿐 과거에 보상금이 지급되었을 것으로 보여지는 경우에는 미지급용지가 아닐 개연성이 크다.

대법원에서도 "지방자치단체나 국가가 취득시효의 완성을 주장하는 토지의 취득절차에 관한 서류를 제출하지 못하고 있다 하더라도 그 점유의 경위와 용도 등을 감안할 때 국가나 지방자치단체가 점유개시 당시 공공용 재산의 취득절차를 거쳐서 소유권을 적법하게 취득하였을 가능성도 배제할 수 없다고 보이는 경우에는 국가나 지방자치단체가 소유권취득의 법률요건이 없이 그러한 사정을 잘 알면서 무단 점유한 것이 입증되었다고 보기 어려우므로 자주점유의 추정은 깨어지지 않는다."라고 판시하고 있다(대판 2010.8.19, 2010다33866).

② 사업시행기간 이내인 경우

사업시행자가 사유 토지를 협의로 취득한 후 또는 국·공유지를 무상양여의 절차에 따라 취득한 후 소송 등에 의해 소유자가 변경됨으로 인하여 다시 취득하는 경우(재결에 의한 취득은 원시취득이므로 이러한 경우가 발생하지 않는다)로서 해당 공익사업시행기간 이내에 재취득하는 경우에는 설사 기준시점 당시 해당 토지를 공익사업용지로 사용하고 있다고 하여도 미지급용지가 아니므로 미지급용지의 규정을 적용하여 보상하여서는 안 된다. 따라서 이러한 경우 현실적인 이용상황은 토지조서 작성 시를 기준으로 하며, 현재의 이용상황을 기준으로 감정평가하는 것이 유리한 경우에도 이를 기준으로 하여서는 안 된다.

(7) 기타사항

① 보상의무자

미지급용지는 종전에 시행된 공익사업용지로 그때 보상금이 지급되었어야 함에도, 새로운 공익사업이 시행될 때까지 보상금이 지급되지 아니한 토지이기 때문에, 원론적인 보상의무자는 종전 공익사업의 사업시행자가 되어야 한다. 그러나 미지급용지에 대하여 종전 사업시행자가 보상을 하도록 하면 새로운 사업시행자는 또다시 종전 사업시행자에게 보상하여야 하므로, 이에 따른 행정력 낭비와 사업지연 등의 문제가 있기 때문에 보상금이 지급되지 아니한 토지에 대한 보상주체는 새로운 사업시행자로 한다(2011.11.18, 토지정책과-5480 참조).

② 사유의 미지급용지는 시효취득의 대상이 아니다.[113)

③ 공도 안에 있는 사유토지가 미지급용지로 평가 의뢰된 경우

공도 안에 있는 사유토지가 미지급용지로 감정평가 의뢰된 경우에는 의뢰자에게 그 토지가 도로로 편입 당시 이전부터 법 시행규칙 제26조 제2항에서 규정한 '사실상의 사도' 등으로 이용되었는지 여부 등을 조회한 후 그 제시된 의견에 따라 감정평가한다. 이 경우 의견의 제시가 없는 때에는 객관적인 판단기준에 따라 감정평가하고 그 내용을 감정평가서에 기재한다.

④ 종전의 예정공도[114)에 대한 규정은 미지급용지에 준하여 평가하도록 하고 있었지만 현행은 개설경위의 공공성이 있는 경우에 한하여 공도부지의 평가를 준용하여 평가하고 있다.

(8) 미지급용지 사용료 평가(부당이득금)

미지급용지는 종전 공익사업의 시행시점에서부터 새로운 공익사업의 기준시점까지 사이에 종전 사업시행자가 이를 사용하였다고 보아야 하므로, 동 기간 동안의 사용에 대해 이를 「토지보상법」의 사용으로 보아 보상할 수 있는지의 문제이다. 그러나 「토지보상법」에서 규정하고 있는 사용에 대한 보상조항은 공익사업을 위하여 토지 등의 취득을 요하지 않고 사용하는 것으로 충분한 경우에 적용하는 것이지, 사업시행자가 토지를 권원 없이 사용한 경우에 적용하는 것은 아니다. 이와 같이 사업시행자가 토지를 권원 없이 사용하는 경우는 위법한 침해에 해당되는 것이므로, 부당이득반환 등 손해배상으로 처리하여야 하며 손실보상으로 처리할 수는 없다.

이 경우 미지급용지의 사용료는 적산법으로 평가하되, 관련 법률[115)에 의거 미지급용지의 사용료에 대한 소멸시효는 5년이므로 사용료의 최대기간은 5년이 된다.

$$적산임대료 = 기초가격 \times 기대이율[116) + 필요제경비$$

---

113) 20년간 소유의 의사로 평온·공연하게 점유하는 자는 등기함으로써 그 소유권을 취득한다(민법 제245조 제1항). 그러나 미지급용지에 대하여서는 국가나 지방자치단체가 20년 이상 공익사업부지로서 점유를 하고 있다고 하여도 점유를 시작할 당시 그 토지가 타인의 소유라는 사실을 잘 알고 있었다고 보아(타주점유) 시효취득을 인정하지 않는다(대판(전) 1997.8.21, 95다 28625 참조).

114) 예정공도 중 미지급용지에 대해서만 미지급용지의 규정을 준용하며, 일반적인 예정공도의 경우 "공도의 평가" 규정을 준용하여 평가함에 유의한다.

115) 국유재산법 제73조의3, 공유재산 및 물품 관리법 제97조, 지방재정법 제82조

116) 토지의 임대료를 산정하기 위한 임대료율(기대이율)은 국공채이율, 은행의 장기대출금리, 일반 시중의 금리, 정상적인 부동산 거래 이윤율, 국유재산법과 지방재정법이 정하는 대부료율 등을 고려하여 결정한다(대판 1997.3.14, 96다55716).

예시(부당이득금 산정기간 : 2020.5.23.~2025.5.22.)

기간	일수	기초가액 (원/m²)	면적	기초가액 (총액)	기대이율	필요 제경비	실질임대료 (원)
2020.5.23.~2020.12.31.	223	100,000	100	10,000,000	3.0%	–	183,288
2021.1.1.~2021.12.31.	366	105,000	100	10,500,000	3.0%	–	315,000
2022.1.1.~2022.12.31.	365	110,000	100	11,000,000	3.0%	–	330,000
2023.1.1.~2023.12.31.	365	115,000	100	11,500,000	3.0%	–	345,000
2024.1.1.~2024.12.31.	365	120,000	100	12,000,000	3.0%	–	360,000
2025.1.1.~2025.5.22.	143	125,000	100	12,500,000	3.0%	–	146,516

3) 미보상토지를 시설물의 관리청이 취득하는 경우

(1) 미보상토지의 개념

준공된 공익사업시행지구 내에 소재하는 보상이 되지 않은 토지를 미보상토지라고 한다. 즉, 미보상토지는 준공된 공익사업시행지구 내에 소재하나 미지급용지와는 달리 다른 공익사업에 편입되지 않은 토지를 말한다.

(2) 미보상토지에 대한 「토지보상법」상의 사업인정 가능 여부

공익사업이 완료된 이후 종전의 공익사업을 위하여 사용되고 있는 미보상토지에 대한 매수협의가 이루어지지 않음을 이유로 실제로 공익사업을 수행하지 아니하면서 그 토지의 소유권만을 취득하기 위한 사업인정은 원칙적으로 허용되지 않는다(법제처 11-0073, 2011.4.7.).

그 이유는 「토지보상법」 제28조 제1항에서 재결의 신청은 사업인정고시일로부터 1년 이내에 신청할 수 있도록 하여 그 수용절차 개시의 시간적인 범위를 제한하고 있는 것은 수용을 둘러싼 법률관계의 조속한 확정을 바라는 토지소유자 및 관계인의 이익을 보호하도록 하는 데 있다(대판 1997. 10.24, 97다31175 참조). 만약 공익사업이 완료된 이후에 공익사업부지 중 매입되지 아니한 토지에 대해 매수협의가 이루어지지 않는다고 하여 그 토지의 소유권만을 취득하기 위한 목적으로 공익사업의 실제 수행 없이 공용수용절차 개시를 위한 사업인정을 받을 수 있다고 한다면, 종전의 공익사업을 위한 사업시행자의 수용재결 신청기간을 공익사업이 완료된 이후까지 연장시키는 결과를 초래하므로, 사업시행자가 수용재결을 신청할 수 있는 기간을 제한한 「토지보상법」 제28조 제1항의 취지에 어긋날 수 있기 때문이다.

(3) 미보상토지의 보상감정평가방법

미보상토지에 대하여 그 공익시설의 관리청 등으로부터 보상금의 지급을 목적으로 감정평가 의뢰가 있는 경우에도 미지급용지의 감정평가기준을 적용하여 감정평가할 수 있다. 이는 미보상 토지를 종전의 사업시행자 또는 관리청이 보상하는 경우와 미보상토지가 새로운 공익사업에 편입되어 미지급용지로 보상하는 경우와 형평을 맞추기 위해서이다.

기 본예제

아래 토지에 대한 각 경우의 보상감정평가액을 결정하시오(가격시점 : 2026년 7월 1일).

01 미지급용지인 경우의 감정평가액(의뢰인 : ○○도시개발사업조합)
>> 도시개발사업의 사업인정일은 2024년 6월 1일임.

02 미보상토지인 경우의 감정평가액(의뢰인 : ◇◇시청)
>> 이 경우 도시개발사업의 시행은 없는 것으로 본다.

자료 1 대상토지의 내역

소재지 등	용도지역	면적	지목	실제이용상황
S동 100-1	자연녹지지역	100m²	전	도로

자료 2

해당 토지는 종전에 시행된 도로사업에 의하여 보상을 받지 못한 토지이다.

자료 3 해당 토지의 지적사항

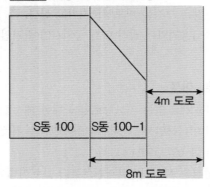

>> 종전의 도로사업에 의하여 S동 100번지로부터 직권으로 분할되었으며, S동 100번지의 지목은 전이다.

자료 4 인근지역의 표준지공시지가 목록

연번	소재지	용도지역	지목	도로조건	형상	공시지가(원/m²)	
						2024년	2026년
A	S동 200	자연녹지	전	세로(가)	가장형	350,000	400,000
B	S동 300	계획관리	전	세로(가)	가장형	280,000	310,000

>> 그 밖의 요인 비교치는 공시지가와 관계 없이 50%를 증액보정한다.

자료 5 지가변동률(생산자물가지수 적용은 생략한다.)

구분	녹지지역	계획관리
2024.01.01.~ 2026.07.01.	5.462%	4.599%
2026.01.01.~ 2026.07.01.	1.071%	0.856%

자료 6 개별요인 평점 등

– 소로한면(100), 세로(가)(95)
– 가장형(100), 사다리형(95)
– 도시개발사업으로 인하여 종전의 계획관리지역에서 자연녹지지역으로 변경된 것을 가정한다.
(물음 2의 경우 도시개발사업에 관계 없이 용도지역이 변경됨)

⌐예시답안

Ⅰ. 미지급용지의 경우

1. 비교표준지 선택

사업인정일 이전 2024년 공시지가를 선정한다. 해당 사업으로 인한 용도지역의 변경은 반영하지 않으며 (계획관리지역), 편입 당시의 이용상황인 전을 기준으로 평가하여, 표준지 B를 선정한다.

2. 감정평가액 결정

280,000 × 1.04599(시점) × 1.000(지역) × 0.950(개별*) × 1.50(그 밖) ≒ 417,000원/m²(× 100 = 41,700,000원)

* 개별요인 : 종전의 개별요인을 기준으로 한다. (세로(가), 사다리형)

∴ 1.00(도로) × 95/100(형상)

Ⅱ. 미보상용지의 경우

1. 비교표준지 선택

최근의 공시지가인 2026년 공시지가를 선정한다. 현 용도지역인 자연녹지지역을 기준하며, 미지급용지의 평가를 준용하여 편입 당시의 이용상황인 전을 기준으로 표준지 A를 선정한다.

2. 감정평가액 결정

400,000 × 1.01071(시점) × 1.000(지역) × 0.950(개별) × 1.50(그 밖) ≒ 576,000원/m²(× 100 = 57,600,000원)

* 개별요인 : 종전의 개별요인을 기준으로 한다. (세로(가), 사다리형)

∴ 1.00(도로) × 95/100(형상)

2. 무허가건축물 등의 부지의 감정평가 [117]

> **토지보상법 시행규칙 제24조**(무허가건축물 등의 부지 또는 불법형질변경된 토지의 평가)
>
> 「건축법」 등 관계법령에 의하여 허가를 받거나 신고를 하고 건축 또는 용도변경을 하여야 하는 건축물을 허가를 받지 아니하거나 신고를 하지 아니하고 건축 또는 용도변경한 건축물(이하 "무허가건축물 등"이라 한다)의 부지 또는 「국토의 계획 및 이용에 관한 법률」 등 관계법령에 의하여 허가를 받거나 신고를 하고 형질변경을 하여야 하는 토지를 허가를 받지 아니하거나 신고를 하지 아니하고 형질변경한 토지(이하 "불법형질변경토지"라 한다)에 대하여는 무허가건축물 등이 건축 또는 용도변경될 당시 또는 토지가 형질변경될 당시의 이용상황을 상정하여 평가한다.

1) 판단기준

(1) 무허가건축물 등

① 무허가건축물 등의 개념

무허가건축물 등이란 「건축법」 등 관련 법령에 의하여 허가를 받거나 신고를 하고 건축 또는 용도변경을 하여야 하는 건축물을 허가를 받지 아니하거나 신고를 하지 아니하고 건축 또는 용도변경한 건축물을 말한다(토지보상법 시행규칙 제24조). 따라서 처음부터 허가를 받거나 신고를 하고 건축할 필요가 없어 그러한 허가나 신고 없이 건축한 건축물 등은 여기에 포함되지 아니한다. 그리고 건축 당시에는 허가받거나 신고하고 건축하여야 하는 건축물을 허가나

---

117) 감정평가실무기준 해설서(Ⅱ) 보상편, 한국감정평가사협회 등, 2014.02, pp.112~120

신고 없이 건축한 건축물로 무허가건축물 등에 해당되었으나, 기준시점에는 양성화조치에 따라 허가받거나 신고하고 건축한 것과 같이 된 건축물 등도 무허가건축물 등에 포함되지 않는다.

② **허가 또는 신고**

⊙ **관련법령에 따른 허가 또는 신고** : 「건축법」 제11조는 건축허가를, 「건축법」 제14조는 건축신고를 규정하고 있다. 그리고 「건축법」 제22조는 건축물의 사용승인에 대하여 규정하면서 같은 조 제3항에서는 건축주는 사용승인을 받은 후가 아니면 건축물을 사용하거나 사용하게 할 수 없도록 규정하고 있다. 따라서 관련법령에 의하여 허가 또는 신고에 건축물의 사용승인이 포함되는지가 문제이다.

이에 대해 대법원은 "무허가건축물 또는 무신고건축물의 경우를 이주대책대상에서 제외하고 있을 뿐 사용승인을 받지 않은 건축물에 대하여는 아무런 규정을 두고 있지 않은 점, 건축법은 무허가건축물 또는 무신고건축물과 사용승인을 받지 않은 건축물을 요건과 효과 등에서 구별하고 있고, 허가와 사용승인은 법적 성질이 다른 점 등의 사정을 고려하여 볼 때, 건축허가를 받아 건축되었으나 사용승인을 받지 못한 건축물의 소유자는 그 건축물이 건축허가와 전혀 다르게 건축되어 실질적으로는 건축허가를 받은 것으로 볼 수 없는 경우가 아니라면 구 공익사업법 시행령 제40조 제3항 제1호에서 정한 무허가건축물의 소유자에 해당하지 않는다는 이유로 갑을 이주대책대상자에서 제외한 위 처분이 위법하다."고 판시하고 있다(대판 2013.8.23, 2012두24900).

따라서 그 건축물이 건축허가와 전혀 다르게 건축되어 실질적으로는 건축허가를 받은 것으로 볼 수 없는 경우가 아니라면 허가 또는 신고의 요건에는 사용승인이 포함되지 않는다고 봄이 타당하다.

ⓒ **해당 공익사업으로 인하여 사용승인을 받지 못한 경우** : 사용승인을 받지 못한 사유가 해당 공익사업으로 인한 경우에는 「토지보상법」 제67조 제2항의 규정에 따른 "해당 공익사업으로 인하여 토지 등의 가격에 변동이 있는 때"에 해당하므로 무허가건축물 등으로 보지 않는다.

ⓒ **사용승인 시점** : 사소한 하자로 인하여 사용승인을 받지 못하였으나 사후에 이를 치유하여 사용승인을 받을 수 있는 경우까지도 무허가건축물 등으로 보고 그 토지 전체를 대지로 인정하지 않는다는 것은 국민의 정당한 재산권을 과도하게 침해하는 것으로서 타당하지 않다. 또한 대법원도 보상의 대상이 되는 권리가 소멸할 때의 현황을 기준으로 보상액을 산정하는 것이 보상에 관한 일반적인 법리에 부합한다고 판시하고 있는 점(대판 2001.9.25, 2001다30445 참조) 등을 고려하면, 토지조서 작성시점에는 무허가건축물 등의 부지에 해당하였으나 기준시점까지 하자를 치유하여 사용승인을 받았다면 무허가건축물 등으로 보지 않는다.

③ **불법용도변경 건축물**

⊙ **불법용도변경 건축물의 판단** : 불법용도변경 건축물이 무허가건축물 등에 포함된 것은 2012.1.2. 「토지보상법 시행규칙」 개정에서부터이다. 부칙 제2조에서 제24조의 개정규정은 이 규칙 시행 후 최초로 보상계획을 공고하거나 토지소유자 및 관계인에게 보상계획을 통지하는 공익사업부터 적용하도록 규정하고 있으므로, 2012.1.2. 이전에 보상계획을 공고하거

나 토지소유자 및 관계인에게 보상계획을 통지한 공익사업에서는 불법용도변경 건축물은 무허가건축물 등에 포함되지 않는다.

ⓒ 허가 또는 신고를 요하지 않는 용도변경: 건물의 용도변경은 「건축법」 제19조에 따라 특별자치시장·특별자치도지사 또는 시장·군수·구청장의 허가 또는 신고를 필요로 한다. 「건축법」에서는 건물을 9가지 시설군으로 구분하고 있으며, 각 시설군을 세부용도로 분류하고 있다. 세부용도는 다시 용도별 종류로 구분된다(건축법 시행령 제14조 관련 [별표 1]).

시설군	세부용도
1. 자동차 관련 시설군	자동차 관련 시설
2. 산업 등 시설군	가. 운수시설 나. 창고시설 다. 공장 라. 위험물 저장 및 처리시설 마. 자원순환 관련 시설 바. 묘지 관련 시설 사. 장례시설
3. 전기통신시설군	가. 방송통신 시설 나. 발전시설
4. 문화 및 집회시설군	가. 문화 및 집회시설 나. 종교시설 다. 위락시설 라. 관광휴게 시설
5. 영업시설군	가. 판매시설 나. 운동시설 다. 숙박시설 라. 제2종 근린생활시설 중 다중생활시설
6. 교육 및 복지시설군	가. 의료시설 나. 교육연구 시설 다. 노유자시설(老幼者施設) 라. 수련시설 마. 야영장 시설
7. 근린생활시설군	가. 제1종 근린생활 시설 나. 제2종 근린생활시설(다중생활시설은 제외한다)
8. 주거업무시설군	가. 단독주택 나. 공동주택 다. 업무시설 라. 교정시설 마. 국방·군사시설
9. 그 밖의 시설군	가. 동물 및 식물 관련 시설 나. 삭제 <2010.12.13.>

시설군 간의 용도변경 시 허가 또는 신고를 의무화하고 있으며, 동일 시설군 내의 용도변경(세부용도 간 용도변경)은 특별자치시장·특별자치도지사 또는 시장·군수·구청장에게 건축물대장 기재내용의 변경신청으로 완료된다.

다만, 동일 시설군 내의 용도변경(세부용도 간 용도변경) 시 「건축법 시행령」 제14조 제4항에서는 허가 또는 신고를 요하지 않을 뿐만 아니라, 건축물대장 기재내용 변경신청도 필요로 하지 않는 용도변경을 규정하고 있어 주의가 필요하다.

(2) 경과조치 [118]

1989년 1월 24일 당시의 무허가건축물 등은 보상을 함에 있어 이를 적법한 건축물로 본다(토지보상법 시행규칙 부칙 제5조 제1항). 따라서 무허가건축물 등은 1989년 1월 24일 이후에 건축된 무허가건축물 등에 한한다. 여기서 1989년 1월 24일은 종전의 「공공용지의 취득 및 손실보상에 관한 특례법 시행규칙」 제6조 제6항을 신설하여 무허가건축물 등의 부지에 대하여 현실적인 이용상황기준 감정평가의 예외를 규정한 기준일이다.

(3) 불법형질변경토지와의 구별

무허가건축물 등의 부지에 대한 평가규정과 불법형질변경토지를 구분하여야 하는데 그 판단은 지상건축물의 존재 여부에 따라 결정한다. 이때 유의할 것은 무허가건축물 등의 부지에 관한 평가규정이 적용되는 한 불법형질변경토지에 관한 평가규정이 적용될 여지가 없다는 것이다.

2) 무허가건축물 부지의 감정평가기준

(1) 1989년 1월 24일 이전 건축된 무허가건축물 등

1989년 1월 24일 개정 종전의 공특법 시행규칙 시행(건설부령 제444호) 당시의 무허가건축물 등의 부지에 대한 평가는 가격시점 당시의 현실적인 이용상황을 기준으로 한다.

> Check
> Point!

> ● 개발제한구역 안의 1989년 1월 24일 당시의 무허가건축물
> 개발제한구역에서의 건축행위의 금지는 절대적 금지에 해당되므로 개발제한구역 지정일로부터 1989년 1월 24일 사이에 개발제한구역 내에서의 건축된 무허가건축물 등에 대해서도 기준시점에서의 현실적인 이용상황을 기준으로 감정평가하는지가 문제이다. 「토지보상법」에서 이에 대해 다른 규정을 두고 있지 않으므로, 개발제한구역 지정일로부터 1989년 1월 24일 사이에 개발제한구역 내에서의 건축된 무허가건축물 등의 부지도 현실적인 이용상황을 기준으로 감정평가한다.

(2) 1989년 1월 24일 이후 건축된 무허가건축물 등

무허가건축물 등의 부지를 현실적인 이용상황을 기준으로 감정평가할 경우 위법행위가 합법화되어 현저히 공정성을 잃은 불합리한 보상이 될 가능성이 있으므로, 해당 토지에 무허가건축물 등이 건축될 당시의 이용상황을 상정하여 감정평가한다.

---

118) 토지보상법 시행규칙 부칙(건설교통부령 제344호, 2002.3.31.) 제5조

(3) 1989년 1월 24일 이전 건축된 무허가건축물 부지의 면적산정방법

① 일반기준

1989년 1월 24일 이전 건축된 무허가건축물 부지의 면적에 대하여는 법령에 별도로 규정한 바는 없으나, 대법원에서는 "무허가건물 등의 부지"라 함은 해당 무허가건물 등의 용도·규모 등 제반여건과 현실적인 이용상황을 감안하여 무허가건물 등의 사용·수익에 필요한 범위 내의 토지와 무허가건물 등의 용도에 따라 불가분적으로 사용되는 범위의 토지를 의미한다고 판시한 바 있다.[119]

현황측량결과에 의거 사업시행자가 대지로서 인정한 해당 면적이 확인되는 경우에 이를 대지로 보고 평가·보상함이 타당하다 할 것이다.[120]

② 대지 면적사정의 제한 [121]

적법한 건축물로 보는 무허가건축물 등에 대한 보상을 하는 경우 해당 무허가건축물 등의 부지 면적은 「국토의 계획 및 이용에 관한 법률」 제77조에 따른 건폐율을 적용하여 산정한 면적을 초과할 수 없다.[122][123][124]

(4) 지목감가

무허가건축물 등의 부지를 가격시점 당시의 현실적인 이용상황을 기준으로 평가하는 경우에 있어서 그 토지가 「농지법」 제38조에 따른 농지보전부담금이나 「산지관리법」 제19조에 따른 대체산림자원조성비의 부과대상이 되는 경우에는 이를 개별요인의 비교 시에 고려하여 평가할지 문제이다. 주거지대 내 답의 경우 통상적으로 표준지인 '대지'에 비하여 지반이 약하기 때문에 성토 등 지반 공사가 필요하므로 대지로 지목변경할 경우 개발부담금이 부과될 수도 있으며 농지보전부담금 등

---

119) 대판 2002.09.04, 2000두8325
120) 토지수용 업무편람, 국토교통부·중앙토지수용위원회, 2009.1, p.64
121) 토지보상법 시행규칙 부칙(건설교통부령 제344호, 2002.3.31.) 제5조
122) 대지면적 산정 재결례(중토위 2015.11.19.)
○○○이 전을 대지로 보상하여 달라는 ○○동 ○○○번지상에는 1978.9.2. 사용승인을 받은 91.27㎡의 적법 건축물이 존재하지만 건축물대장에는 대지면적이 기입되어 있지 아니한 것으로 확인된다. 따라서, 이 건 토지의 용도지역인 자연녹지지역의 건폐율(20%)을 적용하면 적법 건축물의 대지면적은 총 456.35㎡이므로 협의 당시 대지면적으로 인정한 91.27㎡에 365.08㎡를 추가하여 대지로 보상하기로 한다.
123) 무허가건축물 등의 범위(대판 2002.09.04, 2000두8325)
'무허가건물 등의 부지'라 함은 당해 무허가건물 등의 용도·규모 등 제반 여건과 현실적인 이용상황을 감안하여 무허가건물 등의 사용·수익에 필요한 범위 내의 토지와 무허가건물 등의 용도에 따라 불가분적으로 사용되는 범위의 토지를 의미하는 것이라고 해석되고, … 무허가건물에 이르는 통로, 야적장, 마당, 비닐하우스·천막부지, 컨테이너·자재적치장소, 주차장 등은 무허가건물의 부지가 아니라 불법으로 형질변경된 토지라고 한 사례
124) 보전녹지 지역내 무허가건축물의 대지인정 인용 사례(중토위 2020.4.9.)
관계 자료(인천연수구청 형질변경 회신문서, 항공사진, 건축물대장, 감정평가서, 사업시행자 의견서, 측량성과도 등)를 검토한 결과, 당초 사업시행자는 000의 00동 137-1 전 1,672㎡ 중 74㎡를, 000의 00동 137-17 전 1,692㎡ 중 71㎡를 각각 '대'로 인정하였으나, 한국국토정보공사의 측량 결과, 000의 00동 137-1 전 1,672㎡ 중 135㎡(건축물 바닥면적 65㎡, 차양 23㎡, 통로 4㎡, 마당 19㎡, 화단 24㎡)를 실제 대지로 사용하고 있는 것으로 확인되고, 000의 00동 137-17 전 1,692㎡ 중 80㎡(건축물 바닥면적 69㎡, 차양 11㎡)를 실제 대지로 사용하고 있는 것으로 확인되므로 000의 135㎡, 000의 80㎡를 각각 대지로 평가하여 보상하기로 한다.

지목변경에 비용이 필요하기 때문에 감가하는 것이다.

그러나 「토지보상법 시행규칙」 부칙 제5조는 "… 1989.1.24. 당시의 무허가건축물 등에 대해서는 … 이 규칙에서 정한 보상을 함에 있어 이를 적법한 건축물로 본다."라고 규정하고 있고, 대법원은 "토지의 수용·사용에 따른 보상액을 평가함에 있어서는 … 지적공부상의 지목에 불구하고 가격시점에 있어서의 현실적인 이용상황에 따라 평가되어야 하므로 비교표준지와 수용대상토지의 지역요인 및 개별요인 등 품등비교를 함에 있어서도 현실적인 이용상황에 따른 비교수치 외에 다시 공부상의 지목에 따른 비교수치를 중복적용하는 것은 허용되지 아니한다."라고 판시하고 있다(대판 2001.3.27, 99두7968).

3) 「건축법」 제20조 제2항의 가설건축물 그 밖에 이와 유사한 건축물이 있는 토지

1989년 1월 24일 개정 종전의 공특법 시행규칙 시행 당시의 무허가건축물 등의 부지에 대한 평가는 가격시점 당시의 현실적인 이용상황을 기준으로 평가하는 규정은 「건축법」 제20조 제2항의 가설건축물 그 밖에 이와 유사한 건축물이 있는 토지의 경우에는 적용하지 아니하며, 무허가건축물 등의 건축시점이 분명하지 아니한 경우에는 평가의뢰자가 제시한 기준에 따른다.

4) 기타

① **철거가 고지된 무허가건축물 부지**

1989.1.24. 이전 신축이라도 현황평가예외이다(종전이용상황대로 평가).

② 토지만의 형질변경허가를 득한 후 형질변경에 대한 사용승인[125]을 받으면 건축물에 대한 사용승인을 못 받았다 하더라도 垈로 평가한다.

③ 건축허가면적 이상으로 건축하여 사용승인을 못 받은 경우에는 허가받은 면적만 垈로 평가하고 그 이상은 종전 이용상황으로 평가한다.

④ 무허가건축물관리대장에 건축물로 등재되어 있다고 하여 그 건축물이 적법한 절차를 밟아서 건축된 것이라거나 그 건축물의 부지가 적법하게 형질변경된 것으로 추정된다고 할 수 없다.[126]

⑤ **입증책임**

무허가건축물 등의 부지라는 사실은 사업시행자가 입증하여야 하므로, 감정평가법인등이 임의로 무허가건축물의 부지라고 판단하여 감정평가하여서는 안 된다.

---

125) 준공검사까지는 아니더라도 토지의 형질을 외형적으로 사실상 변경시킬 것과 그 변경으로 인하여 원상회복이 어려운 상태에 있을 것을 요한다(대판 2013.6.13, 2012두300).

126) 대판 2002.9.6, 2001두11236(토지수용이의재결처분취소)

3. 불법형질변경토지의 감정평가 [127)]

1) 불법형질변경토지의 개념

(1) 형질변경

① 토지의 형질이란 일반적으로 토지의 모양이나 성질을 의미하므로, 형질변경은 토지의 외형 또는 용도를 변경하는 행위를 뜻하나, 그 내용 및 범위나 정도가 확정된 개념이 아니다. 다만, 「국토계획법 시행령」 제51조 제1항 제3호는 토지의 형질변경을 절토·성토·정지·포장 등의 방법으로 토지의 형상을 변경하는 행위와 공유수면의 매립이라 개념정의하며, 경작을 위한 토지의 형질변경은 제외하고 있다.

한편 대법원은 "토지의 형질변경이란 절토, 성토 또는 정지 등으로 토지의 형상을 변경하는 행위와 공유수면의 매립을 뜻하는 것으로서 토지의 형상을 외형상으로 사실상 변경시킬 것과 그 변경으로 말미암아 원상회복이 어려운 상태에 있을 것을 요한다."라고 하고 있다(대판 1993. 8.27, 93도403 ; 대판 2005.11.25, 2004도8436 등 참조). 또한 대법원은 토지의 형질을 외형상으로 사실상 변경시키는 것에는 지표뿐 아니라 지중의 형상을 사실상 변경시키는 것도 형질변경에 포함하고 있다(대판 2007.2.23, 2006두4875 참조).

따라서 토지의 형질변경은 절토·성토·정지·포장 등의 방법으로 토지의 형상을 변경하는 행위와 공유수면의 매립을 말하며, 토지의 지표 또는 지중의 형질이 외형상으로 사실상 변경되고 그 변경된 상태가 일정한 정도 고정되어 원상회복이 어려운 상태에 있는 것을 의미한다.

② 경작을 위한 토지의 형질변경,[128)] 높이 50cm 이내 또는 깊이 50cm 이내의 절토·성토·정지 등, 660m² 이하의 토지에 대한 지목변경을 수반하지 않는 절토·성토·정지·포장 등, 조성이 완료된 기존 대지에서 건축물 등의 설치를 위한 굴착 등은 허가 없이 행할 수 있다.

(2) 불법형질변경토지

"불법형질변경토지"란 「국토계획법」 등 관계법령에 따라 허가를 받거나 신고를 하고 형질변경을 하여야 하는 토지를 허가를 받지 아니하거나 신고를 하지 아니하고 형질변경한 토지를 말한다.

① 불법

불법으로 형질변경한 토지에 있어서 불법이란 「국토계획법」 등 관련 법령에 의하여 허가를 받거나 신고를 하고 형질변경하여야 할 토지에 대하여 허가를 받거나 신고를 하지 아니하고 형질변경한 경우를 말한다. 따라서 허가를 받거나 신고를 하지 않고 할 수 있는 형질변경은 불법형질변경에 해당되지 않는다.

② 판단시점

불법형질변경의 판단시점은 형질변경 당시를 기준으로 할 것인지, 기준시점을 기준으로 할 것인지가 문제이다. 보상액은 보상의 대상이 되는 권리가 소멸한 때의 현실적인 이용상황을 기

---

127) 감정평가실무기준 해설서(Ⅱ) 보상편, 한국감정평가사협회 등, 2014.02, pp.121~135
128) 보상감정평가에서 지목과 이용상황이 상이할 경우 불법형질변경이 아닌지에 대한 판단이 필요하나, 농지(전·답·과수원 등) 간의 지목변경은 농지법상 원칙적으로 제한하고 있지 아니하므로 불법형질변경에 해당되지 아니한다고 보아야 한다.

준으로 산정하는 것이 보상에 관한 일반적인 법리이므로, 당초에는 불법으로 형질변경하였으나 사후에 허가나 신고를 받은 경우에도 불법형질변경으로 보지 않는다.

③ **허가 또는 신고**

「국토계획법」 제56조는 형질변경 허가를, 제62조는 준공검사를 규정하고 있다. 그러므로 관련 법령에 의하여 허가 또는 신고에 준공검사가 포함되는지 여부가 문제이다. 대법원은 "토지의 형질변경이란 절토, 성토, 정지 또는 포장 등으로 토지의 형상을 변경하는 행위와 공유수면의 매립을 뜻하는 것으로서, 토지의 형질을 외형상으로 사실상 변경시킬 것과 그 변경으로 인하여 원상회복이 어려운 상태에 있을 것을 요하지만, 형질변경허가에 관한 준공검사를 받거나 토지의 지목까지 변경시킬 필요는 없다."고 판시하였다(대판 2013.6.13, 2012두300). 따라서 토지가 이미 실질적인 형질변경이 완료된 이상 허가 또는 신고의 요건에 준공검사가 포함되지 않는다고 봄이 타당하다.

2) 이용상황의 판단기준

(1) 원칙

원칙적으로 불법형질변경토지는 그 토지의 형질변경이 될 당시의 이용상황을 기준으로 한다. 보상대상의 확정에 해당하는 불법형질변경 될 당시의 이용상황은 「토지보상법」에서 정하는 절차에 따라 사업시행자가 확정한다.

(2) 예외

① **1995.1.7.[129] 당시 공익사업시행부지에 편입된 불법형질변경토지**

불법형질변경 여부에 불구하고 현황기준으로 평가한다. 즉, 감정평가의 기준이 되는 이용상황의 판단을 무허가건축물 등의 부지는 무허가건축물이 건축된 시점을 기준으로 하나, 불법형질변경 토지는 불법형질변경이 언제 이루어졌는지 여부에 관계없이 해당 불법형질변경토지가 공익사업에 편입된 시점을 기준으로 판단한다.

단, 해당 공익사업의 계획 또는 시행이 공고 또는 고시되거나 공익사업의 시행을 목적으로 한 사업구역·지구·단지 등이 관계법령의 규정에 의하여 지정·고시된 이후에 해당 법령에서 금지된 형질변경을 하거나 허가를 받아야 할 것을 허가 없이 형질변경한 경우에는 제외한다.

② 해당 토지의 형질변경이 된 상태가 일시적인 이용상황으로 인정되는 경우

3) 구체적인 평가방법

(1) 기준시점

원칙적으로 보상 당시를 기준으로 한다. 다만, 행위 당시에는 적법이었으나 보상 당시에는 불법으로 변경된 경우, 행위 당시에는 불법이었으나 보상 당시에는 적법인 경우 등은 적법으로 본다.

---

129) 편입시점에 대하여 판례는 시설결정고시일로 보나, 국토교통부 유권해석에서는 사업인정고시일 등으로 본다.

(2) 공부상 지목과 현실이용상황의 불부합

공부상의 지목과 현실적인 이용상황이 다른 경우에도 그 사유가 ① 당초 지목을 정할 때 잘못 정한 경우, ② 두 가지 이상의 이용상황을 가진 한 필지의 토지에 대하여 지목이 부여된 주된 이용상황 이외의 부분(임야와 전으로 이용 중인 한 필지를 주된 이용상황에 따라 임야로 지목을 정한 경우의 전 부분 등과 같이 불법적인 원인이 개재되지 않고 지목과 현실이용상황이 다르게 될 수 있음), ③ 농지전용 또는 산지의 형질변경에 대한 규제가 없었던 (구)「농지의 보전 및 이용에 관한 법률」의 제정(1973.1.1.) 이전, 또는 (구)「산림법」 제정(1962.1.20.) 이전에 형질변경하였으나 그에 따라 지목을 변경하지 않은 경우, ④ 지목변경은 지목변경을 위한 형태적 요건을 갖춘 후 60일 이내에 토지소유자의 신청에 의하여 이루어지나 이와 같은 지목변경과정에 있거나 그 형태적 요건은 갖추었지만 60일 이내에 지목변경을 신청하지 아니한 경우 등과 같이 불법 없이 지목과 현실적인 이용상황이 다른 경우가 많다. 그러므로 지목과 현실적인 이용상황이 다르다고 하여 이를 일률적으로 불법형질변경된 토지라고 볼 수 없다.

(3) 국가ㆍ지방자치단체 등이 불법으로 형질변경한 경우

국가ㆍ지방자치단체 등 행정청이 불법으로 형질변경한 사유 토지가 공익사업에 편입되어 보상이 된 경우의 이용상황에 대해서는 취득 당시의 현실적인 이용상황으로 감정평가한다는 판례[130](서울고법 2022.3.22, 2011누9150)가 있는 반면, 형질변경이 이루어질 당시의 이용상황을 상정하여 평가하여야 할 것이라고 판시한 경우[131](대판 2013.2.15, 2012두21239, 대판 2003.6.13, 2002두3409, 서울고법 2019.5.10, 2017누87984 등)도 있으므로, 사업시행자에게 이를 안내하고 토지의 이용상황을 제시받아 감정평가함이 타당하다.

(4) 조세 등의 납부

현실이용상황기준으로 종합토지세 등을 납부한 경우에도 허가나 신고를 하지 않고 형질변경한 토지는 불법형질변경토지로 본다.

(5) 형질변경 중인 경우

농지 또는 산림에 대하여 전용허가를 받거나 토지의 형질변경허가를 받아 택지 등으로 조성 중에 있는 토지는 기준시점 현재 조성공사에 소요되는 비용 상당액과 공사 진행 정도, 택지조성에 소요되는 예상기간 등을 종합적으로 고려하여 감정평가한다.

---

130) 국가 또는 지방공공단체가 적법한 절차를 거치지 아니하고 개인의 토지를 형질변경하여 그 토지의 가격이 상승된 이후에 공익사업의 시행자로서 그 토지를 취득하는 경우에는 수용재결 당시의 현실적인 이용상황에 따라 평가하는 것이 합당하다고 판시하였다.

131) 행정 규정에서 형질변경의 주체에 관하여 제한을 두고 있지 아니하므로 행정청이 적법한 절차를 거치지 아니한 채 타인의 토지를 형질변경하여 장기간 사용한 경우에도 그 토지에 대한 수용보상금을 산정함에 있어서는 형질변경이 이루어질 당시의 이용상황을 상정하여 평가하여야 할 것이다.

① 형질변경이 초기단계인 경우

형질변경이 초기단계인 경우에는 종전의 이용상황을 기준으로 소요된 비용의 지출액을 고려하되 이로 인한 가치의 증가 등은 고려하지 않는다. 다만, 「토지보상법 시행규칙」 제57조에 따라 소요된 법정수수료, 그 밖의 비용 등으로 보상하는 경우 토지의 보상평가에서는 현재까지 소요된 경비의 지출액도 별도로 고려하여서는 안 된다.

② 형질변경이 어느 정도 진행된 경우

형질변경이 어느 정도 진행되었으나 원상회복이 가능한 수준인 경우는 종전의 이용상황을 기준으로 현재까지 소요된 경비의 지출액 및 이로 인한 가치의 증가 등을 고려하여 평가해야 한다.

③ 형질변경이 거의 완료된 경우

개발이 거의 완료되어 원상회복이 어려울 정도까지 진행된 경우는 개발이 완료된 경우의 이용상황을 기준으로 개발 완료 시까지 소요되는 추가적인 경비의 지출 등을 고려하여 평가해야 한다.

(6) 지적공부상 지목이 임야인 토지를 현황 농지로 이용하고 있는 경우

공부상 지목이 '임야'나 '농지'로 이용 중인 토지는 ① 「산지관리법」 부칙(제10331호, 2010.5.31.) 제2조 "불법전용산지에 관한 임시특례" 규정에서 정한 절차에 따라 불법전용산지 신고 및 심사를 거쳐 '농지'로 지목변경된 경우 또는 ② 해당 공익사업을 위한 산지전용허가 의제협의를 사유로 임시특례규정 적용이 불가한 경우로서 시장·군수·구청장이 임시특례규정 적용대상토지임을 확인하는 경우에는 현실적인 이용상황을 기준으로 농지로 감정평가하고, 계약체결일 또는 수용재결일까지 위 절차를 거치지 아니하여 공부상 지목이 '임야'인 경우에는 불법형질변경토지로 보아 공부상 지목대로 감정평가하여 보상한다(2011.8.19, 토지정책과-4050).

>> 산지관리법상 시장·군수·구청장의 심사를 거쳐 산지전용허가를 받는 등 지목변경 처분을 받은 토지에 한하여 농지로 보상한다(2010.12.1.부터 1년간(현재는 종료) "불법전용산지에 관한 임시특례" 기간을 두어 산지전용허가 및 지목변경을 할 수 있도록 하고 있다.[132]

>> 1961.6.26. 이전에는 임야를 농지로 개간하는데 대한 허가 또는 신고를 규정하고 있지 않았으므로, 1961.6.27. 이전에 임야를 농지로 개간한 경우에는 기준시점에서의 현실적인 이용상황에 따라 평가해야 한다. 당시의 이용상황에 대해서는 1966년 촬영된 항공사진을 기준으로 하여 농지로서의 개간여부를 확인하고 있다.

(7) 건축허가 등을 받은 후 행위제한일 이후에 착공한 경우

「택지개발촉진법」 제6조 제1항에서는 택지개발지구의 지정에 관한 주민 등의 의견청취를 위한 공고가 있는 지역 및 택지개발지구에서 건축물의 건축, 공작물의 설치, 토지의 형질변경, 토석(土石)의 채취, 토지분할, 물건을 쌓아놓는 행위 등 대통령령으로 정하는 행위를 하려는 자는 특별자치도지사·시장·군수 또는 자치구의 구청장의 허가를 받아야 하도록 규정하고 있고, 제3항에서는 제1항에 따라 허가를 받아야 하는 행위로서 택지개발지구의 지정 및 고시 당시 행위허가를 받았

---

132) 토지정책과-6105(2010.12.29.), 기존에는 토지정책과-2178(2005.04.26.)에 의하여 시달된 "실제이용상황에 따른 보상업무지침"에 따라서 공부상 지목이 임야인 토지를 사업시행자가 관계도서 및 실지조사에 의한 지형, 지세, 이용상황 등을 조사, 확인한 후 「농지법」 제2조 및 같은 법 시행령 제2조의 규정에 의한 농지로 판단하여 평가의뢰된 경우에는 농지로 평가(개발제한구역에서는 적용되지 아니함)할 수 있도록 규정되어 있었으나 보상감정평가 시 농지에 대한 적용기준이 기관별로 상이하여 혼란을 초래하고 있었다.

거나 허가를 받을 필요가 없는 행위에 관하여 공사 또는 사업에 착수한 자는 특별자치도지사·시장·군수 또는 자치구의 구청장에게 신고한 후 이를 계속 시행할 수 있도록 규정하고 있다.

따라서 행위제한일 이전에 건축허가 등을 받았으나 택지개발지구 지정 및 고시일 이후에 공사에 착공한 경우는 불법형질변경에 해당된다. 대법원도 "건축법 등에 따른 건축허가를 받은 자가 택지개발 예정지구의 지정·고시일까지 건축행위에 착수하지 아니하였으면 종전의 건축허가는 예정지구의 지정·고시에 의하여 그 효력을 상실하였다고 보아야 할 것이어서, 이후 건축행위에 착수하여 행하여진 공사 부분은 택지개발촉진법 제6조 제1항의 원상회복의 대상이 되는 것이므로, 예정지구의 지정·고시 이후 공사에 착수하여 공사가 진척되었다고 하더라도 해당 토지에 대한 보상액을 산정함에 있어서 그 이용현황을 수용재결일 당시의 현황대로 평가할 수는 없고, 구 공익사업법 시행규칙 제24조에 따라 공사에 착수하기 전의 이용상황을 상정하여 평가하여야 한다."라고 판시하고 있다(대판 2007.4.12, 2006두18492).

(8) 불법형질변경으로 인하여 현실적인 이용상황이 나빠진 경우

불법형질변경토지의 감정평가방법은 불법행위를 통하여 토지의 가치가 증가된 경우 이를 보상액에서 반영하지 않아야 한다는 취지이므로, 불법형질변경으로 인하여 현실적인 이용상황이 더 나빠진 경우에는 기준시점에서의 현실적인 이용상황을 기준으로 감정평가한다.

(9) 원상회복 조치를 받은 경우 및 가까운 장래에 복구가 법령상 예정된 경우

불법으로 형질변경한 토지에 대하여 행정청에서 원상회복 조치를 명하였으나, 이에 응하지 아니하고 계속 이용하고 있는 토지가 공공사업에 편입되어 보상의 대상이 된 경우에는 이는 「토지보상법」 제70조 제2항에서 정한 일시적인 이용상황에 해당된다고 보아야 할 것이므로, 해당 토지는 기준시점에서의 현실이용상황이 아닌 지적공부상의 지목을 기준으로 평가하거나, 불법으로 형질변경 된 토지로 보아 「토지보상법 시행규칙」 제24조에 의거 불법으로 형질변경될 당시의 이용상황을 상정하여 평가한다.

또한 법령상 가까운 장래에 허가 등의 기간이 만료되어 복구가 예정되어 있는 경우도 현재의 이용상황은 일시적 이용상황으로 보아 고려하지 않는다.

(10) 허가 또는 신고를 필요로 하지 않는 형질변경

관계법령에서 형질변경의 규제를 하고 있지 않거나 규제하고 있다 하더라도 경미한 형질변경으로 허가 또는 신고 사항이 아닌 경우의 형질변경은 소관청의 허가 또는 신고를 받지 아니하고, 토지의 형질을 변경하였다 하더라도 불법형질변경토지가 되지 않는다.

(11) 입증책임

불법형질변경토지라는 사실은 사업시행자가 입증하여야 하므로,[133] 감정평가법인등이 임의로 불법형질변경토지라고 판단하여 감정평가하여서는 안 된다.

---

133) 대판 2012.4.26, 2011두2521

⑿ **폐기물 등 토지의 이용을 저해하는 정도를 고려하는 조건으로 의뢰된 경우** [134]

① **저해정도가 경미한 경우**

폐기물의 종류, 성질 및 그 양 등에 비추어 해당 토지의 토사와 물리적으로 분리할 수 없을 정도로 혼합되어 토지의 일부를 구성하는 등 그 폐기물이 매립된 것에 따른 토지이용의 저해 정도가 경미한 것으로 의뢰자가 인정하는 경우에는 비교표준지와 해당 토지의 개별요인의 비교 시에 기타조건(장래 동향 등) 등 항목에서 그 불리한 정도 등을 고려한 가액으로 감정평가한다.

② **저해정도가 심한 경우**

폐기물 매립이 된 것에 따른 토지이용의 저해정도가 심한 것으로 의뢰자가 인정하는 경우에는 의뢰자의 승인을 얻어 폐기물 처리업체 등의 자문 또는 용역절차를 거친 후 그 용역보고서 등에서 제시한 폐기물처리비용 상당액을 근거로 한 해당 토지의 가치 감가요인을 비교표준지와 해당 토지의 개별요인의 비교 시에 기타조건(장래 동향 등) 등 항목에서 고려한 가액으로 감정평가한다.

폐기물 처리업체 등의 자문 또는 용역결과 폐기물처리비용 상당액이 해당 토지가 폐기물이 매립되지 아니한 상태를 기준으로 한 가액 상당액을 뚜렷이 초과하는 것으로 인정되는 경우에는 감정평가액란에 실질적 가치가 없는 것으로 표시하되, 이 경우에는 감정평가서에 추후 사업시행자가 실제로 지출한 폐기물 처리비용 상당액이 용역보고서 등에서 제시된 폐기물 처리비용 상당액과 비교하여 뚜렷이 낮아지게 되는 경우에는 감정평가액이 변동될 수 있다는 내용을 기재한다.

③ 해당 토지의 소유자 및 관계인이 「폐기물관리법」 제48조 각 호의 어느 하나에 해당하는 자가 아닌 것으로 명시하여 감정평가 의뢰되었거나 감정평가 진행과정에서 그 사실이 밝혀진 경우에는 의뢰자와 협의를 한 후 그 폐기물이 매립될 당시의 이용상황을 기준으로 감정평가할 수 있다. 이 경우에는 감정평가서에 그 내용을 기재한다.

⒀ **토양오염물질에 토양오염이 된 토지의 감정평가**

「토양환경보전법」 제2조 제2호에서 규정한 "토양오염물질"에 토양오염된 토지가 「토양환경보전법」 제15조에 따른 토양오염방지 조치명령 등이 있거나 예상되는 경우로서 의뢰자가 해당 토지의 이용을 저해하는 정도를 고려하는 조건으로 감정평가 의뢰한 경우에는 그 토양오염이 될 당시의 이용상황과 비슷한 토지의 표준지공시지가를 기준으로 감정평가하되, 감정평가서에 그 내용을 기재한다.

① **오염의 정도가 허용기준 이내인 경우**

「토양환경보전법」 제10조의2에 따른 토양환경평가 등 결과 그 오염의 정도가 허용기준 이내인 것으로 의뢰자가 인정하는 경우에는 비교표준지와 해당 토지의 개별요인의 비교 시에 기타조건 (장래 동향 등) 등 항목에서 그 불리한 정도 등을 고려한 가액으로 감정평가한다.

---

134) "토지보상평가지침 개선연구"(김원보 외 4명, 2008, 한국부동산연구원)에 의하여 현행 쓰레기 등이 매립된 토지의 평가를 불법형질변경토지에서 규정하지 않고 있어 조문을 분리시켰다[토지보상평가지침 제34조(불법형질변경토지), 토지보상평가 지침 제34조의2(쓰레기 등이 매립된 토지의 평가)].

② **토양정화의 대상이 된 경우**

「토양환경보전법」 제2조 제6호에 따른 토양정밀조사 등 결과 토양정화의 대상이 되었거나 예상이 되는 것으로 의뢰자가 인정하는 경우에는 의뢰자의 승인을 얻어 토양오염 정화업체 등의 자문 또는 용역절차를 거친 후 그 용역보고서 등에서 제시한 오염토양 정화비용(사업시행자가 지출한 토양정밀조사비용을 포함한다. 이하 이 조에서 같다) 상당액을 근거로 한 해당 토지의 가치 감가요인을 비교표준지와 해당 토지의 개별요인의 비교 시에 기타조건(장래 동향 등) 등 항목에서 고려한 가액으로 감정평가한다.

③ 토양오염 정화업체 등의 자문 또는 용역결과 오염토양 정화비용 상당액이 해당 토지가 오염 등이 되지 아니한 상태를 기준으로 한 가액 상당액을 뚜렷이 초과하는 것으로 인정되는 경우에는 감정평가액란에 실질적 가치가 없는 것으로 표시하되, 이 경우에는 감정평가서에 추후 사업시행자가 실제로 지출한 오염토양 정화비용 상당액이 당초 용역보고서 등에서 제시된 오염토양 정화비용 상당액과 비교하여 뚜렷이 낮아지게 되는 경우에는 감정평가액이 변동될 수 있다는 내용을 기재한다.

④ 위 사항에도 불구하고 해당 토지의 소유자 및 관계인이 「토양환경보전법」 제10조의4에 따른 오염토양의 정화책임자가 아닌 것으로 명시하여 감정평가 의뢰되었거나 감정평가 진행과정에서 그 사실이 밝혀진 경우에는 의뢰자와 협의를 한 후 그 토양오염이 될 당시의 이용상황을 기준으로 감정평가할 수 있다. 이 경우에는 감정평가서에 그 내용을 기재한다.

기 본예제

○○공원사업에 편입되는 아래의 토지에 대한 적정한 비교표준지를 선정하시오.

자료 1 토지조서

연번	소재지/지번	면적(m²)	용도지역	지목	조사사항
1	A시 100	500	자연녹지	전	지상에 1988년 5월에 신축한 무허가건축물(바닥면적 50m²)이 소재하고 있다.(현황 단독주택) 건부지 이외의 부분은 현황 전으로 이용 중이다.
2	A시 200	500	자연녹지	전	지상에 1991년 5월에 신축한 무허가건축물(바닥면적 50m²)이 소재하고 있다.(현황 단독주택) 건부지 이외의 부분은 현황 전이다.
3	A시 300	500	자연녹지	전	토지 전체를 허가 없이 전을 잡종지로 조성하여 야적장부지(잡종지)로 이용 중에 있다.

≫ 토지의 실제 이용상황에 따른 감정평가 시 바닥면적의 2배를 실제 이용상황으로 인정한다.

자료 2 비교표준지 목록

연번	소재지/지번	면적(m²)	용도지역	이용상황	공시지가(원/m²)
A	A시 400	500	자연녹지	단독주택	800,000
B	A시 500	500	자연녹지	잡종지	600,000
C	A시 600	500	자연녹지	전	400,000

┃ 예시답안

Ⅰ. 기호 1

1989년 1월 24일 이전의 무허가건축물부지로서 현황에 따라 100m²(바닥면적의 2배)는 자연녹지지역의 단독주택부지인 표준지 A를 선정하고, 400m²는 현황에 따라 자연녹지지역의 전으로서 표준지 C를 선정한다.

Ⅱ. 기호 2

1989년 1월 24일 이후의 무허가건축물부지로서 현황평가의 예외로서 종전의 이용상황인 자연녹지지역의 전인 표준지 C를 선정한다.

Ⅲ. 기호 3

불법형질변경토지로서 형질변경될 당시의 이용상황인 전을 기준으로 하여 자연녹지지역의 전인 표준지 C를 선정한다.

4. 도로부지의 감정평가 [135]

토지보상법 시행규칙 제26조(도로 및 구거부지의 평가)

① 도로부지에 대한 평가는 다음 각 호에서 정하는 바에 의한다.
  1. 「사도법」에 의한 사도의 부지는 인근토지에 대한 평가액의 5분의 1 이내
  2. 사실상의 사도의 부지는 인근토지에 대한 평가액의 3분의 1 이내
  3. 제1호 또는 제2호외의 도로의 부지는 제22조의 규정에서 정하는 방법
② 제1항 제2호에서 "사실상의 사도"라 함은 「사도법」에 의한 사도외의 도로(「국토의 계획 및 이용에 관한 법률」에 의한 도시·군관리계획에 의하여 도로로 결정된 후부터 도로로 사용되고 있는 것을 제외한다)로서 다음 각 호의 1에 해당하는 도로를 말한다.
  1. 도로개설 당시의 토지소유자가 자기 토지의 편익을 위하여 스스로 설치한 도로
  2. 토지소유자가 그 의사에 의하여 타인의 통행을 제한할 수 없는 도로
  3. 「건축법」 제45조에 따라 건축허가권자가 그 위치를 지정·공고한 도로
  4. 도로개설 당시의 토지소유자가 대지 또는 공장용지 등을 조성하기 위하여 설치한 도로
③ 구거부지에 대하여는 인근토지에 대한 평가액의 3분의 1 이내로 평가한다. 다만, 용수를 위한 도수로부지(개설 당시의 토지소유자가 자기 토지의 편익을 위하여 스스로 설치한 도수로부지를 제외한다)에 대하여는 제22조의 규정에 의하여 평가한다.
④ 제1항 및 제3항에서 "인근토지"라 함은 해당 도로부지 또는 구거부지가 도로 또는 구거로 이용되지 아니하였을 경우에 예상되는 표준적인 이용상황과 유사한 토지로서 해당 토지와 위치상 가까운 토지를 말한다.

1) 사도법상 사도부지의 감정평가

(1) 「사도법」에 따른 사도부지의 개념

「사도법」에서 "사도"란 ⅰ)「도로법」제2조 제1항 제1호에 따른 도로, ⅱ)「도로법」의 준용을 받는 도로, ⅲ)「농어촌도로 정비법」제2조 제1항에 따른 농어촌도로, ⅳ)「농어촌정비법」에 따라 설치된 도로 등이 아닌 것으로서 그 도로에 연결되는 길로 정의되어 있다(사도법 제2조). 그리고 사도를

---

135) 감정평가실무기준 해설서(Ⅱ) 보상편, 한국감정평가사협회 등, 2014.02, pp.149~171

개설・개축(改築)・증축(增築) 또는 변경하려는 자는 시장・군수・구청장의 허가를 받아야 하고 (사도법 제4조 제1항), 시장・군수・구청장은 허가를 하였을 때에는 그 내용을 공보에 고시하고, 사도관리대장에 그 내용을 기록하고 보관하여야 한다(사도법 제4조 제4항). 또한 이러한 사도에 대해서는 사도개설자라 하여도 일반인의 통행을 제한하거나 금지할 수 없다(사도법 제9조 제1항). 즉, 「사도법」에 따른 사도란 그 소유자가 자기 토지의 다른 부분의 효용증진을 위하여 스스로 관할 시장・군수의 사도개설허가를 받아 개설되는 공도에 연결되는 도로를 말하며, 사도관리대장에 등재되고 일반인의 통행을 제한하거나 금지할 수 없는 도로이다. 「사도법」상의 사도는 사실상의 사도와는 달리 동일한 소유자 간의 가치이전을 요건으로 하지 않는다.

(2) 도로의 일반적인 감정평가방법

일반적으로 물건의 가치는 그 물건을 배타적으로 이용함으로써 얻을 수 있는 장래기대이익의 현재가치로 정의된다. 그런데 도로는 유료도로를 제외하고 불특정다수인이 다른 사람의 이용을 방해하지 않는 범위 안에서 자유스럽게 이용할 수 있는 공공용물로서, 이용에 있어서 배타성이 없기 때문에 독점적으로 그것을 이용함으로써 얻어지는 별도의 경제적 이익이 있다고 할 수 없다. 즉, 도로는 공기나 물과 같이 희소성이 없어서 가치가 없는 것이 아니라, 공공재로서 이용에 대한 비용을 지불하지 아니하는 자를 이용에서 배제시킬 수 없다는 비배제성으로 인하여 가치의 산정이 어렵다. 따라서 도로는 일반적으로 다음과 같은 방법으로 감정평가한다.

① 일괄감정평가

도로는 대부분 그 자체로서 수익을 발생하거나 효용을 발휘하는 것이 아니라, 주위 토지의 수익을 증가시키거나 쾌적성을 높여주는 등 다른 토지의 효용증대에 기여하는 재화이므로, 도로의 감정평가는 도로와 그 도로로부터 편익을 받는 주위 토지와 함께 감정평가할 수 있으며 이와 같은 감정평가방법이 일괄감정평가이다. 도로는 공공재로서 비배제성으로 인하여 독립하여 가치의 산정이 어려우나, 주위 토지의 값을 증가시키는 데 기여하였으므로 주위 토지와 함께 감정평가하여 그 기여의 정도에 따라 도로의 값을 산출할 수 있다는 것이다.

공장부지와 공장부지의 효용을 높여 주는 도로의 소유자가 같을 경우, 효용증진에 기여하는 도로와 효용을 기여 받는 공장부지를 구분하지 않고 공장용지와 도로를 일괄하여 감정평가하는 방법이다.

② 구분감정평가

도로의 감정평가는 도로와 그 도로로부터 편익을 받는 주위 토지를 일괄하여 감정평가하는 것이 타당하나, 도로와 그 주위 토지의 소유자가 다르거나 그 효용증진에 기여하는 정도가 다른 경우에는 구분감정평가하는 경우도 있다.

이와 같이 도로와 그 주위의 토지를 구분하여 감정평가하는 경우 도로는 그 주위 토지의 효용을 증진시킬 뿐, 독자적으로 효용을 발휘하거나 수익을 발생하지 못하기 때문에 도로의 가치를 어떻게 감정평가할 것인가가 문제이며, 이 경우의 감정평가방법은 다음과 같다.

㉠ **소지가격으로 감정평가하는 방법**: 도로가 개설되지 않은 것으로 보고 소지가격으로 감정평가하는 방법이다. 이 방법은 도로의 원본가치를 기준으로 하는 방법으로 타당성이 있으나, 이 경우 주위 토지는 도로가 개설되지 않는 것으로 보아야 한다는 점과 보상감정평가의 일반원칙이라 할 수 있는 현실적인 이용상황 감정평가주의에 어긋난다는 문제점이 있다. 현재 미지급용지의 감정평가방법은 원칙적으로 이 감정평가방법에 따른다.

㉡ **도로 상태로 감정평가하는 방법**: 도로는 도로인 상태대로 감정평가하되, 그 가격은 인근 토지가격의 일정률로 감정평가하는 방법이다. 도로는 그 자체로서 거래의 대상이 되는 경우가 거의 없기 때문에 도로 자체의 가치 산정이 용이하지 아니하므로, 인근에 있는 성격이 유사한 다른 토지의 가치를 기준으로 하여 합리적인 가치를 산출하고자 하는 것이다. 이 방법은 현실적인 이용상황을 기준으로 감정평가한다는 원칙에는 부합하나, 적용하는 비율에 대한 이론적 근거가 약하다는 문제점이 있다. 일정률을 적용하는 이론적 근거에는 다음과 같은 두 가지 근거가 있다.

ⓐ **화체이론설**: 도로가치의 일부분이 도로에 접한 토지로 이전해 가고 도로에 남은 가치를 인근 토지가격의 일정률로 본다는 견해이다. 이 견해는 감정평가하는 도로가 토지소유자가 자기 토지의 다른 부분의 효용증진을 위하여 스스로 개설한 도로에 한정되는 경우 타당한 견해이다. 다만, 이 경우에도 도로에 접한 토지의 가치증가분에 도로의 가치감소분과 반드시 일치하지 않는다는 점 및 화체이론을 적용시킬 수 없는 도로도 있다는 문제점 등이 있다.

ⓑ **사용·수익권 제한 가치설**: 국가 또는 지방자치단체 등의 공공기관이 소유권을 취득하지 못한 타유공물인 사유의 도로는 도로로서의 공적인 목적달성을 위하여 필요한 범위 안에서 그 사용·수익권을 제한당하고 있으므로, 도로부지의 보상감정평가는 사용·수익권이 제한된 상태에서의 경제적 가치를 대상으로 하고, 이러한 제한된 경제적 가치를 인근 토지가격의 일정률로 본다는 견해이다.

이 견해는 도로의 감정평가를 단순화할 수 있다는 장점은 있으나, 도로개설의 자의성 여부, 다른 토지의 효용증진 기여정도 여부, 소유권을 행사하여 통행을 금지시킬 수 있는지 여부 등의 구체적인 사실관계에 불구하고 모든 도로가 사용·수익권이 제한되고 있는 것으로 보고 인근토지에 대한 감정평가금액의 일정률로 감정평가하는 것은 합리적인 이유 없이 국민의 재산권을 제한할 수 있다는 단점이 있다.

(3) 「사도법」에 따른 사도부지의 보상감정평가

「사도법」에 의한 사도는 「도로법」의 적용 또는 준용을 받는 도로가 아닌 것으로서 그 도로에 연결되는 도로로 개설 시 관할 시장·군수의 사도개설허가를 받은 도로를 의미하며 인근토지에 대한 감정평가액의 1/5 이내로 평가한다.

(4) 인근토지

① 인근토지의 개념

여기서 인근토지란 해당 도로부지 또는 구거부지가 도로 또는 구거로 이용되지 아니하였을 경우에 예상되는 표준적인 이용상황과 비슷한 토지로서 해당 토지와 위치상 가까운 토지를 말한다.[136]

② 인근토지에 대한 감정평가액

인근토지에 대한 감정평가액의 결정 시 해당 사도를 접면도로로 보고 감정평가할 것인지 여부가 문제이다. 즉, 인근토지에 대한 감정평가금액이 해당 사도가 개설된 상태에서의 감정평가금액 인지, 사도가 개설되기 전 상태에서의 감정평가금액인지가 문제가 된다. 종전 「공공용지의 취득 및 손실보상에 관한 특례법 시행규칙」 제6조의2 제3항에서는 인근토지에 대한 감정평가금액 에는 해당 도로의 개설로 인한 개발이익을 포함하지 않도록 하는 규정이 있었으나, 「토지보상법 시행규칙」에서는 이러한 규정이 삭제되었다. 따라서 인근토지에 대한 감정평가액은 사도가 개 설된 상태에서의 감정평가금액으로 본다.

이와 유사한 사안에 대하여 대법원은 "도로점용료의 산정기준 등 점용료의 징수에 관하여 필 요한 사항을 정한 서울특별시 도로점용허가 및 점용료 등 징수조례(2008.3.12. 조례 제4610호로 개정되기 전의 것) 제3조 [별표]에서 인접한 토지의 개별공시지가를 도로점용료 산정의 기준으 로 삼도록 한 취지는, 도로 자체의 가치 산정이 용이하지 아니하여 인근에 있는 성격이 유사한 다른 토지의 가격을 기준으로 함으로써 합리적인 점용료를 산출하고자 하는 데 있으므로, 여 기서 '인접한 토지'라 함은 점용도로의 인근에 있는 토지로서 도로점용의 주된 사용목적과 동일 또는 유사한 용도로 사용되는 토지를 말한다."라고 판시하였다(대판 2010.2.11, 2009두12730).

(5) 유의사항

사도부지에 대한 감정평가는 인근토지에 대한 감정평가액의 5분의 1 이내로 하므로, 5분의 1을 적용할 경우의 단가사정은 반올림하지 않고 절사한다.

2) 사실상 사도부지의 감정평가

(1) 사실상 사도의 개념 및 감가의 이유

"사실상의 사도"란 도로로서의 효용은 「사도법」에 따른 사도와 같으나, 관할 시장·군수·구청장의 허가를 받지 않고 개설하거나 자연적으로 형성된 도로를 말한다. 여기서 '사도'란 그 도로를 둘러싼 법률관계가 「도로법」, 「국토계획법」 기타의 공법에 의하여 규율되는 도로가 아니라는 의미이며, '사실상'이란 그와 같은 도로 중 「사도법」에 따른 사도가 제외된다는 뜻을 내포하고 있다.

---

136) 인근토지에 대한 개념은 「토지보상법 시행규칙」 제26조 제4항에서 규정하고 있으며, 이 정의는 "도로부지 및 구거부지" 모두 에 적용된다 할 것이다.

> **판례**
>
> **대판 1997.8.29, 96누2569**
> '사실상의 사도'라 함은 토지소유자가 자기 토지의 이익증진을 위하여 스스로 개설한 도로로서 도시·군관리계획으로 결정된 도로가 아닌 것을 말하되, 이때 자기 토지의 편익을 위하여 토지 소유자가 스스로 설치하였는지 여부는 인접토지의 획지면적, 소유관계, 이용상태 등이나 개설경위, 목적, 주위환경 등에 의하여 객관적으로 판단하여야 한다.

사실상의 사도부지를 인근토지에 비하여 낮게 감정평가하는 이유는 사도의 가치가 사도로 보호되고 있는 토지의 효용을 증가시킴으로써 보호되고 있는 토지가치에 화체되었거나 또는 화체되지 않은 경우에도 사실상 소유권을 행사하여 통행을 막을 수 없으므로, 그 경제적 가치가 정상적인 토지에 비하여 낮기 때문이다.

(2) **사실상 사도의 판단**

① **도로개설 당시의 토지소유자가 자기토지의 편익을 위하여 스스로 설치한 도로**

㉠ **도로개설의 자의성**: 토지소유자가 스스로 설치한 도로에 해당되어야 한다. 따라서 「도로법」·「국토계획법」 등에 의하여 설치가 강제됨으로 인하여 개설된 도로(예정공도)는 사실상의 사도가 아니다.

㉡ **동일인 소유 토지로의 가치이전**: 자기 토지의 다른 부분의 효용증진을 위하여 설치한 도로이어야 한다. 즉, 도로부분의 가치가 동일인 소유의 다른 토지로 이전되어야 한다. 따라서 도로의 소유자와 그 도로를 통하여 출입하는 토지의 소유자가 다른 도로는 사실상의 사도가 아니다.

㉢ **판단시점**: 도로개설의 자의성 및 동일인 소유 토지로의 가치이전이라는 두 가지 요건은 도로개설 당시를 기준으로 판단한다. 따라서 도로개설 당시는 도로부지와 그 도로를 통하여 출입하는 토지가 동일인이었으나 그 이후 소유권이 달라진 경우에는 사실상의 사도로 본다.

㉣ **판단기준**: 도로개설 당시를 기준으로 개설의 자의성과 동일인 소유 토지로의 가치 이전이라는 2가지 요건은 인접토지의 획지면적·이용상태·개설경위·목적·주위환경 등에 의하여 객관적으로 판단한다. 즉, 토지 소유자가 자기 소유 토지 중 일부에 도로를 설치한 결과 도로 부지로 제공된 부분으로 인하여 나머지 부분 토지의 편익이 증진되는 등으로 그 부분의 가치가 상승됨으로써 도로부지로 제공된 부분의 가치를 낮게 감정평가하여 보상하더라도 전체적으로 정당보상의 원칙에 어긋나지 않는다고 볼 만한 객관적인 사유가 있다고 인정되어야 하고, 이는 도로개설 경위와 목적, 주위환경, 인접토지의 획지 면적, 소유관계 및 이용상태 등 제반 사정을 종합적으로 고려하여 판단하여야 한다(대판 2013.6.13, 2011두7007 참조).

② **토지소유자가 그 의사에 의하여 타인의 통행을 제한할 수 없는 도로**

㉠ 민법에 의하여 주위토지통행권(법정통행권)이 발생한 도로

ⓐ 민법 제219조(주위토지통행권)

> **민법 제219조**(주위토지통행권)
>
> ① 어느 토지와 공로 사이에 그 토지의 용도에 필요한 통로가 없는 경우에 그 토지소유자는 주위의 토지를 통행 또는 통로로 하지 아니하면 공로에 출입할 수 없거나 과다한 비용을 요하는 때에는 그 주위의 토지를 통행할 수 있고 필요한 경우에는 통로를 개설할 수 있다. 그러나 이로 인한 손해가 가장 적은 장소와 방법을 선택하여야 한다.
> ② 전항의 통행권자는 통행지 소유자의 손해를 보상하여야 한다.

「민법」 제219조에 의한 주위토지통행권이 설정된 토지에 대해서는 정상적으로 보상이 이루어지기 때문에 타인의 통행을 제한할 수 없다는 이유만으로 사실상의 사도로 보고 인근토지에 비하여 낮게 감정평가하는 것은 타당하지 않다는 견해가 있다. 그러나 「사도법」에 따른 사도의 경우에도 사용료의 징수가 가능함에도 배타적 사용이 제한된다는 이유로 감액하고 있고, 일반적인 거래의 관행상 이러한 사도는 인근토지에 비하여 낮게 거래되는 것이 일반적이므로 감액하여 감정평가하는 것이 타당하다.

ⓑ 민법 제220조(분할, 일부양도와 주위통행권)

> **민법 제220조**(분할, 일부양도와 주위통행권)
>
> ① 분할로 인하여 공로에 통하지 못하는 토지가 있는 때에는 그 토지소유자는 공로에 출입하기 위하여 다른 분할자의 토지를 통행할 수 있다. 이 경우에는 보상의 의무가 없다.
> ② 전항의 규정은 토지소유자가 그 토지의 일부를 양도한 경우에 준용한다.

㉡ 약정에 의한 도로

ⓐ **통행지역권에 의한 도로** : 통행지역권은 「민법」 제291조에 의해 타인의 토지(승역지)를 자기 토지(요역지)의 편익을 위하여 이용하는 권리로, 그 편익의 내용은 승역지를 통행에 사용할 수 있는 것이다. 타인의 토지를 직접 지배하는 것이 아니므로 승역지 소유자의 이용을 완전히 배제할 수 없고, 중복적으로 통행지역권을 설정할 수도 있으며, 승역지 소유권을 제한하는 물권인 점에서 설정등기를 요하고, 취득시효 및 소멸시효의 대상이 된다.

ⓑ **채권계약에 의한 통행권이 설정된 도로** : 채권계약에 의한 통행권은 인근토지 소유자와 사용대차 또는 임대차 등 채권계약을 체결하여 인근토지를 자기 토지의 통행에 이용하게 하는 것을 말한다. 사용대차에 의한 통행권인가 임대차에 의한 통행권인가의 구분은 차임의 유무에 의해서 구별되나, 통행에 관한 계약이 있는 경우 임대차에 의한 것인가 혹은 통행지역권설정에 의한 것인가는 분명하지 않은 경우가 많다.

사용대차 또는 임대차에 의한 통행권은 채권이므로, 이를 등기하지 아니하면 제3자에게 대항할 수 없다. 따라서 도로의 소유권이 변동될 경우, 새로운 소유자와 다시 사용대차 또는 임대차계약을 체결하지 않으면 안 된다.

ⓒ 적용 : 약정에 의한 도로도 타인의 필요에 의하여 일부 토지를 사도로 제공하고 정상적인 임대료를 수취한다면, 그 도로의 경제적 가치를 인근 토지에 비하여 낮게 감정평가하는 것은 타당하지 않다는 견해가 있다. 그러나 「민법」 제219조에 의한 도로와 마찬가지의 이유로 감액하여 감정평가하는 것이 타당하다.

ⓒ **자연발생적으로 형성된 도로** : 자연발생적으로 형성된 도로는 일반적으로 도로로 개설 또는 형성과정에 도로관리청 기타 행정청이 관여하지 아니한 도로를 말한다. 토지소유자가 관여하였는지는 묻지 않으나, 여기서는 토지소유자가 스스로 설치한 도로를 제외한다.

도로는 우리 생활과 밀접한 관련이 있음에도 도로관리청 기타 행정청이 도로를 적기에 개설하지 못하기 때문에, 토지소유자가 개설하거나 공동생활의 편익증진을 위하여 주민들이 협동하여 또는 자연스럽게 도로를 만들거나 형성되는 경우가 많다. 이러한 토지를 감액하여 감정평가하기 위해서는 다음과 같은 점을 고려한다.

ⓐ **원상회복이 가능한지 여부** : 주위 토지통행권에 의한 도로나 약정에 의한 도로는 도로 개설과 관련된 법률관계가 소멸되거나 변경되면 원상회복이 가능하다는 점에는 이견이 없으나, 자연발생적으로 형성된 도로의 경우 소유자가 소유권을 행사하여 원상회복이 가능한가 하는 것이 문제이다.

「도로법」 제4조에서는 "도로를 구성하는 부지, 옹벽 기타의 물건에 대하여서는 사권(私權)을 행사할 수 없다. 다만, 소유권을 이전하거나 저당권을 설정함은 그러하지 아니하다." 라고 규정하여 도로에 대해서는 원칙적으로 원상회복을 인정하지 않고 있다. 「도로법」 상의 도로에 자연발생적으로 형성된 도로가 포함되는지가 문제이나, 「도로법」 제2조 제1호에서 '차도, 보도(步道), 자전거도로, 측도(側道), 터널, 교량, 육교 등 대통령령으로 정하는 시설로 구성된 것으로서 제10조에 열거된 것을 말하며, 도로의 부속물을 포함한 다.'라고 규정하고 있고, 「도로법」 제10조에서 도로는 고속국도, 일반국도, 특별시도 · 광역시도, 지방도, 시도, 군도, 구도로 나누고 있어 자연발생적으로 형성된 도로는 「도로법」상의 도로에 포함되지 않는다. 대법원에서도 "「도로법」 제5조의 적용을 받는 도로는 적어도 「도로법」에 의한 노선인정과 도로구역결정 또는 이에 준하는 도시계획법 소정의 절차를 거친 도로를 말하므로, 이러한 절차를 거친 바 없는 도로에 대해서는 「도로법」 제5조를 적용할 여지가 없다."라고 판시하여 이러한 도로에 대하여 원상회복을 인정하였다(대판 1999.12.28, 99다39227 · 39234 등).

ⓑ **독점적 · 배타적인 사용수익권을 포기하였다고 보아야 하는지 여부** : 자연발생적으로 형성된 도로의 경우 소유자가 독점적이고 배타적인 사용수익권을 포기하였다고 보아야 하는지에 대하여 의문이 있으나, 대법원은 "어느 사유지가 종전부터 자연발생적으로, 또는 도로예정지로 편입되어 사실상 일반 공중의 교통에 공용되는 도로로 사용되고 있는 경우, 그 토지의 소유자가 스스로 그 토지를 도로로 제공하여 인근 주민이나 일반 공중에게 무상으로 통행할 수 있는 권리를 부여하였거나 그 토지에 대한 독점적이고 배타적인 사용수익권을 포기한 것으로 의사 해석함에 있어서는, 그가 해당 토지를 소유하게

된 경위나 보유기간, 나머지 토지들을 분할하여 매도한 경위와 그 규모, 도로로 사용되는 해당 토지의 위치나 성상, 인근의 다른 토지들과의 관계, 주위환경 등 여러 가지 사정과 아울러 분할·매도된 나머지 토지들의 효과적인 사용·수익을 위하여 해당 토지가 기여하고 있는 정도 등을 종합적으로 고려하여 판단하여야 한다."라고 판시하여 자연발생적으로 형성된 도로라 하여 일률적으로 소유자가 독점적이고 배타적인 사용수익권을 포기하였다고 볼 수 없다고 하고 있다(대판 1999.4.7, 98다56232).

ⓒ **관습상의 통행권이 발생하였다고 볼 수 있는지 여부** : 오랜 세월에 걸쳐 타인의 토지를 통행하여 온 결과 당초는 도로가 없었지만 자연히 도로로서의 외관이 완성되고 그것을 누가 보더라도 도로라고 인식할 수 있는 상태가 되었을 경우, 그 도로에 관습에 의하여 성립하는 관습상의 통행권을 인정할 수 있는지 여부가 문제이다. 여기에 대하여 대법원은 "민법 제185조는 이른바 물권법정주의를 선언하고 있고, 물권법의 강행법규성은 이를 중핵으로 하고 있으므로, 법률이 인정하지 않는 새로운 종류의 물권을 창설하는 것은 허용되지 아니한다. 공로로부터 자연부락에 이르는 유일한 도로인 자연도로의 일부에 대하여 관습상의 통행권 인정은 물권법정주의에 위배된다."라고 판시하여 사도에 대하여 관습상의 통행권을 인정하지 않고 있다(대판 2002.2.26, 2001다64165). 따라서 자연발생적으로 형성된 도로라 하여 일률적으로 소유자가 독점적이고 배타적인 사용수익권을 포기하였다고 볼 수 없을 뿐만 아니라, 이러한 도로에 대하여 관습상의 통행권도 인정되지 않는다.

ⓓ **국가 또는 지방자치단체를 점유주체로 볼 수 있는지 여부** : 주위 토지통행권에 의한 도로나 약정에 의한 도로의 점유주체를 사인으로 보아야 한다는 점에는 의문이 없으나, 자연발생적으로 형성된 도로의 경우 점유주체를 국가나 지방자치단체로 볼 수 있는지에 대해서는 의문이 있다.

이에 대하여 대법원은 "국가나 지방자치단체가 도로를 점유하는 형태는 도로관리청으로서의 점유와 사실상의 지배주체로서의 점유로 나누어 볼 수 있는바, … 「도로법」 등에 의한 도로의 설정행위가 없더라도 국가나 지방자치단체가 기존의 사실상 도로에 대하여 확장, 도로포장 또는 하수도 설치 등 도로의 개축 또는 유지보수공사를 시행하여 일반 공중의 교통에 이용한 때에는 이때부터 그 도로는 국가나 지방자치단체의 사실상 지배하에 있는 것으로 보아 사실상 지배주체로서의 점유를 개시한 것으로 볼 수 있다."라고 판시하고 있다. 또한 "주민들이 자조사업으로 사실상의 도로를 개설하거나 기존의 사실상 도로에 개축 또는 유지, 보수공사를 시행한 경우에는 그 도로의 사실상의 지배주체를 국가나 지방자치단체라고 보기 어렵고, 다만 주민자조사업의 형태로 시공한 도로라고 할지라도 실지로는 국가나 지방자치단체에서 그 공사비의 상당부분을 부담하고 공사 후에도 도로의 유지, 보수를 담당하면서 공중의 교통에 공용하고 있는 등 사정이 인정된다면 실질적으로 그 도로는 국가나 지방자치단체의 사실상 지배하에 있다고 볼 수 있다."라고 판시하고 있다(대판 2002.3.12, 2001다70900).

ⓔ **불법행위로 인한 손해배상청구가 가능한지 여부** : 자기 소유 토지에 불법으로 도로가 개설되어 그로 인하여 손해를 입은 토지소유자는 불법행위를 원인으로 한 손해배상을 청구할 수 있을 것이다. 이때 손해배상의 요건으로는 ⅰ) 도로의 설치 또는 제3자의 통행행위가 위법할 것, ⅱ) 그 행위자의 고의 또는 과실이 있을 것, ⅲ) 그리고 그 자에 책임능력이 있을 것 및 ⅳ) 그 가해행위에 의하여 손해가 발생할 것을 요구하고 있다. 따라서 국가·지방자치단체의 도로설치 또는 제3자의 통행행위가 위법하더라도 그것이 그것을 행한 공무원 또는 제3자의 고의 또는 과실이 없을 때에는 불법행위의 요건을 구성하지 않기 때문에 손해배상을 청구할 수 없다. 그러므로 자연발생적으로 형성된 도로에 대하여 불법행위로 인한 손해배상이 인정되는 경우는 거의 없다.

ⓕ **부당이득이 성립되는지 여부** : 국가나 지방자치단체가 사인의 토지를 도로관리청으로서 점유하고 있는 경우에 부당이득이 성립된다는 데에는 이론이 없다(대판 2000.6.23, 2000다12020). 그러나 자연발생적으로 형성된 도로에 대해서도 국가나 지방자치단체의 부당이득이 성립되는지에 대해서는 명확하지 않다. 일반적으로 부당이득이 성립하기 위해서는 ⅰ) 타인의 재산 또는 노무로 인하여 이익을 얻을 것, ⅱ) 타인에게 손해가 발생할 것, ⅲ) 수익과 손실 간에 인과관계가 있을 것, ⅳ) 수익을 정당화시키는 법률상 원인이 없을 것의 요건을 요구하고 있다.

앞에서 설명한 도로로 이용되고 있는 토지에 대한 점유사용이 정당한 이유에서 물권적 청구권이 배척되거나 그 불법점유사유가 행위자의 고의 또는 과실에 의한 것이 아니라는 이유에서 불법행위에 의한 손해배상청구가 받아들여지지 아니하는 경우가 많으나, 부당이득반환의 청구는 그 점유가 정당하거나 또는 행위자의 고의·과실이 없더라도 앞의 4가지 요건이 다 충족되면 이를 광범위하게 인정되고 있다.

따라서 국가·지방자치단체가 사실상 지배주체로서 점유한 도로,「민법」제219조에 따른 주위토지통행권이 발생한 도로 등은 부당이득반환의 청구가 인정될 수 있다. 대법원에서도 종전부터 일반 공중의 통행로로 사실상 공용되던 토지에 대하여 사실상 필요한 공사를 하여 도로로서 형태를 갖춘 다음 사실상 지배주체로서 도로를 점유하게 된 도로에 대하여 부당이득을 인정하고 있다(대판 1995.11.28, 95다18451).

ⓖ **손실보상청구가 가능한지 여부** : 도로사업을 시행하는 사업시행자는「도로법」에 따른 노선인정·도로구역의 결정 또는「국토계획법」등에서 정한 절차를 거쳐 손실을 보상하고 도로사업에 필요한 토지를 협의 취득 또는 수용할 수 있다. 그러나 국가 또는 지방자치단체가 위와 같은 절차를 거치지 아니하고 개인 소유의 토지를 도로로 무단점유 사용하고 있을 때 우리의 제도상 손실보상을 청구할 수 있는지가 문제이다.

공권력의 작용에 의하여 재산권이 침해된 경우 그 손실(손해)을 어떠한 제도에 의하여 전보할 것인가 하는 것은 기본적으로 입법정책의 문제라고 할 것이며, 헌법 제23조 제3항에서 "공공필요에 의한 재산권의 수용·사용 또는 제한 및 그에 대한 보상은 법률로써 하되, 정당한 보상을 지급하여야 한다."라고 규정함으로써 그 침해가 적법한 경우에는 손실보상제도에 의하여, 위법한 경우에는 국가배상제도에 의하여 손실(손해)을 전보하도록 하는 이원적 제도를 택하고 있고, 이에 따라 손실보상에 관하여는 「토지보상법」기타 법률이, 국가배상에 관하여는 「국가배상법」이 제정되어 있다.

헌법재판소와 대법원에서도 공권력의 작용에 의한 손실(손해)전보제도를 손실보상과 국가배상으로 나누고 있는 우리 헌법 아래에서는 불법사용의 경우에는 원래 국가배상 등을 통하여 문제를 해결할 것으로 예정되어 있고, 기존 침해상태의 유지를 전제로 보상청구나 수용청구를 함으로써 문제를 해결하도록 예정되어 있지는 않다고 하여, 그 가능성을 완전히 부정하고 있다(헌재 1997.3.27, 96헌바21 결정, 같은 취지의 대판 1996.9.10, 96누5896).

따라서 도로로 무단 점유 사용되고 있는 토지에 대하여 수용의 대상으로 보상할 것인지 또는 손해배상 또는 부당이득반환으로 처리할 것인지의 여부는 오직 사업시행자의 판단에 달려 있으므로, 사업시행자가 노선인정, 도로구역의 결정 등의 절차를 거치지 아니하고 도로로 무단점유하고 있는 토지에 대하여 그 소유자는 점유자에 대하여 손실보상을 청구할 수가 없다.

ⓗ **적용** : 이와 같은 사실상의 사도 중 '토지소유자가 그 의사에 의하여 타인의 통행을 제한할 수 없는 도로'는 그 유형이 대단히 다양하고, 그 성격상 단순히 타인의 통행을 제한할 수 없다는 이유만으로 일률적으로 감액하여 보상하는 것이 타당하지 않은 경우도 있다. 특히 타인의 통행을 제한할 수 있는지 여부를 「형법」 제185조의 일반교통방해죄를 기준으로 판단하면 사실상 모든 도로를 타인의 통행을 제한할 수 없는 도로로 보아야 하므로, 사실상의 사도에 한하여 감액 감정평가하도록 한 제도의 취지가 상실된다는 문제점이 발생하게 된다.

특히 1995.1.7. (구)「공공용지의 취득 및 손실보상에 관한 특례법 시행규칙」 제6조의2를 개정하여 「사도법」에 따른 사도를 제외한 모든 도로를 인근토지에 대한 평가금액의 3분의 1 이내로 평가하도록 하였으나, 대법원은 "특례법 시행규칙 제6조의2 제1항 제2호의 규정 취지는 사실상 불특정 다수인의 통행에 제공되고 있는 토지이기만 하면 그 모두를 인근 토지의 3분의 1 이내로 평가한다는 것이 아니라 그 도로의 개설 경위, 목적, 주위 환경, 인접 토지의 획지면적, 소유관계, 이용 상태 등의 제반 사정에 비추어 해당 토지소유자가 자기 토지의 편익을 위하여 스스로 공중의 통행에 제공하는 등 인근 토지에 비하여 낮은 가격으로 보상하여 주어도 될 만한 객관적인 사유가 인정되는 경우에만 인근 토지의 3분의 1 이내에서 평가하고 그러한 사유가 인정되지 아니하는 경우에는 위 규정의 적용에서 제외한다는 것으로 봄이 상당하다."라고 판결하여 종전의 사실상의 사도와 같이 해석하여 판시한 바 있다(대판 1997.4.25, 96누13651).

도로는 공공용물로서 국가나 지방자치단체가 예산을 투입하여 개설하는 것이 원칙이나, 예산사정 등으로 인하여 도로가 제때 개설되지 않고 있는 경우 어쩔 수 없이 사인의 토지를 많은 사람들이 통행하게 되어 외관적으로는 도로의 형태를 갖추게 된다. 그러나 토지소유자는 그 도로의 통행을 금지시킬 경우 주민의 반발 및 사회적 비난을 받게 되므로 이를 묵인하거나 또는 공동체 생활을 위한 호의로 통행을 허용하는 경우 등이 있을 수 있다. 결국 토지소유자는 사유재산을 아무런 대가 없이 공공의 사용에 제공해 오고 있는 것인데, 이러한 사유로 단지 통행을 제한할 수 없다는 이유만으로 사후에 공익사업을 위한 보상을 하면서 인근 토지에 비하여 현저하게 낮게 보상한다면, 국가나 사회를 위하여 희생한 자에게 불이익을 주게 되는 결과가 초래되므로 타당하지 않다. 따라서 사실상의 사도로 보고 감액 감정평가하는 도로를 가능한 한 좁게 해석하는 것이 타당한 것으로 보인다.

따라서 자연발생적으로 형성된 도로를 '토지소유자가 그 의사에 의하여 타인의 통행을 제한할 수 없는 도로'로 보기 위해서는 사유지가 일반 공중의 교통에 공용되고 있고 그 이용상황이 고착되어 있어, 원상회복하는 것이 법률상 허용되지 아니하거나 사실상 현저히 곤란한 정도에 이른 경우에 해당되어야 한다. 그러므로 어느 토지가 불특정 다수인의 통행에 장기간 제공되어 왔고 이를 소유자가 용인하여 왔다는 사정만으로 언제나 도로로서의 이용상황이 고착되었다고 볼 것은 아니고, 이는 해당 토지가 도로로 이용되게 된 경위, 일반의 통행에 제공된 기간, 도로로 이용되고 있는 토지의 면적 등과 더불어 그 도로가 주위 토지로 통하는 유일한 통로인지 여부 등 주변 상황과 해당 토지의 도로로서의 역할과 기능 등을 종합하여 원래의 지목 등에 따른 표준적인 이용상태로 회복하는 것이 용이한지 여부 등을 가려서 판단해야 한다(대판 2013.6.13, 2011두7007 참조).

> **판례**
>
> **[대판 2013.6.13, 2011두7007] 사실상 사도인정요건 구체화 사건**
> 사건번호 2011두7007 토지수용보상금증액 (사) 상고기각
>
> **공익사업을 위한 토지 등의 취득 및 보상에 관한 법률 시행규칙 제26조 제2항 제1, 2호 소정의 사실상 사도에 대한 구체적 판단기준**
> 공익사업을 위하여 취득하는 토지에 대한 보상액은 재결 등 가격시점 당시의 현실적인 이용상황, 즉 현황을 기준으로 보상하여야 하고, 이 원칙에 따른 구체적인 보상액의 산정 및 평가방법은 투자비용, 예상수익 및 거래가격 등을 고려하여 국토해양부령으로 정하도록 위임되어 있다['공익사업을 위한 토지 등의 취득 및 보상에 관한 법률'(이하 '공익사업법'이라 한다) 제70조 제2항, 제6항]. 그에 따라 공익사업법 시행규칙(이하 '규칙'이라 한다)은 도로부지 중 '사실상의 사도'의 부지는 인근토지의 평가액의 3분의 1 이내로 평가하도록 규정하면서, 여기서 '사실상의 사도'라 함은 '사도법에 의한 사도 외의 도로(국토의 계획 및 이용에 관한 법률에 의한 도시관리계획에 의하여 도로로 결정된 후부터 도로로 사용되고 있는 것을 제외한다)'로서 다음 각 호의 1에 해당하는 도로를 말한다고 하고, 제1호에서는 '도로개설 당시의 토지소유자가 자기 토지의 편익을 위하여 스스로 설치한 도로'를, 제2호에서는 '토지소유자가 그 의사에 의하여 타인의 통행을 제한할 수 없는 도로'를, 제3호에서는 '건축법 제45조의 규정에 의하여 건축허가권자가 그 위치를 지정·공고한 도로'를, 제4호에서는 '도로개설 당시의 토지소유자가 대지 또는 공장용지 등을 조성하기 위하여 설치한 도로'를 규정하고 있다(이하 위 각 호는 제1호, 제2호 등으로 줄여 쓴다). 그리고 이 경우 보상액 평가의 기준이 되는 '인근토지'는 해당 도로부지가 도로로 이용되지 아니하였을 경우에 예상되는 표준적인 이용상황과 유사한 토지로서 해당 토지와 가까운 토지를 말한다

(규칙 제26조 제4항). 한편 사도법이 적용되는 사도는 도로법에 의한 도로 등에 연결되는 도로로서 관할 지방자치단체장의 허가를 받아 설치한 도로를 가리키는 것으로 규정되어 있다(사도법 제2조, 제4조). 위와 같은 여러 규정을 종합하여 보면, 위 규칙에 의하여 '사실상의 사도'의 부지로 보고 인근토지 평가액의 3분의 1 이내로 보상액을 평가하려면, 도로법에 의한 일반 도로 등에 연결되어 일반의 통행에 제공되는 등으로 사도법에 의한 사도에 준하는 실질을 갖추고 있어야 하고, 나아가 위 규칙 제1호 내지 제4호 중 어느 하나에 해당하여야 할 것이다(대판 1995.6.13, 94누14650 등은 위 규칙 제1호처럼 토지소유자가 자기 토지의 편익을 위하여 스스로 설치한 사실상의 사도라도 토지소유자가 소유권을 행사하여 그 통행을 금지시킬 수 있는 상태에 있는 토지는 위와 같이 보상액을 감액 평가할 대상에 해당하지 아니한다고 하여, 위 규칙 제1호의 사유가 있는 경우에도 제2호의 요건까지 갖추어야 사실상의 사도에 해당한다는 취지로 판시하였으나, 이는 '사실상의 사도'에 관한 법률 규정이 달랐던 '공공용지의 취득 및 손실보상에 관한 특례법'이 시행될 당시의 사건에 관한 것이므로 공익사업법이 시행된 이후의 보상액 평가에는 적용되지 아니한다고 할 것이다).

한편, 공익사업법과 그 규칙이 사실상의 사도에 대하여 인근토지에 대한 평가액보다 감액 평가한 금액을 보상액으로 규정한 것은 헌법 제23조 제3항이 규정한 정당한 보상의 원칙 등에 비추어 함부로 확장할 것은 아니고 입법취지 등을 감안하여 제한적으로 새겨야 할 것이다.

따라서 우선 규칙 제1호에서 규정한 '도로개설 당시의 토지소유자가 자기 토지의 편익을 위하여 스스로 설치한 도로'에 해당한다고 하려면, 토지 소유자가 자기 소유 토지 중 일부에 도로를 설치한 결과 도로부지로 제공된 부분으로 인하여 나머지 부분 토지의 편익이 증진되는 등으로 그 부분의 가치가 상승됨으로써 도로부지로 제공된 부분의 가치를 낮게 평가하여 보상하더라도 전체적으로 정당보상의 원칙에 어긋나지 않는다고 볼 만한 객관적인 사유가 있다고 인정되어야 할 것이고, 이는 도로개설 경위와 목적, 주위환경, 인접토지의 획지 면적, 소유관계 및 이용상태 등 제반 사정을 종합적으로 고려하여 판단할 것이다.

그리고 규칙 제2호가 규정한 '토지소유자가 그 의사에 의하여 타인의 통행을 제한할 수 없는 도로'는 사유지가 종전부터 자연발생적으로 또는 도로예정지로 편입되어 있는 등으로 일반 공중의 교통에 공용되고 있고 그 이용상황이 고착되어 있어, 도로부지로 이용되지 아니하였을 경우에 예상되는 표준적인 이용상태로 원상회복하는 것이 법률상 허용되지 아니하거나 사실상 현저히 곤란한 정도에 이른 경우를 의미한다고 할 것이다. 이때 어느 토지가 불특정 다수인의 통행에 장기간 제공되어 왔고 이를 소유자가 용인하여 왔다는 사정이 있다는 것만으로 언제나 도로로서의 이용상황이 고착되었다고 볼 것은 아니고, 이는 해당 토지가 도로로 이용되게 된 경위, 일반의 통행에 제공된 기간, 도로로 이용되고 있는 토지의 면적 등과 더불어 그 도로가 주위 토지로 통하는 유일한 통로인지 여부 등 주변 상황과 해당 토지의 도로로서의 역할과 기능 등을 종합하여 원래의 지목 등에 따른 표준적인 이용상태로 회복하는 것이 용이한지 여부 등을 가려서 판단해야 할 것이다.

● 사실상 사도(「토지보상법 시행규칙」 제26조 제2항 제2호) 체크리스트[137]

시설군		세부항목[138]	의견[139]	증빙자료[140]	비고[141]
도로로서 역할·기능	1	도로로 이용된 경위	통행로 개설일, 개설경위, 개설목적 등 개설·이용 경위 등을 상세히 기재	1. 관련공문 2. 확인서	
	2	일반통행 제공 기간	(예시)"00년 00월 00일 통행로 개설 후 '00년간'일반통행에 사용되고 있음" 형식으로 기재	1. 항공사진 2. 확인서 등	
	3	도로로 이용 중인 면적	(예시) 0000m^2	1. 각 현황도 2. 현장사진 :	
	4	주위 토지로 통하는 유일한 토지인지 여부	다른 통행로가 없음을 구체적으로 기재 (관련 도면 필수첨부-위성사진 등)	1. 항공사진 2. 평면도 등 :	
	5	기타사항	기타의견		
종합 검토의견[142]					
첨부서류			증1. 도로개설 관련공문 증2. 항공사진(1970년) 증3. 현장사진 :		

③ **건축법 제45조의 규정에 의하여 건축허가권자가 그 위치를 지정·공고한 도로**

「건축법」 제44조 제1항에서는 건축물의 대지는 극히 예외적인 경우(해당 건축물의 출입에 지장이 없다고 인정되는 것 및 건축물의 주변에 광장·공원·유원지 기타 관련법령에 의하여 건축이 금지되고 공중의 통행에 지장이 없는 공지로서 건축허가권자가 인정한 것)를 제외하고 너비 4미터 이상의 도로에(자동차만의 운행에 사용되는 도로를 제외함) 2미터 이상을 접하도록 규제하고 있다.

그리고 이러한 도로란 보행 및 자동차통행이 가능한 너비 4미터 이상의 도로(지형적 조건으로 자동차통행이 불가능한 경우에는 2~3미터, 막다른 도로의 경우에는 2~6미터 너비의 도로)로서 ⅰ)「국토계획법」·「도로법」·「사도법」 기타 관련 법령에 의하여 신설 또는 변경에 관한 고시가 된 도로뿐만 아니라, ⅱ) 건축허가 또는 신고 시 서울특별시장·광역시장·도지사 또는 시장·군수·구청장이 그 위치를 지정·공고한 도로 또는 그 예정도로를 포함한다(건축법 제2조

---

137) 2024년 토지수용업무편람, 중앙토지수용위원회
138) 세부항목 : 제2호 사실상 사도에 관한 판단기준 세부항목
139) 의견 : 각 항목에 대하여 사업시행자 주장·의견을 구체적으로 기술
    - 내용이 불분명하거나 충분하지 않은 경우, 주장이 없는 것으로 판단
140) 증빙자료 : 위 의견을 뒷받침할 수 있는 자료 목록 기재
141) 비고 : 의견·증빙자료 제출 등과 관련하여 참고할 만한 사실 기재
142) 종합 검토의견 : 위 5개 항목을 종합하여, '제2호 사실상 사도'에 해당하는 이유를 종합하여 기재

제1항 제11호 및 동법 시행령 제3조의3).

위의 도로 중 ⅱ)의 도로를 「건축법」 제45조의 규정에 의하여 건축허가권자가 그 위치를 지정·공고한 도로라고 하며, 허가권자는 도로의 위치를 지정·공고하려면 ▷ 허가권자가 이해관계인이 해외에 거주하는 등의 사유로 이해관계인의 동의를 받기가 곤란하다고 인정하는 경우, ▷ 주민이 오랫동안 통행로로 이용하고 있는 사실상의 통로로서 해당 지방자치단체의 조례로 정하는 것인 경우 외에는 그 도로에 대한 이해관계인의 동의를 받아야 한다.

④ **도로개설 당시의 토지소유자가 대지 또는 공장용지 등을 조성하기 위하여 설치한 도로**[143]
토지소유자가 넓은 토지를 개발하면서 토지형질변경의 허가를 받거나, 허가받지 아니하고 자기 토지의 다른 부분의 효용증진을 위하여 도로를 개설하는 단지분할형 도로로서, 이러한 유형의 도로는 토지소유자가 자기 토지의 편익을 위해 스스로 개설한 도로의 전형적인 경우이며, 대법원에서도 이를 사실상의 사도로 보고 있다(대판 1997.8.29, 96누2569 참조).

(3) 평가방법

사실상의 사도부지는 인근토지에 대한 감정평가액의 1/3 이내로 평가하여 보상한다(절사).
≫ "인근토지"에 대한 판단은 사도법상 사도의 경우와 동일하다.

(4) 사실상 사도로 보지 않는 경우

① 지적공부상으로 도로로 구분되어 있으나 가격시점 현재 도로로 이용되고 있지 아니하거나 사실상 용도폐지된 상태에 있는 것

② 지적공부상으로 도로로 구분되어 있지 아니한 상태에서 가격시점 현재 사실상 통행에 이용되고 있으나 소유자의 의사에 따라 법률적·사실적으로 통행을 제한할 수 있는 것

(5) 사실상 사도에 대한 판단주체

사실상 사도인지 여부는 대상토지의 현실적인 이용상황의 확정에 해당하는 사항이므로, 「토지보상법」에서 정하는 절차에 따라 사업시행자가 확정한다. 다만, 감정평가법인등이 「토지보상법 시행규칙」 제16조 제3항에 따라 현지조사한 결과 제시된 이용상황이 타당하지 않다고 판단되는 경우에는 그 내용을 사업시행자에게 조회한 후 감정평가한다.

특히 '토지소유자가 그 의사에 의하여 타인의 통행을 제한할 수 없는 도로'에 해당하는지 여부는 법률적 판단 외에도 사실적 판단이 필요한 사항이므로, 감정평가법인등이 자의적으로 판단하여서는 안 된다. 대법원도 "'토지소유자가 그 의사에 의하여 타인의 통행을 제한할 수 없는 도로'에는 법률상 소유권을 행사하여 통행을 제한할 수 없는 경우뿐만 아니라 사실상 통행을 제한하는 것이 곤란하다고 보이는 경우도 해당한다."라고 판시하고 있다(대판 2007.4.12, 2006두18492 등 참조). 따라서 단순히 해당 토지가 불특정 다수인의 통행에 장기간 제공되어 왔고 이를 소유자가 용인하여 왔다는 사정만으로는 사실상의 도로에 해당한다고 할 수 없으나, 도로로서의 이용상황이 고착화되어 해당 토지의 표준적 이용상황으로 원상회복하는 것이 용이하지 아니한 상태에 이르는 등 인

---

143) 도로의 개설 당시의 소유자를 기준으로 하므로 개설 이후에 소유권이 변동되어도 사실상 사도에 해당한다.

근의 토지에 비하여 낮은 가격으로 감정평가하여도 될 만한 객관적인 사정이 인정되는 경우에는 사실상의 사도에 포함된다고 볼 수 있다(대판 2011.8.25, 2011두7014 참조). 그러므로 감정평가법인 등은 대상토지가 사실상의 사도에 해당하는지 여부에 대해서는 신중하게 판단하여 한다.

기 본예제

★ 미지급용지의 감정평가 기본예제의 자료를 활용한다.

S동 100-1번지에 대하여 ○○도시개발사업조합이 도시개발사업에 따른 보상감정평가로서 해당 토지를 사실상사도로서 의뢰한 경우 해당 토지의 감정평가액을 결정하시오.

◢예시답안

1. 비교표준지 선택
사업인정일 이전 2024년 공시지가를 선정한다. 해당 사업으로 인한 용도지역의 변경은 반영하지 않으며(계획관리지역), 인근토지(S동 100번지) 평가금액의 1/3 이내로 평가한다.

2. 감정평가액 결정
$280,000 \times 1.04599$(시점) $\times 1.000$(지역) $\times 0.350$(개별*) $\times 1.50$(그 밖) ≒ 153,000원/㎡(절사)($\times 100 = 15,300,000$원)
* 개별요인 : 인근토지의 개별요인을 기준으로 한다(소로한면, 가장형).
∴ 100/95(도로) $\times$ 100/100(형상) $\times$ 1/3(도로)

3) 공도 등 부지의 감정평가

(1) 공도의 개념

일반적으로 공도란 국가 또는 지방자치단체가 일종의 행정권의 작용으로서 토지를 일반 공중의 통행에 제공한 도로로서, 그 도로를 둘러싼 법률관계가 「도로법」·「국토계획법」 기타의 공법에 의하여 규율되는 도로를 말한다. 이러한 공도는 다시 다음과 같이 구분할 수 있다.

① 법상 공도

법상 공도는 「도로법」·「국토계획법」 등의 관련 법률에서 규정한 절차에 따라 개설된 공도를 말한다. 이러한 법상 공도에는 미불공도 즉, 미지급용지도 포함되나, 미불공도는 공도의 감정평가방법이 적용되지 않고 미지급용지의 감정평가방법을 적용한다.

② 사실상의 공도

사실상의 공도는 국가 또는 지방자치단체가 일반 공중의 통행에 제공한 도로이기는 하나 「도로법」·「국토계획법」 등의 관련 법률에서 규정한 절차에 의하지 않고 개설된 도로를 말한다. 즉, 사도와는 달리 일반 공중의 통행에 제공되고 있으나, 도로구역결정고시 등과 같은 절차를 거치지 않고 자연발생적으로 형성된 도로를 말한다.

③ 「토지보상법 시행규칙」상의 공도

「토지보상법 시행규칙」은 공도라는 용어를 사용하지 않고 있다. 다만, 「사도법」에 따른 사도의 부지와 사실상의 사도의 부지를 제외한 도로에 대하여 「토지보상법 시행규칙」 제22조에서 정하는 방법으로 감정평가하도록 하여 구분하고 있다. 따라서 사도가 아닌 도로로서 법상 공도가 아닌 사실상의 공도에 대하여 사실상의 사도의 감정평가방법을 적용할 것인지 또는 공도의 감정평가방법을 준용할 것인지가 문제이다. 이에 대해서는 첫째, 토지소유자가 그 의사에 의하여 타인의 통행을 제한할 수 있는지, 둘째, 국가 또는 지방자치단체를 점유자로 볼 수 있는지 등에 따라 판단할 수 있다.

(2) 공도의 분류

① 「도로법」 제2조에 따른 도로

고속도로, 일반국도, 특별시도 및 광역시도, 지방도, 시도, 군도

② 「국토의 계획 및 이용에 관한 법률」에 따른 도시·군관리계획사업으로 설치된 도로

③ 「농어촌도로정비법」 제2조의 규정에 따른 농어촌도로

읍 또는 면 지역안의 도로법에 규정되지 아니한 도로로서 농어촌 주민의 생활편익 등을 위하여 고시된 도로

(3) 평가방법

① 평가의 원칙

공도부지는 도로로 이용되지 아니하였을 경우에 예상되는 인근지역의 표준적인 이용상황을 기준으로 감정평가한다.

공도는 전형적인 공물로서, 직접적으로 일반공중의 공동사용을 위하여 제공된 공공용물이고, 행정주체에 의해 인위적으로 가공된 인공공물에 해당하며, 「국유재산법」 및 「공유재산 및 물품 관리법」상의 행정재산 중 공공용재산에 해당된다.

이러한 공물은 그 성격상 융통성이 제한되므로, 공도는 도로인 상태로는 거래의 대상이 될 수 없다. 따라서 「국유재산법」 제27조 및 「공유재산 및 물품 관리법」 제19조는 행정재산은 용도폐지되지 않는 한 처분하지 못하도록 규정하고 있다. 그러므로 공도부지가 처분의 대상이 되기 위해서는 사전에 공용폐지의 절차가 선행되어야 하며, 인공공물인 도로의 공용폐지를 위해서는 공공용물로서의 형체가 상실되는 형태적 요건과 도로로서의 공물의 지위를 상실시키는 권한 있는 행정기관의 의사표시인 의사적 요건이 필요하다.

따라서 공도가 공익사업에 편입되어 취득의 대상이 되었다는 것은 공용폐지가 있었다고 볼 수 있다. 다만, 기준시점에서 도로인 상태로 남아 있어 형태적 요건을 충족하였다고 볼 수 없는 경우에도 이는 공익사업에 편입되어 형질변경이 예상되어 있어 별도로 형체를 상실시키지 않은 것이므로 이러한 경우에도 공용폐지가 있은 것으로 보고 감정평가한다.

② 감정평가방법

인근지역에 있는 표준적인 이용상황과 비슷한 토지의 표준지공시지가를 기준으로 한다. 이 경우에 인근지역에 있는 표준적인 이용상황과 비슷한 토지의 표준지공시지가에 해당 도로의 개설에 따른 가치변동이 포함되어 있는 경우에는 이를 배제한 가액으로 감정평가한다. 다만, 그 공도의 부지가 미지급용지인 경우에는 미지급용지로서 감정평가한다.

③ 이용상황에 따른 감정평가방법

해당 도로의 위치·면적·형상·지세, 도로의 폭·구조·기능·계통 및 연속성, 편입 당시의 지목 및 이용상황, 용도지역 등 공법상 제한, 인근토지의 이용상황, 그 밖의 가격형성에 영향을 미치는 요인을 고려하되, 다음과 같이 감정평가액을 결정할 수 있다. 이 경우 공작물 등 도로시설물의 가액은 그 공도부지의 감정평가액에 포함하지 아니하며, 해당 토지가 도로부지인 것에 따른 용도적 제한은 고려하지 아니한다.

ⓐ 인근지역이 농경지대 또는 임야지대의 경우 : 인근지역의 표준적인 이용상황이 전, 답 등 농경지 또는 임야지인 경우에는 그 표준적인 이용상황과 비슷한 토지의 표준지공시지가를 기준으로 한 적정가격에 도로의 지반조성 등에 통상 소요되는 비용상당액과 위치조건을 고려한 가격수준으로 결정한다. 다만, 인근지역의 표준적인 이용상황의 토지가 경지정리사업지구 안에 있는 전, 답 등 농경지인 경우에는 도로의 지반조성 등에 통상 소요되는 비용상당액은 고려하지 아니한다.

ⓑ 인근지역의 표준적인 이용상황이 '대' 및 이와 비슷한 농경지 또는 산지인 경우 : 그 표준적인 이용상황과 비슷한 토지의 표준지공시지가를 기준으로 한 적정가격에 도로의 지반조성 등에 통상 필요한 비용 상당액과 위치조건 등을 고려한 가격수준으로 결정한다. 다만, 인근지역의 표준적인 이용상황이 경지정리사업지구 안에 있는 전·답 등 농경지인 경우에는 도로의 지반조성 등에 통상 필요한 비용 상당액은 고려하지 아니한다.[144]

≫ 공작물 등 도로시설물의 가격은 그 공도부지의 평가가격에 포함하지 아니한다.

> **Check Point!**
>
> ● 특수토지를 인근의 표준적인 이용상황으로 평가하는 경우
>
> **1. 인근지역이 농경지대나 임야지대인 경우**
> 인근의 표준적인 이용상황(농지, 임야)으로 평가하되 지반조성비를 가산하여 평가한다(단, 인근지역이 경지정리된 농지인 경우에는 가산하지 않는다).
>
> **2. 인근지역이 택지지대인 경우**
> 인근의 표준적인 이용상황(택지)으로 평가하되, 위치조건 등을 고려한 가격수준으로 한다.

(4) 개별요인비교 시 고려사항

① 위치·면적·형상·지세, ② 도로의 폭·구조·기능·계통 및 연속성, ③ 도로 편입 당시의 지목 및 이용상황, ④ 용도지역·지구·구역 등 공법상 제한, ⑤ 인근토지의 이용상황, ⑥ 기타 가격형성에 영향을 미치는 요인 등을 고려한다.

---

144) 2020.02.19. 토지보상평가지침 개정에서 종전에 환지비율을 고려요소에서 삭제하여 환지비율이 필수적 고려요소가 아님을 명확하게 하였다.

(5) **예정공도**

① **개념**

예정공도란 「국토계획법」에 따른 도시·군관리계획에 의하여 도로로 결정된 후부터 도로로 사용되고 있는 도로를 말한다. 기반시설로서의 도로는 도시·군관리계획 결정 → 실시계획의 작성 및 인가 → 토지 등의 수용 및 사용 → 도로개설공사 등과 같은 도시·군계획시설사업의 시행절차에 따라 개설되나, 예정공도는 도시·군관리계획에 의하여 도로로 결정된 후 그 다음의 절차를 거치지 않고 사실상 개설된 도로를 말한다.

② **예정공도의 성격**

「건축법」 제2조 제11호에서 「국토계획법」, 「도로법」, 「사도법」, 그 밖의 관련 법령에 따라 신설 또는 변경에 관한 고시가 된 도로도 도로로 보고 건축허가가 가능하도록 규정하고 있다. 따라서 「국토계획법」에 따른 도시·군관리계획에 의하여 도로로 결정된 후 인근 토지의 건축허가 등을 위하여 개설된 예정공도는 그 성격상으로는 "자기 토지의 편익을 위하여 스스로 설치한 도로"인 사실상의 사도와 유사하다. 그러나 이러한 예정공도는 '자기 토지의 편익을 위하여' 설치한 도로 이기는 하나, 도시·군관리계획에 의하여 도로로 결정됨으로 인하여 도로개설이 강제된 것이 므로 '스스로 설치한 도로'로 보지 않는다. 그러므로 예정공도는 사실상의 사도로 보지 않는다.[145]

③ **예정공도의 감정평가방법**

이러한 예정공도부지는 「사도법」에 따른 사도부지 및 사실상의 사도부지가 아닌 도로부지이 므로 「토지보상법 시행규칙」 제22조의 규정에서 정하는 방법에 따라 감정평가한다(토지보상법 시행규칙 제26조 제1항 제3호). 즉, 예정공도부지는 미지급용지에 준하여 감정평가하는 것이 아니라, 공도부지의 감정평가방법에 따라 감정평가한다. 따라서 예정공도부지의 현실적인 이용상황은 예정공도로 편입될 당시의 이용상황을 기준으로 하는 것이 아니고 인근 토지의 표준 적인 이용상황을 기준으로 함을 원칙으로 한다.

예정공도부지는 그 성격상 미지급용지와 유사하게 볼 수도 있으나, 예정공도부지는 종전에 시 행된 공익사업의 부지로서 보상금이 지급되지 아니한 미지급용지와는 그 성격이 다르며, 미지 급용지와는 달리 종전의 공익사업에 편입될 당시라고 하는 일정한 시점이 있을 수 없어 편입될 당시의 현실적인 이용상황의 판단이 사실상 불가능하다. 따라서 미지급용지의 감정평가방법을 준용하지 않고 공도부지의 감정평가방법을 준용하는 것이 타당하다.

---

145) 토지소유자가 도시계획도로 입안내용에 따라 스스로 도로를 제공한 토지는 예정공도가 아니라 사실상의 사도에 해당된다 (대판 1997.08.29, 96누2569).

기본예제

★ 미지급용지의 감정평가 기본예제의 자료를 활용한다.

S동 100-1번지에 대하여 ○○도시개발사업조합이 도시개발사업에 따른 보상감정평가로서 해당 토지를 공도부지로서 의뢰한 경우 해당 토지의 감정평가액을 결정하시오.

예시답안

1. 비교표준지 선택

사업인정일 이전 2024년 공시지가를 선정한다. 해당 사업으로 인한 용도지역의 변경은 반영하지 않으며(계획관리지역), 인근의 표준적 이용상황 기준하되, 해당 도로개설에 따른 영향은 고려하지 않는다.

2. 감정평가액 결정

280,000 × 1.04599(시점) × 1.000(지역) × 0.950(개별*) × 1.50(그 밖) ≒ 417,000원/㎡(× 100 = 41,700,000원)

* 개별요인 : 종전의 개별요인을 기준으로 한다(세로(가), 사다리형).

∴ 1.00(도로) × 95/100(형상)

4) 그 밖의 도로부지의 감정평가

(1) 그 밖의 도로부지의 감정평가

다음의 관계법령의 규정에 의한 공익사업의 시행으로 설치된 도로의 부지에 대한 평가는 토지보상평가지침 제36조(공도 등 부지의 감정평가)의 규정(인근지역에 있는 표준적인 이용상황의 표준지공시지가 기준평가)을 준용한다.

① 「택지개발촉진법」에 의한 택지개발사업

② 종전의 「농촌근대화촉진법」의 규정에 의한 농지개량사업

③ 종전의 「농어촌발전특별조치법」에 의한 정주생활권개발사업

④ 「농어촌정비법」의 규정에 의한 농어촌정비사업

>> 다만, 그 도로가 택지 등 조성사업이나 환지방식 등에 의하여 설치된 것으로서 그 도로의 폭·구조·기능·연속성 기타 인근토지의 상황과 해당 공익사업의 성격이나 규모 등에 비추어 대지 또는 공장용지 등의 조성 시에는 유사한 기능·규모 등의 도로를 개설할 것으로 일반적으로 예상되고 그 도로부지의 가치가 조성된 대지 또는 공장용지 등에 상당부분 화체된 것으로 인정되는 경우에는 토지보상평가지침 제35조의2(사실상의 사도부지의 감정평가)의 규정(인근 토지의 1/3 이내로 평가)을 준용할 수 있다.

(2) 새마을도로

① 새마을도로의 개념

현행 법률에서는 새마을도로라는 도로는 없으며, 그 정의 또한 명확하지 않다. 일반적으로 새마을도로는 과거 "마을 간 또는 공도 등과의 접속을 위하여 새마을사업에 의하여 설치되었거나, 불특정 다수인의 통행에 이용되고 있는 사실상의 사도 등이 새마을사업에 의하여 확장 또는 노선변경이 된 도로"를 의미한다.

② **연혁**

새마을도로에 대해서는 1977.8.8.~1991.10.28.까지는 인근 토지가격의 3분의 1 이내로 평가하던 사실상의 사도와는 달리 인근 토지가격의 2분의 1 이내로 평가하도록 규정하였고, 1991.10.28. ~1995.1.7.까지는 미지급용지에 준하여 평가하였으며, 1995.1.7.~2003.1.1.까지는 사실상의 사도와 동일하게 인근 토지가격의 3분의 1 이내로 평가하였다.

③ **새마을도로의 성격**

새마을도로의 성격에 대하여 1991.10.28. 이전에는 사도의 일종으로 보면서도 상대적으로 다른 사도에 비해서는 공공적 측면이 강하다고 보고 감액비율을 낮게 적용하였다. 반면 1991.10.28. ~1995.1.7.까지는 사도에 대한 감가이론인 화체이론의 요건을 동일 소유자 간의 가치의 이전 및 도로개설의 자의성이라는 두 가지로 보고 사도의 범위를 엄격하게 제한하였으므로, 도로개설의 자의성은 인정되나 동일 소유자 간의 가치이전이라는 요건을 충족한다고 보기 어려운 새마을도로는 사실상의 사도로 보지 않았다. 1995.1.7.~2003.1.1.까지는 사도의 감가이론을 화체이론이 아닌 배타적 이용의 여부를 기준으로 한 사용·수익권 제한 가치이론으로 전환됨에 따라 새마을도로도 사실상의 사도와 동일하게 감가하게 되었다.

④ **새마을도로의 보상감정평가**

2003.1.1. 「토지보상법」 시행 이후에는 화체이론(법 시행규칙 제26조 제2항 제1호 및 제4호) 및 사용·수익권 제한 가치이론(제2호 및 제3호)이 같이 적용되고 있으므로, 사도의 감가이론을 화체이론에 의하고 있었던 (구)「공공용지의 취득 및 손실보상에 관한 특례법」에서는 해석상 새마을도로를 미지급용지에 준하여 취급하는 것이 가능하다고 볼 수도 있으나, 현행 「토지보상법 시행규칙」에서는 제26조 제2항 제2호의 "토지소유자가 그 의사에 의하여 타인의 통행을 제한할 수 없는 도로"에 해당하는 사실상의 사도로 보아야 한다.

대법원은 "새마을 농로 확장공사로 인하여 자신의 소유 토지 중 도로에 편입되는 부분을 도로로 점유함을 허용함에 있어 손실보상금이 지급되지 않았으나 이의를 제기하지 않았고, 도로에 편입된 부분을 제외한 나머지 토지만을 처분한 점 등의 제반 사정에 비추어 보면, 토지소유자가 토지 중 도로로 제공한 부분에 대한 독점적이고 배타적인 사용수익권을 포기한 것으로 봄이 상당하다."라고 판시하고 있다(대판 2006.5.12, 2005다31736). 다만, 새마을도로의 개념 자체가 전형적인 불확정개념이므로, 인근에서 새마을도로라는 이름으로 호칭되고 있다고 하여 이를 모두 사실상의 사도로 보아서는 안 된다.

(3) **건축선 후퇴(건축후퇴선)로 도로가 된 경우**

① **건축선의 의의**

건축선이란 대지가 도로와 접한 부분에 있어서 건축물을 건축할 수 있는 한계선을 말하며, 원칙적인 건축선은 대지와 도로의 경계선이 된다. 다만, 대지에 접하는 도로의 너비가 4미터 미만인 경우에는 그 중심선으로부터 그 소요 너비의 2분의 1의 수평거리만큼 물러난 선을 건축선으로 하되, 그 도로의 반대쪽에 경사지, 하천, 철도, 선로부지, 그 밖에 이와 유사한 것이 있는 경우에는 그 경사지 등이 있는 쪽의 도로경계선에서 소요 너비에 해당하는 수평거리의 선을 건축선으로 한다(건축법 제46조 제1항).

또한 특별자치도지사 또는 시장·군수·구청장은 시가지 안에서 건축물의 위치나 환경을 정비하기 위하여 필요하다고 인정하면 건축선을 따로 지정할 수 있다(건축법 제46조 제1항).

② **건축선에 따른 행위제한**

건축물과 담장은 건축선의 수직면(垂直面)을 넘어서는 안 되며, 도로면으로부터 높이 4.5미터 이하에 있는 출입구, 창문, 그 밖에 이와 유사한 구조물은 열고 닫을 때 건축선의 수직면을 넘지 아니하는 구조로 하여야 한다(건축법 제47조).

③ **건축선 후퇴로 인한 도로의 보상감정평가**

건축선 후퇴로 인한 도로의 경우 사실상의 사도부지로 보아야 한다는 견해[146]가 있으나, 국토교통부는 이를 '일시적 이용상황'으로 보고 종전 이용상황으로 감정평가하도록 유권해석한 바 있다(2001.12.10, 토관 58342-1907).

(4) **단지 내 도로**

일단의 대규모 공장용지 또는 학교용지 내의 도로는 사실상의 사도로 보지 않고 공장용지 또는 학교용지로 본다. 국토교통부는 국방대학교 부지 내 도로로 사용하고 있는 토지는 「토지보상법 시행규칙」 제26조 제2항 각 호에 해당하지 아니하므로 '사실상의 도로'로 감정평가할 수 없다고 유권해석하고 있다(2011.2.15, 토지정책과-726).

(5) **사실상 사도부지로서 평가**

① 토지소유자가 자기 토지의 편익을 위하여 스스로 설치한 이후에 도시관리계획에 따른 도로로 결정되어 기반시설로 변경된 경우

② 공도부지가 그 공도로 지정될 당시에 법시행규칙에서 규정한 "사실상 사도"로 이용된 경우

5. 도수로부지와 구거부지[147]의 감정평가(시행규칙 제26조 제3항)

1) 도수로부지의 개념

"도수로부지"라 함은 관행용수권(하천으로부터 농업용수나 생활용수를 취수 또는 인수할 수 있는 권리)과 관련하여 용수·배수를 목적으로 설치된 것으로서 일정한 형태를 갖춘 인공적인 수로[148]·둑 및 그 부속시설물(개설 당시의 토지소유자가 자기토지의 편익을 위하여 스스로 설치한 것을 제외한다)의 부지를 말한다.

---

146) 이 견해는 건축선은 그 지정만으로 건축이 제한되며, 건폐율 및 용적률을 산정하는 기준이 되는 대지면적의 산정에서 대지에 접하는 도로의 너비가 4미터 미만인 경우에 해당되어 그 중심선으로부터 그 소요 너비만큼 물러난 건축선과 도로 사이의 면적은 대지면적에서 제외하도록 규정하고 있기 때문에 사실상의 사도부지로 보아야 한다는 것이다.

147) 감정평가실무기준 해설서(Ⅱ) 보상편, 한국감정평가사협회 등, 2014.02, pp.172~178

148) 도수로에서의 '인공적인 수로'의 의미(서울고등법원 2014.09.19, 2013누30843)
'인공적 수로'는 자연발생적이 아닌 인위적인 방법에 따르기만 하면 단순히 흙쌓기와 땅파기 공사 등을 통하여도 설치될 수 있으며, 땅을 판 후 반드시 그 위에 어떠한 시설물을 설치하여야만 '인공적 수로'가 되는 것은 아니다(동 판결은 대판 2015.2.12, 2014두14396(상고 기각)에 의하여 확정되었음).

2) 도수로부지의 평가방법

(1) 평가기준

도수로부지는 도수로로 이용되지 아니하였을 경우에 예상되는 인근지역에 있는 표준적인 이용상황과 비슷한 토지의 표준지공시지가를 기준으로 한다. 이 경우 공작물 등 도수로 시설물의 가치는 도수로부지의 감정평가액에 포함하지 아니하며, 대상토지가 도수로부지인 것에 따른 용도적 제한은 고려하지 않는다.

① 인근지역의 표준적인 이용상황이 농경지 또는 임야인 경우

인근지역의 표준적인 이용상황이 전, 답 등 농경지인 경우에는 그 표준적인 이용상황과 비슷한 토지의 표준지공시지가를 기준으로 한 적정가격에 도수로의 지반조성 등에 통상 필요한 비용 상당액과 위치조건 등을 고려한 가격수준으로 결정한다. 다만, 인근지역의 표준적인 이용상황의 토지가 경지정리사업지구 안에 있는 전·답 등 농경지인 경우에는 도수로의 지반조성 등에 통상 필요한 비용 상당액은 고려하지 아니한다.

② 인근지역의 표준적인 이용상황이 "대" 또는 이와 유사한 용도인 경우

인근지역의 표준적인 이용상황이 "대" 및 이와 비슷한 용도의 것인 경우에는 그 표준적인 이용상황과 비슷한 토지의 표준지공시지가를 기준으로 한 적정가격에 위치조건 등을 고려한 가격수준으로 결정한다. 이 경우 도수로의 지반조성 등에 통상 필요한 비용 상당액은 고려하지 아니한다.

(2) 기타 참고사항

① 공작물 등 도수로 시설물의 가격은 도수로부지의 평가가격에 포함하지 아니하며, 해당 도수로부지인 것에 따른 용도적 제한을 고려하지 않는다.

다만, 도수로로서의 기능이 사실상 상실되었거나 용도폐지된 도수로부지의 경우에는 그 도수로부지의 다른 용도로의 전환가능성, 전환 후의 용도, 용도전환에 통상 필요한 비용 상당액 등을 고려한 가격수준으로 결정할 수 있다. 이 경우에는 인근지역에 있는 것으로서 일반적으로 전환 가능한 용도와 비슷한 토지의 표준지공시지가를 기준으로 감정평가한다.

② 종전의 농촌근대화촉진법의 규정에 따른 농지개량사업, 농어촌정비법의 규정에 따른 농어촌정비사업 등 관계법령에 따른 공익사업의 시행으로 설치된 도수로의 부지도 동일하게 적용된다.

3) 구거부지의 감정평가방법

(1) 개요

구거는 사람에 의해 만들어지기도 하지만 대부분 물이 높은 곳으로부터 낮은 곳으로 흐름에 따라 자연스럽게 형성되는 것이므로, 구거와 관련된 토지의 합리적인 이용을 위한 상린관계가 성립된다. 따라서 구거의 소유자가 소유권을 행사하여 그 구거를 폐쇄시키거나 변경시키는 것이 금지 또는 제한되고 있다. 「민법」 제221조는 토지소유자는 이웃 토지로부터 자연히 흘러오는 물을 막지 못하며, 고지소유자는 이웃 저지에 자연히 흘러내리는 이웃 저지에서 필요한 물을 자기의 정당한 사용범위를 넘어서 이를 막지 못하도록 하여 자연유수의 승수의무와 권리를 규정하고 있다. 또한 「민법」 제229조는 구거 기타 수류지의 소유자는 대안의 토지가 타인의 소유인 때에는 그 수로나 수류의 폭을 변경하지 못하도록 규정하여 수류의 변경에 대해 규정하고 있다. 즉, 구거는 공공목적에 직접 제공된 공물로 보기는 어렵다고 하여도 상린관계에 의한 다양한 제한을 받고 있어 그 사용·수익 권이 제한되므로 인근토지보다 가격이 낮다.

(2) 유사 개념과의 구분

① 하천

「공간정보의 구축 및 관리 등에 관한 법률 시행령」 제58조 제17호에서 하천이란 "자연의 유수 (流水)가 있거나 있을 것으로 예상되는 토지"로 규정하고 있으므로 그 개념상으로는 구거와 유사하나, 일반적으로 규모를 기준으로 큰 것은 하천, 작은 것은 구거로 나누기도 한다. 다만, 「하천법」에서 하천이란 지표면에 내린 빗물 등이 모여 흐르는 물길로서 공공의 이해에 밀접한 관계가 있어 국가하천 또는 지방하천으로 지정된 것을 의미한다. 즉, 「하천법」에서의 하천은 자연의 유수가 있고, 그 위에 국토교통부장관 또는 시·도지사의 지정이 있어야 한다는 점이 지목상 하천과 다른 점이다.

② 유지(溜池)

「공간정보의 구축 및 관리 등에 관한 법률 시행령」 제58조 제19호에서 유지란 "물이 고이거나 상시적으로 물을 저장하고 있는 댐·저수지·소류지(沼溜地)·호수·연못 등의 토지와 연· 왕골 등이 자생하는 배수가 잘 되지 아니하는 토지"로 규정하고 있다. 즉, 구거는 흐르는 물의 토지인 반면, 유지는 고인 물의 토지라는 차이가 있다.

③ 수도용지

「공간정보의 구축 및 관리 등에 관한 법률 시행령」 제58조 제21호에서 수도용지란 "물을 정수 하여 공급하기 위한 취수·저수·도수(導水)·정수·송수 및 배수 시설의 부지 및 이에 접속된 부속시설물의 부지"로 규정하고 있다. 즉, 구거는 자연수가 흐르는 토지인 반면, 수도용지는 정수한 물이 흐르는 토지라는 차이가 있다.

④ 도수로

도수로에 대한 용어의 정의를 규정하고 있는 법령은 없다. 다만, 일반적으로 도수로란 관행용 수권과 관련하여 용수·배수를 목적으로 일정한 형태를 갖춘 인공적인 수로·둑 및 그 부속 시설물의 부지를 의미한다. 여기서 관행용수권이란 하천으로부터 농업용수나 생활용수를 취수 또는 인수하는 관행상의 권리를 말한다. 즉, 「하천법」 제50조에서는 생활·공업·농업·환경 개선·발전·주운(舟運) 등의 용도로 하천수를 사용하려는 자는 환경부장관의 허가를 받아야 하도록 규정하고 있으나, 이러한 허가 등이 없이 장기간 하천이나 구거로부터 농업용수나 생활 용수를 취수 또는 인수하여 옴에 따라 관행으로 인정된 물의 사용권을 말한다.

구거는 물이 자연적으로 흐르든, 사람이 일정한 방향으로 흐르도록 이끌든 그것은 가리지 않고 물이 흐르고 있는 토지를 의미하나, 도수로는 일정한 방향으로 물이 흐르도록 인공적으로 조성하여 물이 흐르고 있는 토지라는 차이가 있다. 즉, 도수로는 구거 중에서 관행용수권에 의하여 농업용수나 생활용수를 취수 또는 인수를 위하여 인공적으로 조성된 것을 의미한다.

(3) 구거부지의 보상감정평가

① 원칙

구거부지는 인근토지에 대한 감정평가금액의 3분의 1 이내로 감정평가한다. 따라서 이러한 구거에 해당되면 그 소유자가 누구인지, 자기토지의 편익에 이용하고 있는지 등에 관계없이 인근토지에 대한 감정평가금액의 3분의 1 이내로 감정평가한다.

② 예외

㉠ **도수로부지** : 도수로부지는 구거부지의 감정평가방법이 적용되지 않는다. 따라서 이 조항은 도수로를 제외한 구거에 적용된다.

㉡ **폐쇄 또는 전환이 가능한 구거** : 토지소유자가 독점적으로 이용하는 구거로서 언제든지 다른 용도로 전환이 가능한 구거 또는 토지소유권자가 소유권을 행사하여 그 사용을 금지시킬 수 있는 상태에 있는 구거는 「토지보상법 시행규칙」 제26조 제3항에 따라 3분의 1 이내로 감액하여 감정평가하는 구거에 해당되지 않는다. 그 이유는 사용·수익이 제한되지 않는 구거부지는 감액하여서는 안 되기 때문이다. 대법원은 사실상 구거 등으로 사용되고 있으나 토지소유권자가 소유권을 행사하여 그 사용을 금지시킬 수 있는 상태에 있는 토지는 사실상의 구거에 해당되지 않는다고 판시한 바 있다(대판 1983.12.13, 83다카1747 참조).

4) 도수로부지와 구거부지의 구분

(1) 구분의 취지

구거부지와 도수로부지의 감정평가방법을 달리하는 이유는 그 가치에 차이가 있다고 보기 때문이다. 즉, 관행용수권과 관련하여 용수·배수를 목적으로 인공적으로 조성된 수로인 도수로는 소유자의 의사와 관계없이 물이 흐르는 구거와는 달리, 소유자 또는 관리자의 의사에 의해서만 물이 흐르므로 몽리(蒙利) 토지 등이 없어진 경우 등 개설목적에 더 이상 사용할 필요가 없게 되면 언제든지 다른 용도로 전용할 수 있다. 또한 도수로로 인하여 인근 몽리토지의 가치가 상승한다고 하여도 도수로부지의 소유자와 몽리 토지의 소유자가 다른 경우에는 동일한 소유자 간의 가치의 화체가 인정되지 않는다.

따라서 도수로부지는 구거부지와는 달리 인근토지보다 낮은 가격으로 보상하여도 될 만한 사정이 있다고 볼 수 없으므로 감액하여 감정평가하지 않도록 규정하고 있는 것이다. 그러므로 이 규정은 이러한 도수로부지의 특성을 고려한 보상감정평가방법을 규정하여 국민의 재산권을 보장하는 데 취지가 있다.

(2) 구분의 기준

구거부지와 도수로부지의 감정평가방법을 달리하는 이유는 그 가치에 차이가 있기 때문이므로, 도수로부지를 그보다 낮은 가격으로 감정평가하는 구거부지로 보기 위해서는 그 도수로의 개설경위·목적·주위환경·소유관계·이용상태 등의 제반 사정에 비추어 구거부지로 감정평가하여도 될 만한 객관적인 사유가 있어야 한다. 그러므로 몽리 토지의 대부분이 택지화되어 도수로의 기능이 상당부분 상실되었다고 하여 이를 구거부지로 볼 수는 없다. 대법원은 관행용수를 위한 도수로부지에 그 소유자의 의사에 의하지 아니한 채 생활오폐수가 흐르고 있다는 사정은 원래 일반토지의 감정평가방법에 의한 가격으로 감정평가하도록 되어 있는 도수로부지를 그보다 낮은 가격으로 평가하는 구거부지로 보아도 될 만한 객관적인 사유가 될 수 없다고 판시하고 있다(대판 2001.4.24, 99두5085 참조).

(3) 구거 또는 도수로의 구분 주체

대상토지가 구거인지 또는 도수로인지의 구분은 대상토지의 현실적인 이용상황에 관한 사항이므로, 「토지보상법」에서 정하는 절차에 따라 사업시행자가 확정한다. 다만, 감정평가법인등이 「토지보상법 시행규칙」 제16조 제3항에 따라 현지조사한 결과, 제시된 이용상황이 타당하지 않다고 판단되는 경우에는 그 내용을 사업시행자에게 조회한 후 감정평가한다.

6. 저수지부지[149] 등의 감정평가 [150]

1) 원칙

「농어촌정비법」에 따른 농업생산기반시설인 저수지(제방 등 부대시설을 포함한다)의 부지에 대한 감정평가는 법 시행규칙 제22조에 따르되, 다음 각 호의 사항을 고려하여 감정평가한다.
① 위치·면적·지형·지세
② 저수지의 규모·기능·유용성
③ 용도지역 등 공법상 제한
④ 저수지 조성 당시 편입토지의 주된 이용상황
⑤ 전, 답 등 인근토지의 이용상황
⑥ 그 밖에 가치형성에 영향을 미치는 요인

2) 표준지공시지가가 없을 경우

(1) 대상토지와 이용상황이 비슷한 토지의 표준지공시지가가 인근지역에 없을 경우에는 인근지역의 전, 답 등 표준적인 이용상황과 비슷한 토지의 표준지공시지가를 기준으로 감정평가할 수 있다.

(2) 용도가 다른 것에 따른 개별요인의 비교 등이 사실상 곤란한 경우

① 인근지역의 표준적인 이용상황이 전, 답 등 농경지 또는 임야인 경우

그 표준적인 이용상황과 비슷한 토지의 표준지공시지가를 기준으로 한 적정가격에 저수지의 지반조성에 통상 필요한 비용 상당액과 위치, 규모, 지형·지세, 용도지역 등을 고려한 가격수준으로 결정한다. 다만, 인근지역의 표준적인 이용상황이 경지정리사업지구 안에 있는 전·답 등 농

---

149) 「농어촌정비법」의 규정상 농업생산기반시설, 제방 등 부대시설을 포함한다.
150) 토지보상평가지침 제40조

경지이거나 인근지역의 지형·지세 등으로 보아 저수지의 지반조성이 따로 필요하지 아니하다고 인정되는 경우에는 저수지의 지반조성에 통상 필요한 비용 상당액은 고려하지 아니한다.

② **인근의 표준적인 이용상황이 "대" 또는 이와 유사한 용도일 경우**

그 표준적인 이용상황과 비슷한 토지의 표준지공시지가를 기준으로 한 적정가격에 위치, 규모, 지형·지세, 용도지역 등을 고려한 가격수준으로 결정한다.

③ 공작물 등 저수지 시설물의 가액은 저수지부지의 감정평가액에 포함하지 아니한다.

3) 저수지부지의 일부가 공익사업에 편입되는 경우

편입되는 부분의 가치를 기준으로 평가할 수 있다.

4) 저수지부지가 미지급용지인 경우

미지급용지로서 평가한다.

5) 농업생산기반시설로서의 기능이 상실되었거나 용도폐지된 저수지

농업생산기반시설로서의 기능이 사실상 상실되었거나 용도폐지된 저수지부지의 경우에는 그 저수지부지의 다른 용도의 전환 가능성, 전환후의 용도, 용도전환에 통상 필요한 비용 상당액 등을 고려한 가액으로 감정평가할 수 있다. 이 경우에는 인근지역에 있는 것으로서 일반적으로 전환 가능한 용도와 비슷한 토지의 표준지공시지가를 기준으로 감정평가한다.

6) 농업기반시설이 아닌 것으로서 소류지, 호수, 연못 등("소류지 등")의 부지에 대한 감정평가

저수지부지의 감정평가방법을 준용하되 그 소류지 등의 용도·수익성 등을 고려한 가액으로 감정평가한다.

7. 양어장부지의 감정평가 [151]

(1) 원칙

농경지 등을 「농지법」 등 관계법령에 따라 전용하여 양어장으로 조성한 것으로서 그 수익성 등에 비추어 양어장으로서의 기능이 계속 유지될 것으로 일반적으로 예상되는 경우에는 가격시점을 기준으로 한 조성전 토지의 적정가격에 양어장으로 조성하는 데 통상 필요한 비용 상당액(공작물 등 시설물의 가액은 제외한다) 등을 고려한 가액으로 감정평가할 수 있다. 이 경우에는 양어장으로 조성되기 전의 이용상황과 비슷한 토지의 표준지공시지가를 기준으로 감정평가하되, 양어장으로 조성하는 데 통상 필요한 비용 상당액 및 성숙도 등을 개별요인의 비교 시에 고려한다.

---

151) 토지보상평가지침 제40조의2

(2) **양어장시설로서의 기능이 사실상 상실되었거나 용도폐지된 양어장시설 부지**

그 양어장시설 부지의 다른 용도의 전환 가능성, 전환후의 용도, 용도전환에 통상 필요한 비용 상당액 등을 고려한 가액으로 감정평가할 수 있다. 이 경우에는 인근지역에 있는 것으로서 일반적으로 전환 가능한 용도와 비슷한 토지의 표준지공시지가를 기준으로 감정평가한다.

8. 염전부지 평가 [152]

(1) **원칙**

「소금산업 진흥법」에 따른 염전시설의 부지(이하 "염전부지"라 한다)에 대한 감정평가는 법 시행규칙 제22조에 따라 대상토지와 이용상황이 비슷한 토지의 표준지공시지가를 기준으로 감정평가한다.

(2) **일단지 감정평가 및 그 예외**

염전부지의 감정평가 시에는 이용상황이 비슷한 토지의 표준지공시지가가 염 생산에 있어서 용도상 불가분의 관계에 있는 염전·유지·잡종지·구거 등(염 생산용도로 이용되지 아니하여 방치되고 있는 부분은 제외한다)을 일단지의 개념으로 보고 조사·평가된 것을 고려하여 일괄감정평가하는 것을 원칙으로 한다. 다만, 염생산용도로 이용되지 아니하여 방치된 부분과 염전시설을 외곽에서 보호하고 있는 제방시설의 부지, 그 밖에 염전시설의 용도로 전용적으로 이용되지 아니하고 불특정 다수인의 통행에 이용되고 있는 도로 등의 부지는 일괄감정평가의 대상에서 제외하며, 의뢰자가 염전시설 안에 있는 도로·구거 등의 부지를 주된 용도와 구분하여 감정평가 의뢰한 경우 또는 대상물건의 상황 등으로 보아 용도별로 구분하여 감정평가하는 것이 적정가격의 결정에 있어서 타당하다고 인정되는 경우 등에는 용도별로 구분하여 감정평가할 수 있다.

(3) **일부가 공익사업에 편입된 경우**

염전부지의 일부가 공익사업에 편입되는 경우로서 일단의 염전부지 전체를 기준으로 하는 것이 타당하지 않은 경우는 그 편입부분의 이용상황을 기준으로 감정평가할 수 있다. 즉, 염전부지 중 배수로의 일부나 창고부지의 일부가 편입된 경우에는 염전부지 전체를 기준으로 한 금액으로 감정평가하는 것이 타당하지 않으므로, 이러한 경우는 그 편입부분의 이용상황을 기준으로 감정평가한다.

(4) **사실상 기능이 상실된 염전부지**

사실상 염전으로서의 기능이 상실되어 더 이상 염전부지로 이용될 수 없는 경우에는 인근지역에 있는 표준적인 이용상황의 표준지를 비교표준지로 선정하여 감정평가한다. 이 경우에는 전체 염전부지를 일단지로 보지 않고 각 필지별로 인근지역의 표준적인 이용상황으로의 전환가능성, 용도전환에 소요되는 기간 및 용도전환에 필요한 통상 비용상당액 등을 고려한다. 여기에서 용도전환에 필요한 통상 비용상당액은 전환용도에 따라 달라지며, 전환용도가 농경지라면 객토비용 등 염분을 낮추는데 소요되는 비용이 포함되고, 전환용도가 건부지라면 성토 및 연약지반보강 공사 비용 등이 포함된다.

---

152) 토지보상평가지침 제41조

9. 목장용지의 감정평가 [153)154)]

1) 「초지법」 제5조에 따라 허가받아 조성된 초지

⑴ 목초 또는 사료작물재배지

대상토지와 현실적인 이용상황이 비슷한 표준지공시지가, 즉 「초지법」 제5조에 따라 허가받아 조성된 목초 또는 사료작물재배지인 초지를 비교표준지로 선정하여 감정평가한다. 또한 「초지법」에 따라 초지조성허가를 받은 토지임에도 목장용지로 지목변경하지 않고 다른 지목으로 남아 있는 토지도 현실적 이용상황에 따라 초지로 감정평가한다.

다만, 인근지역 등에 「초지법」 제5조에 따라 허가받아 조성된 목초 또는 사료작물재배지인 표준지공시지가가 없는 경우에는 인근의 표준적인 이용상황의 표준지를 비교표준지로 선정하여 해당 초지조성에 통상 드는 비용상당액 등을 고려하여 감정평가한다. 또한 이 경우 초지에서의 행위제한 및 전용제한 등도 고려한다.

⑵ 축사 및 부대시설의 부지

지목상 목장용지이나 현실적인 이용상황 축사 및 부대시설의 부지인 경우에는 현실적인 이용상황이 유사한 표준지를 비교표준지로 선정하여 감정평가한다.

⑶ 주거용 건축물의 부지

초지 및 축사부지의 부대시설 부지 중 주거용 건축물의 부지는 원칙적으로 지목이 "대"로 구분되어야 하나, 구분되지 않고 목장용지로 되어 있는 경우에도 해당 부분을 "대"로 보고 이를 구분하여 현실적인 이용상황이 주거용인 표준지를 비교표준지로 선정하여 감정평가한다.

2) 그 외의 초지

「초지법」에 따라 조성된 초지가 아닌 기존 전·답에 사료작물을 재배하는 경우에는 「초지법」에 따른 행위제한 및 전용제한이 없다. 따라서 일반적인 농경지를 기준으로 감정평가한다. 즉, 인근지역의 농경지 표준지를 비교표준지로 선정하여 감정평가한다.

3) 가축을 사육하는 축사 및 부대시설 등의 부지

가축을 사육하는 축사 및 부대시설 등의 부지인 목장용지는 대상토지와 현실적인 이용상황이 비슷한 표준지공시지가를 기준으로 감정평가한다. 다만, 이 경우에도 주거용 건축물의 부지는 해당 부분을 "대"로 보고 이를 구분하여 현실적인 이용상황이 주거용인 표준지를 비교표준지로 선정하여 감정평가하는 것을 원칙으로 한다.

---

153) 감정평가실무기준 해설서(Ⅱ) 보상편, 한국감정평가사협회 등, 2014.02, p.180
154) 토지보상평가지침 제42조

10. 잡종지의 감정평가 [155]

유사한 이용상황의 표준지공시지가를 기준으로 산정하며, 다만, 유사한 이용상황의 표준지공시지가가 인근지역에 없는 경우에는 인근지역에 있는 표준적인 이용상황의 표준지공시지가를 기준으로 평가할 수 있다. 인근지역의 표준적인 이용상황의 표준지공시지가를 기준으로 평가하는 경우에는 용도전환의 가능성, 전환 후의 용도, 용도전환에 통상 필요한 비용 상당액 등을 개별요인의 비교 시에 고려한다.

11. 종교용지의 감정평가 [156]

(1) 원칙

종교용지 또는 사적지("종교용지 등")에 대한 감정평가는 잡종지의 감정평가 기준을 준용하되, 관계법령에 따라 용도적 제한이나 거래제한 등이 있는 경우에는 개별요인의 비교 시에 고려한다. 다만, 그 제한이 해당 공익사업의 시행을 직접목적으로 한 개별적인 계획제한에 해당하는 경우에는 그러하지 아니하다.

(2) 감정평가방법

종교용지 등을 인근지역에 있는 표준적인 이용상황과 비슷한 토지의 표준지공시지가를 기준으로 감정평가하는 경우에서 그 종교용지 등이 농경지대 또는 임야지대 등에 소재하여 해당 토지의 가치가 인근지역에 있는 표준적인 이용상황과 비슷한 토지의 가치에 비하여 일반적으로 높은 것으로 인정되는 경우에는 조성전 토지의 적정가격에 그 종교용지 등의 조성에 통상 필요한 비용 상당액(공작물 등 시설물의 가격은 제외한다) 등을 고려한 가액으로 감정평가할 수 있다. 이 경우에는 종교용지 등으로 조성되기 전의 토지와 이용상황이 비슷한 토지의 표준지공시지가를 기준으로 감정평가하되, 종교용지 등으로 조성하는 데 통상 필요한 비용 상당액 및 성숙도 등을 개별요인의 비교 시에 고려한다.

(3) 전통사찰보존지의 감정평가

「전통사찰의 보존 및 지원에 관한 법률」 제2조 제3호에 따른 전통사찰보존지(「개발제한구역의 지정 및 관리에 관한 특별조치법 시행령」 제14조 제9의2호 등에 따라 설치된 진입로를 포함한다) 등 관계법령에 따라 지정·관리 등을 하는 종교용지가 임야지대 또는 농경지대 등에 소재하여 해당 토지의 가치가 인근지역에 있는 표준적인 이용상황과 비슷한 토지의 가치에 비하여 일반적으로 높은 것으로 인정되는 경우에는 현실적인 이용상황을 기준으로 감정평가한다.

---

155) 토지보상평가지침 제43조
156) 토지보상평가지침 제44조

12. 묘지의 감정평가 [157)158]

1) 원칙

묘지는 현실적인 이용상황이 묘지인 비교표준지를 기준으로 감정평가한다.

2) 예외

현실적인 이용상황이 묘지인 표준지공시지가가 인근지역 등에 없는 경우에는 인근지역에 있는 표준적인 이용상황의 비교표준지를 기준으로 감정평가한다.

3) 개별요인 비교

(1) 비교표준지의 현실적인 이용상황이 묘지인 경우

일반적인 비교방법에 따른다.

(2) 비교표준지의 현실적인 이용상황이 묘지가 아닌 경우

ⅰ) 대상토지가 지목이 묘지인 소규모 토지인 경우, ⅱ) 다른 지목의 자기 소유 토지 일부분에 묘지가 설치된 경우로서 그 묘지부분의 면적을 구분하여 감정평가 의뢰된 경우, ⅲ)「장사 등에 관한 법률」제14조에 따른 사설묘지인 경우에는 조성전 토지의 적정가격에서 묘지조성에 통상 드는 비용상당액 등을 고려하여 감정평가한다. 여기서 조성전 토지의 적정가격이란 묘지로서의 용도에 부합하는 규모·위치 등이 반영된 가격을 의미하며, 묘지조성에 통상 드는 비용 상당액이란 인근지역의 표준적인 이용상황을 묘지로 전환하는 데 소요되는 비용상당액으로서 분할비용 및 조성비용 등을 포함한다. 다만, 이 경우 석물 등 분묘시설의 설치비용은 토지가치에 포함되지 않고 별도의 보상대상이므로 고려하지 않는다.

4) 건축물 등이 없는 상태 상정

묘지를 감정평가하는 경우 해당 분묘가 없는 상태를 기준으로 한다.「토지보상법 시행규칙」제22조 제2항은 토지에 건축물 등이 있는 때에는 그 건축물 등이 없는 상태를 상정하여 평가하도록 규정하고 있으므로, 묘지도 분묘가 없는 나지상태를 상정하여 감정평가한다.

5) 분묘기지권

분묘기지권은 일종의 점유권과 유사한 것으로서 이를 양도할 수 없고 분묘를 이전할 경우 그 권리가 소멸되므로, 별도의 보상대상이 되는 소유권 외의 권리에 해당되지 않는다. 따라서 토지상에 타인 소유의 분묘가 있고 기준시점 당시에 분묘기지권이 있다고 하여도 이를 고려하지 않고 감정평가한다 (대판 2017.6.28, 2007다16885).

---

157) 감정평가실무기준 해설서(Ⅱ) 보상편, 한국감정평가사협회 등, 2014.02, p.181
158) 토지보상평가지침 제45조

6) 묘지가 있으나 이를 구분하여 의뢰되지 않은 경우

임야 등의 일부가 묘지로 이용 중이나 이를 구분하지 않고 의뢰된 경우에는 이를 별도로 고려하지 않고 감정평가한다.

13. 소유권 외의 권리의 목적이 되고 있는 토지 [159)]

1) 토지에 관한 소유권 외의 권리의 평가 [160)]

> **토지보상법 시행규칙 제28조**(토지에 관한 소유권 외의 권리의 평가)
> ① 취득하는 토지에 설정된 소유권 외의 권리에 대하여는 해당 권리의 종류, 존속기간 및 기대이익 등을 종합적으로 고려하여 평가한다. 이 경우 점유는 권리로 보지 아니한다.
> ② 제1항의 규정에 의한 토지에 관한 소유권 외의 권리에 대하여는 거래사례비교법에 의하여 평가함을 원칙으로 하되, 일반적으로 양도성이 없는 경우에는 해당 권리의 유무에 따른 토지의 가격차액 또는 권리설정계약을 기준으로 평가한다.

(1) 소유권 외 권리의 내용

"소유권 외의 권리"란 토지 등 수용목적물의 소유권에 설정되어 있는 제한물권 또는 채권을 말한다. 이에는 일정한 목적을 위하여 타인의 물건을 사용·수익하는 것을 내용으로 하는 용익물권인 지상권·지역권·전세권, 목적물의 교환가치 취득을 목적으로 하는 담보물권인 저당권, 채권인 사용대차 또는 임대차에 관한 권리 등이 있다. 그 밖에 소유권 외의 권리에는 지하 및 공중공간에 설정되는 구분지상권 등 모든 경제적 가치가 있는 권리를 포함한다. 다만, 점유는 사실이지 권리가 아니므로 점유를 할 수 있는 본권을 제외하고는 별도의 권리로 보지 아니한다. 이러한 권리 중에서 물권은 「민법」 제186조에 의해 법률행위에 의한 물권변동은 등기하여야 효력이 발생하지만, 채권은 등기하였는지의 여부를 묻지 않는다. 이들 소유권 외의 권리는 토지의 소유권과는 달리 공익사업을 위한 소멸수용의 대상이 되는 점에 특징이 있다.

(2) 소유권 외 권리의 보상감정평가

① 원칙

취득하는 토지에 설정된 소유권 외의 권리는 해당 권리의 종류, 존속기간, 해당 권리로서 받을 수 있는 기대이익 등을 종합적으로 고려하여 감정평가한다.

② 보상감정평가의 일반기준

㉠ 양도성이 있는 경우 : 소유권 외의 권리로서 양도성이 있고, 거래사례의 포착이 가능한 경우에는 거래사례비교법으로 감정평가한다.

---

159) 감정평가실무기준 해설서(Ⅱ) 보상편, 한국감정평가사협회 등, 2014.02, pp.182~184
160) 감정평가실무기준 해설서(Ⅱ) 보상편, 한국감정평가사협회 등, 2014.02, pp.192~198

ⓒ **양도성이 없는 경우** : 소유권 외의 권리로서 양도성이 없는 경우와 양도성이 있다고 하여
도 사실상 거래사례를 포착하기 어려운 경우에는 ⅰ) 해당 권리의 유무에 따른 토지가액의
차이로 감정평가하는 방법, ⅱ) 권리설정계약을 기준으로 감정평가하는 방법, ⅲ) 해당 권리를
통하여 획득할 수 있는 장래기대이익의 현재가치로 감정평가하는 방법 등 중에서 대상 권
리의 성격에 가장 부합하는 합리적인 방법을 선정하여 감정평가할 수 있다.

(3) 권리별 보상감정평가

① **지상권**

㉠ **원칙** : 지상권은 지상권을 통하여 획득할 수 있는 장래기대이익의 현재가치로 감정평가함을
원칙으로 한다. 이 경우 장래기대이익은 인근지역의 정상지료에서 실제지료를 차감한 액
으로 하며, 환원기간은 지상권의 장래 존속기간으로 한다.

ⓒ **지료의 등기가 있는 경우** : 지료의 등기가 있는 경우는 지료증감청구권이 인정되므로, 정
상지료와 실제지료는 동일하다고 보아야 한다. 따라서 지상권을 통하여 획득할 수 있는 장
래기대이익이 없다고 본다. 실제로 실제지료가 정상지료보다 적은 경우라 하더라도 이로
인한 이익은 반사적 이익으로 보아야 하며 보상대상인 권리로 볼 수 없다. 따라서 이러한
지상권은 별도의 경제적 가치가 없으므로 감정평가하지 않는다.

ⓒ **지료의 등기가 없는 경우** : 지료의 등기가 없는 경우는 무상의 지상권으로 보기 때문에 이
경우 지상권을 통하여 획득할 수 있는 장래기대이익은 인근의 정상지료가 되고, 이를 지상
권의 장래존속기간 동안 할인한 것을 지상권의 가치로 본다.

ⓔ **지상권 가격의 상한** : 지상권의 존속기간에 대하여 「민법」은 최단존속기간만을 규정하고
있을 뿐 그 최장기간에 대해서는 아무런 제한을 두고 있지 않고 있다. 이에 따라 존속기간을
'무기한' 또는 '영구'로 할 수 있는지가 문제가 되지만, 현실적으로 영구에 가까운 100년 또는
200년으로 설정하는 것이 가능하므로 이를 인정하는 것과 다름없는 결과가 된다. 따라서 지
료가 없는 영구지상권을 수익환원법으로 감정평가할 경우 사실상 소유권과 유사한 결과가 도
출되지만, 영구지상권은 토지 자체의 처분권이 없어 처분을 전제로 한 자본이득을 수취할
수 없으므로 소유권가격과 동일하다고 할 수 없다.

Check Point!

> **별도로 감정평가하지 않는 지상권**

1. 저당권에 부대하여 설정된 지상권

토지에 대한 저당권을 설정하면서 토지소유자의 임의적인 토지사용으로 인한 채권확보의 어려움을 피하기 위하여 지상권을 같이 설정하는 경우가 있다. 이러한 지상권은 저당권의 목적인 토지의 교환가치를 확보하려는 수단으로 설정된 것이므로, 저당권이 변제 등으로 소멸되면 지상권의 존속기간이 남아있다고 하더라도 소멸되는 것으로 본다(대결 2004.3.29, 2003마1753). 따라서 저당권에 부대하여 설정된 지상권은 별도의 경제적 가치가 없는 것으로 보아 감정평가하지 않는다.

2. 분묘기지권

분묘기지권은 그 존속기간을 분묘의 존속기간으로 하고 지료의 지급의무가 없는 관습법상의 지상권으로서(대판 1995.2.28, 94다37912) 이장비가 지급되고, 분묘기지권 자체가 별도의 경제적 가치를 가지는 것으로 볼 수 없으므로 감정평가하지 않는다.

3. 법정지상권 등

「민법」 제366조의 법정지상권 및 관습법상의 법정지상권의 지료는 당사자의 청구에 의해 법원이 결정하도록 규정하고 있고, 이 경우 지료는 정상지료를 기준으로 하므로 장래기대이익이 발생한다고 볼 수 없다. 따라서 법정지상권 및 관습법상의 법정지상권은 별도의 경제적 가치가 없는 것으로 보아 감정평가하지 않는다.

② **구분지상권**

「민법」 제289조의2에 따른 구분지상권이 설정되어 있는 경우 구분지상권이 설정된 토지는 토지보상법 시행규칙 제29조에 따라 '취득하는 토지에 설정된 소유권 외의 권리의 목적이 되고 있는 토지에 대하여는 해당 권리가 없는 것으로 하여 제22조 내지 제27조의 규정에 의하여 평가한 금액에서 제28조의 규정에 의하여 평가한 소유권 외의 권리의 가액을 뺀 금액으로 평가'하여야 할 것이므로, 사용료를 평가하기 위한 규정인 같은 규칙 제31조를 질의와 같은 경우의 권리의 평가방법으로 적용할 수 없다.

다만, 토지에 관한 소유권 외의 권리로서 구분지상권은 통상의 권리와 그 성질 및 특성이 다르다고 볼 수 있으므로, 원칙적으로 같은 규칙 제28조 제2항에 따른 권리설정계약을 기준으로 평가하되 그 권리의 설정과 관련된 개별 법률의 취지와 목적, 계약의 조건과 내용 등 구체적인 사실관계를 바탕으로 감정평가법인등이 보상 및 감정평가의 원칙에 부합되도록 그 적정가액을 평가해야 한다.161)

---

161) 공공주택지구사업으로 인해 구분지상권이 설정된 토지를 사업시행자가 취득(수용)하는 경우, 원칙적으로 같은 규칙 제28조 제2항에 따른 권리설정계약을 기준으로 평가하되 그 권리의 설정과 관련된 개별 법률의 취지와 목적, 계약의 조건과 내용 등 구체적인 사실관계를 바탕으로 감정평가법인등이 보상 및 감정평가의 원칙에 부합되도록 그 적정가액을 평가한다(2021.04.29. 토지정책과-5710).

> ### 토지가치의 일부로 보상한 구분지상권의 감정평가 [162]
>
> 「토지보상법 시행규칙」 제31조 제1항은 토지의 지하 또는 지상공간을 사실상 영구적으로 사용하는 경우 해당 공간에 대한 사용료는 해당 토지의 가치에 해당 공간을 사용함으로 인하여 토지의 이용이 저해되는 정도에 따른 적정한 입체이용저해율을 곱하여 산정한 금액으로 보상하도록 규정하고 있다. 이와 같이 사실상 영구사용에 따른 구분지상권을 설정하는 경우는 기간임대료로 보상하는 것이 아니라 사실상 토지가치의 일부로 보상한 결과가 된다. 즉, 「토지보상법 시행규칙」에서 선하지의 보상평가방법은 임대료의 감정평가방법이 아니고, 사실상 구분소유권의 감정평가방법이다. 다만, 구분지상권이 설정된 토지의 일부분에 대하여 이를 정상임대료를 지불하고 영구적으로 사용한다는 것은 해당 부분의 구분소유권과 같은 가치를 가진다고 보아야 하므로, 영구적 사용을 전제로 한 구분지상권의 감정평가방법상으로는 문제가 없다. 그러나 구분지상권의 가치를 구분소유권의 가치로 감정평가함으로써 사용기간에 부응하는 기간적인 지료가 아닌 일시금으로 지급하게 되어, 선하지가 다른 공익사업에 편입되는 경우 구분지상권의 가치를 어떻게 감정평가할 것인가의 문제가 발생한다. 이러한 문제는 지상권의 존속기간이 송전선이 존속하는 기간까지로 사실상 존속기간이 확정되지 않음에도 영구지료를 일시금으로 지급하고 있기 때문에 발생된다. 현재 송전선 또는 지하철의 건설을 위한 구분지상권은 대부분 이러한 방식으로 보상하고 있다. 특히 구분지상권의 설정과 관련한 보상액에 대하여 부증액의 특약이 있거나, 부증액의 특약이 없는 경우에도 부증액의 특약이 존재하는 것으로 추정되고, 송전선 등을 존속기간 이내에 철거하거나 이전하는 경우에도 기 지급된 보상금을 환수하지 않는다는 특약이 있으므로, 이러한 구분지상권의 감정평가와 관련해서는 여러 가지 복잡한 문제가 발생한다.
>
> 이와 같이 토지가치의 일부를 보상한 구분지상권의 감정평가방법으로는 ⅰ) 지료의 차이로 감정평가하는 방법, ⅱ) 구분지상권 유무에 따른 토지가액의 차이로 감정평가하는 방법, ⅲ) 권리설정계약을 기준으로 감정평가하는 방법, ⅳ) 기준시점에서 구분지상권의 가치로 감정평가하는 방법 등이 있다.
>
> #### 1. 지료의 차이로 감정평가하는 방법
> 이 방법은 보상금을 지료를 선납한 것으로 보고 일반적인 지상권의 감정평가방법과 같이 초과이익, 즉 정상지료와 실제지료의 차이를 자본환원하여 구분지상권의 가치를 감정평가하는 방법이다. 즉, 정상임대료는 기준시점에서의 선납지료(구분지상권의 신규설정에 대한 보상금액)를 연금의 현가화 방법을 적용하여 산정하고, 지불임대료는 실제 선납된 지료를 연금의 현가화 방법으로 연간지료를 계산하여 그 차액을 지료의 차이로 보고 이를 자본환원하여 기준시점에서 구분지상권의 가치를 감정평가하는 방법이다. 그러나 이 방법은 최근 구분지상권이 설정된 토지가 다른 공익사업에 편입될 경우에는 실질임대료와 지불임대료가 대등할 것이므로, 사실상 구분지상권의 가치가 없는 것으로, 감정평가된다는 문제점이 있다. 즉, 송전선 등의 구분지상권자는 앞으로 장기간 송전선로 등을 사용할 수 있는 구분지상권을 가지고 있음에도 현실적으로 거의 보상을 받을 수 없다는 문제점이 있다. 또한 구분지상권을 설정하는 지하철이나 송전선 등의 경우에는 그 존속기간을 해당 시설물의 존속기간까지로 등기하고 있어 지료의 차이를 자본환원하는 것이 용이하지 않다는 문제점도 있다.
>
> #### 2. 구분지상권의 유무에 따른 토지가액의 차이로 감정평가하는 방법
> 소유권 외의 권리의 가격과 권리가 설정된 토지가격의 합이 권리가 설정되지 않은 토지가격이라는 점에 근거하고 있으므로 가장 이론적인 감정평가방법이다. 그러나 현실적으로는 거래사례를 통하여 구분지상권의 유무에 따른 토지가액의 차이를 파악하는 것이 쉽지 않고, 그 차이를 기준시점에서 구분지상권의 가치로 보는 경우에는 아래 4에서와 같은 문제점이 발생한다.

---

162) 감정평가실무기준 해설서(Ⅱ) 보상편, 한국감정평가사협회 등, 2014.02, pp.194~196

3. 권리설정계약을 기준으로 감정평가하는 방법

구분지상권의 설정계약에 의해 기 지급된 보상금액을 기준으로 구분지상권의 경과연수 등을 고려하여 감정평가하는 방법이다. 이 방법은 권리설정계약일이 최근일 경우에는 설득력이 있는 방법이나, 권리설정계약일로부터 장기간이 경과된 경우라면 현실성이 없으며, 일반적인 권리의 감정평가방법과 맞지 않는다는 문제점이 있다.

4. 기준시점에서 구분지상권의 설정가격으로 감정평가하는 방법

구분지상권을 설정하는 지하철이나 송전선 등의 경우에는 구분지상권이라는 용익물건의 성격에 맞추어 매년 지급하여야 할 지료를 일시에 지급하는 형식을 취하고 있으나, 실제로는 공용제한에 따른 손실보상의 성격으로 가치의 감소분을 보상하고 있다고 보아야 하고, 토지의 지상 또는 지하의 일부 공간에 대한 영구적인 사용권의 가치와 그 가치를 표상하고 있는 구분지상권의 가치가 달라야 할 이유가 없으므로, 구분지상권의 보상평가도 같은 방법을 적용하여야 한다는 것이다. 그러나 수십 년 전에 농경지 또는 임야 상에 송전선 등을 설치하면서 사실상 이용저해가 거의 없다고 하여 소액의 보상금을 지급받았으나, 기준시점에서 도시화가 진행되어 인근지역이 택지지대로 바뀐 경우, 송전선 등으로 인한 토지가격의 하락이 현저히 많을 경우, 현실적으로 토지소유자에게 수인할 수 없는 과다한 희생을 강요하게 되고, 이것이 다시 이와 같은 토지의 합리적인 공간사용을 어렵게 한다는 문제점이 있다.

5. 적용

상기 구분지상권의 감정평가방법은 각각 일면타당성을 가지나 개별상황에 따라 불합리한 점도 있다. 따라서 개별상황에 따라 가장 적합하다고 판단되는 방법을 적용하여야 할 것이다.

③ **전세권**

전세금에 대해서는 증액청구를 인정하고 있고, 증액 비율의 상한을 규정하고 있으나, 그 비율이 적정하여 전세권에 기하여 장래기대이익이 발생한다고 볼 수 없다. 따라서 전세권은 별도의 경제적 가치가 없으므로 감정평가하지 않는다.

④ **지역권**

㉠ 요역지가 공익사업에 편입된 경우 : 승역지에 지역권을 설정하고 편익을 얻고 있는 상태대로 감정평가하여 보상하고 지역권에 대해서는 별도로 감정평가하지 않는다.

㉡ 승역지가 공익사업에 편입된 경우 : 지역권은 요역지 토지의 권리이지 요역지 소유자의 권리가 아니므로 별도로 감정평가하지 않는다. 다만, 이 경우 요역지의 토지소유자는 「토지보상법」 제79조 제1항에 따라 요역지에 통로·도랑·담장 등의 시설 기타의 공사가 필요한 때에는 그 비용의 전부 또는 일부의 보상을 청구할 수 있을 것이다.

⑤ **임차권**

㉠ 일반적인 임차권 : 임차권에 대해서는 차임의 증감을 청구할 수 있도록 규정하고 있으므로, 존속기간이 약정된 경우라고 하더라도 법적으로 임대차에 기하여 장래기대이익이 발생한다고 볼 수 없다. 따라서 임차권은 별도의 경제적 가치가 없으므로 감정평가하지 않는다.

㉡ 차임을 선납한 임차권 : 지하철, 송유관 또는 송전선 등의 공익사업에서는 구분지상권을 설정하는 대신에 임차권을 설정하고 임차기간에 해당하는 차임을 선납하는 경우가 있다. 이러한 경우는 토지가치의 일부로 보상한 구분지상권의 감정평가방법을 준용한다.

⑥ **담보물권**

「토지보상법」제47조는 담보물권의 목적물이 수용되거나 사용된 경우 그 담보물권은 그 목적물의 수용 또는 사용으로 인하여 채무자가 받을 보상금에 대하여 행사할 수 있도록 규정하고 있다. 따라서 담보물권은 보상에 의하지 않고도 담보물권의 설정목적인 우선변제를 받을 수 있으므로 별도로 감정평가하지 아니한다.

2) 소유권 외의 권리의 목적이 되고 있는 토지의 평가 [163]

> **토지보상법 시행규칙 제29조**(소유권 외의 권리의 목적이 되고 있는 토지의 평가)
>
> 취득하는 토지에 설정된 소유권 외의 권리의 목적이 되고 있는 토지에 대하여는 해당 권리가 없는 것으로 하여 제22조 내지 제27조의 규정에 의하여 평가한 금액에서 제28조의 규정에 의하여 평가한 소유권 외의 권리의 가액을 뺀 금액으로 평가한다.

의뢰자가 토지에 관한 소유권 외의 권리를 따로 감정평가할 것을 요청한 경우에는 다음과 같이 하되, 그 내용을 감정평가서에 기재한다.

> 감정평가액 = 해당 토지의 소유권 외의 권리가 없는 상태의 감정평가액
> − 해당 토지의 소유권 외의 권리에 대한 감정평가액

의뢰자가 토지에 관한 소유권 외의 권리를 따로 감정평가할 것을 요청하지 아니한 경우에는 토지의 소유권 외의 권리가 없는 상태를 기준으로 한다. 다만, 선하지에 해당 고압선의 설치를 목적으로 「민법」제289조의2에 따른 구분지상권이 설정되어 있는 경우와 토지의 지하공간에 「도시철도법」제2조 제2호에 따른 도시철도와 「송유관안전관리법」제2조 제2호에 따른 송유관 등 공익시설의 설치를 목적으로 「민법」제289조의2에 따른 구분지상권이 설정되어 있는 토지의 감정평가의 경우에는 소유권 외의 권리를 따로 감정평가한다.

3) 지상공간 등에 시설물이 있으나 보상이 되지 않은 경우

지상공간 등에 송유관 또는 송전선로 등을 시설하여 토지를 사용하기 위해서는 사전에 이에 대한 보상을 하고 구분지상권 또는 임차권 등의 권리를 설정하나, 이러한 보상 없이 시설물을 설치하여 사실상 사용하고 있고 현실적으로 이러한 시설물의 철거가 불가능한 경우에도 시설물의 소유자는 토지소유권 외의 별도의 권리를 설정하였다고 볼 수 없으므로 이에 구애됨이 없이 토지를 감정평가한다.

그 이유는 시설물의 소유자가 시설물의 사용에 대한 지료를 지급하고 있지 않거나, 정상지료보다 낮은 지료를 지급하고 있어 사실상 이익을 얻고 있는 경우에도 이는 반사적 이익에 불과하여 보상대상이 되는 권리라고 볼 수 없기 때문이다. 헌법재판소도 반사적 이익은 재산권에 속하지 않는다고 결정하고 있다(헌재 1998.7.16, 96헌마246 참조). 따라서 이 경우 시설물의 소유자에게는 토지의 사용과 관련해서는 별도로 보상하지 않는다.

---

163) 토지보상평가지침 제47조

또한, 소유권 외의 권리가 설정된 토지에 대하여 토지소유자에게 이러한 권리를 소멸시키도록 한 후 보상하기 위하여 사업시행자가 이러한 권리의 설정이 없는 상태로 감정평가하도록 조건을 제시하는 경우에는 이러한 권리가 없는 토지가액으로 감정평가할 수 있다.

4) 토지에 관한 소유권 외의 권리를 따로 평가의뢰하지 아니한 경우

토지에 관한 소유권 외의 권리를 따로 평가의뢰하지 않은 경우에는 토지의 일반적인 평가기준에 따른다(나지상태 평가).

>> 근저당권, 전세권, 임차권 등 권리자체의 평가를 할 필요가 없는 권리가 설정되어 있는 경우가 그 예라 할 수 있을 것이다.

14. 전주·철탑 등의 설치를 위한 토지 및 선하지 등의 감정평가

1) 전주·철탑 등의 설치를 위한 토지의 감정평가 [164]

전주·철탑 등의 설치를 위하여 소규모로 분할하여 취득하는 토지를 감정평가할 경우에는 해당 토지 전체의 개별요인을 기준으로 감정평가하지 않고, 그 편입부분의 개별요인을 고려하여 감정평가한다. 공익사업의 시행으로 인하여 대상토지가 분할되는 경우에는 분할되기 이전의 토지를 기준으로 개별 요인을 파악하는 것이 원칙이며, 이는 분할로 인하여 편입토지의 개별요인이 바뀜으로 인한 가격의 변동도 「토지보상법」 제67조 제2항의 해당 공익사업으로 인한 가격의 변동으로 보아야 하기 때문이다. 그러나 전주·철탑 등의 설치를 위한 토지는 대규모 임야의 일부가 편입되고, 편입부분과 전체토지의 가치가 다른 경우가 대부분이므로, 편입부분의 가치를 기준으로 구분감정평가한다. 특히 이 경우 편입 부분의 위치, 면적 및 형태 등을 중점적으로 고려하여 감정평가한다. 다만, 선하지의 경우는 소규모로 분할되는 것이 아니므로 이 감정평가방법을 적용하지 않는다.

2) 선하지(토지의 지상공간에 고압선이 통과하고 있는 토지) 감정평가 [165]

(1) 평가원칙

토지의 지상공간에 고압선이 통과하고 있는 토지(선하지)에 대한 평가는 그 제한을 받지 아니한 상태를 기준으로 평가[166]한다.

(2) 구분지상권[167]이나 임대차계약이 설정되고 계약기간이 도과하지 않은 경우

① 인근지역에 있는 유사한 제한을 받는 상태로 공시된 표준지공시지가를 기준으로 함을 원칙으로 한다.

---

164) 토지보상평가지침 제46조
165) 토지보상평가지침 제46조의2
166) 기존 지침에서는 일률적으로 제한의 정도를 고려하여 평가하도록 규정하고 있었으나, 선하지에는 ① 구분지상권을 설정한 경우, ② 임대차계약을 통하여 일정한 지료를 지급하였으나 임대차기간이 도과하지 않은 경우, ③ 선하지 보상을 하지 않은 경우 등으로 나뉘어져 있었기 때문에 이를 분류하여 규정했다.
167) 「민법」 제289조의2에 따른 구분지상권이 설정되어 있는 경우로서 임대차계약 등을 체결한 후 그 임대차기간이 도과하지 않은 경우

② 그 제한을 받지 아니한 상태로 공시된 인근지역에 있는 표준지공시지가를 기준으로 하는 경우는 그 제한정도 등을 고려하여 평가한다(즉, 소유권 외의 권리의 목적이 되고 있는 토지와 동일하다).

> 감정평가액 = 해당 토지의 소유권 외의 권리가 없는 상태의 감정평가액
> − 해당 토지의 소유권 외의 권리에 대한 감정평가액*

* 토지가치의 일부로 보상한 구분지상권의 감정평가액

(3) 선하지의 보상을 하지 않은 경우

미지급용지의 평가규정을 준용한다.

(4) 토지의 지하공간에 「도시철도법」 제3조 제1호에서 규정한 도시철도, 「송유관안전관리법」 제2조 제1호에서 규정한 송유관 등 공익시설의 설치를 목적으로 「민법」 제289조의2에 따른 구분지상권이 설정된 경우에 준용된다.

15. 토지소유자와 지상건물 소유자가 다른 경우 토지의 평가 [168]

1) 요건

지상건축물을 평가의뢰자의 요청이나 건축물을 원가법이 아닌 거래사례비교법으로 평가하는 경우에 적용된다.

> **Check Point!**
>
> ▶ **보상감정평가 시 건축물을 거래사례비교법으로 평가하거나 할 수 있는 경우** [169]
> ① 주거용 건축물에 있어서는 거래사례비교법에 의하여 평가한 금액(공익사업의 시행에 따라 이주대책을 수립・실시하거나 주택입주권 등을 해당 건축물의 소유자에게 주는 경우 또는 개발제한구역 안에서 이전이 허용되는 경우에 있어서의 해당 사유로 인한 가격상승분은 제외하고 평가한 금액을 말한다)이 원가법에 의하여 평가한 금액보다 큰 경우
> ② 「집합건물의 소유 및 관리에 관한 법률」에 의한 구분소유권의 대상이 되는 건물

2) (구)평가방법

(1) 지상건축물이 있는 토지에 대한 평가

해당 토지에 대한 나지상태의 적정가격에서 그 지상건축물이 해당 토지의 사용・수익・처분 등에 영향을 미치는 불리한 정도를 고려한 가격으로 평가한다.

(2) 불리한 정도

지상건축물의 거래사례비교법에 의한 평가가격 – 그 지상건축물을 이전비 또는 원가법으로 평가한 경우의 평가가격상당액

---

168) 감정평가실무기준 해설서(Ⅱ) 보상편, 한국감정평가사협회 등, 2014.02, pp.183~184
169) 토지보상법 시행규칙 제33조 제2항 단서

> 지상건축물이 주거용 건축물인 경우에만 적용됨에 유의할 것(질의회신)
>
> 1. (구)토지보상평가지침 제48조의 규정 취지
>   타인의 토지를 이용하는 경우로서 예를 들면 남의 땅을 빌어 건물을 짓거나 국유 또는 지방자치단체의 토지를 대차하여 건물을 지었을 때 그 건물이나 점포의 매매는 그 건물의 가격 이외에 토지의 이용권에 관한 값이 포함되어 거래된다. 또한 토지의 소유권은 지상권이나 임차권이 설정되면 그만큼 이용권이 제약되므로 그 값은 낮아지는 것이 정상이다. 따라서 이와 같은 사실을 고려하지 아니하고 소유권 이외의 권리가 없는 것으로 보고 정상평가를 하여 보상을 하게 되면 토지의 소유자는 부당한 이득을 보고 지상권이나 임차권자는 손해를 보는 결과가 되기 때문이다.
> 2. 건물의 비준가액 산정 시 사례는 대상과 유사한 지상권 등이 설정된 건물만의 사례를 선정하여야 할 것이다.

3) 현재의 평가기준

(1) 거래사례비교법으로 평가한 건축물의 가격에서 이전비 또는 원가법에 따른 가격으로 평가한 건축물의 가격을 공제하는 규정

① 이는 타당하지 않다. 건물이 이전 가능할 경우에는 이전비와 가격을 비교하며, 이때 주거용 건축물에 한하여 비준가액과 원가법에 의한 가격 중의 큰 금액으로 가격을 결정한다.

② 적산가액 < 이전비 < 비준가액 또는 이전비 < 적산가액 < 비준가액의 경우에는 "이전비"로 보상한다(토지보상평가지침 제48조는 적용여지 없음).

③ 이전비 > 비준가액 > 적산가액의 경우와 이전비 불가능한 경우로서 비준가액 > 적산가액의 경우 비준가액과 적산가액의 차이를 토지가격에서 불리한 정도로서 공제하여 왔다.

(2) 현재의 평가기준

「토지보상법 시행규칙」 제33조 제2항은 건축물은 원가법으로 평가하되, 주거용 건축물로서 거래사례비교법에 의하여 평가한 금액이 원가법에 의하여 평가한 금액보다 큰 경우에는 거래사례비교법으로 평가하도록 규정하고 있다. 이 경우 주거용 건축물의 소유자와 토지소유자가 다른 경우 거래사례비교법으로 감정평가한 금액과 원가법으로 감정평가한 금액의 차액을 주거용 건축물의 소유자가 가지는 토지의 소유권 외의 권리에 대한 보상액으로 보고 그 차액을 토지보상액에서 차감할 수 있는지가 문제된다.

건축물의 소유자와 토지소유자가 다른 경우 건축물의 소유자가 정상지료를 지급한다면 공익사업의 시행에 따라 이주대책을 수립·실시하거나 주택입주권 등을 해당 건축물의 소유자에게 주는 경우 또는 개발제한구역 안에서 이전이 허용되는 경우, 해당 사유로 인한 건축물가격 상승분을 제외한 건축물가액은 거래사례비교법으로 감정평가를 한 경우와 원가법으로 감정평가를 한 경우가 이론적으로는 같아야 한다.

그러나 현실적으로 거래사례비교법으로 감정평가한 금액이 원가법으로 감정평가한 금액보다 높은 이유는 실질지료가 정상지료보다 낮기 때문이다. 이러한 현실적인 지료의 차이는 언제든지 소멸될

수 있는 것이므로, 권리가 아니라 반사적 이익으로 보아야 한다. 따라서 거래사례비교법으로 감정
평가한 금액과 원가법으로 감정평가한 금액의 차액을 건축물소유자가 가지는 토지에 대한 소유권
외의 권리로 보고 이를 토지가격에서 차감할 수 없다.

또한 「토지보상법 시행규칙」 제33조 제2항에서 주거용 건축물에 한하여 거래사례비교법으로 감
정평가할 수 있도록 규정한 것은 주거의 안정이라는 사회적 목적을 달성하기 위한 것이므로, 거래
사례비교법으로 감정평가한 금액과 원가법으로 감정평가한 금액의 차액을 건축물소유자가 가지는
토지에 대한 소유권 외의 별도의 권리로 인정한 것으로 볼 수 없다.

따라서 토지는 나지를 상정하여 평가하여야 하며(규칙 제22조 제2항), 점유는 토지에 관한 소유권
외의 권리로 보지 않으므로(규칙 제28조 제1항) 원칙적인 방법인 나지상태로 평가하는 것이 타당하다.

16. 하천부지의 감정평가 [170]

1) 하천의 구분

하천법상 하천(국가하천, 지방하천), 소하천정비법상 소하천, 기타 사실상 하천

2) 하천구역 및 소하천구역 안 토지의 보상감정평가

⑴ 「하천법」상의 하천구역 및 「소하천정비법」상의 소하천구역

① 원칙

하천구역 및 소하천구역의 토지는 하천 또는 소하천으로 이용되지 아니하였을 경우에 예상되는
인근지역의 표준적인 이용상황을 기준으로 감정평가한다. 다만, 이 경우 인근지역의 표준적인
이용상황으로 전용하는 데 소요되는 비용상당액 등을 고려할 수 있다. 이는 하천이라는 자연
공물이 공익사업에 편입되었다는 것은 공용폐지를 전제로 한다는 것에 근거하는 것이다.

② 예외

「하천편입토지 보상 등에 관한 특별조치법」의 적용대상인 토지가 ⅰ) 국가 및 지방자치단체,
ⅱ) 「공공기관의 운영에 관한 법률」에 따른 공공기관, ⅲ) 「지방공기업법」에 따른 지방공기업인
사업시행자가 시행하는 공익사업에 편입되는 경우에는 「하천편입토지 보상 등에 관한 특별조
치법」 제6조의 규정을 준용하여 보상평가한다(하천편입토지 보상 등에 관한 특별조치법 제7조).

⑵ 「하천법」상의 하천예정지

일반 토지의 보상감정평가방법을 준용한다. 다만, 하천예정지에서의 행위제한은 「토지보상법 시행
규칙」 제23조 제1항 단서의 '해당 공익사업의 시행을 직접 목적으로 하여 가하여진 경우'에 해당
하므로 하천예정지에서의 행위제한이 없는 상태를 기준으로 감정평가한다.

---

170) 감정평가실무기준 해설서(Ⅱ) 보상편, 한국감정평가사협회 등, 2014.02, pp.145~148

(3) 「하천법」상의 홍수관리구역 [171]

「하천법」 제12조 제3항에 따라 고시된 홍수관리구역 안의 토지에 대한 감정평가는 법 시행규칙 제22조에 따라 가격시점 당시의 현실적인 이용상황을 기준으로 하며, 홍수관리구역으로 고시된 것에 따른 「하천법」에서 정한 공법상 제한은 고려하지 아니한다.

3) 하천구역으로 된 토지 중 미보상토지의 감정평가 [172]

(1) 특별조치법 제2조에 따른 대상토지 외의 것으로서 (구)「하천법」(법률 제5893호, 1999.2.2.) 제74 조 제1항에 따라 보상대상이 된 하천구역(국가 하천 및 지방1급 하천의 하천구역을 말한다) 안 토지 중 보상이 되지 아니한 토지에 대한 감정평가는 특별조치법 적용대상 토지의 감정평가방법을 준용한다. 다만, (구)「하천법」 제2조 제1항 제2호 라목에 따라 하천구역으로 지정된 토지의 경우에는 그 지정시점 당시를 하천구역으로 된 당시로 본다.

(2) 하천의 신설, 그 밖에 하천공사로 하천구역 밖에 있는 토지가 하천구역으로 된 경우로서 보상이 되지 아니한 토지에 대한 감정평가는 미지급용지의 감정평가방법에 따른다.

4) 하천구역 안의 매수대상토지의 감정평가 [173]

법률 제8338호(2007년 4월 6일) 「하천법」 시행일 이후에 이 법에 따른 하천구역(지방하천의 하천구역을 제외한다)으로 결정 또는 변경된 토지 중 「하천법」 제79조에 따른 매수대상 토지에 대한 감정평가는 법 시행규칙 제22조에 따라 가격시점 당시의 현실적인 이용상황을 기준으로 하며, 하천구역으로 결정 또는 변경에 따른 「하천법」에서 정한 공법상 제한은 고려하지 아니한다. 다만, 하천관리청의 하천공사로 현상변경이 이루어진 경우에는 그 하천공사 시행 직전의 이용상황을 기준으로 감정평가하되, 이 경우에는 미지급용지의 감정평가방법을 준용한다.

5) 지방하천의 하천구역 등 안 토지의 평가 [174]

(1) 대상

지방하천의 하천구역, 소하천구역 안의 사유토지

(2) 평가방법

일반적인 토지의 보상감정평가방법으로 평가(미지급용지가 있다면 미지급용지로 평가)한다.

---

171) 토지보상평가지침 제39조의5
172) 토지보상평가지침 제39조의2
173) 토지보상평가지침 제39조의3
174) 토지보상평가지침 제39조의4

하천법 제78조(토지 등의 수용·사용)

① 다음 각 호의 어느 하나에 해당하는 자는 하천공사에 필요한 때에는 「공익사업을 위한 토지 등의 취득 및 보상에 관한 법률」 제3조에 따른 토지·물건 또는 권리를 수용 또는 사용할 수 있다.

　1. 제27조에 따라 하천공사를 하는 하천관리청

　2. 제28조에 따라 하천공사를 대행하는 자

　3. 제30조에 따라 하천공사허가를 받은 하천관리청이 아닌 자(행정기관·정부투자기관 또는 지방공기업에 한정한다)

　4. 삭제

② 제1항에 따라 토지·물건 또는 권리를 수용 또는 사용하는 경우에는 이 법에 특별한 규정이 있는 경우를 제외하고는 「공익사업을 위한 토지 등의 취득 및 보상에 관한 법률」을 준용한다.

③ 제2항에 따라 「공익사업을 위한 토지 등의 취득 및 보상에 관한 법률」을 준용할 때 다음 각 호의 어느 하나에 해당하는 경우에는 「공익사업을 위한 토지 등의 취득 및 보상에 관한 법률」 제20조 제1항 및 제22조에 따른 사업인정과 사업인정의 고시가 있는 것으로 보며, 재결신청은 같은 법 제23조 제1항 및 제28조 제1항에도 불구하고 해당 하천공사의 사업기간 내에 하여야 한다.

　1. 제27조에 따라 하천공사시행계획을 수립·고시한 경우

　2. 제30조에 따라 하천공사실시계획을 수립·고시한 경우

　3. 삭제

동법 제79조(토지 등의 매수청구)

① 하천구역(지방하천의 하천구역은 제외한다)의 결정 또는 변경으로 그 구역 안의 토지, 건축물, 그 밖에 그 토지에 정착된 물건(이하 "토지 등"이라 한다)을 종래의 용도로 사용할 수 없어 그 효용이 현저하게 감소한 토지 등 또는 그 토지 등의 사용 및 수익이 사실상 불가능한 토지 등(이하 "매수대상토지 등"이라 한다)의 소유자로서 다음 각 호의 어느 하나에 해당하는 자는 하천관리청에 그 토지 등의 매수를 청구할 수 있다.

　1. 하천구역의 결정 당시(법률 제5893호 하천법 개정법률 제2조 제1항 제2호 가목부터 다목까지의 규정에 따른 하천구역을 이 법에 따른 하천구역으로 결정하는 경우에는 2008년 4월 7일을 말한다) 또는 변경 당시부터 해당 토지 등을 계속 소유한 자

　2. 토지 등의 사용·수익이 불가능하게 되기 전에 그 토지 등을 취득하여 계속 소유한 자

　3. 삭제

　4. 제1호 또는 제2호의 자로부터 그 토지 등을 상속받아 계속 소유한 자

② 하천관리청은 제1항에 따라 매수청구를 받은 토지 등이 제3항에 따른 기준에 해당하면 그 토지 등을 매수하여야 한다.

③ 제1항에서 종래의 용도로 사용할 수 없어 그 효용이 현저하게 감소한 토지 등 또는 그 토지 등의 사용 및 수익이 사실상 불가능한 토지 등의 구체적인 판정기준은 대통령령으로 정한다.

하천편입토지 보상 등에 관한 특별조치법 제1조(목적)

이 법은 보상청구권의 소멸시효 만료로 인하여 보상을 받지 못한 하천편입토지 소유자에 대한 보상과 공익사업을 시행하는 경우의 보상 특례 등에 필요한 사항을 규정함을 목적으로 한다.

동법 제2조(적용대상)

다음 각 호의 어느 하나에 해당하는 경우 중 「하천구역편입토지 보상에 관한 특별조치법」 제3조에 따른 소멸시효의 만료로 보상청구권이 소멸되어 보상을 받지 못한 때에는 특별시장·광역시장 또는 도지사(이하 "시·도지사"라 한다)가 그 손실을 보상하여야 한다.

1. 법률 제2292호 하천법 개정법률의 시행일 전에 토지가 같은 법 제2조 제1항 제2호 가목에 해당되어 하천구역으로 된 경우
2. 법률 제2292호 하천법 개정법률의 시행일부터 법률 제3782호 하천법 중 개정법률의 시행일 전에 토지가 법률 제3782호 하천법 중 개정법률 제2조 제1항 제2호 가목에 해당되어 하천구역으로 된 경우
3. 법률 제2292호 하천법 개정법률의 시행으로 제방으로부터 하천 측에 있던 토지가 국유로 된 경우
4. 법률 제892호 하천법의 시행일부터 법률 제2292호 하천법 개정법률의 시행일 전에 제방으로부터 하천 측에 있던 토지 또는 제방부지가 국유로 된 경우

동법 제3조(보상청구권의 소멸시효)

제2조에 따른 보상청구권의 소멸시효는 2023년 12월 31일에 만료된다.

6) 「하천편입 토지보상 등에 관한 특별조치법」 적용대상토지의 보상감정평가 [175]

(1) 하천편입토지 보상 등에 관한 특별조치법의 목적

이 법은 보상청구권의 소멸시효 만료로 인하여 보상을 받지 못한 하천편입토지 소유자에 대한 보상과 공익사업을 시행하는 경우의 보상 특례 등에 필요한 사항을 규정함을 목적으로 한다.

(2) 보상청구권의 소멸시효

2023년 12월 31일

(3) 해당 토지

1971년 7월 19일 이전에 하천에 편입된 토지 등

(4) 평가방법

① 원칙

토지의 보상감정평가는 보상청구절차를 통지 또는 공고한 날의 가격을 기준으로 하되, 편입당시의 지목 및 토지이용상황, 해당 토지에 대한 공법상의 제한, 현재의 토지이용상황 및 유사한 인근 토지의 정상가격 등을 고려하여 감정평가 한다(하천편입토지 보상 등에 관한 특별조치법 제6조 제1항). 즉, (구)「하천법」에 의해 국유화된 하천구역 토지 중 「하천편입토지 보상 등에 관한 특별조치법」 적용대상토지의 보상감정평가는 원칙적으로 미지급용지에 대한 보상감정평가에 해당한다. 감정평가의 구체적인 기준은 다음과 같다.

② 가격시점은 특별조치법 제5조에 따라 보상청구절차를 통지 또는 공고한 날짜로 하되, 의뢰자가 제시한 바에 따른다.

---

175) 토지보상평가지침 제39조

③ **편입 당시의 지목 및 이용상황**

　㉠ **편입시점**: 하천관리청이 제시한 기준에 따르되, 법률 제2292호 「하천법」 시행일(1971년 7월 19일) 전에는 당시의 「하천법」 제2조 제1항 제2호 가목 및 다목에 해당되는 시점이 아니고 당시의 「하천법」의 규정에 따라 하천구역으로 공고된 시점을 편입시점으로 보며, 하천구역으로 공고되지 아니하였거나 공고시점이 불분명한 경우에는 법률 제2292호 「하천법」 시행일(1971년 7월 19일)을 편입시점으로 본다.

　㉡ **지목 및 이용상황**: 편입 당시의 지목 및 토지이용상황의 판단은 의뢰자가 제시한 내용에 따르되, 하천구역으로 된 시점 당시를 기준으로 하며, 하천구역으로 된 시점 당시의 해당 토지에 대한 공부상 지목과 현실적인 이용상황이 다른 경우에는 현실적인 이용상황을 기준으로 한다. 다만, 하천관리청의 하천공사에 따라 하천구역으로 된 경우에는 그 하천공사 시행 직전의 이용상황을 기준으로 한다.

　㉢ **공법상의 제한**: 편입당시를 기준(편입 당시의 공법상 제한을 알 수 없을 경우에는 가격시점 당시를 기준으로 할 수 있다)으로 하되, 해당 토지가 하천구역으로 된 것에 따른 「하천법」에서 정한 공법상 제한은 하천의 정비·보전 등을 직접 목적으로 가하여진 경우로서 그 제한을 받지 아니한 상태를 기준으로 감정평가한다.

　㉣ **현재의 토지이용상황**: 가격시점 당시의 현실적인 이용상황을 뜻하는 것으로서 원칙적으로 고려하지 아니하나, 편입당시의 이용상황을 알 수 없거나 하천관리청으로부터 편입당시의 이용상황의 제시가 없는 경우에 편입당시의 이용상황을 확인할 때 기초자료로 활용한다.

　㉤ **비슷한 인근토지의 적정가격**: 하천구역으로 된 당시의 토지이용상황(하천관리청의 하천공사에 따라 하천구역으로 된 토지의 경우에는 공사시행 직전의 이용상황)과 비슷한 것으로서 대상토지의 인근지역에 있는 토지에 대한 표준지공시지가를 기준으로 한 감정평가액을 말하며, 인근지역 또는 동일수급권 안의 유사지역에 이용상황이 비슷한 토지의 표준지공시지가가 없을 경우에는 인근지역 또는 동일수급권 안의 유사지역에 있는 표준적인 이용상황과 비슷한 토지의 표준지공시지가를 기준으로 하여 구한다.

④ **감정평가방법의 적용**

대상토지에 대한 편입당시의 지목 및 토지이용상황(하천관리청의 하천공사에 따라 하천구역으로 된 경우에는 하천공사 직전의 이용상황) 또는 비슷한 인근토지의 적정가격을 알 수 없거나, 인근지역 또는 동일수급권 안의 유사지역에 있는 표준적인 이용상황과 비슷한 토지의 표준지공시지가를 기준으로 감정평가하는 경우에서 그 용도가 다른 것에 따른 개별요인의 비교 등이 사실상 곤란한 경우 등에는 가격시점 당시의 현실적인 이용상황을 기준으로 다음 표에서 정하는 기준에 따라 감정평가할 수 있다. 다만, 하천구역으로 된 이후에 하천관리청의 하천공사나 하천점용허가에 따라 현상변경이 이루어져 가격시점 당시의 현실적인 이용상황이 하천구역으로 된 당시보다 뚜렷하게 변동된 것으로 인정되는 경우에는 이용상황의 판단이나 일정비율을 적용할 때 고려할 수 있으며, 대상토지가 도시지역 안에 있는 경우로서 인근토지가 순수농경지로 인정되는 경우에는 도시지역 밖의 일정비율을 적용할 수 있다.

구분		일정비율	
이용상황별		도시지역 안	도시지역 밖
농경지(전, 답 등)		인근토지에 대한 적정가격의 2분의 1 이내	인근토지에 대한 적정가격의 10분의 7 이내
제방	제외지측과 접한부분이 농경지인 경우	인근토지에 대한 적정가격의 2분의 1 이내	인근토지에 대한 적정가격의 10분의 7 이내
	제외지측과 접한부분이 농경지가 아닌 경우	인근토지에 대한 적정가격의 4분의 1 이내	인근토지에 대한 적정가격의 3분의 1 이내
둔치		인근토지에 대한 적정가격의 4분의 1 이내	인근토지에 대한 적정가격의 3분의 1 이내
모래밭 · 개펄		인근토지에 대한 적정가격의 7분의 1 이내	인근토지에 대한 적정가격의 5분의 1 이내
물이 계속 흐르는 토지		인근토지에 대한 적정가격의 10분의 1 이내	인근토지에 대한 적정가격의 7분의 1 이내

≫ 상기 이용상황별 일정비율표는 참고자료에 불과하므로 개별적 사안에 따라 적의 조정하여 적용해야 할 것이다.

Check Point!

⊙ 이용상황별 일정비율표 적용 시 유의사항

「하천편입토지 보상 등에 관한 특별조치법」 적용대상토지의 보상감정평가에서 편입 당시의 이용상황을 알 수 없어 현재의 토지이용상황을 참작하는 경우의 이용상황은 농경지·제방·고수부지·모래밭·개펄 및 물이 계속 흐르는 토지로 구분하고 있다.

그러나 하천구역으로 편입된 후 몇 십년 동안 대홍수나 준설공사 등으로 인하여 하천구역 안에서 이용상황이 변하기도 하고, 또한 보상을 위한 토지조서를 작성하기 위하여 토지의 이용상황을 확인하는 시점 또는 감정평가를 위한 현장조사시점 등에 있어서도 외부환경의 변화(예를 들어 홍수기와 갈수기)에 따라 현재의 이용상황에 대한 판단이 달라질 수 있다.

특히 (구)「하천법」에서 하천구역을 결정하는 "매년 1회 이상 물이 흐른 흔적을 나타내고 있는 토지의 구역"이라는 판단기준이 명확하지 아니하여 분쟁발생의 원인이 되었으므로, 현행 「하천법」 제10조 제1항 제6호에서는 하천구역을 "하천기본계획이 수립되지 아니한 하천에 있어서는 하천에 물이 계속하여 흐르고 있는 토지 및 지형, 그 토지 주변에서 풀과 나무가 자라는 지형의 상황, 홍수흔적, 그 밖의 상황을 기초로 10년 동안 매년 최대유량을 산술평균하여 매년 1회 이상 물이 흐를 것으로 판단되는 수면 아래에 있는 토지(대홍수나 그 밖의 자연현상에 의하여 일시적으로 그 상황을 나타내고 있거나 유로가 변경된 토지는 제외한다)"로 명확하게 규정하고 있다. 따라서 현재의 이용상황의 구분은 기준시점 당시에 한정할 것이 아니라 계절에 따른 수량의 증감에 따른 이용상황의 변경가능성 등으로 고려하여 통상적인 이용상황을 상정하여 판단하며, 그 내용을 감정평가서에 기재한다.

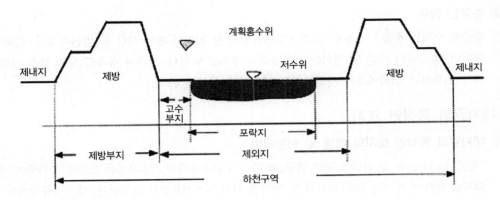

> 출처 : 국토교통부 홈페이지

17. 공동소유인 토지 [176)]

1) 공동소유의 종류

공동소유에는 ⅰ) 물건을 지분에 의하여 수인의 소유로 되어 있는 형태인 공유, ⅱ) 수인이 조합체로서 물건을 소유하는 형태인 합유, ⅲ) 법인 아닌 사단이 물건을 소유하는 형태인 총유 등 3가지가 있다.

2) 각 유형별 권원확보 방법

(1) 공유인 경우

공유에 있어서 공유자는 언제든지 공유물의 분할을 청구할 수 있고, 다른 공유자의 동의 등을 받을 필요 없이 그 지분을 자유로이 처분(양도·담보제공·포기)할 수 있다. 따라서 공유물의 전부를 취득하거나 사용하기 위하여서는 공유자 전원과 협의하여야 하고, 공유관계인 토지 등의 일부만을 취득하는 경우에도 그 공유자 전원과 협의하여야 한다.

수인이 한 동의 건축물 또는 한 필지의 토지의 특정부분을 내부적으로 소유하면서도 대외적으로는 한 동의 건축물 또는 한 필지의 토지 전체를 수인의 공유로 공유지분등기를 한 경우를 구분소유적 공유관계라고 하며, 이러한 토지 등을 사업시행자가 취득하거나 사용하기 위한 협의는 구분소유 하고 있는 위치에 불구하고 한 동 또는 한 필지의 전체를 기준으로 보상감정평가하여 이를 그 지분비율에 따라 안분하여 보상하여야 한다.

(2) 합유인 경우

합유에 있어서도 합유자는 지분을 가지나 합유물의 처분·변경은 물론 합유지분의 처분도 합유자 전원의 동의를 요한다. 따라서 합유인 토지 등을 사업시행자가 취득하기 위하여서는 합유자 전원의 동의를 받아야 한다.

---

176) 토지수용업무편람, 중앙토지수용위원회

(3) 총유인 경우

총유의 주체는 종중·어촌계·교회·주민공동체 등 법인이 아닌 사단 등 법인격 없는 인적 결합체이며, 총유물의 처분 및 관리는 사원총회의 결의로써 한다. 따라서 총유인 토지 등을 사업시행자가 취득하기 위하여서는 사원총회의 결의서가 있어야 한다.

18. 대지권의 목적인 토지 [177)]

(1) 대지권의 목적인 토지의 개념 및 처분제한

「집합건물의 소유 및 관리에 관한 법률」에 따라 구분소유자가 전유부분을 소유하기 위하여 건물의 대지에 대하여 가지는 권리(지상권 등 용익권 외의 대지사용권을 포함함)를 대지사용권이라 하며, 이로써 등기되어 있는 권리를 대지권이라고 한다.

구분소유자의 대지사용권은 그가 가지는 전유부분의 처분에 따르고, 구분소유자는 그가 가지는 전유부분과 분리하여 대지사용권을 처분할 수 없다. 그러나 규약으로써 구분소유자가 가지는 전유부분과 분리하여 대지사용권을 처분할 수 있도록 정한 때에는 전유부분과 분리하여 처분할 수 있다.

(2) 대지권의 목적인 토지의 취득

구분소유의 대상인 건물은 공익사업의 시행을 위하여 필요하지 않고 대지권의 목적인 토지만이 필요한 경우에는 규약 또는 공정증서에서 전유부분과 분리하여 처분할 수 있도록 정하고 있거나, 건물의 대지가 아닌 토지로서 분리하여 등기하지 않는 한 협의의 대상이 될 수 없다. 즉, 대지권의 목적인 토지만에 대하여서는 그 토지를 전유부분과 분리하여 처분할 수 있는 규약 또는 공정증서가 있거나, 건물의 대지가 아닌 토지로 분리하는 등기를 먼저 한 후 그 소유자(공유자)와 협의하여야 하며, 이를 위반한 처분행위는 무효이다.

대지권의 목적인 토지를 전유부분과 분리하여 처분할 수 있는 규약이 제정되거나 건물의 대지가 아닌 토지로 분리한 후에 사업시행자가 그 토지를 취득 또는 사용하고자 하는 경우에는 단순 공유의 토지를 취득 또는 사용하는 방법과 같다.

소유자들이 규약 또는 공정증서로써 처분을 규정하지 않는다면 사업시행자는 「공간정보관리법」 제87조에 따라 사업시행자의 대위에 의해 편입부분을 분할하고 수용에 의하여 소유권을 취득할 수 있다. 이 경우 사업시행자는 소유권의 등기명의인을 대위하여 대지권이 대지권이 아닌 권리가 됨으로 인한 건물의 표시변경등기(대지권말소)를 신청하여 대지권등기를 말소한 후 편입토지를 토지등기부상의 토지로 전환하여 사업시행자 명의로 취득할 수 있다.

---

177) 토지수용업무편람, 중앙토지수용위원회

02 그 밖의 토지에 관한 평가

1. 토지사용료의 감정평가 [178]

> **토지보상법 제71조**(사용하는 토지의 보상 등)
>
> ① 협의 또는 재결에 의하여 사용하는 토지에 대하여는 그 토지와 인근 유사토지의 지료(地料), 임대료, 사용방법, 사용기간 및 그 토지의 가격 등을 고려하여 평가한 적정가격으로 보상하여야 한다.
> ② 사용하는 토지와 그 지하 및 지상의 공간 사용에 대한 구체적인 보상액 산정 및 평가방법은 투자비용, 예상수익 및 거래가격 등을 고려하여 국토교통부령으로 정한다.

1) 토지사용료 평가의 대상

토지사용 보상감정평가의 대상은 공익사업의 시행으로 인하여 사용할 토지로서 사업시행자가 사용료 보상평가를 목적으로 제시한 것으로 한다.

제1항의 공익사업의 시행으로 인하여 사용할 토지는 지표 이외에 해당 토지의 지상 또는 지하공간의 일부도 그 대상으로 할 수 있다.

2) 토지사용료 평가의 원칙

> **토지보상법 시행규칙 제30조**(토지의 사용에 대한 평가)
>
> 토지의 사용료는 임대사례비교법으로 평가한다. 다만, 적정한 임대사례가 없거나 대상토지의 특성으로 보아 임대사례비교법으로 평가하는 것이 적정하지 아니한 경우에는 적산법으로 평가할 수 있다.

(1) 임대사례비교법 원칙

사용하는 토지에 대한 보상감정평가는 그 토지와 인근 유사토지의 지료(地料)·임대료·사용방법·사용기간 및 그 토지의 가격 등을 참작하여 평가한 적정가격으로 보상한다(토지보상법 제71조 제1항). 즉, 임대사례비교법으로 평가한다(토지보상법 시행규칙 제30조). 여기서 임대사례비교법이란 대상물건과 가치형성요인이 같거나 비슷한 물건의 임대사례와 비교하여 대상물건의 현실적인 이용상황에 맞게 사정보정, 시점수정, 가치형성요인 비교 등의 과정을 거쳐 대상물건의 임대료를 산정하는 감정평가방법을 말한다(감정평가에 관한 규칙 제2조 제8호).

(2) 다른 방식에 의한 사용료 평가

사용하는 토지에 대한 사용료 보상은 임대사례비교법을 적용하여 감정평가하되, ⅰ) 적절한 임대사례가 없는 경우, ⅱ) 대상토지의 특성으로 보아 임대사례비교법으로 감정평가하는 것이 적절하지 아니한 경우, ⅲ) 미지급용지에 대한 사용료를 감정평가하는 경우에는 적산법으로 감정평가할 수 있다. 이 중 ⅰ)은 임대사례비교법의 적용이 사실상 불가능한 경우에 해당하고, ⅱ)는 유사한 임대사례가

---

178) 토지보상평가지침 제49조

존재하여 임대사례비교법의 적용은 가능하나, 대상토지의 성격상 임대사례비교법의 적용이 적절하지 않은 경우이며, iii)은 공용사용에 따른 보상감정평가가 아니고 「민법」상 부당이득과 관련된 사용료의 감정평가나, 일반적으로 미지급용지의 취득과 관련된 보상감정평가에 부대하여 발생하여 취득하는 보상금액과 상호 연관성을 가지므로 적산법을 적용하도록 한 것이다. 여기서 적산법이란 대상물건의 기초가액에 기대이율을 곱하여 산정된 기대수익에 대상물건을 계속하여 임대하는 데에 필요한 경비를 더하여 대상물건의 임대료를 산정하는 감정평가방법을 말한다(감정평가에 관한 규칙 제2조 제6호).

3) 미지급용지에 대한 사용료평가

공용사용에 따른 보상감정평가가 아니고 「민법」상 부당이득과 관련된 사용료의 감정평가로서 미지급용지에 대한 사용료의 평가는 적산법에 따른다. 이 경우에 기초가격은 미지급용지의 평가규정을 준용하여 구한다.

미지급용지 사용료의 소멸시효는 채권의 소멸시효인 5년이다. 즉, 5년치의 사용료만 청구할 수 있다.

4) 지하·지상공간 중 일부를 사용하는 경우

(1) 토지의 지하부분 또는 지상공간을 한시적으로 사용하는 경우

토지의 지상공간 등의 일부를 한시적으로 사용하는 경우 그 사용료는 일반적인 토지사용료의 감정평가액에 입체이용저해율을 곱하여 감정평가한다. 즉, 토지의 지상공간 등의 일부를 한시적 사용의 경우에는 사용료에 대한 저해로 보고, 토지 전체를 사용하는 것을 전제로 한 사용료의 감정평가액에서 지상공간 등의 일부를 사용함으로 인하여 해당 토지의 이용이 저해되는 정도에 따른 적절한 율인 입체이용저해율을 곱하여 감정평가한다.

> 사용료 = 토지사용료의 평가가격 × 입체이용저해율(50퍼센트 이내)

(2) 토지의 지하부분 또는 지상공간을 민법 제289조의2의 규정에 의한 구분지상권을 설정하여 사실상 영구적으로 사용하는 경우

토지의 지상공간 등의 일부를 구분지상권을 설정하거나 임대차계약 등에 의해 사실상 영구적으로 사용하는 경우 그 사용료는 표준지공시지가를 기준으로 산정한 해당 토지의 가액에 입체이용저해율을 곱하여 감정평가한다. 즉, 토지의 지상공간 등의 일부를 사실상 영구적 사용의 경우에는 가격에 대한 저해로 보고, 토지의 가액에서 입체이용저해율을 곱하여 감정평가한다.

> 사용료 = 표준지공시지가를 기준으로 한 해당 토지의 적정가격 × 입체이용저해율

(3) 도시철도법 제9조의 규정에 의한 지하부분 보상을 위한 지하사용료의 평가

토지보상평가지침 제50조(도시철도 지하사용료 평가) 및 제51조(입체이용저해율 산정)의 규정에 의한다.

2. 도시철도법의 규정에 따른 지하사용료의 감정평가[179]

1) 보상의 원칙 및 범위

도시철도건설자가 도시철도를 건설하기 위하여 타인 토지의 지하부분을 사용하려는 경우에는 그 토지의 이용 가치, 지하의 깊이 및 토지 이용을 방해하는 정도 등을 고려하여 보상한다.[180]

타인 토지의 지하부분 사용에 대하여 보상할 대상은 도시철도 시설물의 설치 또는 보호를 위하여 사용되는 토지의 지하부분으로 한다.[181]

2) 보상감정평가기준

(1) 토지의 한계심도 이내의 지하부분을 영구적으로 사용하는 경우

토지의 단위면적당 적정가격에 입체이용저해율[182]과 구분지상권 설정면적을 곱하여 산정한다.

> 지하사용료 = 토지의 단위면적당 적정가격 × 입체이용저해율 × 구분지상권 설정면적

(2) 토지의 한계심도[183]를 초과하는 지하부분을 사용하는 경우

토지의 단위면적당 적정가격에 다음 율을 적용하여 산정한다. 다만, 해당 토지의 여건상 지하의 광천수를 이용하는 등 특별한 사유가 인정되는 경우에는 따로 지하사용료를 산정할 수 있다.

> 지하사용료 = 토지의 단위면적당 적정가격 × 적용률 × 구분지상권 설정면적

토피	한계심도 초과		
	20미터 이내	20미터~40미터	40미터 이상
적용률(퍼센트)	1.0~0.5	0.5~0.2	0.2 이하

(3) 「도시철도법 시행령」 [별표 1]에서 정하는 다음의 방법으로 감정평가하되, 입체이용저해율의 산정에 필요한 입체이용가치·이용률 등의 구체적인 산정기준은 해당 토지 및 인근토지의 이용실태, 입지조건 및 그 밖의 지역적 특성을 고려하여 특별시·광역시·도 및 특별자치도의 조례로 정한다(도시철도법 시행령 제10조 제2항). 현재 서울특별시 및 부산·인천·대전·광주광역시는 각각 「지하부분 토지사용에 관한 조례」를 두고 있다.

---

179) 토지보상평가지침 제50조
180) 도시철도법 제9조 제1항
181) 도시철도법 시행령 제10조 제1항
182) "입체이용저해율"이란 토지의 지상 또는 지하공간의 사용으로 인하여 해당 토지의 이용이 저해되는 정도에 따른 적절한 율을 말한다.
183) "한계심도"란 토지소유자의 통상적인 이용행위가 예상되지 아니하고 지하시설물을 따로 설치하는 경우에도 일반적인 토지이용에 지장이 없을 것으로 판단되는 깊이를 말한다.

3) 토지의 단위면적당 적정가격

인근지역에 있는 유사한 이용상황의 표준지공시지가를 기준으로 한 해당 토지의 단위면적당 평가가격으로 한다.

4) 입체이용저해율 산정

구분지상권의 평가에서 서술한 바와 동일하다.

3. 송전선로부지 등의 보상[184]

「전기사업법」 제89조에 따라 송전선로의 건설을 위하여 토지의 지상 또는 지하공간을 사용하는 경우에 있어 「전기사업법」 제90조의2 또는 「전원개발촉진법」 제6조의2에 따른 손실보상을 하기 위한 감정평가, 「송·변전설비주변지역의 보상 및 지원에 관한 법률」(이하 "송전설비주변법"이라 한다) 제4조에 따른 재산적 보상지역에 속한 토지의 재산적 보상을 위한 감정평가 및 같은 법 제5조에 따른 주택매수 청구지역에 속한 주택의 매수가액 산정을 위한 감정평가에 대한 사항이다.

1) 송전선로부지의 지상 또는 지하 공간의 사용에 따른 손실보상평가

전기사업법 제89조(다른 자의 토지의 지상 등의 사용)

① 전기사업자는 그 사업을 수행하기 위하여 필요한 경우에는 현재의 사용방법을 방해하지 아니하는 범위에서 다른 자의 토지의 지상 또는 지하 공간에 전선로를 설치할 수 있다. 이 경우 전기사업자는 전선로의 설치방법 및 존속기간 등에 대하여 미리 그 토지의 소유자 또는 점유자와 협의하여야 한다.
② 제1항의 경우에는 제88조 제2항부터 제5항까지의 규정을 준용한다.

전기사업법 제90조의2(토지의 지상 등의 사용에 대한 손실보상)

① 전기사업자는 제89조 제1항에 따른 다른 자의 토지의 지상 또는 지하공간에 송전선로를 설치함으로 인하여 손실이 발생한 때에는 손실을 입은 자에게 정당한 보상을 하여야 한다.
② 제1항에 따른 보상금액의 산정기준이 되는 토지 면적은 다음 각 호의 구분에 따른다.
  1. 지상공간의 사용 : 송전선로의 양측 가장 바깥선으로부터 수평으로 3미터를 더한 범위에서 수직으로 대응하는 토지의 면적. 이 경우 건축물 등의 보호가 필요한 경우에는 기술기준에 따른 전선과 건축물 간의 전압별 이격거리까지 확장할 수 있다.
  2. 지하공간의 사용 : 송전선로 시설물의 설치 또는 보호를 위하여 사용되는 토지의 지하부분에서 수직으로 대응하는 토지의 면적
③ 제1항 및 제2항에 따른 손실보상의 구체적인 산정기준 및 방법에 관한 사항은 대통령령으로 정한다.

전기사업법 시행령 제50조(손실보상의 산정기준)

법 제90조의2 제3항에 따른 손실보상의 구체적인 산정기준은 별표 5와 같다.

---

184) 송전선로부지 등 보상평가지침

> **전원개발촉진법 제6조의2**(토지수용)
>
> ① 전원개발사업자는 전원개발사업에 필요한 토지 등을 수용하거나 사용할 수 있다.
> ② 제5조에 따른 실시계획의 승인·변경승인 또는 신고가 있은 후 전원개발사업자가 전원개발사업구역에서 협의에 의하여 매수한 토지는 「소득세법」 또는 「법인세법」을 적용할 때에는 「공익사업을 위한 토지 등의 취득 및 보상에 관한 법률」에 따른 수용에 의하여 취득한 것으로 본다.
> ③ 제1항을 적용할 때 제5조에 따른 실시계획의 승인·변경승인 및 고시가 있는 때에는 「공익사업을 위한 토지 등의 취득 및 보상에 관한 법률」 제20조 제1항에 따른 사업인정 및 같은 법 제22조에 따른 사업인정의 고시가 있는 것으로 본다.
> ④ 대통령령으로 정하는 기준에 해당하는 전원개발사업구역의 토지등의 수용과 사용에 관한 재결(裁決)의 관할 토지수용위원회는 중앙토지수용위원회로 하고, 재결의 신청은 「공익사업을 위한 토지 등의 취득 및 보상에 관한 법률」 제23조 제1항 및 같은 법 제28조 제1항에도 불구하고 전원개발사업 시행기간에 할 수 있다.
> ⑤ 제1항에 따른 토지 등의 수용 또는 사용에 관하여 이 법에 특별한 규정이 있는 경우를 제외하고는 「공익사업을 위한 토지 등의 취득 및 보상에 관한 법률」을 준용한다.

PART 04

(1) 손실보상의 산정기준 [185]

구분	사용기간	보상금액 산정기준
지상공간의 사용	송전선로가 존속하는 기간까지 사용	보상금액 = 토지의 단위면적당 적정가격 × 지상공간의 사용면적 × (입체이용저해율 + 추가보정률)
	한시적 사용	보상금액 = 토지의 단위면적당 사용료 평가가액 × 지상공간의 사용면적 × (입체이용저해율 + 추가보정률)
지하공간의 사용	송전선로가 존속하는 기간까지 사용	보상금액 = 토지의 단위면적당 적정가격 × 지하공간의 사용면적 × 입체이용저해율

>> 1. "입체이용저해율"이란 송전선로를 설치함으로써 토지의 이용이 저해되는 정도에 따른 적정한 비율을 말한다.
> 2. "추가보정률"이란 송전선로를 설치함으로써 해당 토지의 경제적 가치가 감소되는 정도를 나타내는 비율을 말한다.
> 3. "지상공간의 사용면적"이란 법 제90조의2 제2항 제1호에 따른 면적을 말하며, "지하공간의 사용면적"이란 법 제90조의2 제2항 제2호에 따른 면적을 말한다.
> 4. "한시적 사용"이란 법 제90조의2 제1항에 따라 전기사업자가 설치하는 송전선로에 대하여 「전원개발촉진법」 제5조에 따른 전원개발사업 실시계획 승인의 고시일부터 3년 이내에 철거가 계획된 경우를 말한다(법 제89조의2에 따른 구분지상권의 설정 또는 이전의 경우에 대해서는 적용하지 아니한다).
> 5. 토지의 가격(단위면적당 적정가격 및 단위면적당 사용료 평가가액을 말한다), 입체이용저해율 및 추가보정률 등 손실보상의 산정 방법에 관하여는 「공익사업을 위한 토지 등의 취득 및 보상에 관한 법률」 제67조 및 제68조에 따라 평가한다.

---

185) 전기사업법 시행령 제50조 관련 및 [별표 5]

(2) 감가율의 산정[186]

① 산식

해당 토지의 지상 또는 지하공간 사용에 따른 사용료의 감정평가 시에 적용되는 감가율은 송전선로의 건설에 따른 토지이용상의 제한 등이 해당 토지의 면적에 미치는 영향 정도 등을 고려하여 정한 율로서 입체이용저해율과 추가보정률로 구분되며, 다음과 같이 해당 토지의 사용료 감정평가 시에 적용할 감가율을 산정한다.

> 감가율 = 입체이용저해율 + 추가보정률

» 지하공간 사용에 따른 사용료의 감정평가 시에는 입체이용저해율만을 감가율로 본다.

② 입체이용저해율

선하지의 공중부분 사용에 따른 토지의 이용이 입체적으로 저해되는 정도에 따른 적정한 비율로서, 입체이용저해율의 산정방법을 준용한다.

③ 추가보정률

㉠ 추가보정률의 의의

추가보정률이란 송전선로를 설치함으로써 해당 토지의 경제적 가치가 감소되는 정도를 나타내는 비율을 말한다. 일반적으로 입체이용저해율은 토지의 지상 또는 지하공간의 사용으로 인하여 해당 토지의 이용이 저해되는 정도에 따른 적절한 율을 의미하므로, 공익사업의 필요에 의해 사용하는 지상 또는 지하공간 외의 공간은 정상적으로 사용가능한 것을 전제로 한다. 그러나 선하지의 경우는 송전선로의 특성상 송전선이 통과하는 공간 이외의 공간은 물리적으로는 이용이 가능하다고 하여도 송전선으로 인한 쾌적성 저해 및 시장성 저해 등에 따른 경제적 가치 감소가 발생하므로, 이러한 가치감소를 반영하기 위한 것이 추가보정률이다.

㉡ 추가보정률의 구성

추가보정률에 대하여 「전기사업법 시행령」 제50조 및 [별표 5]는 "송전선로를 설치함으로써 해당 토지의 경제적 가치가 감소되는 정도를 나타내는 비율을 말한다."라고만 규정할 뿐 그 구체적인 내용에 대해서는 별도로 규정이 없다. 다만, 한국감정평가사협회가 제정한 「송전선로부지 등 보상평가지침」 제9조는 추가보정률을 송전선로요인, 개별요인, 그 밖의 요인 등을 고려할 율로서, [별표 1]에서 정하는 기준에 따라 통과전압의 종별이 76만 5천 볼트, 34만 5천 볼트, 15만 4천 볼트인 경우로 나누어 산정하도록 규정하고 있다.

㉢ 추가보정률의 산정기준[187]

[별표 1]에서 정하는 기준에 따라 추가보정률을 산정하는 경우에는 다음 각 호의 요인을 고려한 적정한 율로 하되, 각 요인별로 그 저해 정도를 고려하여 산정한다. 다만, 한시적으로 사용하는 경우에 있어서 사용료의 감정평가 시에는 제2호의 구분지상권 설정 여부는 적용하지 아니한다.

---

186) 송전선로부지 등 보상평가지침 제9조(감가율의 산정)
187) 송전선로부지 등 보상평가지침 제9조(감가율의 산정)

1. 송전선로요인 : 통과전압의 종별 및 송전선의 높이, 회선 수, 해당 토지의 철탑건립 여부, 주변 철탑 수, 철탑 거리, 철탑으로 인한 일조 장애, 송전선 통과 위치 등
2. 개별요인 : 용도지역, 고저, 경사도, 형상, 필지면적, 도로접면, 간선도로 거리, 구분지상권 설정 여부 등
3. 그 밖의 요인 : 인구수준(인구 수, 인구 순유입), 경제 활성화 정도, 장래의 동향 등

유효이용면적 또는 그 이하의 소규모 택지의 지상공간에 구분지상권을 설정하여 사실상 영구적으로 사용하는 경우 등에 있어 [별표 1]에서 정하는 기준에 따른 추가보정률을 적용하여 산정된 감정평가액이 그 송전선로부지의 지상공간 사용에 따른 해당 토지의 현실적인 경제적 가치 감소상당액 수준에 현저히 못 미친다고 인정되는 경우에는 따로 추가보정률의 산정기준 등을 정하여 감정평가할 수 있다. 이 경우에는 송전선로부지의 위치 및 면적, 송전선로 전압의 종별, 송전선로의 높이, 송전선로의 통과위치, 인근 철탑의 존재 여부 및 그 거리, 송전선로의 이전가능성 및 그 난이도 등과 주위 토지 상황 등을 종합적으로 고려하여 추가보정률 등을 정하여야 한다.

§ 송전선로부지 등 보상평가지침[별표 1] 추가보정률 산정기준표

• 154kV

감가요인 항목		택지 및 택지예정지	농지	산지
송전선로 요인(a)	회선 수	8~21%	5~15%	5~10%
	송전선 높이			
	해당 토지의 철탑 건립 여부			
	주변 철탑 수			
	철탑 거리			
	철탑으로 인한 일조 장애			
	송전선 통과 위치			
개별요인 (b)	용도지역, 고저, 경사도, 형상	6~17%*	4~13%*	4~8%*
	필지면적			
	도로접면			
	간선도로 거리			
	구분지상권 설정 여부*			
그 밖의 요인(c)	인구수준(인구 수, 인구 순유입) 경제 활성화 정도, 장래의 동향 등	5% 이내	3% 이내	3% 이내
추가보정률 합계		14~38% +5% 이내	9~28% +3% 이내	9~18% +3% 이내

• 345kV

감가요인 항목		택지 및 택지예정지	농지	산지
송전선로 요인(a)	회선 수	9~22%	6~16%	6~11%
	송전선 높이			
	해당 토지의 철탑 건립 여부			
	주변 철탑 수			
	철탑 거리			
	철탑으로 인한 일조 장애			
	송전선 통과 위치			
개별요인 (b)	용도지역, 고저, 경사도, 형상	6~18%*	4~14%*	4~9%*
	필지면적			
	도로접면			
	간선도로 거리			
	구분지상권 설정 여부			
그 밖의 요인(c)	인구수준(인구 수, 인구 순유입) 경제 활성화 정도, 장래의 동향 등	5% 이내	3% 이내	3% 이내
추가보정률 합계		15~40% +5% 이내	10~30% +3% 이내	10~20% +3% 이내

• 765kV

감가요인 항목		택지 및 택지예정지	농지	산지
송전선로 요인(a)	회선 수	20~30%	8~18%	8~13%
	송전선 높이			
	해당 토지의 철탑 건립 여부			
	주변 철탑 수			
	철탑 거리			
	철탑으로 인한 일조 장애			
	송전선 통과 위치			
개별요인 (b)	용도지역, 고저, 경사도, 형상	15~20%*	7~17%*	7~12%*
	필지면적			
	도로접면			
	간선도로 거리			
	구분지상권 설정 여부			
그 밖의 요인(c)	인구수준(인구 수, 인구 순유입) 경제 활성화 정도, 장래의 동향 등	5% 이내	5% 이내	5% 이내
추가보정률 합계		35~50% +5% 이내	15~35% +5% 이내	15~25% +5% 이내

>> **공통유의사항**

1. 이 표는 추가보정률의 일반적인 적용범위 및 구분기준 등을 정한 것이므로 대상물건의 상황이나 지역여건 등에 따라 이를 증·감 조정할 수 있다.
2. 구분지상권이 설정되는 경우(5%)를 기준으로 한 범위이며, 미설정 시 해당 범위에서 −5%를 일괄 적용한다.
3. 이 표에서 정하지 아니한 용도 토지의 경우에는 이 표에서 정한 유사한 용도 토지의 율을 적용할 수 있다.

(3) **지상 또는 지하공간의 사용면적**(보상의 범위)[188]

송전선로의 건설을 위한 토지의 지상 또는 지하공간의 사용에 따른 사용료의 감정평가 시에 적용할 사용면적은 의뢰인이 다음에서 정하는 기준에 따라 산정하여 제시한 면적으로 한다.

① 지상공간을 사용하는 경우에는 송전선로의 양측 가장 바깥선으로부터 수평으로 3미터를 더한 범위에서 수직으로 대응하는 토지의 면적(이 경우 건축물 등의 보호가 필요한 경우에는 기술기준에 따른 전선과 건축물 간의 전압별 이격거리까지 확장할 수 있다)으로 한다.

② 택지 및 택지예정지로서 해당 토지의 최유효이용을 상정한 건축물의 최고높이가 전기설비기준 제140조 제1항에서 정한 전압별 측방이격거리(3m에 35,000V를 넘는 10,000V 또는 그 단수마다 15cm를 더한 값의 거리를 말한다)의 전선 최하높이보다 높은 경우에는 송전선로의 양측 최외선으로부터 그 이격거리를 수평으로 더한 범위안에서 정한 직하 토지의 면적으로 한다.

③ 지하공간을 사용하는 경우에는 송전선로 시설물의 설치 또는 보호를 위하여 사용되는 토지의 지하부분에서 수직으로 대응하는 토지의 면적으로 한다(전기사업법 제90조의2 제2항 제2호).

2) 송전선로 주변지역 토지의 재산적 보상 등을 위한 감정평가

송·변전설비 주변지역의 보상 및 지원에 관한 법률 제2장 재산적 보상 및 주택매수 등 청구

제4조(토지에 대한 재산적 보상 청구)

① 토지소유자는 자신이 소유하고 있는 토지가 재산적 보상지역에 속한 경우에는 사업자에게 재산적 보상을 청구할 수 있다.

② 재산적 보상금액은 토지소유자와 사업자가 협의하여 정한다. 이 경우 협의를 위한 보상기준과 범위 등은 「전기사업법」 제90조의2에 따른 보상수준을 고려하여 대통령령으로 정한다.

③ 제1항에 따른 청구기간은 「전원개발촉진법」 제5조에 따른 전원개발사업 실시계획 승인일부터 해당 사업의 공사완료일(「전기사업법」 제63조에 따른 사용전검사가 완료된 때를 말한다) 이후 2년까지로 한다. 이 경우 사업자는 해당 토지소유자에게 공사가 완료되었음을 알려야 한다.

④ 제2항에 따른 협의가 성립되지 아니한 경우에 사업자 또는 토지소유자는 「공익사업을 위한 토지 등의 취득 및 보상에 관한 법률」 제51조에 따른 관할 토지수용위원회에 재결을 신청할 수 있다.

⑤ 제1항부터 제3항까지에 따른 보상에 관하여 이 법에서 정한 경우를 제외하고는 「공익사업을 위한 토지 등의 취득 및 보상에 관한 법률」 제8조, 제17조, 제63조, 제64조, 제75조 및 제83조부터 제85조까지의 규정을 준용한다.

---

[188] 송전선로부지 등 보상평가지침 제10조(지상 또는 지하공간의 사용면적)

제5조(주택매수 등의 청구)

① 주택소유자는 자신이 소유하고 있는 주택이 주택매수 등 청구지역에 속한 경우에는 사업자에게 다음 각 호의 어느 하나를 청구할 수 있다. 다만, 제1호를 청구하려는 주택소유자와 대지소유자가 다른 경우에는 공동으로 매수를 청구하여야 한다.
  1. 해당 주택 및 그 대지[「공간정보의 구축 및 관리 등에 관한 법률」 제67조 제1항에 따른 지목이 대(垈)인 토지를 말한다]의 매수
  2. 해당 주택에 대한 주거환경개선비용의 지원
② 제1항 제1호에 따른 매수의 청구가 있는 경우 사업자는 해당 주택 및 그 대지가 「전원개발촉진법」 제5조 제3항 제2호의 전원개발사업구역에 편입된 것으로 보아 이를 매수하여야 한다. 이 경우 매수한 주택 및 대지는 「소득세법」 또는 「법인세법」 적용 시 「공익사업을 위한 토지 등의 취득 및 보상에 관한 법률」에 따른 수용에 의하여 취득한 것으로 본다.
③ 제1항 제1호에 따른 주택매수의 가액 및 범위는 주택소유자와 사업자가 협의하여 정한다. 이 경우 협의를 위한 매수 청구 범위, 대상 및 매수가액 산정기준 등 구체적인 사항은 대통령령으로 정한다.
④ 제1항 제2호에 따른 주거환경개선비용 지원액의 산정기준 등에 관한 구체적인 사항은 대통령령으로 정한다.
⑤ 제1항에 따른 청구의 청구기간, 불복절차 및 그 밖의 절차는 제4조 제3항부터 제5항까지를 준용한다.

(1) 토지에 대한 재산적 보상을 위한 감정평가

① 감정평가방법[189]

㉠ 「송전설비주변법」 제4조에 따른 재산적 보상토지의 경제적 가치감소분에 대한 감정평가액은 지상 송전선로 건설로 인한 해당 토지의 경제적 가치 감소정도, 토지활용 제한 정도, 재산권 행사의 제약 정도 등을 고려하여 감정평가하되 다음과 같이 결정한다.

감정평가액 ≒ [해당 토지의 단위면적당 토지가액 × 감가율 × 재산적 보상토지의 면적]

㉡ 해당 토지의 단위면적당 토지가액은 해당 송전선로의 건설로 인한 지가의 영향을 받지 아니하는 토지로서 인근 지역에 있는 유사한 이용상황의 표준지를 기준으로 감정평가한다.

㉢ 재산적 보상평가액은 「전기사업법」 제90조의2 또는 「전원개발촉진법」 제6조의2에 따른 보상수준을 초과할 수 없다.

② 감가율의 산정[190]

㉠ 송전선로의 건설로 인하여 발생하는 재산적 보상토지의 감정평가 시에 적용되는 감가율은 [별표 2]에서 정하는 기준에 따라 통과전압의 종별이 76만 5천 볼트, 34만 5천 볼트인 경우로 나누어 산정한다.

㉡ [별표 2]에서 정하는 기준에 따라 감가율을 산정하는 경우에는 다음 각 호의 요인을 고려한 적정한 율로 하되, 각 요인별로 그 저해 정도를 고려하여 산정한다.

---

189) 송전선로부지 등 보상평가지침 제14조(재산적 보상을 위한 감정평가)
190) 송전선로부지 등 보상평가지침 제15조(감가율의 산정)

1. 송전선로요인 : 통과전압의 종별 및 송전선의 높이, 회선 수, 해당 토지의 철탑건립 여부, 주변 철탑 수, 철탑 거리, 철탑으로 인한 일조 장애, 송전선 통과 위치 등
2. 개별요인 : 용도지역, 고저, 경사도, 형상, 필지면적, 도로접면, 간선도로 거리, 구분지상권 설정 여부 등
3. 그 밖의 요인 : 인구수준(인구 수, 인구 순유입), 경제 활성화 정도, 장래의 동향 등

※ 송전선로부지 등 보상평가지침[별표 2] 재산적 보상토지 감가율 산정기준표

• 345kV

감가요인 항목		택지 및 택지예정지	농지	산지
송전선로 요인(a)	회선 수	8~20%	4~15%	4~10%
	송전선 높이			
	해당 토지의 철탑 건립 여부			
	주변 철탑 수			
	철탑 거리			
	철탑으로 인한 일조 장애			
	송전선 통과 위치			
개별요인 (b)	용도지역, 고저, 경사도, 형상	5~17%*	4~13%*	4~8%*
	필지면적			
	도로접면			
	간선도로 거리			
	구분지상권 설정 여부			
그 밖의 요인(c)	인구수준(인구 수, 인구 순유입) 경제 활성화 정도, 장래의 동향 등	5% 이내	3% 이내	3% 이내
감가율 합계		13~37% +5% 이내	8~28% +5% 이내	8~18% +5% 이내

• 765kV

감가요인 항목		택지 및 택지예정지	농지	산지
송전선로 요인(a)	회선 수	17~27%	6~17%	6~12%
	송전선 높이			
	해당 토지의 철탑 건립 여부			
	주변 철탑 수			
	철탑 거리			
	철탑으로 인한 일조 장애			
	송전선 통과 위치			
개별요인 (b)	용도지역, 고저, 경사도, 형상	13~18%*	5~14%*	5~10%*
	필지면적			
	도로접면			
	간선도로 거리			
	구분지상권 설정 여부			

그 밖의 요인(c)	인구수준(인구 수, 인구 순유입) 경제 활성화 정도, 장래의 동향 등	5% 이내	5% 이내	5% 이내
감가율 합계		30~45% +5% 이내	11~31% +5% 이내	11~22% +5% 이내

》 공통유의사항

1. 이 표는 감가율의 일반적인 적용범위 및 구분기준 등을 정한 것이므로 대상물건의 상황이나 지역여건 등에 따라 증·감 조정할 수 있다.
2. 구분지상권이 설정되는 경우(5%)를 기준으로 한 범위이며, 미설정시 해당 범위에서 -5%를 일괄 적용한다.
3. 이 표에서 정하지 아니한 용도 토지의 경우에는 이 표에서 정한 유사한 용도 토지의 율을 적용할 수 있다.

③ **재산적 보상토지의 면적**[191]

재산적 보상의 감정평가에 적용하는 토지면적은 의뢰인이 다음에서 정하는 기준에 따라 산정하여 제시한 면적으로 한다.

㉠ 76만 5천 볼트 송전선로의 경우에는 송전선로 양측 가장 바깥선으로부터의 거리가 각각 3미터 이상 33미터 이하, 34만 5천볼트 송전선로의 경우에는 송전선로 양측 가장 바깥선으로부터의 거리가 각각 3미터 이상 13미터 이하 범위의 직하 토지의 면적을 원칙으로 한다.

㉡ 송전선로가 그 지상을 통과하는 택지로서 건축물 등의 보호가 필요한 경우에는 송전선로 양측 가장 바깥선으로부터의 거리(3미터)를 기술기준에 따른 전선과 건축물 간의 전압별 이격거리까지 확장할 수 있고 송전선로의 양측 가장 바깥선으로부터의 거리가 76만 5천 볼트 송전선로의 경우에는 각각 그 이격거리 이상 33미터 이하, 34만 5천 볼트 송전선로의 경우에는 그 이격거리 이상 13미터 이하 범위 안에서 정한 직하 토지의 면적으로 한다.

(2) **주택매수의 청구를 위한 감정평가**[192][193]

① **감정평가방법**

「송전설비주변법」 제5조 제3항에 따른 주택매수의 가액(價額)은 「부동산 가격공시에 관한 법률」 제3조에 따른 표준지공시지가를 기준으로 한다. 이 경우 다음 각 호의 사항을 고려하되, 주택의 일시적 이용 상황, 주택소유자가 갖는 주관적 가치 및 주택소유자의 개별적 용도는 고려하지 아니한다.

1. 표준지공시지가 공시기준일부터 주택매수 협의의 성립시점까지의 관계 법령에 따른 해당 주택의 이용계획
2. 해당 지상 송전선로 건설로 인한 지가(地價)의 영향을 받지 아니하는 지역의 지가변동률
3. 생산자물가상승률(「한국은행법」 제86조에 따라 한국은행이 조사·발표하는 생산자물가지수에 따라 산정된 비율을 말한다)
4. 그 밖에 해당 주택의 위치, 형상, 환경 및 이용상황

---

191) 송전선로부지 등 보상평가지침 제16조(재상적 보상토지의 면적)
192) 송전설비주변법 시행령 제11조(주택매수 가액의 산정기준)
193) 송전선로부지 등 보상평가지침 제17조(주택매수의 청구 대상 토지의 감정평가기준)

② **표준지공시지가의 선정**

    ㉠ **표준지공시지가 선정의 원칙**

        표준지공시지가는 「송전설비주변법 시행령」 제3조에 따라 주택매수 청구지역의 보상계획을 수립한 경우에는 지상 송전선로 건설에 관한 다음 각 호의 승인, 지정 또는 인·허가(이하 "승인 등"이라 한다) 중 최초 승인 등이 있은 날(이하 "승인등완료일"이라 한다) 전의 시점을 공시기준일로 하는 표준지공시지가로서 그 주택매수의 협의 성립 당시 공시된 표준지공시지가 중 그 승인등완료일과 가장 가까운 시점에 공시된 표준지공시지가로 한다.

> 1. 「전원개발촉진법」 제5조에 따른 전원개발사업 실시계획의 승인
> 2. 「국토의 계획 및 이용에 관한 법률」 제86조에 따른 도시·군계획시설사업의 시행자 지정
> 3. 「국토의 계획 및 이용에 관한 법률」 제88조에 따른 도시·군계획시설사업에 관한 실시계획의 인가
> 4. 「산업입지 및 개발에 관한 법률」 제18조에 따른 일반산업단지개발실시계획의 승인
> 5. 「택지개발촉진법」 제9조에 따른 택지개발사업 실시계획의 승인
> 6. 그 밖에 지상 송전선로 건설을 위한 다른 법령에 따른 승인 등

    ㉡ 승인등완료일 전에 「송전설비주변법 시행령」 제4조 제1항 각 호의 사업에 대한 공고 등(이하 이 항에서 "사업공고"라 한다)으로 주택매수의 청구 대상 주택의 가격이 변동되었다고 인정되는 경우

        해당 사업공고 전의 시점을 공시기준일로 하는 표준지공시지가로서 그 주택 매수의 협의 성립 당시 공시된 표준지공시지가 중 사업공고 시점과 가장 가까운 시점에 공시된 표준지공시지가로 할 수 있다.

참고

• **송전선로 주변토지의 범위**

구분	전압(kv)	적용범위		주요내용
① 재산적 보상(토지)	765	송전 선로 최외선	33m	• 주변토지 가치하락 보상
	345		13m	
② 주택매수	765		좌우 180m	• 주택 매수 청구권 부여
	345		60m	
③ 지역지원사업	765		1,000m	• 매년 마을단위 지원사업(전기요금 지원, 복지사업, 육영사업, 소득증대 등)
	345		700m	
	765	변전소 울타리	경계 사방 850m	
	345		600m	

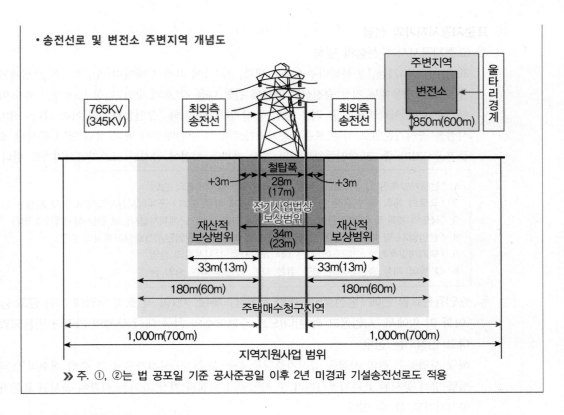

• 송전선로 및 변전소 주변지역 개념도

>> 주. ①, ②는 법 공포일 기준 공사준공일 이후 2년 미경과 기설송전선로도 적용

4. 개간비의 감정평가 [194)

토지보상법 시행규칙 제27조(개간비의 평가 등)

① 국유지 또는 공유지를 관계법령에 의하여 적법하게 개간(매립 및 간척을 포함한다)한 자가 개간 당시부터 보상 당시까지 계속하여 적법하게 해당 토지를 점유하고 있는 경우(개간한 자가 사망한 경우에는 그 상속인이 개간한 자가 사망한 때부터 계속하여 적법하게 해당 토지를 점유하고 있는 경우를 포함한다) 개간에 소요된 비용(이하 "개간비"라 한다)은 이를 평가하여 보상하여야 한다. 이 경우 보상액은 개간 후의 토지가격에서 개간 전의 토지가격을 뺀 금액을 초과하지 못한다.

② 제1항의 규정에 의한 개간비를 평가함에 있어서는 개간 전과 개간 후의 토지의 지세·지질·비옥도·이용 상황 및 개간의 난이도 등을 종합적으로 고려하여야 한다.

③ 제1항의 규정에 의하여 개간비를 보상하는 경우 취득하는 토지의 보상액은 개간 후의 토지가격에서 개간비를 뺀 금액으로 한다.

---

194) 감정평가실무기준 해설서(Ⅱ) 보상편, 한국감정평가사협회 등, 2014.02, pp.185~190

1) 개간비 지급대상

(1) 국유지 또는 공유지(사유지에서는 적용 안됨)

개간비보상의 대상토지는 국유지 또는 공유지에 한한다. 따라서 사유지는 소유자가 아닌 자가 적법하게 개간한 경우에도 개간비의 보상대상이 아니다. 이와 같이 개간비보상의 대상을 국·공유지로 한정한 이유는 사유지의 경우, 계약에 의해 개간비의 귀속이 달라질 수 있으므로 이를 법령으로 제한할 수 없기 때문이다.

(2) 관계법령의 규정에 의하여 적법하게 개간(매립, 간척을 포함)

개간을 위하여 관련 법령에 따라 허가·인가 등을 받아야 하는 경우는 허가·인가 등을 받고 개간한 토지여야 한다. 이러한 허가·인가 등에는 「국토계획법」에 따른 형질변경허가 등뿐만 아니라 「국유재산법」 및 「공유재산 및 물품 관리법」에 따른 사용허가 또는 대부계약을 포함한다. 관련 법령에 따라 허가·인가 등을 받지 않고 개간한 무허가 개간토지가 1995년 1월 7일 당시에 공익사업시행지구에 편입된 경우에는 개간비를 보상한다(토지보상법 시행규칙 부칙 제6조). 이 경우 1995년 1월 7일 당시에 공익사업시행지구에 편입되었는지 여부의 판단은 불법형질변경토지의 기준을 준용한다.

(3) 계속 점유

개간한 자가 개간 당시부터 보상 당시까지 계속하여 적법하게 해당 토지를 점유하고 있어야 한다. 즉, 개간비의 지출자와 보상대상자가 동일인이어야 한다. 따라서 기준시점 당시 개간을 한 자가 사실상 점유하고 있지 아니한 때에는 원칙적으로 보상대상이 되지 않는다.

(4) 개간한 자가 사망한 경우에는 그 상속인이 개간한 자가 사망한 때부터 계속하여 적법하게 해당 토지를 점유하고 있는 경우

(5) 사업시행자로부터 지상물과는 별도로 개간비의 평가의뢰가 있는 경우

2) 개간비의 평가

(1) 개간비평가가 가능한 경우

개간비의 평가는 가격시점 당시를 기준으로 한 개간에 통상 필요한 비용상당액(개량비를 포함)으로 하되, 개간비의 평가 시에는 개간 전·후 토지의 위치·지형·지세·지질·비옥도 및 이용상태와 개간의 난이도 등을 종합 고려하여야 한다. 또한 개간비는 기준시점을 기준으로 감정평가하므로, 개간 당시에 실제 지출된 금액이 아니라 기준시점에서 새로이 개간하는 것을 전제로 할 때 통상 필요한 비용상당액을 기준으로 한다.

점유자의 상환청구를 규정한 「민법」 제203조 제2항은 점유자가 점유물을 개량하기 위하여 지출한 금액 기타 유익비에 관하여는 그 가액의 증가가 현존한 경우에 한하여 회복자의 선택에 좇아 그 지출금액이나 증가액의 상환을 청구할 수 있도록 규정하고 있으므로, 일반적으로 유익비는 지출금액이나 증가액 중에서 선택적으로 청구할 수 있으나, 개간비는 증가액을 대상으로 하지 않고 지출금액만을 대상으로 한다.

(2) **개간에 통상 필요한 비용상당액을 산정하기 곤란한 경우**

개간에 통상 필요한 비용상당액을 산정하기 위해서는 먼저 개간 전 토지의 지세·지질·비옥도·이용상황 등의 파악이 가능하여야 하나, 개간 후 장기간이 경과되어 주위환경이 변경된 경우는 기준시점에서 사실상 이를 확인하는 것이 불가능하다.

따라서 이러한 경우 개간비는 인근지역에 있는 표준지공시지가를 기준으로 한 개간 후의 토지에 대한 평가가액의 3분의 1 이내로 할 수 있다. 다만, 개간지가 도시지역의 녹지지역 안에 있는 경우에는 5분의 1, 도시지역의 그 밖의 용도지역 안에 있는 경우에는 10분의 1 이내로 할 수 있다.

(3) **유의사항(개간비의 보상감정평가액 한도)**

개간비보상액은 개간 후의 토지가격에서 개간 전의 토지가격을 뺀 금액을 초과하지 못하며 개간 후의 토지에 대한 평가가격의 결정에서 일시적인 이용상황은 고려하지 아니한다.

한편, 개간비는 개간 후의 토지가액에서 개간 전의 토지가액을 뺀 금액을 초과하지 못하므로, 실제로 개간비용이 지출되었다고 하여도 개간으로 인하여 토지가치가 상승하지 않았다면 보상대상이 아니다.

3) 토지소유자에 대한 보상

토지는 개간이 된 현실적인 이용상황을 기준으로 감정평가한 보상금액을 토지소유자에게 지급한다. 개간비를 보상하는 경우 취득하는 토지의 보상액은 개간 후의 토지가격에서 개간비를 뺀 금액으로 한다(개인별로 보상한다).

> 개간지 보상액 = 개간 후 토지가격 − 개간비 보상액

4) 유의사항

(1) **점용기간이 만료된 경우**

개간비는 개간한 자가 개간 당시부터 보상 당시까지 계속하여 적법하게 해당 토지를 점유하고 있어야 하므로, 적법하게 개간하였다고 하여도 점용기간이 만료 후에 점용기간의 갱신 없이 점유하고 있는 경우는 계속하여 적법하게 점유하고 있다고 볼 수 없으므로 개간비의 보상대상이 아니다. (구)「공공용지의 취득 및 손실보상에 관한 특례법」제9조에서는 점유의 적법성을 규정하고 있지 않았으므로 점용기간이 만료된 이후에 점유하고 있는 경우에도 개간비의 보상대상으로 볼 수 있었으나(토정 58342-1027, 1997.7.24), 「토지보상법 시행규칙」제27조에서는 점유의 적법성을 요건으로 규정하고 있으므로 이런 경우 개간비의 보상대상으로 볼 수 없다.

(2) **허가 용도와 다른 용도로 개간한 경우**

관련법령에 의하여 허가를 받고 개간하였으나 그 용도가 허가된 용도와 다른 경우에는 이를 적법하게 개간한 경우로 볼 수 없으므로, 개간비 보상대상이 아니다.

(3) 점용허가면적과 상이한 경우

점용허가면적을 초과하여 개간한 경우 초과 부분은 적법한 개간으로 볼 수 없으므로, 개간비의 보상대상이 아니다. 또한 개간면적이 인·허가면적보다 작은 경우에는 개간면적에 대해서만 보상한다.

(4) 원상회복 또는 보상제한의 부관이 있는 경우

점용허가의 부관으로 점용기간 만료 시에는 원상회복하여야 한다든가, 또는 보상을 청구하지 않는다는 등의 부관이 있는 경우는 개간비의 보상은 인정되지 않는다. 대법원은 "하천점용허가의 부관에서 정하고 있는 '점용기간 만료 또는 점용을 폐지하였을 때에는 즉시 원상복구할 것'의 의미는 원고들이 이 사건 각 하천부지에 대한 점용기간 만료 시 그에 관한 개간비보상청구권을 포기하는 것을 조건으로 하여 이 사건 각 하천점용허가를 한 것으로 해석함이 상당하고, 하천점용허가 시 위와 같은 내용의 부관을 붙이는 것은 점용허가관청의 재량에 속하는 것이므로, 위 부관의 내용은 원고들에게 유효하게 그 효력을 미친다."라고 판시하고 있다(대판 2008.7.24, 2007두25930·25947·25954).

기본예제

다음 자료를 이용하여 개간비 및 개간지에 대한 보상액을 산정하시오.

자료 1
1. 대상토지: 충북 단양군 대강면 A리 100번지
2. 용도지역: 계획관리지역
3. 도로 등: 세로(불), 완경사
4. 면적: 1,000m²

자료 2 인근공시지가(2026.1.1.)

기호	소재지	지목	면적(m²)	이용상황	용도지역	도로교통	형상지세	공시지가(원/m²)
1	A리	임야	1,200	임야	계획관리	맹지	부정형완경사	2,500
2	A리	전	800	전	계획관리	세로(불)	부정형완경사	6,000
3	A리	전	900	전	농림	세로(불)	부정형평지	4,500

자료 3 개별요인

	대상	표준지 1	표준지 2	표준지 3
개별요인	100	95	100	95

자료 4 기타자료
1. 대상토지는 이 씨가 2018년 단양군으로부터 적법한 허가를 득하고 개간하여 이 씨가 현재까지 경작 중에 있는 현황 "전"임.
2. 가격시점: 2026년 9월 1일
3. 단양군 관리지역 지가변동률(2026.1.1.~2026.9.1.): 5%
4. 가격시점 현재 개간에 소요되는 표준적 비용은 @3,700원/m²임.
5. 종전의 이용상황은 임야였음.
6. 그 밖의 요인은 대등함.

ᐁ예시답안

Ⅰ. 평가개요
본건은 개간비 및 개간지에 대한 보상감정평가로 가격시점은 2026년 9월 1일이다.

Ⅱ. 개간비 보상
1. 개간비용
$3,700 \times 1,000 = 3,700,000$원

2. 개간비 한도액

(1) 개간 후 토지가격 : 개간 후인 전을 기준으로 용도지역이 동일한 표준지 2를 기준한다.
$6,000 \times 1.05000 \times 1.000 \times 1.000 \times 1.00 = 6,300$원/m²($\times 1,000 = 6,300,000$원)

(2) 개간 전 토지가격 : 개간 전인 임야를 기준으로 용도지역이 동일한 표준지 1을 기준한다.
$2,500 \times 1.05000 \times 1.000 \times 100/95 \times 1.00 = 2,800$원/m²($\times 1,000 = 2,800,000$원)

(3) 개간비 보상한도액 : $6,300,000 - 2,800,000 \fallingdotseq 3,500,000$원

3. 개간비 보상액
개간비용이 개간비 보상한도액을 초과하므로 개간비 보상한도액인 3,500,000원으로 결정한다.

Ⅲ. 개간지 보상
$6,300,000 - 3,500,000 \fallingdotseq 2,800,000$원

---

5. 잔여지의 감정평가 [195)196)]

1) 관련법령

> **공익사업을 위한 토지 등의 취득 및 보상에 관한 법률 제73조**(잔여지의 손실과 공사비 보상)
>
> ① 사업시행자는 동일한 소유자에게 속하는 일단의 토지의 일부가 취득되거나 사용됨으로 인하여 잔여지의 가격이 감소하거나 그 밖의 손실이 있을 때 또는 잔여지에 통로·도랑·담장 등의 신설이나 그 밖의 공사가 필요할 때에는 국토교통부령으로 정하는 바에 따라 그 손실이나 공사의 비용을 보상하여야 한다. 다만, 잔여지의 가격 감소분과 잔여지에 대한 공사의 비용을 합한 금액이 잔여지의 가격보다 큰 경우에는 사업시행자는 그 잔여지를 매수할 수 있다.
> ② 제1항 본문에 따른 손실 또는 비용의 보상은 관계 법률에 따라 사업이 완료된 날 또는 제24조의2에 따른 사업완료의 고시가 있는 날(이하 "사업완료일"이라 한다)부터 1년이 지난 후에는 청구할 수 없다.
> ③ 사업인정고시가 된 후 제1항 단서에 따라 사업시행자가 잔여지를 매수하는 경우 그 잔여지에 대하여는 제20조에 따른 사업인정 및 제22조에 따른 사업인정고시가 된 것으로 본다.
> ④ 제1항에 따른 손실 또는 비용의 보상이나 토지의 취득에 관하여는 제9조 제6항 및 제7항을 준용한다.
> ⑤ 제1항 단서에 따라 매수하는 잔여지 및 잔여지에 있는 물건에 대한 구체적인 보상액 산정 및 평가방법 등에 대하여는 제70조, 제75조, 제76조, 제77조, 제78조 제4항, 같은 조 제6항 및 제7항을 준용한다.
>
> **동법 제74조**(잔여지 등의 매수 및 수용청구)
>
> ① 동일한 소유자에게 속하는 일단의 토지의 일부가 협의에 의하여 매수되거나 수용됨으로 인하여 잔여지를

---

195) 감정평가실무기준 해설서(Ⅱ) 보상편, 한국감정평가사협회 등, 2014.02, pp.199~213
196) 토지보상평가지침 제53조

종래의 목적에 사용하는 것이 현저히 곤란할 때에는 해당 토지소유자는 사업시행자에게 잔여지를 매수하여 줄 것을 청구할 수 있으며, 사업인정 이후에는 관할 토지수용위원회에 수용을 청구할 수 있다. 이 경우 수용의 청구는 매수에 관한 협의가 성립되지 아니한 경우에만 할 수 있으며, 사업완료일까지 하여야 한다.

② 제1항에 따라 매수 또는 수용의 청구가 있는 잔여지 및 잔여지에 있는 물건에 관하여 권리를 가진 자는 사업시행자나 관할 토지수용위원회에 그 권리의 존속을 청구할 수 있다.

③ 제1항에 따른 토지의 취득에 관하여는 제73조 제3항을 준용한다.

④ 잔여지 및 잔여지에 있는 물건에 대한 구체적인 보상액 산정 및 평가방법 등에 대하여는 제70조, 제75조, 제76조, 제77조, 제78조 제4항, 같은 조 제6항 및 제7항을 준용한다.

동법 시행령 제39조(잔여지의 판단)

① 법 제74조 제1항에 따라 잔여지가 다음 각 호의 어느 하나에 해당하는 경우에는 해당 토지소유자는 사업시행자 또는 관할 토지수용위원회에 잔여지를 매수하거나 수용하여 줄 것을 청구할 수 있다.
  1. 대지로서 면적이 너무 작거나 부정형(不定形) 등의 사유로 건축물을 건축할 수 없거나 건축물의 건축이 현저히 곤란한 경우
  2. 농지로서 농기계의 진입과 회전이 곤란할 정도로 폭이 좁고 길게 남거나 부정형 등의 사유로 영농이 현저히 곤란한 경우
  3. 공익사업의 시행으로 교통이 두절되어 사용이나 경작이 불가능하게 된 경우
  4. 제1호부터 제3호까지에서 규정한 사항과 유사한 정도로 잔여지를 종래의 목적대로 사용하는 것이 현저히 곤란하다고 인정되는 경우

② 잔여지가 제1항 각 호의 어느 하나에 해당하는지를 판단할 때에는 다음 각 호의 사항을 종합적으로 고려하여야 한다.
  1. 잔여지의 위치·형상·이용상황 및 용도지역
  2. 공익사업 편입토지의 면적 및 잔여지의 면적

동법 시행규칙 제32조(잔여지의 손실 등에 대한 평가)

① 동일한 토지소유자에 속하는 일단의 토지의 일부가 취득됨으로 인하여 잔여지의 가격이 하락된 경우의 잔여지의 손실은 공익사업시행지구에 편입되기 전의 잔여지의 가격(해당 토지가 공익사업시행지구에 편입됨으로 인하여 잔여지의 가격이 변동된 경우에는 변동되기 전의 가격을 말한다)에서 공익사업시행지구에 편입된 후의 잔여지의 가격을 뺀 금액으로 평가한다.

② 동일한 토지소유자에 속하는 일단의 토지의 일부가 취득 또는 사용됨으로 인하여 잔여지에 통로·구거·담장 등의 신설 그 밖의 공사가 필요하게 된 경우의 손실은 그 시설의 설치나 공사에 필요한 비용으로 평가한다.

③ 동일한 토지소유자에 속하는 일단의 토지의 일부가 취득됨으로 인하여 종래의 목적에 사용하는 것이 현저히 곤란하게 된 잔여지에 대하여는 그 일단의 토지의 전체가격에서 공익사업시행지구에 편입되는 토지의 가격을 뺀 금액으로 평가한다.

2) 잔여지의 개념 및 요건

(1) 잔여지의 개념

잔여지의 가치하락 등에 따른 보상에서 잔여지란 동일한 토지소유자에 속하는 일단의 토지 중 일부만이 공익사업에 편입되고 남은 토지를 말한다(토지보상법 제73조 제1항). 따라서 매수보상의 대상이 되는 잔여지는 '종래의 목적에 사용하는 것이 현저히 곤란한 때'에 해당되어야 하나, 잔여

지의 가치하락 등에 따른 손실보상에서는 이러한 요건에 구애됨이 없이 일부만 취득되고 남는 토지는 전부가 잔여지에 해당된다. 즉, 잔여지의 가치하락 등에 따른 보상은 잔여지를 종래의 목적에 사용하는 것이 현저히 곤란하게 되었는지에 관계없이 인정된다.

(2) 잔여지의 요건

① 동일한 토지소유자

잔여지가 되기 위해서는 일단의 토지가 동일한 토지소유자에 속하여야 한다. 여기서 동일한 토지소유자란 일단의 토지의 등기명의가 반드시 동일하여야 하는 것은 아니며, 사실상 동일 소유관계일 경우에도 잔여지로 인정한다.

② 일단의 토지

일단의 토지란 반드시 1필지의 토지만을 가리키는 것이 아니라 일반적인 이용 방법에 의한 객관적인 상황이 동일한 여러 필지의 토지까지 포함하는 것이므로, 일단의 토지가 수 필지인 경우에도 그 가치감소는 일단의 토지 전체를 기준으로 산정한다(대판 1999.5.14, 97누4623). 여기서 여러 필지를 일단의 토지로 판단하기 위해서는 '일단으로 이용되고 있는 상황이 사회적 · 경제적 · 행정적 측면에서 합리적이고 해당 토지의 가치형성 측면에서도 타당하여 상호 불가분성이 인정되는 관계'에 해당되어야 하며(대판 2005.5.26, 2005두1428 등), 또한 부동산시장에서의 거래 관행에서도 그 전체가 일단으로 거래될 가능성이 높은 경우이어야 한다. 따라서 일단의 토지의 범위는 현실적이고 외부적인 인식 및 사회 관념에의 적합성 등을 참작하여 용도상 불가분의 관계에 있는 범위에 속하는지 여부를 기준으로 판단한다. 그러므로 지목이나 용도지역 등이 혼재되어 있는 경우 등도 이러한 요건에 해당된다면 일단의 토지로 볼 수 있다.

3) 잔여지 감가보상(잔여지에 대한 손실액의 평가) [197]

(1) 손실액

> 잔여지의 감가 = 공익사업시행지구에 편입되기 전의 잔여지의 가격
> − 공익사업시행지구에 편입된 후의 잔여지의 가격

(2) 공익사업시행지구에 편입되기 전의 잔여지의 가격

① 원칙

공익사업시행지구에 편입되기 전의 잔여지 가액은 일단의 토지의 전체가액에서 공익사업시행지구에 편입되는 토지의 가액을 뺀 금액으로 산정한다.

② 일단의 토지 전체가액

편입토지의 가액은 일단의 토지 전체가액을 기준으로 하여 산정하는 것이 원칙이므로, 일단의 토지 전체가액의 적용단가와 편입토지의 적용단가는 같은 것이 일반적이다. 다만, 편입토지와

---

197) 토지보상평가지침 제54조

잔여지의 용도지역·이용상황 등이 달라 구분감정평가한 경우에는 각각 다른 적용단가를 적용하여 일단의 토지 전체가액을 산정한다.

③ **해당 공익사업으로 인한 가액 변동의 배제**

대상토지가 공익사업시행지구에 편입됨으로 인하여 잔여지의 가치가 변동된 경우에는 변동되기 전의 가액으로 한다. 즉, 공익사업시행지구에 편입되기 전의 잔여지 가액은 일단의 토지 전체가 공익사업에 편입되는 것을 기준으로 한 가액에서 실제 편입되는 부분의 가액을 공제하여 산정한다.

(3) 공익사업시행지구에 편입된 후의 잔여지의 가격

① **원칙**

공익사업시행지구에 편입된 후의 잔여지 가액은 잔여지만이 남게 되는 상태에서의 잔여지 감정평가액으로 한다. 즉, 잔여지의 개별요인을 기준으로 감정평가한다.

공익사업시행지구에 편입된 후의 잔여지의 감정평가에서 잔여지의 개별요인은 ⅰ) 잔여지의 면적·형상 및 지세, ⅱ) 잔여지와 인접한 본인 소유토지의 유·무 및 일단지 사용의 가능성, ⅲ) 잔여지의 용도변경 등이 필요한 경우에는 주위토지의 상황, ⅳ) 잔여지에 도로·구거·담장·울 등 시설의 설치 또는 성토·절토 등 공사의 필요성 유·무 및 공사가 필요한 경우에 그 공사방법 등을 고려한다.

② **적용공시지가 및 공법상 제한 등**

㉠ 적용공시지가 : 2008.4.18. 개정 이전의 「토지보상법」은 잔여지에 대한 보상을 편입 토지의 보상금 증감에 관한 사항으로 다루었으므로, 편입 토지와 분리하여 잔여지만의 취득 또는 가치하락에 따른 보상을 인정하지 않았다. 따라서 잔여지 가치하락에 따른 보상의 기준시점도 편입 토지와 같았기 때문에 적용공시지가의 선정 등에서 별도의 문제가 발생할 여지가 없었다. 그러나 현행 「토지보상법」은 편입 토지의 보상과 잔여지의 가치하락에 따른 보상을 분리하고, 잔여지의 가치하락에 따른 보상의 청구도 공사완료일 후 1년까지 가능하도록 함으로써 잔여지 가치하락에 따른 보상감정평가에서 적용할 적용공시지가의 선택이 문제되고 있다.

특히 잔여지는 공익사업에 편입되어 취득하는 토지가 아니므로, 취득하는 토지의 감정평가방법을 규정한 「토지보상법」 제70조가 준용되지 않으며, 공익사업시행지구 밖의 토지 등에서와 같이 "공익사업시행지구에 편입되는 것으로 보아 보상한다."라는 규정도 두고 있지 않다. 따라서 잔여지의 가액을 감정평가할 경우 적용공시지가의 선택기준도 명확하지 않다. 그러나 잔여지의 가치하락에 따른 손실은 공익사업시행지구에 편입되는 시점에서 발생한다고 보아야 한다. 현행 「토지보상법」에서 해당 공익사업의 공사완료일부터 1년이 지난 후에는 청구할 수 없도록 한 것은 손실의 발생시점을 규정한 것이 아니라, 이러한 손실을 인식하여 보상을 청구하는 기간을 연장한 것으로 보아야 한다. 그러므로 잔여지의 가치하락에 따른 보상은 공익사업시행지구에 편입되는 시점을 기준으로 판단한다. 따라서 공익사업시행지구에 편입되기 전의 잔여지의 가액 및 공익사업시행지구에 편입된 후의 잔여지의 가액의 감정평가를 위한 적용공시지가는 편입된 부분의 적용공시지가와 같이 한다.

© **공법상의 제한사항 등**: 잔여지의 가치하락에 따른 손실은 공익사업시행지구에 편입되는 시점에서 발생한다고 보아야 하므로, 공익사업시행지구에 편입되기 전·후 잔여지의 감정평가에서 공법상의 제한사항 등은 편입토지의 보상 당시를 기준으로 한다. 따라서 편입토지의 보상 이후에 해당 공익사업과 관계없이 공법상 제한이 변경된 경우에도 이를 고려하지 아니한다.

③ **사업시행이익과의 상계금지**

해당 공익사업의 시행으로 인하여 잔여지의 개별요인 등이 개선되어 잔여지의 가치가 증가하거나 그 밖의 이익이 발생한 때에도 그 이익을 잔여지의 가치하락에 따른 보상액과 상계할 수 없다. 즉, 해당 공익사업으로 인한 가치의 증가분을 포함하지 않고 감정평가한다. 이는 「토지보상법」 제66조에 따른 사업시행이익과의 상계금지의 원칙이 적용되기 때문이다. 사업시행이익과의 상계금지의 원칙은 해당 공익사업으로 인하여 인근지의 토지소유자 모두가 받는 통상의 이익에 의한 지가의 상승을 잔여지의 토지소유자에게도 인정하여 잔여지와 인근지 간의 형평을 유지하기 위한 제도이다.

④ **사업손실의 반영 여부**

잔여지의 가치하락에는 분필 등으로 인하여 형태·면적 등의 개별요인이 나빠짐으로 인한 하락(수용손실)은 물론, 취득 또는 사용 목적 사업의 시행으로 설치되는 시설의 형태·구조·사용 등에 기인하여 발생하는 손실(사업손실) 및 장래의 이용가능성이나 거래의 용이성 등에 의한 사용가치 및 교환가치상의 하락도 포함된다.

> **판례**
>
> **[대판 2011.02.24, 2010두23149] 잔여지 손실에는 사업손실도 포함된다.**
>
> **【판시사항】**
> 구 '공익사업을 위한 토지 등의 취득 및 보상에 관한 법률' 제73조에 따라 토지 일부의 취득 또는 사용으로 잔여지 손실에 대하여 보상하는 경우, 보상하여야 하는 손실의 범위
>
> **【판결요지】**
> 구 공익사업을 위한 토지 등의 취득 및 보상에 관한 법률(2007.10.17. 법률 제8665호로 개정되기 전의 것, 이하 '공익사업법'이라 한다) 제73조에 의하면, 동일한 토지소유자에 속하는 일단의 토지의 일부가 취득 또는 사용됨으로 인하여 잔여지의 가격이 감소하거나 그 밖의 손실이 있는 때 등에는 토지소유자는 그로 인한 잔여지 손실보상청구를 할 수 있고, 이 경우 보상하여야 할 손실에는 토지 일부의 취득 또는 사용으로 인하여 그 획지조건이나 접근조건 등의 가격형성요인이 변동됨에 따라 발생하는 손실뿐만 아니라 그 취득 또는 사용 목적 사업의 시행으로 설치되는 시설의 형태·구조·사용 등에 기인하여 발생하는 손실과 수용재결 당시의 현실적 이용상황의 변경 외 장래의 이용가능성이나 거래의 용이성 등에 의한 사용가치 및 교환가치상의 하락 모두가 포함된다(대판 1998.9.8, 97누10680, 대판 2000.12.22, 99두10315 참조).

⑤ **장래 이용가능성 등에 따른 가치하락의 반영 여부**

대법원은 잔여지의 가치하락에 따른 보상에서 보상할 손실에는 장래의 이용가능성이나 거래의 용이성 등에 의한 사용가치 및 교환가치상의 하락 모두가 포함된다고 판결하고 있다(대판 2011.

2.24, 2010두23149). 따라서 공익사업시행지구에 편입된 후의 잔여지 가치의 감정평가에서는 잔여지로 인한 장래의 이용가능성이나 거래의 용이성 등에 의한 사용가치 및 교환가치상의 하락으로 인한 가치의 하락을 반영한다. 다만, 이러한 가치하락이 수용손실과 사업손실로 인한 가치하락에 포함되었다고 판단될 때에는 별도로 구분하여 감정평가하지 않는다.

(4) **잔여지에 대한 시설의 설치 또는 공사로 인한 손실액의 결정**

잔여지에 통로・도랑・담장 등의 신설이나 그 밖의 공사가 필요하게 된 경우의 손실은 그 시설의 설치나 공사에 통상 필요한 비용 상당액을 기준으로 산정한다(공사완료일부터 1년 내 청구 가능). 보상의 성격상 반드시 공사비(현금)으로 보상하여야 하는 것은 아니며, 사업시행자가 직접 공사하는 것도 허용된다고 본다.

(5) **잔여지의 가치하락에 따른 보상에 갈음하는 매수보상**

잔여지의 가치하락에 따른 보상과 잔여지에 대한 공사비 등의 보상을 동시에 하는 경우로서 잔여지의 가치하락에 따른 보상액과 잔여지에 대한 공사비 보상액을 합한 금액이 잔여지의 가액보다 큰 경우에는 잔여지를 매수할 수 있다. 이는 사업시행자의 불필요한 보상금의 지출을 막기 위한 것이다. 이 경우의 보상은 사업시행자와 손실을 입은 자가 협의하여 결정하되, 협의가 성립되지 아니하면 사업시행자나 손실을 입은 자는 관할 토지수용위원회에 재결을 신청할 수 있다(토지보상법 제73조 제4항).

잔여지 가격감소분(손실) + 잔여지 공사비 ≥ 잔여지 가격

---

4) 잔여지의 매수 [198)]

(1) **매수대상 잔여지의 개요**

① **매수대상 잔여지의 개념**

잔여지의 매수보상에서 잔여지란 동일한 토지소유자에 속하는 일단의 토지 중 일부가 협의에 의하여 매수되거나 수용됨으로 인하여 남은 잔여지로서, 종래의 목적에 사용하는 것이 현저히 곤란하게 된 토지를 말한다(토지보상법 제74조 제1항). 즉, 잔여지의 가치하락 등에 따른 보상에서 잔여지는 일단의 토지 중에서 공익사업용지로 사업시행자가 취득하고 남은 토지를 의미하나, 매수보상 대상인 잔여지는 이러한 요건 외에 종래의 목적에 사용하는 것이 현저히 곤란하게 되어야 한다는 요건이 추가된다. 따라서 잔여지가 매수보상의 대상이 되지 않을 경우에도 잔여지의 가치하락 등에 따른 보상대상은 될 수 있다.

② **매수대상 잔여지의 일반적인 요건**

매수대상 잔여지가 되기 위해서는 잔여지의 가치하락 등에 따른 보상에서와 같이 "동일한 소유자에게 속하는 일단의 토지의 일부가 협의에 의하여 매수되거나 수용됨으로 인하여 남은 토지"라는 요건 외에도 다음과 같은 요건이 충족되어야 한다.

---

198) 토지보상법 제74조, 동법 시행령 제39조

ⓖ 일반적인 요건

    ⓐ 종래의 목적 : 잔여지의 매수요건으로서 '종래의 목적에 사용하는 것이 현저히 곤란하게 된 때' 중 '종래의 목적'이라 함은 취득 당시에 해당 잔여지가 현실적으로 사용되고 있는 구체적인 목적을 의미하고 장래 이용할 것으로 예정된 목적은 이에 포함되지 않는다.

    ⓑ 사용하는 것이 현저히 곤란하게 된 때 : '사용하는 것이 현저히 곤란하게 된 때'라고 함은 물리적으로 사용하는 것이 곤란하게 된 경우는 물론 사회적·경제적으로 사용하는 것이 곤란하게 된 경우, 즉 절대적으로 이용 불가능한 경우만이 아니라 이용은 가능하나 많은 비용이 소요되는 경우를 포함한다(대판 2005.1.28, 2002두4679).

ⓛ 구체적인 요건 : 잔여지가 종래의 목적에 사용하는 것이 현저히 곤란하게 되어 매수보상의 대상이 되기 위해서는 ⅰ) 대지로서 면적의 과소 또는 부정형 등의 사유로 인하여 건축물을 건축할 수 없거나 건축물의 건축이 현저히 곤란한 경우, ⅱ) 농지로서 농기계의 진입과 회전이 곤란할 정도로 폭이 좁고 길게 남거나 부정형 등의 사유로 인하여 영농이 현저히 곤란한 경우, ⅲ) 공익사업의 시행으로 인하여 교통이 두절되어 사용 또는 경작이 불가능하게 된 경우, ⅳ) 앞의 세 가지 경우 외에 이와 유사한 정도로 잔여지를 종래의 목적대로 사용하는 것이 현저히 곤란하다고 인정되는 경우 등의 어느 하나에 해당되어야 한다(토지보상법 시행령 제39조 제1항).

③ **이용상황별 잔여지 수용여부에 대한 판단기준**[199]

  ⓖ 택지(건축물의 부지로 이용 중이거나 건축물의 부지로 이용할 목적으로 조성한 토지)의 경우

> ① 잔여지가 택지에 해당할 경우에는 다음 각 호 중 어느 하나에 해당하면 수용할 수 있다.
>   1. 잔여지가 일정한 수준의 면적에 미달하여 건축물의 건축이 현저히 곤란한 경우
>   2. 잔여지의 접면도로상태가 바뀌어 「건축법」상 건축허가가 불가능한 경우
>   3. 잔여지의 형상이 부정형으로 바뀌어 건축물의 건축이 현저히 곤란한 경우
> ② 제1항 제1호에서 "일정한 수준의 면적에 미달하는 경우"라 함은 일단의 토지가 공익사업 구역에 편입됨으로 인하여 다음 각 호의 면적 이하로 축소된 경우를 말한다. 다만, 일단의 토지 중 잔여지의 비율이 25% 이하인 경우에는 다음 각 호의 면적을 1.5배까지 완화하여 적용할 수 있다.
>   1. 주거용 토지 : 단독·다세대 주택 90㎡, 연립 주택 330㎡, 아파트 1,000㎡
>   2. 상업용(업무용을 포함한다) 토지 : 150㎡
>   3. 공업용 토지 : 330㎡
> ③ 제1항 제3호에 있어 잔여지의 형상이 사각형으로서 폭 5미터 이하인 경우 또는 삼각형으로서 한 변의 길이가 11미터 이하인 경우 등은 부정형으로 보며, 그 이외의 형상은 잔여지에 내접하는 사각형 또는 삼각형을 도출하여 판단한다.
> ④ 제2항 각 호를 판단함에 있어 일단의 토지 위에 건축물의 용도가 2개 이상 혼재한 경우에는 주된 용도로 판단하고, 주된 용도가 명확하지 아니하는 경우에는 해당 건축물에 적용되는 제2항 각 호의 면적 중 작은 면적을 적용하여 판단한다.

---

199) 토지수용업무편람 [별표 10] 잔여지 수용 및 가치하락 손실 등에 관한 참고기준, 중앙토지수용위원회, 2023.12.

© 농지(「농지법」 제2조에 따른 농지)의 경우

> ① 잔여지가 농지에 해당할 경우에는 다음 각 호 중 어느 하나에 해당하면 수용할 수 있다.
>   1. 잔여지가 일정한 수준의 면적에 미달하여 영농이 현저히 곤란한 경우
>   2. 잔여지에 접한 도로 또는 수로가 없어져 농지로서의 사용이 현저히 곤란한 경우
>   3. 농기계 진입과 회전이 곤란하거나 잔여지의 형상이 부정형으로 바뀌어 농지로서의 사용이 현저히 곤란한 경우
>   4. 축사부지인 잔여지의 접면도로상태가 바뀌어 「건축법」상 건축허가가 불가능하여 영농이 현저히 곤란한 경우
> ② 제1항 제1호에서 "일정한 수준의 면적에 미달하는 경우"라 함은 일단의 토지가 공익사업 구역에 편입됨으로 인하여 330m² 이하로 축소된 경우를 말한다. 다만, 일단의 토지 중 잔여지의 비율이 25% 이하인 경우에는 495m²까지 완화하여 적용할 수 있다.
> ③ 제1항 제3호에 있어 잔여지의 형상이 사각형으로서 폭 5미터 이하인 경우 또는 삼각형으로서 한 변의 길이가 11미터 이하인 경우 등은 부정형으로 보며, 그 이외의 형상은 잔여지에 내접하는 사각형 또는 삼각형을 도출하여 판단한다.

© 산지(「산지관리법」 제2조에 의한 산지)의 경우

> ① 잔여지가 산지에 해당할 경우 다음 각 호 중 어느 하나에 해당하면 수용할 수 있다.
>   1. 잔여지가 일정한 수준의 면적에 미달하여 종래 목적대로 사용이 현저히 곤란한 경우
>   2. 잔여지에 접한 도로가 없어져 종래 목적대로 사용이 현저히 곤란한 경우
> ② 제1항 제1호에서 "일정한 수준의 면적에 미달하는 경우"라 함은 일단의 토지가 공익사업 구역에 편입됨으로 인하여 330m² 이하로 축소된 경우를 말한다. 다만, 일단의 토지 중 잔여지의 비율이 25% 이하인 경우에는 495m²까지 완화하여 적용할 수 있다.
> ③ 제1항 제2호에 있어 일단의 산지가 다음 각 호의 도로와 접하였다가 공익사업으로 인해 잔여지에 접한 도로가 없어진 경우에 산지로서의 사용이 현저히 곤란한 경우로 본다.
>   1. 「건축법」 제2조 제11호에 따른 도로
>   2. 「농어촌도로법」 제4조에 따른 도로
>   3. 「산림자원의 조성 및 관리에 관한 법률」 제2조 제1호 라목에 따른 임도

② 소규모토지[200)]의 경우

> ① 소규모 토지의 잔여지 수용은 편입 전과 편입 후의 유효한 이용을 고려하여 판단하되, '현저히 곤란한 변화'가 없는 경우에는 잔여지를 수용하지 않을 수 있다.
> ② 제1항에도 불구하고 아래 각 호의 어느 하나에 해당하는 경우에는 수용할 수 있다.
>   1. 절토 및 성토, 옹벽설치 등으로 인해 진입하는 것이 현저히 곤란한 경우

---

200) "소규모 토지"란 공익사업지구에 편입되기 전 일단의 토지에 해당하는 면적이 다음 각 목에서 정한 면적 이하인 토지를 말한다.
  가. 택지
    (1) 주거용 토지 : 단독·다세대 주택 90m², 연립 주택 330m², 아파트 1,000m²
    (2) 상업용(업무용을 포함한다) 토지 : 150m²
    (3) 공업용 토지 : 330m²
  나. 농지 : 330m²
  다. 산지 : 330m²
  라. 그 밖의 토지 : 330m²

> 2. 일단의 토지 중 잔여지가 차지하는 비율이 50% 이하인 경우. 다만, 현실이용 상황이 도로, 하천 등 공공용지는 제외할 수 있다
> 3. 일단의 토지가 양분되어 잔여지가 발생하는 경우
> 4. 형상이 현저히 악화되는 경우
>   가. [별표 1] 제1호에 따른 정형인 토지 : 잔여지 폭이 다음의 기준 이하로 바뀐 경우
>   (1) 주거용 : 5m
>   (2) 상업용 : 7m
>   (3) 공업용, 농지, 산지 : 10m
>   나. [별표 1] 제1호에 따른 비정형인 토지 : [별표1] 제2호에 따른 토지 형상지수가 편입 전과 편입 후 1.0 이상 상승한 경우
> 5. 일단의 토지가 기 시행된 공익사업의 잔여지로서 기 시행된 공익사업의 편입면적과 당해 공익사업의 편입면적을 고려한 잔여면적 비율이 50% 이하인 경우. 다만, 현실이용 상황이 도로, 하천 등 공공용지는 제외할 수 있다
> 6. 그 밖에 제1호부터 제5호까지의 어느 하나에 해당하는 경우와 유사한 수준으로 현저한 변화가 발생하여 위원회에서 잔여지 수용이 필요하다고 결정한 경우

◎ 그 밖의 토지의 판단

> ① 제6조부터 제8조까지에서 규정하지 아니한 용도의 토지는 다음 각 호의 사항을 종합적으로 고려하여 잔여지 수용 여부를 판단한다.
> 1. 잔여지의 면적이 해당 용도의 일정한 수준의 면적에 현저히 미달하는지 여부
> 2. 잔여지의 위치, 형상, 접근상태 등을 고려할 때 종래의 목적에 사용하는 것이 현저히 곤란한지 여부
> ② 제1항을 판단하는 경우 제6조부터 제8조까지에서 규정한 유사한 용도의 기준을 참작할 수 있다. 유사한 용도의 기준을 참작할 수 없는 경우에는 제1항 제1호의 일정한 수준의 면적기준은 330㎡로 한다.

④ **매수대상 잔여지의 판단기준**

이와 같이 잔여지가 위의 요건에 해당하는지의 여부를 판단할 경우에는 ⅰ) 잔여지의 위치·형상·이용상황·용도지역, ⅱ) 공익사업 편입 토지의 면적 및 잔여지의 면적을 종합적으로 고려한다(토지보상법 시행령 제39조 제2항). 또한 잔여지와 인접한 본인 소유토지의 유·무 및 일단지 사용의 가능성 등도 고려한다.

(2) **잔여지의 매수보상감정평가**

매수하는 잔여지는 일단의 토지 전체가액에서 편입되는 토지의 가액을 뺀 금액으로 감정평가한다. 여기서 일단의 토지 전체가액이란 잔여지를 포함한 일단의 토지 전체가액을 말한다.

> 잔여지의 평가가격 ≒ 일단의 토지 전체가액 − 편입되는 토지의 가액

① **일단의 토지 전체가액**

편입토지의 가액은 일단의 토지 전체가액을 기준으로 하여 산정하는 것이 원칙이므로, 일단의 토지 전체가액의 적용단가와 편입토지의 적용단가는 같은 것이 일반적이다. 다만, 편입토지와

잔여지의 용도지역·이용상황 등이 달라 구분감정평가한 경우에는 각각 다른 적용단가를 적용하여 일단의 토지 전체가액을 산정한다.

② **일단 토지의 평가기준**

　　㉠ 적용공시지가 : 매수보상 대상인 잔여지는 사업인정 시 고시하는 토지세목에 포함되지 않으나, 사업시행자가 잔여지를 협의취득하거나 수용하는 경우에는 그 잔여지에 대하여 사업인정 및 사업인정고시가 있은 것으로 본다. 따라서 매수보상의 대상인 잔여지를 감정평가할 경우 적용공시지가는 편입되는 토지와 동일한 선정기준이 적용된다.

　　㉡ 공법상 제한사항 등 : 매수대상 잔여지의 손실은 공익사업시행지구에 편입되는 시점에서 발생한다고 보아야 하므로, 일단의 토지 전체가액 및 편입되는 토지가액을 감정평가할 때 공법상의 제한사항 및 이용상황 등은 편입토지의 보상 당시를 기준으로 한다. 따라서 편입토지의 보상 이후에 해당 공익사업과 관계없이 공법상 제한이 변경된 경우에도 이를 고려하지 아니한다.

③ **개발이익의 배제**

　　잔여지 매수보상은 잔여지를 포함한 일단의 토지 전체의 가액에서 공익사업시행지구에 편입되는 토지가액을 뺀 금액으로 보상하는 것이므로, 잔여지가 종래의 목적에 이용될 수 없어 가치가 하락하거나 최유효이용 면적에 미달하여 가치가 하락하였더라도 그 하락되지 아니한 가치로 보상액을 결정한다. 따라서 해당 공익사업으로 인한 가치의 변동이 있는 경우에도 이러한 변동은 매수보상금액에 포함하여서는 안 된다.

5) 유의사항

(1) 보상대상의 판단

잔여지의 매수보상을 규정한 「토지보상법」 제74조 제1항은 '잔여지를 종래의 목적에 사용하는 것이 현저히 곤란할 때'라고 규정하고 있는 것에 반하여, 잔여지 가치하락보상을 규정한 「토지보상법」 제73조 제1항은 '일단의 토지의 일부가 취득되거나 사용됨으로 인하여 잔여지의 가격이 감소하거나'라고 하여, 잔여지의 가액 감소 자체를 보상의 대상으로 규정하고 있을 따름이다. 현행 「토지보상법」상으로는 감소액의 다소에 구애됨이 없이 보상하는 것으로 보아야 한다. 따라서 잔여지 가치하락에 대한 감정평가는 금액의 다소에 불구하고 감정평가한다.

공익사업으로 잔여 영업시설의 운영에 일정한 지장이 초래되는 경우에도 잔여시설에 시설을 새로 설치하거나 잔여 영업시설을 보수할 필요가 있는 경우에 포함된다(대판 2018.11.29, 2018두51911). 사업시행자가 동일한 토지소유자에 속하는 일단의 토지 일부를 취득함으로 인하여 잔여지의 가격이 감소하거나 그 밖의 손실이 있을 때 등에는 잔여지를 종래의 목적으로 사용하는 것이 가능한 경우라도 잔여지 손실보상의 대상이 되며, 잔여지를 종래의 목적에 사용하는 것이 불가능하거나 현저히 곤란한 경우이어야만 잔여지 손실보상청구를 할 수 있는 것이 아니다. 마찬가지로 잔여 영업시설 손실보상의 요건인 "공익사업에 영업시설의 일부가 편입됨으로 인하여 잔여시설에 그 시설을 새로이 설치하거나 잔여시설을 보수하지 아니하고는 그 영업을 계속할 수 없는 경우"란 잔여 영업시설에 시설을 새로이 설치하거나 잔여 영업시설을 보수하지 아니하고는 그 영업이 전부 불가능하거나 곤란하게 되는 경우만을 의미하는 것이 아니라, 공익사업에 영업시설 일부가 편입됨으로써 잔여 영업시설의 운영에 일정한 지장이 초래되고, 이에 따라 종전처럼 정상적인 영업을 계속하기 위해서는 잔여 영업시설에 시설을 새로 설치하거나 잔여 영업시설을 보수할 필요가 있는 경우도 포함된다고 해석함이 타당하다.

다만, 접도구역의 지정으로 인한 가치감소는 도로사업으로 인해 발생하는 손실로 볼 수 없으므로 잔여지의 보상평가에서 이를 고려하지 않는다(대판 2017.7.11, 2017두40860).

(2) 사용하는 토지의 잔여지 가치하락 및 공사비 등에 대한 보상감정평가

「토지보상법」 제73조 제1항은 '동일한 소유자에게 속하는 일단의 토지의 일부가 취득되거나 사용됨으로 인하여'라고 규정하여 사용으로 인한 잔여지 가치하락 및 공사비 등에 대해서도 보상하도록 규정하고 있으나, 「토지보상법 시행규칙」 제32조 제1항은 '동일한 토지소유자에 속하는 일단의 토지의 일부가 취득됨으로 인하여'라고 하여 취득하는 경우의 잔여지 가치하락 및 공사비 등에 대해서만 규정하고 있고, 사용하는 경우에 대한 보상감정평가기준은 규정하고 있지 않다.

그러나 「토지보상법 시행규칙」 제18조 제3항은 "이 규칙에서 정하지 아니한 대상물건에 대하여는 이 규칙의 취지와 감정평가의 일반이론에 의하여 객관적으로 판단·평가하여야 한다."라고 규정하고 있으므로, 사용하는 토지의 잔여지 가치하락 및 공사비 등에 대한 보상감정평가는 「토지보상법 시행규칙」 제32조 제1항 및 제2항과 이 규정을 준용하여 감정평가할 수 있다. 다만, 이 경우는 사용기간 및 사용방법 등을 별도로 고려한다.

(3) 토지의 지상공간 등을 사용하는 경우

「토지보상법」 제73조 제1항은 '동일한 소유자에게 속하는 일단의 토지의 일부가 취득되거나 사용됨으로 인하여'라고 규정하여 잔여지의 가격하락 및 공사비 등에 대한 보상을 인정하면서 토지의 지상공간 등의 일부를 사용하는 경우 제외한다고 규정하고 있지 않으므로, 토지의 지상공간 등의 일부를 사용하는 경우에도 잔여지의 가치하락 및 공사비 등에 대한 보상이 인정된다.

대법원도 "타인 소유의 토지 일부를 전선로 지지(支持) 철탑의 부지로 수용함과 아울러 「전기사업법」 제57조 제1항의 규정에 기하여 그 잔여지의 지상 공간에 전선을 가설(架設)함으로써 그 잔여지의 가격이 감소하는 데 따른 손실도 위와 같은 「토지수용법」 제47조 소정의 잔여지 보상의 대상에 해당하므로, 그에 관하여는 「토지수용법」상의 수용 또는 사용재결과 이의재결 등의 절차가 적용된다."라고 판시하고 있다(대판 2000.12.22, 99두10315).

기 본예제

아래 토지는 일부가 도시계획시설도로(실시계획고시 : 2024년 11월 30일)에 편입된 토지로서 편입되지 않은 일부가 잔여지로 남게 되었다. 잔여지에 대한 가치하락분에 대한 감정평가를 진행하시오(가격시점 : 2026년 7월 1일). 편입된 토지는 2025년 7월 1일을 가격시점으로 하여 아래와 같은 산출근거에 의하여 평가되었다. 아래의 각 물음에 답하시오.

1. 잔여지의 가치하락분의 평가액을 산출하시오.

2. 사업시행으로 인하여 해당 토지로 진입하는 것이 현저히 곤란하게 되어 매수대상이 된 경우의 보상평가액을 산출하시오.

풀이영상

자료 1 **편입토지의 내역**

1. 제1종일반주거지역, 대지(주상나지), 150㎡ 중 100㎡ 편입되고 50㎡가 잔여지로 남음
2. 편입 전 개별요인 : 세로(가), 정방형, 인접도로 대비 평탄
3. 편입 후 개별요인 : 소로한면(해당 공익사업에 의함), 사다리형, 인접도로 대비 다소 저지(사업시행자의 보수공사 시행 후 기준)

자료 2 **편입토지의 산출근거**

구분	내용	비고
표준지공시지가(원/㎡)	1,500,000원/㎡	2024년 1월 1일 공시기준일 공시지가
시점수정치	1.05978	2024.01.01.~2025.07.01.
지역요인 비교치	1.000	인근지역에 소재
개별요인 비교치	1.000	표준지와 개별적 요인 대등(분할 전 기준)
그 밖의 요인 비교치	1.50	인근 거래사례 등 참조
평가단가(원/㎡)	2,380,000	유효숫자 3자리 반올림
평가액	238,000,000원	100㎡ 편입

》 해당 표준지의 2025년 및 2026년 공시지가 : 1,550,000원/㎡(2025년), 1,610,000원(2026년)

자료 3 **지가변동률**

2024.01.01.~2026.07.01. : 8.174% 상승

자료 4 **개별요인비교치**

1. 세로(가)는 소로한면에 비하여 10% 열세하다.
2. 사다리형은 정방형에 비하여 3% 열세하다.
3. 인접도로대비 저지인 토지는 평탄한 토지에 비하여 5% 열세하다.

자료 5

그 밖의 요인 비교치는 연도별 공시지가와 무관하게 동일하다.

예시답안

Ⅰ. **(물음 1) 가치하락분 평가액**

　　1. **편입 전 잔여지가액**

　　　　적용공시지가는 편입부분과 같은 기준에 따라 2024년 공시지가를 기준으로 한다.

　　　　$1,500,000 \times 1.08174 \times 1.000 \times 1.000^* \times 1.50 ≒ @2,430,000$

2. 편입 후 잔여지가액

도로조건은 해당사업에 의하여 개선되어 사업시행이익상계금지원칙에 따라 미고려한다.

1,500,000 × 1.08174 × 1.000 × (0.97(형상) × 0.95(지세)) × 1.50 ≒ @2,240,000

3. 가치하락분 감정평가액

(2,430,000 − 2,240,000) × 50(잔여지면적) = 9,500,000원

II. (물음 2) 매수보상 시 평가액

잔여지의 매수가액에 의하며, 해당사업에 의한 영향을 고려치 않으며 매수시점에서의 평가액을 결정한다.

1,500,000 × 1.08174 × 1.000 × 1.000* × 1.50 ≒ @2,430,000(×50 = 121,500,000원)

---

6. 환매토지에 관한 감정평가 [201][202]

> **토지보상법 제91조(환매권)**
>
> ① 공익사업의 폐지·변경 또는 그 밖의 사유로 취득한 토지의 전부 또는 일부가 필요 없게 된 경우 토지의 협의취득일 또는 수용의 개시일(이하 이 조에서 "취득일"이라 한다) 당시의 토지소유자 또는 그 포괄승계인(이하 "환매권자"라 한다)은 다음 각 호의 구분에 따른 날부터 10년 이내에 그 토지에 대하여 받은 보상금에 상당하는 금액을 사업시행자에게 지급하고 그 토지를 환매할 수 있다.
> 1. 사업의 폐지·변경으로 취득한 토지의 전부 또는 일부가 필요 없게 된 경우 : 관계 법률에 따라 사업이 폐지·변경된 날 또는 제24조에 따른 사업의 폐지·변경 고시가 있는 날
> 2. 그 밖의 사유로 취득한 토지의 전부 또는 일부가 필요 없게 된 경우 : 사업완료일
> ② 취득일부터 5년 이내에 취득한 토지의 전부를 해당 사업에 이용하지 아니하였을 때에는 제1항을 준용한다. 이 경우 환매권은 취득일부터 6년 이내에 행사하여야 한다.
> ③ 제74조 제1항에 따라 매수하거나 수용한 잔여지는 그 잔여지에 접한 일단의 토지가 필요 없게 된 경우가 아니면 환매할 수 없다.
> ④ 토지의 가격이 취득일 당시에 비하여 현저히 변동된 경우 사업시행자와 환매권자는 환매금액에 대하여 서로 협의하되, 협의가 성립되지 아니하면 그 금액의 증감을 법원에 청구할 수 있다.
> ⑤ 제1항부터 제3항까지의 규정에 따른 환매권은 「부동산등기법」에서 정하는 바에 따라 공익사업에 필요한 토지의 협의취득 또는 수용의 등기가 되었을 때에는 제3자에게 대항할 수 있다.
> ⑥ 국가, 지방자치단체 또는 「공공기관의 운영에 관한 법률」 제4조에 따른 공공기관 중 대통령령으로 정하는 공공기관이 사업인정을 받아 공익사업에 필요한 토지를 협의취득하거나 수용한 후 해당 공익사업이 제4조 제1호부터 제5호까지에 규정된 다른 공익사업(별표에 따른 사업이 제4조 제1호부터 제5호까지에 규정된 공익사업에 해당하는 경우를 포함한다)으로 변경된 경우 제1항 및 제2항에 따른 환매권 행사기간은 관보에 해당 공익사업의 변경을 고시한 날부터 기산(起算)한다. 이 경우 국가, 지방자치단체 또는 「공공기관의 운영에 관한 법률」 제4조에 따른 공공기관 중 대통령령으로 정하는 공공기관은 공익사업이 변경된 사실을 대통령령으로 정하는 바에 따라 환매권자에게 통지하여야 한다.

---

201) 감정평가실무기준 해설서(II) 보상편, 한국감정평가사협회 등, 2014.02, pp.219~226
202) 토지보상평가지침 제55조

1) 환매권의 행사요건

① 해당 사업의 폐지·변경 또는 그 밖의 사유로 취득한 토지의 전부 또는 일부가 필요 없게 된 경우 취득일 당시의 토지소유자 또는 그 포괄승계인(이하 "환매권자"라 한다)은 사업의 폐지·변경 고시가 있는 날 또는 사업완료일로부터 10년 이내에 그 토지에 대하여 받은 보상금에 상당하는 금액을 사업시행자에게 지급하고 그 토지를 환매할 수 있다.[203]

② 취득일부터 5년 이내에 취득한 토지의 전부를 해당 사업에 이용하지 아니하였을 때에는 제1항을 준용한다. 이 경우 환매권은 취득일부터 6년 이내에 행사하여야 한다.

>> 잔여지의 매수 및 수용청구에 따라 매수하거나 수용한 잔여지는 그 잔여지에 접한 일단의 토지가 필요 없게 된 경우가 아니면 환매할 수 없다.

2) 환매금액의 결정

(1) 환매금액의 결정기준

환매금액은 환매토지 및 그 토지에 관한 소유권 이외의 권리에 대하여 사업시행자가 지급한 보상금을 기준으로 한다. 환매권자는 소유권 이외의 권리가 설정되어 있지 아니한 토지를 환매하는 것이므로, 토지소유권을 상실하기 전에 소유권 이외의 권리가 설정되었으면 그 권리와 그 권리가 설정된 토지에 대하여 사업시행자가 지급한 보상금의 합계액을 기준으로 한다. 다만, 그 토지 위에 정착물이 있었다 하더라도 그 정착물은 환매의 대상이 되지 않으므로, 그 정착물이나 그에 대한 소유권 이외의 권리에 대하여 사업시행자가 지급한 보상금은 환매금액에 포함되지 않는다.

(2) 환매금액의 결정방법

① 지가가 현저히 변동되지 아니한 경우의 환매금액

환매 당시 환매토지의 가액이 지급한 보상금액에 인근 유사토지의 지가변동률을 고려한 가액보다 적거나 같을 경우에는 지급한 보상금에 상당하는 금액[204]으로 환매금액을 결정한다. 이는 「토지보상법」상의 환매권은 법정 환매권이므로 특약이 있을 수 없고, 환매에 대하여서 이 법률에 특별히 규정된 것을 제외하고는 「민법」에 의하여야 하며, 「민법」 제590조는 특약이 없는 한 당초 매매대금을 반환하고 환매권을 행사할 수 있도록 하기 때문이다.

따라서 환매는 환매기간 내에 환매의 요건이 발생하면 환매권자가 수령한 보상금의 상당금액을 사업시행자에게 미리 지급하고 일방적으로 매수의 의사표시를 함으로써 사업시행자의 의사와 관계없이 환매가 성립되고, 토지의 가격이 취득 당시에 비하여 현저히 변경되었더라도 수령한 보상금의 상당금액을 미리 지급하면 소유권은 이전된다(대판 1994.5.24, 93누17225 참조).

---

203) 헌법재판소 2020.11.26, 2019헌바131 결정에서 종전 「토지보상법」 제91조 제1항 중 '협의취득일 또는 수용의 개시일로부터 10년 이내에' 부분을 헌법 불합치로 선고하여 개정된 사항이다(시행일은 2021년 10월 14일이다).

204) '보상금에 상당하는 금액'은 그 토지 위에 정착물이 있었다 하더라도 정착물에 대한 보상금을 포함하지 않으며, 보상금에 법정이자를 가산한 금액을 의미하는 것은 아니다(대판 1994.05.24, 93누17225). 다만, 「택지개발촉진법」 제13조 제1항에서는 수용 당시 받은 보상금에 법정이자를, 「징발재산정리에 관한 특별조치법」 제20조 제1항에서는 연 5푼의 이자를 가산하여 환매금액을 정하도록 규정하고 있으므로 개별 법률에서 별도로 환매금액을 규정하고 있는 경우에는 이에 따른다.

② **지가가 현저히 변동된 경우의 환매금액**

㉠ **지가가 현저히 변동된 경우**: 환매 당시 환매토지의 가액이 협의취득 당시 또는 수용의 개시일 당시에 비하여 현저히 변동된 경우란 환매권 행사 당시 토지가격이 환매권자가 당초 보상받은 금액에 환매 당시까지의 해당 공익사업과 관계없는 인근 유사토지의 지가변동률을 곱한 금액보다 초과되는 경우를 말한다. 여기서 인근 유사토지의 지가변동률이란 환매대상토지와 지리적으로 인접하고 그 공부상 지목과 토지의 이용상황 등이 유사한 인근 유사토지의 지가변동률을 가리키는 것이므로, 보상액의 산정에 있어서와 같이 그 토지가 속하여 있는 시·군·구의 전체 토지에 대한 용도지역별 또는 이용상황별 평균지가변동률을 의미하는 것은 아니다(대판 2000.11.28, 99두3416 참조).

㉡ **환매금액**: 환매 당시 감정평가액이 지급한 보상금액에 인근 유사토지의 지가변동률을 고려한 금액보다 많을 경우의 환매금액은 다음 산식에 따라 산정된 금액으로 한다.

> 환매금액 = 보상금액 + [환매 당시의 감정평가액 − {보상금액 × (1 + 인근 유사토지의 지가변동률)}]

위의 산식은 협의취득 당시 또는 수용의 개시일 당시부터 환매 당시까지의 인근토지의 지가변동률에 해당하는 금액은 환매권자에게 귀속시킨다는 의미이다. 이 경우 사업시행자 또는 환매권자는 환매금액에 대하여 협의하되, 그 협의가 성립되지 아니한 때에는 그 금액의 증감을 법원에 청구할 수 있다(토지보상법 제91조 제4항). 환매금액의 증감에 관한 소송은 민사소송으로 한다.

Check Point!

▶ (요약) 환매금액의 결정
1. 환매 당시의 평가가격 ≤ 지급한 보상금액 × 인근 유사토지의 지가변동률인 경우
   지급한 보상금액
2. 환매 당시의 평가가격 > 지급한 보상금액 × 인근 유사토지의 지가변동률인 경우
   환매가격 = 보상금액 + [환매 당시의 평가가격 − {보상금액 × (1 + 지가변동률)}]

3) 환매 당시의 적정가격 결정 – 시가평가

(1) 평가방법(적용공시지가 선정)

환매 당시에 공시되어 있는 표준지의 공시지가 중 환매 당시에 가장 근접한 시점의 표준지공시지가를 기준으로 하되, 그 공시기준일부터 가격시점까지의 해당 시·군·구의 지가변동률, 생산자물가상승률 기타 해당 토지의 위치·형상·환경·이용상황 등을 종합 고려한 가격으로 평가한다.

(2) 공법상 제한 및 개발이익 등 반영

해당 공익사업으로 인한 개발이익 또는 공법상 제한이 있는 경우에는 고려하여 평가한다. 다만, 그 공법상 제한이나 개발이익이 환매권의 행사 등으로 인하여 없어지게 되는 경우에는 그 공법상 제한 등이 없는 상태를 기준으로 평가한다.

「국토계획법」 제42조 제1항은 「산업입지 및 개발에 관한 법률」에 따른 국가산업단지, 일반산업단지 및 도시첨단산업단지, 「택지개발촉진법」에 따른 택지개발지구, 「전원개발촉진법」에 따른 전원개발사업 구역 및 예정구역으로 지정·고시된 지역은 도시지역으로 결정·고시된 것으로 보도록 규정하면서, 제4항은 이러한 구역 등이 해제되는 경우(개발사업의 완료로 해제되는 경우는 제외한다) 관계법률에서 어떤 용도지역에 해당되는지를 따로 정하고 있지 아니한 경우에는 이를 지정하기 이전의 용도지역으로 환원된 것으로 보도록 규정하고 있다. 따라서 환매토지의 감정평가 시 이 점을 고려하여야 한다.

(3) 비교표준지 선정

ⅰ) 환매토지의 인근지역에 있는 것으로서, ⅱ) 그 공부상 지목 및 이용상황 등이 유사한 것으로 하되, 그 공법상 제한 등이 동일한 공시된 표준지를 선정한다.

(4) 이용상황 등 판단

환매토지의 가액은 환매 당시를 기준으로 하므로, 이용상황 등의 판단도 환매 당시를 기준으로 한다. 따라서 해당 공익사업의 시행 등으로 토지의 형질변경 등이 이루어진 경우에는 그 형질변경 등이 된 상태를 기준으로 하되, 원상회복을 전제로 하는 등 의뢰인으로부터 다른 조건의 제시가 있는 경우에는 그에 따른다. 다만, 공익사업의 폐지·변경 등으로 인하여 환매권이 발생한 경우 환매 당시의 이용상황이 도로 등의 공익사업용지 상태인 경우가 있으나, 이런 경우에도 환매권이 발생하였다는 것은 도로 등의 용도폐지가 있었다는 것을 전제로 하므로, 도로로 감정평가하여서는 안 되고 인근지역의 표준적인 이용상황을 기준으로 감정평가한다.

(5) 공익사업의 변환(환매토지가 다른 공익사업[205])에 편입되는 경우)

국가, 지방자치단체, 「공공기관의 운영에 관한 법률」 제5조 제3항 제1호에 따른 공기업[206])이 사업인정을 받아 공익사업에 필요한 토지를 협의취득하거나 수용한 후 해당 공익사업이 제4조 제1호부터 제5호[207])까지에 규정된 다른 공익사업(별표에 따른 사업이 제4조 제1호부터 제5호까지에 규정된 공익사업에 해당하는 경우를 포함한다)으로 변경된 경우 제1항 및 제2항에 따른 환매권 행사기간은 관보에 해당 공익사업의 변경을 고시한 날부터 기산(起算)한다.[208]) 이 경우 국가, 지

---

205) 「공익사업을 위한 토지 등의 취득 및 보상에 관한 법률」 제4조(공익사업) 제6호 이하(2010.4.5. 개정)의 다른 공익사업의 경우로서 다시 편입되어 환매권이 발생하는 경우(즉, 「공익사업을 위한 토지 등의 취득 및 보상에 관한 법률」 제91조 제6항에 의한 환매권의 변환특칙에 제한을 받지 아니하고 환매권이 정상적으로 발생하는 경우)에는 그 다른 공익사업에 따른 평가기준을 적용해야 한다. 이는 환매권의 취지상 환매 당시의 토지가격이라고 함은 환매권을 행사함으로써 토지소유자가 받게 될 토지의 가치를 의미하기 때문이다.

206) 공공기관은 「공공기관의 운영에 관한 법률」 제5조 제3항 제1호에 해당되는 공기업만 해당되고 제2호의 준정부기관은 해당되지 않는다.

207) 토지보상법 제4조(공익사업)
　　5. 국가, 지방자치단체, 「공공기관의 운영에 관한 법률」 제4조에 따른 공공기관, 「지방공기업법」에 따른 지방공기업 또는 국가나 지방자치단체가 지정한 자가 임대나 양도의 목적으로 시행하는 주택건설 또는 택지 및 산업단지 조성에 관한 사업

208) 「공익사업을 위한 토지 등의 취득 및 보상에 관한 법률」 제91조 제6항 전문은 당초의 공익사업이 공익성의 정도가 높은 다른 공익사업으로 변경되고 그 다른 공익사업을 위하여 토지를 계속 이용할 필요가 있는 경우에는, 환매권의 행사를 인정한 다음 다시 협의취득이나 수용 등의 방법으로 그 토지를 취득하는 번거로운 절차를 되풀이하지 않게 하기 위하여 이른바 '공익사업의 변환'을 인정함으로써 환매권의 행사를 제한하려는 것이다(대판 2015.8.19, 2014다201391).

방자치단체 또는 공공기관은 공익사업이 변경된 사실을 대통령령으로 정하는 바에 따라 환매권자에게 통지하여야 한다.[209]

4) 인근 유사토지의 지가변동률 산정

(1) 의미

"인근 유사토지의 지가변동률"의 산정은 환매토지의 인근지역에 있는 것으로서 그 공부상 지목 및 이용상황 등이 유사한 토지("표본지")의 취득 당시부터 환매 당시까지의 가격변동률을 의미한다.

(2) 표본지 선정

① 원칙

표본지는 해당 공익사업과 직접 관계가 없는 공시지가 표준지로 함을 원칙으로 한다. 이는 공시지가 표준지는 매년 공시되므로, 인근지역의 시계열적인 지가변동상황을 가장 잘 파악할 수 있기 때문이다.[210]

② 예외

해당 공익사업과 직접 관계가 없는 공시지가 표준지가 인근지역에 없는 경우에는 용도지역 등 및 이용상황 등이 같거나 유사한 토지를 표본지로 선정할 수 있다.

한편, 표본지를 선정함에 있어서 해당 공익사업과 직접 관계 없이 용도지역 또는 이용상황이 변경된 경우에는 그 환매토지와 용도지역 또는 용도지구 등의 변경과정이 유사하거나 인근지역에 있는 표준지공시지가를 기준으로 한다.

---

209) 당초 공익사업에 포함되었던 토지가 「토지보상법」 제4조 제6호 이하의 다른 공익사업으로 다시 편입되어 환매권이 발생하는 경우는 다른 공익사업에 다시 편입되지 않은 경우와 달리 환매권의 발생취지 등을 고려하여 볼 때 그 다른 공익사업에 동일한 비교표준지의 선정, 적용공시지가의 선택, 지가변동률의 적용, 그 밖의 평가기준을 적용하는 것이 타당하다.

210) '인근 유사토지의 지가변동률'의 의미 및 지가변동률을 산정하기 위한 인근 유사 토지의 선정 방법(대판 2016.1.28, 2013다60401)
구 공익사업을 위한 토지 등의 취득 및 보상에 관한 법률 시행령(2013.5.28. 대통령령 제24544호로 개정되기 전의 것)의 인근 유사토지의 지가변동률이라 함은 환매대상토지와 지리적으로 인접하고 그 공부상 지목과 토지의 이용상황 등이 유사한 인근 유사토지의 지가변동률을 가리키는 것이고, 지가변동률을 산정하기 위한 인근 유사토지는 협의취득 또는 수용 시부터 환매권 행사 당시 사이에 공부상 지목과 토지의 이용상황 등에 변화가 없고 또 계속하여 기준지가 및 공시지가가 고시되어 온 표준지 중에서 합리적인 지가변동률을 산출할 수 있을 정도의 토지를 선정하면 족하고 반드시 동일한 행정구역 내에 있을 것을 요하지 아니하며 또 반드시 다수의 토지를 선정하여야 하는 것은 아니다(대판 2000.11.28, 99두3416 참조).

(3) **표본지의 적정가격 결정**

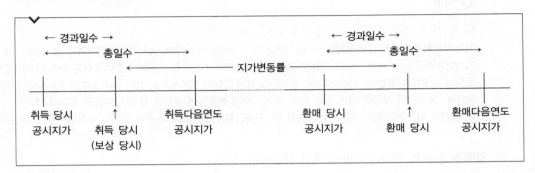

① **산식**

> 취득(환매) 당시의 표본지 단위면적당 적정가격
> ≒ 취득(환매) 당시 연도의 표준지공시지가 + [(다음연도의 표준지공시지가 − 취득(환매)
> 당시 연도의 표준지공시지가) × 경과일수/해당 연도 총일]

② **다음연도 공시지가가 미공시인 경우**

취득(환매) 당시 해당 연도 공시지가 × 공시기준일부터 가격시점까지의 해당 시·군·구의
이용상황 또는 용도지역별 지가변동률

③ **취득 당시의 시점이 1989년 12월 31일 이전인 경우**

> $$\frac{\text{해당 표본지의 1990.1.1. 자 공시지가}}{\text{취득 당시부터 1989.12.31.까지의 해당 시·군·구의 이용상황별 지가변동률}} = \text{취득 당시 표본지적정가격}$$

④ **표본지가 공시지가가 아니거나 취득 당시, 환매 당시 중 한 시점에만 표본지의 공시지가가
있는 경우**

인근지역 또는 동일수급권 안의 유사지역의 공부상 지목 및 이용상황 등이 유사한 다른 공시
가 표준지와 해당 표본지의 지역요인 및 개별요인 등을 비교하여 산정된 지가를 해당 표본
지의 취득 당시 또는 환매 당시 해당 연도 및 다음연도의 1월 1일자 공시지가로 본다.

(4) **인근 유사토지의 지가변동률 산정**

> $$\frac{\text{환매 당시 표본지의 적정가격}}{\text{취득 당시 표본지의 적정가격}} = \text{인근 유사토지의 지가변동률}$$

> **Check Point!**

> ◐ 유의사항(환매 금액이 환매 당시의 환매토지의 가액을 초과하는 경우)
> 지가가 현저히 변동된 경우의 환매금액을 "환매금액 = 보상금액 + [환매 당시의 감정평가액 − {보상금액 × (1 + 지가변동률)}]"의 산식에 의하여 산정할 경우 부(−)의 지가변동률을 적용하면 환매금액이 환매 당시의 환매토지의 가액을 상회할 수 있다. 그러나 환매제도의 도입취지 및 「토지보상법」 제91조에서 환매금액은 원칙적으로 "보상금에 상당한 금액"으로 하되, 토지가격이 취득일에 비하여 현저히 변동된 경우에 한하여 금액의 증감을 허용하고 있는 점 등을 고려할 때, 환매금액은 환매토지의 환매 당시의 가액을 상한으로 한다.

(5) 환매권 상실로 인한 손해배상액의 산정방법

사업시행자가 위 각 규정에 의한 통지나 공고를 하여야 할 의무가 있는데도 불구하고 이러한 의무를 위배한 채 원소유자 등에게 통지나 공고를 하지 아니하여, 원소유자 등으로 하여금 환매권 행사기간이 도과되도록 하여 이로 인하여 법률에 의하여 인정되는 환매권 행사가 불가능하게 되어 환매권 그 자체를 상실하게 하는 손해를 가한 때에는 그 손해를 배상해야 한다.

환매권 상실로 인한 손해배상액은 환매권 상실 당시의 목적물의 시가에서 환매권자가 환매권을 행사하였을 경우 반환하여야 할 환매가격을 공제한 금원으로 정하여야 할 것이다.

> 손해배상액 = 환매권 상실 당시의 감정평가금액 − 환매가격

기 **본예제**

충청북도는 과학단지 조성사업계획에 따라 A 씨의 토지를 협의취득하였으나, 해당 사업의 폐지로 인하여 취득한 토지가 더 이상 필요 없게 되었다. 이에 종전 토지의 소유자인 A 씨는 환매권을 행사하였고 이로 인하여 환매가격 협의를 하게 되어 환매가격평가를 감정평가사인 당신에게 의뢰하였다. 다음에 제시된 자료를 기초로 하여 적정한 환매가격을 산정하시오.

자료 1 ▶ 대상토지자료
1. 소재지: 충청북도 B군 O면 C리 10번지, 잡종지, 1,000m²
2. 환매권 행사일: 2026년 8월 1일
3. 이용상황: 협의취득 당시는 개발제한구역 자연녹지지역의 임야였으나, 환매 당시는 자연녹지지역 잡종지였다.
4. 도시계획사항: 자연녹지지역
5. 개발제한구역의 해제는 해당 사업의 지정과 동시에 해제가 된 것이다.

풀이영상

자료 2 ▶ 협의취득내용
1. 협의취득일: 2021년 6월 30일
2. 협의취득가격: 9,000,000원(9,000원/m²)

자료 3 인근지역의 표준지공시지가

기호	소재지	지번	지목	면적 (m²)	용도 지역	이용 상황	도로 교통	지형 지세	21년	22년	25년	26년
1	B군 O면 C리	15	임	1,300	자연 녹지	잡종지	세로 (가)	자루형 평지	35,000	45,000	60,000	63,000
2	B군 O면 C리	20	임	4,000	자연 녹지	임야	세로 (불)	부정형 완경사	7,000	7,500	7,500	10,000
3	B군 L면 K리	산80	임	10,320	자연 녹지	임야	세로 (불)	부정형 완경사	6,500	6,800	7,000	7,000
4	B군 P면 S리	100	잡	1,500	개발 제한	잡종지	소로 한면	가장형 평지	38,000	39,000	42,000	42,000
5	B군 P면 S리	300	답	2,000	자연 녹지	잡종지	세각 (가)	세장형 평지	35,000	37,000	38,000	39,000
6	B군 D면 L리	30	임	13,000	개발 제한	임야	맹지	부정형 급경사	5,000	5,500	5,800	6,300

» 표준지 1~3은 해당 사업지구 내의 표준지로 사업 이후 지가변동이 반영되어 있으며, 표준지 4~6은 해당 사업과 무관한 표준지이다.

자료 4 그 밖의 요인보정자료

현 시점 토지평가 시 그 밖의 요인비교치로서 1.10을 적용하기로 한다.

자료 5 국토교통부 고시 B군 녹지지역 평균 지가변동률(단위 : %)

구분		종료시점	
		2021.06.30.	2026.08.01.
시작시점	2021.01.01	1.057	14.637
	2022.01.01	–	12.309
	2025.01.01	–	3.677
	2026.01.01	–	1.105

자료 6 개별요인

구분	대상	표준지 1	표준지 2	표준지 3	표준지 4	표준지 5	표준지 6
2021년	95	100	105	108	95	96	100
2026년	100	100	103	105	98	95	100

자료 7 기타자료

1. 환매권 행사요건을 충족한 것으로 본다.
2. 표본지 가격은 십 원 단위까지 표시한다.

예시답안

Ⅰ. 평가개요

본건은 환매토지에 대한 환매금액 산정의 감정평가로서 2026년 8월 1일을 가격시점으로 평가한다.

Ⅱ. 환매 당시 토지가격

1. 비교표준지 선정

자연녹지지역, 잡종지로서 현실화, 구체화된 개발이익을 반영하여 평가하며 표준지 1을 선정한다(2026년 공시지가).

2. 환매 당시 토지가격

$63,000 \times 1.01105 \times 1.000 \times 100/100 \times 1.10 ≒ 70,000$원/m²$(\times 1,000 = 70,000,000)$

시*

* 2026.1.1.~8.1. 지가변동률

III. 인근 유사토지의 지가변동률

1. 표본지 선정

취득 당시의 용도지역 및 이용상황으로서 표본지 6을 선정한다.

2. 취득 당시 표본지 가격

$5,000 + (5,500 - 5,000) \times 181/365 ≒ 5,250$원/m²

3. 환매 당시 표본지 가격

$6,300 \times 1.01105 ≒ 6,370$원/m²

4. 인근 유사토지 지가변동률

$6,370 \div 5,250 ≒ 1.213$

IV. 환매금액의 결정

1. 보상금 × 인근 유사토지 지가변동률

$9,000,000 \times 1.213 ≒ 10,917,000$

2. 결정

환매 당시 토지가격 > 보상금 × 인근 유사토지 지가상승률인바, 아래와 같이 환매금액을 결정한다.

$9,000,000 + (70,000,000 - 9,000,000 \times 1.213) ≒ 68,083,000$원

---

7. 공익사업지구 밖의 대지 등에 대한 보상

(1) 해당 공익사업에 편입되는 경우와 같은 평가기준을 적용한다.

(2) 해당 공익사업의 시행 등으로 해당 토지에 대한 공법상 제한이나 이용상황 등이 변경 또는 변동되는 경우 및 통로·도로·담장 등의 신설 그 밖에 공사가 필요하여 해당 토지의 가격이 변동된 경우에는 이를 고려하지 아니한다.

(3) **구체적인 평가방법**

① **법 시행규칙 제59조[211]의 규정에 따른 평가의뢰 시**

대지(조성된 대지를 의미)나 농경지(계획적으로 조성된 유실수단지 및 죽림단지를 포함)가 공익사업으로 산지나 하천 등에 둘러싸여 교통이 두절되거나 경작이 불가능하게 된 경우에는 해당 토지가 공익사업에 편입되는 것으로 보고 평가한다.

② **법 시행규칙 제61조[212]의 규정에 따른 평가의뢰 시**

한 마을의 주거용 건축물이 대부분 공익사업시행지구에 편입되어 잔여주거용 건축물 거주자의 생활환경이 뚜렷이 불편하여 이주가 부득이한 경우에는 "공익사업시행지구 밖의 대지 등의 보상" 규정을 준용한다.

---

211) 공익사업지구 밖의 대지 등에 대한 보상
212) 소수잔존자에 대한 보상

03 토지의 보상감정평가 연습

기 본예제

감정평가사인 당신은 보상감정평가가 의뢰된 다음의 물건에 대해 평가를 하려고 한다. 물음에 대해 답하시오.

1. 각 토지의 평가 시 적용할 적용공시지가를 선정하고, 그 사유를 약술하시오.

2. 각 토지의 평가 시 적용할 비교표준지를 선정하고, 선정사유를 약술하시오.

3. 각 토지의 평가 시 적용할 시점수정률을 결정하고, 결정이유를 설명하시오.

4. 의뢰물건 중에서 토지기호 1과 5의 보상감정평가액을 산정하시오.

자료 1 평가의뢰내역

1. 사업명 : 「택지개발촉진법」에 의한 택지개발사업
2. 가격시점 : 2026.8.20.
3. 택지개발지구지정 대상의 공고·열람 : 2024.6.5.
4. 택지개발계획의 수립 : 2025.1.30.
5. 택지개발지구지정고시 : 2025.10.28.
6. 택지개발사업실시계획의 승인·고시 : 2026.2.2.

자료 2 평가의뢰물건 내역

1. 토지조서

기호	소재지	지번	지목	면적(m^2)		용도지역	실제이용상황	비고
				공부	편입			
1	A시 B동	10	대	200	200	2종일주 자연녹지	주거용 건부지	2026년 1월 31일 토지세목추가고시
2	〃	10-1	전	300	300	2종일주	채소경작	
3	〃	11	대	300	300	2종일주	20m^2를 시금치경작	
4	〃	38-2	대	30	30	2종일주	도로	-
5	〃	58	전	850	850	자연녹지	무허가건축물부지 (물건기호 1)	-
6	〃	135	답	300	300	자연녹지	잡종지	-
7	〃	235	전	875	875	자연녹지	무허가건축물부지 (물건기호 2)	-
8	〃	245	전	450	450	자연녹지	가설건축물부지 (물건기호 3)	-
9	〃	250	전	125	125	자연녹지	도로	-
10	〃	산300	임야	250	250	자연녹지	(아래 참조)	-
11	〃	산302-1	묘지	80	80	자연녹지	묘지	-
12	〃	산42	임야	3,000	3,000	개발제한 자연녹지	자연림	-

2. 물건조서

기호	소재지 및 지번	물건 종류	구조 및 규격	면적(m²) 공부	면적(m²) 편입	실제이용상황
1	A시 B동 58	주택	벽돌조 슬라브지붕 단층	95	95	무허가 주택건축물 '88.10. 신축
2	A시 B동 235	주택	벽돌조 슬라브지붕 단층	80	80	무허가 주택건축물 '89.10. 신축
3	A시 B동 245	점포	경량철골조 판넬지붕 단층	200	200	'14.3. A시장으로부터 국토계획법 제64조의 규정에 의거 허가를 득하고 신축한 가설건축물로 현재 식당(허가필)으로 사용 중

3. 표준지공시지가

기호	소재지	지번	면적 (m²)	지목	이용 상황	용도 지역	도로 교통	형상 지세	공시지가(원/m²) 2025.1.1.	공시지가(원/m²) 2026.1.1.
1	A시 B동	40	150	대	단독 주택	2종일주	세로 (가)	가장형 평지	100,000	110,000
2	〃	50	250	전	전	2종일주	세로 (가)	부정형 평지	40,000	45,000
3	〃	69	330	답	답 기타 창고	자연녹지	소로 한면	세장형 평지	60,000	63,000
4	〃	70-1	250	전	전	자연녹지	세로 (가)	세장형 평지	42,000	49,000
5	〃	80	350	답	답	자연녹지	맹지	세장형 저지	35,000	38,000
6	〃	140	300	대	단독 주택	자연녹지	세로 (가)	가장형 평지	70,000	80,000
7	〃	산200	1,200	임	자연림	자연녹지	맹지	부정형 완경사	7,000	7,500
8	〃	산250	90	묘	묘지	보전녹지	맹지	부정형 완경사	6,000	6,500
9	〃	산40	2,500	임	자연림	개발제한 자연녹지	세로 (불)	부정형 급경사	3,500	4,000

≫ 기호 1 표준지는 전체 면적의 20%가 도시계획도로에 저촉된다.

자료 3 **평가의뢰된 토지의 내용**

1. 기호 1 토지는 제2종일반주거지역과 자연녹지지역에 걸치는 토지로서, 토지 중 10m²가 자연녹지지역에 걸쳐 있다. 소로한면에 접하며, 정방형 평지이다.
2. 기호 2 토지는 해당 택지개발사업을 위하여 2025년 3월 1일부로 자연녹지에서 제2종일반주거지역으로 용도 지역이 변경되었다.
   ≫ 기호 1, 2 토지는 계획된 택지개발사업구역의 면적부족으로 확장된 것이다.
3. 기호 3 토지는 조성된 나대지로서 현재 전으로 이용 중이나, 주위는 기존주택지대이다. 또한 이 토지는 해당 택지개발사업구역에 포함된 것으로서, 토지세목고시 당시 누락된 것을 추가고시한 것이다.
4. 기호 4 토지는 종전 38-1(지목: 대)의 일부였으나, 도시·군관리계획시설도로로 시설결정이 되고, 사실상 불특정 다수인의 통행에 이용되고 있다. 그러나, 아직 도시·군관리계획사업이 시행된 것은 아니다.
5. 기호 5 토지는 세로(가)에 접하며, 부정형 평지이다.

6. 기호 6 토지는 종전의 노면보다 약 1.5m 저지인 답이었으나, 2009년 10월 경에 허가 없이 매립하여 현재는 노면과 평탄한 간이건축물(창고)부지로 이용되고 있다.

7. 기호 9 토지는 농어촌도로정비법 제2조의 규정에 의한 농어촌도로로 조사되었다. 인근의 표준적 이용상황은 전이다.

8. 기호 10 토지는 2023년 5월 창고신축을 위하여 형질변경허가를 득하고, 2024년 3월 형질변경완료하였으나 해당 사업으로 인해 준공검사를 득하지 못하였다.

9. 기호 11 토지는 약 15년 전에 A시 B동 302번지 토지(이용상황 : 임)를 분할하여 분묘를 조성한 것이다.

10. 기호 12 토지는 해당 사업으로 인하여 개발제한구역이 해제되었다.

자료 4 ▶ 시점수정자료

1. 지가변동률(A시)

구분	용도지역별				이용상황별			
	주거	상업	공업	녹지	전	답	대 (주거용)	임야
2025년 누계	−2.000	−2.513	−2.759	−1.750	−1.517	−1.118	−1.852	−1.008
2026년 7월 누계	−0.288	−0.367	−0.472	−0.197	−0.341	−0.261	−0.345	−0.149
2026년 8월	−0.098	−0.183	−0.236	−0.102	−0.170	−0.130	−0.172	−0.075

2. 생산자물가지수

2024년 12월지수	2025년 12월지수	2026년 7월지수	2026년 8월지수
110.4	119.5	121.3	122.0

자료 5 ▶ 토지가격비준표

1. 도로접면

구분	광대한면	중로한면	소로한면	세로(가)
광대한면	1.00	0.94	0.86	0.83
중로한면	1.07	1.00	0.92	0.89
소로한면	1.16	1.09	1.00	0.96
세로(가)	1.21	1.13	1.04	1.00
맹지	1.40	1.30	1.20	1.15

2. 형상

구분	정방형	장방형	사다리형	부정형	자루형
정방형	1.00	0.98	0.98	0.95	0.90
장방형	1.02	1.00	1.00	0.95	0.90
사다리형	1.02	1.00	1.00	0.97	0.92
부정형	1.05	1.05	1.03	1.00	0.95
자루형	1.11	1.11	1.09	1.06	1.00

3. 도시 · 군계획시설

구분	일반	도로	공원	운동장
일반	1.00	0.85	0.60	0.85

자료 6 **기타자료**

1. 그 밖의 요인은 대등한 것으로 본다.
2. 대지의 면적사정이 필요한 경우 건물의 건축면적만을 대지로 인정하도록 사업시행자의 의뢰가 있었다.

예시답안

Ⅰ. 적용공시지가의 선정 및 선정기준

1. 기호 1, 기호 2

「택지개발촉진법」에서는 택지개발지구지정고시일(2025.10.28.)이 사업인정고시일로 의제되므로 원칙적으로 2025년 1월 1일자 공시지가를 적용하여야 하나, 본건은 해당 사업의 면적부족에 따른 확장으로 인한 토지세목의 추가고시(2026.1.31.)되었으므로 2026년 1월 1일 공시지가를 적용한다.

2. 기호 3

본건은 누락으로 인한 추가고시이므로 기존 사업인정고시가 의제되는 택지개발예정지구지정고시일을 기준으로 2025년 1월 1일 공시지가를 적용한다.

3. 기호 4~기호 12

택지개발예정지구지정고시일이 사업인정고시일로 의제되므로 해당 고시일 이전 공시지가로서 가격시점에 가장 가까운 시점을 공시기준일로 하는 2025년 1월 1일 공시지가를 적용한다.

Ⅱ. 비교표준지의 선정 및 기준

1. 선정기준

비교표준지는 평가대상토지와 용도지역, 이용상황이 동일유사하고 인근지역에 소재하며 주위환경 및 접근성 등을 고려하여 선정한다.

2. 기호 1

둘의 용도지역에 걸치는 토지이므로 용도지역별 평균가격으로 평가함이 원칙이나, 자연녹지부분(10/200)이 과소하여 미미하다 판단되므로, 제2종일반주거지역의 행위제한을 받는 것으로 보아 용도지역, 이용상황 등이 동일유사한 표준지 1을 선정한다.

3. 기호 2

본건은 해당 사업의 시행으로 용도지역이 변경되었다 판단되므로 변경 전 용도지역인 자연녹지지역을 기준하여 표준지 4를 선정한다.

4. 기호 3

"전"으로의 이용은 일시적 이용으로 판단되는바, 일반적 이용방법에 의한 객관적 상황 및 용도지역 등을 고려하여 표준지 1을 선정한다.

5. 기호 4

도시·군관리계획시설도로로 결정된 이후에 해당 도시·군관리계획시설사업이 시행되지 아니한 상태에서 사실상 불특정 다수인의 통행에 이용되고 있는 토지(예정공도)는 인근지역에 있는 표준적인 이용상황의 표준지공시지가를 기준으로 평가하는바, 지목 등을 고려 표준지 1을 선정한다.

6. 기호 5

무허가건축물부지로 '89.1.24. 이전 신축이므로 무허가건축물부지는 현황 "대"를 기준으로 평가하되, 대지면적은 사업시행자의 의견에 따라 주택면적인 95m²는 표준지 6을, 755m²는 표준지 4를 선정한다.

7. 기호 6

'95.1.7. 이후 공익사업지구에 편입된 불법형질변경토지이므로 현황평가의 예외로서 형질변경될 당시의 이용상황(답) 등을 고려하여 표준지 5를 선정한다.

8. **기호 7**

'89.1.24. 이후 신축된 무허가건축물부지이므로 신축 당시 이용상황을 고려하여 표준지 4를 선정한다.

9. **기호 8**

국토계획법상 가설건축물부지는 일시적 이용으로 종전이용상황인 '전'을 기준으로 표준지 4를 선정한다.

10. **기호 9**

농어촌도로정비법에 의한 도로부지는 도로로 이용되지 아니하였을 경우에 예상되는 인근지역에 있는 표준적인 이용상황을 기준하고 미지급용지인 경우에는 종전 이용상황을 기준으로 평가하는바, "전"을 기준으로 표준지 4를 선정한다.

11. **기호 10**

형질변경허가를 득하고 완료하였으나, 해당 사업으로 인해 준공검사를 받지 못한 것이므로, 현황과 가장 유사한 이용상황을 기준하여 표준지 3을 선정한다.[213]

12. **기호 11**

지적공부상 묘지로 등재되어 있는 소규모의 토지인바, 현황 자연녹지지역 내 "묘지"인 표준지를 선정하여야 하나, 표준지가 소재하지 아니하여 인근지역의 표준적인 이용상황을 기준으로 표준지 7을 선정한다.

13. **기호 12**

해당 사업으로 인한 개발제한구역의 해제는 반영하지 않으므로 개발제한구역을 기준으로 이용상황이 유사한 표준지 9를 선정한다.

III. 시점수정

1. 지가변동률

(1) 기호 1(주거지역, 2026.1.1.~2026.8.20.) : $(1 - 0.00288) \times (1 - 0.00098 \times 20/31) ≒ 0.99649$

(2) 기호 2(녹지지역, 2026.1.1.~2026.8.20.) : $(1 - 0.00197) \times (1 - 0.00102 \times 20/31) ≒ 0.99737$

(3) 기호 3, 4(주거지역, 2025.1.1.~2026.8.20.) :
$(1 - 0.02000) \times (1 - 0.00288) \times (1 - 0.00098 \times 20/31) ≒ 0.97656$

(4) 기호 5~12(녹지지역, 2025.1.1.~2026.8.20.) :
$(1 - 0.01750) \times (1 - 0.00197) \times (1 - 0.00102 \times 20/31) ≒ 0.97992$

2. 생산자물가상승률

(1) 기호 1, 2 : $\dfrac{2026.8}{2025.12} = \dfrac{122}{119.5} ≒ 1.02092$

(2) 기호 3~12 : $\dfrac{2026.8}{2024.12} = \dfrac{122}{110.4} ≒ 1.10507$

≫ 가격시점은(2026.8.20.) 15일을 경과하고 해당 월지수가 발표되어 이를 적용한다.

3. 시점수정률 결정

생산자물가상승률은 일반적인 재화의 가격을 반영한 것으로 해당 토지의 가격변동추이를 적절히 반영하였다 볼 수 없으므로 지가변동률을 기준한다.

---

213) 현실적인 이용상황을 판단하는 경우에도 해당 공익사업으로 인한 것은 고려하지 않는다. 그러므로 농지전용허가를 받고 또한 「건축법」에 의하여 적법하게 건축신고를 한 후 건축물을 준공하여 사용승인단계에서 공익사업에 편입되는 경우라면, 공부상 지목이 변경되지 않았다고 하여도 현실적인 이용상황인 건축물부지(대)로 감정평가한다(2004.5.31, 토관-2443).

IV. 보상액 산정

1. 기호 1 토지

$110,000 \times 0.99649 \times 1.000 \times 1.094^* \times 1.00 \fallingdotseq 120,000$원/m²(24,000,000원)

* 개별요인 비교: $\dfrac{1}{\underset{저촉}{0.8+0.2\times0.85}} \times \underset{도로}{1.04} \times \underset{형상}{1.02}$

2. 기호 5 토지

(1) 대 부분: $70,000 \times 0.97992 \times 1.000 \times 0.950^* \times 1.00 \fallingdotseq 65,000$원/m²(6,175,000원)

　　* 개별요인비교: 1.00(도로) × 0.95(형상)

(2) 전 부분: $42,000 \times 0.97992 \times 1.000 \times 0.950 \times 1.00 \fallingdotseq 39,000$원/m²(29,445,000원)

(3) 보상액: $6,175,000 + 29,445,000 \fallingdotseq 35,620,000$원

지장물 및 영업손실의 보상감정평가

제1절 물건(지장물)의 보상감정평가

01 건축물의 평가

1. 건축물의 평가

> **토지보상법 시행규칙 제33조**(건축물의 평가)
>
> ① 건축물(담장 및 우물 등의 부대시설을 포함한다)에 대하여는 그 구조·이용상태·면적·내구연한·유용성 및 이전가능성 그 밖에 가격형성에 관련되는 제 요인을 종합적으로 고려하여 평가한다.
> ② 건축물의 가격은 원가법으로 평가한다. 다만, 주거용 건축물에 있어서는 거래사례비교법에 의하여 평가한 금액(공익사업의 시행에 따라 이주대책을 수립·실시하거나 주택입주권 등을 해당 건축물의 소유자에게 주는 경우 또는 개발제한구역 안에서 이전이 허용되는 경우에 있어서의 해당 사유로 인한 가격상승분은 제외하고 평가한 금액을 말한다)이 원가법에 의하여 평가한 금액보다 큰 경우와 「집합건물의 소유 및 관리에 관한 법률」에 의한 구분소유권의 대상이 되는 건물의 가격은 거래사례비교법으로 평가한다.
> ③ 건축물의 사용료는 임대사례비교법으로 평가한다. 다만, 임대사례비교법으로 평가하는 것이 적정하지 아니한 경우에는 적산법으로 평가할 수 있다.
> ④ 물건의 가격으로 보상한 건축물의 철거비용은 사업시행자가 부담한다. 다만, 건축물의 소유자가 해당 건축물의 구성부분을 사용 또는 처분할 목적으로 철거하는 경우에는 건축물의 소유자가 부담한다.

2. 이전비 원칙 및 그 예외

(1) 지장물 보상의 원칙

건축물 등에 대하여는 이전비로 보상하여야 한다. 이전비란 대상물건의 유용성을 동일하게 유지하면서 이를 해당 공익사업시행지구 밖의 지역으로 이전·이설 또는 이식하는 데 소요되는 비용(물건의 해체비, 건축허가에 일반적으로 소요되는 경비를 포함한 건축비와 적정거리까지의 운반비를 포함하며, 「건축법」 등 관계법령에 의하여 요구되는 시설의 개선에 필요한 비용을 제외한다)을 말한다.[1]

---

1) 토지보상법 시행규칙 제2조(정의) 제4호

(2) 해당물건의 가격으로의 보상[2]

① 해당 물건의 가격으로 보상하는 경우

ⅰ) 건축물의 이전이 어렵거나 그 이전으로 인하여 건축물 등을 종래의 목적대로 사용할 수 없게 된 경우, ⅱ) 건축물 등의 이전비가 그 물건의 가격을 넘는 경우(단, 이전비에서 시설개선비 등은 포함하지 아니한다),[3] ⅲ) 사업시행자가 공익사업의 목적으로 취득하는 경우[4]에는 해당 물건의 가격으로 보상하여야 한다.

② 물건의 가격의 감정평가방법

건축물의 가격은 원가법으로 평가한다. 다만, 주거용 건축물에 있어서는 거래사례비교법에 의하여 평가한 금액(공익사업의 시행에 따라 이주대책을 수립・실시하거나 주택입주권 등을 당해 건축물의 소유자에게 주는 경우 또는 개발제한구역안에서 이전이 허용되는 경우에 있어서의 당해 사유로 인한 가격상승분은 제외하고 평가한 금액을 말한다)이 원가법에 의하여 평가한 금액보다 큰 경우와 「집합건물의 소유 및 관리에 관한 법률」의한 구분소유권의 대상이 되는 건물의 가격은 거래사례비교법으로 평가한다.

(3) 지장물 보상감정평가의 구조

① 건축물의 구조, 용도, 규모 등으로 보아 이전이 가능한 경우

이전비로 감정평가한다. 건축물 등의 이전 가능성 여부는 경제적인 관점에서 판단하여야 하며, 주관적인 의사가 아닌 객관적 타당성을 기준으로 판단하여야 한다.[5] 건축물 등이 이전 후 종래의 목적대로 사용할 수 있는지 여부는 건축물 등의 효용성을 동일하게 유지하면서 사용하는 것이 가능한지 여부를 기준으로 판단해야 한다.

이전이 가능한 건축물 등에 대하여 이전비보다 적은 가액으로 협의보상한 경우에는 사업시행자가 건축물 등의 소유권을 취득한다고 볼 수 없으나, 지장물 소유자도 사업시행자의 지장물 제거를 수인하여야 한다.[6]

---

2) 지장물을 해당 물건의 가격으로 보상하는 경우, 그 물건의 소유권은 취득자(사업시행자)에게 있다(2014.02.18. 토지정책과－1085).

3) 수용할 토지에 정착한 물건이 이전가능한 것인지 여부는 기술적인 문제가 아니라 경제적인 관점에서 판단하여야 할 문제인데, 기술적으로는 가능하더라도 경제적으로 불가능하거나 현저히 곤란한 경우에는 취득가격을 기준으로 보상함이 타당하다(대판 1991.10.22, 90누10117).

4) 개정 토지보상법(2007.10.)에서는 가격으로 보상하는 지장물의 수용 중 ⅰ), ⅱ)에 대해서는 사업시행자는 그 물건의 수용의 재결을 신청할 수 있도록 하였다. 따라서 지장물을 취득가격으로 보상한 경우 취득가격의 성격을 일률적으로 이전비로 볼 수 없으며, 협의 시 매매로 계약하거나 수용으로 재결을 신청하여 수용재결로 결정된 경우는 취득으로 보아야 한다.

5) 이전 가능성은 기술적인 관점이 아니라 경제적인 관점에서 판단하여야 한다(대판 1991.01.29, 90누3775).

6) 이전비가 가액을 초과하여 가액으로 보상한 경우 사업시행자는 지장물의 소유권을 취득하는 것은 아니나, 지장물 소유자도 사업시행자의 지장물 제거를 수인하여야 한다(대판 2012.04.13, 2010다94960).

② **건축물의 구조, 용도, 규모 등으로 보아 이전이 불가능한 경우**

해당 물건의 가격으로 감정평가한다. 물건의 가격은 원가법으로 평가하는 것이 원칙이다. 단, 주거용 건축물이 지장물인 경우로서 물건의 가격은 거래사례비교법으로 평가한 금액이 원가법 으로 평가한 금액보다 큰 경우에는 거래사례비교법으로 평가한 금액을 물건의 가액으로 본다. 사업시행자가 ㉠ 건축물 등을 이전하기 어렵거나 그 이전으로 인하여 건축물 등을 종래의 목 적으로 사용할 수 없게 된 경우, ㉡ 건축물 등의 이전비가 그 물건의 가액을 넘는 경우 등에 해당되어 관할 토지수용위원회에 그 물건의 수용재결을 신청한 경우(토지보상법 제75조 제5항) 에는 사업시행자가 건축물 등의 소유권을 취득한 것으로 보므로 이러한 경우에는 사업시행자 가 임의로 건축물 등을 철거하거나 사용할 수 있다.

③ 공부면적과 실제면적이 다를 경우 실제면적을 기준으로 산정한다.[7]

기 본예제

아래 건축물에 대한 보상평가액을 결정하시오(가격시점 : 2026.07.01.).

자료 1 **건축물 정보**

A동 200번지 지상 조적조 판넬지붕, 연면적 150㎡, 주거용, 2006.08.07. 사용승인됨

자료 2 **가격정보**

재조달원가 : @900,000원/㎡
경제적내용연수 : 45년(최종잔가율 : 0%)
이전비 정보 : 재조달원가 대비 90%가 소요됨.

자료 3 **거래사례자료**

A동 300번지 지상 조적조 주거용 건축물로서 200㎡의 건축물이 150,000,000원에 거래되었다(건물만의 거래). 해 당 건축물은 본건에 비하여 10% 우세(잔가율 포함)한 건축물이다. 건물의 가격변동은 없는 것으로 본다.

예시답안

1. **해당 물건의 이전비** : 900,000 × 0.9 = @810,000(×150 = 121,500,000원)

2. **해당 물건의 가격**
   (1) 원가법 : 900,000 × 26/45 = @520,000
   (2) 거래사례비교법 : (150,000,000 ÷ 200) × 1.000(사정) × 1.00000(시점) × 100/110(개별) ≒ @682,000
   (3) 결정 : 둘 중 큰 금액인 거래사례비교법으로 결정 @682,000(×150 = 102,300,000원)

3. **결정** : 해당 물건의 가격인 102,300,000원으로 결정한다.

---

7) 2018.9.4. 토지정책과-5602

3. 구분소유권의 대상이 되는 건물

집합건물의 소유 및 관리에 관한 법률에 의한 구분소유권의 대상이 되는 건물의 가격은 거래사례비교법으로 평가한다(공익사업의 시행에 따라 이주대책을 수립·실시하거나 주택입주권 등을 해당 건축물의 소유자에게 주는 경우 또는 개발제한구역 안에서 이전이 허용되는 경우에 있어서의 해당 사유로 인한 가격상승분은 제외하고 평가한 금액을 말한다).

4. 무허가건축물 등(1989.1.24. 이후 신축) 보상

1) 무허가건축물 등의 개념

「건축법」 등 관계법령에 의하여 허가를 받거나 신고를 하고 건축 또는 용도변경을 하여야 하는 건축물을 허가를 받지 아니하거나 신고를 하지 아니하고 건축 또는 용도변경한 건축물을 말한다.[8]
건축법상 건축물을 건축 및 용도변경을 위해서 ⅰ) 허가·신고, ⅱ) 사용승인(준공)이 필요한데 건축물에 있어서는 사용승인(건축물대장에 등재)받아야 적합한 건축물이 되며, 일반적으로 사용승인받지 못하여 건축물대장에 등재되지 못한 경우는 무허가건축물이 된다. 다만, 해당 공공사업과 관련하여 사용승인을 받지 못한 경우는 적법한 건축물로 간주한다.

2) 무허가의 판단

사용승인 여부(해당 사업으로 인한 영향 제외)를 기준으로 판단함을 원칙으로 한다.

3) 무허가건축물의 보상 여부

(1) 원칙

행위제한일(사업인정고시일)을 기준한다.

> **토지보상법 제25조**(토지 등의 보전)
> ① 사업인정고시가 된 후에는 누구든지 고시된 토지에 대하여 사업에 지장을 줄 우려가 있는 형질의 변경이나 제3조 제2호 또는 제4호에 규정된 물건을 손괴하거나 수거하는 행위를 하지 못한다.
> ② 사업인정고시가 된 후에 고시된 토지에 건축물의 건축·대수선, 공작물(工作物)의 설치 또는 물건의 부가(附加)·증치(增置)를 하려는 자는 특별자치도지사, 시장·군수 또는 구청장의 허가를 받아야 한다. 이 경우 특별자치도지사, 시장·군수 또는 구청장은 미리 사업시행자의 의견을 들어야 한다.
> ③ 제2항을 위반하여 건축물의 건축·대수선, 공작물의 설치 또는 물건의 부가·증치를 한 토지소유자 또는 관계인은 해당 건축물·공작물 또는 물건을 원상으로 회복하여야 하며 이에 관한 손실의 보상을 청구할 수 없다.

---

8) 토지보상법 시행규칙 제24조(무허가건축물 등의 부지 및 불법형질변경토지의 평가)

(2) 개별법에서 사업인정고시일 이외의 별도의 시점을 행위제한일로 지정한 경우

① 택지개발촉진법

택지개발사업의 경우 사업인정의제일은 택지개발지구지정고시일[9]이나 행위제한일은 택지개발지구의 지정에 관한 주민 등의 의견청취를 위한 공고일이다.[10][11]

택지개발촉진법 제6조(행위제한 등)

① 제3조의3에 따라 택지개발지구의 지정에 관한 주민 등의 의견청취를 위한 공고가 있는 지역 및 택지개발지구에서 건축물의 건축, 공작물의 설치, 토지의 형질변경, 토석(土石)의 채취, 토지분할, 물건을 쌓아놓는 행위 등 대통령령으로 정하는 행위를 하려는 자는 특별자치도지사·시장·군수 또는 자치구의 구청장의 허가를 받아야 한다. 허가받은 사항을 변경하려는 경우에도 또한 같다.
④ 특별자치도지사·시장·군수 또는 자치구의 구청장은 제1항을 위반한 자에게 원상회복을 명할 수 있다. 이 경우 명령을 받은 자가 그 의무를 이행하지 아니하면 특별자치도지사·시장·군수 또는 자치구의 구청장은 「행정대집행법」에 따라 이를 대집행(代執行)할 수 있다.

---

② 도시 및 주거환경정비법

도시정비사업에 있어서 「토지보상법」이 적용되는 경우 사업인정의제일은 사업시행계획인가의 고시가 있은 때[12]이나 행위제한일은 정비구역의 지정 및 고시일이다.

도시 및 주거환경정비법 제19조(행위제한 등)

① 정비구역 안에서 건축물의 건축, 공작물의 설치, 토지의 형질변경, 토석의 채취, 토지분할, 물건을 쌓아 놓는 행위, 그 밖에 대통령령으로 정하는 행위를 하려는 자는 시장·군수 등의 허가를 받아야 한다. 허가받은 사항을 변경하려는 때에도 또한 같다.
② 다음 각 호의 어느 하나에 해당하는 행위는 제1항에도 불구하고 허가를 받지 아니하고 할 수 있다.
  1. 재해복구 또는 재난수습에 필요한 응급조치를 위한 행위
  2. 기존 건축물의 붕괴 등 안전사고의 우려가 있는 경우 해당 건축물에 대한 안전조치를 위한 행위

---

9) 택지개발촉진법 제12조(토지수용) 제2항
10) 지장물 보상 시 건축물의 적법성 필요 여부
    공익사업으로 인하여 취득하거나 사용하게 되는 토지와 건축물의 보상에 대하여 별도의 규정을 두고, 건축물의 보상에 관해서는 같은 법 제75조에서 이전비를 보상하도록 하되 이전이 어려운 경우 등에는 물건가격으로 보상하도록 하는 규정을 두고 있을 뿐 해당 건축물이 무허가건축물인지 여부에 따라 보상 여부에 차등을 두고 있지 아니하며, 「공익사업을 위한 토지 등의 취득 및 보상에 관한 법률 시행규칙」(이하 "공익사업보상법 시행규칙"이라 함) 제33조 및 제36조에서는 같은 규칙 제45조 및 제54조에 규정된 영업보상이나 주거이전비의 보상 시에는 적법한 건물일 것을 보상의 요건으로 하고 있는 것과는 달리, 건축물이나 공작물 자체에 대한 보상 시에는 해당 건축물의 적법 여부를 보상요건으로 하고 있지 아니한바, 공익사업의 사업인정 고시 이전에 건축되고 공공사업용지 내의 토지에 정착한 지장물인 건물은 통상 적법한 건축허가를 받았는지 여부에 관계없이 손실보상의 대상이 된다고 보아야 할 것이다(대판 2001.4.13, 2000두6411, 대판 2000.3.10, 99두10896 등 참조).
11) 지장물은 토지사용권 유무를 보상요건으로 하지 않는다(대판 2004.10.15, 2003다14355).
    지장물인 수익수 또는 관상수나 묘목 등을 보상대상으로 함에 있어 토지사용권의 유무에 따른 구분을 두고 있지 아니하므로, 다목적 댐 건설사업에 관한 실시계획의 승인 및 고시가 있기 전에 토지를 임차하여 수목을 식재하였다가 그 후 토지의 임대차계약이 해지되어 토지소유자에게 토지를 인도할 의무를 부담하게 되었다고 하더라도, 그러한 사정만으로 위 수목이 지장물 보상의 대상에서 제외된다고 볼 수는 없다.
12) 도시 및 주거환경정비법 제65조(「공익사업을 위한 토지 등의 취득 및 보상에 관한 법률」의 준용)

3. 그 밖에 대통령령으로 정하는 행위

③ 제1항의 규정에 따라 허가를 받아야 하는 행위로서 정비구역의 지정 및 고시 당시 이미 관계 법령에 따라 행위허가를 받았거나 허가를 받을 필요가 없는 행위에 관하여 그 공사 또는 사업에 착수한 자는 대통령령으로 정하는 바에 따라 시장·군수 등에게 신고한 후 이를 계속 시행할 수 있다.

④ 시장·군수 등은 제1항을 위반한 자에게 원상회복을 명할 수 있다. 이 경우 명령을 받은 자가 그 의무를 이행하지 아니하는 때에는 시장·군수 등은 「행정대집행법」에 따라 대집행할 수 있다.

③ 공공주택 특별법

주택지구를 지정하거나 주택건설사업계획을 승인하여 고시한 때에는 사업인정의 고시가 있는 것으로 보나, 행위제한일은 주민의견청취일이다.

> **공공주택 특별법 제11조**(행위제한 등)
>
> ① 제10조 제1항에 따라 주택지구의 지정·변경에 관한 주민 등의 의견청취의 공고가 있는 지역 및 주택지구 안에서 건축물의 건축, 공작물의 설치, 토지의 형질변경, 토석의 채취, 토지의 분할·합병, 물건을 쌓아놓는 행위, 죽목의 벌채 및 식재 등 대통령령으로 정하는 행위를 하고자 하는 자는 시장(특별자치도의 경우에는 특별자치도지사를 말한다. 이하 같다)·군수 또는 구청장(자치구의 구청장을 말한다. 이하 같다)의 허가를 받아야 한다. 허가받은 사항을 변경하고자 하는 때에도 같다.
> ② 다음 각 호의 어느 하나에 해당하는 행위는 제1항에도 불구하고 허가를 받지 아니하고 이를 할 수 있다.
> 1. 재해복구 또는 재난수습에 필요한 응급조치를 위하여 하는 행위
> 2. 그 밖에 대통령령으로 정하는 행위

④ 산업입지 및 개발에 관한 법률

산업입지 및 개발에 관한 법률에서는 제7조의4 제1항에 따른 산업단지의 지정·고시가 있는 때(제6조 제5항 각 호 외의 부분 단서, 제7조 제6항, 제7조의2 제6항 또는 제8조 제4항에 따라 사업시행자와 수용·사용할 토지 등의 세부 목록을 산업단지가 지정된 후에 산업단지개발계획에 포함시키는 경우에는 이의 고시가 있는 때를 말한다)에는 사업인정 및 사업인정의 고시가 있는 것으로 보나, 행위제한일은 단지지정에 관한 주민 등의 의견청취공고가 있는 때이다.

> **산업입지 및 개발에 관한 법률 제12조**(행위 제한 등)
>
> ① 제10조 제1항에 따라 산업단지의 지정 또는 변경에 관한 주민 등의 의견청취를 위한 공고가 있는 지역 및 산업단지 안에서 건축물의 건축, 공작물의 설치, 토지의 형질변경, 토석의 채취, 토지분할, 물건을 쌓아놓는 행위 등 대통령령으로 정하는 행위를 하려는 자는 특별시장·광역시장·특별자치시장·특별자치도지사·시장 또는 군수의 허가를 받아야 한다. 허가받은 사항을 변경하려는 경우에도 또한 같다.

(3) **유의사항**

① 무허가건축물 부지의 평가와는 별개의 판단이다.

② 사업인정고시일 이전에 건축되었거나 설치된 건축물 등에 해당되는 경우에도 ⅰ) 손실보상만을 목적으로 설치된 건축물, ⅱ) 관계법령에서 보상에 관하여 제한을 두고 있는 경우, ⅲ) 공익사업에 관련없이 이전·철거 등의 조치가 진행되고 있는 경우 등은 보상대상에 해당하지 않는다.[13]

기 본예제

감정평가사 柳 씨는 2026.8.20.자로 중앙토지수용위원회로부터 평가의뢰를 받고 사전조사 및 실지조사를 통하여 자료를 수집하였다. 이 자료를 활용하여 물건조서상의 무허가건축물의 보상대상여부를 설명하고 그 적정보상감정평가액을 구하시오.

풀이영상

자료 1 ▶ 감정평가의뢰서 내용

1. 사업명: △△ 지방산업단지사업
2. 사업시행자: ○○지방공사
3. 가격시점: 2026.7.1.
4. 평가목적: 이의재결
5. 평가조건: 「공익사업을 위한 토지 등의 취득 및 보상에 관한 법률」 등 보상관계법령의 규정, 판례, 기타 평가의 일반이론, 절차 및 방법 등을 준수하여 평가할 것
6. 주민 등의 의견청취를 위한 공고: 2022.12.6.
7. 지방산업단지 지정고시일: 2023.5.25.
8. 지방산업단지 실시계획고시일: 2025.3.20.
9. 물건조서

기호	소재지	지번	물건의 종류	구조·규격	수량	비고
1	S시 P구 K동	105	주택 및 점포	벽돌조슬레이트지붕	150m²	무허가건축물

자료 2 ▶ 건축물에 대한 조사사항

1. 건축물은 토지소유자가 허가 없이 건축한 무허가건축물(2022.6.30.)로서 그 재조달원가는 400,000원/m², 경제적 내용연수는 20년, 잔존가치는 없는 것으로 조사되었다.

2. 건축물은 이전 가능한 것으로 판단되며, 이전에 소요되는 통상비용(이전비)은 다음과 같이 조사되었다.

　(1) 해체비: 6,000,000원

　(2) 운반비: 2,000,000원

　(3) 정지비: 1,500,000원

　(4) 재건축비: 33,000,000원

　(5) 보충자재비: 4,000,000원

　(6) 부대비용: 5,000,000원

　≫ (주) 재건축비에는 건축관계법령 개정으로 인한 건축설비 추가설치비용(관련부대비용 포함) 10,000,000원이 포함되어 있는 것으로 조사되었다.

3. 인근지역의 건축물 거래사례는 포착되지 않는다.

---

13) 대판 2013.2.15, 2012두22096

예시답안

Ⅰ. 평가개요

본건은 지방산업단지 사업에 편입된 무허가건축물에 대한 보상대상 및 보상액 산정으로 가격시점은 2026년 7월 1일이다.

Ⅱ. 보상 여부

「산업입지 및 개발에 관한 법률」 제12조에 의하여 산업단지의 지정 또는 변경에 관한 주민 등의 의견청취를 위한 공고가 있은 이후에 무단으로 신축한 지장물은 보상대상이 아니다. 하지만 해당 지장물은 주민 등의 의견청취를 위한 공고 이전에 신축된 바, 보상대상으로 판단한다.

Ⅲ. 적정보상감정평가액

1. 해당 물건의 가격

$400,000 \times 150 \times 16/20 = 48,000,000$원

2. 이전비[14]

$6,000,000 + 2,000,000 + 1,500,000 + 33,000,000 - 10,000,000^* + 4,000,000 + 5,000,000 = 41,500,000$원

* 시설개선비는 배제한다(토지보상법 시행규칙 제2조 제4호).

3. 결정

물건의 가격이 이전비를 초과하므로 이전비로 보상한다.

∴ 보상액 41,500,000원

---

5. 일부편입 시

1) 보상기준 [15]

사업시행자는 동일한 소유자에게 속하는 일단의 건축물의 일부가 취득되거나 사용됨으로 인하여 잔여 건축물의 가격이 감소하거나 그 밖의 손실이 있을 때에는 국토교통부령으로 정하는 바에 따라 그 손실을 보상하여야 한다. 다만, 잔여 건축물의 가격 감소분과 보수비(건축물의 나머지 부분을 종래의 목적대로 사용할 수 있도록 그 유용성을 동일하게 유지하는 데에 일반적으로 필요하다고 볼 수 있는 공사에 사용되는 비용을 말한다. 다만, 「건축법」 등 관계법령에 따라 요구되는 시설 개선에 필요한 비용은 포함하지 아니한다)를 합한 금액이 잔여건축물의 가격보다 큰 경우에는 사업시행자는 그 잔여 건축물을 매수할 수 있다.

---

14) 보충자재비의 포함 여부

　　지장물인 건물이나 공작물은 이전비로 보상하고 이전비는 현재의 상태와 동등한 기능을 유지하는 데 필요한 한도의 시설을 다시 설치하는 데 필요한 공사비와 그 공사에 필요한 자재비를 합한 금액으로 하여야 할 것이다(토정 30241-1217 : '92.8.10). 보충자재비는 현 상태의 기능을 유지하는 필요한 비용으로 보아 이전비에 포함시키는 것이 타당할 것이다.

15) 토지보상법 제75조의2

2) 일부편입부분에 대한 보상감정평가

(1) 보수하여 사용하는 경우

보수비를 보상한다. 보수비는 건축물의 잔여부분을 종래의 목적대로 사용할 수 있도록 그 유용성을 동일하게 유지하는 데 통상 필요하다고 볼 수 있는 공사에 사용되는 비용(「건축법」 등 관계법령에 의하여 요구되는 시설의 개선에 필요한 비용은 포함하지 아니한다)으로 평가한다.[16]

(2) 보수가 현실적으로 불가한 경우

동일한 소유자에게 속하는 일단의 건축물의 일부가 협의에 의하여 매수되거나 수용됨으로 인하여 잔여 건축물을 종래의 목적에 사용하는 것이 현저히 곤란할 때에는 그 건축물소유자는 사업시행자에게 잔여 건축물을 매수하여 줄 것을 청구할 수 있으며, 사업인정 이후에는 관할 토지수용위원회에 수용을 청구할 수 있다. 이 경우 수용 청구는 매수에 관한 협의가 성립되지 아니한 경우에만 하되, 사업완료일까지 하여야 한다.

3) 잔여건축물에 대한 가치하락분 평가

동일한 건축물소유자에 속하는 일단의 건축물의 일부가 취득 또는 사용됨으로 인하여 잔여건축물의 가격이 감소된 경우의 잔여건축물의 손실은 공익사업시행지구에 편입되기 전의 잔여건축물의 가격(해당 건축물이 공익사업시행지구에 편입됨으로 인하여 잔여건축물의 가격이 변동된 경우에는 변동되기 전의 가격을 말한다)에서 공익사업시행지구에 편입된 후의 잔여건축물의 가격을 뺀 금액으로 평가한다.

> **Check Point!**
>
> ▶ **잔여건축물 보상감정평가 문제풀이 시 참고사항**
>
> 일부 편입되는 건축물을 보수비로 평가할지 매수청구할지 여부는 사업시행자가 결정하며, 감정평가법인등은 사업시행자가 요청한 조건에 따라 평가하면 된다. 하지만 문제풀이 시에는 간혹 사업시행자의 판단사항이 구체적으로 제시되지 않은 경우가 있으며, 이 경우에는 아래와 같이 풀이하도록 한다.
>
> **1. 전체 이전이 가능한 경우**
>
> 일부편입부분의 보상감정평가액 + 잔여건축물의 가치감가 보상감정평가액은 아래 평가액 중 가장 작은 금액으로 결정한다.
> (1) 일부편입부분 취득가격 + 보수비 및 잔여건축물 가치감소분
> (2) 전체 이전비
> (3) 전체 취득가격
>
> **2. 이전이 불가능한 경우**
>
> (1) 일부편입부분 취득가격 + 보수비 및 잔여건축물 가치감소분
> (2) 일부편입부분 취득가격 + 잔여건축물의 취득가격(= 전체 취득가격)

---

16) 건축물의 잔여 부분을 보수하여 종래의 목적대로 사용할 수 있고 사용이 현저히 곤란하지 아니한 경우에 한하여 보수비로 보상할 수 있다(대판 2000.10.27, 2000두5104).

기본예제

아래 지장물에 대한 보상감정평가액을 결정하시오(가격시점 : 2026.08.25.).

자료 1 ▶ 지장물조서

소재지	물건의 종류	구조·규격	수량	비고
S동 100	주택	시멘트벽돌조 슬래브지붕 단층	50m²	20m² 편입

» 편입된 건물의 높이는 2m이다.

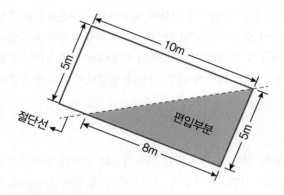

풀이영상

자료 2 ▶ 가격관련 자료

1. 건물의 재조달원가 : 550,000원/m²
2. 건물의 경제적 내용연수 : 45년
3. 사용승인일자 : 2007.10.25.
4. 건물 전체의 이전비

해체비	운반비	정지비	재건축비	보충자재비	부대비용	건축허가비
4,000,000	1,500,000	1,200,000	20,000,000	5,000,000	5,000,000	12,000,000

» 위 재건축비에는 설비 개량비용이 5,000,000원 포함되어 있다.

5. 보수비용 : 보수면적당 400,000원/m²을 적용한다.
6. 화장실은 편입되어 재설치되어야 하고, 위생설비 설치비용은 전체면적을 기준으로 하여 50,000원/m²이 소요된다. 위생설비 이외의 추가적인 설비공사는 없는 것으로 본다.

예시답안

1. **전체가격 :** 550,000 × 27/45 ≒ 330,000원/m²(× 50 = 16,500,000원)

2. **전체 이전비(시설개선비 제외, 보충자재비는 시설개선과 관련이 없다고 판단하여 이전비에 포함하였음, 이하 통일)**

   4,000,000 + 1,500,000 + 1,200,000 + (20,000,000 − 5,000,000) + 5,000,000 + 5,000,000 + 12,000,000
   = 43,700,000원

3. **편입부분가격 + 보수비**
   (1) 편입부분가격
       16,500,000 × 20/50 ≒ 6,600,000원

(2) 보수비

① 보수면적 : $(5^2+8^2)^{1/2} \times 2 ≒ 18.9m^2$

② 보수비 : $400,000 \times 18.9m^2 + 50,000 \times 30m^2$(잔여건축물 면적기준한다고 봄) ≒ 9,060,000원

(3) 소계 : 6,600,000 + 9,060,000 ≒ 15,660,000원

4. 결정

편입부분 가격 + 보수비가 가장 낮으므로 이를 기준으로 보상한다(15,660,000원).

6. 건축물의 사용료 및 철거비

(1) 건축물의 사용료

임대사례비교법이 원칙이며, 적산법으로도 평가가 가능하다.

(2) 철거비

물건의 가격으로 보상한 건축물의 철거비용은 사업시행자가 부담한다. 다만, 건축물의 소유자가 해당 건축물의 구성부분을 사용 또는 처분할 목적으로 철거하는 경우에는 건축물의 소유자가 부담한다.

>> 단, "철거비 및 해체비용"은 보상액에 포함시킨다(이전비 산정 시).

>> 다만, 건축물의 소유자가 해당 건축물의 구성부분을 사용 또는 처분할 목적으로 철거하는 경우에는 건축물의 소유자가 부담한다.

02 공작물 등의 평가 및 동산의 이전비 보상

1. 공작물[17] 등의 평가

토지보상법 시행규칙 제36조(공작물 등의 평가)

① 제33조 내지 제35조의 규정은 공작물 그 밖의 시설(이하 "공작물 등"이라 한다)의 평가에 관하여 이를 준용한다.

② 다음 각 호의 1에 해당하는 공작물 등은 이를 별도의 가치가 있는 것으로 평가하여서는 아니 된다.

1. 공작물 등의 용도가 폐지되었거나 기능이 상실되어 경제적 가치가 없는 경우
2. 공작물 등의 가치가 보상이 되는 다른 토지 등의 가치에 충분히 반영되어 토지 등의 가격이 증가한 경우
3. 사업시행자가 공익사업에 편입되는 공작물 등에 대한 대체시설을 하는 경우

공작물은 『토지보상법 시행규칙』 제2조 제3호에 따라 지장물의 한 가지 유형이다. 공작물은 개념은 '토지에 정착한 (인위적인 힘이 가해진) 구조물로서 건물로 볼 수 없는 것'을 말한다. 『건축법』 제2조 제2호에서는 건축물을 공작물의 일부로 정의하고 있지만, 『토지보상법 시행규칙』에서는 공작물과 건

---

17) 공작물이란 지상이나 지하에 축조되는 인공 구조물로서 대지를 조성하기 위한 옹벽·굴뚝·광고탑·고가수조(高架水槽)·지하 대피호 그 밖에 이와 유사한 것을 말한다.

축물을 구분하고 있다.『건축법』제83조에 따라 일정규모 이상의 공작물을 축조하려는 자는 해당 지방자치단체의 장에게 신고를 하여야 한다. 주된 공작물의 유형은 방호목적시설(담장, 울타리/펜스), 상수관련 시설(관정, 수도배관), 하수/배수관련 시설(화장실, 정화조, 하수관, 우수관/맨홀/집수정 등), 이동 및 지지관련 시설(대문, 계단, 도로포장 등), 저장/창고관련 시설(장독대, 주유소탱크 등), 농업관련 시설(비닐하우스, 스프링클러 등), 기타시설(동력, 체육시설(테니스코트 등), 석축 및 옹벽 등)이 있다.

2. 동산의 이전비 보상

동산의 이전비는 공익사업지구 내의 토지 또는 건축물 등에 소재하는 동산을 대상으로 하되, 이사비 보상의 대상이 되는 주거용 건축물 내의 가재도구 등의 동산 및 영업보상의 대상인 영업시설 등은 제외한다. 이사비는 주거용 건축물의 거주자에 대해 실제 소요되는 비용을 보상하는 것이므로, 거주자가 소유자인지 세입자인지 또는 언제부터 거주하였는지, 무허가건축물 등인지에 관계없이 보상 당시 주거용 건축물에 거주하기만 하면 보상대상자가 된다.

토지보상법 시행규칙 제55조(동산의 이전비 보상 등)

① 토지 등의 취득 또는 사용에 따라 이전하여야 하는 동산(제2항에 따른 이사비의 보상대상인 동산을 제외한다)에 대하여는 이전에 소요되는 비용 및 그 이전에 따른 감손상당액을 보상하여야 한다.

② 공익사업시행지구에 편입되는 주거용 건축물의 거주자가 해당 공익사업시행지구 밖으로 이사를 하거나 사업시행자가 지정하는 해당 공익사업지구 안의 장소로 이사를 하는 경우에는 [별표 4]의 기준에 의하여 산정한 이사비(가재도구 등 동산의 운반에 필요한 비용을 말한다)를 보상하여야 한다.

③ 이사비의 보상을 받은 자가 해당 공익사업시행지구 안의 지역으로 이사하는 경우에는 이사비를 보상하지 아니한다.

❖ [별표 4] 이사비기준(제55조 제2항 관련)

주택연면적기준	이사비			비고
	노임	차량운임	포장비	
1. 33제곱미터 미만	3명분	1대분	(노임 + 차량운임) × 0.15	1. 노임은 「통계법」 제3조 제3호에 따른 통계작성기관이 같은 법 제18조에 따른 승인을 받아 작성·공표한 공사부문 보통인부의 노임을 기준으로 한다.
2. 33제곱미터 이상 49.5제곱미터 미만	4명분	2대분	(노임 + 차량운임) × 0.15	2. 차량운임은 한국교통연구원이 발표하는 최대적재량이 5톤인 화물자동차의 1일 8시간 운임을 기준으로 한다.
3. 49.5제곱미터 이상 66제곱미터 미만	5명분	2.5대분	(노임 + 차량운임) × 0.15	3. 한 주택에서 여러 세대가 거주하는 경우 주택연면적기준은 세대별 점유면적에 따라 각 세대별로 계산·적용한다.
4. 66제곱미터 이상 99제곱미터 미만	6명분	3대분	(노임 + 차량운임) × 0.15	
5. 99제곱미터 이상	8명분	4대분	(노임 + 차량운임) × 0.15	

03 과수 등의 평가 [18]

1. 수목의 평가

1) 이전이 가능한 경우

(1) **원칙** : 이전비 = 이식비 + 고손액

(2) **이식비의 평가방법**

수목의 이전비는 대상수목을 공익사업지구 밖의 지역으로 이전하는데 소요되는 비용으로서 굴취비(뿌리돌림을 포함함), 상·하차비, 운반비, 식재비, 재료비 및 기타부대비용을 포함한다.

수목의 이전비는 표준품셈에 의하여 평가함을 원칙으로 하되, 수량·식재상황 및 식재장소 등에 따라 적정하게 가감·조정할 수 있다. 다만, 수목의 식재상황 등을 고려할 때 수종·수령·규격 등 별로 평가하는 것이 합리적일 경우에는 수종·수령·규격 등 별로 일괄하여 보상평가할 수 있으며, 이 경우 이전비 또는 이식비와 수목가액과의 비교는 일괄하여 평가한 수목 전체를 기준으로 할 수 있다. 수목의 이전비를 표준품셈에 의할 경우 그 산정기준은 수목 1주당 가액을 기준으로 한 것이므로, 소량의 수목을 이전할 때에는 비용이 증가하고(표준품셈에서는 차량 1대에 5주를 옮기는 것을 기준으로 작성되어 있으나 실제 보상대상 수량은 5주 미만인 경우 등), 대량의 수목을 이전하는 경우에는 특별한 사정이 없는 한 규모의 경제원리가 작용하여 그 이전비가 감액될 가능성이 있으므로 수목의 이전비는 표준품셈에 의하여 보상평가하되, 수량에 따라 적정하게 가감·조정하여야 한다(대판 2015.10.29, 2015두2444).

수목의 이전비는 수목이 자연상태로 식재되어 있는지 또는 농장에 식재되어 있는지 등과 같은 식재상황이나 차량의 진입 가능성 여부, 경사도 등의 식재장소에 따라 크게 차이가 날 수 있으므로 식재상황 및 식재장소 등에 따라 적정하게 가감·조정하여야 한다.

(3) **고손액의 평가방법**

수목의 이전 후에 고손·감수 등의 손실이 발생하는 경우에는 그 손실액을 이전비에 더하여 보상평가할 수 있다. 고손액은 수목가액에 고손율을 곱하여 산정하며, 이 경우 수목가액은 가격시점 당시의 가액을 기준으로 한다.

2) 이전이 불가능한 경우

(1) **원칙** : 수목의 가격을 기준하되, 거래사례비교법에 의한다.

(2) **정상식 기준금액 초과 금지**

수목의 가액은 정상식(경제적으로 식재목적에 부합되고 정상적인 생육이 가능한 수목의 식재상태를 말한다.)을 기준으로 한 금액을 초과하지 못한다. 수목의 정상식은 "수목 정상식 판정 세부기준"에 의하되, 수목 정상식의 적용이 불합리할 경우에는 별도의 기준을 적용할 수 있다.

---

18) 토지보상법 시행규칙 제37조

2. 과수의 평가

1) 판단기준

과수 그 밖에 수익이 나는 나무(수익수) 또는 관상수(묘목을 제외함)에 대하여는 수종 · 규격 · 수령 · 수량 · 식수면적 · 관리상태 · 수익성 · 이식가능성 및 이식의 난이도 그 밖에 가치형성에 관련되는 제요인을 종합적으로 고려하여 보상평가한다.

2) 과수 등의 구분

수익수(과수, 과수 외의 수익수), 관상수, 묘목, 입목 및 죽립 등으로 구분할 수 있다. 이러한 과수 등은 수익성, 성장상태, 관리상태, 규격 등에 따라 가격의 차이가 발생한다. 일반적으로 과수 등의 수목은 수고, 수관폭, 흉고직경, 근원직경 및 수관길이에 의해 표시된다.

3) 과수의 보상감정평가방법[19]

(1) 이식가능한 경우

① 이식가능한 경우로서 결실기인 경우

㉠ 이식적기인 경우

> 보상감정평가액(이전비) = 이식비 + 고손액 + 감수액

》 이식비 = 굴취비용 + 운반비 + 식재비 + 자재비 + 사후관리비 + 상하차비
》 고손액 = 주당가격 × 고손율
》 감수액 = 주당수익 × (1 − 고손율) × 감수율(220%)

㉡ 이식부적기 : 이식비 + 고손액의 2배 이내 + 감수액으로 평가한다. 단, 감수액 산정 시 고손되는 수량에 대해서는 제외한다.

② 이식가능한 경우로서 결실기가 아닌 경우

㉠ 이식적기

> 보상감정평가액(이전비) = 이식비 + 고손액

㉡ 이식부적기 : 이식비 + 고손액의 2배 이내로 평가한다.

(2) 이식이 불가능한 경우

이식이 불가능한 경우 과수목의 가격으로 보상한다. 과수목의 거래사례가 있는 경우에는 거래사례비교법으로 평가하며, 거래사례가 없는 경우에는 과수목의 수익성을 고려하여 평가하거나(결실기), 가격시점까지 투하된 비용의 현가액으로 평가할 수 있다.

---

19) 「토지보상법 시행규칙」 별표 2에서 과수의 이식가능 여부는 수령을 기준으로 판단하도록 규정하고 있고, 과수의 수확량 및 수익성은 결실기 이후 일정한 기간은 증가하나 최대 수확기를 도과하면 수확량 및 수익성이 하락하므로 과수의 경우 물건조서에는 반드시 수령이 기재되어야 한다.

4) 물건의 가격으로 보상하는 과수

이식불가능한 과수의 예에 따라 평가한다.

5) 과수외 수익수, 관상수 등의 평가방법

과수의 규정을 준용한다. 단, 관상수의 경우 감수액을 고려하지 않는다.

(1) 수령으로 보아 이식이 가능한 경우

이식적기의 경우에는 이식비에 고손액을 가산하며, 이식부적기인 경우에는 고손액을 2배 이내까지 결정할 수 있다.

(2) 이식이 불가능한 경우(물건의 가격으로 보상하는 과수)

해당 과수의 거래가격이 있는 경우에는 거래가격을 기준으로 하며, 거래가격이 존재하지 않는 경우에는 가격시점까지 소요된 비용의 현가액을 기준으로 한다.

6) 벌채비의 부담

이식이 불가능한 수익수 또는 관상수의 벌채비용은 사업시행자가 부담한다. 다만, 수목의 소유자가 해당 수목을 처분할 목적으로 벌채하는 경우에는 수목의 소유자가 부담한다.

※ [별표 2] 수종별 이식가능수령 · 이식적기 · 고손율 및 감수율기준(토지보상법 시행규칙 제37조 제2항 관련)

구분\수종	이식가능 수령	이식적기	고손율	감수율	비고
일반사과	5년 이하	2월 하순~3월 하순	15퍼센트 이하	• 이식 1차년: 100퍼센트 • 이식 2차년: 80퍼센트 • 이식 3차년: 40퍼센트	그 밖의 수종은 유사수종에 준하여 적용한다.
왜성사과	3년 이하	2월 하순~3월 하순, 11월	20퍼센트 이하		
배	7년 이하	2월 하순~3월 하순, 11월	10퍼센트 이하		
복숭아	5년 이하	2월 하순~3월 하순, 11월	15퍼센트 이하		
포도	4년 이하	2월 하순~3월 하순, 11월	10퍼센트 이하		
감귤	8년 이하	6월 장마기, 11월, 12월~3월 하순	10퍼센트 이하		
감	6년 이하	2월 하순~3월 하순, 11월	20퍼센트 이하		
밤	6년 이하	11월 상순~12월 상순	20퍼센트 이하		
자두	5년 이하	2월 하순~3월 하순, 11월	10퍼센트 이하		
호두	8년 이하	2월 하순~3월 하순, 11월	10퍼센트 이하		
살구	5년 이하	2월 하순~3월 하순, 11월	10퍼센트 이하		

기본예제

감정평가사인 李 씨는 단양군으로부터 도시·군계획시설도로개설사업에 편입되는 토지상의 수목에 대한 보상감정평가의뢰를 받았다. 다음 자료를 참고하여 해당 수목의 보상액을 산정하시오.

자료 1 본건자료

1. 수목종류 : 복숭아(H3.0 R6)
2. 수령 : 4년
3. 주수 : 300주
4. 가격시점 : 2026년 9월 1일

풀이영상

자료 2 수목의 이식비 및 가격자료 등

1. 이식비 품셈표

규격	굴취		운반	상하차비 (원)	식재		재료비	부대비용	수목가격
	조경공	보통인부			조경공	보통인부			
H3.0 R6	0.19	0.02	0.015	1,000	0.23	0.14	(굴취비 + 식재비)의 10%	전체이식비의 20%	60,000

   ≫ 수목가격은 산원입목가격(산원거래가격)임.
2. 이식적기 등 : 기본예제 앞 [별표 2] 참조
3. 복숭아의 경우 3년생부터는 수확이 가능하며, 이후 일반적인 주당수익은 5,500원 수준인 것으로 조사됨.
4. 정부노임단가 : 조경공 100,000원, 보통인부 80,000원
5. 구역화물자동차 운임 : 150,000원(4.5t, 30km 이내)

예시답안

I. 평가개요

본건은 과수(복숭아)에 대한 보상으로 가격시점은 2026년 9월 1일이다.

II. 보상액 산정

1. 보상기준

본건 과수는 4년생으로 결실기에 있으며(3년생 이상) 이식은 가능하나(5년생 이하), 가격시점 당시 이식부적기이다.

2. 이전비의 산정

(1) 이식비

[(100,000 × 0.42(조경공) + 80,000 × 0.16(보통인부)) × 1.1(재료비) + 150,000 × 0.015(운반비) + 1,000 (상하차비)] × 1.2 ≒ 76,240원/주

(2) 고손액 : 60,000 × 0.15 × 2 = 18,000원/주

(3) 감수액 : 5,500 × (1 − 0.15 × 2) × 2.2 = 8,470원/주

(4) 이전비 소계 : 102,710원/주

3. 보상액 결정

수목가격이 이전비 이하인바 수목가격으로 보상한다.

∴ 60,000원(× 300주 = 18,000,000원)

3. 묘목의 평가

(1) 평가방법

상품화가 가능한 경우		원칙	손실 ×(보상 ×)
		예외	매각손실액이 있는 경우는 보상
상품화가 어려운 경우	시기적으로 상품화가 곤란 or 미성묘목	이전비(임시가식비용) + 고손액(고손율 1%~2% 이하)	
	파종 or 발아 중	가격시점까지 소요된 비용의 현가액	
	보상법 제75조 ① 단서의 경우 (물건의 가격으로 보상하는 경우)	거래사례 ○	거래사례비교법
		거래사례 ×	가격시점까지 소요된 비용의 현가액

(2) 상품화할 수 있는 묘목

손실이 없는 것으로 본다. 즉, 보상하지 않는다. 다만, 매각손실액(일시에 매각함으로 인하여 가격이 하락함에 따른 손실을 말한다)이 있는 경우에는 그 손실을 평가하여 보상하여야 하며, 이 경우 보상액은 시기적으로 상품화가 곤란한 묘목 등의 평가금액을 초과하지 못한다.

(3) 시기적으로 상품화가 곤란하거나 시기를 잃은 경우, 상품화할 수 있는 시기에 이르지 아니한 묘목

이전비(가식소요비용)와 고손율(1% 이내, 주위의 환경, 계절적 사정 등 특별한 사유가 있는 경우 2% 이내)을 감안한 고손액의 합계액으로 평가한다.

(4) 파종 또는 발아 중에 있는 묘목

가격시점까지 소요된 비용의 현가액으로 평가한다.

(5) 물건의 가격으로 보상하는 경우

거래사례비교법에 의하되, 거래사례가 없는 경우에는 가격시점까지 소요된 비용의 현가액으로 평가한다.

4. 입목의 평가 [20]

(1) 평가기준

입목(죽목을 포함한다)에 대하여는 벌기령(「산림자원의 조성 및 관리에 관한 법률 시행규칙」 [별표 3]에 따른 기준벌기령을 말한다)·수종·주수·면적 및 수익성 그 밖에 가격형성에 관련되는 제 요인을 종합적으로 고려하여 평가한다.

세부적으로 입목의 보상감정평가는 벌채시기 도래여부가 매우 중요하며, 입목은 이식이 불가능하므로 이식의 경우의 보상감정평가방법은 고려치 않아야 한다.

---

20) 토지보상법 시행규칙 제39조

(2) **입목의 구분 등**

조림된 용재림[21],(조림된 용재림과 유사한) 자연림으로 구분되며, 벌기령의 10분의 9 이상을 경과하였거나 그 나무의 성장 및 관리상태가 양호하여 벌기령에 달한 나무와 유사한 경우에는 벌기령에 달한 것으로 본다.

자연림으로서 수종·수령·면적·주수·입목도·관리상태·성장정도 및 수익성 등이 조림된 용재림과 유사한 자연림은 조림된 용재림의 보상평가방법을 준용한다.

입목이란 토지에 부착된 수목의 집단으로서 그 소유자가 「입목에 관한 법률」에 따라 소유권보존의 등기를 받은 것으로 정의하고 있으나(입목에 관한 법률 제2조 제1호), 대법원에서는 「입목에 관한 법률」에 의한 등기를 하지 않은 입목도 명인방법(明認方法)에 의해서도 토지와 별도의 소유권을 인정하고 있으며, 「입목에 관한 법률」에 따라 소유권보존의 등기를 받거나 명인방법에 의해 공시되고 있지 않아도 토지와는 별도의 경제적 가치를 지니는 수목 또는 수목의 집단도 입목에 포함된다.[22]

(3) **평가방법**

지장물	조림된 용재림, 유사한 자연림	벌채시기에 달한 입목		손실 없다(보상 ×). 단, 일시 벌채로 인한 비용증가분이나 목재가격 하락으로 인한 손실 보상함.
		벌채시기에 달하지 아니한 입목	인근시장에서 거래되는 경우	거래가격 − 벌채비용 − 운반비
			거래되지 않는 경우	가격시점까지 소요된 비용의 현가액(예상총수입의 현가액에서 장래 투하비용의 현가액을 뺀 금액을 초과하지 못한다)
	연료림 등			삭제
사업시행자가 취득하는 경우 (조림된 용재림, 자연림 등 모두)				지장물인 경우를 준용

≫ **벌채시기 도달 간주**
① 벌채시기기준 9/10 이상
② 성장 및 관리상태가 양호하여 벌채할 수 있는 수령에 달한 나무와 유사한 경우

≫ **벌채비[23]의 규정**
① 이식이 불가능한 입목의 벌채비용은 사업시행자 부담
② 소유자가 해당 수목을 처분할 목적으로 벌채하는 경우 : 소유자 부담

---

21) 조림된 용재림으로서 보상받기 위하여는 그 수목이 산림법에 의한 산림의 영림계획인가를 받아 사업하였거나 산림의 생산요소를 기업적으로 경영 관리하는 산림으로서 입목에 관한 법률 제8조의 규정에 의하여 등록된 입목의 집단 또는 이에 준하는 산림이어야 한다(대판 2002.6.28, 2002두2727).
22) 집달관의 공시문을 붙인 팻말의 설치가 입목에 대한 명인방법으로서 유효하다고 본 사례(대판 1989.10.13, 89다카9064)
23) 개정 토지보상법(2007.10.)에서는 이전이 불가능한 지장물 및 이전비가 취득가격을 초과하여 취득가격으로 보상하는 경우 수용·재결이 가능하도록 규정하여 벌채비 규정도 이에 따라 개정이 필요함.

(4) 수목의 수량산정방법[24]

수목의 수량은 평가의 대상이 되는 수목을 그루별로 조사하여 산정한다. 다만, 그루별로 조사할 수 없는 특별한 사유가 있는 경우에는 단위면적을 기준으로 하는 표본추출방식에 의한다. 수목의 손실에 대한 보상액은 정상식(경제적으로 식재목적에 부합되고 정상적인 생육이 가능한 수목의 식재상태를 말한다)을 기준으로 한 평가액을 초과하지 못한다.

⁑ 산림자원의 조성 및 관리에 관한 법률 시행규칙 별표 3[기준벌기령 및 벌채·굴취기준(제7조 제2항 및 제48조의5 관련)]

구분	국유림	공·사유림 (기업경영림)
가. 일반기준벌기령		
소나무	60년	40년(30년)
(춘양목보호림단지)	(100년)	(100년)
잣나무	60년	50년(40년)
리기다소나무	30년	25년(20년)
낙엽송	50년	30년(20년)
삼나무	50년	30년(30년)
편백	60년	40년(30년)
기타 침엽수	60년	40년(30년)
참나무류	60년	25년(20년)
포플러류	3년	3년
기타 활엽수	60년	40년(20년)
나. 특수용도기준벌기령 펄프, 갱목, 표고·영지·천마 재배, 목공예, 목탄, 목초액, 섬유판, 산림바이오매스에너지의 용도로 사용하고자 할 경우에는 일반기준벌기령 중 기업경영림의 기준벌기령을 적용한다. 다만, 소나무의 경우에는 특수용도기준벌기령을 적용하지 않는다.		

» 비고

1. 불량림의 수종갱신을 위한 벌채, 피해목·옻나무·약용류(「임업 및 산촌진흥촉진에 관한 법률 시행규칙」 [별표 1]에서 정한 약용류 중 약용을 목적으로 식재한 수목으로 한정한다) 또는 지장목의 벌채와 임지 생산능력급수 I급지부터 III급지까지의 지역에서 리기다소나무를 벌채하는 경우에는 기준벌기령을 적용하지 않는다.
2. 특수용도기준벌기령을 적용받으려는 자는 입목벌채허가 신청 시 별지 제53호 서식의 목재사용계획서에 목재를 펄프, 갱목, 표고·영지·천마 재배, 목공예, 목탄, 목초액, 섬유판, 산림바이오매스에너지의 용도로 직접 사용하려 한다는 사실을 증명하는 서류를 첨부하여 관할 시장·군수·구청장 또는 지방산림청국유림관리소장에게 제출하여야 한다. 이 경우 시장·군수·구청장 또는 지방산림청국유림관리소장은 「전자정부법」 제36조 제1항에 따른 행정정보의 공동이용을 통하여 신청인의 사업자등록증명을 확인하여야 하고, 신청인이 확인에 동의하지 아니하는 경우에는 이를 첨부하도록 하여야 한다.

---

24) 토지보상법 시행규칙 제40조

기본예제

감정평가사인 당신은 충북 단양군으로부터 산림법에 의한 산림의 영림계획인가를 받아 조림된 사유림에 대한 보상감정평가를 의뢰받았다. 다음에 제시된 자료를 참고하여 입목의 보상가액을 산정하시오(단, 참나무는 사업시행자 취득조건이다).

자료 1 **입목자료**

종류	수령	수량	비고
잣나무	50년	7,000	성장 및 관리상태가 양호하여 벌채가 가능함.
참나무	20년	12,000	-

자료 2 **인근시장에서의 거래가격**

종류	목재가격(원/주)	벌채비용	운반비
잣나무	15,000	600	1,000
참나무	3,000	500	1,000

≫ 잣나무의 경우 2,000주 이상을 일괄매각할 경우 그 초과분에 대하여는 약 10%의 목재가격 하락이 발생하는 것으로 조사된다.

자료 3 **기준벌기령(산림자원의 조성 및 관리에 관한 법률 시행규칙 [별표 3])**
기본예제 앞의 페이지의 [별표 3] 참조

예시답안

I. 평가개요
본건은 조림된 사유림에 대한 보상감정평가이다.

II. 잣나무
잣나무는 성장 및 관리상태가 양호하여 벌채가 가능하므로 원칙적으로 보상대상이 아니나, 목재가격의 하락에 대하여는 보상한다.
(7,000주 − 2,000주) × 15,000 × 0.1 = 7,500,000원

III. 참나무
벌기령에 달하지 아니하고 인근시장의 거래가격이 제시되었으므로 거래가격에서 벌채비용과 운반비를 배제하여 보상액을 산정한다.
(3,000 − 500 − 1,000) × 12,000 = 18,000,000원

04 농작물의 평가 [25]

1. 원칙

농작물을 수확하기 전에 토지를 사용할 경우의 농작물에 대한 손실액은 농작물의 종류 및 성숙정도 등을 종합적으로 고려하여 평가한다.

2. 판단기준 등

농작물이 수확기에 도달하였는지 여부가 중요하며, 농작물은 원칙적으로 이전이 불가능한 것으로 보므로 농작물이 지장물인 경우에도 이전가능성 및 이전비가 가액을 초과하는지 여부 등에 대해서는 별도로 검토할 필요가 없다.

한편, 농작물보상과 농업손실보상은 별도의 보상이므로 수확기 이전에 토지를 사용하는 경우는 농업손실보상과 별도로 농작물보상을 하여야 한다.[26]

3. 수확기 도달 후

농작물이 수확기인 경우에는 소유자가 해당 공익사업과 무관하게 처분할 수 있으므로 손실이 없는 것으로 보아 보상하지 아니한다. 다만, 수확기임에도 급시를 요하는 토지의 사용 등으로 농작물에 손실이 발생하는 경우에는 보상하여야 할 것이다.

4. 성장기 또는 수확기 이전의 경우

> 농작물 보상액 = 예상총수입의 현가액 − 장래투하비용의 현가액
> − 보상 당시에 상품화가 가능한 농작물의 값(중간 판매액)

(1) 예상총수익

풍·흉년을 제외한 최근 3년간의 평균총수익을 기준으로 한 주산물 가격과 부산물 가격의 합계액

(2) 장래투하비용(생산비)

비료비, 농약비, 재료비, 노력비(투입된 노동의 용역에 대한 비용으로 고용노력비, 자가노력비 포함), 제세공과금 및 기타 경비 등 가격시점 이후에 통상 투하될 농업경영비

(3) 상품화가 가능한 농작물의 값

풋고추, 풋마늘, 풋고구마, 풋감자, 들깻잎, 애호박 등 수확기 이전에 상품화가 가능한 농작물

---

25) 토지보상법 제75조 제2항, 토지보상법 시행규칙 제41조
26) 수확기 이전에 토지를 사용하는 경우는 농업손실과 별도로 농작물보상을 하여야 한다(2008.07.04. 토지정책과−1827).

5. 파종 중 또는 발아기에 있거나 묘포에 있는 농작물

> 농작물 보상액 = 가격시점까지 소요된 비용의 현가액*

* 종묘비, 비료비, 농약비, 광열동력비, 수리비, 제재료비, 농구비, 영농시설 상각비, 임차료, 고용노력비, 자가노력비, 토지임차료 및 기타 경비 등을 포함한다.

기본예제

감정평가사 SLA 씨는 공익사업에 편입되는 물건 중 아래의 물건에 대한 보상감정평가를 의뢰받았다. 다음 제시된 자료를 통해 지장물인 농작물의 보상액을 산정하여라.

풀이영상

자료 1 농가현황조사 내용

1. 주소 : 경남 J시 H동 100-3번지 외 3필지
2. 재배작물 : 풋고추, 토마토
3. 재배면적 : 풋고추(10a), 토마토(5a)
4. 고추는 보통 재배되고 있으며, 파종기는 3월 하순이고 수확기는 10월 초 정도이다.
   한편 토마토의 파종기는 3월 하순경이고 수확기는 8월 말임.

자료 2 생산량

1. 풋고추 생산량(최근 4년간) (kg/m²)

2022년	2023년	2024년	2025년
5.99	9.90	6.23	7.00

2. 고추경작 후 부산물인 고춧잎의 생산량 : 평균 0.2kg/m²
3. 토마토 생산량(최근 3년간) (kg/m²)

2023년	2024년	2025년
16	18	20

자료 3 생산물의 가격

1. 풋고추
   (1) 고추의 가격 : 3,230원/kg
   (2) 부산물의 가격 : 990원/kg
2. 토마토 : 5,000원/kg
   ≫ 상기의 가격은 최근의 변동상황을 적정하게 반영한 평균적인 가격임.

자료 4 장래투하비용 및 투하시점(공통자료)

1. 투하비용

직접 생산비용(원/a)		간접 생산비(원/a)	
종묘비	5,900	토지용역비	13,700
비료비	7,200	자본용역비	7,300
농약비	8,000		
농구비	5,100		
노동비	76,200		
기타	10,000		
소계	112,400	소계	21,000

2. 투하시점 : 직접비는 매월 말에 균등하게 투하되며 간접비는 직접비의 투하시기와 같이 지출된다고 가정함.

자료 5 ▶ 가격시점 현재 상품화가 가능한 작물의 예상수입

1. 상품화 가능한 풋고추의 가격 : 1,200원/kg
2. 풋고추 출하 가능량 : 0.2kg/m²
3. 토마토 수확 가능량 : 20kg/m²

자료 6 ▶ 기타사항

1. 시장이자율은 연 10%로 조사됨.
2. 가격시점 현재(2026년 8월 31일) 파종 중이거나 발아 중인 농작물은 없는 것으로 조사됨.
3. 가격시점 현재 풋고추는 성장기에 있고 성장률은 약 75% 정도임.
4. 대상 농작물의 보상대상자는 이미 토마토의 재배에 따른 농업손실보상액을 수령한 것으로 조사됨.

예시답안

Ⅰ. 평가개요

1. 본건은 농작물의 토지사용에 따른 보상감정평가로서 2026년 8월 31일이 가격시점이다.

2. 풋고추는 성장기로서 예상총수입 현가에서 장래투하비용 현가와 상품화가 가능한 작물의 수입을 차감하여 평가한다.

3. 농업손실보상 여부와 관계없이 토마토는 수확기에 다다른 것으로 보이는바, 손실이 없다.[27]

Ⅱ. 풋고추의 보상감정평가액

1. **예상총수입 현가**

   (1) 주산물 수입

   ① 최근 3년간의 평균생산량(2023년 수입은 현저한 차이로서 배제)

   $(5.99 + 6.23 + 7.00) ÷ 3 × 100m² ≒ 641kg/a$

   ② 예상총수입 : $641 × 3,230 × 10a = 20,704,000원$

   (2) 부산물 수입 : $990 × 0.2 × (10 × 100) = 198,000원$

   (3) 예상총수입 현가 : $(20,704,000 + 198,000) ÷ (1 + 0.1/12) ≒ 20,729,000원$

2. **장래비용투하 현가액**

   (1) 비용의 합계(직접비 및 간접비) : $112,400 + 21,000 = 133,400원/a$

   (2) 현재가치 : $133,400 × 10a × 1개월 ÷ (1 + 0.1/12) ≒ 1,323,000원$

3. **상품화가 가능한 작물수입**

   $1,200원/kg × 0.2kg/m² × 1,000m²(10a) = 240,000원$

4. **보상감정평가액**

   $20,729,000 - 1,323,000 - 240,000 = 19,166,000원$

---

27) 수확기 이전에 토지를 사용하는 경우는 농업손실보상과 별도로 농작물보상을 하여야 한다(2008.07.04, 토지정책과-1827).

05 토지에 속한 흙·돌·모래 또는 자갈 등

1. 원칙

토지에 속한 흙·돌·모래 또는 자갈 등이 해당 토지와 별도로 취득 또는 사용의 대상이 되는 경우에는 거래가격 등을 고려하여 보상평가한다.

2. 유의사항

보상대상이 되기 위해서는 공익사업에 필요할 뿐만 아니라, 다른 수단으로는 그 공익사업의 수행을 할 수 없는 비대체성이 인정되어야 하나, 토지에서 분리된 흙·돌·모래 또는 자갈은 비대체성이 있다고 보기 어려우므로 원칙적으로 취득 또는 사용의 보상대상이 아니며, 지장물로서 이전보상의 대상이 된다.

토지에 속한 흙·돌·모래 또는 자갈 등이 '해당 토지와 별도로 취득 또는 사용의 대상이 되는 경우'란 ① 토지에 속한 흙·돌·모래 또는 자갈이 공익사업에 직접 필요한 경우, ② 토지에 속한 흙·돌·모래 또는 자갈이 토지와는 별도의 경제적 가치가 있는 경우 등에 해당되어야 한다(대판 2014.4.24, 2012두16534).

토지에 속한 흙·돌·모래 또는 자갈 등이 '해당 토지와 별도로 취득 또는 사용의 대상이 되는 경우'에 해당되지 않는 경우에는 별도의 보상대상으로 되지 않고, 토지의 구성부분으로서 토지의 가치형성에 영향을 미치는 개별요인 중의 하나로 참작될 수 있을 뿐이다.[28]

06 분묘에 대한 보상액의 산정 [29]

분묘에 대하여는 이장(移葬)에 드는 비용 등을 산정하여 보상하여야 한다.

1. 분묘이장비

1) 분묘이전비

4분판 1매·마포 24미터 및 전지 5권의 가격, 제례비, 노임 5인분(합장인 경우에는 사체 1구당 각각의 비용의 50퍼센트를 가산한다) 및 운구차량비를 포함한다.

>> 운구차량비는 「여객자동차 운수사업법 시행령」 제3조 제2호 나목의 특수여객자동차 운송사업에 적용되는 운임·요금 중 해당 지역에 적용되는 운임·요금을 기준으로 산정한다.

>> 인건비 산정 시 도서벽지 등의 지역에 있어서는 50%를 가산할 수 있다.

---

28) 양질의 점토가 함유된 토지라는 사정은 개별요인으로 참작하여야 한다(대판 1985.08.20, 83누581).
29) 토지보상법 제75조 제4항, 토지보상법 시행규칙 제42조

2) 석물이전비

  ⑴ 상석 및 비석 등의 이전실비[석물해체비, 운반비(차량운반비 포함), 손상비, 각자비]를 포함한다.

  ⑵ 비석 및 상석 1개씩, 기타 석물(인물상 제외) 1개 또는 1쌍(다만, 1981.4.25. 전에 설치된 것은 개수 제한 없음)

  ⑶ 좌향이 표시되어 있거나 그 밖의 사유로 이전사용이 불가능한 경우에는 제작 · 운반비를 말한다.

3) 잡비

> (분묘이전비 + 석물이전비) × 0.3

4) 분묘이전보조비 : 100만원

5) 유형별 분묘이장비의 산정

  ⑴ 유연묘

    ① 유연단장

> 분묘이전비(4분판 1매 · 마포 24미터 및 전지 5권의 가격, 제례비, 노임 5인분 + 운구차량비) + 석물이전비 + 잡비 + 이전보조비

    ② 유연합장

> 분묘이전비[(4분판 1매 · 마포 24미터 및 전지 5권의 가격, 제례비, 노임 5인분) × 1.5 + 운구차량비] + 석물이전비 + 잡비 + 이전보조비

  ⑵ 무연묘

    연고자가 없는 분묘에 대한 보상액은 분묘이전비, 석물이전비, 잡비를 포함하여 산정한 금액의 50퍼센트 이하의 범위 안에서 산정한다.

2. 기타물건의 산정

분묘구역 안에 있는 잔디 · 석축 등은 분묘이장비와 별도로 산정한다.

3. 분묘기지권

분묘기지권은 그 존속기간을 분묘의 존속기간으로 하고 지료의 지급의무가 없는 관습법상의 지상권으로서 점유권과 유사한 성격을 가지므로, 이를 양도할 수 없고 분묘를 이전할 경우 그 권리가 소멸되므로 별도의 보상대상이 되는 소유권 외의 권리에 해당되지 않는다.

따라서 타인의 토지상에 분묘가 있고 기준시점 당시에 분묘기지권이 있다고 하여도 분묘의 보상평가에서는 이를 별도로 고려하지 않고 평가한다.[30]

4. 유의사항

「장사 등에 관한 법률」에는 분묘 외에도 봉안시설·자연장지 등 다양한 장사의 유형을 규정하고 있으나 위 내용(토지보상법 시행규칙 제42조)은 분묘의 보상평가에 한하여 적용한다. 분묘란 시신이나 유골을 매장하는 시설을 말하며, 매장이란 시신이나 유골을 땅에 묻어 장사(葬事)하는 것을 말하므로 (장사 등에 관한 법률 제2조 제1호), 시신이나 유골을 땅에 묻지 않은 봉안시설은 분묘에 해당되지 않는다. 또한 분묘란 시신이나 유골을 매장하는 시설을 말하므로 봉분 등으로 조성되어 분묘의 형태를 취하고 있으나 시신이나 유골은 매장되어 있지 않은 가묘는 분묘로 볼 수 없으므로 이 규정을 적용하여 보상평가할 수 없다.

제2절 영업손실의 보상감정평가 [31]

01 영업손실보상 대상인 영업 [32]

1) 법령상 규정

(1) 사업인정고시일 등 전부터 적법한 장소(무허가건축물 등,[33] 불법형질변경토지, 그 밖에 다른 법령에서 물건을 쌓아놓는 행위가 금지되는 장소가 아닌 곳을 말한다)에서 인적·물적시설을 갖추고 계속적으로 행하고 있는 영업. 다만, 무허가건축물 등에서 임차인이 영업하는 경우에는 그 임차인이 사업인정고시일 등 1년 이전부터 「부가가치세법」 제8조에 따른 사업자등록을 하고 행하고 있는 영업을 말한다.

(2) 영업을 행함에 있어서 관계법령의 허가·면허·신고 등(이하 "허가 등"이라 한다)을 필요로 하는 경우에는 사업인정고시일 등 전에 허가 등을 받아 그 내용대로 행하고 있는 영업

---

30) 분묘기지권의 성질(대판 2007.6.28, 2007다16885)
　　타인의 토지에 합법적으로 분묘를 설치한 자는 관습상 그 토지 위에 지상권에 유사한 일종의 물권인 분묘기지권을 취득하나, 분묘기지권에는 그 효력이 미치는 범위 안에서 새로운 분묘를 설치하거나 원래의 분묘를 다른 곳으로 이장할 권능은 포함되지 않는다.
31) 토지보상법 제77조
32) 토지보상법 시행규칙 제45조
33) 「건축법」 등 관계법령에 의하여 허가를 받거나 신고를 하고 건축 또는 용도변경을 하여야 하는 건축물을 허가를 받지 아니하거나 신고를 하지 아니하고 건축 또는 용도변경한 건축물

2) 요건별 분류[34]

(1) 시간적 요건

영업이 보상대상이 되기 위해서는 "사업인정고시일 등" 전부터 행하여야 한다. 여기서 "사업인정고시일 등"이란 「토지보상법」 제15조 제1항 본문의 규정에 따른 보상계획의 공고(동항 단서의 규정에 의하는 경우에는 토지소유자 및 관계인에 대한 보상계획의 통지를 말한다) 또는 「토지보상법」 제22조의 규정에 따른 사업인정의 고시가 있은 날 중 빠른 날을 의미한다(법제처-14-0574). 보상계획의 공고·통지 또는 사업인정의 고시가 있은 후에 영업을 한 경우에는 공익사업의 시행으로 이전이 예정되어 있다는 것을 알고 영업을 한 경우이므로, 공익사업의 시행으로 해당 영업을 계속할 수 없다고 하여도 그로 인하여 특별한 손실이 있다고 할 수 없으므로 영업보상의 대상이 될 수 없다(2003.2.27, 토관58342-299).

즉, 보상계획의 공고·통지 또는 사업인정의 고시가 있은 후에도 영업자체는 금지하지 않으나, 공익사업의 시행으로 인하여 이전하여야 한다는 것을 알고 영업하였으므로, 이전하여야 하는 경우에도 해당 공익사업으로 인한 별도의 손실을 인정하지 않는다는 것이다. 이는 보상시점 이전에 임대차기간이 만료되어 이전하는 영업은 해당 공익사업으로 인하여 손실이 발생하였다고 볼 수 없으므로 보상대상에서 제외하는 것과 유사한 논리이다.

다만, 개별법이 정한 행위제한일이 사업인정고시일 등[35] 이전인 경우에는 이 날을 기준으로 한다고 보아야 한다. 다만, 대부분의 개별법에서 별도의 행위제한일을 규정하면서도 그 제한되는 행위에 영업을 규정하고 있지는 않으나, 이 역시 공익사업의 시행으로 이전이 예정되어 있다는 것을 알고 영업을 한 경우에 해당되므로 영업보상 대상에서 제외된다.

(2) 장소적 요건

① 원칙

영업이 보상대상이 되기 위해서는 적법한 장소에서 행하여야 한다. 즉, 영업뿐만 아니라 해당 영업이 행해지는 장소도 적법하여야 한다. 따라서 무허가건축물 등이나 불법형질변경토지 그 밖에 다른 법령에서 물건을 쌓아놓는 행위가 금지되는 장소에서 하는 자유영업도 보상대상에서 제외된다.

　ㄱ 무허가건축물 등 및 불법형질변경토지 : "무허가건축물부지"와 "불법형질변경토지"의 감정평가에서 전술한 바와 같은 개념이다.

　ㄴ 물건을 쌓아놓는 행위가 금지되는 장소 : "다른 법령에서 물건을 쌓아놓는 행위가 금지되는 장소"는 다음과 같이 구분할 수 있다.

---

34) 감정평가실무기준 해설서(Ⅱ) 보상편, 한국감정평가사협회 등, 2014.02, pp.309~322
35) 도시 및 주거환경정비법 시행령 제54조(손실보상 등)
　③ 제2항에 따라 영업손실을 보상하는 경우 보상대상자의 인정시점은 제13조 제1항에 따른 공람공고일로 본다(단, 2012.08.02. 이전에 정비계획을 수립하여 『도시정비법 시행령』 제11조에 따라 공람공고를 하는 경우부터 적용된다).

ⓐ **절대적으로 금지되는 장소**: 「국토계획법」제38조에 따른 개발제한구역(개발제한구역
특별조치법 제12조 제1항), 「국토계획법」제38조의2에 따른 도시자연공원구역(도시공원
및 녹지 등에 관한 법률 제27조 제1항) 등에서는 물건을 쌓아놓는 행위 자체가 금지된다.

ⓑ **허가를 요하는 장소**

- 녹지지역 또는 지구단위계획구역에서 물건을 쌓아놓는 면적이 25제곱미터 이하인
  토지에 전체무게 50톤 이상, 전체부피 50세제곱미터 이상으로 물건을 쌓아놓는 행위
- 관리지역(지구단위계획구역으로 지정된 지역을 제외한다)에서 물건을 쌓아놓는 면
  적이 250제곱미터 이하인 토지에 전체무게 500톤 이상, 전체부피 500세제곱미터 이
  상으로 물건을 쌓아놓는 행위는 허가를 받도록 규정하고 있으므로(국토계획법 시행령
  제51조 제1항 제6호 및 제53조 제6호) 허가를 받고 물건을 적치하여야 함에도 허가를
  받지 않고 물건을 적치한 경우도 여기에 해당된다.

② **무허가건축물 등에서의 영업손실보상**

무허가건축물 등에서는 일반적으로 영업의 허가 또는 신고가 수리되지 않으므로 영업보상대
상과 관련한 문제가 발생하지 않으나, 자유업일 경우는 무허가건축물 등에서의 영업이 문제가
될 수 있다. 현행 「토지보상법 시행규칙」은 영업장소의 적법성도 영업보상대상 요건으로 규정
하여 불법행위에 의한 것은 보상대상에서 제외한다는 원칙을 엄격하게 시행하고 있다.

③ **예외**

㉠ **무허가건축물 등의 임차인의 영업**: 공익사업으로 인하여 생계에 지장을 받을 수 있는 영세
서민을 보호하기 위하여 무허가건축물 등의 임차인이 사업인정고시일 등 1년 이전부터 「부
가가치세법」제8조에 따른 사업자등록[36]을 하고 행하고 있는 영업은 영업보상 대상으로
본다(보상액의 상한 있음).

> ≫ 불법형질변경토지, 그 밖에 다른 법령에서 물건을 쌓아놓는 행위가 금지되는 장소에서 임차인이 사업
> 인정고시일 등 1년 이전부터 「부가가치세법」제8조에 따라 사업자등록을 하고 영업을 하고 있다고
> 하더라도 영업보상대상이 아니다.

㉡ **가설건축물에서의 영업**: 적법한 장소라고 하여도 「건축법」제20조 제1항에 따른 가설건
축물(도시·군계획시설 예정지에서 허가를 받아 건축한 가설건축물) 안에서 행하던 영업은
보상대상이 되지 아니한다. 이러한 가설건축물은 「국토계획법」제64조 제3항에 따라 도시·
군계획시설사업이 시행되는 경우에는 그 시행예정일 3개월 전까지 가설건축물 소유자의 부
담으로 그 가설건축물을 철거하여야 하기 때문이다. 즉, 보상 당시에는 가설건축물은 물론
영업도 존재하지 않는 것으로 본다.

㉢ **1989.1.24. 당시 무허가건축물 등에서의 영업**: 1989.1.24. 당시 무허가건축물 등에서의 영
업은 세입자가 하는 영업은 물론 소유자가 하는 영업도 보상대상이며, 세입자의 영업보상의

---

36) 「부가가치세법」제8조에 따른 사업자등록은 조세행정의 편의를 위한 것일 뿐 영업의 적법성과는 관련이 없으므로, 사업자등
록을 하지 않았다고 하여 영업보상의 대상에서 제외되지 않는다. 다만, 무허가건축물 등에서 보상계획의 공고·통지 또는 사
업인정의 고시가 있기 1년 이전부터 임차인이 영업하는 경우로서 그 임차인에게 영업보상을 하는 경우에는 그 임차인이 사업
자등록을 하여야 영업보상대상이 된다.

경우에도 보상의 요건으로서 ⅰ) 사업인정고시일 등 1년 이전부터 행하여 온 영업, ⅱ)「부가가치세법」제8조에 따른 사업자등록을 하고 행하고 있는 영업, ⅲ) 보상금의 상한 등은 적용되지 않는다.

ⓔ **불법용도변경 건축물에서의 영업** : 무허가건축물 등이란「건축법」등 관련 법령에 의하여 허가를 받거나 신고를 하고 건축 또는 용도변경을 하여야 하는 건축물을 허가를 받지 아니하거나 신고를 하지 아니하고 건축 또는 용도변경한 건축물을 말한다(토지보상법 시행규칙 제24조). 이 조항 중 용도변경은 2012.1.2.「토지보상법 시행규칙」개정 시에 추가되었다. 그 이유는 1997.12.13. 이전「건축법」제14조에서는 건축물의 용도를 변경하는 행위를 건축물의 건축으로 보았으므로, 불법 용도변경 건축물 역시 무허가건축물에 포함되었다. 그러나 1997.12.13.「건축법」이 개정되면서 이 조항이 삭제되고,「건축법」제2조 제8호에서 건축이란 건축물을 신축·증축·개축·재축(再築)하거나 건축물을 이전하는 것으로 규정하여 용도변경을 건축에서 제외하였다.

이와 같이「건축법」이 개정된 이후에도 국토교통부에서는 불법용도변경건축물을 무허가건축물 등에 포함시켜, 사실상 무허가건축물 등을 위법건축물로 확대 해석하였다(2006.7.19. 토지정책팀-2856 참조). 그러나 대법원은 "1997.12.13. 법률 제5450호로 구 건축법이 개정되면서 용도변경 행위를 건축물의 건축으로 보는 내용이 삭제되었는바, 이 사건 수용재결 당시인 2008.11.20.을 기준으로 하면 이 사건 주택을 무단 용도변경 건축물로 볼 수 있는 것은 별론으로 하더라도 무허가건축물에 해당한다고 볼 수는 없고, 따라서 이 사건 주택이 무허가건축물에 해당한다는 이유로 이 사건 영업이 손실보상의 대상이 되는 영업이 아니라고 볼 수는 없다."라고 판시하여(대판 2010.9.9, 2010두11641) 불법용도변경 건축물을 무허가건축물에서 제외하였으며, 불법용도변경 건축물에서의 영업을 보상대상으로 보았다.

이에 2012.1.2.「토지보상법 시행규칙」제24조를 개정하여 무허가건축물 등의 부지에 불법 용도변경을 추가함으로써 이를 입법적으로 해결하였다. 다만, 부칙 제2조에서 제24조의 개정규정은 이 규칙 시행 후 최초로 보상계획을 공고하거나 토지소유자 및 관계인에게 보상계획을 통지하는 공익사업부터 적용하도록 규정하고 있으므로, 2012.1.2. 이전에 보상계획을 공고하거나 토지소유자 및 관계인에게 보상계획을 통지한 공익사업에서는 불법 용도변경 건축물에서의 영업도 보상대상으로 보아야 한다.

(3) 시설적 요건

영업이 보상대상이 되기 위해서는 일정한 정도의 인적·물적시설을 갖추어야 한다. 다만, 어느 정도의 인적·물적시설을 갖추어야 하는지에 대해서는 일률적인 기준이 없으므로, 해당 사업의 성격 등을 종합적으로 고려하여 객관적으로 결정한다. 특히 최근에는 영업의 형태가 다양하게 변화함으로 인해 인적·물적시설을 갖추고 있다고 보기 어려운 영업이 늘어나고 있으므로, 시설적 요건은 단순히 영업에 종사하는 사람의 수나 물적 시설의 수량으로 판단하여서는 안 되며, 실제로 공익사업의 시행으로 인하여 손실이 발생하였고 그 손실이 특별한 희생에 해당하는지 여부를 기준으로 판단한다.

따라서 유권해석은 인적요건은 충족되지 않았지만 손실이 발생한다고 볼 수 있는 조명탑광고시설물은 영업보상대상으로 인정하였지만(2000.11.2, 토관 58342-1650), 물적시설이 없고 손실이 발생한다고 보기 어려운 철학관은 영업보상대상으로 인정하지 않았다(2003.6.25, 토관 58342-903).

또한 대법원은 "장터에서 토지를 임차하여 앵글과 천막 구조의 가설물을 축조하고 … 장날의 전날에는 음식을 준비하고 장날 당일에는 종일 장사를 하며 그 다음날에는 뒷정리를 하는 등 5일 중 3일 정도는 이 사건 영업에 전력을 다하였다고 보이는 점 등에 비추어 볼 때, 비록 원고들이 영업을 5일에 한 번씩 하였고 그 장소도 철거가 용이한 가설물이었다고 하더라도 원고들의 상행위의 지속성, 시설물 등의 고정성을 충분히 인정할 수 있으므로, 원고들은 이 사건 장소에서 인적·물적시설을 갖추고 계속적으로 영리를 목적으로 영업을 하였다고 봄이 상당하다."라고 판시하여 시설적 요건을 완화하고 있다(대판 2012.3.15, 2010두26513).

(4) 계속성 요건

영업이 보상대상이 되기 위해서는 계속적으로 영업을 행하여야 한다. 다만, 어느 정도까지 영업을 계속 행하여야 하는지에 대해서는 일률적인 기준을 적용할 수 없으며 해당 사업의 성격 등을 종합적으로 고려하여 객관적으로 결정한다.

또한 계속성 요건의 판단도 단순히 시간적인 길고 짧음으로 판단할 것이 아니고 영업으로서의 계속성과 실질적인 손실발생을 기준으로 판단한다. 따라서 유권해석은 계절적 수요에 의하여 일시적으로 숙박을 제공하는 등 부업으로 이를 행하는 민박은 영업보상대상이 아니지만(2001.12.11, 토정 58342-1912), 민박마을로 지정된 경우의 민박 영업은 계속성을 인정하여 영업보상대상으로 보고 있다(2003.4.17, 토관 58342-547).

또한 대법원은 "영업을 5일에 한 번씩 하였다고 하더라도 … 상행위의 지속성을 충분히 인정할 수 있으므로, 원고들은 이 사건 장소에서 … 계속적으로 영리를 목적으로 영업을 하였다고 봄이 상당하다."라고 판시하여 계속성의 요건을 상행위의 지속성으로 판단하고 있다(대판 2012.3.15, 2010두26513).

계속성의 요건이 있는 취지는 일시적인 영업이나 계절적인 영업 및 휴업 중인 영업 등은 공익사업에 편입되어도 별도의 손실이 없다고 보기 때문에 영업보상대상에서 제외한다는 것이다. 다만, 대법원은 "구 공익사업법 시행규칙 제45조 제1호는 '사업인정고시일 등 전부터 일정한 장소에서 인적·물적시설을 갖추고 계속적으로 영리를 목적으로 행하고 있는 영업'을 영업손실보상의 대상으로 규정하고 있는바, 여기에는 매년 일정한 계절이나 일정한 기간 동안에만 인적·물적시설을 갖추어 영리를 목적으로 영업을 하는 경우도 포함된다고 봄이 타당하다."라고 판시하여 일시적 영업 또는 계절적 영업의 경우에도 매년 반복적으로 이루어지는 경우는 계속성을 인정하여 영업보상 대상으로 보고 있다(대판 2012.12.13, 2010두12842).

(5) 허가 등 요건

① 원칙

영업이 보상대상이 되기 위해서는 영업을 행함에 있어서 관련법령에 따른 허가 등을 필요로 하는 경우에는 사업인정고시일 등 전에 허가 등을 받아 그 내용대로 행하고 있어야 한다.

ⓐ 허가 등 : "허가 등"이란 허가·면허·신고 등을 의미한다(토지보상법 시행규칙 제15조 제
2항 제1호). 또한 허가 등을 받아 그 내용대로 행하고 있어야 하므로, 허가 등을 받지 않고
행한 경우는 물론 허가 등을 받은 경우에도 허가 등의 내용을 벗어났거나 다른 사람이 행
하는 영업 또는 다른 장소에서 행하는 영업은 보상대상이 되지 아니한다.

ⓑ 허가 등의 시점 : 2007.4.12. 「토지보상법 시행규칙」 개정 이전에는 언제까지 허가 등을
받아야 하는지에 대해서는 별도로 규정하지 않았으나, 현행 규칙은 사업인정고시일 등 전에
허가 등을 받아야 하도록 규정하고 있다. 그러므로 사업인정고시일 등 이후에 허가 등을
받고 영업을 개시한 경우는 물론이고, 사업인정고시일 등 전에 허가 등을 받지 않고 영업
하다가 사업인정고시일 등 이후에 허가 등을 받은 영업도 보상대상이 아니다. 또한 "사업
인정고시일 등 전"이라고 규정하고 있으므로, 사업인정고시일 또는 보상계획공고일 당일에
허가 등을 받고 영업을 개시한 경우에도 영업보상대상이 아니다.

이 규정의 취지는 관련법령에서 영업의 요건으로 허가 등을 규정하고 있는 것은 그 영업의
성격상 일정한 요건을 갖춘 경우를 제외하고는 영업을 허용할 수 없는 사회적·경제적·
행정적 필요성이 있기 때문이다. 따라서 허가 등을 받아야 하는 영업을 허가 등이 없이
하는 경우는 불법행위에 해당되므로 이를 보상대상에서 제외한다는 것이다.

(6) 기타 참고사항

① 영리요건

2007.4.12. 「토지보상법 시행규칙」 개정 이전에는 보상대상으로서의 영업은 영리를 목적으로
해야 하도록 규정하고 있었다. 이는 영리를 목적으로 하지 않는 영업은 별도의 손실이 없다고
보았기 때문이다.

그러나 영업손실 보상의 취지는 영업이 영리를 목적으로 하여 수익을 산출하기 때문에 보상하는
것이 아니라, 공익사업으로 인하여 영업이 폐지되거나 이전하게 됨에 따른 손실을 전보해 주는
것이다. 따라서 보상대상으로서의 영업은 공익사업으로 인한 손실의 발생여부에 초점을 맞추는
것이 타당하므로 개정 규칙에서는 이를 삭제하였다.

즉, 종전 규정에서는 영리를 목적으로 하지 않는 영업은 영업보상의 대상이 되지 않으므로,
영업시설 등의 매각이나 이전에 따른 손실이 발생하여도 이를 보상할 수 없게 될 뿐만 아니라,
영업장이 일부 편입되는 경우 및 임시영업소를 설치하여야 하는 경우에도 이에 대한 보상을
받을 수 없다는 문제점이 있어 이를 입법적으로 해결하였다.

② 자기완결적 신고

신고영업의 경우 신고의 성격에는 전형적 신고(자기완결적 신고)와 변형적 신고(수리를 요하는
신고)로 구분된다. 전형적 신고, 즉 자기완결적 신고란 특정의 사실·법률관계에 관하여 행정
청에 단순히 알림으로써 그 의무를 다하는 보통의 신고를 말하며, 이러한 신고행위는 그 자체로
법적 효과를 완성시키는 것이므로 따로 행정청의 수리를 전제로 하지 않는 개념이다.

반면 변형적 신고는 "효력발생요건으로서 행정청의 수리"라는 개념을 상정한 것으로서, 신고가
수리되어야 신고의 대상이 되는 행위에 대한 금지가 해제되는 신고를 말한다. 즉, 신고의 요건을

갖춘 신고가 있었다고 하더라도 수리되지 않으면 신고되지 않은 것이 되므로, 수리를 요하는 신고는 등록 또는 허가와 유사하다.

원칙적으로 행정청에 대하여 일정한 사항을 통지함으로써 최종적인 법률효과가 발생하는 자기완결적 신고는 신고에 의해 어떤 창설적 효과가 생기는 것이 아니므로, 이러한 신고영업을 신고하지 않았다고 하여 일률적으로 보상대상에서 제외함은 타당하지 않다는 지적이 있어 왔다. 이에 대하여 대법원은 "영업의 종류에 따라서는 관련행정법규에서 일정한 사항을 신고하도록 규정하고는 있지만 그러한 신고를 하도록 한 목적이나 관련법령의 체제 및 내용 등에 비추어 볼 때 신고를 하지 않았다고 하여 영업 자체가 위법성을 가진다고 평가할 것은 아닌 경우도 적지 않고, 이러한 경우라면 신고 등을 하지 않았다고 하더라도 그 영업손실 등에 대해서는 보상을 하는 것이 헌법상 정당보상의 원칙에 합치하므로, 위 구 공익사업법 시행규칙의 규정은 그러한 한도에서만 적용되는 것으로 제한하여 새겨야 한다."라고 하여 자기완결적 신고에 해당하는 신고영업의 경우에는 신고를 하지 않은 경우에도 영업보상대상으로 인정하고 있다(대판 2012.12.13, 2010두12842). 따라서 앞으로 자기완결적 신고에 해당하는 신고영업은 신고를 하지 않은 경우에도 영업보상대상에 포함하여야 할 것이다.

③ 영업장이 편입되어도 계속 영업이 가능한 경우

국토교통부는 영업보상은 영업을 폐지하거나 휴업함에 따라 발생되는 영업손실에 대하여 보상하는 것이므로, 상품을 영업장에 임시 보관한 후 거래처에 배달 납품하는 영업 등과 같이 영업장이 해당 공익사업시행지구에 편입되어도 영업의 성질상 휴업하지 아니하고 다른 장소에 이전하여 계속적으로 영업이 가능한 경우에는 영업보상대상이 아니라고 하였다(2010.9.24, 토지정책과-4676).

그러나 영업보상대상을 규정하고 있는 「토지보상법 시행규칙」 제45조는 휴업의 여부를 영업보상대상을 결정하는 요건으로 규정하고 있지 않으므로 휴업하지 아니하고 다른 장소에 이전하여 계속적으로 영업이 가능한 경우에는 휴업기간에 해당하는 영업이익을 보상액에서 제외하는 것은 별론으로 하고 영업보상대상이 아니라고 보기는 어렵다. 다만, 이러한 경우는 해당 영업장에서 수행되는 업무가 「토지보상법 시행규칙」 제45조가 규정한 영업에 해당되는지, 아니면 단순한 사무에 해당되는 것인지를 판단하여 사무에 해당되는 것이라면 영업보상대상에서 제외한다.

3) 영업손실보상대상의 결정

영업손실보상 역시 「토지보상법」에서 정하는 일정한 절차, 즉 물건조서의 작성(사업시행자 및 관계인의 서명 또는 날인) → 보상계획의 열람 등 → 관계인(영업자)의 이의 → 이의의 처리 → 보상대상의 결정 등의 절차를 통하여 결정된다. 사업시행자 또는 토지수용위원회가 「토지보상법」에서 정하는 일정한 절차에 따라 영업보상대상을 결정하므로, 감정평가법인등은 사업시행자 또는 토지수용위원회가 제시한 목록에 의하여 감정평가하며, 보상대상을 임의로 추가하거나 삭제하여서는 안 된다. 다만, 필요한 경우 이에 대한 감정평가법인등의 의견을 감정평가서에 기재할 수는 있다.

영업보상대상에서 제외된 영업자가 이에 대해 이의가 있는 경우, 사업인정 후에는 「토지보상법」 제 30조의 규정에 따라 사업시행자에게 재결 신청 청구를 하여 토지수용위원회의 재결을 통하여 보상대상에 대한 판단을 받거나, 이 재결에 대한 행정소송을 통하여 다툴 수 있다.

02 영업의 폐업에 대한 손실평가 [37]

1) 영업의 폐업 요건

영업의 폐업은 영업손실의 보상대상인 영업으로서 ⅰ) 영업장소 또는 배후지(해당 영업의 고객이 소재하는 지역을 말한다)의 특수성으로 인하여 해당 영업소가 소재하고 있는 시·군·구(자치구를 말한다) 또는 인접하고 있는 시·군·구의 지역 안의 다른 장소에 이전하여서는 해당 영업을 할 수 없는 경우, ⅱ) 해당 영업소가 소재하고 있는 시·군·구 또는 인접하고 있는 시·군·구의 지역 안의 다른 장소에서는 해당 영업의 허가 등을 받을 수 없는 경우, ⅲ) 도축장 등 악취 등이 심하여 인근 주민에게 혐오감을 주는 영업시설로서 해당 영업소가 소재하고 있는 시·군·구 또는 인접하고 있는 시·군·구의 지역 안의 다른 장소로 이전하는 것이 현저히 곤란하다고 특별자치도지사·시장·군수 또는 구청장(자치구의 구청장을 말한다)이 객관적인 사실에 근거하여 인정하는 경우 중에서 어느 하나에 해당되어 영업을 폐업하는 것을 말한다. 이를 구분하면 다음과 같다.

(1) 배후지 상실의 경우

영업장소 또는 배후지의 특수성으로 인하여 해당 영업소가 소재하고 있는 시·군·구 또는 인접하고 있는 시·군·구의 지역 안의 다른 장소에 이전하여서는 해당 영업을 할 수 없는 경우를 말한다. 댐사업 등과 같은 대규모 공익사업으로 인하여 배후지 자체가 상실되어 인근지역으로 이전한다고 하여도 종전과 같은 영업을 할 수 없는 경우가 여기에 해당된다.

① **배후지**

　배후지란 해당 영업의 수익을 올리는 고객이 소재하는 지역적 범위를 말한다.

② **배후지의 특수성**

　배후지의 특수성이란 도정공장·양수장·창고업 등과 같이 제품원료 및 취급품목의 성격상 배후지가 상실되면 영업행위를 할 수 없는 경우를 말한다.

③ **인접하고 있는 시·군·구**

　인접하고 있는 시·군·구란 해당 영업소가 소재하고 있는 시·군·구와 접하고 있는 모든 시·군·구를 말한다(대판 1994.12.23, 94누8822 ; 대판 1999.10.26, 97누3972).

④ **해당 영업을 할 수 없는 경우**

　해당 영업을 할 수 없는 경우란 법적이나 물리적으로 할 수 없는 경우는 물론, 다른 장소에 이전하여서는 수익의 감소로 사실상 영업을 할 수 없는 경우를 포함한다.

---

37) 감정평가실무기준 해설서(Ⅱ) 보상편, 한국감정평가사협회 등, 2014.02, pp.323~326

(2) 법적으로 이전이 불가능한 경우

해당 영업소가 소재하고 있는 시·군·구 또는 인접하고 있는 시·군·구의 지역 안의 다른 장소에서는 해당 영업의 허가 등을 받을 수 없어 법적으로 이전이 불가능한 경우이다. 여기에는 해당 영업소가 소재하고 있는 시·군·구 또는 인접하고 있는 시·군·구의 지역에서 관련 법령의 제한으로 해당 영업의 허가 또는 면허를 받을 수 없거나 신고가 수리되지 않는 경우와 「국토계획법」 등 관련 법령에 따른 용도지역 등의 제한으로 해당 영업의 허가·신고 자체가 불가능한 경우가 여기에 해당된다.

(3) 사실상 이전이 불가능한 경우

도축장 등 악취 등이 심하여 인근주민에게 혐오감을 주는 영업시설로서 해당 영업소가 소재하고 있는 시·군·구 또는 인접하고 있는 시·군·구의 지역 안의 다른 장소로 이전하는 것이 현저히 곤란하다고 특별자치도지사·시장·군수 또는 구청장(자치구의 구청장을 말한다)이 객관적인 사실에 근거하여 인정하는 경우이다.

① 현저히 곤란

"현저히 곤란"하다는 것은 이전하여 영업을 계속하는 것이 사실상 불가능한 경우를 말한다. 즉, 이 경우는 배후지의 상실도 없고 법적으로도 이전이 가능하므로 이전보상의 대상이 되어야 함에도, 영업의 폐업으로 보상하는 것이므로 영업이 사실상 불가능한 정도에 이르러야 한다.

② 객관적 사실

"객관적인 사실"은 2007.4.12. 「토지보상법 시행규칙」을 개정하여 추가되었다. 이는 시장·군수 또는 구청장이 민원 등에 의해 합리적인 이유 없이 이전이 불가능하다고 인정하여 영업의 폐지보상이 확대되는 것을 막기 위한 조치였다. 따라서 객관적인 사실에 근거하여 인정하는 경우란 단순히 이전이 불가능하다는 공문만으로는 부족하고, 실제적으로 해당 시·군·구에서 동종 영업의 허가 등이 이루어지지 않고 있는 등의 사실의 적시가 필요하다는 의미이다. 대법원은 주민들의 반대가 있을 가능성이 있다는 가정만으로 양돈장을 이전하는 것이 현저히 곤란하다고 단정하기는 어렵다고 판시하고 있다(대판 2002.10.8, 2002두5498).

(4) 그 밖의 영업의 폐업 요건에 해당되지 않는 경우

인근지역에 이전 장소가 없다거나(2005.10.10, 토지정책팀-640), 이전 소요비용이 기존 토지나 시설 등에 대한 보상액의 합계액을 초과함으로써 다른 장소로 이전하여서는 사실상 해당 영업을 계속하기 곤란하다 등의 사유 등은(서울고법 1996.5.22, 95구6757) 영업폐지의 요건에 해당되지 않는다.

2) 영업의 폐업에 대한 손실감정평가방법

> 폐업손실보상액 = 영업이익(소득) × 보상연한(2년) + 영업용 고정자산매각손실액
> + 재고자산매각손실액

3) 영업이익(소득)의 산정

(1) 개념

① "영업이익"이란 기업의 영업활동에 따라 발생된 이익으로서 매출총액에서 매출원가와 판매비 및 일반관리비를 뺀 것을 말한다. 매출액은 기업의 주요 영업활동 또는 경상적 활동으로부터 얻는 수익으로서 상품 등의 판매 또는 용역의 제공으로 실현된 금액을 말한다. 주요 영업활동이 아닌 것으로부터 얻는 수익은 영업외수익으로, 비경상적 활동으로부터 얻은 수익은 특별이익으로 계상되며, 손익계산서상의 매출액은 총매출액에서 매출할인 및 매출에누리와 매출환입을 차감한 순매출액을 표시한다. 매출원가는 판매된 상품의 생산원가 혹은 구입원가를 말하며, '기초재고액 + 당기순매입액 − 기말재고액 = 매출원가'로 계산된다. 당기순매입액이란 총매입액에서 매입환출 및 에누리를 차감하여 구하며, 총매입액에는 매입 운임을 포함시켜야 한다. 우리나라 기업회계기준에서는 매입할인은 매입의 차감계정으로 보지 아니하고 영업외수익으로 처리하도록 규정하고 있다. 제조기업의 경우 순매입액 대신 당기제품제조원가로 하여 계산된다. 매출액에서 매출원가를 차감한 것을 매출총이익이라 한다.

판매비 및 관리비는 양자를 구분하기 곤란한 경우도 있기 때문에 손익계산서에서는 총괄한 명칭하에 각기의 비용을 열거하여 표시하기도 하며, 매출총이익에서 공제되어 영업이익이 계상된다. 판매비는 상품의 판매에 필요한 비용을 말하며, 판매 직접비와 판매 간접비로 구분된다. 판매 직접비에는 매출 상품에 대하여 특히 개별적으로 형성된 판매비용으로 판매수수료·하역비·발송운임·보험료 등이 포함되며, 판매 간접비에는 각 매출상품에 공통으로 발생한 판매비용으로 판매부문의 사무원 급료·사무용 소모품비·통신비·교통비 등이 포함된다.

② "소득"이란 개인의 주된 영업활동에 따라 발생된 이익으로서 자가노력비상당액(생계를 함께 하는 같은 세대 안의 직계존속·비속 및 배우자의 것을 포함한다)이 포함된 것을 말한다. 회계학적으로 소득은 생산자원의 용역에 대한 보수로서 개인(가계)에 지급되는 대가와 기업이윤을 포함하고, 생산자원의 용역에 대한 보수로서는 노동용역에 대한 임금·봉급, 토지 및 건물용역에 대한 임료, 자본용역에 대한 이자 등이 그 대표적인 형태이나, 보상에서는 토지 및 건물용역에 대한 임대료 및 자본용역에 대한 이자 등은 제외된다.

(2) 영업이익(소득) 산정방법 [38]

① 영업이익의 산정

㉠ 원칙 : 영업이익의 산정은 해당 영업의 최근 3년간의 평균 영업이익을 기준으로 하여 감정 평가한다. 이 경우 해당 영업의 영업활동과 직접 관계없이 발생되는 영업외손익 또는 특별 손익은 고려하지 아니하며, 해당 영업장소에서 발생하지 아니한 것은 제외한다. 즉, 동일한 회사에 둘 이상의 영업장소가 있고 그중 일부 영업장소만이 공익사업에 편입될 경우 편입되는 영업장소에 해당하는 영업이익을 기준으로 한다.

---

38) 감정평가실무기준 해설서(Ⅱ) 보상편, 한국감정평가사협회 등, 2014.02, pp.327~332

ⓛ 예외

ⓐ **특별한 사정으로 정상적인 영업이 이루어지지 않은 경우**: 최근 3년간 중 특별한 사정으로 인하여 정상적인 영업이 이루어지지 아니한 연도가 있을 경우는 이를 제외한다. 따라서 최근 3년 중 1년이 정상적인 영업이 이루어지지 않은 경우는 2년간 평균영업이익을 기준으로 한다. 여기서 특별한 사정이란 일반적인 경기변동이나 해당 업종 전체의 경기변동에 의한 것이 아닌 대상 업체 또는 인근지역의 특별한 사정을 의미한다. 따라서 3년의 기간 중 단지 영업실적이 없거나 실적이 현저하게 감소된 시기가 있다고 하여 그 기간을 제외한 나머지 기간의 영업실적만을 기초로 하거나 최근 3년 이전 기간의 영업실적을 기초로 하여 연평균 영업이익을 산정하여서는 안 된다(대판 2002.3. 12, 2000다73612).

ⓑ **해당 공익사업으로 인한 경우**: 공익사업의 계획 또는 시행이 공고 또는 고시됨으로 인하여 영업이익이 감소된 경우에는 최근 3년이 아니라 해당 공고 또는 고시일 전 3년간의 평균영업이익을 기준으로 감정평가한다. 공익사업의 시행이 공고 또는 고시되면 인근 주민의 이주 등으로 영업이익이 감소하게 되며, 이러한 영업이익의 감소는 해당 공익사업으로 인한 가격의 변동에 해당되므로 보상액의 산정에 이를 고려하지 않기 위하여 영업이익의 산정시점을 소급하는 것이다.

② **소득의 산정**

㉠ **원칙**: 소득은 총수입금액에서 필요제경비를 공제하여 산정한다. 이 경우 필요제경비에는 영업자 및 영업활동에 같이 참여하는 영업자와 생계를 함께하는 같은 세대 안의 직계존속·비속 및 배우자에 대한 자가노력비가 포함되지 않는다. 따라서 총수입금액에서 필요제경비를 공제한 금액에는 자가노력비가 이미 포함되어 있으므로, 보상금액 산정 시 이를 다시 추가하여서는 안 된다.

㉡ 예외

ⓐ **소득의 하한**: 개인영업으로서 최근 3년간의 평균영업이익이[「통계법」 제3조 제3호에 따른 통계작성기관이 같은 법 제18조에 따른 승인을 받아 작성·공표한 제조부문 보통인부의 노임단가 × 25(일) × 12(월)]의 산식에 의하여 산정한 연간 영업이익에 미달하는 경우에는 그 연간 영업이익을 최근 3년간의 평균영업이익으로 본다. 다만, 개인영업의 최저보상은 개인의 생계비를 보상한다는 취지이므로, 동일인이 동일한 공익사업시행지구 내에서 둘 이상의 영업을 행하는 경우에도 이를 하나의 영업으로 본다.

연간 영업이익
= 통계법 제3조 제3호에 따른 통계작성기관이 같은 법 제18조에 따라 승인을 얻어 작성·공표한 제조부문 보통인부의 노임단가 × 25(일) × 12(월)

ⓑ **무허가건축물 등에서의 임차인 영업의 경우** : 무허가건축물 등에서 임차인이 사업인 정고시일 등 1년 이전부터 「부가가치세법」 제8조에 따른 사업자등록을 행하고 영업하는 경우 임차인의 영업에 대한 보상액 중 영업용 고정자산·원재료·제품 및 상품 등의 매각 손실액을 제외한 금액은 1천만원을 초과하지 못한다(토지보상법 시행규칙 제46조 제5항). 다만, 1989.1.24. 당시 무허가건축물 등은 부칙에서 이를 적법한 건축물로 보도록 규정하고 있으므로, 임차인이 하는 영업의 경우에도 소득의 상한이 적용되지 않는다.

③ **영업이익 및 소득의 산정방법**

영업이익 및 소득의 산정은 실제의 영업이익 또는 소득을 파악할 수 있는 합리적인 방법에 의하면 되므로 방법상의 제한은 없다. 대법원은 "구 공특법 시행규칙 제24조 제1항 및 제3항의 각 규정에 의하면, 폐지하는 영업의 손실액 산정의 기초가 되는 영업이익은 해당 영업의 최근 3년간의 영업이익의 산술평균치를 기준으로 하여 이를 산정하도록 하고 있는바, 여기에서의 영업이익의 산정은 실제의 영업이익을 반영할 수 있는 합리적인 방법에 의하면 된다고 할 것이다."라고 판시하고 있다(대판 2004.10.28, 2002다3662·3679).

④ **자료가 불충분한 경우의 영업이익(소득)의 산정**

사업시행자 또는 영업자가 관련 자료를 제시한 경우에는 이를 기준으로 산정한다. 다만, 자료의 제시가 없는 경우 또는 제시된 자료가 불충분하거나 신빙성이 부족한 경우에는 다음과 같이 산정할 수 있다.[39]

㉠ **매출액** : 해당 영업의 종류·성격·영업규모·영업상태·영업연수·배후지상태 기타 인근지역 또는 동일수급권 안의 유사지역에 있는 동종 유사규모 영업의 최근 3년간의 평균매출액 등을 고려하여 평균추정매출액으로 할 수 있다.

㉡ **영업이익** : 매출원가 및 판매비와 관리비 등의 자료의 제출이 없는 경우 또는 자료가 불충분하거나 신빙성이 부족한 경우에는 해당 영업의 최근 3년간의 매출액에 인근지역 또는 동일수급권 안의 유사지역에 있는 동종 유사규모 영업의 일반적인 영업이익률을 적용하거나 국세청장이 고시한 경비비율 등을 적용하여 해당 영업의 영업이익을 산정할 수 있다.

> • 최근 3년간 평균(추정) 매출액 등 × 인근·유사지역 내 동종 유사규모 영업의 일반적인 영업이익률
> • 최근 3년간 평균(추정) 매출액 등 × 국세청장이 고시한 표준소득률 등

---

39) 영업손실보상평가지침 제11조 제3항

Check Point!

> 자가노력비의 처리방법

1. 어업보상감정평가

   평년어업경비에 자가노력비 포함

2. 농작물의 보상감정평가

   파종중 또는 발아기에 있거나 묘포에 있는 경우 → 투하비용(자가노력비 포함) 원리금 합계액

3. 농작물의 보상감정평가

   성장기에 있는 농작물 → 예상총수익(부산물 포함) − 장래투하비용(자가노력비 포함)

4) 영업용 고정자산 매각손실액 [40]

(1) 분리하여 매각이 가능한 자산

영업용 고정자산 중에서 기계, 기구, 집기, 비품 등과 같이 영업시설에서 분리하여 매각이 가능

> 매각손실액 = 평가가액 또는 장부가액(현재가액) − 처분가액

다만, 매각손실액의 감정평가가 현실적으로 곤란한 경우에는 원가법에 의하여 산정한 가격의 60 퍼센트 이내에서 매각손실액을 정할 수 있다.

(2) 분리하여 매각이 불가능하거나 현저히 곤란한 자산

영업용 고정자산 중 분리하여 매각이 불가능하거나 현저히 곤란한 자산의 매각손실액은 원가법에 의하여 산정한 가격에서 해체처분가액을 뺀 금액으로 한다.

>> 건축물, 공작물 등의 경우와 같이 분리매각이 불가능하거나 현저히 곤란한 때에는 건축물 등의 평가방법에 의하되, 따로 평가가 이루어진 경우에는 매각손실액의 산정에서 제외한다.

5) 원재료·제품 및 상품 등에 대한 매각손실액

(1) 원칙

> 매각손실액 = 현재가액 − 처분가액

(2) 이의산정이 곤란한 경우

① **제품·상품으로서 일반적인 수요성이 있는 것**: 20퍼센트 이내

② **제품·상품으로서 일반적인 수요성이 없는 것**: 50퍼센트 이내

③ **반제품·재공품·저장품**: 60퍼센트 이내

④ **원재료로서 신품인 것**: 20퍼센트 이내

⑤ **원재료로서 사용 중인 것**: 50퍼센트 이내

---

40) 영업용 고정자산의 매각손실액의 의미 및 산정방법(대판 2004.10.28, 2002다3662·3679)

6) 보상대상인 영업용 고정자산·원재료·제품 및 상품 등의 확정

(1) 영업용 고정자산의 확인

매각손실액의 산정기준이 되는 영업용 고정자산 등에 대한 종류·규격·수량·장부가액 등의 확인은 의뢰자가 제시한 목록을 기준으로 함을 원칙으로 한다. 다만, 의뢰자가 제시한 목록의 내용이 가격시점 당시의 실제내용과 뚜렷한 차이가 있다고 인정되거나 목록의 제시가 없는 때에는 실지조사한 내용을 기준으로 할 수 있다.

(2) 물건조사일 이후에 부가·증치한 경우

사업인정고시일 이전에는 토지 등의 이용 및 물건의 부가·증치가 제한되지 않으므로, 물건조사일 이후에 영업용 고정자산 등을 부가·증치한 경우에도 원칙적으로 보상대상으로 보아야 한다. 다만, 통상적인 영업과 관련 없이 보상을 목적으로 부가·증치한 경우는 보상대상으로 보지 않는다.

(3) 보상계획 공고일 이후에 부가·증치한 경우

영업보상의 대상 여부는 보상계획 공고일을 기준으로 하나, 보상계획 공고일을 기준으로 토지 등의 이용 및 물건의 부가·증치가 제한되지 않으므로, 보상계획 공고일 이후에 영업용 고정자산 등을 부가·증치한 경우에도 원칙적으로 보상대상으로 보아야 한다. 다만, 통상적인 영업과 관련 없이 보상을 목적으로 부가·증치한 경우는 보상대상으로 보지 않는다.

(4) 사업인정고시일 이후 부가 증치된 영업용 고정자산 등

「토지보상법」 제25조 제2항은 사업인정고시가 된 후에 고시된 토지에 물건의 부가(附加)·증치(增置)를 하려는 자는 시장·군수 또는 구청장의 허가를 받도록 규정하고 있다. 따라서 사업인정고시일 이후 허가 없이 부가·증치한 영업용 고정자산 등은 보상대상이 아니다. 다만, 통상적인 영업활동의 범위 내에서 부가·증치한 것은 보상대상으로 본다.

7) 폐업보상금액의 환수

사업시행자는 영업자가 폐업 후 2년 이내에 해당 영업소가 소재하고 있는 시·군·구 또는 인접하고 있는 시·군·구의 지역 안에서 동일한 영업을 하는 경우에는 폐업에 대한 보상금을 환수하고 영업의 휴업 등에 대한 손실을 보상해야 한다(토지보상법 시행규칙 제46조 제4항).

8) 최고한도(무허가건축물 등 내에서 임차인이 영업하는 등의 요건 시)

임차인의 영업에 대한 보상액 중 영업용 고정자산·원재료·제품 및 상품 등의 매각손실액을 제외한 금액은 1천만원을 초과하지 못한다.

9) 영업의 폐업 보상에서 2년간 영업이익의 의미

영업의 폐업 보상은 영업을 폐업하고 전업하는 것을 전제로 하므로 "2년간 영업이익"은 전업에 소요되는 기간 동안 실현할 수 없는 영업이익을 손실로 보고 이를 보상한다는 의미이지, 영업을 할 수 있는 권리 또는 동종기업이 올리는 평균수익률보다 더 많은 초과수익을 낼 경우 그 초과수익이 장래에도 계속된다는 가망성을 자본화한 영업권을 보상하는 것이 아니다.

그러므로 영업이익을 산정하면서 기준시점 이후의 장래 발생할 이익을 추정하거나 영업을 위한 투자비용을 기준으로 영업이익을 산정하여서는 안 되며, 만일 기준시점 이전에 영업이익이 발생하지 않았다면 영업이익의 상실이라는 손실이 발생하지 않으므로 영업이익에 대한 보상액은 없는 것으로 보아야 한다. 대법원은 "'영업상의 손실'이란 수용의 대상이 된 토지·건물 등을 이용하여 영업을 하다가 그 토지·건물 등이 수용됨으로 인하여 영업을 할 수 없거나 제한을 받게 됨으로 인하여 생기는 직접적인 손실을 말하는 것이므로 위 규정은 영업을 하기 위하여 투자한 비용이나 그 영업을 통하여 얻을 것으로 기대되는 이익에 대한 손실보상의 근거규정이 될 수 없다."라고 판시하고 있다(대판 2006.1.27, 2003두13106).

03 영업의 휴업 등에 대한 보상감정평가

영업의 휴업 등이란 영업손실의 보상대상인 영업으로서 영업의 폐지 외의 영업을 말한다. 이러한 영업의 휴업 등에는 ⅰ) 공익사업의 시행으로 영업장소를 이전하여야 하는 경우, ⅱ) 공익사업에 영업시설의 일부가 편입됨에 따라 잔여시설에 그 시설을 새로 설치하거나 잔여시설을 보수하지 아니하고는 해당 영업을 계속할 수 없는 경우, ⅲ) 그 밖에 영업을 휴업하지 아니하고 임시영업소를 설치하여 영업을 계속하는 경우 등으로 구분된다.

1) 영업장소 이전하는 경우 영업손실 평가

(1) 기본산식

> 휴업보상액 = (영업이익 × 휴업기간) + 영업장소 이전 후 발생하는 영업이익 감소액
> + 인건비 등 고정적 비용계속지출액
> + 영업시설, 재고자산 등의 이전에 소요되는 비용
> + 영업시설 등의 이전에 따른 감손 상당액
> + 이전광고비 및 개업비 등 그 밖의 부대비용

(2) 영업이익 및 소득의 산정

> 1. 폐업보상 시 영업이익 산정방법을 준용한다[3년간 영업이익(소득)을 기준함].
> 2. 계절적 영업으로 이의 적용이 현저히 부적절한 경우에는 실제 이전하게 되는 기간에 해당되는 월의 최근 3년간의 평균영업이익기준으로 산정할 수 있다.

① 영업이익의 산정

폐업의 경우와 동일하다.

② **소득의 산정**

폐업의 경우와 동일하나, 개인영업의 소득의 하한의 경우 휴업기간에 해당하는 영업이익(소득)이 「통계법」에 따른 통계작성기관이 조사·발표하는 가계조사통계의 도시근로자가구 월평균 가계지출비를 기준으로 산정한 3인가구의 휴업기간 동안의 가계지출비(휴업기간이 4개월을 초과하는 경우에는 4개월분의 가계지출비를 기준으로 한다)에 미달하는 경우에는 그 가계지출비를 휴업기간에 해당하는 영업이익으로 본다. 이 경우 둘 이상 업종의 영업이 하나의 사업장에서 공동계산으로 행하여진 경우에는 이를 하나의 영업으로 본다.

(3) **휴업기간**

① 평가의뢰자의 제시를 기준한다.

② 제시가 없으면 특별한 경우를 제외하고 4개월[41] 이내로 한다. 단 다음 중 하나에 해당하는 경우에는 실제 휴업기간으로 하되, 휴업기간은 2년을 초과할 수 없다.[42]

   ㉠ 해당 공익사업을 위한 영업의 금지 또는 제한으로 인하여 4개월 이상의 기간 동안 영업을 할 수 없는 경우

   ㉡ 영업시설의 규모가 크거나 이전에 고도의 정밀성을 요구하는 등 해당 영업의 고유한 특수성으로 인하여 4개월 이내에 다른 장소로 이전하는 것이 어렵다고 객관적으로 인정되는 경우

③ **경과규칙**

   ㉠ 휴업기간 증가(3개월 → 4개월), 영업장소 이전 후 발생하는 영업이익 감소액 포함 여부에 대한 경과규칙 : 본 개정규정은 이 규칙 시행 후(2014년 10월 22일) 법 제15조 제1항(법 제26조 제1항에 따라 준용되는 경우를 포함한다)에 따라 최초로 보상계획을 공고하고 토지소유자 및 관계인에게 보상계획을 통지하는 공익사업부터 적용한다.

   ㉡ 「도시정비법」상의 정비사업으로 인한 영업의 휴업 등에 대하여 손실의 평가 : 「토지보상법」 시행규칙상의 휴업기간 개정(3개월 → 4개월) 이전부터 4개월을 적용하고 있었다(단, 2009년 12월 1일 이후 사업시행인가를 신청한 사업에 대하여 적용한다).

④ **휴업기간과 이전에 소요되는 기간**

공익사업 중 보상금 지급 후 즉시 건축물 등의 철거가 이루어지는 경우에는 휴업기간과 이전에 소요되는 기간이 일치한다. 그러나 댐사업 등의 경우와 같이 보상금 지급 후 실제 이전이 이루어지는 시점 사이에 상당한 기간이 소요되는 경우가 있다. 따라서 이러한 경우에는 "영업시설의 규모가 크거나 이전에 고도의 정밀성을 요구하는 등 해당 영업의 고유한 특수성"이 인정되어

---

41) 휴업기간은 특별한 경우를 제외하고는 3개월 이내(현재는 4개월로 개정되었음)로 규정한 것은 피수용자 개개인의 현실적인 이전계획에 맞추어 휴업기간을 정하는 경우 그 자의에 좌우되기 쉬워 감정평가의 공정성을 유지하기가 어려우므로, 통상 필요한 이전기간으로 누구든지 수긍할 수 있을 것으로 보이는 3월의 기준으로 하고, 3월 이상이 소요될 것으로 누구든지 수긍할 수 있는 특별한 경우임이 입증된 경우에는 그 입증된 기간을 휴업기간으로 정할 수 있도록 하여 정당한 보상이 이루어질 수 있도록 하기 위해서이다(대판 2005.9.15, 2004두14649 참조).

42) 영업손실보상평가지침 제17조

이전에 소요되는 기간이 4월을 초과하는 경우에도 보상대상으로서의 휴업기간은 이전에 소요되는 기간과 다르게 보아야 하므로, 휴업기간이 이전기간과 반드시 일치하는 것은 아니다.

(4) 영업장소 이전 후 발생하는 영업이익 감소액

휴업기간(통상 4개월 기준)에 해당하는 영업이익(최저영업이익에 미달하는 개인영업의 경우 가계지출비)의 100분의 20으로 하되, 그 금액은 1천만원을 초과하지 못한다.

(5) 인건비 등 고정적 비용의 산정 [43]

인건비 등 고정적 비용은 영업장소의 이전 등으로 휴업기간 중에도 해당 영업활동을 계속하기 위하여 지출이 예상되는 다음 각 호의 비용을 더한 금액으로 산정한다.

① **인건비**

㉠ 원칙 : 휴업기간 중에도 휴직하지 아니하고 근무하여야 할 최소인원에 대한 실제지출이 예상되는 인건비 상당액으로 한다. 이는 휴업기간 동안에도 회사의 기본적인 업무는 수행되어야 하므로 이에 대한 비용을 보상하여야 하나, 휴업보상의 성격상 최소인원에 대한 실제지출이 예상되는 인건비만으로 산정한다.

㉡ 인건비 대상 근로자의 요건 : 인건비 대상 근로자는 일반관리직 근로자 및 영업시설 등의 이전·설치 계획 등을 위하여 정상적인 근무가 필요한 근로자 등으로서 사업인정고시일 등 당시 공익사업시행지구 안의 사업장에서 3월 이상 근무한 근로자로서 「소득세법」에 따라 소득세가 원천징수된 자에 한한다. 이와 같이 인건비 대상 근로자의 요건을 「토지보상법 시행규칙」 제51조에 따른 휴직보상 대상자의 요건으로 한정하는 이유는 인건비 대상 근로자도 원칙적으로는 휴직보상 대상자이나, 휴업기간 중에 휴직하지 않으므로 휴직보상금이 지급되지 않게 되어 부득이 영업자가 급료를 지급하게 되므로 이를 보상해 주기 위한 것이기 때문이다.

② **제세공과금**

휴업기간 중에도 정상적으로 지출되어야 하는 해당 영업과 직접 관련된 제세 및 공과금에 한한다. 세금 중 법인세는 대상이 아니며, 공과금의 경우 쓴 만큼의 요금을 내는 전화료, 상·하수도료, 전기료, TV수신료, 도시가스료, 지입료, 차량유지비, 통신비, 수도·광열비, 여비교통비, 도서인쇄비, 사무용품비, 소모품비 및 지급이자·할인료 등은 회사가 생산·영업활동을 계속 영위하는 것을 전제로 한 비용이기 때문에 포함되지 않는다(대판 2001.3.23, 99두851 참조).

③ **임차료**

임대차계약에 의하여 휴업기간에도 계속 지출되는 임차료를 말한다. 일반적으로 휴업기간 동안에는 종전의 영업장소 및 이전하는 영업장소의 임차료가 중복적으로 발생하므로 이를 보상한다는 의미이다.

---

43) 감정평가실무기준 해설서(Ⅱ) 보상편, 한국감정평가사협회 등, 2014.02, pp.345~348

④ **감가상각비**

휴업기간에 해당하는 고정자산의 감가상각비상당액으로 하되, 기계·기구 등은 휴업기간에는 사용하지 않으므로 진부화에 따른 감가상각비상당액만 해당되고, 건축물 등은 이전 또는 신축하여 시험조업을 한다거나 단계적으로 조업을 개시하는 경우의 감가상각비상당액에 한한다. 다만, 유형고정자산으로서 이전이 사실상 곤란하여 취득가격으로 보상하는 물건에 대한 감가상각비는 포함되지 않는다.

⑤ **보험료**

계약 등에 의하여 휴업기간에도 지출되어야 하는 보험료에 한한다. 그러므로 취득보상 대상의 건축물 등 화재보험료는 제외되어야 하고, 이전대상 건축물 및 기계기구 중 실제 이전·설치 후 화재보험료가 발생하는 경우에 한한다. 4대 보험 중 산재보험은 사업주가 부담하고, 국민연금·건강보험·고용보험은 사업주와 근로자가 분담하는 구조로 되어 있다. 그러나 휴업기간 중에는 4대 보험료의 납부예외가 가능하고, 지불한 경우에도 휴직기간에는 정산 후 차감하는 제도가 있으므로, 4대 보험료는 휴업기간 중에도 정상적으로 근무하여야 할 최소인원에 대한 사업주 부담금액에 한하여 인정한다.

⑥ **광고선전비**

계약 등에 의하여 휴업 중에도 계속 지출되는 광고비 등에 한한다.

⑦ **그 밖의 비용**

위와 유사하게 휴업기간 중에도 계속 지출하여야 하는 비용에 한한다.

(6) 그 밖의 부대비용[44]

㉠ 영업장소의 이전에 따른 그 밖의 부대비용은 이전광고비 및 개업비 등 이전과 관련하여 소요되는 부대비용 지출상당액으로 한다.

㉡ 이전광고비는 이전과 관련하여 통상 소요되는 광고비로 한다.

㉢ 개업비는 이전과 관련하여 통상 소요되는 개업비로 한다.

㉣ 부대비용은 종전 주소가 기재되어 사용할 수 없는 용지 등에 대한 교체비용을 포함한다.

(7) 영업시설 이전에 드는 비용의 산정

① **영업시설 및 재고자산의 이전비용**

㉠ 영업시설은 그 시설의 해체, 운반, 재설치 및 시험가동 등에 소요되는 일체의 비용을 포함한다. 다만, 개량, 개선비용은 포함하지 않으며, 이전소요비용이 해당 물건의 가격을 초과 시 물건의 가격을 시설이전비로 본다. 영업시설의 재설치 등으로 인하여 가치가 증가하거나, 내용연수가 연장 시 그 가치증가액을 뺄 것이다.

---

44) 감정평가실무기준 해설서(Ⅱ) 보상편, 한국감정평가사협회 등, 2014.02, pp.353~357

ⓛ 재고자산은 해제·이전·재적치에 소요되는 일체의 비용을 의미한다. 다만, 재고자산 중 영업활동에 의하여 이전 전에 감소가 예상되거나 가격에 영향을 받지 아니하고 현 영업장소에서 이전 전에 매각할 수 있는 것에 대한 이전비용은 제외한다.

② **이전거리**

이전거리는 동일 또는 인근 시·군·구에 이전장소가 정하여져 있거나 해당 영업의 성격이나 특수성 기타 행정적 규제 등으로 인하여 이전가능한 지역이 한정되어 있는 경우에는 그 거리를 기준으로 하고, 이전장소가 정하여져 있지 아니한 경우에는 30킬로미터 이내로 한다.

> ⑩ 운반 시 400,000원(40km 기준)이면 → 400,000 × (30/40) = 300,000원(30km 기준)

(8) **영업시설 이전에 따른 감손상당액의 산정** [45]

① **원칙**

"현재가액 − 이전 후 가액"을 기준으로 하되, 산정곤란 시 현재 물건의 가액의 10% 이내로 결정할 수 있다.

② 이전으로 본래용도로 사용할 수 없거나, 현저히 곤란한 재고자산은 매각손실로 평가한다.

(9) **그 밖의 유의사항**

① **제품 등의 공급을 중단할 수 없는 영업** : 부품 등을 생산하여 완성품 생산자에게 납품하는 부품공장 등과 같이 휴업기간에도 제품 등의 공급을 중단할 수 없는 영업의 경우에는 별도의 자본을 투입하여 생산한 제품 등을 재고자산으로 보유하여 휴업기간에도 계속 공급하거나, 별도의 자금을 투입하여 사전에 공장을 이전하여 제품 등의 공급에 단절이 없도록 하여야 한다. 따라서 이러한 비용이 그 밖의 부대비용에 포함될 수 있는지 명확하지 않으나, 공익사업으로 인한 새로운 비용의 지출은 보상대상에 포함되어야 한다는 점을 고려할 때, 이러한 비용도 그 밖의 부대비용에 포함한다.

② **종전의 영업수준으로 회복하는 기간 동안의 수익감소액** : 영업장소를 이전하는 경우 이전기간(휴업기간)이 지나면 바로 종전의 영업수준으로 회복된다고 보는 것은 일반적인 경험칙에 부합하지 않는다. 특히 이전거리로 30km를 기준으로 하고 있으므로 인접한 장소로 이전하여 고객의 이탈이 없는 경우를 제외하고, 사실상 새로운 장소에 적응하여 종전과 같은 영업이익을 실현하기 위해서는 상당한 기간이 소요되므로, 이 기간 동안의 수익감소액도 손실에 포함된다고 볼 수 있다. 그러나 이러한 수익감소액은 비용의 지출에 해당되지 않으므로 그 밖의 부대비용에 포함하여 보상할 수 없으며, 현행 규정에서 별도로 규정하고 있지 않으므로 보상대상이 아니다.

③ **권리금** : 헌법 제23조 제3항에서는 보상대상을 재산권으로 규정하고 있으므로 권리금이 보상대상이 되기 위해서는 재산권의 실질을 가져야 한다. 헌법상의 재산권은 일반적으로 "사적 유용성 및 그에 대한 원칙적인 처분권을 내포하는 재산가치 있는 구체적인 권리"로 보므로, 구체

---

45) 영업손실보상평가지침 제20조 제2항

적 권리가 아닌 영리획득의 단순한 기회나 기업 활동의 사실적·법적 여건은 재산권으로 보지 않는다(헌재 2002.7.18, 99헌마574 참조). 또한 단순한 이윤추구의 측면에서 자신에게 유리한 경제적·법적 상황이 지속되리라는 일반적인 기대나 희망은 원칙적으로 재산권의 범위에 속하지 않는다. 이러한 관점에서 대부분의 권리금은 재산권의 범주에 포함되기 어려울 것으로 보이고 또한 「토지보상법」에서 이를 보상대상으로 규정하고 있지 않으므로, 권리금 자체는 보상대상에 포함하지 않는다.

⑽ **최고한도**(무허가건축물 내 임차자의 경우 최고 보상한도액 제한)

1천만원을 최고한도로 하며, 이와는 별도로 제1항 제2호(영업시설·원재료·제품 및 상품의 이전에 소요되는 비용 및 그 이전에 따른 감손상당액)는 별도로 보상한다.

2) 영업시설을 보수하는 경우(일부편입)

영업시설의 일부 편입으로 인하여 영업장소가 축소되는 경우는 ⅰ) 영업의 규모가 종전 영업을 계속할 수 없을 정도로 축소된 경우와 ⅱ) 종전의 영업을 계속할 수 있는 경우로 나눌 수 있다. 전자의 경우는 영업장소의 이전의 경우로 보상한다.

공익사업에 영업시설의 일부가 편입됨으로 인하여 잔여시설에 그 시설을 새로이 설치하거나 잔여시설을 보수하지 아니하고는 그 영업을 계속할 수 없는 후자의 경우의 영업손실 및 영업규모의 축소에 따른 영업손실은 아래와 같다.

⑴ **일부편입되는 영업손실의 보상감정평가방법**

① **기본산식**

> 해당 시설의 설치 등에 소요되는 기간의 영업이익 + 해당 시설의 설치 등에 통상 소요되는 비용 + 영업규모의 축소에 따른 영업용 고정자산·원재료·제품 및 상품 등의 매각손실액 + (보수기간 중의 고정적 비용)[46]

② 영업의 휴업(전체)에 따른 보상감정평가액을 초과하지 못한다.

③ 영업규모의 축소에 따른 손실액에는 영업용 고정자산·원재료·제품 및 상품 등의 매각손실액 외에도 영업장소 축소로 인한 영업수익이 감소가 있을 수 있으나, 현행 「토지보상법」은 이는 보상대상으로 하지 않는다.

④ 건축물의 일부가 공익사업에 편입되는 경우로서 그 건축물의 잔여부분에서 해당 영업을 계속할 수 없는 경우에는 휴업보상에 따라 감정평가할 수 있다.

---

46) 영업손실보상평가지침 제23조

⑤ 일부편입되는 영업손실의 보상감정평가 시 보수기간 중의 고정적 비용의 보상은 토지보상법 시행규칙의 명문의 규정은 없으나 대법원 판례는 실질적인 손실이 발생하면 이를 보상함이 타당하다고 판시하고 있다.[47)]

(2) 영업이익 및 소득의 산정

영업시설의 이전에 따른 휴업보상에서의 산정방법과 동일하다. 다만, 해당 시설의 설치 등에 소요되는 기간(보수기간 등) 중에도 일부 영업이 가능한 경우에는 이로 인한 영업이익을 공제한 금액으로 산정한다.

(3) 해당 시설의 설치 등에 통상 소요되는 비용의 산정방법

해당 시설의 설치 등에 통상 소요되는 비용은 해당 시설을 종래의 목적대로 사용할 수 있도록 그 유용성을 동일하게 유지하는 데 통상 필요하다고 볼 수 있는 공사에 사용되는 비용으로 감정평가한다. 다만, 이 경우 관련 법령에 의하여 요구되는 시설의 개선에 필요한 비용은 포함하지 아니한다.

(4) 보수기간

① 평가의뢰자의 제시가 있으면 제시기간을 기준한다.
② 제시가 없으면 4월을 기준한다. 단, 영업시설의 특성이나 보수 등의 규모 등에 비추어 특별히 인정되는 경우에는 의뢰자로부터 보수기간 등을 제시받아 정한다.

(5) 영업규모의 축소에 따른 영업용 고정자산 · 원재료 · 제품 및 상품 등의 매각손실액

공익사업에 영업시설의 일부가 편입됨으로 인하여 영업규모가 축소되어 영업용 고정자산 등의 매각이 불가피한 경우 이로 인한 매각손실액의 산정방법은 영업폐지 보상에서의 영업용 고정자산 등의 매각손실액의 산정방법을 따른다.

---

47) 대판 2005.11.25, 2003두11230 【재결처분취소및손실보상금】
【판시사항】 영업장소를 이전하지 않는 영업의 경우에도 (구)공공용지의 취득 및손실보상에 관한 특례법 시행규칙 제25조 제1항을 유추적용하여 보수기간 중의인건비 등 고정적 비용을 보상하여야 하는지 여부(적극)
【판결요지】 (구)공공용지의 취득 및 손실보상에 관한 특례법 시행규칙(2002.12.31. 건설교통부령 제344호 공익사업을 위한 토지 등의 취득 및 보상에 관한 법률 시행규칙 부칙 제2조로 폐지) 제25조 제3항은 "영업시설의 일부가 편입됨으로 인하여 잔여시설에 그 시설을 새로이 설치하거나 보수하지 아니하고는 해당 영업을 계속할 수 없는 경우에는 3월의 범위 내에서 그 시설의 설치 등에 소요되는 기간의 영업이익에 그 시설의 설치 등에 소요되는 통상비용을 더한 금액으로 평가한다."고 규정하고 있을 뿐 그 보수기간 중의 인건비 등 고정적 비용을 보상한다는 명문의 규정을 두고 있지는 아니하지만, 그와 같은 경우라도 고정적 비용에 대한 보상을 금하는 취지로 볼 것은 아니고, 휴업 및 보수기간 중에도 고정적 비용이 소요된다는 점에 있어서 영업장소를 이전하는 영업의 경우와 그렇지 않은 경우를 달리 볼 아무런 이유가 없으며, 영업장소의 이전을 불문하고 휴업 및 보수기간 중 소요되는 고정적 비용을 보상함이 적정보상의 원칙에도 부합하는 점에 비추어 보면, 영업장소를 이전하지 않는 영업의 경우에도 같은 법 시행규칙 제25조 제1항을 유추적용하여 영업장소를 이전하는 경우와 마찬가지로 그 보수기간 중의 인건비 등 고정적 비용을 보상함이 타당하다.

3) 임시영업소를 설치하고 계속 영업 시(통상 공익성이 강한 은행, 병원 등이 대상)

⑴ 임시영업소를 임차하는 경우

임시영업소를 임차하는 경우의 설치비용은 ⅰ) 임시영업기간 중의 임차료 상당액과 설정비용 등 임차에 필요하다고 인정되는 그 밖의 부대비용을 더한 금액, ⅱ) 영업시설 등의 이전에 드는 비용 및 영업시설 등의 이전에 따른 감손상당액, ⅲ) 그 밖의 부대비용을 더한 금액으로 산정한다. 이 경우 영업시설 등의 이전에 드는 비용 및 영업시설 등의 이전에 따른 감손상당액 및 그 밖의 부대비용은 영업장소 이전에 따른 휴업보상 감정평가방법을 준용한다.

⑵ 임시영업소를 가설하는 경우

임시영업소를 가설하는 경우의 설치비용은 ⅰ) 임시영업소의 토지에 대한 지료 상당액과 설정비용 등 임차에 필요하다고 인정되는 그 밖의 부대비용을 더한 금액, ⅱ) 임시영업소 신축비용 및 해체·철거비를 더한 금액(해체·철거 시에 발생자재가 있을 때에는 그 가액을 공제한다), ⅲ) 영업시설 등의 이전에 드는 비용 및 영업시설 등의 이전에 따른 감손상당액, ⅳ) 그 밖의 부대비용을 더한 금액으로 산정한다. 이 경우 영업시설 등의 이전에 드는 비용 및 영업시설 등의 이전에 따른 감손상당액 및 그 밖의 부대비용은 영업장소 이전에 따른 휴업보상 감정평가방법을 준용한다.

⑶ 임시영업소의 임차 및 가설하는 비용이 휴업(이전)보상액을 초과할 경우에는 휴업보상액으로 보상액을 결정한다.

4) 허가 등을 받지 아니한 영업의 손실보상 특례 [48]

⑴ 사업인정고시일 등 전부터 허가 등을 받아야 행할 수 있는 영업을 허가 등이 없이 행하여 온 자가 공익사업의 시행으로 인하여 제45조 제1호 본문에 따른 적법한 장소에서 영업을 계속할 수 없게 된 경우에는 제45조 제2호에 불구하고 「통계법」 제3조 제3호에 따른 통계작성기관이 조사·발표하는 가계조사통계의 도시근로자가구 월평균 가계지출비를 기준으로 산정한 3인 가구 3개월분 [49] 가계지출비 [50]에 해당하는 금액을 영업손실에 대한 보상금으로 지급하되, 제47조 제1항 제2호에 따른 영업시설·원재료·제품 및 상품의 이전에 소요되는 비용 및 그 이전에 따른 감손상당액(이하 "영업시설 등의 이전비용"이라 한다)은 별도로 보상한다.

⑵ 본인 또는 생계를 같이 하는 동일세대 안의 직계존속·비속 및 배우자가 해당 공익사업으로 다른 영업에 대한 보상을 받은 경우에는 영업시설 등의 이전비용만을 보상하여야 한다.

---

48) 토지보상법 시행규칙 제52조(해당 규정은 2007.4.12. 건설교통부령 제556호로 신설되었으며 당시 무허가건축물 임차인 등 영세영업자의 생활유지 및 생활보호를 목적으로 마련된 것이므로 법인의 경우 해당되기는 어려울 것이다., 국토교통부 질의회신, 2022.08.23.)

49) 4개월분이 아님에 주의해야 한다.

50) 도시근로자가구의 가구원수별 월평균 명목 가계지출비를 기준으로 한다(토지정책과-4135, 2018.06.27.). 근로자가구 중위값이 아님에 유의해야 한다.

∷ 영업보상의 구분 및 보상범위

구분		영업보상의 범위		
영업장소의 적법 여부	영업허가의 적법 여부	영업이익 등	월평균가계지출비 상당금액	이전비 등
적법한 건축물 (89.1.24. 이전 건축 무허가건축물 포함)	적법한 영업 (자유업 포함)	○	×	○
	무허가영업	×	○	○
89.1.24. 이후 건축한 무허가건축물	적법한 영업 (자유업)	임차인 ○* (소유자 ×)	×	○
	무허가영업**	×	×	○

* 상한 1,000만원
** 무허가건축물 등에서 영업허가 등을 득할 수 없을 것이다.

5) 공익사업시행지구 밖의 영업손실에 대한 보상

① 일반 영업손실의 보상대상(자유영업도 포함). 단, 공고고시 이후 영업은 제외
② 배후지의 2/3 이상 상실 그리고 해당 장소에서 계속 영업할 수 없을 것
③ 영업을 하는 자의 청구

6) 주의사항

휴업보상과 휴직·실직 보상은 개인별보상의 원칙에 따라서 각각 보상되어야 하며, 양자를 혼용하여 계산하면 안 된다.

기 본예제

감정평가사 柳 씨는 K 구청장으로부터 "○○도시계획도로사업"에 편입되는 영업에 대한 보상감정평가를 의뢰받아 현장조사를 통하여 다음과 같은 사항을 조사하였다. 의뢰된 각 영업의 조사사항을 참작하여 관련규정에 따라 보상에 대한 방침을 밝힌 후 각 영업에 대한 개별적인 보상액을 결정하시오.

자료 1 ▶ 평가의뢰내역

1. 공익사업명 : ○○도시계획도로사업
2. 사업시행자 : K구
3. 도시·군계획시설결정고시일 : 2024.3.20.
4. 실시계획승인 고시일 : 2026.3.20.
5. 보상계획공고일 : 2026.5.12.
6. 가격시점 : 2026.8.1.

풀이영상

자료 2 ▶ 공통자료(기호 1~5)

건축물의 일부에는 그 건축물 영업자(가족수 7인)가 소규모 식당을 운영하고 있으며, 현지조사 시에 영업장소 이전에 따른 휴업 등에 대한 손실보상을 요구하고 있다. 조사된 영업상황은 다음과 같다.

1. 영업개시일 : 2023년 1월
2. 영업행위 관련 허가 또는 신고 이행 여부 : 영업개시 당시 부가가치세법 제8조 규정에 의한 사업자 등록은 되어 있음.

3. 최근 3년간 연간 신고된 영업이익

구분	2023년	2024년	2025년
손익계산서상 영업이익	80,000,000	84,000,000	88,000,000

4. 이전 시 적정 휴업기간 : 4월
5. 휴업기간 중 고정적 비용 계속지출 예상액(화재보험료 등) : 4,000,000원
6. 영업시설 및 재고자산 등의 이전비 : 3,600,000원
>> 이전 이후 규모에 맞게 추가시설분 시설비 상당액 600,000원이 포함되어 있다.
7. 재고자산의 이전에 따른 감손상당액 : 700,000원
8. 그 밖의 부대비용 : 500,000원

자료 3 기호 6에 대한 추가 조사사항

1. 잔여시설 보수기간 : 4개월
2. 해당 시설의 보수비 : 18,000,000원
3. 영업규모 축소에 따른 고정자산 등의 매각손실액 : 5,000,000원

자료 4 물건조서

기호	소재지	지번	물건의 종류	수량	상호	비고	
						건축물의 허가 여부	영업의 허가 여부
1	S동	11	영업의 휴업	1식	A상회	×	-
2	S동	12	영업의 휴업	1식	B상회	×	-
3	S동	13	영업의 휴업	1식	C상회	×	×
4	S동	14	영업의 휴업	1식	D상회	×	×
5	S동	15	영업의 휴업	1식	E상회	○	○
6	S동	16	영업의 휴업 (일부편입)	1식	F상회	○	○

자료 5 3인 도시근로자가구 가계지출비 : 월 4,427,633원

자료 6 영업에 대한 조사사항

구분	조사사항
기호 1	자유업에 해당하며 건축물의 소유자가 영업을 행하고 있다. 해당 건축물은 96년 4월 8일에 건축된 것으로 확인되었다.
기호 2	자유업에 해당하며 건축물의 임차인이 영업을 행하고 있다. 해당 건축물은 96년 4월 8일에 건축되었다.
기호 3	허가업종이나 무허가로 소유자가 직접 영업 중이며, 해당 건축물은 88년 12월에 건축되었다.
기호 4	허가업종이나 무허가로 소유자가 직접 영업 중이며, 해당 건축물은 95년 8월에 건축되었다.
기호 5	허가업종으로 허가를 득하였으며, 해당 건물은 2010년 6월에 사용승인되었다.
기호 6	기호 5의 상황과 동일하며, 해당 사업으로 인하여 영업장소의 일부가 편입되었다.

▎예시답안

Ⅰ. 평가개요

본건은 도시·군계획시설도로에 편입된 영업의 손실에 대한 보상감정평가로서 각 영업별 보상 여부를 판단한 후 보상액을 결정한다(가격시점 : 2026.8.1.).

Ⅱ. 각 영업별 보상기준 검토

1. 기호 1

① 자유업으로서 적법한 영업이나, ② '89.1.24. 이후 무허가건축물 내 영업이고 소유자 영업인바, ③ 불법건축물 내 영업으로서 영업손실 보상대상이 아니며, 이전비 등만 보상한다.

2. 기호 2

① 자유업으로서 적법한 영업이며, ② '89.1.24. 이후 무허가건축물 내 영업으로, ③ 임차인 영업이며 사업인정고시일 등 이전 1년 이전 사업자 등록을 한바, 임차인 영업보상 특례를 적용 ④ 이전비 등을 제외한 영업손실보상액의 최고한도 1,000만원을 고려한다.

3. 기호 3

① '89.1.24. 이전 무허가건축물로서 적법건축물 내 영업이나, ② 무허가영업으로서 무허가 영업보상 특례(시행규칙 제52조)를 적용하여 ③ 3인가구 3월분 가계지출비와 이전비 등을 보상한다.

4. 기호 4

① '89.1.24 이후 무허가건축물로서 불법건축물 내 영업이고, ② 무허가 영업인바, ③ 이전비 등으로 보상한다.

5. 기호 5

요건에 해당하는 영업으로서 휴업손실보상의 대상이다.

6. 기호 6

사업장의 일부가 편입되는 영업손실로서 휴업보상을 한도로하여 일부편입에 따른 영업손실을 보상한다.

Ⅲ. 각 영업별 보상액 산정

1. 공통사항의 처리

(1) 휴업기간 중 영업이익
① 휴업기간 동안 영업이익 : 3년치 영업이익 평균 기준한다(연간 84,000,000원).
∴ $84,000,000 \times 4/12 = 28,000,000$원
② 최저한도액 : 휴업기간 중 3인가구 근로자 가계지출비(최대 4개월)를 고려한다.
∴ $4,427,633 \times 4$개월 $= 17,710,532$원
③ 영업이익 결정 : 한도액 이상으로서 28,000,000원으로 결정한다.

(2) 고정적 비용 및 부대비용 : $4,000,000 + 500,000 ≒ 4,500,000$원

(3) 영업장소 이전 후 발생하는 영업이익 감소액 : $28,000,000 \times 0.2 = 5,600,000$원(상한 1천만원)

(4) 이전비 및 감손상당액 : 추가 시설분 제외 : ∴ $(3,600,000 - 600,000) + 700,000 ≒ 3,700,000$원

2. 각 조서별 영업손실 보상액

(1) 기호 1 : 이전비 등 ∴ 3,700,000원

(2) 기호 2

① 임차인 보상특례 한도

㉠ 영업이익 및 고정적 비용 등(이전비 등을 제외한 보상액)

28,000,000 + 4,500,000 + 5,600,000 ≒ 38,100,000원

㉡ 결정 : 10,000,000원을 초과하는바, 10,000,000원으로 결정한다.

② 보상액 결정 : 10,000,000 + 3,700,000 ≒ 13,700,000원

(3) 기호 3 : 4,427,633 × 3 + 3,700,000 = 16,982,899원

(4) 기호 4 : 이전비 등 ∴ 3,700,000원

(5) 기호 5 : 28,000,000 + 4,000,000 + 3,700,000 + 5,600,000 + 500,000 = 41,800,000원

(6) 기호 6

- 일부편입에 따른 보상평가액 : 28,000,000 + 4,000,000 + 18,000,000 + 5,000,000 = 55,000,000원
- 전체 휴업에 따른 보상평가액 : 41,800,000원
- 결정 : 전체 휴업에 따른 보상평가액 기준으로서 41,800,000원으로 결정한다.

기타 권리의 감정평가 및 생활보상

제1절　농업손실 보상감정평가 [1]

01　농업손실 보상대상

1. 공익사업에 편입되는 농지

(1) 농지법 제2조 제1호 가목에 해당하는 농지

> **농지법 제2조**(정의)
>
> 이 법에서 사용하는 용어의 뜻은 다음과 같다.
> 1. "농지"란 다음 각 목의 어느 하나에 해당하는 토지를 말한다.
>   가. 전·답, 과수원, 그 밖에 법적 지목(地目)을 불문하고 실제로 농작물 경작지 또는 대통령령으로 정하는 다년생식물 재배지로 이용되는 토지. 다만, 「초지법」에 따라 조성된 초지 등 대통령령으로 정하는 토지는 제외한다.
>   나. 가목의 토지의 개량시설과 가목의 토지에 설치하는 농축산물 생산시설로서 대통령령으로 정하는 시설의 부지

(2) 농지법 시행령 제2조 제3항 제2호 가목에 해당하는 농지

> **농지법 시행령 제2조**(농지의 범위)
>
> ① 「농지법」(이하 "법"이라 한다) 제2조 제1호 가목 본문에서 "대통령령으로 정하는 다년생식물 재배지"란 다음 각 호의 어느 하나에 해당하는 식물의 재배지를 말한다.
> 1. 목초·종묘·인삼·약초·잔디 및 조림용 묘목
> 2. 과수·뽕나무·유실수 그 밖의 생육기간이 2년 이상인 식물
> 3. 조경 또는 관상용 수목과 그 묘목(조경목적으로 식재한 것을 제외한다)
> ② 법 제2조 제1호 가목 단서에서 "「초지법」에 따라 조성된 토지 등 대통령령으로 정하는 토지"란 다음 각 호의 토지를 말한다.
> 1. 「공간정보의 구축 및 관리 등에 관한 법률」에 따른 지목이 전·답, 과수원이 아닌 토지(지목이 임야인 토지는 제외한다)로서 농작물 경작지 또는 제1항 각 호에 따른 다년생식물 재배지로 계속하여 이용되는 기간이 3년 미만인 토지
> 2. 「공간정보의 구축 및 관리 등에 관한 법률」에 따른 지목이 임야인 토지로서 「산지관리법」에 따른 산지전용허가(다른 법률에 따라 산지전용허가가 의제되는 인가·허가·승인 등을 포함한다)를 거치지 아니하고 농작물의 경작 또는 다년생식물의 재배에 이용되는 토지

---

1) 토지보상법 시행규칙 제48조

3. 「초지법」에 따라 조성된 초지

③ 법 제2조 제1호 나목에서 "대통령령으로 정하는 시설"이란 다음 각 호의 구분에 따른 시설을 말한다.

1. 법 제2조 제1호 가목의 토지의 개량시설로서 다음 각 목의 어느 하나에 해당하는 시설

   가. 유지(溜池: 웅덩이), 양·배수시설, 수로, 농로, 제방

   나. 그 밖에 농지의 보전이나 이용에 필요한 시설로서 농림축산식품부령으로 정하는 시설

2. 법 제2조 제1호 가목의 토지에 설치하는 농축산물 생산시설로서 농작물 경작지 또는 제1항 각 호의 다년생식물의 재배지에 설치한 다음 각 목의 어느 하나에 해당하는 시설

   가. 고정식온실·버섯재배사 및 비닐하우스와 농림축산식품부령으로 정하는 그 부속시설

   나. 축사·곤충사육사와 농림축산식품부령으로 정하는 그 부속시설

   다. 간이퇴비장

   라. 농막·농촌체류형 쉼터·간이저온저장고 및 간이액비저장조 중 농림축산식품부령으로 정하는 시설

   마. 농림축산식품부령으로 정하는 지역, 지구 또는 구역 안에 설치하는 수직농장·식물공장(「마트농업 육성 및 지원에 관한 법률 시행령」 제4조 제1항 제5호에 따른 수직농장·식물공장을 말한다. 이하 같다)

2. 보상 제외대상(농지로 보지 않는 경우) [2]

① 사업인정고시일 등 이후부터 농지로 이용되고 있는 토지

② 토지이용계획·주위환경 등으로 보아 일시적으로 농지로 이용되고 있는 토지

③ 타인소유의 토지를 불법으로 점유하여 경작하고 있는 토지

④ 농민(「농지법」 제2조 제3호의 규정에 의한 농업법인 또는 「농지법 시행령」 제3조 제1호 및 동조 제2호의 규정에 의한 농업인을 말한다)이 아닌 자가 경작하고 있는 토지

⑤ 토지의 취득에 대한 보상 이후에 사업시행자가 2년 이상 계속하여 경작하도록 허용하는 토지

농지법 시행령 제3조(농업인의 범위)

법 제2조 제2호에서 "대통령령으로 정하는 자"란 다음 각 호의 어느 하나에 해당하는 자를 말한다.

1. 1천제곱미터 이상의 농지에서 농작물 또는 다년생식물을 경작 또는 재배하거나 1년 중 90일 이상 농업에 종사하는 자

2. 농지에 330제곱미터 이상의 고정식온실·버섯재배사·비닐하우스, 그 밖의 농림축산식품부령으로 정하는 농업생산에 필요한 시설을 설치하여 농작물 또는 다년생식물을 경작 또는 재배하는 자

3. 대가축 2두, 중가축 10두, 소가축 100두, 가금(家禽: 집에서 기르는 날짐승) 1천수 또는 꿀벌 10군 이상을 사육하거나 1년 중 120일 이상 축산업에 종사하는 자

4. 농업경영을 통한 농산물의 연간 판매액이 120만원 이상인 자

---

2) 토지보상법 시행규칙 제48조 제3항

3. 농업손실보상액 산정방법

1) 원칙

「통계법」에 따른 통계작성기관이 매년 조사·발표하는 농가경제조사통계의 도별 농업총수입 중 농작물수입을 도별 표본농가현황 중 경지면적으로 나누어 산정한 연간 농가평균 단위면적당 농작물 총수입[3]의 직전 3년간 평균의 2년분

> 농업손실보상액 = 연간농가평균단위경작면적당 농작물 총수입(원/m²) × 면적(m²) × 2년

>> 연간농가평균단위경작면적당 농작물총수입(원/m²) = 농작물총수입 ÷ 표본농가경지면적

기 본예제

아래 농업에 대한 농업손실보상액을 산정하시오.

자료 ▶

1. 평가대상 : 경기도 ○○시 ○○동 100번지, 자연녹지지역, 전, 8,000m²
2. 소유자가 경작하고 있으며, 실제소득 입증은 없다.
3. 관련 통계자료(경기도)

구분	3년전	2년전	1년전
표본농가 농작물수입(원)	25,000,000	26,650,000	26,880,000
표본농가 농업총수입(원)	35,000,000	36,650,000	36,880,000
표본농가 경지면적(m²)	12,500	13,000	12,800

예시답안

I. **처리방침**

토지보상법 시행규칙 제48조에 의하여 단위경작면적당 농작물 총수입의 직전 3년간 평균의 2년분을 곱하여 산정한다.

II. **단위경작면적당 농작물총수입**

구분	3년전	2년전	1년전	평균
원/m²	2,000	2,050	2,100	2,050

III. **농업손실보상액**

2,050 × 2년분 = 4,100원/m²(×8,000m² = 32,800,000원)

---

[3] 서울특별시·인천광역시는 경기도, 대전광역시는 충청남도, 광주광역시는 전라남도, 대구광역시는 경상북도, 부산광역시·울산광역시는 경상남도의 통계를 각각 적용한다.

2) 국토교통부장관이 농림축산식품부장관과의 협의를 거쳐 관보에 고시하는 농작물실제소득인 정기준에서 정하는 바에 따라 실제소득을 입증하는 자의 경우

(1) 농업손실보상액

그 면적에 단위경작면적당 3년간 실제소득 평균의 2년분을 곱하여 산정한 금액을 영농손실액으로 보상한다.

> 농업손실보상액 = 단위 경작면적당 3년간 실제소득 평균(원/m²)[4] × 2년

(2) 제한사항

① 단위경작면적당 실제소득이 「통계법」 제3조 제3호에 따른 통계작성기관이 매년 조사 · 발표하는 농축산물소득자료집의 작목별 평균소득의 2배를 초과하는 경우

해당 작목별 단위경작면적당 평균생산량[5]의 2배(단위경작면적당 실제소득이 현저히 높다고 농작물실제소득인정기준에서 따로 배수를 정하고 있는 경우에는 그에 따른다)를 판매한 금액을 단위경작면적당 실제소득으로 보아 이에 2년분을 곱하여 산정한 금액

② 농작물실제소득인정기준에서 직접 해당 농지의 지력(地力)을 이용하지 아니하고 재배 중인 작물을 이전하여 해당 영농을 계속하는 것이 가능하다고 인정하는 경우

단위경작면적당 실제소득(제1호의 요건에 해당하는 경우에는 제1호에 따라 결정된 단위경작면적당 실제소득을 말한다)의 4개월분을 곱하여 산정한 금액

(3) 적용예시(예 시설참외)

구분	총액(원) (A×B)	수량(kg) (A)	단가(원/kg) (B)	농지면적 (m²)	실제소득 입증 시 (원/m²)*	실제소득 미입증 시
입증사례 1	4,200,000	2,100	2,000	1,000	4,939	
입증사례 2	7,500,000	2,500	3,000	1,000	8,820	
농작물 평균	6,527,634	3,214	2,031	1,000	7,676	2,668원/m²
입증사례 3	9,139,500	4,500	2,031	1,000	10,748	
입증사례 4	125,000,000	50,000	2,500	1,000	147,000	

* 실제소득기준 단위면적당 농작물 총수입: 총액(원)(A×B)/1,000m² × 58.8%(소득률) × 2년

≫ 평균수입기준 단위면적당 농작물 총수입 3년치 평균(실제소득 미입증 시): 2,668원/m²(2년치)

---

4) 해당 규칙 개정(2020.12.11.) 시행 이후 법 제15조(법 제26조 제1항에 따라 준용되는 경우를 포함한다)에 따라 보상계획을 공고하고 토지소유자 및 관계인에게 보상계획을 통지하는 공익사업부터 적용한다(개정 이전에는 3년간 실제소득 평균이 아니라 연간 실제소득으로 규정되어 있었음).

5) 소득 자체가 아니고 평균생산량의 2배인 점에 주의해야 한다.

현행 토지보상법 시행규칙에 의한 각 사례별 실제소득

- 입증사례 1, 2, 3 : 입증금액 그대로 적용(평균소득의 2배 이내)
- 입증사례 4
  - 입증금액 : 16,070,000원(3,214kg × 2배 × 2,500원/kg)
  - 1,000m²의 농지에서 50,000kg 생산은 불가하므로 평균생산량의 2배를 판매한 금액(2,500원/kg)을 상한으로 한다.

기 본예제

다음 농업에 대한 농업손실보상 감정평가액을 결정하시오.

자료 1 지장물조서

소재지	지목	면적(m²)	명칭	수량	비고
A리 100(경기도 소재)	전	2,000	농업손실보상(당근재배)	1식	실제소득인정

자료 2 출하실적(출하처 : 지역농협)

구분	수량(kg)	판매단가(원/kg)	판매금액
3년전	10,000	1,100	11,000,000
2년전	11,000	1,050	11,550,000
1년전	12,000	1,150	13,800,000

자료 3 농축산물소득자료집 중 작목별 평균소득(연1기작, 1,000m²)(경기도 기준)

구분	수량(kg)	단가(원)	금액(원)	비고
조수입	4,148	832	3,451,136	-
생산비	-	-	1,579,612	종자비, 비료비 등
소득	-	-	1,871,524	소득률 54.2%

예시답안

I. 처리방침

토지보상법 시행규칙 제48조에 의하여 3년간 실제소득 평균의 2년분을 곱하여 산정한 금액을 영농손실액으로 보상한다.

II. 작목별 평균소득의 2배(상한) : 1,871,524원 ÷ 1,000m² ≒ 1,872원/m² × 2배 = 3,744원/m²

III. 실제소득입증액

$$\frac{11,000,000 + 11,550,000 + 13,800,000}{3} \times 0.542 \div 2,000m² ≒ 3,284원/m²(상한액 이내임)$$

IV. 보상평가액

3,284 × 2년분 = 6,568원/m²(×2,000m² = 13,136,000원)

3) 공부상 지목이 임야인 사실상 농지

「농지법」 제2조 제1호 가목에서는 전·답, 과수원, 그 밖에 법적 지목을 불문하고 실제로 농작물 경작지 또는 다년생식물 재배지로 이용되는 토지를 농지로 본다. 다만, ㉠ 「공간정보관리법」에 따른 지목이 전·답, 과수원이 아닌 토지(지목이 임야인 토지는 제외함)로서 농작물 경작지 또는 다년생식물 재배지로 계속하여 이용되는 기간이 3년 미만인 토지, ㉡ 「공간정보관리법」에 따른 지목이 임야인 토지로서 「산지관리법」에 따른 산지전용허가(다른 법률에 따라 산지전용허가가 의제되는 인가·허가·승인 등을 포함함)를 거치지 아니하고 농작물의 경작 또는 다년생식물의 재배에 이용되는 토지, ㉢ 「초지법」에 따라 조성된 초지 등은 농지로 보지 않는다.

위 내용 중 임야에 관한 규정(농지법 시행령 제2조 제2항)은 2016.1.19.자로 개정·시행되었으며 「농지법 시행령」 부칙 제2조에서 농지의 범위에 관한 경과조치로서 ㉠ 이 영 시행 당시 「공간정보관리법」에 따른 지목이 전·답, 과수원이 아닌 토지로서 농작물 경작지 또는 제2조 제1항 제1호에 따른 다년생식물의 재배에 이용되고 있는 토지, ㉡ 이 영 시행 당시 「공간정보관리법」에 따른 지목이 임야인 토지로서 토지의 형질을 변경하고 제2조 제1항 제2호 또는 제3호에 따른 다년생식물의 재배에 이용되고 있는 토지는 종전의 규정에 따르도록 규정하고 있으므로 이런 경우에는 시행령 개정 후에도 농지로 본다(2016년 1월 19일 이전부터 사실상의 농지로 이용되는 공부상 지목이 임야인 토지는 농지에 해당되며 농업손실보상의 대상이 된다.).[6]

다만, ㉠ 관계 법령의 입법 취지와 그 법령에 위반된 행위에 대한 비난 가능성과 위법성의 정도, 합법화될 가능성, 사회통념상 거래 객체가 되는지 여부 등 전반적인 사실관계, ㉡ 구체적인 개별 사안별로 대상 토지에 경작이 이루어지게 된 시기 및 경작이 이루어진 기간, 경작 규모 및 이용현황, 산지로서의 관리 필요성 및 농지화된 정도, 사업인정 고시와의 관계 등을 종합하여 고려할 때 손실보상을 하는 것이 사회적으로 용인될 수 없는 경우라면 영농손실 보상에 해당하지 않는다.[7]

4) 자경농지가 아닌 농지에 대한 영농손실액

(1) **농지의 소유자가 해당 지역에 거주하는 농민인 경우**

① **농지의 소유자와 제7항에 따른 실제 경작자**(이하 "실제 경작자"라 한다) **간에 협의가 성립된 경우**
협의내용에 따라 보상

② **농지의 소유자와 실제 경작자 간에 협의가 성립되지 아니하는 경우에는 다음의 구분에 따라 보상**
㉠ 제1항(연간농가평균단위경작면적당 농작물 총수입 기준)에 따라 영농손실액이 결정된 경우 : 농지의 소유자와 실제 경작자에게 각각 영농손실액의 50퍼센트에 해당하는 금액을 보상
㉡ 제2항(농작물실제소득인정기준)에 따라 영농손실액이 결정된 경우 : 농지의 소유자에게는 제1항의 기준에 따라 결정된 영농손실액의 50퍼센트에 해당하는 금액을 보상하고, 실제

---

6) 임야중 일부를 2015년 이전부터 경작하고 있는 부분에 대하여 농업손실보상 대상으로 인용한 사례(중토위 2020.9.10.)
7) 법제처 법령해석례, 11-0737, 2012.1.5.

경작자에게는 제2항에 따라 결정된 영농손실액 중 농지의 소유자에게 지급한 금액을 제외한 나머지에 해당하는 금액을 보상

(2) 농지의 소유자가 해당 지역에 거주하는 농민이 아닌 경우

실제 경작자에게 보상[8]

5) 실제 경작자가 자의로 이농하는 등의 사유로 보상협의일 또는 수용재결일 당시에 경작을 하고 있지 않는 경우의 영농손실액

농지의 소유자가 해당 지역에 거주하는 농민인 경우에 한정하여 농지의 소유자에게 보상한다.

6) 농업용 자산

(1) 요건

① 해당 지역에서 경작하고 있는 농지의 3분의 2 이상에 해당하는 면적이 공익사업시행지구에 편입된 경우

② 농기구를 이용하여 해당 지역에서 영농을 계속할 수 없게 된 경우(과수 등 특정한 작목의 영농에만 사용되는 특정한 농기구의 경우에는 공익사업시행지구에 편입되는 면적에 관계없이 해당 지역에서 해당 영농을 계속할 수 없게 된 경우를 말한다)

③ 농기구란 농업을 능률적·효율적으로 하기 위한 기계 및 기구 등을 말하는 것으로서 호미·낫 등 인력을 사용하는 소농구는 농기구보상의 대상이 되는 농기구로 보지 않는다.

(2) 농기구

① 매각손실액을 평가하여 보상한다.

② 매각손실액의 평가가 현실적으로 곤란한 경우 원가법에 의하여 산정한 가격의 60퍼센트 이내에서 매각손실액을 정할 수 있다.

7) 실제 경작자에 대한 확인방법

(1) 타인소유의 농지를 임대차 등 적법한 원인에 의하여 점유하고 자기 소유의 농작물을 경작하는 것으로 인정된 자를 의미한다.

(2) 구체적인 확인방법

① 농지의 임대차계약서

② 농지소유자가 확인하는 경작사실확인서(실제 경작자로 인정받으려는 자가 경작사실확인서의 자료만 제출한 경우 사업시행자는 해당 농지의 소유자에게 그 사실을 서면으로 통지할 수 있으며, 농지소유자가 통지받은 날부터 30일 이내에 이의를 제기하지 않는 경우에는 농지소유자가 확인하는 경작사실확인서의 자료가 제출된 것으로 본다.)

---

8) 영농보상은 농경지의 수용으로 인하여 장래에 영농을 계속하지 못하게 되는 실제경작자의 특별한 희생을 보상하기 위한 것이다 (대판 2004.04.27, 2002두8909).

③ 「농업·농촌 공익기능 증진 직접지불제도 운영에 관한 법률」에 따른 직접지불금의 수령 확인자료

④ 「농어업경영체 육성 및 지원에 관한 법률」 제4조에 따른 농어업경영체 등록 확인서

⑤ 해당 공익사업시행지구의 이장·통장이 확인하는 경작사실확인서

⑥ 그 밖에 실제 경작자임을 증명하는 객관적 자료

(3) 그 밖의 유의사항

① 실제경작자는 자기소유의 농작물을 경작하여야 하므로 농지소유자의 농작물을 대신 재배하는 경우는 보상대상자가 아니다.

② 실제경작자가 해당 지역에 거주할 것을 요건으로 하지 않으므로 해당 지역에 거주하지 않는다고 하여 실제경작자에서 제외되지 않는다.[9]

제2절 권리의 보상감정평가(어업권 및 광업권)[10]

01 개요(어업권 및 광업권의 일반평가와 차이점)

어업권 및 광업권의 보상감정평가는 일반거래목적의 평가와 대체적으로 유사하나 그 개념 및 보상감정평가 시 산정방법의 차이가 있으므로 유의해야 한다.

02 어업권 보상감정평가[11]

> **토지보상법 시행규칙 제44조**(어업권의 평가 등)
>
> ① 공익사업의 시행으로 인하여 어업권이 제한·정지 또는 취소되거나 「수산업법」 제14조 또는 「내수면어업법」 제13조에 따른 어업면허의 유효기간의 연장이 허가되지 아니하는 경우 해당 어업권 및 어선·어구 또는 시설물에 대한 손실의 평가는 「수산업법 시행령」 [별표 10]에 따른다.
>
> ② 공익사업의 시행으로 인하여 어업권이 취소되거나 「수산업법」 제14조 또는 「내수면어업법」 제13조에 따른 어업면허의 유효기간의 연장이 허가되지 않는 경우로서 다른 어장에 시설을 이전하여 어업이 가능한 경우 해당 어업권에 대한 손실의 평가는 「수산업법 시행령」 [별표 10] 중 어업권이 정지된 경우의 손실액 산출방법 및 기준에 따른다.
>
> ③ 법 제15조 제1항 본문의 규정에 의한 보상계획의 공고(동항 단서의 규정에 의하는 경우에는 토지소유자 및 관계인에 대한 보상계획의 통지를 말한다) 또는 법 제22조의 규정에 의한 사업인정의 고시가 있는 날(이하 "사업인정고시일 등"이라 한다) 이후에 어업권의 면허를 받은 자에 대하여는 제1항 및 제2항의 규정을 적용하지 아니한다.

---

9) 실제경작자는 해당 지역에 거주하여야 하는 것은 아니다(대판 2002.06.14, 2000두3450).
10) 토지보상법 제76조 제1항
11) 감정평가실무기준 해설서(Ⅱ) 보상편, 한국감정평가사협회 등, 2014.02, pp.285~296 참조

> ④ 제1항 내지 제3항의 규정은 허가어업 및 신고어업(「내수면어업법」 제11조 제2항의 규정에 의한 신고어업을 제외한다)에 대한 손실의 평가에 관하여 이를 준용한다.
> ⑤ 제52조는 이 조의 어업에 대한 보상에 관하여 이를 준용한다.

1. 어업권의 보상감정평가

1) 개념

(1) 어업

어업이란 수산동식물을 포획·채취하거나 양식하는 사업을 말한다(수산업법 제2조 제2호). 반면 수산업이란 어업·양식업·어획물운반업 및 수산물가공업을 말한다(수산업법 제2조 제1호). 그러므로 어업이란 수산업에서 양식업·어획물운반업 및 수산물가공업을 제외한 것을 말하며, 양식업·어획물운반업 및 수산물가공업은 어업에 해당하지 않는다.

(2) 어업권

어업권이란 「수산업법」 제8조 및 「내수면어업법」 제6조에 따른 면허를 받아 어업을 경영할 수 있는 권리를 말한다. 어업면허를 받은 자와 어업권을 이전받거나 분할받은 자는 어업권원부에 등록을 함으로써 어업권을 취득한다. 어업권은 물권(物權)으로 하고, 「수산업법」에서 정한 것 외에는 「민법」 중 토지에 관한 규정을 준용하되, 어업권과 이를 목적으로 하는 권리에 관하여는 「민법」 중 질권(質權)에 관한 규정을 적용하지 아니하고, 법인이 아닌 어촌계가 취득한 어업권은 그 어촌계의 총유(總有)로 한다(수산업법 제16조).

(3) 허가어업

허가어업이란 「수산업법」 제41조 및 「내수면어업법」 제9조에 따른 허가를 얻은 어업을 말한다.

(4) 신고어업

신고어업이란 「수산업법」 제47조 및 「내수면어업법」 제11조에 따라 신고를 한 어업을 말한다.

(5) 어업손실

시장·군수·구청장은 「토지보상법」 제4조의 공익사업을 위하여 필요한 경우에는 면허한 어업을 제한 또는 정지하거나 어선의 계류(繫留) 또는 출항·입항을 제한하거나(수산업법 제34조 제1항 제6호), 허가어업 또는 신고어업을 제한할 수 있으며(수산업법 제43조 제2항 및 제49조 제3항), 이러한 처분으로 인하여 손실을 입은 자는 그 처분을 행한 행정관청에 보상을 청구할 수 있다(수산업법 제81조 제1항 제1호). 어업손실이란 공익사업의 시행 등으로 인하여 어업권·허가어업·신고어업(이하 "어업권 등"이라 한다)이 제한·정지 또는 취소되거나 「수산업법」 제14조 또는 「내수면어업법」 제13조에 따른 어업면허의 유효기간의 연장이 허가되지 아니하는 경우 해당 어업권 등 및 어선·어구 또는 시설물(이하 "시설물 등"이라 한다)에 대한 손실을 말한다.

(6) 어업취소손실

어업취소손실이란 공익사업의 시행 등으로 인하여 어업권 등의 효력이 상실되거나 「수산업법」 제14조 또는 「내수면어업법」 제13조에 따른 어업면허의 유효기간의 연장이 허가되지 아니하여 발생한 손실을 말한다.

(7) 어업정지손실

어업정지손실이란 공익사업의 시행 등으로 인하여 어업권 등이 정지되어 발생한 손실을 말한다.

(8) 어업제한손실

어업제한손실이란 공익사업의 시행 등으로 인하여 어업권 등이 제한되어 발생한 손실을 말한다.

2) 어업권 보상감정평가의 대상

어업권 보상감정평가의 대상도 다른 보상대상과 마찬가지로 사업시행자가 「토지보상법」에서 정한 절차에 따라 보상대상으로 확정한 후 의뢰한 것으로 한다. 다만, 「수산업법」 제81조 제1항에 따라 어업제한 또는 정지의 처분을 행한 행정관청이 직접 보상하는 경우는 해당 행정관청이 보상감정평가를 목적으로 제시한 것으로 한다.

3) 어업손실보상에서 제외되는 어업

(1) 수산자원의 증식·보호 등의 필요에 의하여 허가·신고어업을 제한한 경우

시장·군수·구청장이 ⅰ) 수산자원의 증식·보호를 위하여 필요한 경우, ⅱ) 군사훈련 또는 주요 군사기지의 보위(保衛)를 위하여 필요한 경우, ⅲ) 국방을 위하여 필요하다고 인정되어 국방부장관이 요청한 경우 등에 해당되어 허가어업 또는 신고어업을 제한한 경우에는 보상의 대상이 되지 아니한다(수산업법 제81조 제1항 제1호 단서).

(2) 면허·허가받거나 신고·등록하지 아니한 어업

「수산업법」은 면허어업·허가어업 및 신고어업을 규정하고, 누구든지 이러한 어업 외의 방법으로 수산동식물을 포획·채취 또는 양식하지 못하도록 하고 있다(수산업법 제58조). 따라서 면허·허가받거나 신고하지 아니한 어업은 보상대상이 아니다.

(3) 관행어업

종전에는 어업권이 설정되기 전부터 수면에서 계속적으로 수산동식물을 포획 채취하여온 관행에 의하여 행하여진 어업인 관행어업을 보상대상으로 인정하여 왔다. 그러나 1991.2.2. 「수산업법」을 개정하여 입어 및 입어자를 신설하고 "입어"란 입어자가 공동어업의 어장에서 수산동식물을 포획·채취하는 것을, "입어자"란 어업의 신고를 한 자로서 공동어업권이 설정되기 전부터 해당 수면에서 계속적으로 수산동식물을 포획·채취하여 온 사실이 대다수 사람들에게 인정되는 자 중 어업권원부에 등록된 자로 한정하고(수산업법 제2조 제10호 및 제11호), 이 법 시행 당시 공동어업의 어장 안에서 입어관행이 있는 것으로 인정되는 자로서 종전의 규정에 의하여 어업권원부에 입어자로 등록하지 아니한 자는 이 법 시행일부터 2년 이내(1993.2.1.까지)에 어업권원부에 등록을 한 경우에 한하여 입어자로 보도록 규정하고 있으므로(부칙 제11조 제2항), 현재는 어업권원부에 등록하지 않은 관행어업은 보상대상이 아니다.

(4) 보상계획 등의 고시 후에 면허·허가를 받거나 신고한 어업

보상계획의 공고·통지(토지보상법 제15조) 또는 사업인정의 고시(토지보상법 제22조)가 있은 후에 어업권의 면허 또는 허가를 받거나 신고를 한 어업은 손실보상의 대상이 아니다(토지보상법 시행규칙 제44조 제3항 및 제4항).

대법원은 "공유수면매립사업시행의 면허 등 고시 이후에 비로소 어업허가를 받았거나 어업신고를 한 경우에는 이는 그 공유수면에 대한 공공사업의 시행과 이로 인한 허가 또는 신고어업의 제한이 이미 객관적으로 확정되어 있는 상태에서 그 제한을 전제로 하여 한 것으로서 그 이전에 어업허가 또는 신고를 마친 자와는 달리 위 공공사업이 시행됨으로써 그렇지 않을 경우에 비하여 그 어업자가 얻을 수 있는 이익이 감소된다고 하더라도 손실보상의 대상이 되는 특별한 손실을 입게 되었다고 할 수 없어 이에 대하여는 손실보상을 청구할 수 없다."라고 판시하고 있다(대판 2002.2.26, 2000다72404).

(5) 어업권의 면허 시 보상청구 포기의 부관이 붙은 경우 등

어업권의 면허 시 공익사업의 시행 등으로 인하여 필요한 경우 어업권면허는 취소되며, 이에 대하여 별도로 보상을 청구하지 않는다는 취지의 부관이 붙은 경우에는 보상대상에서 제외된다. 허가어업 또는 신고어업의 경우도 같다. 대법원은 "면허의 제한 또는 조건으로 정부 또는 지방자치단체의 개발계획상 면허지가 필요할 때 어업권면허는 취소되며 이 경우 아무런 보상도 실시하지 아니한다는 내용의 부관이 붙여져 있었고 그 부관이 어업권등록원부에 기재되었으며 … 어업권은 「수산업법」 제8조 제1항의 면허어업으로서 면허권자는 면허를 함에 있어서 면허의 제한 등에 관한 부관을 붙일 수 있다 할 것이고 위와 같이 어업권등록원부에 기재된 부관의 효력은 그 후 어업권을 양수한 자에게도 미친다고 한 판단은 정당하다."라고 판시하였다(대판 1993.6.22, 93다17010).

(6) 내수면 중 사유수면에서 하는 어업

「내수면어업법」이 적용되는 하천·댐·호소·저수지 기타 인공으로 조성된 담수나 기수의 수류 또는 수면인 내수면은 공공용수면(국가·지방자치단체 또는 대통령령이 정하는 공공단체가 소유 또는 관리하는 내수면)과 사유수면(사유토지에 자연 또는 인공으로 조성된 내수면)으로 구분된다. 공공용수면에서는 면허어업 외에도 허가어업 및 신고어업도 인정하고 있으나, 사유수면에서 공공용수면에서의 면허·허가·신고어업의 대상이 되는 어업을 하고자 하는 자는 시장·군수·구청장에게 신고할 수 있도록 규정하고 있다(내수면어업법 제11조 제2항). 이와 같은 사유수면에서의 어업은 어업권의 감정평가방법이 준용되지 않는다(토지보상법 시행규칙 제44조 제4항).

따라서 내수면 중 공공용수면에서의 면허·허가·신고어업에 한하여 「수산업법 시행령」 [별표 10]을 적용하고, 사유수면에서의 신고어업에 대한 보상은 「토지보상법 시행규칙」 제45조부터 제47조까지의 영업손실보상으로 처리한다.

4) 어업의 종류

(1) 면허어업

① 면허어업의 의의

면허어업은 지형 등 혹은 어법·어구에 따라 특히 일정한 수면에 한해서만 이를 행할 필요가 있는 어업에 대하여 시장·군수·구청장 또는 해양수산부장관의 면허를 받은 자로 하여금 해당 어업을 하는 데 방해가 되는 행위를 배제하고, 해당 수면을 독점하여 배타적으로 지배하도록 해 주는 것을 말한다.

② 면허어업의 유효기간

어업면허의 유효기간은 특별한 사유가 없는 한 10년으로 하되, 어업권자의 신청에 따라 면허기간이 끝난 날부터 10년의 범위에서 유효기간의 연장을 허가하여야 한다. 어업권은 면허의 유효기간이나 연장허가기간이 끝남과 동시에 소멸된다(수산업법 제14조).

③ 면허어업의 구분(수산업법 제7조)

> ① 다음 각 호의 어느 하나에 해당하는 어업을 하려는 자는 시장·군수·구청장의 면허를 받아야 한다.
>   ⅰ) 정치망어업(定置網漁業) : 일정한 수면을 구획하여 대통령령으로 정하는 어구(漁具)를 일정한 장소에 설치하여 수산동물을 포획하는 어업
>   ⅱ) 마을어업 : 일정한 지역에 거주하는 어업인이 해안에 연접한 일정한 수심(水深) 이내의 수면을 구획하여 패류·해조류 또는 정착성(定着性) 수산동물을 관리·조성하여 포획·채취하는 어업
> ② 시장·군수·구청장은 제1항에 따른 어업면허를 할 때에는 개발계획의 범위에서 하여야 한다.
> ③ 제1항 각 호에 따른 어업의 종류와 마을어업 어장의 수심 한계는 대통령령으로 정한다.
> ④ 다음 각 호에 필요한 사항은 해양수산부령으로 정한다.
>   ⅰ) 어장의 수심(마을어업은 제외한다), 어장구역의 한계 및 어장 사이의 거리
>   ⅱ) 어장의 시설방법 또는 포획·채취방법
>   ⅲ) 어획물에 관한 사항
>   ⅳ) 어선·어구(漁具) 또는 그 사용에 관한 사항
>   ⅴ) 해적생물(害敵生物) 구제도구의 종류와 사용방법 등에 관한 사항
>   ⅵ) 그 밖에 어업면허에 필요한 사항

(2) 허가어업(수산업법 제40조)

① 허가어업의 의의

허가어업은 그 어구·어법에 따라 이를 자유로이 방임하면 수산동식물의 번식 보호상 또는 어업질서를 유지하는 데 지장을 가져올 염려가 있어 이를 적절히 제한할 필요가 있어 자유로운 어업을 금지하였다가 일정한 경우 이를 풀어 허가하는 것을 말한다.

② 허가어업의 유효기간

어업허가의 유효기간은 5년으로 한다. 다만, 어선을 임차하여 사용하는 등 일정한 경우에는 그 유효기간을 단축할 수 있다(수산업법 제47조).

③ **허가어업의 구분**

허가어업에는 어선 또는 어구(漁具)마다 ⅰ) 해양수산부장관의 허가를 받아야 하는 어업, ⅱ) 시·도지사의 허가를 받아야 하는 어업, ⅲ) 시장·군수·구청장의 허가를 받아야 하는 어업 등이 있다.

(3) 신고어업(수산업법 제48조)

신고어업은 면허어업 또는 허가어업 외의 어업으로서 어선·어구 또는 시설마다 시장·군수 또는 자치구의 구청장에게 신고하여야 하는 어업을 말한다.

신고어업의 유효기간은 원칙적으로 신고를 수리(受理)한 날부터 5년으로 하며, 신고어업에는 맨손어업·나잠어업 등이 있다(수산업법 제48조).

>> 하천, 댐, 호수, 저수지 기타 인공으로 조성된 담수나 기수의 수류 또는 수면을 내수면이라 하는데 이러한 내수면어업에 적용되는 법을 내수면어업법이라 하고, 이에는 면허어업과 허가어업이 있다.

2. 어업손실보상의 종류

어업손실이란 공익사업의 시행 등으로 인하여 어업권·허가어업·신고어업(이하 "어업권 등"이라 한다)이 제한·정지 또는 취소되거나 「수산업법」 제14조 또는 「내수면어업법」 제13조에 따른 어업 면허의 유효기간의 연장이 허가되지 아니하는 경우 해당 어업권 등 및 어선·어구 또는 시설물(이하 "시설물 등"이라 한다)에 대한 손실을 말한다.

어업손실은 손실발생의 원인에 따라 어업처분손실과 어업피해손실로 구분된다.

(1) 어업처분손실보상의 대상물건

어업권 보상감정평가에서 피해범위, 어업피해손실의 구분, 피해정도 등에 대해서는 전문용역기관의 조사결과를 참고할 수 있다. 다만, 조사결과가 불분명하거나 판단하기 어려운 경우에는 사업시행자와 협의 등을 거쳐 판단할 수 있다.

(2) 어업피해손실보상의 대상물건

어업피해 손실액의 산출에 있어서는 관련 증빙서류가 있는 경우의 산출기관과 증빙서류가 없는 경우의 산출기관으로 구분하여(수산업법 시행령 [별표 10] 4.가.1)2)), 보상을 받고자 하는 자가 제출한 증빙서류에 의하여 어업별 보상액을 산출할 수 있는 경우에는 보상의 원인이 되는 처분을 한 행정기관에서 직접 손실액을 산출하도록 규정하고 있으나, 증빙서류가 없는 경우에는 행정관청은 피해의 범위와 정도에 대하여 해양수산부장관이 지정하는 수산에 관한 전문조사연구기관 또는 교육기관으로 하여금 손실액 산출을 위한 용역조사를 하게 한 후 그 조사결과를 토대로 2인 이상의 감정평가법인등에게 손실액의 감정평가를 의뢰하도록 하고 있다(수산업법 시행령 [별표 10] 4.나.1)).

3. 어업처분손실평가

1) 개요

「수산업법」제34조, 제35조, 제36조 또는 「내수면어업법」제16조 등에 의한 행정관청의 어업처분에 따른 손실로서 행정처분의 종류에 따라 취소(연장불허처분 포함), 제한, 정지처분손실로 각각 구분한다.

2) 취소처분손실평가

어업취소손실이란 공익사업의 시행 등으로 인하여 어업권 등의 효력이 상실되거나 「수산업법」제14조 또는 「내수면어업법」제13조에 따른 어업면허의 유효기간의 연장이 허가되지 아니하여 발생한 손실을 말한다.

(1) 면허어업

평가액 = 평년수익액 ÷ 연리(12%) + 어선, 어구 등 시설물의 잔존가액*

* 어선, 어구 등 시설물의 잔존가액 : 원가법에 의하되 선체, 기관, 의장별로 구분하여 평가하되 원가법(적정치 않으면 거래사례비교법)에 의한다.

(2) 허가 및 신고어업

평가액 = 평년수익액 × 3년 + 어선, 어구 등 시설물의 잔존가액

3) 제한처분손실평가

어업의 제한기간, 제한정도 등을 참작하여 산출한 손실액으로 평가한다.

4) 정지처분손실평가 (단 2)의 평가액을 초과할 수 없다.)

어업정지손실이란 공익사업의 시행 등으로 인하여 어업권 등이 정지되어 발생한 손실을 말한다.

(1) 면허어업

평가액 = 평년수익액 × 정지기간 + 시설물 등 또는 양식물의 이전·수거 등에 소요되는 손실액
+ 어업의 정지기간 중에 발생하는 통상의 고정적 경비

(2) 허가·신고어업

평가액 = 평년수익액 × 정지기간 또는 어선의 계류기간
+ 어업의 정지기간 또는 계류기간 중에 발생하는 통상의 고정적 경비*

* 통상의 고정적 경비 : 어업의 정지기간 중 또는 어선의 계류기간 중에 해당 시설물 또는 어선·어구를 유지·관리하기 위하여 통상적으로 발생하는 경비

5) 이전손실평가

공익사업의 시행으로 인하여 어업권(허가어업 및 신고어업을 포함함)이 취소되거나 어업면허의 유효기간의 연장이 허가되지 아니하는 경우로서 다른 어장에 시설을 이전하여 어업이 가능한 경우의 어업권에 대한 보상감정평가는 「수산업법 시행령」[별표 10] 중 어업권이 정지된 경우의 손실액 산출방법 및 기준에 따른다(토지보상법 시행규칙 제44조 제2항 및 제4항). 여기서 "다른 어장"은 전국의 모든 어장을 의미하므로 지역적 · 거리적 제한은 없다(2006.1.5, 토지정책팀-79).

4. 어업피해손실평가(어업제한손실)

(1) 개요

어업제한손실이란 공익사업의 시행 등으로 인하여 어업권 등이 제한되어 발생한 손실을 말한다. 이는 「토지보상법」 제4조에 규정된 공익사업 등의 사업시행으로 인한 어업피해에 대한 손실로서 피해의 크기에 따라 소멸(폐지)손실과 부분손실로 각각 구분한다.

(2) 어업권(면허어업)소멸손실평가

> 평가액 = 평년수익액 ÷ 12퍼센트 + 어선 · 어구 또는 시설물의 잔존가액

(3) 허가 · 신고어업 폐지손실평가

> 평가액 = 평년수익액 × 3년 + 어선 · 어구 또는 시설물의 잔존가액

(4) 부분손실평가

① 면허, 허가, 신고어업의 부분손실평가는 평년수익액에 피해 정도(피해율과 피해기간을 참작하여 산출)를 감안하여 산정한다.
② 장래 피해기간 동안의 피해보상액은 연 12%로 환원하여 산정한다.
③ 면허, 허가, 신고어업의 부분손실보상액은 "소멸(폐지)손실보상액"을 초과할 수 없다.

5. 어업별 손실액 산출방법 및 기준

1) 평년수익액

(1) 기본산식

> 평년수익액 = 평균연간어획량 × 평균연간판매단가 − 평년어업경비

(2) 평균연간어획량

① 3년 이상의 어획(양식)실적이 있는 경우

법 제96조 제2항 및 「수산자원관리법」 제12조 제4항에 따라 보고된 어획실적, 양륙량(선박으로부터 수산물 등을 육상으로 옮긴 양을 말한다) 또는 판매실적(보상의 원인이 되는 처분을

받은 자가 보고된 실적 이상의 어획실적 등이 있었음을 증거서류로 증명한 경우에는 그 증명된 실적을 말한다)을 기준으로 산출한 최근 3년 동안의 평균어획량으로 하되, 최근 3년 동안의 어획량은 보상의 원인이 되는 처분일이 속하는 연도의 전년도를 기준연도로 하여 소급 기산(起算)한 3년 동안(소급 기산한 3년의 기간 동안 일시적인 해양환경의 변화로 연평균어획실적의 변동폭이 전년도에 비하여 1.5배 이상이 되거나 휴업·어장정비 등으로 어획실적이 없어 해당 연도를 포함하여 3년 동안의 평균어획량을 산정하는 것이 불합리한 경우에는 해당 연도만큼 소급 기산한 3년 동안을 말한다)의 어획량을 연평균한 어획량으로 한다.

② **어획실적이 3년 미만인 경우**

　㉠ **면허어업** : 해당 어장의 실적기간 중의 어획량 × 인근 같은 종류의 어업의 어장(통상 2개소)의 3년 평균어획량 ÷ 인근 같은 종류의 어업의 어장의 해당 실적기간 중의 어획량

　㉡ **허가어업 또는 신고어업** : 해당 어업의 실적기간 중의 어획량 × 같은 규모의 같은 종류의 어업(통상 2건)의 3년 평균어획량 ÷ 같은 규모의 같은 종류의 어업의 해당 실적기간 중의 어획량. 다만, 같은 규모의 같은 종류의 어업의 어획량이 없으면 비슷한 규모의 같은 종류의 어업의 어획량을 기준으로 3년 평균어획량을 계산한다.

≫ ㉠ 및 ㉡의 계산식에서 실적기간은 실제 어획실적이 있는 기간으로 하되, 같은 규모 또는 비슷한 규모의 같은 종류의 어업의 경우에는 손실을 입은 자의 실제 어획실적이 있는 기간과 같은 기간의 실제 어획실적을 말한다.

≫ 어획량의 기본단위는 킬로그램을 원칙으로 하고, 어획물의 특성에 따라 생물(生物) 중량 또는 건중량(乾重量)을 기준으로 한다. 다만, 김은 마른 김 1속을 기준으로 하고, 어획물을 내용물 중량으로 환산할 필요가 있으면 해양수산부장관이 고시하는 수산물가공업에 관한 생산고 조사요령의 수산물 중량환산 및 수율표를 기준으로 한다.

기본예제

아래 제시된 어장의 연간 평균어획량을 산정하시오.

자료 1 본건 어장의 어획실적 　　　　　　　　　　　　　　　　　(단위 : TON)

2025년	2026년(6월 30일까지)
200	110

자료 2 인근 동종어장의 어획실적 　　　　　　　　　　　　　　　(단위 : TON)

구분	2023년	2024년	2025년	2026년(6월 30일까지)
A어장	270	260	250	120
B어장	290	310	300	140

예시답안

$$(200+110)\times\frac{\dfrac{(270+260+250)/3+(290+310+300)/3}{2}}{\dfrac{(250+120)+(300+140)}{2}}\doteqdot 214 \text{ TON}$$

(3) 평균연간판매단가

① 보상액의 산정을 위한 가격시점 현재를 기준으로 하여 소급기산한 1년간의 수산물의 평균판매단가(주된 위판장의 수산물별, 품질별 판매량을 수산물별로 가중평균)

② **계통출하된 판매실적이 없는 경우**
  ㉠ 1순위 : 해당 지역 인근의 수산업협동조합의 위판가격
  ㉡ 2순위 : 해당 지역 인근의 수산물도매시장의 경락가격

③ **소급기산한 1년의 기간 동안 일시적인 어획물의 흉·풍작으로 인하여 어장의 연평균변동폭이 전년도에 비하여 1.5배 이상이 되어 평균연간판매단가를 산정하는 것이 불합리한 경우**
  소급기산한 1년간의 평균판매단가에 소급기산한 최초의 1년간의 수산물계통출하가격의 전국평균변동률을 곱한 금액

(4) 평년어업경비

① **의의** : 가격시점 현재 기준 소급 1년분 경비

② **경비항목**

구분	경비항목	
1. 생산관리비	① 어미고기 및 수산종자 구입비	② 미끼구입비
	③ 사료비	④ 유지보수비
	⑤ 연료 및 유류비	⑥ 전기료
	⑦ 약품비	⑧ 소모품비
	⑨ 어장관리비[어장 청소, 해적생물(害敵生物) 구제(驅除) 및 표지시설 설치 등]	
	⑩ 자원조성비	⑪ 용선료(傭船料)
2. 인건비	① 어업자 본인의 인건비	② 본인 이외의 자에 대한 인건비
3. 감가상각비	① 시설물	② 어선 또는 관리선(선체·기관 및 의장품등 포함)
	③ 어구	④ 기타 장비·도구
4. 판매관리비	① 가공비	② 보관비
	③ 용기대	④ 판매수수료
	⑤ 판매잡비(운반·포장등)	
5. 기타잡비	① 제세공과금	② 어장행사료
	③ 주부식비	④ 복리후생비
	⑤ 보험료 및 공제료	⑥ 기타

③ **산출방법**
  ㉠ 평년어업경비는 상기에서 규정하고 있는 경비항목별로 계산하되, 규정된 경비항목 외의 경비가 있으면 그 밖의 경비항목에 포함시켜 전체 평년어업경비가 산출되도록 해야 한다. 경비항목별 경비 산출은 어선의 입항 및 출항에 관한 신고사항, 포획·채취물의 판매실적, 유류 사용량, 임금정산서, 보험료 및 공제료, 세금납부실적, 국토교통부의 건설공사표준품셈 등 수집 가능한 자료를 확보·분석하고 현지 실제조사를 통하여 객관적이고 공정하게 해야 한다. 다만, 인건비, 감가상각비 및 판매관리비 중 판매수수료의 산출은 다음과 같이 한다.

      ⓛ 인건비

         ⓐ 어업자 본인의 인건비 : 본인 이외의 자의 인건비의 평균단가

         ⓑ 본인 이외의 자의 인건비 : 본인 외의 사람의 인건비는 현실단가를 적용하되, 어업자가 직접 경영하여 본인 외의 자의 인건비가 없으면 「통계법」 제18조에 따른 승인을 받아 작성·공포한 제조부문 보통인부의 임금단가를 적용한다. 이 경우 제29조 제1항에 따른 신고어업에 대한 인건비는 투입된 노동시간을 고려하여 계산해야 한다.

      ⓒ 감가상각비 : 감가상각비는 신규 취득가격을 기준으로 하여 해당 자산의 내용연수(耐用年數)에 따른 상각률을 적용하여 계산한 상각액이 매년 균등하게 되도록 계산해야 한다. 이 경우 어선의 내용연수 및 잔존가치율은 다음과 같이 하되, 어선의 유지·관리 상태를 고려하여 이를 단축·축소할 수 있다.

선질별	내용연수(년)	잔존가치율(%)
강선	25	20
F. R. P선	20	10
목선	15	10

      ⓔ 판매관리비 중 판매수수료 : 해당 어선의 주된 양육지 또는 어업장이 속한 지역에 소재하고 있는 수산업협동조합의 위판수수료율을 적용한다.

      ⓜ 생산관리비 중 소모품비와 감가상각비의 적용대상 구분

         ⓐ 내용연수를 기준으로 하여 내용연수가 1년 이상인 것 : 감가상각비

         ⓑ 1년 미만인 것 : 소모품비

      ⓗ 수산 관련 법령에서 규정하고 있는 수산종자 살포, 시설물의 철거 등 어업자의 의무사항은 어장면적 및 경영규모 등을 고려하여 적정하게 계산해야 한다.

      ⓢ 산출된 경비가 일시적인 요인으로 통상적인 경우보다 변동폭이 1.5배 이상이 되어 이를 적용하는 것이 불합리하다고 판단되면 인근 비슷한 규모의 같은 종류의 어업(같은 종류의 어업이 없는 경우에는 비슷한 어업) 2개 이상을 조사하여 평균치를 적용할 수 있다.

      ⓞ 어업생산주기가 1년 이상 걸리는 경우 수산종자 구입비, 사료비, 어장관리비 및 판매관리비 등 생산주기와 연계되는 경비항목에 대해서는 생산주기로 나누어 연간 평균 어업경비를 계산해야 한다. 이 경우 생산주기는 국립수산과학원의 관할 연구소와 협의하여 정한다.

2) 어선·어구 또는 시설물의 잔존가액

(1) 가격시점

보상액의 산정을 위한 평가시점 현재를 기준한다.

(2) 평가방법

「감정평가 및 감정평가사에 관한 법률」에 따른 평가방법 및 기준에 따라 평가한 어선·어구 또는 시설물의 잔존가액을 말한다.

(3) 평가제외

해당 잔존가액은 보상을 받으려는 자가 어선·어구 또는 시설물을 재사용하는 등의 사유로 보상을 신청하지 않으면 손실액 산출에서 제외한다.

6. 간접보상(토지보상법 시행규칙 제63조)

공익사업의 시행으로 인하여 해당 공익사업시행지구 인근에 있는 어업에 피해가 발생한 경우에는 사업시행자는 실제 피해액을 확인할 수 있는 때에는 그 피해에 대하여 보상하여야 한다. 이 경우 실제 피해액은 「수산업법 시행령」[별표 10] 평년수익액을 기준한다.

>> 종전과 같이 피해액을 예측하여 피해발생 전에 보상하는 것은 불가하다.

7. 관행입어권

(1) 의의

일정한 공유수면에서 계속적으로 수산동식물을 포획, 채취하여온 사실이 대다수 사람들에게 인정되는 경우에 인정되는 권리로서 현행 「수산업법」상 어업의 유형은 아니다.

(2) 취지

어업권은 물권으로서 독점적, 배타적 권리를 가지므로 마을어업(종래의 공동어업)이 일정한 해역을 준거하여 면허되면 그 어업권이 설정된 해역에서는 면허권자만 행사권한이 있게 되어 다른 어업인은 배척되어야 하는데 종전부터 어업행위를 영위해 온 어업인들의 권리를 보호하자는 것이 입어의 관행을 인정하는 취지이다.

(3) 법적 성질

일정한 공유수면을 전용하면서 그 수면에서 배타적으로 수산동식물을 체포 또는 채취할 수 있는 독점적인 권리가 아니라 단지 타인의 방해를 받지 않고 일정한 공유수면에 출입하면서 수산동식물을 체포 또는 채취할 수 있는 권리에 지나지 않는다.

(4) 요건

① 마을어업권이 설정되기 전부터 해당 수면에서 계속적으로 수산동식물을 포획, 채취하여온 사실이 대다수 사람들에게 인정되는 자
② 1993.2.1.까지 어업권원부에 등록된 자
③ 면허어업(양식어업, 정치망어업)에 저촉되지 않은 자

(5) 평가

신고어업에 준하여 평가(대판 1998.4.14, 95다15032·15049)한다. 다만, 타 공공사업으로 이미 보상을 받아 어업권이 소멸된 자가 동 사업지구에서 어업행위를 계속하고 있는 경우에는 이를 관행어업으로 볼 수 없다.

8. 허가 등을 받지 아니한 어업의 손실보상에 대한 특례

공익사업에 관한 계획의 고시 등이 있기 이전부터 허가·면허를 받거나 신고를 하여야 행할 수 있는 어업을 허가·면허나 신고 없이 행하는 자(본인 또는 생계를 같이 하는 동일 세대 안의 직계 존·비속 및 배우자가 해당 공익사업으로 어업 기타의 영업에 대한 보상을 받은 경우는 제외함) 및 어업권원부에 등록하지 않고 어업하는 관행어업권자가 공익사업의 시행으로 인하여 해당 장소에서 어업을 계속할 수 없게 되는 경우에는 「통계법」 제3조 제3호에 따른 통계작성기관이 조사·발표하는 가계조사통계의 도시근로자가구 월평균 가계지출비를 기준으로 산정한 3인 가구 3개월분 가계지출비에 해당하는 금액을 어업손실에 대한 보상금으로 지급하되, 어업시설 등의 이전에 소요되는 비용 및 그 이전에 따른 감손상당액은 별도로 보상한다. 다만, 본인 또는 생계를 같이 하는 동일 세대 안의 직계존속·비속 및 배우자가 해당 공익사업으로 다른 영업에 대한 보상을 받은 경우에는 어업시설 등의 이전비용만을 보상하여야 한다(토지보상법 시행규칙 제44조 제5항, 제52조).

여기에서 어업시설 등의 이전이란 해당 어장에 설치한 인공시설물 자체에 한정된다고 볼 수 없고, 인공적인 살포에 의하여 양식되고 있거나 자연적으로 부착하여 생장되고 있거나 구별하지 않고 그 시설에 의하여 생장되고 있는 생물도 대상이 된다. 다만, 보상기준일 이후에 새로이 산란 및 부착·생장하게 된 생물은 보상의 대상에 해당되지 않는다(대판 2001.12.11, 99다56697 참조).

9. 공익사업시행지구 밖의 어업권 등의 보상감정평가방법

(1) 원칙

공익사업의 시행으로 인하여 해당 공익사업시행지구 인근에 있는 어업에 피해가 발생한 경우 사업시행자는 실제 피해액을 확인할 수 있는 때에 그 피해에 대하여 보상한다. 즉, 이 경우는 「토지보상법」 제62조에 따른 사전보상의 원칙에 대한 예외로서 사후보상에 해당된다. 이는 공익사업시행지구에 편입되는 어업권 등은 「수산업법」에 따른 취소 등의 행정처분과 이에 대한 보상청구 절차에 따라 보상이 시행되므로 사전에 보상대상을 확정할 수 있다. 그러나 공익사업시행지구 밖 어업 피해의 경우 사전에 피해범위를 확정할 수 없으므로, 「수산업법」에 의해 어업의 제한 또는 정지의 처분을 할 수 없다. 따라서 실제 피해가 발생한 경우에 한하여 보상할 수밖에 없는 어업보상의 특수성을 반영한 것이다. 또한 사업인정고시일 등 이후에 어업권의 면허를 받은 자 또는 어업의 허가를 받거나 신고를 한 자는 보상대상자가 아니다(토지보상법 시행규칙 제63조 제3항).

(2) 실제 피해액의 산정방법

실제 피해액은 감소된 어획량 및 「수산업법 시행령」 [별표 10]의 평년수익액 등을 참작하여 감정평가하되, 어업권·허가어업 또는 신고어업이 취소되거나 어업면허의 유효기간이 연장되지 아니하는 경우의 보상액을 초과하지 못한다(토지보상법 시행규칙 제63조 제1항 및 제2항).

즉, 실제 피해액은 공익사업 착수 전의 평년수익액에서 착수 후의 평년수익액을 공제하여 산정한 연간 평년수익감소액에 피해기간을 곱하여 산정하고, 평년수익액은 평균 연간어획량에 평균 연간 판매단가를 곱한 금액에서 평년어업경비를 뺀 금액으로 산정한다.

그러나 평년수익액을 산정하기 위한 평균 연간어획량·평균 연간판매단가·평년어업경비 등에는
해당 공익사업으로 인한 변동분 외에도 전반적인 어획량 증감 또는 판매단가의 등락 등 다른 요인
으로 인한 변동분이 포함될 수도 있으므로 이를 구분하는 것이 필요하다.

기본예제

남해안에 위치한 J시 일대에 새로운 수출자유지역이 설치됨으로 인하여 대규모 간척사업 대상지역이
확정되었고, 이 사업에 편입되는 지역에서의 어업관련행위 등은 불가능하게 되었다. 다음의 주어진
자료를 활용하여, 지급할 적정한 손실보상액을 평가하시오.

풀이영상

자료 1 해당 평가에 관한 사항
1. 해당 공익사업의 근거법률 : 수출자유지역설치법
2. 가격시점 : 2026.9.1.
3. 면허취소처분일 : 2026.4.1.
4. 평가목적 : 어업권 등의 어업손실 평가(협의보상)
5. 피보상자

피보상자	어업종류	면허일자
A 씨	• 전복 및 피조개양식업 • 가두리양식업	2020년 2월 1일자로 10년간 면허

자료 2 과거 수입 및 경비자료
1. 과거 신고 어획량 및 평균 판매단가

기간	신고 어획량(ton)
2022.1.1.~2022.12.31.	56
2023.1.1.~2023.12.31.	60
2024.1.1.~2024.12.31.	58
2025.1.1.~2025.12.31.	30
2026.1.1.~2026.9.1.	24

2. 2025년 9월부터 2026년 초까지 이상기온에 따른 적조피해로 인해 가격시점까지 생산량이 부족하여 수산물에
대한 공급이 수요를 따르지 못하게 되었고 이로 인한 수산물 가격 상승원의 원인이 되었다. 다만 이로 인해
어업경비에 미치는 영향은 없는 것으로 판단된다.
3. 판매단가

구분	과거 1년 판매단가(원/ton)	과거 2년~과거 1년 판매단가(원/ton)	혼획률(%)
피조개	10,000,000	5,600,000	60%
전복	95,000,000	50,000,000	40%

4. 어업경비 : 가격시점 기준 1년 소급한 대상어장의 어업경비는 600,000,000원인데 여기에는 A 씨의 자가노임
80,000,000원이 포함돼 있다.

자료 3 대상어업의 2020년 2월 1일 투자 당시 시설투자내역
1. 어선
  (1) 어선의 현재규모는 1,100톤이다.
  (2) 가격시점 현재 적정 재조달원가 : 1,000,000원/톤(내용연수 : 20년, 잔가율 : 15%)
2. 양식장시설 : 1,300,000,000원(내용연수 20년, 잔가율 10%)
3. 하역시설 : 400,000,000원(내용연수 10년, 잔가율 10%)
4. 부대시설 : 200,000,000원(내용연수 20년, 잔가율 10%)

자료 4 **수산물 계통 출하 판매가격의 전국평균변동률**
지난 1년간 수산물 계통 출하 판매가격의 전국평균변동률 : 1.469%

자료 5 **기타사항**
1. 양식장의 상각전 종합환원이율 : 30%
2. 정기예금이자율 : 6%
3. 양식시설 및 하역시설, 부대시설의 건설비 상승률 : 연간 5%(월할계산할 것)

예시답안

I. 평가개요
본건은 면허어업의 취소에 따른 보상감정평가로서 관련법령에 근거하여 평가한다(가격시점 : 2026년 9월 1일).

II. 평년수익액

1. 평균 연간어획량
면허취소처분일 이전 3년 어획량을 기준으로 하나, 2025년 어획량의 현저한 변동이 포착되는바, 2022~2024년의 어획량을 기준으로 산정한다.
$(56 + 60 + 58) \div 3 \fallingdotseq 58\text{ton}$

2. 연간 평균판매단가
2025년 전년 대비 현저한 변동이 있는바, 재소급하여 단가를 결정한다(과거 2년~과거 1년 판매단가기준).
$(5,600,000 \times 0.6 + 50,000,000 \times 0.4) \times 1.01469 \fallingdotseq 23,700,000$원/ton

3. 평균어업경비
자가노력비를 포함한다(600,000,000원).

4. 평년수익액
$58 \times 23,700,000 - 600,000,000 \fallingdotseq 774,600,000$원

III. 시설물 잔존가액(감가상각은 정률법 적용함)

1. 어선(현재규모기준)
$1,000,000 \times 1,100 \times 0.15^{6/20} \fallingdotseq 622,616,000$

2. 양식장 시설
$1,300,000,000 \times 1.37918 \times 0.1^{6/20} \fallingdotseq 898,596,000$
　　　　　　　시*
* 2020.2.1.~2026.9.1. 상승률 : $1.05^6 \times (1 + 0.05 \times 7/12)$

3. 하역시설
$400,000,000 \times 1.37918 \times 0.1^{6/10} \fallingdotseq 138,574,000$

4. 부대시설
$200,000,000 \times 1.37918 \times 0.1^{6/20} \fallingdotseq 138,245,000$

5. 소계
$622,616,000 + 898,596,000 + 138,574,000 + 138,245,000 \fallingdotseq 1,798,031,000$원

IV. 보상감정평가액
면허어업의 취소인바, 아래와 같이 산정한다.
$774,600,000 \div 0.12 + 1,798,031,000 \fallingdotseq 8,253,031,000$원

03 광업권의 보상감정평가 [12][13]

> **토지보상법 시행규칙 제43조**(광업권의 평가)
>
> ① 광업권에 대한 손실의 평가는 「광업법 시행령」 제30조에 따른다.
> ② 조업 중인 광산이 토지 등의 사용으로 인하여 휴업하는 경우의 손실은 휴업기간에 해당하는 영업이익을 기준으로 평가한다. 이 경우 영업이익은 최근 3년간의 연평균 영업이익을 기준으로 한다.
> ③ 광물매장량의 부재(채광으로 채산이 맞지 아니하는 정도로 매장량이 소량이거나 이에 준하는 상태를 포함한다)로 인하여 휴업 중인 광산은 손실이 없는 것으로 본다.

1. 광업권 보상의 대상 등

1) 개념

(1) 광업

광업이란 광물의 탐사 및 채굴과 이에 따르는 선광·제련이나 그 밖의 사업을 말한다(광업법 제3조 제2호). 즉, 광업이란 광물을 탐광·채굴(채광)하고 유용광물과 폐석을 선광(선별)하여 정광을 제련하는 산업 및 기타 사업을 말한다.

(2) 광업권

광업권이란 「광업법」 제38조의 규정에 따라 등록을 한 일정한 토지의 구역인 광구에서 등록을 한 광물과 이와 동일광상 중에 부존하는 다른 광물을 채굴 및 취득하는 권리를 말하며, 탐사권과 채굴권으로 구분된다(광업법 제3조 제3호). 광업권은 물권으로 하고 「광업법」에서 따로 정한 경우 외에는 부동산에 관하여 「민법」과 그 밖의 법령에서 정하는 사항을 준용하며, 광업권은 광업의 합리적 개발이나 다른 공익과의 조절을 위하여 「광업법」이 규정하는 바에 따라 제한할 수 있다(광업법 제10조).

(3) 탐사권

탐사권이란 등록을 한 일정한 토지의 구역인 광구에서 등록을 한 광물과 이와 같은 광상에 묻혀 있는 다른 광물을 탐사하는 권리를 말한다(광업법 제3조 제3의2호). 탐사권은 상속, 양도, 체납처분 또는 강제집행의 경우 외에는 권리의 목적으로 할 수 없다(광업법 제11조 제1항). 탐사권자는 탐사권설정의 등록이 된 날부터 1년 이내에 산업통상자원부장관에게 탐사계획을 신고하여야 하며(광업법 제40조), 탐사계획을 신고한 날부터 3년 이내에 산업통상자원부장관에게 탐사실적을 제출하여야 한다. 이 경우 탐사실적의 제출은 채굴권설정의 출원으로 본다(광업법 제41조 제1항). 탐사권의 존속기간은 7년을 넘을 수 없으며, 존속기간은 연장이 허용되지 않는다(광업법 제12조 제1항).

---

12) 토지보상법 시행규칙 제43조, 광업법 시행규칙 제19조
13) 감정평가실무기준 해설서(Ⅱ) 보상편, 한국감정평가사협회 등, pp.273~284

(4) 채굴권

채굴권이란 광구에서 등록을 한 광물과 이와 같은 광상에 묻혀 있는 다른 광물을 채굴하고 취득하는 권리를 말한다(광업법 제3조 제3의3호). 채굴되지 아니한 광물은 채굴권의 설정 없이는 채굴할 수 없다(광업법 제4조). 산업통상자원부장관은 제출받은 탐사실적이 광물의 종류별 광체의 규모 및 품위 등 기준에 적합하여 탐사실적을 인정한 때에 채굴권설정의 허가를 하여야 한다(광업법 제41조 제3항). 채굴권자는 채굴을 시작하기 전에 산업통상자원부장관의 채굴계획 인가를 받아야 하며, 채굴계획의 인가를 받지 아니하면 광물을 채굴하거나 취득할 수 없다(광업법 제42조 제1항 및 제4항). 채굴권은 상속, 양도, 조광권·저당권의 설정, 체납처분 또는 강제집행의 경우 외에는 권리의 목적으로 할 수 없다(광업법 제11조 제2항). 채굴권의 존속기간은 20년을 넘을 수 없다. 다만, 채굴권자는 채굴권의 존속기간이 끝나기 전에 산업통상자원부장관의 허가를 받아 채굴권의 존속기간을 연장할 수 있으나, 연장할 때마다 그 연장기간은 20년을 넘을 수 없다(광업법 제12조 제2항 및 제3항).

(5) 광업손실

산업통상자원부장관은 국가중요건설사업지 또는 그 인접 지역의 광업권이나 광물의 채굴이 국가 중요건설사업에 지장을 준다고 인정할 때에는 광업권의 취소 또는 그 지역에 있는 광구의 감소처분을 할 수 있고, 이러한 광업권의 취소처분 또는 광구의 감소처분으로 발생한 손실을 해당 광업권자(취소처분에 따른 광업권의 광구 부분 또는 감소처분에 따른 광구 부분에 조광권이 설정되어 있는 경우에는 그 조광권자를 포함한다)에게 보상하여야 한다(광업법 제34조 제2항 및 제3항). 광업손실이란 공익사업의 시행으로 인하여 광업권의 취소 및 광구의 감소처분 또는 광산의 휴업으로 인한 손실과 기계장치·구축물(갱도 포함)·건축물 등에 관한 손실을 말한다.

(6) 탐사

탐사란 광산·탄전 등의 개발을 위하여 광상을 발견하고 그 성질·상태 및 규모 등을 알아내는 작업으로서 물리탐사·지화학탐사·시추탐사 및 굴진탐사를 말한다.

(7) 채광

채광이란 목적광물의 채굴·선광·제련과 이를 위한 시설을 하는 것을 말한다.

(8) 조광권

조광권(租鑛權)이란 설정행위에 의하여 타인의 광구에서 채굴권의 목적이 되어 있는 광물을 채굴하고 취득하는 권리를 말한다(광업법 제3조 제4호).

2) 보상대상의 결정

(1) 「광업법」에 따른 보상대상의 결정

산업통상자원부장관은 국가중요건설사업지 또는 그 인접 지역의 광업권이나 광물의 채굴이 국가 중요건설사업에 지장을 준다고 인정할 때에는 광업권의 취소 또는 그 지역에 있는 광구의 감소처분을 할 수 있고, 국가는 광업권의 취소처분 또는 광구의 감소처분으로 발생한 손실을 해당 광업권자 또는 조광권자에게 보상하여야 한다(광업법 제34조 제2항 및 제3항). 이 경우 보상할 손실의 범위는 광업권의 취소처분 또는 광구의 감소처분에 따라 통상 발생하는 손실로 하며, 산업통상자원부장관은 광업권의 취소처분 또는 광구의 감소처분에 따라 이익을 받은 자가 있을 경우에는 그 자에게 그 이익을 받은 한도에서 보상 금액의 전부나 일부를 부담하게 할 수 있다(광업법 제34조 제4항 및 제5항).

그리고 국가중요건설사업지 또는 그 인접 지역의 구역은 국가나 지방자치단체가 건설하는 철도(지하철도를 포함한다)·공업단지·고속도로 및 댐지역과 그 인접 지역으로서 관계 기관의 장이 지정·고시하는 구역으로 하도록 규정하고 있으므로(광업법 시행령 제31조) 이와 같이 지정·고시된 지역에서 보상대상은 산업통상자원부장관이 결정한다.

(2) 「토지보상법」에 따른 보상대상의 결정

보상대상이 되는 광업권도 「토지보상법」에서 정하는 절차에 따라 사업시행자가 결정한다. 다만, 이 경우 산업통상자원부장관이 광업권의 취소처분 또는 광구의 감소처분 등의 행정처분을 선행하지 않은 상태에서 「토지보상법」상의 절차를 통하여 보상대상을 결정할 수 있는지가 문제이나, 어업권에서와 같이 광업권 등에 대한 행정처분을 선행하지 않은 경우에도 사업시행자는 「토지보상법」상의 절차를 통하여 보상대상을 결정할 수 있다.

(3) 보상대상의 제한

① 채굴제한 지역

광업권자는 ⅰ) 철도·궤도(軌道)·도로·수도·운하·항만·하천·호(湖)·소지(沼地)·관개(灌漑)시설·배수시설·묘우(廟宇)·교회·사찰의 경내지(境內地)·고적지(古蹟地)·건축물, 그 밖의 영조물의 지표 지하 50미터 이내의 장소, ⅱ) 묘지의 지표 지하 30미터 이내의 장소에서는 관할 관청의 허가나 소유자 또는 이해관계인의 승낙이 없으면 광물을 채굴할 수 없으므로(광업법 제44조 제1항), 허가 등이 없는 경우 이러한 지역에 대해서는 광업권 보상대상에서 제외된다.

② 사업인정고시일 등 이후에 광업권을 취득한 경우

광업권은 어업권과는 달리 사업인정고시일 등 이후에 광업권을 취득한 경우에도 보상대상에서 제외되지 않는다. 그 이유는 광업권은 광물 채굴만을 목적으로 하므로 일반적으로는 공익사업과 양립할 수 있다고 보기 때문이다.

3) 보상의 구분

광업권에 대하여는 투자비용·예상수익 및 거래가격 등을 참작하여 평가한 적정가격으로 보상하여야 한다(토지보상법 제76조 제1항). 그리고 광업권에 대한 손실의 평가는 「광업법 시행령」 제30조에 따른다(토지보상법 시행규칙 제43조 제1항). 다만, 「광업법」은 광산을 보상대상으로 보고 이에 대한 보상을 규정하고 있는 반면, 「토지보상법」은 광산을 구성하는 시설물들은 지장물로서 별도의 보상대상으로 하므로, 광업권만을 보상대상으로 규정하고 있다는 차이점이 있다.

소멸	광업권이 취소되거나 광구가 감소된 경우	광산평가액 − 이전·전용가능시설잔존가치 + 이전비
	① 탐사권자가 탐사를 시작한 경우 ② 탐사권자가 탐사실적을 인정받은 경우 ③ 채굴권자가 채굴계획인가를 받은 후 광물의 생산실적이 없는 경우	(개발투자비용 + 현재시설가액) − 이전·전용가능시설잔존가치 + 이전비
	탐사 이전인 경우 등	등록에 소요된 비용
휴업	조업 중인 광산	연수익 × 정지기간 + 시설물의 이전·수거 등에 드는 비용 + 정지기간 중에 발생하는 통상의 고정적 경비
	휴업 중인 광산으로 매장량 없거나 채산이 맞지 않을 정도의 소량	영업손실 없는 것으로 본다(보상 없음).

Check Point!

❍ **용역의뢰기관 및 용역보고서의 검토**
감정평가법인등이 광업권 등을 감정평가할 때 「토지보상법 시행규칙」 제16조 제3항에 따라 전문기관의 자문 또는 용역을 의뢰하는 경우에는 ① 「광업법 시행령」 제9조 제3항 제1호의 규정에 따라 산업통상자원부장관이 인정하는 기관, ② 「엔지니어링기술진흥법」에 따른 엔지니어링사업자, ③ 「기술사법」에 따라 기술사사무소의 개설등록을 한 기술사로서 광업자원 부문이나 국토개발(지질 및 지반 분야에 한정한다) 부문의 엔지니어링 활동주체 또는 기술사 등의 지정기관에 의뢰하여야 한다(광업법 시행규칙 제19조 제2호).

전문기관의 용역보고서를 기준으로 보상감정평가를 하는 경우 용역보고서가 관련 법령에서 정하는 바에 의하여 적정하게 작성되었는지 여부 등을 검토한다. 특히 광업권의 용역보고서를 검토할 경우 사업시행자가 제시한 광업권 감소처분의 범위를 기준으로, ⅰ) 광물별로 한국산업규격으로 정하고 있는 관련 기준에 따라 반드시 필요한 기본적인 필수 성분에 대하여 분석·표기하였는지 여부, ⅱ) 관련법령에 따라 시료채취가 이뤄지고 광량표시가 되었는지 여부, ⅲ) 광상별, 광량 종류별 산출계산표를 작성하고 이에 적정한 축척의 정밀지질도와 광상 분포도 및 지질단면도, 시료채취도, 광량 산출평면도와 단면도 등을 첨부하였는지 여부 등을 확인·검토한다.

2. 유형별 광업권의 보상감정평가

1) 광업권의 소멸에 대한 평가

⑴ 광산업자가 조업 중이거나 정상적으로 생산 중에 휴업한 광산

① **기본산식**(광산보상액)

> 보상액 = 광산평가액 − 이전(移轉)이나 전용(轉用)이 가능한 시설의 잔존가치(殘存價値) + 이전비

② **광산평가액**

$$\text{광산평가액} = a \times \cfrac{1}{S + \cfrac{i}{(1+i)^n - 1}} - E(+R)$$

a: 연수익   S: 배당이율(A: 환원이율)   i: 축적이율
n: 가행연수   E: 투자비(장래소요기업비)
R: 가행연수 말 파악되는 잔존유형자산의 가치 현가

③ **연수익**(a)

$$\text{월간생산량} \times \text{연가행월수} \times \text{광물가격} - \text{소요경비}$$

㉠ **광물의 가격**

ⓐ 물가안정 및 공정거래에 관한 법령에 의한 정부지정고시가격(석탄의 경우 석탄가격 안정지원금을 포함시킬 수 있다)

ⓑ 국내제철소 및 제련소 공급광물은 매광약정에 의한 가격

ⓒ 상기 ⓐ·ⓑ에 의하지 않은 광물은 최근 1년간의 평균판매가격, 계속적인 상승 또는 하락추세가 있을 때에는 최근 3개월간의 평균판매가격

ⓓ 상기 ⓐ·ⓑ·ⓒ를 적용할 수 없는 때는 유사한 광물을 판매하는 2개 이상 업체의 평균판매가격

㉡ **소요경비**

$$\text{소요경비}^* = \text{채광비} + \text{선광제련비} + \text{일반관리비, 경비 및 판매비} + \text{운영자금 이자}^{**}$$

* 비용을 산정하기 위한 적용단가 등은 해당 광산 최근 3월의 평균실적치를 적용함을 원칙으로 하고 적용이 곤란 시 유사한 2개 이상의 광산의 평균실적을 적용

** 운영자금이자 = (채광비 + 선광제련비 + 일반관리비, 경비 및 판매비) × 은행 1년 만기 정기예금 이자율 × 3/12

④ **배당이율**(S)

$$\text{배당이율} = \frac{\text{전년도 광업부문상장법인배당률}}{\{1 - \text{세율(법인세·주민세)}\}} \geq \text{은행 1년 만기 정기예금 이자율}$$

⑤ **축척이율**(r)

평가 당시 은행 1년 만기 정기예금이자율에 준한다.

⑥ **가행연수**(n)

$$\text{가행연수} = \frac{\text{가채광량}\{\text{확정광량} \times \text{확정가채율} + \text{추정광량} \times \text{추정가채율}(\times \text{안전율})\}}{\text{연간생산량}(\text{월간생산량} \times \text{가행월수})}$$

구분	확정광량	추정광량
석탄광	70%	42%
일반광	90%	70%

⑦ **장래소요기업현가(E)**

기계장치, 차량 및 운반구, 건물 및 구축물(갱도포함)에 대한 총투자소요액의 현가

⑧ **이전 · 전용 가능 시설물의 잔존가치, 이전비**

㉠ 시설물의 종별에 따라 법령 등 관계법령에 의거 평가

㉡ 이전비는 잔존가치와 비교하여 결정(만약 이전비가 더 크면 이전 불가능한 시설됨)

㉢ 내용연수(건물)(미래수명법으로 내용연수를 조정해야 한다)

구분	장래보존연수
광산의 가행연수 < 장래보존연수	가행연수를 기준으로 함.
추정광량의 연장이나 예상광량이 있다고 인정되는 경우	가행연수 이상으로 가능 (≤ 장래보존연수)
다른 광산과 인접하여 다른 용도로 전용이 가능한 경우	
시가지 및 농경지와 인접한 건물의 경우	

(2) 탐광단계에 있으나 광물의 생산이 없는 광산

① **개요**

탐사권자는 탐사권설정의 등록이 된 날부터 1년 이내에 산업통상자원부장관에게 탐사계획을 신고하여야 하며(광업법 제40조), 탐사계획을 신고한 날부터 3년 이내에 산업통상자원부장관에게 탐사실적을 제출하여야 하고(광업법 제41조 제1항), 산업통상자원부장관은 탐사실적이 광물의 종류별 광체의 규모 및 품위 등 기준에 적합하여 탐사실적을 인정한 때에는 그 탐사실적을 제출한 자에게 채굴권설정의 허가를 하여야 한다(광업법 제41조 제3항). 또한 채굴권자는 채굴을 시작하기 전에 산업통상자원부장관의 채굴계획 인가를 받아야 한다(광업법 제42조 제1항). 이와 같이 조업 중이거나 정상적으로 생산 중에 있지는 않으나, ⅰ) 탐사권자가 탐사를 시작한 경우, ⅱ) 탐사권자가 탐사실적을 인정받은 경우, ⅲ) 채굴권자가 채굴계획인가를 받은 후 광물의 생산실적이 없는 경우

② **기본산식**

> 광산보상액 = 해당 광산에 투자된 현재 시설평가액* − 이전 · 전용가능시설 잔존평가액
> + 이전비

* 해당 광산에 투자된 현재 시설평가액 = 광산개발투자비용 + 현재시설가액

(3) **탐광 미착수 광산**

① **요건**

　　㉠ 등록을 한 후 탐광에 착수하지 아니한 경우

　　㉡ 채광계획인가를 받지 아니한 경우

② **기본산식**

> 광산의 보상액 = 등록에 소요된 비용*(광업법 시행령 제30조 제1항 제3호)

* 등록에 소요된 비용 : 출원비, 광산설명서제출비, 등록세, 기타 현장조사비

2) 조업 중인 광산이 토지 등의 사용으로 인해 휴업을 한 경우의 보상

> 광업권을 정지하는 경우의 보상액 = 연수익 × 정지기간 + 시설물의 이전·수거 등에 드는 비용
> + 정지기간 중에 발생하는 통상의 고정적 경비

다만, 광업권 소멸에 대한 보상감정평가에 따른 보상액을 초과할 수 없다.

3) 손실이 없는 것으로 보는 경우

광물매장량의 부재 또는 채광으로 채산이 맞지 아니하는 정도로 매장량이 소량이거나 이에 준하는 상태로 인하여 휴업 중인 광산은 손실이 없는 것으로 본다(토지보상법 시행규칙 제43조 제3항).

기 본예제

충북 단양군에서는 감정평가사인 당신에게 농공단지 조성을 위하여 편입되는 광업권에 대한 보상평가를 의뢰하였다. 다음의 제시자료를 기준하여 광업권의 소멸에 따른 보상액을 산정하시오.

풀이영상

자료 1 대상물건

1. 소재지 : 충북 단양군 매포읍 평동리 A번지
2. 광산종류 : 석회석(일반광)
3. 가격시점 : 2026년 9월 1일

자료 2 광산의 자산가액

(단위 : 원)

	장부가액	평가가액*	이전비	물리적인 이전전용가능성
토지	20,000,000	45,000,000	–	–
건축물	12,000,000	15,000,000	25,000,000	가능
기계기구	30,000,000	18,000,000	10,000,000	가능
구축물	6,000,000	5,000,000	3,000,000	불가능
차량운반구	10,000,000	6,000,000	0	가능
기타	4,000,000	2,500,000	1,500,000	가능

* 평가가액은 해당 광산의 가행연수에 따라 조정된 평가가액이다.

자료 3 광산의 기본자료

1. 매장량: 확정광량(4,000,000ton), 추정광량(1,600,000ton)
2. 월간생산량: 30,000ton
3. 가행월수: 12개월
4. 가채율

	가채율(%)
석탄광 확정광량	70
석탄광 추정광량	42
일반광 확정광량	90
일반광 추정광량	70

5. 물가안정 및 공정거래에 관한 법령에 의하여 정부가 지정한 고시가격: @15,000원/ton

6. 소요경비
(단위: 원)

채광비	선광제련비	일반관리비, 경비 및 판매비	운영자금이자
3,000,000,000	320,000,000	400,000,000	별도 산정

자료 4 기타자료

1. 장래소요기업비현가액은 12억원 수준인 것으로 조사됨.
2. 유사업종 상장법인의 배당률: 15%
3. 세율(법인세·주민세): 29%
4. 1년 만기 정기예금이자율: 6%
5. 시장할인율: 8%

예시답안

I. 평가개요

본건은 광업권 소멸에 대한 보상감정평가로 가격시점은 2026년 9월 1일이다.

II. 광산평가액

1. 연수익 산정
   (1) 판매수입: $30,000 \times 12 \times 15,000 = 5,400,000,000$원
   (2) 소요경비: $(3,000,000,000 + 320,000,000 + 400,000,000) \times (1 + 0.06 \times 3/12) = 3,775,800,000$원
   (3) 연수익: 1,624,200,000원

2. (세전)배당률: $\dfrac{0.15}{1 - 0.29} ≒ 0.2113$

3. 가행연수: $\dfrac{4,000,000 \times 0.9 + 1,600,000 \times 0.7}{30,000 \times 12} ≒ 13$년

4. 광산평가액: $\dfrac{1,624,200,000}{0.2113 + \dfrac{0.06}{1.06^{13} - 1}} - 1,200,000,000 ≒ 4,946,217,000$원

III. 광업권 소멸에 따른 보상액

이전 및 전용이 가능한 시설은 기계기구, 기타자산 및 차량운반구이다(건축물은 이전비가 물건의 가격보다 큰바, 이전 및 전용이 불가능하다고 판단된다).

$4,946,217,000 - \underset{\text{잔존가치}}{(18,000,000 + 2,500,000 + 6,000,000)} + \underset{\text{이전비}}{(10,000,000 + 1,500,000)} ≒ 4,931,217,000$원

04 축산업에 대한 보상 [14]

1. 손실보상 대상 축산업의 기준

아래 요건 중 어느 하나에 해당하면 된다.

① 「축산법」에 의하여 허가를 받았거나 등록한 종축업, 부화업, 정액등처리업 또는 가축사육업을 말한다.

'가축사육업'이란 가축을 사육하여 판매하거나 젖·알·꿀을 생산하는 업으로서 ㉠ 허가 가축사육업, ㉡ 등록 가축사육업, ㉢ 등록에서 제외되는 가축사육업 등으로 분류된다. 허가 가축사육업은 가축 종류 및 사육시설 면적이 「축산법 시행령」 제13조에서 정하는 기준에 해당하는 가축사육업으로서 「축산법 시행령」 [별표 1]에서 정하는 시설·장비 및 단위면적당 적정사육두수와 위치에 관한 사항을 갖추어 시장 등에게 허가를 받아야 한다. 등록 가축사육업은 「축산법 시행령」 제13조에서 정하는 기준에 해당하지 않는 가축사육업으로서 「축산법 시행령」 [별표 1]에서 정하는 시설·장비 등을 갖추어 시장 등에게 등록하여야 한다. 등록에서 제외되는 가축사육업은 ㉠ 가축사육시설 면적이 10제곱미터 미만인 닭·오리·거위·칠면조·메추리·타조 또는 꿩 사육업, ㉡ 말·노새·당나귀·토끼·개·꿀벌 등의 가축사육업이다.

② **영업보상대상 기준마리 수 이상의 가축[15]을 기르는 경우**

⁙ 토지보상법 시행규칙 [별표 3] 축산업의 가축별 기준마리 수

가축	기준마리 수
닭	200마리
토끼	150마리
오리	150마리
돼지	20마리
소	5마리
사슴	15마리
염소·양	20마리
꿀벌	20군

③ **기준마리 수 미만의 가축을 기르는 경우**

그 가축별 기준마리 수에 대한 실제사육마리 수의 비율의 합계 ≥ 1

④ [별표 3] 규정 외의 유사한 가축도 가능하다. 다만, 「축산법」 제22조에 의해 허가 또는 등록을 하여야 하는 가축사육업으로서 허가 또는 등록을 하지 않은 경우는 기준마리수 이상의 가축을 사육하는 경우에도 축산업손실 보상대상이 아니다.

---

14) 토지보상법 시행규칙 제49조(축산업의 손실에 대한 평가)

15) 가축이란 사육하는 소·말·면양·염소(유산양을 포함함)·돼지·사슴·닭·오리·거위·칠면조·메추리·타조·꿩·노새·당나귀·토끼 및 개, 꿀벌, 그 밖에 사육이 가능하며 농가의 소득증대에 기여할 수 있는 동물로서 농림축산식품부장관이 정하여 고시하는 동물 등을 말한다. 따라서 가축이 아닌 동물을 사육하는 것은 가축사육업이 아니므로 축산업에도 해당되지 않음

2. 보상액

① 영업손실보상감정평가를 준용한다(폐업보상에서의 개인영업 영업이익의 하한, 휴업보상에서의 개인영업 영업이익의 하한, 휴업보상에서의 영업장소 이전 후 발생하는 영업이익 감소액은 준용에서 제외된다).

② **축산시설**

해당 물건의 가격 범위 내에서 이전비로 보상하며, 해체발생자재대가 있는 경우 이를 고려한다.

③ **손실보상의 대상이 되지 않는 축산업의 보상**

이전비 등으로 보상한다. 단 이전으로 인한 체중감소, 산란율 저하 및 유산 그 밖의 손실이 예상되는 경우 보상한다. 가축의 이전비가 가축의 가액을 초과하는 경우에는 손실보상의 일반원칙에 따라 가액으로 평가한다.

④ 허가 등을 받지 아니한 영업의 손실보상에 관한 특례 규정은 축산업손실 보상에는 적용이 없다(2008.04.22. 토지정책과-587).

05 잠업에 대한 보상 [16]

영업손실의 보상대상인 영업이며, 영업의 폐지·휴업에 대한 손실평가를 준용한다(소득의 최저한도액 규정 및 영업장소 이전 후 발생하는 영업이익 감소의 규정은 준용에서 제외된다).

제3절 생활보상

1. 주거용 건축물[17]에 대한 보상특례 [18]

(1) 주거용 건축물 최저보상액

600만원(무허가인 경우에는 제외)

(2) 재편입 가산금

① 공익사업의 시행으로 인하여 주거용 건축물에 대한 보상을 받은 자가 그 후 해당 공익사업시행지구 밖의 지역에서 매입하거나 건축하여 소유하고 있는 주거용 건축물이 그 보상일로부터 20년 이내에 다른 공익사업시행지구에 편입되는 경우 그 주거용 건축물 및 그 대지(보상을

---

16) 토지보상법 시행규칙 제50조(잠업의 손실에 대한 평가)
17) '주거용 건축물'이란 건축물대장상의 용도란에 주택, 다가구주택, 공동주택 등의 주택으로 기재되어 있는 건축물만을 의미하는 것이 아니다. 공부상 단독, 다세대, 연립주택, 아파트 및 이와 유사한 경우나, 건축법 제19조의 규정에 의하여 신고 등을 하지 아니하고 용도변경할 수 있는 경우에는 주거용 건축물에 해당된다고 본다.
18) 토지보상법 시행규칙 제58조

받기 이전부터 소유하고 있던 대지 또는 다른 사람 소유의 대지 위에 건축한 경우에는 주거용 건축물에 한한다. 즉, 보상을 받기 이전부터 소유하고 있던 대지 또는 다른 사람 소유의 대지는 제외)에 대하여는 해당 평가액의 30%를 가산하여 보상한다.

② 재편입 주거용 건축물의 가산보상은 거주를 요건으로 한다.

③ 무허가건축물 등을 매입 또는 건축한 경우와 다른 공익사업의 사업인정고시일 등 또는 다른 공익사업을 위한 관계법령에 의한 고시 등이 있은 날 이후에 매입 또는 건축한 경우에는 제외한다.

④ 한도는 1,000만원이다.

⑤ 보상을 받기 이전부터 소유하고 있던 대지 또는 다른 사람 소유의 대지 위에 건축한 경우의 보상한도액을 결정한다.

$$보상한도액 = 1천만원 \times \left(1 - \frac{토지의\ 평가액}{토지\ 및\ 건물의\ 평가액\ 합계} \right)$$

기 본예제

다음 자료를 통해 재편입가산보상액을 산정하시오.

자료

1. 주거용 대지와 건축물의 평가액
   (1) 토지 : 50,000,000원
   (2) 건축물 : 20,000,000원
2. 피수용자는 10년 전 인근에 시행된 택지개발사업으로 인하여 이주하였으며, 토지는 이주 이전부터 소유하고 있었다.

예시답안

1. **재편입가산보상한도액**

   $10,000,000 \times (1 - 50,000,000/70,000,000) ≒ 2,857,000$원

2. **재편입가산보상액**

   $20,000,000 \times 0.3 = 6,000,000$원(상한인 2,857,000원을 가산보상한다.)

2. 주거이전비 보상[19]

(1) 주거이전비의 성격

주거이전비는 주거용 건축물의 거주자에 대한 주거이전에 필요한 비용의 보상이므로 원칙적으로 실비변상적 보상의 성격을 지닌다. 즉, 우리나라의 부동산 거래 및 임대차에서 매매대금 또는 전세금의 수수 관행은 계약금·중도금·잔금으로 나누어 순차적으로 지급되므로 실제적으로 계약일로부터 입주일까지는 상당한 기간이 소요되나, 보상금은 일시불로 지급되고 보상금 수령과 동

---

19) 토지보상법 시행규칙 제54조

시에 이주하여야 하므로, 주거이전비는 보상금 수령 후 새로운 주택을 취득하거나 임차하는 기간 동안의 임시거주에 소요되는 비용을 보상하는 것이다.

(2) 주거이전비 보상요건 및 보상액

① 공익사업시행지구에 편입되는 주거용 건축물의 소유자에 대해서 가구원수에 따라 2월분 주거 이전비를 보상한다(주거이전비가 실제 소요되는 비용에 대한 보상이기 때문에 실제 거주하지 않거나 무허가건축물인 경우에는 제외함). 다만, 「도시정비법」상 소유자인 주거이전비 보상대 상자가 되기 위해서는 정비계획에 관한 공람공고일부터 해당 건축물에 대한 보상을 하는 때까 지 계속하여 소유 및 거주하여야 한다.[20][21]

② 공익사업의 시행으로 인하여 이주하게 되는 주거용 건축물의 세입자(무상으로 사용하는 거주 자를 포함하되, 법 제78조 제1항에 따른 이주대책대상자인 세입자는 제외한다)로서 사업인정 고시일등 당시 또는 공익사업을 위한 관계 법령에 따른 고시 등이 있은 당시 해당 공익사업시 행지구안에서 3개월 이상 거주한 자에 대해서는 가구원수에 따라 4개월분의 주거이전비를 보 상해야 한다[22](무허가건축물의 세입자의 경우에는 사업지구 안에서 1년 이상 거주할 것을 요 건으로 한다). 세입자에 대해서는 거주 개시시점은 규정하고 있으나 거주 종료시점은 규정하 고 있지 않으므로 보상 당시까지 거주하지 않아도 보상대상자로 본다.[23]

(3) 주거이전비 산정방법

① **가구원수가 1인~4인인 경우 주거이전비 산정방법**

「통계법」 제3조 제3호에 따른 통계작성기관이 조사·발표하는 가계조사통계의 도시근로자 가 구원수별 월평균 명목 가계지출비[24]를 기준으로 산정한다.

② **가구원수가 5인 이상인 경우 주거이전비 산정방법**

- 가구원수가 5인인 경우 : 5인 이상 기준의 월평균 가계지출비에 해당하는 금액을 기준으로 한다. 다만, 4인 기준의 월평균 가계지출비가 5인 이상 기준의 월평균 가계지출비를 초과하 는 경우에는 4인 기준의 월평균 가계지출비에 해당하는 금액으로 한다.

- 가구원수가 6인 이상인 경우

5인 이상 가계지출비(단, 4인 기준이 더 큰 경우에는 4인 기준) + {5인을 초과하는 가구원수 × [(5인 이상 가계지출비(단, 4인 기준이 더 큰 경우에는 4인 기준) - 2인 기준의 월평균 가계지출비) ÷ 3]}

---

20) 대판 2016.12.15, 2016두49754

21) 실제 거주하고 있지 아니하다면(징집으로 인한 입영, 공무, 취학 등) 주거이전비 보상대상은 아니다(토지정책과-5288, 2018.08.20.).

22) 세입자에 대한 주거이전비는 사회보장적인 차원의 성격도 있다(대판 2012.9.27, 2010두13890).

23) 대판 2012.2.23, 2011두23603

24) 도시근로자가구의 가구원수별 월평균 명목 가계지출비를 기준으로 한다(토지정책과-4135, 2018.06.27.). 근로자가구 중위값이 아님에 유의해야 한다.

≫ http://www.kosis.kr/index/index.jsp → 국내통계(주제별통계) → 소득·소비·자산 → 가계소득지출 → 가계동향조사(2019년~) → 1인 이상 가구(농림어가 포함)[25] → 도시(명목) → 가구원수별 가구당 월평균 가계수지(도시, 1인 이상)[26]

가구원수별	가계지출항목별	20XX		
		전체가구	근로자가구	근로자외가구
전체평균	가구원수(명)	2.34	2.43	2.18
	가계지출	3,660,512	4,050,363	2,984,681
1인	가구원수(명)	1.00	1.00	1.00
	가계지출	2,140,241	2,445,836	1,643,048
2인	가구원수(명)	2.00	2.00	2.00
	가계지출	3,120,364	3,438,659	2,741,524
3인	가구원수(명)	3.00	3.00	3.00
	가계지출	4,607,254	4,804,543	4,209,484
4인	가구원수(명)	4.00	4.00	4.00
	가계지출	5,686,951	5,946,550	4,930,632
5인 이상	가구원수(명)	5.20	5.20	5.21
	가계지출	6,206,131	6,514,903	5,456,495

기 본예제

위의 가구원수별 가계지출비를 기준으로 하여 아래의 경우의 주거이전비를 산출하시오.

(사례 1) A씨는 세입자로서 주민공고공람 3년 전부터 해당 주거용건축물(적법)에 거주하였으며, 거주인원은 6명이나 1명은 현재 징집으로 인하여 거주하고 있지 않다.

(사례 2) B씨는 소유자로서 주민공고공람 1년전부터 해당 주거용건축물(적법)에 거주하였으며, 거주인원은 7명이다.

※ 사례 2에 대해서는 5인 이상 가계지출비는 아래와 같음을 가정한다.

가구원수별	가계지출항목별	전체가구	근로자가구	근로자외가구
5인 이상	가구원수(명)	5.20	5.20	5.21
	가계지출	5,640,441	5,817,597	5,178,197

25) 「공익사업을 위한 토지 등의 취득 및 보상에 관한 법률」(이하 "토지보상법") 제47조 제5항 및 제54조 제3항에 따른 가계조사통계는 2020년까지 농림어가를 포함하지 않은 2인 이상 가구를 기준으로 조사·발표되어 왔으나, 2021년 이후 농림어가를 포함한 1인 이상 가구를 기준으로 조사·발표되고 있으며 이는 1인 가구의 증가 등 변화된 현실을 반영하여 통계의 포괄성과 대표성을 제고하기 위한 것으로 보인다(2021.5.20. 통계청 보도 참고자료 등 참조). 따라서 주거이전비 등 보상을 위한 가계조사통계는 보다 대표성이 있는 '농림어가가 포함된 1인 이상 가구'의 발표 자료를 사용하는 것이 타당할 것임(토지정책과-6720, 2022.11.18).

26) 통계청에서 가계동향조사와 관련하여 2017년부터 지출과 소득부문을 분리하여 재설계하고 지출부문은 연간통계로 개편하였으나 2019년 통계부터 분기별 통계도 제공하는 것으로 재차 개편되었다. 국토교통부 유권해석(토지정책과-6934, 2020.08.06.)에 따라 "분기단위"에서 "연단위" 통계자료 기준하여 보상액을 산정하는 것으로 변경되었다("분기단위" 가계동향조사는 상여급·성과급의 지급시기 및 명절 등이 어느 분기에 위치하느냐에 따라 소비지출의 변동이 크게 나타나는 계절적 특성을 지니므로 보상시기에 따라 보상금액의 변동이 커지는 등 정당보상에 반하는 결과를 초래할 것으로 예상되기 때문이다).

Ⅰ. 사례 1

세입자로서 4개월분 가계지출비를 보상하며, 실제 거주 중인 5명을 기준으로 하며, 5인 이상의 근로자가구의 가계지출비에 의한다.

6,514,903 × 4개월 = 26,059,612원

Ⅱ. 사례 2

소유자로서 2개월분 가계지출비를 보상하며, 6명을 기준으로 한다. 단, 근로자가구 가계지출비가 4인기준이 5인 이상 가계지출비를 초과하는바, 4인기준의 가계지출비를 기준으로 한다.

[4인 가계지출비(5,946,550) + 2명(5인을 초과하는 가구원수) × $\frac{5,946,550 - 3,438,659}{3}$] × 2개월

= 15,236,955원

3. 이농비, 이어비 [27)]

(1) 대상

공익사업의 시행으로 인하여 영위하던 농업·어업을 계속할 수 없게 되어 다른 지역으로 이주하는 농민·어민이 받을 보상금이 없거나 그 총액이 국토교통부령으로 정하는 금액에 미치지 못하는 경우에는 그 금액 또는 그 차액을 보상하여야 한다.

(2) 산정

① 「통계법」 제3조 제3호에 따른 통계작성기관이 조사·발표하는 농가경제조사통계의 연간 전국 평균 가계지출비 1년분

② 농업기본통계조사의 가구당 전국평균 농가인구를 기준으로 산정한 가구원수(아래 산식)에 따른 1년분의 평균생계비

> 가구원수에 따른 1년분의 평균생계비 = 연간 전국평균 가계지출비
> ÷ 가구당 전국평균 농가인구 × 이주가구원수

(3) 농민 및 어민

이농비 또는 이어비(離漁費)는 공익사업의 시행으로 인하여 영위하던 농·어업을 계속할 수 없게 되어 다음 각 호의 어느 하나 외의 지역으로 이주하는 농민(「농지법 시행령」 제3조 제1호에 따른 농업인으로서 농작물의 경작 또는 다년생식물의 재배에 상시 종사하거나 농작업의 2분의 1 이상을 자기의 노동력에 의하여 경작 또는 재배하는 자를 말한다) 또는 어민(연간 200일 이상 어업에 종사하는 자를 말한다)에게 보상한다.

① 공익사업에 편입되는 농지의 소재지(어민인 경우에는 주소지를 말한다)와 동일한 시·군 또는 구

② 제1호의 지역과 인접한 시·군 또는 구

---

27) 토지보상법 제78조 제7항

4. 휴직 또는 실직보상 [28]

> **토지보상법 시행규칙 제51조**(휴직 또는 실직보상)
>
> 사업인정고시일 등 당시 공익사업시행지구 안의 사업장에서 3월 이상 근무한 근로자(『소득세법』에 의한 소득세가 원천징수된 자에 한한다)에 대하여는 다음 각 호의 구분에 따라 보상하여야 한다.
> 1. 근로장소의 이전으로 인하여 일정기간 휴직을 하게 된 경우 : 휴직일수(휴직일수가 120일을 넘는 경우에는 120일로 본다)에 『근로기준법』에 의한 평균임금의 70퍼센트에 해당하는 금액을 곱한 금액. 다만, 평균임금의 70퍼센트에 해당하는 금액이 『근로기준법』에 의한 통상임금을 초과하는 경우에는 통상임금을 기준으로 한다.
> 2. 근로장소의 폐지 등으로 인하여 직업을 상실하게 된 경우 : 『근로기준법』에 의한 평균임금의 120일분에 해당하는 금액

(1) 대상

사업인정고시일 등 당시 공익사업시행지구 안의 사업장에서 3월 이상 근무한 근로자(『소득세법』에 의한 소득세가 원천징수된 자)

(2) 보상액

① 휴직보상

휴직일수(120일 한도) × 근로기준법에 의한 평균임금의 70%

》 단, 『근로기준법』상 통상임금을 초과하는 경우는 통상임금기준

② 실직보상

『근로기준법』상 평균임금의 120일분

5. 이주대책

> **토지보상법 제78조**(이주대책의 수립 등)
>
> ① 사업시행자는 공익사업의 시행으로 인하여 주거용 건축물을 제공함에 따라 생활의 근거를 상실하게 되는 자(이하 "이주대책대상자"라 한다)를 위하여 대통령령으로 정하는 바에 따라 이주대책을 수립·실시하거나 이주정착금을 지급하여야 한다.

(1) 이주대책의 수립·실시요건 [29]

이주대책은 이주대책 대상자 중 이주정착지에 이주를 희망하는 자가 10호 이상인 경우에 수립·실시한다(시행령 제40조 제2항). 다만, 이주정착지에 이주를 희망하는 자가 10호 이상인 경우에도 ⅰ) 공익사업지구 인근에 택지조성에 적합한 토지가 없는 경우, ⅱ) 이주대책에 필요한 비용이 해당 공익사업의 본래 목적을 위한 소요비용을 초과하는 등 이주대책의 수립·실시로 인하여 해당 공익사업의 시행이 사실상 곤란하게 되는 경우에는 이주대책을 수립하지 않을 수 있다.

---

28) 토지보상법 제77조 제3항
29) 토지보상법 시행령 제40조

(2) **이주대책 대상자의 선정요건**

① **이주대책 대상자 요건**

공익사업의 시행으로 인하여 주거용 건축물을 제공함에 따라 생활의 근거를 상실하게 되는 자

② **제외대상**

㉠ 허가를 받거나 신고를 하고 건축 또는 용도변경을 하여야 하는 건축물을 허가를 받지 아니하거나 신고를 하지 아니하고 건축 또는 용도변경을 한 건축물의 소유자

㉡ 해당 건축물에 공익사업을 위한 관계법령에 따른 고시 등이 있은 날부터 계약체결일 또는 수용재결일까지 계속하여 거주하고 있지 아니한 건축물의 소유자. 다만, 질병으로 인한 요양, 징집으로 인한 입영, 공무, 취학, 그밖에 이에 준하는 부득이한 사유 중 어느 하나에 해당하는 사유로 거주하고 있지 아니한 경우에는 그러하지 아니하다.

㉢ 타인이 소유하고 있는 건축물에 거주하는 세입자. 다만, 해당 공익사업지구에 주거용 건축물을 소유한 자로서 타인이 소유하고 있는 건축물에 거주하는 세입자는 제외한다.

(3) **이주대책의 내용**

① 이주정착지의 조성 및 공급

② **이주대책의 의제**: 타법령에 의한 이주대책, 사업시행자의 알선으로 공급

③ 이주정착금의 지급

6. 이주정착금 [30]

(1) **대상**

사업시행자는 이주대책 대상자에게 ⅰ) 이주대책을 수립, 실시하지 않거나, ⅱ) 이주대책대상자가 이주정착지가 아닌 다른 지역으로 이주하는 경우, ⅲ) 이주대책대상자가 공익사업을 위한 관계 법령에 따른 고시 등이 있은 날의 1년 전부터 계약체결일 또는 수용재결일까지 계속하여 해당 건축물에 거주하지 않은 경우, ⅳ) 이주대책대상자가 공익사업을 위한 관계 법령에 따른 고시 등이 있은 날 당시 국토교통부, 사업시행자 등의 어느 하나에 해당하는 기관·업체에 소속(다른 기관·업체에 소속된 사람이 파견 등으로 각 목의 기관·업체에서 근무하는 경우를 포함한다)되어 있거나 퇴직한 날부터 3년이 경과하지 않은 경우에 이주정착금을 지급한다.

이주대책대상자에게 이주대책을 수립·실시하거나 이주정착금을 지급하여야 하므로 이주정착금을 지급받기 위해서는 이주대책대상자의 요건을 구비하여야 한다(대판 2016.12.15, 2016두49754).

(2) **이주정착금**

주거용 건축물에 대한 평가액 × 30%

》 1천2백만원 미만인 경우는 1천2백만원, 2천4백만원을 초과하는 경우에는 2천4백만원[31]

---

30) 토지보상법 시행령 제41조, 토지보상법 시행규칙 제53조
31) 개정(2020.12.11.) 이 규칙 시행 이후 최초로 이주정착금을 지급하는 공익사업지구부터 적용

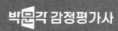

부록

감정평가사 2차
답안지 양식

(총   권중   번째)

1교시(과목)

(20   )년도 (   )시험 답안지

과 목 명	

수험자 확인사항	1. 답안지 인적사항 기재란 외에 수험번호 및 성명 등 특정인임을 암시하는 표시가 없음을 확인하였습니다. 확인 ☐ 2. 연필류, 유색필기구 및 지워지는 펜 등을 사용하지 않았습니다. 확인 ☐ 3. 답안지 작성시 유의사항을 읽고 확인하였습니다. 확인 ☐

답안지 작성시 유의사항

가. 답안지는 **표지, 연습지, 답안내지(20쪽)**로 구성되어 있으며, 교부받는 즉시 쪽 번호 등 정상 여부를 확인하고 연습지를 포함하여 1매라도 분리하거나 훼손해서는 안 됩니다.

나. 답안지 표지 앞면 빈칸에는 시행년도 · 자격시험명 · 과목명을 정확하게 기재하여야 합니다.

다. 채점사항
1. 답안지 작성은 반드시 **검은색 필기구만 사용**하여야 합니다.(그 외 연필류, 유색필기구 및 지워지는 펜 등을 사용한 **답항은 채점하지 않으며 0점 처리**됩니다.)
2. 수험번호 및 성명은 반드시 연습지 첫 장 좌측 인적사항 기재란에만 작성하여야 하며, **답안지의 인적사항 기재란 외의 부분에 특정인임을 암시하거나** 답안과 관련 없는 특수한 표시를 하는 경우 **답안지 전체를 채점하지 않으며 0점 처리**합니다.
3. 계산문제는 반드시 계산과정, 답, 단위를 정확히 기재하여야 합니다.
4. 요구한 가지(문제) 수 이상을 답란에 표기한 경우, 답란기재 순으로 요구한 가지(문제) 수만 채점합니다.
5. 답안 정정 시에는 두 줄(=)을 긋고 다시 기재 또는 수정테이프 사용이 가능하며, 수정액을 사용할 경우 채점상의 불이익을 받을 수 있으므로 사용하지 마시기 바랍니다.
6. 기 작성한 문항 전체를 삭제하고자 할 경우 반드시 해당 문항의 답안 전체에 명확하게 X표시하시기 바랍니다.(X표시 한 답안은 채점대상에서 제외)
7. 채점기준 및 모범답안은 「공공기관의 정보공개에 관한 법률」 제9조제1항제5호에 의거 공개하지 않습니다.

라. 일반사항
1. 답안 작성 시 문제번호 순서에 관계없이 답안을 작성하여도 되나, 문제번호 및 문제를 기재(긴 경우 요약기재 가능)하고 해당 답안을 기재하여야 합니다.
2. 각 문제의 답안작성이 끝나면 바로 옆에 **"끝"**이라고 쓰고, 최종 답안작성이 끝나면 줄을 바꾸어 중앙에 **"이하여백"**이라고 써야합니다.
3. 수험자는 시험시간이 종료되면 즉시 답안작성을 멈춰야 하며, 종료시간 이후 계속 답안을 작성하거나 감독위원의 답안지 **제출지시에 불응할 때에는 당회 시험을 무효처리**합니다.
4. 답안지가 부족할 경우 추가 지급하며, 이 경우 먼저 작성한 답안지의 20쪽 우측하단 [ ]란에 **"계속"**이라고 쓰고, 답안지 표지의 우측 상단(총 권 중 번째)에는 답안지 **총 권수, 현재 권수**를 기재하여야 합니다.(예시: 총 2권 중 1번째)

HRDK 한국산업인력공단

부정행위 처리규정

다음과 같은 행위를 한 수험자는 부정행위자 응시자격 제한 법률 및 규정 등에 따라 **당회 시험을 정지 또는 무효**로 하며, 그 시험 시행일로부터 **일정 기간 동안 응시자격을 정지**합니다.

1. 시험 중 다른 수험자와 시험과 관련한 대화를 하는 행위
2. 시험문제지 및 답안지를 교환하는 행위
3. 시험 중에 다른 수험자의 문제지 및 답안지를 엿보고 자신의 답안지를 작성하는 행위
4. 다른 수험자를 위하여 답안을 알려주거나 엿보게 하는 행위
5. 시험 중 시험문제 내용을 책상 등에 기재하거나 관련된 물건(메모지 등)을 휴대하여 사용 또는 이를 주고 받는 행위
6. 시험장 내·외의 자로부터 도움을 받고 답안지를 작성하는 행위
7. 사전에 시험문제를 알고 시험을 치른 행위
8. 다른 수험자와 성명 또는 수험번호를 바꾸어 제출하는 행위
9. 대리시험을 치르거나 치르게 하는 행위
10. 수험자가 시험시간 중에 통신기기 및 전자기기(휴대용 전화기, 휴대용 개인정보 단말기(PDA), 휴대용 멀티미디어 재생장치(PMP), 휴대용 컴퓨터, 휴대용 카세트, 디지털 카메라, 음성파일 변환기(MP3), 휴대용 게임기, 전자사전, 카메라 펜, 시각표시 이외의 기능이 부착된 시계)를 휴대하거나 사용하는 행위
11. 공인어학성적표 등을 허위로 증빙하는 행위
12. 응시자격을 증빙하는 제출서류 등에 허위사실을 기재한 행위
13. 그 밖에 부정 또는 불공정한 방법으로 시험을 치르는 행위

[연습지]

성명

수험번호

감독확인란

※ 연습지에 성명 및 수험번호를 기재하지 마십시오.(기재할 경우, 0점 처리됩니다.)
※ 연습지에 기재한 사항은 채점하지 않으나 분리하거나 훼손하면 안됩니다.

HRDK 한국산업인력공단

[연습지]

HRDK 한국산업인력공단

1쪽

번호	

HRDK 한국산업인력공단

3쪽

HRDK 한국산업인력공단

19쪽

수험생 여러분의 합격을 기원합니다!

박문각 감정평가사

유도은 S+감정평가실무
2차 | 기본서

제12판 인쇄 2025. 4. 10. | **제12판 발행** 2025. 4. 15. | **편저자** 유도은
발행인 박 용 | **발행처** (주)박문각출판 | **등록** 2015년 4월 29일 제2019-0000137호
주소 06654 서울시 서초구 효령로 283 서경 B/D 4층 | **팩스** (02)584-2927
전화 교재 문의 (02)6466-7202

저자와의
협의하에
인지생략

정가 54,000원
ISBN 979-11-7262-652-5

MEMO